本书为国家社科基金重大招标项目
“秦汉三辅地区建筑研究与复原”（18ZDA18）的阶段性成果

中 国 田 野 考 古 报 告 集

考 古 学 专 刊

丁 种 第108号

秦 汉 栎 阳 城

2012～2018年考古报告

第一卷

上 册

中国社会科学院考古研究所
西安市文物保护考古研究院 编著

科 学 出 版 社

北 京

内 容 简 介

秦汉栎阳城是战国时期秦献公、孝公时期的都城，也是秦末汉初塞王司马欣、汉王刘邦的都城，更是都于长安之前的汉王朝第一座都城。2001年被国务院公布为全国重点文物保护单位。本报告是中国社会科学院考古研究所与西安市文物保护考古研究院2012年以来持续开展栎阳城考古工作所获成果报告的第一本，在全面整理秦汉栎阳城2012～2018年资料的基础上，刊布了2012年考古勘探成果和完整的T1～T5考古发掘资料，全面公布考古成果，在进行科学编排后，提供给考古学、历史系等相关学科学者使用。

本书可供考古学、文献学、秦汉史方面的专家学者参考阅读。

图书在版编目（CIP）数据

秦汉栎阳城：2012～2018年考古报告．第一卷/ 中国社会科学院考古研究所，西安市文物保护考古研究院编著．—北京：科学出版社，2022.6

（中国田野考古报告集·考古学专刊·丁种第108号）

ISBN 978-7-03-072220-1

Ⅰ．①秦… Ⅱ．①中… ②西… Ⅲ．①考古发掘-发掘报告-临潼区-2012-2018 Ⅳ．①K872.414

中国版本图书馆CIP数据核字（2022）第077523号

责任编辑：王琳玮 / 责任校对：邹慧卿

责任印制：肖 兴 / 封面设计：张 放

科 学 出 版 社 出版

北京东黄城根北街16号

邮政编码：100717

http://www.sciencep.com

北京汇瑞嘉合文化发展有限公司 印刷

科学出版社发行 各地新华书店经销

*

2022年6月第 一 版 开本：889×1194 1/16

2022年6月第一次印刷 印张：48 3/4

字数：1250 000

定价：688.00元（全二册）

（如有印装质量问题，我社负责调换）

《秦汉栎阳城：2012～2018年考古报告（第一卷）》
编委会

目录

插图目录

插表目录

彩版目录

图版目录

第一章　绪　　言

一、栎　　阳

栎阳，据文献记载其始筑于秦献公二年（公元前383年），位于今西安市阎良区新兴、武屯街道一带。这里地处关中盆地的渭北灌区，石川河位于遗址的北侧和东侧，城址所在地地面平坦，河渠纵横。已知的各类遗存均位于地表以下，在地面已无迹可寻（图1.1）。

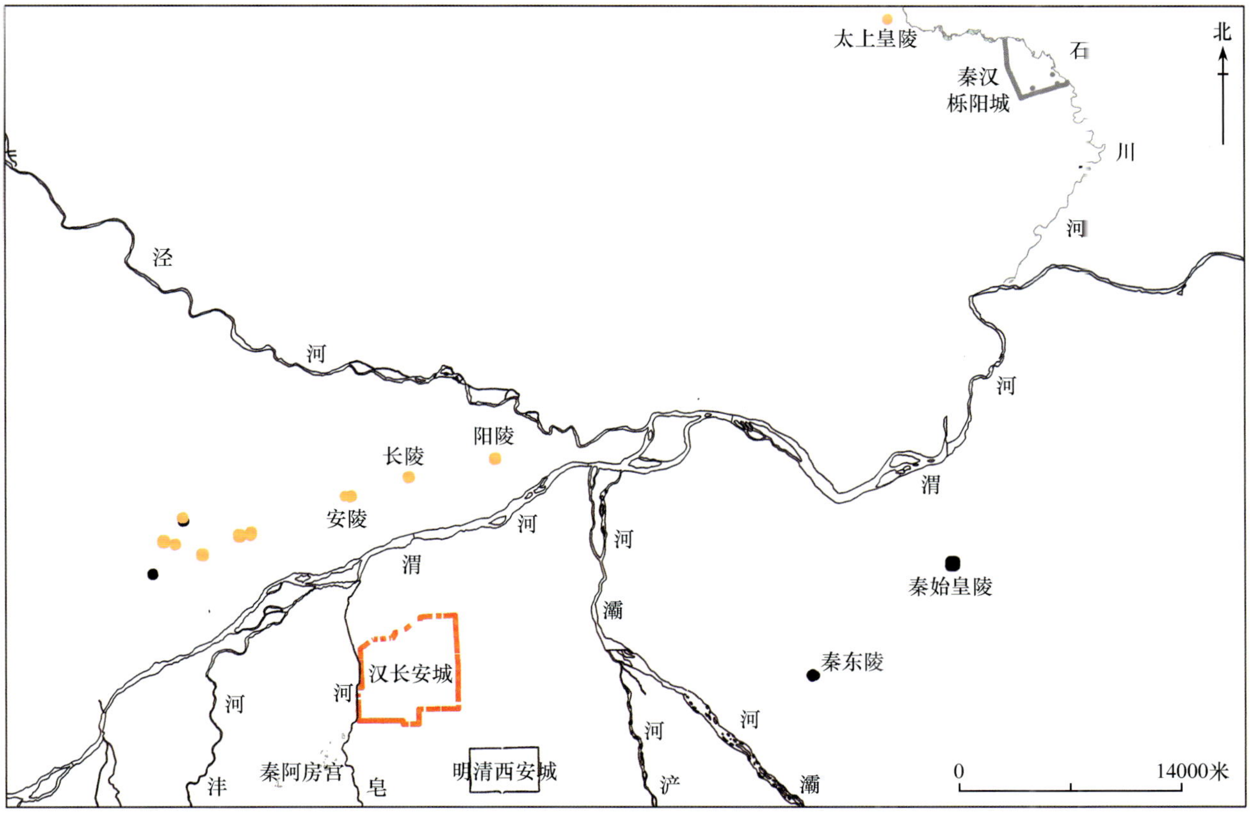

图1.1　秦汉栎阳城遗址位置示意图

据文献记载，在秦献公二年，即公元前383年，秦献公“城栎阳”[①]，将秦都从雍都迁都栎阳。按献公之子秦孝公的叙述，献公迁都栎阳，是“镇抚边境，徙治栎阳，且欲东伐，复缪公之故地，

① （汉）司马迁：《史记》卷5《秦本纪》，中华书局，2013年，第254页。

修缪公之政令”[①]。文献中，秦人从秦襄公开始即祭畤，因此在雍有多畤，栎阳也因“雨金，秦献公自以为得金瑞，故作畦畤栎阳而祀白帝”[②]。到秦孝公十二年（公元前350年）“作为咸阳，筑冀阙，秦徙都之”[③]，栎阳为秦都34年。

秦末楚汉相争之际，因“项梁尝有栎阳逮，乃请蕲狱掾曹咎书抵栎阳狱掾司马欣，以故事得已”[④]，故“长史欣者，故为栎阳狱掾，尝有德于项梁”[⑤]，项羽三分关中时，即以栎阳为都封司马欣为塞王，“王咸阳以东至河，都栎阳”[⑥]，后世言“三秦”，此为其一。

刘邦在被项羽封为汉王都汉中后不久，明修栈道，暗度陈仓，率军进占关中，公元前206年八月，司马欣投降，“汉王还归，都栎阳”[⑦]，之后刘邦以栎阳为汉王的都城，整顿队伍，向东挺进，“西入关，至栎阳，存问父老，置酒，枭故塞王欣头栎阳市。留四日，复如军，军广武。关中兵益出”，“令太子守栎阳，诸侯子在关中者皆集栎阳为卫”[⑧]，逐渐完成统一全国大业。

从时间上看，栎阳为塞王司马欣之都前后6个月（公元前206年二月至八月），之后至公元前202年刘邦定陶称帝，栎阳为汉王刘邦之都长达5年。

据文献记载，公元前206年“九月，属汉为渭南、河上郡”[⑨]，“雍地定，八十余县，置河上、渭南、中地、陇西、上郡”[⑩]。栎阳不仅是汉王的首都，也是汉王首郡的所在。

据“汉二年，汉王与诸侯击楚，何守关中，侍太子，治栎阳。为法令约束，立宗庙社稷宫室县邑，辄奏上，可，许以从事；即不及奏上，辄以便宜施行，上来以闻”[⑪]的记载看，栎阳在为汉王都期间，应建设过一系列的“宗庙社稷宫室”。

公元前201年“正月，杀项籍，天下平”，“二月甲午，王更号，即皇帝位于定陶”[⑫]，之后刘邦本欲都洛阳，但经娄敬、张良献策，决定“入关”定都关中。其归关中之后，初都于栎阳，并以栎阳为基础开始长安城建设，公元前200年“二月，长乐宫成，丞相已下徙治长安”[⑬]，“长乐宫成，自栎阳徒长安”[⑭]，栎阳是汉王朝的第一个都城，为汉王朝都城2年。

在刘邦将都城从栎阳徒至长安后，汉太上皇仍留居栎阳，“太上皇终不得制事，居于栎阳”[⑮]，

---

① （汉）司马迁：《史记》卷5《秦本纪》，中华书局，2013年，第252页。
② （汉）司马迁：《史记》卷28《封禅书》，中华书局，2013年，第1634页。
③ （汉）司马迁：《史记》卷5《秦本纪》，中华书局，2013年，第255页。
④ （汉）司马迁：《史记》卷7《项羽本纪》，中华书局，2013年，第376页。
⑤ （汉）司马迁：《史记》卷7《项羽本纪》，中华书局，2013年，第399页。
⑥ （汉）司马迁：《史记》卷7《项羽本纪》，中华书局，2013年，第399页。
⑦ （汉）班固：《汉书》卷1《高帝纪上》，中华书局，2006年，第33页。
⑧ （汉）司马迁：《史记》卷8《高祖本纪》，中华书局，2013年，第472、466页。
⑨ （汉）司马迁：《史记》卷16《秦楚之际月表》，中华书局，2013年，第939页。
⑩ （汉）班固：《汉书》卷1《高帝纪上》，中华书局，2006年，第38页。
⑪ （汉）司马迁：《史记》卷53《萧相国世家》，中华书局，2013年，第2433页。
⑫ （汉）司马迁：《史记》卷16《秦楚之际月表》，中华书局，2013年，第953页。
⑬ （汉）司马迁：《史记》卷8《高帝本纪》，中华书局，2006年，第480页。
⑭ （汉）班固：《汉书》卷1《高帝纪下》，中华书局，2006年，第64页。
⑮ （汉）司马迁：《史记》卷108《韩长孺列传》，中华书局，2013年，第3440页。

刘邦"上归栎阳，五日一朝太公"①。公元前197年"七月，太上皇崩栎阳宫"②，"太上皇崩，葬万年"③。太上皇葬于栎阳，设万年邑以奉陵寝。《三辅黄图》言："高祖葬太上皇于栎阳北原，因置万年县于栎阳大城内，以为奉陵邑。"④栎阳不仅是汉王朝第一个都城，也是汉王朝第一个帝陵、陵邑的所在。

栎阳的地位，司马迁有明确阐述，谓其"献公徙栎邑，栎邑北却戎翟，东通三晋，亦多大贾"⑤。

据《汉书·地理志》，西汉时栎阳属左冯翊。东汉"景丹字孙卿，冯翊栎阳人也"，"建武二年，定封丹栎阳侯。帝谓丹曰：今关东故王国，虽数县，不过栎阳万户邑。夫'富贵不归故乡，如衣绣夜行'，故以封卿耳。丹顿首谢"⑥。从上述文献看，直至此时"栎阳万户邑"，其城市的规模依然不小，远较关东地区"故王国"为甚。不过后来栎阳的设置被省，并入于万年，属左冯翊（《续汉书·郡国志》）。因此，栎阳在东汉王朝将首都城从长安东迁洛阳后，就与长安一样，在失去政治力量的维护后逐渐衰败。

据《长安志》，"后汉，省栎阳入万年。后魏，孝文太和二十二年析万年置鄣县。宣武景明元年，又析置广阳县，属冯翊郡。周明帝二年，省万年入广阳、高陵二县，更于长安城中别置万年县，广阳仍隶冯翊郡。隋开皇三年，罢郡，以广阳隶雍州。唐武德元年，改为栎阳。二年，析置粟邑县。贞观八年，废粟邑入焉。天授二年，隶鸿州。大足元年，还雍州"。即"武德元年，改为雍州。改大兴为万年，万年为栎阳，分栎阳置平陵"⑦。这大体就是西汉之后到唐代的栎阳城兴替沿革。

二、栎阳考古

1. 20世纪30年代的栎阳调查

对文献记载的秦汉栎阳城开展调查，应开始于20世纪30年代。

1932年1月28日，日军侵略上海。3月，国民党中常会决定以洛阳为行都，而"陪都之设定，在历史地理及国家将来需要上，终以长安为宜；请定名为'西京'，并由中央特派专员担任筹备"⑧。随着西京筹备组织结构的陆续搭建，陪都建设的各项筹备工作日益展开。

---

① （汉）班固：《汉书》卷1《高帝纪下》，中华书局，2006年，第62页。

② （汉）司马迁：《史记》卷8《高祖本纪》，中华书局，2013年，第483页。

③ （汉）班固：《汉书》卷1《高帝纪》下，中华书局，2006年，第67页。

④ 陈直：《三辅黄图校证》，陕西人民出版社，1982年，第140页。

⑤ （汉）司马迁：《史记》卷129《货殖列传》，中华书局，2013年，第3930页。

⑥ （宋）范晔：《后汉书》卷22《朱景王杜马刘傅坚马列传》，中华书局，2006年，第772、773页。

⑦ （宋）宋敏求撰，辛德勇、郎洁点校：《长安志》卷17，三秦出版社，2013年，第517页。（后晋）刘昫等撰：《旧唐书》卷38《地理志一》，中华书局，1975年，第1395页。

⑧ 《国民党中常会提议以洛阳为行都、以长安为陪都案（民国21年3月）》，西安市档案局、西安市档案馆，《筹建西京陪都档案史料选辑》，西北大学出版社，1994年，第3页。

在西京筹备委员会开展工作前，既有刘姓委员提出“保存陕西古物”[①]，而在《西京筹备委员会工作大纲》所列的二十一项工作内容中，第二十项即为“调查名胜古迹”[②]。与此相应，在西京筹备委员会的组织机构中，秘书处下设有文物组，“主管保护发扬文物古迹文物等文化事业”[③]，科员“分别担任撰拟、调查该管工作之推进”[④]。西京筹备委员会开展的古迹调查，有着一贯明确的调查目的，“名胜古迹之保存与表扬，民族谒陵节之规定，大之所以振发民族精神，小之所以号召后之来者，而亦所以增益西京历史文化的价值”[⑤]，“文化为民族精神之表现，其兴衰动关国家之兴亡，故特别重于此项工作”[⑥]，“文化关系国本”[⑦]。而正因为此，在西京筹备委员会的相关工作事项中，明确提出“凡遇于文物有关之事，不论何物，皆宜注意”[⑧]。其目的，一与前述国民政府选定西安为陪都的依据直接相关——“至于陪都之设定，在历史地理及国家将来需要上，终以长安为宜”，因此通过调查提升西京的历史地理地位就名正言顺；另一与日军侵华，国难日重，急需从各方面阐述弘扬文化增加民族凝聚力有关[⑨]。

在这个过程中，西京筹备委员会负责古迹调查的陈子怡先生整理出版了《西京访古丛稿》。而该书中的第三篇文章，即为《汉栎阳考》。该文中，陈子怡先生鉴于“栎阳为秦汉名都，其形势伟大，固非一般城池所得而比。降及后世，虽夷为县，而其地势之雄壮，犹如故也。以如许大之胜迹，至于今日，在志承上竟云不知其处，斯则未免可异”的情况，对栎阳城进行了文献的梳理和调查，判断“秦汉栎阳，在今栎阳东北二十五里，今武家屯（即广阳镇）。……今武家屯北约四五里，又有古城屯，即所云又有古城在县北也。今城已无迹，人已不知为古城屯，而呼曰古尔屯，惟公文上尚曰古城屯也。秦汉旧都，当即此城。古城屯是其北边，广阳镇是其南边耳”[⑩]。

不过，虽然西京筹备委员会的古迹调查在时间上与西京筹备委员会的存在相始终，但其开展的最主要的古迹调查集中于全面抗战发生之前。在卢沟桥事变后，因“七・七事变暴发，我对倭

---

① 《西京筹备委员会第一次谈话会记录（民国21年3月）》，西安市档案局、西安市档案馆，《筹建西京陪都档案史料选辑》，西北大学出版社，1994年，第152页。

② 《西京筹备委员会第一次谈话会记录（民国21年3月）》，西安市档案局、西安市档案馆，《筹建西京陪都档案史料选辑》，西北大学出版社，1994年，第154页。

③ 《修正西京筹备委员会秘书处办事规则（民国32年8月）》，西安市档案局、西安市档案馆，《筹建西京陪都档案史料选辑》，西北大学出版社，1994年，第20页。

④ 《修正西京筹备委员会秘书处办事规则（民国32年8月）》，西安市档案局、西安市档案馆，《筹建西京陪都档案史料选辑》，西北大学出版社，1994年，第22页。

⑤ 《西京筹备委员会成立周年报告（节录）》，西安市档案局、西安市档案馆，《筹建西京陪都档案史料选辑》，西北大学出版社，1994年，第163页。

⑥ 《西京筹备委员会工作概况（民国29年6月）》，西安市档案局、西安市档案馆，《筹建西京陪都档案史料选辑》，西北大学出版社，1994年，第201页。

⑦ 《西京筹备委员会工作报告（民国24年11月至27年3月）》，西安市档案局、西安市档案馆，《筹建西京陪都档案史料选辑》，西北大学出版社，1994年，第183页。

⑧ 《西京筹备委员会各工作事项（民国30年）》，西安市档案局、西安市档案馆，《筹建西京陪都档案史料选辑》，西北大学出版社，1994年，第224页。

⑨ 刘瑞：《西京筹备委会的古迹调查——附谈〈西京附近各县名胜古迹略图〉》，《长安学研究》（第一辑），中华书局，2016年，第338～351页。

⑩ 陈子怡：《汉栎阳考》，《西京访古丛稿》，西京筹备委员会，1935年。

寇全面抗战，因此中央减缩经费。本会经费自是年九月起一度紧缩为七成，自二十七年三月起，再度紧缩为五成，而犹大部分未能领到”①，因此西京筹备委员会的“工作多为维持已往之建设，使不至于因时局影响而有废坠；一方面在人员疏散及物价高涨之情况下，仍努力于有关国防之建设”②，故而在从民国二十六年七月至二十八年十二月的近两年半时间里，就再未开展古迹调查。直到民国二十九年当“经请拨昔所结余经费，或由其他机关补助，以从事新的工作”的情况下，古迹调查才重新开始，不过规模已大不如前③。

从迄今为止的栎阳城考古工作看，栎阳城的调查工作虽在20世纪30年代即已开始，但目前所见资料，西京筹备委员会陈子怡先生的栎阳城判断，主要是基于文献记载和有限的实地踏查，其未能如中央研究院历史语言研究所在安阳殷墟、北平研究院与陕西省政府合组陕西考古会在宝鸡斗鸡台等地开展的相关工作一样，对栎阳城进行系统的考古调查、勘探和发掘，因此其所得的认识，虽后来被考古工作基本证实，但影响甚为有限而长期不为人知。

真正意义上的栎阳城考古，开始于20世纪60年代。

2. 1963 ~ 1964年栎阳考古

1963年1月15日，陕西省临潼县武屯公社关庄生产队村民李海峰、韩忠敏在管庄东村东南100米左右的地方掘土时，在地下1米处发现铜釜1口，口部用瓦片封堵，内置金饼8枚，并在附近发现秦代云纹瓦当。之后陕西省文物管理委员会派人进行了现场调查，根据周围瓦片的堆积及附近地区的其他现象，判断此地可能是秦国都城之一栎阳的遗址。据介绍，在当地农民家中尚可见到陶坛、陶管道、铁铲等战国晚期秦国器物④。

1964年7月，陕西省文物管理委员会根据前述金饼发现后调查获得的线索，专门派田醒农、雒忠如等先生，对1963年铜釜、金饼发现地点进行了为期15天的考古调查，确认栎阳城“在今咸铜阎良车站东南约十公里处，西南距今栎阳镇约十二·五公里，南距渭水约七·五公里，东北距今富平县约十公里，东南距今相城镇约五公里，北与康桥镇仅隔一石川河，相距约二·五公里之遥。遗址西边距今武屯镇350米，地处石川河东流折向南的转弯处，今之泾惠四支渠，横贯其中，地势平坦，古今渠道纵横，其范围包括今关庄、新义、东西党家、南丁、华刘、汤家等七个自然村落，东西宽1801米，南北长2232米。在此地区内，到处分布着秦至汉初的瓦片，有的地方堆积层厚达2米”，指出“这次调查，因时间短促，对发现的各类现象，仅作了一般性的初步介绍，许多问题，需要作进一步的了解后，方可得出确切的结论。因为我们计划重新组织调查组，对此遗址进行一次全面的调查，以期获得更多的标本进行研究”⑤。

---

① 《西京筹备委员会工作概况（民国29年6月）》，西安市档案局、西安市档案馆，《筹建西京陪都档案史料选辑》，西北大学出版社，1994年，第202页。

② 《西京筹备委员会工作概况（民国29年6月）》，西安市档案局、西安市档案馆，《筹建西京陪都档案史料选辑》，西北大学出版社，1994年，第203页。

③ 刘瑞：《西京筹备委会的古迹调查——附谈〈西京附近各县名胜古迹略图〉》，《长安学研究》（第一辑），中华书局，2016年，第338 ~ 351页。

④ 朱捷元、黑光：《陕西省兴平县念流寨和临潼县武家屯出土古代金饼》，《文物》1964年第7期。

⑤ 陕西省文物管理委员会：《秦都栎阳遗址初步勘探记》，《文物》1966年第1期。

1964年陕西省文物管理委员会开展的栎阳城考古，是1963年武屯关庄8枚金饼出土后所开展调查工作的自然延续。在这次工作中，首先系统地开展了相关区域的大面积调查，并对栎阳城遗址进行了第一次真正意义上的考古勘探，更绘制出第一张栎阳城遗址的平面复原图。在完成工作后，调查者很快就整理完成了栎阳城遗址的第一份考古简报，报道了栎阳城遗址的夯土、道路、遗址、渠道、墓葬等各类遗存。不过遗憾的是，由于在此处工作的时间仅有短短的15天，而对一个这么大城市来说，如调查者所言，“因时间短促，对发现的各类现象，仅作了一般性的初步介绍，许多问题，需要作进一步的了解后，方可得出确切的结论”①。而更加遗憾的是，调查者计划此后再“重新组织调查组，对此遗址进行一次全面的调查”的想法，也因各种原因未能实施。

从1980～1981年考古工作收获看，虽1964年调查发现的城墙判断并不确切，但当时发现的部分道路和遗址点被新一次的考古工作所证实。从今天看来，当时在城墙判断上失误，乃是栎阳夯土的特殊性所致，“这里的夯土，由于地势平坦，各处断面很少，又因原来夯打的工具——石夯头底部不磨光，致使其不同于自秦统一后我们常见的各时代夯土那样坚实明显，而是松软无层次。而且多是不挖基槽而直接从地面筑起的，因此，保存下来的夯土就很少，偶有保存，也很难辨识，仅能从它的颜色和密度与自然土、扰土等相比较而确定”②。考古工作时间甚短，特别是在“很难辨识”的情况下未能进行一定程度的发掘验证，应是出现城墙认识有误的重要原因。

3. 1980～1981年栎阳考古

1980年4月至1981年12月，由刘庆柱、李毓芳先生组成的中国社会科学院考古研究所栎阳发掘队，对栎阳城遗址开展了四个季度的考古勘探与试掘。

通过勘探和试掘，确定了栎阳城城址的分布范围，发现南墙、西墙和三处门址，发现秦汉道路13条，秦汉建筑遗址、一般居址和手工作坊遗址等15处，并发掘了南门遗址，还对城墙、道路和部分遗址进行了重点试掘，基本弄清了栎阳城遗址的西北、东南和东北墓区的分布范围和时代。同时还勘探了位于栎阳城西北的汉太上皇陵和昭灵皇后墓，并在栎阳城东南发掘了战国晚期至东汉的部分秦汉墓葬。

但因“地表之上已无遗迹可寻，遗物也不多，文化遗迹、遗物一般在地表以下1.5～2米。近年来，城址所在地区地下水位上升，一般地表以下1～1.5米即为泥状，因此给勘探和发掘工作造成很大困难”，故未能发现北墙、东墙。经考古工作确认，“栎阳故城应是一东西长约2500、南北宽约1600米的长方形城址，这与《长安志》卷17栎阳县条记载栎阳故城‘东西五里，南北三里’的约数基本相符”③。

1980～1981年开展考古工作时遗址所在范围内的地下水水位较高，而各类遗存均埋藏在当时的水位之下，加上栎阳的“夯土较松软，分不出层次。夯墙未挖基槽，直接筑于扰土之上”，无疑给遗址区开展的考古“勘探和发掘工作造成很大困难”。因此，虽然当时在勘探基础上“选择其中地下水位较低的地方进行了部分试掘”，但最终在地下水位较高的现实条件的阻碍下，在城址北墙、东墙未能发现的情况下，栎阳城遗址考古被迫暂停。

---

① 陕西省文物管理委员会：《秦都栎阳遗址初步勘探记》，《文物》1966年第1期，第16页。

② 陕西省文物管理委员会：《秦都栎阳遗址初步勘探记》，《文物》1966年第1期，第11页。

③ 中国社会科学院考古研究所栎阳发掘队：《秦汉栎阳城遗址的勘探和试掘》，《考古学报》1985年第3期。

不过幸运的是，在此次发掘20年后的2001年，以此次考古资料为基础，栎阳城遗址从原县级保护单位，一跃而被国务院直接公布为第五批全国重点文物保护单位。其所显示的，一是栎阳城遗址本身历史地位非常重要，二明显是对本次考古工作的认可。

4. 2012 ~ 2018年栎阳考古

2012年春，为进一步确定栎阳城遗址保护范围，为阎良区的区域规划提供可靠资料、为栎阳城保护规划的制定提供科学根据，西安市文物局与阎良区政府协商重启栎阳城遗址考古，安排由中国社会科学院考古研究所刘瑞、李毓芳与西安市文物保护考古研究所（今西安市文物保护考古研究院）（王自力2013 ~ 2014年，柴怡2013年，宁琰2014年，张翔宇、高博2015年至今）等联合组成的阿房宫与上林苑考古队，尽快开展栎阳城遗址的考古工作。

2013年4月2日，在经过一系列准备和前期调查后，在国家文物局、陕西省文物局、西安市文物局的大力支持下，在西安市阎良区文化和旅游体育局的大力协助下，考古队重启栎阳城考古。根据国家文物局批复，栎阳城遗址考古“应以搞清栎阳城城址布局为目标，开展全面、系统的考古调查、勘探，并对关键节点进行小面积试掘，注意理清城址功能分区，寻找道路、河流系统等相关遗迹”，同时“注意了解与城址相关墓葬区的分布情况”。

（1）2013年栎阳勘探与发掘

根据国家文物局的批复意见，2013年的栎阳城考古以尽快确定栎阳城遗址范围为中心。根据前期调查和结合1980 ~ 1981年发表资料，在建设中的GIS考古地理信息系统中初步确定了之前发现的一号古城南墙与西墙的大体位置和所在地的地表现状。

受遗址区内地表密布蔬菜瓜果大棚及小麦玉米等农作物限制，考古勘探以在田埂、大棚间空地开展为主。与勘探同时，还对勘探范围及周边区域的田埂、崖面等展开考古调查。

从勘探情况看，一号古城所在范围内遍布蔬菜等农作物，由于长时间蔬菜种植需要抽水灌溉，该区域在整体地下水位下降的情况下，小范围内仍保持较高水位，地下土壤甚为松软，给地下遗存的勘探与辨识带来巨大困难。

根据原有线索，考古队复探了一号古城的南墙、西墙，并按西墙走向向北勘探发现疑似北墙，暂未发现东墙。一号古城西南角所在位置在勘探时因遍布蔬菜大棚无法勘探，准确位置未能勘定。从西墙、南墙延伸线相交确定的西南角测量，南墙勘探长约1800米，西墙勘探长约2220米，北墙勘探长约1900米，城墙宽5 ~ 7米，目前勘探发现的南墙东端、北墙东端相距约2480米。从勘探情况看，城墙保存甚差，勘探发现的城墙走向有弯曲，需今后更多勘探发掘加以确定。

为寻找一号古城东墙，考古队在一号古城东侧展开勘探，在御宝屯一带，勘探发现一条东西向墙基，其向东延伸至石川河边北折后被石川河冲断，并向西一直延伸。后经跟踪勘探，确定该墙基东西长约3100米。之后在墙西端勘探后发现北折的南北向墙基，向北一直延伸到石川河南岸后被冲毁不存，墙基南北长约3860米。新勘探发现墙基向东、向北形成围合，与1980 ~ 1981年勘探发现的古城有部分叠压。为记录方便，将之前发现的古城编号为“一号古城”，新发现的古城编号为“二号古城”。二号古城北侧、东北侧被石川河冲毁，残存面积约9.5平方千米。

在二号古城西侧勘探时，于地下发现了有一定密度的零星遗存，由于发现点距二号古城西墙明显较远，应属另外一处遗址，将其暂编为“三号古城”。

为尽快确定一系列勘探遗存的时代与性质，从2013年秋季开始，考古队对勘探发现遗存展开小面积试掘。对二号古城城墙发掘中，在西侧城墙的墙基中出土五铢钱，借此确定二号古城上限不早于武帝元狩五年（公元前118年）。在南侧城墙的发掘中，发现城南环城道路被新莽时期墓葬破坏，显示城址废弃大体始于东汉末新莽时期。

（2）2014～2015年考古勘探与发掘

根据2013年度考古勘探与发掘收获，考古队意识到，随着地下水位下降，很多之前在水位较高情况下无法开展考古勘探的地点分布着很多重要的古代遗存，特别是二号古城的发现，将古代遗存的分布范围一直向北延伸到石川河边——遗存的分布范围远超出之前。

在这种情况下，为准确确定栎阳城遗址的遗存分布，避免跟踪既有线索造成遗迹漏探，从2014年春开始，考古队调整工作思路，不再对既有城墙等进行“追踪”勘寻，而是在更大范围内展开以确定秦汉遗存分布范围为目的的考古勘探，寻找地下遗存分布的最远位置，并在地下遗存不再连续出现后，继续向外勘探300～500米的“空白区”，借此划定遗存最大的分布范围。

勘探工作以之前发现的一号古城南墙、西墙及新发现的二号古城西墙为起点，顺着生产路、田埂、水渠，向南、向西进行长距离的直线勘探，向南最长一列探孔从一号古城南墙开始向南长约2600米，向西最长一排探孔从二号古城西墙向西最长约4600米。后在石川河北侧、东侧进行向北、向东的长距离勘探，从石川河北岸开始的向北勘探，最长一列探孔长约1650米，从石川河东岸向东开始的向东勘探，最长一排探孔长约2650米。

在进行长距离勘探的过程中，2014年4月在二号古城西墙北段向西约1500米处发现连续的夯土遗存，与2013年底零星发现的地下遗存连片分布，正式将该处编号为“三号古城”。

经2014～2015年连续两年的大范围勘探，基本确定栎阳城遗址东侧跨过石川河，距二号古城东南角约1700米；遗址南侧边缘大体位于武屯街道的任家村、王北村、任赵村、三合村、耿东村、耿西村一带，南距一号古城南墙约1500米。西侧边缘大体位于武屯街道耿西村、新兴街道槐树村、仁和村、屈家村、张大夫村、官路村一带，向北至石川河，西距一号古城西墙约2600米。北侧边缘大体位于康桥镇的槐园、菩萨坡一带，北距二号古城北墙约1000米。因石川河分割，栎阳城遗址可分为石川河西、石川河东、石川河北三区，面积合计约36.51平方千米，一号、二号、三号古城均位于该范围之内（图1.2）。

在三号古城发现夯土遗存后，考古队对遗存进行了考古发掘。从发掘情况看，在地层和遗迹中出土花纹砖、葵纹瓦当、动物纹瓦当、云纹瓦当、素面瓦当等建筑材料，并出土槽形板瓦残块。后经确定，发掘的夯土之下仍叠压有早期夯土遗存，在该遗存下尚有东西向沟渠，其内出土动物纹半瓦当等遗物。根据地层堆积及出土遗物判断，该处建筑遗存的时代上限不早于战国中期，至迟到西汉早期建筑已破坏成废墟。

以此为线索，考古队在发现夯土遗存的周围展开了进一步勘探，在东北发现一座东西105、南北约100米的近方形院落。该院落东、北、西侧为宽10米左右的廊房遗迹，北侧廊房中间有宽约5.6米的门道，南侧中间门道宽约7.3米，两侧为边长14米左右的近方形夯土台基，向外通过宽约2米的围墙分别与东西廊房连接。院内尚未发现建筑遗存。在院落北门向北260米内发现四座夯土建筑基址。

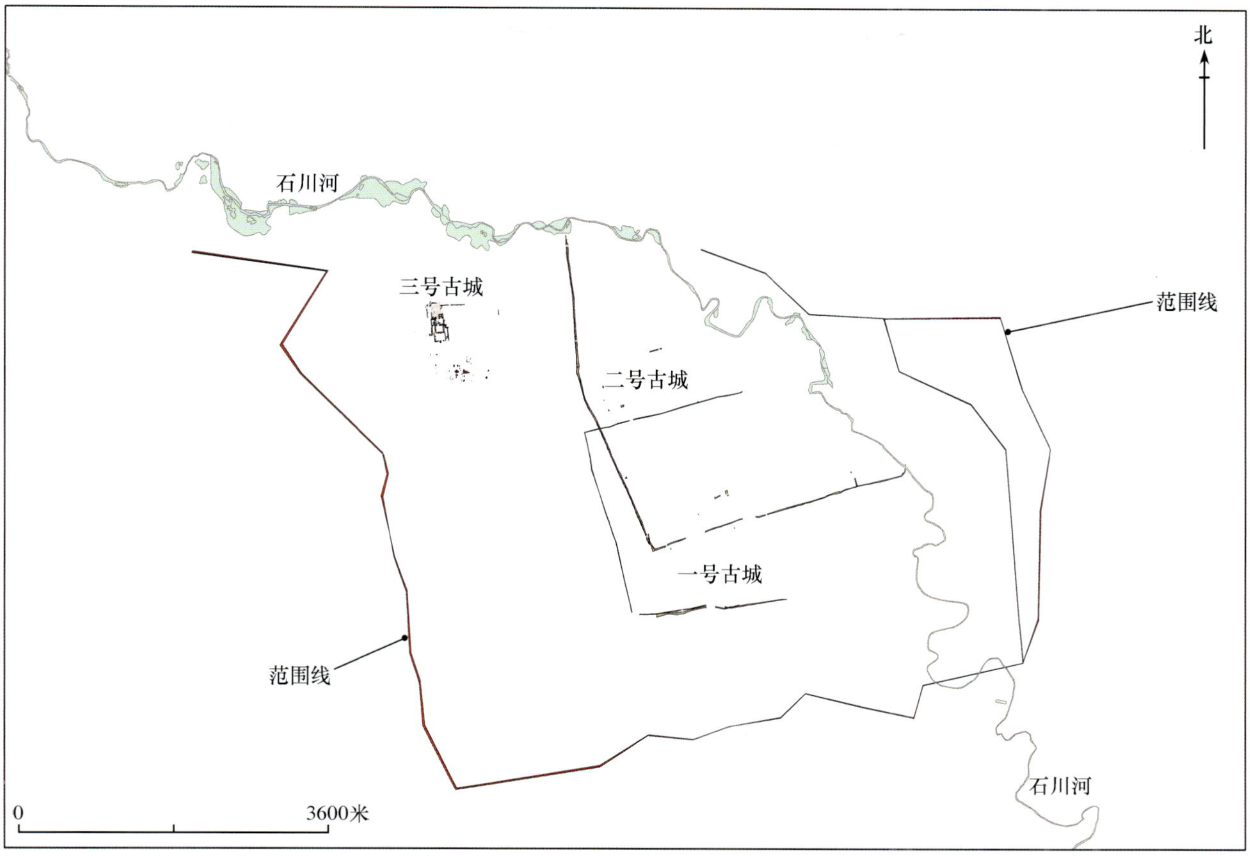

图1.2 秦汉栎阳城遗址一、二、三号古城分布图（2013～2018年）

通过2013～2014年度的考古勘探与试掘，基本确定了栎阳城遗址的四至范围。三号古城内遗存的发掘显示，建筑的上限不早于战国中期，西汉早期已破坏无存，其时间范围与文献所载的秦建都栎阳时间基本相合，三号古城大体应为战国秦栎阳城的所在，也应是汉初栎阳城的所在。

在前述大范围的考古勘探中，发现了丰富的古代河道、淤土等水相沉积，推测在栎阳城遗址范围内分布多座古城，应与不同时期石川河的泛滥改道不断冲毁而重建新城有直接关系。

2014年，为寻找与栎阳城遗址同时期的大型墓葬，考古队根据20世纪80年代的文物调查资料，在栎阳城遗址东北关山镇东南相传有两座大墓的位置开展了考古勘探。据介绍，该处早期曾有高大封土，后逐渐破坏无存。后经勘探确定，在今地面下封土大体为南北向长方形，南北残长约80、东西残宽约44米，之下分布南北两座墓葬。其中北侧墓葬编号M1，南侧墓葬编号M2，墓西均有一条墓道。其中M1墓道长约23、宽6.3～7.2米，墓室东西约16.7、南北约14.8米。M2墓道长约33.7、宽4.4～5.7米，墓室北缘位于M1墓室南缘向南约27米，墓室东西约9.7、南北约7.6米。由于周围农作物影响，尚未确定墓葬附近是否有陪葬坑、陪葬墓、墓园等相关设施。该墓被盗后于盗洞中发现牛骨，2014年北京大学考古文博学院科技考古与文物保护实验室对牛骨进行测年，为西汉晚期。

在勘探寻找关山镇东南大墓周围遗存的过程中，于其北侧勘探发现东西向大型沟渠。勘探确定，该沟渠大体呈西南—东北向，勘探长约9.93千米，口宽15～20、深4～6米，向东钻探至渭南市临渭区境后继续向东延伸，向西在关山镇叶家村西南一带被石川河故道冲毁。为确定沟渠的时代与性质，择点对其进行了考古发掘，探沟内沟渠口部残宽17.06～17.9、底部宽9.1～9.5、深4.26～4.36米。其内堆积显示，沟渠的使用至少经历四个时期，底部出土汉代绳纹筒瓦瓦片、砖块等，沟渠上部淤积中出土外素面内布纹筒瓦瓦片、瓷片。结合文献记载，初步判断该沟渠为西汉中期开凿，到唐代继续使用，推测其应为文献中记载的汉唐白渠遗存。

白渠作为古代中国最强盛的时代——汉代于首都地区兴建的最重要的国家水利工程，对后代关中引泾水利工程有着直接影响。栎阳城北白渠的勘探与试掘，是中国古代大型水利工程考古的重要发现，具有重要的学术价值。后在陕西省文物局的大力支持下，启动了对郑国渠、白渠的考古勘探，获得了有关郑国渠、白渠渠线、位置关系的新认识。相信随着今后该项工作的持续开展，相关认识将不断加深。

（3）2016～2018年考古勘探与发掘

在确定三号古城时代后，考古队的工作遂集中于三号古城，在2017年勘探发现前后两期的三号古城的北墙和西墙，其中前期北墙已探出东西长440、西墙南北长180米，后期北墙已探出东西长105、西墙南北长200米。但受三号古城区域蔬菜大棚等的严重影响，目前南墙和东墙尚未发现。

在三号古城北墙以南、西墙以东勘探的区域内，已发现由南向北编号为一号至四号建筑的四个大型夯土建筑台基。其中一号建筑位于南侧，规模最大，勘探东西长约67.5米；一号建筑向北约18米为二号建筑，勘探东西长41米，东部通过廊道等建筑与一号建筑连接；经发掘确定，一号建筑南北宽22.3米，二号建筑南北宽11、残高0.5～0.8米，台基外立面局部保留白灰墙皮。二号建筑向北约18米为三号建筑，勘探东西长约56.6米，向南通过廊道与二号建筑连接；三号建筑向北30.5米为四号建筑，勘探东西长约34.5、南北宽约10米。在四号建筑西侧4.7米发现五号建筑，勘探东西长约23.5、南北宽约13.5米。

在一号建筑台基向南约67米，即为之前勘探发现的东西105、南北约100米的近方形院落。

在勘探寻找三号古城南部范围的过程中，在前述大型院落向南170米左右，在东西约520、南北约410米范围内勘探发现较连续的红烧土和瓦砾分布区。进一步勘探显示，在该区中部存在四条南北向的东西宽3～4、南北最长约406米的大型沟渠，将该区域做出一定的区域划分。经2016、2017年试掘，初步确定该区域为手工业生产区。

为确定勘探遗存的年代、形制、性质和保存情况，考古队陆续对相关遗存进行了小规模发掘（图1.3）。发掘中，在三号建筑夯土台基内清理出半地下建筑，在四号建筑中发现浴室、壁炉遗迹，新确定的五号建筑发现浴室及与浴室地漏相连的管道、渗井等排水设施。从发掘情况看，其与之前勘探发现遗存同时建设，废弃时间也基本同时。

在三号古城发掘中，出土了大量内面饰麻点外面饰细绳纹、中粗绳纹的筒瓦、弧形板瓦、槽形板瓦和素面瓦当、动物纹瓦当、云纹瓦当等建筑材料，并出土了长73、径63厘米的巨型筒瓦，是迄今为止中国考古发现的最大的筒瓦，同时发现多个与辽宁碣石宫遗址B型大半圆瓦当纹饰相近的瓦当残片。从出土建筑材料看，三号古城应上承雍城，延续到西汉前期。从三号古城试掘清理的半地下室建筑、空心砖踏步、巨型筒瓦、瓦当、浴室、壁炉等遗迹遗物看，相关建筑遗存当为秦高等级宫殿建筑。

三号古城的考古勘探与发掘，不仅发现了集中分布的高等级夯土建筑，而且还出土之前未见

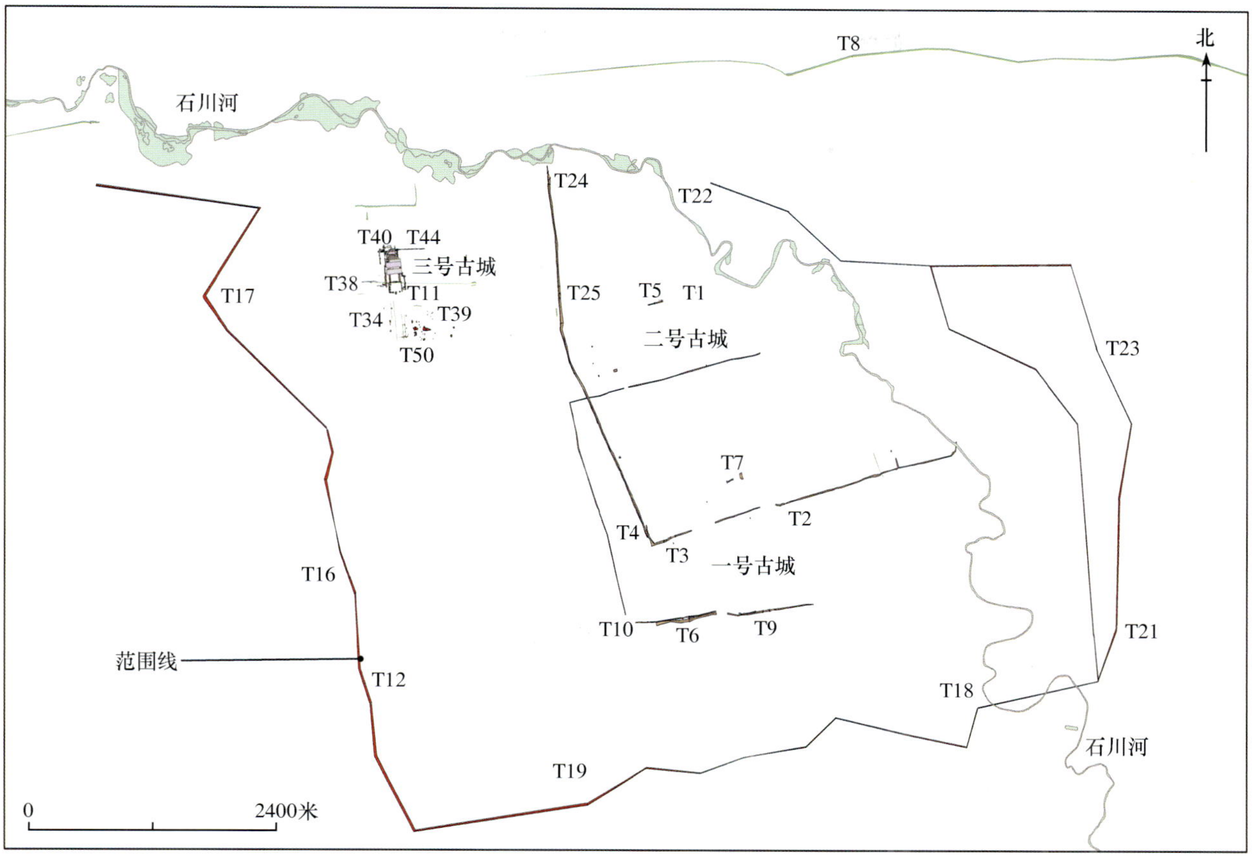

图1.3 秦汉栎阳城遗址发掘探方分布图（2013～2018年）

的动物纹瓦当、槽形板瓦等向来被认为是雍城遗址特色的建筑材料，将雍城遗址与栎阳城遗址的时代进行了有效衔接，显示出三号古城的时代上可自战国中期。进一步的发掘和整理显示，三号古城遗址废弃在汉早期。据文献记载，这段时间，正与文献记载的秦献公、秦孝公为都的栎阳、塞王司马欣都栎阳、汉王刘邦都栎阳、汉初高祖刘邦都栎阳的时代吻合，因此结合各种线索判断，三号古城目前看来应即是战国中期至西汉前期的栎阳城所在。

即三号古城上限不早于战国中期，与文献所载秦献公、孝公建都栎阳时间吻合，为战国秦都栎阳。从城址延续到西汉前期判断，其亦当为塞王司马欣之都，为汉初刘邦所都栎阳。

从栎阳考古发现看，除了三号古城发现的半地下建筑、浴室、壁炉等设施，空心砖踏步、巨型筒瓦、瓦当等遗物亦是目前为止在秦考古发掘中的最早发现，而且相当多的秦汉建筑制度也均应始于栎阳城。

2018年4月，栎阳城遗址入选“2017年度全国十大考古新发现”。

三、资料整理与报告编写

2018年7月，阎良区政府将三号古城核心区约95亩[1]土地从农户手中收征回来，以备该区域

① 1亩≈666.67平方米。

考古工作的进一步开展。此后，栎阳城遗址三号古城核心区的考古工作正式启动，从之前根据遗迹分布和土地情况的探沟式发掘，转入全面布方整体揭露较大体量古代遗存的新阶段。

在这种情况下，为更好更快地推进下一步田野考古工作，考古队商定以2018年为期，对之前1980～1981年、2012～2018年所获的全部考古资料开展集中整理，出版阶段性的考古工作报告。

在基本完成考古资料整理的文字和实物资料准备后，考古队商定体例和整理要求，展开绘图、照相、拓片等整理工作。先完成1980～1981年考古资料的整理和报告编写，随后展开2012～2018年考古资料的整理和报告编写。考虑到报告体量和经费等原因，2012～2018年的报告采取分卷出版形式，顺序公布相关资料。考虑到资料性质有异，在栎阳城遗址考古中穿插进行的郑国渠与白渠考古的相关资料，另行整理出版考古专刊。

与多数遗址发掘资料整理和出版报告往往采用挑选典型标本刊布的情况不同，从2016年编写《秦汉上林苑：2004～2012年考古报告》开始①，为让学界全面了解相关遗址情况，考古队一直致力于将工作所获所有资料完整公布。栎阳城遗址资料整理之初，全面、多角度、完整整理与公布考古资料，就成为整理和报告编写的“第一原则”，即在统一整理基础上，基本以探方为单位，逐一刊布全部发掘所得。

2013～2018年的资料整理，由刘瑞负责，李毓芳、张翔宇、高博共同商定和开展资料整理与报告的编写。考古队韩海鸥、路向东、梁美超、张盼、阳光、祝军辉、龚波、耿东、闫松林、张朋祥参与了考古资料的整理和拓片、照相、绘图等有关工作，中国社会科学院考古研究所科技中心张亚斌、张鹿野进行了部分的器物照相，西安天穹勘测信息有限公司在完成器物三维建模后，在中国社会科学院考古研究所李森、刘芳、李毓芳、刘瑞指导下完成器物图绘制。

报告介绍地层、遗迹、遗物等的文字描述，据考古惯例，对出土遗物进行统一的类型学分析，其中砖、瓦、瓦当等建筑材料延续《秦汉上林苑：2004～2012年考古报告》的分型标准，与遗迹、遗物有关的测量数据，在最后一项注明单位。

为叙述方便，除少数情况外，省略遗迹遗物前的出土年份和遗址编号中的地名简称，发掘时按探沟“TG”编号，整理时改为探方“T”编号。

若本报告公布资料与之前发表资料有不同处，以本报告为准。

---

① 中国社会科学院考古研究所、西安市文物保护考古研究院：《秦汉上林苑：2004～2012年考古报告》，文物出版社，2018年。

第二章　T1

T1位于西安市阎良区武屯镇任张村车门丁组西部，发掘面积20米×2米，方向为近南北向，352°。2013年12月8日至2013年12月20日进行了发掘（图2.1、图2.2）。

共出土器物22件，据用途，建筑材料14、陶器8件（表2.1）。除此之外，另出土残片45块，其中板瓦占11.11%，筒瓦占2.22%，陶管道占84.44%，陶片占2.22%[①]（表2.2）。

表2.1　T1出土器物登记表

编号	名称	材质	保存情况	重量/千克	分型	规格/厘米		
						长	宽	厚
G12：1	板瓦	陶	残	1.03	Bc4	23.8	20.5	1.8
G12：2	板瓦	陶	残	1.75	Ca1	34	25	1.3
G15：1	陶管道	陶	残	0.53	Ⅱ型	20.8	18.2	1.3
G15：2	陶管道	陶	残	1.05	Ⅱ型	33	15.8	1.5
G15：3	陶管道	陶	残	0.58	Ⅱ型	14	23	1.5
G15：4	筒瓦	陶	残	0.09	Ac2	8	6	1.2
G15：5	陶罐	陶	残	0.2		底部复原径20	残高7	0.7～1
G15：6	陶管道	陶	完整	9.25	Ⅰ型	54.3	外径21～23.4	1.2
G15：7	陶管道	陶	完整	10.05	Ⅰ型	62	外径19.1～23.4	1.1
G15：8	陶管道	陶	完整	10.06	Ⅰ型	61	外径19.2～22.7	1
G15：9	陶管道	陶	完整	10.15	Ⅰ型	58.5	外径18.8～23.1	1
G15：10	陶管道	陶	完整	8.56	Ⅰ型	55.6	外径18.5～22.5	1.1
G15：11	陶管道	陶	完整	8.82	Ⅰ型	57	外径18～23	1.1
M29：1	陶盆	陶	可复原	1.9		口径33.5	底径16.5	高13.8
M29：2	陶瓮	陶	可复原	21.4（含石膏）		口径22.5	底径20.8	高29.1
M30：1	陶盆	陶	可复原	0.8		口径24	底径10	高8
M30：2	陶盆	陶	可复原	6.25（含石膏）		口径52.3	底径24.5	高24.5
M30：3	陶盆	陶	可复原	15.7（含土）		口径47.5	底径23	高22.3
M30：4	板瓦	陶	残	2.2	Ca1	39	36.2	1.1
M30：5	筒瓦	陶	残	0.5	Ba4	19.7	13.2	1.3
M31：1	陶盆	陶	可复原	6.5		口径47.5	底径23.5	高22.5
M31：2	陶瓮	陶	可复原	33.75（含石膏）		口外径31	底径28.5	高66.5

① 所占比例数据因四舍五入的原因，会出现99.9%和100.1等情况，特此说明。

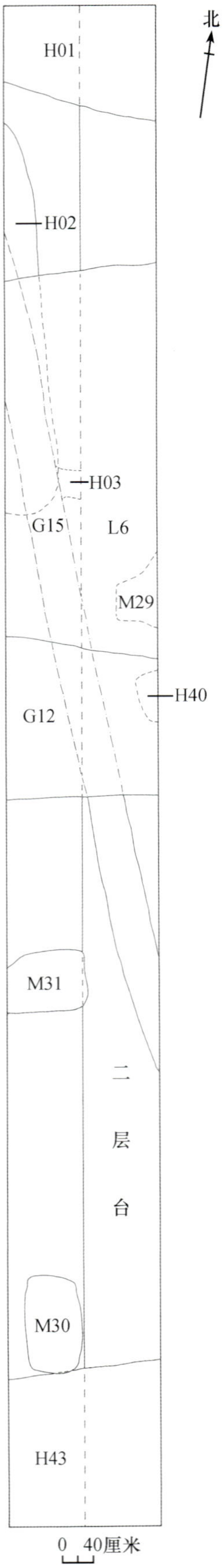

图2.1 T1总平面图

图2.2 T1全景照（上：南—北；下：北—南）

表2.2 T1出土遗物统计总表

名称	分型/纹饰①	G12/件	G15/件	合计/件	百分比/%
		灰陶	灰陶		
板瓦	Ca1	2		2	4.44
	Ba4	3		3	6.67
筒瓦	Ac2		1	1	2.22
陶管道			38	38	84.44
陶片	素面		1	1	2.22
合计		5	40	45	100.00
百分比/%		11.11	88.89	100.00	

第一节　地　　层

根据土质、土色及包含物特征的不同分11层，地层按四壁分别介绍如下。

1. 北壁

第1层：浅灰色耕土。厚0.32～0.34米。分布全方，堆积近平。土质松软，结构疏松，内含大量植物根系、塑料袋、炭渣、白灰颗粒、红色砖颗粒等。H01开口于下。之下是第8层。

第8层：浅褐色土。深2.1～2.16、厚0.13～0.16米。分布全方，堆积近平。土质较软，结构较疏松，呈块状或颗粒状，内含少量红烧土颗粒、瓦片。

第9a层：浅黄色土。深2.16～2.18、厚0.24～0.32米。分布全方，为西高东低的坡状堆积。土质较软，结构较疏松，纯净，无包含物。

第9b层：浅褐色土。深2.52～2.58、厚0.18～0.25米。分布全方，堆积近平。土质较软，结构较疏松，纯净，无包含物。

第9c层：浅黄色土。深2.76～2.79、厚0.17～0.19米。分布全方，堆积近平。土质松软，结构疏松，纯净，无包含物。

第10层：灰褐色土。深2.94～2.97、厚0.27～0.31米。分布全方，堆积近平。土质较硬，结构较致密，内含少量蜗牛壳、木炭粒。

第11层：深褐色土。深3.21～3.26、厚0.28～0.37米，分布全方，堆积近平。土质较硬，结构较致密，纯净，无包含物（图2.3、图2.4）。

之下未发掘，在距地表深约3.5米以下向下钻探6米，仍未到底，探孔显示均为自然淤积层，未见生土。将探孔D1内地层介绍如下。

第1层：黄色细沙淤土。深0～1.8米。

第2层：浅褐色淤土。深1.8～2米。土质较硬，结构较致密。

第3层：黄色细沙。深2～3米。土质略松，结构较疏松。

第4层：浅褐色淤土。深3～5.2米。土质较软，结构疏松。

① 分型/纹饰栏登记器物型式情况，以及未分型者的纹饰特征，特此说明。

图2.3　T1北壁剖面照

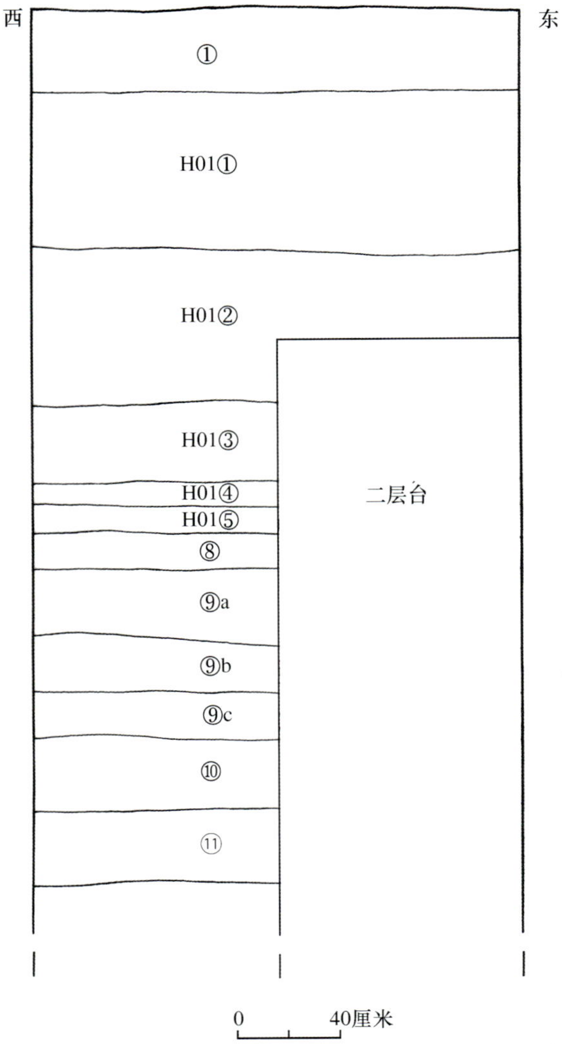

图2.4　T1北壁剖面图

第5层：浅褐色淤泥。深5.2～6米。土质较硬，结构较致密。未向下继续勘探。

2. 东壁

第1层：浅灰色耕土。厚0.16～0.52米。分布全方，堆积不平。土质松软，结构疏松，内含大量植物根系、塑料袋、炭渣、白灰颗粒、红色砖颗粒等。H01开口于下。

第2层：浅黄色扰土。深0.16～0.52、厚0.1～0.58米。分布于探方中南部，堆积不平。土质较硬，结构较致密，内含少量的灰色砖渣、白灰颗粒、炭渣等。G12、L6开口于下。

第3a层：浅黄色土。深0.52～0.68、厚0～0.32米。分布于探方的南部，堆积近平。土质较硬，结构较致密，内含少量的红烧土粒、炭粒等。

第3b层：浅黄色土。深0.5～0.66、厚0～0.21米。分布于探方中部，堆积近平坦。土质坚硬，结构致密，纯净，无包含物。M29开口于下。

第3c层：浅黄色土。深0.18～0.52、厚0～0.4米。分布于探方北部，为北高南低的坡状堆积。土质松软，结构疏松，夹杂褐色，纯净，无包含物。

第3d层：浅灰褐色土。深0.51～0.68、厚0～0.5米。分布于探方北部，为北高南低的坡状堆积。土质较硬，结构较致密，内含少量红烧土颗粒等。

第4层：浅褐色土。深0.72～0.92、厚0～0.3米。分布于探方中南部，堆积近平。土质较硬，结构较致密，纯净，无包含物。

第5a层：浅褐色土。深0.94～1.06、厚0～0.38米。分布于探方南部，为北高南低的坡状堆积。土质较硬，结构较致密，纯净，无包含物。

第5b层：浅褐色土。深0.86～1.2、厚0～0.4米。分布于探方中南部，堆积近平。土质较硬，结构较致密，纯净，无包含物。H43开口于下。

第5c层：褐色土。深0.62～1.2、厚0～0.62米。分布于探方北部，堆积近平。土质较硬，结构较致密。

第6层：浅黄褐色土。深1.17～1.28、厚0～0.26米。分布全方，堆积近平。土质较硬，结构较致密，内含少量木炭粒。H03、G15开口于下。

第7层：浅黄色土。深1.36～1.5、厚0～0.68米。分布全方，堆积近平。土质松软，结构疏松。

第8层：浅褐色土。深1.69～1.88、厚0～0.34米。分布全方，堆积近平。土质较软，结构较疏松，呈块状或颗粒状，内含少量红烧土颗粒。

第9a层：浅黄色土。深1.98～2.1、厚0～0.32米。分布全方，堆积近平。土质较软，结构较疏松，纯净，无包含物。

第9b层：浅褐色土。深2.24～2.4、厚0～0.28米。分布全方，堆积近平。土质较软，结构较疏松，纯净，无包含物。

第9c层：浅黄色土。深2.36～2.7、厚0.12～0.42米。分布全方，堆积近平。土质较软，结构较疏松，纯净，无包含物。

第10层：灰褐色土。深2.66～2.78、厚0.24～0.38米。分布全方，堆积近平。土质较硬，结构较致密，内含少量蜗牛壳、木炭粒。

第11层：深褐色土。深2.98～3.16、厚0.32～0.62米，分布全方，堆积近平。土质较硬，结构较致密，纯净，无包含物（图2.5）。

3. 南壁

第1层：浅灰色耕土。厚0.29～0.31米。分布全方，堆积不平。土质松软，结构疏松，内含大量植物根系、塑料袋、炭渣、白灰颗粒、红色砖颗粒等。

第2层：浅黄色扰土。深0.29～0.31、厚0.44～0.5米。分布于探方中南部，堆积不平。土质较硬，结构较致密，内含少量灰色砖渣、白灰颗粒、炭渣等。

第3a层：浅黄色土。深0.63～0.7、厚0.25～0.3米。分布于探方南部，堆积近平。土质较硬，结构较致密，内含少量红烧土粒、炭粒等。

第4层：浅褐色土。深0.94～0.96、厚0.1～0.33米。分布于探方中南部，为东高西低的坡状堆积。土质较硬，结构较致密，纯净，无包含物。

第5b层：浅褐色土。深1.01～1.18、厚0～0.17米。分布于探方中南部，堆积近平。土质较硬，结构较致密，内含纯净，无包含物。H43开口于下。

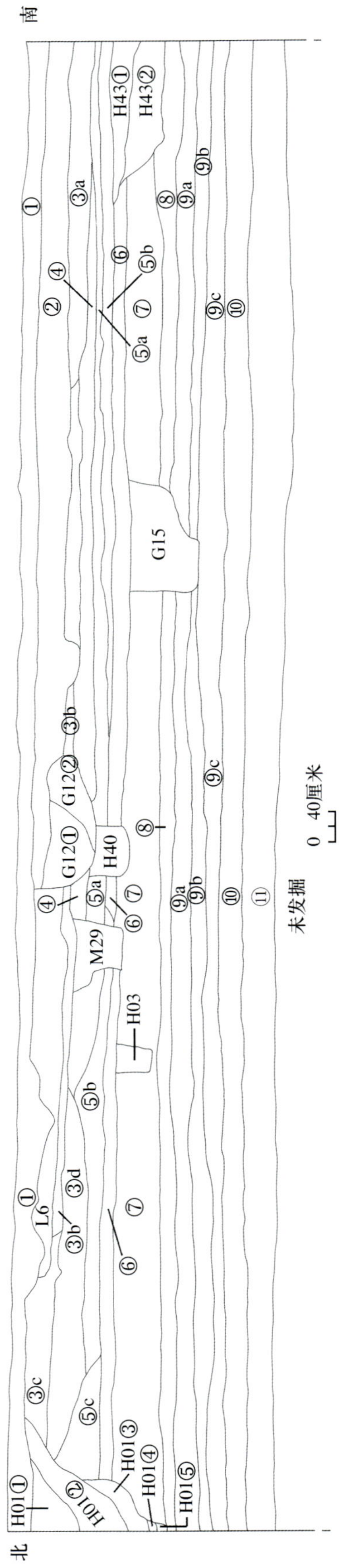
南
北
H43①
H43②
G15
G12①
G12②
H40
M29
H03
L6
H01①
H01②
H01③
H01④
H01⑤
未发掘
0 40厘米

图2.5 T1东壁剖面图

第8层：浅褐色土。深186～1.94、厚0.09～0.12米。分布全方，堆积近平。土质较软，结构较疏松，呈块状或颗粒状，内含少量红烧土颗粒。

第9a层：浅黄色土。深2.05～2.15、厚0.23～0.28米。分布全方，堆积近平。土质较软，结构较疏松，纯净，无包含物。

第9b层：浅褐色土。深2.34～2.38、厚0.16～0.19米。分布全方，堆积近平。土质松软，结构疏松，纯净，无包含物。

第9c层：浅黄色土。深2.53～2.57、厚0.22～0.24米。分布全方，堆积近平。土质松软，结构疏松，纯净，无包含物。

第10层：灰褐色土。深2.76～2.8、厚0.25～0.32米。分布全方，为西高东低的坡状堆积。土质较硬，结构较致密，内含少量木炭粒。

第11层：深褐色土。深3.04～3.09、厚0.4～0.46米。分布全方，堆积近平。土质较硬，结构较致密，纯净，无包含物（图2.6、图2.7）。

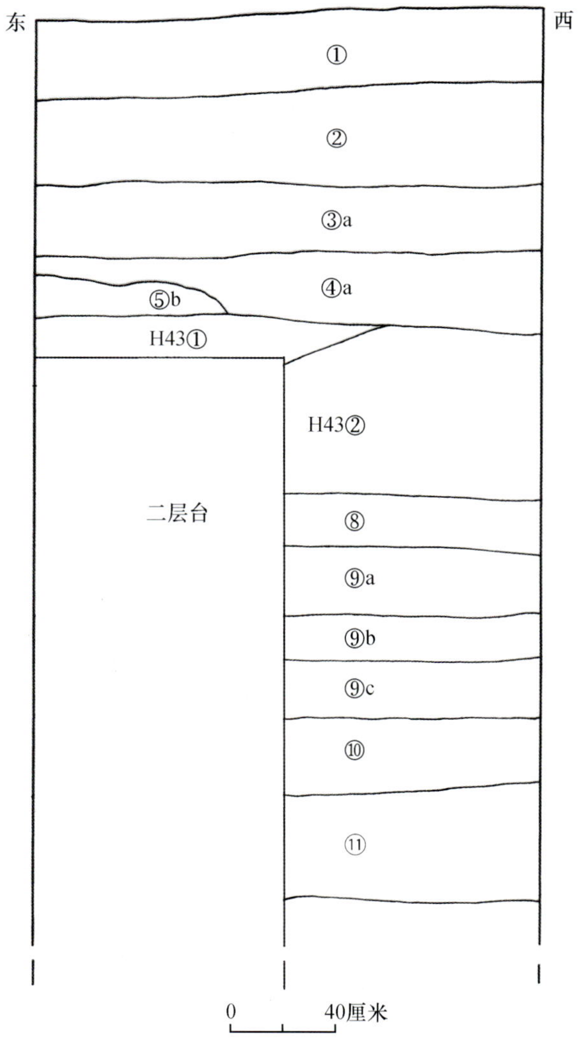

图2.6　T1南壁剖面图

图2.7　T1南壁剖面照

4. 西壁

第1层：浅灰色耕土。厚0.24～0.43米。分布全方，堆积不平。土质松软，结构疏松，内含大量植物根系、塑料袋、炭渣、白灰颗粒、红色砖颗粒等。H01开口于下。

第2层：浅黄色扰土。深0.24～0.43、厚0～0.54米。分布于探方中南部，为北高南低的坡状堆积。土质较硬，结构较致密，内含少量灰色砖渣、白灰颗粒、炭渣等。G12、L6开口于下。

第3a层：浅黄色土。深0.63～0.73、厚0～0.34米。分布于探方的南部，为北高南低的坡状堆积。土质较硬，结构较致密，内含少量红烧土粒、炭粒等。

第3b层：浅黄色土。深0.51～0.84、厚0～0.28米。分布于探方中部，为北高南低的坡状堆积。土质坚硬，结构致密，纯净，无包含物。

第3c层：浅黄色夹杂褐色土。深0.24～0.34、厚0～0.38米。分布于探方北部，堆积不平。土质松软，结构疏松，纯净，无包含物。

第3d层：浅灰褐色土。深0.55～0.7、厚0～0.45米。分布于探方北部，为北高南低的坡状堆积。土质较硬，结构较致密，内含少量红烧土颗粒、蜗牛壳等。

第3e层：浅灰褐色土。深0.9～0.96、厚0～0.54米。分布于探方北部，堆积不平。土质较硬，结构较致密，内含少量红烧土颗粒等。

第4层：浅褐色土。深0.81～0.99、厚0～0.24米，分布于探方中南部，堆积不平。土质较硬，结构较致密，纯净，无包含物。H40开口于下。

第5a层：浅褐色土。深0.82～1.11、厚0～0.35米。分布于探方南部，为北高南低的坡状堆积。土质较硬，结构较致密，内含纯净，无包含物。M31开口于下。

第5b层：浅褐色土。深0.87～1.32、厚0～0.22米。分布于探方中南部，为北高南低的坡状堆积。土质较硬，结构较致密，纯净，无包含物。H02、H43开口于下。

第6层：浅黄褐色土。深1.22～1.36、厚0～0.24米。分布全方，堆积不平。土质较硬，结构较致密，内含少量蜗牛壳、木炭粒。G15开口于下。

第7层：浅黄色土。深1.34～2.08、厚0～0.66米。分布全方，堆积近平。土质松软，结构疏松。

第8层：浅褐色土。深1.88～2.08、厚0～0.28米。分布全方，堆积近平。土质较软，结构较疏松，呈块状或颗粒状，内含少量红烧土颗粒。

第9a层：浅黄色土。深2.12～2.2、厚0～0.3米。分布全方，堆积近平。土质较软，结构较疏松，纯净，无包含物。

第9b层：浅褐色土。深2.37～2.51、厚0.03～0.3米。分布全方，堆积不平。纯净，无包含物。

第9c层：浅黄色土。深2.48～2.76、厚0～0.32米。分布全方，堆积近平。土质松软，结构疏松，纯净，无包含物。

第10层：灰褐色土。深2.8～2.92、厚0.24～0.35米。分布全方，堆积近平。土质较硬，结构较致密，内含少量蜗牛壳、木炭粒。

第11层：深褐色土。深3.04～3.26、厚0.3～0.6米。分布全方，堆积近平。土质较硬，结构较致密，纯净，无包含物（图2.8）。

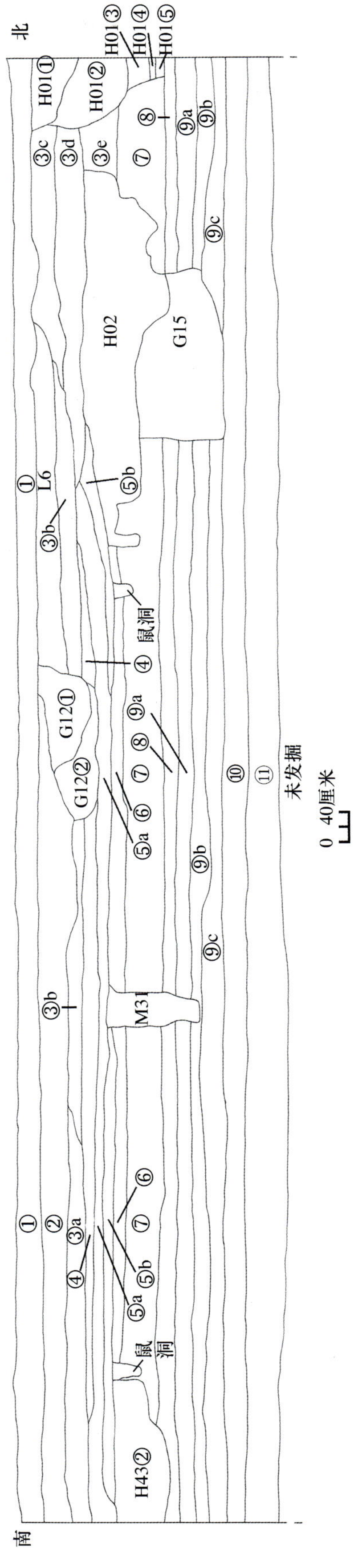
北
南
H01①
H01②
H01③
H01④
H01⑤
H02
G15
G12①
G12②
L6
M31
H43②
鼠洞
未发掘
0 40厘米

图2.8 T1西壁剖面图

第二节　遗　　迹

共清理遗迹单位4种11个（表2.3），其中灰坑5座、墓葬3座、沟2条、道路1条，分别介绍如下（图2.9）。

图2.9　T1夯土及第2～6层下遗迹平面图

1. T1夯土范围图　2. T1第2层下遗迹平面图　3. T1第3b层下遗迹平面图　4. T1第4层下遗迹平面图　5. T1第5a层下遗迹平面图　6. T1第5b层下遗迹平面图　7. T1第6层下遗迹平面图

表2.3 T1遗迹登记表

编号	形制	开口层位	打破关系	备注
H01	四边形	第1层下	打破第3c、3d、5c、6、7层	
H02	半椭圆形	第5b层下	打破第6、7层与G15	
H03	不规则形	第6层下	打破第7层，同时被G15打破	
H40	不规则形	第4层下	打破第5a、6、7层	
H43	近方形	第5b层下	打破第6～8层	
M29	不规则形	第3b层下	打破第4、5a、5b、6、7层	竖穴土坑陶棺墓
M30	圆角长方形	第5a层下	打破第5b、6层	竖穴土坑陶棺墓
M31	圆角长方形	第5a层下	打破第5b、6～9b层	竖穴土坑陶棺墓
L6	长条形	第2层下	打破第3b、3c层，同时被G12打破	
G12	长条形	第2层下	打破第3b、4层与L6、H40	
G15	长条形	第6层下	打破第7～9c层，同时被H02打破	

（一）灰坑

共清理灰坑5座，其中开口于第1层下1座、第4层下1座、第5b层下2座、第6层下1座。灰坑编号是本探方编号，不在发掘遗迹登记总表编号内。分别介绍如下。

1. H01

位于T1的北部，北部延伸出探方。开口于第1层下，打破第3c、3d、5c、6、7层。平面呈四边形，斜壁，坑底近平。口距地表深0.2～0.34米，南北1～1.52、东西2、深1.81、底南北0.08～0.26米。填土分为5层，据当地人讲其为一现代打井用的蓄水坑（图2.10）。时代应为现代。

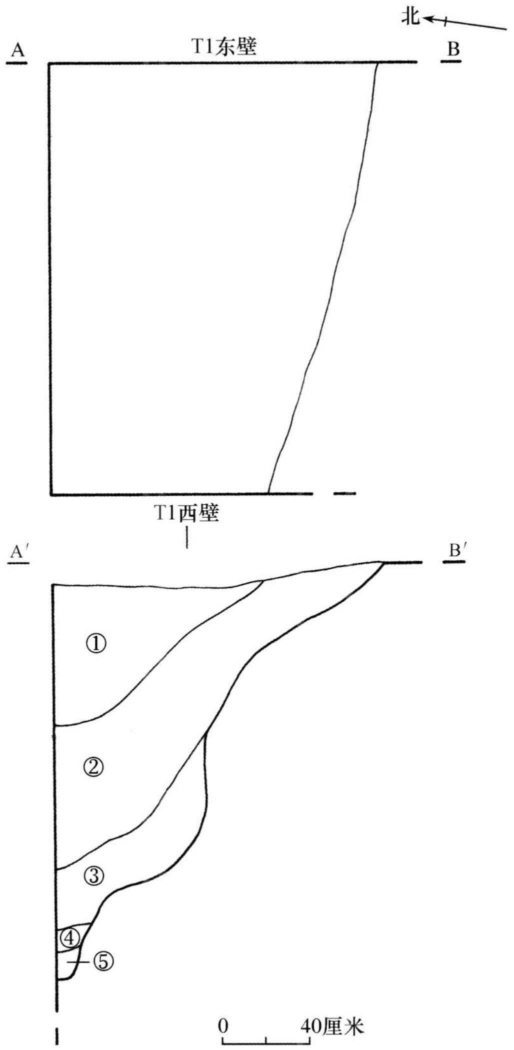

图2.10 H01平、剖面图

2. H02

位于T1的西北部，其西部延伸出探方。开口于第5b层下，打破G15及第6、7层。呈半椭圆形，直壁，底凹凸不平。口距地表深0.9～1.25米，口南北5.14、东西0.7、深0.12～1.18米。土质松软，结构疏松，呈浅黄灰色，花土，内含少量灰色瓦片残渣（图2.11）。时代应为西汉晚期至新莽时期。

3. H03

位于T1的中北部，其东延伸至东部二层台，距北壁6.06米。开口于第6层下，被G15打破，打破第7层。

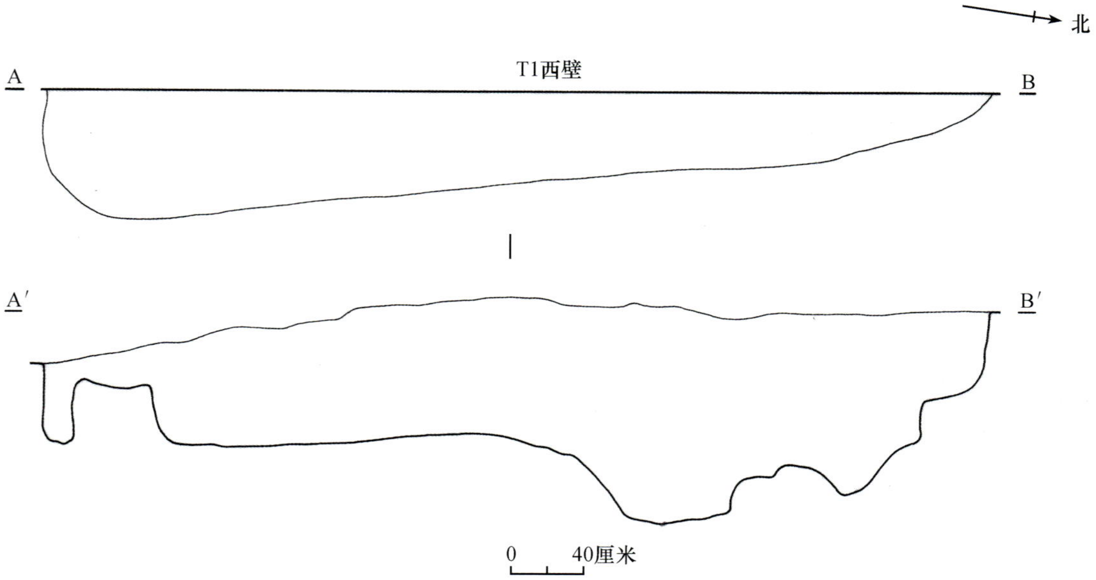

图2.11　H02平、剖面图

平面呈不规则形，斜壁，平底。口距地表深1.3米，口东西0.32、南北0.37、深0.48米。土质松软，结构疏松，呈浅褐色，纯净，无包含物（图2.12）。时代应为西汉晚期至新莽时期。

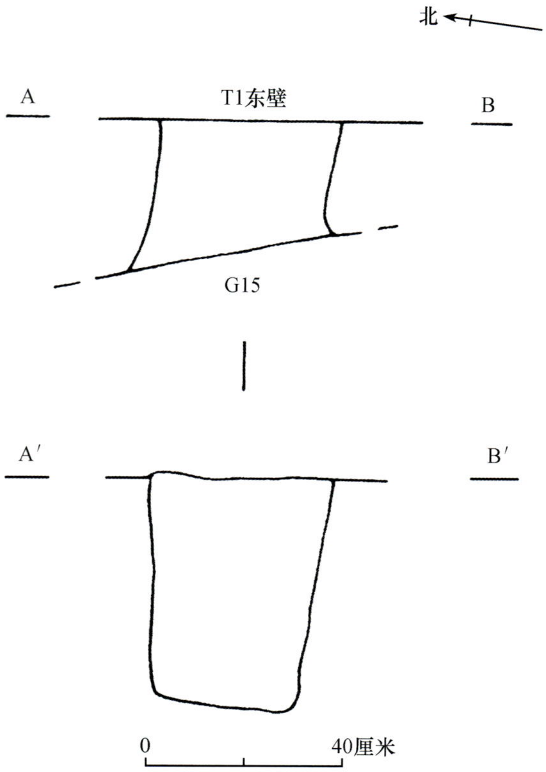

图2.12　H03平、剖面图

4. H40

位于T1中东部，东部延伸出探方。开口于第4层下，打破第5a、6、7层。平面呈不规则形，直壁，底下凹。口距地表深0.98～1.04米，南北0.68、东西0.1～0.29、深0.48米。土质松软，结构疏松，灰褐色土，内含零星木炭粒（图2.13）。时代应为西汉晚期至新莽时期。

5. H43

位于T1的南端，其东、南、西部延伸出探方。开口于第5b层下，打破第6～8层。平面呈近方形，斜壁，底凹凸不平。口距地表深1.2～1.33米，口南北1.94～2.2、东西2、深0.46～0.75米。土质松软，结构疏松，呈灰褐色，内含少量灰色瓦片残渣、木炭粒（图2.14）。时代应为西汉晚期至新莽时期。

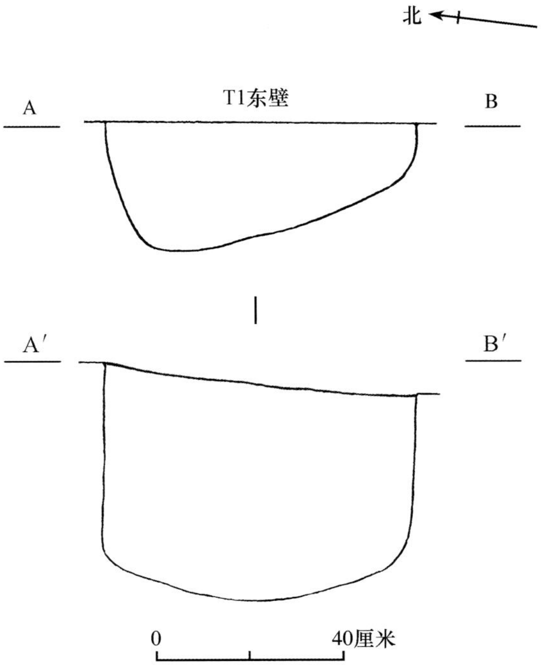

图2.13　H40平、剖面图

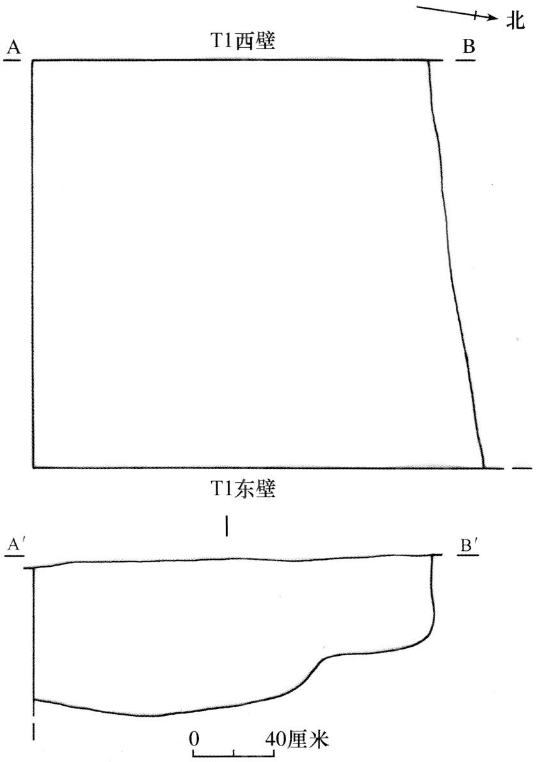

图2.14　H43平、剖面图

（二）墓葬

发掘墓葬3座，其中开口于第3b层下1座、第5a层下2座。分别介绍如下。

1. M29

位于Tl中部东壁下，东部延伸出探方外。方向352°。开口于第3b层下，打破第4、5a、5b、6、7层。平面呈不规则形，斜壁，平底。距地表深0.75～0.8米，南北0.5～1、东西0.52、深0.74米。

葬具为陶瓮和陶盆各1件上下相扣而成，通高41厘米。陶瓮内清理出少量残破骨片和小陶片，推测该墓埋葬的应是1月左右的婴儿。除葬具外无其他出土遗物（图2.15、图2.16）。时代应为西汉晚期至新莽时期。

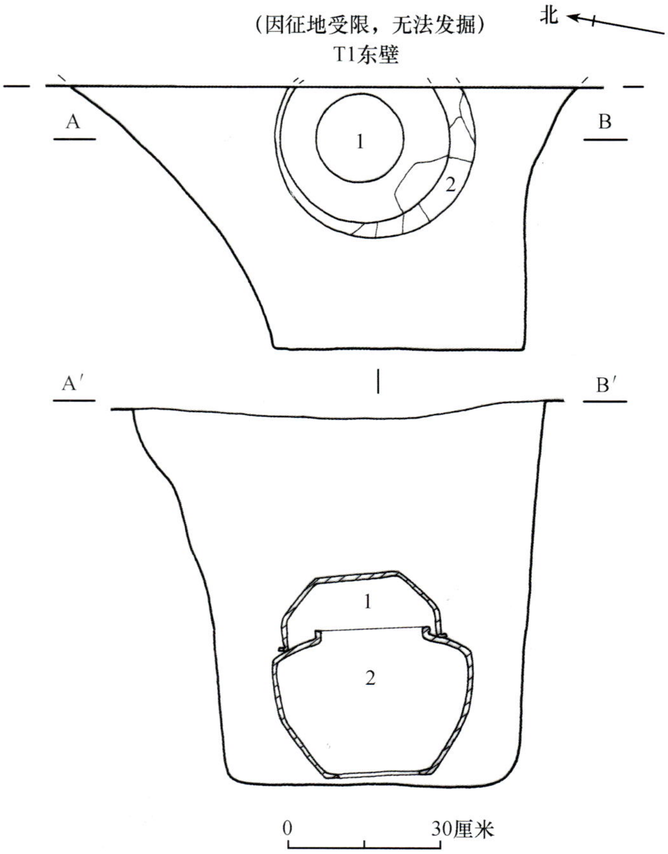

图2.15　M29平、剖面图
1. 陶盆　2. 陶瓮

图2.16　M29下部全景照（东—西）

陶盆 1件。M29：1，可复原。泥质灰陶。侈口，方唇，平折沿，圆肩，斜腹，平底内凹。肩饰两周凹弦纹，弦纹之间为柳叶状虫蛹形纹，腹饰少量绳纹，内壁轮制痕迹明显。口径33.5、底径16.5、高13.8厘米（图2.17、图2.18）。

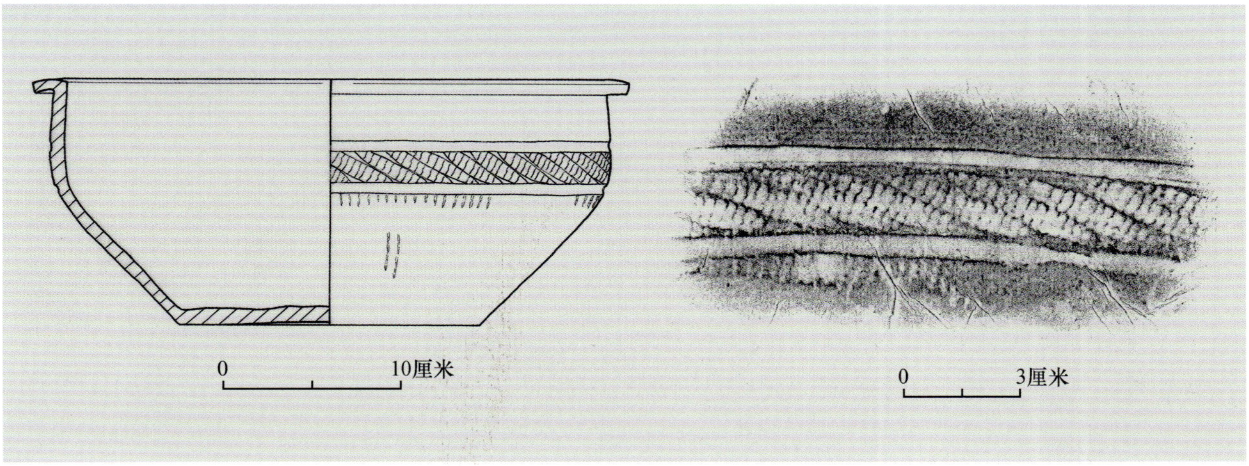

图2.17 陶盆（M29：1）线图及肩腹部纹饰拓片

图2.18 陶盆（M29：1）正面照片

陶瓮 1件。M29：2，可复原。泥质深灰陶。直口，圆唇，圆肩，弧腹，平底。口部饰一周宽凸弦纹，器表饰两周凹弦纹，下凹弦纹上方有一道椭圆形小戳印纹，内壁轮制痕迹明显。口径22.5、底径20.8、高29.1、沿宽3厘米（图2.19、图2.20）。

2. M30

位于T1南部，距南壁2.01米。方向352°。开口于第5a层下，打破第5b、6层。平面呈圆角长方形，竖穴土坑，直壁，底呈凹状。口距地表深1.38～1.4米，南北1.26、东西0.66～0.73、深0.7米。葬具为一件陶盆上面扣两件陶盆，形成一陶棺，陶棺的南部贴有残板瓦一片。葬具直径0.38、高0.5

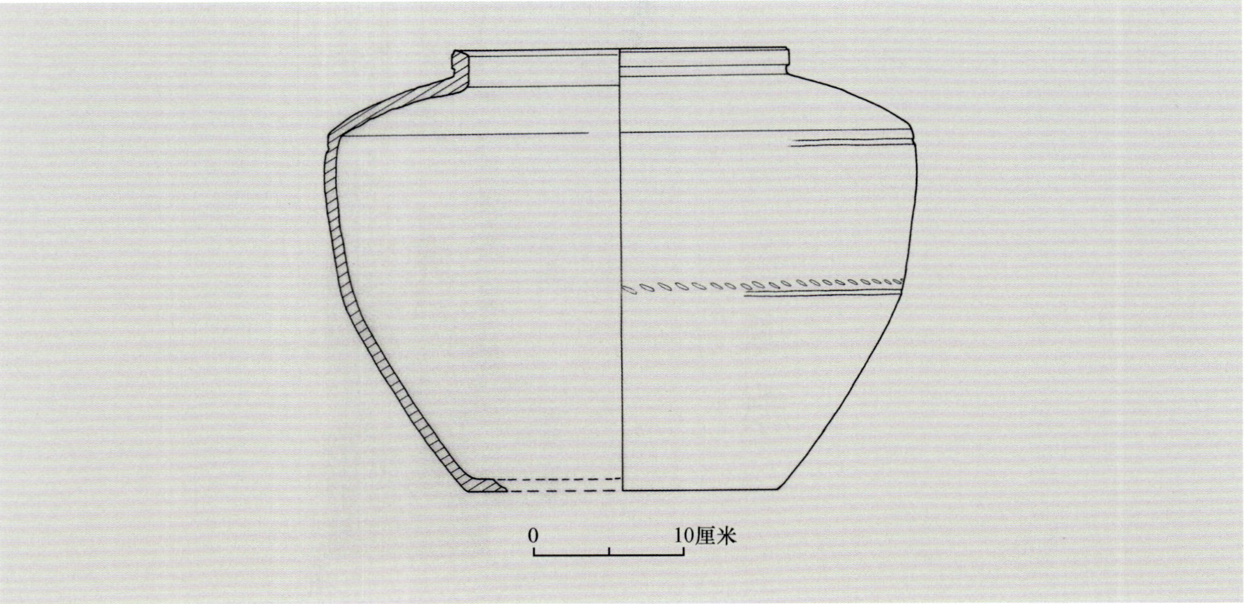

图2.19　陶瓮（M29：2）线图

图2.20　陶瓮（M29：2）正面照片

米。填土呈黄褐色，花土，土质较松软，结构较疏松，内含少量灰色瓦片残渣等，填土中出土筒瓦1件。从发掘情况看，该墓为瓮棺葬，埋葬一婴儿（图2.21）。时代应为西汉晚期至新莽时期。

墓中出土器物5件，其中陶盆3件、弧形板瓦1件、筒瓦1，分别介绍如下。

陶盆　出土3件。

M30：1，可复原。侈口，尖唇，折腹，平底。肩饰两周凹弦纹，弦纹下为柳叶状虫蛹形纹。口径24、底径10、高8、沿宽1.2、厚1厘米（图2.22、图2.23）。

M30：2，可复原。侈口，折沿，方唇，斜腹，平底。腹上部饰三周凹弦纹。口径52.3、底径24.5、高24.5、沿宽3、厚0.8厘米（图2.24、图2.25）。

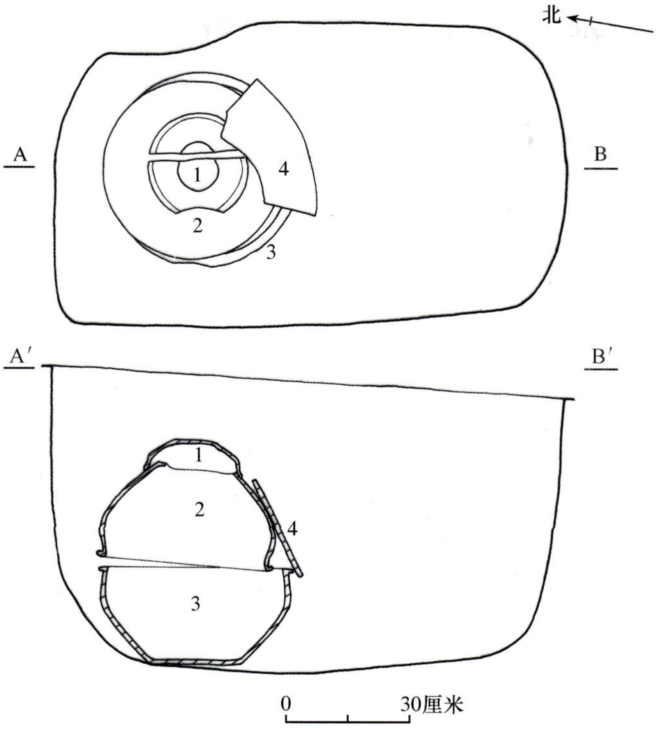

图2.21 M30平、剖面图
1～3. 陶盆 4. 板瓦残片

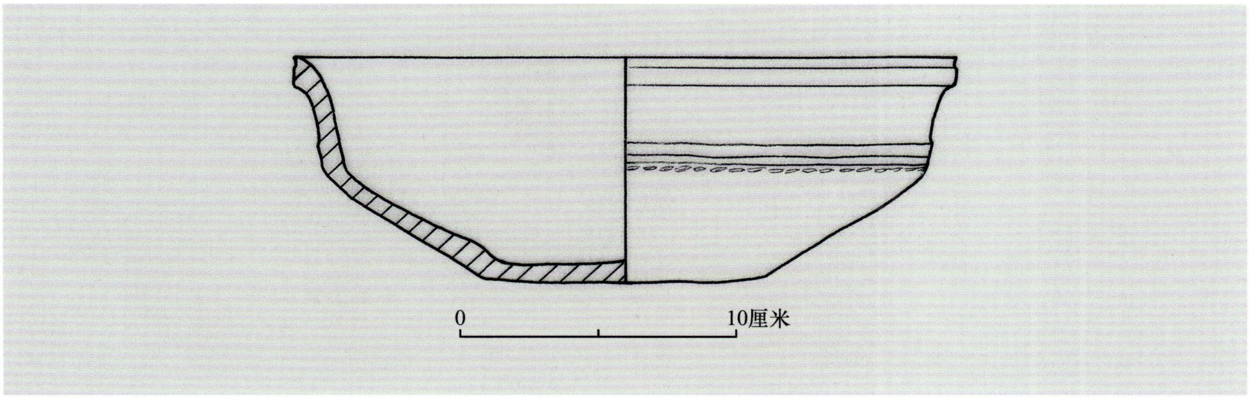

图2.22 陶盆（M30：1）线图

图2.23 陶盆（M30：1）正面照片

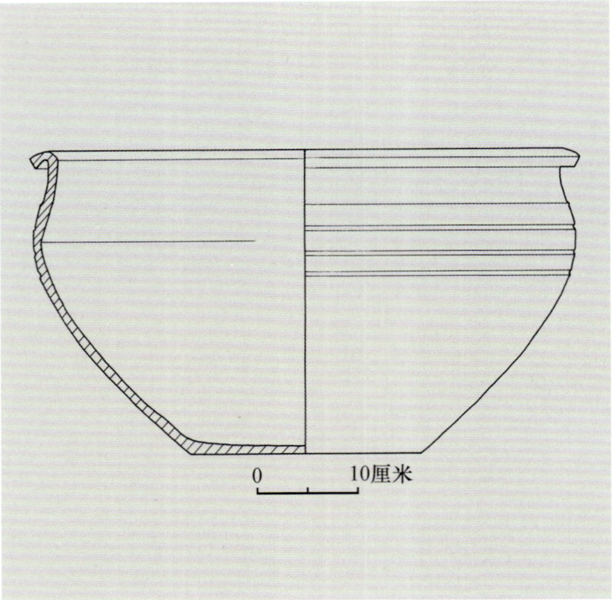

图2.24　陶盆（M30：2）线图

图2.25　陶盆（M30：2）正面照片

M30：3，可复原。平折沿，方唇，斜腹，平底。肩饰一周弦纹，弦纹上下各饰一周柳叶状虫蛹形纹。口径47.5、底径23、高22.3、沿宽2.5、厚1厘米（图2.26、图2.27）。

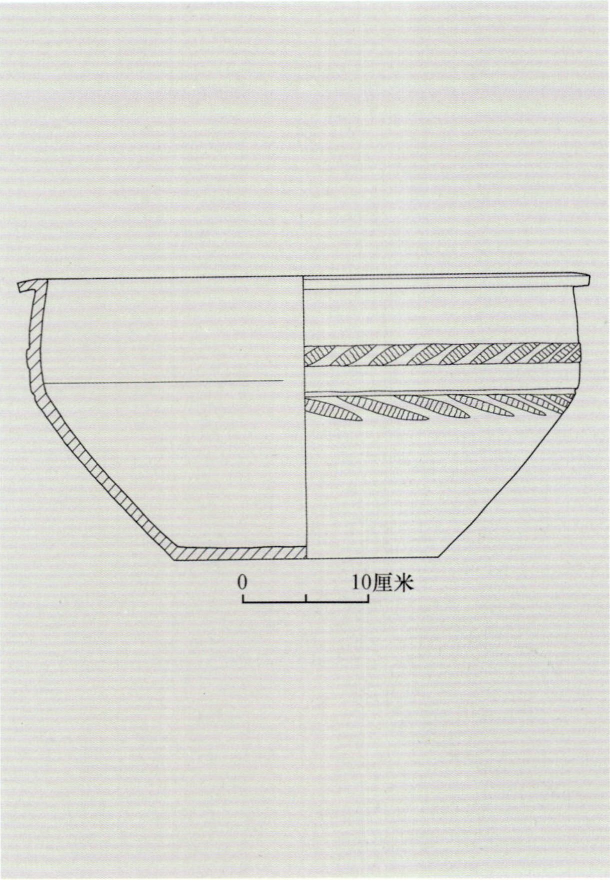

图2.26　陶盆（M30：3）线图及肩腹部纹饰拓片

图2.27　陶盆（M30：3）正视及俯视照片

弧形板瓦 1件。属Ca1型。M30：4，残。瓦呈灰色。表面饰粗交错绳纹，内面素面，瓦一头有绳纹抹平部分。长39、宽36.2、厚1.1厘米（图2.28、图2.29）。

图2.28 Ca1型板瓦（M30：4）侧、表、内面照片

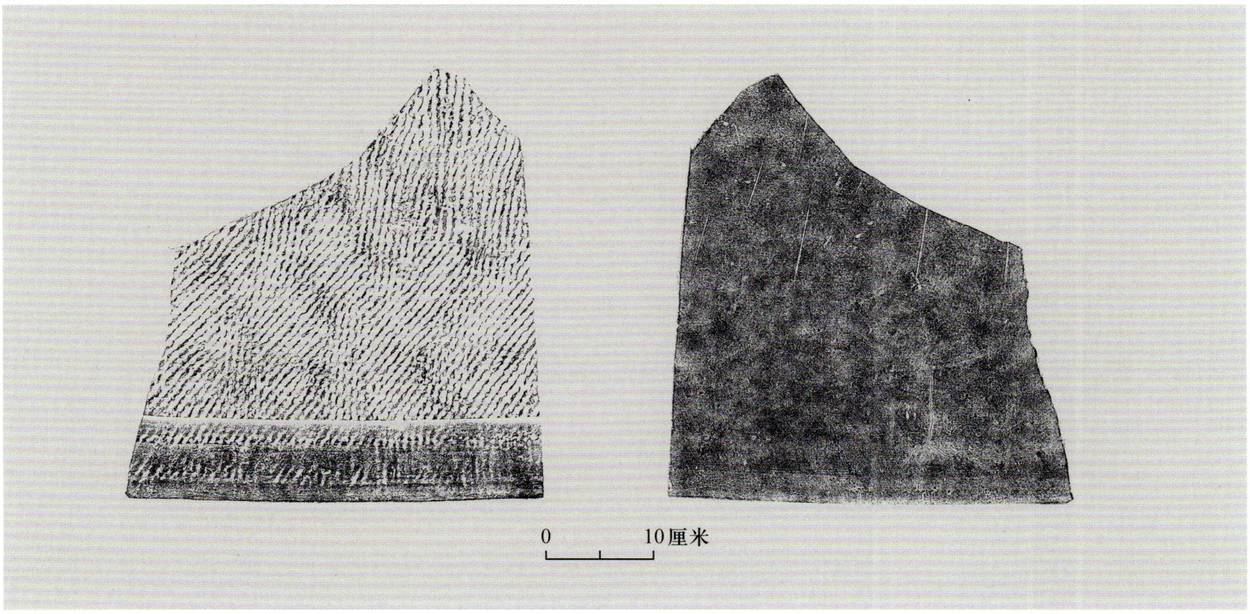

图2.29 Ca1型板瓦（M30：4）表、内面拓片

筒瓦　1件。属Ba4型。M30：5，残。表面饰中粗交错绳纹，内面饰布纹。长19.7、残径13.2、厚1.3厘米，瓦唇长2.5、厚0.8厘米（图2.30、图2.31）。

图2.30　Ba4型筒瓦（M30：5）表、内面照片

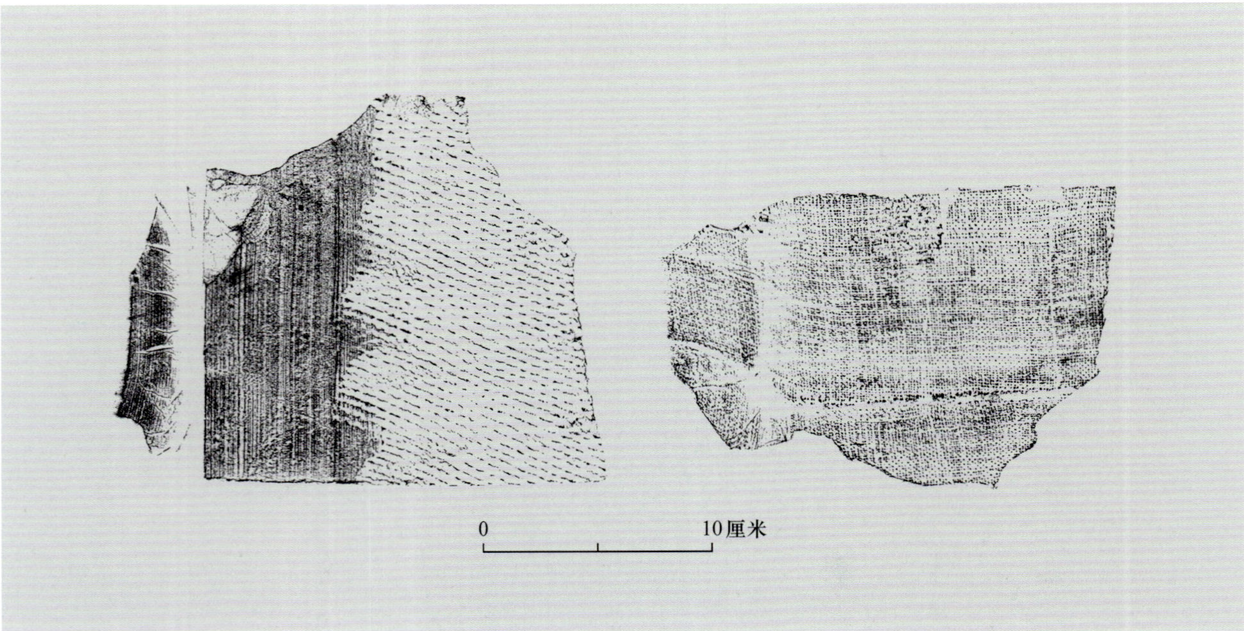

图2.31　Ba4型筒瓦（M30：5）表、内面拓片

3. M31

位于T1中部偏南，其西部延伸出探方，南与M30相距3.54米。方向260°。开口于第5a层下，打破第5b、6～9b层。平面呈圆角长方形，竖穴土坑，壁近直，底呈东高西低的坡状。口距地表深1.2～1.24米，口东西1.05、南北0.58～0.82、深0.8～1.26米。填土呈黄褐色，花土，土质较松软，结构较疏松，内含少量灰色瓦片残渣等。葬具为一件陶瓮口上扣一件陶盆，形成一副陶瓮棺，东西向倒放于墓底，陶瓮棺体形大，口向西，葬具最大直径0.66、长0.72米。根据发掘情况看该墓葬为瓮棺葬，墓主人为一婴儿（图2.32、图2.33）。时代应为西汉晚期至新莽时期。

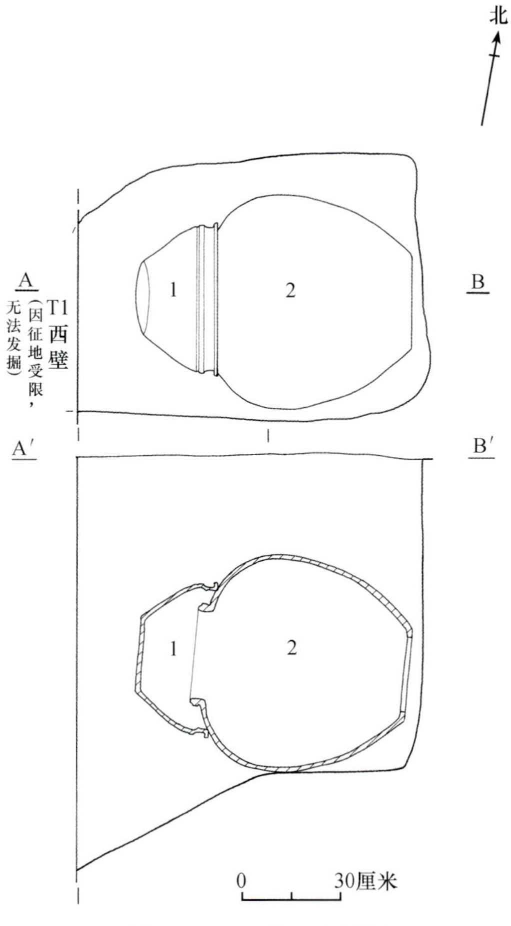

图2.32 M31平、剖面图
1. 陶盆 2. 陶瓮

图2.33 M31全景照（东—西）

出土器物为葬具，分2种，陶盆1件，陶瓮1件，分别介绍如下。

陶盆 1件。M31：1，可复原。敞口，平沿，方唇，束颈，折肩，斜直收腹，平底内凹。肩饰附加绳纹，向下为凹弦纹，再向下为两周柳叶状虫蛹形纹，其下饰一周附加绳纹，最下为一周凹弦纹。口径47.5、底径23.5、高22.5、沿宽2.7、厚0.9厘米（图2.34、图2.35）。

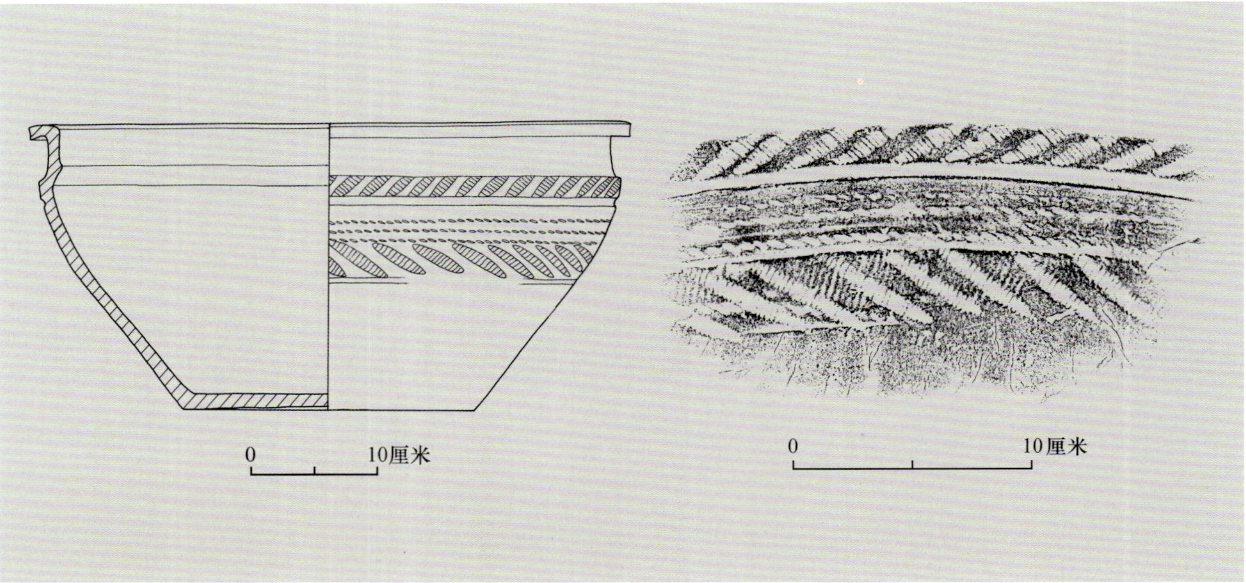

图2.34　陶盆（M31：1）线图及肩腹部纹饰拓片

图2.35　陶盆（M31：1）正面照片

陶瓮　1件。M31：2，可复原。直口，短颈，圆肩，斜弧腹，底残。从上至下饰四周绳纹、六周戳印纹。口外径31、内径27.4、底径28.5、高66.5、厚2.2厘米（图2.36、图2.37）。

（三）沟渠

发掘2条，其中开口于第2层下1条、第6层下1条。分别介绍如下。

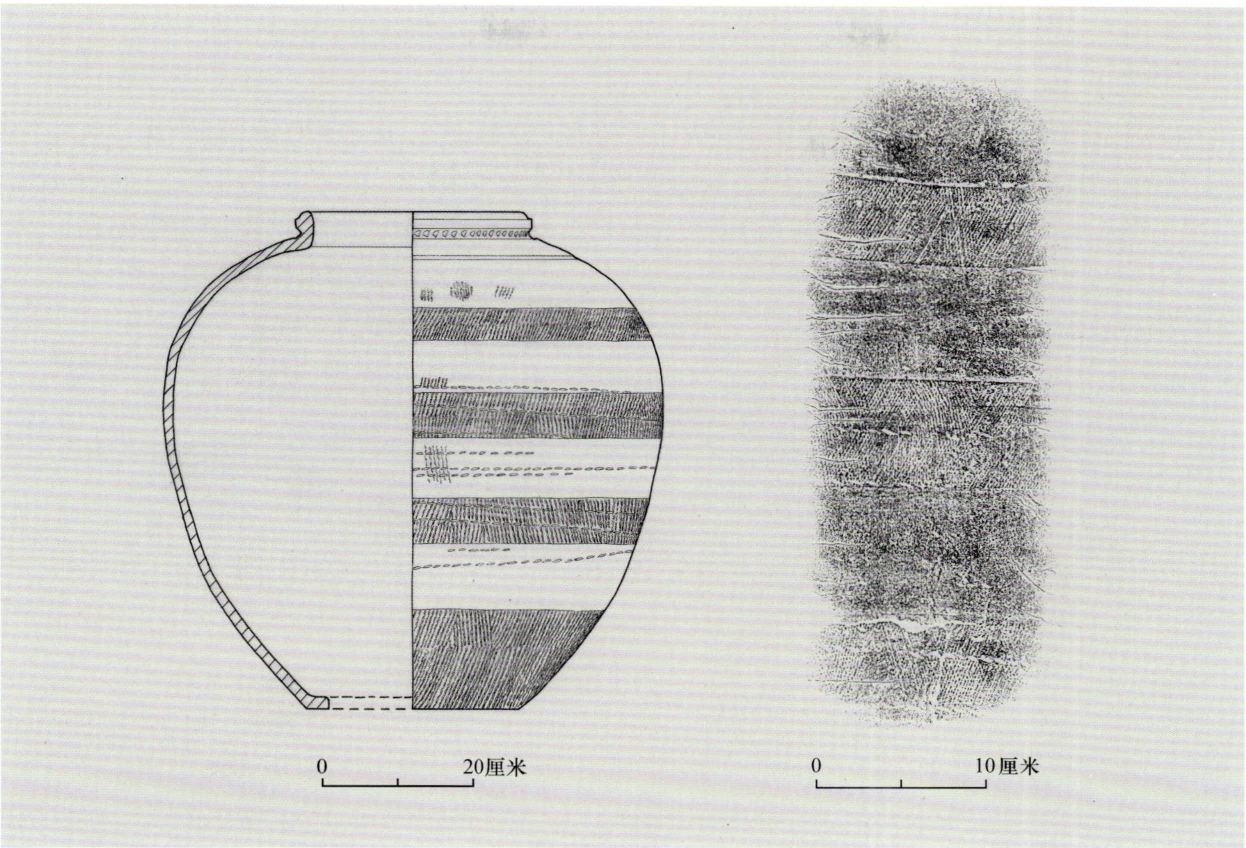

图2.36 陶瓮（M31：2）线图及纹饰拓片

图2.37 陶瓮（M31：2）正面照片

1. G12

位于T1的中部，东、西两端延伸出探方，东西向。开口于第2层下，打破L6、H40及第3b、4层。平面呈长条形，斜壁，底不平。口距地表深0.26～0.79米，口东西2、南北1.8～2.14、深约0.42～0.78、底南北0.8～1.52米。填土分两层，第1层：厚0～0.71米，土质松软，结构疏松，浅黄色，细沙土，纯净；第2层：厚0～0.6米，土质略松，结构疏松，浅黄褐色，内含少量的褐色胶泥块（图2.38）。时代应为近代。

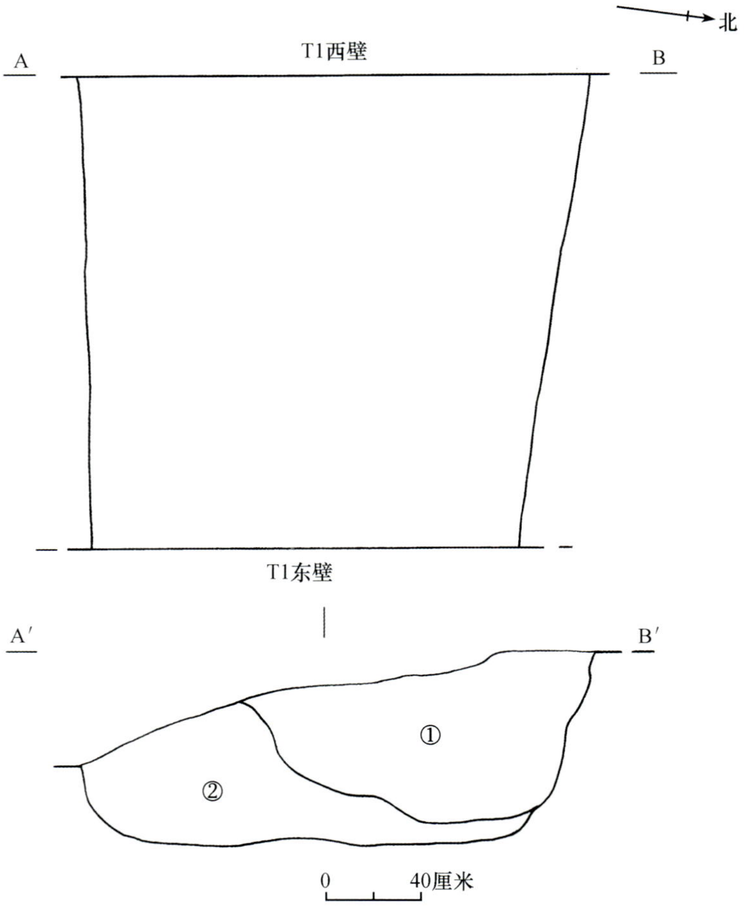

图2.38　G12平、剖面图

沟内出土板瓦占全探方的总数的11.11%，Ca1型占4.44%、Bc4型占6.67%。据沟内出土统计，板瓦Ca1型占40%、Bc4型占60%（表2.4）。

表2.4　T1G12出土遗物统计表

名称	分型	灰陶/件	百分比/%
板瓦	Ca1	2	40.00
	Bc4	3	60.00
合计		5	100.00
百分比/%		100.00	

出土2件，均为弧形板瓦。据表面绳纹粗细，分为二亚型。

Bc4型。1件。G12：1，残。瓦呈灰色。表面饰中粗直绳纹，内面饰布纹。残长23.8、残宽20.5、厚1.8厘米（图2.39、图2.40）。

图2.39 Bc4型板瓦（G12：1）表、内面照片

图2.40 Bc4型板瓦（G12：1）表、内面拓片

Ca1型。1件。G12：2，残。瓦呈灰色。表面饰粗交错绳纹，内面素面。残长34、残宽25、厚1.3厘米（图2.41、图2.42）。

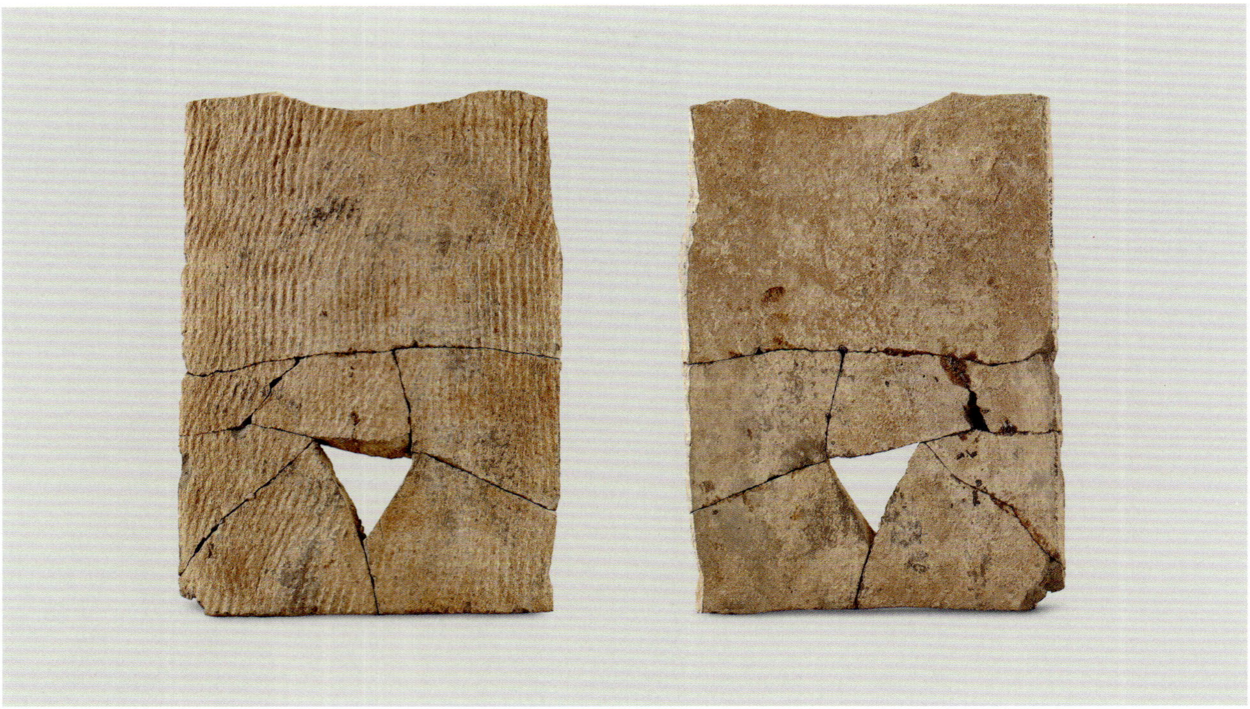

图2.41 Ca1型板瓦（G12：2）表、内面照片

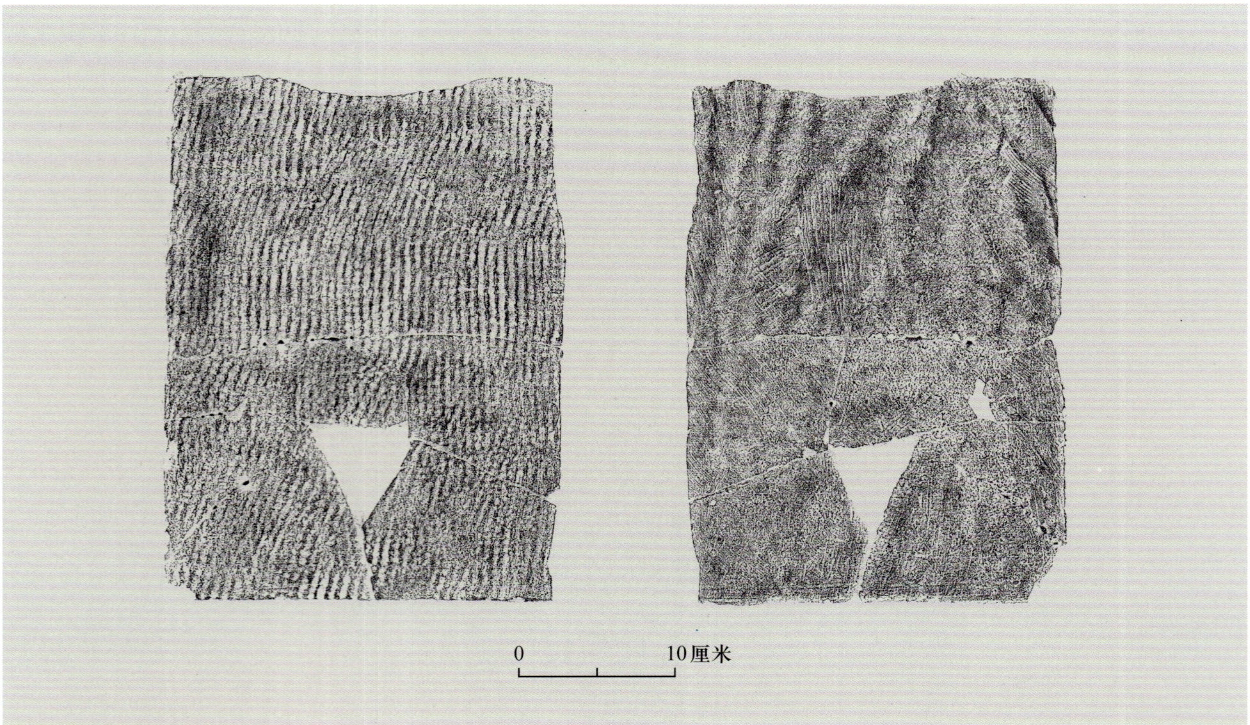

图2.42 Ca1型板瓦（G12：2）表、内面拓片

表2.5 T1G15出土遗物统计表

名称	分型/纹饰	灰陶/件	百分比/%
筒瓦	A2	1	2.50
管道残片		38	95.00
陶片	素面	1	2.50
合计		40	100.00
百分比/%		100.00	

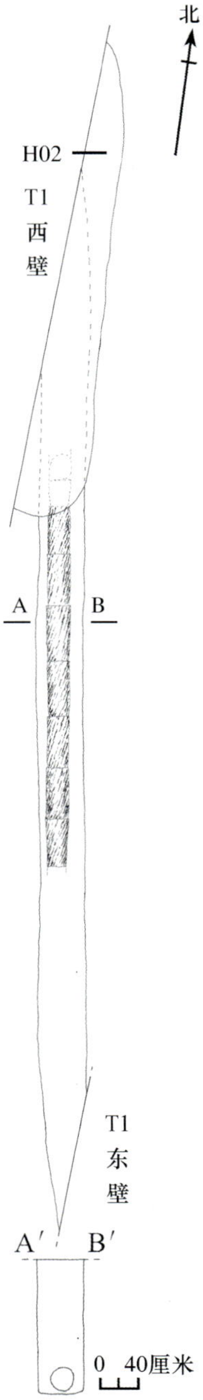

图2.43 G15平、剖面图

2. G15

位于T1的中北部，东、西两端延伸出探方，东南—西北向。开口于第6层下，被H02打破，打破第7～9c层。平面呈长条形，壁近直，底不平。口距地表深1.46～1.48米，口南北11.24、东西0.48～0.52、深0.9～1.43米。土质较硬，结构较致密，呈灰褐色，内含少量木炭粒，出土物占探方总数的88.89%。据沟内出土统计，筒瓦仅A2型，占2.5%；陶管道残片占95%；陶片占2.5%（表2.5）。时代应为西汉晚期至新莽时期。

沟底东南至西北向摆放一排圆筒形陶水管，规格不一，大、小头呈子母状连接，北端被破坏，陶水管表面有草拌泥痕迹。陶水管长0.54～0.63、大头直径约0.23、小头直径约0.18、壁厚0.02米（图2.43、图2.44）。

图2.44 G15全景照（北—南）

出土器物均为陶器，共11件，分3种，其中罐1、筒瓦1、陶管道9件，分别介绍如下。

筒瓦　1件。属Ac2型。G15：4，残。瓦呈灰色。表面饰细直绳纹及一条宽0.6厘米的横向凹弦纹；内面饰麻点纹，泥条盘筑痕迹隐约可见。残长8、残径6、厚1.2厘米（图2.45、图2.46）。

图2.45　Ac2型筒瓦（G15：4）表、内面照片

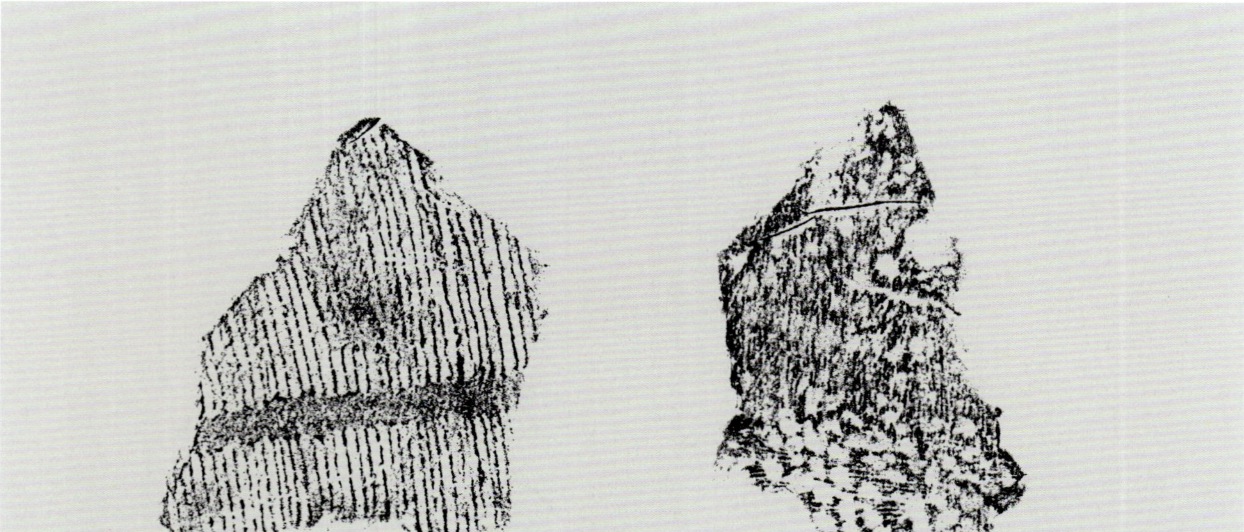

图2.46　Ac2型筒瓦（G15：4）表、内面拓片

陶罐 1件。G15：5，残。泥质灰陶。弧腹，平底。素面，内部拉坯痕迹明显。底部复原径20、残高7、厚0.7～1厘米（图2.47、图2.48）。

图2.47 陶罐（G15：5）外、内面照片

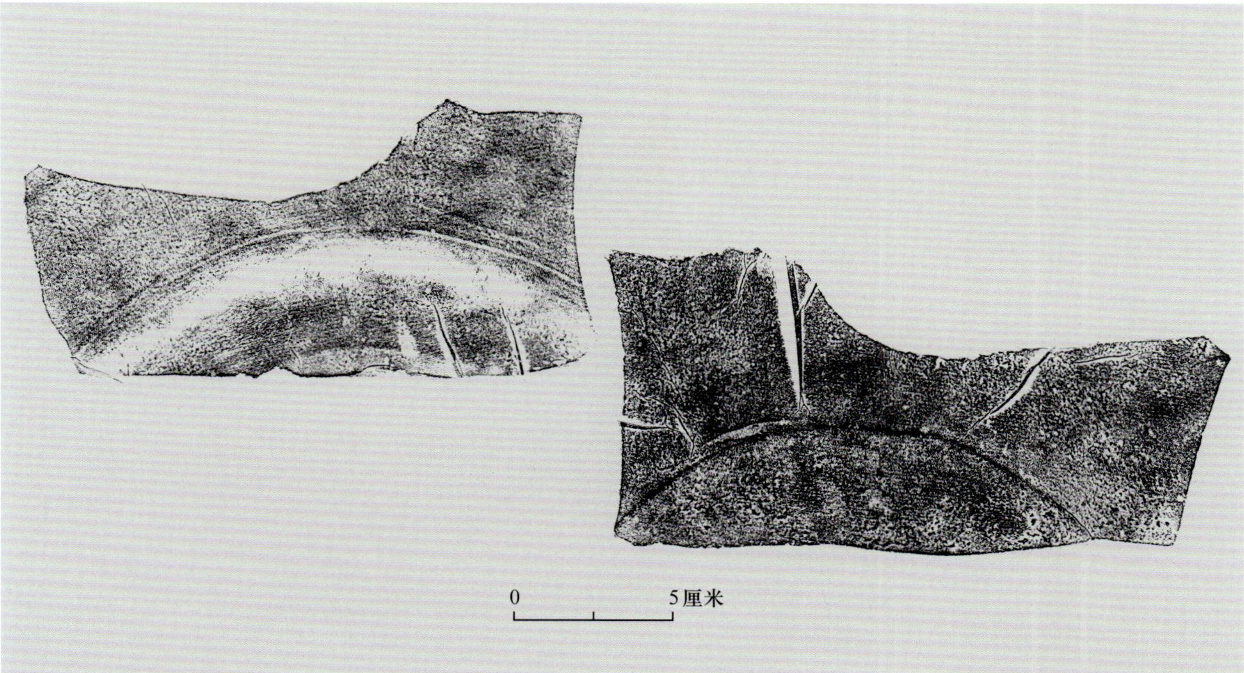

图2.48 陶罐（G15：5）外、内面拓片

陶管道　共9件。据表面带与不带戳印分为二型，分别介绍如下。

Ⅰ型　带戳印管道，共出土6件。

G15：6，完整。管道呈灰色。管道口分粗、细两端，粗端绳纹抹平部分宽6～6.5厘米，细端绳纹抹平部分宽5.2～5.6厘米。细端绳纹抹平部分有一长方形戳印，戳印长2.7、宽2.2厘米。戳印四字，陶文为“眴寿□尚”。表面饰细交错绳纹，内面素面，管道表面饰四条横向凹弦纹将表面纹饰分为五部分，凹弦纹宽1～1.5厘米，内面工具抹平痕迹明显。长54.3、细端外径21、粗端外径23.4、厚1.2厘米（图2.49～图2.51）。

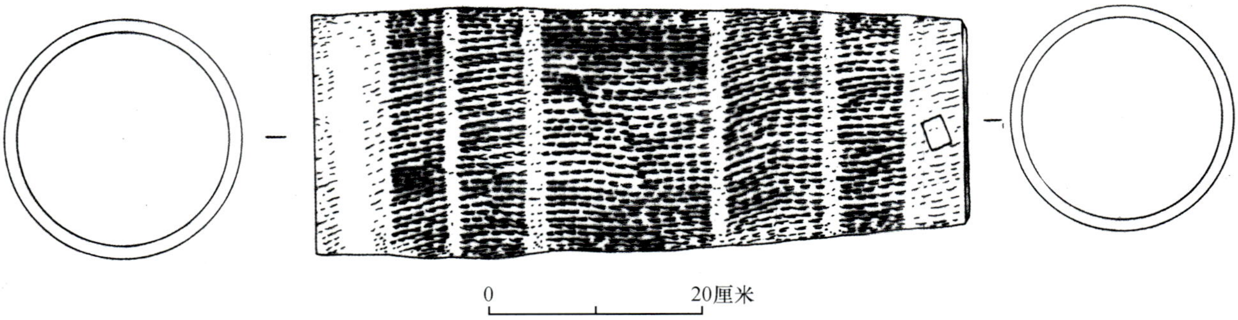

图2.49　陶管道（G15：6）线图

图2.50　陶管道（G15：6）表、侧面及戳印陶文照片

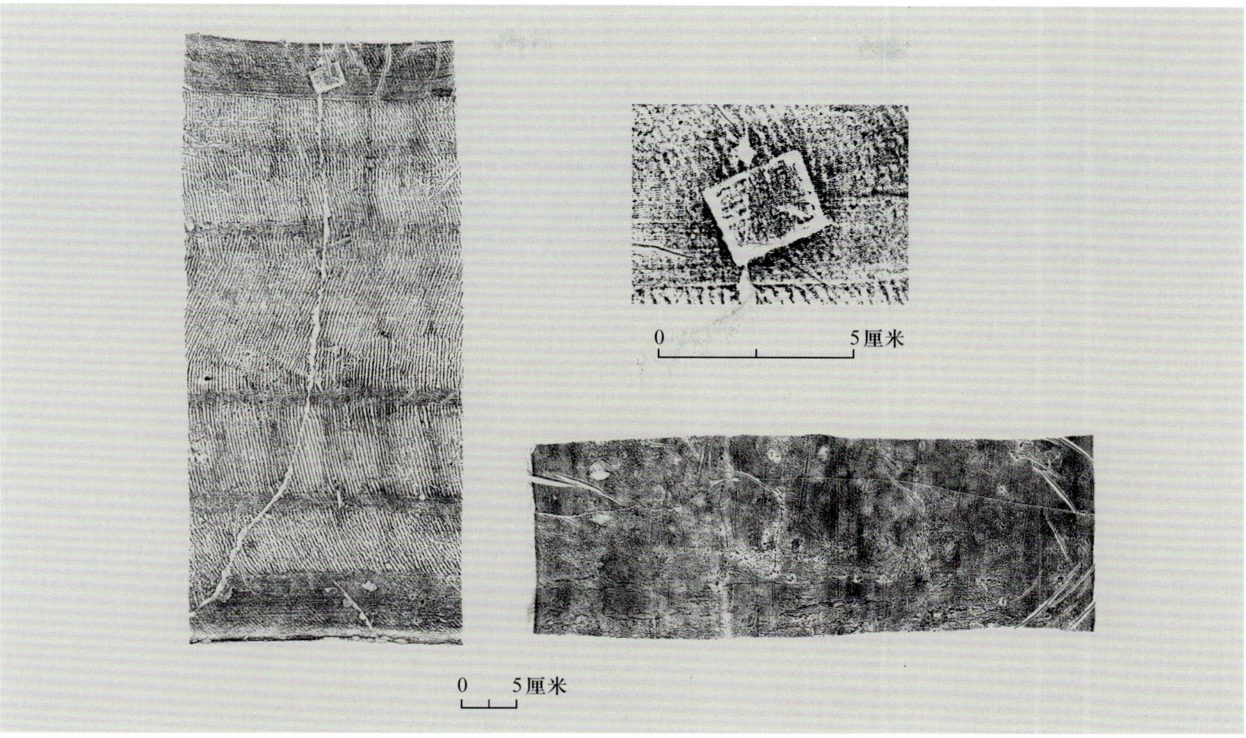

图2.51 陶管道（G15：6）表、内面及戳印陶文拓片

G15：7，完整。管道呈灰色。分粗、细两端，粗端绳纹抹平部分宽6厘米，细端绳纹抹平部分宽5厘米。细端绳纹抹平部分有一长方形戳印，戳印长2.7、宽2.2厘米。戳印四字，陶文为“畇寿□尚”。表面饰细交错绳纹，内面素面，管道表面饰四条横向凹弦纹将表面纹饰分为五部分，凹弦纹宽1～1.5厘米，内面工具抹平痕迹明显。长62、细端外径19.1、粗端外径23.4、厚1.1厘米（图2.52、图2.53）。

G15：8，完整。管道呈灰色。分粗、细两端，粗端绳纹抹平部分宽7.5厘米，细端绳纹抹平部分宽6厘米。细端绳纹抹平部分有一长方形戳印，戳印长2.7、宽2.1厘米。戳印四字，陶文为“畇寿□尚”。表面饰细交错绳纹，内面素面，管道表面饰四条横向凹弦纹将表面纹饰分为五部分，凹弦纹宽1～1.5厘米，内面工具抹平痕迹明显。长61、细端外径19.2、粗端外径22.7、厚1厘米（图2.54、图2.55）。

G15：9，完整。管道呈灰色。分粗、细两端，粗端绳纹抹平部分宽6.5厘米，细端绳纹抹平部分宽5厘米。细端绳纹抹平部分有一长方形戳印，戳印长2.7、宽2.1厘米。戳印四字，陶文为“畇寿□尚”。表面饰细交错绳纹，内面素面，管道表面饰四条横向凹弦纹将表面纹饰分为五部分，凹弦纹宽1～1.5厘米，内面工具抹平痕迹明显。长58.5、细端外径18.8、粗端外径23.1、厚1厘米（图2.56～图2.58）。

G15：10，完整。管道呈灰色。分粗、细两端，粗端绳纹抹平部分宽6厘米，细端绳纹抹平部分宽3.5厘米。细端绳纹抹平部分有一长方形戳印，戳印长2.8、宽2.1厘米。戳印四字，陶文为“畇寿□尚”。表面饰细交错绳纹，内面素面，管道表面饰四条横向凹弦纹将表面纹饰分为五部分，凹弦纹宽1～1.5厘米，内面工具抹平痕迹明显。长55.6、细端外径18.5、粗端外径22.5、厚1.1厘米（图2.59～图2.61）。

图2.52　陶管道（G15：7）表、侧面及戳印陶文照片

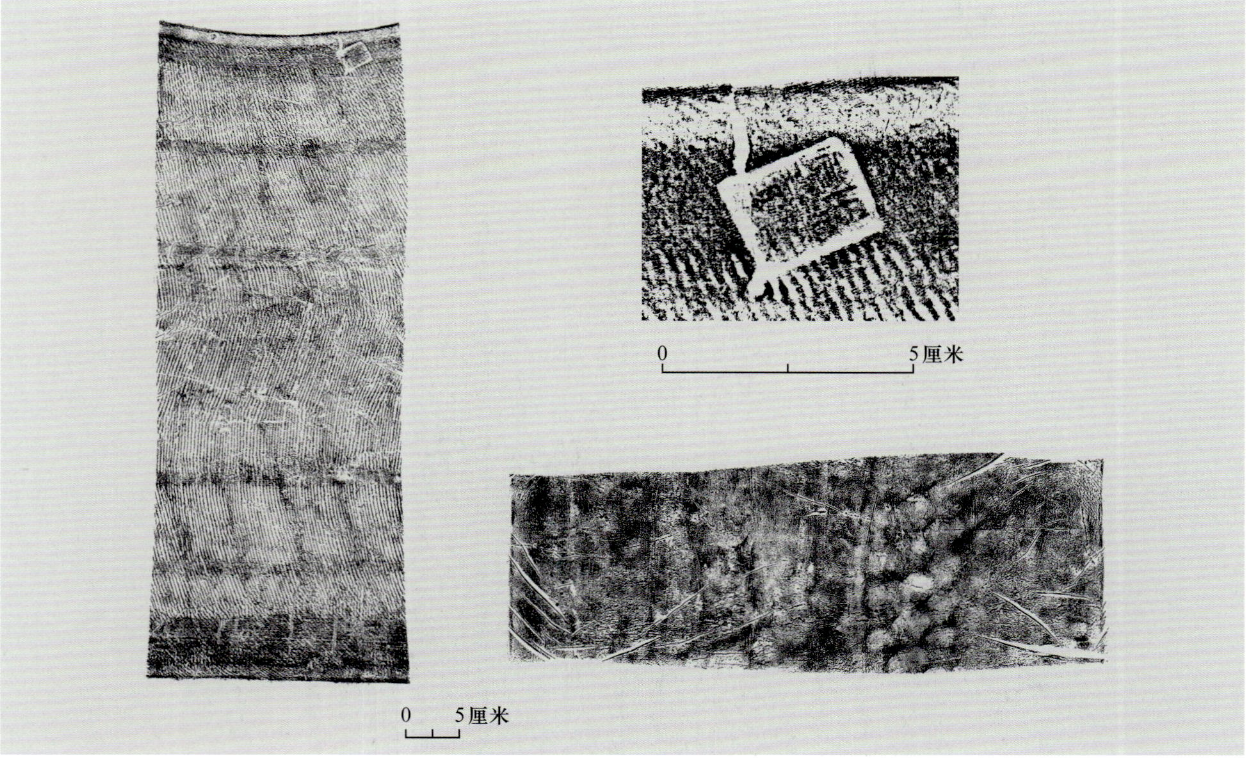

图2.53　陶管道（G15：7）表、内面及戳印陶文拓片

图2.54 陶管道（G15：8）表、侧面及戳印陶文照片

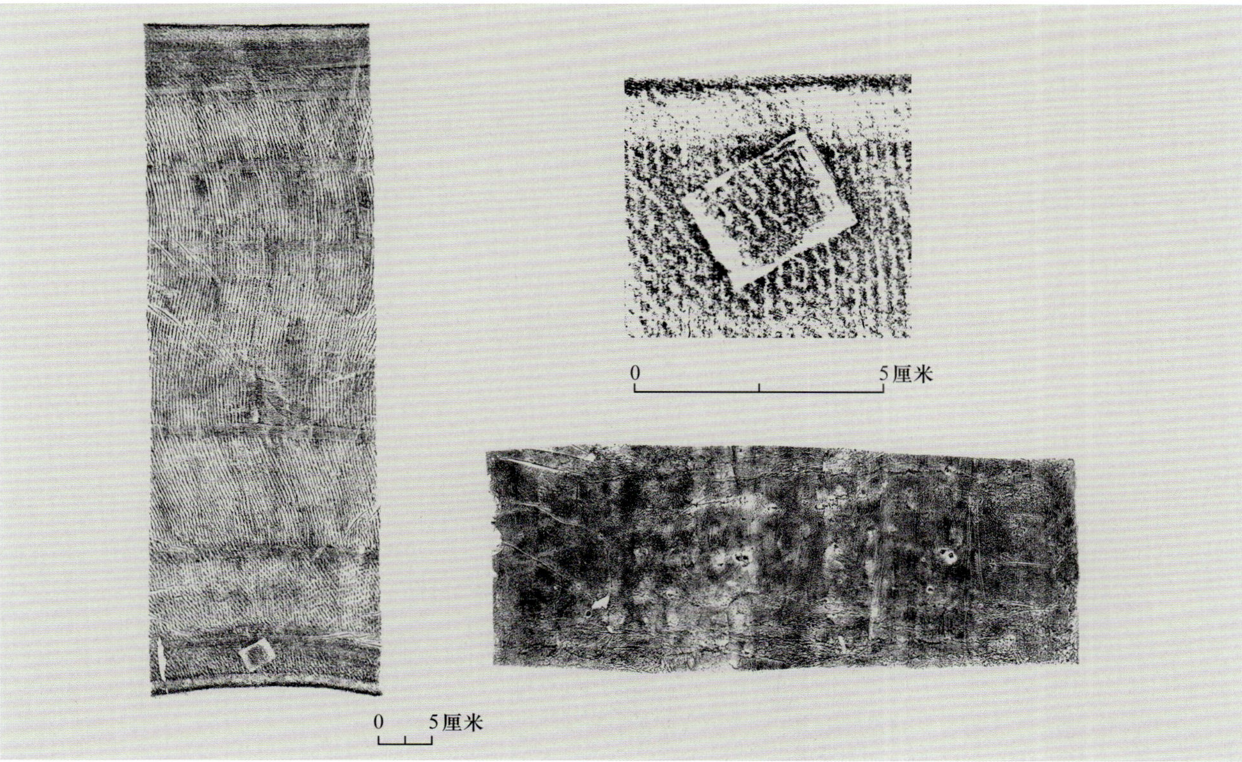

图2.55 陶管道（G15：8）表、内面及戳印陶文拓片

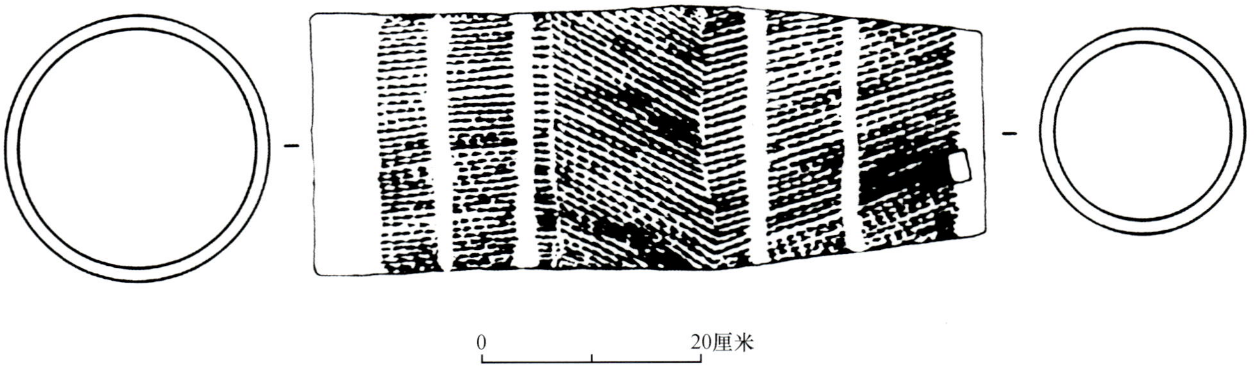

图2.56　陶管道（G15：9）线图

图2.57　陶管道（G15：9）表、侧面及戳印陶文照片

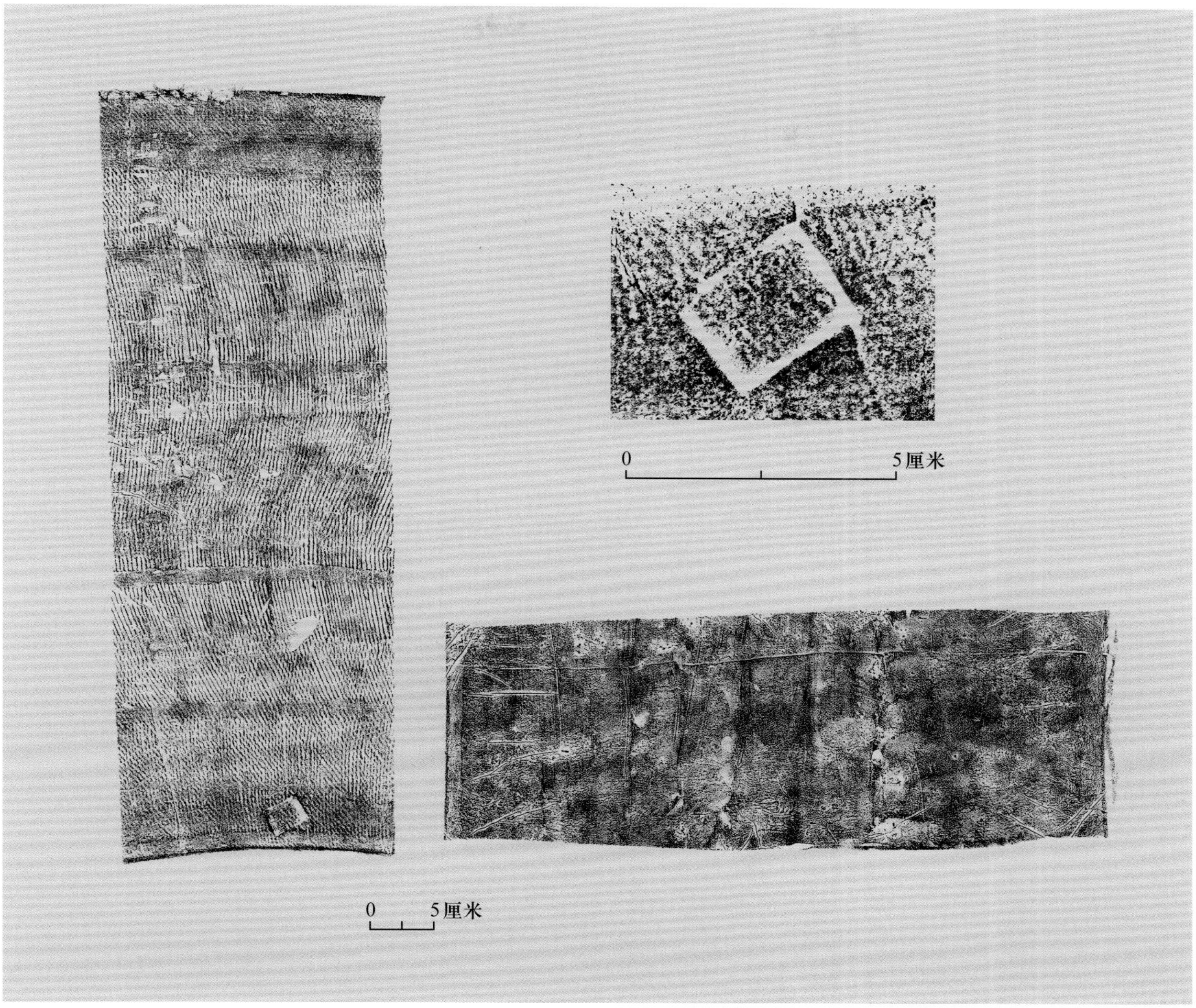

图2.58 陶管道（G15：9）表、内面及戳印陶文拓片

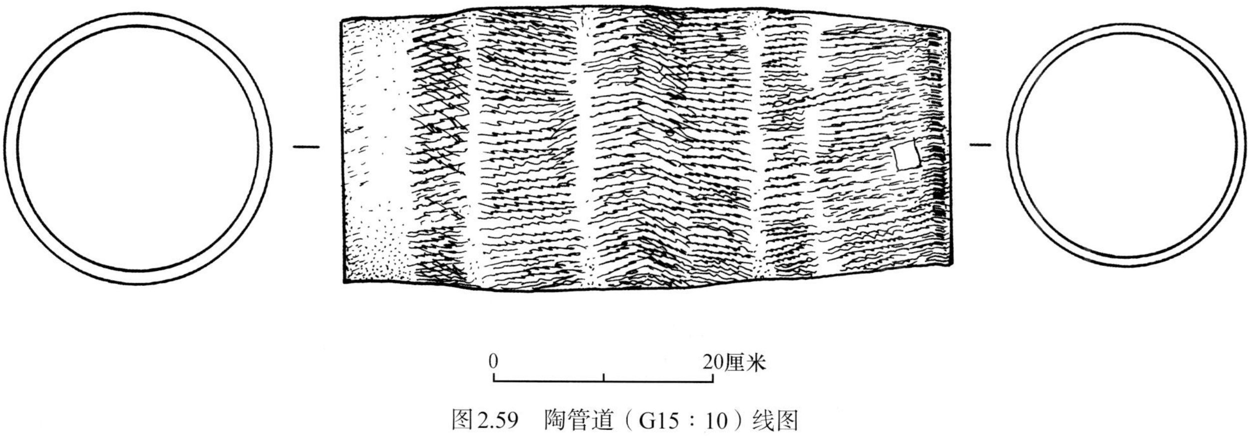

图2.59 陶管道（G15：10）线图

图2.60　陶管道（G15：10）表、侧面及戳印陶文照片

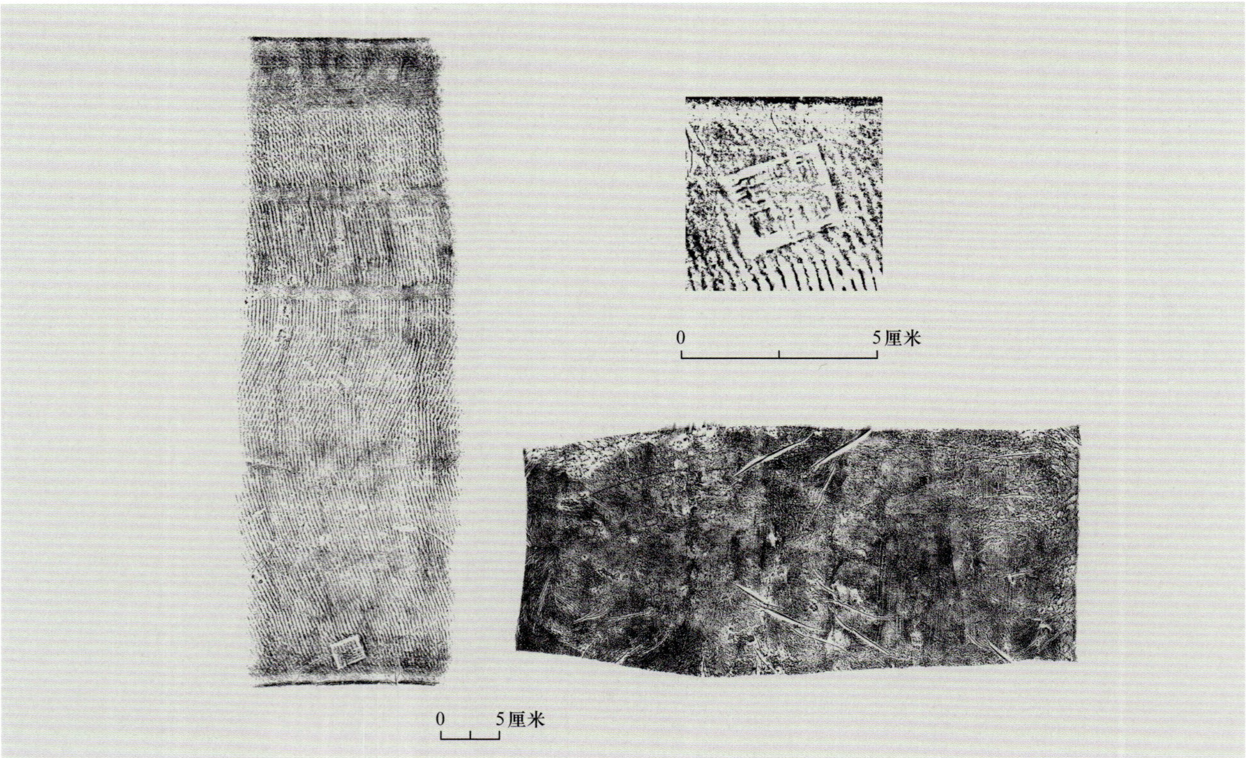

图2.61　陶管道（G15：10）表、内面及戳印陶文拓片

G15：11，完整。管道呈灰色。分粗、细两端，粗端绳纹抹平部分宽6厘米，细端绳纹抹平部分宽4厘米。细端绳纹抹平部分有一长方形戳印，戳印长2.8、宽2.2厘米。戳印四字，陶文为“昫寿□尚”。表面饰细交错绳纹，内面素面，管道表面饰四条横向凹弦纹将表面纹饰分为五部分，凹弦纹宽1～1.5厘米，内面工具抹平痕迹明显。长57、细端外径18、粗端外径23、厚1.1厘米（图2.62～图2.64）。

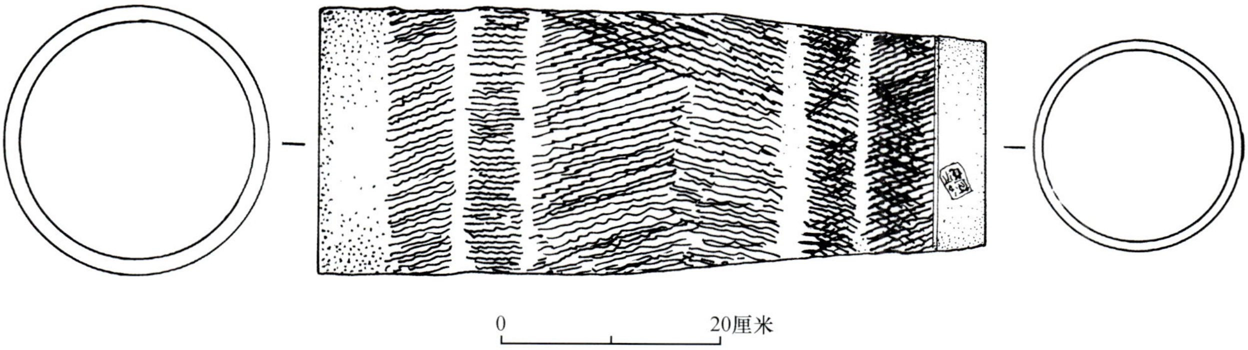

图2.62　陶水管（G15：11）线图

图2.63　陶管道（G15：11）表、侧面及戳印陶文照片

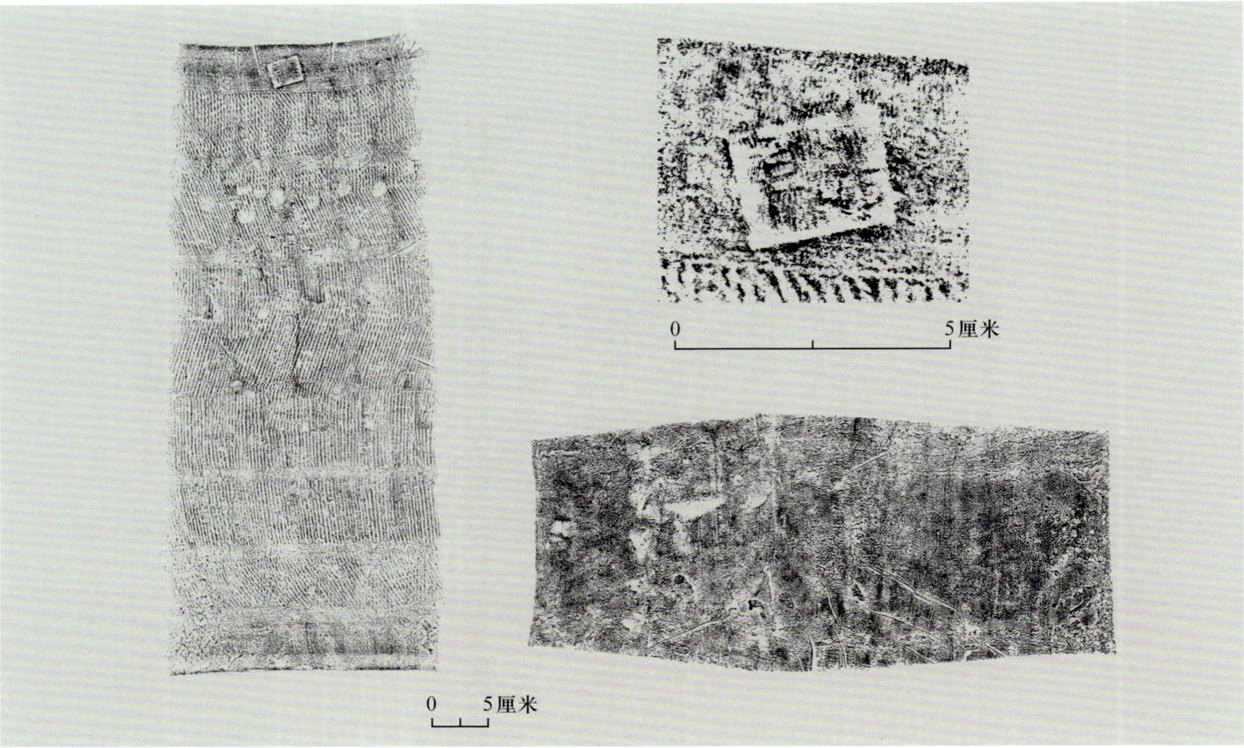

图2.64　陶管道（G15：11）表、内面及戳印陶文拓片

Ⅱ型　无戳印管道，共出土3件。

G15：1，残。管道呈灰色。表面饰细斜绳纹，内面素面，内面工具抹平痕迹明显，一端绳纹抹平部分宽2厘米。残长20.8、残外径18.2、厚1.3厘米（图2.65、图2.66）。

图2.65　陶管道（G15：1）侧、表、内面照片

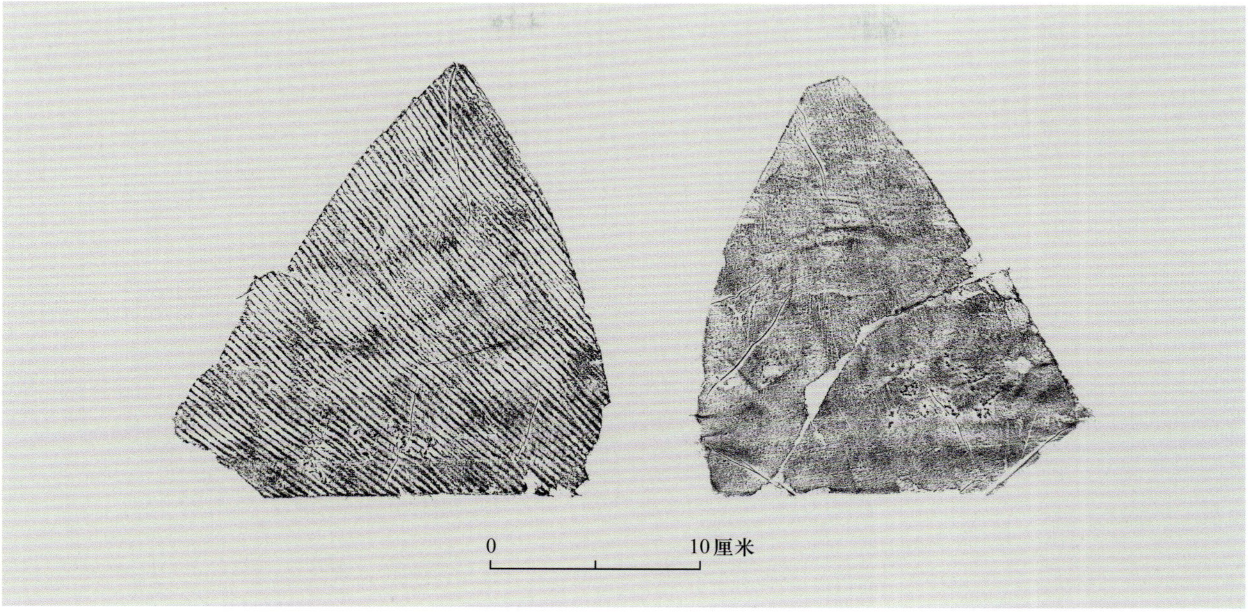

图2.66 陶管道（G15：1）表、内面拓片

G15：2，残。管道呈灰色。表面饰细斜绳纹，内面素面，管道表面饰两条横向凹弦纹将表面纹饰分为三部分，凹弦纹宽1厘米，内面工具抹平痕迹明显，一端外面绳纹抹平部分宽5厘米。残长33、残外径15.8、厚1.5厘米（图2.67、图2.68）。

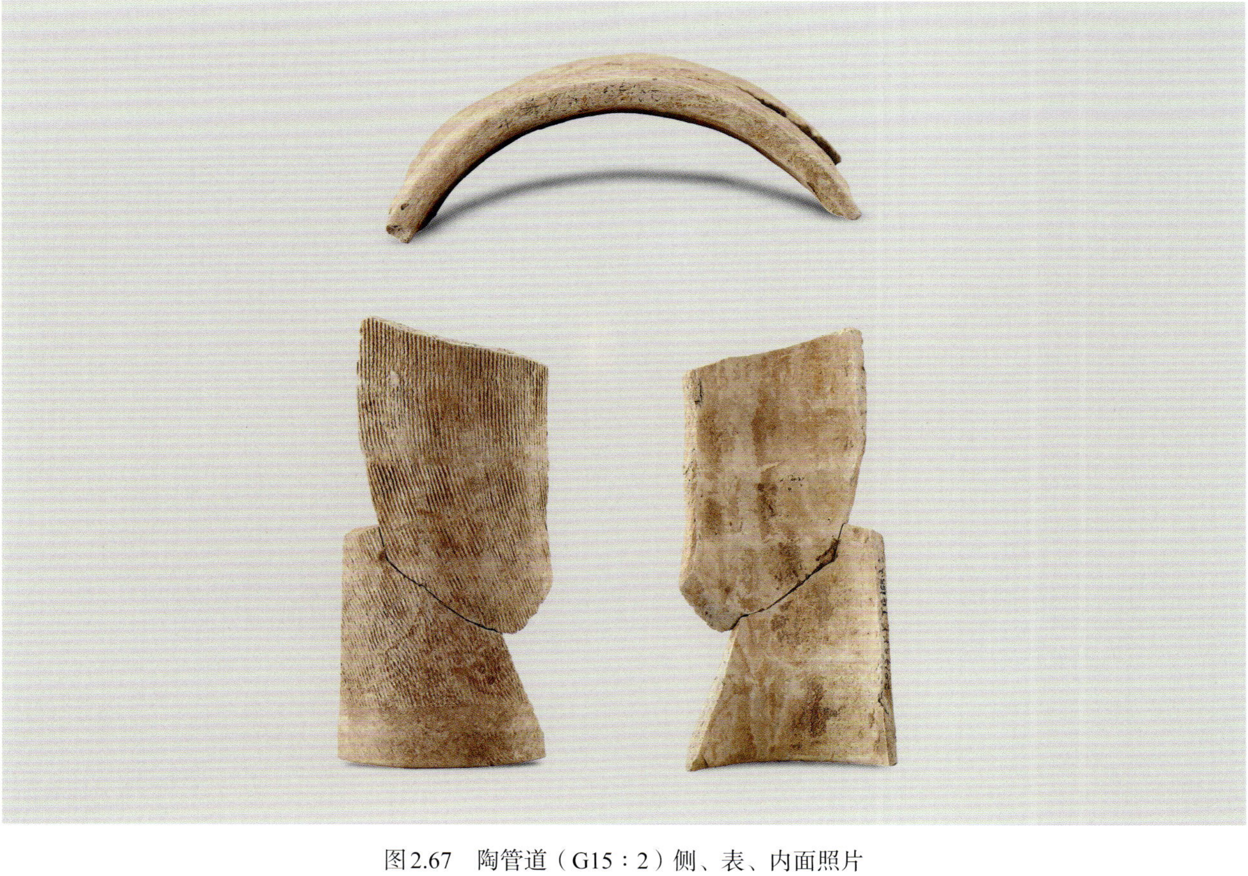

图2.67 陶管道（G15：2）侧、表、内面照片

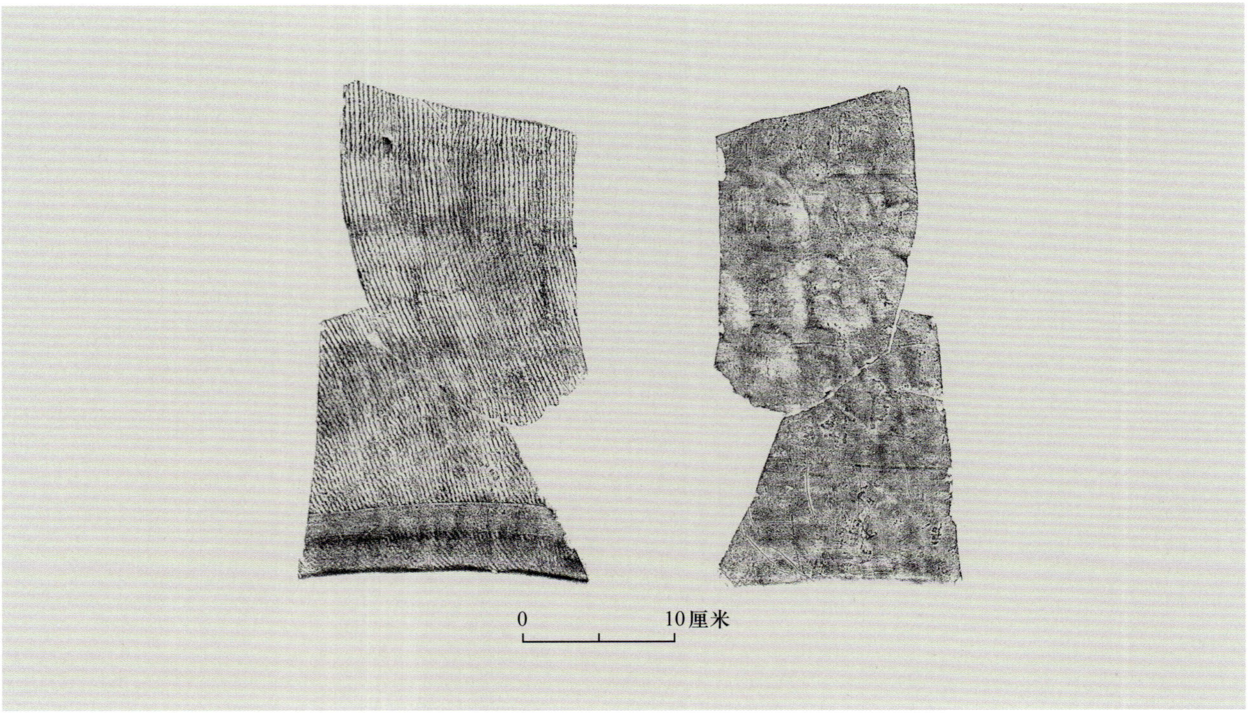

图2.68　陶管道（G15：2）表、内面拓片

G15：3，残。管道呈灰色。表面饰细交错绳纹，内面素面，管道表面饰一条横向凹弦纹将表面纹饰分为两部分，凹弦纹宽2厘米。残长14、残外径23、厚1.5厘米（图2.69、图2.70）。

图2.69　陶管道（G15：3）表、内面照片

图2.70 陶管道（G15：3）表、内面拓片

（四）道路

L6

位于T1的中北部，东、西延伸出探方，东西向。开口于第2层下，打破第3b、3c层，被G12打破。平面呈长条形。口距地表深0.16～0.52米，南北5～5.6、东西2、厚0.45米。道路土质坚硬，结构致密，呈灰褐色，内含少量沙石等。为近代道路（图2.71）。

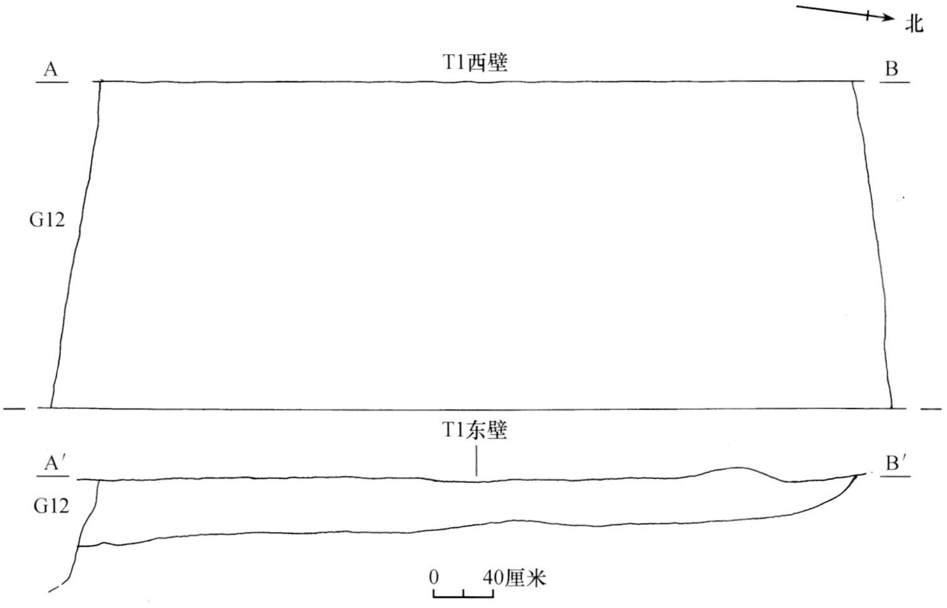

图2.71 L6平、剖面图

第五节 结 语

根据地层、出土遗物等综合判断，T1的第1层为耕土层，第2层为近代扰土层，第3层为淤积层，第4～6层为西汉晚期至新莽时期地层，第7～11层为西汉时期地层。

从开口情况看，H01为现代扰坑，L6、G12均为近代遗迹。H02、H03、H40、H43、G15、M29～M31的时代大体在西汉晚期至新莽时期。发掘的三座墓葬均为婴幼儿墓，虽有陶瓮盆葬、陶盆葬差异，墓葬的开口层位也有不同，但其时代集中在西汉晚期至新莽时期。

第三章　T2

T2位于西安市阎良区武屯镇御宝村八组西北部，西距T3约1222米。据勘探资料，此处勘探出二号古城南墙，为确定地下遗存的性质与时代布设本探方。受农田地块的影响及探方扩方的原因，发掘结束时的探方平面呈“凸”字形，东南—西北向，341°。发掘面积1.5米×10.2米+5.5米×5.8米=47.2平方米。发掘工作从2013年11月14日开始，至12月23日结束，实际发掘37天（图3.1、图3.2）。

通过清理，在探方内先后确定34个遗迹（灰坑12、墓葬18、道路2、沟1、城墙1）（表3.1）。出土各类遗物254件，分7类（陶器185、玉器2、石器1、铁器6、铜器3、铜钱56、桃核1件）（表3.2）。此外还有各类遗物残块1154块（建筑材料占65.59%、生活器皿占34.41%）（表3.3）。

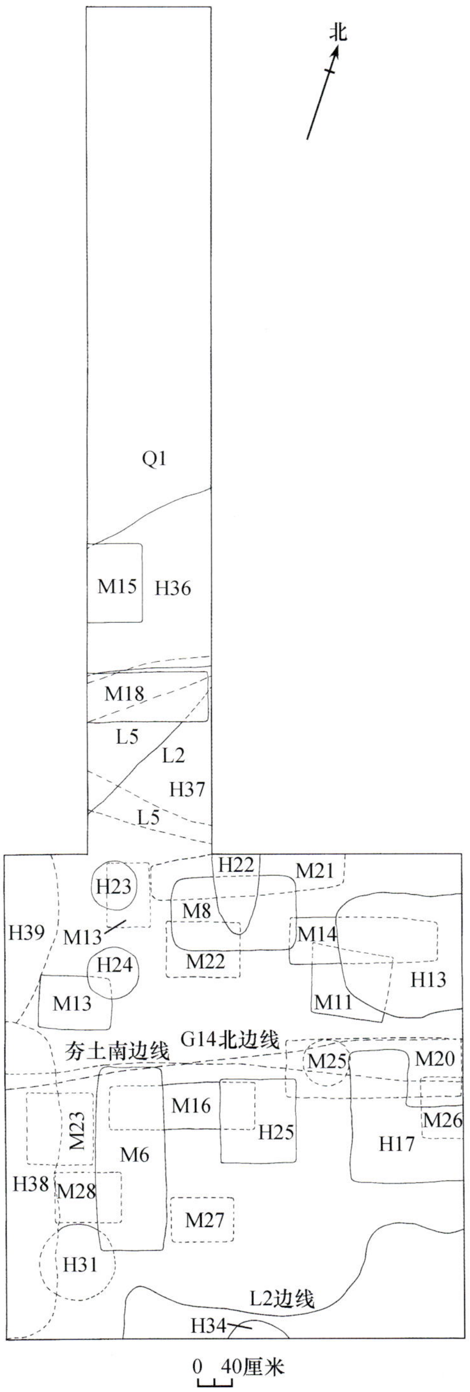

图3.1　T2总平面图

图3.2　T2全景照（南—北）

表3.1　T2遗迹登记表

编号	形制	开口	打破关系	备注
H13	不规则形	第3层下	打破第4、5a层与L2	斜壁不规则，底坡状
H17	L形	第4层下	打破第5a层、L2、G14、M20、M26	斜壁，底近平
H22	半椭圆形	第4层下	打破L2、M8、第5a层	斜壁平底
H23	圆形	第4层下	打破L2	斜壁平底
H24	圆形	第4层下	打破L2	斜壁平底
H25	方形	第4层下	打破L2、M16、第5a层	斜壁平底
H31	近圆形	第5a层下	打破G14	斜壁平底
H34	近半圆形	第4层下	打破第5a层	斜壁圜底
H36	不规则形	第4层下	打破Q1、H37，被M15、M18打破	斜壁，底近平
H37	不规则形	第4层下	打破第5a、5b层与Q1，被H36、M18打破	斜壁，底近平
H38	不规则形	第4层下	打破第5a、5b层与H39、G14	斜壁坡状底
H39	不规则形	第4层下	打破第5a、5b、6层与Q1，被H38打破	壁斜收后直壁
M1	长方形	第3层下	打破M6	砖室墓
M6	长方形	第4层下	打破M16、L2与第5a、5b层	竖穴土坑墓
M8	圆角长方形	第4层下	打破L2、M14、第5a层，被H22打破	竖穴土坑陶棺墓
M11	梯形	第5a层下	/	竖穴土坑陶棺墓
M12	长方形	第5a层下	/	竖穴土坑陶棺墓
M13	长方形	第5a层下	/	竖穴土坑陶棺墓
M14	长方形	第4层下	打破L2与第5a、5b层，被M8打破	竖穴土坑墓
M15	长方形	第4层下	打破H36、Q1	竖穴土坑墓
M16	长方形	第4层下	打破第5a、5b层，被H25、M6打破	竖穴土坑墓
M18	长方形	第4层下	打破L5、H36、H37、Q1	竖穴土坑墓
M20	长方形	第5a层下	被H17打破，打破G14、M25、M26、Q1	竖穴土坑墓
M21	长方形	第5a层下	打破第5b层及Q1	竖穴土坑墓
M22	长方形	第5a层下	打破第5b层、Q1	竖穴土坑陶棺墓
M23	近方形	第5a层下	打破第5b层、G14	竖穴土坑陶棺墓
M25	近圆形	第5a层下	打破第5b层、G14，被M20打破	竖穴土坑陶棺墓
M26	长方形	第5a层下	打破G14、Q1、第7层，被H17、M20打破	竖穴土坑陶棺墓
M27	长方形	第5a层下	打破G14	竖穴土坑陶棺墓
M28	长方形	第5a层下	打破G14	竖穴土坑陶棺墓
L2	不规则形	第4层下	打破第5a层，被H13、H17、H22～H24、M6打破	东北—西南
L5	不规则形	第4层下	打破第5a、5b层，被M18打破，被L2叠压	东西向
G14	长条形	第5a层下	打破Q1及第5b、7、8层，被H17、H25、H31、H34、M20、M23、M25～M28等打破	东西向
Q1	长条形	第5b层下	打破第6～9层，被M15、M18、M21、M25、M26、H36～H39、G14打破	东西向

表3.2 T2出土小件登记表

编号	名称	材质	保存	重量/千克	分型	规格/厘米		
						长	宽	厚
③：1	铁器	铁	残	158.5克	/	17.4	1～3	0.5
③：2	铁钩	铁	残	39克	/	长9.7、径粗1		
③：3	铁剑	铁	残	119.5克	/	22	3	0.5
③：4	铁铲	铁	残	90.5克	/	破碎		
③：5	货泉	铜	残	2.6克	/	直径2.2、穿边长0.6、厚0.1		
③：6	五铢	铜	完整	1.8克	/	直径2、穿边长1、厚0.1		
③：7	五铢	铜	完整	1.5克	/	直径1.8、穿边长0.7、厚0.1		
③：8	铜饰	铜	残	31.3克	/	8.4	1.7	0.5
③：9	板瓦	陶	残	0.32	Ca4	13	13.8	1.4
③：10	板瓦	陶	残	0.71	Ca10-4	24	19	1.5
③：11	板瓦	陶	残	0.56	Bc4	15.5	16.5	1.8
③：12	板瓦	陶	残	0.17	Ca1	11.2	9.5	1.1
③：13	板瓦	陶	残	0.32	Bb1	14	12	1.3
③：14	板瓦	陶	残	0.35	Ca10-4	14.5	12	1.3～2
③：15	板瓦	陶	残	0.33	Ca10-4	13.8	12.8	1.1～1.7
③：16	板瓦	陶	残	0.41	Ca10-4	18	14	1.4
③：17	板瓦	陶	残	0.87	Bc4	22.4	14	1.6
③：18	筒瓦	陶	残	0.67	Bc4	17.7	13.5	1.9
③：19	筒瓦	陶	残	1.29	Cc4	30.4	14.8	1.4
③：20	绳纹砖	陶	残	1.13	绳纹	12.5	13	4.7
③：21	网格纹砖	陶	残	1.14	网格纹	11.2	13.8	5.5
③：22	素面砖	陶	残	2.52	素面	20	15.5	5.7
③：23	陶盆	陶	残	0.38	/	复原口径48.4、沿宽4.2、残高7.5、厚0.8		
③：24	陶盆	陶	残	0.95	/	复原口径36、沿宽2、高14.5、厚0.9，与③：32合为一件		
③：25	陶盆	陶	残	0.23	/	复原口径46.7、沿宽3.8、残高9、厚1		
③：26	陶盆	陶	残	0.17	/	复原口径31.9、沿宽1.9、残高9、厚1		
③：27	陶壶	陶	残	0.1	/	复原口径15.9、沿宽2.4、残高4.4、厚0.6		
③：28	陶釜	陶	残	0.07	/	复原口径24.1、沿宽1、残高5.4、厚0.6		
③：29	陶罐	陶	残	0.36	/	复原口径39.2、沿宽1.3、残高5.2、厚1.7		
③：30	陶罐	陶	残	0.59	/	复原口径27.6、沿宽2.4、残高8.5、厚1.3		
③：31	陶罐	陶	残	0.83	/	复原口径65.3、沿宽3.9、残高7.6、厚2.1		
③：33	陶盆	陶	残	0.33	/	复原口径44、沿宽3.9、残高14.1、厚0.7		
③：34	陶瓮	陶	残	5	/	复原口径23、底径27、沿宽3、高39、厚0.6		
④：1	铜环	铜	完整	3.7克	/	外径4.4、内径4		
④：2	石夯	石	残	3.05	/	高18.6、径10.1～11.8，中间圆孔窝径3.9、深6.6		
④：3	五铢	铜	完整	4.2克	/	直径2.5、穿边长0.9、厚0.15		

续表

编号	名称	材质	保存	重量/千克	分型	规格/厘米		
						长	宽	厚
④：4	板瓦	陶	残	0.37	Ca4	16.5	15.5	1.4
④：5	板瓦	陶	残	0.27	Ba4	13	11.5	1.3
④：6	板瓦	陶	残	0.47	Ca3	18.3	12	1.5
④：7	板瓦	陶	残	0.39	Ca10-4	16.5	10.5	1.3～1.7
④：8	板瓦	陶	残	0.54	Ca4	24.5	14.5	1.3
④：9	筒瓦	陶	残	0.92	Bc4	20	14.5	1.6
④：10	筒瓦	陶	残	0.61	Cc4	15.2	14.6	1.5
④：11	筒瓦	陶	残	0.32	Aa4	15.5	11.7	1.4
④：12	筒瓦	陶	残	0.34	Ac4	11.5	13.5	1.8
④：13	筒瓦	陶	残	0.48	Bc4	23	13.7	1.4
④：14	筒瓦	陶	残	0.7	Cc4	26.7	13.2	1.3～1.6
④：15	筒瓦	陶	残	1.05	Cc4	36	13.7	1.5
④：16	筒瓦	陶	残	0.85	Bc4	32	13	0.8～1.5
④：17	陶钵	陶	残	0.06	/	复原口径19.1、残高5.5、厚0.7		
④：18	陶瓮	陶	残	0.78	/	复原口径46、沿宽3、残高11.4、厚1.3		
④：19	陶缸	陶	残	0.48	/	复原口径62、沿宽5、残高6.6、厚1.9		
④：20	陶罐	陶	残	0.5	/	复原口径46.4、残高12.1、厚1.2		
④：21	板瓦	陶	残	0.25	Ca10	12.5	8.5	2
⑤：1	陶俑	陶	残	0.032	/	5.3	4.2	2
⑤：2	云纹瓦当	陶	残	0.28	/	复原当径15.8、当心径4.2、边轮宽1.5、缘深0.8、边轮厚1.7、当厚1.2		
⑤：3	璧形玉	陶	完整	0.01	/	直径2.7、孔径0.2、厚0.5		
⑤：4	板瓦	陶	残	0.66	Ca2	19	17	1～1.4
⑤：5	板瓦	陶	残	0.75	Ca10	17	20	1.2～2
⑤：6	板瓦	陶	残	0.55	Cb4	22.5	15	1.4
⑤：7	板瓦	陶	残	0.5	Cb4	18	17.7	1.3
⑤：8	板瓦	陶	残	0.47	Ba4	16	14.2	1～1.6
⑤：9	板瓦	陶	残	0.14	Ba1	7.5	11	1.2
⑤：10	板瓦	陶	残	0.58	Ca3	19	16.8	1.4
⑤：11	筒瓦	陶	残	0.58	Bc4	21	13.2	1.6
⑤：12	筒瓦	陶	残	0.74	Bc4	25	13.5	1.5
⑤：13	陶盆	陶	残	0.55	/	复原口径49.7、沿宽4.1、残高7.9、厚0.8		
⑤：14	陶盆	陶	残	0.09	/	复原口径35.7、沿残宽1、残高7.3、厚1.1		
⑤：15	陶盆	陶	残	0.22	/	复原口径47、沿宽3.9、残高9.2、厚0.9		
⑤：16	陶盆	陶	残	0.21	/	复原口径34.2、沿宽2.9、残高10、厚0.9		
⑤：17	陶盆	陶	残	0.34	/	复原口径91.8、沿宽4.7、残高7.6、厚1.4		
⑤：18	陶瓮	陶	残	0.95	/	复原口径42、沿宽1.7、残高6.9、厚1.6		
⑤：19	陶缸	陶	残	0.49	/	复原口径62.6、残高9.6、厚1.9		

续表

编号	名称	材质	保存	重量/千克	分型	规格/厘米		
						长	宽	厚
⑤：20	陶盆	陶	残	2.1	/	复原口径72、沿宽5.1、残高25.2、厚1.3		
⑦：1	板瓦	陶	残	0.2	Ca3	9.7	13	1.2
⑦：2	板瓦	陶	残	0.22	Aa3	7.3	8	1.3
⑦：3	板瓦	陶	残	0.11	Ba1	11.5	12.4	1
⑦：4	板瓦	陶	残	0.12	Cb4	6.5	10	1.3
⑦：5	板瓦	陶	残	1	Ca10-4	21.8	24	1.6
⑦：6	筒瓦	陶	残	0.09	Ca4	14	5	1.5
⑦：7	筒瓦	陶	残	0.14	Aa4	9	9	1.4
⑦：8	陶管道	陶	残	0.28	Ⅱ型	残长13、小头复原径26、厚1～1.5		
⑦：9	陶管道	陶	残	0.43	Ⅰ型	残长16.3、小头复原径23、厚1～2.2		
⑦：10	陶盆	陶	残	0.27	/	复原口径32、沿宽1.9、残高10.2、厚1		
M1：1	货泉	铜	完整	3.2克	/	直径2.3、穿宽0.75、厚0.2		
M1：2	货泉	铜	完整	2.3克	/			
M1：3	货泉	铜	完整	2.5克	/			
M6：1	五铢	铜	完整	3克	/	直径2.6、穿宽0.95～1.05、厚约0.15		
M6：2	五铢	铜	完整	3.7克	/			
M6：3	五铢	铜	完整	3.6克	/			
M6：4	五铢	铜	完整	3.2克	/			
M6：5	五铢	铜	完整	2.3克	/			
M6：6	五铢	铜	完整	2.8克	/			
M6：7	五铢	铜	完整	2.8克	/			
M6：8	五铢	铜	完整	4.4克	/			
M6：9	五铢	铜	完整	2.9克	/			
M6：10	五铢	铜	完整	2.7克	/			
M6：11	五铢	铜	完整	2.9克	/			
M6：12	五铢	铜	完整	2.9克	/			
M6：13	五铢	铜	完整	2.9克	/			
M6：14	五铢	铜	完整	2.9克	/			
M6：15	五铢	铜	完整	2.8克	/			
M6：16	五铢	铜	完整	2.9克	/			
M6：17	五铢	铜	完整	3.5克	/			
M6：18	五铢	铜	完整	3.5克	/			
M6：19	五铢	铜	完整	3克	/			
M6：20	五铢	铜	完整	3克	/			
M6：21	五铢	铜	完整	2.5克	/			
M6：22	五铢	铜	完整	4克	/			

续表

编号	名称	材质	保存	重量/千克	分型	规格/厘米		
						长	宽	厚
M6：23	五铢	铜	残	3.6克	/	直径2.6、穿宽0.95～1.05、厚约0.15		
M6：24	五铢	铜	残	3克	/			
M6：25	五铢	铜	残	2.6克	/			
M6：26	五铢	铜	残	2.3克	/			
M6：27	五铢	铜	残	2.5克	/			
M6：28	五铢	铜	残	1.6克	/			
M6：29	五铢	铜	完整	2.8克	/	直径2.5、穿宽0.9～1、厚约0.15		
M6：30	五铢	铜	完整	2.4克	/			
M6：31	五铢	铜	残	3.3克	/			
M6：32	五铢	铜	完整	3.3克	/			
M6：33	五铢	铜	完整	2.7克	/			
M6：34	五铢	铜	完整	2.3克	/			
M6：35	五铢	铜	完整	2.9克	/			
M6：36	五铢	铜	完整	3克	/			
M6：37	五铢	铜	完整	3克	/			
M6：38	五铢	铜	完整	3克	/	直径2.4、穿宽1、厚0.15		
M6：39	货泉	铜	完整	3克	/	直径2.3、穿宽0.75、厚0.2		
M6：40	五铢	铜	完整	3.8克	/	直径2.6、穿宽0.95～1.05、厚约0.15		
M8：1	陶棺	陶	可复原	14.5	/	长60、宽30、高18		
M8：2	几何纹方砖	陶	可复原	5.66	/	边长34.5、厚4		
M8：3	几何纹方砖	陶	可复原	6	/	边长34.5、厚4		
M8：4	板瓦	陶	残	0.22	Cb2	18	10	1.1
M8：5	板瓦	陶	残	0.2	Cb4	9	14.5	1.5
M8：6	板瓦	陶	残	0.22	Cb4	13	8.5	1.5
M8：7	板瓦	陶	残	0.32	Ca10	13	13.5	1.4
M8：8	板瓦	陶	残	0.23	Cb10	9	14.6	1.3
M8：9	筒瓦	陶	残	0.4	Cc4	20	10	1.5
M8：10	筒瓦	陶	残	0.4	Cc4	17	10.5	1.3
M11：1	陶管道	陶	可复原	5.5	/	长46.3、径24.5～29、厚1.1～1.5		
M11：2	陶缸	陶	残	2.25	/	底部复原径48、残高30、厚1.1、腹厚1		
M11：3	陶缸	陶	残	2.55	/	底部复原径50、残高8、厚1.2、腹厚1.3		
M12：1	陶管道	陶	可复原	6.4	/	长52.4、细端外径20、粗端外径25.2、厚1.1～1.5		
M12：2-1	陶盆	陶	可复原	1.3	/	口径32.4、底径17.2、高7.8		
M12：2-2	陶器盖	陶	可复原	1.05	/	口径26、高7.8		
M13：1	陶棺	陶	可复原	22.8	/	长74.5、宽37、高21.6		
M13：2	几何纹方砖	陶	可复原	6.3	/	边长34.5、厚4		
M13：3	几何纹方砖	陶	可复原	6.5	/	边长34.5、厚4		

续表

编号	名称	材质	保存	重量/千克	分型	规格/厘米		
						长	宽	厚
M15：1	陶罐	陶	可复原	2.673	/	口径10、底径10.3、高18.8		
M15：2	陶罐	陶	完整	2.921	/	口径8.3、底径8.8、高15.8		
M15：3	陶罐	陶	完整	2.943	/	口径8.8、底径8.5、高16		
M18：1	五铢	铜	完整	3.5克	/	直径2.5、穿宽1、厚0.2		
M18：2	五铢	铜	完整	3.2克				
M18：3	五铢	铜	残	3.1克				
M21：1	陶罐	陶	可复原	2.66	/	口径8.7、底径8、高15.2、腹厚0.8		
M22：1	板瓦	陶	可复原	2.32	Ca2	56.9	43.6～46	0.7～1.3
M22：2	板瓦	陶	可复原	2.35	Ca2	56	42.8～45	1～1.3
M22：3	板瓦	陶	残	1.6	Cc1	44.3	24.5	1.06
M22：4	板瓦	陶	残	2.9	Ca2	53.3	32	1.1
M23：1	陶盆	陶	可复原	6.29	/	口径50.7、底径24.7、高24.6		
M23：2	陶盆	陶	残	6.24	/	口径52.4	/	高24.3
M23：3	货泉	铜	完整	2克	/	直径2.25、穿孔0.8、厚0.15		
M25：1	陶盆	陶	可复原	3.15	/	口径40、底径18.8、高15.6		
M26：1	陶盒	陶	完整	1.7	/	盖口径17.7、高5.2、腹厚0.8，盒口径14、高8.9、腹厚0.6、通高13.1		
M26：2	陶壶	陶	残	2.64	/	腹径16.1、残高13		
M26：3	几何纹方砖	陶	可复原	6.45	/	边长34.5、厚4		
M26：4	几何纹方砖	陶	残	2.7	/	长34.5、残宽21.6、厚4		
M26：5	几何纹方砖	陶	可复原	6.55	/	边长34.5、厚4		
M26：6	陶棺	陶	可复原	23.85	/	长79、宽35、高20、厚3		
M27：1	陶管道	陶	可复原	4.9	/	通长52.3、小端直径24.5、大端直径30、壁厚1.5		
M28：1	陶缸	陶	残	13	/	复原口径37.2、底径36、残高37		
M28：2	陶瓮	陶	残	1.79	/	复原口径30.8、残高32.3		
M28：3	陶盆	陶	残	0.41	/	复原口径44		
M28：4	板瓦	陶	残	0.85	Ba8-3	28.5	18	1.2～1.4
M28：5	板瓦	陶	残	0.12	Bb2	7.5	9.3	1.1
H13：1	板瓦	陶	残	0.13	Ca9	6	12	1.2
H13：2	板瓦	陶	残	0.06	Ba4	7	5.5	1.5
H13：3	板瓦	陶	残	0.46	Ba4	15.5	13	1.3～2
H13：4	板瓦	陶	残	0.36	Cb1	14.5	15.5	1.5
H13：5	筒瓦	陶	残	0.12	D4	8	10	1.5
H13：6	陶盆	陶	残	0.19	/	复原口径36.6、沿宽3.3、残高7.5、厚0.7		
H17：1	大泉五十	铜	完整	4.5克	/	直径2.6、穿边长0.8、厚0.3		
H17：2	大泉五十	铜	完整	2.7克	/	直径2.2、穿边长0.8、厚0.1		
H17：3	五铢	铜	残	3.5克	/	直径2.6、穿边长1、厚0.1		

续表

编号	名称	材质	保存	重量/千克	分型	规格/厘米		
						长	宽	厚
H17：4	板瓦	陶	残	0.59	Cb4	16	19	1.3
H17：5	板瓦	陶	残	0.45	Ca10	12	15	1.6
H17：6	板瓦	陶	残	0.36	Cb2	19	11.5	1.2
H17：7	筒瓦	陶	残	0.08	Ba4	10.8	6.6	1.3
H17：8	筒瓦	陶	残	0.31	Bc4	18	10	1.5
H17：9	筒瓦	陶	残	0.26	Ca4	15	10.2	1.3
H17：10	陶饼	陶	残	0.03	/	直径4.4、厚1.4		
H17：11	陶盆	陶	残	0.17	/	复原口径57.2、沿宽2.2、残高8、厚1.2		
H17：12	陶罐	陶	残	0.22	/	残高17.5、残宽11、厚1.4		
H17：13	陶罐	陶	残	0.24	/	残高7.8、腹厚0.7、底部复原径12、厚0.8		
H17：14	陶盆	陶	残	0.21	/	复原口径44.1、沿宽1.6、残高15.3、厚1.1		
H17：16	陶片	陶	残	0.07	/	残长9、残宽5.3、厚1.5		
H17：17	陶片	陶	残	0.05	/	残长6、残宽5、厚0.6～1.8		
H17：18	陶甑	陶	残	0.07	/	残高2、孔径2.4、底厚0.8		
H17：19	陶罐	陶	可复原	2.3	/	口外径13.2、沿宽1.4、高30、厚0.7、底径10.5		
H17：20	陶盆	陶	残	0.16	/	复原口径48.6、沿宽2.5、残高8.4、厚1		
H17：21	陶瓮	陶	残	3	/	复原口径40.9、沿宽2.7、残高8.7、厚1.2		
H17：22	板瓦	陶	残	0.36	Cb4	13	17	1.6
H17：23	板瓦	陶	残	0.53	Cb4	18	14.5	1.3
H17：24	板瓦	陶	残	1.4	Cb10-2	30.6	30.5	1.3
H22：1	板瓦	陶	残	0.18	Ba1	12.3	8.2	1.3
H22：2	板瓦	陶	残	0.23	Cb4	8.2	15.5	1.5
H22：3	板瓦	陶	残	0.3	Bb4	14	11.5	1.3～2.1
H22：4	板瓦	陶	残	0.31	Ca10-4	16.5	13.6	1.4
H22：5	筒瓦	陶	残	0.34	Bc4	15.5	12.5	1.5
H22：6	陶片	陶	残	0.12	/	14	10	0.8
H23：1	板瓦	陶	残	0.22	Cb10	8.5	12	1.5
H23：2	板瓦	陶	残	0.23	Ca10	12	11.5	1.4
H23：3	板瓦	陶	残	0.28	Cb10-4	11	14	1.7
H23：4	筒瓦	陶	残	0.15	Ba4	11.5	9.5	1.2
H23：5	筒瓦	陶	残	0.13	Cc4	8	7.2	2
H23：6	陶盆	陶	残	0.11	/	复原口径33.9、沿宽2.1、残高10.3、厚0.8		
H31：1-1	剪轮铜钱	铜	朽	0.9克	/	钱文无法辨识，直径1.7、穿边长0.9、厚0.1		
H31：1-2	剪轮铜钱	铜	朽	0.8克				
H31：2	板瓦	陶	残	0.2	Ca10	11.5	8.2	1.7
H31：3	板瓦	陶	残	0.7	Ba1	21.5	23	1
H31：4	筒瓦	陶	残	0.03	Cb4	5	6	1

续表

编号	名称	材质	保存	重量/千克	分型	规格/厘米		
						长	宽	厚
H31：5	陶盆	陶	残	0.11	/	复原口径32.4、沿宽2.9、残高6.6、厚1		
H31：6	陶瓮	陶	残	0.28	/	复原口径23.2、沿宽1.5、残高5.5、厚1.4		
H31：7	陶罐	陶	残	0.19	/	底径13.3、残高6.5、厚0.7～1		
H31：8	陶甑	陶	残	0.17	/	残高7、壁厚1.5、底厚1.3		
H31：9	板瓦	陶	残	0.19	Cb2	11	9.5	1.4
H31：10	板瓦	陶	残	0.18	Ca4	8.5	11.1	1.2
H34：1	板瓦	陶	残	0.08	Ca1	10	6	1.2
H34：2	筒瓦	陶	残	0.1	Ba4	11	5.6	1
H36：1	陶罐	陶	可复原	5.83	/	口外径14.6、沿宽0.8、高18.5、厚0.6、底径10.8		
H39：1	铁器	铁	残	23克	/	长9.8、宽1.3、厚0.6		
H39：2	板瓦	陶	残	0.44	Ca4	14.8	15	1.5
H39：3	板瓦	陶	残	0.63	Cb10	19	16	1.2～1.8
H39：4	筒瓦	陶	残	0.06	Ac2	7.3	8.2	1
H39：5	筒瓦	陶	残	0.11	Aa4	7.8	9.5	1.3
H39：6	筒瓦	陶	残	0.39	Cc4	18	10.5	1.5
H39：7	素面砖	陶	残	0.99	/	15.5	10.5	5.9
H39：8	陶井圈	陶	可复原	0.97	/	残宽15.3、高16.7、厚2.7		
H39：9	陶甑	陶	残	0.14	/	残长11.5、残宽10.2、孔径2.2、底厚1.1		
H39：10	板瓦	陶	残	0.55	Ca4-9	15	18	1.2～1.7
G14：1	陶片	陶	残	0.03	/	7.5	6.5	0.6
G14：2	陶片	陶	残	0.11	/	11.5	8	1
Q1：1	铁器	铁	残	116克	/	长8.5、宽7、厚1.7		
Q1：2	璧形玉	玉	完整	0.01	/	直径2.4、孔径0.4、厚0.4		
Q1：3	桃核	木	残	2.3	/	仅剩一半，残长2.5、宽2、残高1.2		
Q1：4	铜带钩	铜	残	10.2克	/	3.5	0.5～1.2	0.9
Q1：5	板瓦	陶	残	0.27	Cb4	14.5	12	1.5
Q1：6	筒瓦	陶	残	0.05	Ca4	5	6	1.2
Q1：7	筒瓦	陶	残	0.32	D4	17.5	10	1.5～1.9
Q1：8	陶盆	陶	残	0.33	/	复原口径42.7、沿宽1.9、残高12.9、厚1.1		
Q1：9	陶片	陶	残	0.09	/	10	8	1.1
Q1：10	陶盆	陶	残	0.39	/	复原口径51.5、沿宽2.3、残高18.3、厚1		
Q1：11	陶罐	陶	残	0.24	/	残高9、厚0.7		
Q1：12	板瓦	陶	残	0.32	Ac3	16.5	19	1.2
Q1：13	板瓦	陶	残	0.32	Ca3	9	15	1.1
Q1：14	板瓦	陶	残	0.13	Ac4	7.7	10	1.5
Q1：15	板瓦	陶	残	0.6	Ca10	15.5	17.5	1.5

表3.3　T2出土遗物数量统计表

名称	分型/纹饰	③/件	④/件	⑤a/件	⑦/件	Q1/件	G14/件	H13/件	H17/件	H22/件	H23/件	H31/件	H34/件	H39/件	M8/件	合计/件	百分比/%	总百分比/%
		灰	灰	灰	灰	灰	灰	灰	灰	灰	灰	灰	灰	灰	灰			
板瓦	Aa1				2											2	0.17	46.02
	Bc1					1				2						3	0.26	
	Bb1	8		1	8				5		2	3				27	2.34	
	Cc1													1		1	0.09	
	Cb1	56		18	10	2		4	20		13	1		7	3	134	11.61	
	Ca1			1								1	2			4	0.35	
	Ab2								1							1	0.09	
	Bb2								4							4	0.35	
	Cb2			5											3	8	0.69	
	Bc4	7								1						8	0.69	
	Bb4								7							7	0.61	
	Cc4			4												4	0.35	
	Cb4	104	60	30	15	1		1		2	3	3			5	224	19.41	
	Ca4		10											1		11	0.95	
	Cb10	45		17	16			1	4		2	1			1	87	7.54	
	Ca10					1			1	1		1			2	6	0.52	
筒瓦	Bc2													1		1	0.09	17.69
	Bb2								3		1					4	0.35	
	Bc4	3	2		1	2		1		2			1	1		13	1.13	
	Bb4								6							6	0.52	
	Ba4		2						2							4	0.35	
	Cc4	28	60	5	1	1			5		6	2			3	111	9.62	
	Cb4													2		2	0.17	
	D4	30	30			2		1								63	5.46	
砖	素面	10												2		12	1.04	1.30
	绳纹	3														3	0.26	
陶片	印纹	20				2			9							31	2.69	34.40
	凹弦纹	6	6	5		3			2							22	1.91	
	素面	110	39	38	6		3	5	59	2	3	13		1	1	280	24.26	
	凹弦纹＋水波纹		2													2	0.17	
	篦划纹		6													6	0.52	
	篮纹		13													13	1.13	
	弦断竖条纹		17													17	1.47	
	凹弦纹＋印纹		1	1												2	0.17	

续表

名称	分型/纹饰	③/件	④/件	⑤a/件	⑦/件	Q1/件	G14/件	H13/件	H17/件	H22/件	H23/件	H31/件	H34/件	H39/件	M8/件	合计/件	百分比/%	总百分比/%
		灰	灰	灰	灰	灰	灰	灰	灰	灰	灰	灰	灰	灰	灰			
陶片	竖条纹			11												11	0.95	34.41
	凹弦纹＋戳印纹			9												9	0.78	
	暗刻划纹								4							4	0.35	
井圈														4		4	0.35	0.35
陶管道					2											2	0.17	0.17
石头							1									1	0.09	0.09
合计		430	248	145	61	15	4	13	132	10	30	25	3	20	18	1154	100.00	100.00
百分比/%		37.26	21.49	12.56	5.29	1.30	0.35	1.13	11.44	0.87	2.60	2.17	0.26	1.73	1.56	100.00		

第一节　地　　层

根据土质、土色及包含物特征的不同分为9层，地层按四壁分别介绍如下。

（一）地层堆积

1. 北壁

第1层：浅灰色耕土。厚0.11～0.2米。分布全方，堆积近平坦。土质松软，结构疏松，内含大量植物根系、塑料袋、炭渣、白灰颗粒、红色砖颗粒等。

第2层：黄灰色扰土。深0.11～0.2、厚0.2～0.5米。分布全方，为东高西低坡状堆积。土质略松，结构略疏松，出土瓦片、陶片。

第3层：黄灰色土。深0.44～0.67、厚0.56～0.78米。分布全方，堆积近平。土质较松软，结构疏松，内含少量红烧土粒、炭粒等，出土大量粗绳纹板瓦、筒瓦、陶器残片等。

第4层：深灰色土。深1.18～1.23、厚0.36～0.45米。分布全方，堆积近平。土质松软，结构疏松，内含少量红烧土粒、炭粒等，出土瓦片、陶片。H22、L2开口于此层下，H39开口于L2下。

第5a层：浅黄灰色土。深1.66～1.76、厚0～0.84米。分布于探方中南部，为东高西低的坡状堆积。土质松软，结构疏松，内含少量炭粒、红烧土粒，出土遗物有粗绳纹板瓦、筒瓦残片，陶器碎片等。M21开口于此层下。

第5b层：浅黄灰色土。深2.44～2.79、厚0～0.4米。分布于探方中南部，堆积近平。土质略松，结构疏松，内含少量的炭粒、红烧土粒，出土瓦片、陶片。Q1开口于此层下。

第6层：黄色细沙土。深5.21～5.23、厚0.14～0.18米。分布于Q1以南，堆积近平。土质略松软，结构较疏松，夹杂灰褐色淤泥块，呈层状淤积而成。之下为第9层（图3.3、图3.4）。

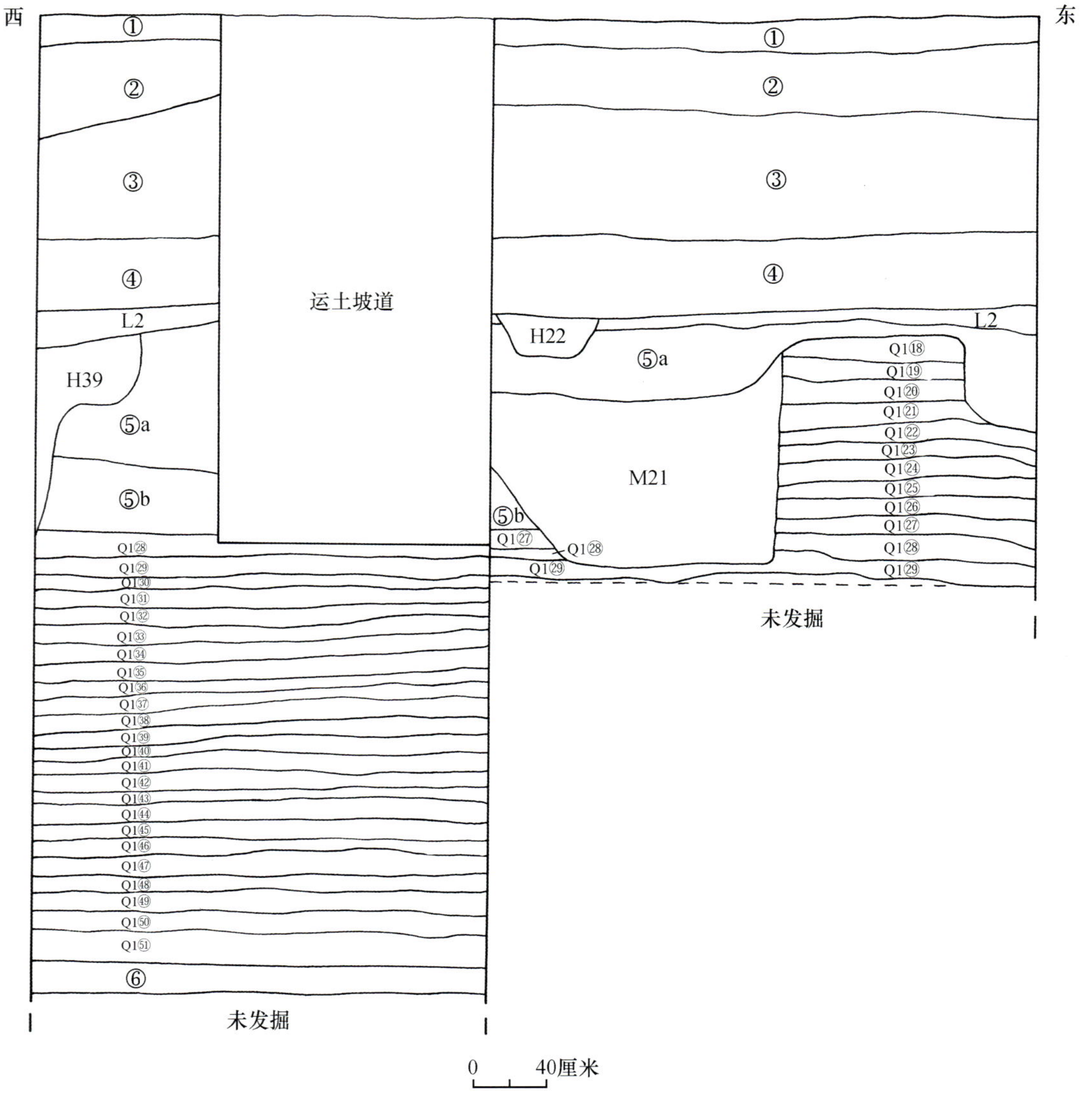

图3.3　T2北壁剖面图

第6层未发掘完，发掘深0.15米。之后对以下的堆积层进行钻探了解，探孔显示均为自然淤积土，未见生土。将探孔D1内地层介绍如下。

第1层：浅灰色细沙淤土。厚约0.2米。

第2层：浅褐色淤泥。深1～1.5米。土质较硬，结构较致密。

第3层：浅褐色淤泥。深1.5～2.5米。土质略松，结构较疏松。

第4层：浅褐色淤泥。深2.5～4.2米。土质坚硬，结构致密。

第5层：浅黄色粉沙土。深4.2～4.7米。土质较硬，结构较致密。

第6层：黄色软泥。深4.7～6米。未继续向下钻探。

图3.4 T2北壁剖面照（南—北）

2. 东壁

第1层：浅灰色耕土。厚0.12～0.2米。分布全方，堆积近平坦。土质松软，结构疏松，内含大量植物根系、塑料袋、炭渣、白灰颗粒、红色砖颗粒等。

第2层：黄灰色扰土。深0.12～0.2、厚0.22～0.42米。分布全方，堆积近平坦。土质略松，结构略疏松，内含少量灰色砖渣、白灰颗粒、炭渣等。

第3层：黄灰色土。深0.42～0.6、厚0～0.96米。分布全方，为北高南低的坡状堆积。土质较松软，结构疏松，内含少量红烧土粒、炭粒等，出土瓦片、陶片。H13开口于此层下。

第4层：深灰色土。深0.8～1.88、厚0～0.66米。分布全方，为北高南低的坡状堆积。土质松软，结构疏松，内含少量红烧土粒、炭粒等，出土瓦片、陶片。H17、H36、H37、L2开口于此层下，L5开口于L2下。

第5a层：浅黄灰色土。深1.68～1.84、厚0.04～0.89米。分布于探方南部，为北高南低的坡状堆积。土质略松，结构疏松，内含少量炭粒、红烧土粒，出土瓦片、陶片。M21、G14开口于此层下。

第5b层：灰褐色花土。深2.2～2.51、厚0～0.88米。分布于探方中南部，凹凸不平。土质略松，结构疏松，呈颗粒状，与夯土的土色相近，是城墙倒塌下来形成的倒塌层。Q1开口于此层下。

第7层：黄色细沙土。深2.89～3.32、厚0～0.93米。分布于Q1以南，堆积近平。土质略松软，夹杂灰褐色淤泥块，结构较疏松，呈层状淤积（图3.5、图3.6）。

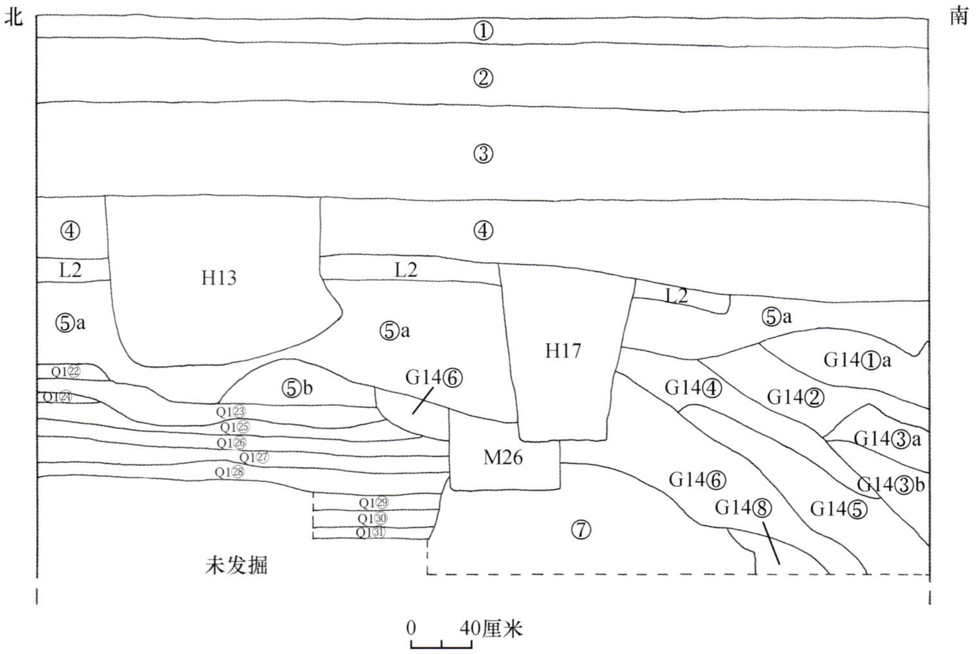

图3.5 T2东壁剖面图

图3.6 T2东壁剖面照（西—东）

3. 南壁

第1层：浅灰色耕土。厚0.15～0.24米。分布全方，堆积近平。土质松软，结构疏松，内含大量植物根系、塑料袋、炭渣、白灰颗粒、红色砖颗粒等。

第2层：黄灰色扰土。深0.15～0.24、厚0.42～0.46米。分布全方，堆积近平。土质略松，结构略疏松，内含少量灰色砖渣、白灰颗粒、炭渣等。

第3层：黄灰色土。深0.6～0.67、厚0.59～0.66米。分布全方，堆积近平。土质较松软，结构疏松，内含少量的红烧土粒、炭粒等，出土瓦片、陶片。

第4层：深灰色土。深1.24～1.3、厚0.31～0.65米。分布全方，为西高东低的坡状堆积。土质松软，结构疏松，内含少量的红烧土粒、炭粒等，出土瓦片、陶片。H34开口于此层下。

第5a层：浅黄灰色土。深1.8～1.86、厚0.24～0.74米。分布于探方南部，为波状堆积，且高低不平。土质略松，结构疏松，内含少量的炭粒、红烧土粒，出土瓦片、陶片。G14开口于此层下。

第8层：浅褐色淤泥。深4.51～4.6、厚0.13～0.16米。分布于Q1以南，堆积近平。土质较硬，结构较致密。

第9层：浅灰色细沙土。深4.74～4.75、厚0.19～0.2米。分布于Q1以南，堆积近平。该层仅发掘西南部一解剖沟。土质略松软，结构较疏松。此层以下未发掘（图3.7、图3.8）。

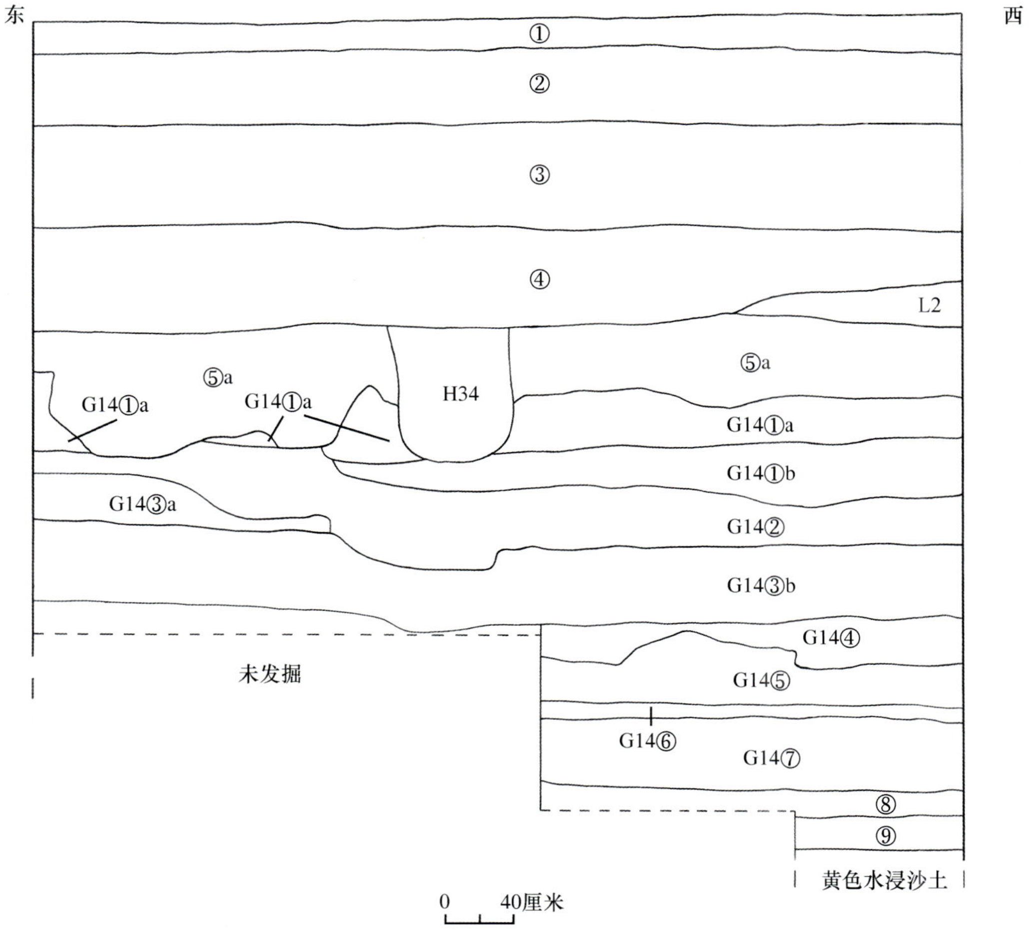

图3.7 T2南壁剖面图

图3.8 T2南壁剖面照（北—南）

4. 西壁

第1层：浅灰色耕土。厚0.1～0.24米。分布全方，堆积近平。土质松软，结构疏松，内含大量植物根系、塑料袋、炭渣、白灰颗粒、红色砖颗粒等。

第2层：黄灰色扰土。深0.1～0.24、厚0.16～0.6米。分布全方，为北高南低坡状堆积。土质略松，结构略疏松，内含少量灰色砖渣、白灰颗粒、炭渣等。

第3层：黄灰色土。深0.44～0.74、厚0～0.99米。分布全方，为北高南低坡状堆积。土质较松软，结构疏松，内含少量红烧土粒、炭粒等。该层出土遗物占探方总数的37.26%。在本层中灰陶占99.8%、红褐陶占0.2%。据本层出土器物残片统计，板瓦占51.04%，其中Cb10型占10.44%、Bb1型占1.86%、Cb1型占12.99%、Bc4型占1.62%、Cb4型占24.13%。筒瓦占15.16%，其中Cc4型占6.5%、Bc4型占0.7%、D4型占6.96%。砖占3.02%，其中素面砖占2.32%、绳纹砖占0.7%。陶片占31.78%，其中印纹占4.64%、凹弦纹占1.39%、素面占25.75%（表3.4）。

表3.4 T2第3层出土遗物数量统计表

名称	分型/纹饰	陶色/件		合计/件	百分比/%	总百分比/%
		灰	红褐			
板瓦	Cb10	45	/	45	10.44	51.04
	Bb1	8	/	8	1.86	
	Cb1	56	/	56	12.99	
	Bc4	7	/	7	1.62	
	Cb4	104	/	104	24.13	

续表

名称	分型/纹饰	陶色/件		合计/件	百分比/%	总百分比/%
		灰	红褐			
筒瓦	Cc4	28	/	28	6.50	15.16
	Bc4	3	/	3	0.70	
	D4	30	/	30	6.96	
砖	素面砖	10	/	10	2.32	3.02
	绳纹砖	3	/	3	0.70	
陶片	印纹	20	/	20	4.64	31.78
	凹弦纹	6	/	6	1.39	
	素面	110	1	111	25.75	
合计		430	1	431	100.00	
百分比/%		99.80	0.20	100.00		

第4层：深灰色土。深1.02～1.4、厚0～0.52米。分布全方，为北高南低的坡状堆积。土质松软，结构疏松，内含少量红烧土粒、炭粒等。出土遗物残片占全探方总数的21.49%。据本层出土器物残片统计，板瓦占28.22%，其中Cb4型占24.19%、Ca4型占4.03%。筒瓦占37.91%，其中Cc4型占24.19%、Ba4型占0.81%、Bc4型占0.81%、D4型占12.1%。陶片占33.87%，其中凹弦纹＋水波纹占0.81%、素面占15.73%、篦划纹占2.42%、凹弦纹占2.42%、篮纹占5.24%、弦断竖条纹占6.85%、凹弦纹＋印纹占0.4%（表3.5）。H36、H37、M15、M18、L2开口此层下；此外，L5、H38、H39开口于L2下。

表3.5 T2第4层出土遗物数量统计表

名称	分型/纹饰	灰陶/件	百分比/%	总百分比/%
板瓦	Cb4	60	24.19	28.22
	Ca4	10	4.03	
筒瓦	Cc4	60	24.19	37.91
	Ba4	2	0.81	
	Bc4	2	0.81	
	D4	30	12.10	
陶片	素面	39	15.73	33.87
	凹弦纹＋水波纹	2	0.81	
	篦划纹	6	2.42	
	凹弦纹	6	2.42	
	篮纹	13	5.24	
	弦断竖条纹	17	6.85	
	凹弦纹＋印纹	1	0.40	
合计		248	100.00	
百分比/%		100.00		

第5a层：浅黄灰色土。深1.67～2.26、厚0～0.84米。分布于探方中南部，为北高南低的坡状堆积。土质略松，结构疏松，内含少量的炭粒、红烧土粒。出土遗物占本探方总数的12.65%。据本层出土器物残片统计，板瓦占52.41%，其中Bb1型占0.69%、Cb1型占12.41%、Ca1型占0.69%、Cb2型占3.45%、Cc4型占2.76%、Cb4型占20.69%、Cb10型占11.72%。筒瓦占3.45%，仅Cc4型。陶片占44.15%，其中素面占26.21%、竖条纹占7.59%、凹弦纹＋戳印纹占6.21%、凹弦纹占3.45%、凹弦纹＋印纹占0.69%（表3.6）。G14开口于此层下。

表3.6　T2第5a层出土遗物数量统计表

名称	分型/纹饰	灰陶/件	合计/件	百分比/%	总百分比/%
板瓦	Cb1	18	18	12.41	52.41
	Bb1	1	1	0.69	
	Ca1	1	1	0.69	
	Cb2	5	5	3.45	
	Cc4	4	4	2.76	
	Cb4	30	30	20.69	
	Cb10	17	17	11.72	
筒瓦	Cc4	5	5	3.45	3.45
陶片	素面	38	38	26.21	44.15
	竖条纹	11	11	7.59	
	凹弦纹＋戳印纹	9	9	6.21	
	凹弦纹	5	5	3.45	
	凹弦纹＋印纹	1	1	0.69	
合计		145	145	100.00	

第5b层：浅黄灰色土。深1.93～3.32、厚0～1.16米。分布于探方中南部，为北高南低的坡状堆积。土质略松，结构疏松，内含少量炭粒、红烧土粒。Q1开口于此层下。

第6层：黄色细沙土。深4.4～5.22、厚0～0.18米。未分布全方，仅分布于Q1以南，为北高南低的坡状堆积。土质略松软，结构较疏松，夹杂灰褐色淤泥块。

第7层：黄色细沙土。深3.22～3.42、厚0～0.93米。分布于Q1以南，堆积近平。土质略松软，夹杂灰褐色淤泥块，结构较疏松，呈层状淤积。出土遗物占本探方总数的5.29%。据本层出土器物残片统计，板瓦占83.6%，其中Aa1型占3.28%、Bb1型占13.11%、Cb1型占16.39%、Cb10型占26.23%、Cb4型占24.59%。筒瓦占3.28%，其中Bc4型占1.64%、Cc4型占1.64%。陶片占9.8%，均为素面。陶管道占3.28%（表3.7）。

表3.7　T2第7层出土遗物残片统计表

名称	分型/纹饰	灰陶/件	合计/件	百分比/%	总百分比/%
板瓦	Aa1	2	2	3.28	83.60
	Bb1	8	8	13.11	
	Cb1	10	10	16.39	
	Cb10	16	16	26.23	
	Cb4	15	15	24.59	

续表

名称	分型/纹饰	灰陶/件	合计/件	百分比/%	总百分比/%
筒瓦	Bc4	1	1	1.64	3.28
	Cc4	1	1	1.64	
陶管道	/	2	2	3.28	3.28
陶片	素面	6	6	9.80	9.80
合计		61	61	100.00	
百分比/%		100.00			

第8层：浅褐色淤泥。深4.22～4.3、厚0～0.62米。分布于Q1以南，为波状堆积。土质较硬，结构较致密。

第9层：浅灰色细沙土。深4.78～4.88、厚0～0.22米。分布于Q1以南，堆积近平。土质略松软，结构较疏松。此层仅发掘了探方西南部一解剖沟，以下部分未发掘（图3.9～图3.11）。

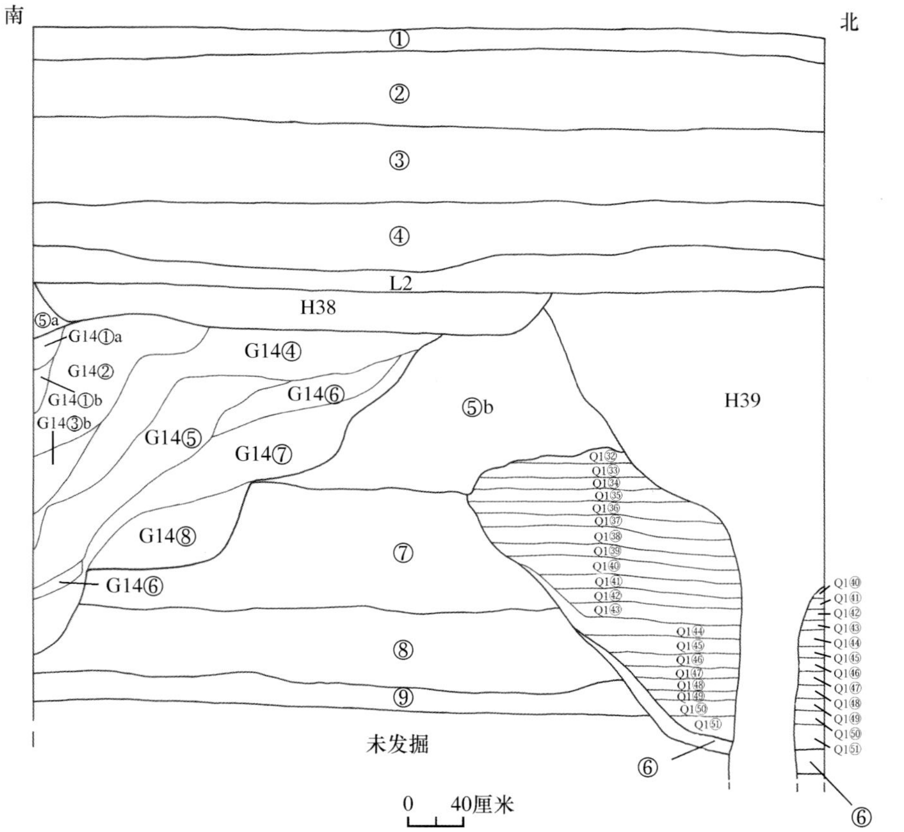

图3.9 T2西壁剖面图（南部）

（二）出土遗物

地层内共出土器物84件，分6类，其中建筑材料47件，陶器25件，玉、石器2件，铁器4件，铜器2件，铜钱4件（表3.2）。分类介绍如下。

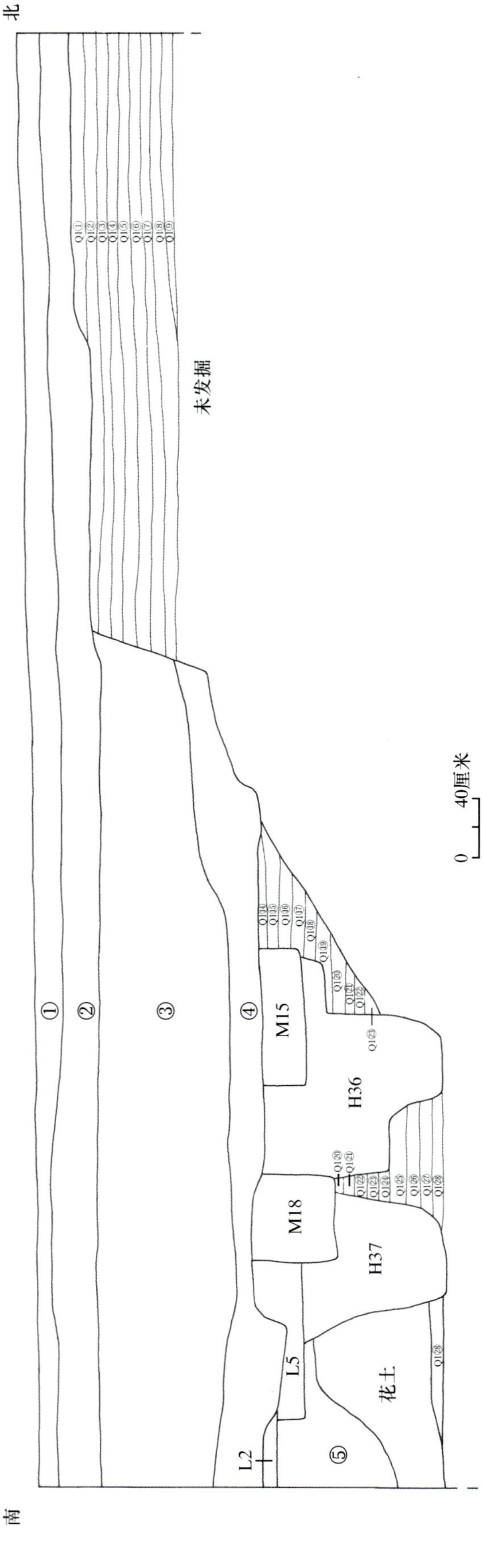

图3.10　T2西壁剖面图（北部）

图3.11 T2西壁剖面照

1. 建筑材料

根据用途，出土建筑材料分砖、板瓦、筒瓦、瓦当、陶管道等5种。分别介绍如下。

（1）砖

出土3件，均条形砖。据表面纹饰不同分3种。

素面砖 1件。③：22，残。砖呈青灰色。两面均为素面。残长20、宽15.5、厚5.7厘米（图3.12、图3.13）。

绳纹砖 1件。③：20，残。砖呈青灰色。一面饰粗直绳纹，另一面为素面。残长12.5、宽13、厚4.7厘米（图3.14、图3.15）。

网格纹砖 1件。③：21，残。砖呈青灰色。一面饰网格纹，另一面为素面。残长11.2、宽13.8、厚5.5厘米（图3.16、图3.17）。

（2）板瓦

出土27件，均弧形板瓦。据表面绳纹粗细，可分为A、B、C三型。

A型 1件。属Aa3型。⑦：2，残。瓦呈灰色。表面饰细交错绳纹，内面饰篦纹。残长7.3、残宽8、厚1.3厘米（图3.18、图3.19）。

B型 7件。分四亚型。

图3.12　素面砖（③：22）侧、正、背面照片

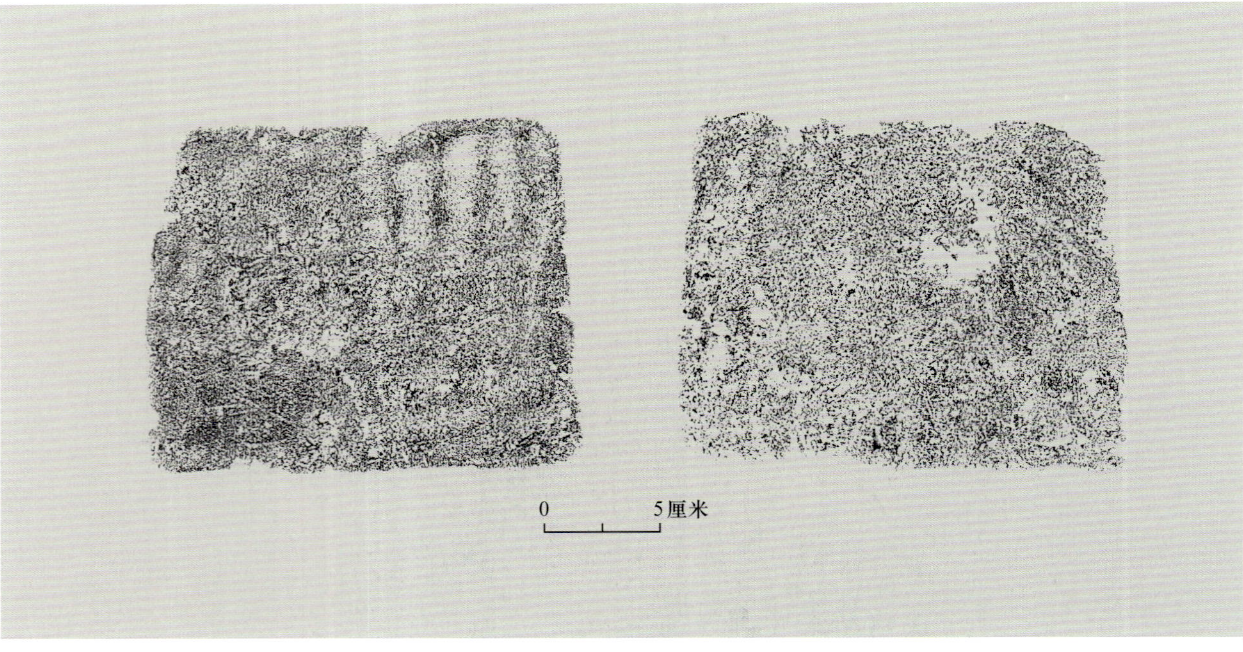

图3.13　素面砖（③：22）正、背面拓片

图3.14 绳纹砖（③：20）侧、正、背面照片

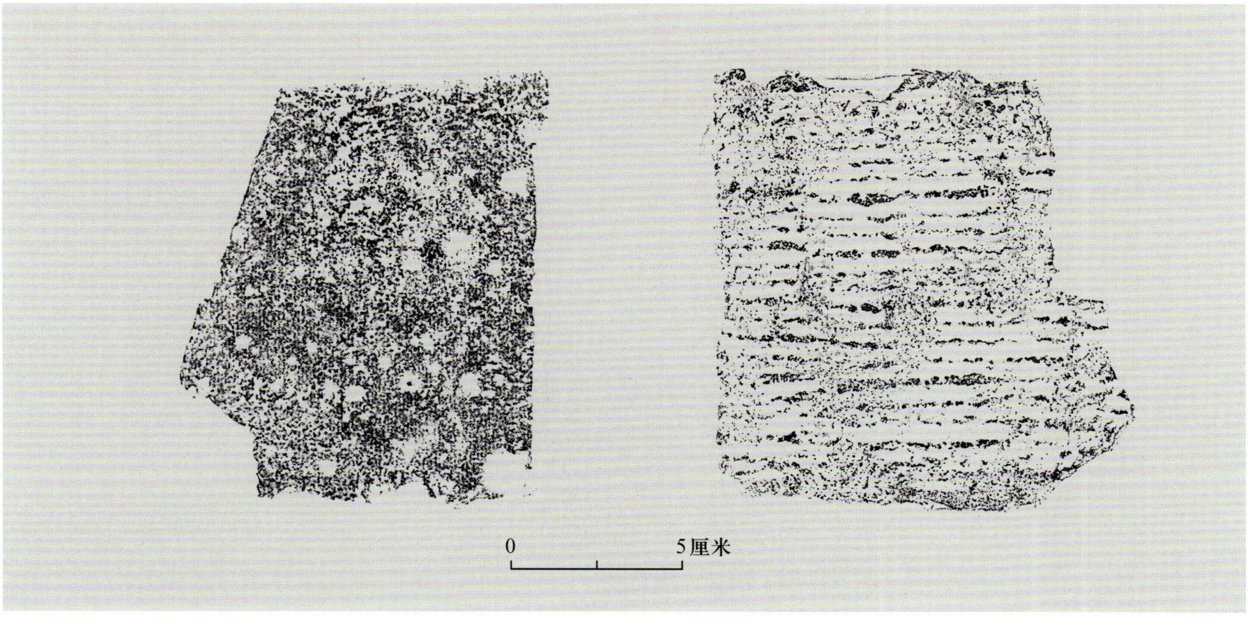

图3.15 绳纹砖（③：20）正、背面拓片

图3.16　网格纹砖（③：21）侧、正、背面照片

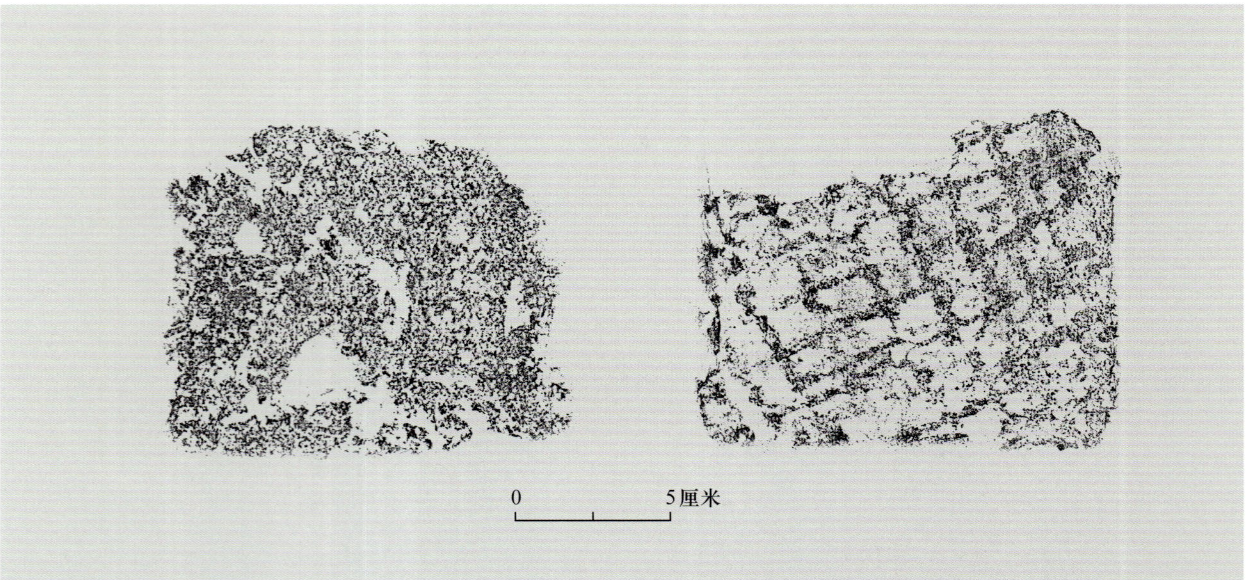

图3.17　网格纹砖（③：21）正、背面拓片

图3.18 Aa3型板瓦（⑦：2）表、内面照片

图3.19 Aa3型板瓦（⑦：2）表、内面拓片

Ba1型　2件。表面饰中粗交错绳纹，内面素面。

⑤：9，残。瓦呈灰色。残长7.5、残宽11、厚1.2厘米（图3.20、图3.21）。

⑦：3，残。瓦呈灰色。小头有绳纹抹平部分，宽6.5厘米。残长11.5、残宽12.4、厚1厘米（图3.22、图3.23）。

图3.20　Ba1型板瓦（⑤：9）表、内面照片

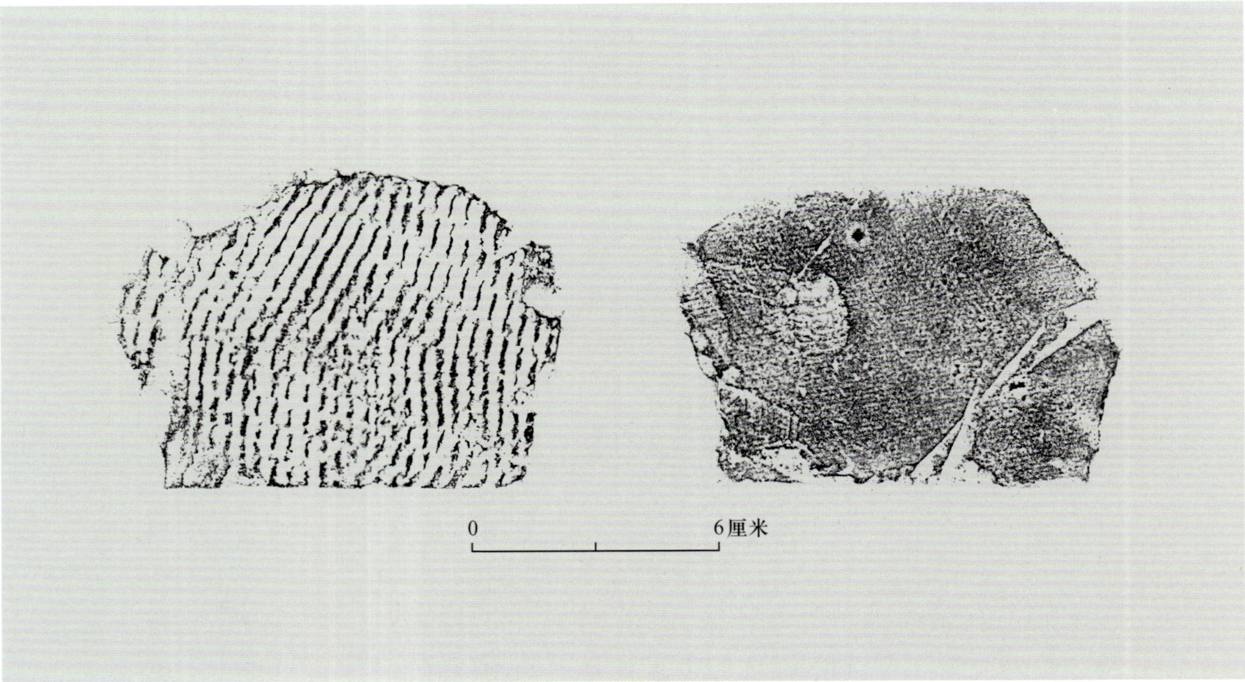

图3.21　Ba1型板瓦（⑤：9）表、内面拓片

图3.22 Ba1型板瓦（⑦：3）表、内面照片

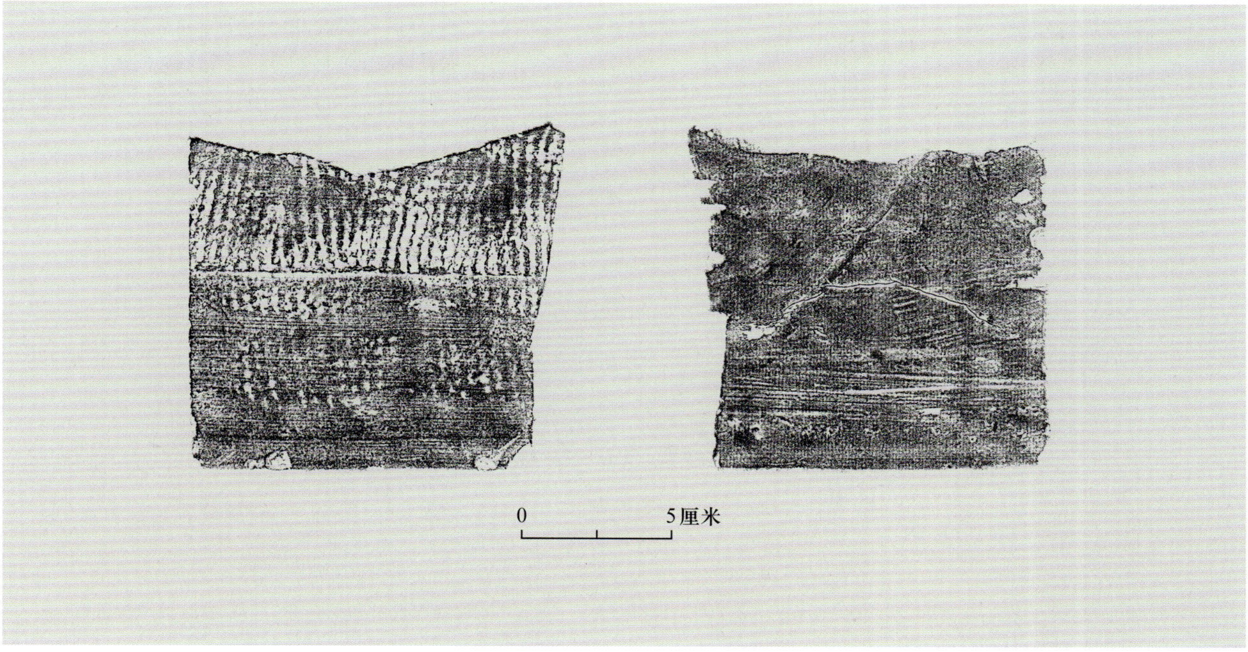

图3.23 Ba1型板瓦（⑦：3）表、内面拓片

Ba4型 2件。表面饰中粗交错绳纹，内面饰布纹。

④：5，残。瓦呈灰色。表面一端绳纹抹平部分宽3.5厘米。残长13、残宽11.5、厚1.3厘米（图3.24、图3.25）。

⑤：8，残。瓦呈灰色。残长16、残宽14.2、厚1～1.6厘米（图3.26、图3.27）。

Bb1型 1件。③：13，残。瓦呈灰色。表面饰中粗直绳纹，内面素面，小头绳纹抹平部分宽5厘米。残长14、残宽12、厚1.3厘米（图3.28、图3.29）。

图3.24 Ba4型板瓦（④：5）表、内面照片

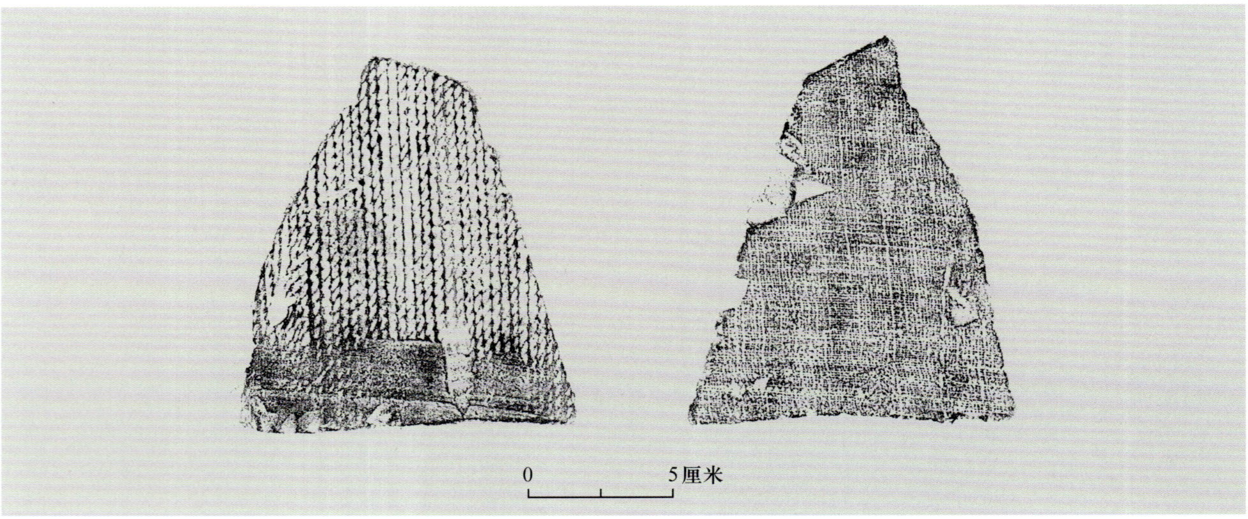

图3.25 Ba4型板瓦（④：5）表、内面拓片

图3.26 Ba4型板瓦（⑤：8）表、内面照片

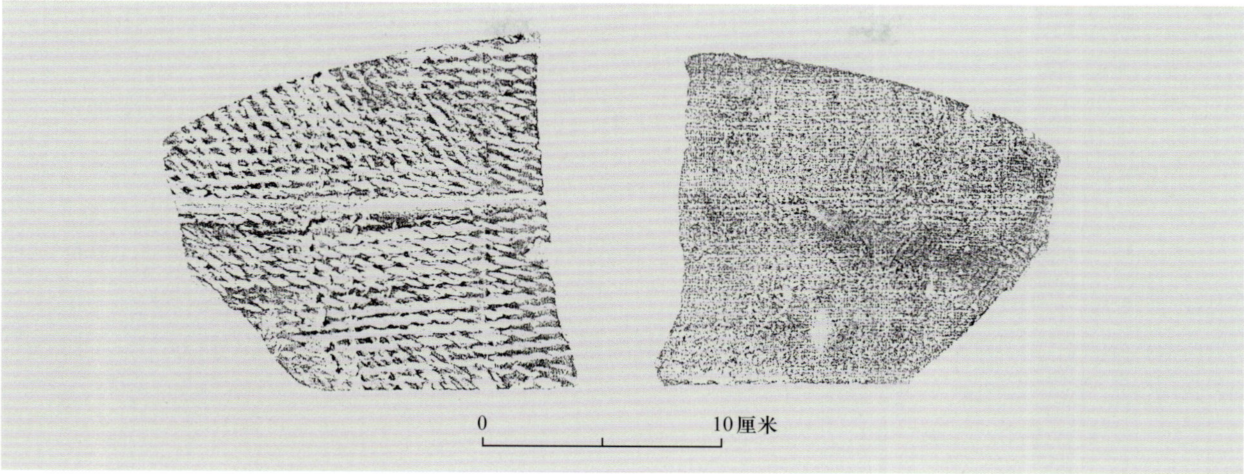

图3.27 Ba4型板瓦（⑤：8）表、内面拓片

图3.28 Bb1型板瓦（③：13）表、内面照片

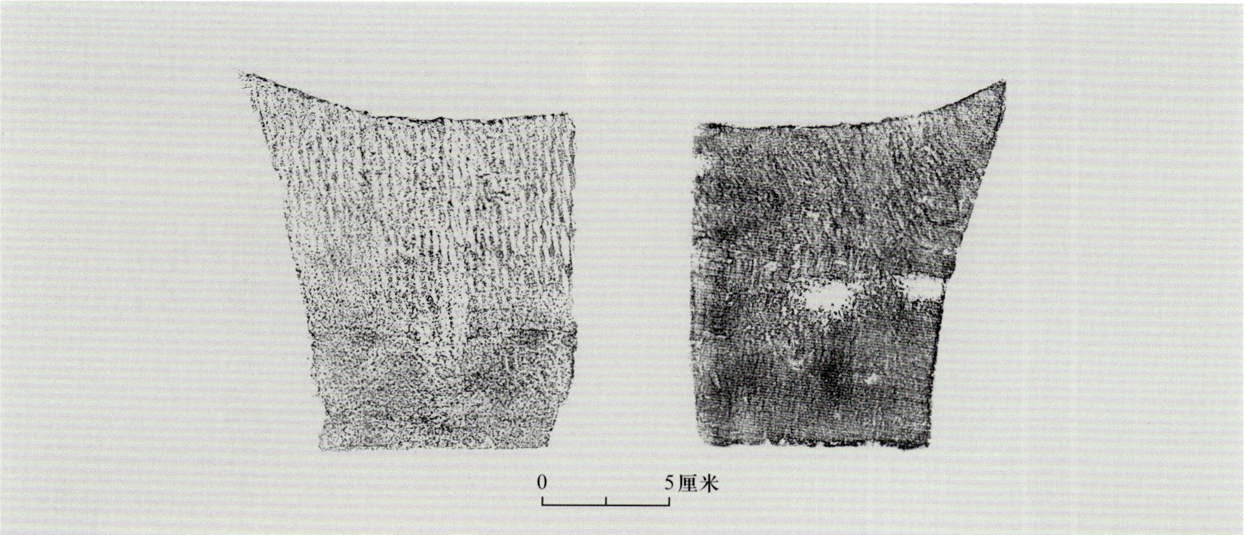

图3.29 Bb1型板瓦（③：13）表、内面拓片

Bc4型　2件。表面饰中粗直绳纹，内面饰布纹。

③：11，残。瓦呈灰色。残长15.5、残宽16.5、厚1.8厘米（图3.30、图3.31）。

③：17，残。瓦呈灰色。小头绳纹抹平部分宽9厘米，内面有一凹痕。残长22.4、残宽14、厚1.6厘米（图3.32、图3.33）。

C型　共19件。分二亚型。

Ca1型　1件。③：12，残。瓦呈灰色。表面饰粗交错绳纹，内面素面。残长11.2、残宽9.5、厚1.1厘米（图3.34、图3.35）。

Ca2型　1件。⑤：4，残。瓦呈灰色。表面饰粗交错绳纹，内面饰麻点纹。残长19、残宽17、厚1～1.4厘米（图3.36、图3.37）。

图3.30　Bc4型板瓦（③：11）表、内面照片

图3.31　Bc4型板瓦（③：11）表、内面拓片

图3.32 Bc4型板瓦（③：17）表、内面照片

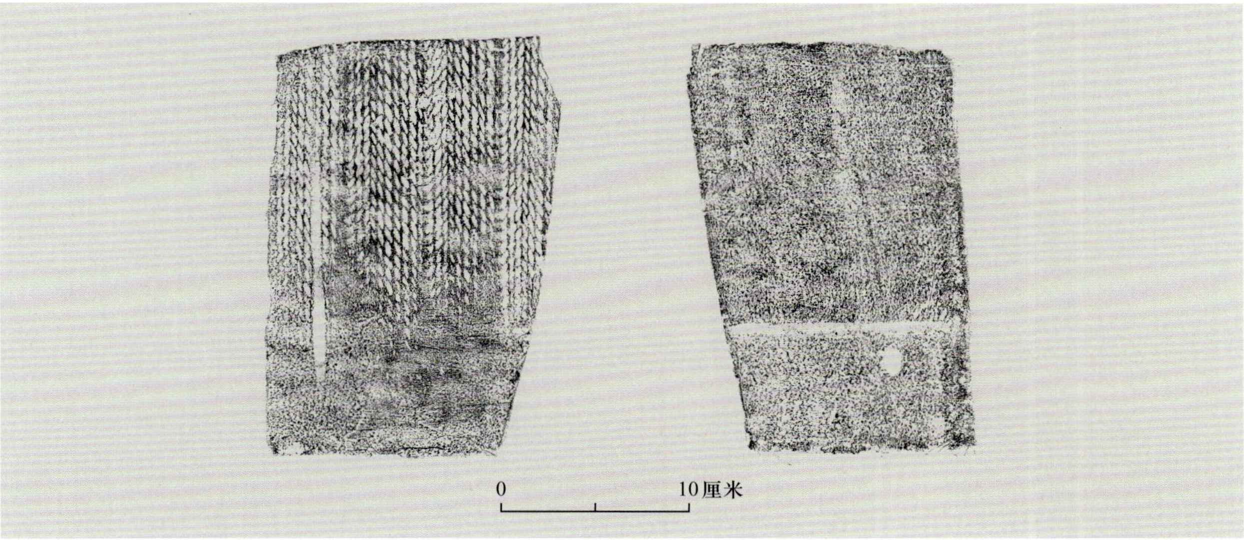

图3.33 Bc4型板瓦（③：17）表、内面拓片

图3.34 Ca1型板瓦（③：12）表、内面照片

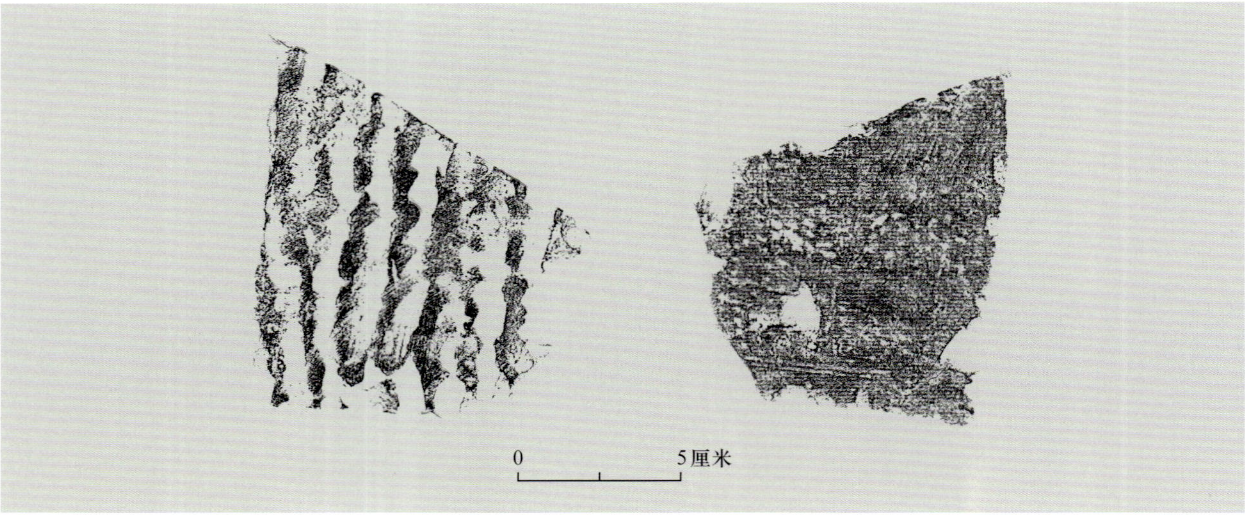

图3.35　Ca1型板瓦（③：12）表、内面拓片

图3.36　Ca2型板瓦（⑤：4）表、内面照片

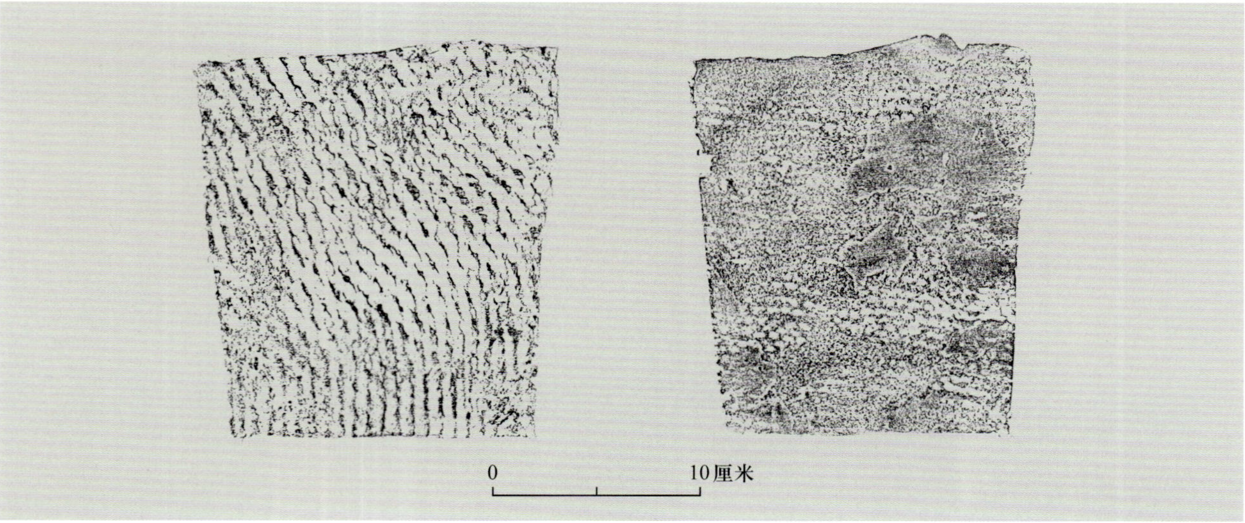

图3.37　Ca2型板瓦（⑤：4）表、内面拓片

Ca3型 3件。表面饰粗交错绳纹，内面饰篦纹。

⑦：1，残。瓦呈灰色。残长9.7、残宽13、厚1.2厘米（图3.38、图3.39）。

④：6，残。瓦呈灰褐色。表面中部绳纹抹平部分宽2厘米。残长18.3、残宽12、厚1.5厘米（图3.40、图3.41）。

⑤：10，残。瓦呈灰色。残长19、残宽16.8、厚1.4厘米（图3.42、图3.43）。

图3.38 Ca3型板瓦（⑦：1）表、内面照片

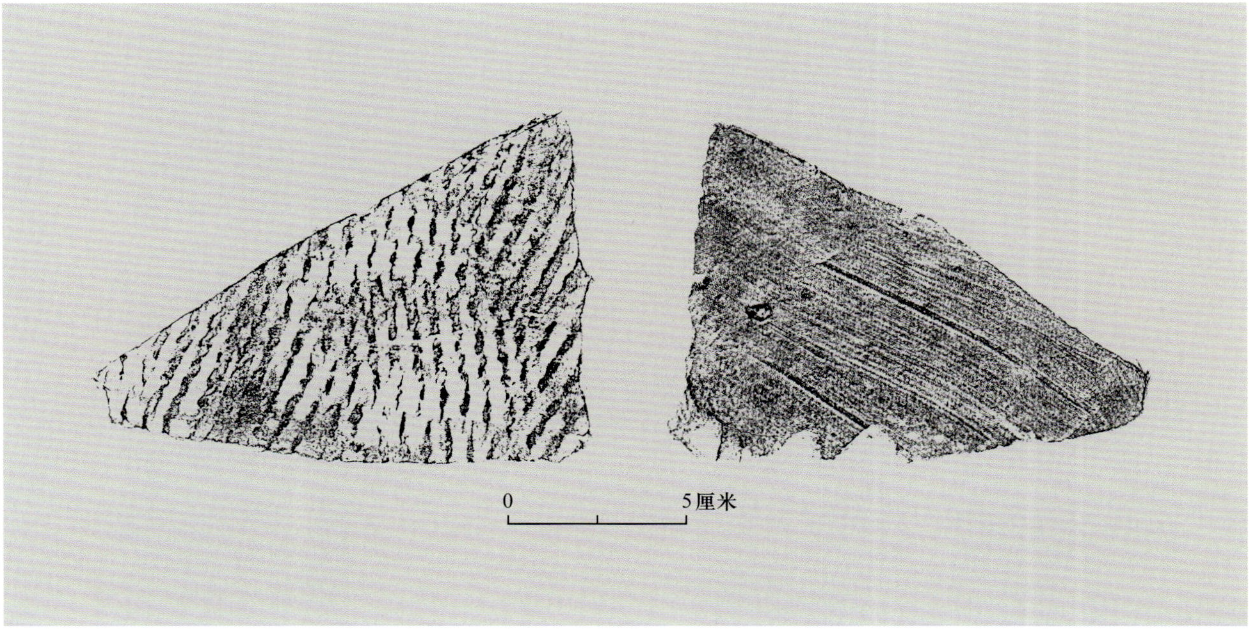

图3.39 Ca3型板瓦（⑦：1）表、内面拓片

图3.40　Ca3型板瓦（④：6）表、内面照片

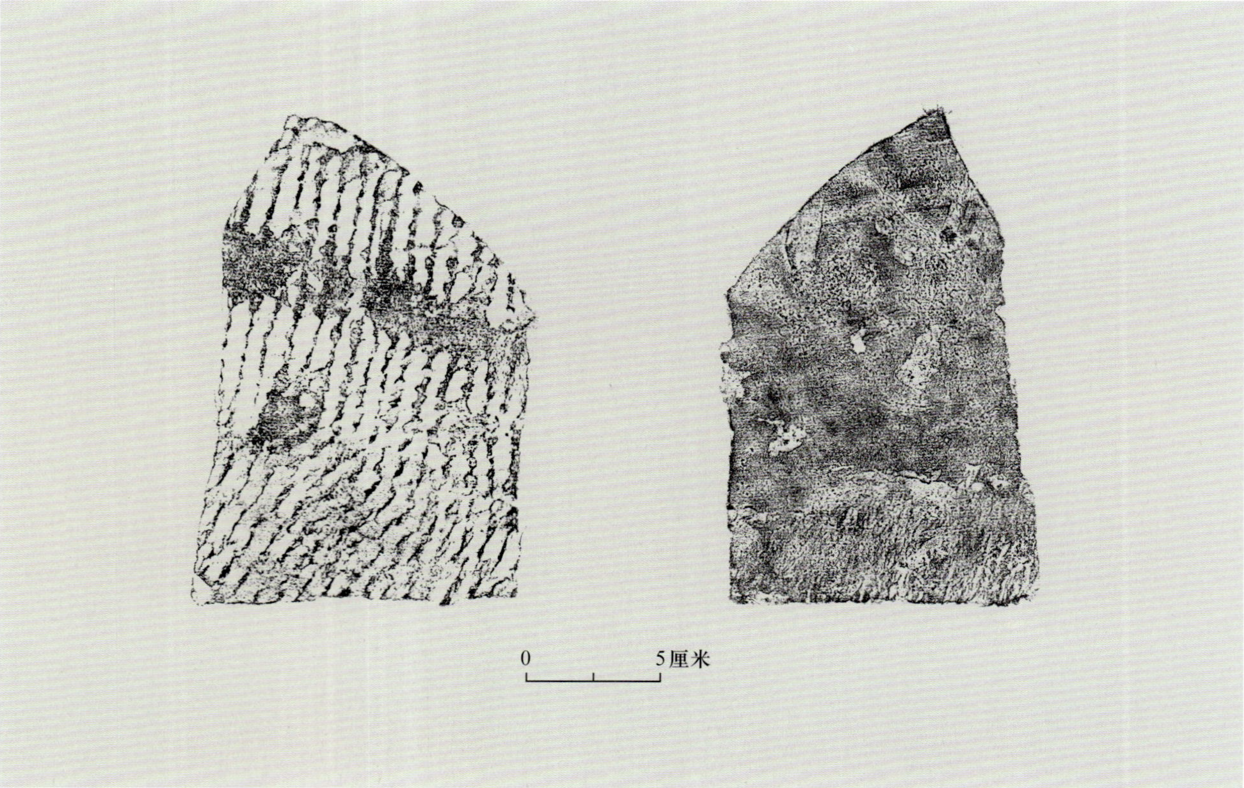

图3.41　Ca3型板瓦（④：6）表、内面拓片

图3.42 Ca3型板瓦（⑤：10）表、内面照片

图3.43 Ca3型板瓦（⑤：10）表、内面拓片

Ca4型 3件。表面饰粗交错绳纹，内面饰布纹。

③：9，残。瓦呈灰色。残长13、残宽13.8、厚1.4厘米（图3.44、图3.45）。

④：4，残。瓦呈灰色。小头绳纹抹平部分宽3.5厘米，表面有3道绳纹抹平部分，宽约1厘米。残长16.5、残宽15.5、厚1.4厘米（图3.46、图3.47）。

④：8，残。瓦呈灰色。表面中部有2道绳纹抹平部分，宽约1厘米。残长24.5、残宽14.5、厚1.3厘米（图3.48、图3.49）。

图3.44　Ca4型板瓦（③：9）表、内面照片

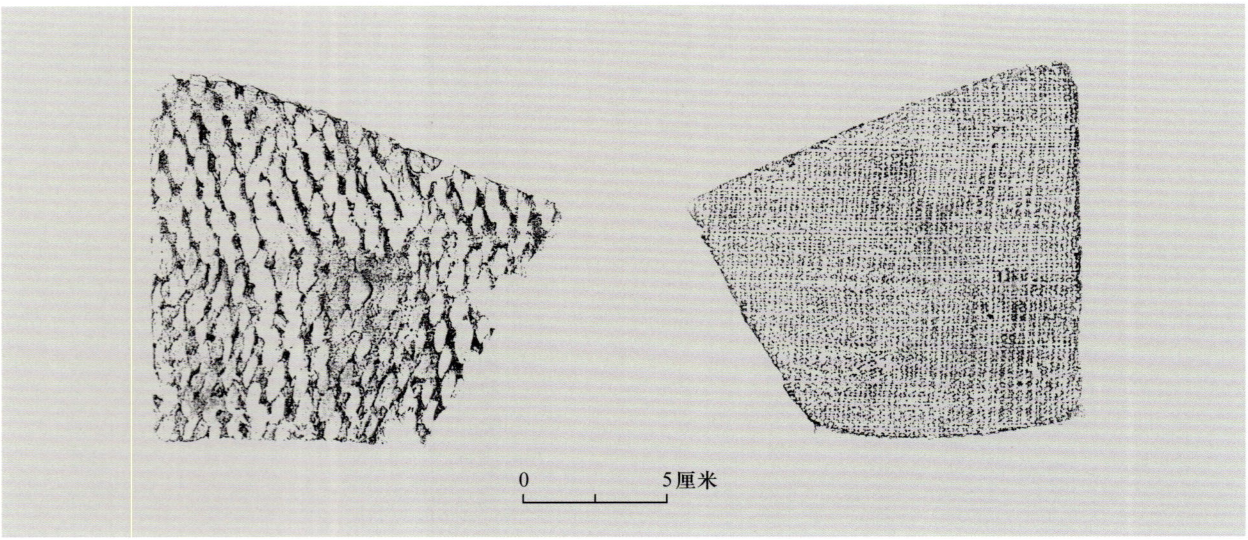

图3.45　Ca4型板瓦（③：9）表、内面拓片

图3.46　Ca4型板瓦（④：4）表、内面照片

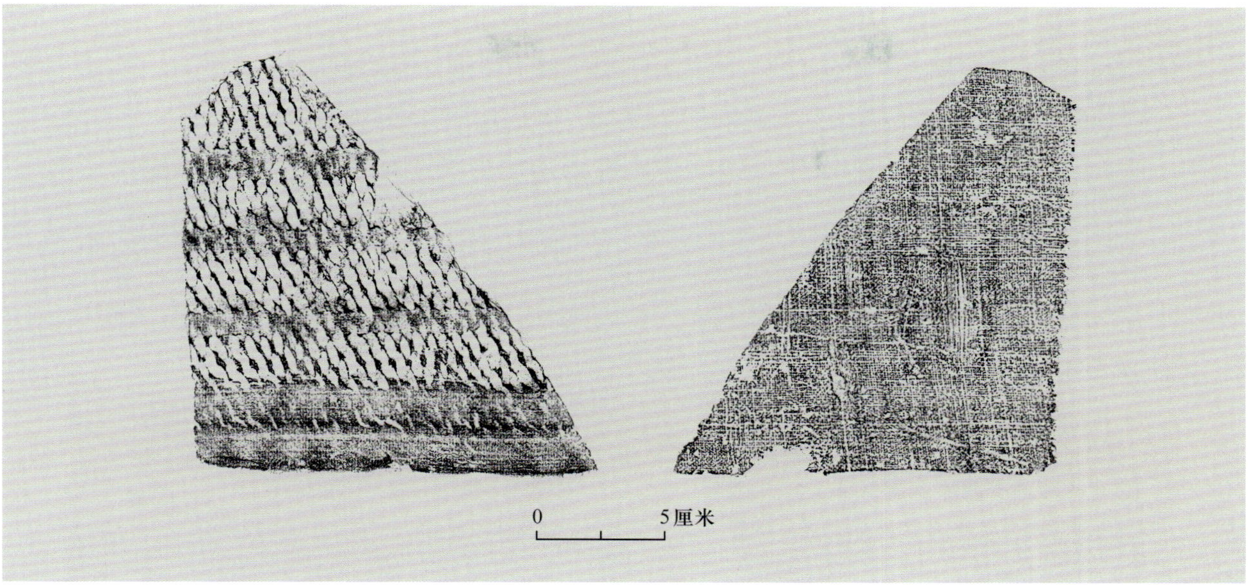

图3.47 Ca4型板瓦（④：4）表、内面拓片

图3.48 Ca4型板瓦（④：8）表、内面照片

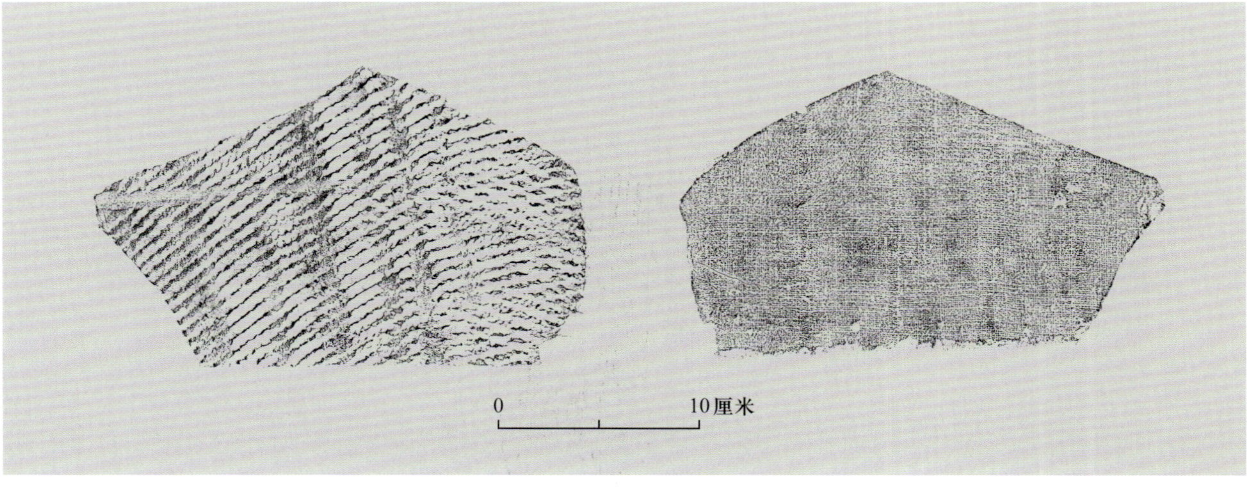

图3.49 Ca4型板瓦（④：8）表、内面拓片

Ca10型　2件。表面饰粗交错绳纹，内面饰抹平绳纹。

④：21，残。瓦呈灰色。残长12.5、残宽8.5、厚2厘米（图3.50、图3.51）。

⑤：5，残。瓦呈灰色。残长17、残宽20、厚1.2～2厘米（图3.52、图3.53）。

图3.50　Ca10型板瓦（④：21）表、内面照片

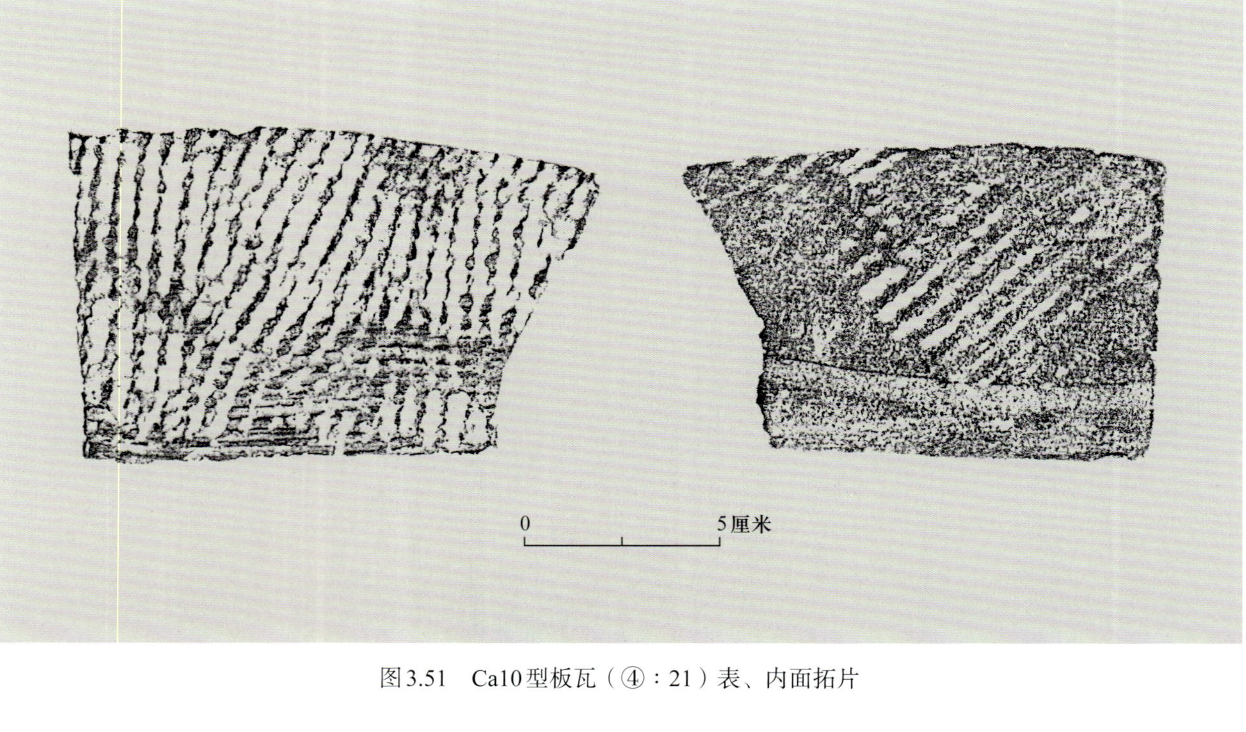

图3.51　Ca10型板瓦（④：21）表、内面拓片

图3.52 Ca10型板瓦（⑤：5）表、内面照片

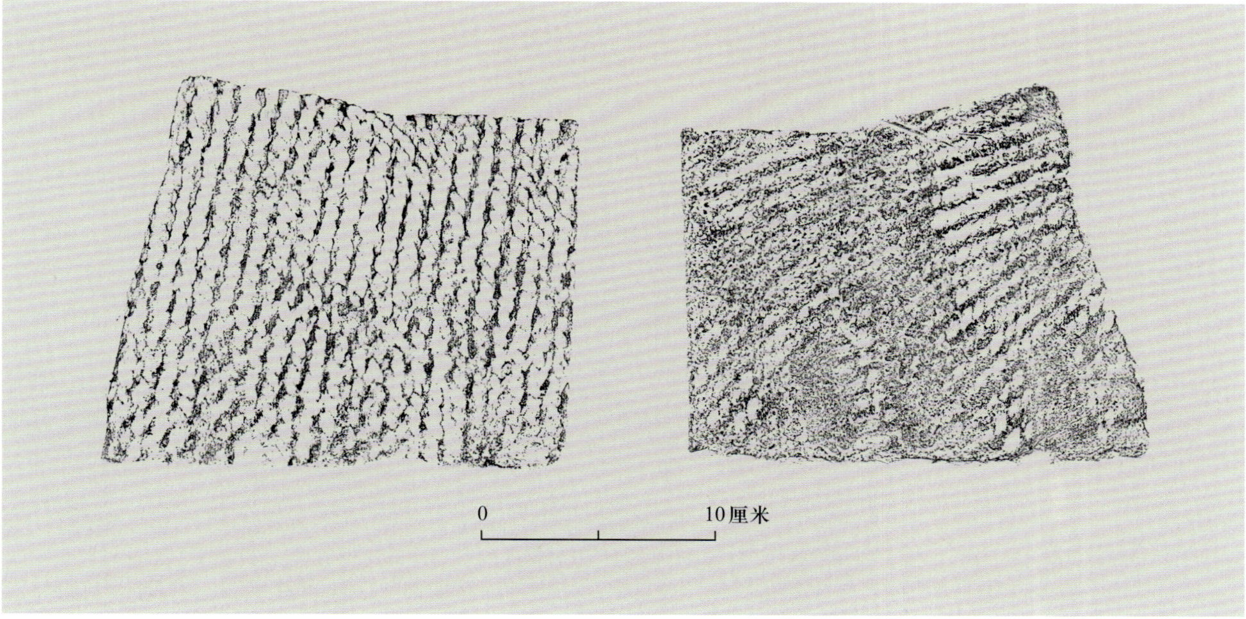

图3.53 Ca10型板瓦（⑤：5）表、内面拓片

Ca10-4型 6件。表面饰粗交错绳纹，内面饰抹平绳纹、布纹。

⑦：5，残。瓦呈灰色。残长21.8、宽24、厚1.6厘米（图3.54、图3.55）。

④：7，残。瓦呈灰色。残长16.5、宽10.5、厚1.3～1.7厘米（图3.56、图3.57）。

③：10，残。瓦呈灰色。残长24、残宽19、厚1.5厘米（图3.58、图3.59）。

③：14，残。瓦呈灰色。残长14.5、残宽12、厚1.3～2厘米（图3.60、图3.61）。

③：15，残。瓦呈灰色。残长13.8、残宽12.8、厚1.1～1.7厘米（图3.62、图3.63）。

③：16，残。瓦呈灰色。残长18、残宽14、厚1.4厘米（图3.64、图3.65）。

图3.54　Ca10-4型板瓦（⑦：5）表、内面照片

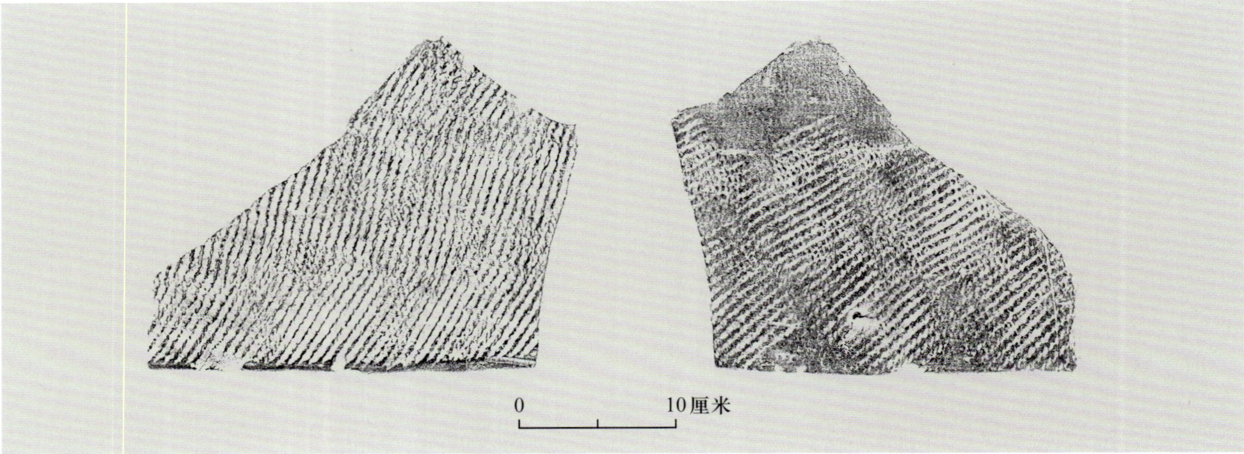

图3.55　Ca10-4型板瓦（⑦：5）表、内面拓片

图3.56　Ca10-4型板瓦（④：7）表、内面照片

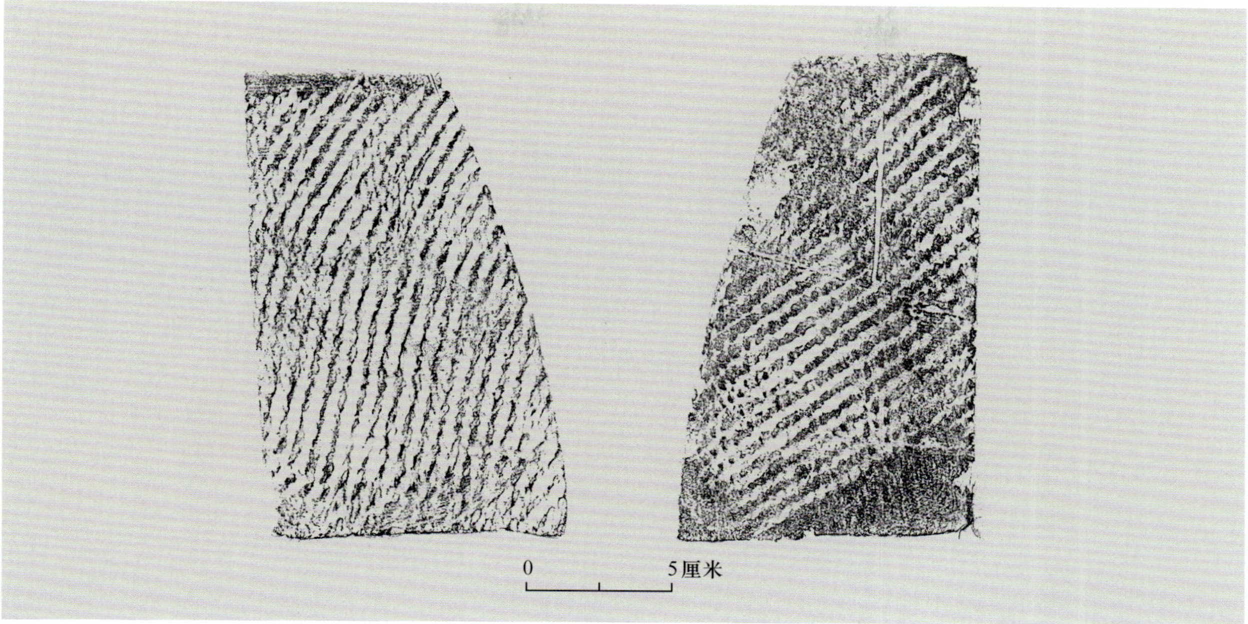

图3.57 Ca10-4型板瓦（④：7）表、内面拓片

图3.58 Ca10-4型板瓦（③：10）表、内面照片

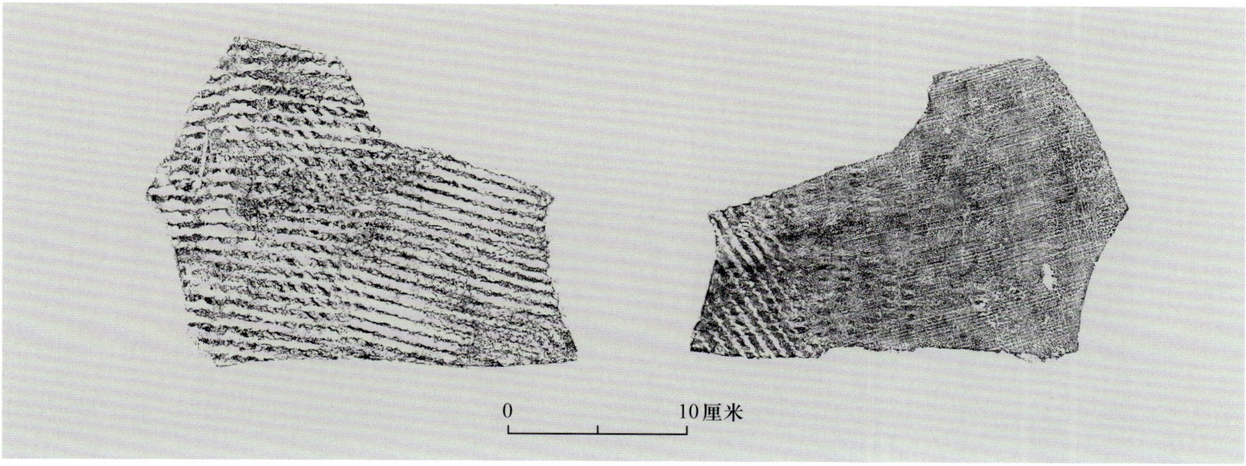

图3.59 Ca10-4型板瓦（③：10）表、内面拓片

图3.60　Ca10-4型板瓦（③：14）表、内面照片

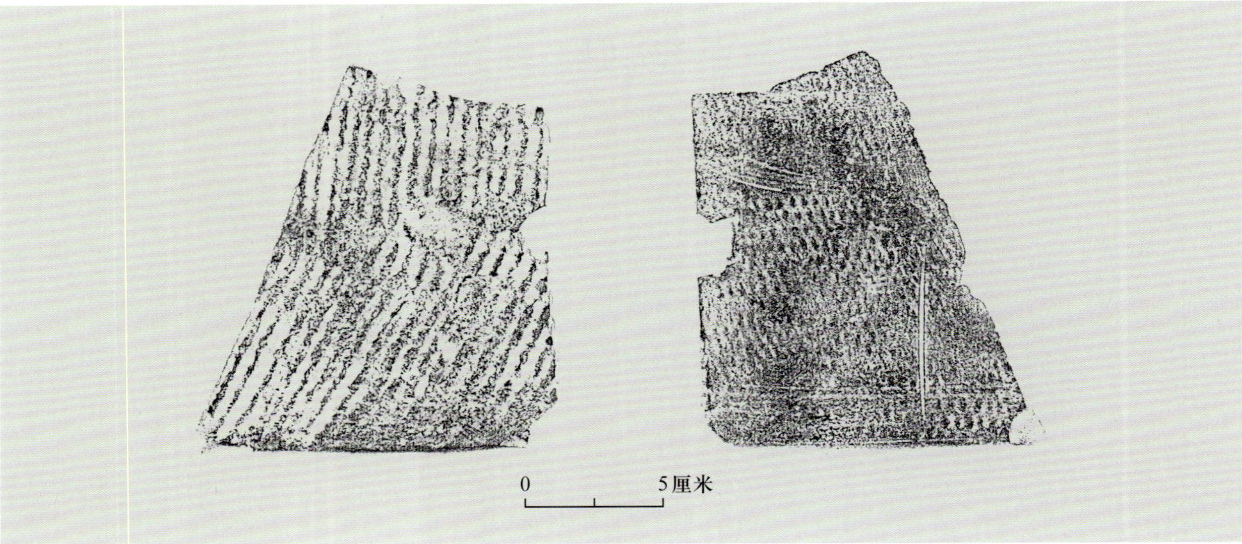

图3.61　Ca10-4型板瓦（③：14）表、内面拓片

图3.62　Ca10-4型板瓦（③：15）表、内面照片

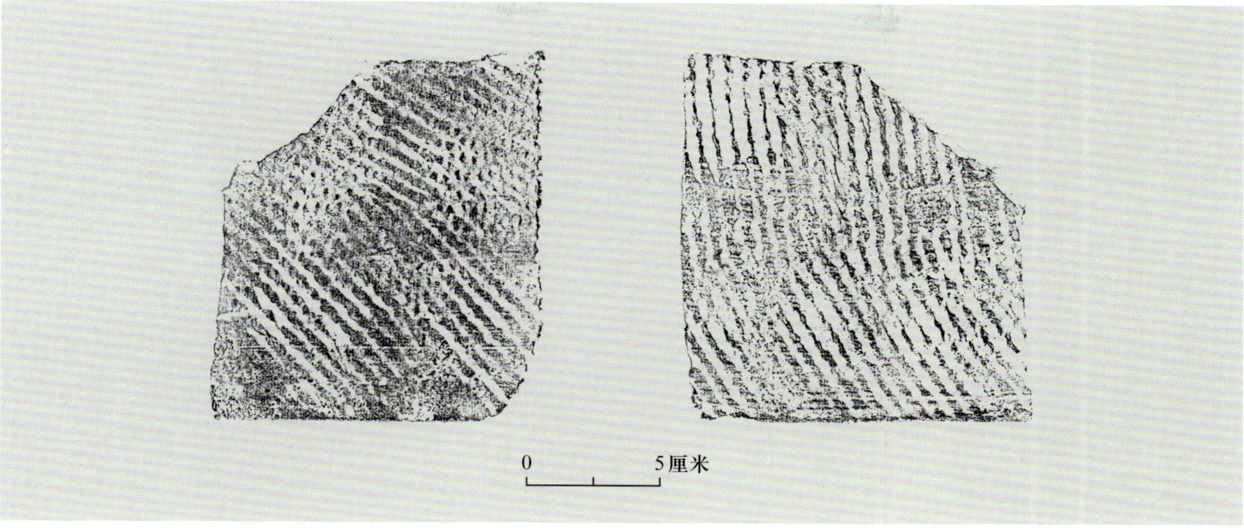

图3.63 Ca10-4型板瓦（③：15）表、内面拓片

图3.64 Ca10-4型板瓦（③：16）表、内面照片

图3.65 Ca10-4型板瓦（③：16）表、内面拓片

Cb4型 3件。表面饰粗斜绳纹，内面饰布纹。

⑦：4，残。残长6.5、残宽10、厚1.3厘米（图3.66、图3.67）。

⑤：6，残。瓦呈灰色。饰三条竖向凹弦纹，宽1厘米。残长22.5、残宽15、厚1.4厘米（图3.68、图3.69）。

⑤：7，残。瓦呈灰色。瓦唇后有绳纹抹平部分，宽7.5厘米。残长18、残宽17.7、厚1.3厘米（图3.70、图3.71）。

图3.66 Cb4型板瓦（⑦：4）表、内面照片

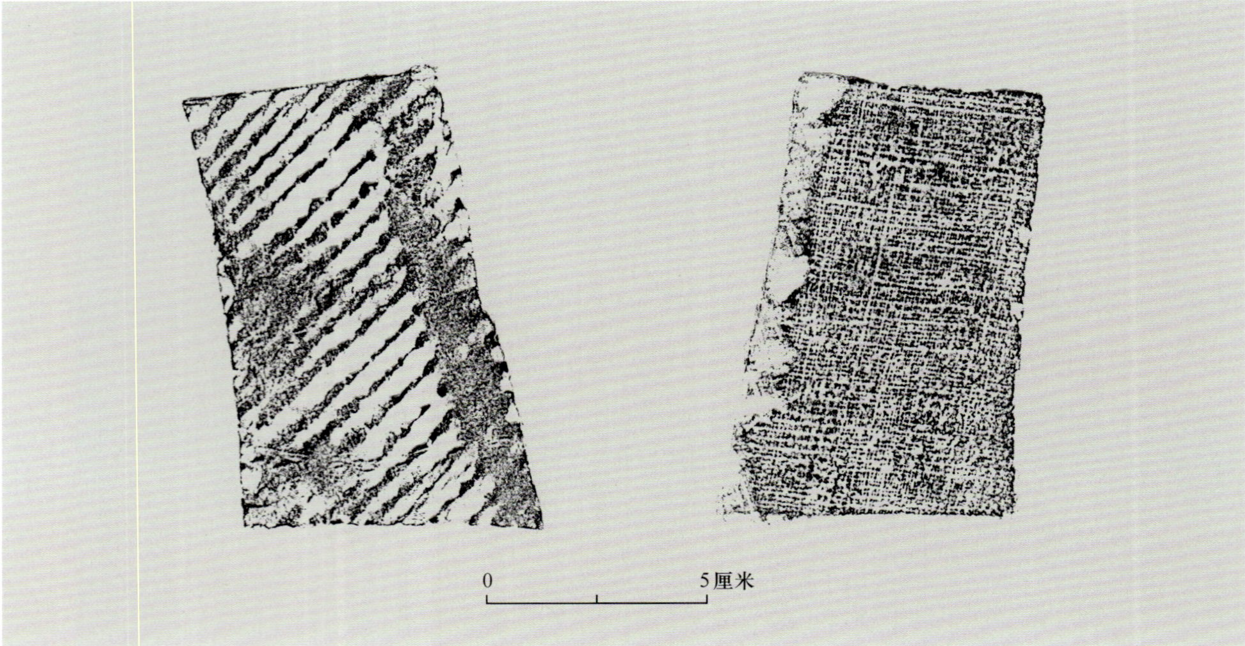

图3.67 Cb4型板瓦（⑦：4）表、内面拓片

图3.68 Cb4型板瓦（⑤：6）表、内面照片

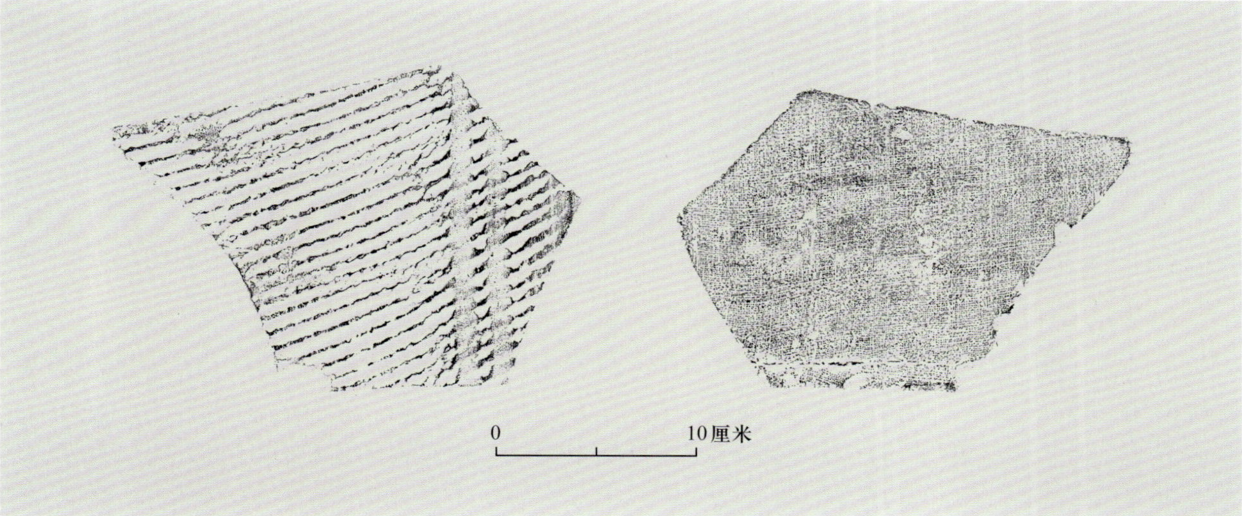

图3.69 Cb4型板瓦（⑤：6）表、内面拓片

图3.70 Cb4型板瓦（⑤：7）表、内面照片

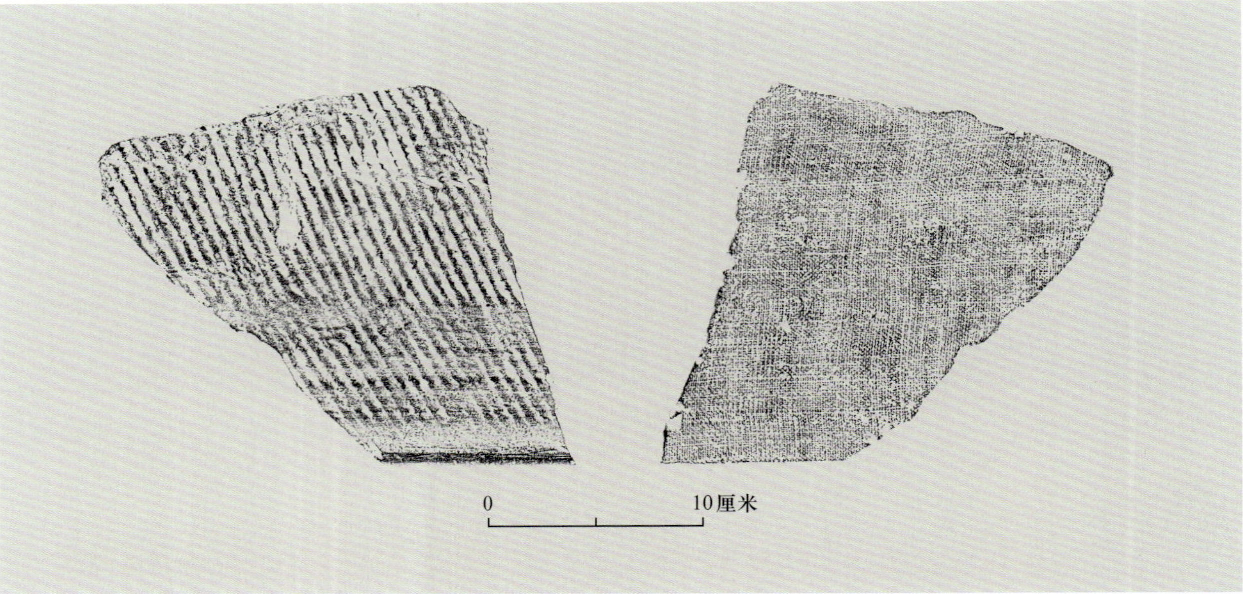

图3.71　Cb4型板瓦（⑤：7）表、内面拓片

（3）筒瓦

出土14件。据表面绳纹粗细，可分为A、B、C三型。

A型　共3件。分二亚型。

Aa4型　2件。表面饰细交错绳纹，内面饰布纹。

④：11，残。瓦呈灰色。瓦唇后有绳纹抹平部分宽6厘米。残长15.5、残径11.7、厚1.4厘米，瓦唇长2.5、厚0.8厘米（图3.72、图3.73）。

⑦：7，残。瓦呈灰色。绳纹抹平部分残宽2厘米。残长9、残宽9、厚1.4厘米（图3.74、图3.75）。

图3.72　Aa4型筒瓦（④：11）表、内面照片

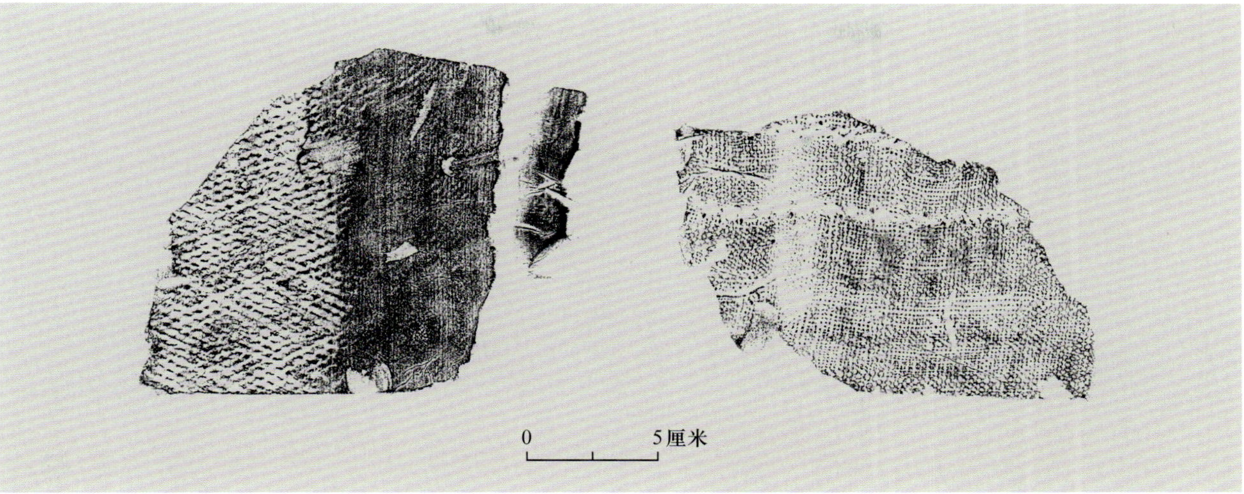

图3.73 Aa4型筒瓦（④：11）表、内面拓片

图3.74 Aa4型筒瓦（⑦：7）表、内面照片

图3.75 Aa4型筒瓦（⑦：7）表、内面拓片

Ac4型　1件。④：12，残。瓦呈灰色。表面饰细直绳纹，内面饰布纹，瓦唇后有绳纹抹平部分，宽2.7厘米。残长11.5、残径13.5、厚1.8厘米，瓦唇长5.5、厚1.2厘米（图3.76、图3.77）。

图3.76　Ac4型筒瓦（④：12）表、内面照片

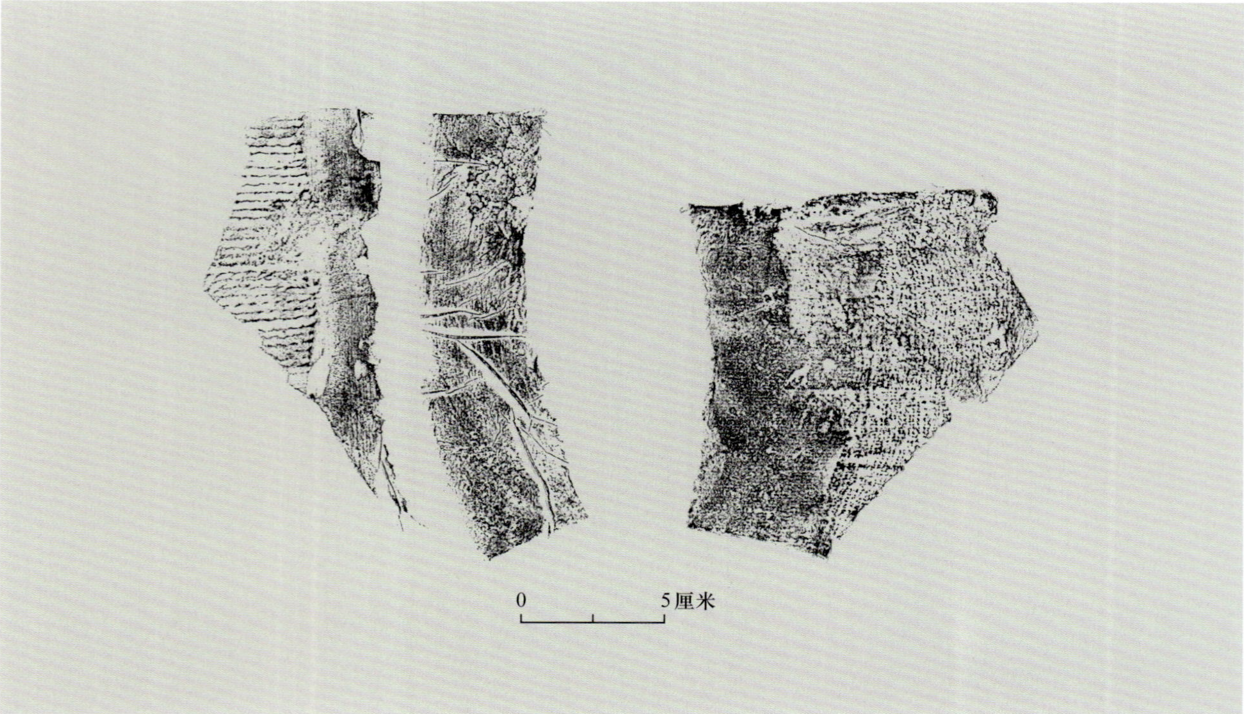

图3.77　Ac4型筒瓦（④：12）表、内面拓片

B型 共6件。属Bc4型。表面饰中粗直绳纹，内面饰布纹。

③：18，残。瓦呈灰色。瓦唇后有绳纹抹平部分，宽3厘米。残长17.7、残径13.5、厚1.9厘米，瓦唇长3.5、厚1.4厘米（图3.78、图3.79）。

④：9，残。瓦呈灰色。瓦唇后有绳纹抹平部分，宽3.4厘米。残长20、残径14.5、厚1.6厘米，瓦唇长4、厚1.6厘米（图3.80、图3.81）。

④：13，残。瓦呈灰色。瓦唇后有绳纹抹平部分，宽3厘米。残长23、残径13.7、厚1.4厘米（图3.82、图3.83）。

④：16，残。瓦呈灰色。瓦唇后有绳纹抹平部分，宽3.5厘米。残长32、残径13、厚0.8～1.5厘米，瓦唇长4、厚1.3厘米（图3.84、图3.85）。

⑤：11，残。瓦呈灰色。瓦唇后有绳纹抹平部分，长4厘米，绳纹部分长12厘米。残长21、残径13.2、厚1.6厘米，瓦唇长5.5、厚1.6厘米（图3.86、图3.87）。

⑤：12，残。瓦呈灰色。瓦唇后有绳纹抹平部分，宽3厘米，绳纹部分长17厘米。残长25、残径13.5、厚1.5厘米，瓦唇长4.5、厚1.4厘米（图3.88、图3.89）。

图3.78 Bc4型筒瓦（③：18）表、内面照片

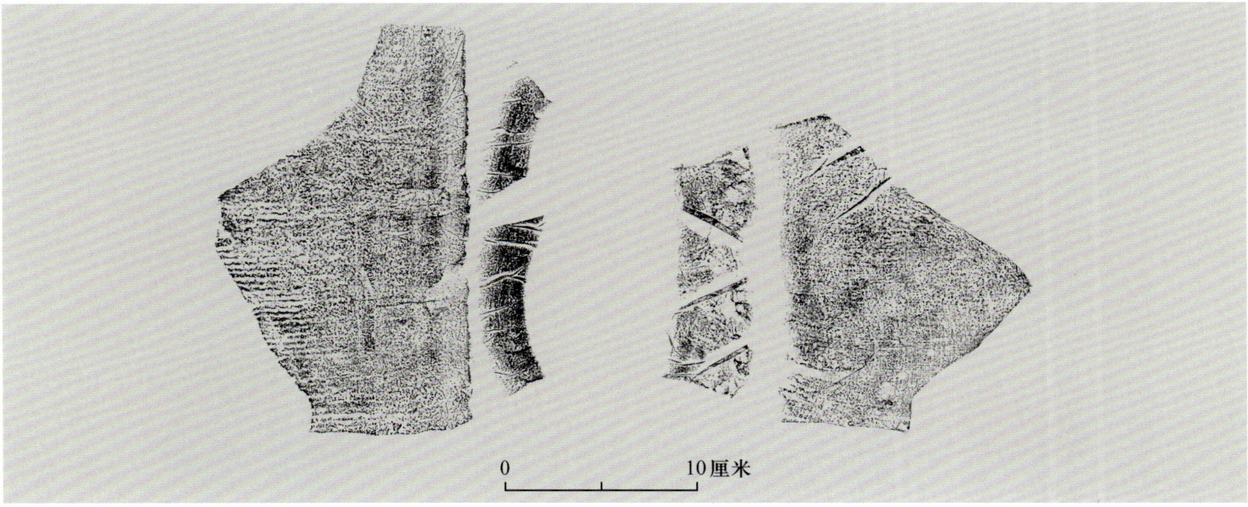

图3.79 Bc4型筒瓦（③：18）表、内面拓片

图3.80　Bc4型筒瓦（④：9）表、内面照片

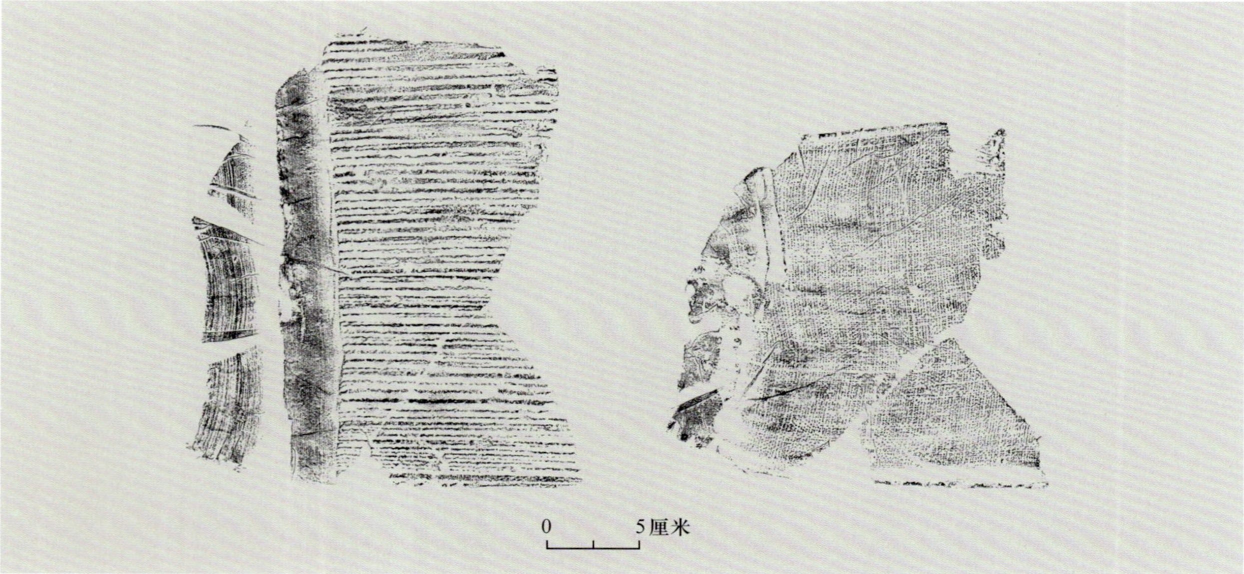

图3.81　Bc4型筒瓦（④：9）表、内面拓片

图3.82　Bc4型筒瓦（④：13）表、内面照片

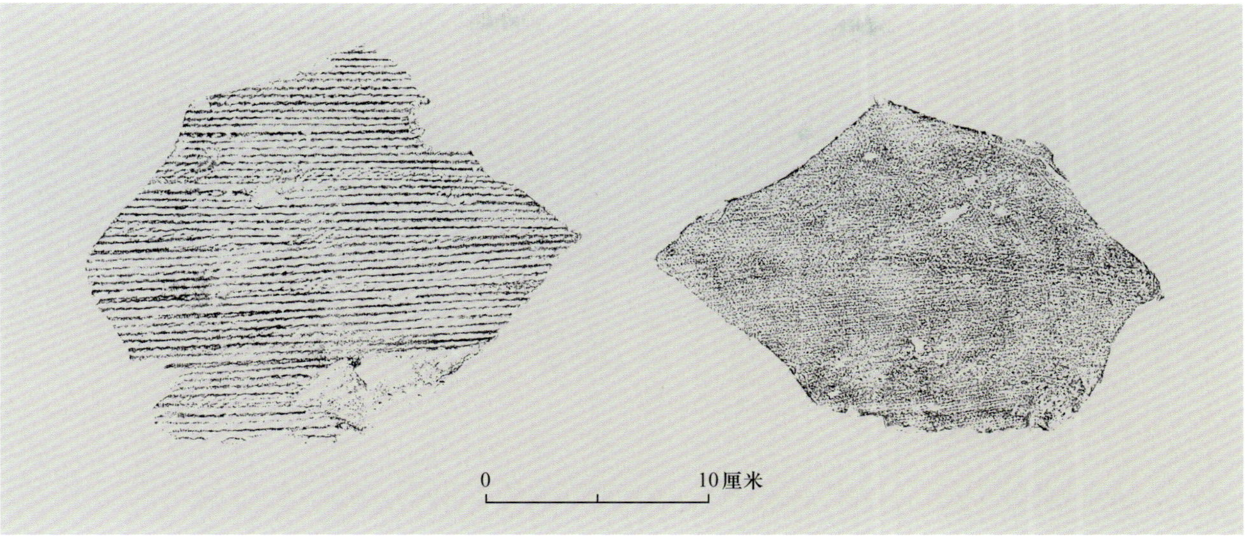

图3.83 Bc4型筒瓦（④：13）表、内面拓片

图3.84 Bc4型筒瓦（④：16）表、内面照片

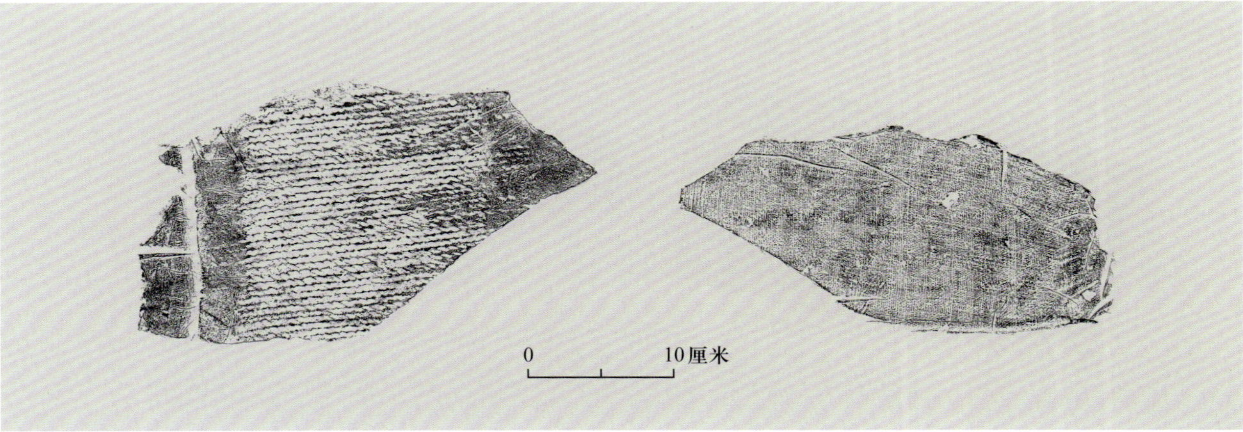

图3.85 Bc4型筒瓦（④：16）表、内面拓片

图3.86　Bc4型筒瓦（⑤：11）表、内面照片

图3.87　Bc4型筒瓦（⑤：11）表、内面拓片

图3.88　Bc4型筒瓦（⑤：12）表、内面照片

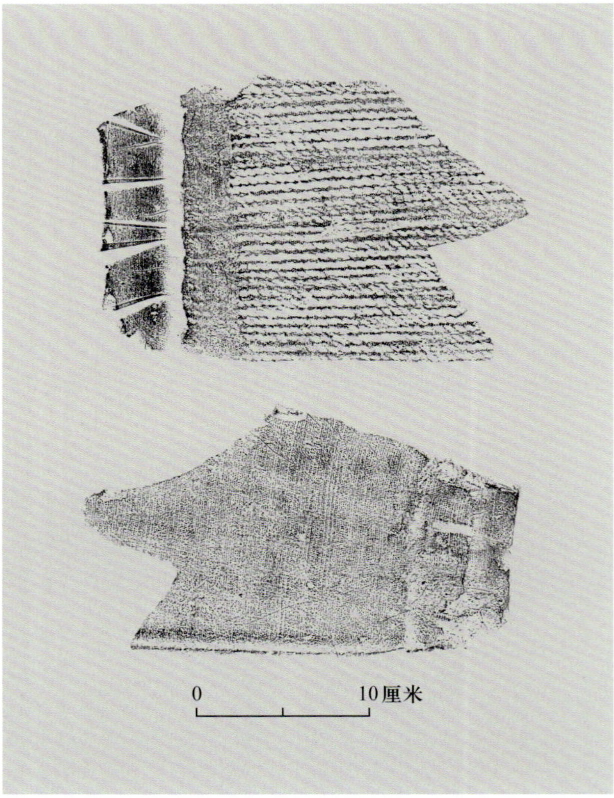

图3.89　Bc4型筒瓦（⑤：12）表、内面拓片

C型 共5件。分二亚型。

Ca4 型 1件。⑦：6，残。瓦呈灰色。表面饰粗交错绳纹，内面饰布纹。残长14、残宽5、厚1.5厘米（图3.90、图3.91）。

图3.90 Ca4型筒瓦（⑦：6）表、内面照片

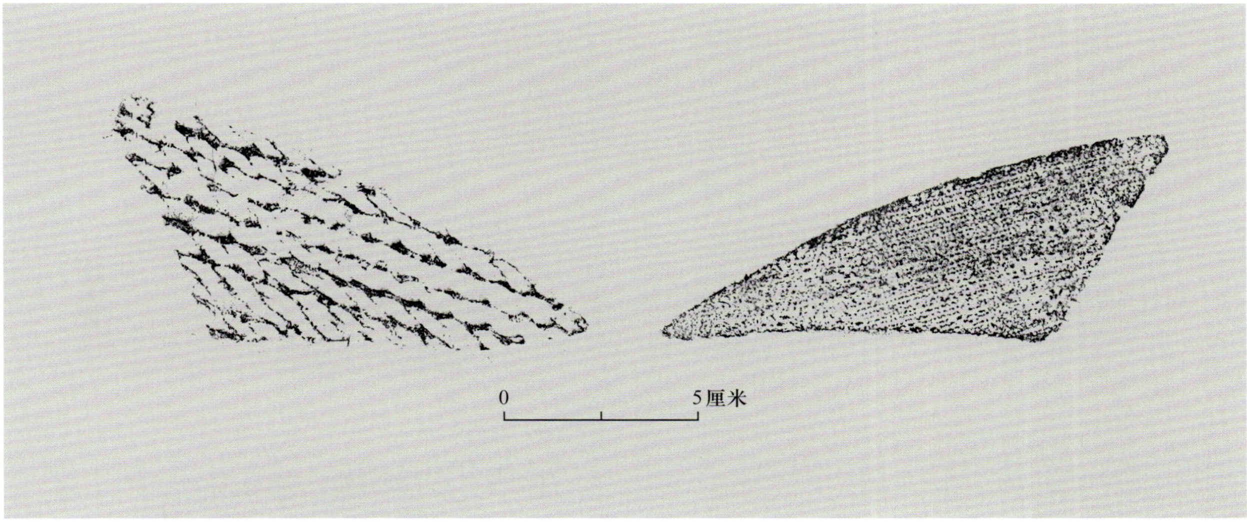

图3.91 Ca4型筒瓦（⑦：6）表、内面拓片

Cc4型 4件。表面饰粗直绳纹，内面饰布纹。

③：19，残。瓦呈灰色。瓦唇后有绳纹抹平部分，宽2.6厘米。残长30.4、残径14.8、厚1.4厘米，瓦唇长4.3、厚1.4厘米（图3.92、图3.93）。

④：10，残。瓦呈灰色。瓦唇后有绳纹抹平部分，宽2.5～3厘米。残长15.2、残径14.6、厚1.5厘米，瓦唇长4.3、厚1.5厘米（图3.94、图3.95）。

④：14，残。瓦呈灰色。瓦唇后有绳纹抹平部分，宽2.5～3厘米。残长26.7、残径13.2、厚1.3～1.6厘米，瓦唇长4.5、厚1.6厘米（图3.96、图3.97）。

④：15，残。瓦呈灰色。瓦唇后有绳纹抹平部分，宽2～3厘米，表面尾部有宽约11厘米部分为素面。残长36、残径13.7、厚1.5厘米，瓦唇长4.5、厚1.5厘米（图3.98、图3.99）。

图3.92　Cc4型筒瓦（③：19）表、内面照片

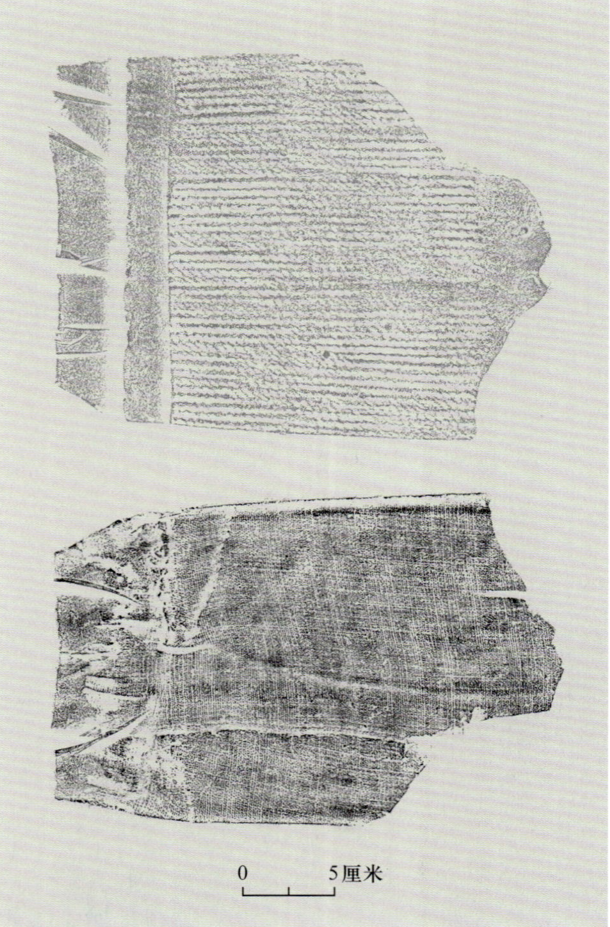

图3.93　Cc4型筒瓦（③：19）表、内面拓片

图3.94　Cc4型筒瓦（④：10）表、内面照片

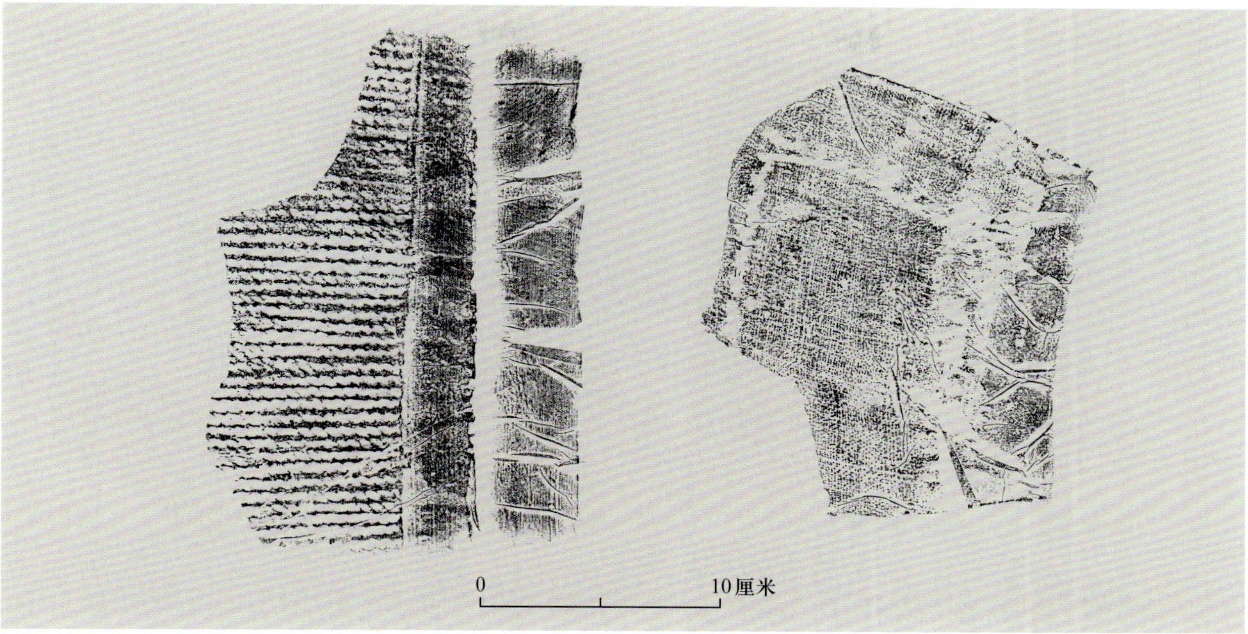

图3.95　Cc4型筒瓦（④：10）表、内面拓片

图3.96　Cc4型筒瓦（④：14）表、内面照片

图3.97　Cc4型筒瓦（④：14）表、内面拓片

（5）陶管道

出土2件，均为圆筒形管道。据表面绳纹特征不同，分为二型。

Ⅰ型　1件。⑦：9，残。管道呈灰色。表面饰中粗交错绳纹，内面饰麻点纹，表面饰一条竖向凹弦纹，宽0.5厘米，泥条盘筑痕迹依稀可见，唇口饰绳纹。残长16.3、小头复原径23、厚1～2.2厘米（图3.102、图3.103）。

图3.102　Ⅰ型陶管道（⑦：9）侧、表、内面照片

图3.103　Ⅰ型陶管道（⑦：9）表、内面拓片

Ⅱ型 1件。⑦：8，残。泥质灰陶。表面饰粗交错绳纹，内面饰麻点纹，表面饰一条竖向凹弦纹，宽1厘米，泥条盘筑痕迹依稀可见。残长13、小头复原径26、厚1～1.5厘米（图3.104、图3.105）。

图3.104 Ⅱ型陶管道（⑦：8）表、内面照片

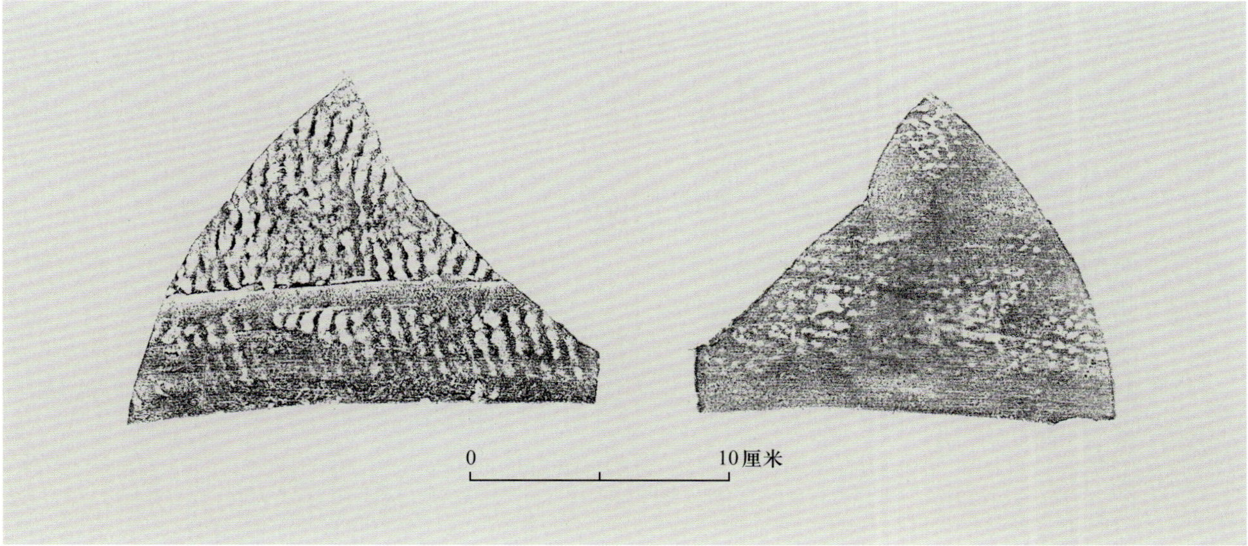

图3.105 Ⅱ型陶管道（⑦：8）表、内面拓片

2. 陶器

根据用途，出土陶器有缸、瓮、钵、盆、壶、罐、釜等7种，另出土1件残俑。介绍如下。

（1）缸

⑤：19，残。泥质灰陶。敛口，折肩，斜弧腹。口部饰抹平绳纹，肩部饰两周凸弦纹。复原口径62.6、沿宽3.7、残长18.8、残宽5.5、残高9.6、厚1.9厘米（图3.106、图3.107；彩版2；图版2）。

图3.106　陶缸（⑤：19）外、内、侧面照片

图3.107　陶缸（⑤：19）外、内面拓片

④：19，残。夹砂灰陶。敛口，宽沿，折肩，斜弧腹。沿下饰两周凹弦纹，凹弦纹中间饰一周绳纹。复原口径62、沿宽5、残长20.6、残宽6.1、残高6.6、厚1.9厘米（图3.108、图3.109；彩版3；图版3）。

（2）瓮

③：34，残。泥质灰陶。敛口，斜肩，鼓腹。口沿下饰两周凹弦纹，间饰压印纹，腹部饰交错粗绳纹。复原口径23、底径27、沿宽3、高39、厚0.6厘米（图3.110、图3.111）。

图3.108 陶缸（④：19）外、内、侧面照片

图3.109 陶缸（④：19）外、内面拓片

图3.110 陶瓮（③：34）正面照片

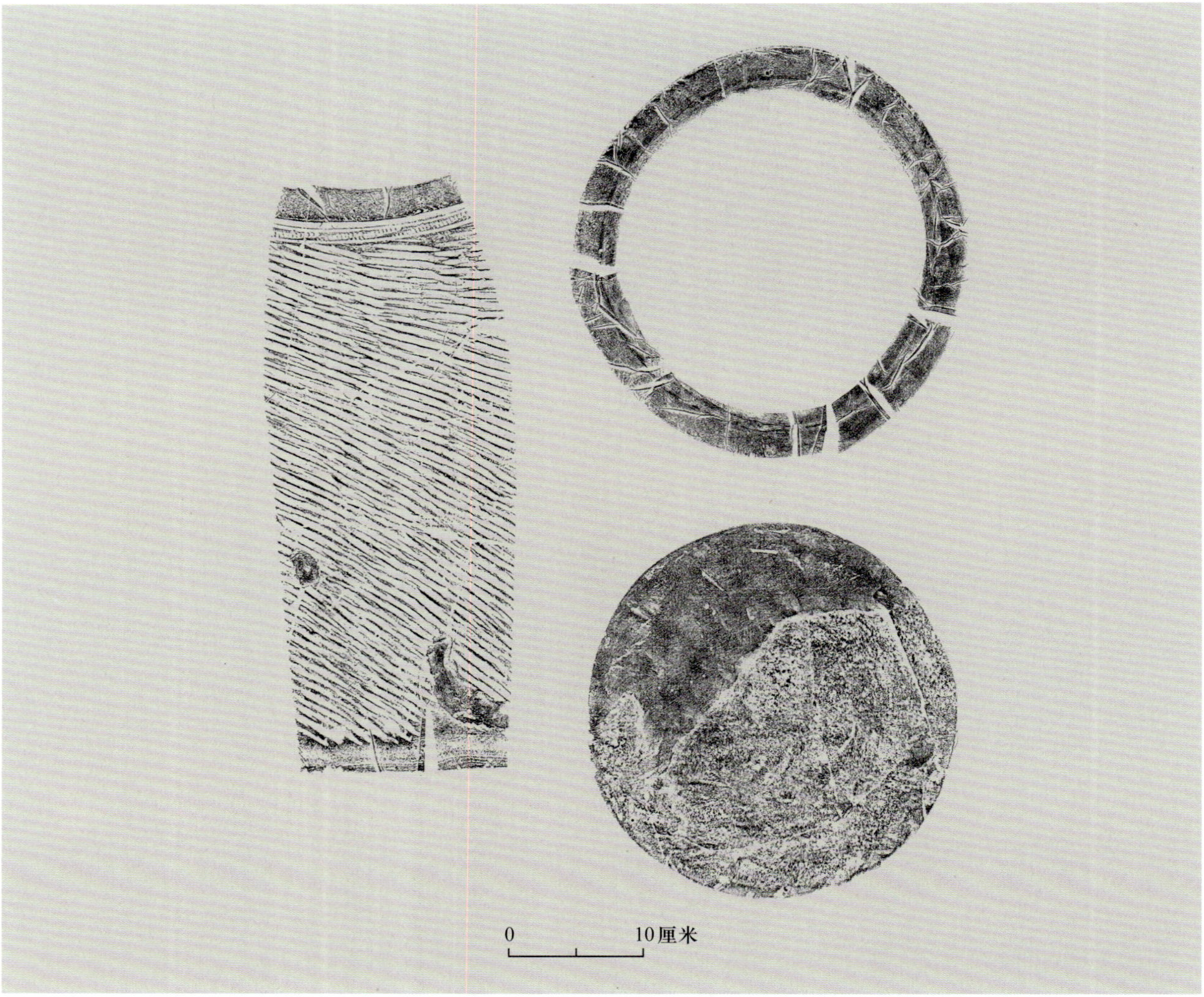

图3.111 陶瓮（③：34）侧、口、底面拓片

④：18，残。泥质灰陶。敛口，折肩，斜弧腹。沿下饰三周凹弦纹，凹弦纹中间饰一周绳纹。复原口径46、残长28.7、残宽8.7、沿宽3、残高11.4、厚1.3厘米（图3.112、图3.113；彩版4；图版4）。

⑤：18，残。泥质灰陶。大口，卷沿，广肩，斜弧腹。复原口径42、沿宽1.7、残长19.9、残宽18.2、残高6.9、厚1.6厘米（图3.114、图3.115；彩版5；图版5）。

（3）钵

④：17，残。泥质灰陶。敞口，卷沿，斜弧腹。沿下饰一周凸弦纹。复原口径19.1、沿宽0.8、残长10.3、残宽2.7、残高5.5、厚0.7厘米（图3.116、图3.117；彩版6；图版6）。

（4）盆

③：23，残。泥质灰陶。方唇，宽沿，斜弧腹。腹部饰一周细绳纹。复原口径48.4、沿宽4.2、残长29.8、残宽9.4、残高7.5、厚0.8厘米（图3.118、图3.119；彩版7；图版7）。

图3.112 陶瓮（④：18）外、内、侧面照片

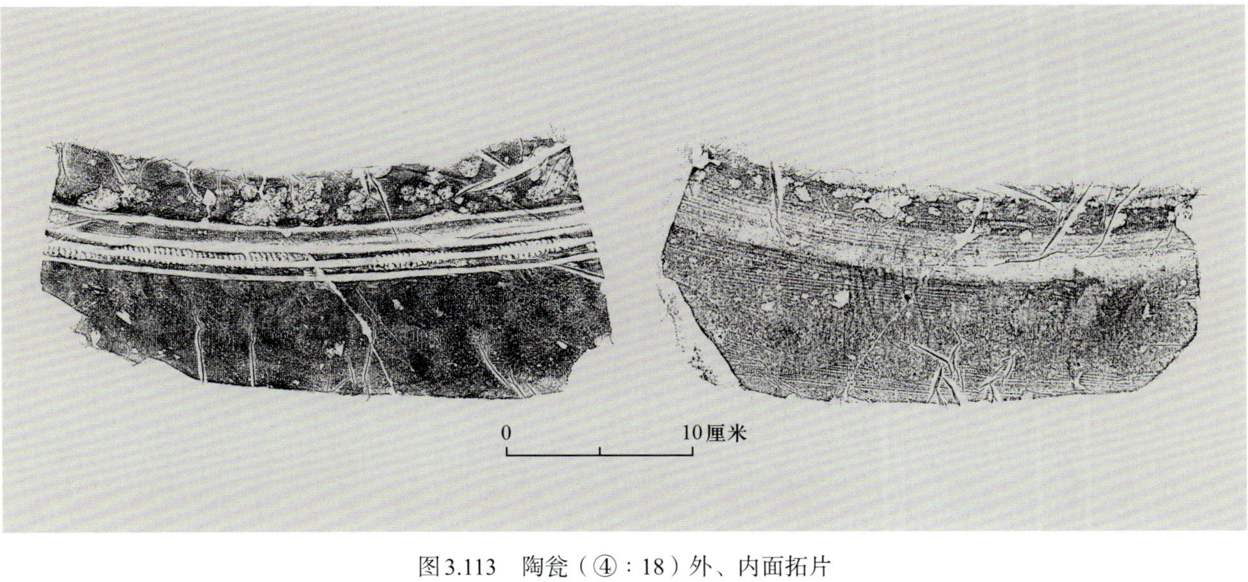

图3.113 陶瓮（④：18）外、内面拓片

图3.114　陶瓮（⑤：18）外、内、侧面照片

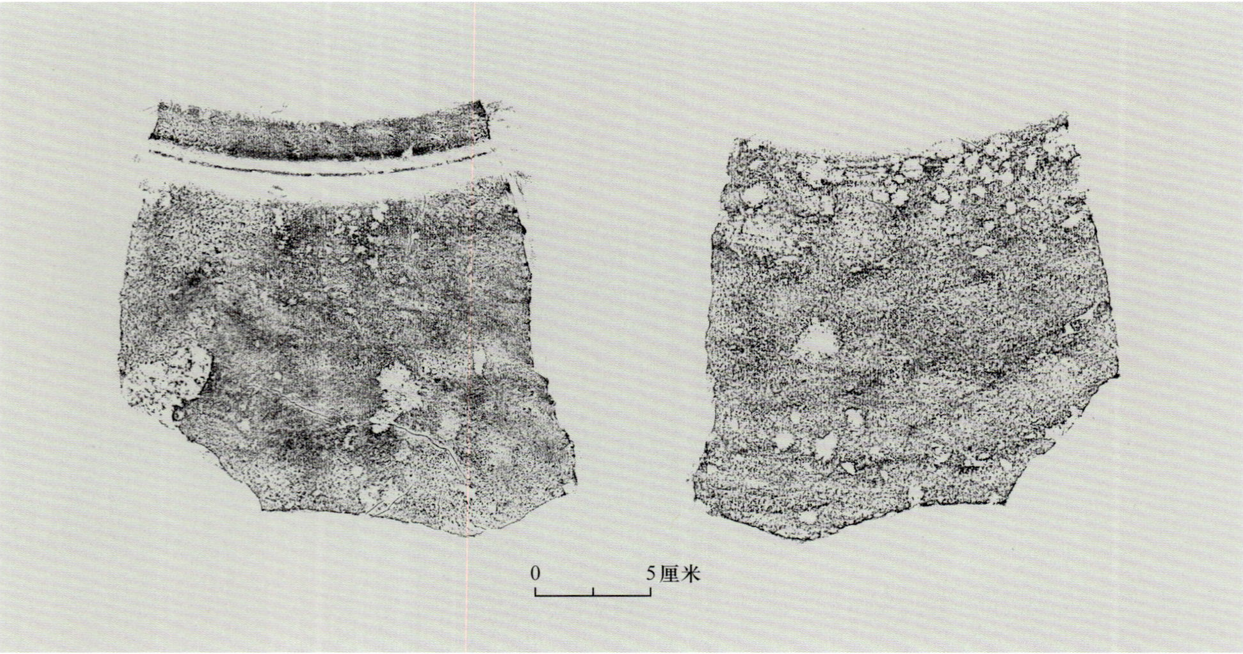

图3.115　陶瓮（⑤：18）外、内面拓片

图3.116 陶钵（④：17）外、内、侧面照片

图3.117 陶钵（④：17）外、内面拓片

图3.118　陶盆（③：23）外、内、侧面照片

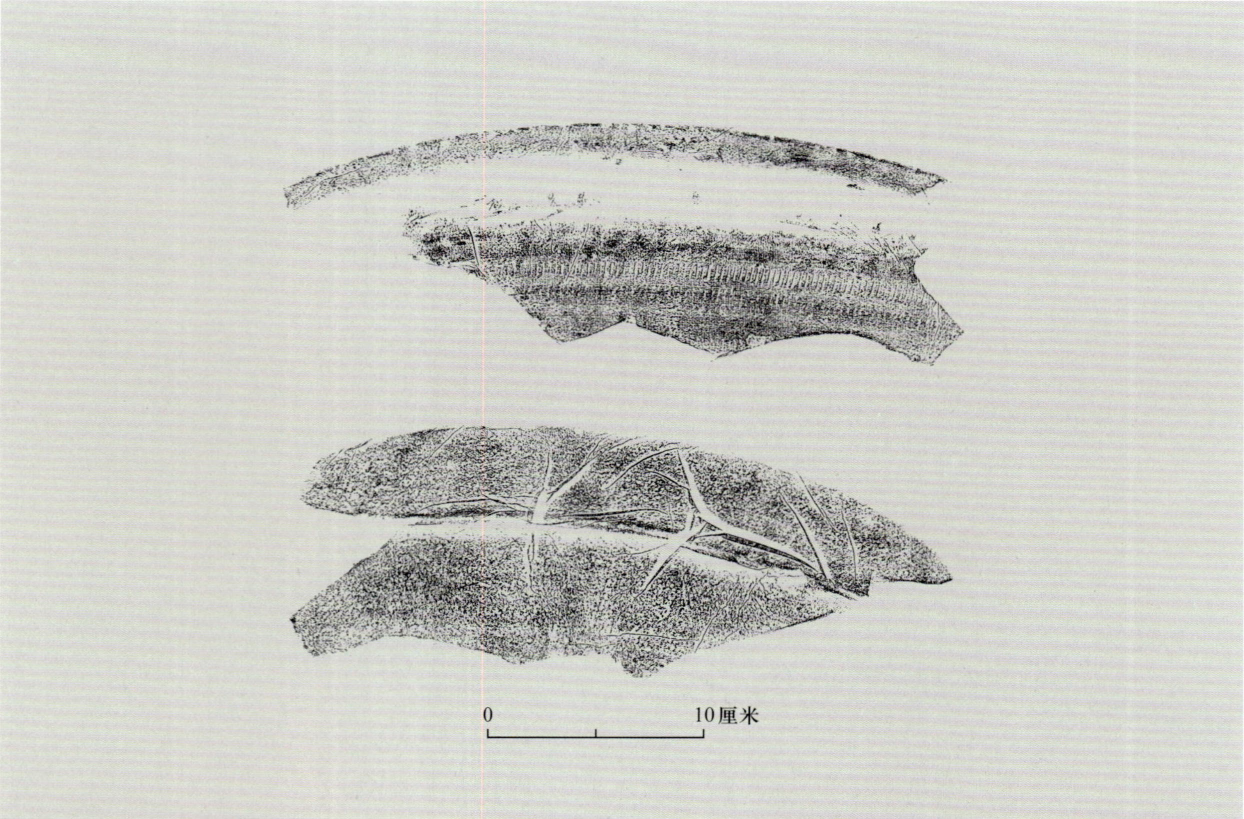

图3.119　陶盆（③：23）外、内面拓片

③：24，残。泥质灰陶。方唇，窄沿，颈部较直，腹部斜直，平底。腹部饰一周细绳纹。复原口径36 、复原底径15、沿宽2、高14.5、厚0.9厘米。③：24和③：32合并为一件（图3.120、图3.121）。

图3.120 陶盆（③：24）正面照片

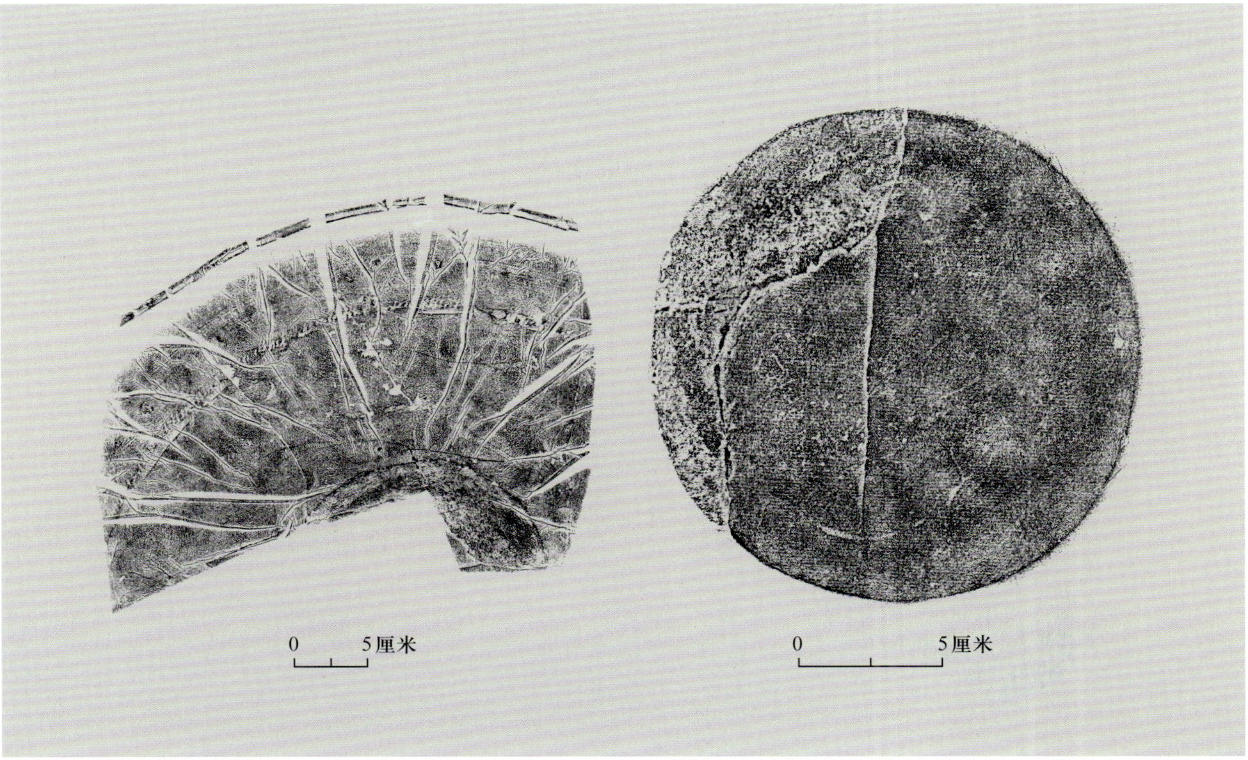

图3.121 陶盆（③：24）外、底面拓片

③：25，残。泥质灰陶。方唇，宽沿，斜弧腹。腹部饰两周细绳纹。复原口径46.7、沿宽3.8、残长15.8、残宽5.2、残高9、厚1厘米（图3.122、图3.123；彩版8；图版8）。

图3.122　陶盆（③：25）外、内、侧面照片

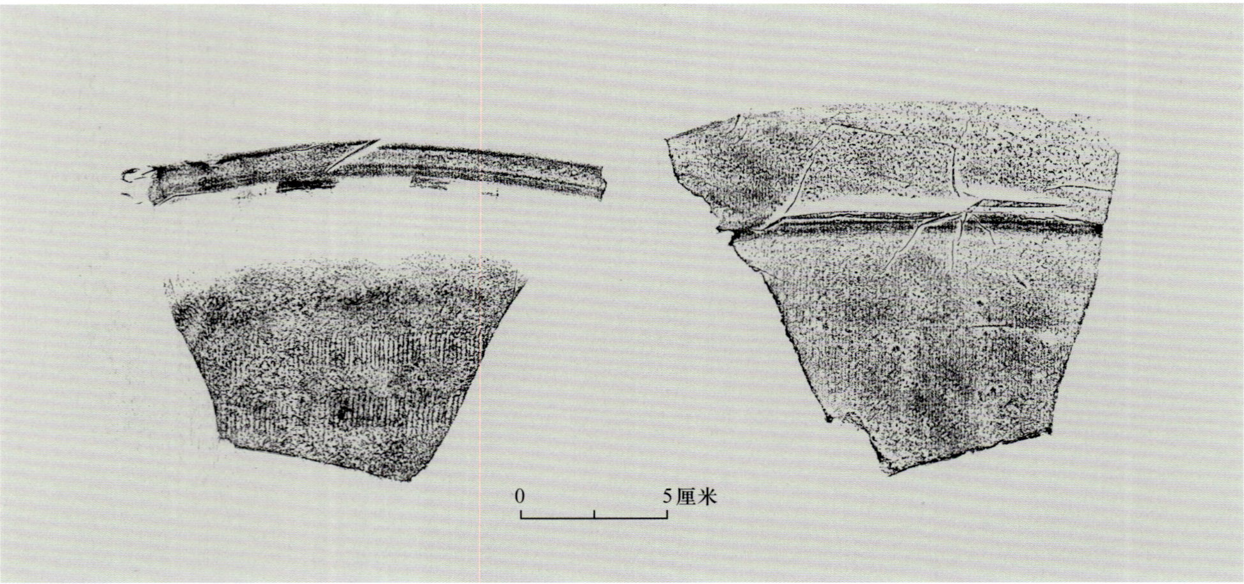

图3.123　陶盆（③：25）外、内面拓片

③：26，残。泥质灰陶。方唇，窄沿，斜弧腹。腹部饰一周细绳纹。复原口径31.9、沿宽1.9、残长14.4、残宽4.4、残高9、厚1厘米（图3.124、图3.125；彩版9；图版9）。

图3.124 陶盆（③：26）外、内、侧面照片

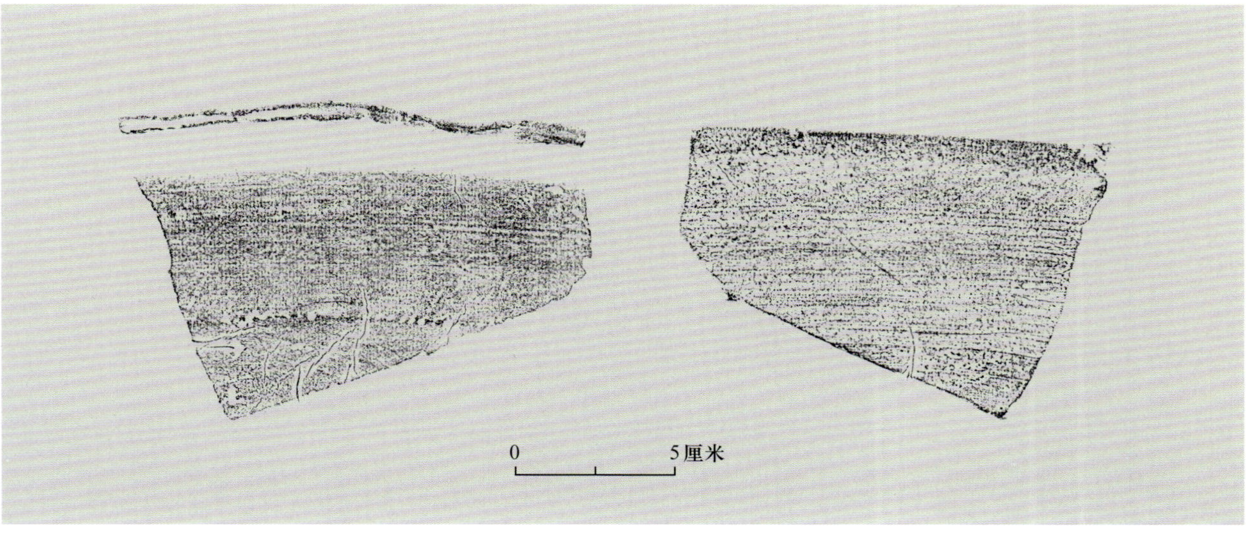

图3.125 陶盆（③：26）外、内面拓片

⑤：16，残。泥质灰陶。敞口，窄沿，方唇，颈部近直，腹部微鼓，腹下斜收。颈部饰两周凸弦纹，凸弦纹中间饰刻划水波纹。复原口径34.2、沿宽2.9、残长14.6、残宽7.6、残高10、厚0.9厘米（图3.134、图3.135；彩版14；图版14）。

图3.134　陶盆（⑤：16）外、内、侧面照片

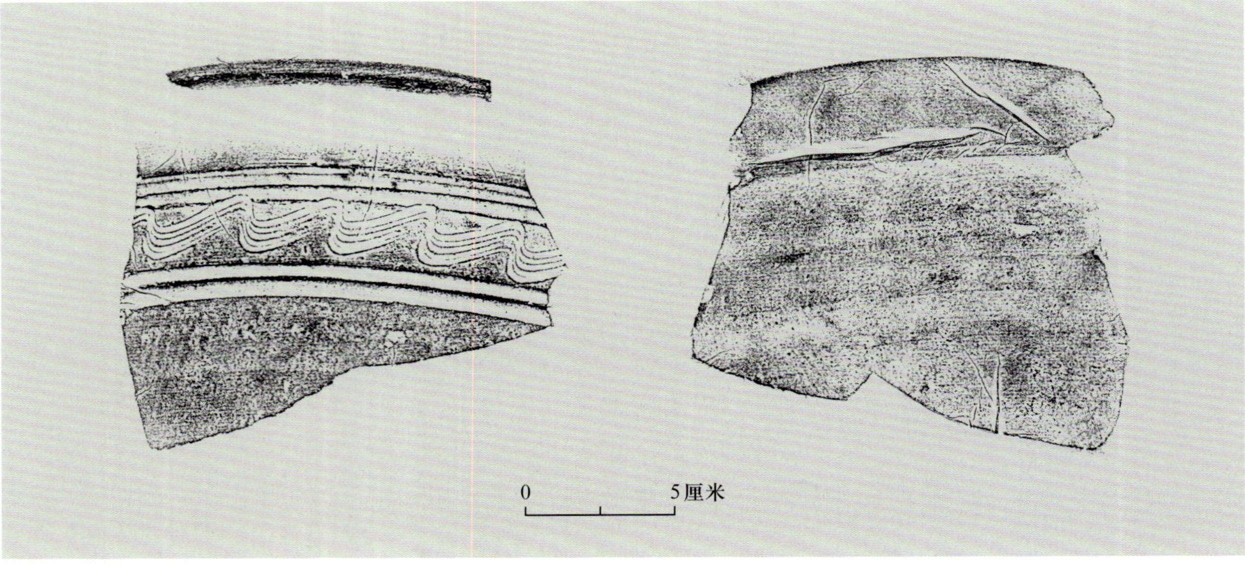

图3.135　陶盆（⑤：16）外、内面拓片

⑤：17，残。泥质灰陶。敞口，宽沿，尖唇，斜弧腹。腹部饰一周凹弦纹。复原口径91.8、沿宽4.7、残长18、残宽6.1、残高7.6、厚1.4厘米（图3.136、图3.137；彩版15；图版15）。

图3.136 陶盆（⑤：17）外、内、侧面照片

图3.137 陶盆（⑤：17）外、内面拓片

⑤：20，残。泥质灰陶。敞口，宽沿，方唇，斜弧腹。腹部饰竖向粗绳纹，六条凹弦纹将绳纹划分为七部分，每部分绳纹宽4～5厘米。复原口径72、沿宽5.1、残长30.3、残宽18.6、残高25.2、厚1.3厘米（图3.138、图3.139；彩版16；图版16）。

图3.138　陶盆（⑤：20）外、内、侧面照片

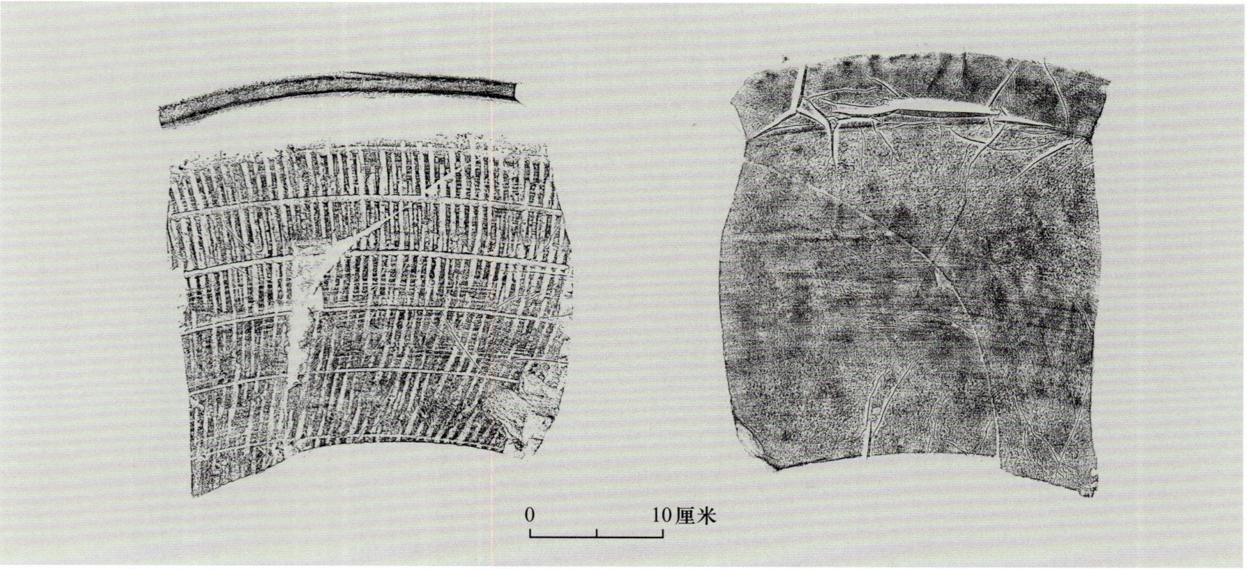

图3.139　陶盆（⑤：20）外、内面拓片

⑦：10，残。泥质灰陶。敞口，窄沿，方唇，斜弧腹。腹部饰一周凹弦纹，内部拉胚痕迹明显。复原口径32、沿宽1.9、残长17.6、残宽5.8、残高10.2、厚1厘米（图3.140、图3.141；彩版17；图版17）。

图3.140 陶盆（⑦：10）外、内、侧面照片

图3.141 陶盆（⑦：10）外、内面拓片

（5）壶

③：27，残。泥质灰陶。侈口，方唇，宽沿，颈部较直。复原口径15.9、沿宽2.4、残长13.3、残宽7.7、残高4.4、厚0.6厘米（图3.142、图3.143；彩版18；图版18）。

图3.142　陶壶（③：27）外、内、侧面照片

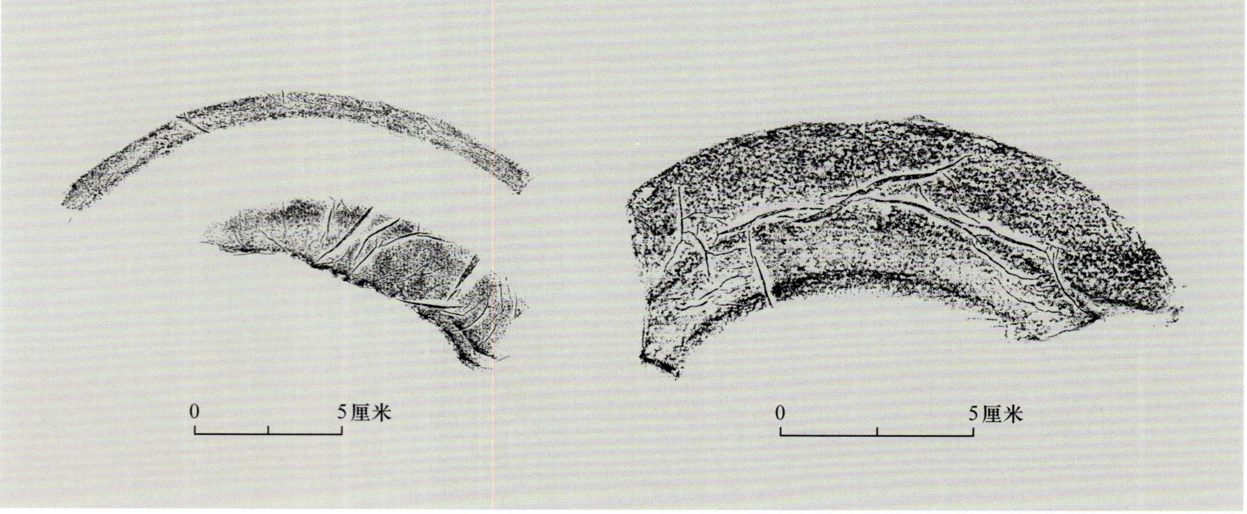

图3.143　陶壶（③：27）外、内面拓片

（6）罐

③：29，残。泥质灰陶。敛口，卷沿，颈部较平，斜弧腹。腹部饰弦纹。复原口径39.2、沿宽1.3、残长15.2、残宽12.8、残高5.2、厚1.7厘米（图3.144、图3.145；彩版19；图版19）。

图3.144 陶罐（③：29）外、内、侧面照片

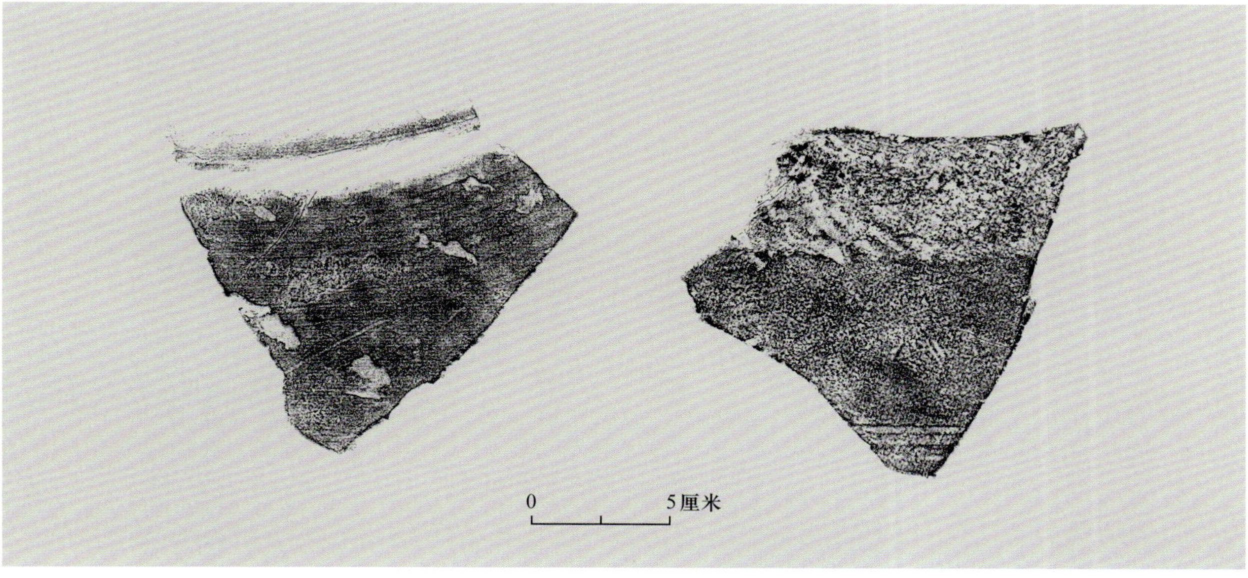

图3.145 陶罐（③：29）外、内面拓片

③：30，残。泥质灰陶。敛口，卷沿，颈部近平，斜弧腹。腹部饰弦纹。复原口径27.6、沿宽2.4、残长20.3、残宽15.2、残高8.5、厚1.3厘米（图3.146、图3.147；彩版20；图版20）。

图3.146　陶罐（③：30）外、内、侧面照片

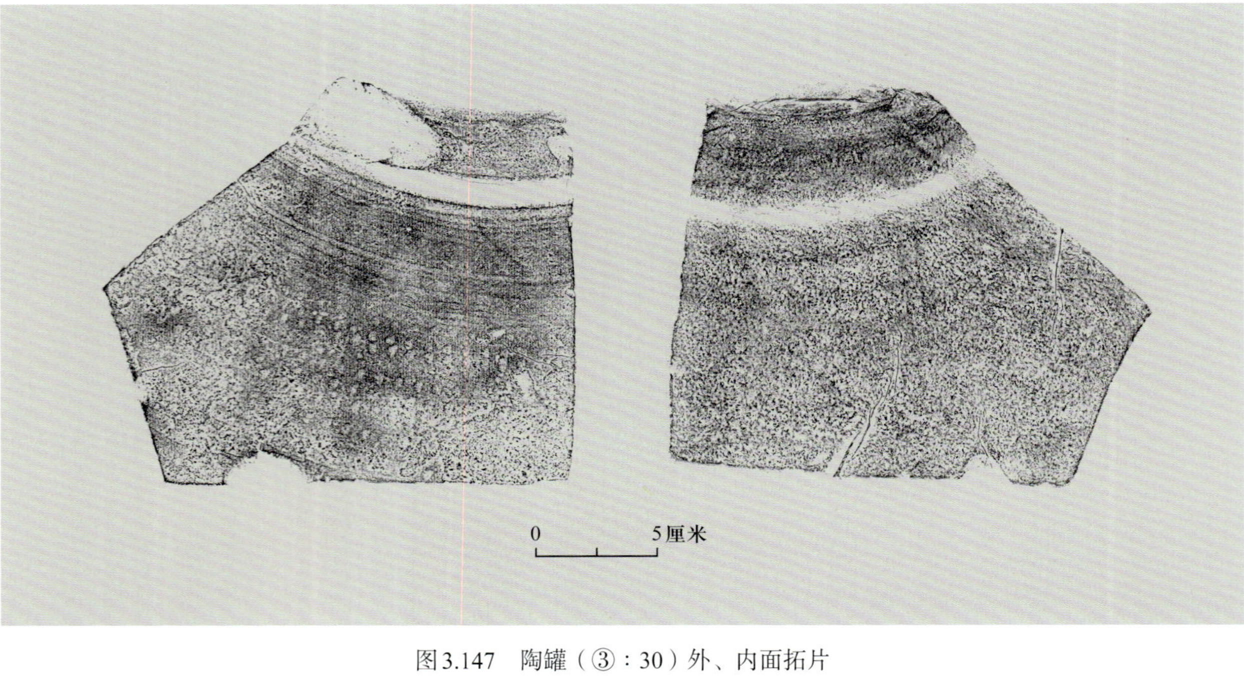

图3.147　陶罐（③：30）外、内面拓片

③：31，残。泥质灰陶。敛口，卷沿，颈部近平，斜弧腹。沿下饰一周凸弦纹。复原口径65.3、沿宽3.9、残长17.1、残宽13.5、残高7.6、厚2.1厘米（图3.148、图3.149；彩版21；图版21）。

图3.148 陶罐（③：31）外、内、侧面照片

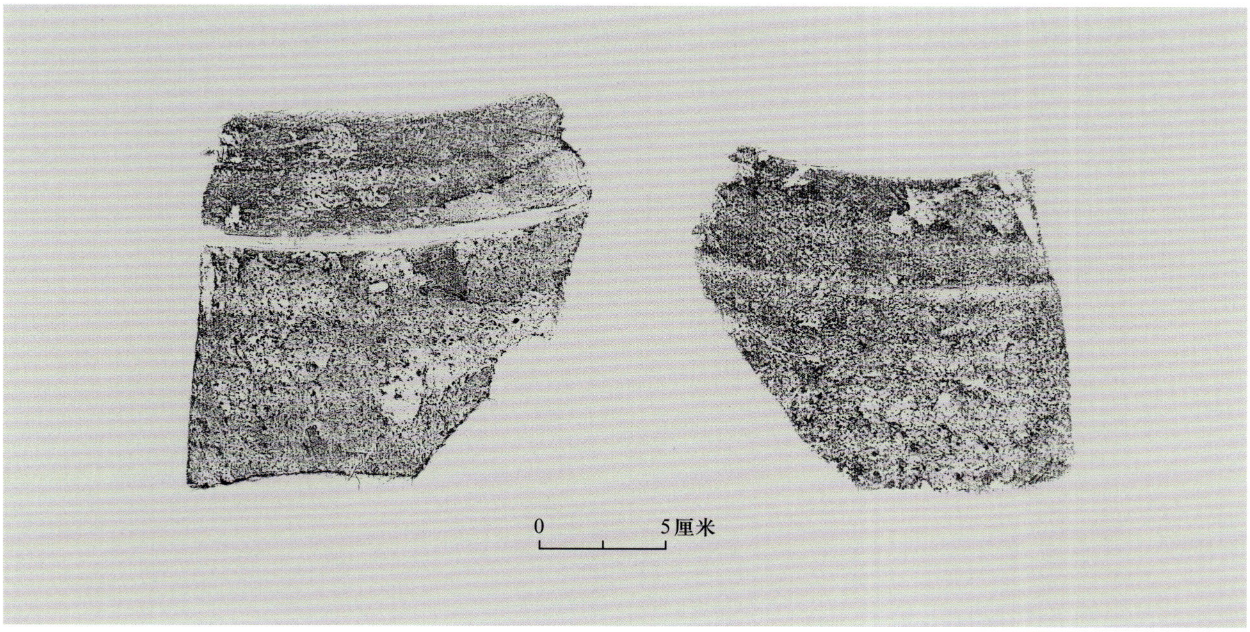

图3.149 陶罐（③：31）外、内面拓片

④：20，残。泥质灰陶。敛口，卷沿，斜弧腹，腹下斜直。复原口径46.4、残长18.4、残宽10.7、残高12.1、厚1.2、沿宽1.8厘米（图3.150、图3.151；彩版22；图版22）。

图3.150　陶罐（④：20）外、内、侧面照片

图3.151　陶罐（④：20）外、内面拓片

（7）釜

③：28，残。夹砂灰陶。敛口，卷沿，唇外有一扉沿，斜腹。腹部饰网格纹。复原口径24.1、沿宽1、残长8.3、残宽6.2、残高5.4、厚0.6厘米（图3.152、图3.153；彩版23；图版23）。

图3.152 陶釜（③：28）外、内、侧面照片

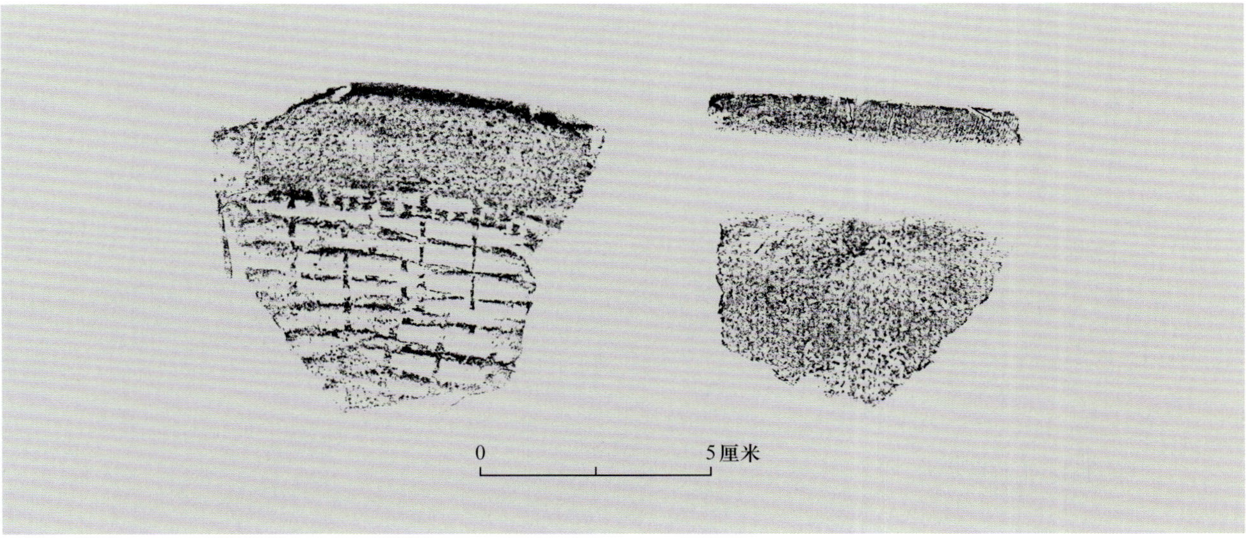

图3.153 陶釜（③：28）外、内面拓片

（8）俑

⑤：1，残。陶质，表面有酱釉。四足动物，背上似骑一人。长5.3、残高4.2、厚2厘米（图3.154、图3.155）。

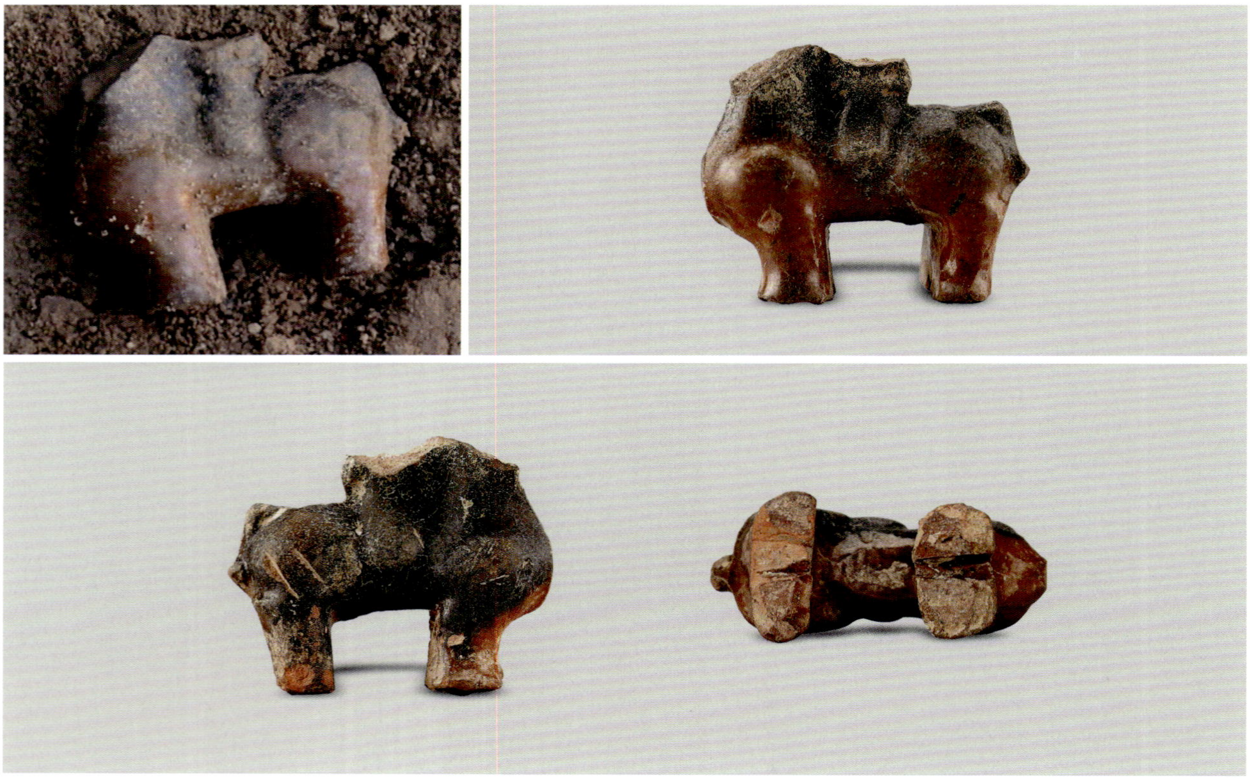

图3.154　陶俑（⑤：1）出土及侧、底面照片

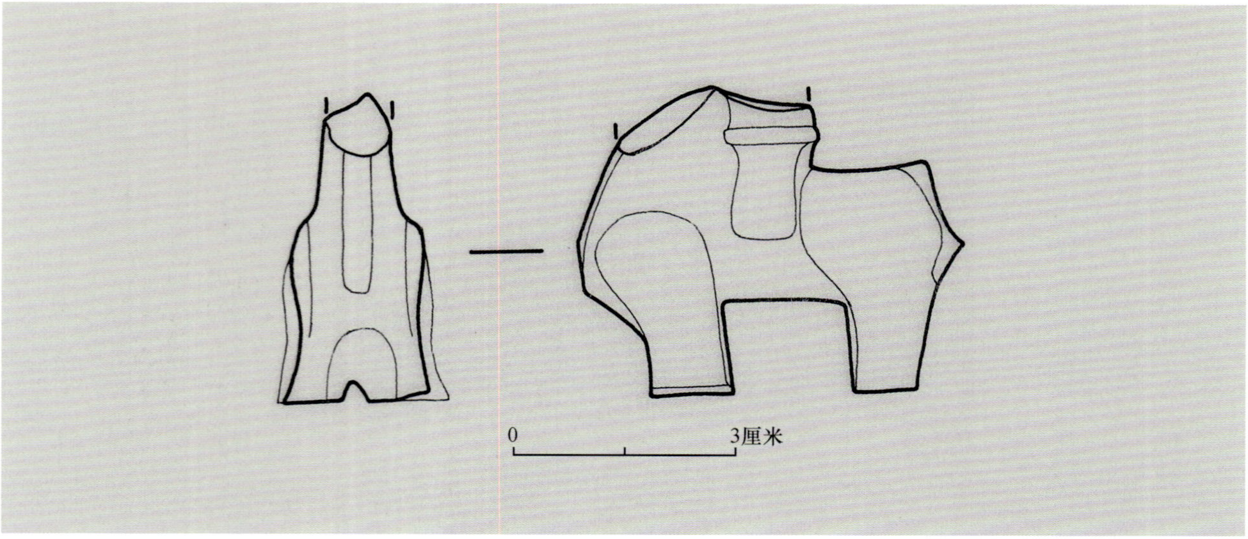

图3.155　陶俑（⑤：1）线图

3. 玉、石器

璧形玉　1件。⑤：3，完整。圆形，中部有一圆孔。直径2.7、孔径0.2、厚0.5厘米（图3.156、图3.157）。

图3.156　璧形玉（⑤：3）正、背、侧面照片

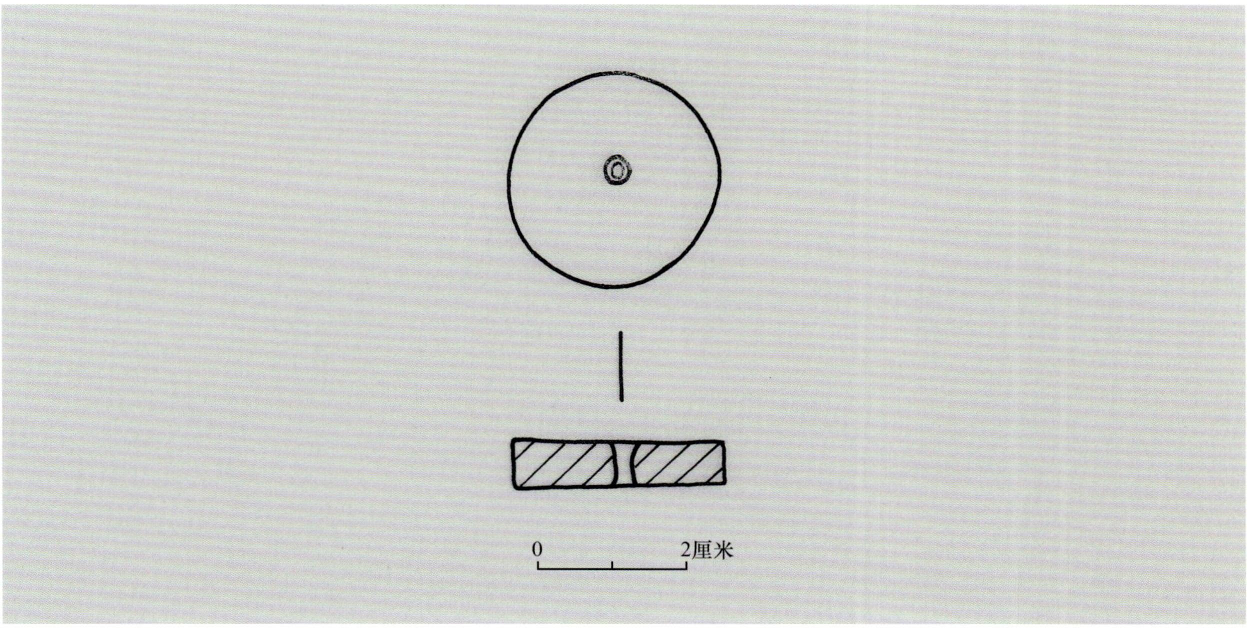

图3.157　璧形玉（⑤：3）线图

石夯　1件。④：2，残。砂岩。高18.6、上部径11.8厘米；中间有一圆孔，窝径3.9、深6.6、窝壁厚4.4厘米；底径10.1厘米（图3.158、图3.159；彩版24；图版24）。

图3.158　石夯（④：2）出土及侧、顶面照片

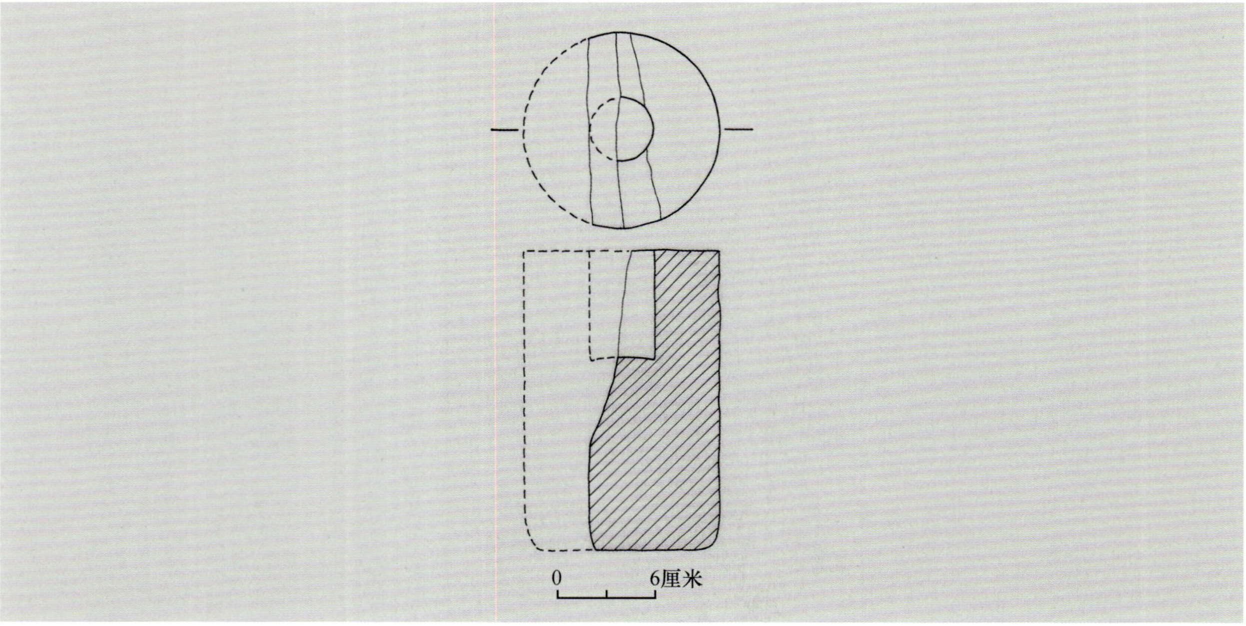

图3.159　石夯（④：2）线图

4. 铁器

钩 1件。③：2，腐朽严重。钩尖圆弧形，尖锋利，钩首为360°圆弧，中间有椭圆穿。整体呈“J”字形。长9.7、径粗1厘米（图3.160、图3.161）。

图3.160 铁钩（③：2）正、背、侧面照片

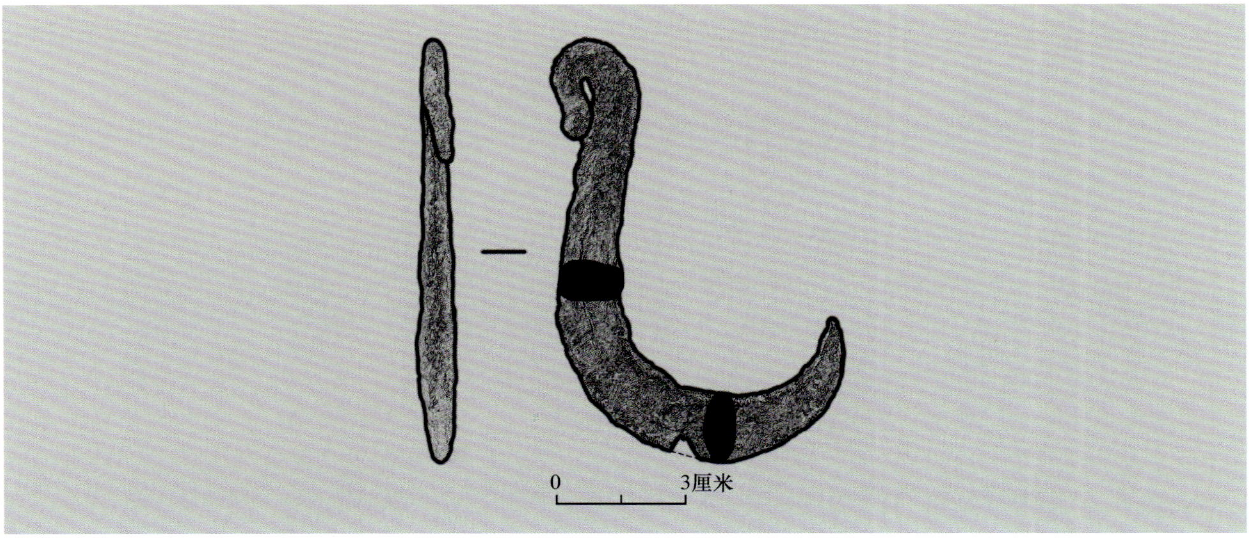

图3.161 铁钩（③：2）线图

铲　1件。③：4，破碎，不能成型，腐朽严重（图3.162、图3.163）。

铁器　1件。③：1，残，腐朽严重。长17.4、宽1～3、厚0.5厘米（图3.164、图3.165）。

剑　1件。③：3，残，腐朽严重。长22、宽3、厚0.5厘米（图3.166、图3.167）。

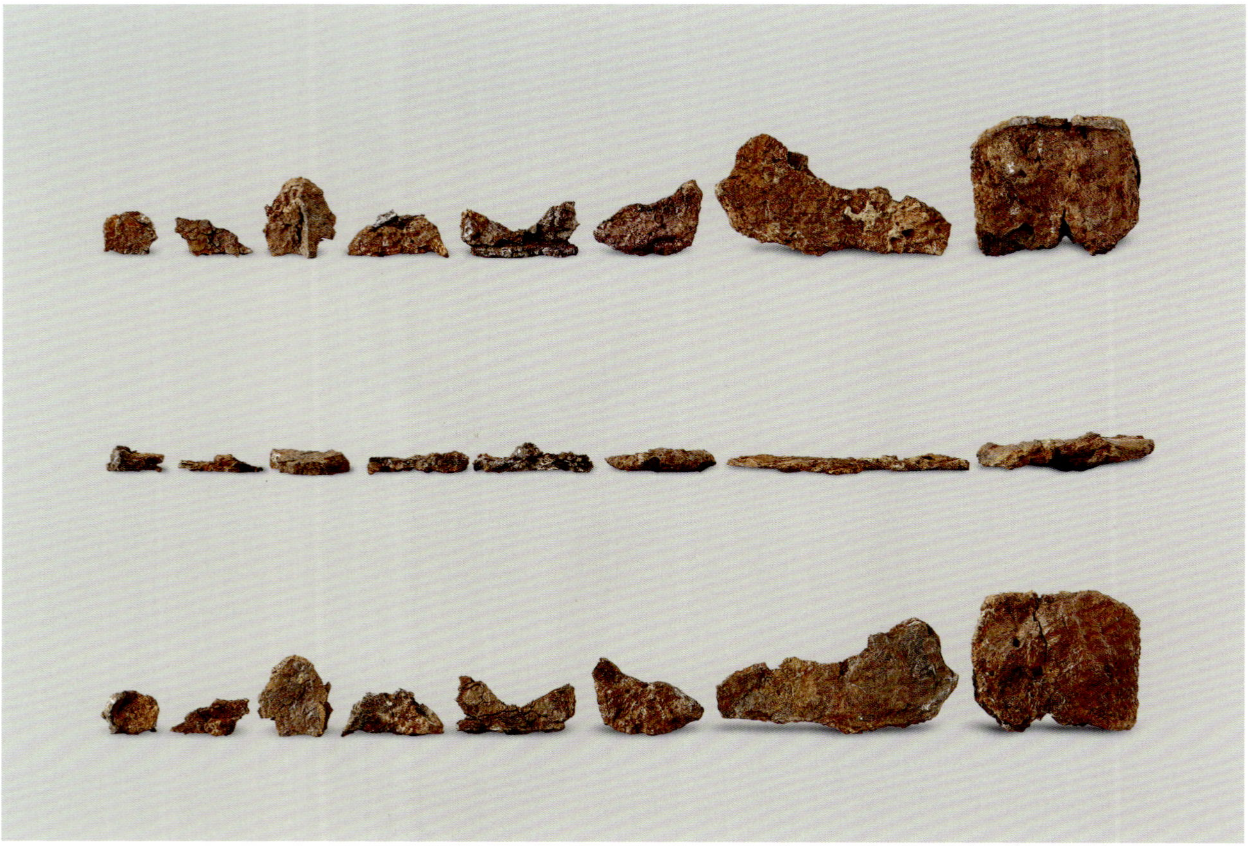

图3.162　铁铲（③：4）正、侧、背面照片

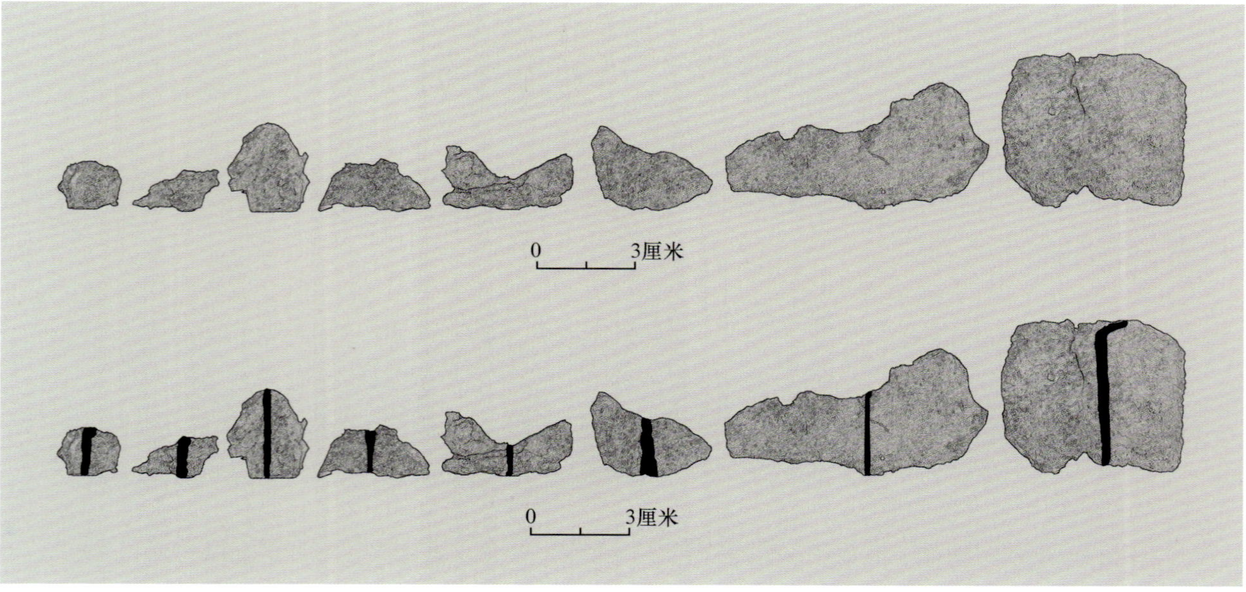

图3.163　铁铲（③：4）线图

图3.164 铁器（③：1）侧、正、背面照片

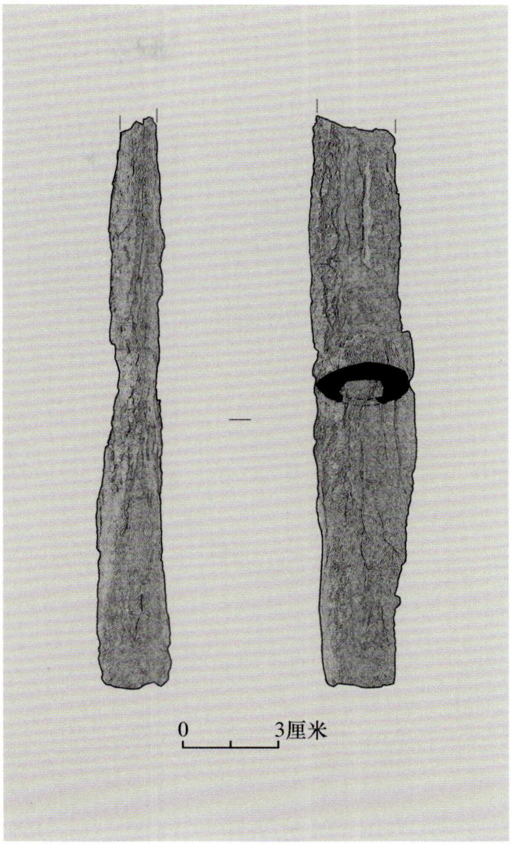

图3.165 铁器（③：1）线图

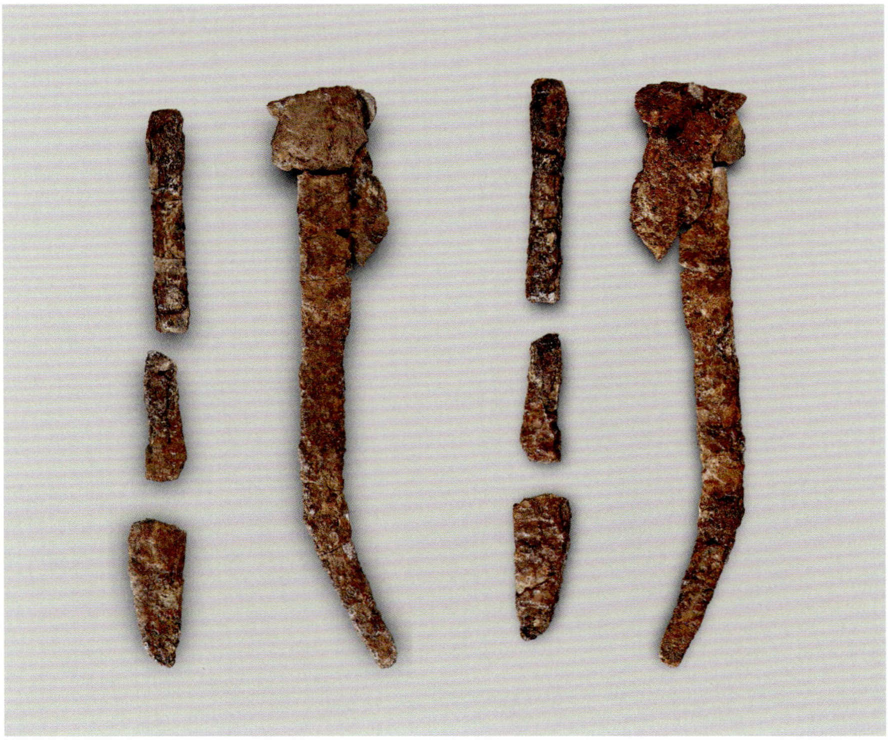

图3.166 铁剑（③：3）正、背面照片

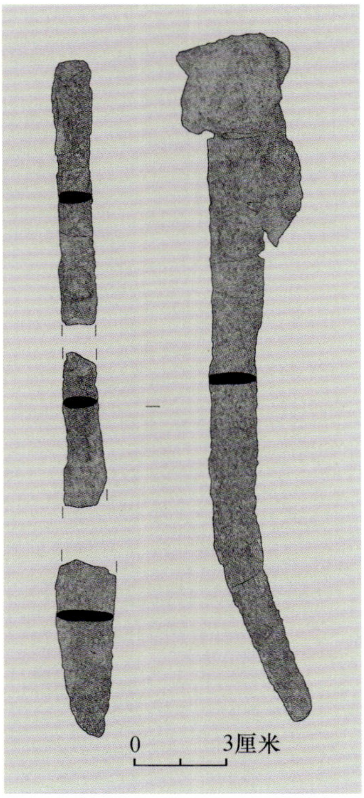

图3.167 铁剑（③：3）线图

5. 铜器

环　1件。④：1，完整。外径4.4、内径4厘米（图3.168、图3.169）。

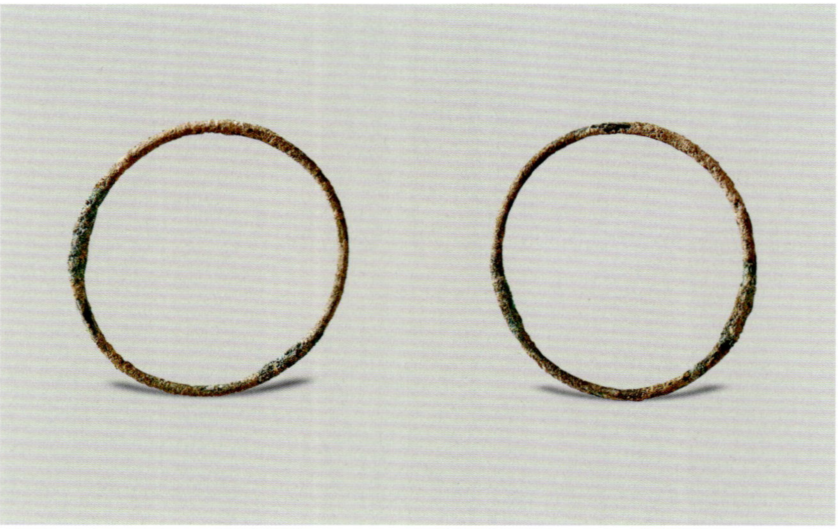

图3.168　铜环（④：1）正、背面照片

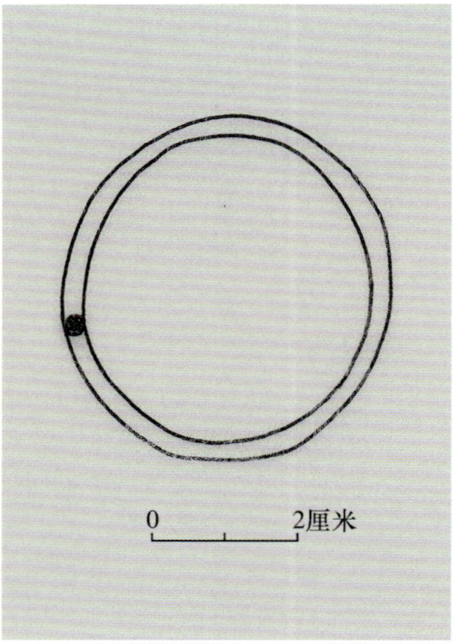

图3.169　铜环（④：1）线图

铜饰　1件。③：8，残。由两种材料组成，一头为铜质，占4/5；另一头为铁质，较铜质部分粗些，占1/5，腐朽严重。圆柱状弧形，弧形上部有一“3”字形扉边。残长8.4、残宽1.7、厚0.5厘米（图3.170、图3.171）。

图3.170　铜饰（③：8）正、背面照片

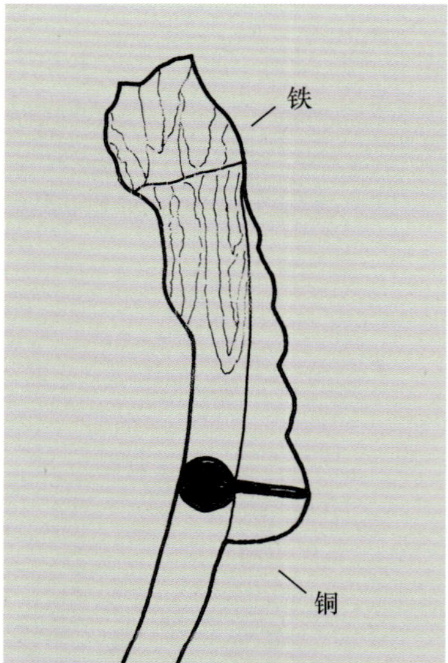

图3.171　铜饰（③：8）线图

6. 铜钱

出土4件，有五铢、货泉两种。

（1）五铢

出土3件。圆形，方穿，光背。正面有轮无郭，背面轮郭俱备。“五铢”二字修长，“五”字交笔弯曲，“铢”字“金”头呈三角状，“朱”字头方折或圆折，笔画粗细均匀。

③：6，剪轮。直径2、穿边长1、厚0.1厘米（图3.172、图3.173）。

③：7，剪轮。直径1.8、穿边长0.7、厚0.1厘米（图3.174、图3.175）。

④：3，直径2.5、穿边长0.9、厚0.15厘米（图3.176、图3.177）。

图3.172 五铢（③：6）正、背面照片

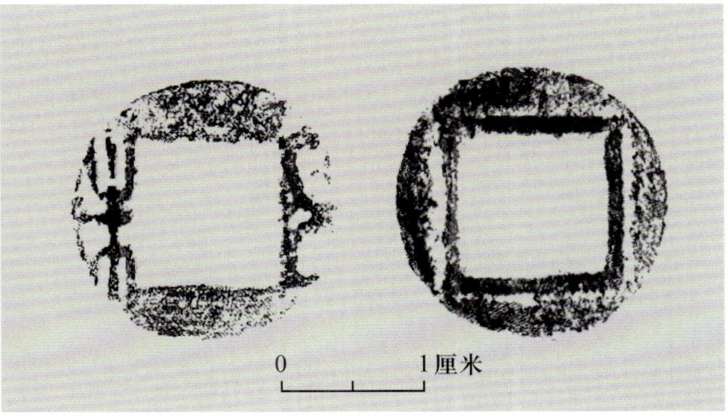

图3.173 五铢（③：6）正、背面拓片

图3.174 五铢（③：7）正、背面照片

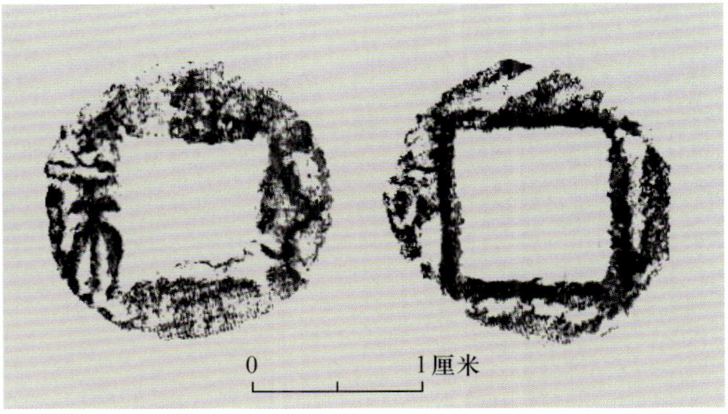

图3.175 五铢（③：7）正、背面拓片

图3.176 五铢（④：3）正、背面照片

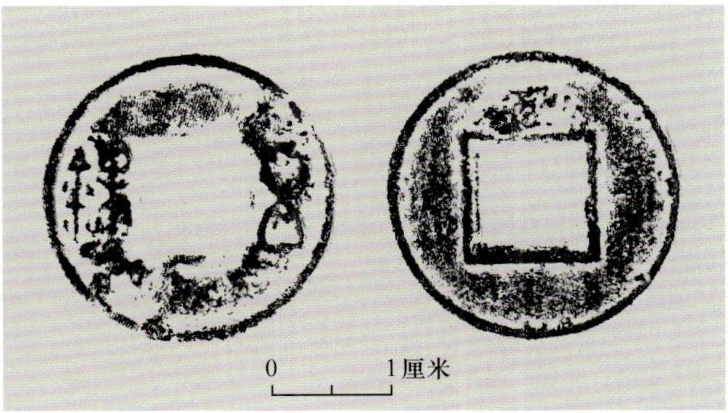

图3.177 五铢（④：3）正、背面拓片

（2）货泉

1件。

③：5，货泉，残。直径2.2、穿边长0.6、厚0.1厘米（图3.178、图3.179）。

图3.178　货泉（③：5）正、背面照片

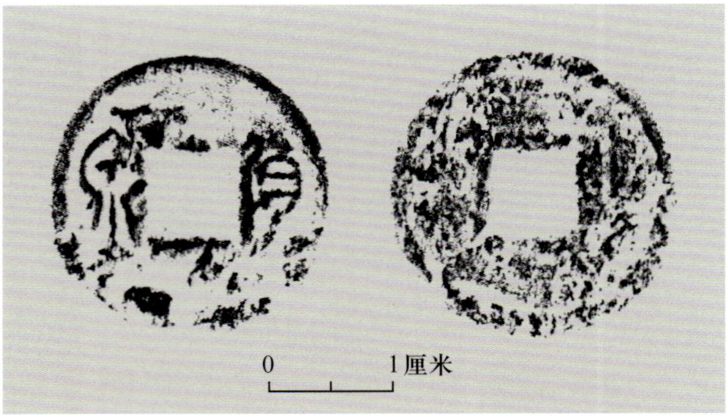

图3.179　货泉（③：5）正、背面拓片

第二节　遗　　迹

共清理遗迹单位5种34个（表3.1），其中灰坑12座、墓葬18座、道路2条、沟1条、城墙1处。分别介绍如下（图3.180）。

（一）灰坑

共清理12座，其中开口于第3层下1、第4层下10、第5a层下1座，按遗迹开口介绍如下。

1. H13

位于T2扩方的东北部，东部延伸出探方，开口于第3层下，打破第4、5层与L2。平面呈不规则形，斜壁不规则，底呈南高北低坡状。口距地表深1.16米，东西1.5、南北1.48、深1.12米。填土呈青灰色，土质松软，结构疏松，内含大量草木灰烬、少量红烧土粒（图3.181）。时代为新莽至东汉时期。

出土遗物占全探方总数的1.13%。据坑内出土器物残片统计，板瓦占46.15%，Cb1型占30.77%、Cb10型占7.69%、Cb4型占7.69%。筒瓦占15.38%，Bc4型占7.69%、D4型占7.69%。素面陶片占38.46%（表3.8）。

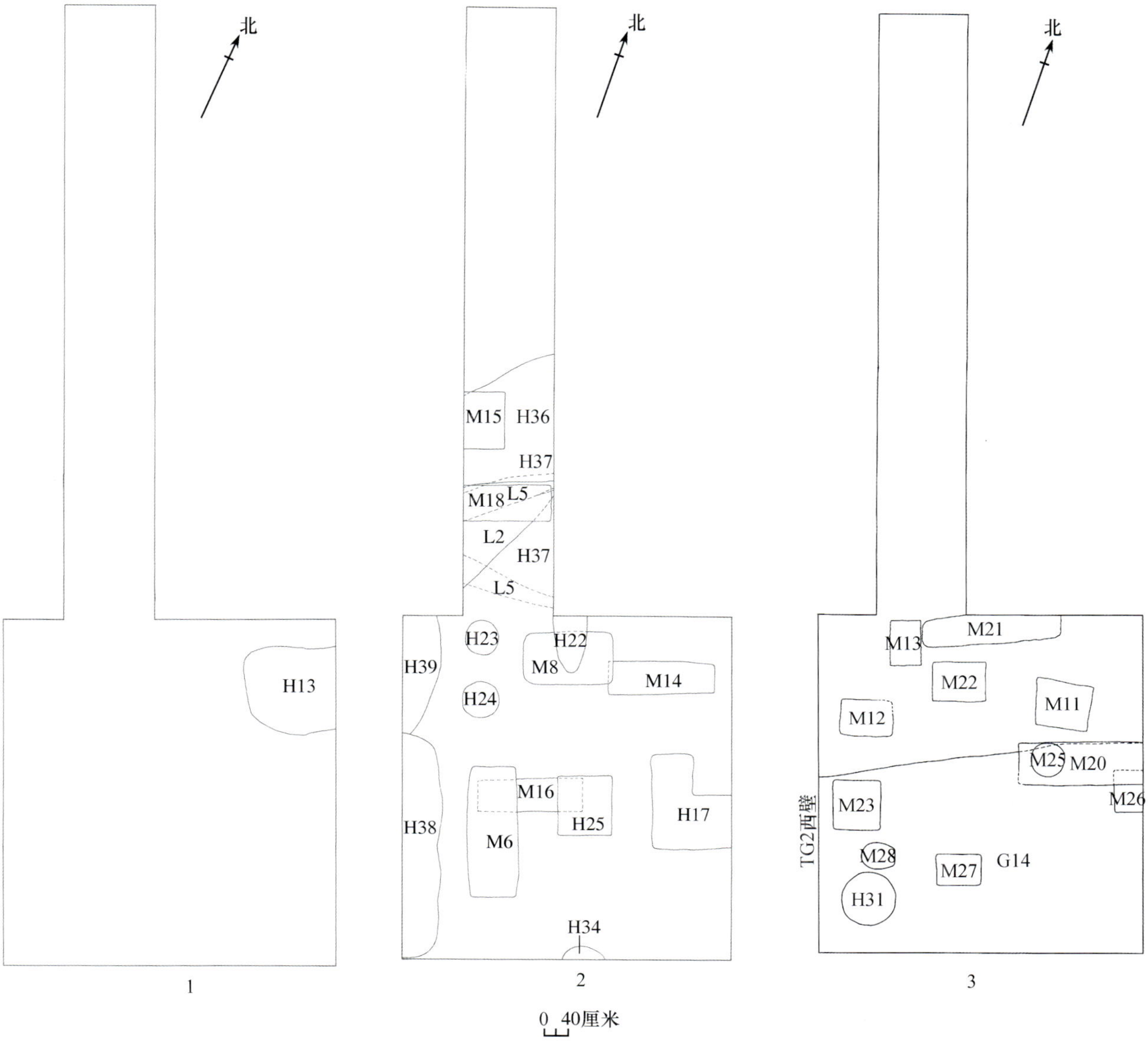

图3.180 T2第3～5a层下遗迹平面图
1. 第3层下遗迹平面图 2. 第4层下遗迹平面图 3. 第5a层下遗迹平面图

表3.8 H13出土遗物残片统计表

名称	分型/纹饰	灰陶/件	百分比/%	总百分比/%
板瓦	Cb1	4	30.77	46.15
	Cb10	1	7.69	
	Cb4	1	7.69	
筒瓦	Bc4	1	7.69	15.38
	D4	1	7.69	
陶片	素面	5	38.46	38.46
合计		13	100.00	
百分比/%		100.00		

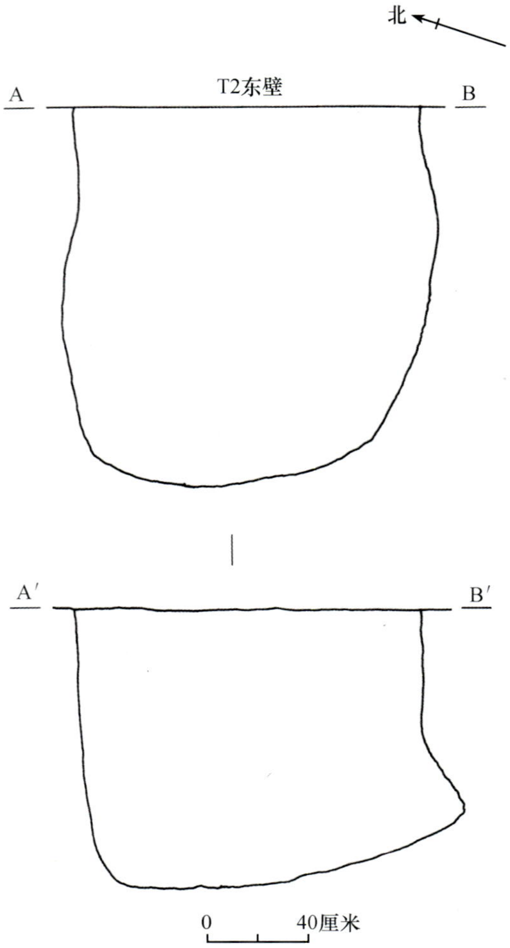

图3.181 H13平、剖面图

出土器物6件，其中弧形板瓦4、筒瓦1、陶盆1件，分别介绍如下。

弧形板瓦 共出土4件，分三亚型。

Ba4型 2件。表面饰中粗交错绳纹，内面饰布纹。

H13∶2，残。瓦呈灰色。残长7、残宽5.5、厚1.5厘米（图3.182、图3.183）。

H13∶3，残。瓦呈灰色。残长15.5、残宽13、厚1.3～2厘米（图3.184、图3.185）。

Cb1型 1件。H13∶4，残。瓦呈灰色。表面饰粗交错绳纹，内面素面。残长14.5、残宽15.5、厚1.5厘米（图3.186、图3.187）。

Ca9型 1件。H13∶1，残。瓦呈红褐色。表面饰粗交错绳纹，内面饰小菱形纹。残长6、残宽12、厚1.2厘米（图3.188、图3.189）。

筒瓦 1件。属D4型。H13∶5，残。瓦呈深灰色。表面素面，内面饰布纹，表面有一条凹弦纹。残长8、残径10、厚1.5厘米（图3.190、图3.191）。

陶盆 1件。H13∶6，残。泥质灰陶。方唇，宽沿，颈部较直，腹部斜直。复原口径36.6、沿宽3.3、残长18.8、残宽5.9、残高7.5、厚0.7厘米（图3.192、图3.193；彩版25；图版25）。

图3.182 Ba4型板瓦（H13：2）表、内面照片

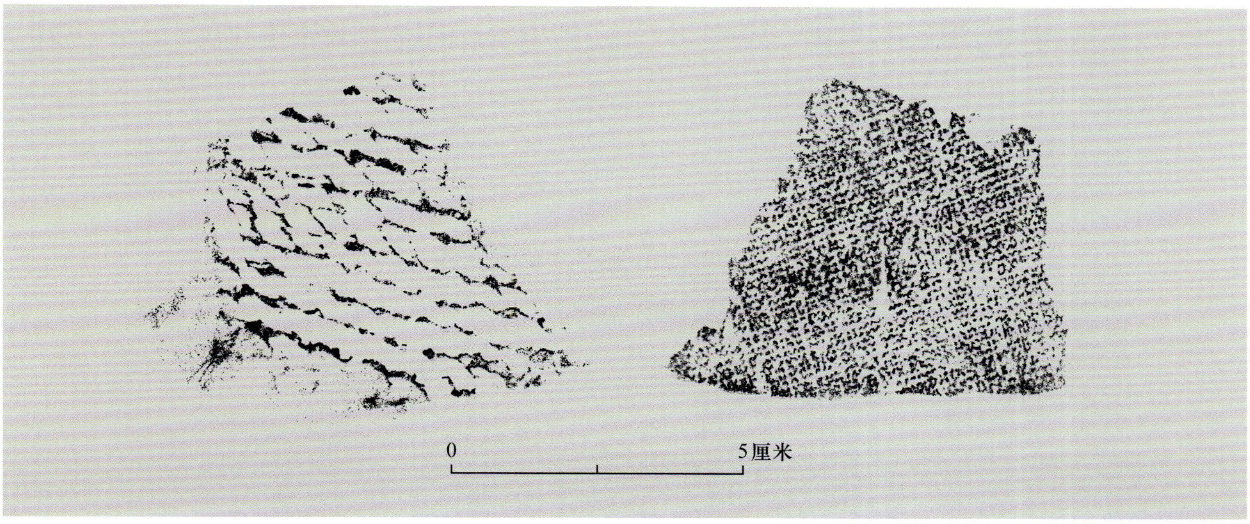

图3.183 Ba4型板瓦（H13：2）表、内面拓片

图3.184 Ba4型板瓦（H13：3）表、内面照片

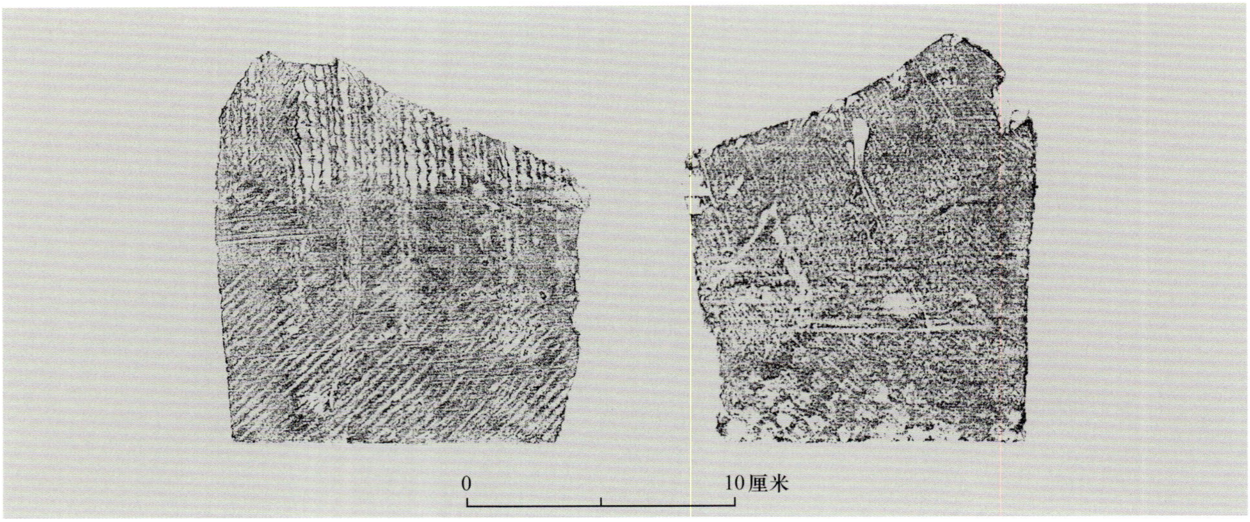

图3.185 Ba4型板瓦（H13：3）表、内面拓片

图3.186 Cb1型板瓦（H13：4）表、内面照片

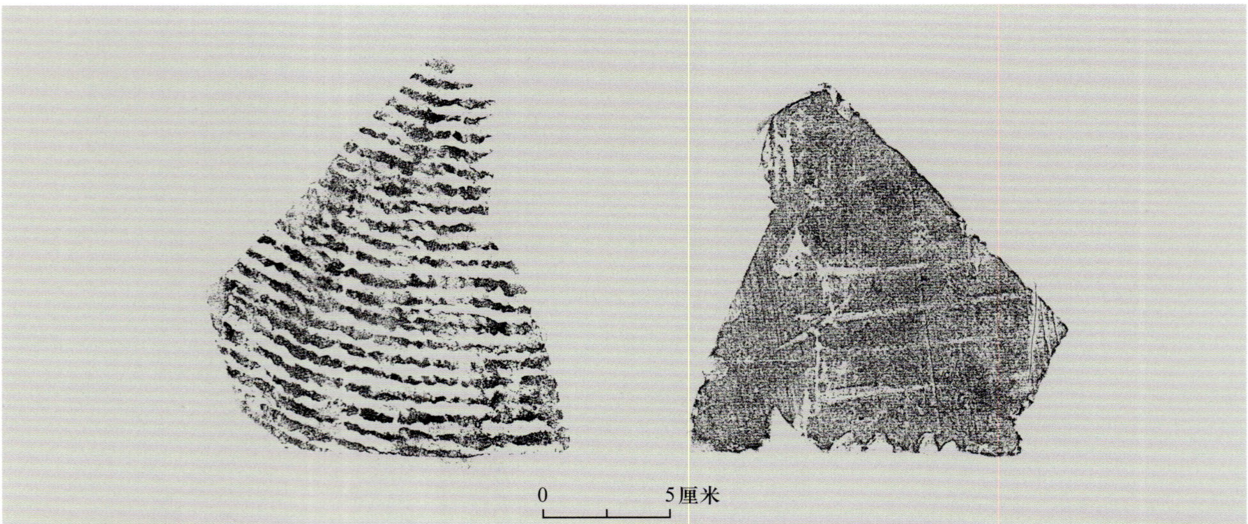

图3.187 Cb1型板瓦（H13：4）表、内面拓片

图3.188 Ca9型板瓦（H13：1）表、内面照片

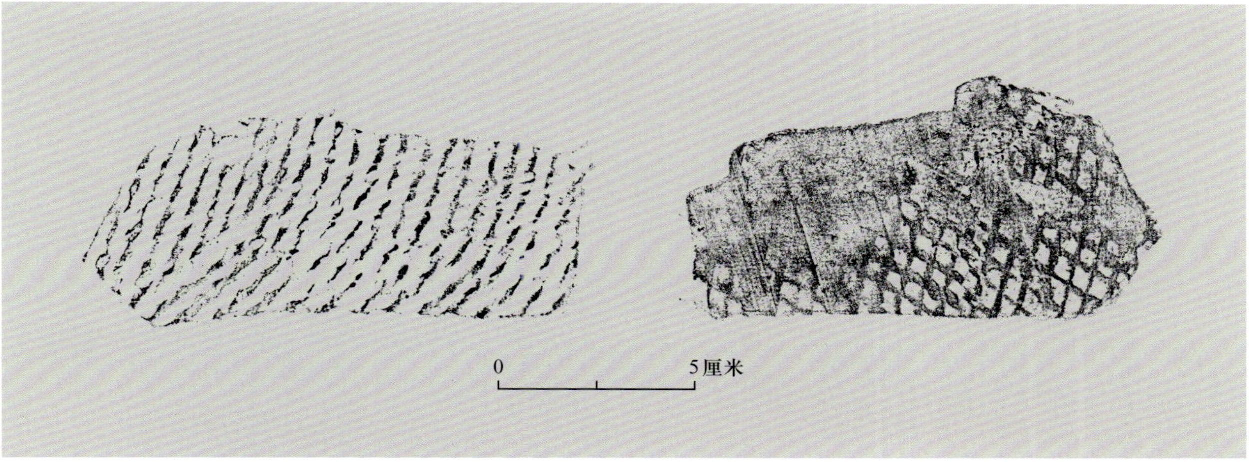

图3.189 Ca9型板瓦（H13：1）表、内面拓片

图3.190 D4型筒瓦（H13：5）表、内面照片

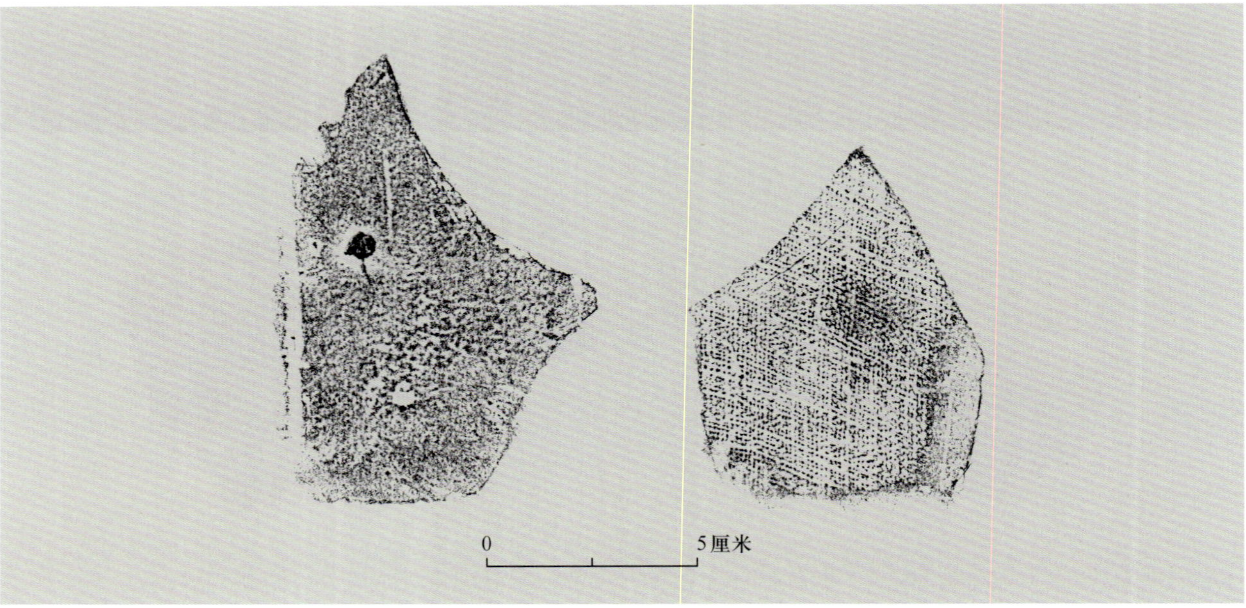

图3.191　D4型筒瓦（H13：5）表、内面拓片

图3.192　陶盆（H13：6）外、内、侧面照片

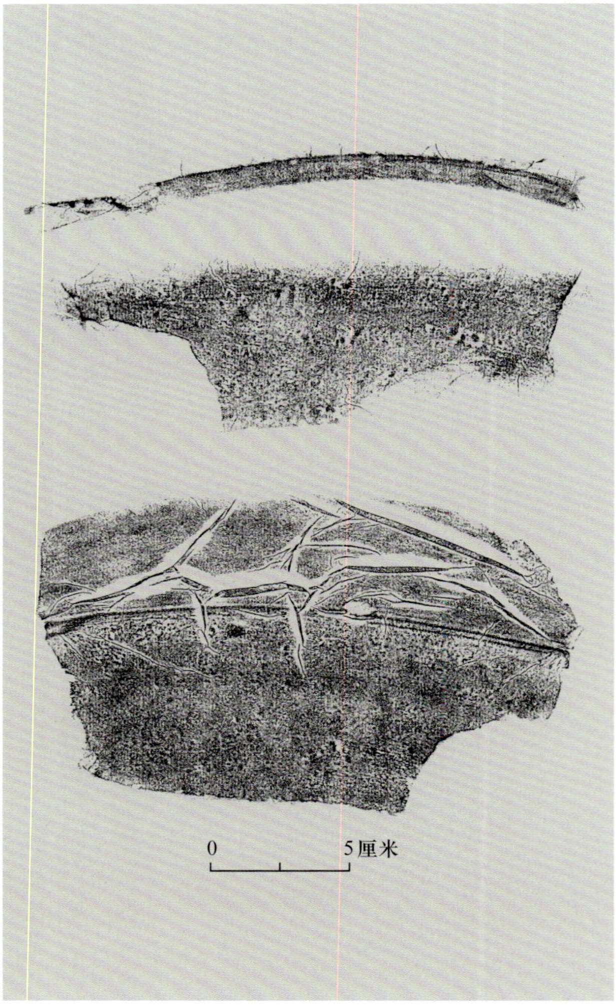

图3.193　陶盆（H13：6）外、内面拓片

2. H17

位于T2东扩方的东南部，其东部延伸出探方，开口于第4层下，打破L2、G14、M20、M26，并打破第5a层。平面呈“L”形，斜壁，壁较规整，底近平。口距地表深1.6～1.7米，东西1.34、南北0.96～1.6、深1.06～1.14米。填土呈浅灰色，土质松软，结构疏松，内含大量炭粒、红烧土块（图3.194）。时代应晚于新莽天凤元年。

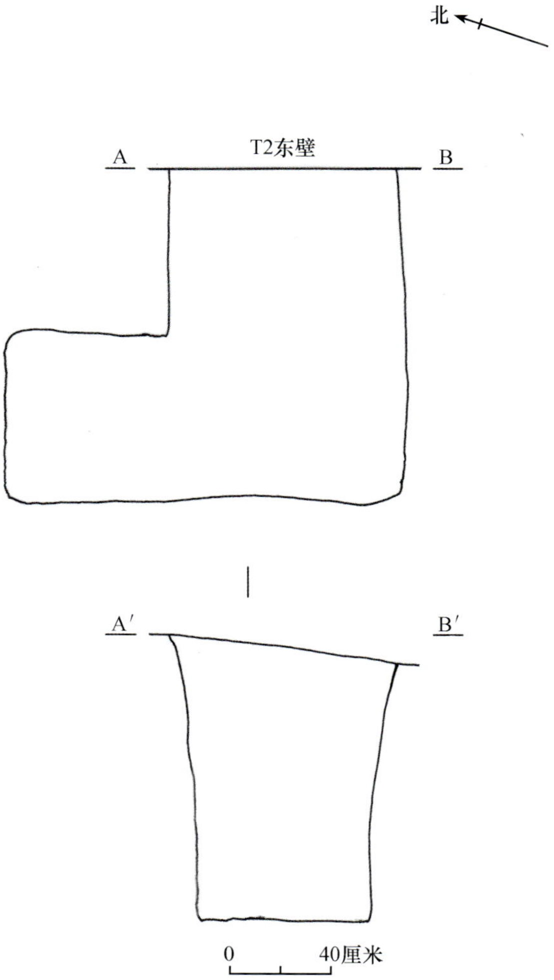

图3.194　H17平、剖面图

出土遗物残片占全探方总数的11.44%。据坑内出土遗物残片统计，板瓦占31.82%，Bb2型占3.03%、Ab2型占0.76%、Cb10型占3.03%、Ca10型占0.76%、Bb4型占5.3%、Cb1型占15.15%、Bb1型占3.79%。筒瓦占12.13%，Bb2型占2.27%、Cc4型占3.79%、Ba4型占1.52%、Bb4型占4.55%。陶片占56.07%，素面占44.7%、印纹占6.82%、凹弦纹占1.52%、暗刻划纹占3.03%（表3.9）。

表3.9　H17出土遗物残片统计表

名称	分型/纹饰	灰陶/件	百分比/%	总百分比/%
板瓦	Bb2	4	3.03	31.82
	Ab2	1	0.76	
	Cb10	4	3.03	
	Ca10	1	0.76	
	Bb4	7	5.30	
	Cb1	20	15.15	
	Bb1	5	3.79	
筒瓦	Bb2	3	2.27	12.13
	Cc4	5	3.79	
	Ba4	2	1.52	
	Bb4	6	4.55	
陶片	印纹	9	6.82	56.07
	凹弦纹	2	1.52	
	暗刻划纹	4	3.03	
	素面	59	44.70	
合计		132	100.00	
百分比/%		100.00		

共出土器物23件，其中建筑材料9、器皿11、铜钱3枚，分别介绍如下。

弧形板瓦　共6件。分四亚型。

Ca10型　1件。H17：5，残。瓦呈灰色。表面饰粗交错绳纹，内面饰抹平绳纹。残长12、残宽15、厚1.6厘米（图3.195、图3.196）。

图3.195　Ca10型板瓦（H17：5）表、内面照片

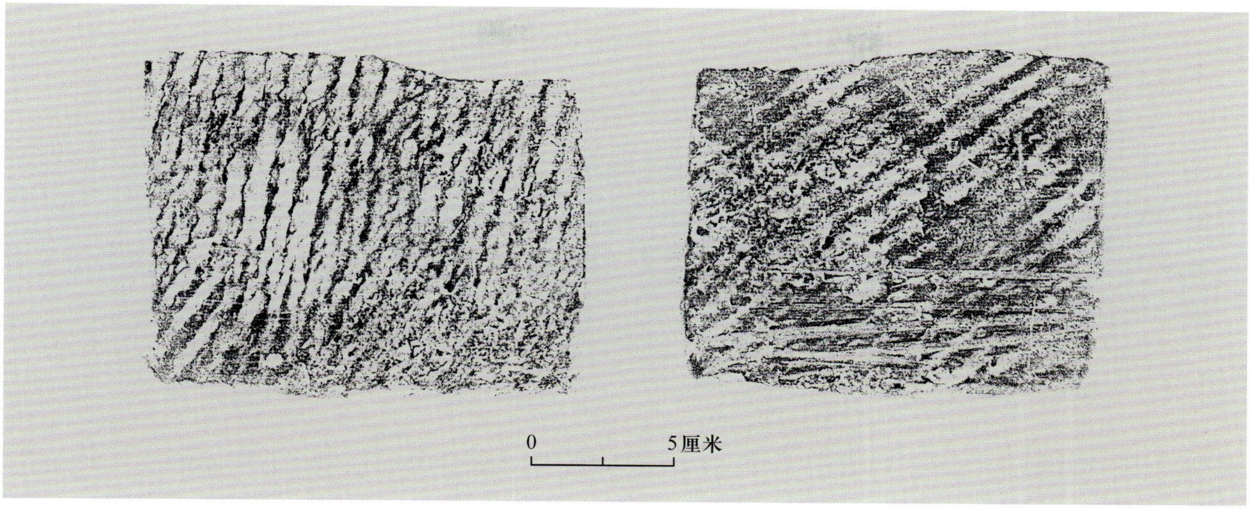

图3.196 Ca10型板瓦（H17：5）表、内面拓片

Cb2型 1件。H17：6，残。瓦呈灰色。表面饰粗斜绳纹，内面饰麻点纹。残长19、残宽11.5、厚1.2厘米（图3.197、图3.198）。

图3.197 Cb2型板瓦（H17：6）表、内面照片

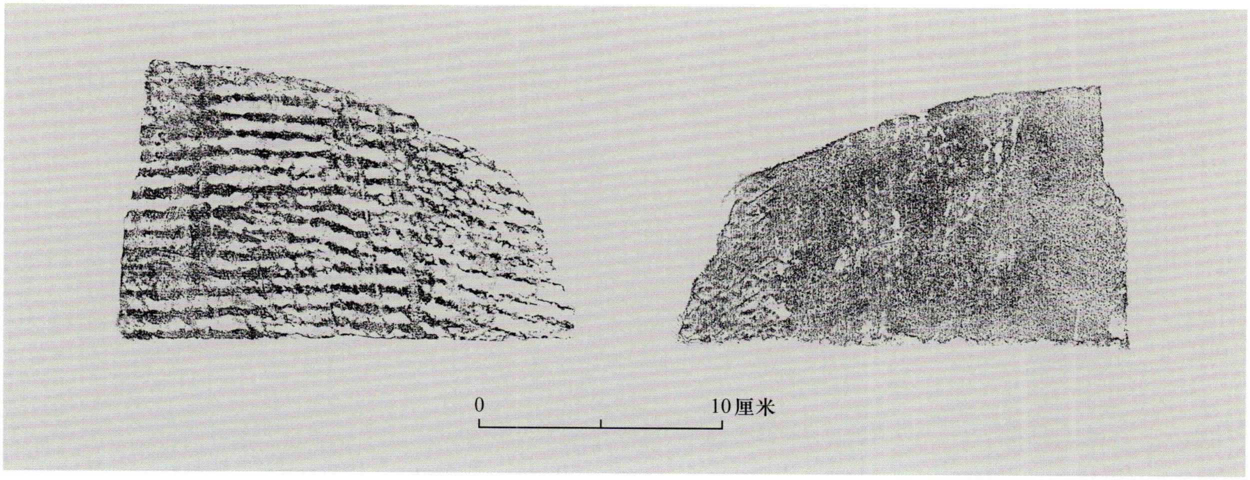

图3.198 Cb2型板瓦（H17：6）表、内面拓片

Cb4型　3件。表面饰粗斜绳纹，内面饰布纹。

H17：4，残。瓦呈灰色。瓦唇后有绳纹抹平部分，宽5厘米，中部有4条绳纹抹平部分，宽1厘米。残长16、残宽19、厚1.3厘米（图3.199、图3.200）。

H17：22，残。瓦呈灰色。瓦唇后有绳纹抹平部分，宽4厘米。残长13、残宽17、厚1.6厘米（图3.201、图3.202）。

H17：23，残。瓦呈灰色。瓦唇后有绳纹抹平部分，宽5厘米，中部有3条绳纹抹平部分，宽1厘米。残长18、残宽14.5、厚1.3厘米（图3.203、图3.204）。

图3.199　Cb4型板瓦（H17：4）表、内面照片

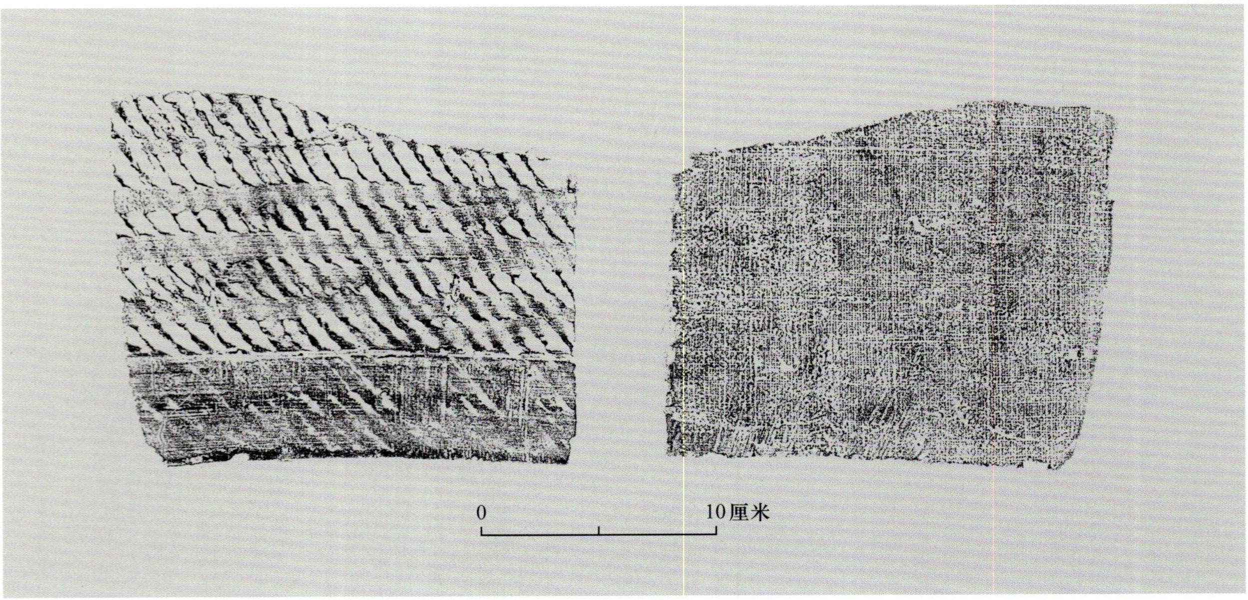

图3.200　Cb4型板瓦（H17：4）表、内面拓片

图3.201 Cb4型板瓦（H17：22）表、内面照片

图3.202 Cb4型板瓦（H17：22）表、内面拓片

图3.203 Cb4型板瓦（H17：23）表、内面照片

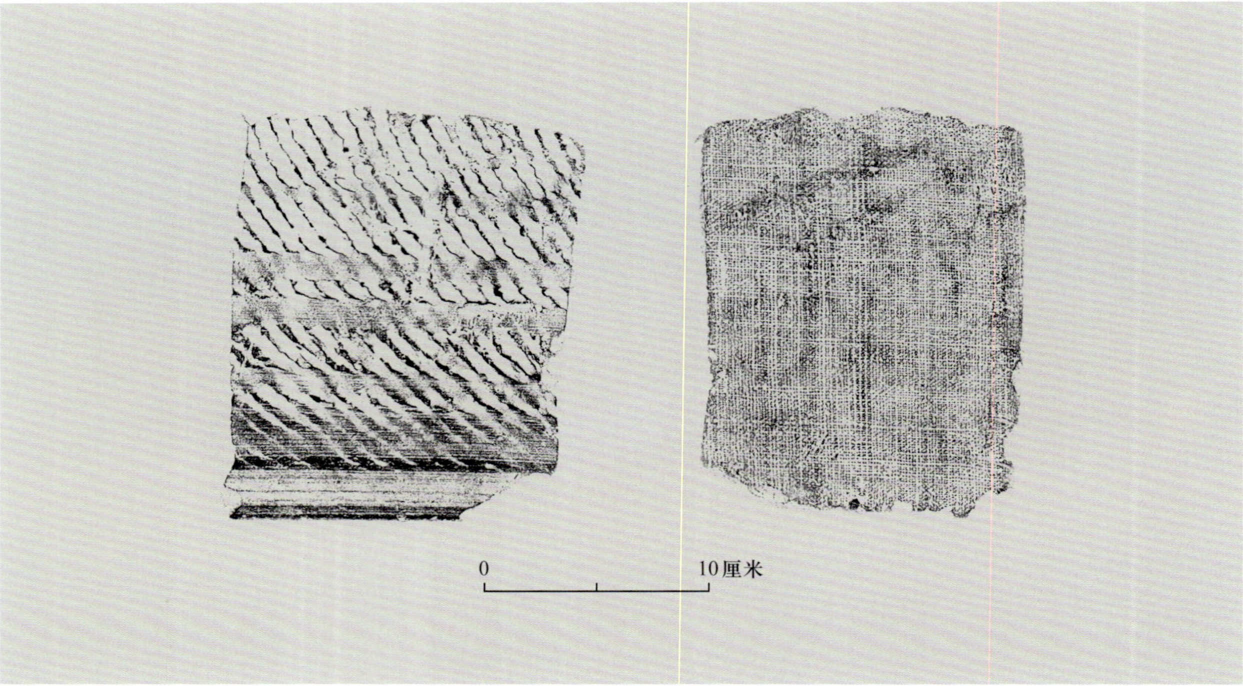

图3.204　Cb4型板瓦（H17：23）表、内面拓片

Cb10-2型　1件。H17：24，残。瓦呈灰色。表面饰粗斜绳纹，内面饰抹平绳纹、麻点纹。残长30.6、残宽30.5、厚1.3厘米（图3.205、图3.206）。

筒瓦　共3件，分三亚型。

Ba4型　1件。H17：7，残。瓦呈灰色。表面饰中粗交错绳纹，内面饰布纹。残长10.8、残径6.6、厚1.3厘米（图3.207、图3.208）。

图3.205　Ca10-2型板瓦（H17：24）表、内面照片

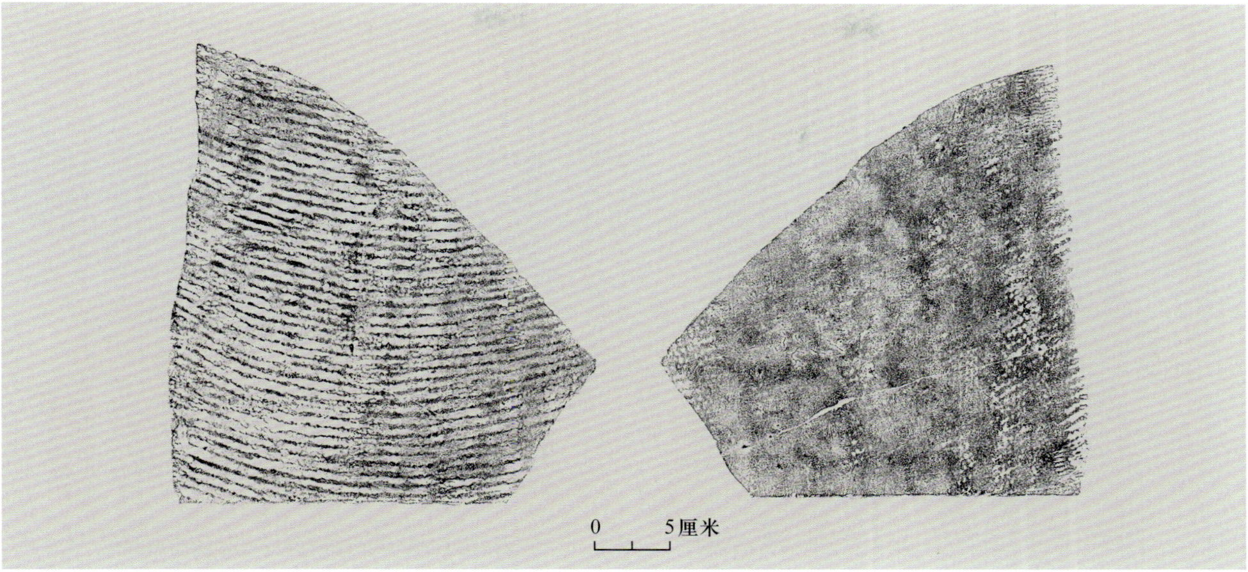

图3.206 Ca10-2型板瓦（H17：24）表、内面拓片

图3.207 Ba4型筒瓦（H17：7）表、内面照片

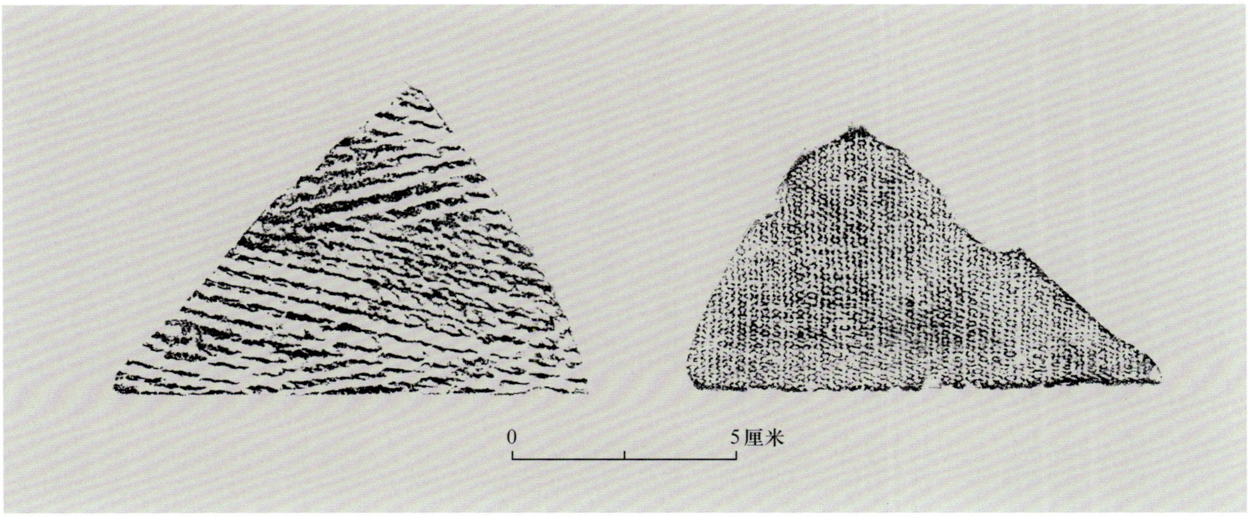

图3.208 Ba4型筒瓦（H17：7）表、内面拓片

Bc4型　1件。H17：8，残。瓦呈灰色。表面饰中粗直绳纹，内面饰布纹。残长18、残径10、厚1.5厘米，瓦唇残长4.5、厚1.8厘米（图3.209、图3.210）。

图3.209　Bc4型筒瓦（H17：8）表、内面照片

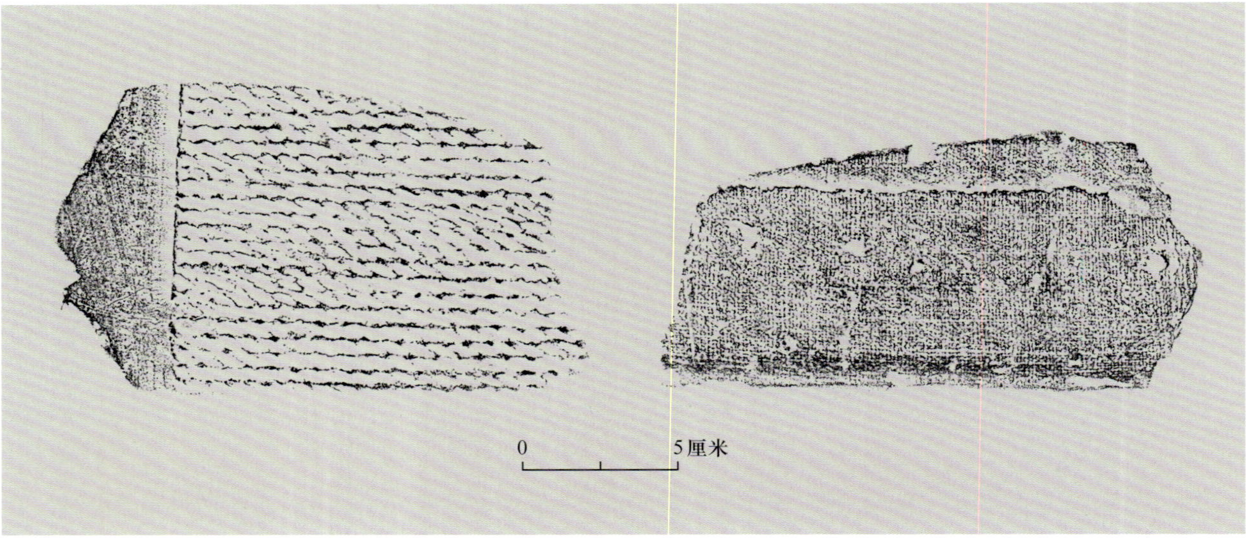

图3.210　Bc4型筒瓦（H17：8）表、内面拓片

Ca4型　1件。H17：9，残。瓦呈灰色。表面饰粗交错绳纹，内面饰布纹，瓦唇后有绳纹抹平部分，宽6厘米。残长15、残径10.2、厚1.3厘米，瓦唇长4.7、厚1.5厘米（图3.211、图3.212）。

陶盆　3件。

H17：11，残。泥质灰陶。敞口，窄沿，方唇，斜弧腹。口下饰一周凸弦纹，腹部饰一周绳纹。复原口径57.2、沿宽2.2、残长13.9、残宽4.5、残高8、厚1.2厘米（图3.213、图3.214；彩版26；图版26）。

H17：14，残。泥质灰陶。敞口，窄沿，斜弧腹。颈部饰一周凹弦纹和一周压印纹，腹部饰

图3.211　Ca4型筒瓦（H17：9）表、内面照片

图3.212　Ca4型筒瓦（H17：9）表、内面拓片

一周压印纹。复原口径44.1、沿宽1.6、残长12.7、残宽7.8、残高15.3、厚1.1厘米（图3.215、图3.216；彩版27；图版27）。

H17：20，残。泥质灰陶。敞口，窄沿，斜弧腹。颈部饰一周凹弦纹和一周压印纹。复原口径48.6、沿宽2.5、残高8.4、残长16.7、残宽4.1、厚1厘米（图3.217、图3.218；彩版28；图版28）。

图3.213　陶盆（H17：11）外、内、侧面照片

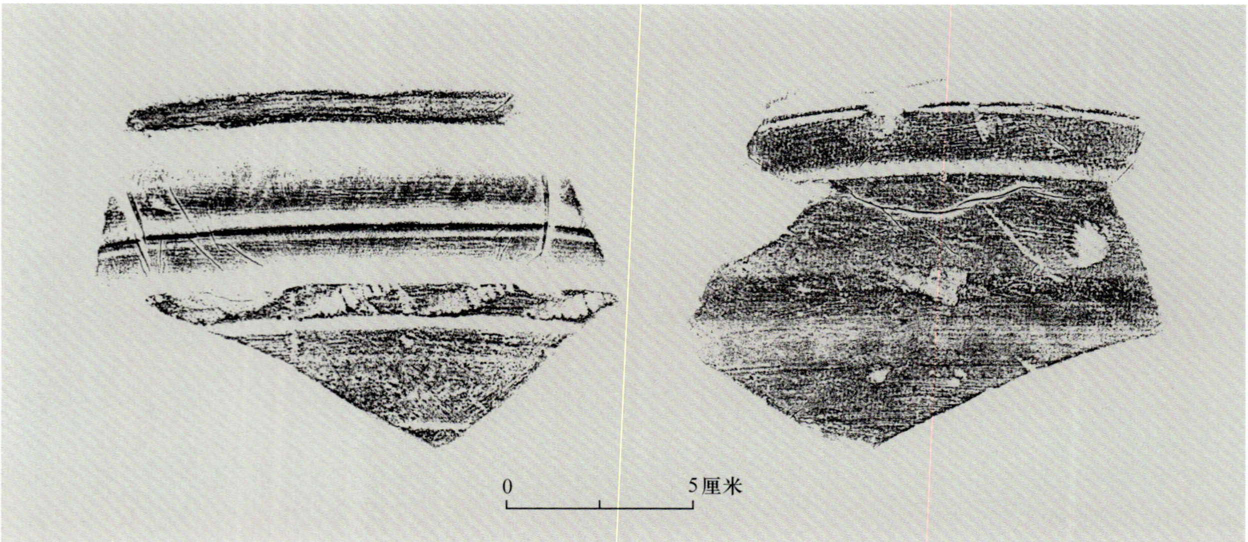

图3.214　陶盆（H17：11）外、内面拓片

图3.215 陶盆（H17：14）外、内、侧面照片

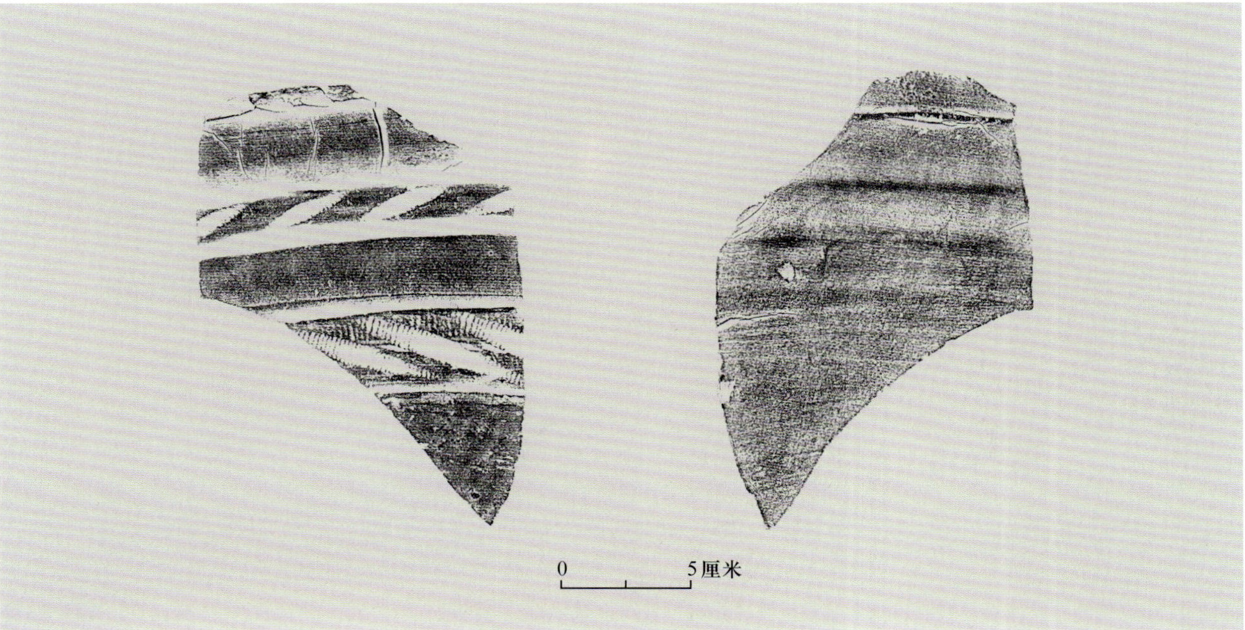

图3.216 陶盆（H17：14）外、内面拓片

图3.217　陶盆（H17：20）外、内、侧面照片

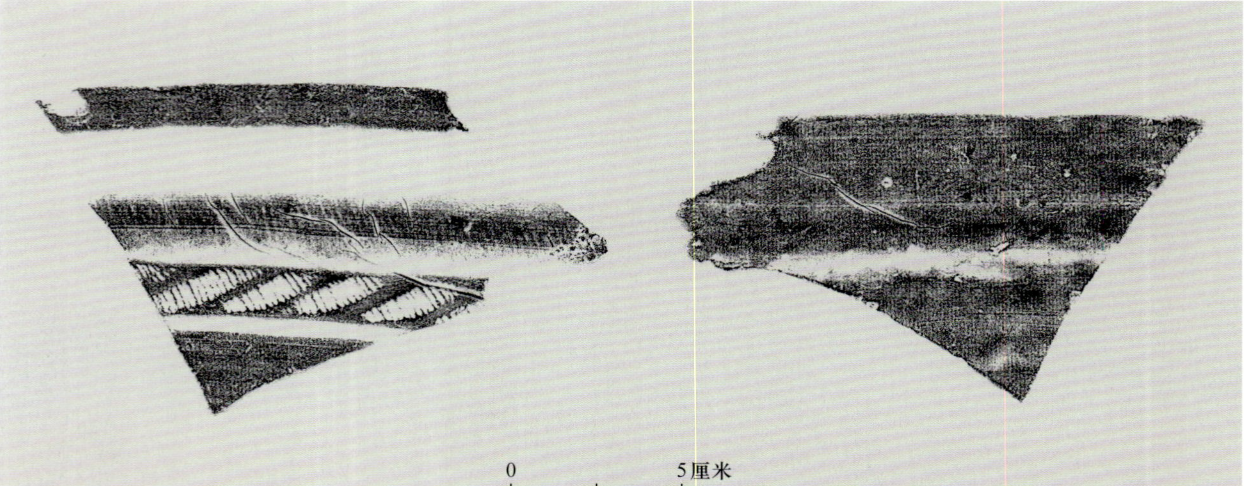

图3.218　陶盆（H17：20）外、内面拓片

陶罐 3件。

H17：12，残。泥质灰陶。斜弧腹。腹部饰一周压印纹，纹饰宽3厘米，内部轮制痕迹明显。残高17.5、残宽11、厚1.4厘米（图3.219、图3.220）。

H17：13，残。泥质灰陶。斜弧腹，腹下斜直，底部近平。残高7.8、腹厚0.7、底部复原径12、厚0.8厘米（图3.221、图3.222）。

H17：19，可复原。泥质灰陶。敞口，窄平沿，短径，圆鼓腹，腹下斜直，平底。腹部饰细密凹弦纹。口外径13.2、沿宽1.4、高30、腹厚0.7、底径10.5厘米（图3.223、图3.224）。

图3.219 陶罐（H17：12）外、内面照片

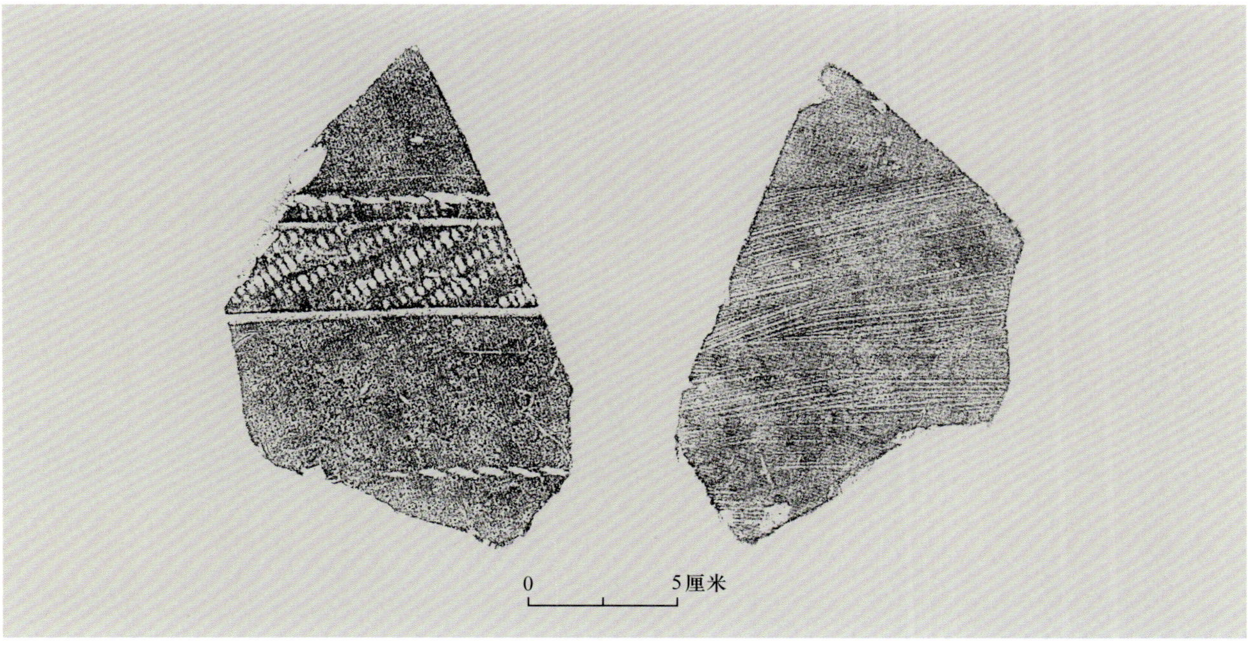

图3.220 陶罐（H17：12）外、内面拓片

图3.221　陶罐（H17：13）外、内、侧面照片

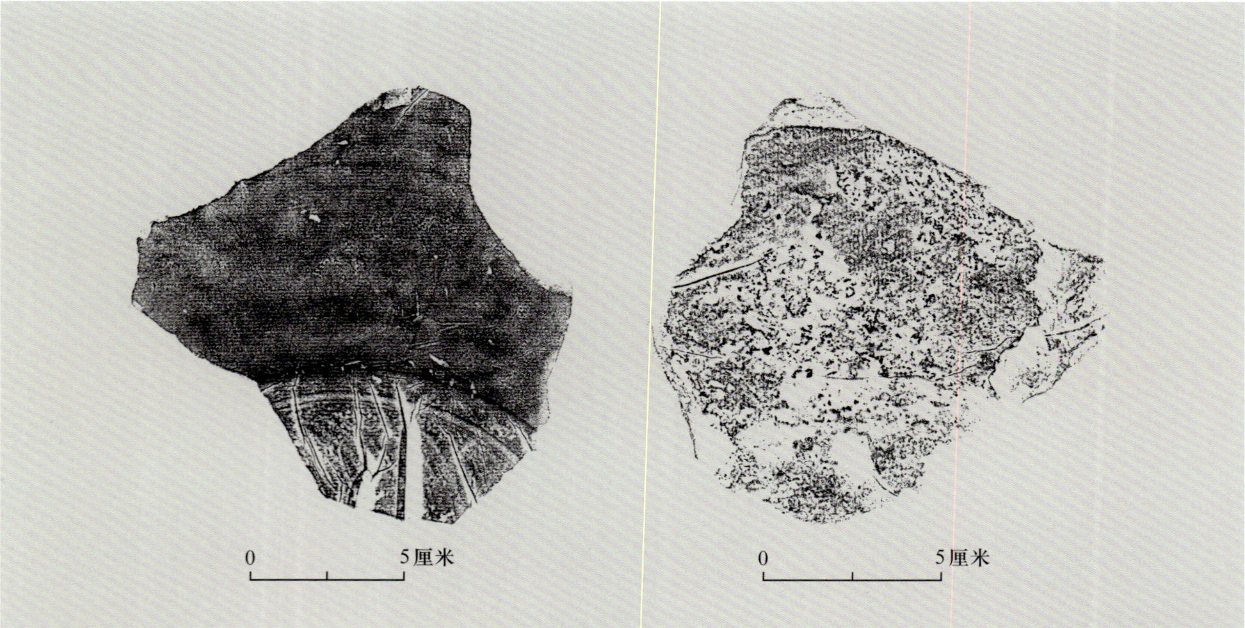

图3.222　陶罐（H17：13）外、内面拓片

图3.223 陶罐（H17：19）正面照片

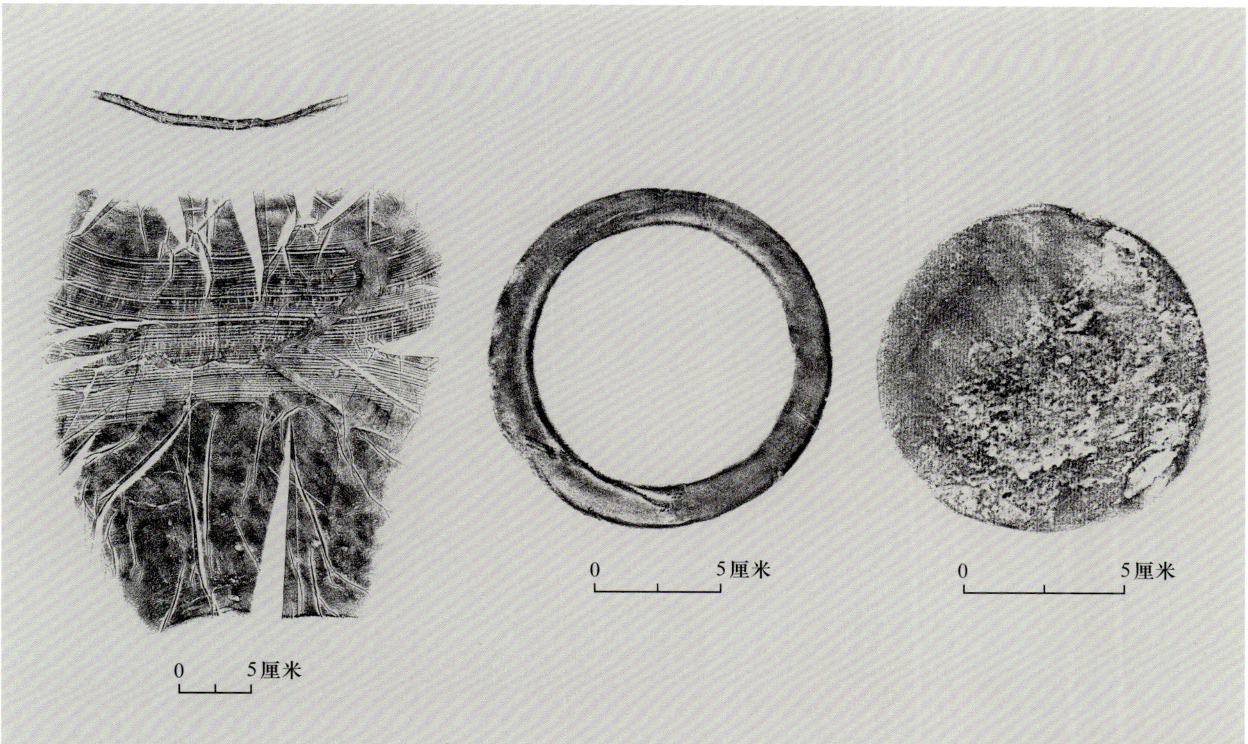

图3.224 陶罐（H17：19）腹、口、底部拓片

陶瓮 1件。H17∶21，残。泥质灰陶。大口，卷沿，广肩。肩部饰一周网格纹。复原口径40.9、沿宽2.7、残长59.4、残宽52、残高8.7、厚1.2厘米（图3.225、图3.226；彩版29；图版29）。

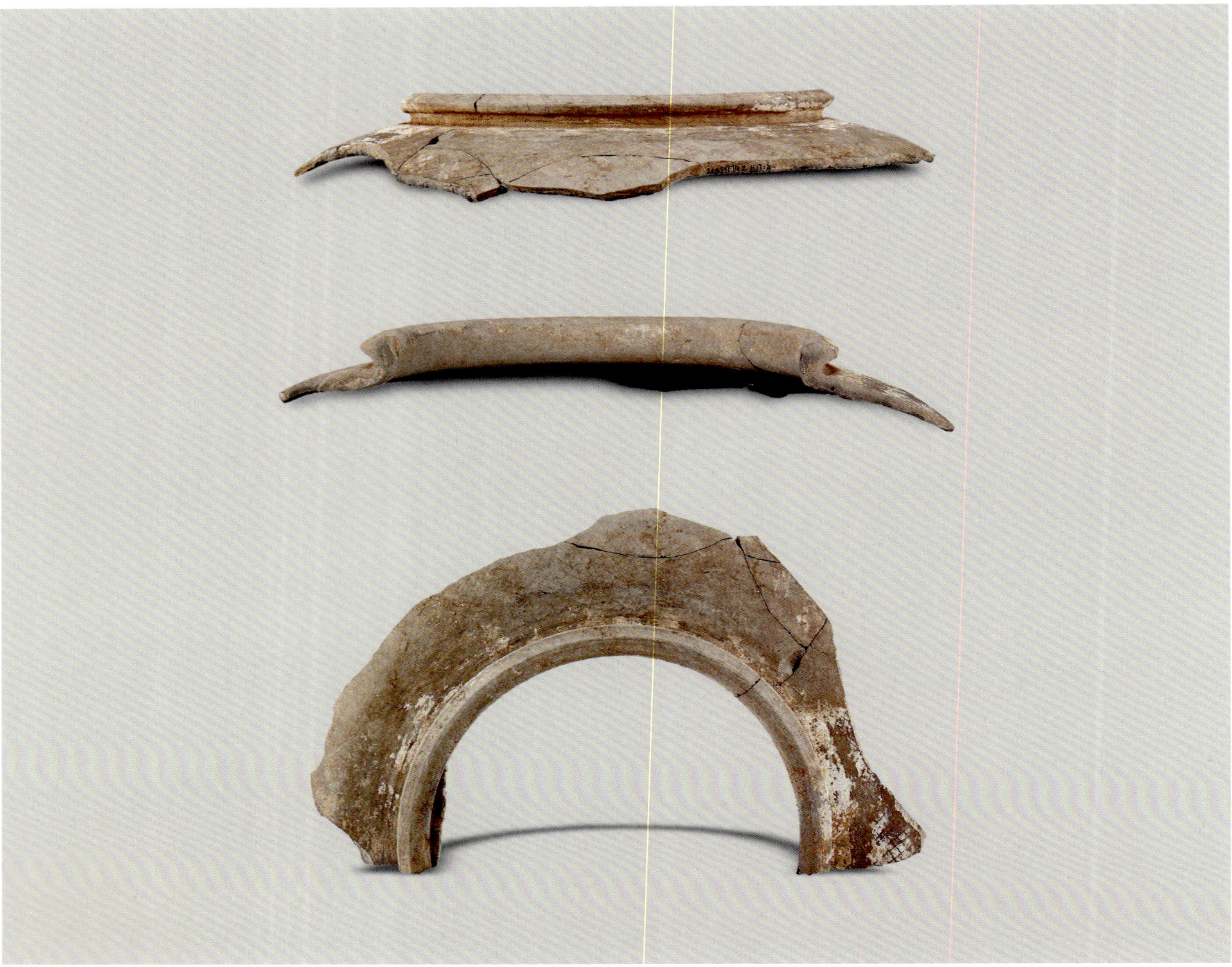

图3.225 陶瓮（H17∶21）外、内、侧面照片

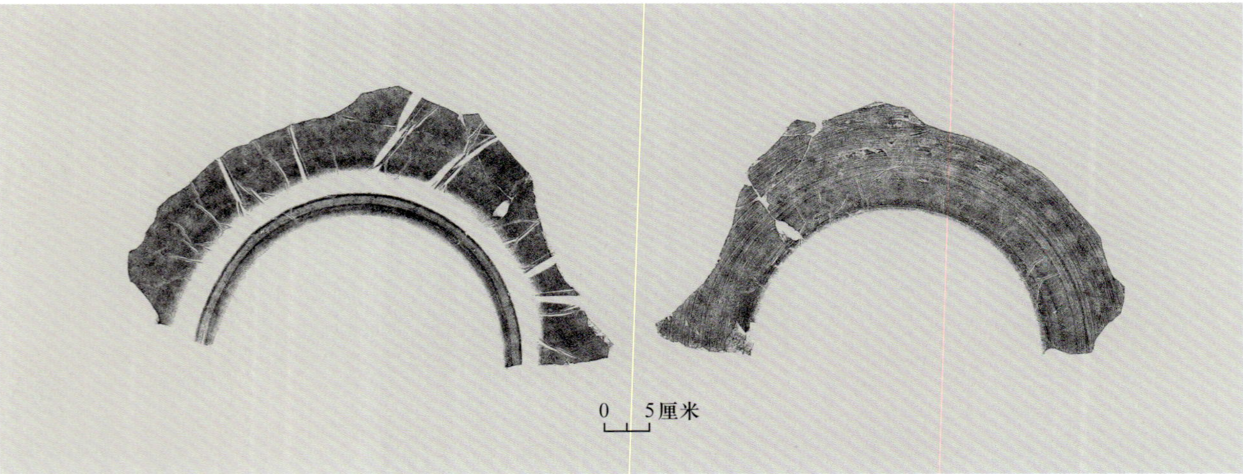

图3.226 陶瓮（H17∶21）外、内面拓片

陶甑　1件。H17：18，残。泥质灰陶。底部残存3个圆形箅孔。残高2、孔径2.4、底厚0.8厘米（图3.227、图3.228）。

图3.227　陶甑（H17：18）底部外、内面照片

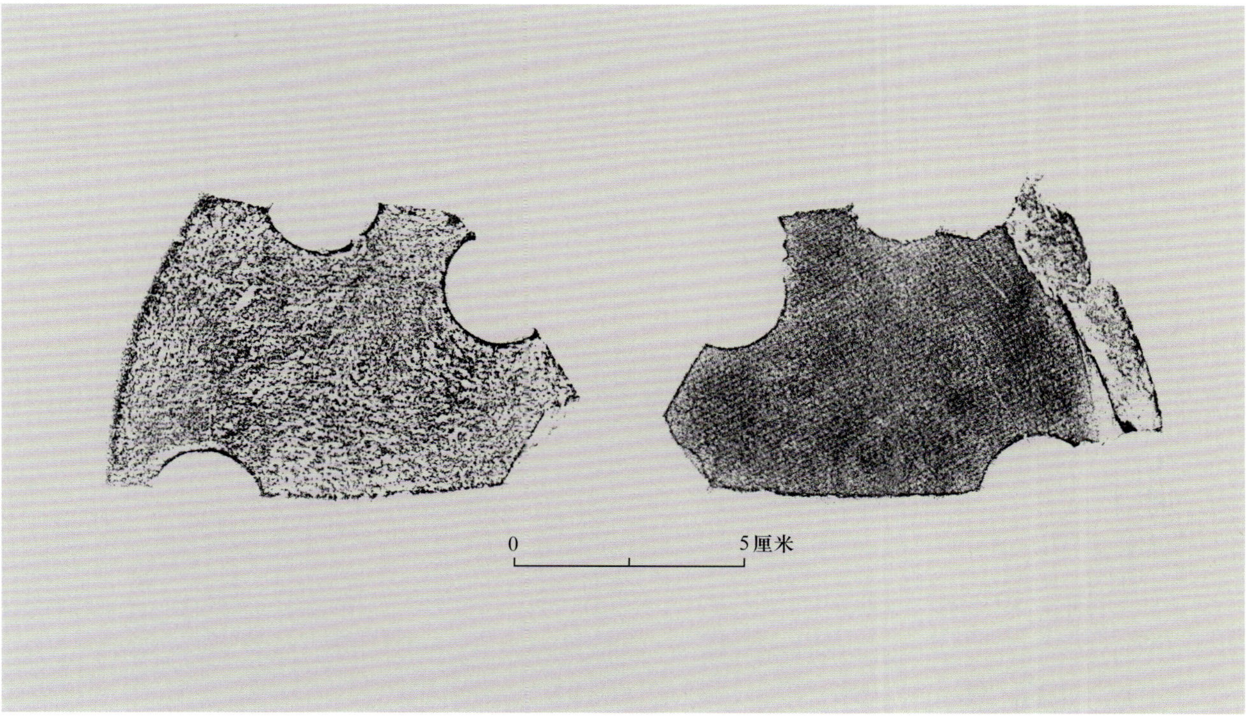

图3.228　陶甑（H17：18）底部外、内面拓片

陶饼 1件。H17：10，残。泥质灰陶。正面饰弦纹。直径4.4、厚1.4厘米（图3.229、图3.230；彩版30；图版30）。

图3.229 陶饼（H17：10）正、背面照片

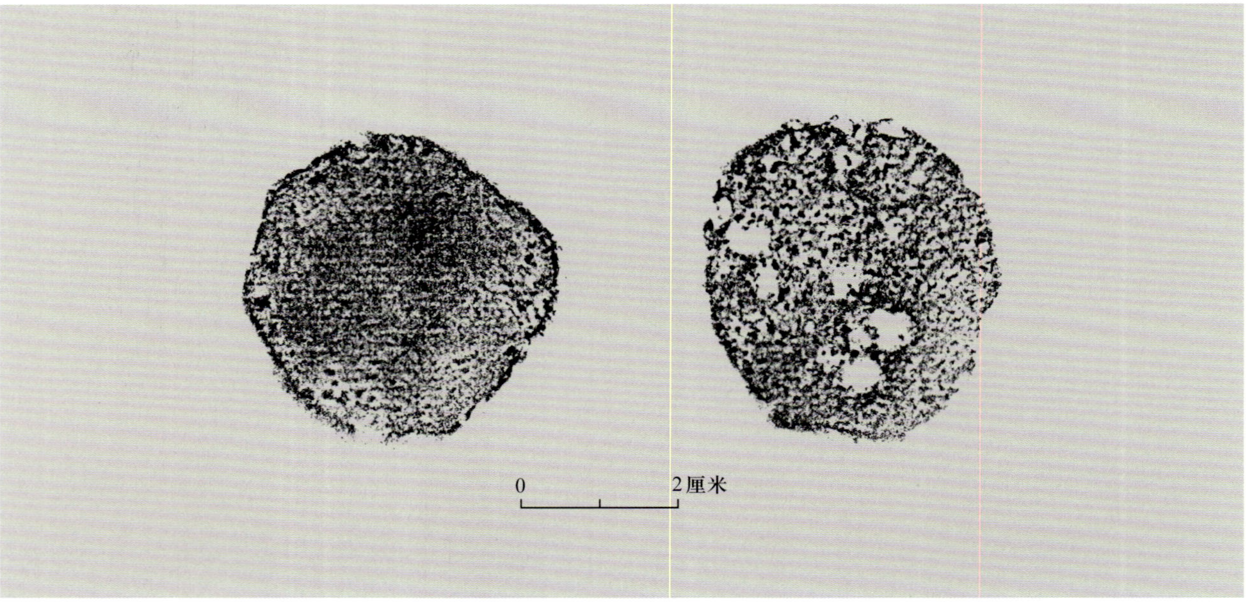

图3.230 陶饼（H17：10）正、背面拓片

陶片 2件。

H17：16，残。泥质灰陶。表面饰绳纹。残长9、残宽5.3、厚1.5厘米（图3.231、图3.232）。

H17：17，残。酱绿色釉陶。残长6、残宽5、厚0.6～1.8厘米（图3.233）。

图3.231 陶片（H17：16）外、内面照片

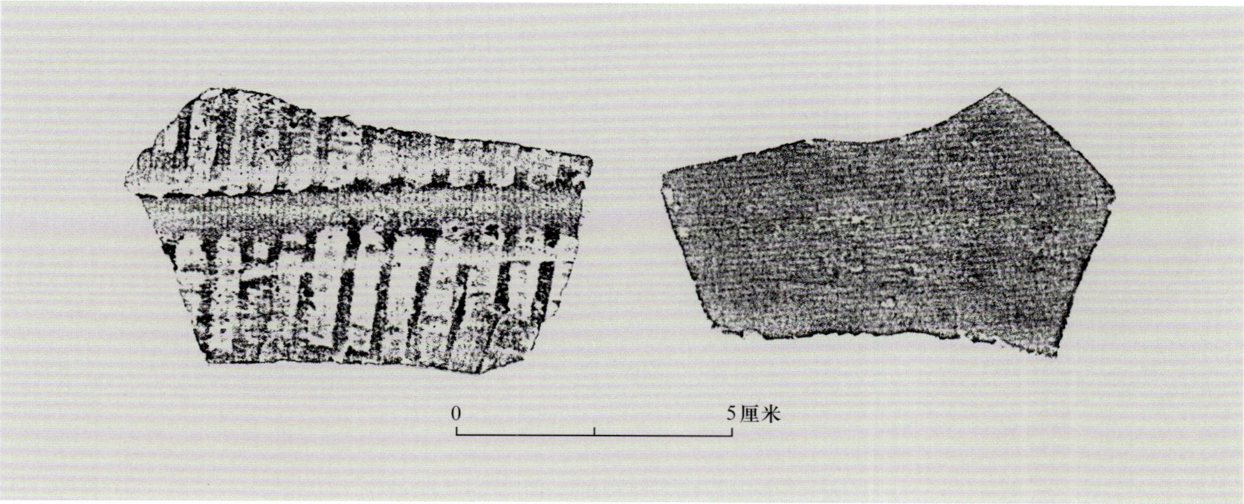

图3.232 陶片（H17：16）外、内面拓片

图3.233 陶片（H17：17）外、内面照片

五铢　1枚。H17：3，残。直径2.6、穿边长1、厚0.1厘米（图3.234、图3.235）。

图3.234　五铢（H17：3）正、背面照片

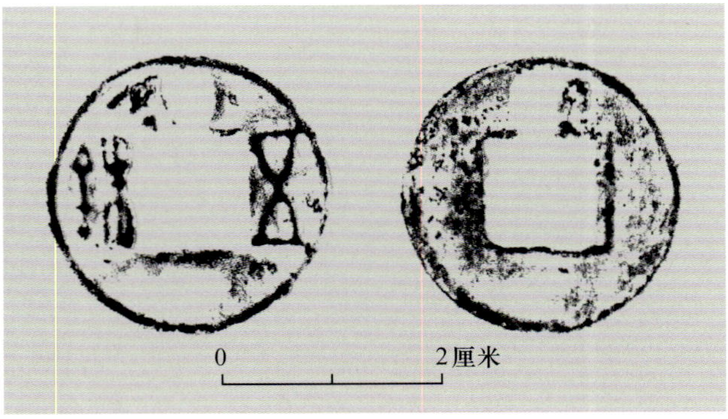

图3.235　五铢（H17：3）正、背面拓片

大泉五十　2枚。

H17：1，直径2.6、穿边长0.8、厚0.3厘米（图3.236、图3.237）。

图3.236　大泉五十（H17：1）正、背面照片

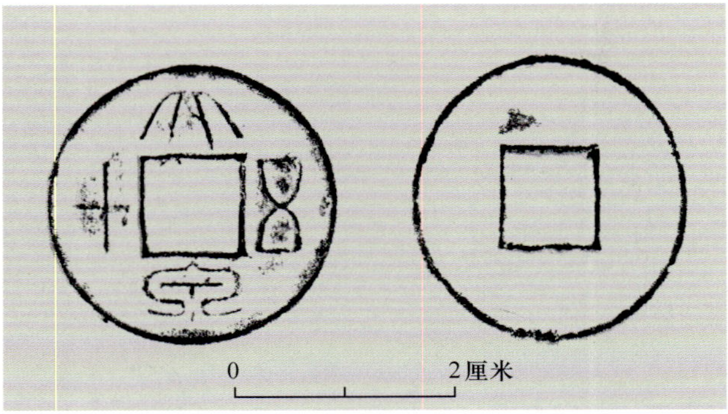

图3.237　大泉五十（H17：1）正、背面拓片

H17：2，直径2.2、穿边长0.8、厚0.1厘米（图3.238、图3.239）。

图3.238　大泉五十（H17：2）正、背面照片

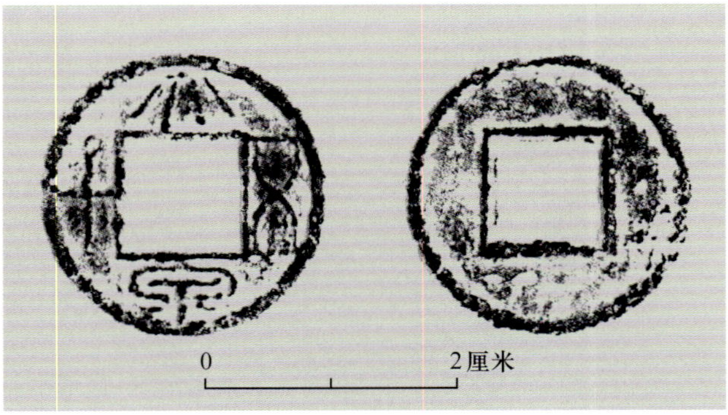

图3.239　大泉五十（H17：2）正、背面拓片

3. H22

位于T2东扩方的东北部，北部延伸出探方，开口于第4层下，打破L2、M8及第5a层。呈半椭圆形，斜壁，平底。口距地表深0.6米，南北长0.96、东西宽0.58、深0.22米。填土呈深褐色，土质松软，结构疏松（图3.240）。时代应晚于新莽天凤元年。

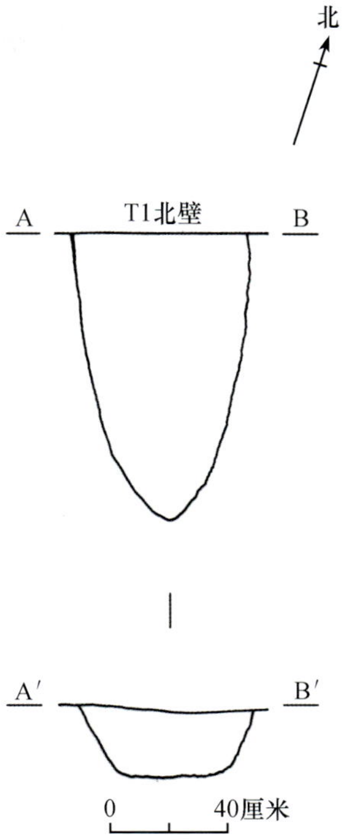

图3.240 H22平、剖面图

出土遗物占本探方总数的0.87%。据坑内出土遗物残片统计，板瓦占60%，Bc1型占20%、Cb4型占20%、Bc4型占10%、Ca10型占10%。筒瓦占20%，属Bc4型。素面陶片占20%（表3.10）。

表3.10 H22出土遗物残片统计表

名称	分型/纹饰	灰陶/件	百分比/%	总百分比/%
板瓦	Bc1	2	20.00	60.00
	Cb4	2	20.00	
	Bc4	1	10.00	
	Ca10	1	10.00	
筒瓦	Bc4	2	20.00	20.00
陶片	素面	2	20.00	20.00
合计		10	100.00	
百分比/%		100.00		

共出土陶器6件，分别介绍如下。

弧形板瓦　4件。分四亚型。

Ba1型　1件。H22：1，残。瓦呈灰色。表面饰中粗交错绳纹，内面素面。残长12.3、残宽8.2、厚1.3厘米（图3.241、图3.242）。

图3.241　Ba1型板瓦（H22：1）表、内面照片

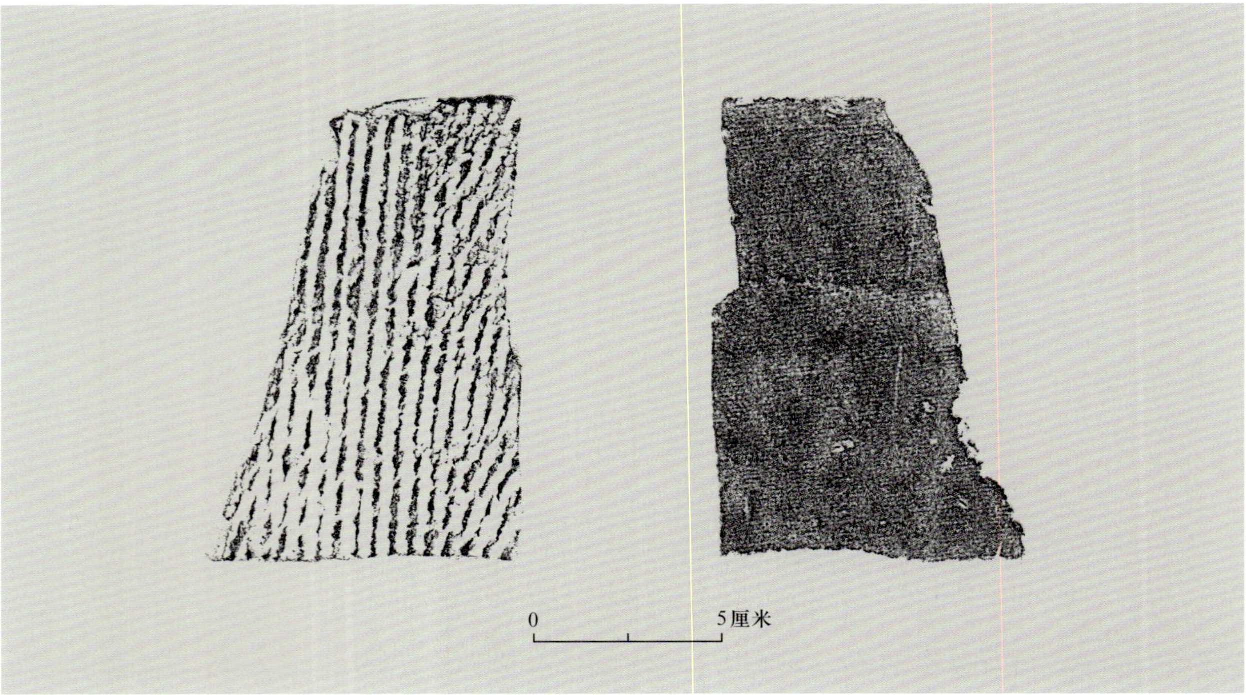

图3.242　Ba1型板瓦（H22：1）表、内面拓片

Bb4型　1件。H22：3，残。瓦呈灰色。表面饰中粗斜绳纹，内面饰布纹。残长14、残宽11.5、厚1.3～2.1厘米（图3.243、图3.244）。

Ca10-4型　1件。H22：4，残。瓦呈灰色。表面饰粗交错绳纹，内面饰抹平绳纹、布纹。残长16.5、残宽13.6、厚1.4厘米（图3.245、图3.246）。

图3.243 Bb4型板瓦（H22：3）表、内面照片

图3.244 Bb4型板瓦（H22：3）表、内面拓片

图3.245 Ca10-4型板瓦（H22：4）表、内面照片

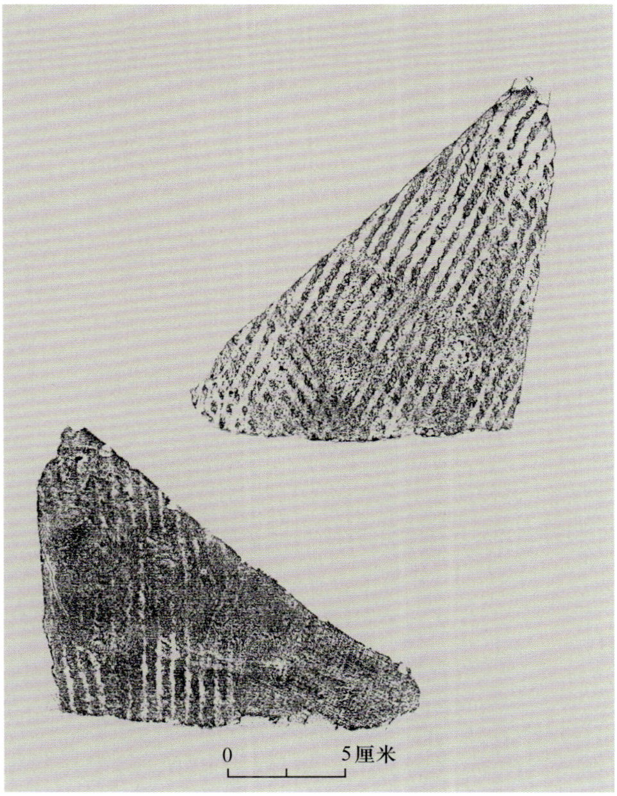

图3.246 Ca10-4型板瓦（H22：4）表、内面拓片

Cb4型　1件。H22：2，残。瓦呈灰色。表面饰粗斜绳纹，内面饰布纹。残长8.2、残宽15.5、厚1.5厘米（图3.247、图3.248）。

图3.247　Cb4型板瓦（H22：2）表、内面照片

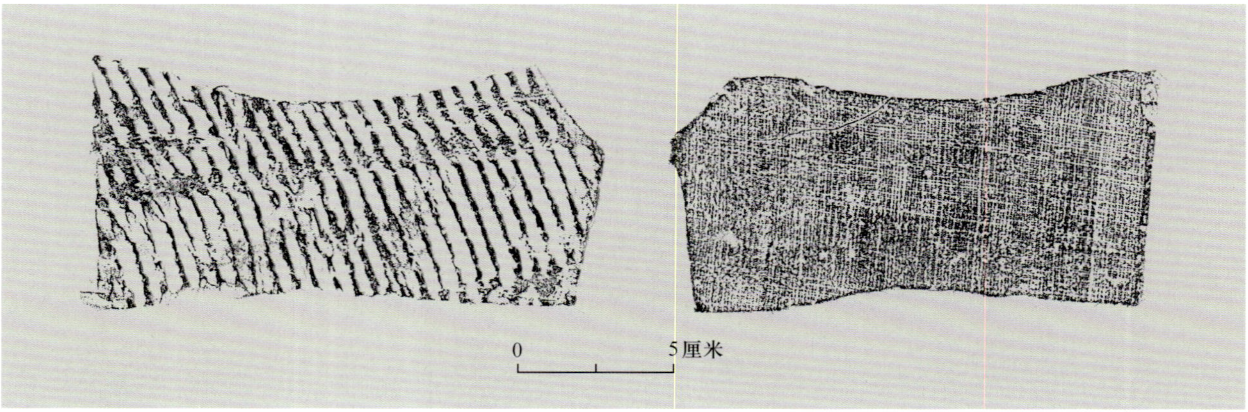

图3.248　Cb4型板瓦（H22：2）表、内面拓片

筒瓦　1件，属Bc4型。H22：5，残。瓦呈灰色。表面饰中粗直绳纹，内面饰布纹，绳纹抹平部分残宽2厘米。残长15.5、残径12.5、厚1.5厘米（图3.249、图3.250）。

图3.249　Bc4型筒瓦（H22：5）表、内面照片

图3.250 Bc4型筒瓦（H22∶5）表、内面拓片

陶片 1件。H22∶6，残。泥质灰陶。斜弧腹。腹部饰四周凸弦纹。残长14、残宽10、厚0.8厘米（图3.251、图3.252）。

图3.251 陶片（H22∶6）表、内面照片

图3.252 陶片（H22∶6）表、内面拓片

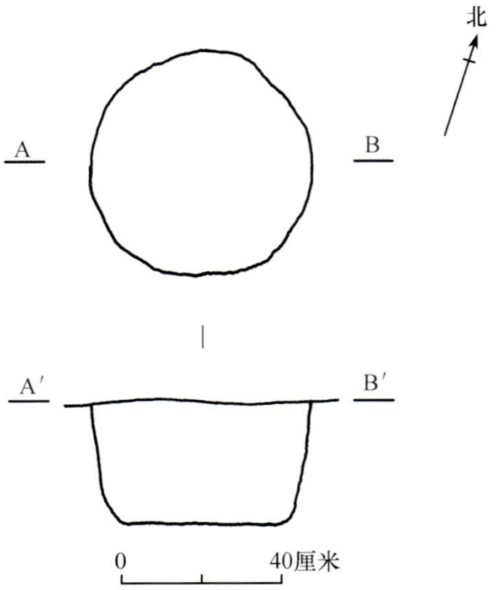

图3.253　H23平、剖面图

4. H23

位于T2扩方的西北部、紧临北壁，开口于第4层下，打破L2。平面呈圆形，斜壁，平底。口距地表深1.8米，口直径0.56、底径0.44、深0.32米。填土呈深褐色，土质松软，结构疏松（图3.253）。时代应晚于新莽天凤元年。

出土遗物占全探方总数的2.6%。据坑内出土陶器残片统计，板瓦占66.67%，Cb1型占43.33%、Bb1型占6.67%、Cb4型占10%、Cb10型占6.67%。筒瓦占23.33%，Cc4型占20%、Bb2型占3.33%。素面陶片占10%（表3.11）。

表3.11　H23出土遗物残片统计表

名称	分型/纹饰	灰陶/件	百分比/%	总百分比/%
板瓦	Cb1	13	43.33	66.67
	Bb1	2	6.67	
	Cb4	3	10.00	
	Cb10	2	6.67	
筒瓦	Cc4	6	20.00	23.33
	Bb2	1	3.33	
陶片	素面	3	10.00	10.00
合计		30	100.00	
百分比/%		100.00		

共出土器物6件，其中建筑材料5、器皿1件，分别介绍如下。

弧形板瓦　3件，分二亚型。

Cb10型　1件。H23：1，残。瓦呈灰色。表面饰粗交错绳纹，内面饰抹平绳纹。残长8.5、残宽12、厚1.5厘米（图3.254、图3.255）。

Ca10型　1件。H23：2，残。瓦呈红褐色。表面饰粗交错绳纹，内面饰抹平绳纹。残长12、残宽11.5、厚1.4厘米（图3.256、图3.257）。

Cb10-4型　1件。H23：3，残。瓦呈灰色。表面饰粗交错绳纹，内面饰抹平绳纹、布纹。残长11、残宽14、厚1.7厘米（图3.258、图3.259）。

筒瓦　2件。分二亚型。

Ba4型　1件。H23：4，残。瓦呈灰色。表面饰中粗交错绳纹，内面饰布纹，绳纹抹平部分残宽4.5厘米。残长11.5、残径9.5、厚1.2厘米（图3.260、图3.261）。

Cc4型　1件。H23：5，残。表面饰粗直绳纹，内面饰布纹，瓦唇后有绳纹抹平部分，宽1厘米。瓦呈灰色。残长8、残径7.2、厚2厘米，瓦唇长4.5、厚1.5厘米（图3.262、图3.263）。

图3.254 Cb10型板瓦（H23：1）表、内面照片

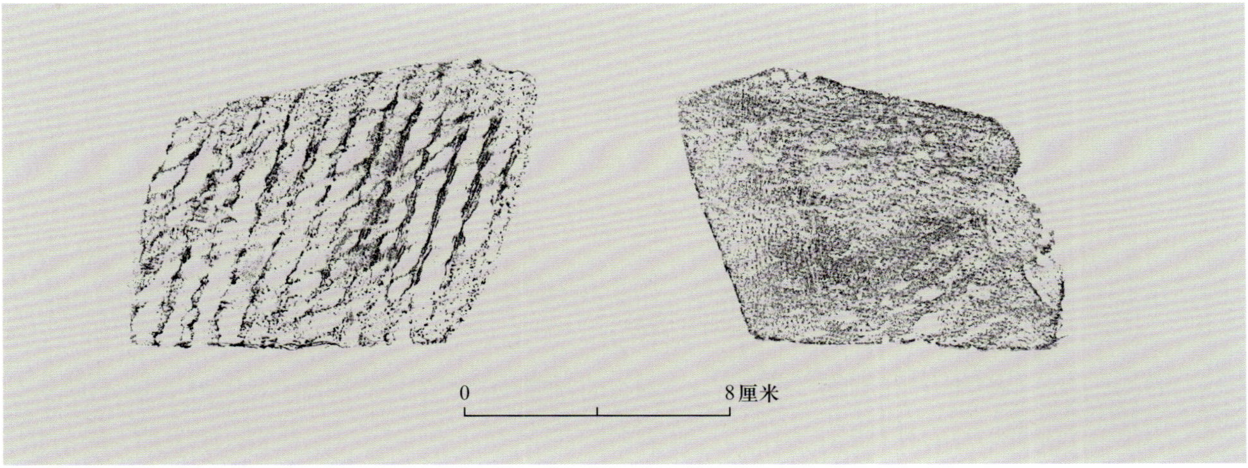

图3.255 Cb10型板瓦（H23：1）表、内面拓片

图3.256 Ca10型板瓦（H23：2）表、内面照片

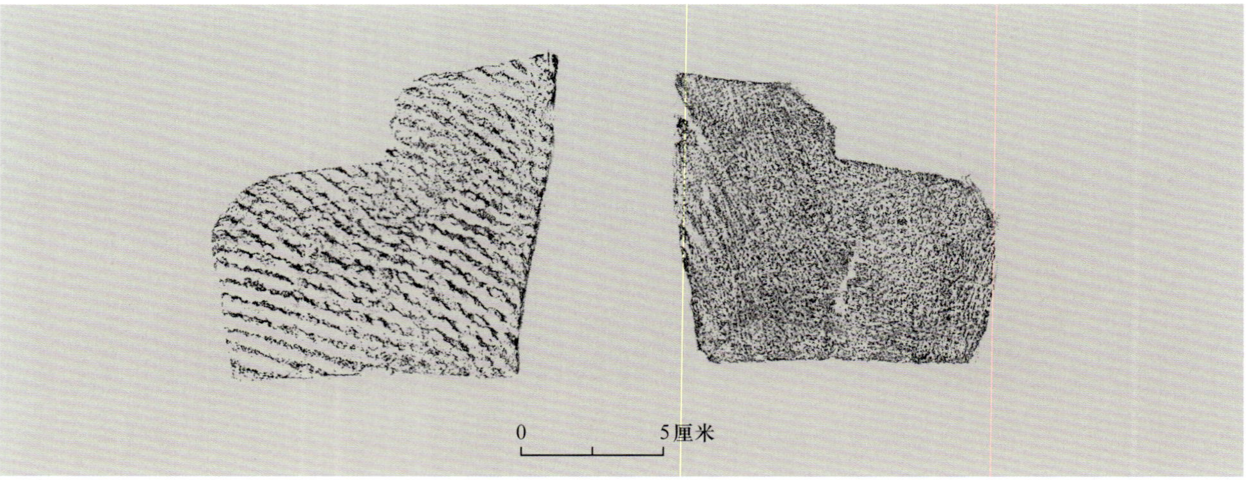

图3.257　Ca10型板瓦（H23：2）表、内面拓片

图3.258　Cb10-4型板瓦（H23：3）表、内面照片

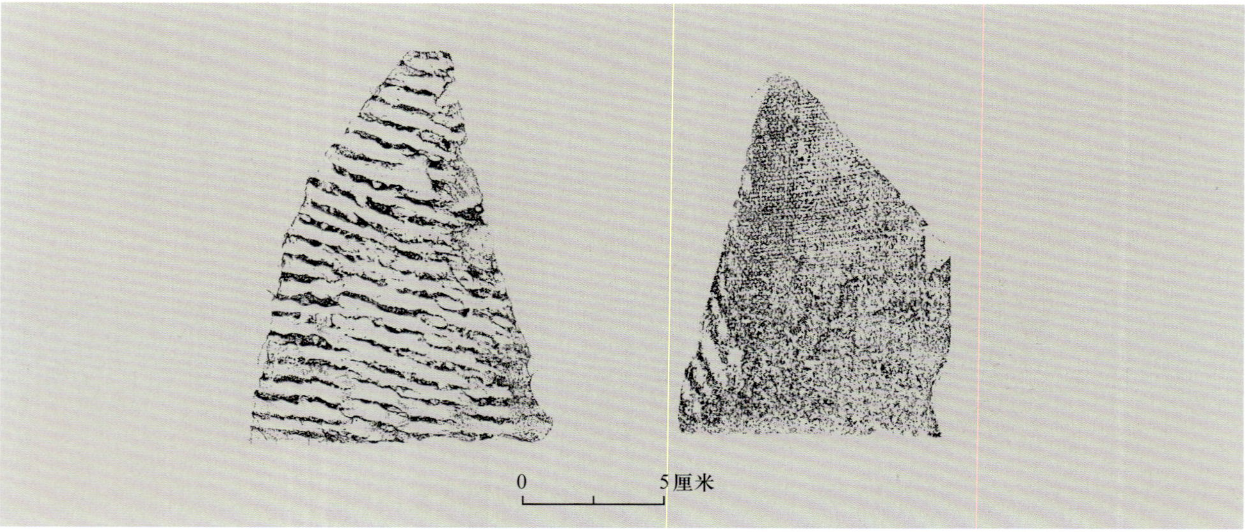

图3.259　Cb10-4型板瓦（H23：3）表、内面拓片

图3.260 Ba4型筒瓦（H23：4）表、内面照片

图3.261 Ba4型筒瓦（H23：4）表、内面拓片

图3.262 Cc4型筒瓦（H23：5）表、内面照片

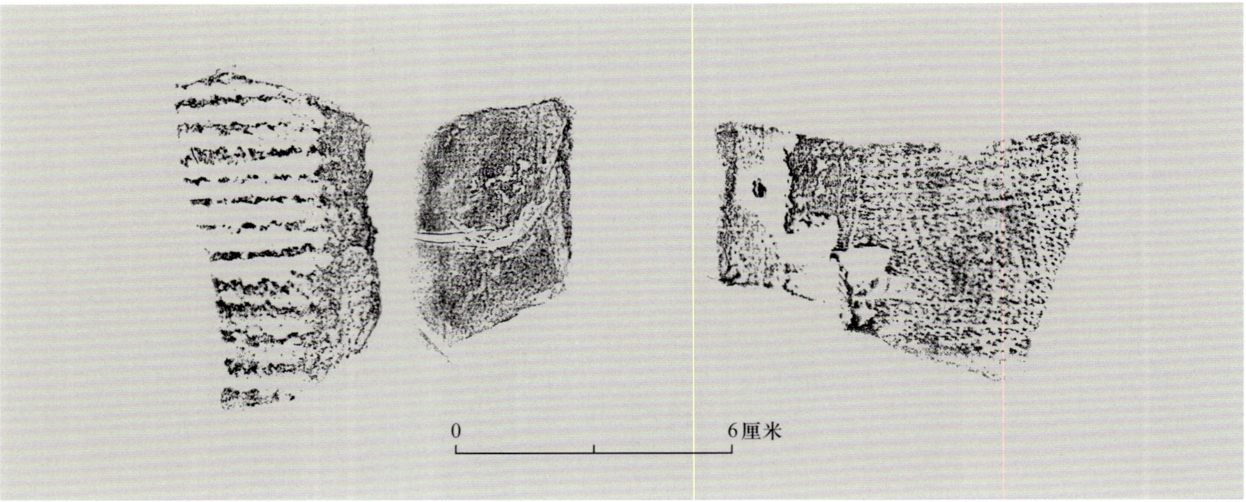

图3.263　Cc4型筒瓦（H23：5）表、内面拓片

陶盆　1件。H23：6，残。泥质灰陶。敞口，窄沿，颈部近直，腹部微鼓，腹下斜收。腹部饰两周凹弦纹和两周压印纹。复原口径33.9、沿宽2.1、残长10.2、残宽3.5、残高10.3、厚0.8厘米（图3.264、图3.265；彩版31；图版31）。

图3.264　陶盆（H23：6）外、内、侧面照片

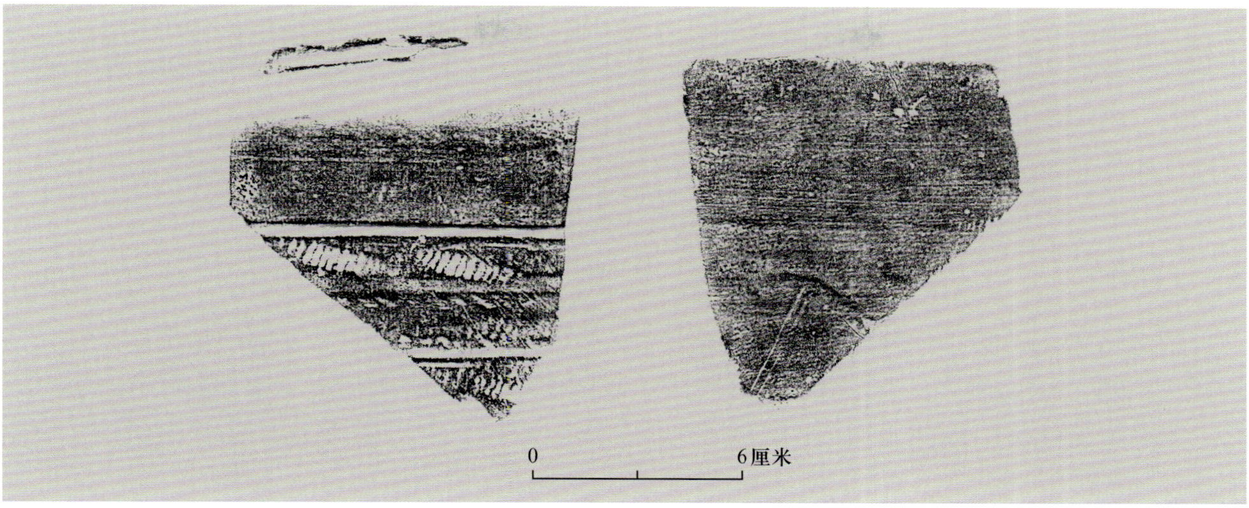

图3.265 陶盆（H23：6）外、内面拓片

5. H24

位于T2扩方的西北部，北临H23，开口于第4层下，打破L2。呈圆形，斜壁，平底。口距地表深1.8米，口直径0.61、底直径0.5、深0.4米。填土呈深褐色，土质松软，结构疏松，出土少量陶片（图3.266）。时代应晚于新莽天凤元年。

6. H25

位于T2扩方的中部，西临M6，东临H17，开口于第4层下，打破L2、M16及第5a层。平面呈方形，斜壁，平底。口距地表深1.85米，南北长1、东西0.9、深0.4米。填土分两层，分别介绍如下。第1层：厚0.08米，为红烧土。第2层：厚0.32米，土质松软，结构疏松，深褐色，内含大量木炭粒（图3.267）。时代应晚于新莽天凤元年。

7. H31

位于T2西南部，开口于第5a层下，打破G14。呈近圆形，斜壁，平底。口距地表深2.4米，口径0.9、底径0.94、深0.6米。填土呈深褐色，土质较软，结构疏松，内含大量木炭粒（图3.268）。

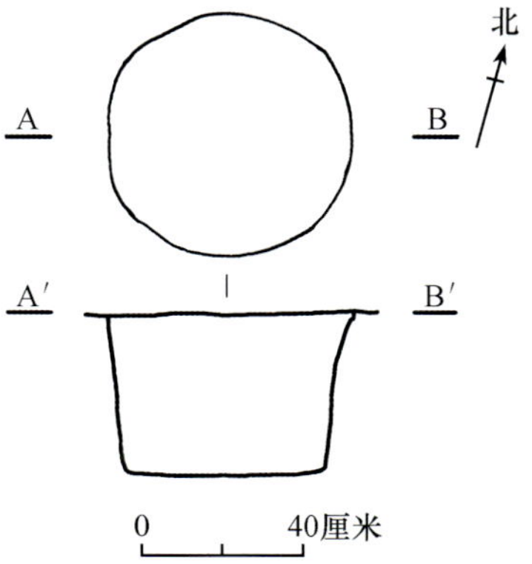

图3.266 H24平、剖面图

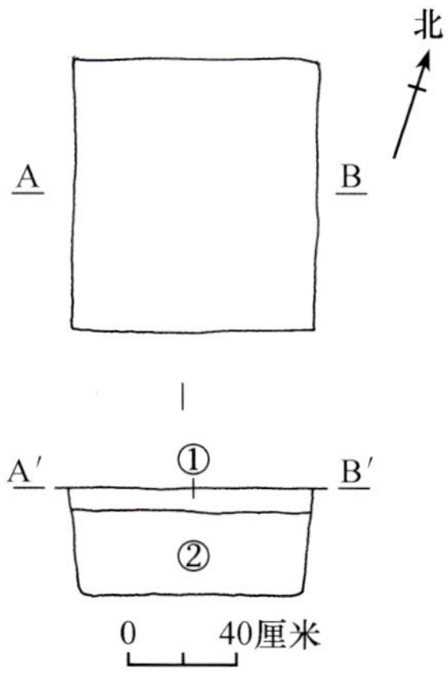

图3.267 H25平、剖面图

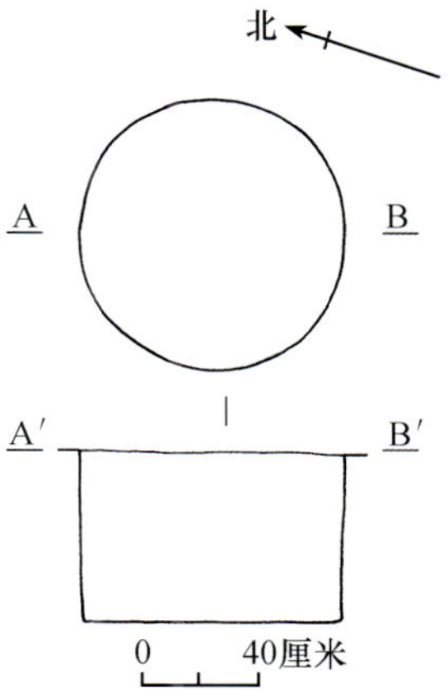

图3.268 H31平、剖面图

时代应为西汉晚期至新莽时期。

出土器物残片占全探方总数的2.17%。据坑内出土物残片统计，板瓦占40%，Bb1型占12%、Ca1型占4%、Ca10型占4%、Cb10型占4%、Cb1型占4%、Cb4型占12%。筒瓦占8%，属Cc4型。素面陶片占52%（表3.12）。

表3.12 H31出土遗物残片统计表

名称	分型/纹饰	灰陶/件	百分比/%	总百分比/%
板瓦	Bb1	3	12.00	40.00
	Ca1	1	4.00	
	Ca10	1	4.00	
	Cb10	1	4.00	
	Cb1	1	4.00	
	Cb4	3	12.00	
筒瓦	Cc4	2	8.00	8.00
陶片	素面	13	52.00	52.00
合计		25	100.00	
百分比/%				

共出土器物11件，其中生活器皿4件、建筑材料5件、铜钱2枚，介绍如下。

陶盆　1件。H31：5，残。泥质灰陶。敞口，宽沿，方唇，斜弧腹。腹部饰两周凹弦纹。复原口径32.4、沿宽2.9、残长15.4、残宽4.4、残高6.6、厚1厘米（图3.269、图3.270；彩版32；图版32）。

图3.269　陶盆（H31：5）外、内、侧面照片

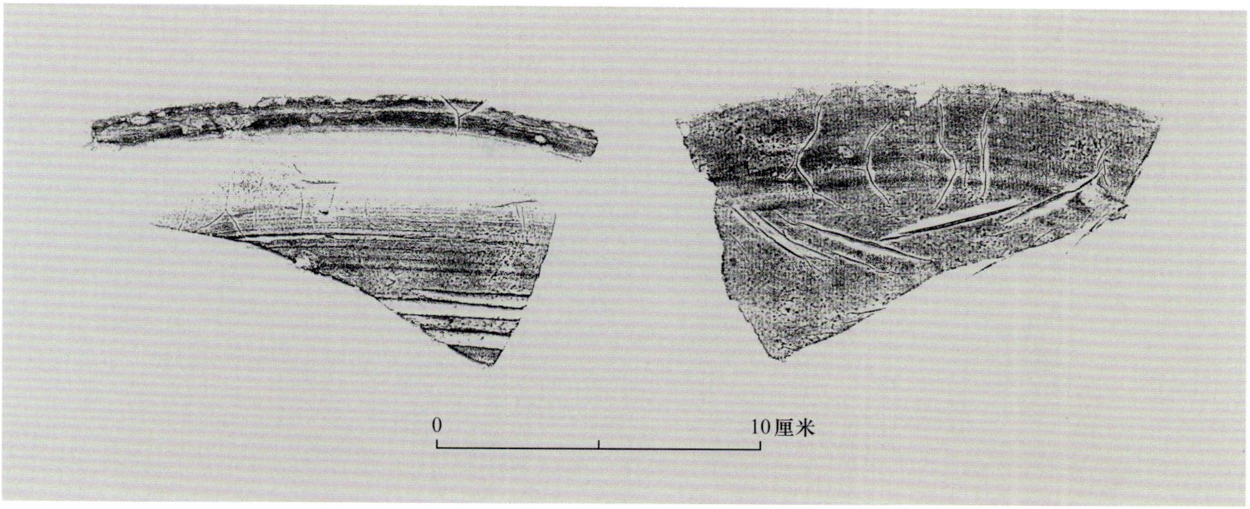

图3.270 陶盆（H31：5）外、内面拓片

陶罐 1件。H31：7，残。泥质灰陶。斜弧腹，平底。内部轮制痕迹明显。底径13.3、残高6.5、厚0.7～1厘米（图3.271、图3.272）。

图3.271 陶罐（H31：7）外、内面照片

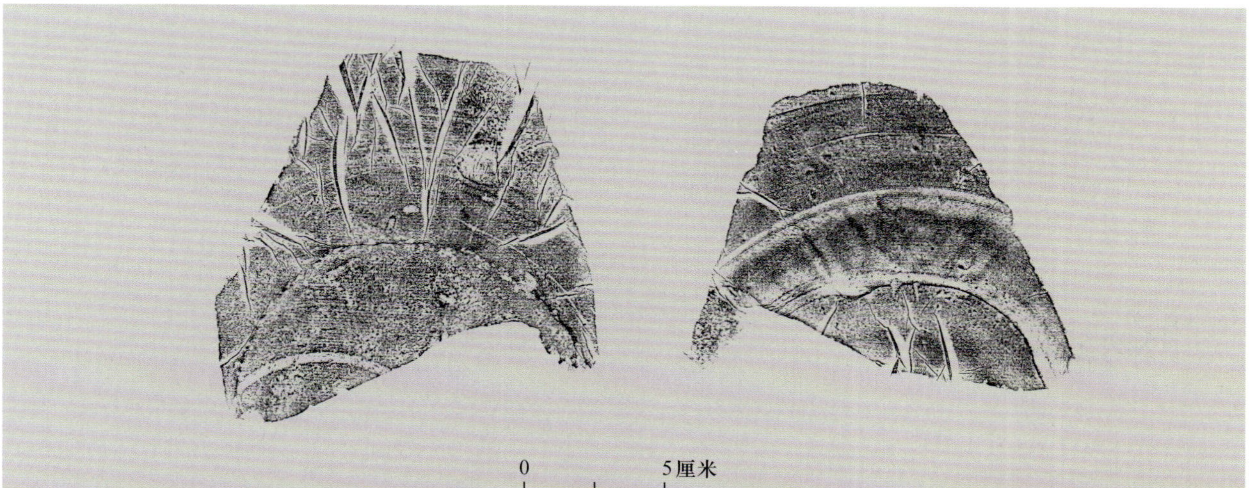

图3.272 陶罐（H31：7）外、内面拓片

陶瓮　1件。H31：6，残。泥质灰陶。大口，卷沿，广肩，斜弧腹。腹部饰数周弦纹和刻划纹。复原口径23.2、沿宽1.5、残长17.1、残宽10.4、残高5.5、厚1.4厘米（图3.273、图3.274；彩版33；图版33）。

图3.273　陶瓮（H31：6）外、内、侧面照片

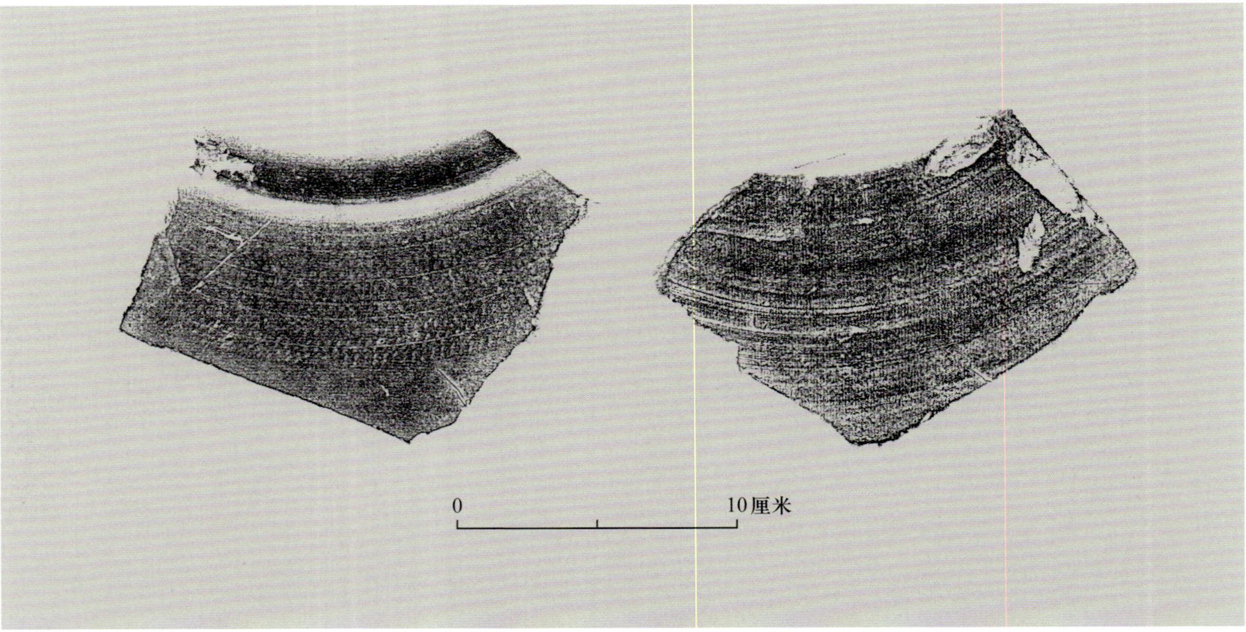

图3.274　陶瓮（H31：6）外、内面拓片

陶甑 1件。H31：8，残。泥质灰陶。底部残存一个圆形箅孔，箅孔复原径2.3厘米。表面饰两周凹弦纹，内部轮制痕迹明显。残高7、壁厚1.5、底厚1.3厘米（图3.275、图3.276）。

图3.275 陶甑（H31：8）外、内、侧面照片

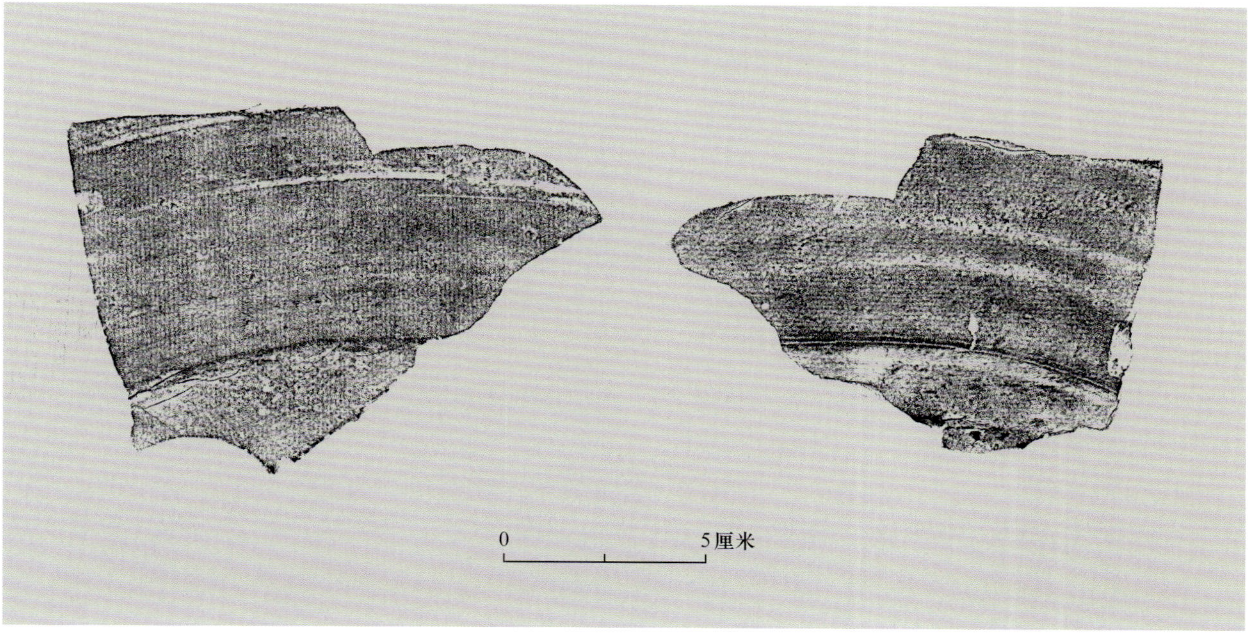

图3.276 陶甑（H31：8）外、内面拓片

铜钱　2枚。均为剪轮。

H31：1-1，腐朽极为严重，钱文无法辨识。直径1.7、穿边长0.9、厚0.1厘米（图3.277、图3.278）。

H31：1-2，腐朽极为严重，钱文无法辨识。直径1.7、穿边长0.9、厚0.1厘米（图3.279、图3.280）。

图3.277　铜钱（H31：1-1）正、背面照片

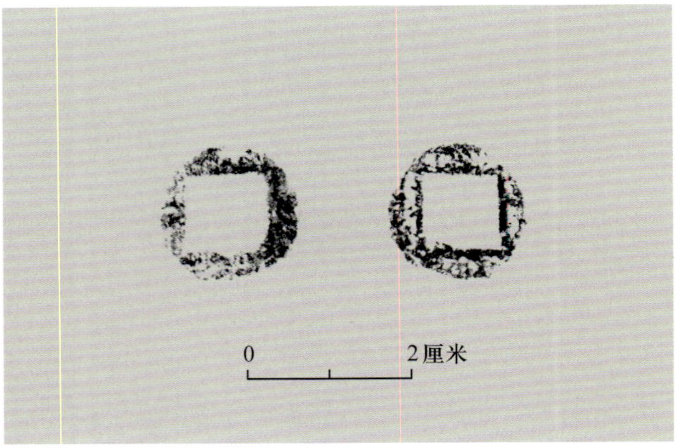

图3.278　铜钱（H31：1-1）正、背面拓片

图3.279　铜钱（H31：1-2）正、背面照片

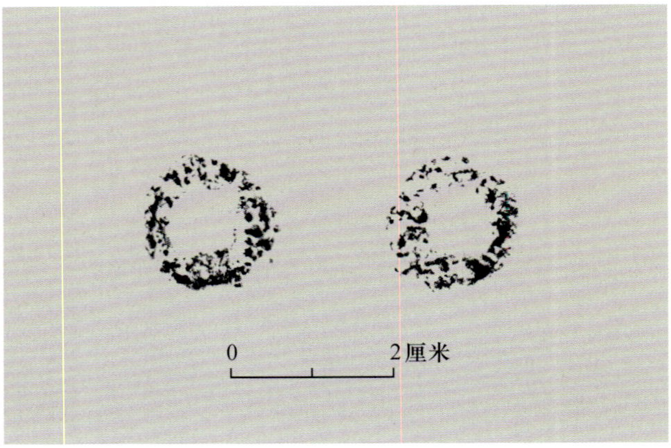

图3.280　铜钱（H31：1-2）正、背面拓片

弧形板瓦　4件。分四亚型。

Ba1型　1件。H31：3，残。瓦呈灰色。表面饰中粗交错绳纹，内面素面，小头部分有绳纹抹平部分，宽6～7厘米，一条横向凹弦纹将绳纹划分为两部分，绳纹抹平部分宽1厘米。残长21.5、残宽23、厚1厘米（图3.281、图3.282）。

Ca4型　1件。H31：10，残。瓦呈深灰色。表面饰粗交错绳纹，内面饰布纹。残长8.5、残宽11.1、厚1.2厘米（图3.283、图3.284）。

Ca10型　1件。H31：2，残。瓦呈灰色。表面饰粗交错绳纹，内面饰抹平绳纹。残长11.5、残宽8.2、厚1.7厘米（图3.285、图3.286）。

Cb2型　1件。H31：9，残。瓦呈灰色。表面饰粗斜绳纹，内面饰麻点纹。残长11、残宽9.5、厚1.4厘米（图3.287、图3.288）。

图3.281 Ba1型板瓦（H31：3）表、内面照片

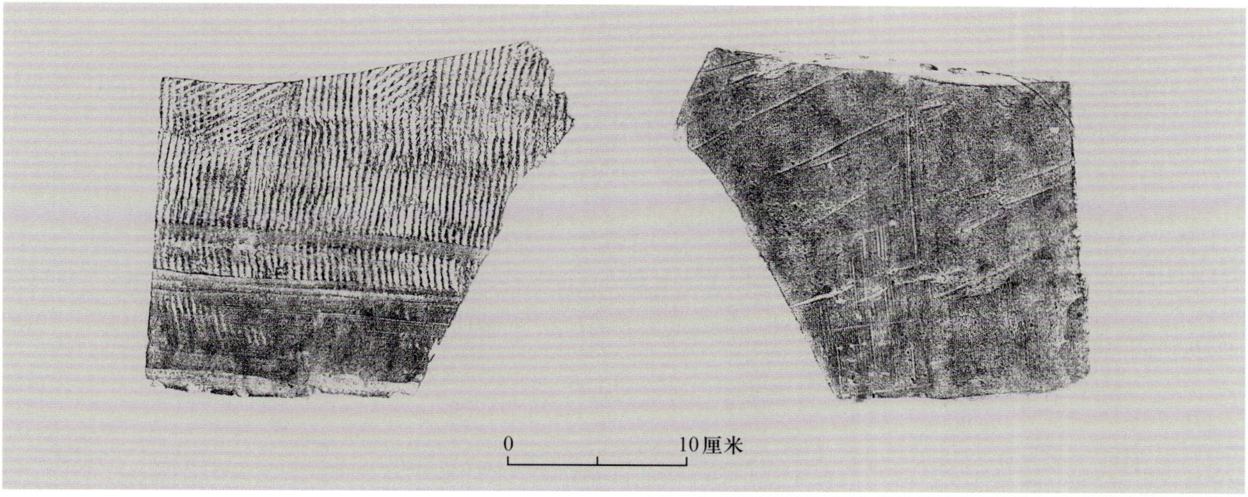

图3.282 Ba1型板瓦（H31：3）表、内面拓片

图3.283 Ca4型板瓦（H31：10）表、内面照片

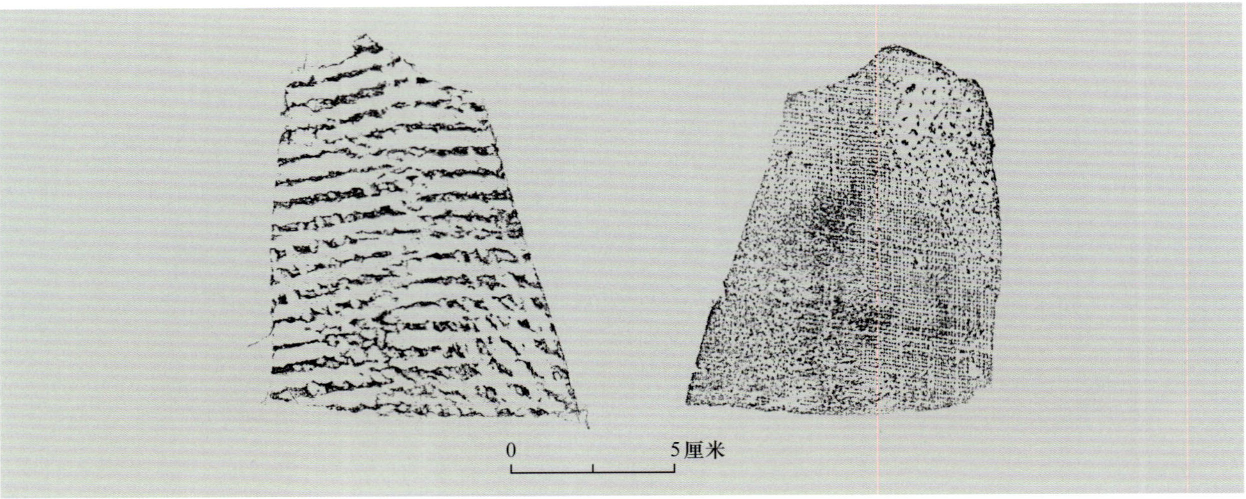

图3.284　Ca4型板瓦（H31：10）表、内面拓片

图3.285　Ca10型板瓦（H31：2）表、内面照片

图3.286　Ca10型板瓦（H31：2）表、内面拓片

图3.287 Cb2型板瓦（H31：9）表、内面照片

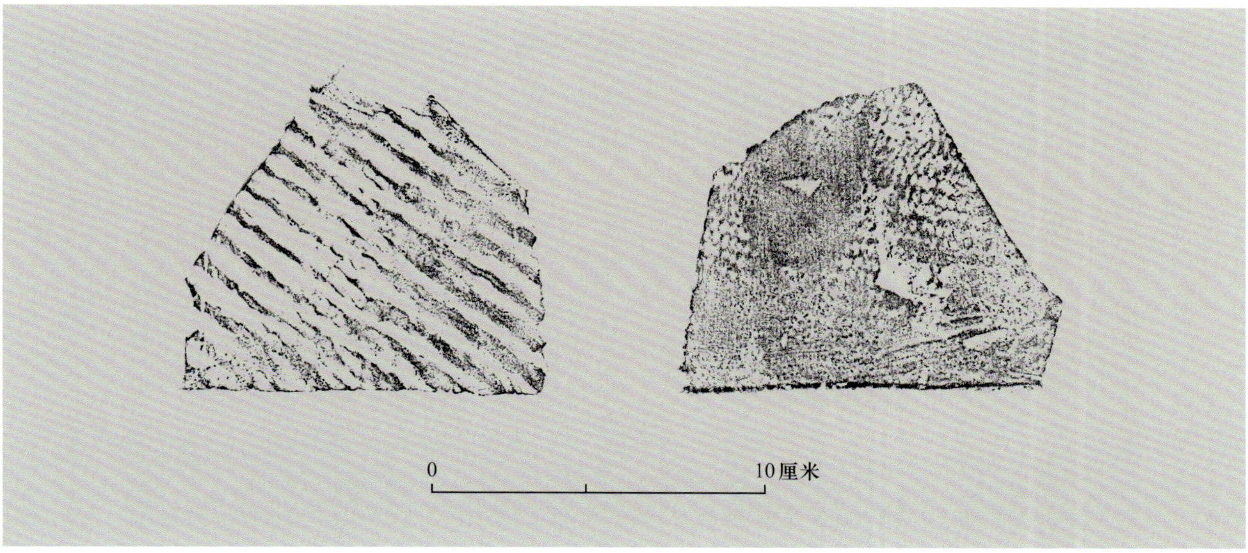

图3.288 Cb2型板瓦（H31：9）表、内面拓片

筒瓦 1件，属Cb4型。H31：4，残。瓦呈灰色。表面饰粗斜绳纹，内面饰布纹。残长5、残径6、厚1厘米（图3.289、图3.290）。

8. H34

位于T2扩方的南部，南部延伸出探方，开口于第4层下，打破第5a层。平面呈近半圆形，斜壁，圜底。口距地表深1.83米，口东西发掘长0.72、南北发掘宽0.22、深0.8米。填土呈灰色。土质松软，结构疏松，夹杂少量木炭粒（图3.291）。时代应晚于新莽天凤元年。

出土物占全探方总数的0.26%。据坑内出土板瓦和筒瓦统计，板瓦占66.67%，属Ca1型。筒瓦占33.33%，属Bc4型（表3.13）。

图3.289 Cb4型筒瓦（H31：4）表、内面照片

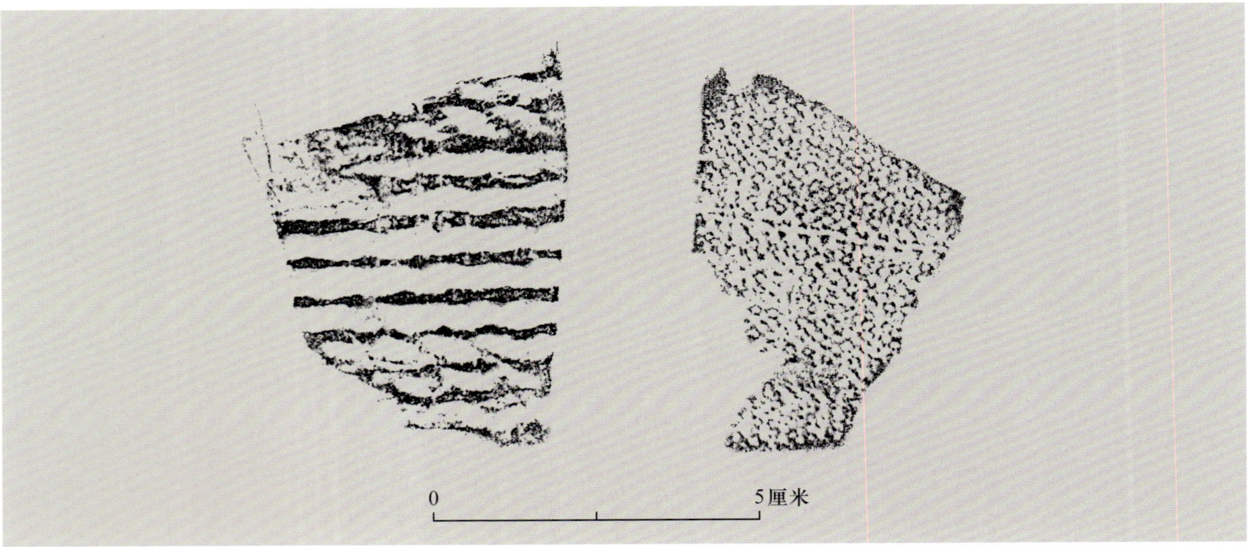

图3.290 Cb4型筒瓦（H31：4）表、内面拓片

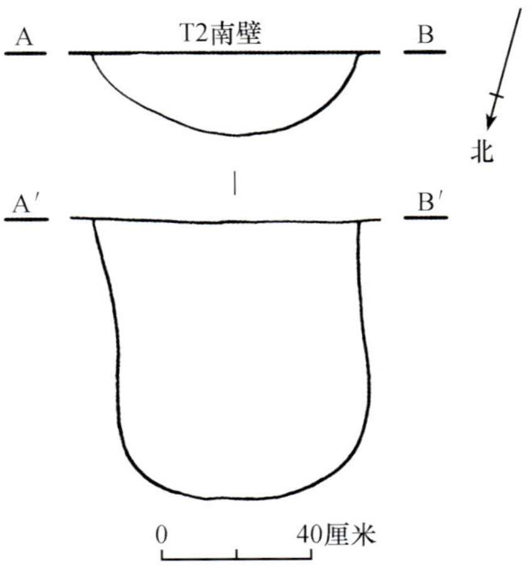

图3.291 H34平、剖面图

表3.13 H34出土遗物残片统计表

名称	分型/纹饰	灰陶/件	百分比/%
板瓦	Ca1	2	66.67
筒瓦	Bc4	1	33.33
合计		3	100.00
百分比/%		100.00	

弧形板瓦 1件。属Ca1型。H34：1，残。瓦呈灰色。表面饰粗交错绳纹，内面素面。残长10、残宽6、厚1.2厘米（图3.292、图3.293）。

图3.292 Ca1型板瓦（H34：1）表、内面照片

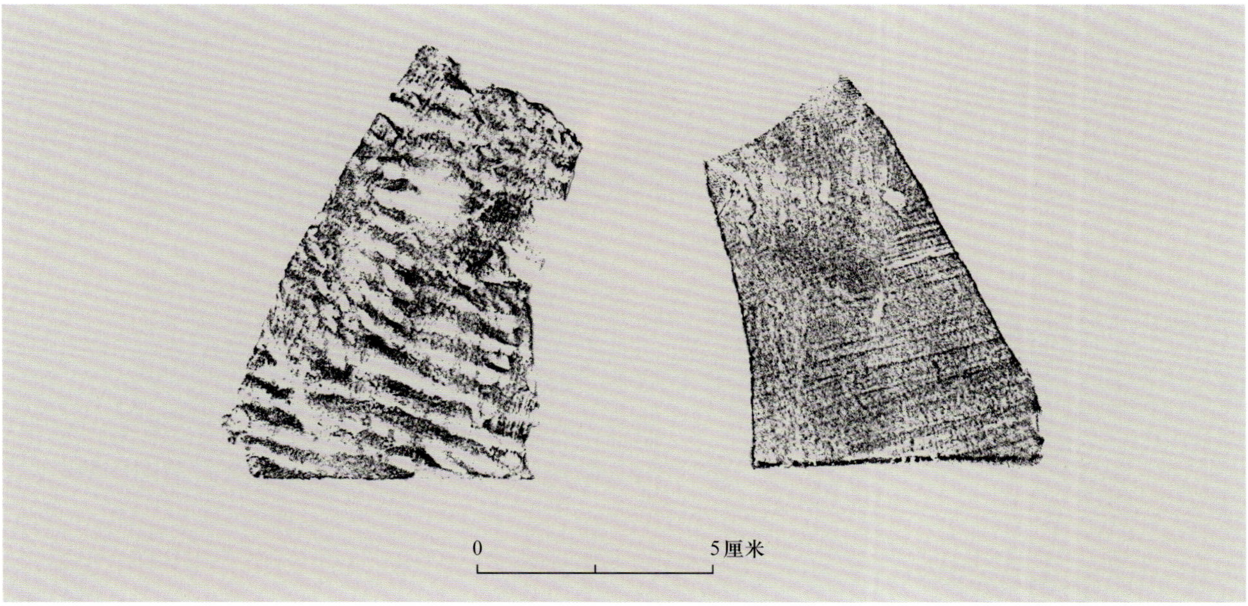

图3.293 Ca1型板瓦（H34：1）表、内面拓片

筒瓦　1件。属Ba4型。H34：2，残。瓦呈深灰色。表面饰中粗交错绳纹，内面饰布纹。残长11、残径5.6、厚1厘米（图3.294、图3.295）。

图3.294　Ba4型筒瓦（H34：2）表、内面照片

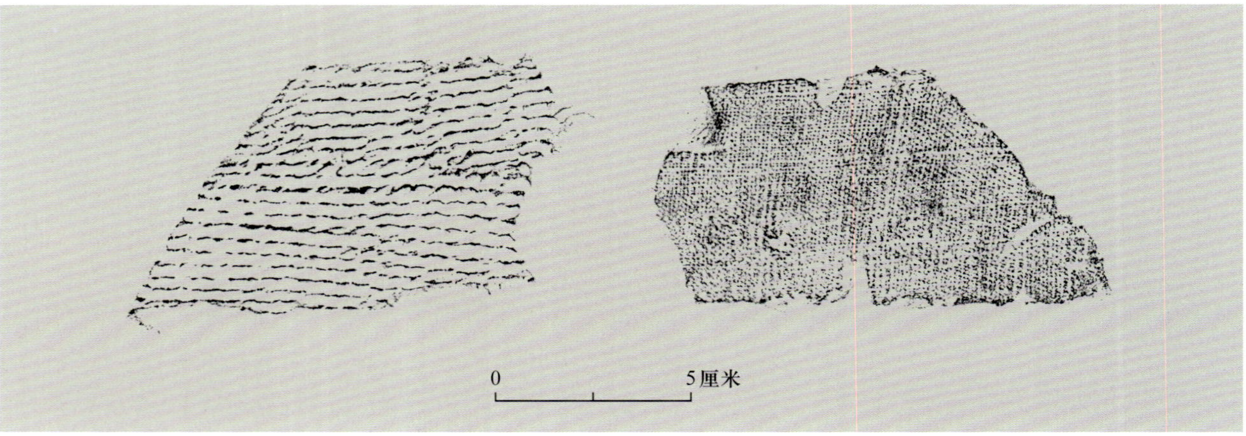

图3.295　Ba4型筒瓦（H34：2）表、内面拓片

9. H36

位于T2中北部，其东、西延伸出探方，开口于第4层下，被M15、M18打破，并打破Q1、H37。平面呈不规则形，斜壁，底近平。口距地表深1.6米，口南北1.54～2.14、东西1.5、深1.1～1.26、底南北0.38～0.53米。填土呈深褐色，土质松软，结构疏松（图3.296）。时代应晚于新莽天凤元年。

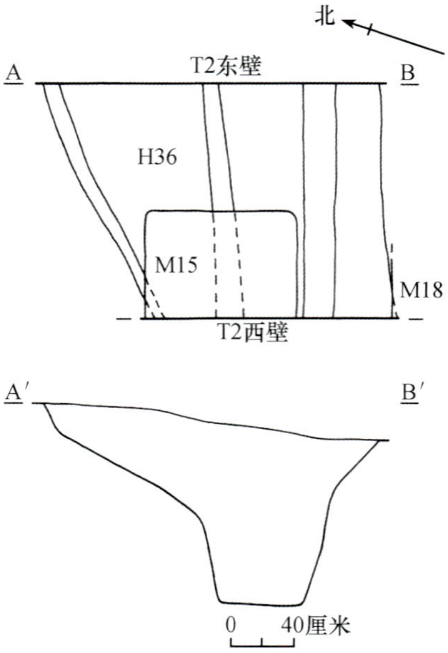

图3.296　H36平、剖面图

陶罐　1件。H36：1，可复原。泥质灰陶。敞口，窄平沿，圆鼓腹，腹下斜直，平底。腹部饰四周凹弦纹。口外径14.6、沿宽0.8、高18.5、腹壁厚0.6、腹径23.3、底径10.8厘米（图3.297、图3.298；彩版34；图版34）。

图3.297 陶罐（H36：1）正面照片

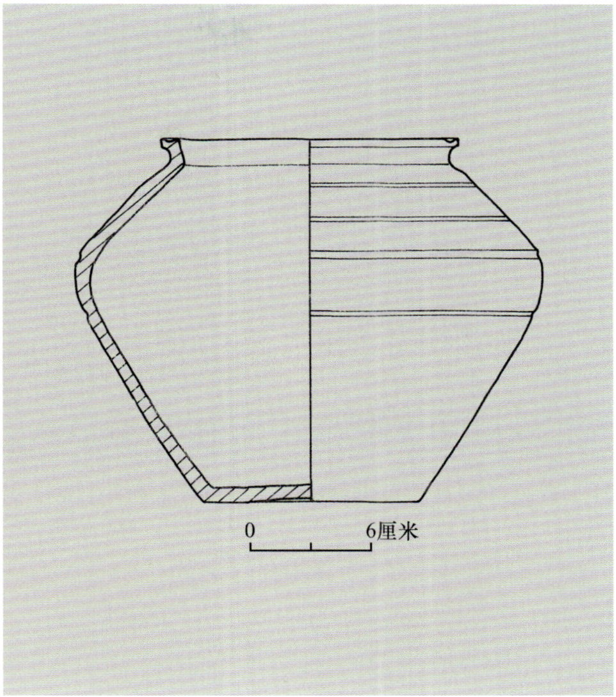

图3.298 陶罐（H36：1）线图

10. H37

位于T2中部，其东、西延伸出探方，开口于第4层下，被H36、M18打破，并打破第5a、5b层及Q1。平面呈不规则形，斜壁，底近平。口距地表深1.74米，口南北1.06～2.05、东西1.5、深1.02～1.06米。填土呈深褐色，土质松软，结构疏松，较纯净，无包含物（图3.299）。时代应晚于新莽天凤元年。

11. H38

位于T2西扩方的西南部，西部延伸出探方，开口于第4层下，打破H39、G14，并打破第5a、5b层。平面呈不规则形，斜壁，底呈南高北低状。口距地表深1.88米，口南北3.8、东西0.6～0.67、深0.22～0.32米。填土呈黑灰色，土质松软，结构疏松，出土大量陶片（图3.300）。时代应晚于新莽天凤元年。

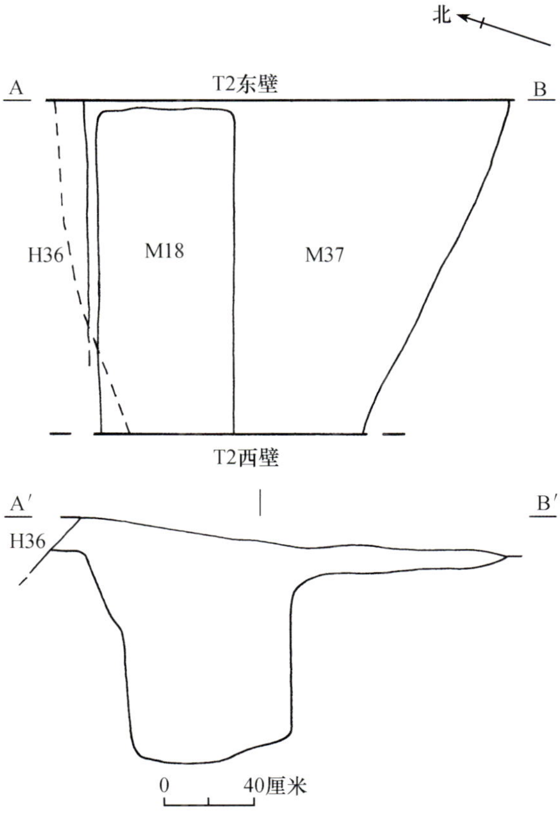

图3.299 H37平、剖面图

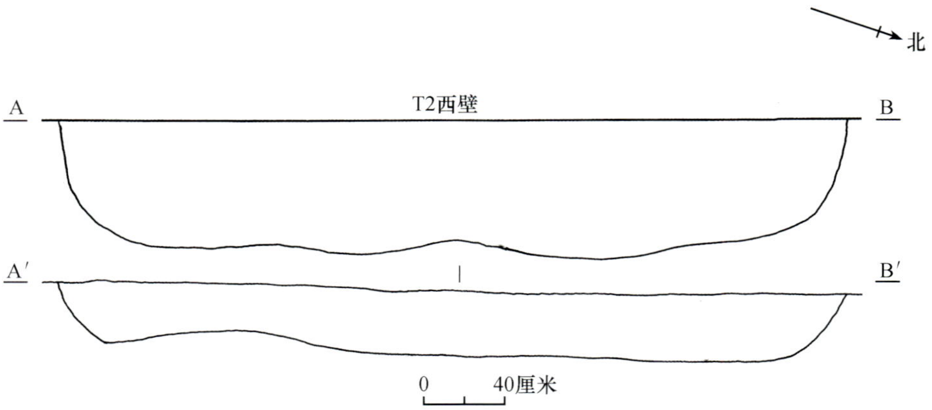

图3.300　H38平、剖面图

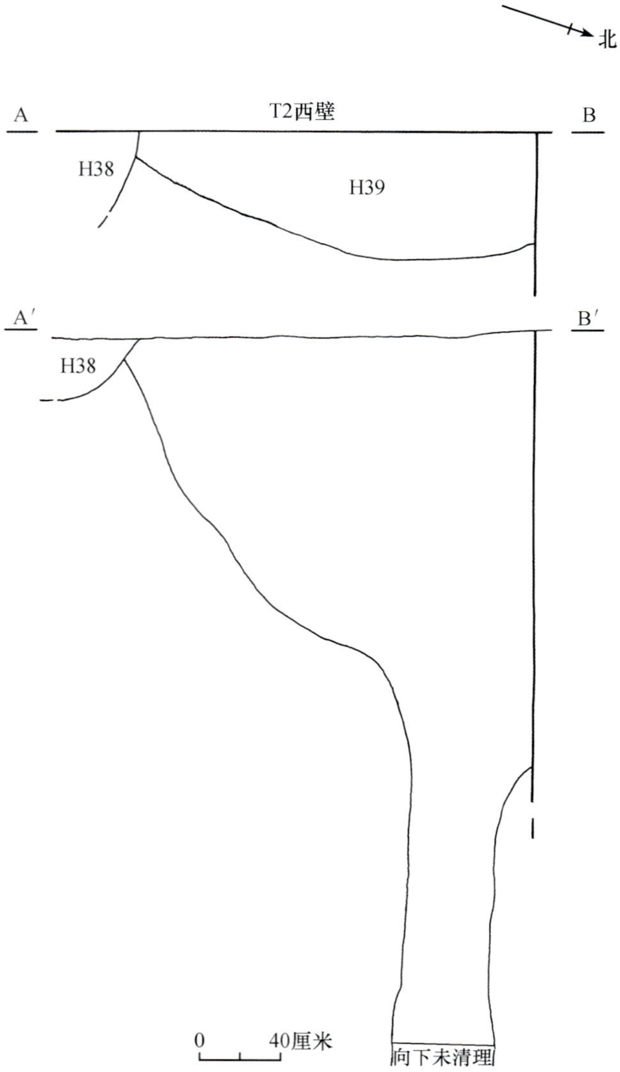

图3.301　H39平、剖面图

12. H39

位于T2西扩方的西北部，西北部延伸出探方，开口于第4层下，被H38打破，并打破第5a、5b、6层及Q1。平面呈不规则形。口距地表深1.75米，南北2.06、东西0.64米，清理至深3.6米因底部出水湿黏，未发掘到底，壁向下1.7米斜收，后直壁。填土呈浅黄灰色，土质松软，结构疏松（图3.301）。根据发掘情况，此遗迹应为一口水井，时代应晚于新莽天凤元年。

出土物占全探方总数的1.73%。据坑内出土陶器残片统计，板瓦占45%，Cb1型占35%、Ca4型占5%、Cc1型占5%。筒瓦占20%，其中Cb4型占10%、Bc4型占5%、Bc2型占5%。素面陶片占5%。井圈占20%。素面砖占10%（表3.14）。

表3.14　H39出土遗物残片统计表

名称	分型/纹饰	灰陶/件	百分比/%	总百分比/%
板瓦	Cb1	7	35.00	45.00
	Ca4	1	5.00	
	Cc1	1	5.00	
筒瓦	Cb4	2	10.00	20.00
	Bc4	1	5.00	
	Bc2	1	5.00	
陶片	素面	1	5.00	5.00
井圈		4	20.00	20.00
砖	素面	2	10.00	10.00
合计		20	100.00	
百分比/%		100%		

共出土器物10件，其中建筑材料8、生活器皿1、铁器1件，介绍如下。

素面砖　1件。H39：7，砖呈灰褐色。素面条形砖。残。两面均为素面。残长15.5、宽10.5、厚5.9厘米（图3.302、图3.303）。

图3.302　素面砖（H39：7）侧、正、背面照片

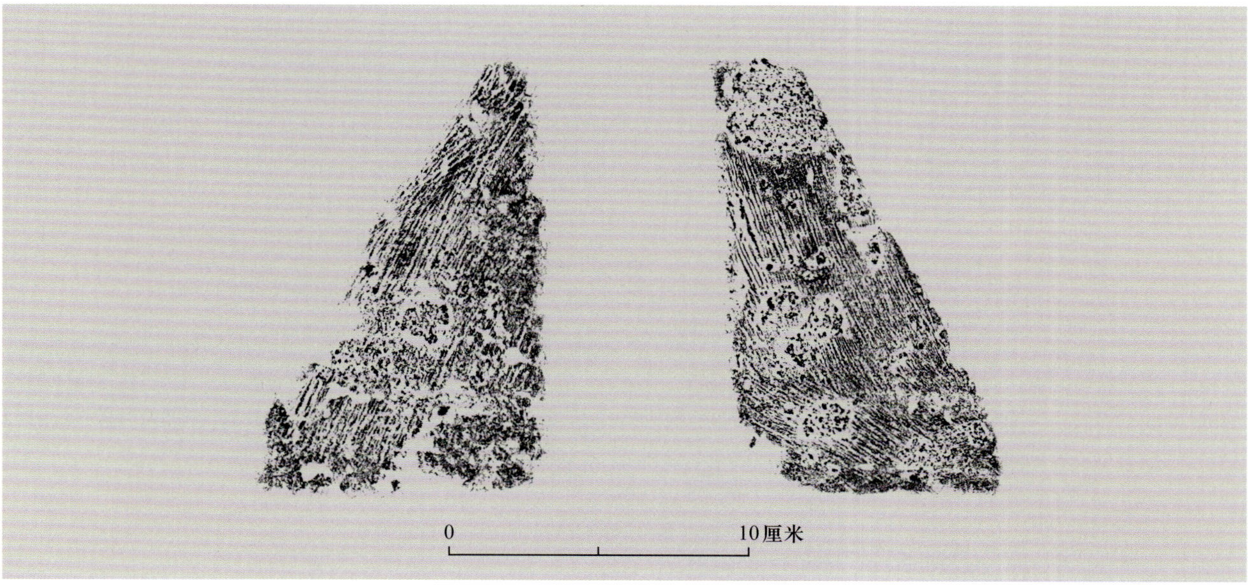

图3.303　素面砖（H39：7）正、背面拓片

弧形板瓦　3件。分三亚型。

Ca4型　1件。H39：2，残。瓦呈灰色。表面饰粗交错绳纹，内面饰布纹。残长14.8、残宽15、厚1.5厘米（图3.304、图3.305）。

图3.304　Ca4型板瓦（H39：2）表、内面照片

图3.305　Ca4型板瓦（H39：2）表、内面拓片

Ca4-9型　1件。H39：10，残。瓦呈灰色。表面饰粗交错绳纹，内面饰布纹、小菱形纹。残长15、残宽18、厚1.2～1.7厘米（图3.306、图3.307）。

图3.306 Ca4-9型板瓦（H39：10）表、内面照片

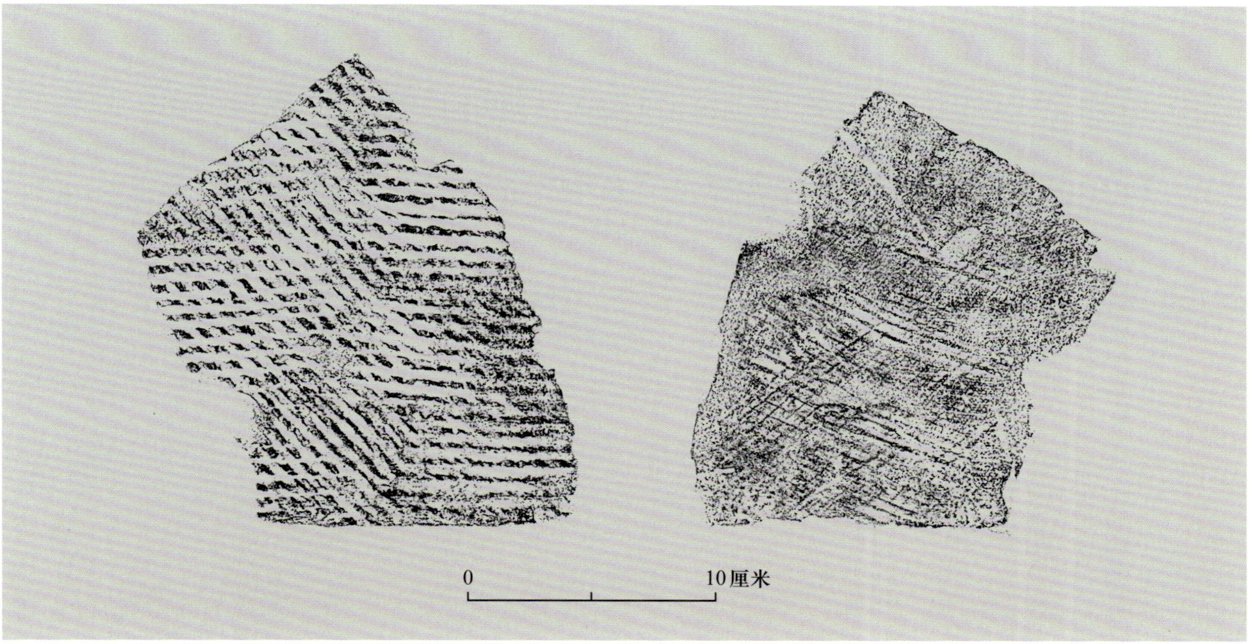

图3.307 Ca4-9型板瓦（H39：10）表、内面拓片

Cb10型 1件。H39：3，残。瓦呈灰色。表面饰粗斜绳纹，内面饰抹平绳纹。残长19、残宽16、厚1.2～1.8厘米（图3.308、图3.309）。

筒瓦 3件。分三亚型。

Aa4型 1件。H39：5，残。瓦呈灰色。表面饰细交错绳纹，内面饰布纹，绳纹抹平部分残宽4厘米。残长7.8、残径9.5、厚1.3厘米（图3.310、图3.311）。

图3.308　Cb10型板瓦（H39：3）表、内面照片

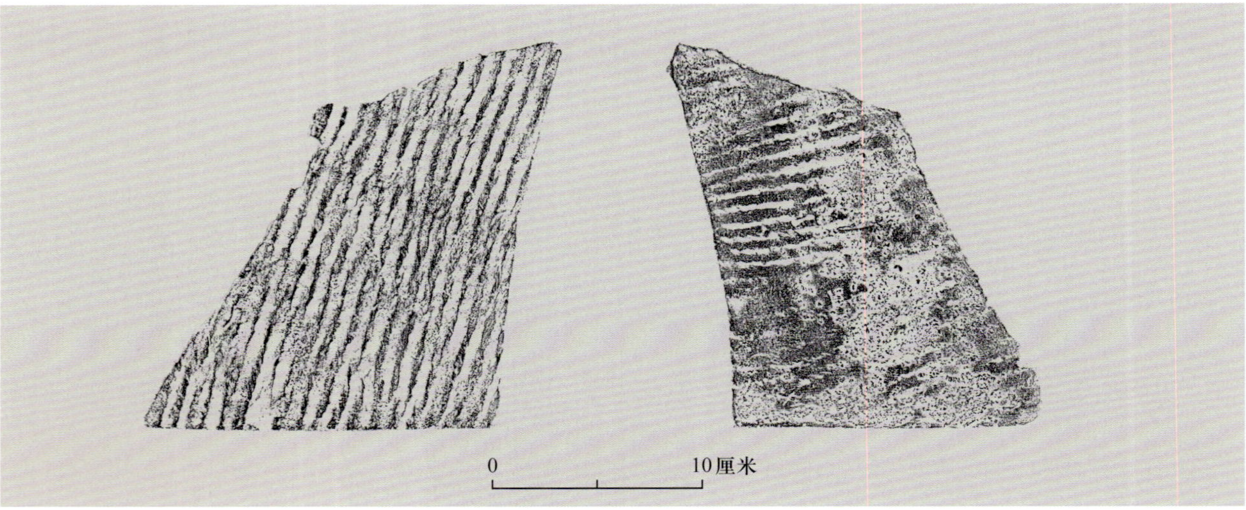

图3.309　Cb10型板瓦（H39：3）表、内面拓片

图3.310　Aa4型筒瓦（H39：5）表、内面照片

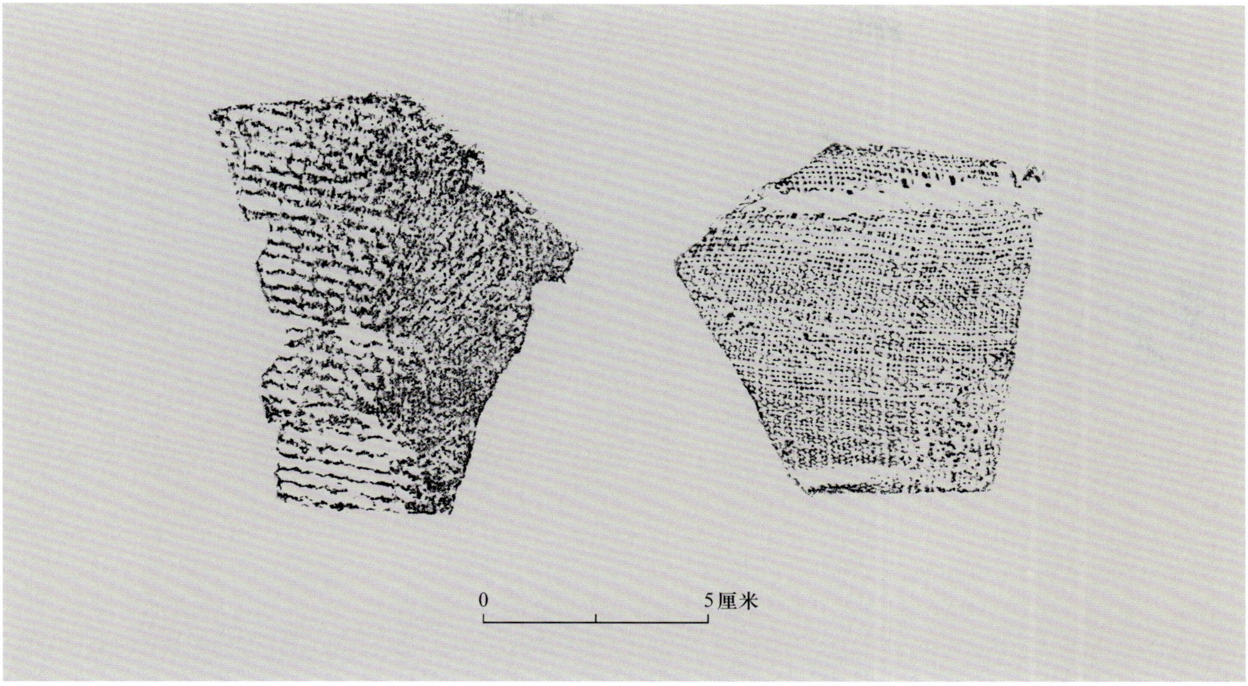

图3.311 Aa4型筒瓦（H39：5）表、内面拓片

Ac2型 1件。H39：4，残。瓦呈灰色。表面饰细直绳纹，内面饰麻点纹。残长7.3、残径8.2、厚1厘米（图3.312、图3.313）。

Cc4型 1件。H39：6，残。瓦呈灰色。表面饰粗直绳纹，内面饰布纹，瓦唇后有绳纹抹平部分，宽2.5厘米。残长18、残径10.5、厚1.5厘米，瓦唇长3.5、厚1.8厘米（图3.314、图3.315）。

图3.312 Ac2型筒瓦（H39：4）表、内面照片

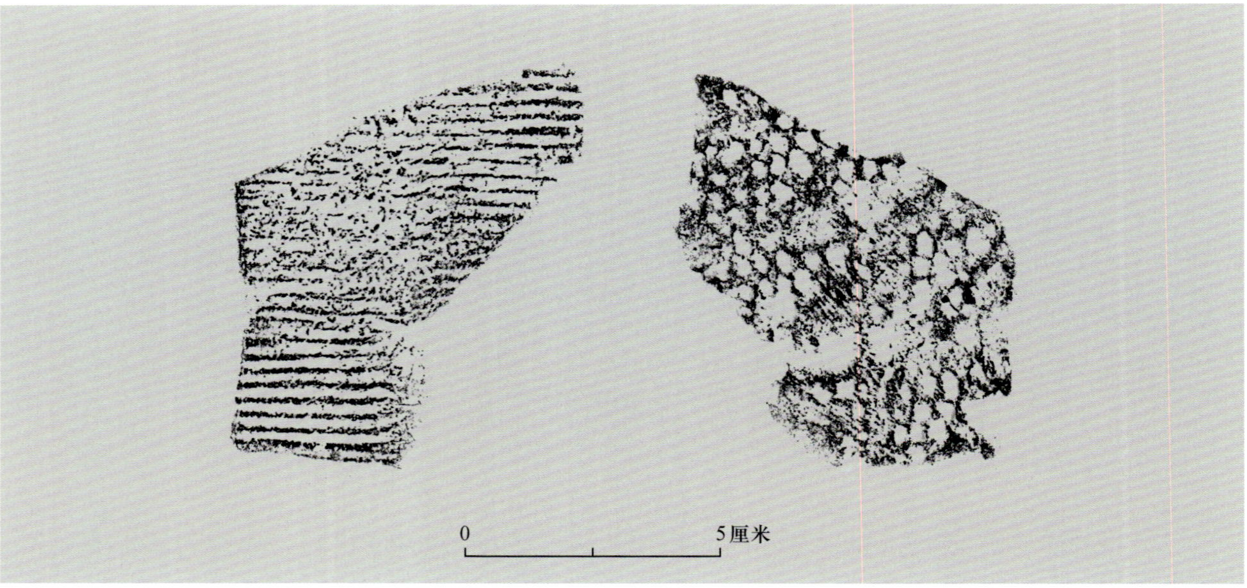

图3.313　Ac2型筒瓦（H39：4）表、内面拓片

图3.314　Cc4型筒瓦（H39：6）表、内面照片

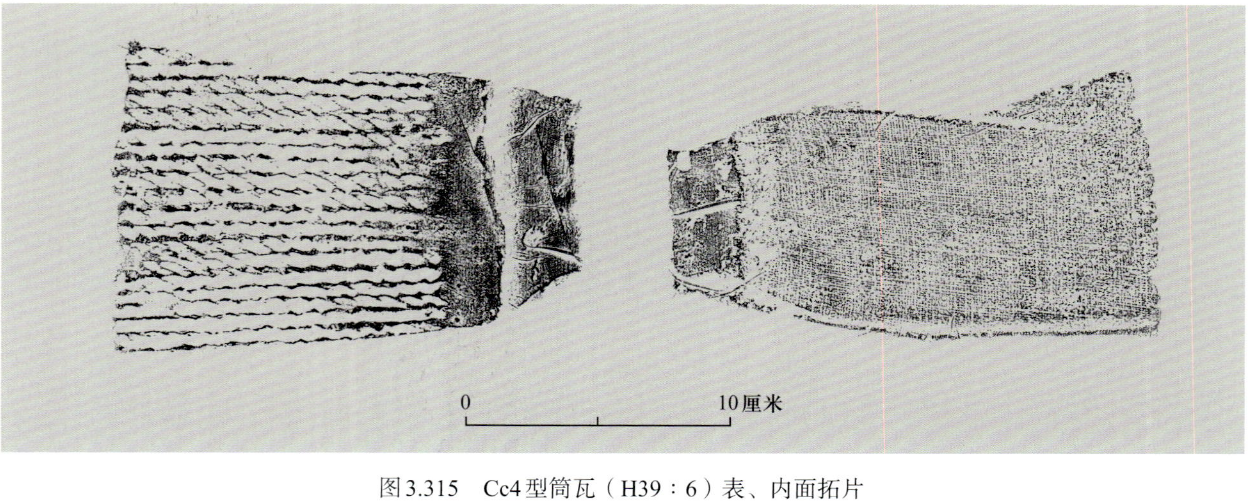

图3.315　Cc4型筒瓦（H39：6）表、内面拓片

陶井圈 1件。H39：8，泥质灰陶。表面饰粗交错绳纹，内面饰小菱形纹，一端饰一周凸棱，一端饰一周凹槽。高16.7、残宽15.3、厚2.7厘米（图3.316、图3.317；彩版35；图版35）。

图3.316 陶井圈（H39：8）表、内、侧面照片

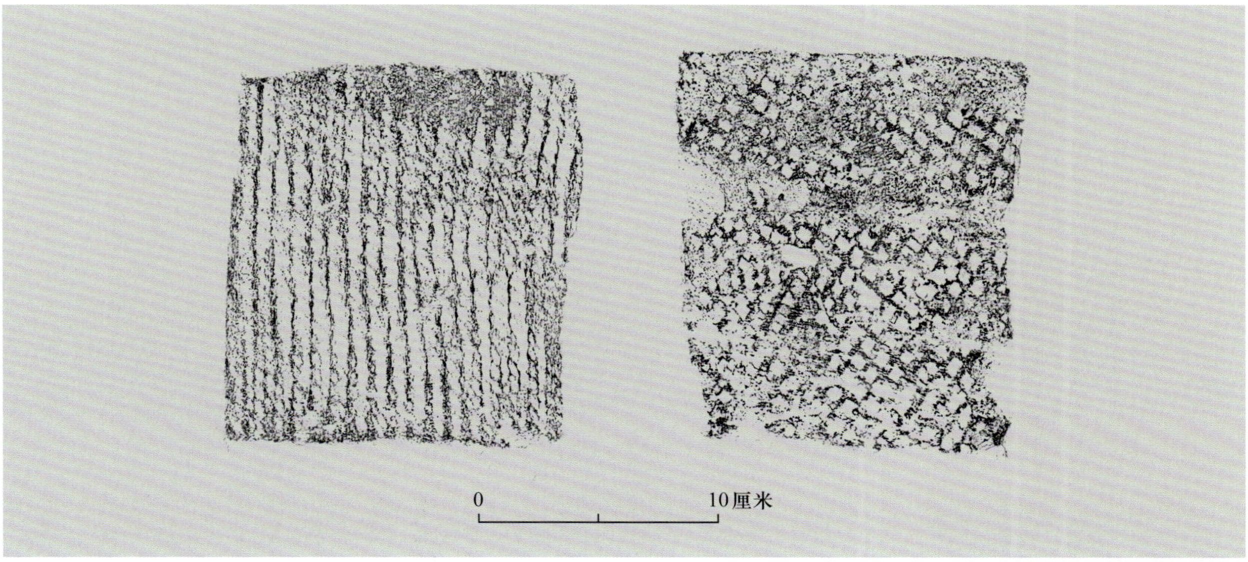

图3.317 陶井圈（H39：8）表、内面拓片

陶甑 1件。H39：9，残。泥质灰陶。底部残存8个圆形箅孔。残长11.5、残宽10.2、孔径2.2、孔深1.3、底厚1.1厘米（图3.318、图3.319；彩版36；图版36）。

图3.318 陶甑（H39：9）底部外、内面照片

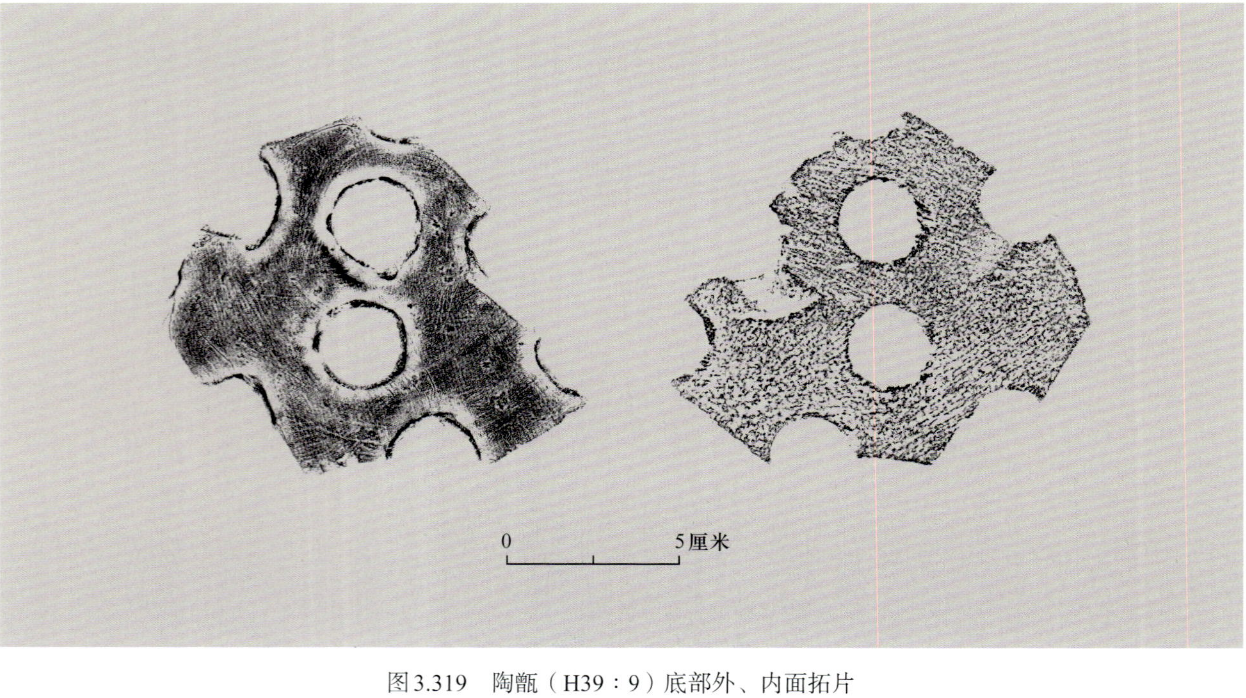

图3.319 陶甑（H39：9）底部外、内面拓片

铁器 1件。H39：1，腐朽严重。器形不明，呈弧状。长9.8、宽1.3、厚0.6厘米（图3.320、图3.321）。

图3.320 铁器（H39：1）正、背、侧面照片

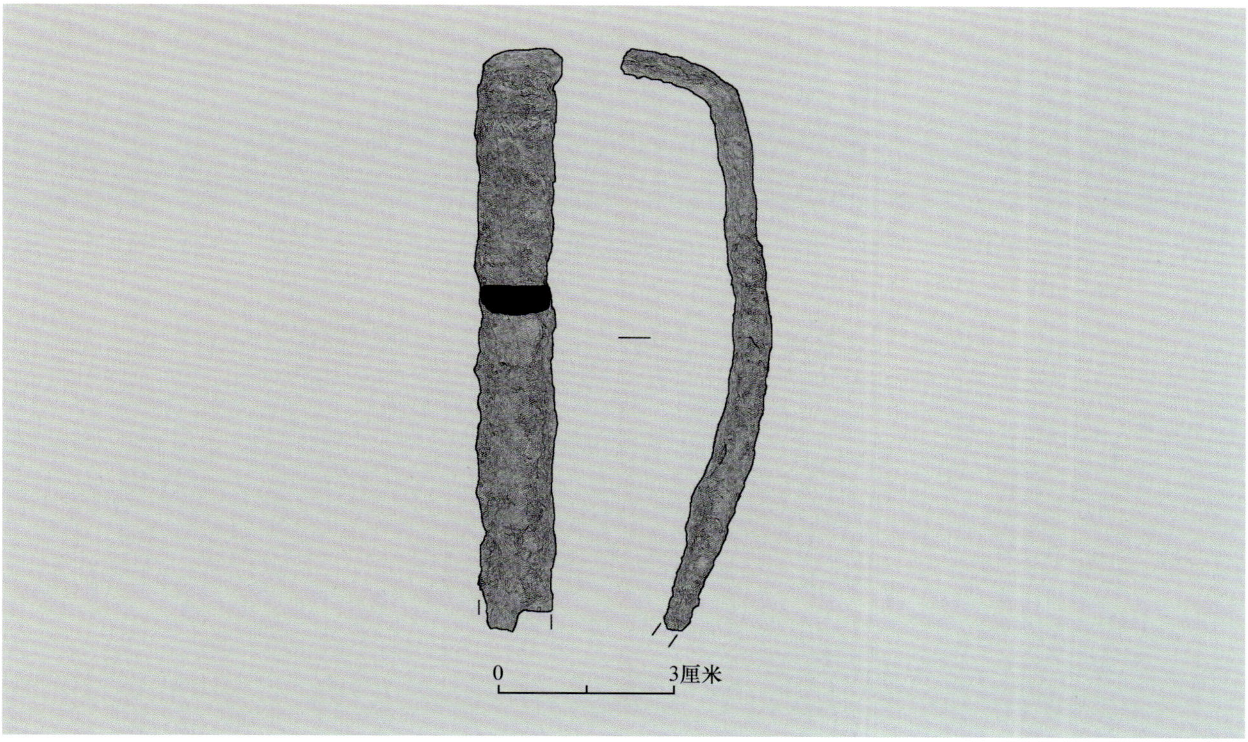

图3.321 铁器（H39：1）线图

（二）墓葬

共清理墓葬18座，其中开口第3层下1座，第4层下6座，第5a层下11座，分别介绍如下（图3.222）。

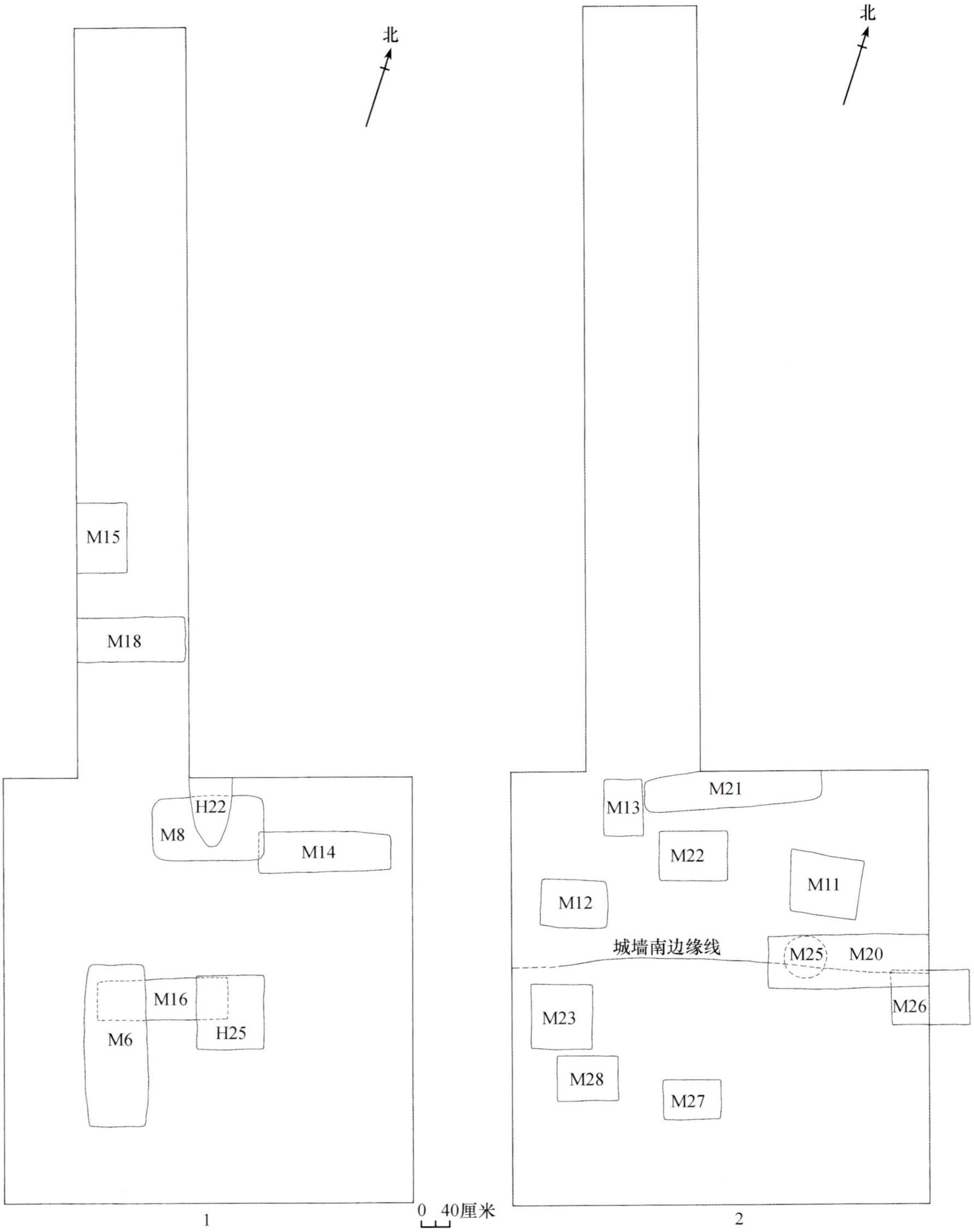

图3.322 第4、5a层下墓葬分布图
1. 第4层下墓葬分布图 2. 第5a层下墓葬分布图

1. M1

位于T2扩方的西南部，开口于第3层下，打破M6。口距地表约0.2米。南北向。砖室墓，口呈长方形，墓室发掘前已遭到破坏，规格不详，墓砖及人骨散落在墓室周围。砖为长方形，一面饰粗绳纹。葬具为棺木，仅存炭化痕迹，规格不详。人骨保存状况甚差，头骨朝向、葬式不详，残存随葬铜钱3枚。时代为新莽至东汉时期。

货泉 3枚。

M1：1，圆形，方穿，光背，钱文“货泉”二字。直径2.3、穿宽0.75、厚0.2厘米（图3.323、图3.324）。

M1：2，圆形，方穿，光背，钱文“货泉”二字。直径2.3、穿宽0.75、厚0.2厘米（图3.325、图3.326）。

M1：3，圆形，方穿，光背，钱文“货泉”二字。直径2.3、穿宽0.75、厚0.2厘米（图3.327、图3.328）。

图3.323 货泉（M1：1）正、背面照片

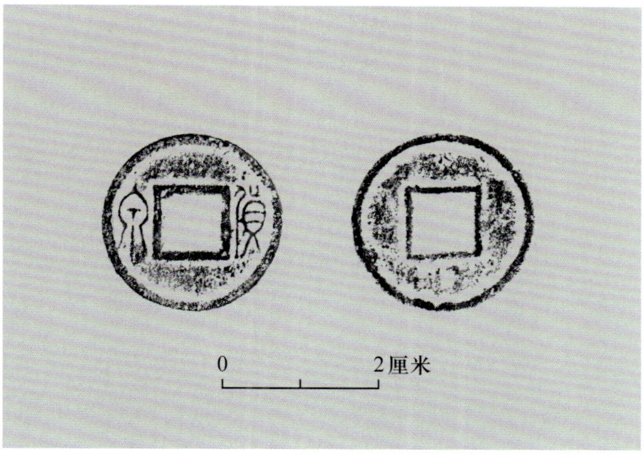

图3.324 货泉（M1：1）正、背面拓片

图3.325 货泉（M1：2）正、背面照片

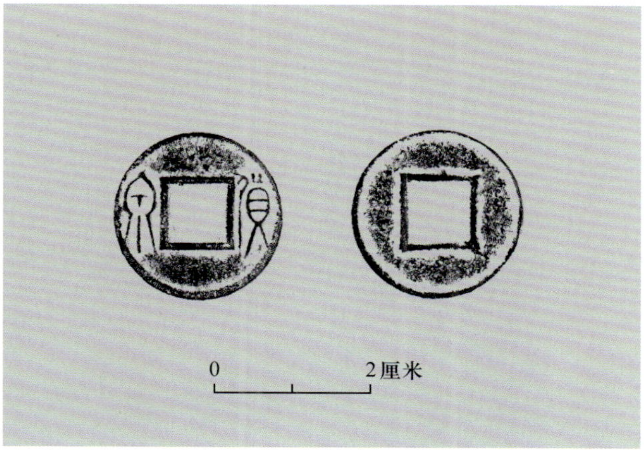

图3.326 货泉（M1：2）正、背面拓片

图3.327　货泉（M1：3）正、背面照片

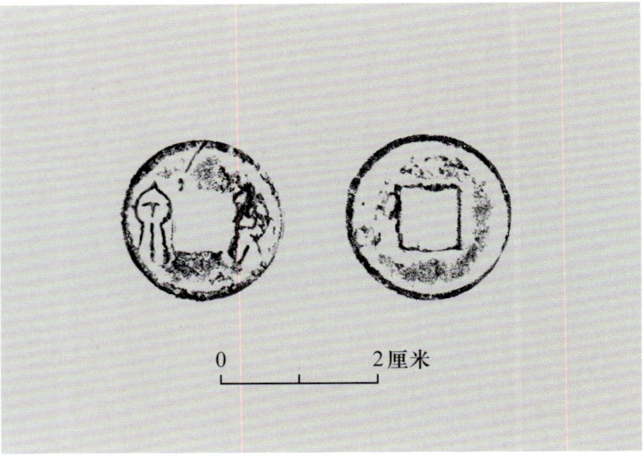

图3.328　货泉（M1：3）正、背面拓片

2. M6

位于T2南部，开口于第4层下，并打破M16、L2及第5a、5b层。竖穴土坑墓，平面呈长方形，直壁，平底。墓口距地表深约1.8米，口南北2.2、东西0.77～0.85、深0.5～0.52米。人骨为仰身直肢，头南脚北。人骨保存较好，为16岁左右的女性。墓中出土铁棺钉1枚和五铢39枚、货泉1枚，介绍如下（图3.329、图3.330）。时代应晚于新莽天凤元年。

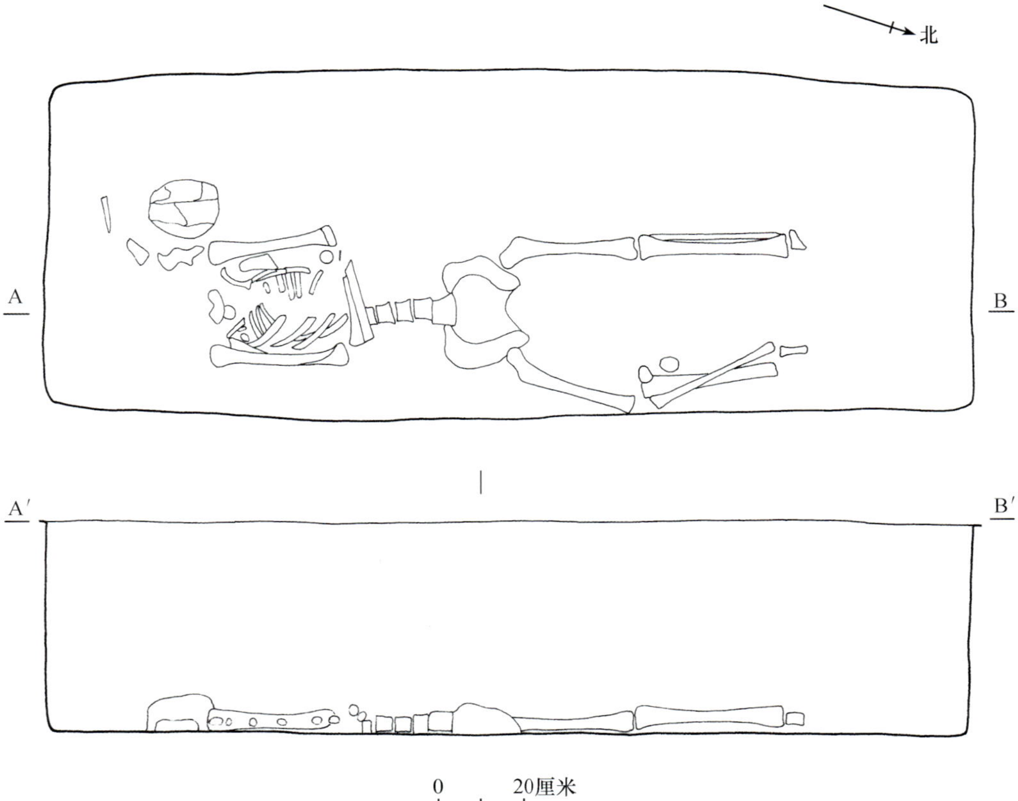

图3.329　M6平、剖面图

图3.330 M6全景照

铁棺钉 1件。已腐朽不能提取。残长约10厘米。

五铢 39枚。圆形，方穿，光背。正面有轮无郭，背面轮郭俱备。“五铢”二字修长，“五”字交笔弯曲，“铢”字“金”头呈三角状，“朱”字头方折或圆折，笔画粗细均匀。所出五铢钱铸造略粗糙，厚薄不均，据直径可将五铢分为直径2.6、2.5、2.4厘米三种。

M6：1，直径2.6、穿宽0.95～1.05、厚约0.15厘米（图3.331、图3.332）。

图3.331 五铢（M6：1）正、背面照片

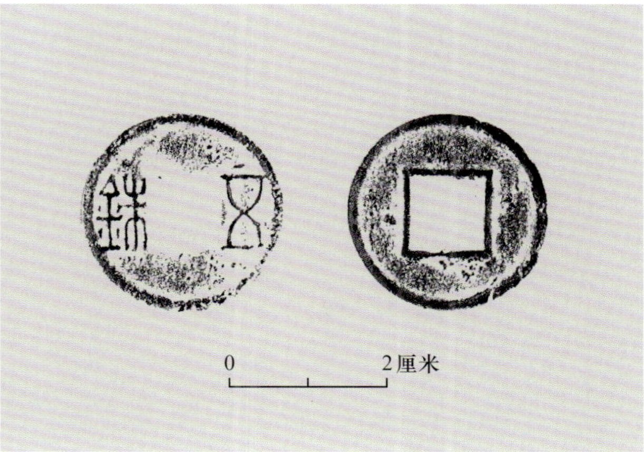

图3.332 五铢（M6：1）正、背面拓片

M6：2，直径2.6、穿宽0.95～1.05、厚约0.15厘米（图3.333、图3.334）。

M6：3，直径2.6、穿宽0.95～1.05、厚约0.15厘米（图3.335、图3.336）。

M6：4，直径2.6、穿宽0.95～1.05、厚约0.15厘米（图3.337、图3.338）。

图3.333　五铢（M6：2）正、背面照片

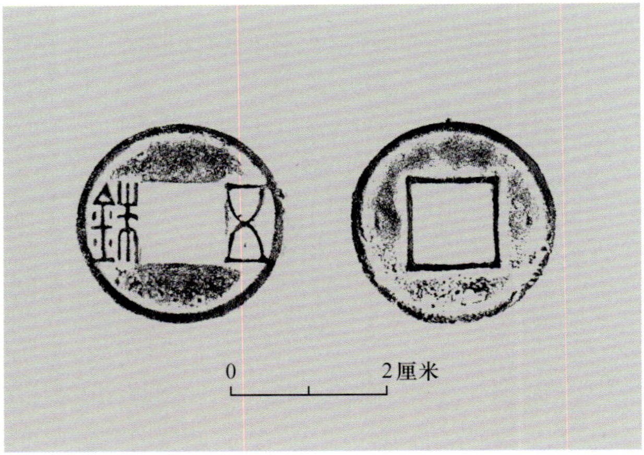

图3.334　五铢（M6：2）正、背面拓片

图3.335　五铢（M6：3）正、背面照片

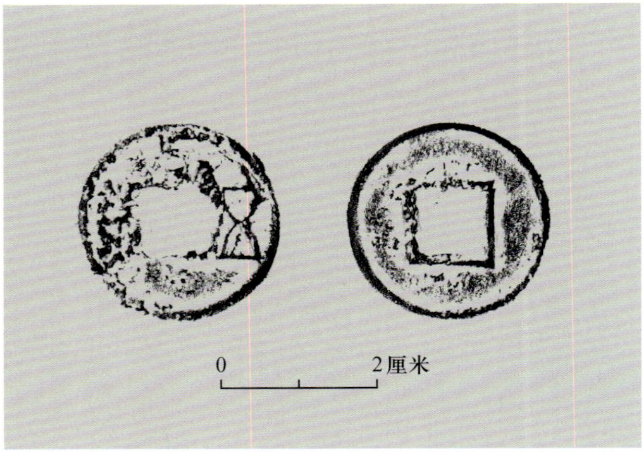

图3.336　五铢（M6：3）正、背面拓片

图3.337　五铢（M6：4）正、背面照片

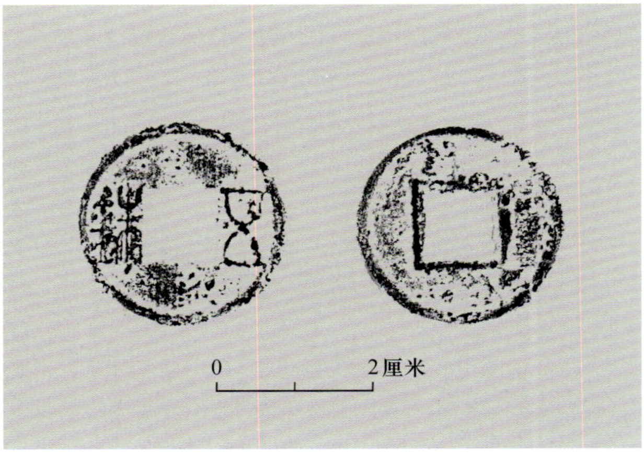

图3.338　五铢（M6：4）正、背面拓片

M6：5，直径2.6、穿宽0.95～1.05、厚约0.15厘米（图3.339、图3.340）。

M6：6，直径2.6、穿宽0.95～1.05、厚约0.15厘米（图3.341、图3.342）。

M6：7，直径2.6、穿宽0.95～1.05、厚约0.15厘米（图3.343、图3.344）。

图3.339　五铢（M6：5）正、背面照片

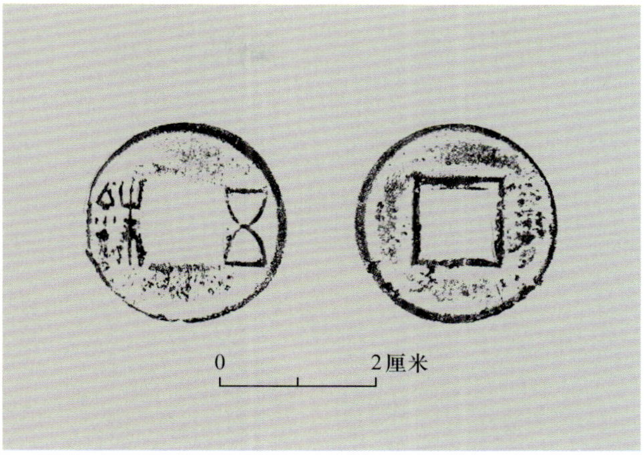

图3.340　五铢（M6：5）正、背面拓片

图3.341　五铢（M6：6）正、背面照片

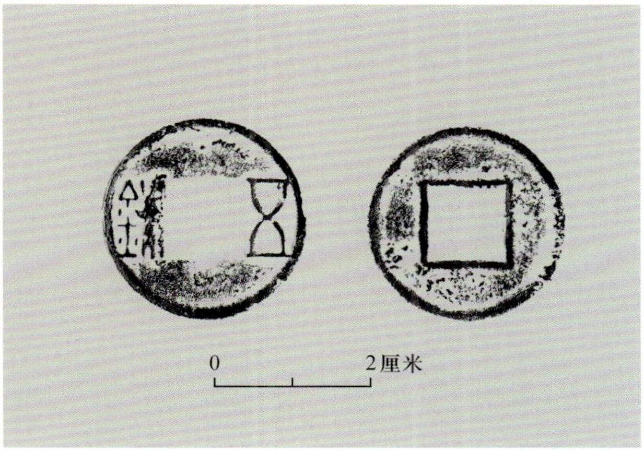

图3.342　五铢（M6：6）正、背面拓片

图3.343　五铢（M6：7）正、背面照片

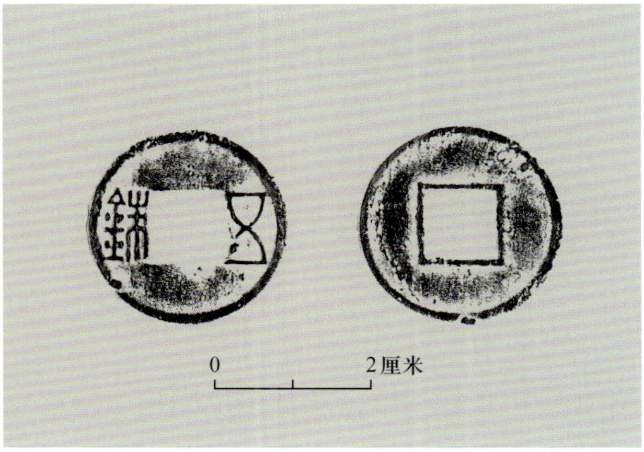

图3.344　五铢（M6：7）正、背面拓片

M6：8，直径2.6、穿宽0.95～1.05、厚约0.15厘米（图3.345、图3.346）。

M6：9，直径2.6、穿宽0.95～1.05、厚约0.15厘米（图3.347、图3.348）。

M6：10，直径2.6、穿宽0.95～1.05、厚约0.15厘米（图3.349、图3.350）。

图3.345　五铢（M6：8）正、背面照片

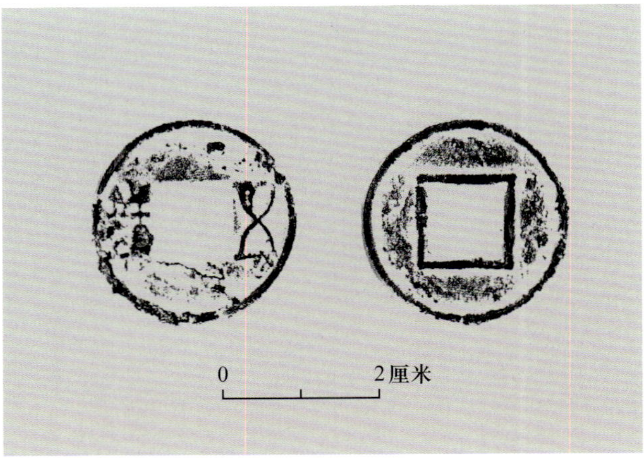

图3.346　五铢（M6：8）正、背面拓片

图3.347　五铢（M6：9）正、背面照片

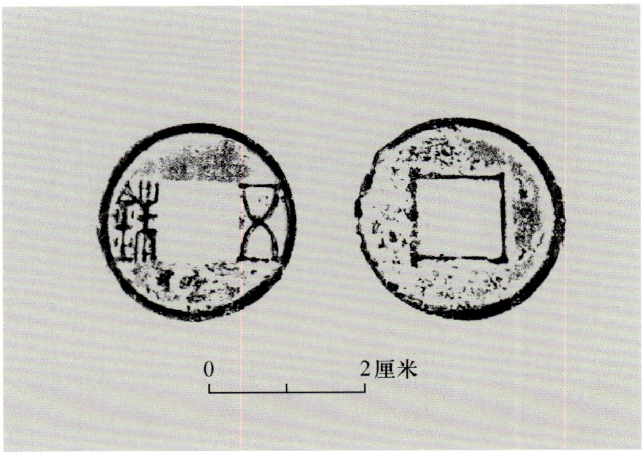

图3.348　五铢（M6：9）正、背面拓片

图3.349　五铢（M6：10）正、背面照片

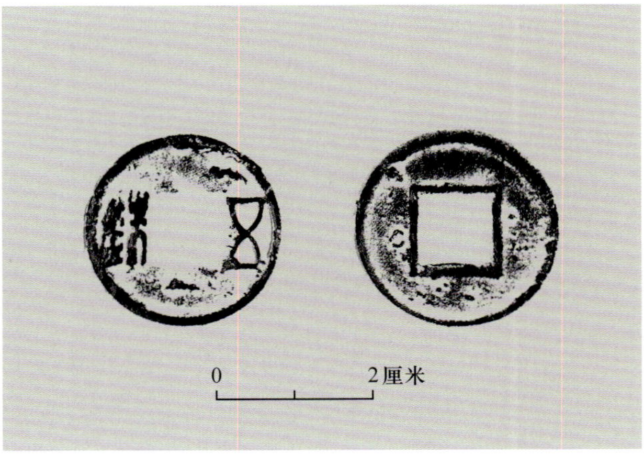

图3.350　五铢（M6：10）正、背面拓片

M6：11，直径2.6、穿宽0.95～1.05、厚约0.15厘米（图3.351、图3.352）。

M6：12，直径2.6、穿宽0.95～1.05、厚约0.15厘米（图3.353、图3.354）。

M6：13，直径2.6、穿宽0.95～1.05、厚约0.15厘米（图3.355、图3.356）。

图3.351 五铢（M6：11）正、背面照片

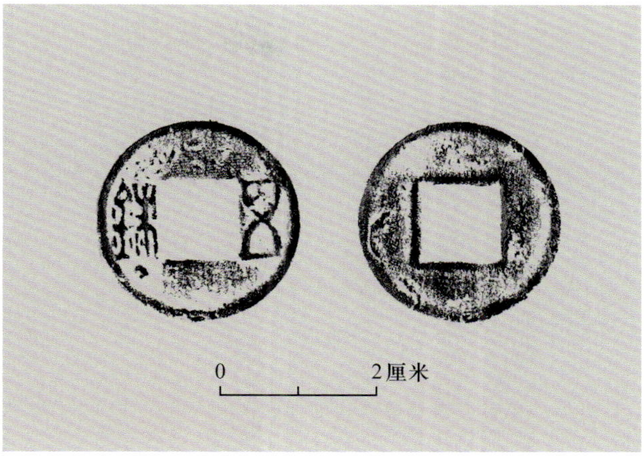

图3.352 五铢（M6：11）正、背面拓片

图3.353 五铢（M6：12）正、背面照片

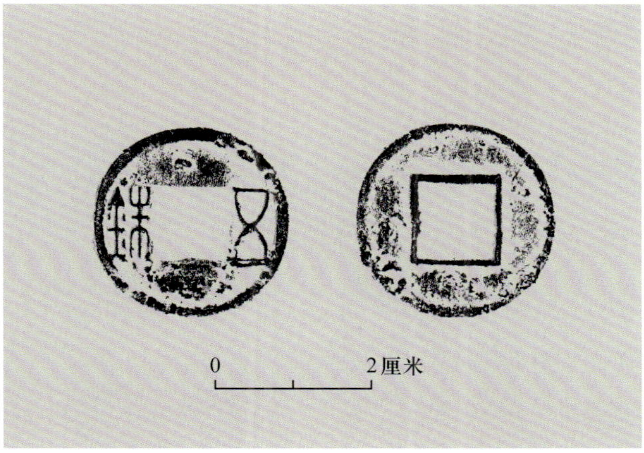

图3.354 五铢（M6：12）正、背面拓片

图3.355 五铢（M6：13）正、背面照片

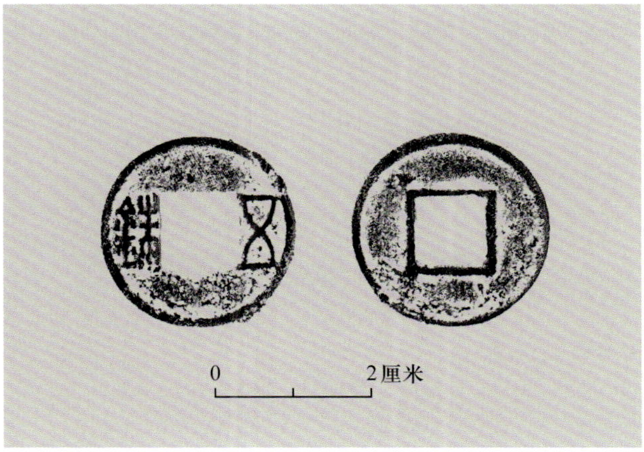

图3.356 五铢（M6：13）正、背面拓片

M6：14，直径2.6、穿宽0.95～1.05、厚约0.15厘米（图3.357、图3.358）。

M6：15，直径2.6、穿宽0.95～1.05、厚约0.15厘米（图3.359、图3.360）。

M6：16，直径2.6、穿宽0.95～1.05、厚约0.15厘米（图3.361、图3.362）。

图3.357　五铢（M6：14）正、背面照片

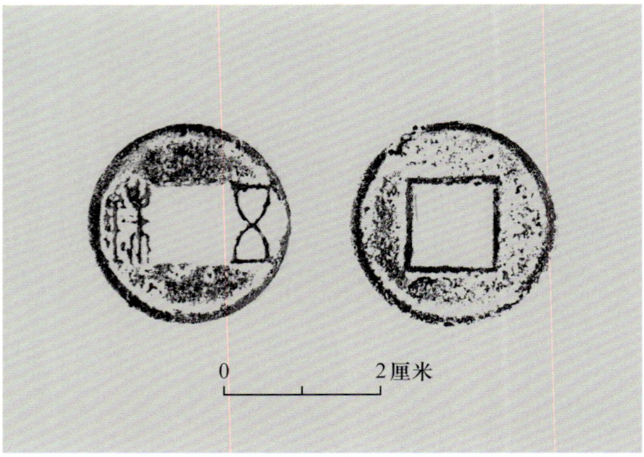

图3.358　五铢（M6：14）正、背面拓片

图3.359　五铢（M6：15）正、背面照片

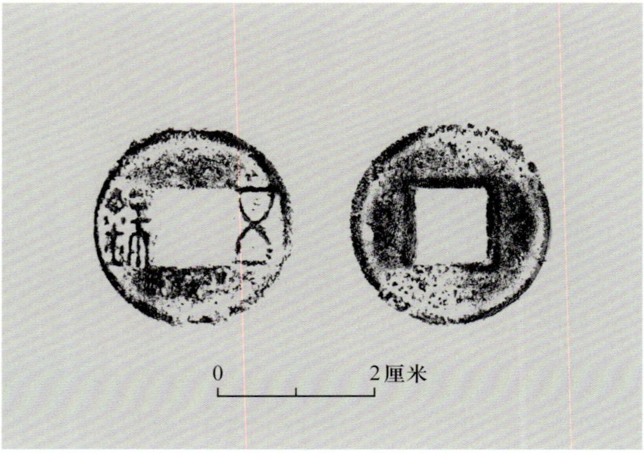

图3.360　五铢（M6：15）正、背面拓片

图3.361　五铢（M6：16）正、背面照片

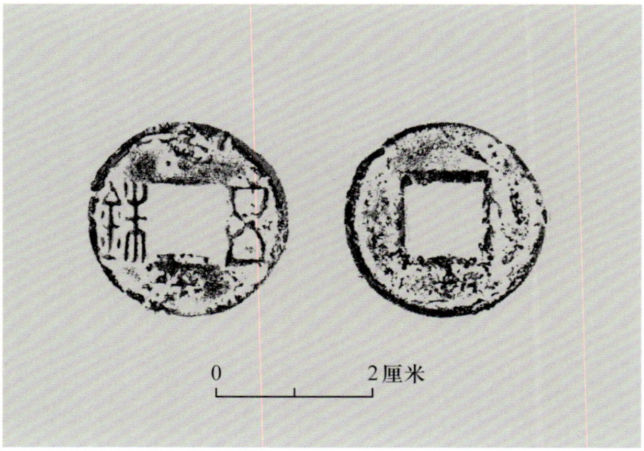

图3.362　五铢（M6：16）正、背面拓片

M6：17，直径2.6、穿宽0.95～1.05、厚约0.15厘米（图3.363、图3.364）。

M6：18，直径2.6、穿宽0.95～1.05、厚约0.15厘米（图3.365、图3.366）。

M6：19，直径2.6、穿宽0.95～1.05、厚约0.15厘米（图3.367、图3.368）。

图3.363　五铢（M6：17）正、背面照片

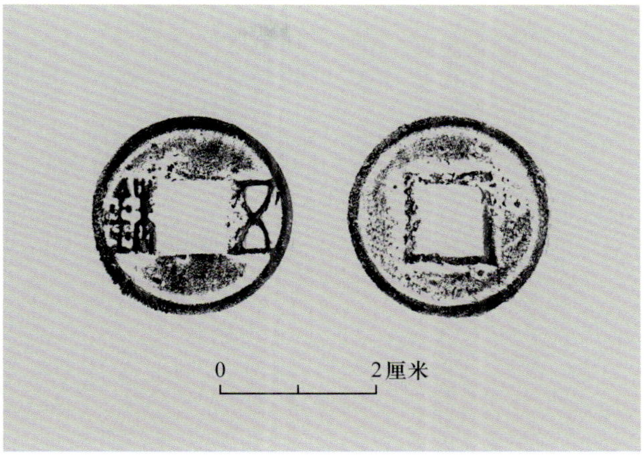

图3.364　五铢（M6：17）正、背面拓片

图3.365　五铢（M6：18）正、背面照片

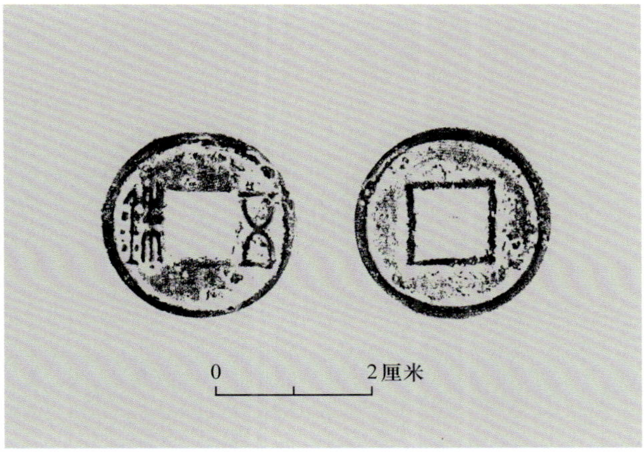

图3.366　五铢（M6：18）正、背面拓片

图3.367　五铢（M6：19）正、背面照片

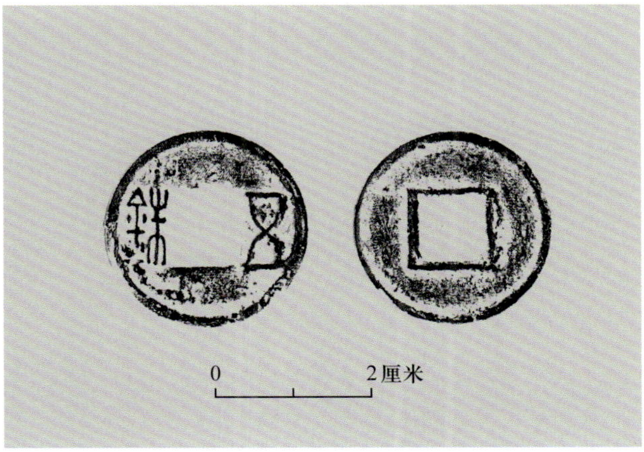

图3.368　五铢（M6：19）正、背面拓片

M6：20，直径2.6、穿宽0.95～1.05、厚约0.15厘米（图3.369、图3.370）。

M6：21，直径2.6、穿宽0.95～1.05、厚约0.15厘米（图3.371、图3.372）。

M6：22，直径2.6、穿宽0.95～1.05、厚约0.15厘米（图3.373、图3.374）。

图3.369　五铢（M6：20）正、背面照片

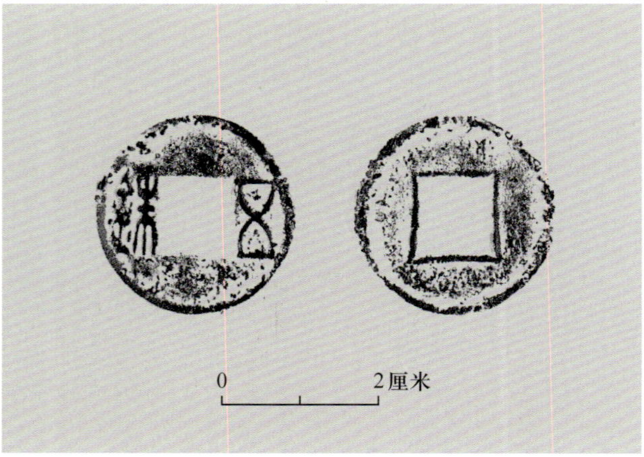

图3.370　五铢（M6：20）正、背面拓片

图3.371　五铢（M6：21）正、背面照片

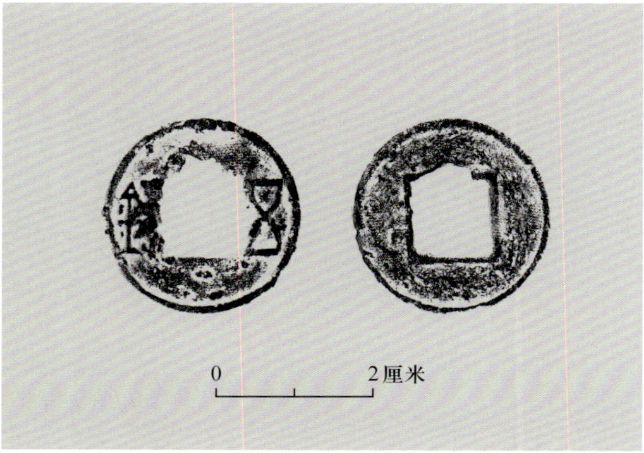

图3.372　五铢（M6：21）正、背面拓片

图3.373　五铢（M6：22）正、背面照片

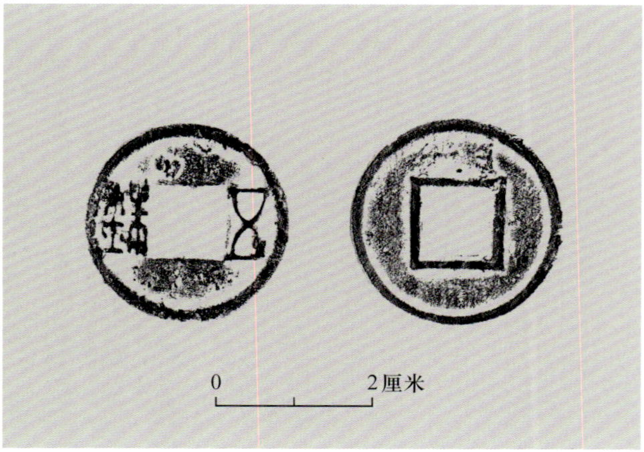

图3.374　五铢（M6：22）正、背面拓片

M6：23，残。直径2.6、穿宽0.95～1.05、厚约0.15厘米（图3.375、图3.376）。

M6：24，残。直径2.6、穿宽0.95～1.05、厚约0.15厘米（图3.377、图3.378）。

M6：25，残。直径2.6、穿宽0.95～1.05、厚约0.15厘米（图3.379、图3.380）。

图3.375 五铢（M6：23）正、背面照片

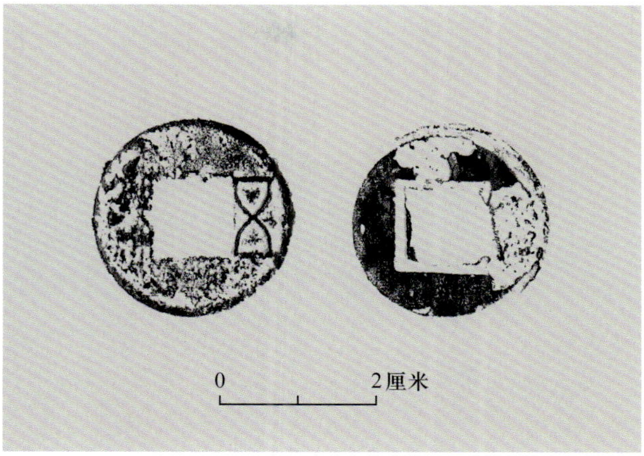

图3.376 五铢（M6：23）正、背面拓片

图3.377 五铢（M6：24）正、背面照片

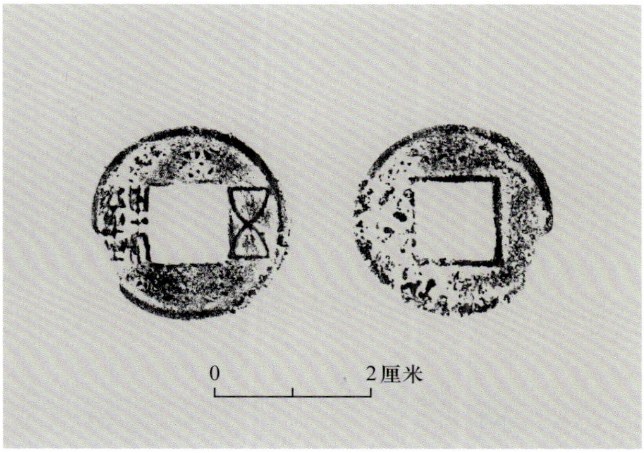

图3.378 五铢（M6：24）正、背面拓片

图3.379 五铢（M6：25）正、背面照片

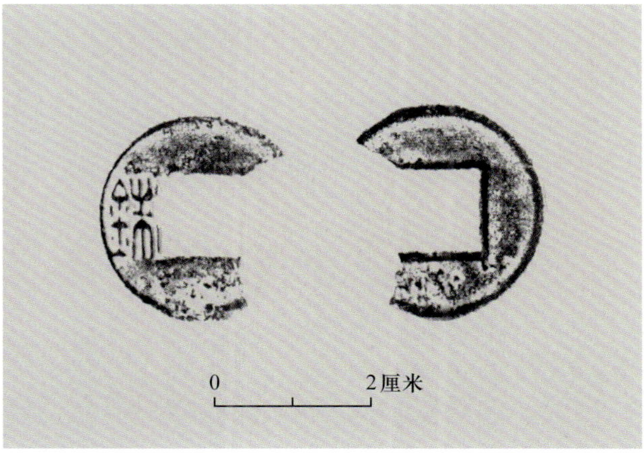

图3.380 五铢（M6：25）正、背面拓片

M6：26，残。直径2.6、穿宽0.95～1.05、厚约0.15厘米（图3.381、图3.382）。

M6：27，残。直径2.6、穿宽0.95～1.05、厚约0.15厘米（图3.383、图3.384）。

M6：28，残。直径2.6、穿宽0.95～1.05、厚约0.15厘米（图3.385、图3.386）。

图3.381　五铢（M6：26）正、背面照片

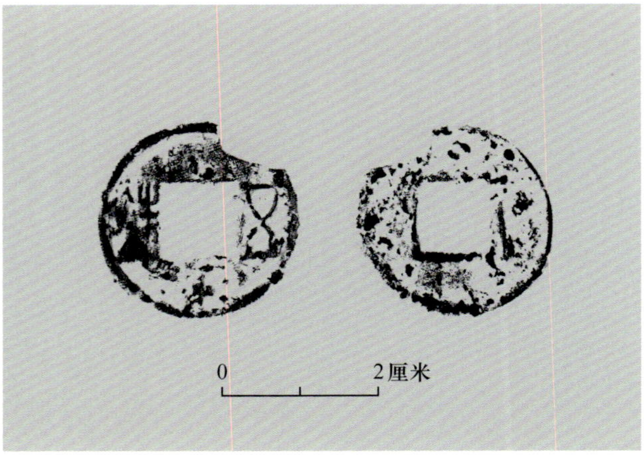

图3.382　五铢（M6：26）正、背面拓片

图3.383　五铢（M6：27）正、背面照片

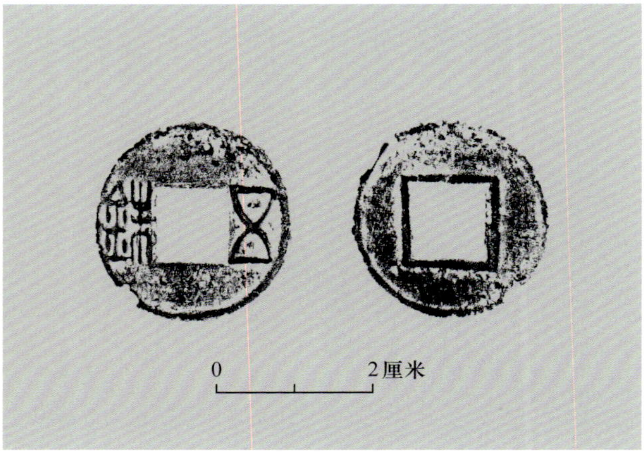

图3.384　五铢（M6：27）正、背面拓片

图3.385　五铢（M6：28）正、背面照片

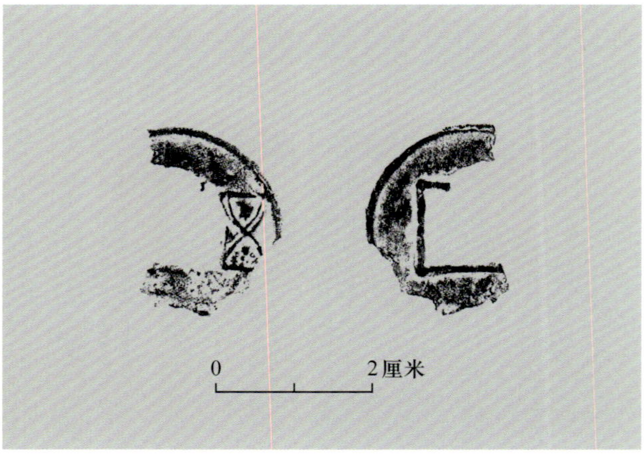

图3.386　五铢（M6：28）正、背面拓片

M6：40，直径2.6、穿宽0.95～1.05、厚约0.15厘米（图3.387、图3.388）。

M6：29，直径2.5、穿宽0.9～1、厚约0.15厘米（图3.389、图3.390）。

M6：30，直径2.5、穿宽0.9～1、厚约0.15厘米（图3.391、图3.392）。

图3.387 五铢（M6：40）正、背面照片

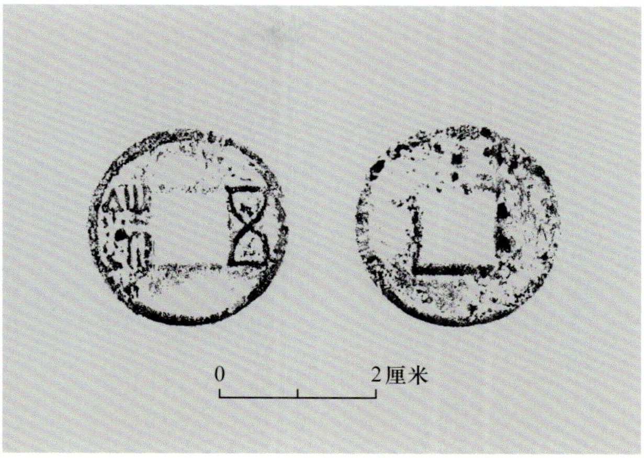

图3.388 五铢（M6：40）正、背面拓片

图3.389 五铢（M6：29）正、背面照片

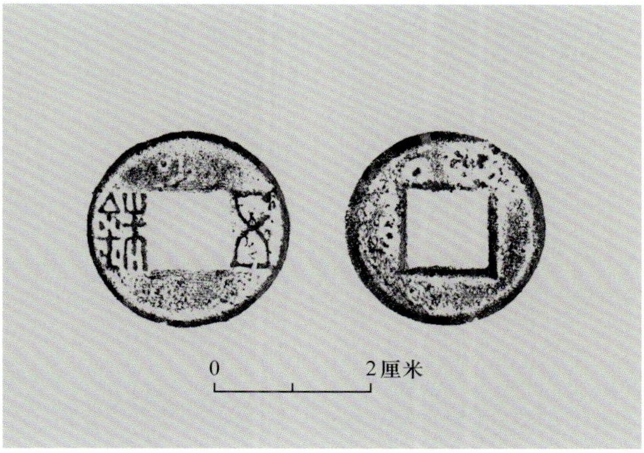

图3.390 五铢（M6：29）正、背面拓片

图3.391 五铢（M6：30）正、背面照片

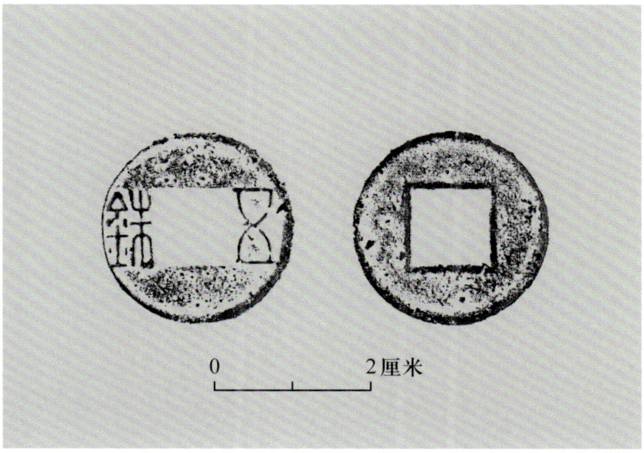

图3.392 五铢（M6：30）正、背面拓片

M6：31，残。直径2.5、穿宽0.9～1、厚约0.15厘米（图3.393、图3.394）。
M6：32，直径2.5、穿宽0.9～1、厚约0.15厘米（图3.395、图3.396）。
M6：33，直径2.5、穿宽0.9～1、厚约0.15厘米（图3.397、图3.398）。

图3.393　五铢（M6：31）正、背面照片

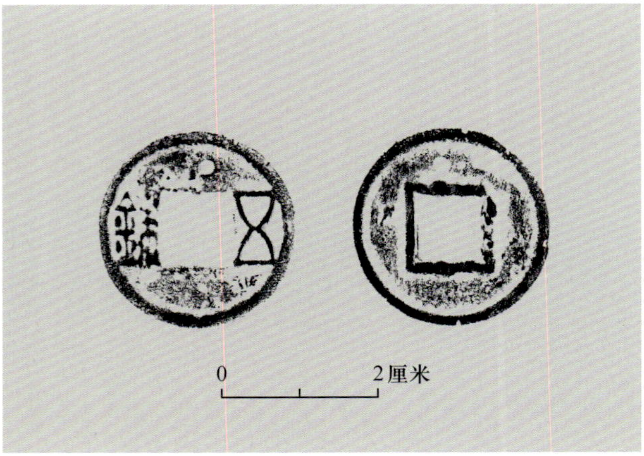

图3.394　五铢（M6：31）正、背面拓片

图3.395　五铢（M6：32）正、背面照片

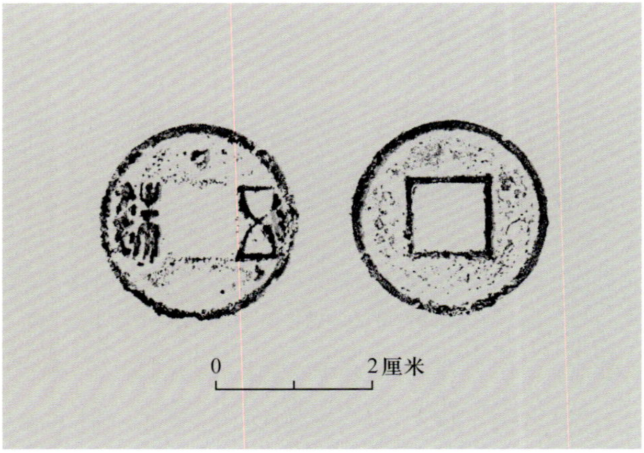

图3.396　五铢（M6：32）正、背面拓片

图3.397　五铢（M6：33）正、背面照片

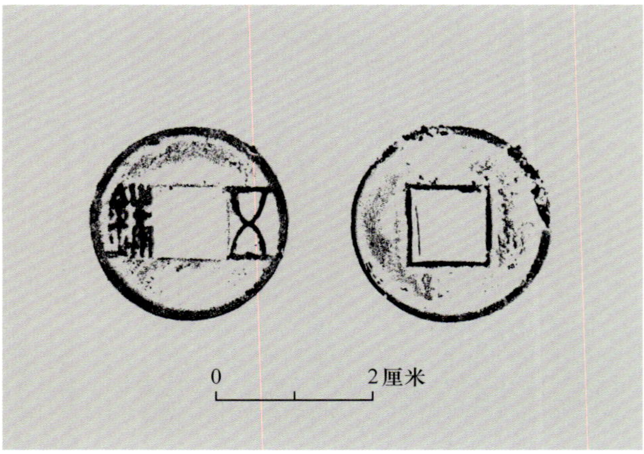

图3.398　五铢（M6：33）正、背面拓片

M6：34，直径2.5、穿宽0.9～1、厚约0.15厘米（图3.399、图3.400）。

M6：35，直径2.5、穿宽0.9～1、厚约0.15厘米（图3.401、图3.402）。

M6：36，直径2.5、穿宽0.9～1、厚约0.15厘米（图3.403、图3.404）。

图3.399 五铢（M6：34）正、背面照片

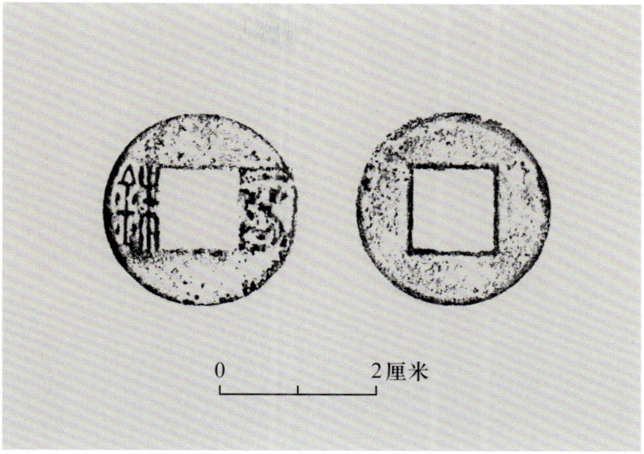

图3.400 五铢（M6：34）正、背面拓片

图3.401 五铢（M6：35）正、背面照片

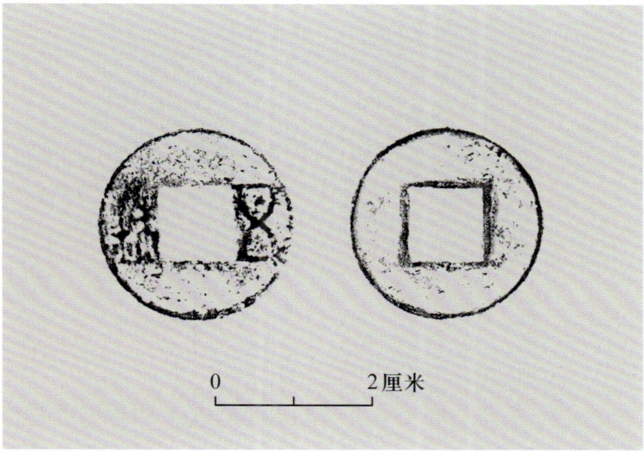

图3.402 五铢（M6：35）正、背面拓片

图3.403 五铢（M6：36）正、背面照片

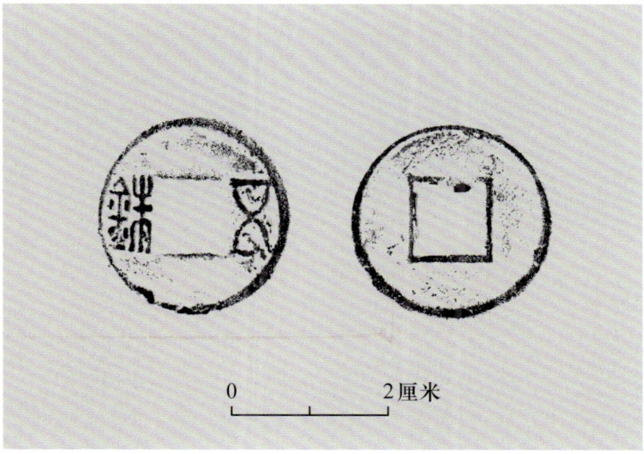

图3.404 五铢（M6：36）正、背面拓片

M6：37，直径2.5、穿宽0.9～1、厚约0.15厘米（图3.405、图3.406）。

M6：38，直径2.4、穿宽1、厚0.15厘米（图3.407、图3.408）。

货泉 1枚。M6：39，圆形，方穿，光背，正背面皆轮郭俱备，钱文“货泉”二字。直径2.3、穿宽0.75、厚0.2厘米（图3.409、图3.410）。

图3.405　五铢（M6：37）正、背面照片

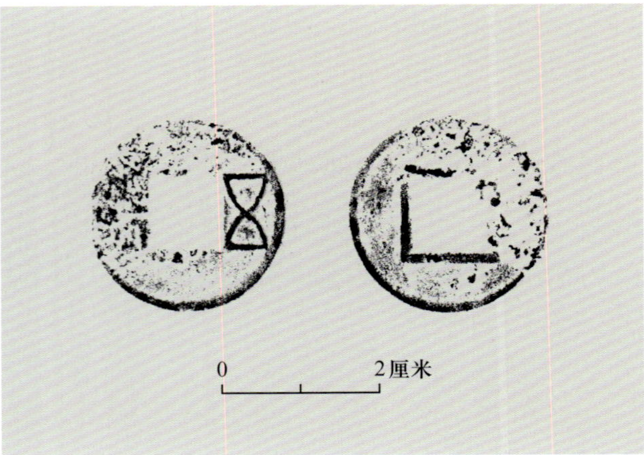

图3.406　五铢（M6：37）正、背面拓片

图3.407　五铢（M6：38）正、背面照片

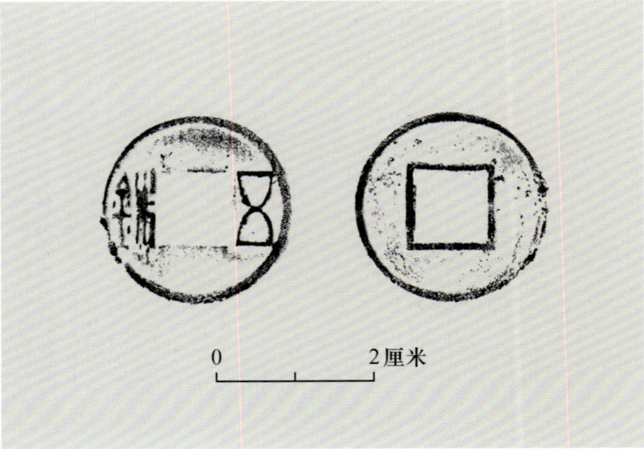

图3.408　五铢（M6：38）正、背面拓片

图3.409　货泉（M6：39）正、背面照片

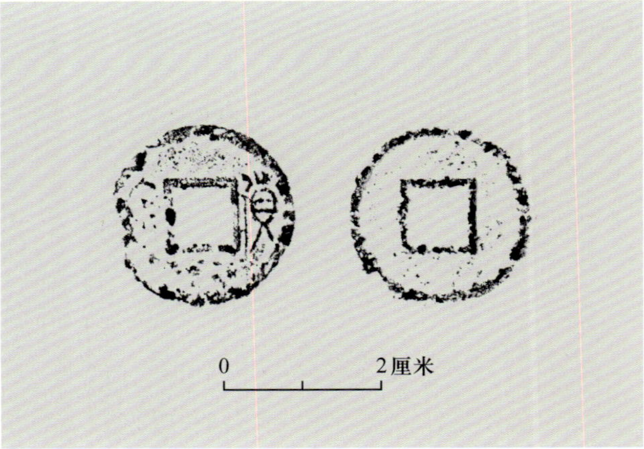

图3.410　货泉（M6：39）正、背面拓片

3. M8

位于T2东扩方的北部，开口于第4层下，被H22打破，并打破L2、M14及第5a层。东西向。竖穴土坑陶棺墓，平面呈圆角长方形，直壁，底近平。口距地表深1.9米，口东西1.5、南北

0.85～0.9、深0.46米。葬具为一椭圆形陶棺，棺西高东低，高差0.1米，用两块几何纹方砖覆盖，两砖均有一边被磨掉两角而呈圆弧状，分置于陶棺上面，后因扰动，一砖位置有变化。陶棺长0.66、宽0.34、高0.22米。棺内清理出少量人骨残块和9颗牙齿，推测墓主应为1岁左右的儿童。除葬具外未见其他随葬品。填土呈深褐色，土质松软，结构疏松。出土少量陶片，可辨有板瓦、筒瓦、陶器残片（图3.411）。时代应晚于新莽天凤元年。

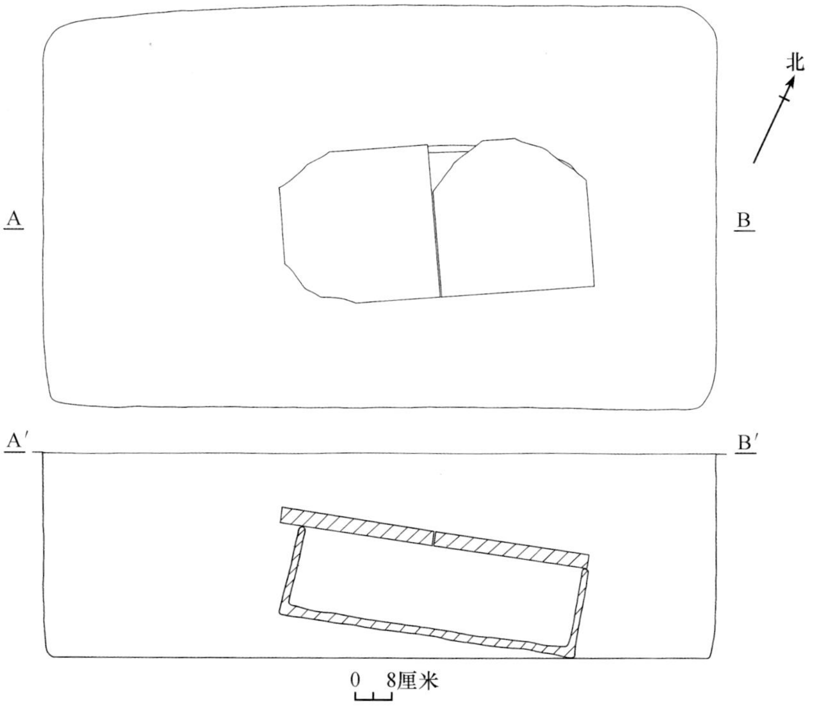

图3.411 M8平、剖面图

出土物占全探方总数的1.56%。据坑内出土遗物统计，板瓦占77.79%，Ca10型占11.11%、Cb10型占5.56%、Cb2型占16.67%、Cb1型占16.67%、Cb4型占27.78%。筒瓦占16.67%，属Cc4型。素面陶片占5.56%（表3.15）。

表3.15 M8出土遗物残片统计表

名称	分型/纹饰	灰陶/件	百分比/%	总百分比/%
板瓦	Cb1	3	16.67	77.79
	Cb2	3	16.67	
	Cb10	1	5.56	
	Ca10	2	11.11	
	Cb4	5	27.78	
筒瓦	Cc4	3	16.67	16.67
陶片	素面	1	5.56	5.56
合计		18	100.00	
百分比/%		100.00		

陶棺 1件。M8：1，可复原。泥质灰陶。圆角长方形，器表饰粗斜绳纹，内壁有一层厚0.05厘米的灰白色涂层，局部有不规则形小戳纹。长60、宽30、高18厘米（图3.412、图3.413）。

图3.412　陶棺（M8：1）正、侧面照片

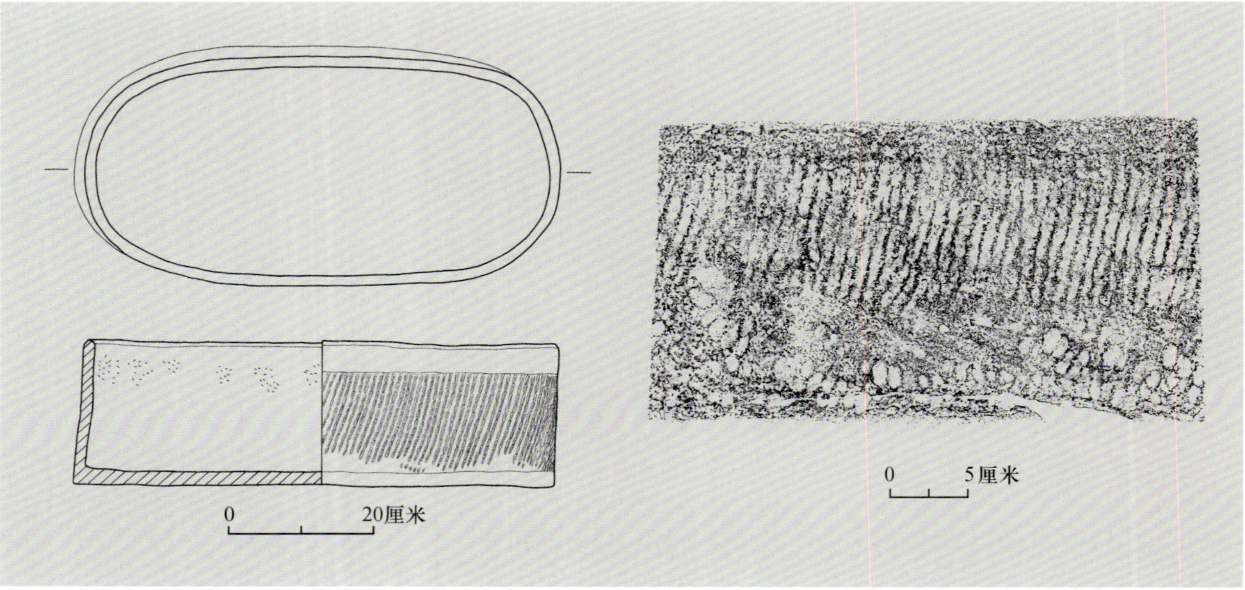

图3.413　陶棺（M8：1）线图、表面拓片

几何纹方砖　2件。

M8：2，可复原。边长34.5、厚4厘米（图3.414、图3.415）。

M8：3，可复原。边长34.5、厚4厘米（图3.416、图3.417）。

弧形板瓦　5件。分四亚型。

Ca10型　1件。M8：7，残。瓦呈灰色。表面饰粗交错绳纹，内面饰抹平绳纹。残长13、残宽13.5、厚1.4厘米（图3.418、图3.419）。

Cb2型　1件。M8：4，残。瓦呈灰色。表面饰粗斜绳纹，内面饰麻点纹，一头有绳纹抹平部分，宽2.5厘米。残长18、残宽10、厚1.1厘米（图3.420、图3.421）。

Cb4型　2件。表面饰粗斜绳纹，内面饰布纹。

M8：5，残。瓦呈灰色。残长9、残宽14.5、厚1.5厘米（图3.422、图3.423）。

M8：6，残。瓦呈灰色。表面饰两条横向凹弦纹，将纹饰划分为两部分，凹弦纹宽约1厘米，一头有绳纹抹平部分，宽5厘米。残长13、残宽8.5、厚1.5厘米（图3.424、图3.425）。

图3.414 几何纹方砖（M8：2）正、背、侧面照片

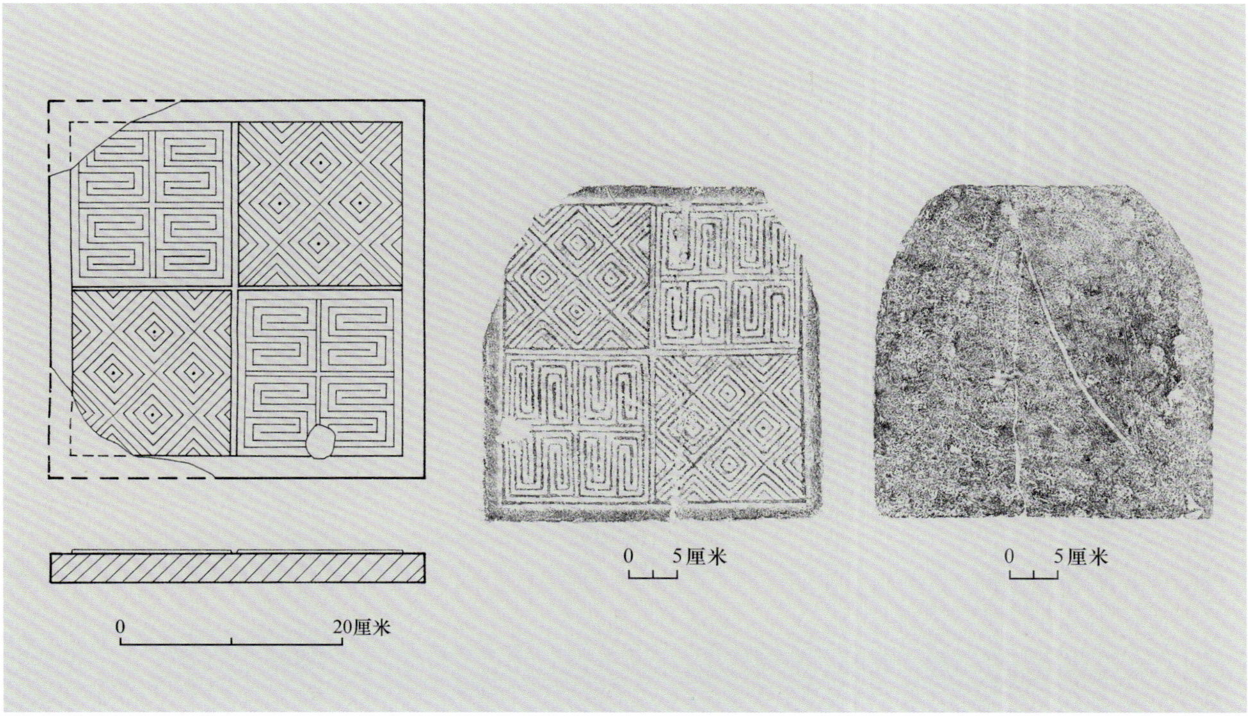

图3.415 几何纹方砖（M8：2）线图及正、背面拓片

图3.416　几何纹方砖（M8：3）正、背、侧面照片

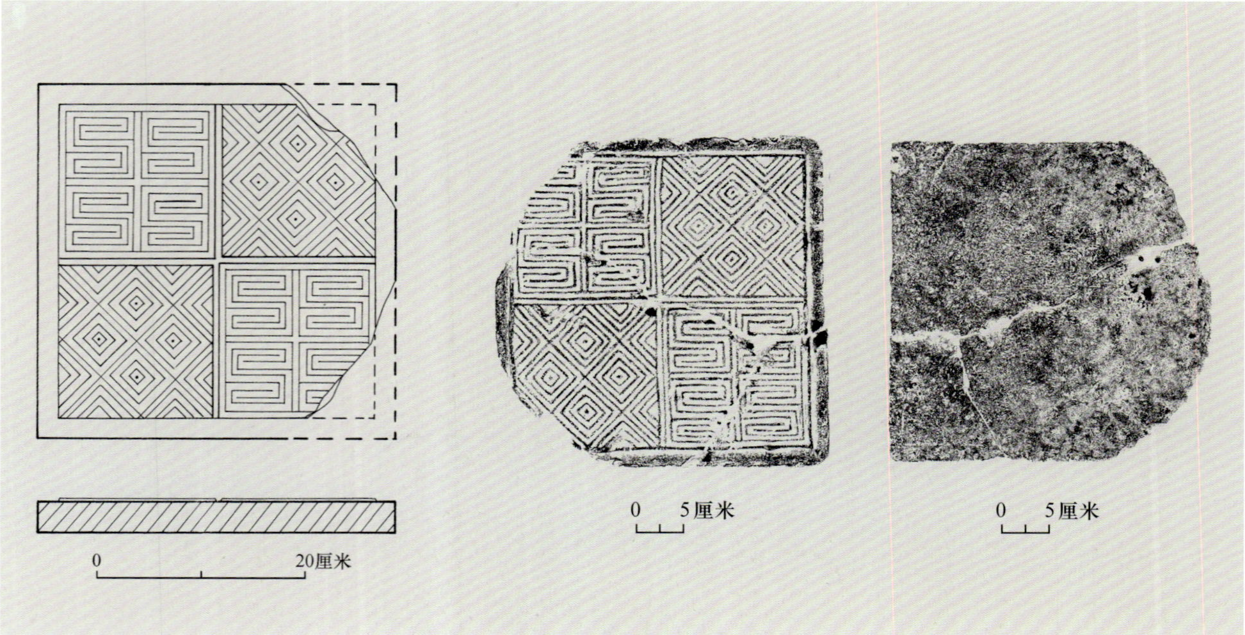

图3.417　几何纹方砖（M8：3）线图及正、背面拓片

图3.418 Ca10型板瓦（M8：7）表、内面照片

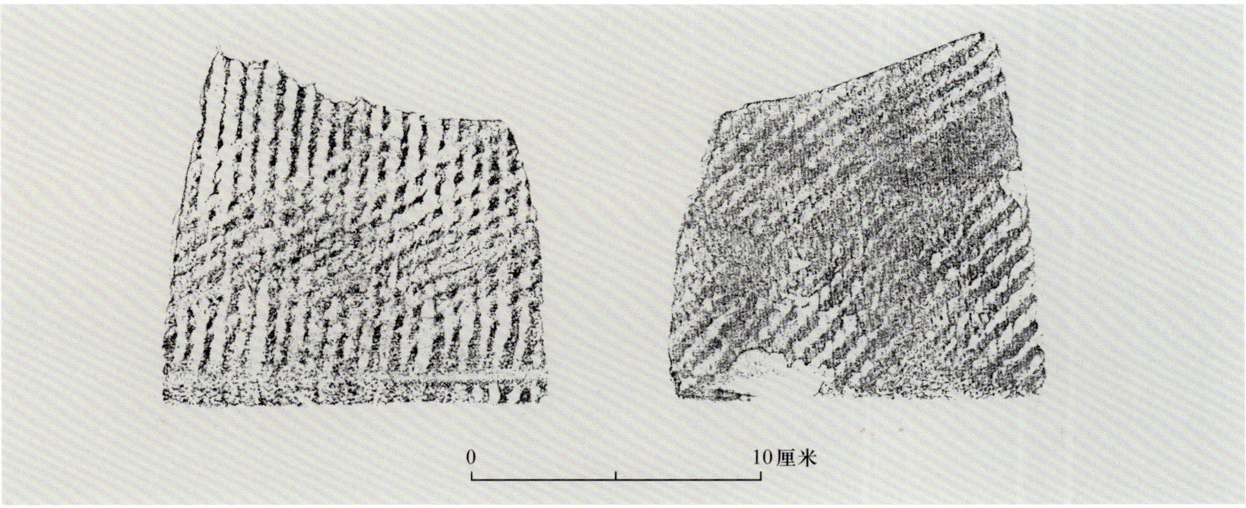

图3.419 Ca10型板瓦（M8：7）表、内面拓片

图3.420 Cb2型板瓦（M8：4）表、内面照片

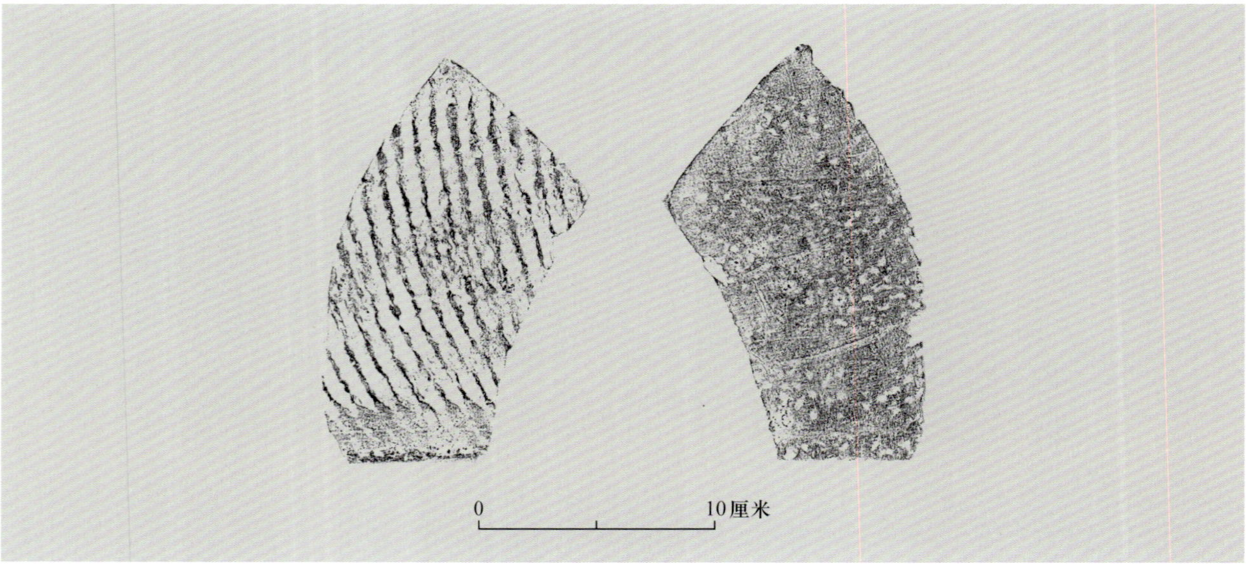

图3.421 Cb2型板瓦（M8：4）表、内面拓片

图3.422 Cb4型板瓦（M8：5）表、内面照片

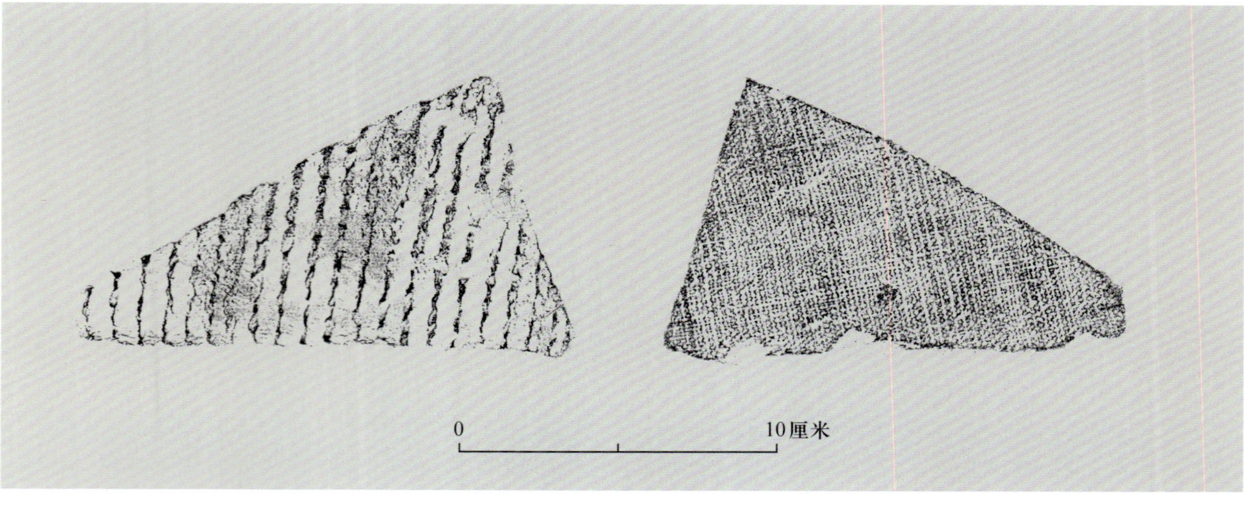

图3.423 Cb4型板瓦（M8：5）表、内面拓片

图3.424 Cb4型板瓦（M8：6）表、内面照片

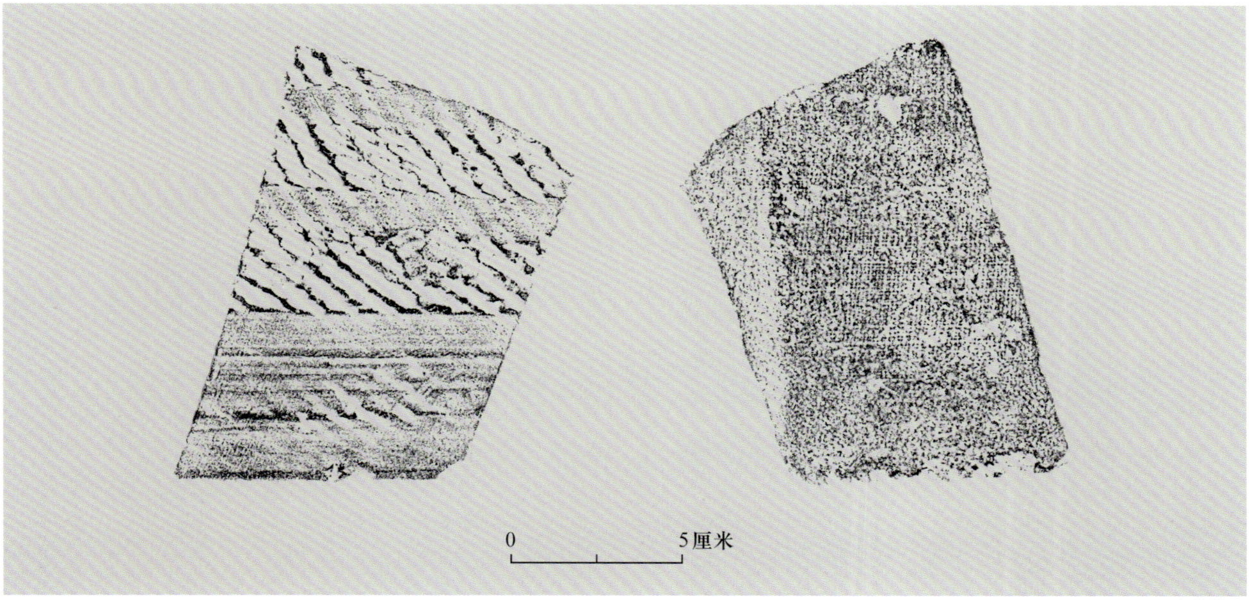

图3.425 Cb4型板瓦（M8：6）表、内面拓片

Cb10型 1件。M8：8，残。瓦呈灰色。表面饰粗斜绳纹，内面饰抹平绳纹。残长9、残宽14.6、厚1.3厘米（图3.426、图3.427）。

筒瓦 2件。属Cc4型。

M8：9，残。瓦呈灰色。表面饰粗直绳纹，内面饰布纹，瓦唇后有绳纹抹平部分，宽6厘米。残长20、残宽10、厚1厘米，瓦唇长4、厚1.5厘米（图3.428、图3.429）。

M8：10，残。瓦呈灰色。表面饰粗直绳纹，内面饰布纹，瓦唇后有绳纹抹平部分，宽3厘米。残长17、残宽10.5、厚1.3厘米，瓦唇长3.5、厚1.6厘米（图3.430、图3.431）。

图3.426　Cb10型板瓦（M8：8）表、内面照片

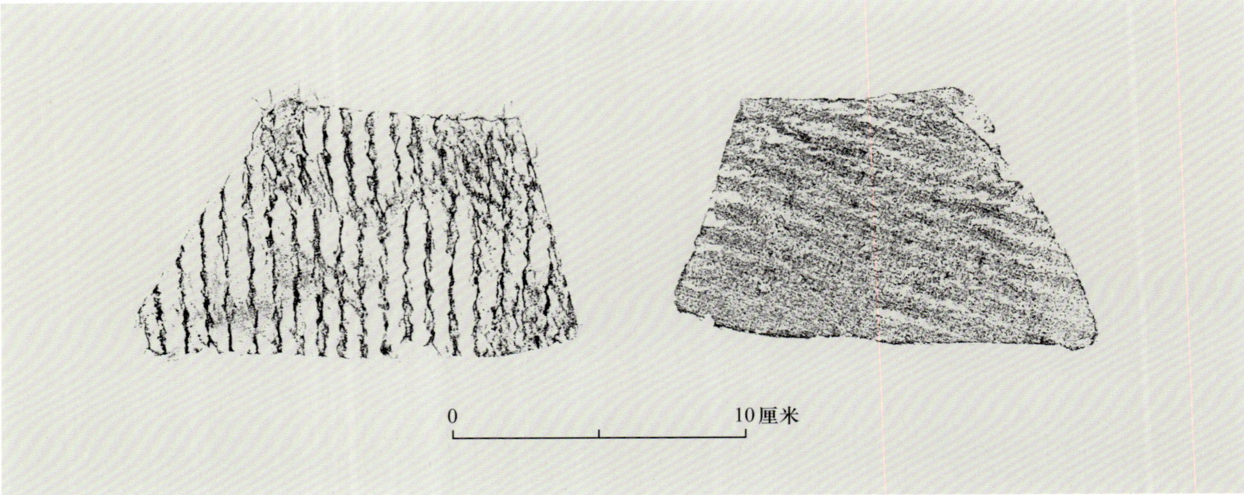

图3.427　Cb10型板瓦（M8：8）表、内面拓片

图3.428　Cc4型筒瓦（M8：9）表、内面照片

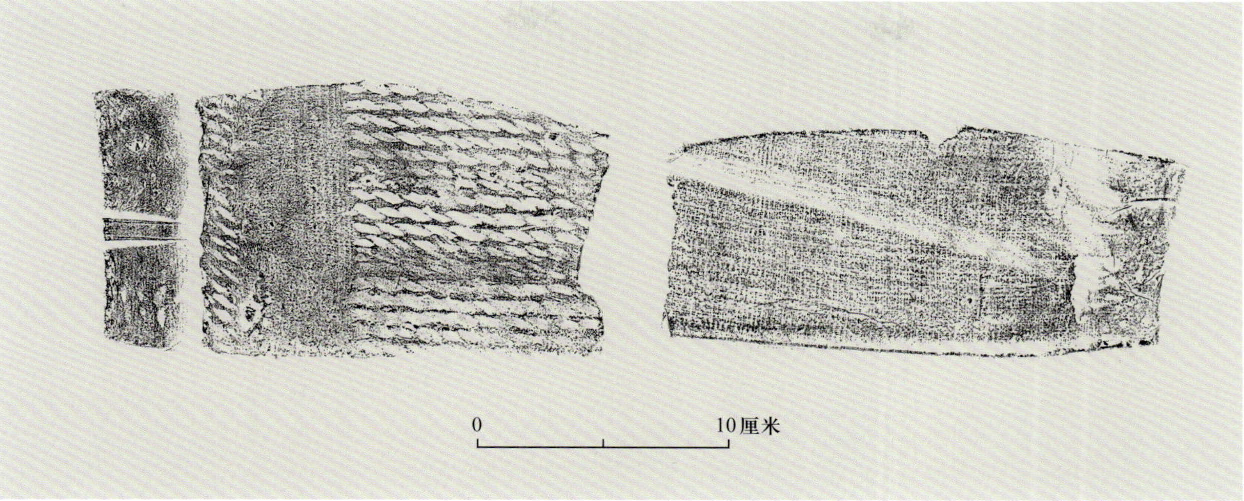

图3.429 Cc4型筒瓦（M8：9）表、内面拓片

图3.430 Cc4型筒瓦（M8：10）表、内面照片

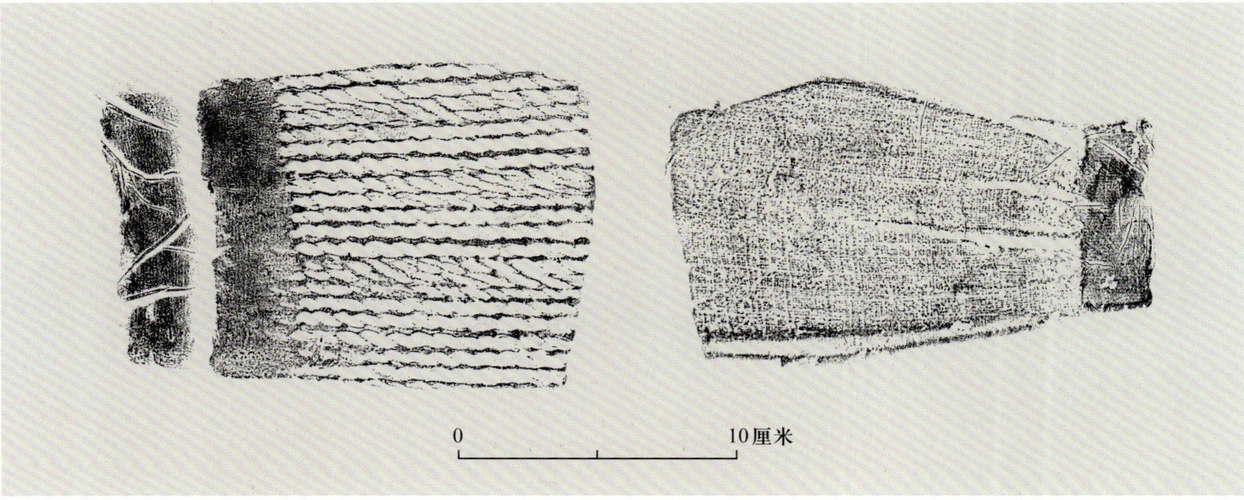

图3.431 Cc4型筒瓦（M8：10）表、内面拓片

4. M11

位于T2东北部，开口于第5a层下。梯形竖穴土坑墓，直壁，平底。口距地表深约2.26米，口东西0.86～0.98、南北0.8、深0.4米。葬具为一节陶管道，两端用泥质灰陶缸残片作挡，东西64、最大直径29厘米。在陶管道内清理出一基本完整的人骨，推测为6～8个月的婴儿。侧身屈肢，人骨头向水管小端，面朝右，通长37厘米。除葬具外未见其他随葬品（图3.432、图3.433）。时代应为西汉晚期至新莽时期。

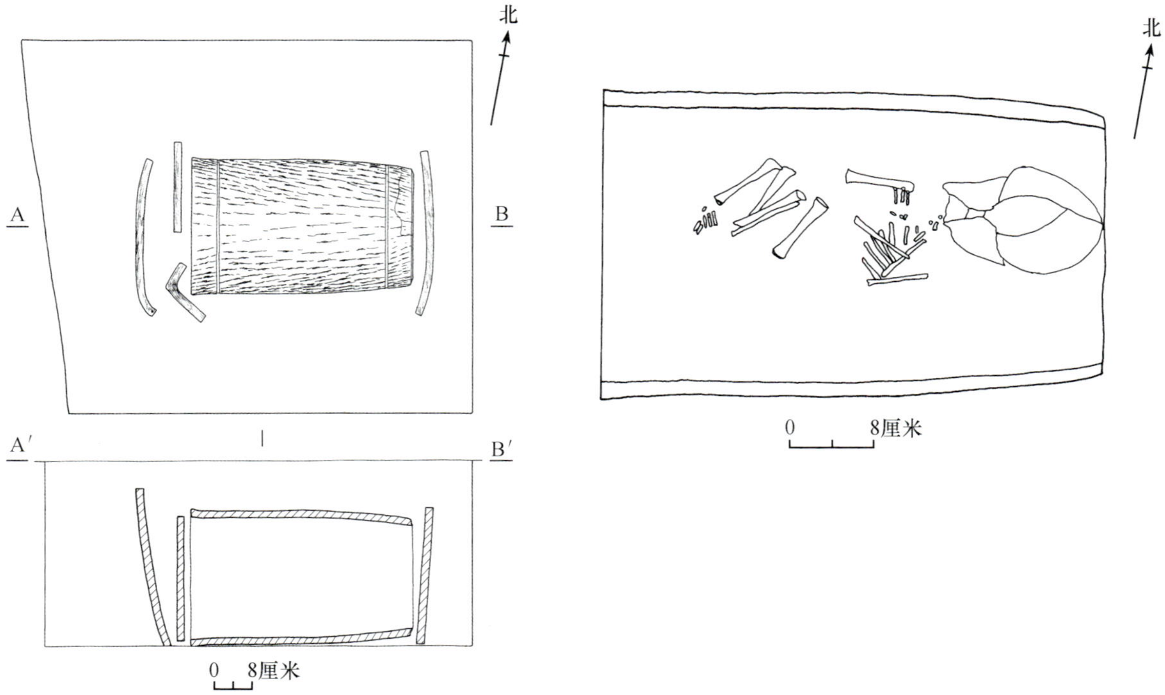

图3.432 M11平、剖面图与人骨平面图

图3.433 M11整取前全景照

陶管道 1件。M11：1，可复原。管道呈灰色。管道表面饰粗绳纹，内面饰小菱形纹、麻点纹，内面泥条盘筑痕迹明显。分粗、细两端，粗端绳纹抹平部分宽2厘米，细端绳纹抹平部分宽2厘米。管道两端各有一周凹弦纹，将表面纹饰划分为三部分，凹弦纹宽0.5厘米。长46.3、细端外径24.5、粗端外径29、厚1.1～1.5厘米（图3.434、图3.435）。

图3.434 陶管道（M11：1）表、内、侧面照片

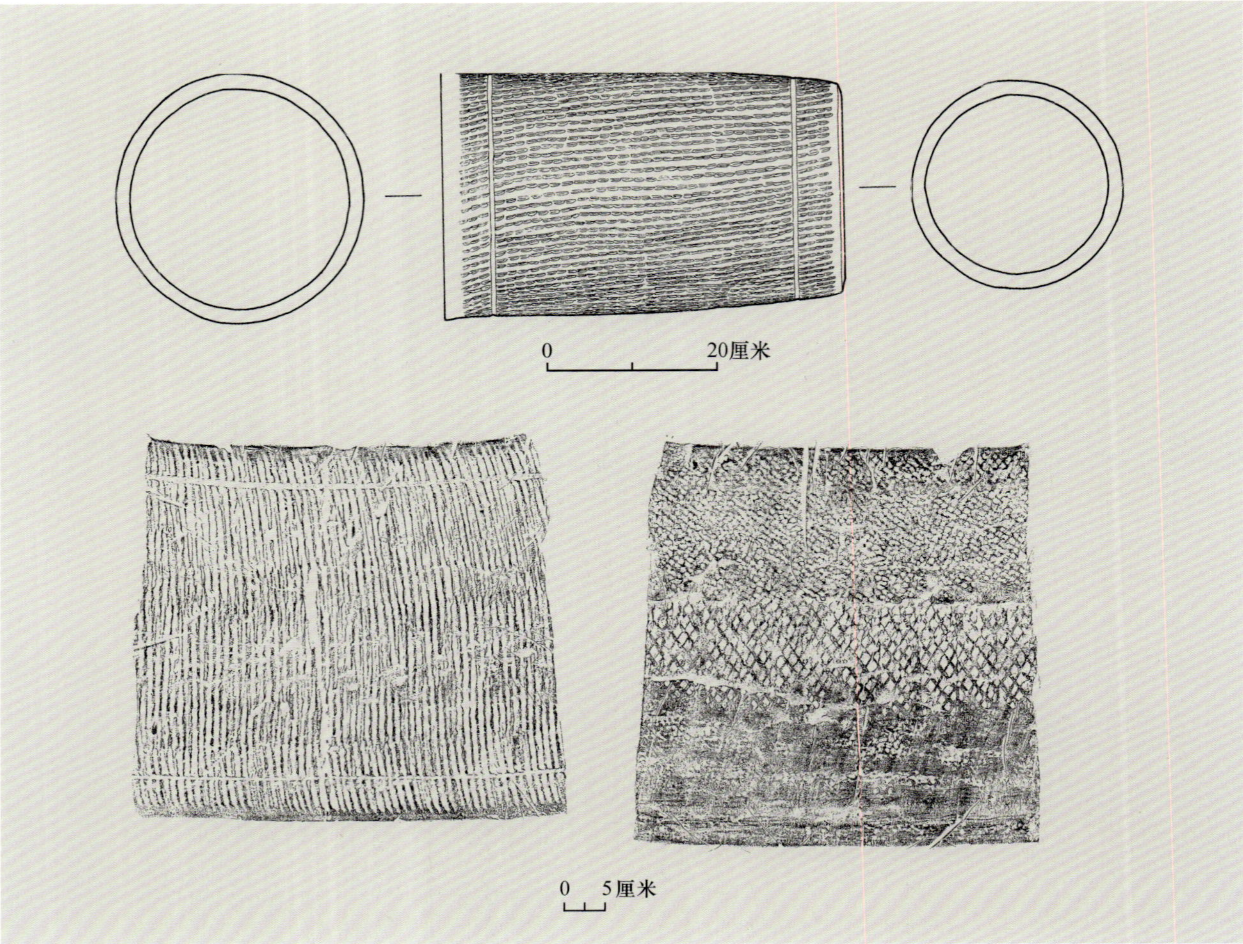

图3.435　陶管道（M11：1）线图与表、内面拓片

陶缸　2件。

M11：2，残。泥质灰陶。斜弧腹，平底。表面饰篮纹，内部工具加工痕迹明显。底部复原径48、残高30、厚1.1、腹厚1厘米（图3.436、图3.437）。

M11：3，残。泥质灰陶。斜弧腹，平底。表面饰篮纹，内部工具加工痕迹明显。底部复原径50、残高8、厚1.2、腹厚1.3厘米（图3.438、图3.439）。

5. M12

位于T2东北部，开口于第5a层下。长方形竖穴土坑墓，直壁，平底。口距地表深约2.26米，口东西0.87、南北0.64、深0.4米。葬具为一节陶管道，两端用陶器盖、陶盆作挡。在陶管道内仅发现少量人骨残渣。除葬具外未见其他随葬品（图3.440）。时代应为西汉晚期至新莽时期。

陶管道　1件。M12：1，可复原。管道呈灰色。管道表面饰粗绳纹，内面饰麻点纹，内面泥条盘筑痕迹明显。分粗、细两端，粗端绳纹抹平部分宽6厘米，细端绳纹抹平部分宽6米。长52.4、细端外径20、粗端外径25.2、厚1.1～1.5厘米（图3.441、图3.442）。

陶盆　1件。M12：2-1，可复原。泥质灰陶。侈口，斜腹，平底。内壁有轮制痕迹。口径32.4、底径17.2、高7.8厘米（图3.443、图3.444）。

图3.436　陶缸（M11：2）外、内、侧面照片

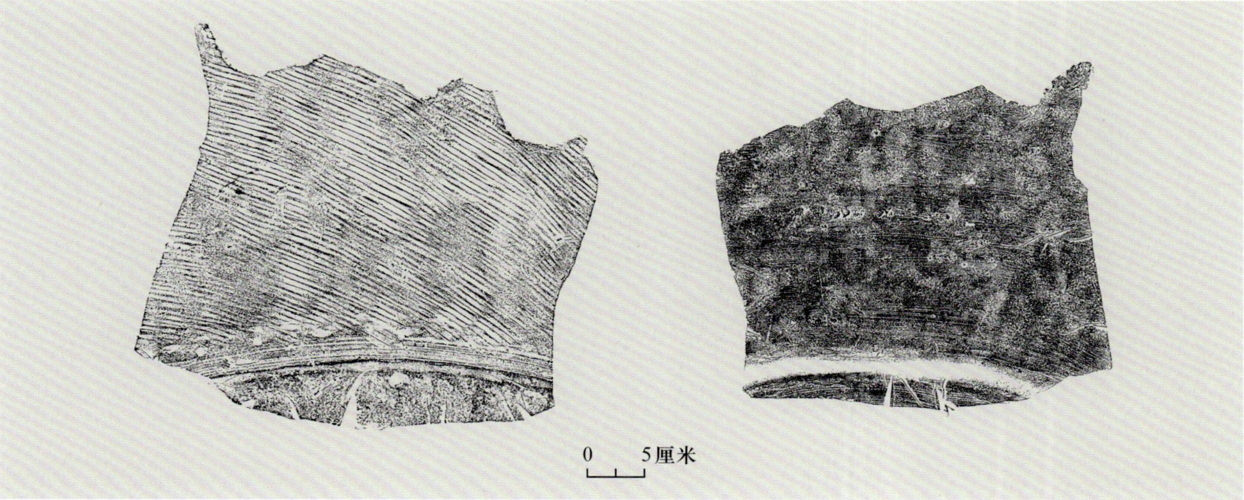

图3.437　陶缸（M11：2）外、内面拓片

图3.438　陶缸（M11：3）外、内、侧面照片

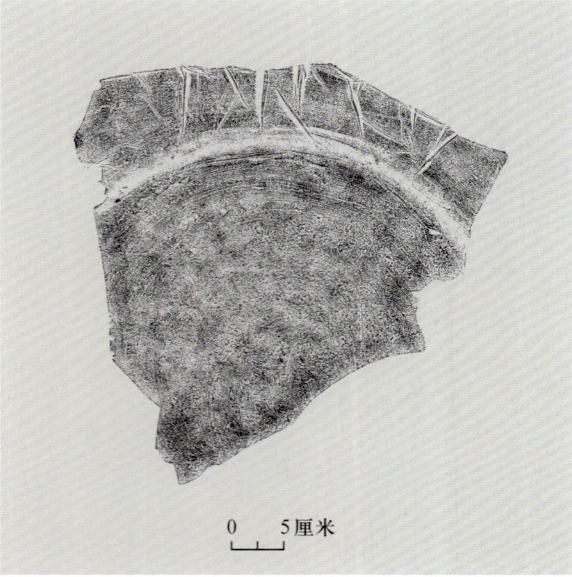

图3.439　陶缸（M11：3）侧底拓片

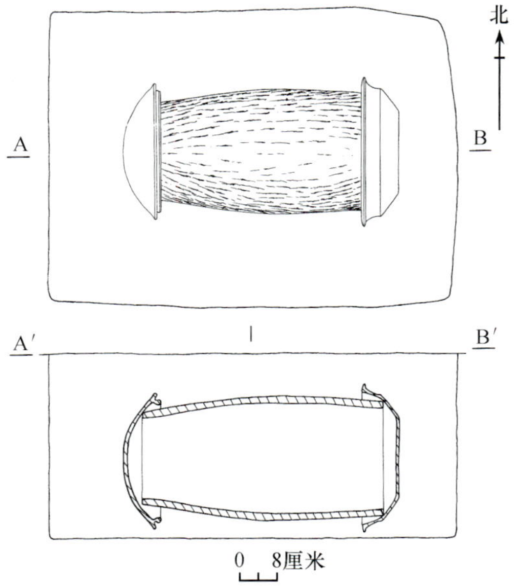

图3.440　M12平、剖面图

图3.441 陶管道（M12：1）照片正、侧面照片

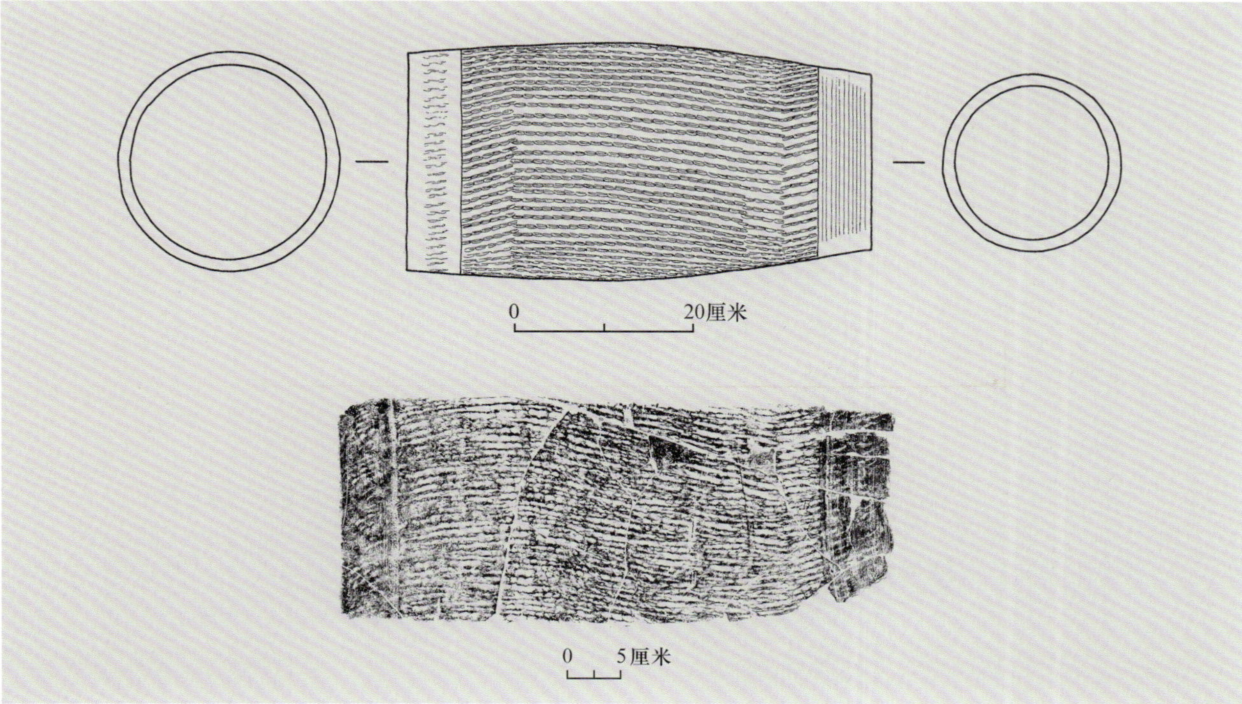

图3.442 陶管道（M12：1）线图、拓片

图3.443　陶盆（M12：2-1）照片

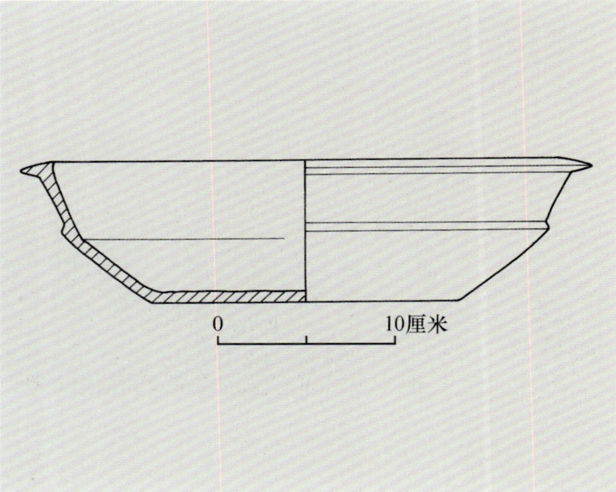

图3.444　陶盆（M12：2-1）线图

陶器盖　1件。M12：2-2，可复原。直口，斜腹，圜底。表面有网格纹。口径26、高7.8厘米。（图3.445、图3.446）。

图3.445　陶器盖（M12：2-2）外、内、侧面照片

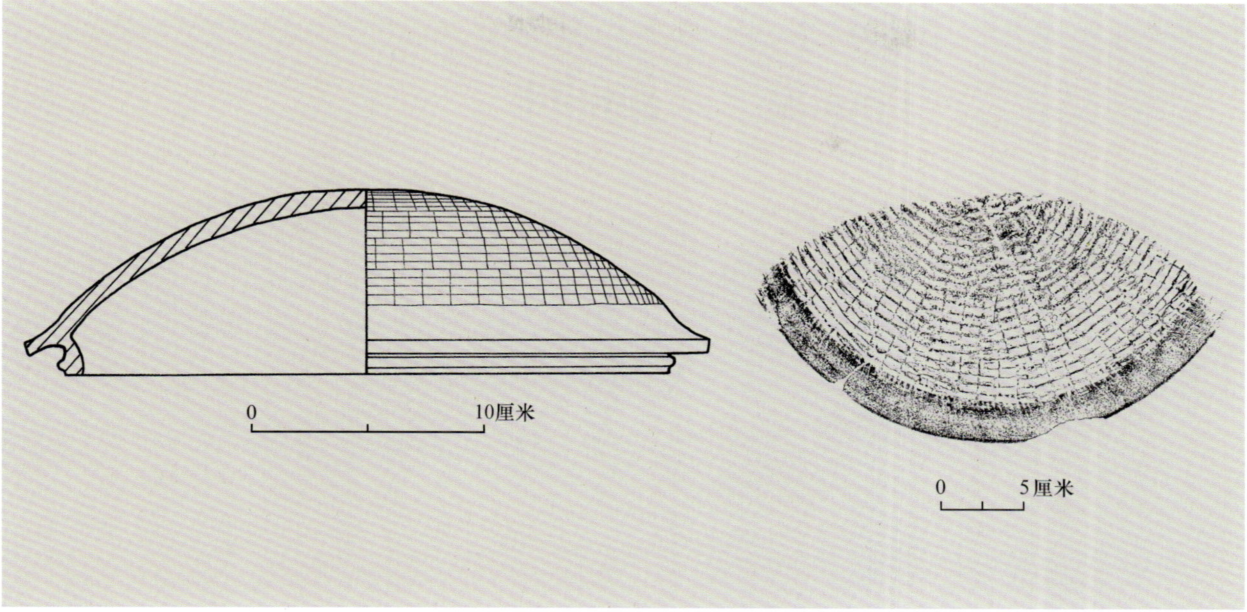

图3.446 陶器盖（M12：2-2）线图、拓片

6. M13

位于T2东北，东临M21、东南临M12，开口于第5a层下。长方形竖穴土坑墓，直壁，平底。口距地表深约2.5米，口南北0.76、东西0.5～0.52、深0.32米。葬具为陶棺，呈圆角长方形，泥质灰陶，以两块几何纹方砖为盖。南北长74、宽37、高24～26厘米。陶棺内仅发现少量人骨残渣。除葬具外未见其他随葬品（图3.447、图3.448）。时代应为西汉晚期至新莽时期。

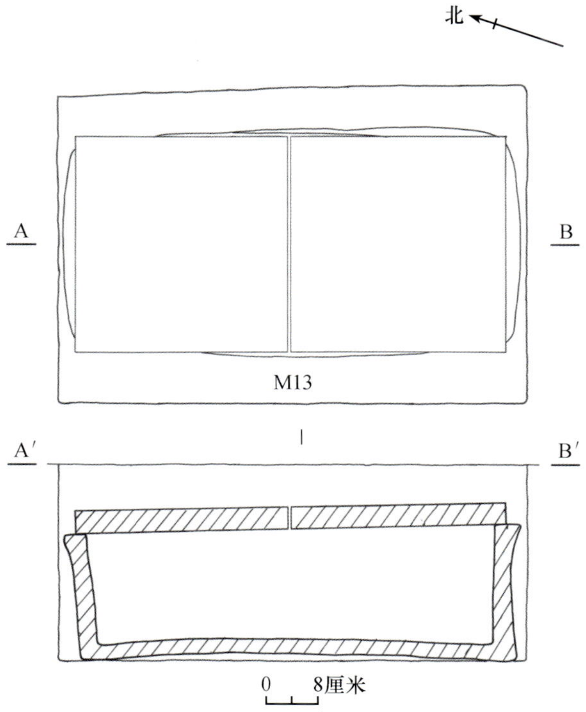

图3.447 M13平、剖面图

图3.448　M13全景照

陶棺　1件。可复原。M13：1，圆角长方形。棺外面饰特粗斜绳纹，内壁饰方格纹，纹饰局部被磨平。长74.5、宽37、高21.6厘米（图3.449、图3.450）。

几何纹方砖　2件。

M13：2，可复原。边长34.5、厚4厘米（图3.451、图3.452）。

M13：3，可复原。边长34.5、厚4厘米（图3.453、图3.454）。

7. M14

位于T2东扩方东北部，开口于第4层下，被M8打破，并打破L2及第5a、5b层。东西向。竖穴土坑墓，平面呈长方形，直壁，底近平。口距地表深2.4米，口东西1.76、南北0.46～0.56、深0.06米。填土呈褐色，土质松软，结构疏松。人骨一具，仰身直肢，头向西，面向南，骨架保存不完整。未发现葬具痕迹（图3.455、图3.456）。时代应晚于新莽天凤元年。

8. M15

位于T2西侧，西部延伸出探方，开口于第4层下，打破H36、Q1。东西向。竖穴土坑墓，平面呈长方形，直壁，底近平。口距地表深1.58米，口南北0.96、东西发掘长0.68（西侧因征地限制，无法扩方）、深0.33米。人骨一具，仰身直肢，头朝东，面向北，保存完整。未发现葬具痕迹。墓底东端随葬陶罐3件。填土呈褐色，土质松软，结构疏松（图3.457、图3.458）。时代应晚于新莽天凤元年。

图3.449 陶棺（M13：1）正、侧面照片

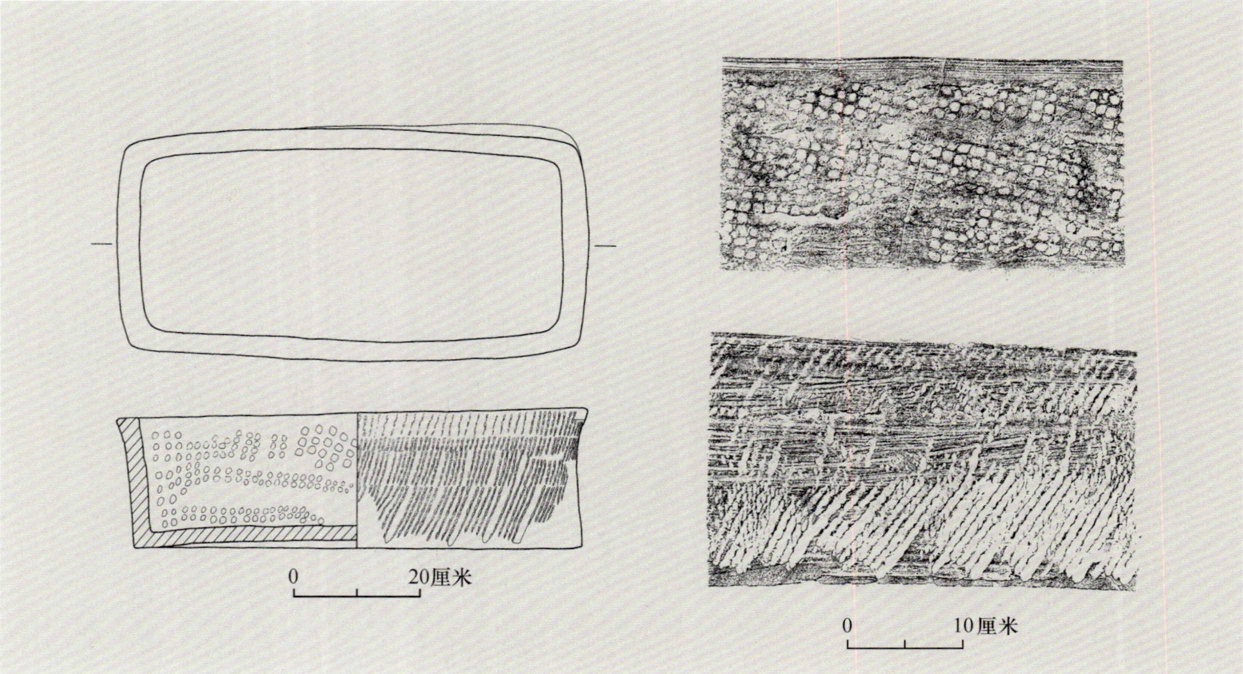

图3.450　陶棺（M13：1）线图与外、内面拓片

图3.451　几何纹方砖（M13：2）正、背、侧面照片

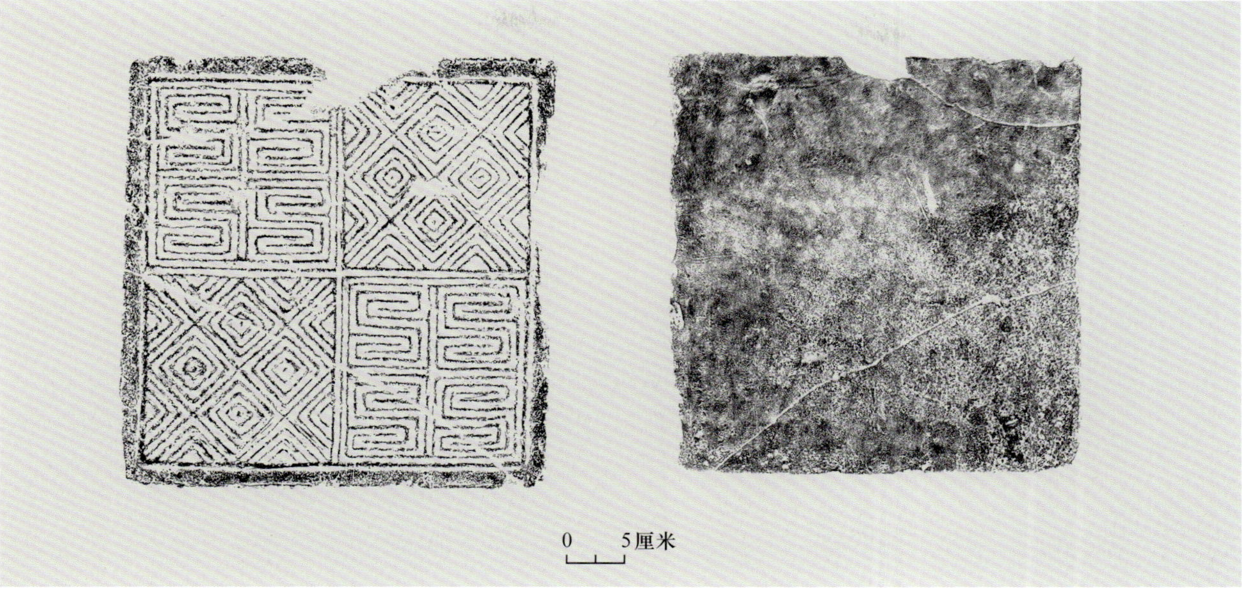

图3.452 几何纹方砖（M13：2）正、背面拓片

图3.453 几何纹方砖（M13：3）正、背、侧面照片

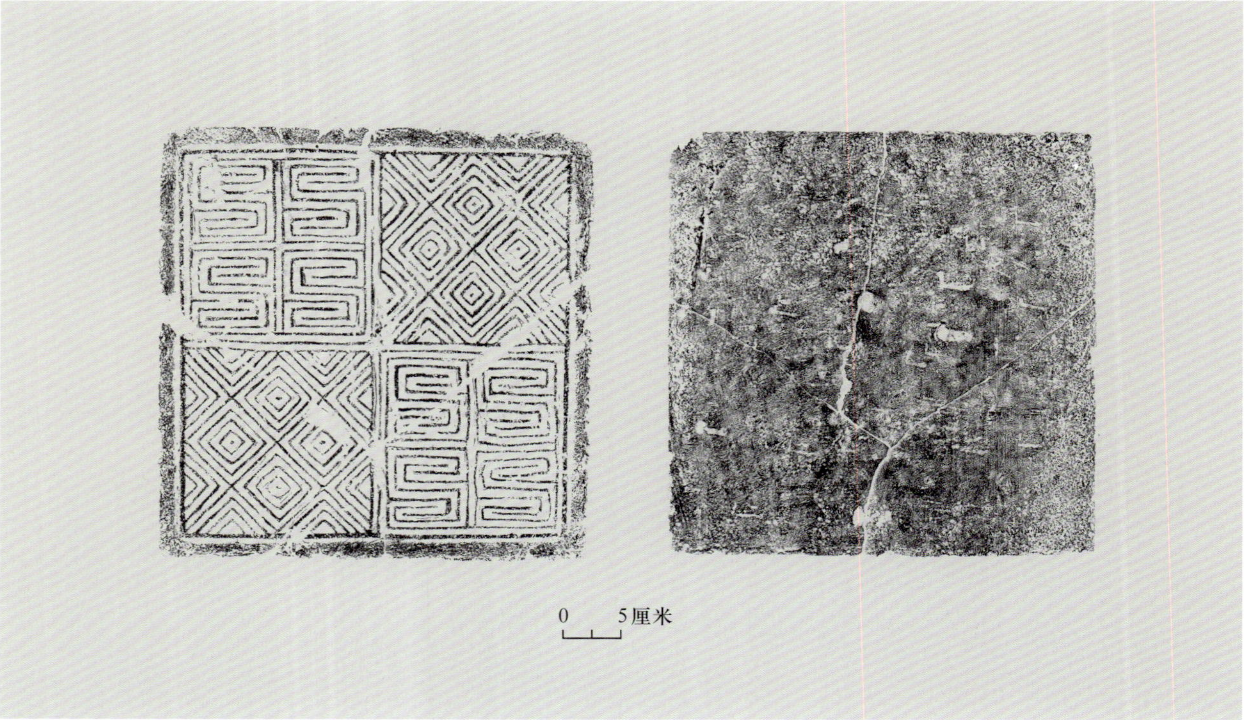

图3.454 几何纹方砖（M13：3）正、背面拓片

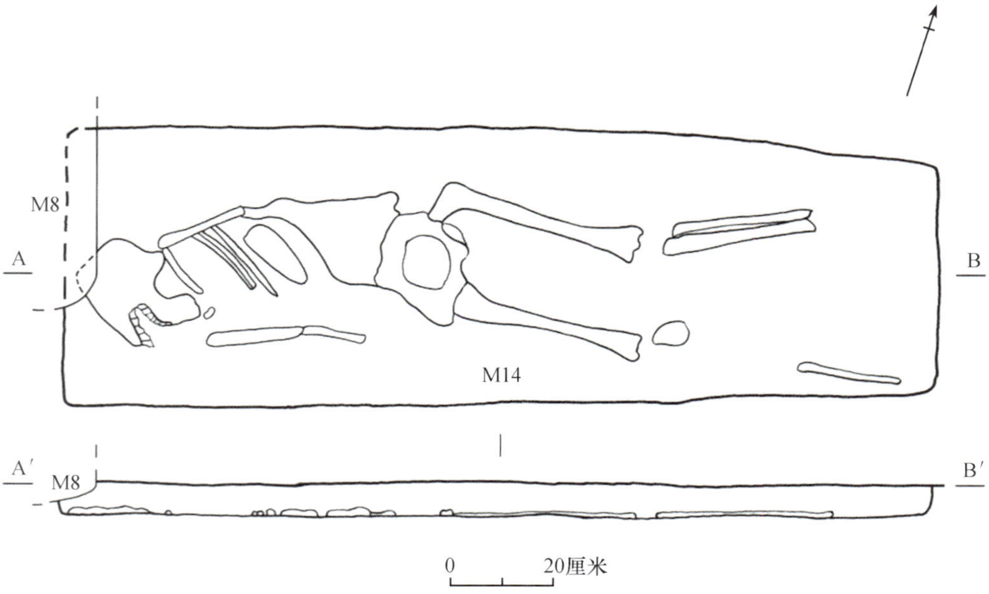

图3.455 M14平、剖面图

图3.456 M14全景照

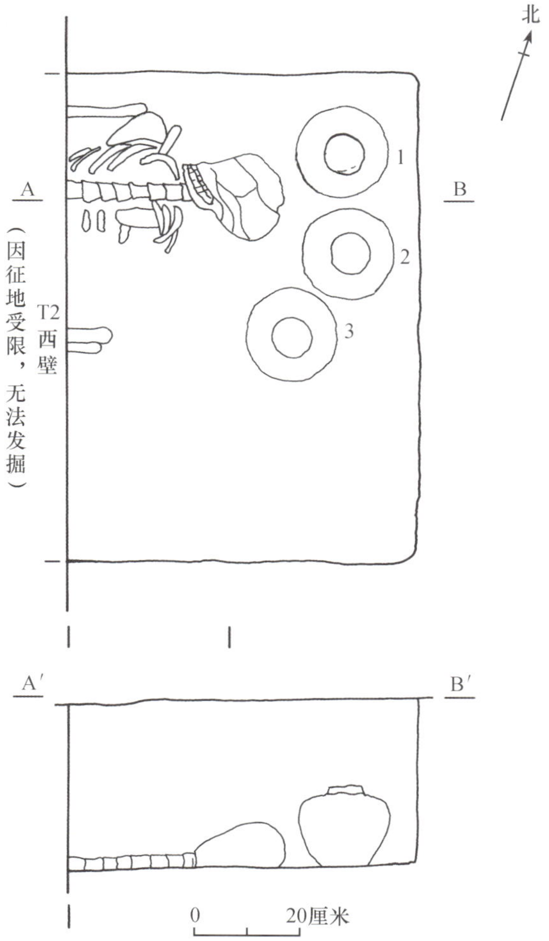

图3.457 M15平、剖面图
1～3. 陶罐

图3.458　M15全景照

陶罐　3件。均为泥质灰陶。矮领，圆肩，鼓腹下腹斜收，平底上凸。最大腹径在器上部。素面。口部略有差异。

M15：1，可复原。方唇，近直口。口径10、底径10.3、高18.8、沿宽1、腹径21.5、壁厚1厘米（图3.459、图3.460；彩版37；图版37）。

M15：2，完整。斜方唇，近直口。口径8.3、底径8.8、高15.8、沿宽0.9、腹径18.2、壁厚0.9厘米（图3.461、图3.462；彩版38；图版38）。

M15：3，完整。方唇，直口。口径8.8、底径8.5、高16、沿宽1、腹径18.2、壁厚0.9厘米（图3.463、图3.464；彩版39；图版39）。

图3.459　陶罐（M15：1）出土、正面照片

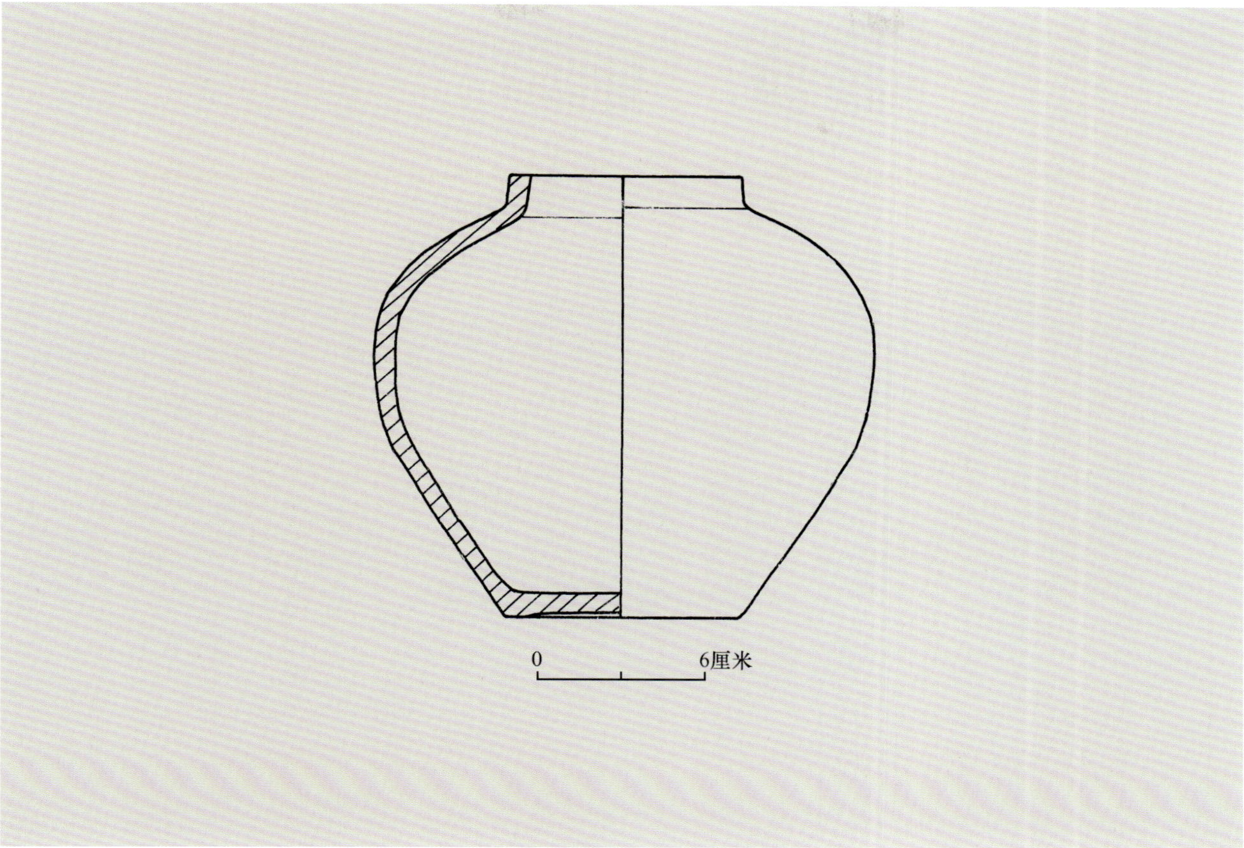

图3.460 陶罐（M15：1）线图

图3.461 陶罐（M15：2）出土、正面照片

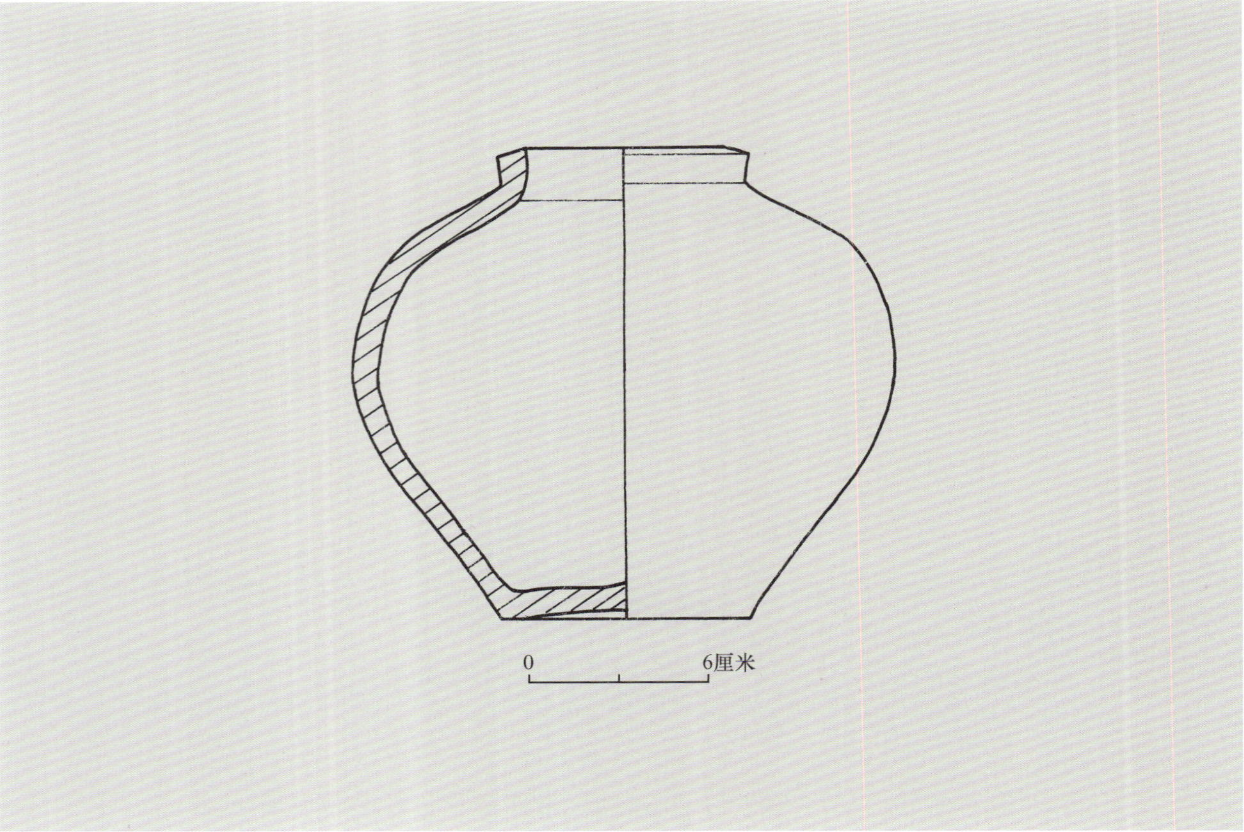

图3.462　陶罐（M15：2）线图

图3.463　陶罐（M15：3）出土、正面照片

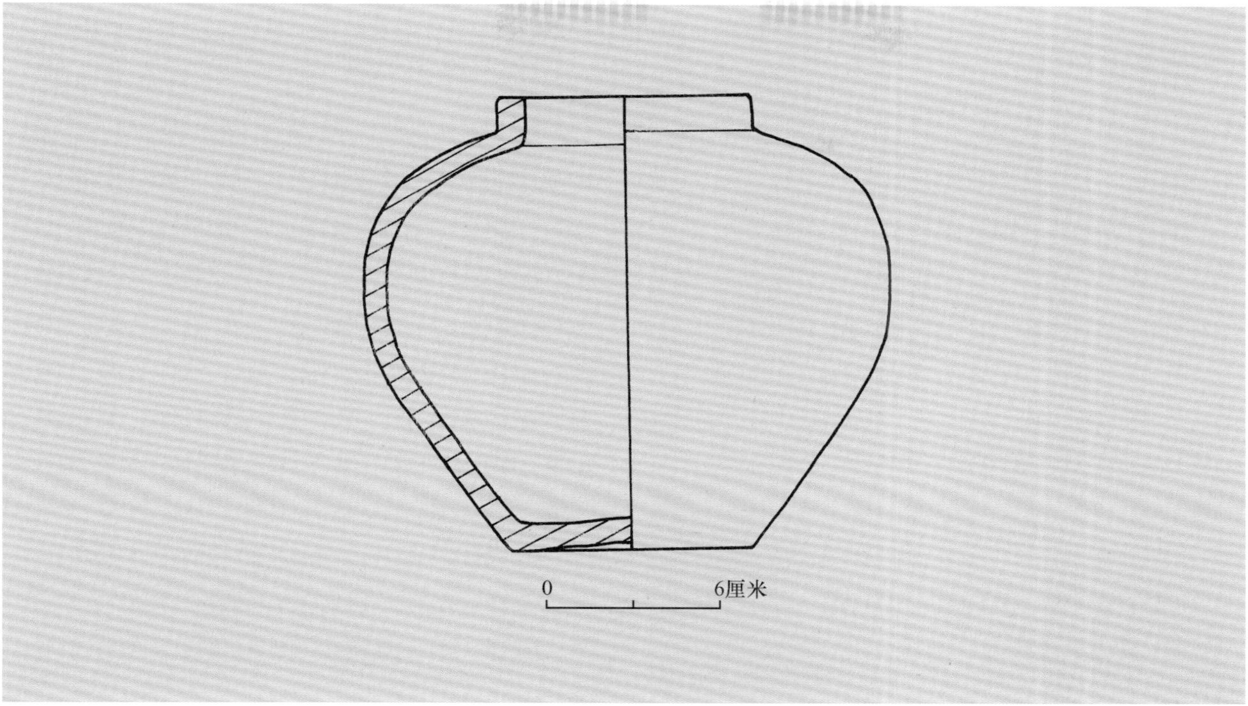

图3.464 陶罐（M15：3）线图

9. M16

位于T2扩方中部，开口于第4层下，被H25和M6打破，并打破第5a、5b层。东西向。竖穴土坑墓，平面呈长方形，直壁，底两端高中间低。口距地表深2.4米，口东西1.75、南北0.52～0.56、深0.1～0.16米。人骨一具，仰身直肢，头朝东，面向南，骨架保存完整，但已酥散，不易完整提取，为25岁左右的男性。未发现葬具痕迹。土质松软，结构疏松，填土为褐色（图3.465、图3.466）。时代应晚于新莽天凤元年。

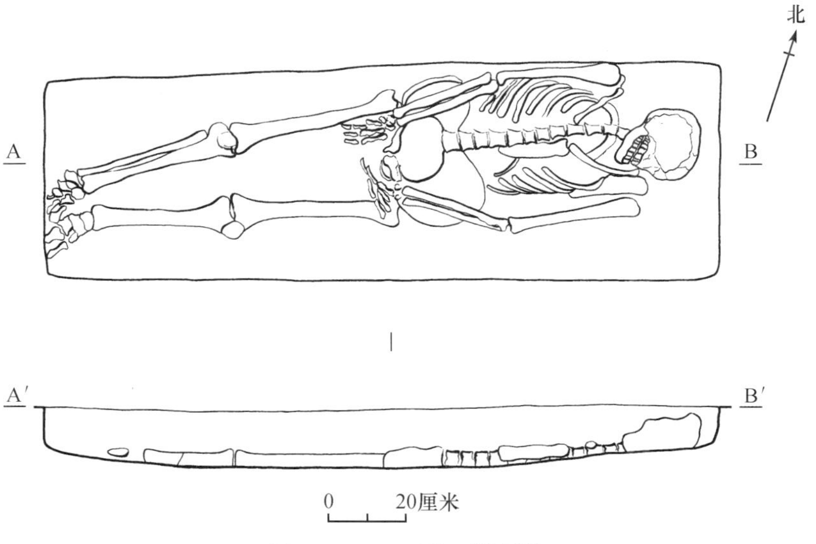

图3.465 M16平、剖面图

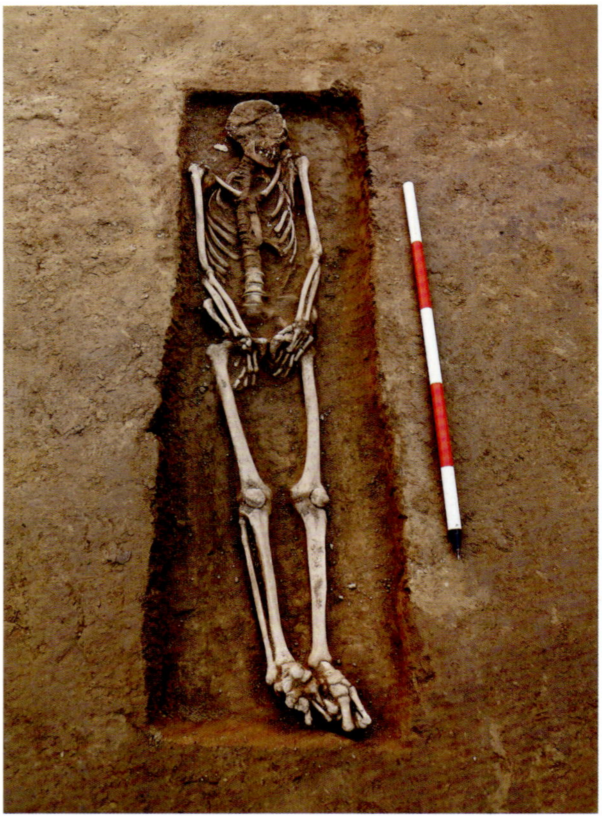

图3.466　M16全景照

10. M18

位于T2中部，西部延伸出探方（西部因征地限制，无法发掘），开口于第4层下，打破L5、H36、H37、Q1。东西向。竖穴土坑墓，平面呈长方形，壁直，底近平。口距地表深1.5米，口东西1.46、南北0.61、深0.51米。填土呈褐色，土质松软，结构疏松。人骨一具，仰身直肢，头朝东，面向北，骨架保存完整，但已酥散，不易完整提取。未发现葬具痕迹。在人骨北侧肘关节处出土3枚铜钱（图3.467、图3.468）。时代应晚于新莽天凤元年。

五铢　3枚。均为方孔圆形，光背。

M18：1，直径2.5、穿宽1、厚0.2厘米（图3.469、图3.470）。

M18：2，直径2.5、穿宽1、厚0.2厘米（图3.471、图3.472）。

M18：3，残。直径2.5、穿宽1、厚0.2厘米（图3.473、图3.474）。

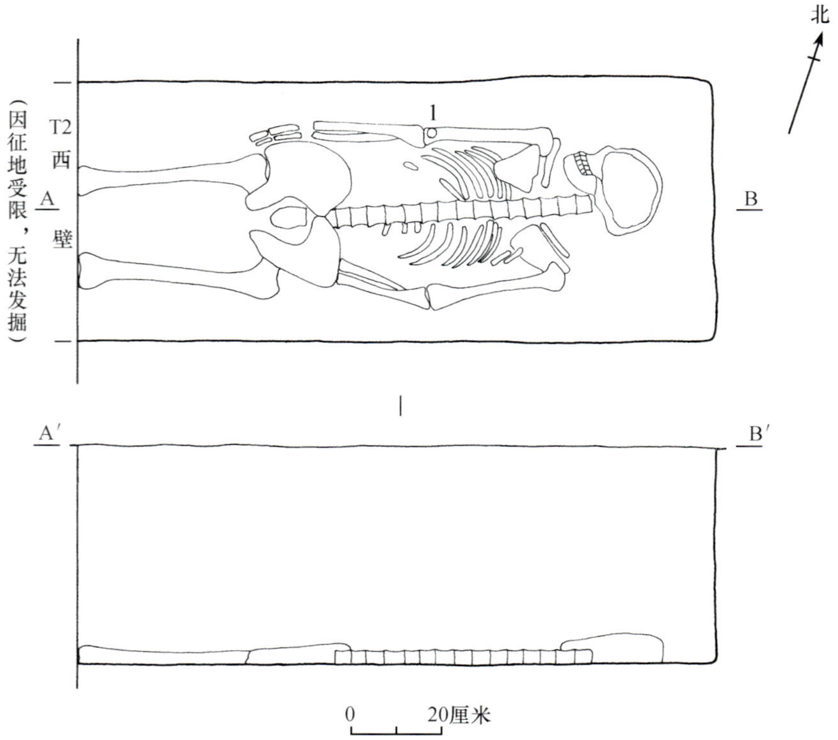

图3.467　M18平、剖面图

1. 五铢

图3.468 M18全景照

图3.469 五铢钱（M18：1）正、背面照片

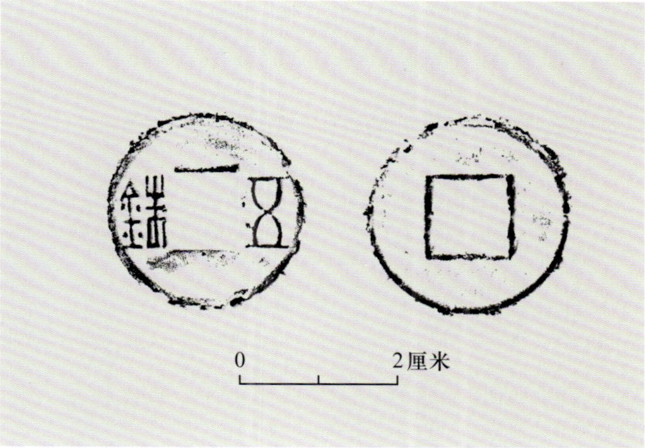

图3.470 五铢钱（M18：1）正、背面拓片

图3.471 五铢钱（M18：2）正、背面照片

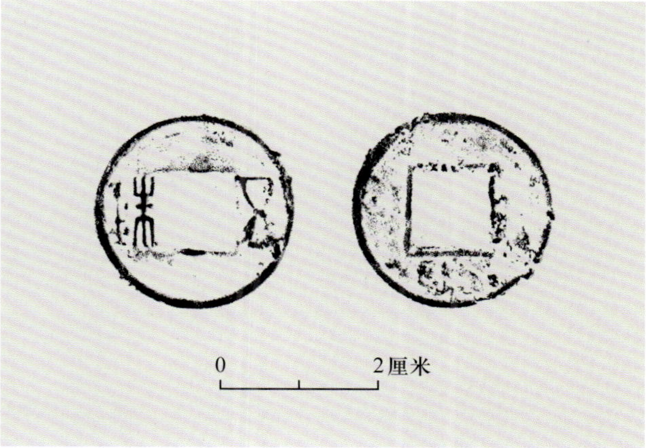

图3.472 五铢钱（M18：2）正、背面拓片

图3.473　五铢钱（M18：3）正、背面照片

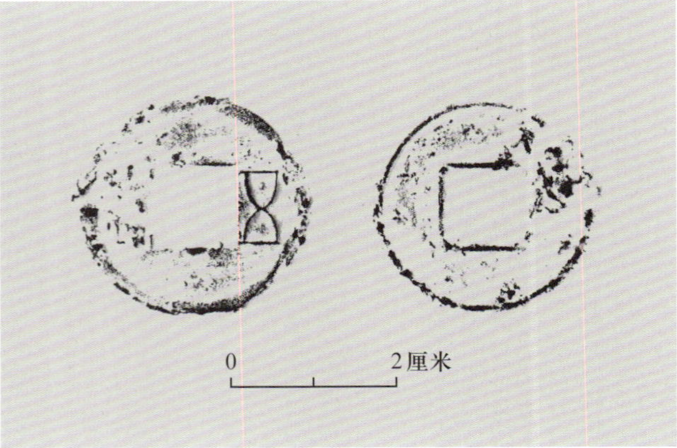

图3.474　五铢钱（M18：3）正、背面拓片

11. M20

位于T2扩方区东部，紧临东壁，开口于第5a层下，被H17打破，打破G14、M25、M26、Q1。东西向。竖穴土坑墓，平面呈长方形，直壁，底近平。口距地表深2.5米，口东西2.1、南北0.7、墓深0.3米。填土呈浅褐色，土质松软，结构疏松。人骨一具，侧身屈肢，头朝西，脚朝东，面向北，骨架保存较差，因被H17打破，盆骨、股骨和脚骨缺失。未发现葬具痕迹（图3.475）。时代应为西汉晚期至新莽时期。

12. M21

位于T2扩方北侧，东北延伸出探方，开口于第5a层下，打破Q1，并打破第5b层。东西向。竖穴土坑墓，平面呈长方形，直壁，底近平。口距地表深1.82米，口东西2.33、南北0.36～0.52、深0.75～1.06米。填土呈褐色，土质松软，结构疏松。人骨一具，仰身直肢，头朝西，脚朝东，面向南，骨架保存完整，但已酥散，不易完整提取。未发现葬具痕迹（图3.476、图3.477）。墓底西端随葬一件陶罐。时代应为西汉晚期至新莽时期。

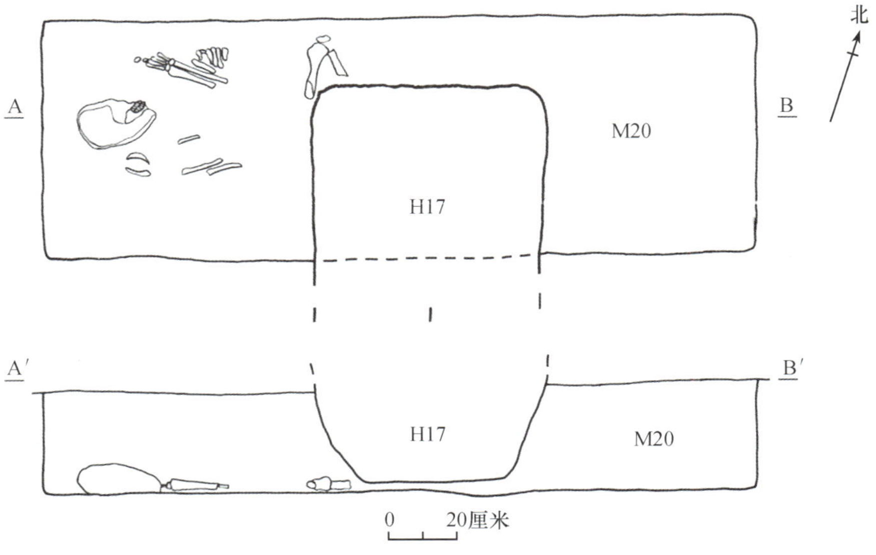

图3.475　M20平、剖面图

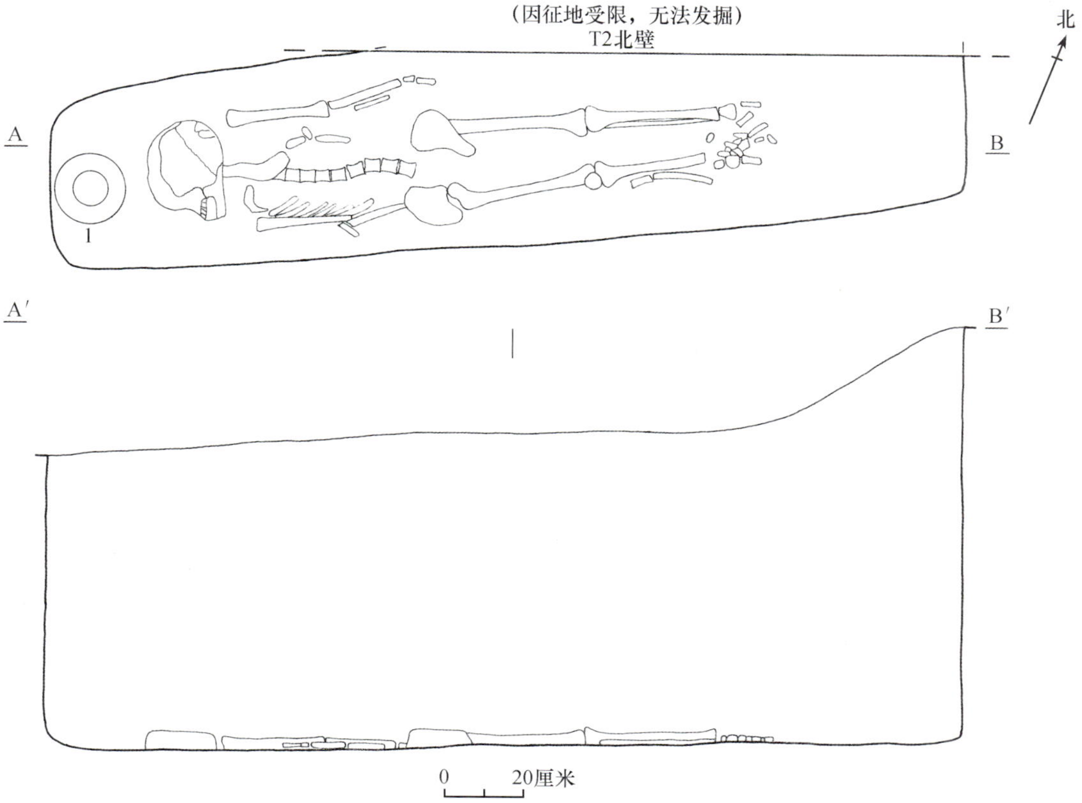

图3.476 M21平、剖面图
1. 陶罐

图3.477 M21全景照

陶罐 1件。M21：1，可复原。泥质灰陶。斜方唇，口微侈，窄平沿，圆鼓腹，腹下斜内收，平底。素面。口径8.7、腹径17.9、底径8、高15.2、腹厚0.8厘米（图3.478、图3.479；彩版40；图版40）。

图3.478　陶罐（M21：1）正面照片

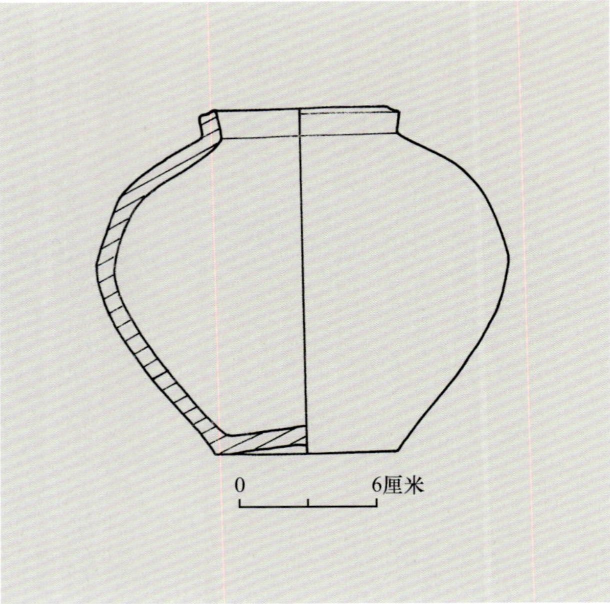

图3.479　陶罐（M21：1）线图

13. M22

位于T2扩方北部，开口于第5a层下，打破第5b层及Q1。竖穴土坑墓，平面呈长方形，直壁，平底。口距地表深1.8米，口东西长0.9、南北0.66、深0.24米。葬具为两片板瓦相扣，上面覆盖一残板瓦，两端用残板瓦作挡头，东西67、南北48、高11厘米，挡头高17～22厘米。葬具内未清理出人骨残片，应为婴幼儿墓葬。除葬具外未见其他随葬品（图3.480、图3.481）。时代应为西汉晚期至新莽时期。

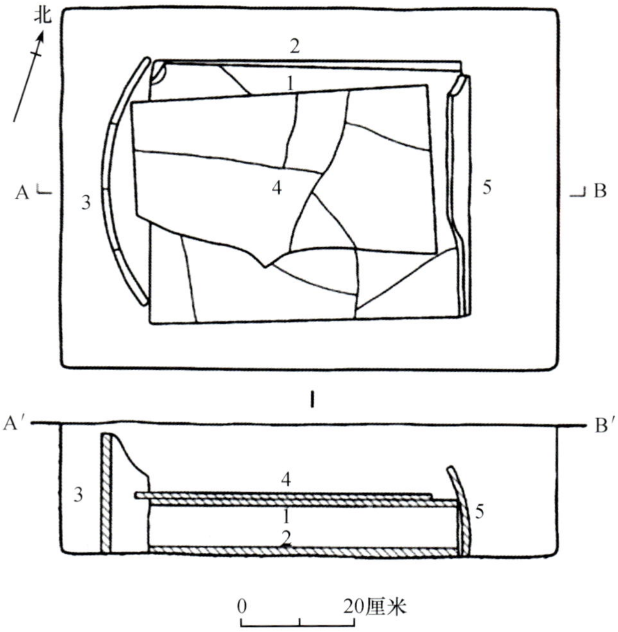

图3.480　M22平、剖面图
1～5. 板瓦

图3.481 M22全景照

弧形板瓦 4件。分二亚型。

Ca2型 3件。

M22：1，可复原。瓦呈砖红色。表面饰粗交错绳纹，内面饰麻点纹，小头部分有绳纹抹平部分，宽7厘米。长56.9、大头宽46、小头宽43.6、厚0.7～1.3厘米（图3.482、图3.483）。

图3.482 Ca2型板瓦（M22：1）表、内面照片

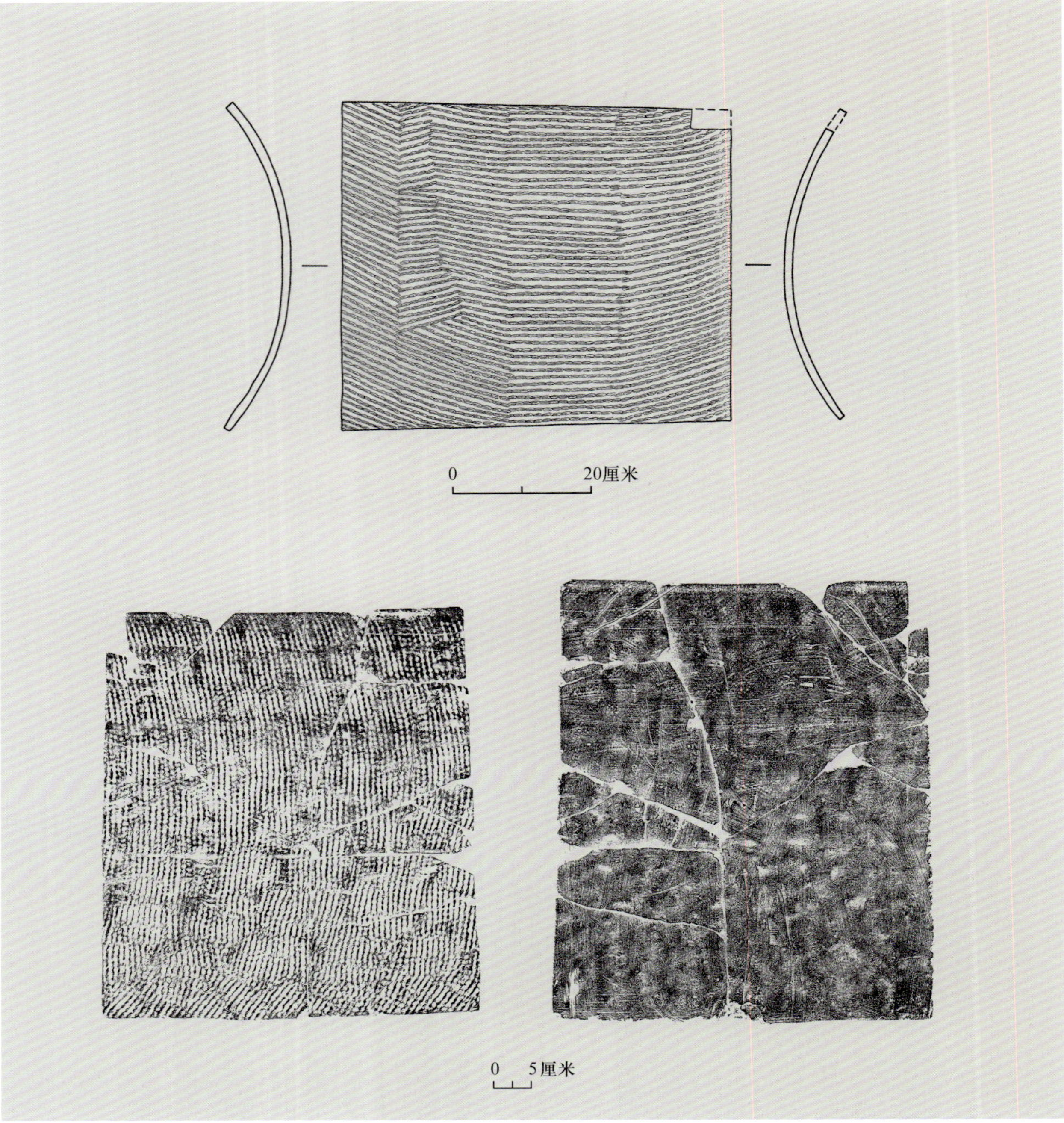

图3.483　Ca2型板瓦（M22：1）线图与表、内面拓片

M22：2，可复原。瓦呈砖红色。表面饰粗交错绳纹，内面饰麻点纹，工具加工痕迹明显，小头部分有绳纹抹平部分，宽7厘米。长56、大头宽45、小头宽42.8、厚1～1.3厘米（图3.484、图3.485）。

M22：4，残。瓦呈深灰色。表面前部饰粗直绳纹，局部磨平，后部为粗斜绳纹，内面饰大、小麻点纹。长53.3、残宽32、厚1.1厘米（图3.486、图3.487）。

Cc1型　1件。M22：3，残。表面饰粗斜绳纹，内面素面。残长44.3、宽24.5、厚1.06厘米（图3.488、图3.489）。

图3.484 Ca2型板瓦（M22：2）表、内面照片

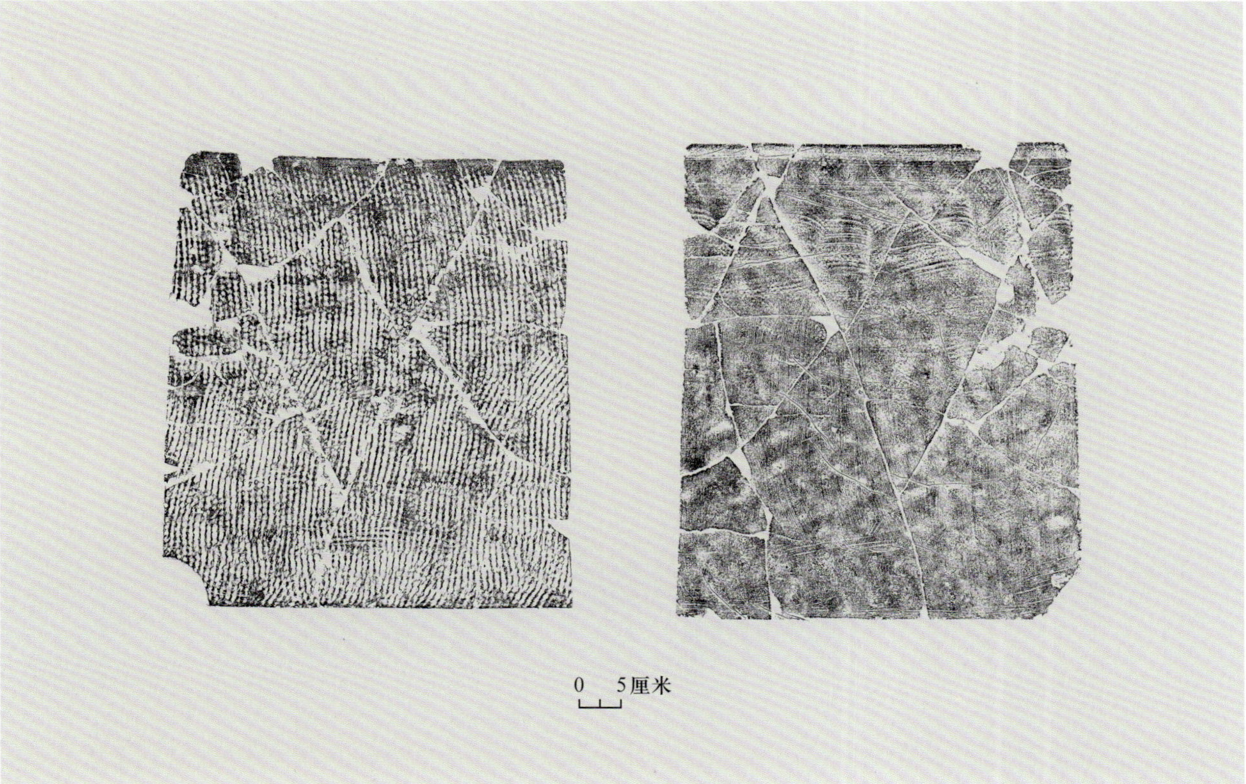

图3.485 Ca2型板瓦（M22：2）表、内面拓片

图3.486　Ca2型板瓦（M22：4）表、内面照片

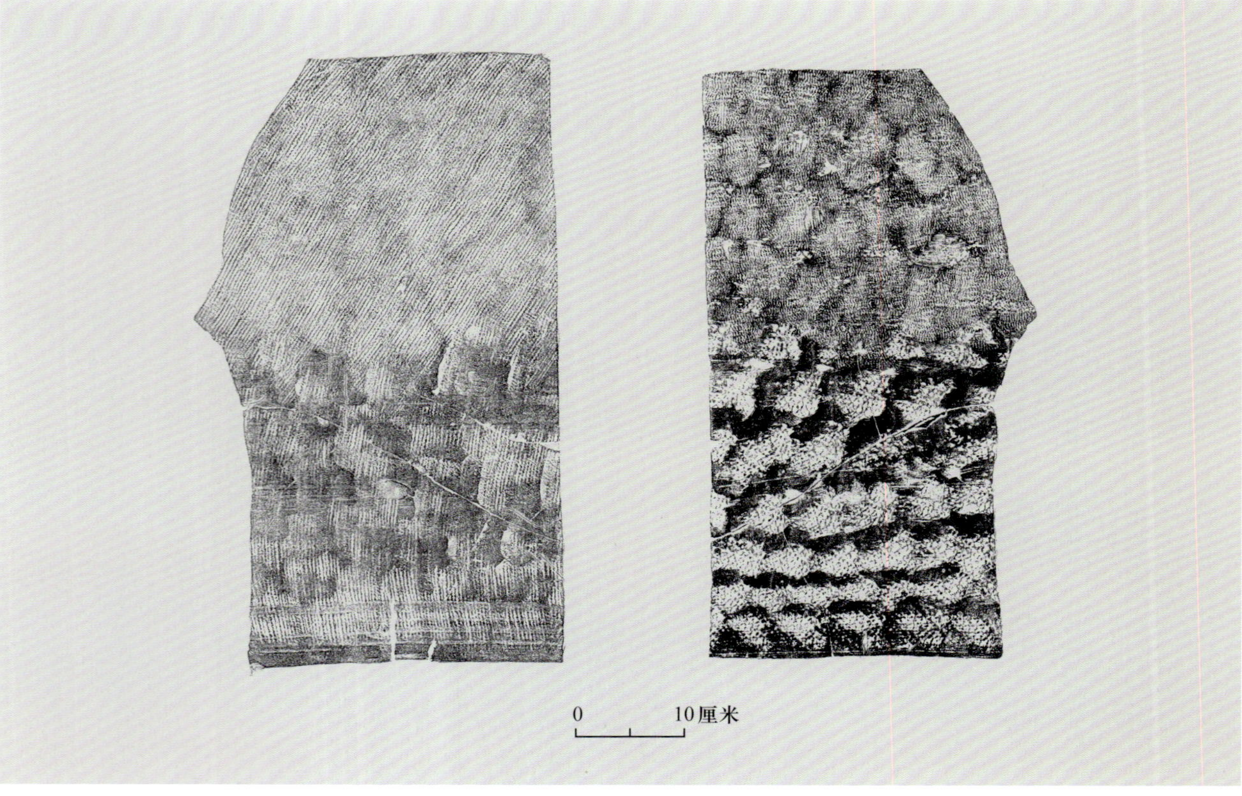

图3.487　Ca2型板瓦（M22：4）表、内面拓片

图3.488 Cc1型板瓦（M22：3）侧、表、内面照片

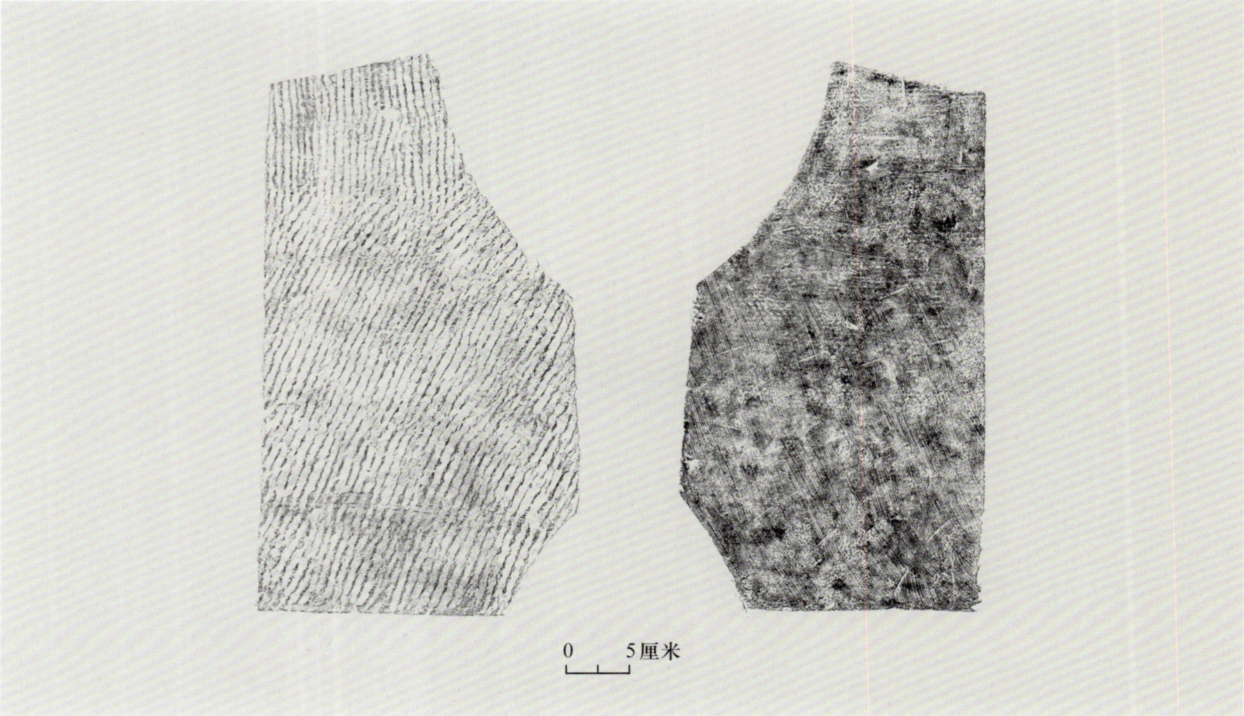

图3.489 Cc1型板瓦（M22：3）表、内面拓片

14. M23

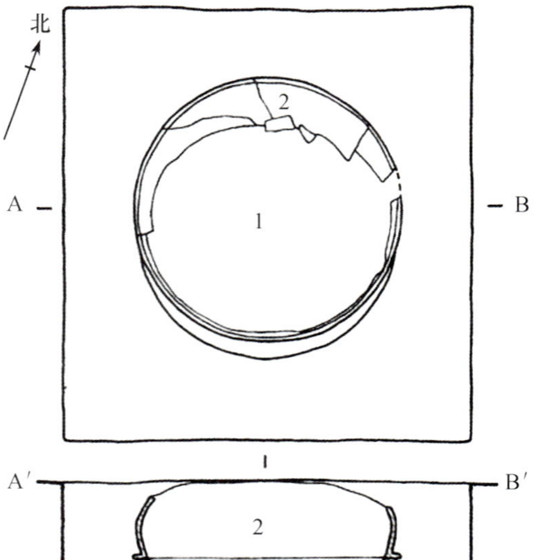

图3.490 M23平、剖面图
1、2. 陶盆

位于T2西南部，开口于第5a层下，打破第5b层、G14。竖穴土坑墓，平面呈近方形，直壁，平底。口距地表深1.8米，南北0.86、东西0.8、深0.4米。葬具由两个陶盆上下相扣组成，上面陶盆底已残。葬具直径0.52、残高0.4米。其内清理出少量人骨残块，均不成型，无法确定葬式，推测为6个月以内的婴儿。出土货泉1枚（图3.490）。时代应为新莽时期。

陶盆 2件。

M23：1，可复原。方唇，侈口，平折沿，弧肩，斜腹下收成平底。口沿下和器内壁有轮制痕迹，肩部有两周细凸棱，凸棱间饰一道柳叶状虫蛹形纹。口径50.7、底径24.7、高24.6厘米（图3.491、图3.492）。

M23：2，残。肩部有三周凹弦纹带，第一、二周凹弦纹之间和第三周凹弦纹下各有一道柳叶状虫蛹形纹，第二、三周凹弦纹之间有一道凹椭圆形点纹饰。口径52.4、复原高24.3厘米（图3.493、图3.494）。

图3.491 陶盆（M23：1）正面照片

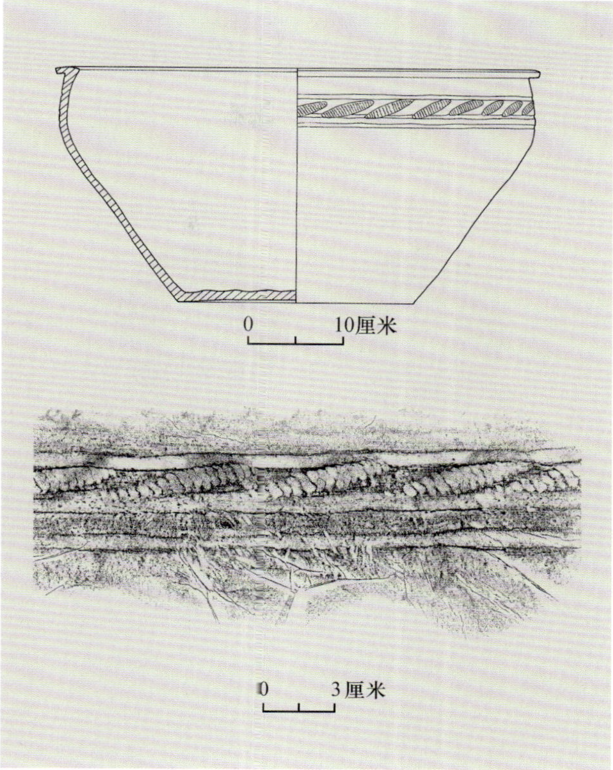

图3.492 陶盆（M23：1）线图、肩部纹饰拓片

图3.493 陶盆（M23：2）正面照片

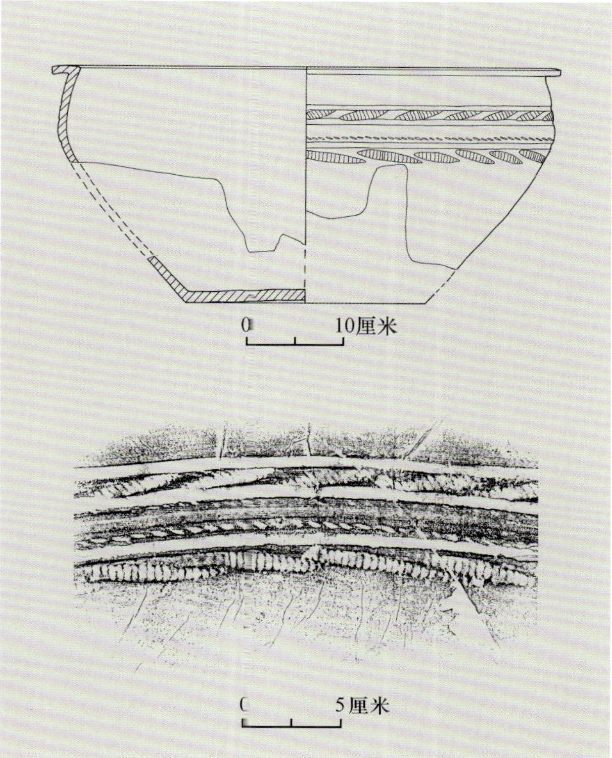

图3.494 陶盆（M23：2）线图、肩部纹饰拓片

货泉　1枚。M23：3，圆形，方穿，光背。正背两面皆轮郭俱备，钱文为“货泉”二字。直径2.25、穿宽0.8、厚0.15厘米（图3.495、图3.496）。

图3.495　货泉（M23：3）正、背面照片

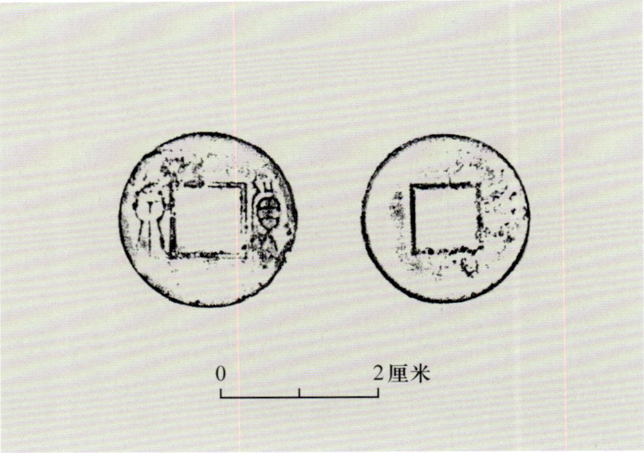

图3.496　货泉（M23：3）正、背面拓片

15. M25

位于T2扩方的东北部，开口于第5a层下，打破第5b层、G14，被M20打破。竖穴土坑陶棺墓，平面呈近圆形，直壁，底近平。口距地表深2.3米，墓口直径0.56、深0.21米。填土呈深褐色，土质松软，结构疏松。葬具为一件陶盆，放置在底中央。陶盆直径0.4、高0.1米。墓主应为一婴儿（图3.497）。时代应为西汉晚期至新莽时期。

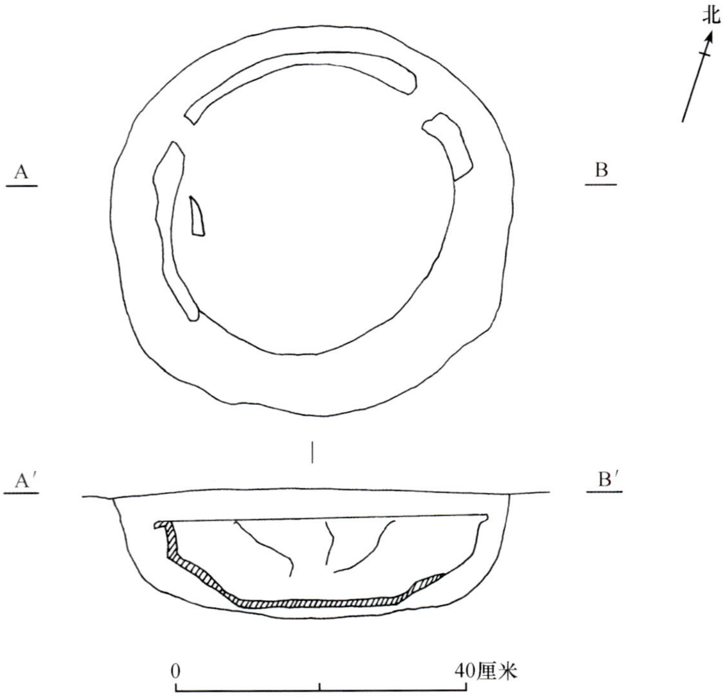

图3.497　M25平、剖面图

陶盆 1件。M25：1，可复原。泥质灰陶。侈口，斜腹，平底。内壁有轮制痕迹。口径40、底径18.8、高15.6厘米（图3.498、图3.499）。

图3.498 陶盆（M25：1）正面照片

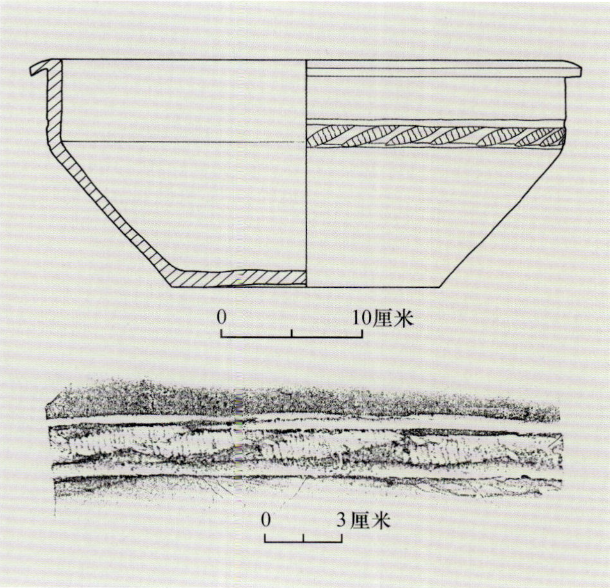

图3.499 陶盆（M25：1）线图、肩部纹饰拓片

16. M26

位于T2扩方区东壁下，东部延伸出探方，开口于第5a层下，被H17、M20打破，并打破G14、Q1及第7层。东西向。竖穴土坑陶棺墓，平面呈长方形，壁竖直，底近平。口距地表深2.35米，东西0.48、南北0.72、深0.42米。填土褐色花土，土质松软，结构疏松。葬具为一副圆角长方形陶棺，棺口上盖两块几何纹方砖。陶棺长0.79、宽0.35、高0.2米。墓主应为一婴儿（图3.500）。时代应为西汉晚期至新莽时期。随葬品2件，介绍如下。

图3.500 M26全景照

陶壶　1件。M26：2，残。泥质灰陶。圆鼓腹，平底。素面。表存饰朱砂痕迹。腹径16.1、底径8.4、残高13厘米、底厚0.6厘米（图3.501、图3.502；彩版41；图版41）。

图3.501　陶壶（M26：2）正面照片

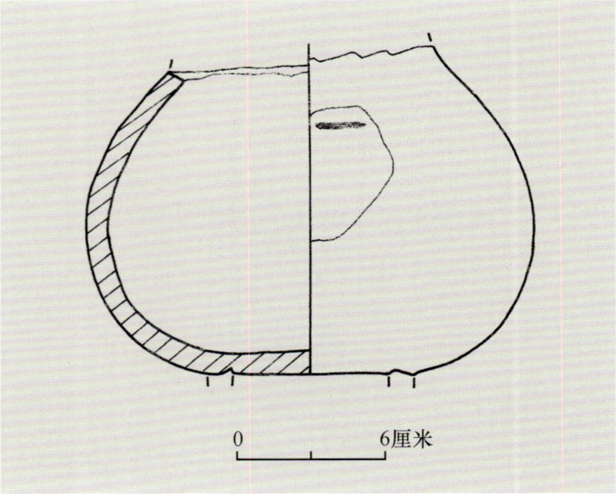

图3.502　陶壶（M26：2）线图

陶盒　1件。完整。M26：1，由两部分组成，上部为一盖子，下部为盒身。盖子形状似陶钵，完整，泥质灰陶。母口，斜弧腹，底部带圈足。盒盖口部外径17.7、沿宽0.7、底径9.3、高5.2、腹厚0.8厘米。盒身形似陶盆。为子口，折沿，斜弧腹，底部带圈足。盒身口部外径14、沿宽0.5、腹径17.3、底径8.8、高8.9、腹厚0.6、通高13.1厘米（图3.503、图3.504；彩版42、彩版43；图版42、图版43）。

图3.503　陶盒（M26：1）出土、正面照片

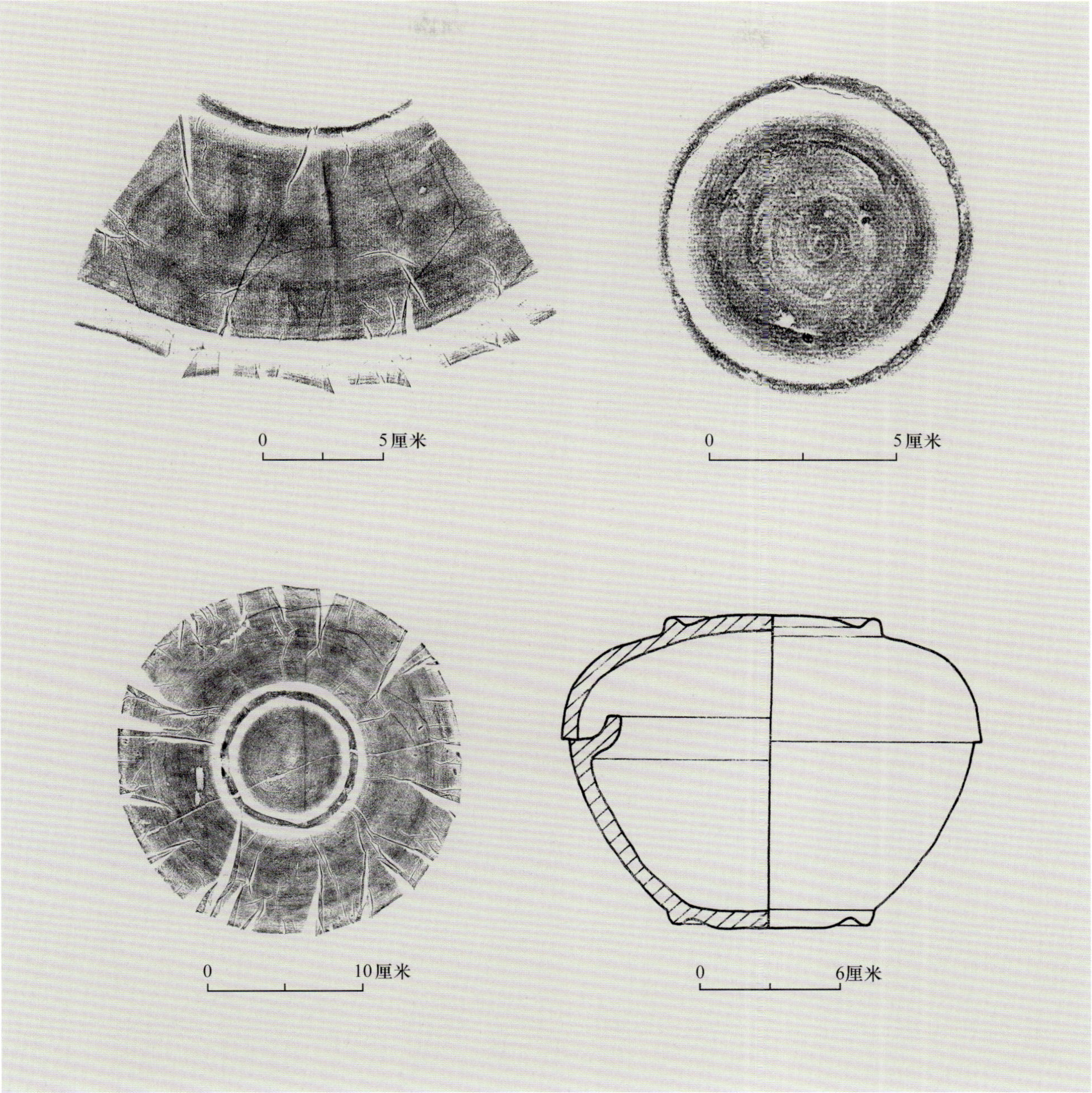

图3.504　陶盒（M26：1）侧面、底面、器盖拓片与线图

几何纹方砖　3件。

M26：3，可复原。边长34.5、厚4厘米（图3.505、图3.506）。

M26：4，残。长34.5、残宽21.6、厚4厘米（图3.507、图3.508）。

M26：5，可复原。边长34.5、厚4厘米（图3.509、图3.510）。

陶棺　1件。可复原。M26：6，泥质灰陶。圆角长方形。器表饰粗斜绳纹，内面为菱形纹。长79、宽35、高20、厚3厘米（图3.511、图3.512）。

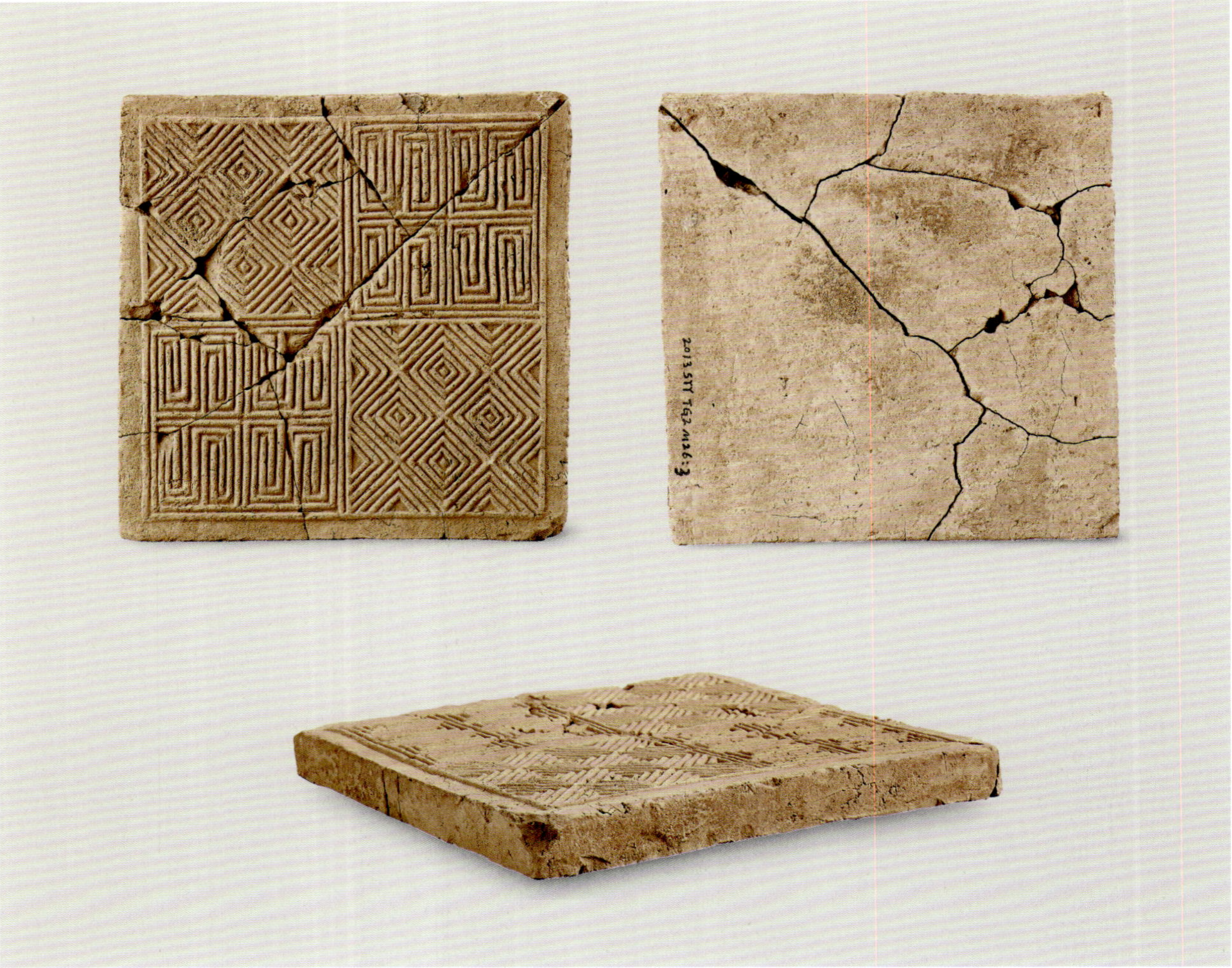

图3.505　几何纹方砖（M26：3）正、背、侧面照片

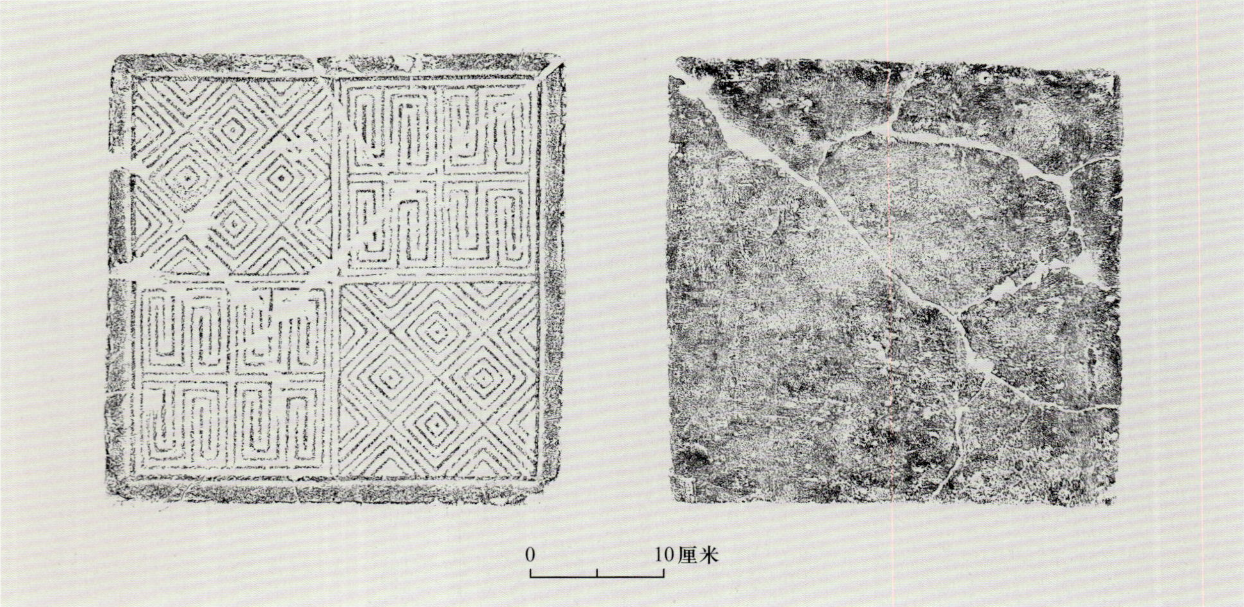

图3.506　几何纹方砖（M26：3）正、背面拓片

图3.507 几何纹方砖（M26：4）正、背、侧面照片

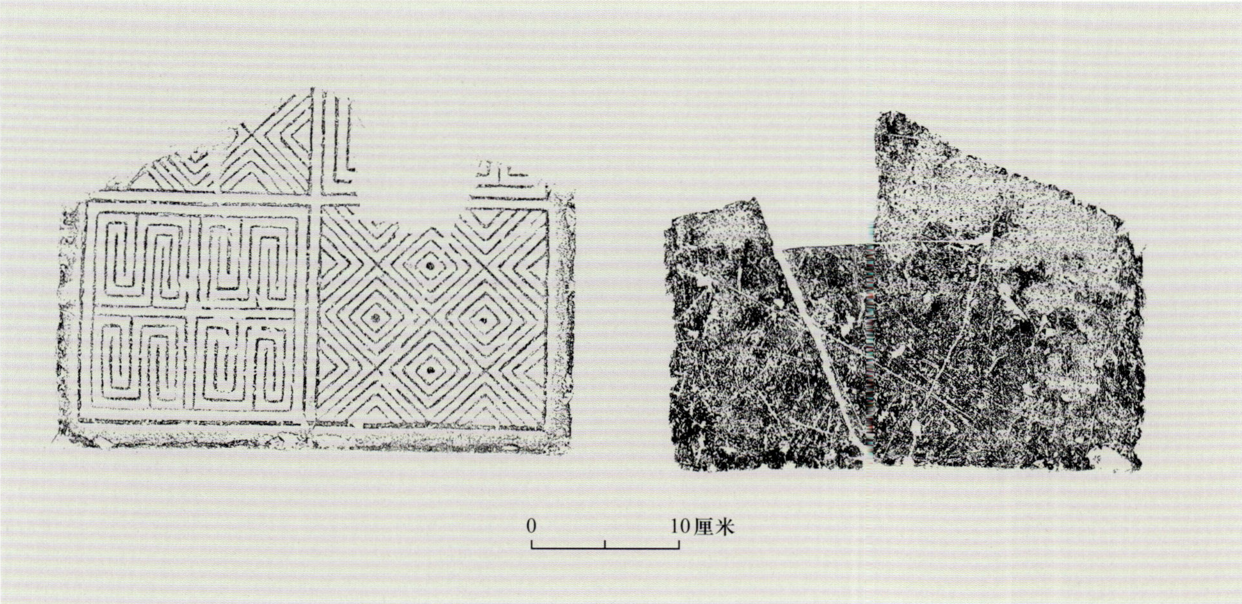

图3.508 几何纹方砖（M26：4）正、背面拓片

图3.509　几何纹方砖（M26：5）正、背、侧面照片

图3.510　几何纹方砖（M26：5）正、背面拓片

图3.511 陶棺（M26：6）正、侧面照片

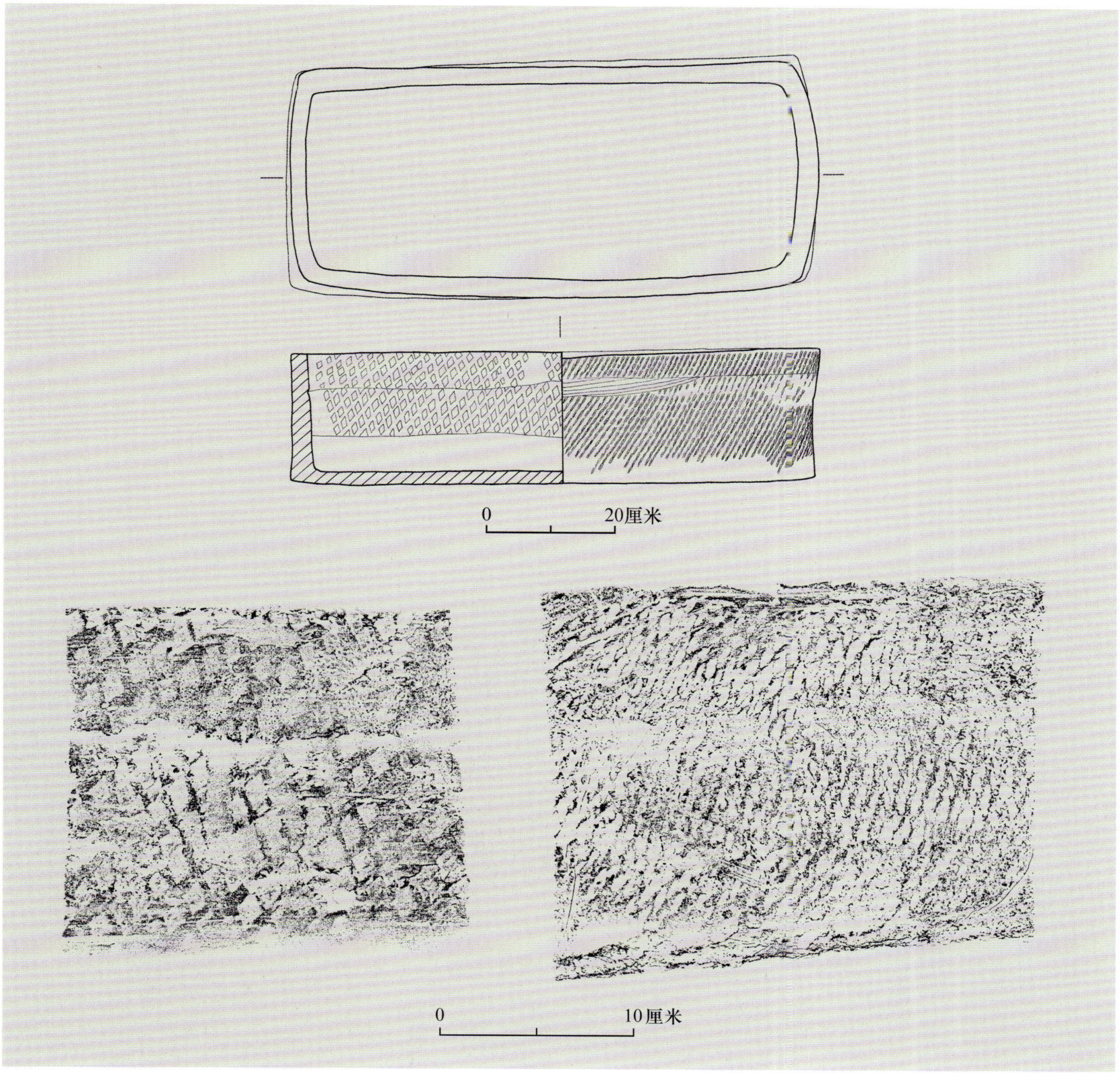

图3.512 陶棺（M26：6）线图与外、内面拓片

17. M27

位于T2扩方西南，开口于第5a层下，打破G14。竖穴土坑陶棺墓，平面呈长方形，直壁，平底。口距地表深2.3米，东西0.76、南北0.64、深0.4米。以陶管道为葬具，内置小狗，并有小陶俑随葬。葬具为灰陶管道，基本完整，两端无堵挡物，内置一只骨架完整的小狗。狗头位于陶管道大端，牙齿保存较好，头向西，侧身，腿稍屈。通长34、高约40厘米。在狗尾和腿骨后面有烧制火候很低的小陶俑31个。俑头呈三角形，面部不清，身体瘦长，下着小喇叭口裙。最高11、最矮10厘米。从葬具和随葬陶俑的形制看，该墓应是一座罕见的宠物小狗墓（图3.513～图3.516）。时代应为西汉晚期至新莽时期。

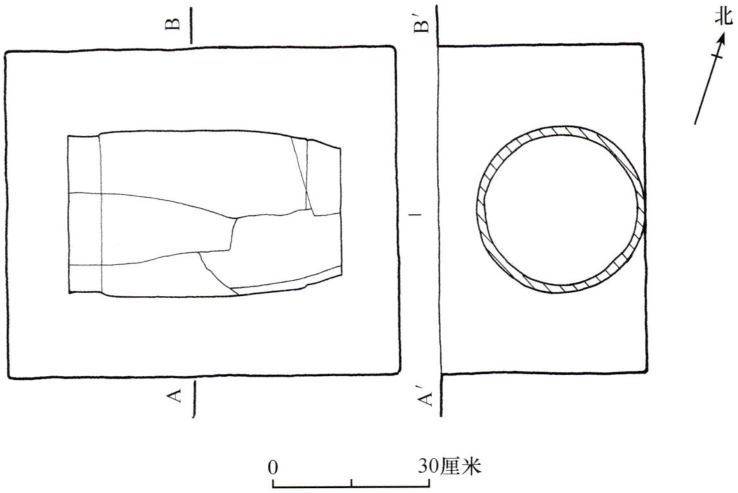

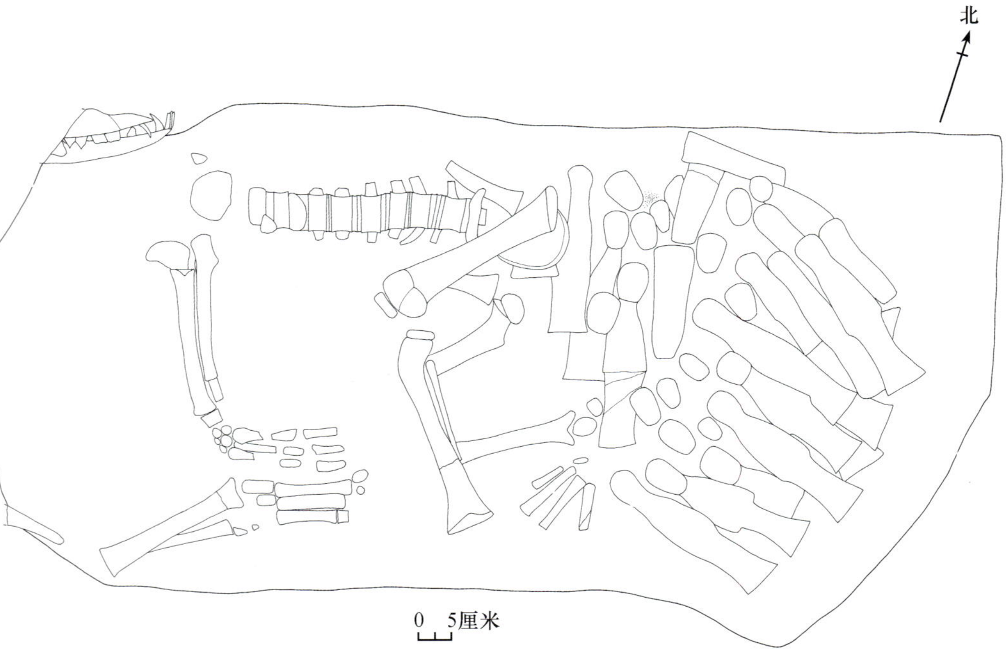

图3.513　M27平、剖面及M27内狗骨架及陶俑展开图

图3.514 M27整取前照片

图3.515 M27清理后全景照

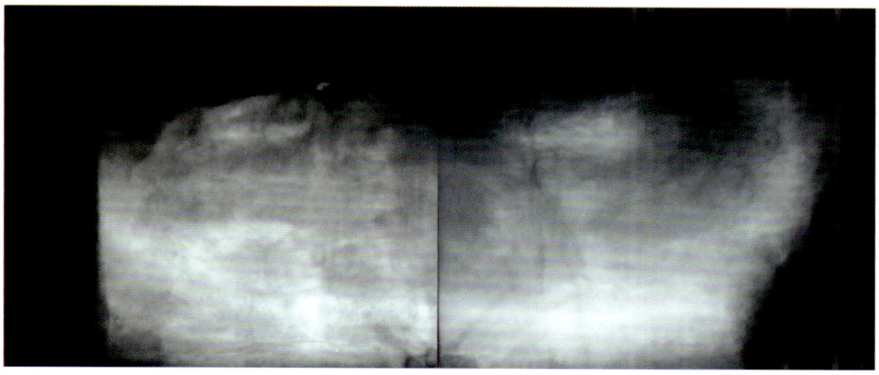

图3.516 M27X光照片

陶管道　1件。M27：1，可复原。表面饰粗斜绳纹，内面凹凸不平，有麻点纹。通长52.3、小端直径24.5、大端直径30、壁厚1.5厘米（图3.517、图3.518）。

图3.517　陶管道（M27：1）正、侧、内面照片

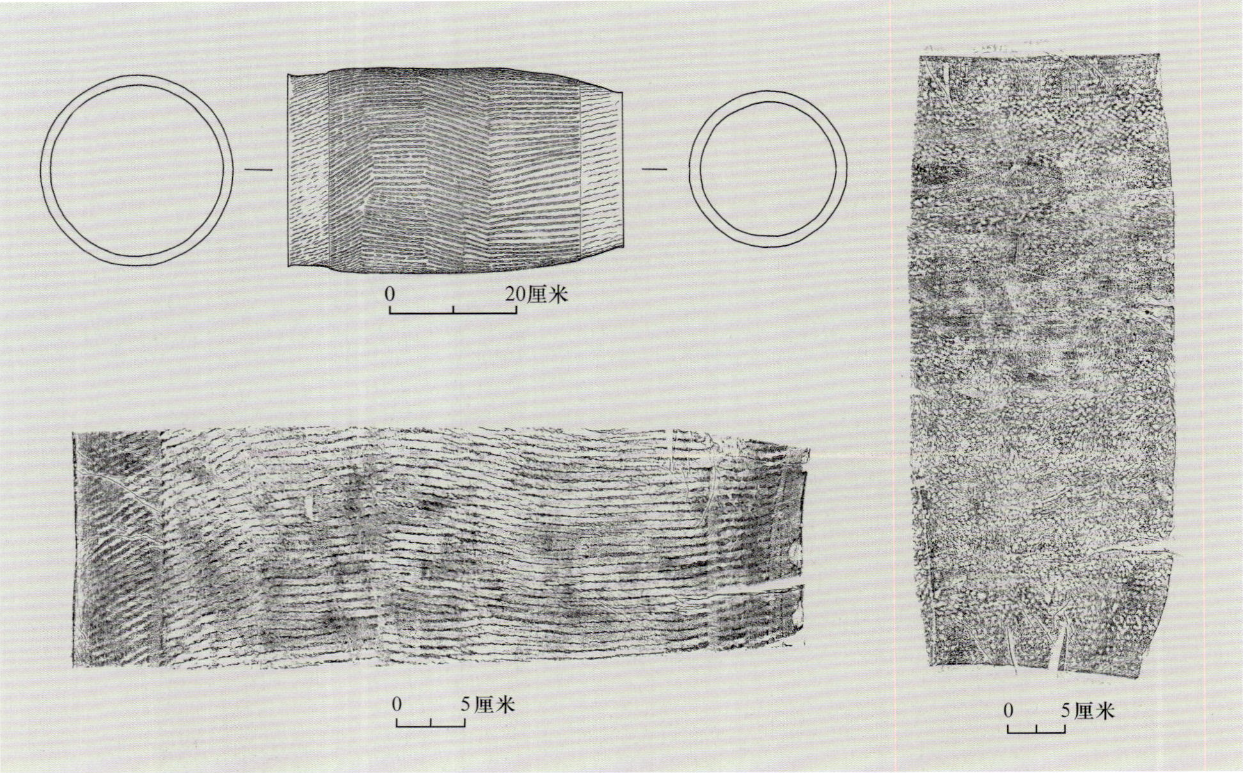

图3.518　陶管道（M27：1）线图与表、内面拓片

18. M28

位于T2西南，开口于第5a层下，打破G14。长方形竖穴土坑墓。口距地表深2.3米，东西0.78、南北0.6、深0.13米。墓内清理出陶缸、瓮、盆及板瓦的残片。葬具由陶缸、瓮组成，缸内摆放尸体，瓮扣在缸上，横置于墓中。葬具上部因破坏已残。通长62、宽约50、残高13厘米。人骨为一具婴儿骨架，侧身屈肢，头西，脚东，面朝左，脚骨无法清出，现存人骨长50厘米，推测应是1～1.5岁的儿童（图3.519）。时代应为西汉晚期至新莽时期。

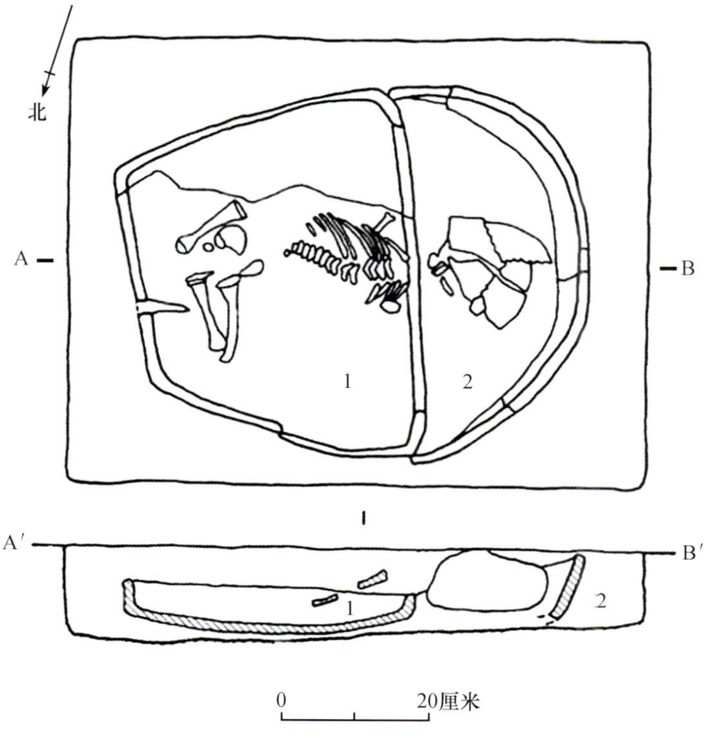

图3.519　M28平、剖面图
1. 陶缸　2. 陶瓮

陶盆　1件。M28：3，残。泥质浅灰陶。侈口，方唇，沿外折，圆肩。颈下有一周宽1厘米的凸弦纹，内壁有轮制痕迹。复原口径44厘米（图3.520、图3.521）。

陶缸　1件。M28：1，残。泥质深灰陶。敛口，圆唇，折沿，弧肩，斜腹，平底。口沿下饰四周弦纹，第二、三周弦纹间有附加虫形绳纹；腹部饰中粗斜绳纹，内壁有竹片刮痕。复原口径37.2、底径36、高37厘米（图3.522、图3.523）。

陶瓮　1件。M28：2，残。夹砂深灰陶。侈口，沿外折，方唇，唇中部有凸棱，弧肩，弧腹。肩下饰一周凹弦纹，腹局部饰椭圆形小戳纹，内壁有轮制痕迹。复原口径30.8、残高32.3厘米（图3.524、图3.525）。

弧形板瓦　2件。分二亚型。

Ba8-3型　1件。M28：4，残。瓦呈灰色。表面饰中粗交错绳纹，内面饰指甲纹、篦纹，一头部分有绳纹抹平部分，残宽6厘米。残长28.5、残宽18、厚1.2～1.4厘米（图3.526、图3.527）。

图3.520　陶盆（M28：3）外、内、侧面照片

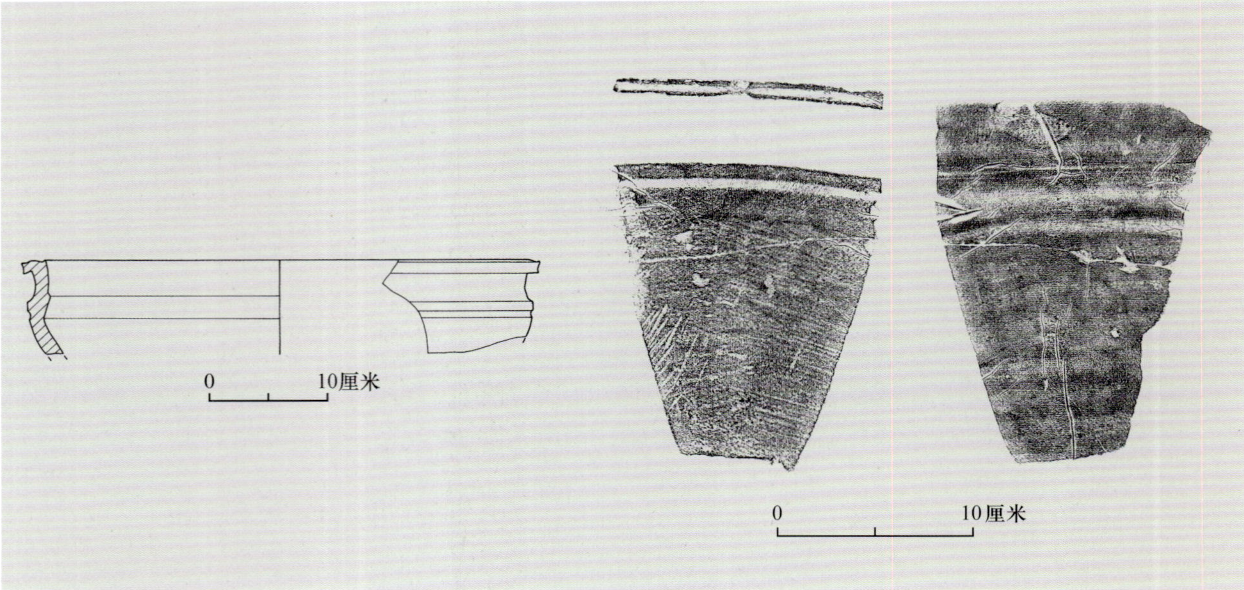

图3.521　陶盆（M28：3）线图与外、内面拓片

图3.522 陶缸（M28：1）正面照片

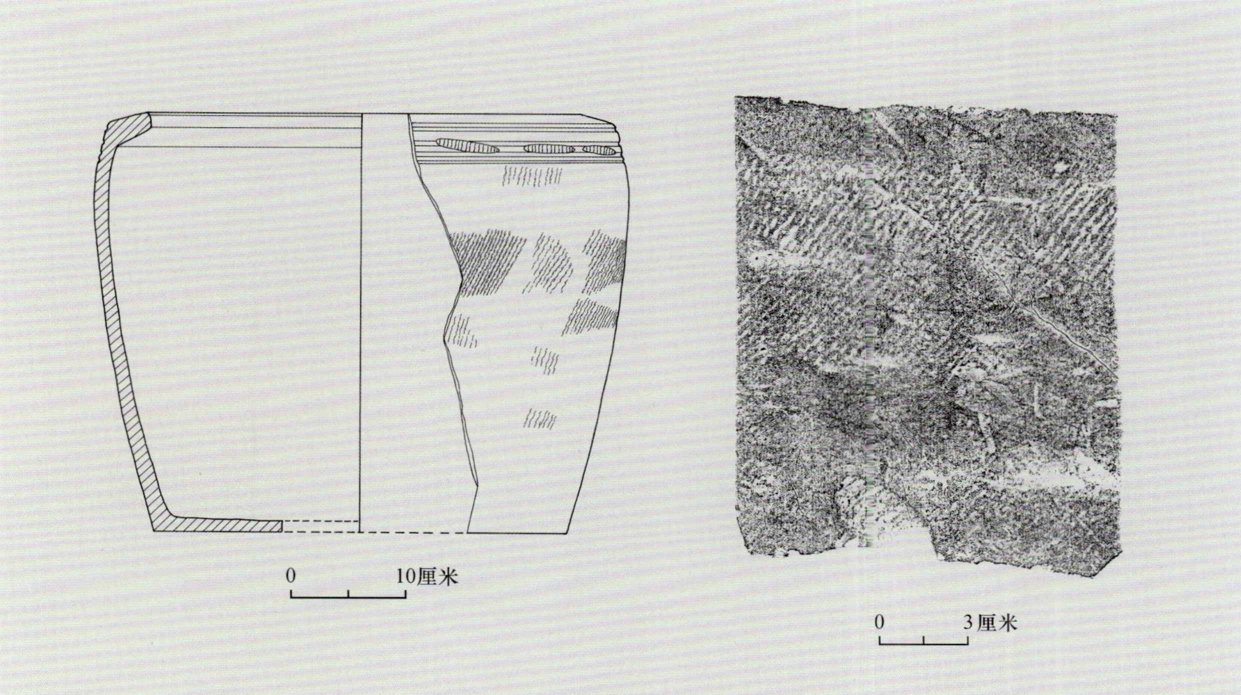

图3.523 陶缸（M28：1）线图、腹部拓片

图3.524　陶瓮（M28：2）外、内、侧面照片

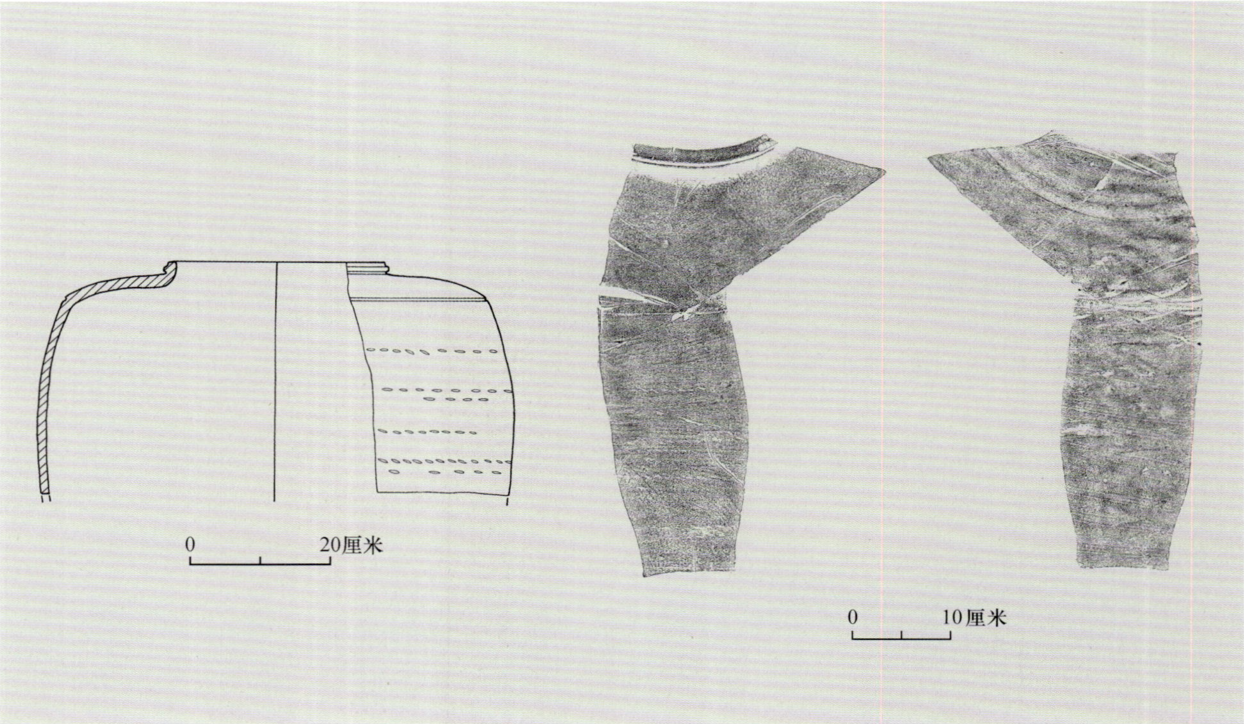

图3.525　陶瓮（M28：2）线图、外、内面拓片

图3.526 Ba8-3型板瓦（M28：4）表、内面照片

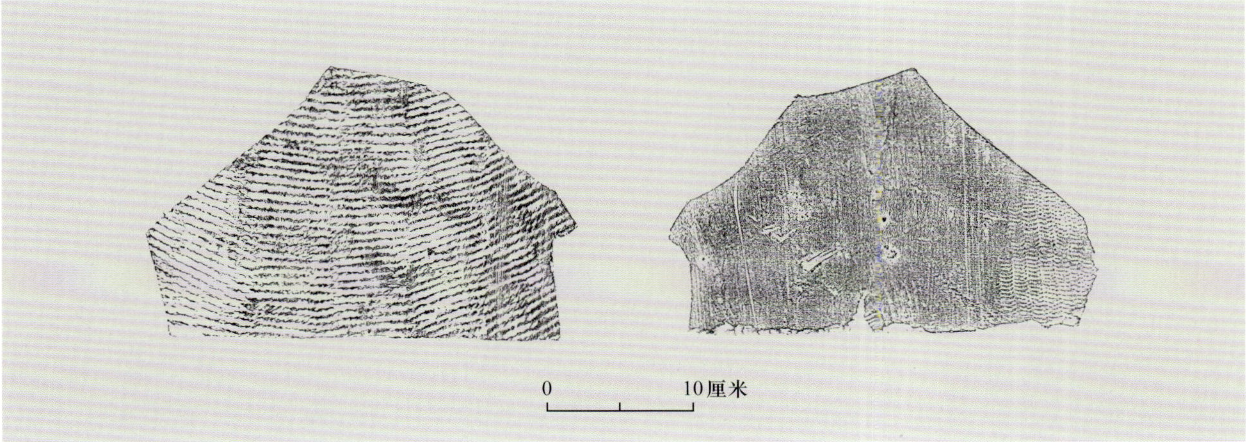

图3.527 Ba8-3型板瓦（M28：4）表、内面拓片

Bb2型 1件。M28：5，残。表面饰中粗斜绳纹，内面饰麻点纹。瓦呈灰色。残长7.5、残宽9.3、厚1.1厘米（图3.528、图3.529）。

图3.528 Bb2型板瓦（M28：5）表、内面照片

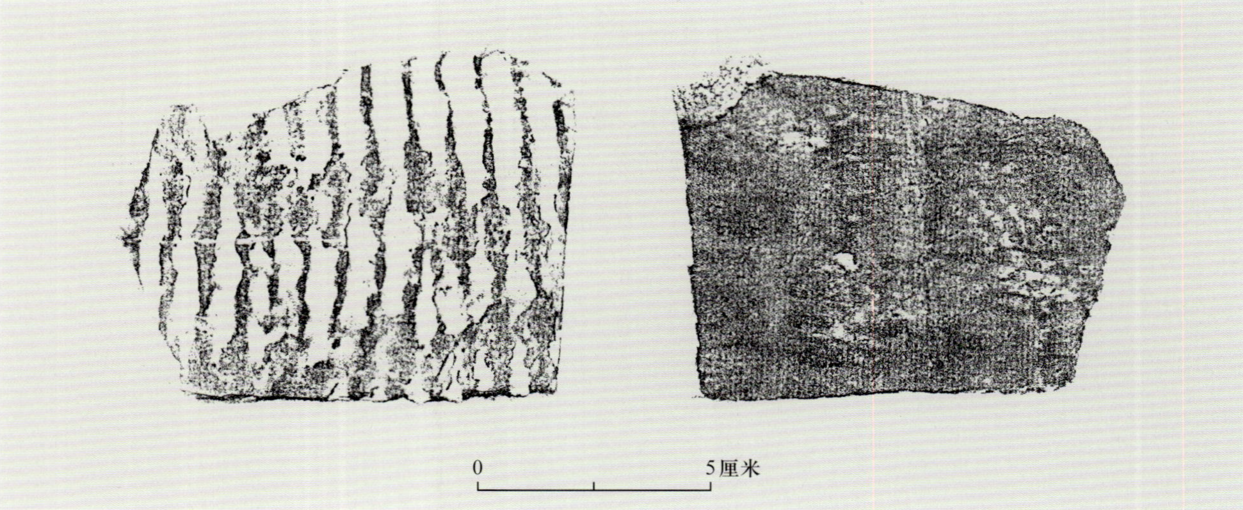

图3.529　Bb2型板瓦（M28：5）表、内面拓片

（三）道路

共发掘道路2条，均开口第4层下，分别介绍如下。

1. L2

位于T2南部，将遍布整个扩方处，开口于第4层下，被H13、H17、H22～H24、M6打破，并打破第5a层。东北—西南向。平面呈不规则形。开口距地表深1.7米，东西5.5、南北4.4～7.33、路厚0.11～0.34米。土呈浅黄灰色，土质较硬，结构较致密，碾压层明显，内含少量瓦片残渣、小石粒等（图3.530）。时代应晚于新莽天凤元年。

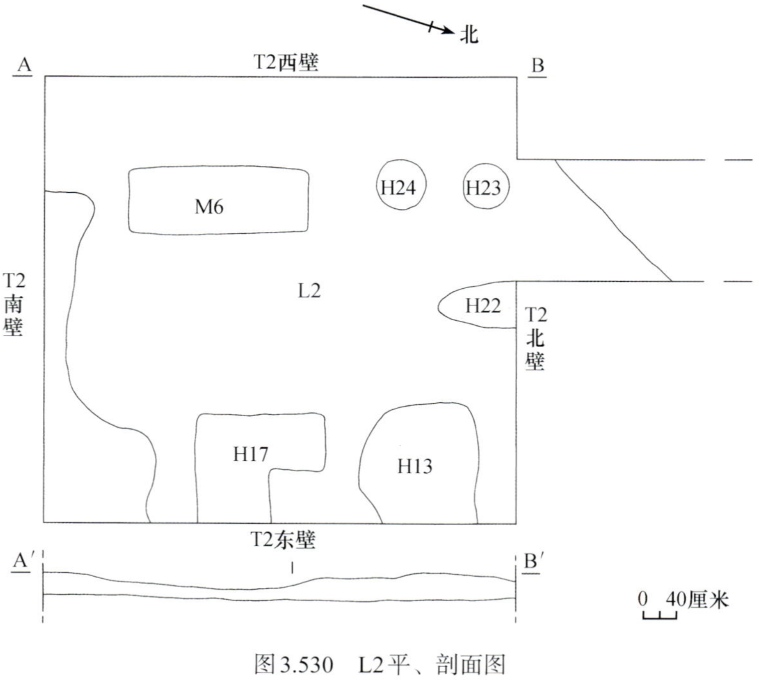

图3.530　L2平、剖面图

2. L5

位于T2中部，开口于第4层下，被L2叠压，被M18打破，并打破第5a、5b层。东西向。平面呈不规则形。口距地表深1.51米，东西1.5、南北1.05～1.99、厚0.1～0.35米。土呈浅灰色，土质坚硬，结构较致密，碾压层明显，内含少量瓦片残渣、小石粒等（图3.531）。时代应晚于新莽天凤元年。

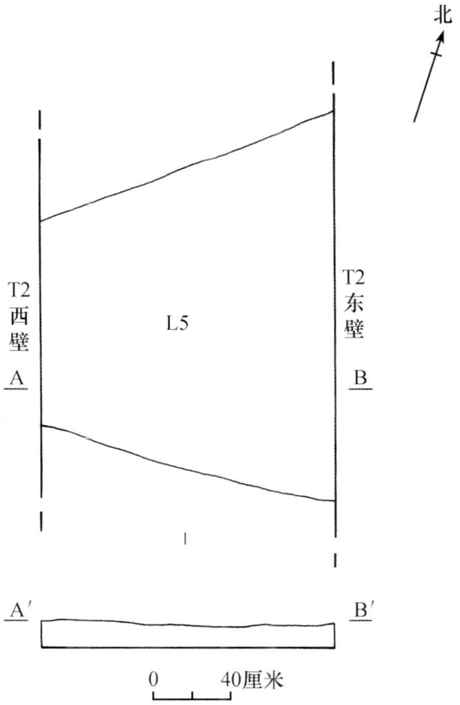

图3.531 T2L5平、剖面图

（四）沟渠

1条。

G14

位于T2南部，南延伸出探方，开口于第5a层下，被H17、H25、H31、H34、M20、M23、M25～M28打破，并打破Q1及第5b、7、8层。平面呈东西向长条形，斜壁，底近平。口距地表深2.04～2.6米，口东西5.5、南北3～3.6、深2.3米。沟内堆积均为自然淤积，分8层，分别介绍如下（图3.532）。时代应为西汉晚期至新莽时期。

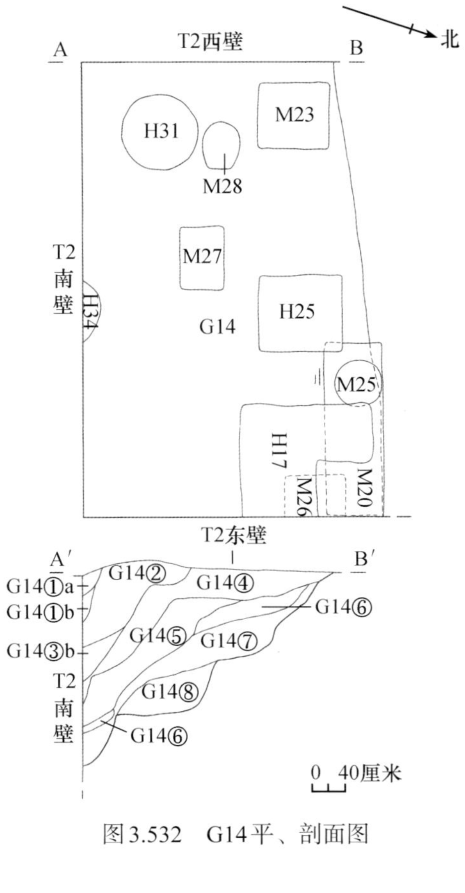

图3.532 G14平、剖面图

第1a层：黄色细沙淤土。厚0～0.44米。土质略软，结构疏松。

第1b层：灰褐色细沙淤土。厚0～0.37米。土质较软，结构疏松。

第2层：黄色细沙淤土。厚0～0.82米。土质较软，结构疏松。

第3a层：浅黄色细沙淤土。厚0.07～0.28米。土质较软，结构疏松。

第3b层：黄色细沙淤土。厚0～0.48米。土质较软，结构疏松。

第4层：浅灰色细沙土淤土。厚0～0.35米。土质较软，结构疏松。

第5层：浅灰褐色淤土。厚0～0.43米。土质较软，结构疏松。

第6层：浅黄色细沙土，掺浅褐色淤土。厚0～0.2米。土质较软，结构疏松。

第7层：浅褐色淤土。厚0～0.44米。土质较软，结构疏松。

第8层：浅灰色淤土。厚0～0.46米。土质较软，结构疏松。

出土遗物占全探方总数的0.35%。沟内出土少量陶片和石块，其中陶片占75%，均为泥质灰陶，素面；石块占25%（表3.16）。

表3.16　G14出土遗物残片统计表

名称	纹饰	材质/件		合计/件	百分比/%	总百分比/%
		灰陶	石			
陶片	素面	3		3	75.00	75.00
石头	/		1	1	25.00	25.00
合计	/	4		4	100.00	
百分比/%	/	100.00				

陶片　2件。

G14：1，残。泥质灰陶。素面。残长7.5、残宽6.5、厚0.6厘米（图3.533、图3.534）。

G14：2，残。泥质灰陶。素面。残长11.5、残宽8、厚1厘米（图3.535、图3.536）。

图3.533　陶片（G14：1）外、内面照片

图3.534　陶片（G14：1）外、内面拓片

图3.535 陶片（G14：2）外、内面照片

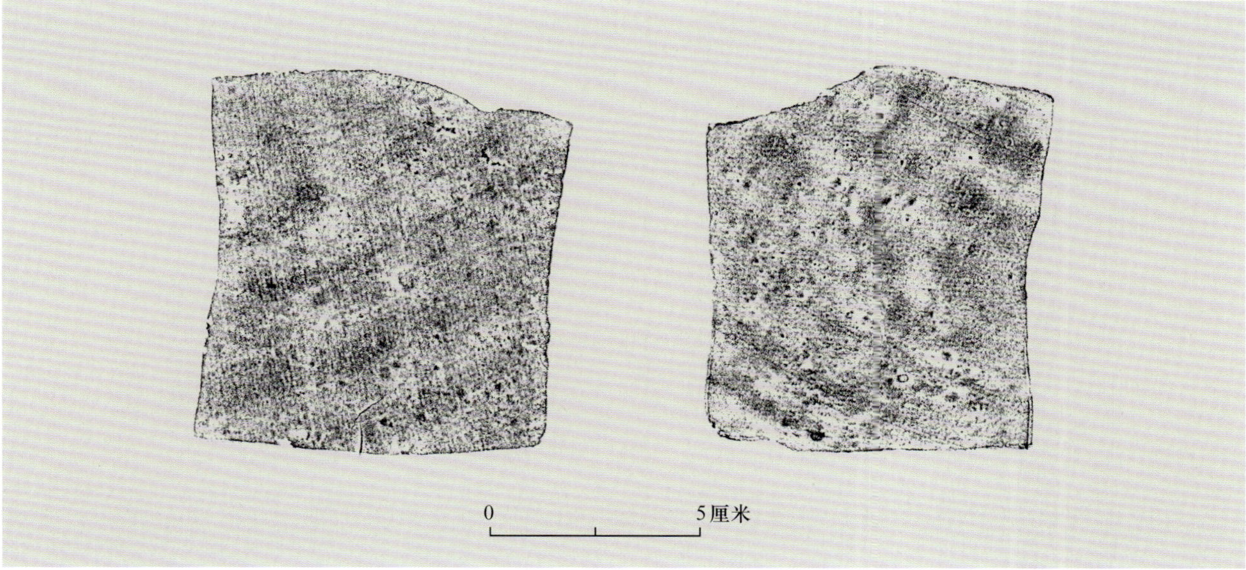

图3.536 陶片（G14：2）外、内面拓片

（五）城墙

1处。

Q1

位于T2北部，东、西两侧延伸出探方，北部延伸至现代沟渠和生产路下，向北无法扩方发掘。开口于第5b层下，被M15、M18、M21、M25、M26、H36～H39、G14打破，并打破第6～9层。呈东西向，长条形。口距地表深0.36～3.42米（图3.537）。

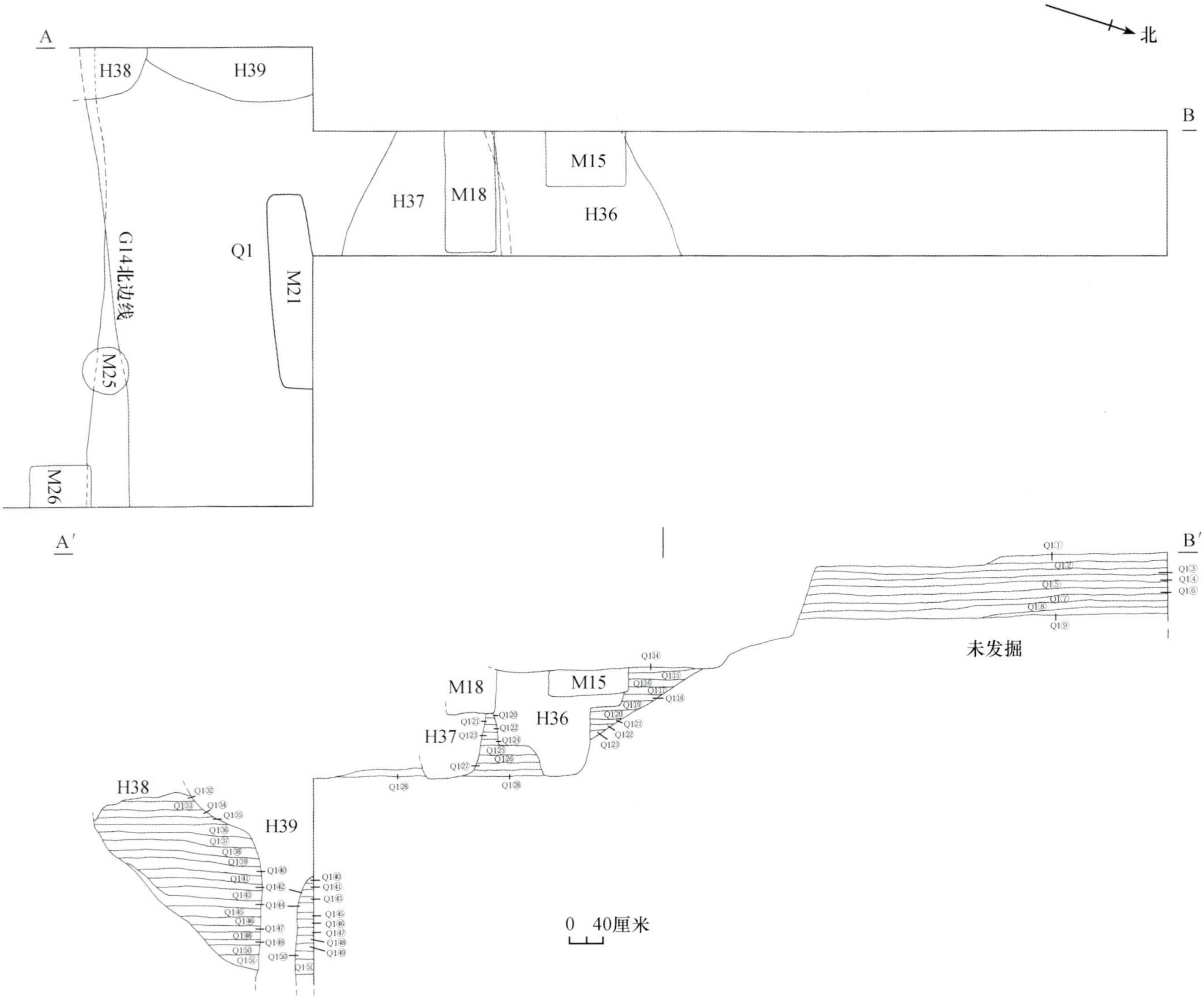

图3.537 Q1平、剖面图

该墙为栎阳城二号城的南墙，修筑时间应在汉武帝元狩五年铸造五铢钱后。东西向。东西5.5、南北12.82米。由墙基槽和墙体两部分组成，介绍如下。

基槽 发掘南北2.62、深1.8米。斜壁。基槽内夯土呈浅黄灰褐色，土质较硬，结构较致密，最下面的几层土质坚硬，全部经过夯打，夯层明显，夯层厚0.08～0.12米。圆形夯窝，直径0.05～0.1米。

墙体 残存最高处3.16、发掘宽4.46米。墙体土色呈灰褐色，花土，土质坚硬，结构致密，夯层明显，厚约0.05～0.16米。圆形夯窝，夯窝直径约0.05～0.1米。

从基槽底部起算至顶部现存高度为4.96米，共34层夯层，每层厚0.08～0.12米。

出土板瓦、筒瓦等占全探方总数的1.3%。据该墙解剖发掘统计所出土遗物残片，板瓦占33.34%，其中Cb1型占13.33%、Bc1型占6.67%、Ca10型占6.67%、Cb4型占6.67%。筒瓦占33.33%，其中D4型占13.33%、Cc4型占6.67%、Bc4型占13.33%。陶片占33.33%，其中印纹占13.33%、凹弦纹占20%（表3.17）。

表3.17 Q1出土遗物残片统计表

名称	分型/纹饰	灰陶/件	百分比/%	总百分比/%
板瓦	Cb1	2	13.33	33.34
	Bc1	1	6.67	
	Ca10	1	6.67	
	Cb4	1	6.67	
筒瓦	D4	2	13.33	33.33
	Cc4	1	6.67	
	Bc4	2	13.33	
陶片	印纹	2	13.33	33.33
	凹弦纹	3	20.00	
合计		15	100.00	
百分比/%		100.00		

共出土器物15件，其中陶器11、玉器1、铜器1、铁器1、桃核1件，分别介绍如下。

陶盆 2件。

Q1∶8，残。泥质灰陶。敞口，窄沿，方唇，短束颈，斜弧腹。颈部饰一周凸弦纹。口外径42.7、沿宽1.9、残长18.5、残宽7.2、残高12.9、厚1.1厘米（图3.538、图3.539；彩版44；图版44）。

Q1∶10，残。泥质灰陶。敞口，窄沿，方唇，短束颈，斜弧腹。腹部饰两周压印纹和一周戳印纹，压印纹宽2～2.5厘米。口外径51.5、沿宽2.3、残长19.3、残宽9.3、残高18.3、厚1厘米（图3.540、图3.541；彩版45；图版45）。

图3.538 陶盆（Q1∶8）外、内、侧面照片

图3.539　陶盆（Q1：8）外、内面拓片

图3.540　陶盆（Q1：10）外、内、侧面照片

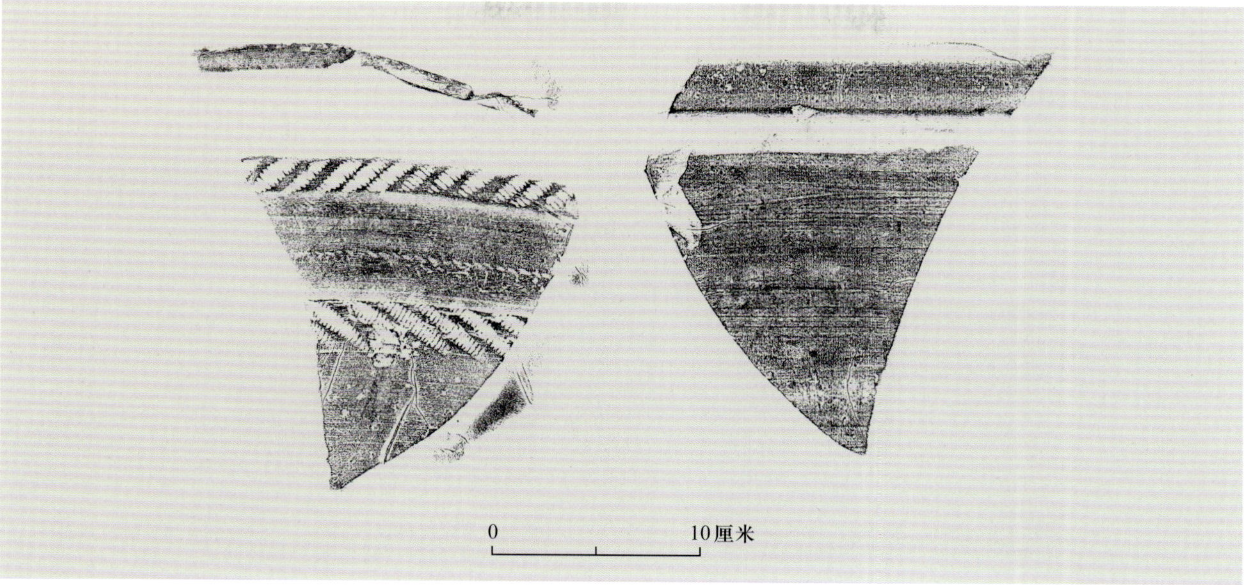

图3.541 陶盆（Q1：10）外、内面拓片

陶罐 1件。Q1：11，残。泥质灰陶。鼓圆腹。腹部饰15周凸弦纹，内部轮制痕迹明显。残高9、厚0.7厘米（图3.542、图3.543）。

图3.542 陶罐（Q1：11）外、内面照片

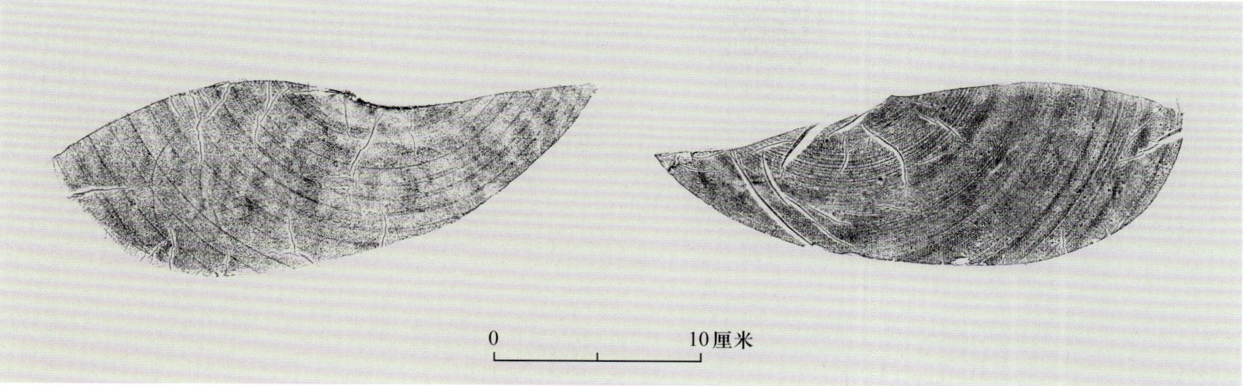

图3.543 陶罐（Q1：11）外、内面拓片

陶片　1件。Q1：9，残。泥质灰陶。表面饰网格纹和凹弦纹。残长10、残宽8、厚1.1厘米（图3.544、图3.545）。

图3.544　陶片（Q1：9）外、内面照片

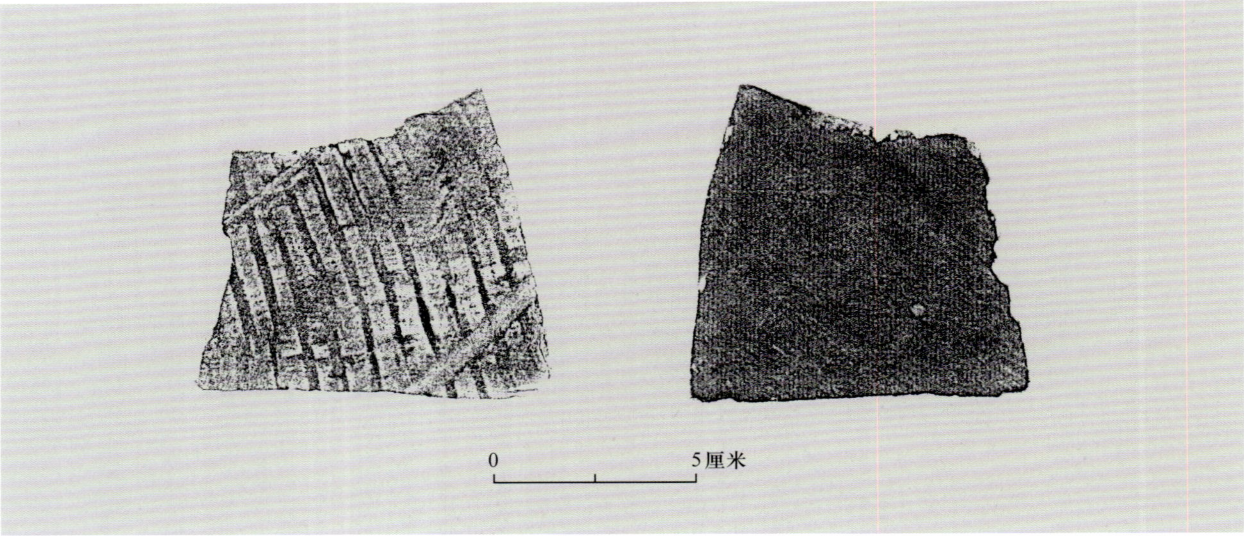

图3.545　陶片（Q1：9）外、内面拓片

璧形玉　1件。Q1：2，完整。圆形，中部有一圆孔。直径2.4、孔径0.4、厚0.4厘米（图3.546、图3.547）。

铜带钩　1件。Q1：4，残。器身扁圆，平面如琵琶形，钩首残断。素面。残长3.5、宽0.5～1.2、厚0.9厘米（图3.548、图3.549）。

桃核　1件。Q1：3，残，仅剩一半。残长2.5、宽2、残高1.2厘米（图3.550、图3.551）。

铁器　1件。腐朽严重。Q1：1，长8.5、宽7、厚1.7厘米（图3.552、图3.553）。

弧形板瓦　5件。分五亚型。

图3.546 璧形玉（Q1：2）正、背、侧面照片

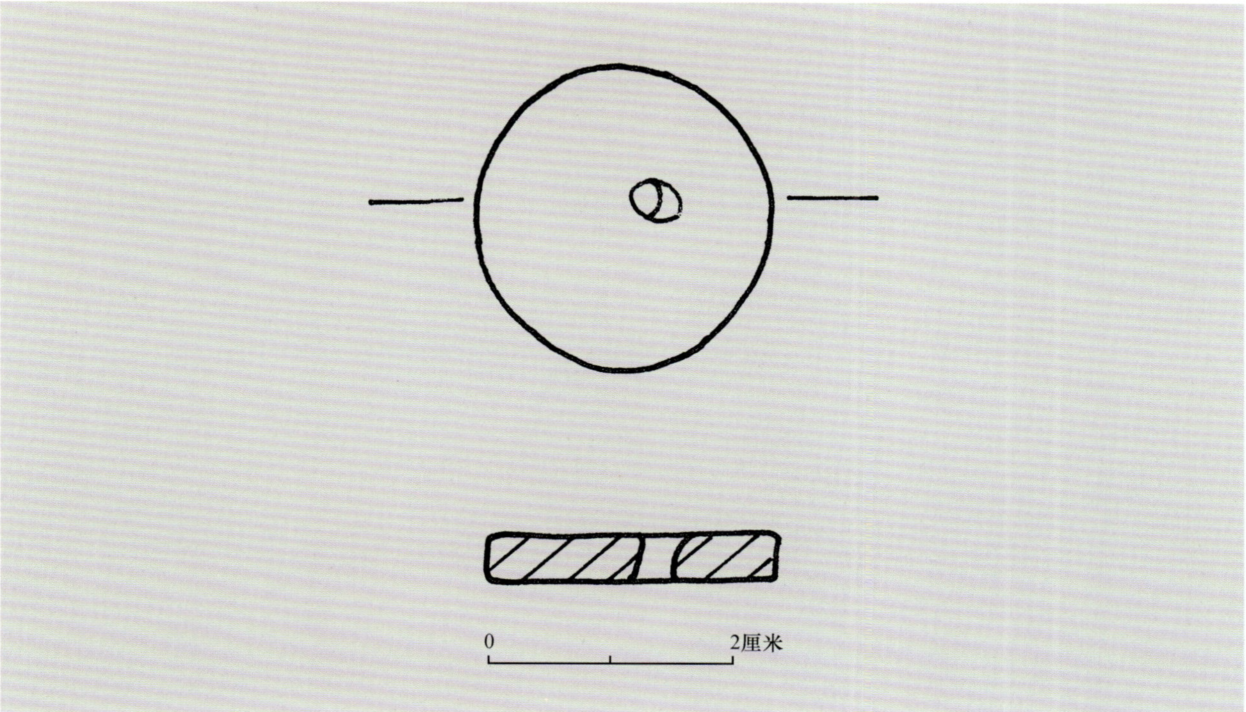

图3.547 璧形玉（Q1：2）线图

图3.548　铜带钩（Q1：4）正、背、侧面照片

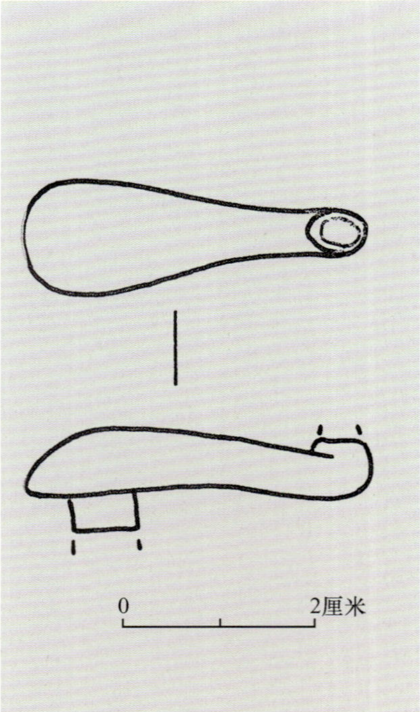

图3.549　铜带钩（Q1：4）线图

图3.550　桃核（Q1：3）外、内面照片

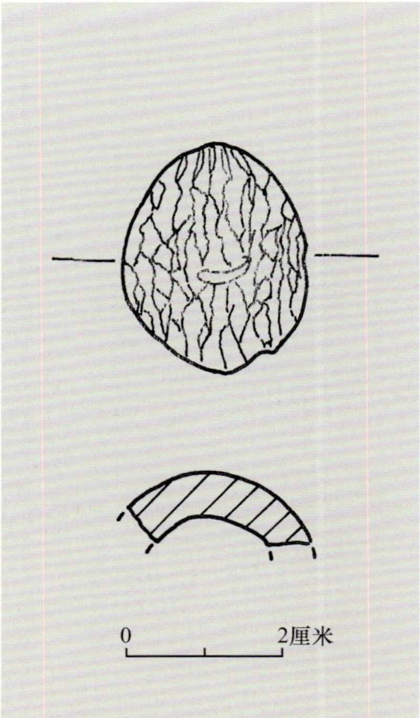

图3.551　桃核（Q1：3）线图

图3.552 铁器（Q1：1）正、背、侧面照片

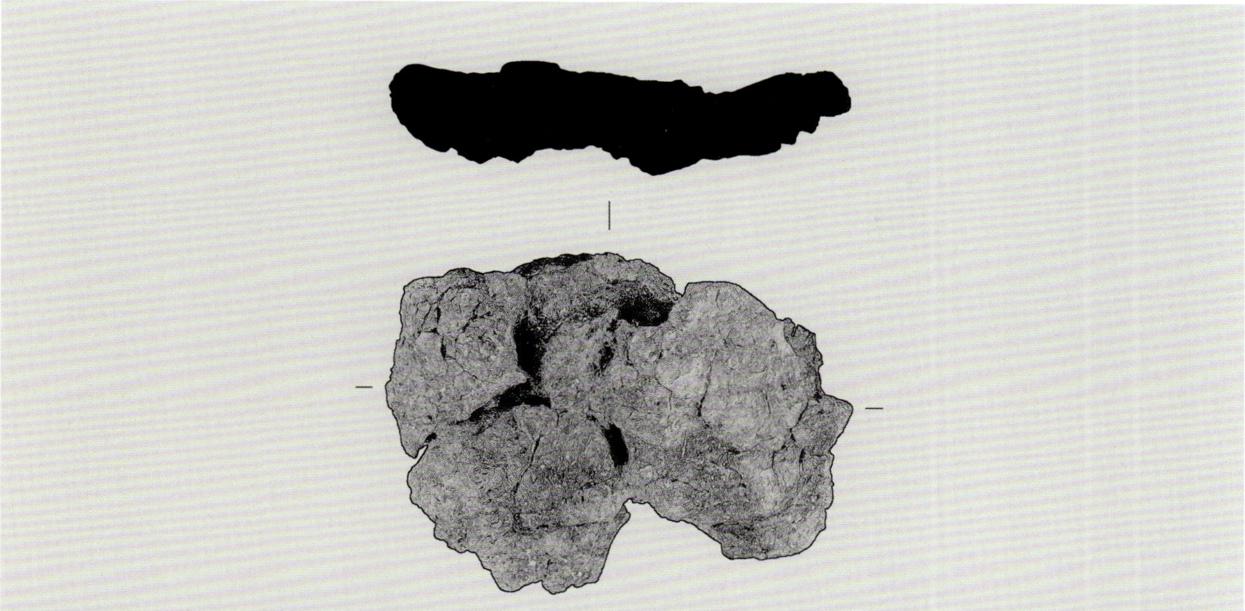

图3.553 铁器（Q1：1）线图

Ac3型 1件。Q1：12，残。瓦呈灰色。表面饰细直绳纹，内面饰篦纹，一条竖向凹弦纹将绳纹划分为两部分，绳纹抹平部分宽0.5厘米。残长16.5、残宽19、厚1.2厘米（图3.554、图3.555）。

图3.554 Ac3型板瓦（Q1：12）表、内面照片

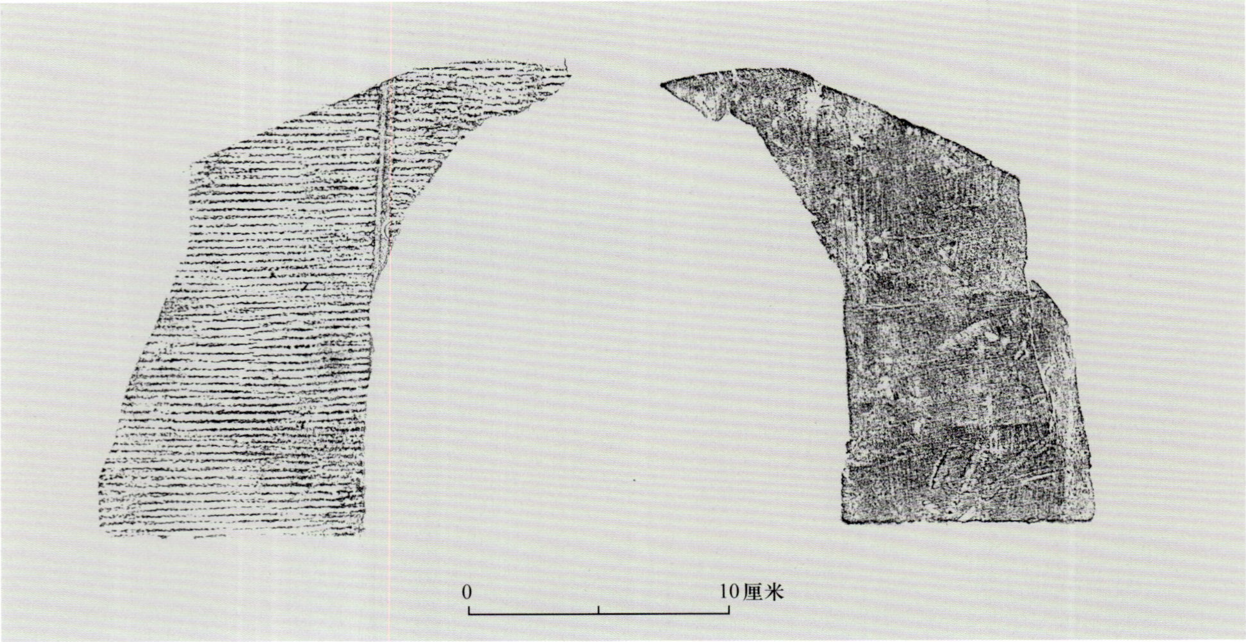

图3.555 Ac3型板瓦（Q1：12）表、内面拓片

Ac4型 1件。Q1：14，残。瓦呈灰色。表面饰细直绳纹，内面饰布纹。残长7.7、残宽10、厚1.5厘米（图3.556、图3.557）。

Ca3型 1件。Q1：13，残。瓦呈灰色。表面饰粗交错绳纹，内面饰篦纹。残长9、残宽15、厚1.1厘米（图3.558、图3.559）。

图3.556 Ac4型板瓦（Q1：14）表、内面照片

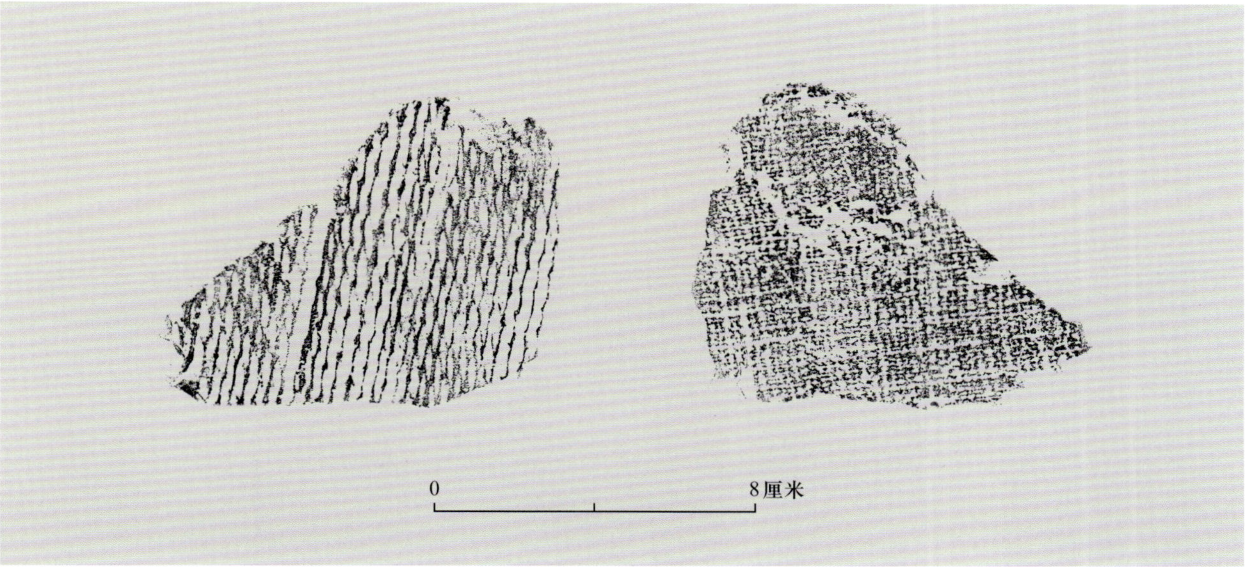

图3.557 Ac4型板瓦（Q1：14）表、内面拓片

图3.558 Ca3型板瓦（Q1：13）表、内面照片

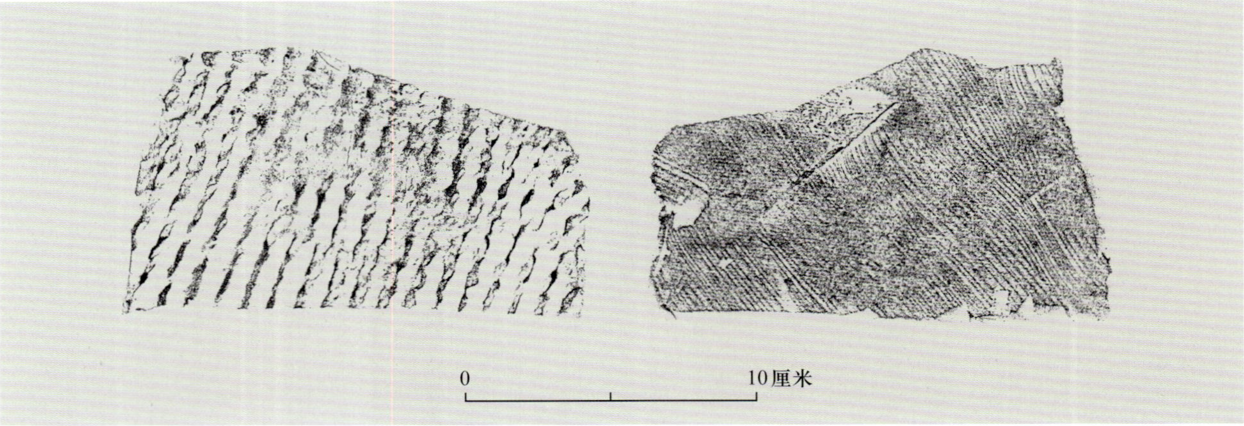

图3.559 Ca3型板瓦（Q1：13）表、内面拓片

Ca10型 1件。Q1：15，残。瓦呈灰色。表面饰粗交错绳纹，内面饰抹平绳纹。残长15.5、残宽17.5、厚1.5厘米（图3.560、图3.561）。

图3.560 Ca10型板瓦（Q1：15）表、内面照片

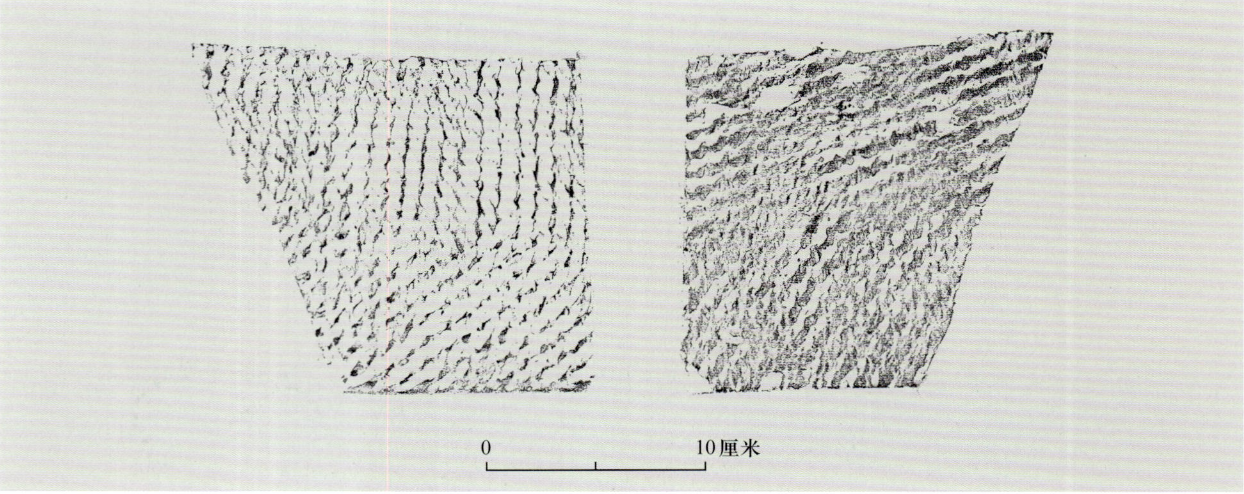

图3.561 Ca10型板瓦（Q1：15）表、内面拓片

Cb4型　1件，Q1：5，残。瓦呈灰色。表面饰粗斜绳纹，内面饰布纹。残长14.5、残宽12、厚1.5厘米（图3.562、图3.563）。

图3.562　Cb4型板瓦（Q1：5）表、内面照片

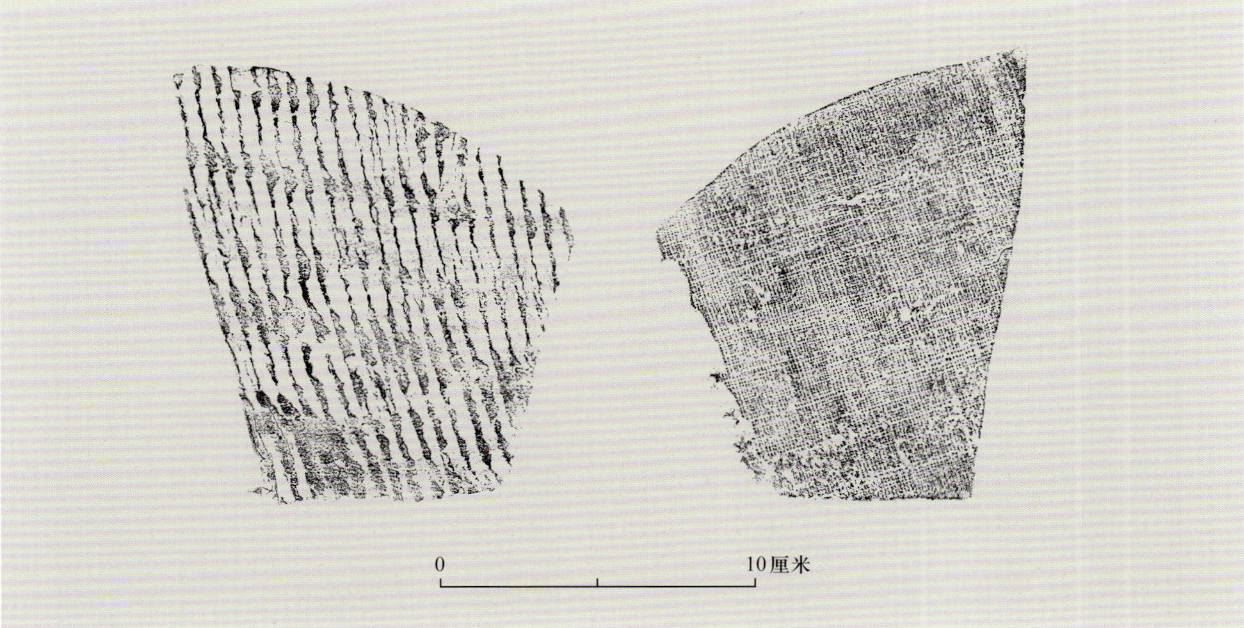

图3.563　Cb4型板瓦（Q1：5）表、内面拓片

筒瓦　2件。分二亚型。

D4型　1件。Q1：7，残。瓦呈深灰色。表面素面，内面饰布纹。残长17.5、残径10、厚1.5～1.9厘米（图3.564、图3.565）。

Ca4型　1件。Q1：6，残。瓦呈深灰色。表面饰粗直绳纹，内面饰布纹。残长5、残径6、厚1.2厘米。（图3.566、图3.567）。

图3.564　D4型筒瓦（Q1：7）表、内面照片

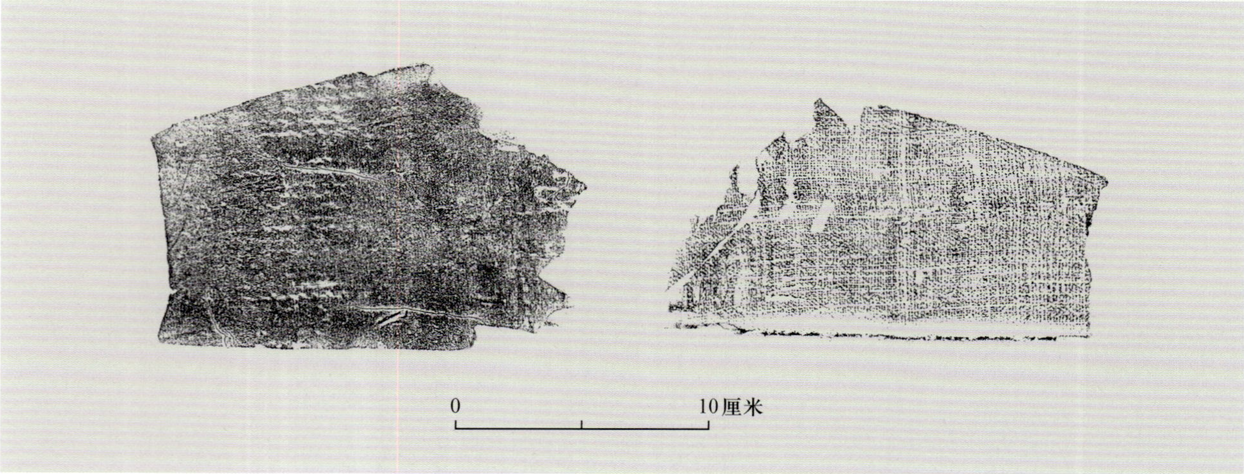

图3.565　D4型筒瓦（Q1：7）表、内面拓片

图3.566　Ca4型筒瓦（Q1：6）表、内面照片

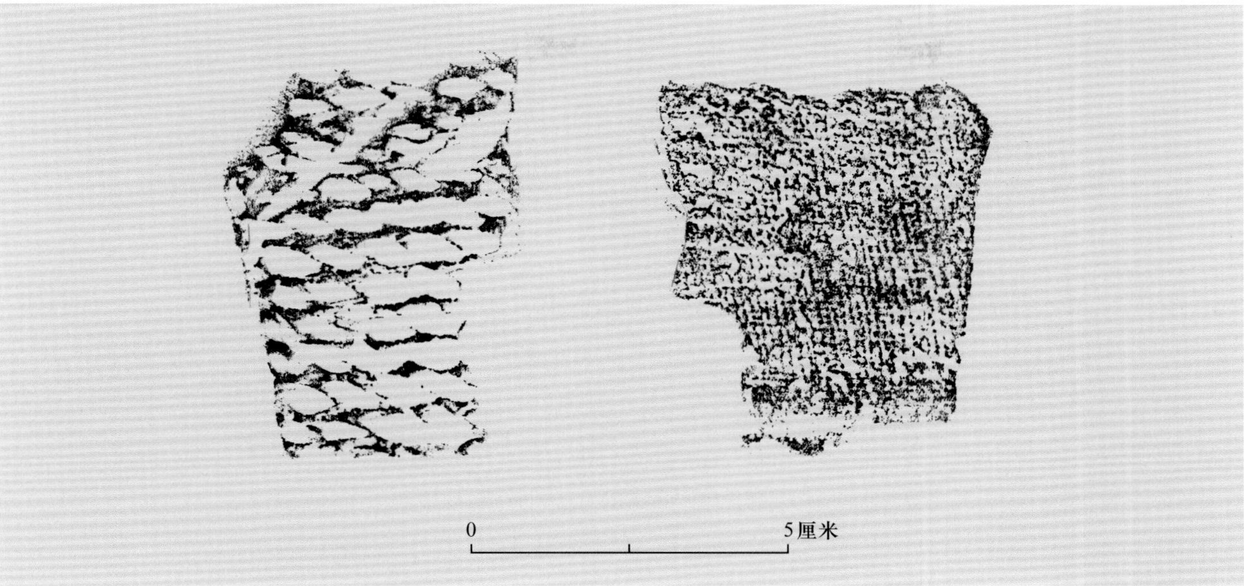

图3.567 Ca4型筒瓦（Q1：6）表、内面拓片

第三节 结 语

根据本探方的发掘，从地层、遗迹叠压打破关系、墓葬形制、出土遗物特征等情况综合判断，T2第1层为现代耕土层，第2层为近代扰土层，第3层为淤积层，第4层为西汉晚期至新莽时期，第5层为西汉晚期至新莽时期，第6层为西汉晚期至新莽时期，而第7～9层则为西汉时期。

通过发掘，确定Q1为二号城南墙，结合T4内城墙解剖情况，该城墙的修筑应在汉武帝元狩五年铸造五铢钱之后。

从遗迹开口情况看，M23时代为新莽时期。M1、H13时代为新莽至东汉时期。H17、H22～H25、H34、H36～H39、L2、L5、M6、M8、M14～M16、M18，时代应晚于新莽天凤元年。H31、H33、G14、M11～M13、M20～M22、M25～M28时代为西汉晚期至新莽时期。

具体而言，探方内清理的19座墓葬中，M1叠压于第3层下，M6、M8、M14～M16、M18这6座墓叠压于第4层下；M11～M13、M20～M23、M25～M28等11座叠压于第5层下。其中M6及M23中均出土货泉（第4层下的H17还出有大泉五十）。据相关文献，货泉为王莽天凤元年（14年）铸造。从地层关系、墓葬形制、遗物特征和第5层下M23中出土货泉等情况判断，M6、M8、M14～M16、M18的时代应晚于新莽天凤元年，M1为新莽至东汉早期、M23从出土钱币可明确为新莽时期墓葬，M11～M13、M20～M22、M25～M28的时代大体在西汉晚期至新莽时期。

在这批墓葬中，婴幼儿墓数量多，有陶瓮盆葬、陶棺葬、陶管道葬，而且这批座墓葬开口层位不同，时代集中为西汉晚期至新莽时期，似可表明秦汉时期关中地区婴幼儿的这种埋葬方式应较为稳定地一直延续。

从清理情况看，M27周围未发现其他墓葬，其应是一座埋葬小狗的独立墓葬。从现有资料看，小狗墓葬及在动物墓内陪葬小陶俑的情况均为秦汉考古中首见，是一种非常罕见的墓葬形式。

第四章　T3

T3位于西安市阎良区武屯镇西相村关庄组西北约300米处，北侧隔农田水渠为T20，东距T2约1222米，西北约250米为T4。据勘探资料，此处勘探发现二号城墙南墙，为确定勘探遗存的性质与时代，布设本探方。探方南北长15.4、东西宽1.5米，南北向。发掘工作从2013年11月14日开始，至2013年12月15日结束（图4.1、图4.2）。

通过清理，在探方内先后确定13个遗迹（灰坑7、墓葬3、道路2、夯土墙1）（表4.1），出土各类遗物130件，分4类（陶器78、铁器1、铜器4、铜钱47）（表4.2）。此外，还出土各类遗物残片694块（建筑材料占87.62%、陶器占12.38%）（表4.3）。

图4.1　T3全景照（南—北）

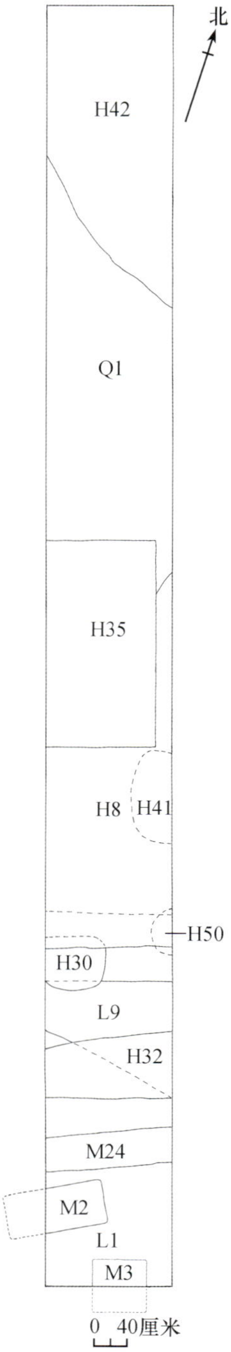

图4.2　T3总平面图

表4.1 T3遗迹登记表

编号	形制	开口	打破关系	备注
H8	不规则形	第2层下	被H35打破，打破H30、Q1、第3a、3b、5、7层，叠压H41	斜壁平底
H30	不规则形	第3b层下	被H8打破，打破第4a、L9，叠压5层	斜壁平底
H32	长条形	第3b层下	打破L1、L2、第4a、5～8层	斜壁平底
H35	长方形	第2层下	打破Q1、H8	斜壁平底
H41	半圆形	H8第3层下	打破Q1与第7、8层	斜壁凹底
H42	不规则形	第2层下	打破Q1	斜壁坡底
H50	半圆形	第5层下	打破第7～9层	斜壁凹底
L1	梯形	第3b层下	被H32打破，叠压M2、M24	东西向
L9	长条状	第4b层下	被H30、H32、M2、M3、M24打破，叠压第5层	东西向
M2	圆角长方形	L1层下	打破第4a、4b层L9	竖穴土坑墓
M3	长方形	第4b层下	打破L9及第5、6层	竖穴土坑墓
M24	长方形	L1下	打破第4a、4b层及L2	竖穴土坑墓
Q1	不规则形	第6层下	被H8、H35、H41、H42打破，被第5层叠压并打破	二号古城南墙

表4.2 T3出土小件登记表

编号	名称	材质	保存情况	重量/千克	分型	规格/厘米		
						长	宽	厚
②：1	板瓦	陶	残	0.16	Cb1	11.5	7.2	1.5
②：2	板瓦	陶	残	0.23	Cb4	13	13	1.2
②：3	筒瓦	陶	残	0.17	Bb4	13	8.2	1～1.5
②：4	陶管道	陶	残	0.18	/	13	11.6	1.5
②：5	陶管道	陶	残	0.18	/	10.9	12.8	0.8～1.25
②：6	陶盆	陶	残	0.08	/	复原口径46.5、沿宽2、残高4.7、厚1		
③a：1	陶扑满	陶	完整	0.69	/	口径5.4、腹径11.2、高9、厚0.4		
③a：2	板瓦	陶	残	0.64	Cb10-4	22	13.5	1.6
③a：3	板瓦	陶	残	0.27	Cb4	19.2	7.7	1.9
③a：4	板瓦	陶	残	0.39	Bb1	12.2	17	1.5
③a：5	板瓦	陶	残	0.11	Ba1	7	8.5	1.4
③a：6	板瓦	陶	残	0.16	Bb2	9.2	10	1.5
③a：7	板瓦	陶	残	0.1	Cb10	5.7	11	1.5
③a：8	筒瓦	陶	残	0.21	Ba4	10.5	10.6	1.5
③a：9	筒瓦	陶	残	0.34	Ba4	23	10.5	1.3
③a：10	陶盆	陶	残	0.19	/	复原口径35.9、沿宽1.5、残高8.5、厚0.8		
③a：11	陶盆	陶	残	0.07	/	复原口径45、沿宽1.3、残高7.2、厚0.9		
③b：1	板瓦	陶	残	0.38	Cb4	16.8	12.3	1.3～1.6
③b：2	板瓦	陶	残	0.19	Ca10	11	13.8	1.2～1.6
③b：3	筒瓦	陶	残	0.19	Ba4	9	10	1.2～1.6
③b：4	筒瓦	陶	残	0.2	Ba4	12.5	9.1	0.5～1.4
③b：5	条形砖	陶	残	4.9	/	33	13.6	5.7

续表

编号	名称	材质	保存情况	重量/千克	分型	规格/厘米		
						长	宽	厚
⑤：1	半两	铜	/	3.1克	/	直径约2.4、穿宽0.8		
⑤：2	板瓦	陶	残	1.2	Ba4	24.5	19.5	1.6～2.2
⑤：3	板瓦	陶	残	0.28	Cb10-4	16.2	11.5	1.6
⑤：4	筒瓦	陶	残	0.39	Ba4	22	11.5	0.7～1.2
⑤：5	陶瓮	陶	残	0.59	/	残宽14、残高7.2、厚1.7～2.4		
⑥：1	板瓦	陶	残	0.28	Cb4	20.5	12	1.2～1.4
⑥：2	板瓦	陶	残	0.35	Cb1	13.9	18	0.9～1.2
⑥：3	板瓦	陶	残	0.37	Cb2	17.5	12.6	1.2～1.4
⑥：4	板瓦	陶	残	0.45	Ca10	14.8	14.8	1.4～1.6
⑥：5	筒瓦	陶	残	0.15	Cc4	10.7	9	1.4
⑥：6	陶缸	陶	残	0.47	/	复原口径66.7、沿宽3.2、残高6、厚1.2		
⑧：1	板瓦	陶	残	1.45	Cc4	30.5	24.2	2
⑧：2	板瓦	陶	残	0.29	Ba1	19.8	16.5	1.2
⑧：3	陶片	陶	残	0.15	/	残长12.6、残宽11、厚0.5～0.9		
H8：1-1	五铢	铜	完整	3克	/	直径2.4、穿宽0.95～1.05、厚约0.15		
H8：1-2	五铢	铜	完整	3克	/			
H8：1-3	五铢	铜	完整	2.9克	/			
H8：1-4	五铢	铜	完整	3.4克	/			
H8：1-5	五铢	铜	完整	2.9克	/			
H8：1-6	五铢	铜	完整	3.1克	/			
H8：1-7	五铢	铜	完整	3.1克	/			
H8：1-8	五铢	铜	完整	3.3克	/			
H8：1-9	五铢	铜	完整	3.3克	/			
H8：1-10	五铢	铜	完整	2.5克	/			
H8：1-11	五铢	铜	完整	2.5克	/			
H8：1-12	五铢	铜	完整	2.7克	/			
H8：1-13	五铢	铜	完整	3.7克	/			
H8：1-14	五铢	铜	完整	1.7克	/			
H8：1-15	五铢	铜	完整	3.1克	/			
H8：1-16	五铢	铜	完整	2克	/			
H8：1-17	五铢	铜	完整	3.5克	/			
H8：1-18	五铢	铜	完整	2.3克	/			
H8：1-19	五铢	铜	残	2克	/			
H8：1-20	五铢	铜	残	3.1克	/			
H8：1-21	五铢	铜	残	2.8克	/			
H8：1-22	五铢	铜	残	2.2克	/			
H8：1-23	五铢	铜	残	2.6克	/			
H8：1-24	五铢	铜	残	3克	/			
H8：1-25	五铢	铜	残	1.7克	/			
H8：1-26	五铢	铜	残	1.7克	/			
H8：1-27	五铢	铜	完整	3克	/			
H8：1-28	五铢	铜	残	3克	/			

续表

编号	名称	材质	保存情况	重量/千克	分型	规格/厘米		
						长	宽	厚
H8：2-1	铜条	铜	残	4.5克	/	4.7	1.3	0.2
H8：2-2	铜条	铜	残	2.6克	/	5.1	1.2	0.2
H8：3	铁钩	铁	残	/	/	20	1.8	1.8
H8：5	陶三足双系罐	陶	可复原	0.41	/	口外径5.5、内径4.3、高7.1、腹径9.1、腹厚0.5		
H8：6	铜牌	铜	完整	22.9克	/	直径约3.5		
H8：7	板瓦	陶	残	0.29	Ca9	13.7	13	1.5
H8：8	板瓦	陶	残	0.34	Cb4	14.3	15.7	1.5
H8：9	板瓦	陶	残	0.63	Ca10	19.6	19.6	1.6
H8：10	板瓦	陶	残	0.36	Ca1	14.9	18.5	1.4
H8：11	板瓦	陶	残	1.05	Ca1	24.5	22.3	1.5
H8：12	筒瓦	陶	残	0.22	Ba4	11.2	9.4	1.1
H8：13	筒瓦	陶	残	0.72	Cc4	17	13.6	1.2 ~ 1.7
H8：14	筒瓦	陶	残	0.86	Bc4	18.5	12.8	1.4
H8：15	筒瓦	陶	残	0.72	Bc4	26	13.5	1 ~ 1.3
H8：16	筒瓦	陶	残	0.32	Bc4	14.5	12.7	1.3
H8：17	筒瓦	陶	残	0.23	Bc4	11.5	12.2	0.9 ~ 1.5
H8：18	筒瓦	陶	残	0.43	Bc4	20.08	14.8	1 ~ 1.4
H8：19	空心砖	陶	残	0.18	/	8.7	7 ~ 7.5	1.2 ~ 1.8
H8：20	空心砖	陶	残	0.97	/	20.3	17.5	2 ~ 2.8
H8：21	陶井圈	陶	残	0.6	/	19.5	13.6	2.4 ~ 3
H8：22	条形砖	陶	残	5.85	/	25.4	8	6.2
H8：23	陶钵	陶	可复原	0.08	/	复原口径15.7、高7.2、复原底径8、厚0.6		
H8：24	陶盆	陶	残	0.26	/	复原口径52.6、沿宽4.7、残高10.6、厚1.5		
H8：25	陶盆	陶	残	0.25	/	复原口径43.3、沿宽3.4、残高10、厚0.8		
H32：1	云纹瓦当	陶	残	0.15	/	当复原径15.9、当心径5.6、边轮宽1.5、边轮厚2.5、当厚1.3		
H32：2	板瓦	陶	残	0.39	Cb2	17	19.5	1.3
H32：3	板瓦	陶	残	0.62	Ca10	17	19	1.3
H32：4	板瓦	陶	残	0.33	Cb4	15	15	1.4
H32：5	板瓦	陶	残	1.25	Ca1	25.5	24	1.6
H32：6	筒瓦	陶	残	0.13	Ba4	7.8	8	1.6
H32：7	陶井圈	陶	残	0.25	/	8.6	14	1.4 ~ 2.6
H32：8	陶井圈	陶	残	0.89	/	13.6	19.7	1.9 ~ 2.5
H32：9	陶盆	陶	残	0.12	/	复原口径49.4、沿宽3.9、残高3.7、厚0.8		
H35：1	铜柄首	铜	完整	11克	/	长4 ~ 4.6		

续表

编号	名称	材质	保存情况	重量/千克	分型	规格/厘米		
						长	宽	厚
H42：1-1	五铢	铜	完整	3.2克	/	直径2.5、穿宽1、厚约0.15		
H42：1-2	五铢	铜	完整	3.6克	/			
H42：1-3	五铢	铜	完整	2.9克	/			
H42：1-4	五铢	铜	完整	2.9克	/			
H42：1-5	五铢	铜	完整	2.3克	/			
H42：1-6	五铢	铜	完整	3.8克	/			
H42：1-7	五铢	铜	完整	3.9克	/			
H42：1-8	五铢	铜	完整	3.6克	/			
H42：1-9	五铢	铜	残	2.7克	/			
H42：1-10	五铢	铜	完整	3.5克	/			
H42：1-11	五铢	铜	残	3.5克	/			
H42：1-12	五铢	铜	完整	3克	/			
H42：1-13	五铢	铜	残	2.7克	/			
H42：1-14	五铢	铜	残	2.6克	/			
H42：1-15	五铢	铜	残	2.2克	/			
H42：1-16	五铢	铜	残	1.1克	/	残径1.6、厚约0.15		
Q1：1	陶纺轮	陶	完整	0.03	/	底径4.3、厚2，中部有圆孔，孔径1		
Q1：2-1	五铢	铜	残	4.3	/	直径2.5、穿宽0.9～1、厚约0.15		
Q1：2-2	五铢	铜	残	2.9	/	残径约2		
Q1：3	板瓦	陶	残	0.07	Aa1	7.4	7.2	1
Q1：4	板瓦	陶	残	0.13	Ba1	6.5	13.2	1.2～1.3
Q1：5	板瓦	陶	残	0.06	Ba1	6	6.2	1.3
Q1：6	筒瓦	陶	残	0.3	Aa4	14.8	12	1.3
Q1：7	陶片	陶	残	0.1	/	10	10.5	0.6～0.9
M2：1	陶管道	陶	可复原	6.825	/	长34.4、直径26～30.8、壁厚1.53		
M2：2	陶管道	陶	可复原	7.456	/	长35、直径26～31.3、壁厚1.77		
M2：3	陶盆	陶	可复原	0.9855	/	口径26.5、底径12.7、高9.5		
M2：4	陶盆	陶	可复原	0.838	/	口径27.4、底径13、高9.5		
M3：1	陶盆	陶	可复原	4.853	/	口径46.5、底径22、高21.5		
M3：2	陶盆	陶	残	0.72	/	底径18.3、残高10.2		
M3：3	陶片	陶	残	2.66	/	残长41.5、宽27.5、厚1		
M24：1	板瓦	陶	残	2.41	D4	36	22.5	2

表4.3 T3出土遗物数量统计表

名称	分型/纹饰	②/件	③a/件	③b/件	⑤/件	⑥/件	⑧/件	Q1/件	H8/件	H32/件	合计/件	百分比/%	总百分比/%
		灰	灰	灰	灰	灰	灰	灰	灰	灰			
板瓦	Ab1		5						3		8	1.15	69.74
	Aa1							7			7	1.01	
	Bb1	11	4					3			18	2.59	
	Ba1	3									3	0.43	
	Cc1				2						2	0.29	
	Cb1		28	12		14	3		147	10	214	30.84	
	Ca1								12		12	1.73	
	Ab2								1		1	0.14	
	Cc2		2								2	0.29	
	Cb2			1		8			36	3	48	6.92	
	Ca2								3		3	0.43	
	Bc4				2		3				5	0.72	69.74
	Bb4						1				1	0.14	
	Cc4	1			2						3	0.43	
	Cb4	1	12	10	1	2				6	32	4.61	
	Cb10		6	3	1				105	6	121	17.44	
	Ca10								4		4	0.58	
筒瓦	Ac2								1		1	0.14	13.53
	Ab4							2			2	0.29	
	Aa4		3								3	0.43	
	Bc4		3						53	1	57	8.21	
	Bb4				1						1	0.14	
	Cc4		3	10		4			3		20	2.88	
	D4								7	3	10	1.44	
砖	素面			4					17		21	3.03	3.32
	空心砖								2		2	0.29	
陶井圈									3	2	5	0.72	0.72
陶管道		2									2	0.29	0.29
陶片	素面	3	6	7	1	4	1	4	47	1	74	10.66	12.38
	凹弦纹								10		10	1.44	
	篦划纹								1		1	0.14	
	印纹								1		1	0.14	
合计		21	72	47	10	32	8	16	456	32	694	100.00	
百分比/%		3.03	10.37	6.77	1.44	4.61	1.15	2.31	65.71	4.61	100.00		

第一节 地 层

根据土质、土色及包含物看，T3内地层堆积分为11层，地层堆积按四壁介绍，出土遗物以东壁统计介绍。

（一）地层堆积

1. 北壁

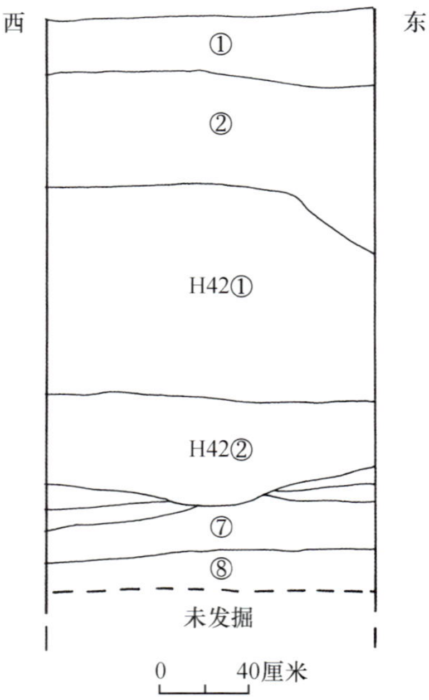

图4.3 T3北壁剖面图

第1层：灰褐色土。厚0.24～0.38米。分布整个探方，堆积近平。土质软，结构疏松，含大量植物根系，少量红色砖渣、小石子等。

第2层：浅黄色土。深0.24～0.38、厚0.5～0.76米。分布全方，堆积近平。土质较致密，含少量植物根系、红色砖渣以及灰色陶片等。之下为第7层。

第7层：黑褐色土。深2.2～2.5、厚0.14～0.24米。仅南探方端未分布，堆积近平。土质致密，有夯层，应为墙基土，含少量瓦、陶片。

第8层：黄褐色土。深2.46～2.74、厚0.14～0.2米。仅南探方端未分布，自南向北坡状堆积。土质较致密，含极少瓦、陶片。该层为地面垫土，之下未发掘（图4.3）。

2. 东壁

第1层：灰褐色土。厚0.18～0.36米。分布整个探方，堆积近平。土质软，结构疏松，含大量植物根系，少量红色砖渣、小石子等现代垃圾。

第2层：浅黄色土。深0.18～0.36、厚0.2～0.75米。分布全方，堆积近平。土质软，较致密，含少量植物根系、红色砖渣。出土遗物占全探方的3.03%。据本层出土器物残片统计，其中板瓦76.19%，其中Ba1型占14.29%、Bb1型占52.38%、Cb4型占4.76%、Cc4型占4.76%。素面陶14.29%。管道9.52%（表4.4）。H8、H42开口于此层下。H41开口于H8第3层下。

表4.4 T3第2层出土遗物数量统计表

名称	分型/纹饰	灰陶/件	百分比/%	总百分比/%
板瓦	Bb1	11	52.38	76.19
	Ba1	3	14.29	
	Cb4	1	4.76	
	Cc4	1	4.76	

续表

名称	分型/纹饰	灰陶/件	百分比/%	总百分比/%
陶片	素面	3	14.29	14.29
陶管道	/	2	9.52	9.52
合计		21	100.00	
百分比/%		100		

第3a层：浅褐色土。深0.5～0.56、厚0.2～0.41米。分布在探方南部，堆积近平。土质软，较疏松，含炭粒。出土遗物占全探方总数的10.37%。据本层出土器物残片统计，板瓦占79.17%，其中Ab1型占6.94%、Bb1型占5.56%、Cb1型占38.89%、Cb4型占16.67%、Cc2型占2.78%、Cb10型占8.33%。筒瓦占12.51%，其中Aa4型占4.17%、Bc4型占4.17%、Cc4型占4.17%。素面陶占8.33%（表4.5）。

表4.5　T3第3a层出土遗物数量统计表

名称	分型/纹饰	灰陶/件	百分比/%	总百分比/%
板瓦	Ab1	5	6.94	79.17
	Bb1	4	5.56	
	Cb1	28	38.89	
	Cb4	12	16.67	
	Cc2	2	2.78	
	Cb10	6	8.33	
筒瓦	Aa4	3	4.17	12.51
	Bc4	3	4.17	
	Cc4	3	4.17	
陶片	素面	6	8.33	8.33
合计		72	100.00	
百分比/%		100		

第3b层：褐色土。深0.74～0.94、厚0.3～0.56米。分布在探方南部，堆积近平。土质略硬，较致密。出土遗物占全探方总数的6.77%。据本层出土器物残片统计，板瓦占55.32%，其中Cb1型占25.53%、Cb4型占21.28%、Cb10型占6.38%、Cb2型占2.13%。筒瓦仅Cc4型，占21.28%。素面砖占8.51%。素面陶占14.89%（表4.6）。L1、H32、K1开口于此层下，M24叠压在L1下。

表4.6　T3第3b层出土遗物数量统计表

名称	分型/纹饰	灰陶/件	百分比/%	总百分比/%
板瓦	Cb1	12	25.53	55.32
	Cb4	10	21.28	
	Cb10	3	6.38	
	Cb2	1	2.13	

续表

名称	分型/纹饰	灰陶/件	百分比/%	总百分比/%
筒瓦	Cc4	10	21.28	21.28
陶片	素面	7	14.89	14.89
砖	素面	4	8.51	8.51
合计		47	100.00	
百分比/%		100		

第4a层：黄色土。深1.44～1.68、厚0.05～0.36米。分布在探方南部，自北向南坡状堆积。土质软，结构疏松。

第4b层：黄褐色土。深1.6～1.82、厚0.16～0.24米。分布在探方南部，自北向南坡状堆积。土质软，结构疏松。L9开口于此层下。

第5层：褐色土。深1.56～2.24、厚0.3～0.54米。分布在探方南部，自北向南坡状堆积。土质软，结构疏松。出土遗物占全探方总数的1.44%。据本层出土器物残片统计，板瓦占80%，其中Cb4型占10%、Cc4型占20%、Bc4型占20%、Cc1型占20%、Cb10型占10%。筒瓦仅Bb4型，占10%。陶片均为素面，占10%（表4.7）。

表4.7　T3第5层出土遗物数量统计表

名称	分型/纹饰	灰陶/件	百分比/%	总百分比/%
板瓦	Cb4	1	10.00	80.00
	Cc4	2	20.00	
	Bc4	2	20.00	
	Cc1	2	20.00	
	Cb10	1	10.00	
筒瓦	Bb4	1	10.00	10.00
陶片	素面	1	10.00	10.00
合计		10	100.00	
百分比/%		100		

第6层：黄褐色花土。深1.8～2.62、厚0.07～0.76米。分布在探方南部，自北向南波状堆积。土质软，结构疏松。出土遗物占全探方总数的4.61%。据本层出土器物残片统计，板瓦76.47%，其中Cb1型占43.75%、Cb4型占6.25%、Cb2型占25%。筒瓦仅Cc4型，占12.5%。陶片均为素面，占12.5%（表4.8）。

表4.8　T3第6层出土遗物数量统计表

名称	分型/纹饰	灰陶/件	百分比/%	总百分比/%
板瓦	Cb1	14	43.75	75.00
	Cb4	2	6.25	
	Cb2	8	25	
筒瓦	Cc4	4	12.50	12.50
陶片	素面	4	12.50	12.50
合计		32	100.00	
百分比/%		100		

第7层：黑褐色土。深2.2～2.5、厚0.2～0.28米。仅南探方端未分布，堆积近平。土质硬，致密。

第8层：黄褐色土。深2.46～2.74、厚0.28～0.38米。分布在北部，自南向北坡状堆积。土质硬。出土遗物占全探方总数的1.15%。据本层出土器物残片统计，板瓦占87.5%，其中Bc4型占37.5%、Bb4型占12.5%、Cb1型占37.5%。素面陶12.5%（表4.9）。

表4.9　T3第8层出土遗物数量统计表

名称	分型/纹饰	灰陶/件	百分比/%	总百分比/%
板瓦	Bc4	3	37.50	87.50
	Bb4	1	12.50	
	Cb1	3	37.50	
陶片	素面	1	12.50	12.50
合计		8	100.00	
百分比/%		100		

第9层：黄褐色土。深2.83～3.24、厚0.17～0.44米。分布全方，自南向北坡状堆积。土质软。

第10层：浅黑色土。深3.09～3.4、厚0.15～0.44米。分布全方，为波状堆积。土质软，结构疏松，含极少零星状陶器渣。

第11层：黄色土。深3.4～3.7、厚0.2～0.6米。分布全方，堆积近平。土质软，结构疏松，含极少零星状陶器渣（图4.4）。

3. 南壁

第1层：灰褐色土。厚0.2～0.26米。分布整探方，堆积近平。土质软，结构疏松，含大量植物根系，少量红色砖渣、小石子等。

第2层：浅黄色土。深0.2～0.26、厚0.3～0.37米。分布全方，堆积近平。土质较致密，含少量植物根系、红色砖渣及灰陶片等。

第3a层：浅褐色土。深0.54～0.56、厚0.3～0.36米。分布在探方南部，堆积近平。土质较疏松，含炭粒、大量瓦、陶片。

第3b层：褐色土。深0.86～0.92、厚0.54～0.6米。分布在探方南部，堆积近平。土质较致密，含板瓦片、陶片。多粗绳纹板瓦，其次为素面陶片，极少细绳纹筒瓦，内面多饰布纹和素面，多为泥质灰陶。L1开口此层下。

第4a层：黄色土。深1.4～1.62、厚0.1～0.34米。分布在探方南部，自北向南坡状堆积。土质软，结构疏松。

第4b层：黄褐色土。深1.44～1.82、厚0.18～0.24米。分布在探方南部，自北向南坡状堆积。土质软，结构疏松。M3开口于此层下。

第5层：褐色土。深1.88～2.24、厚0.38～0.47米。分布在探方南部，自北向南坡状堆积。土质较疏松，含瓦片、陶片。

第6层：花土。深2.28～2.62、厚0.26～0.56米。分布在探方南部，自北向南波状堆积。土质较疏松，含少量瓦、陶片。之下为第9层。

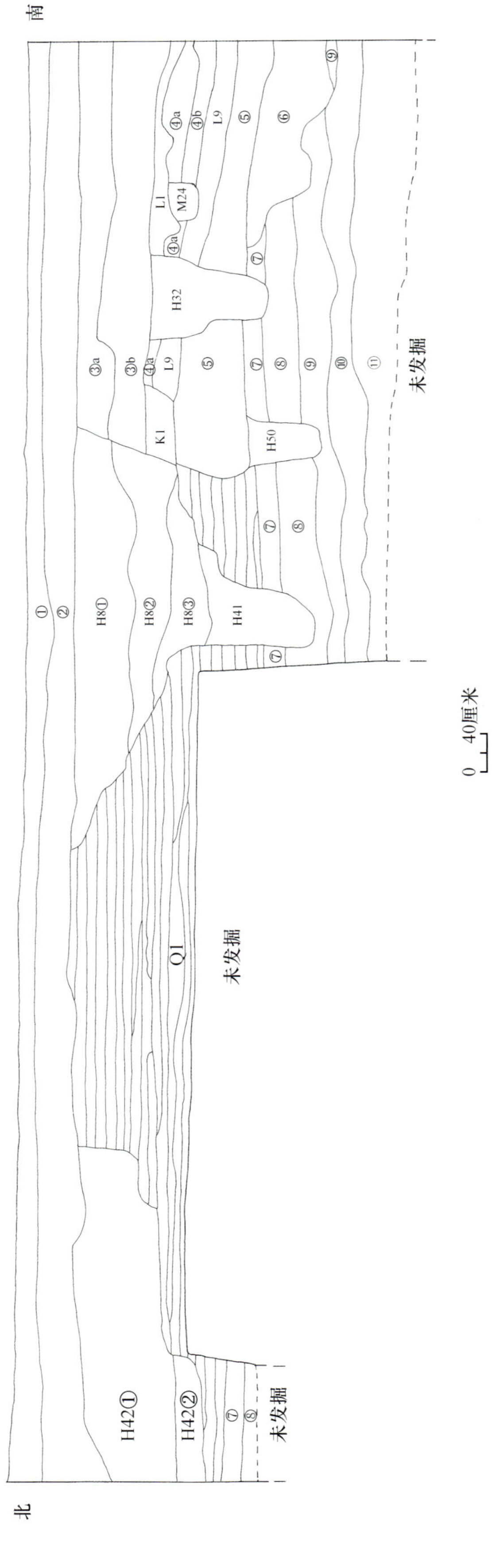
南
北
①
②
③a
③b
④a
④b
L1
L9
M24
H32
K1
H50
H8①
H8②
H8③
H41
H42①
H42②
⑤
⑥
⑦
⑧
⑨
⑩
⑪
Q1
未发掘
0 40厘米

图4.4 T3东壁剖面图

第9层：黄褐色土。深2.86～3.18、厚0.09～0.42米。分布全方，自南向北坡状堆积。含极少板瓦、陶片。

第10层：浅黑色土。深2.92～3.28、厚0.3～0.44米。分布全方，为波状堆积。土质软，结构疏松，含极少瓦、陶片。

第11层：黄色土。深3.58～3.62、厚0.54～0.56米。分布全方，堆积近平。土质软，结构疏松，含极少瓦片、陶片（图4.5、图4.6）。

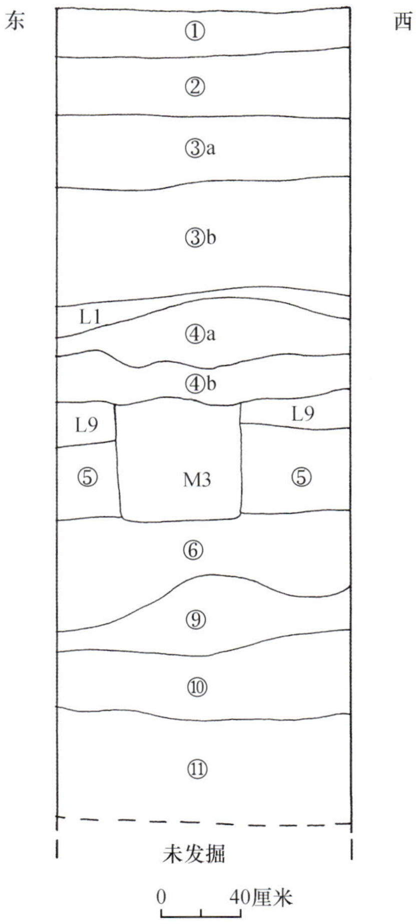

图4.5　T3南壁剖面图

图4.6　T3南壁剖面照

4. 西壁

第1层：灰褐色土。厚0.12～0.24米。分布整个探方，堆积近平。土质软，结构疏松，含大量植物根系，少量红色砖渣、小石子等。

第2层：浅黄色土。深0.12～0.24、厚0.35～0.5米。分布全方，堆积近平。土质较致密，含少量植物根系、红色砖渣及灰陶片等。H8、H35、H42、Q1开口于此层下。

第3a层：浅褐色土。深0.44～0.56、厚0.32～0.37米。分布在探方南部，堆积近平。土质较疏松，含炭粒、大量瓦、陶片。

第3b层：褐色土。深0.84～0.91、厚0.24～0.58米。分布在探方南部，堆积近平。土质较致密，含瓦、陶片。L1、H30、H32开口于此层下，M2、M24开口于L1下。

第4a层：黄色土深1.6～1.64、厚0.05～0.26米。分布在探方南部，自北向南坡状堆积。土质软，结构疏松。L9开口于此层下。

第4b层：黄褐色土。深1.6～1.82、厚0.15～0.19米。分布在探方南部，自北向南坡状堆积。土质软，结构疏松。

第5层：褐色土。深1.54～1.66、厚0.24～0.75米。分布在探方南部，自北向南坡状堆积。土质较疏松，含板瓦片、陶片。

第6层：花土。深2.28～2.78、厚0.02～0.58米。分布在探方南部，自北向南波状堆积。土质较疏松，含少量瓦、陶片。

第7层：黑褐色土。深2.28～2.3、厚0.16～0.26米。分布在探方北部，堆积近平。土质致密，有夯层，应为墙基土，含少量瓦、陶片。

第8层：黄褐色土。深2.5～2.72、厚0.02～0.49米。分布在探方北部，自南向北坡状堆积。土质较致密，为墙下垫土，含极少瓦、陶片。

第9层：黄褐色土。深2.83～3.24、厚0.2～0.34米。分布全方，自南向北坡状堆积。含极少瓦、陶片。

第10层：浅黑色土。深3.09～3.4、厚0.24～0.44米。分布全方，为波状堆积。土质软，结构疏松，含极少瓦、陶片。

第11层：黄色土。深3.4～3.7、厚0.15～0.56米。分布全方，堆积近平。土质软，结构疏松，含极少瓦、陶片（图4.7）。

（二）出土遗物

地层内共出土器物36件，分3类，其中建筑材料28、陶器7、铜钱1（表4.2）。分类介绍如下。

1. 建筑材料

根据用途，出土建筑材料4种，有砖、板瓦、筒瓦、陶管道。分别介绍如下。

（1）砖

条形砖　1件。③b：5，残。砖呈青灰色。两面均为素面。长33、宽13.6、厚5.7厘米（图4.8、图4.9）。

（2）板瓦

出土18件。均弧形板瓦。据表面绳纹粗细，可分为B、C二型，分别介绍如下。

B型　出土5件。分四亚型。

Ba1型　2件。表面饰中粗交错绳纹，内面素面。

③a：5，残。灰陶。残长7、残宽8.5、厚1.4厘米（图4.10、图4.11）。

⑧：2，残。灰陶。残长19.8、残宽16.5、厚1.2厘米（图4.12、图4.13）。

Ba4型　1件。⑤：2，残。灰陶。表面饰中粗交错绳纹，内面饰布纹。残长24.5、残宽19.5、厚1.6～2.2厘米（图4.14、图4.15）。

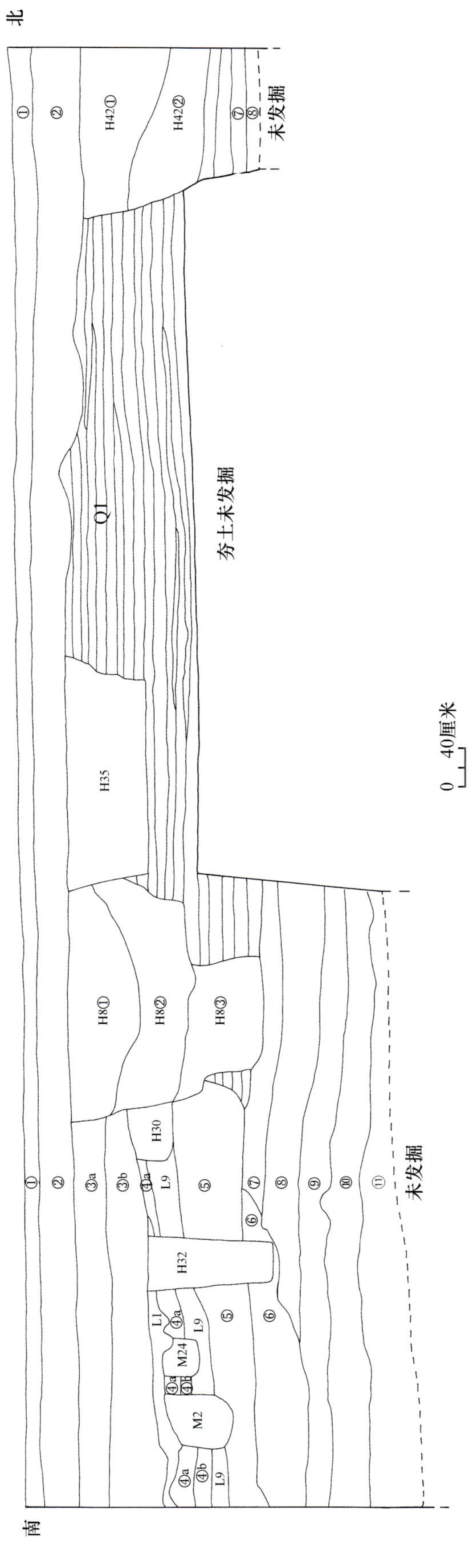
北
南
①
②
H42①
H42②
⑦
⑧
未发掘
Q1
夯土未发掘
H35
H8①
H8②
H8③
H30
③a
③b
④a
L9
⑤
⑥
⑨
⑩
⑪
H32
L1
M24
④b
M2
0 40厘米

图4.7 T3西壁剖面图

图4.8　条形砖（③b：5）正、背、侧面照片

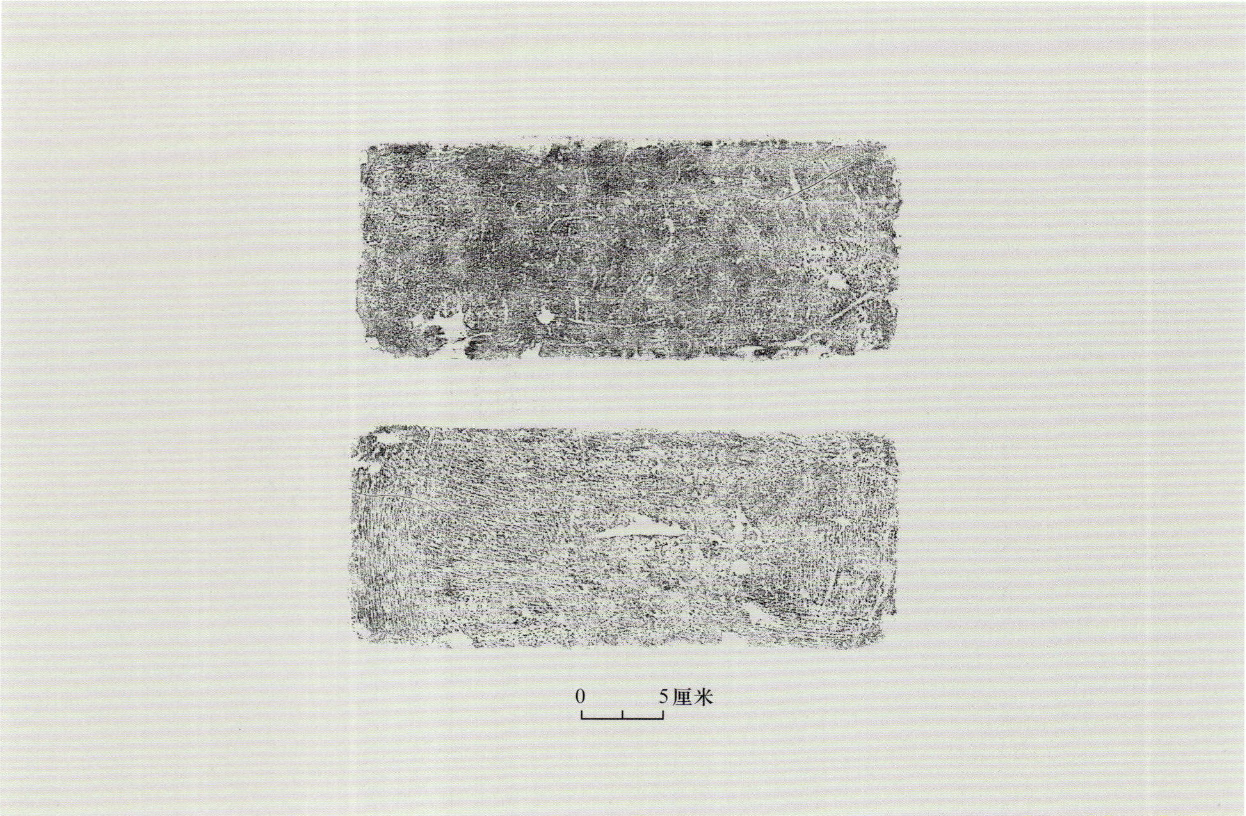

图4.9　条形砖（③b：5）正、背面拓片

图4.10 BaⅠ型板瓦（③a：5）表、内面照片

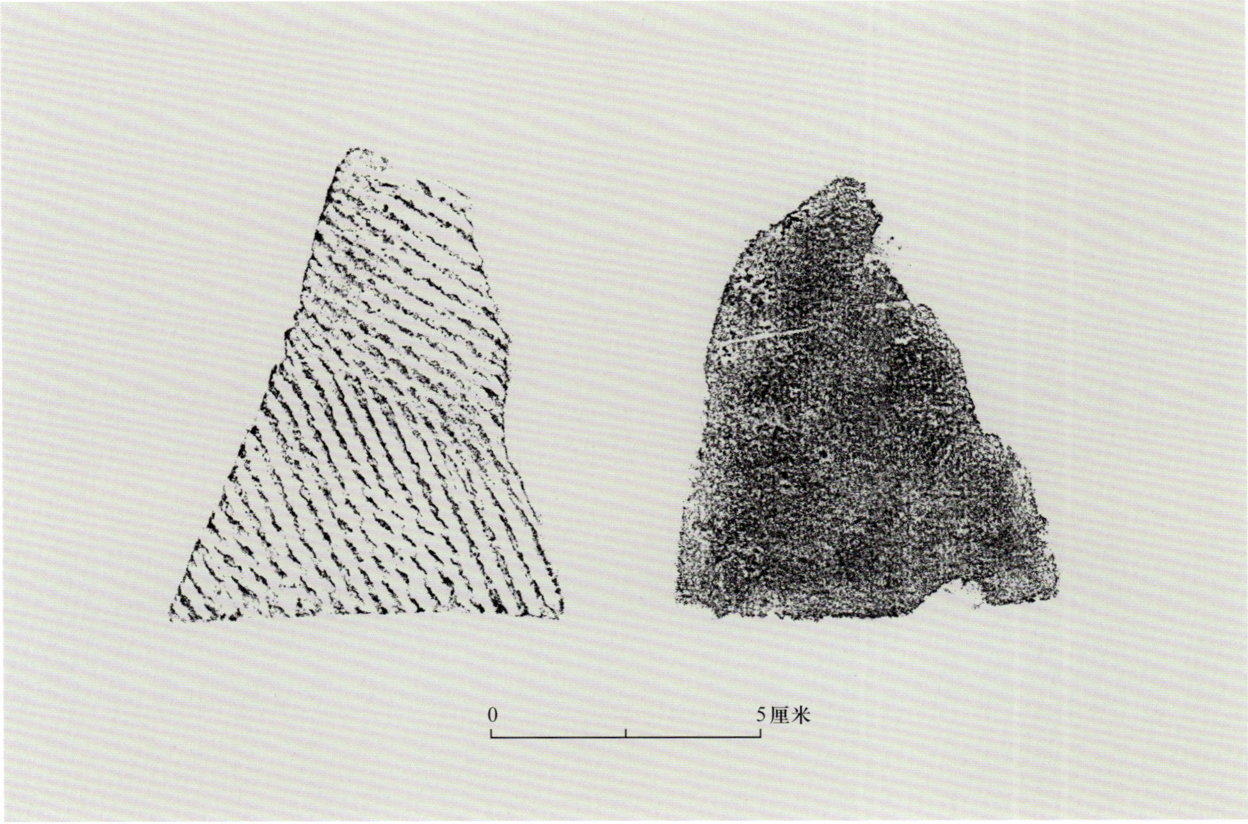

图4.11 BaⅠ型板瓦（③a：5）表、内面拓片

图4.12　Ba I 型板瓦（⑧：2）表、内面照片

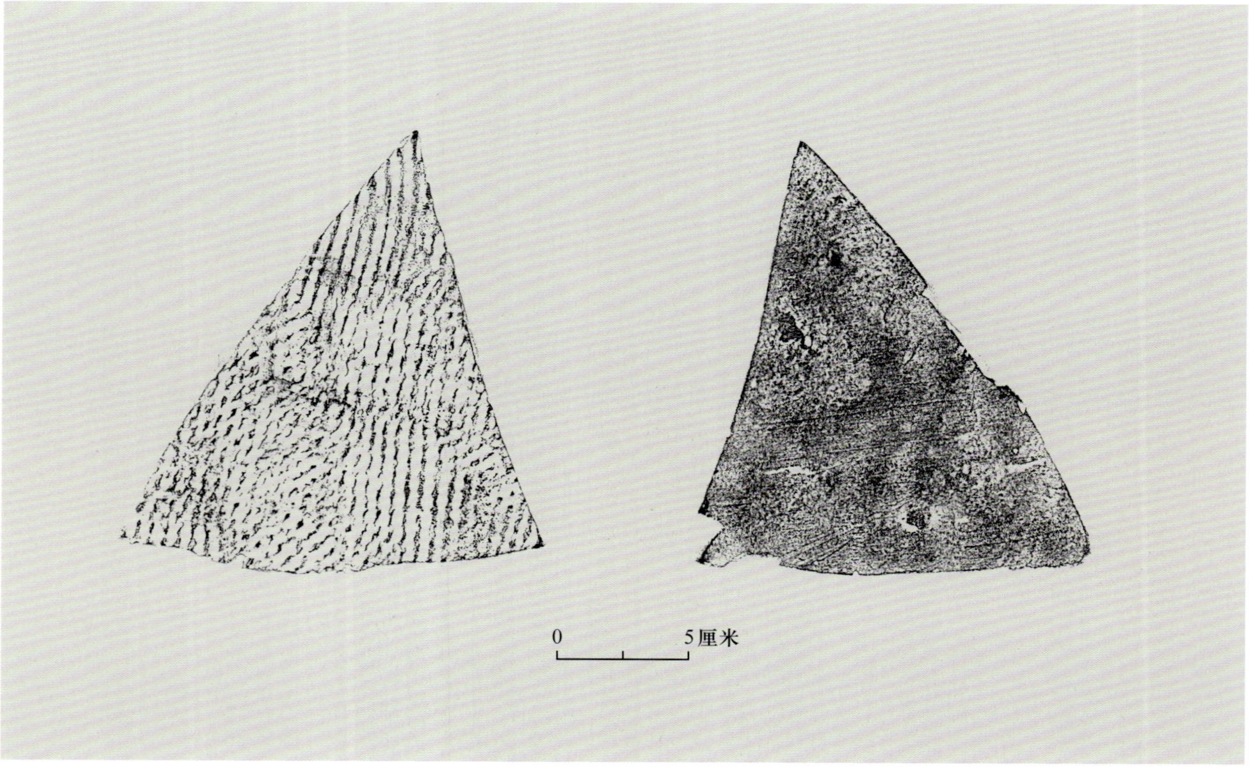

图4.13　Ba I 型板瓦（⑧：2）表、内面拓片

图4.14 Ba4型板瓦（⑤：2）表、内面照片

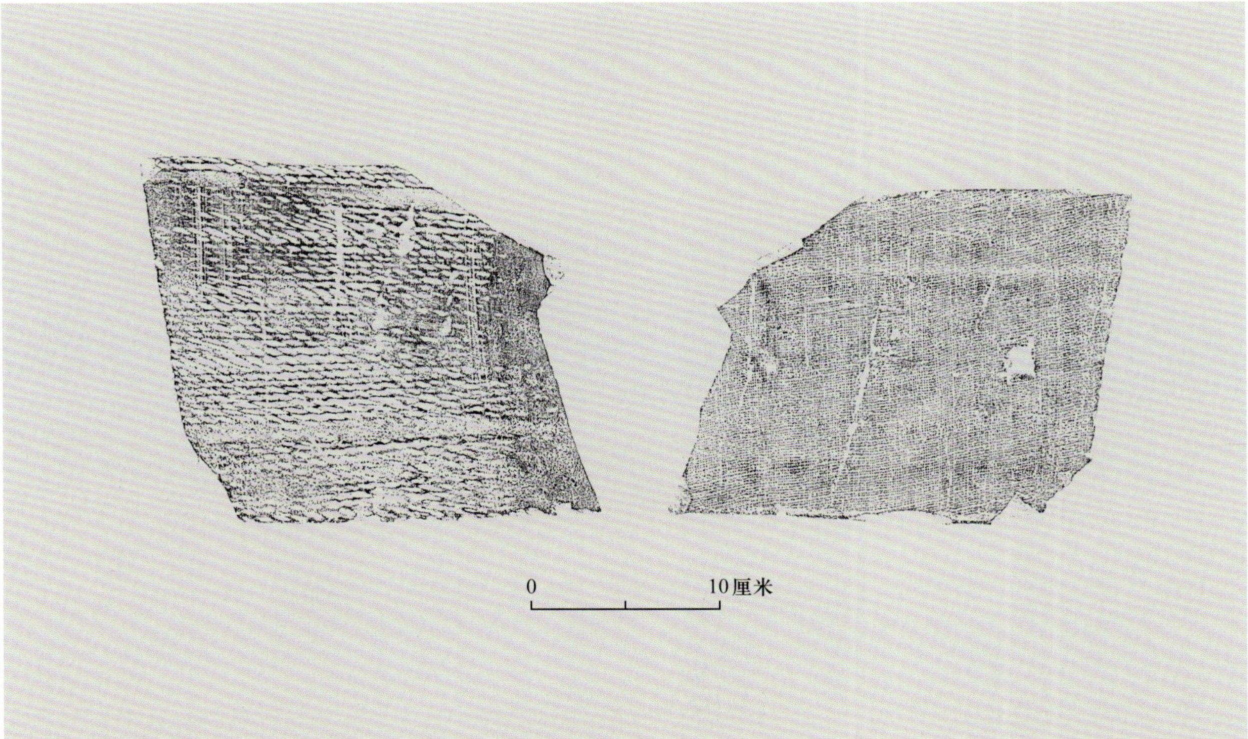

图4.15 Ba4型板瓦（⑤：2）表、内面拓片

Bb1型 1件。③a：4，残。灰陶。表面饰中粗斜绳纹，内面素面。残长12.2、残宽17、厚1.5厘米（图4.16、图4.17）。

图4.16 Bb1型板瓦（③a：4）表、内面照片

图4.17 Bb1型板瓦（③a：4）表、内面拓片

Bb2型 1件。③a：6，残。灰陶。表面饰中粗斜绳纹，内面饰麻点纹。残长9.2、残宽10、厚1.5厘米（图4.18、图4.19）。

图4.18 Bb2型板瓦（③a：6）表、内面照片

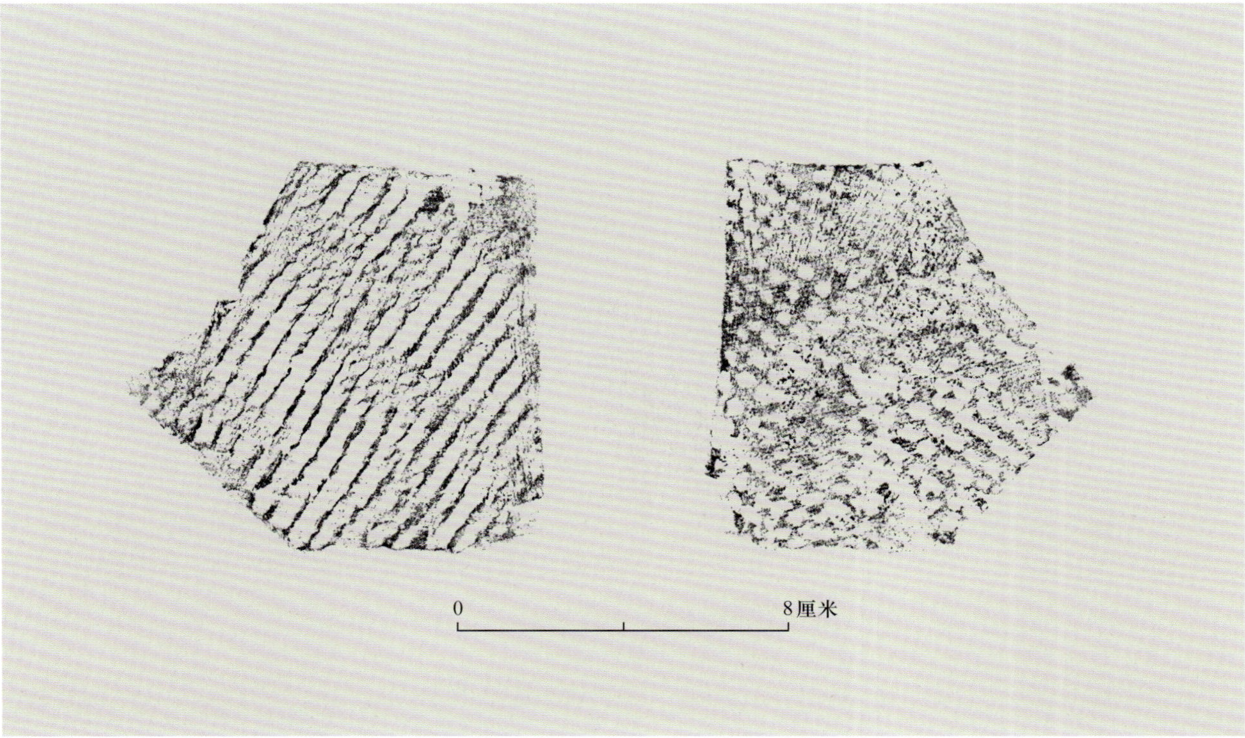

图4.19 Bb2型板瓦（③a：6）表、内面拓片

C型　出土13件。分七亚型。

Ca10型　2件。

③b：2，残。灰陶。表面饰粗交错绳纹，内面饰抹平绳纹。残长11、残宽13.8、厚1.2～1.6厘米（图4.20、图4.21）。

⑥：4，残。灰陶。残长14.8、残宽14.8、厚1.4～1.6厘米（图4.22、图4.23）。

图4.20　Ca10型板瓦（③b：2）表、内面照片

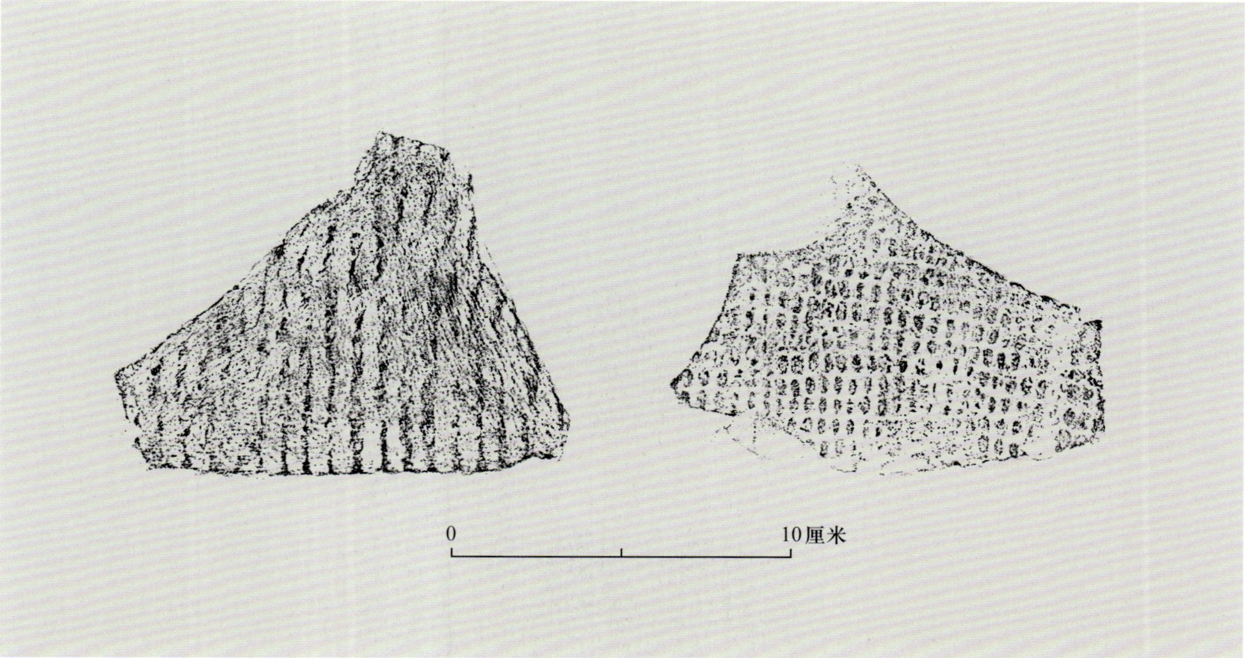

图4.21　Ca10型板瓦（③b：2）表、内面拓片

图4.22 Ca10型板瓦（⑥：4）表、内面照片

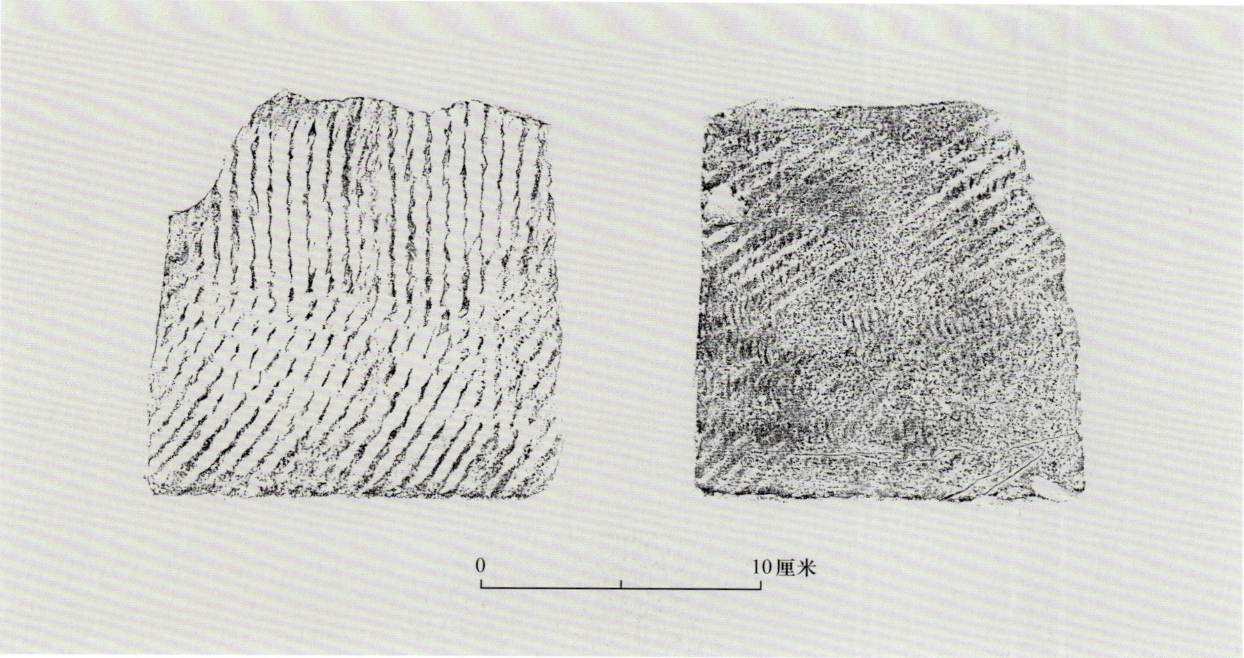

图4.23 Ca10型板瓦（⑥：4）表、内面拓片

Cb1型 2件。表面饰粗斜绳纹，内面素面。

②：1，残。灰色。小头绳纹抹平部分宽2厘米。残长11.5、残宽7.2、厚1.5厘米（图4.24、图4.25）。

⑥：2，残。灰陶。小头绳纹抹平部分宽5.7厘米。残长13.9、残宽18、厚0.9～1.2厘米（图4.26、图4.27）。

图4.24　Cb1型板瓦（②：1）表、内面照片

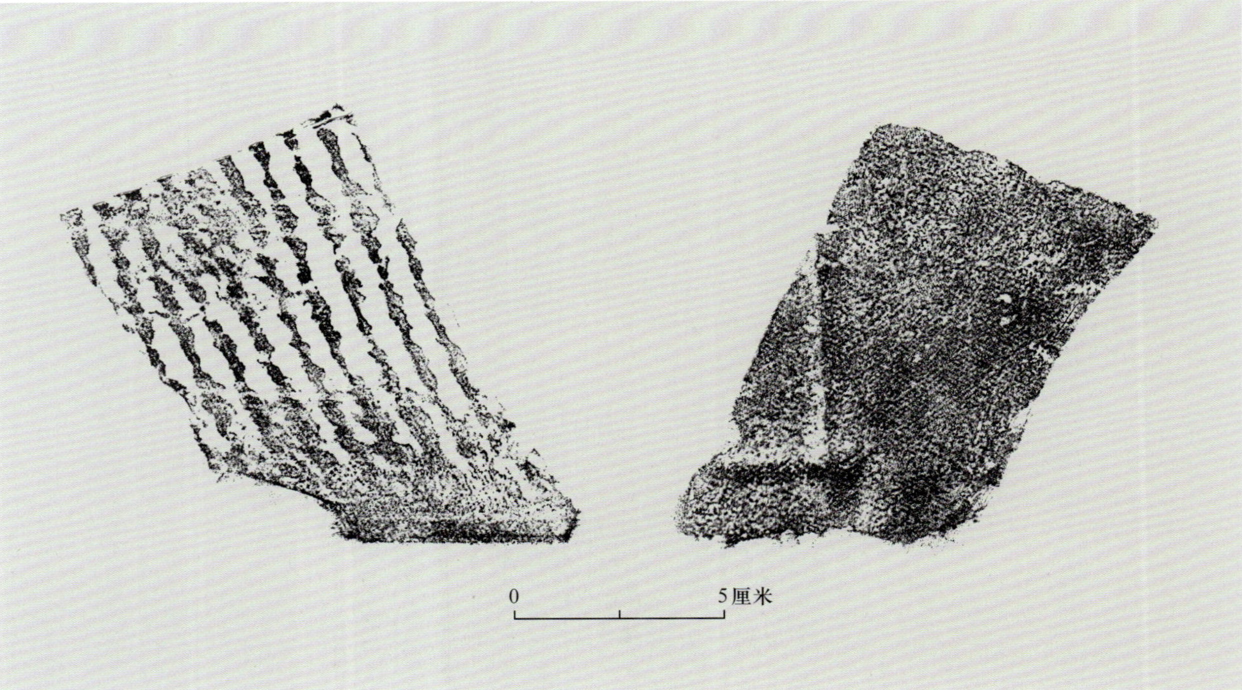

图4.25　Cb1型板瓦（②：1）表、内面拓片

图4.26 Cb1型板瓦（⑥：2）表、内面照片

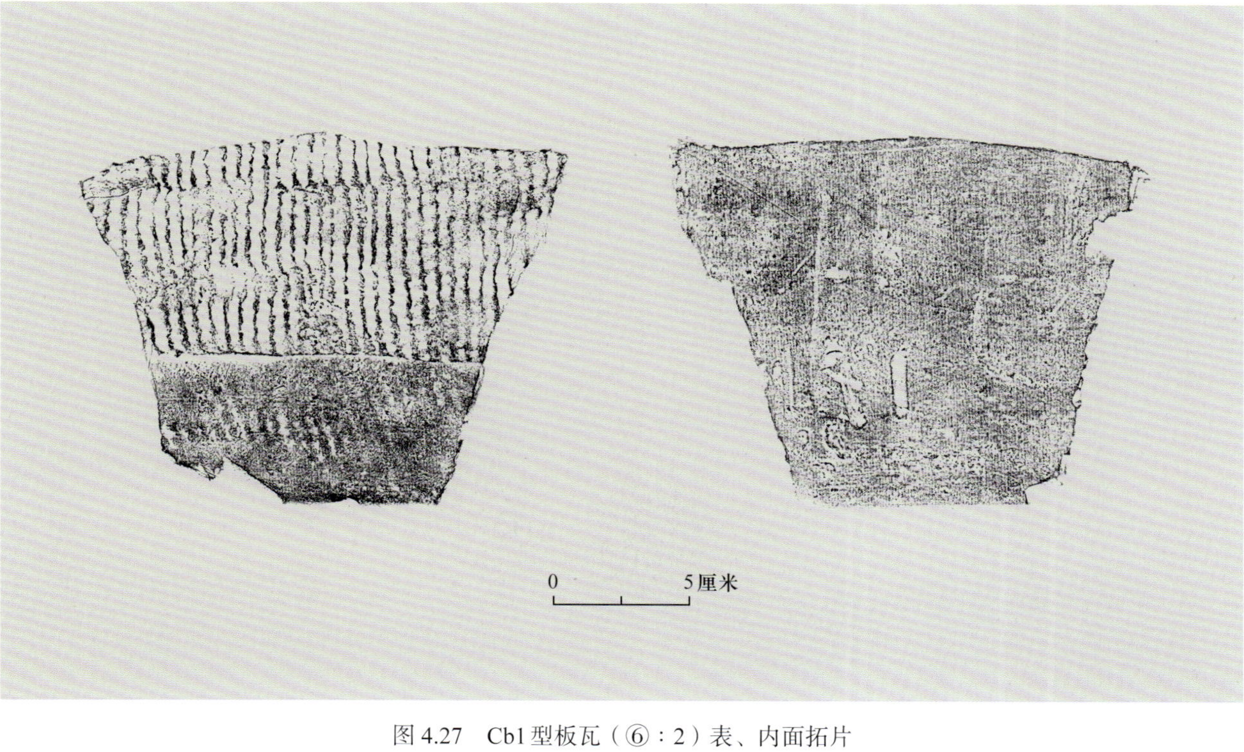

图4.27 Cb1型板瓦（⑥：2）表、内面拓片

Cb2型　1件。⑥：3，残。灰陶。表面饰粗斜绳纹，内面饰麻点纹。残长17.5、残宽12.6、厚1.2～1.4厘米（图4.28、图4.29）。

图4.28　Cb2型板瓦（⑥：3）表、内面照片

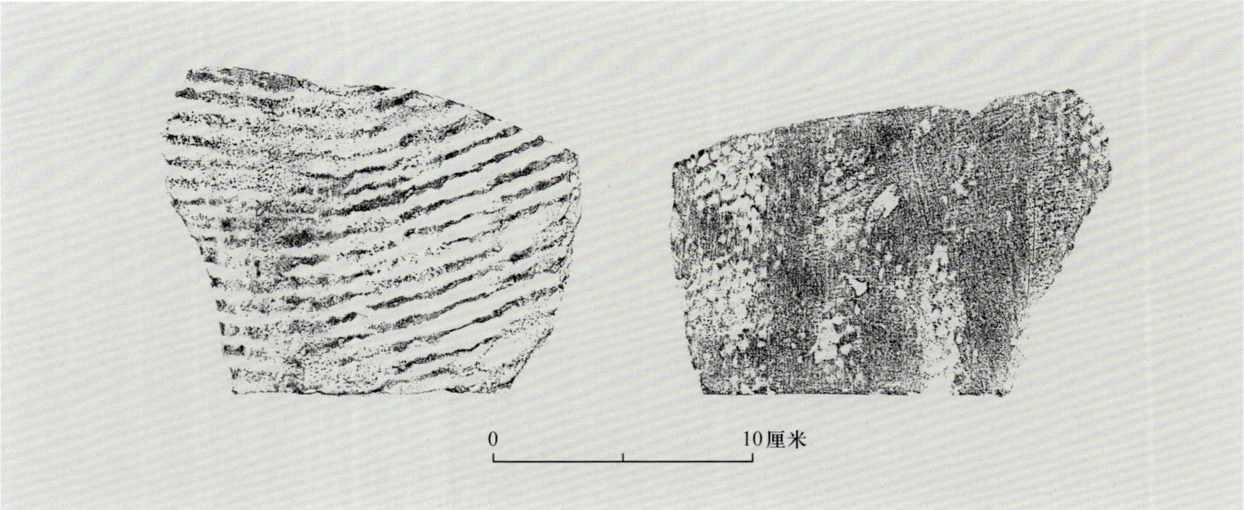

图4.29　Cb2型板瓦（⑥：3）表、内面拓片

Cb4型　4件。表面饰粗斜绳纹，内面饰布纹。

②：2，残。残长13、残宽13、厚1.2厘米（图4.30、图4.31）。

⑥：1，残。灰陶。残长20.5、残宽12、厚1.2～1.4厘米（图4.32、图4.33）。

③b：1，残。灰陶。残长16.8、残宽12.3、厚1.3～1.6厘米（图4.34、图4.35）。

③a：3，残。灰陶。残片小头有明显菱形刻槽痕迹，大头饰宽1厘米浅凹弦纹一道，内面饰布纹。残长19.2、残宽7.7、厚1.9厘米（图4.36、图4.37）。

图4.30 Cb4型板瓦（②：2）表、内面照片

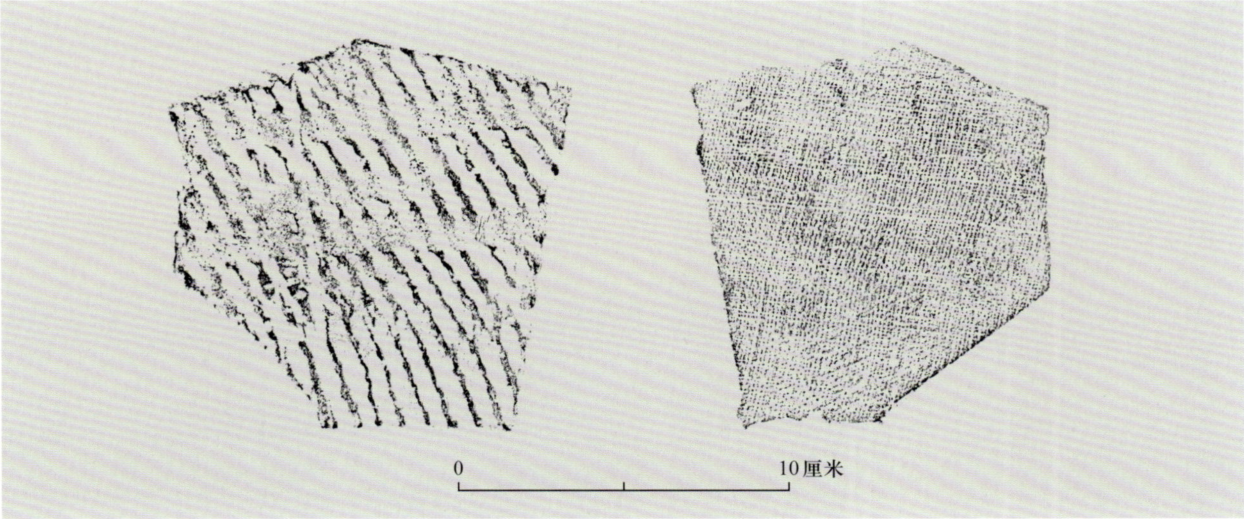

图4.31 Cb4型板瓦（②：2）表、内面拓片

图4.32 Cb4型板瓦（⑥：1）表、内面照片

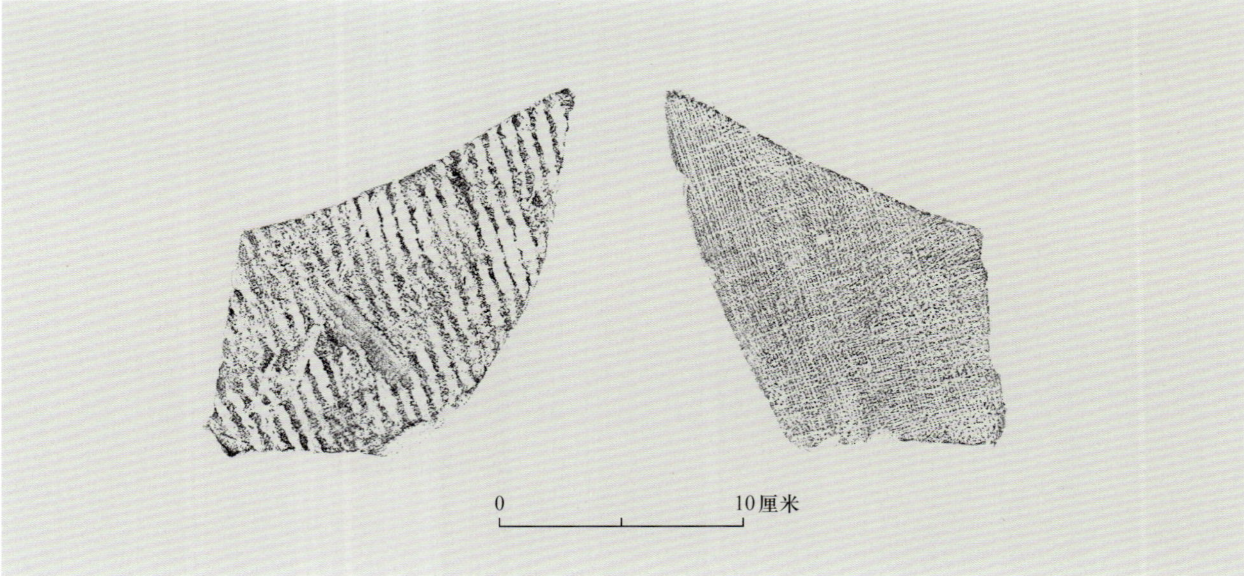

图4.33　Cb4型板瓦（⑥：1）表、内面拓片

图4.34　Cb4型板瓦（③b：1）表、内面照片

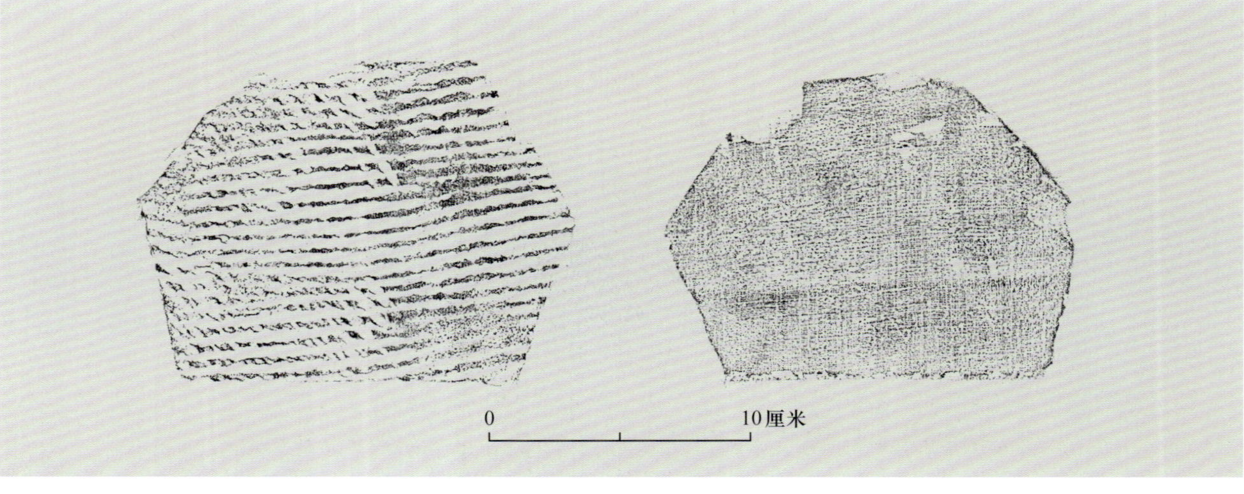

图4.35　Cb4型板瓦（③b：1）表、内面拓片

图4.36 Cb4型板瓦（③a：3）表、内面照片

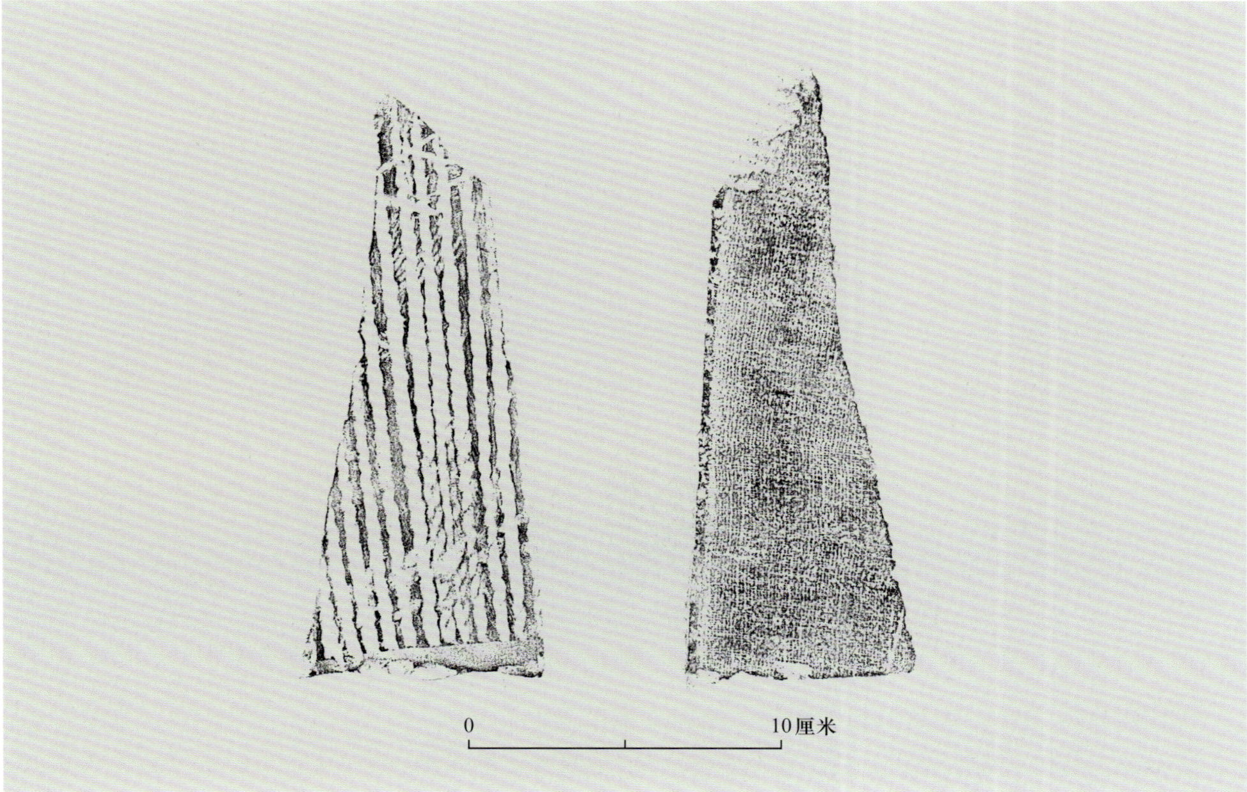

图4.37 Cb4型板瓦（③a：3）表、内面拓片

Cb10型　1件。③a：7，残。灰陶。表面饰粗斜绳纹，内面饰抹平绳纹。残长5.7、残宽11、厚1.5厘米（图4.38、图4.39）。

图4.38　Cb10型板瓦（③a：7）表、内面照片

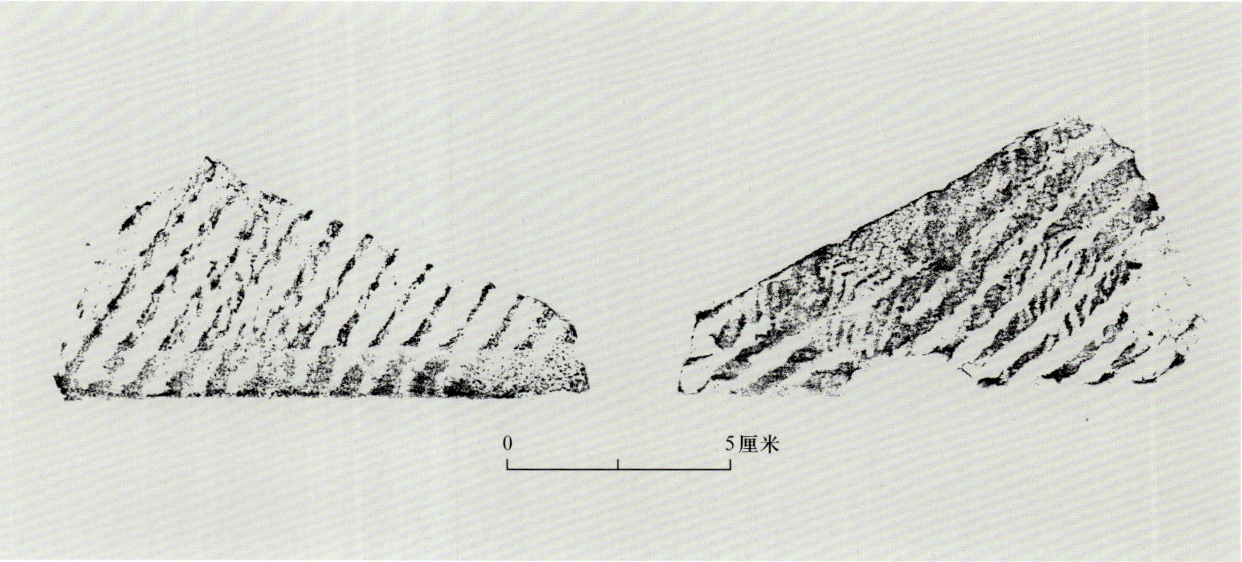

图4.39　Cb10型板瓦（③a：7）表、内面拓片

Cb10-4型　2件。表面饰粗斜绳纹，内面饰抹平绳纹、布纹。

③a：2，残。灰陶。残长22、残宽13.5、厚1.6厘米（图4.40、图4.41）。

⑤：3，残。灰陶。残长16.2、残宽11.5、厚1.6厘米（图4.42、图4.43）。

图4.40 Cb10-4型板瓦（③a：2）表、内面照片

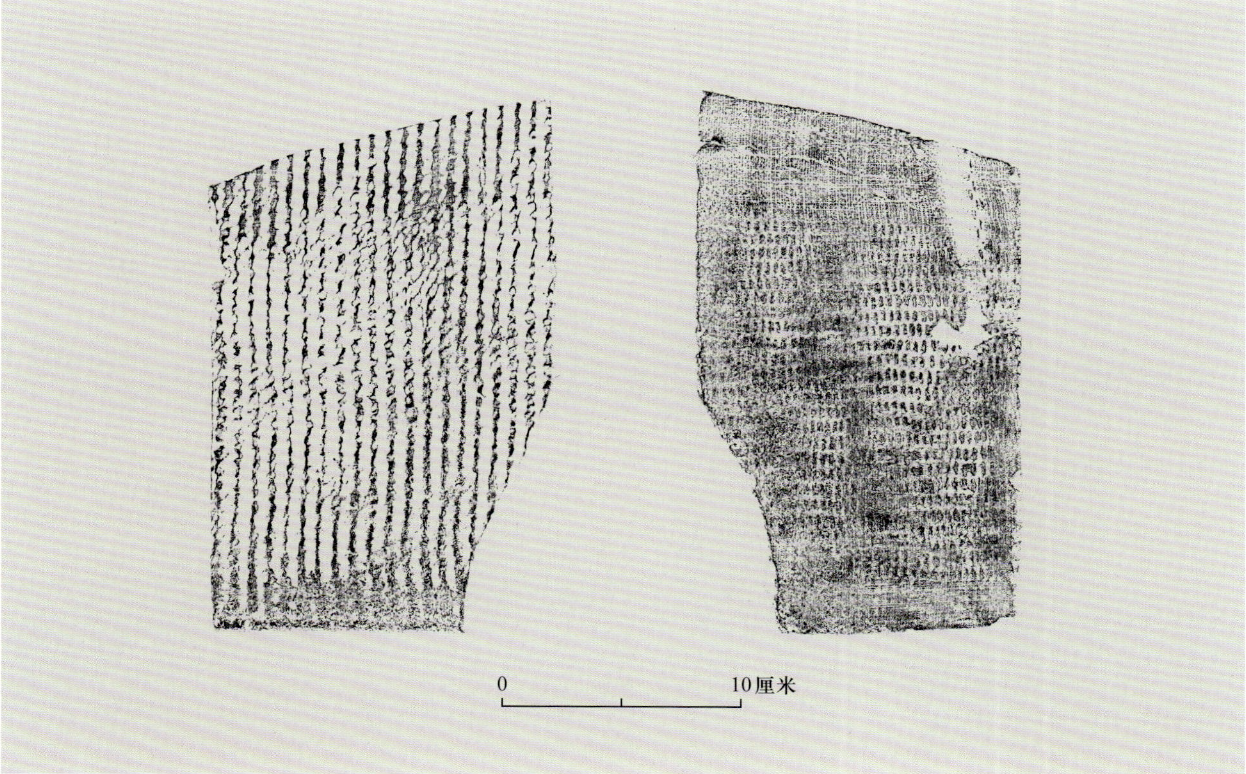

图4.41 Cb10-4型板瓦（③a：2）表、内面拓片

图4.42 Cb10-4型板瓦（⑤：3）表、内面照片

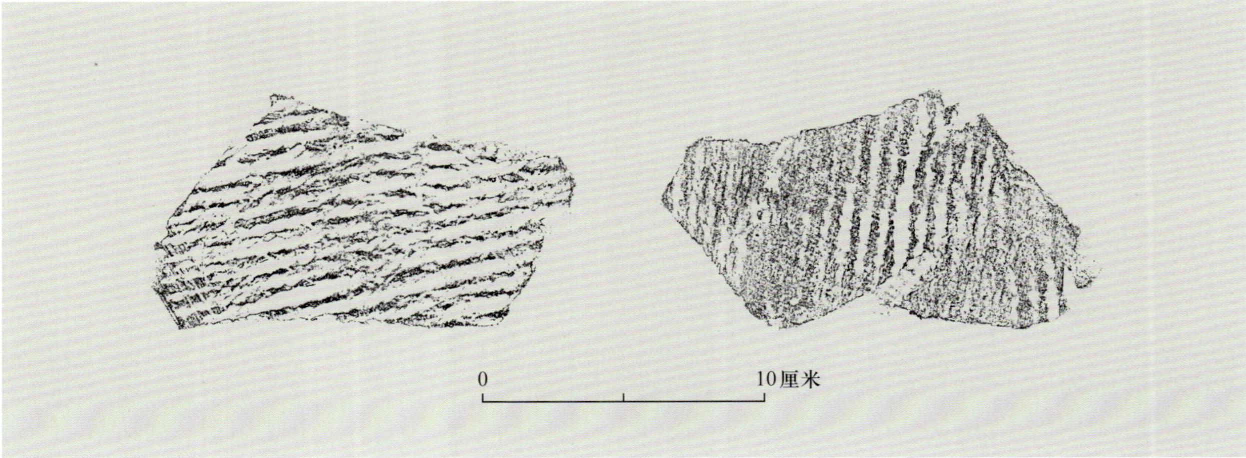

图4.43 Cb10-4型板瓦（⑤：3）表、内面拓片

Cc4型 1件。⑧：1，残。灰陶。表面饰粗直绳纹，内面饰布纹，一端有绳纹抹平部分，残宽4.5厘米；另一端有五个相连的菱形纹。残长30.5、残宽24.2、厚2厘米（图4.44、图4.45）。

图4.44 Cc4型板瓦（⑧：1）表、内面照片

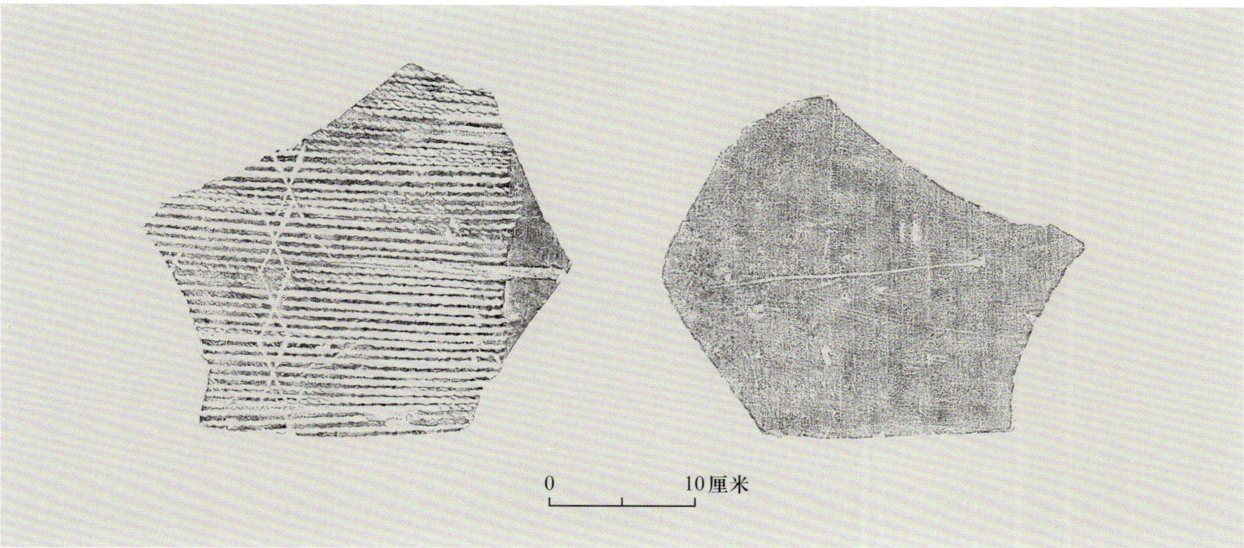

图4.45 Cc4型板瓦（⑧：1）表、内面拓片

（3）筒瓦

共出土7件，均为小型筒瓦，分三亚型，介绍如下。

Ba4型 4件。表面饰中粗交错绳纹，内面饰布纹。

③b：3，残。灰陶。小头绳纹抹平部分宽4.4厘米。残长9、残宽10、厚1.2~1.6厘米，瓦唇长1.7厘米（图4.46、图4.47）。

③b：4，残。瓦呈深灰色。残长12.5、残宽9.1、厚0.5~1.4厘米（图4.48、图4.49）。

③a：8，残。灰陶。小头绳纹抹平部分宽1.8厘米。残长10.5、残宽10.6、厚1.5厘米，瓦唇长3.4、唇残宽8.5、厚1.4厘米（图4.50、图4.51）。

③a：9，残。灰陶。小头绳纹抹平部分宽15.5厘米。残长23、残宽10.5、厚1.3厘米（图4.52、图4.53）。

图4.46 Ba4型筒瓦（③b：3）表、内面照片

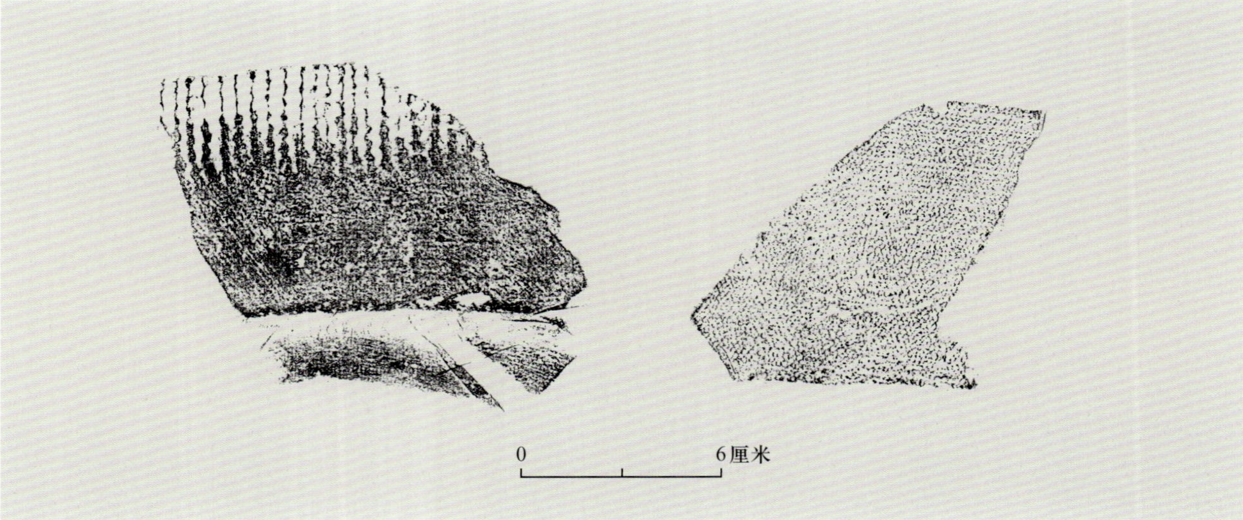

图4.47　Ba4型筒瓦（③b：3）表、内面拓片

图4.48　Ba4型筒瓦（③b：4）表、内面照片

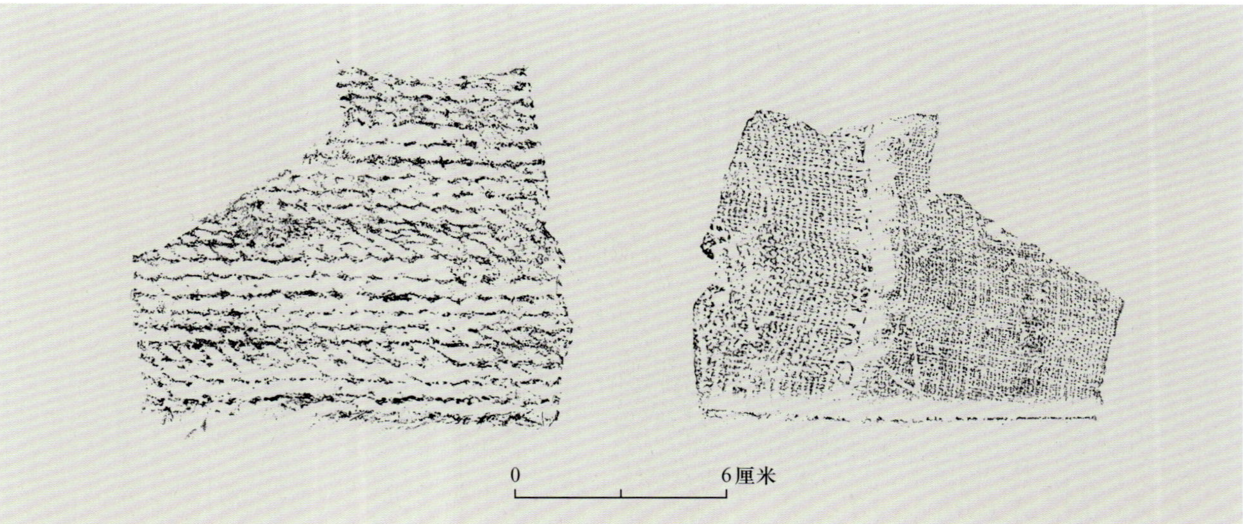

图4.49　Ba4型筒瓦（③b：4）表、内面拓片

图4.50 Ba4型筒瓦（③a：8）表、内面照片

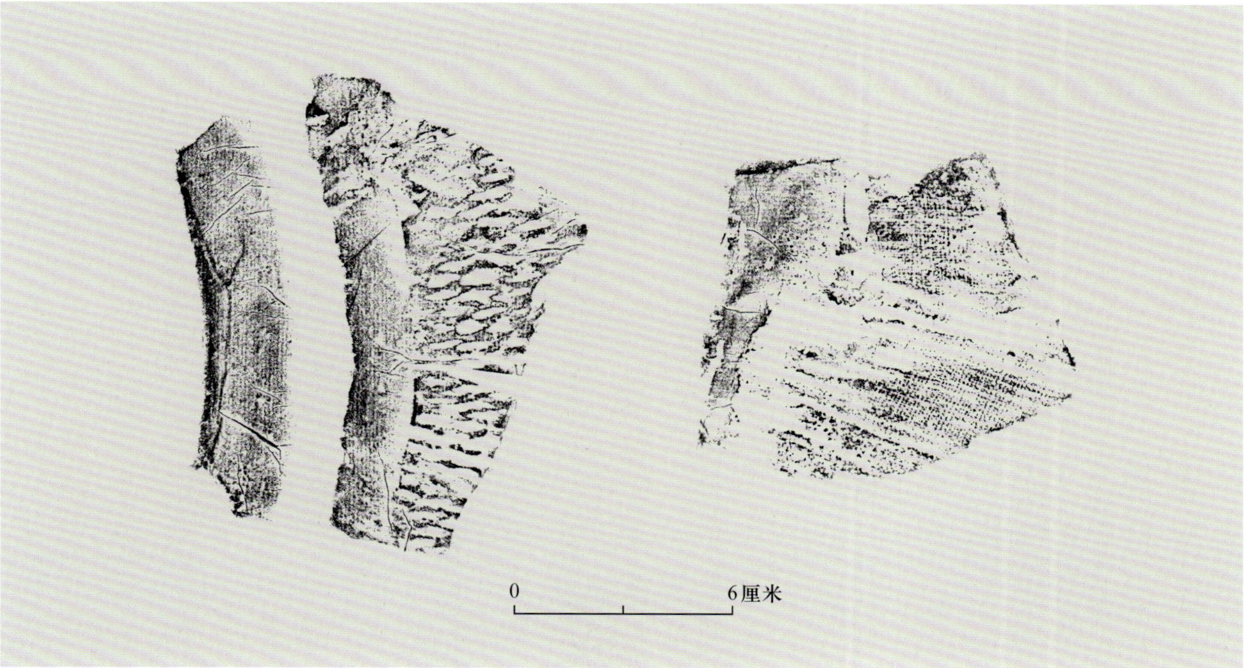

图4.51 Ba4型筒瓦（③a：8）表、内面拓片

Bb4型 2件。表面饰中粗斜绳纹，内面饰布纹。

②：3，残。灰陶。小头绳纹抹平部分宽5厘米。残长13、残宽8.2、厚1～1.5厘米（图4.54、图4.55）。

⑤：4，残。灰陶。残长22、残径11.5、厚0.7～1.2厘米（图4.56、图4.57）。

Cc4型。1件。⑥：5，残。灰陶。表面饰粗直绳纹，内面饰布纹。残长10.7、残径9、厚1.4厘米（图4.58、图4.59）。

图4.52　Ba4型筒瓦（③a：9）表、内面照片

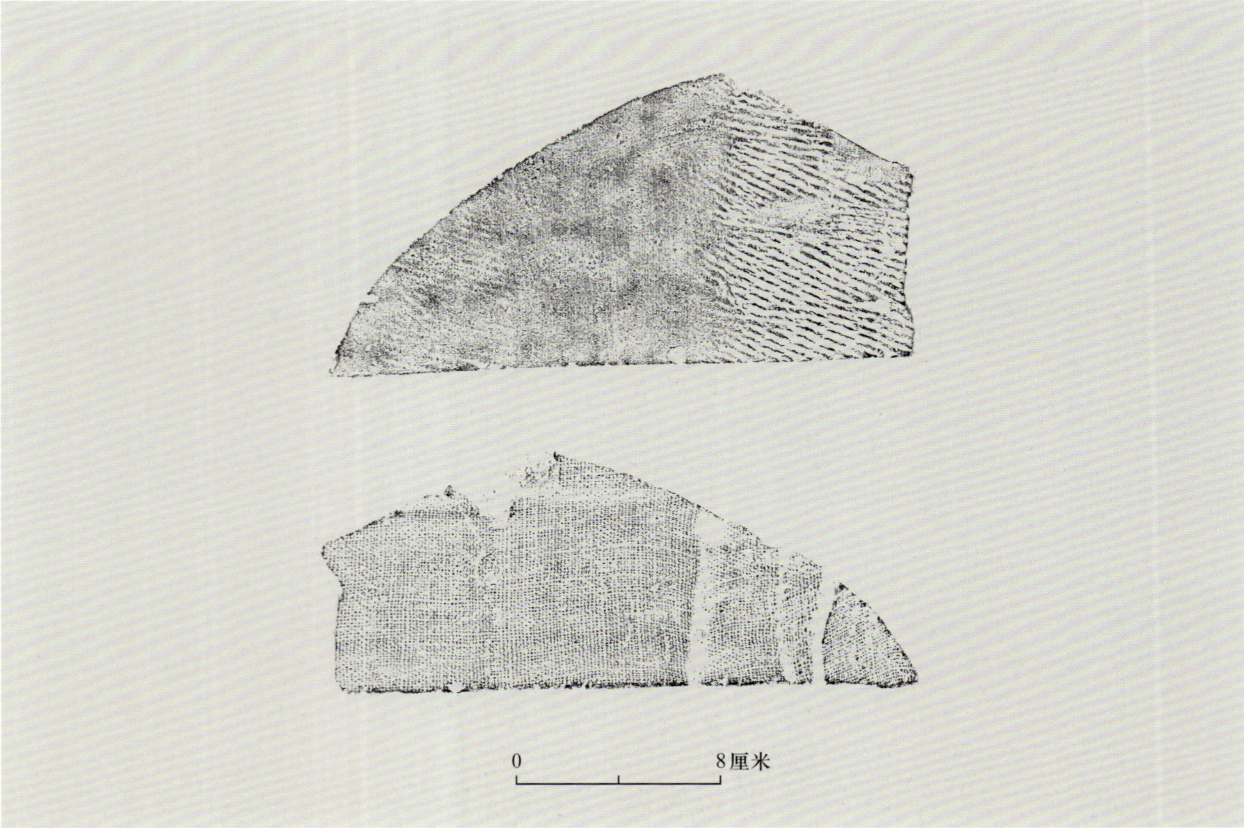

图4.53　Ba4型筒瓦（③a：9）表、内面拓片

图4.54 Bb4型筒瓦（②：3）表、内面照片

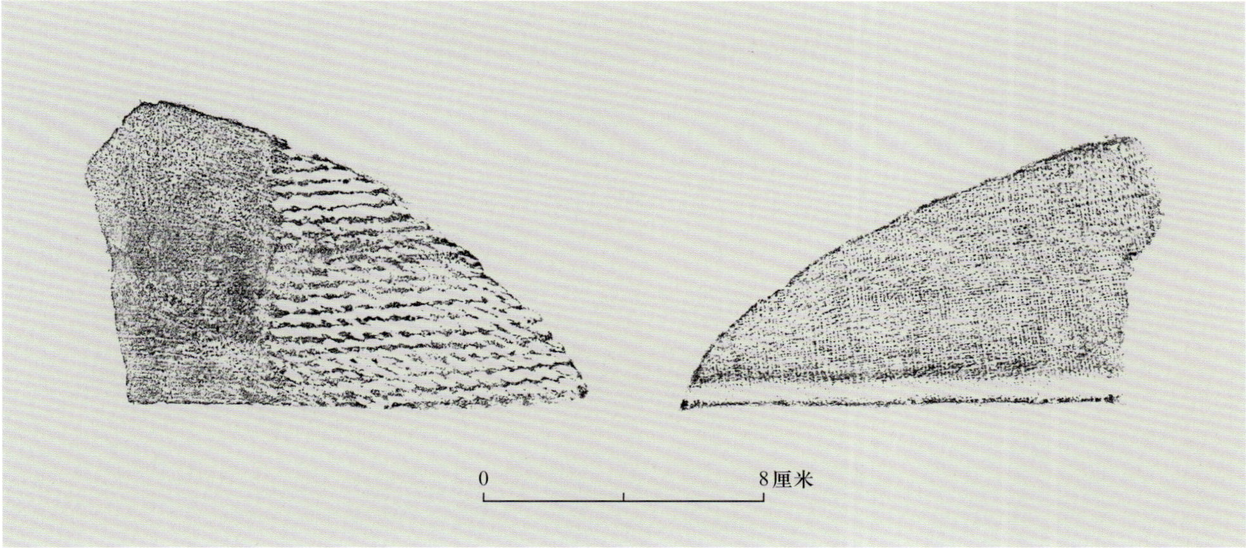

图4.55 Bb4型筒瓦（②：3）表、内面拓片

（4）陶管道

出土2件，均为圆筒形管道。

②：4，残。灰陶。表面饰中粗斜绳纹，内面饰方格纹。残长13、残宽11.6、厚1.5厘米（图4.60、图4.61）。

②：5，残。灰陶。表面饰细交错绳纹，内面饰方格纹，小头绳纹抹平部分宽4厘米。残长10.9、残宽12.8、厚0.8～1.25厘米（图4.62、图4.63）。

2. 陶器

根据用途，出土陶器有盆、扑满、瓮、缸等4种，还有陶片，介绍如下。

图4.56　Bb4型板瓦（⑤：4）表、内面照片

图4.57　Bb4型板瓦（⑤：4）表、内面拓片

图4.58 Cc4型板瓦（⑥：5）表、内面照片

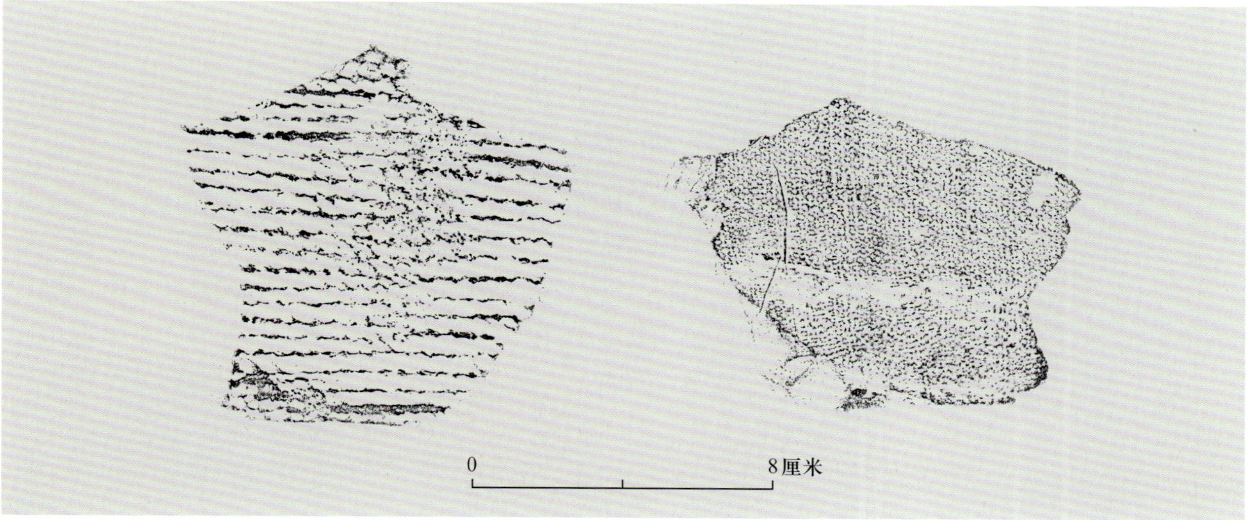

图4.59 Cc4型板瓦（⑥：5）表、内面拓片

图4.60 陶管道（②：4）外、内面照片

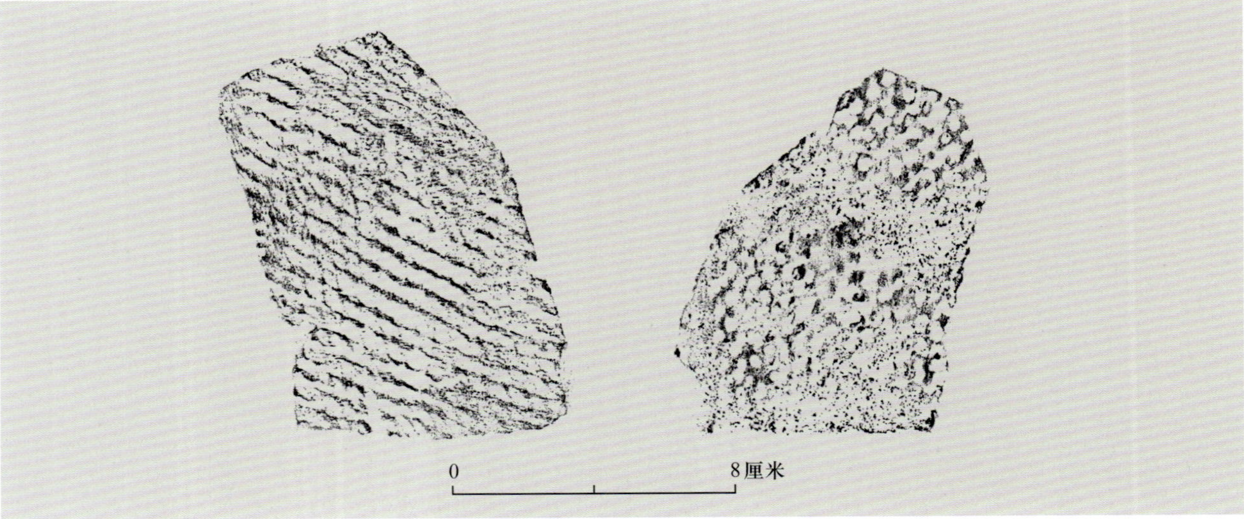

图4.61　陶管道（②：4）外、内面拓片

图4.62　陶管道（②：5）外、内面照片

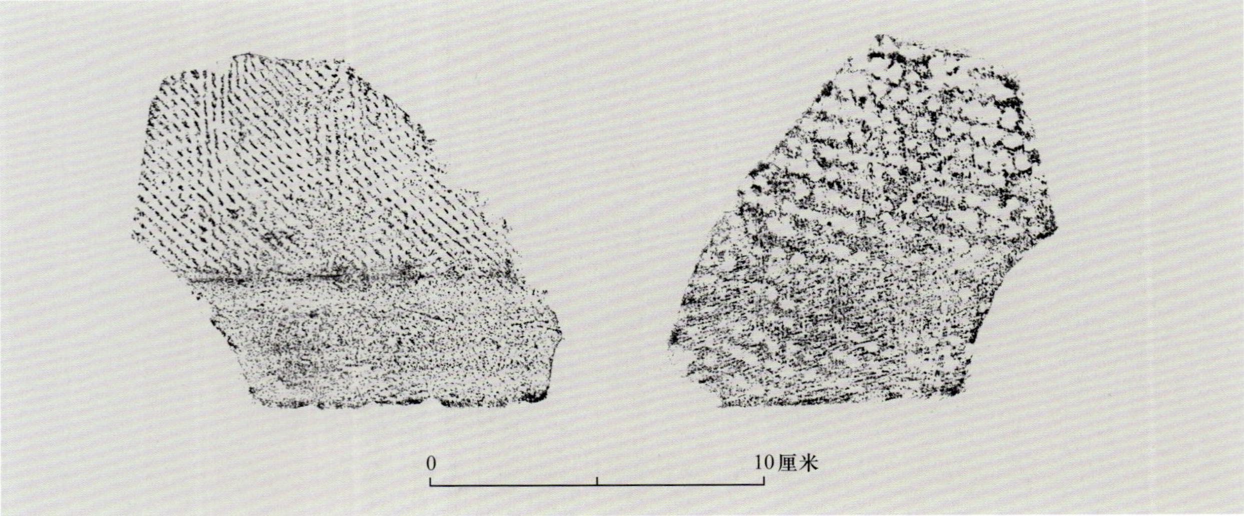

图4.63　陶管道（②：5）外、内面拓片

（1）盆

出土3件。均为泥质灰陶。

②：6，残。口沿，斜方唇。唇面有两道外浅内深的凹槽，沿饰一道浅凹槽，束颈，肩斜直内收。饰细绳纹。复原口径46.5、沿宽2、残长9.4、残宽2.6、残高4.7、厚1厘米（图4.64、图4.65；彩版46；图版46）。

图4.64 陶盆（②：6）外、内、侧面照片

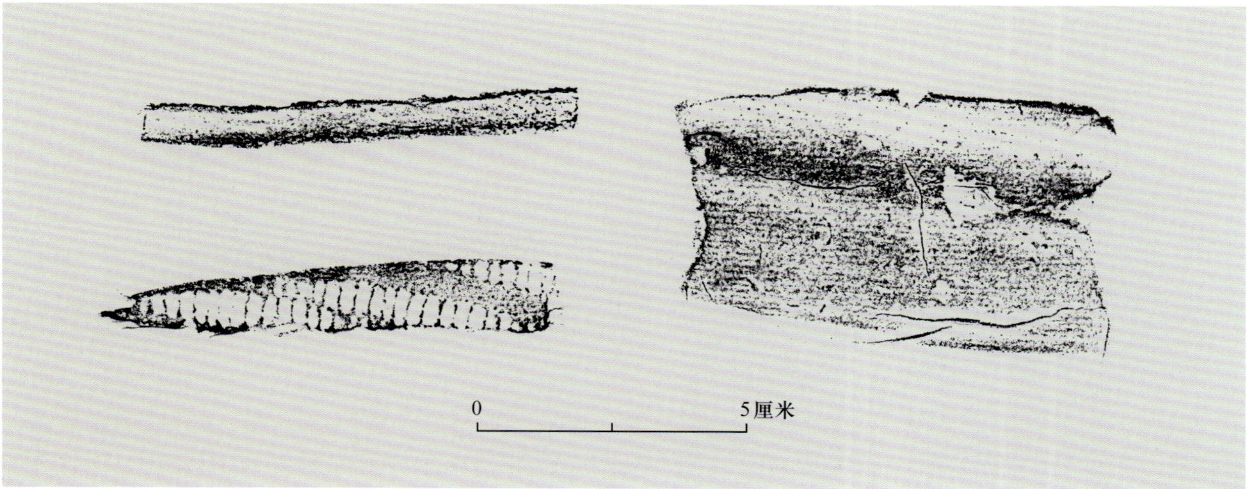

图4.65 陶盆（②：6）外、内面拓片

③a：10，残。内外有明显的轮制痕迹。方唇，平沿，沿上饰一周浅凹弦。束颈，颈部向下1.4厘米处饰两周凹弦纹。腹斜直内收，腹中部饰浅凹弦纹三周，且有抹平绳纹。复原口径35.9、沿宽1.5、残长16.9、残宽5.1、残高8.5、厚0.8厘米（图4.66、图4.67；彩版47；图版47）。

图4.66　陶盆（③a：10）外、内、侧面照片

图4.67　陶盆（③a：10）外、内面拓片

③a：11，残。尖圆唇，平沿。沿上有浅凹弦一周，颈饰凹弦纹，颈下1.5厘米处饰宽0.2厘米的弦断细交错绳纹。复原口径45、沿宽1.3、残长11.1、残宽3.9、残高7.2、厚0.9厘米（图4.68、图4.69；彩版48；图版48）。

图4.68 陶盆（③a：11）外、内、侧面照片

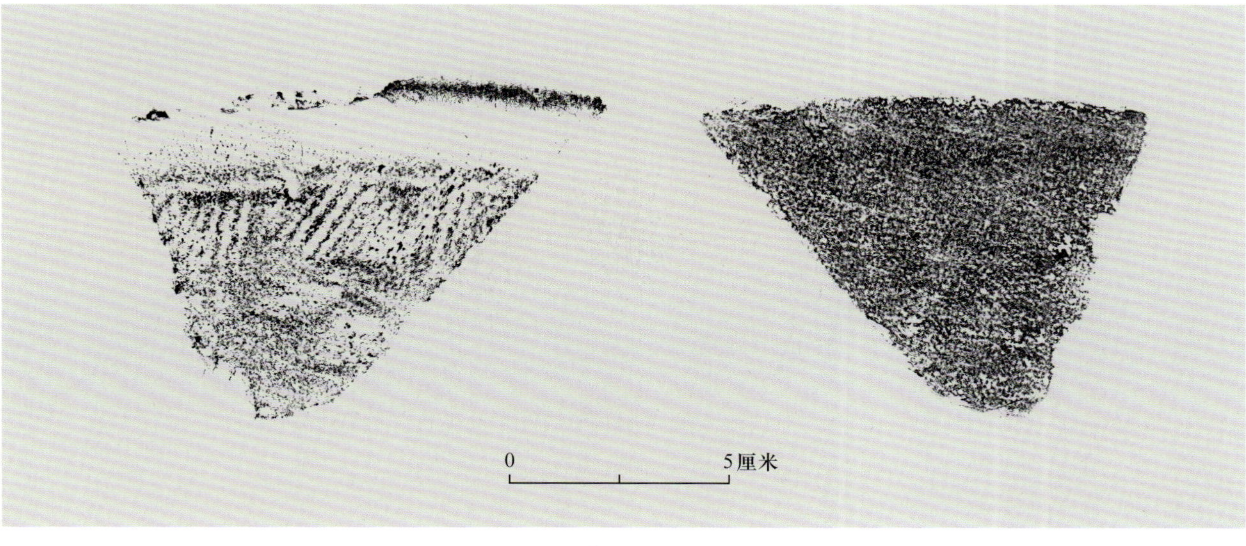

图4.69 陶盆（③a：11）外、内面拓片

（2）扑满

1件。

③a：1，完整。泥质灰陶。束颈，圆鼓腹，平底。腹饰三周凸弦纹。器顶面上有一长条形孔，为扑满，孔长3.9、宽0.6厘米。口径5.4、沿宽0.4、腹径11.2、底径6、高9、厚0.4厘米（图4.70、图4.71；彩版49；图版49）。

图4.70　陶扑满（③a：1）正、侧面照片

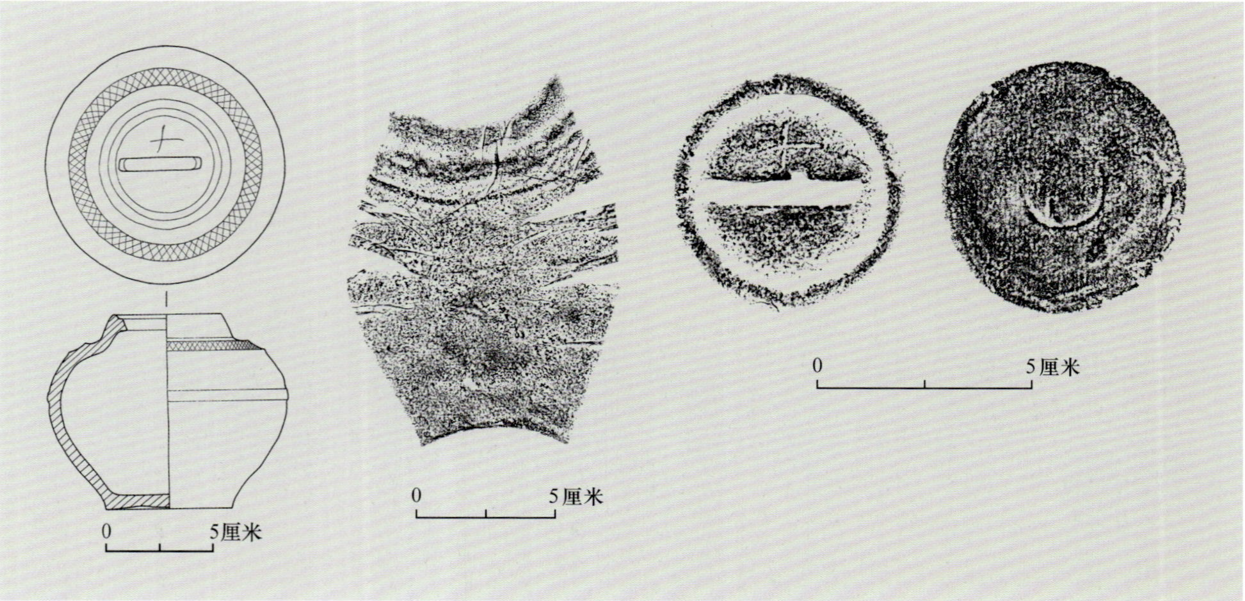

图4.71　陶扑满（③a：1）线图及外、口、底面拓片

（3）瓮

1件。

⑤：5，残。泥质灰陶，浅灰褐色。圆唇，唇面饰一道凹槽。沿外斜直略内收，束颈，有凹弦纹一周。斜肩略直，肩距颈部1.4厘米处饰浅凹弦一周，肩下部饰两处刻划痕，有较浅规整的轮制痕迹。残宽14、残高7.2、厚1.7～2.4厘米（图4.72、图4.73）。

图4.72 陶瓮（⑤：5）外、内、侧面照片

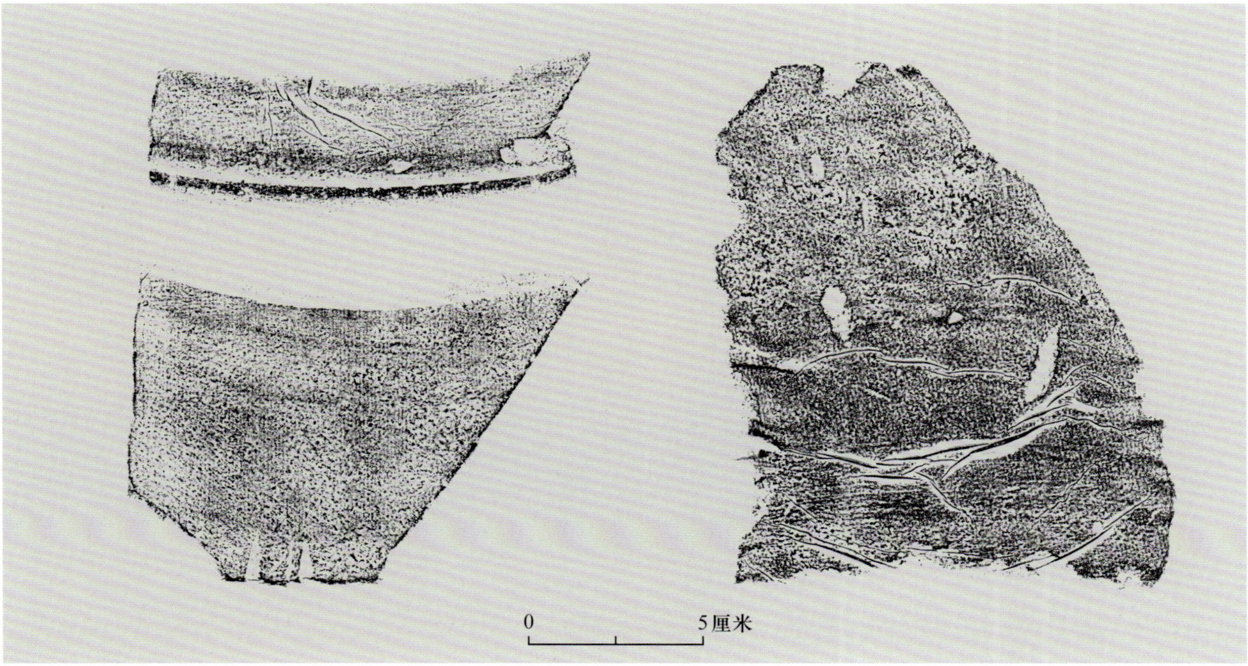

图4.73 陶瓮（⑤：5）外、内面拓片

（4）缸

1件。

⑥：6，残。泥质灰陶。颈周饰凹弦纹，斜肩，肩饰五周浅凹弦纹，间距宽0.5厘米。有模糊轮制痕迹。复原口径66.7、沿宽3.2、残长2.3、残宽9.7、残高6、厚1.2厘米（图4.74、图4.75；彩版50；图版50）。

图4.74　陶缸（⑥：6）外、内、侧面照片

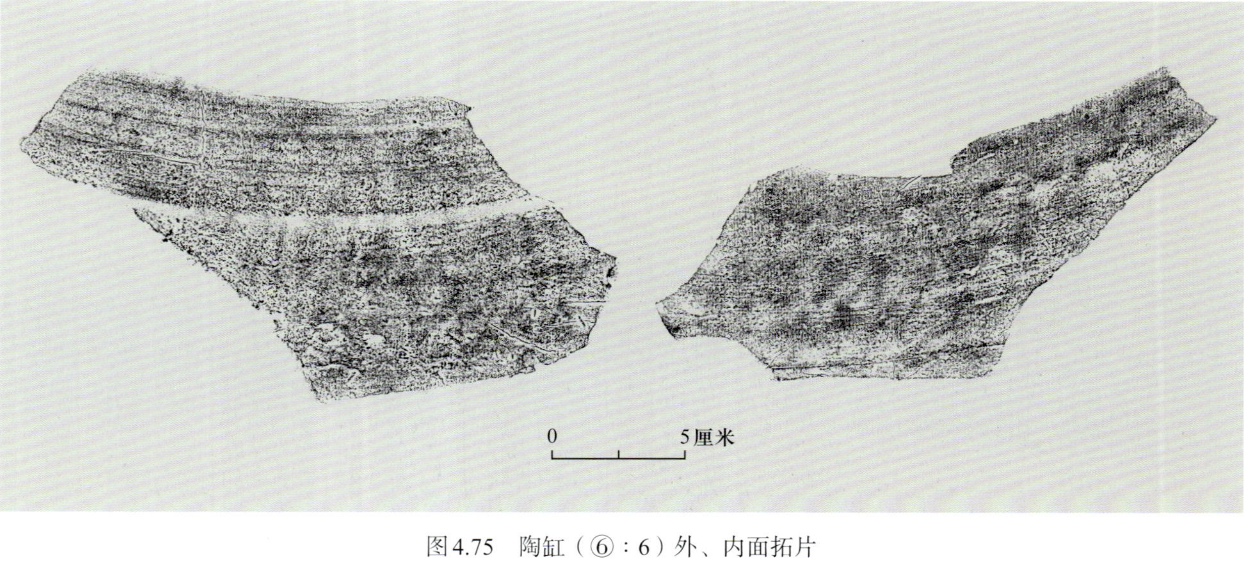

图4.75　陶缸（⑥：6）外、内面拓片

（5）陶片

1件。

⑧：3，残。泥质灰陶，灰胎。束颈，颈饰一周凹弦纹，上腹斜直外撇，有浅凹弦两道，内素面，颈部内饰一周浅凹弦。残长12.6、残宽11、厚0.5～0.9厘米（图4.76、图4.77）。

图4.76 陶片（⑧：3）外、内面照片

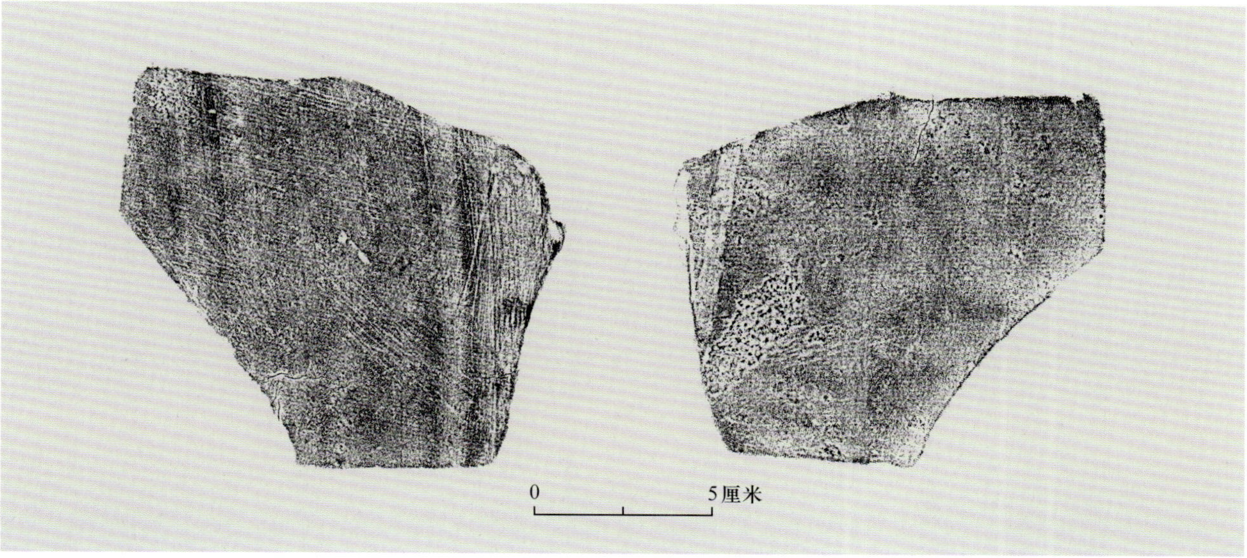

图4.77 陶片（⑧：3）外、内面拓片

3. 铜钱

半两 1枚。⑤：1，残。圆形，方穿，光背，正面有轮无郭。直径约2.4、穿宽0.8厘米（图4.78、图4.79）。

图4.78　半两（⑤：1）正、背面照片

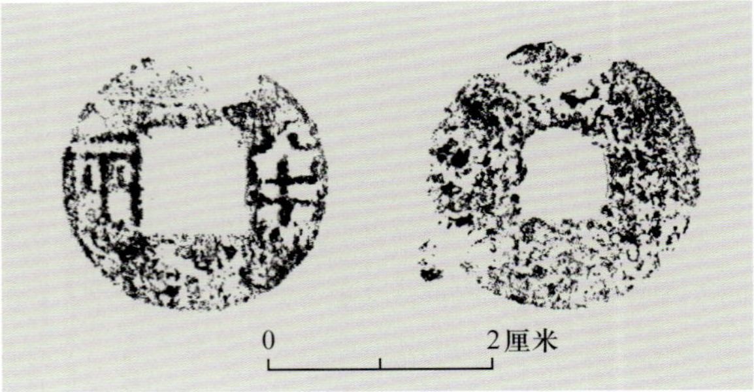

图4.79　半两（⑤：1）正、背面拓片

第二节　遗　　迹

共发掘遗迹单位4种13个，其中灰坑7、墓葬3、道路2、夯土墙1（表4.1），分别介绍如下（图4.80）。

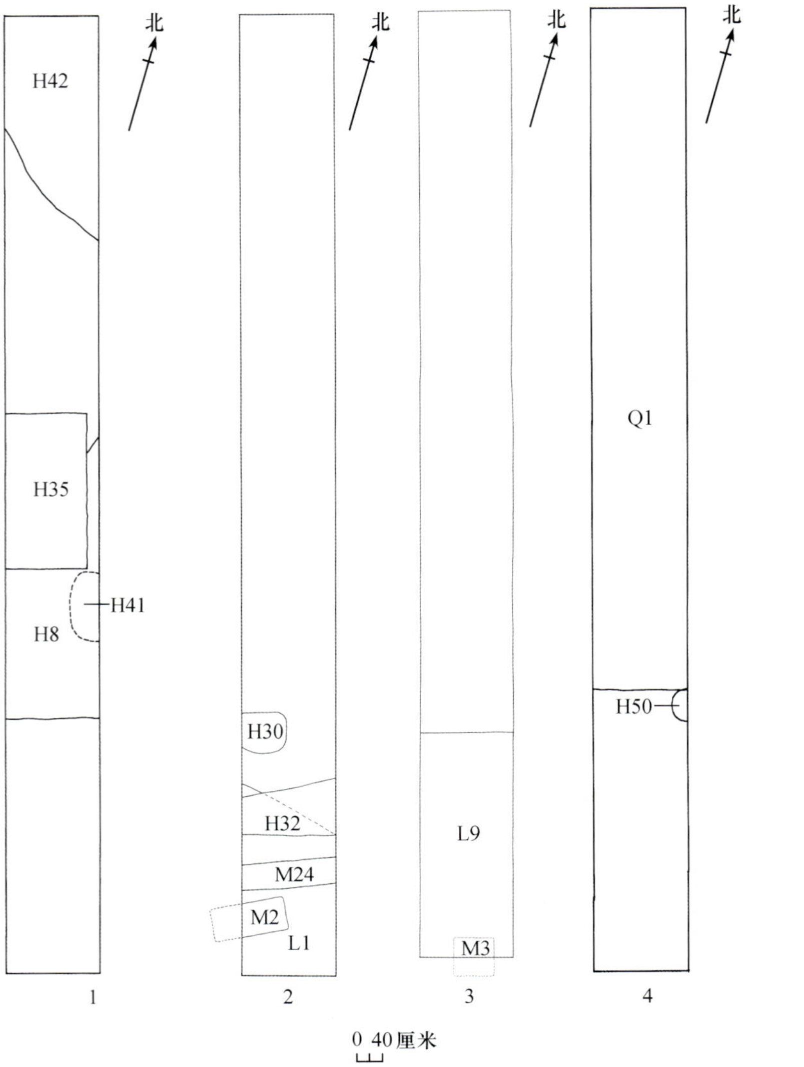

图4.80　T2第2～5层下遗迹平面图
1. 第2层下遗迹平面图　2. 第3b层下遗迹平面图　3. 第4b层下遗迹平面图　4. 第5层下遗迹平面图

（一）灰坑

共清理7座，其中开口于第2层下3座，第3b层下2座，第5层下1座；另外，开口于H8第3层下1座。分别介绍如下。

1. H8

位于T3中部，其东、西两边延伸出探方，开口于第2层下，被H35打破，打破H30、Q1，并向下打破探方第3a、3b、5、7层，叠压在H41之上。平面呈不规则形，斜壁，平底。口距地表深0.45～0.54米，口部南北2.42～4.52、东西1.5、深1.46～2.05米。填土分三层，其中第1层厚0.28～0.74米，灰褐色土，较疏松，含炭粒，出土大量瓦、陶片、砖块等；第2层厚0.2～0.84米，灰褐色花土，土质较疏松，含炭粒，出土瓦、陶片等；第3层厚0.26～0.8米，青灰色水浸土，土质较疏松（图4.81）。时代应为新莽至东汉晚期。

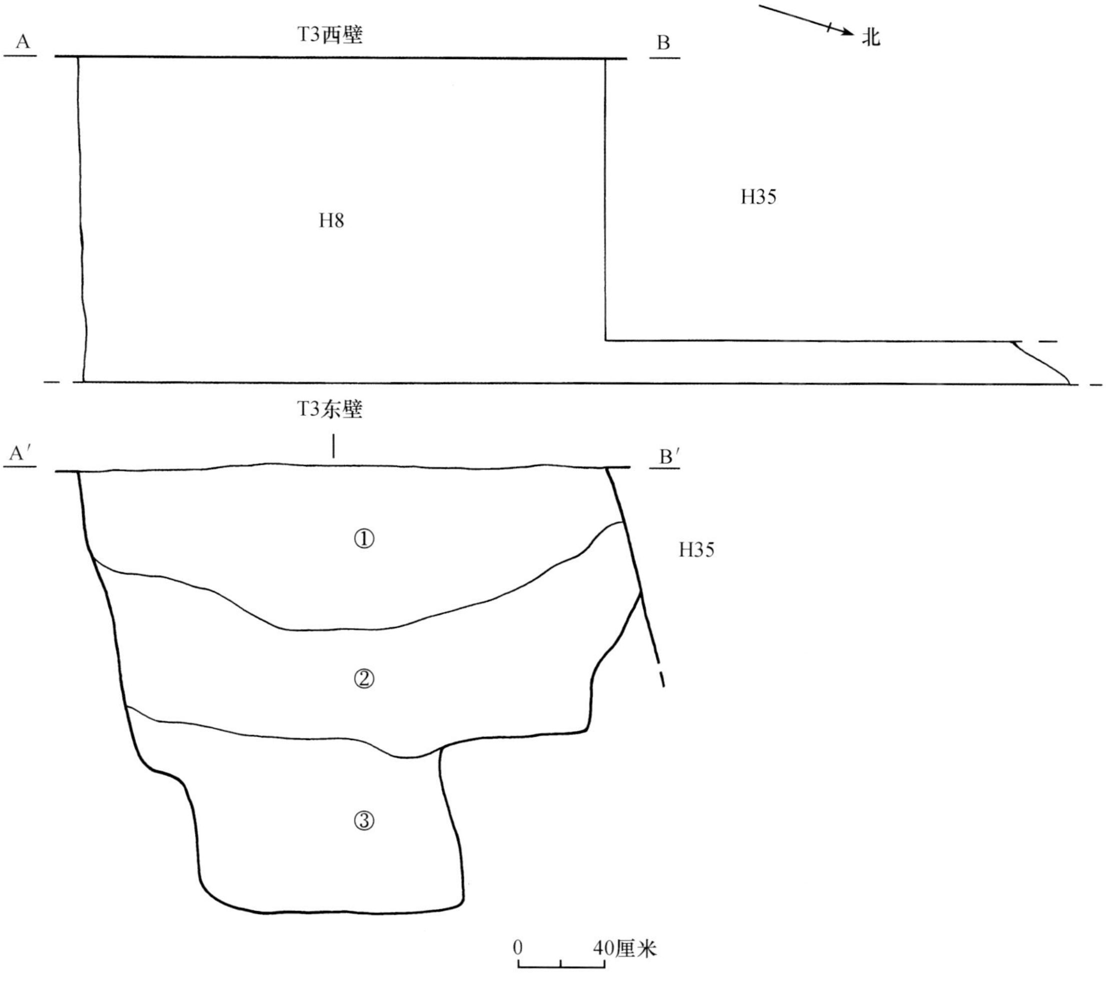

图4.81 H8平、剖面图

出土遗物占全探方总数的65.71%。据坑内出土遗物残片统计，板瓦占68.22%，其中Cb1型占32.24%、Ab1型占0.66%、Ca1型占2.63%、Cb2型占7.9%、Ab2型占0.22%、Ca2型占0.66%、Cb10型占23.03%、Ca10型占0.88%。筒瓦占14.04%，Ab2型占0.22%、Bc4型占11.62%、Cc4型占0.66%、D4型占1.54%。陶片占12.94%，其中凹弦纹占2.19%、蓖划纹占0.22%、印纹占0.22%、素面占10.31%。砖块占4.17%，其中素面砖占3.73%、空心砖占0.44%。井圈占0.66%（表4.10）。

表4.10　H8出土遗物数量统计表

名称	分型/纹饰	灰陶/件	百分比/%	总百分比/%
板瓦	Ab1	3	0.66	68.22
	Cb1	147	32.24	
	Ca1	12	2.63	
	Cb2	36	7.90	
	Ab2	1	0.22	
	Ca2	3	0.66	
	Cb10	105	23.03	
	Ca10	4	0.88	
筒瓦	Ac2	1	0.22	14.04
	Bc4	53	11.62	
	Cc4	3	0.66	
	D4	7	1.54	
陶片	凹弦纹	10	2.19	12.94
	篦划纹	1	0.22	
	印纹	1	0.22	
	素面	47	10.31	
砖	素面	17	3.73	4.17
	空心	2	0.44	
陶井圈	/	3	0.66	0.66
合计		456	100.00	

出土器物分5种，其中建筑材料16件、陶器4件、铜器3件、铁器1件、铜钱28枚，分别介绍如下。

砖　出土3件，分2种。

条形砖　1件。H8：22，砖一角残。砖呈灰色。长方形。表面有明显刷痕，素面。残长25.4、残宽8、厚6.2厘米（图4.82、图4.83）。

空心砖　2件。均为绳纹空心砖。

H8：19，残。砖呈浅灰色。表面饰细直绳纹，内面饰布纹，空心砖近转折处3厘米均有抹平痕迹。残长8.7、残宽7～7.5、厚1.2～1.8厘米（图4.84、图4.85）。

图4.82 条形砖（H8：22）正、背、侧面照片

图4.83 条形砖（H8：22）正、背面拓片

H8：20，残。砖呈灰色。表面饰细直绳纹，内面饰布纹。残长20.3、残宽17.5、厚2～2.8厘米（图4.86、图4.87）。

弧形板瓦 共出土5件。分四亚型。

Ca1型 2件。表面饰粗交错绳纹，内面素面。

H8：10，残。残长14.9、残宽18.5、厚1.4厘米（图4.88、图4.89）。

H8：11，残。灰陶。大头绳纹抹平部分宽1.5厘米。残长24.5、残宽22.3、厚1.5厘米（图4.90、图4.91）。

图4.84　空心砖（H8：19）外、内、侧面照片

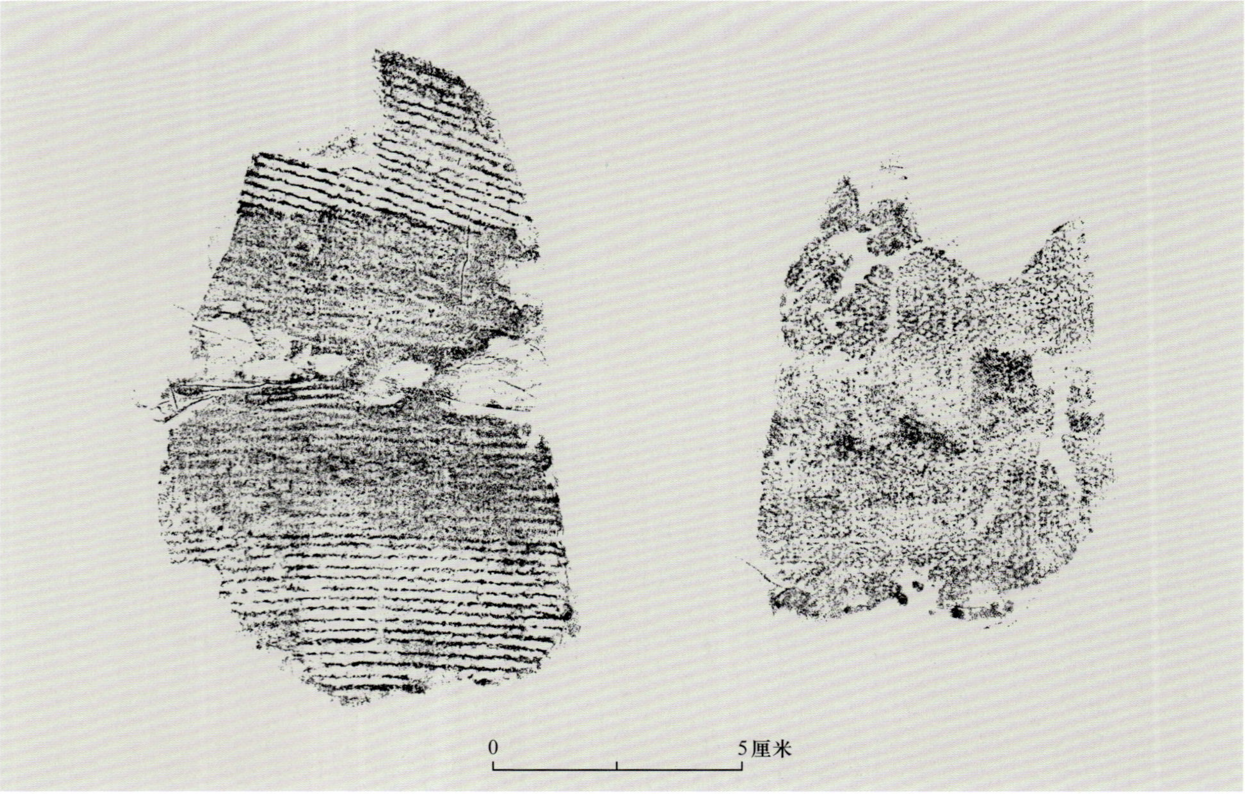

图4.85　空心砖（H8：19）外、内面拓片

图4.86 空心砖（H8：20）外、内面照片

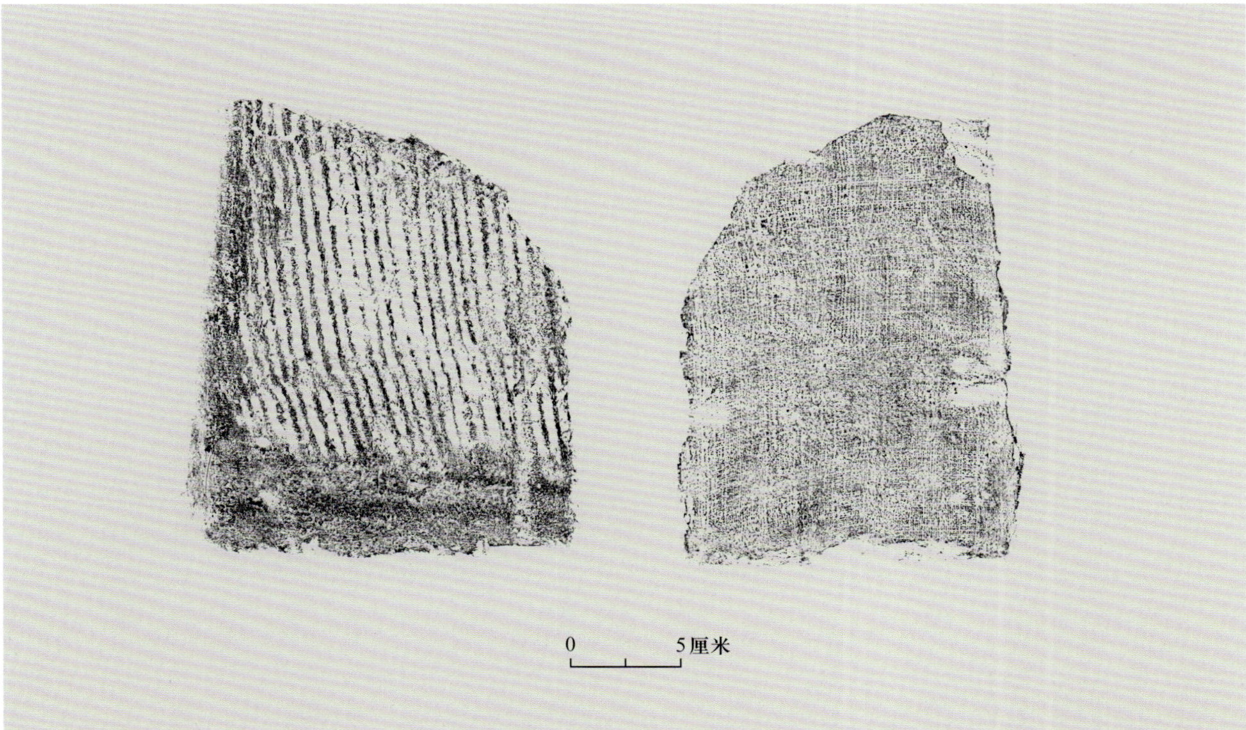

图4.87 空心砖（H8：20）外、内面拓片

图4.88　Ca1型板瓦（H8：10）表、内面照片

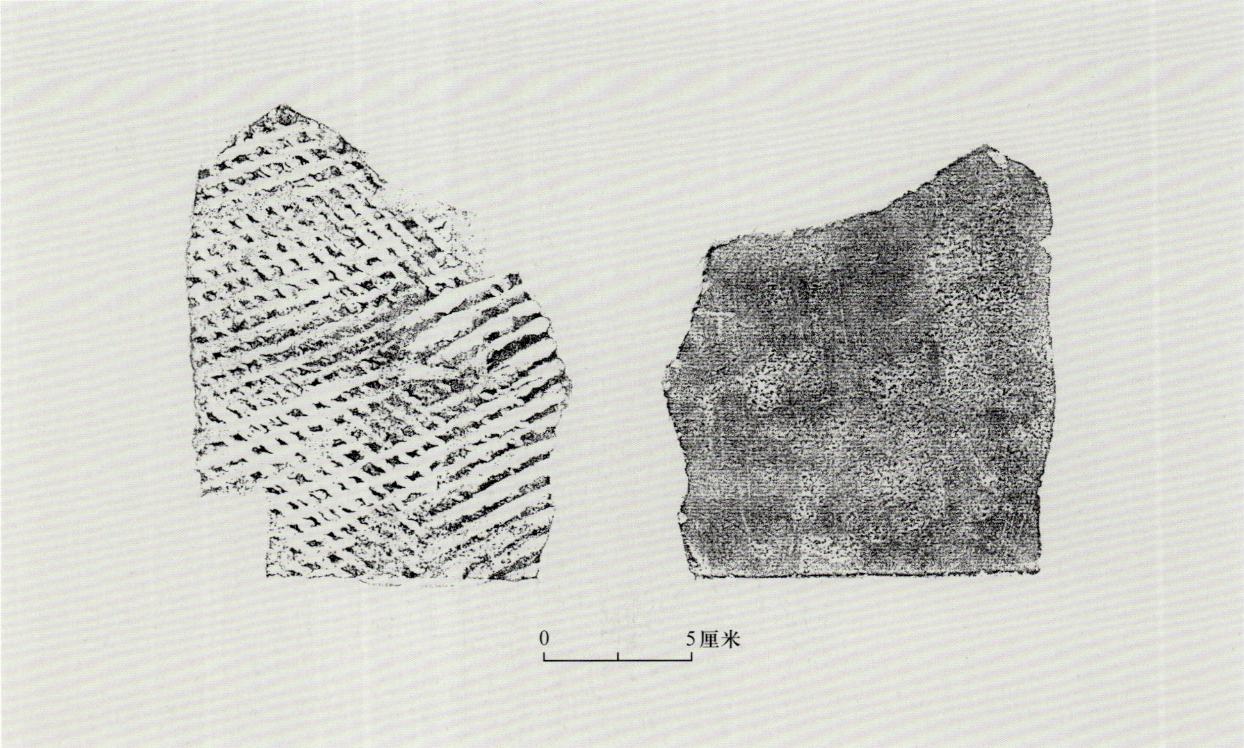

图4.89　Ca1型板瓦（H8：10）表、内面拓片

图4.90 Ca1型板瓦（H8：11）表、内面照片

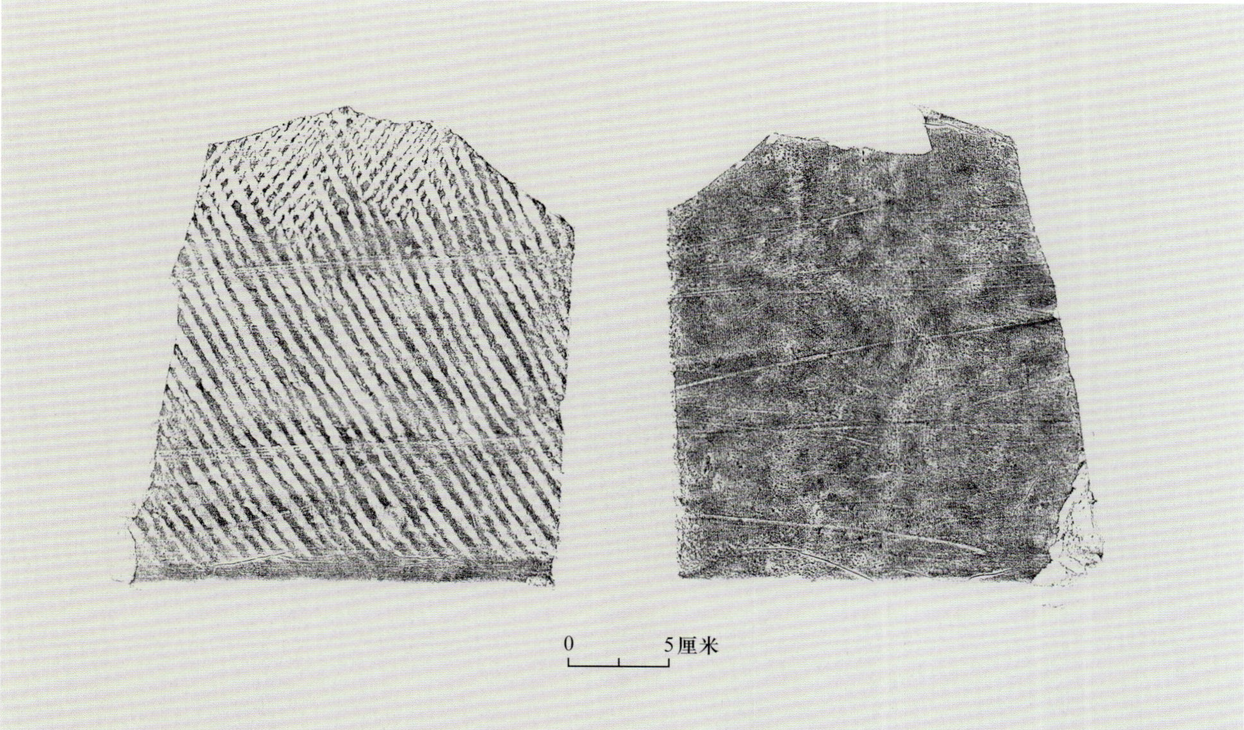

图4.91 Ca1型板瓦（H8：11）表、内面拓片

Ca9型　1件。H8：7，残。灰色。表面粗交错绳纹，内面饰小菱形纹。残长13.7、残宽13、厚1.5厘米（图4.92、图4.93）。

图4.92　Ca9型板瓦（H8：7）表、内面照片

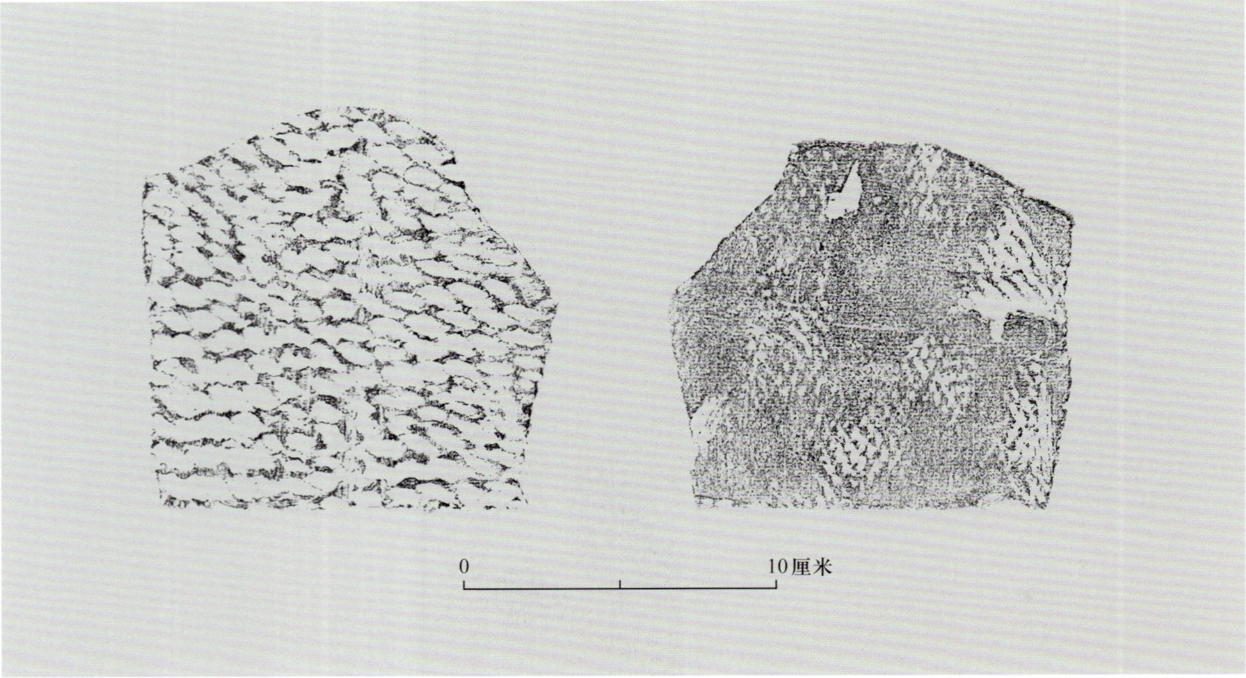

图4.93　Ca9型板瓦（H8：7）表、内面拓片

Ca10型 1件。H8：9，残。瓦呈红色。表面纹饰粗交错绳纹，内面饰抹平绳纹。残长19.6、残宽19.6、厚1.6厘米（图4.94、图4.95）。

图4.94 Ca10型板瓦（H8：9）表、内面照片

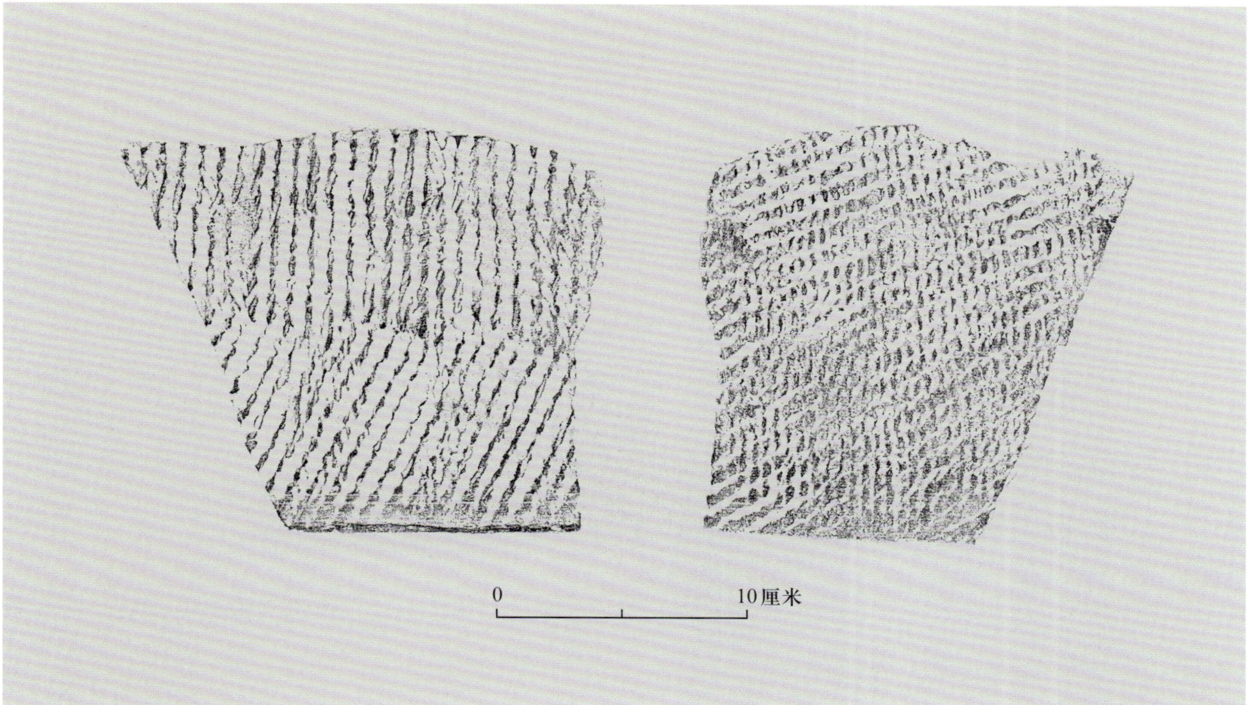

图4.95 Ca10型板瓦（H8：9）表、内面拓片

Cb4型　1件。H8：8，残。表面饰粗斜绳纹和一道凹弦纹，内面饰布纹。残长14.3、残宽15.7、厚1.5厘米（图4.96、图4.97）。

图4.96　Cb4型板瓦（H8：8）表、内面照片

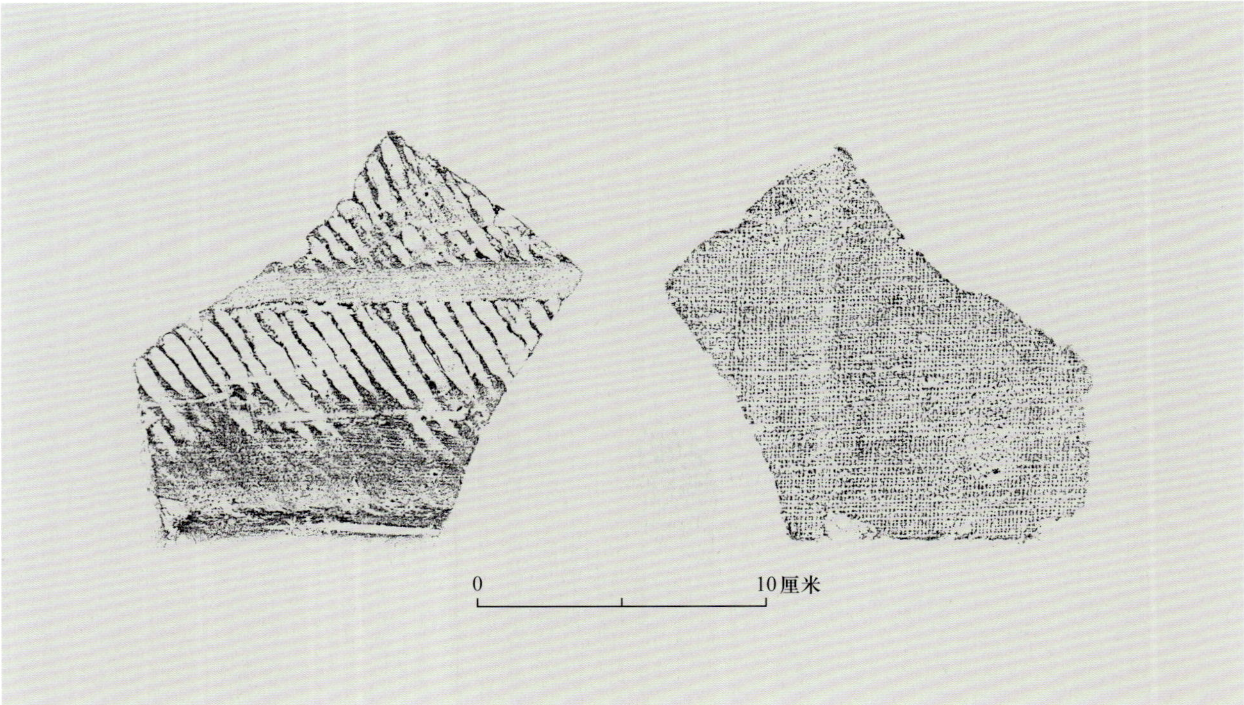

图4.97　Cb4型板瓦（H8：8）表、内面拓片

筒瓦　共出土7件。分三亚型。

Ba4型　1件。H8：12，残。灰陶表面纹饰中粗交错绳纹，内面饰布纹，瓦表面抹平部分宽3厘米。残长11.2、残径9.4、厚1.1厘米，瓦唇残长3、厚0.8厘米（图4.98、图4.99）。

图4.98　Ba4型筒瓦（H8：12）表、内面照片

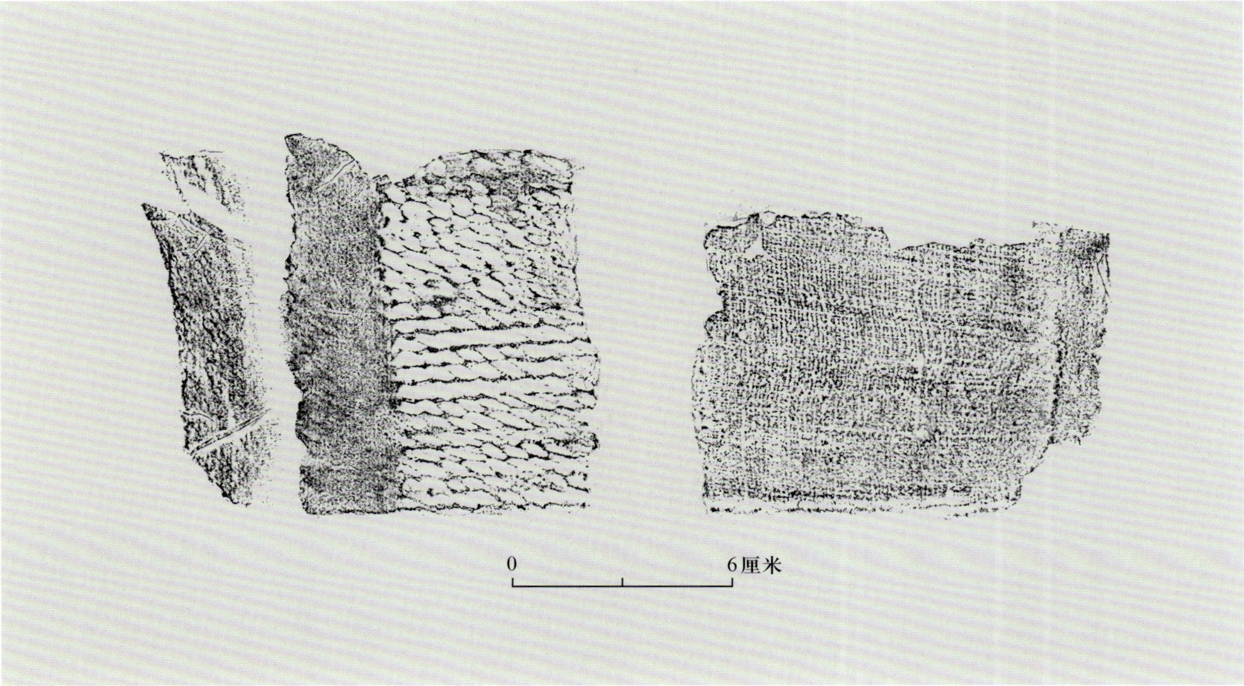

图4.99　Ba4型筒瓦（H8：12）表、内面拓片

H8：16，残。灰陶。残长14.5、残径12.7、厚1.3厘米，瓦唇残长3.5、唇残宽7.2、厚1.5厘米（图4.104、图4.105）。

图4.104　Bc4型筒瓦（H8：16）表、内面照片

图4.105　Bc4型筒瓦（H8：16）表、内面拓片

H8：17，残。灰陶。残长11.5、残径12.2、厚0.9～1.5厘米，瓦唇残长1.5、唇残宽10.8、厚0.7厘米（图4.106、图4.107）。

图4.106 Bc4型筒瓦（H8：17）表、内面照片

图4.107 Bc4型筒瓦（H8：17）表、内面拓片

H8：18，残。灰陶。小头绳纹抹平部分宽3.2厘米。残长20.08、残径14.8、厚1～1.4厘米（图4.108、图4.109）。

图4.108　Bc4型筒瓦（H8：18）表、内面照片

图4.109　Bc4型筒瓦（H8：18）表、内面拓片

Cc4型　1件，H8：13，残。灰陶。表面饰粗直绳纹，内面饰布纹，小头绳纹抹平部分宽5.6厘米。残长17、残径13.6、厚1.2～1.7厘米（图4.110、图4.111）。

图4.110　Cc4型筒瓦（H8：13）表、内面照片

图4.111　Cc4型筒瓦（H8：13）表、内面拓片

陶井圈　1件。H8：21，残片。灰陶。表面饰凹弦纹，凹槽宽0.5、凸棱宽0.5米，内面饰小菱形纹。长19.5、宽13.6、厚2.4～3厘米（图4.112、图4.113）。

陶盆　2件。

H8：24，残。泥质灰陶。内外有明显的轮制痕迹，平沿，沿下有浅凹弦一周，颈周饰浅凹弦，腹周饰凹弦纹，宽0.4厘米，内面饰十一周浅压印纹。复原口径52.6、沿宽4.7、残长15.1、

图4.112　陶井圈（H8：21）表、内面照片

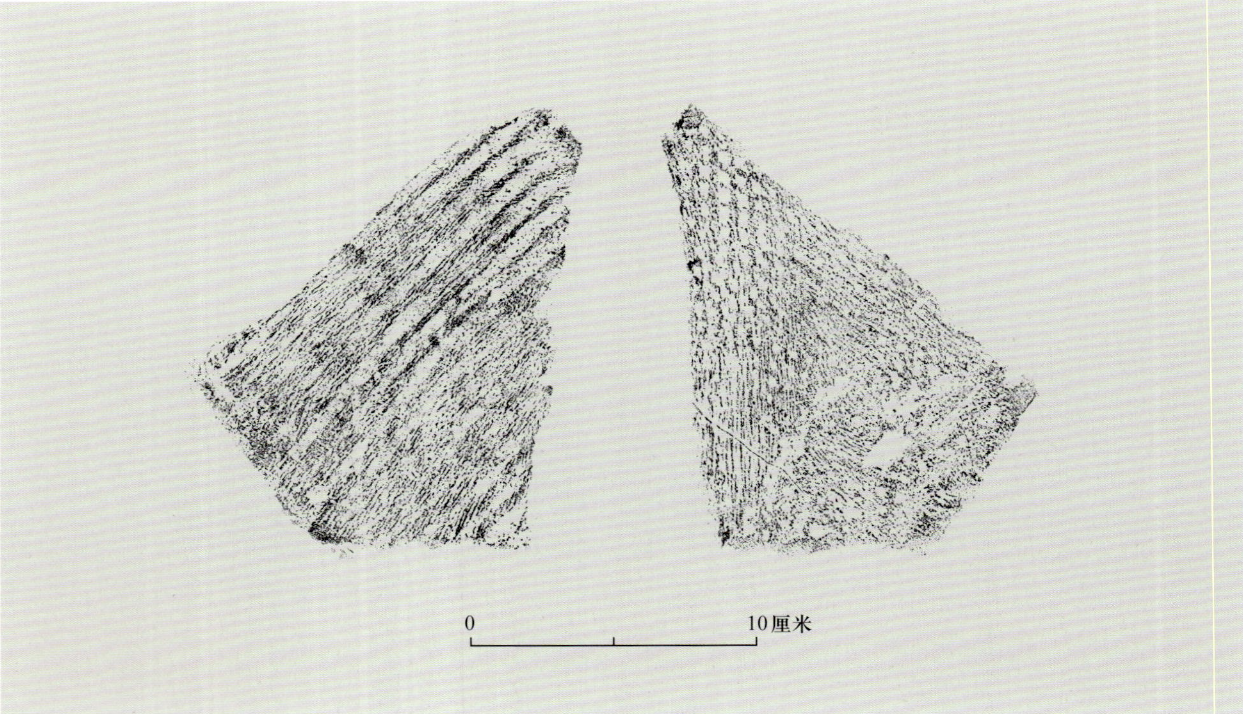

图4.113　陶井圈（H8：21）表、内面拓片

残宽6.6、残高10.6、厚1.5厘米（图4.114、图4.115；彩版51；图版51）。

H8：25，残。泥质灰陶。平沿，上饰浅凹弦两周，下饰凹弦一周。束颈，腹斜直内收。内外有明显的轮制痕迹，内面有略为规整的浅压印。复原口径43.3、沿宽3.4、残长19.9、残宽6.6、残高10、厚0.8厘米（图4.116、图4.117；彩版52；图版52）。

图4.114 陶盆（H8：24）外、内、侧面照片

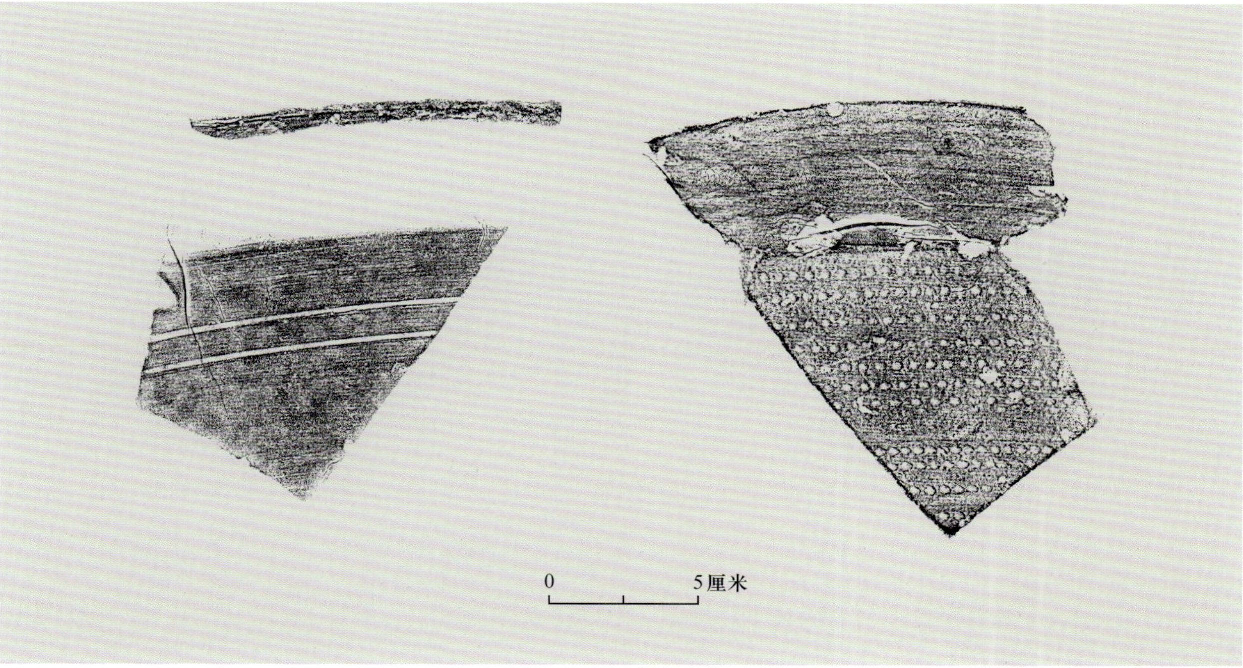

图4.115 陶盆（H8：24）外、内面拓片

图4.116　陶盆（H8：25）外、内、侧面照片

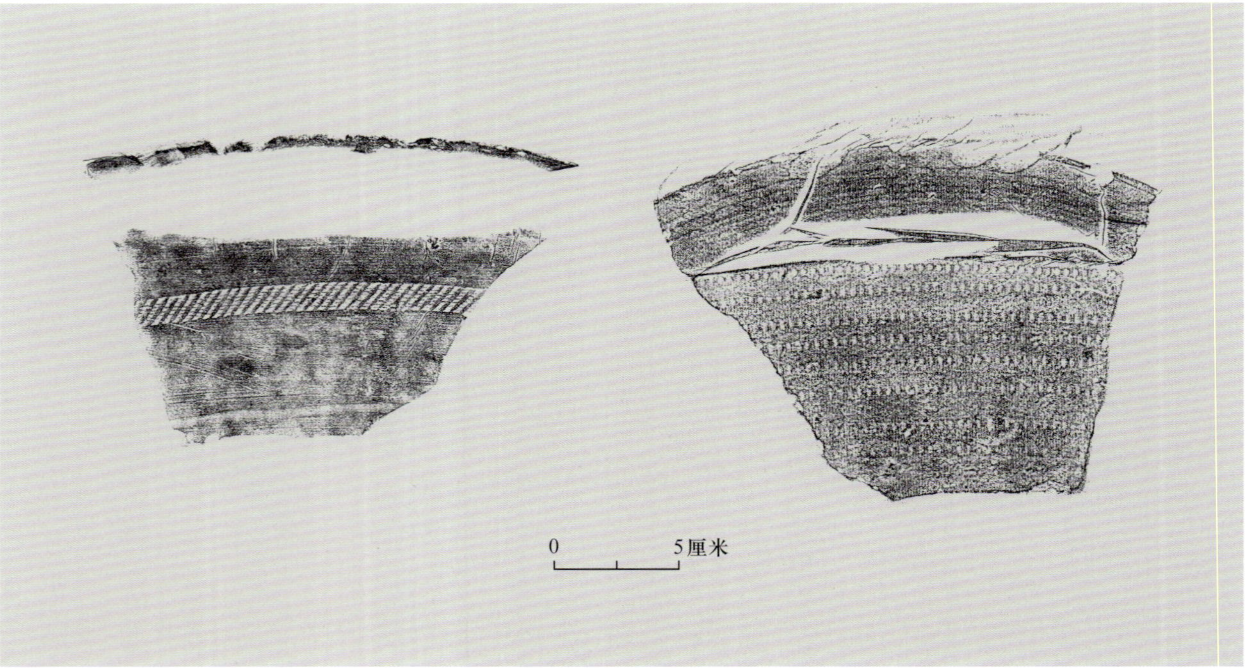

图4.117　陶盆（H8：25）外、内面拓片

陶钵 1件。H8：23，可复原。泥质灰陶。侈口，卷沿，折腹。沿下饰一周凸弦纹。复原口径15.7、高7.2、复原底径8、厚0.6厘米（图4.118、图4.119）。

图4.118 陶钵（H8：23）正面照片

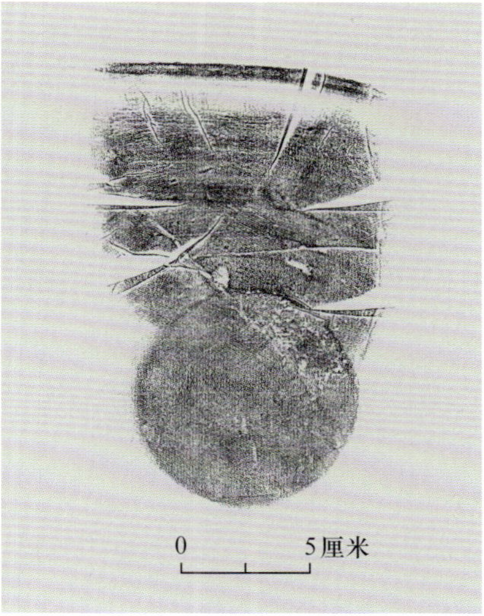

图4.119 陶钵（H8：23）外面拓片

陶三足双系罐 1件。H8：5，可复原。泥质灰陶。小口，窄平沿，圆鼓腹，腹部两边各堆饰一个兽首衔环，底有三兽足。口外径5.5、口内径4.3、沿宽0.6、高7.1、腹径9.1、腹厚0.5厘米，系长1.1、宽1、厚0.3厘米，足高1.5、径1.1厘米（图4.120、图4.121；彩版53；图版53）。

图4.120 陶三足双系罐（H8：5）正、侧、底面照片

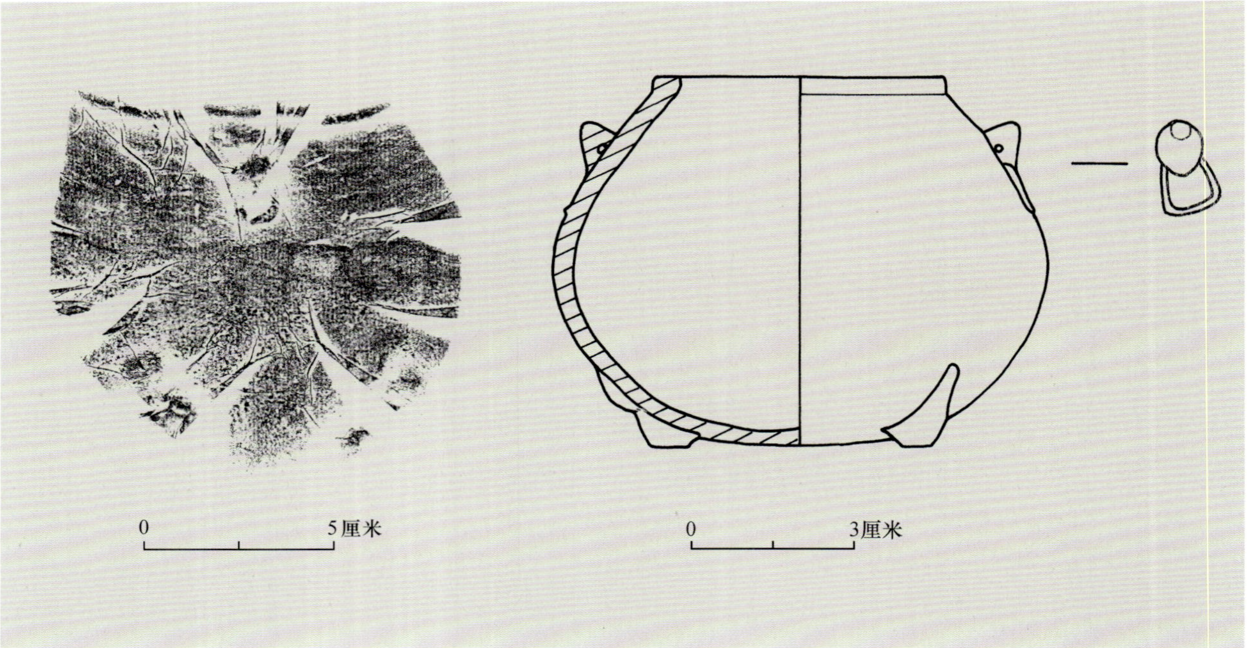

图4.121　陶三足双系罐（H8∶5）外面拓片、线图

铁钩　1件。H8∶3，残。腐朽严重。残长20、宽1.8、厚1.8厘米（图4.122、图4.123）。

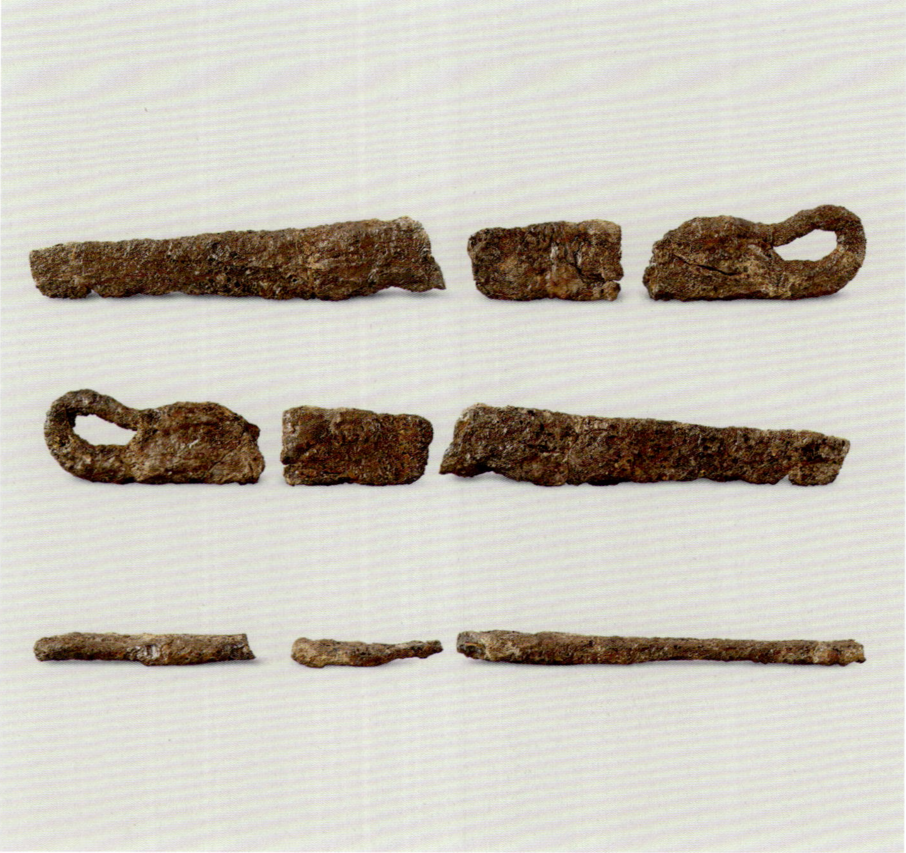

图4.122　铁钩（H8∶3）正、背、侧面照片

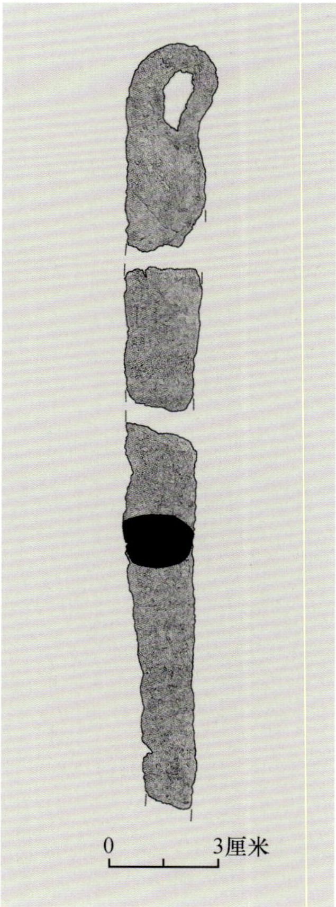

图4.123　铁钩（H8∶3）线图

铜牌 1件。H8：6，圆形。中部一圆，内饰蟾蜍纹，圆外周饰三角形，三角向外，犹如太阳纹。铜饼外侧有宽0.4厘米的轮郭，背光面。直径约3.5厘米（图4.124、图4.125）。

图4.124 铜牌（H8：6）正、背、侧面照片

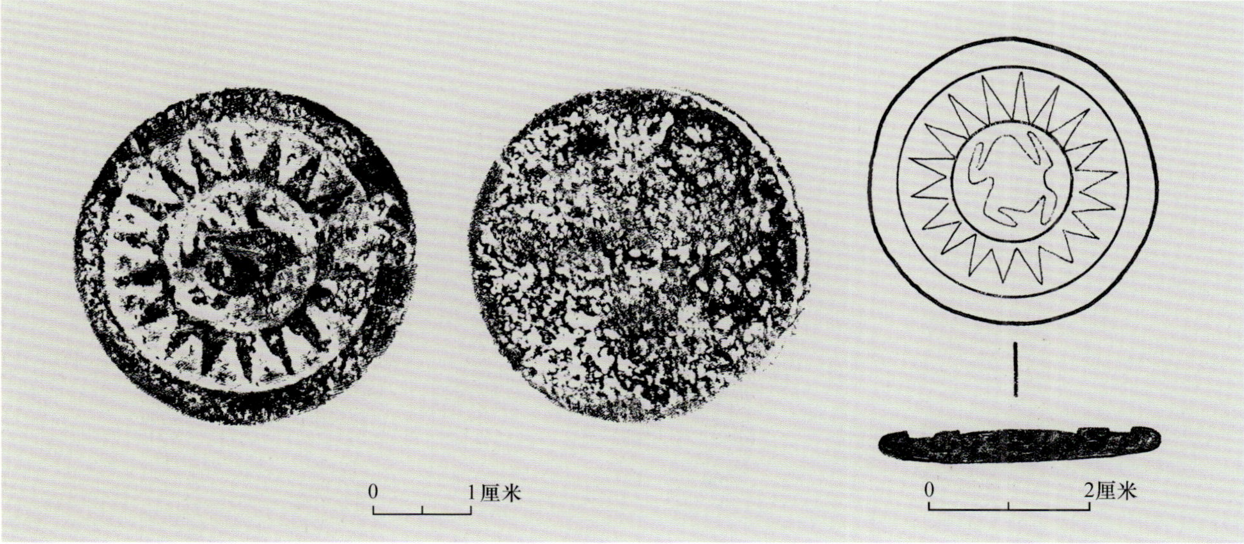

图4.125 铜牌（H8：6）正、背面拓片及线图

铜条　2件。

H8：2-1，长条形。长4.7、宽1.3、厚0.2厘米（图4.126、图4.127）。

图4.126　铜条（H8：2-1）正、背面照片

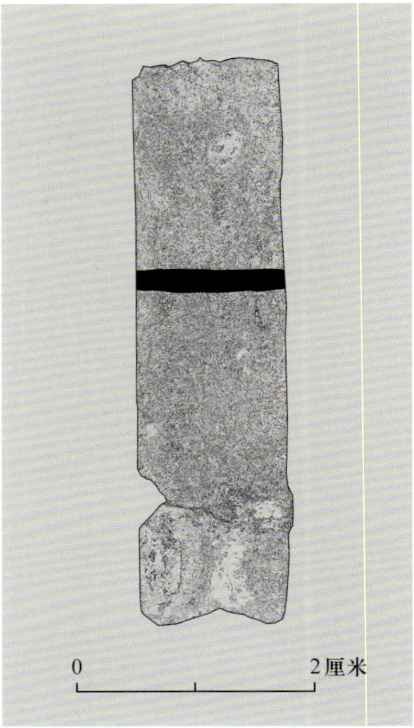

图4.127　铜条（H8：2-1）线图

H8：2-2，长条形。长5.1、宽1.2、厚0.2厘米（图4.128、图4.129）。

图4.128　铜条（H8：2-2）正、背面照片

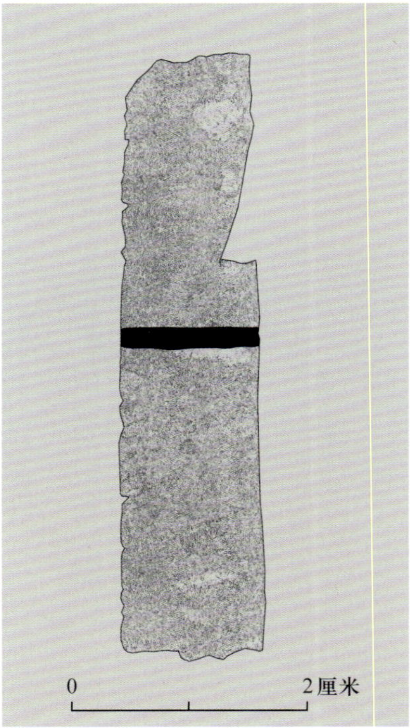

图4.129　铜条（H8：2-2）线图

五铢 出土28枚。圆形，方穿，“五铢”二字修长，“五”字交笔弯曲，“铢”字“金”头呈三角状，“朱”字头方折或圆折，笔画粗细均匀。

H8：1-1，正面有轮无郭，背面轮郭俱备。直径2.4、穿宽0.95～1.05、厚约0.15厘米（图4.130、图4.131）。

图4.130 五铢（H8：1-1）正、背面照片

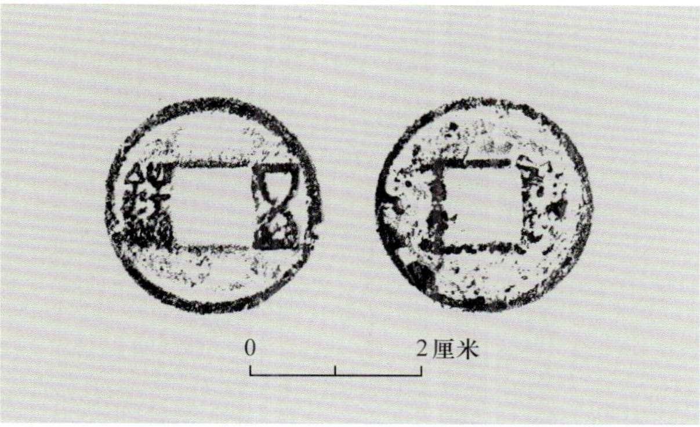

图4.131 五铢（H8：1-1）正、背面拓片

H8：1-2，正面有轮无郭，背面轮郭俱备。直径2.4、穿宽0.95～1.05、厚约0.15厘米（图4.132、图4.133）。

图4.132 五铢（H8：1-2）正、背面照片

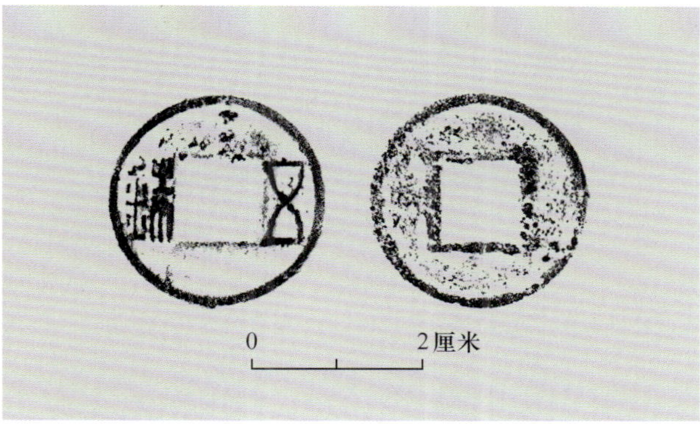

图4.133 五铢（H8：1-2）正、背面拓片

H8：1-3，正面有轮无郭，背面轮郭俱备。直径2.4、穿宽0.95～1.05、厚约0.15厘米（图4.134、图4.135）。

图4.134 五铢（H8：1-3）正、背面照片

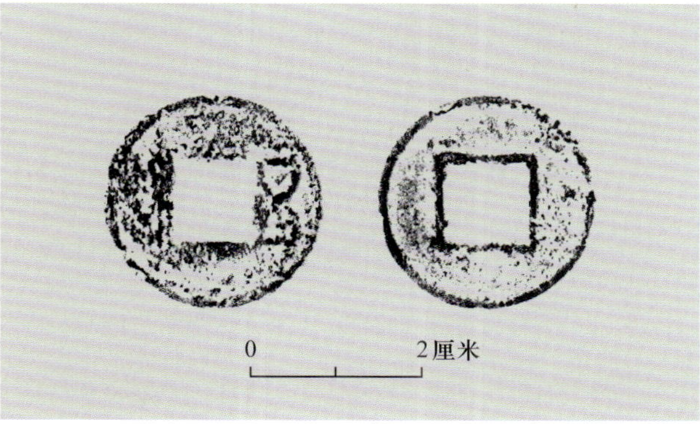

图4.135 五铢（H8：1-3）正、背面拓片

H8：1-4，正面有轮无郭，背面轮郭俱备。直径2.4、穿宽0.95～1.05、厚约0.15厘米（图4.136、图4.137）。

图4.136　五铢（H8：1-4）正、背面照片

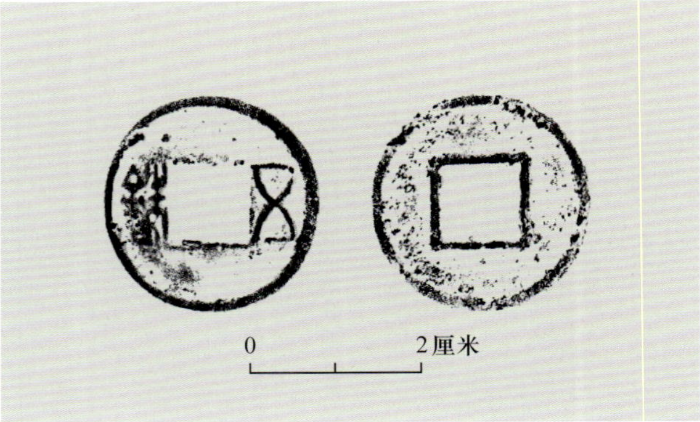

图4.137　五铢（H8：1-4）正、背面拓片

H8：1-5，正面有轮无郭，背面轮郭俱备。直径2.4、穿宽0.95～1.05、厚约0.15厘米（图4.138、图4.139）。

图4.138　五铢（H8：1-5）正、背面照片

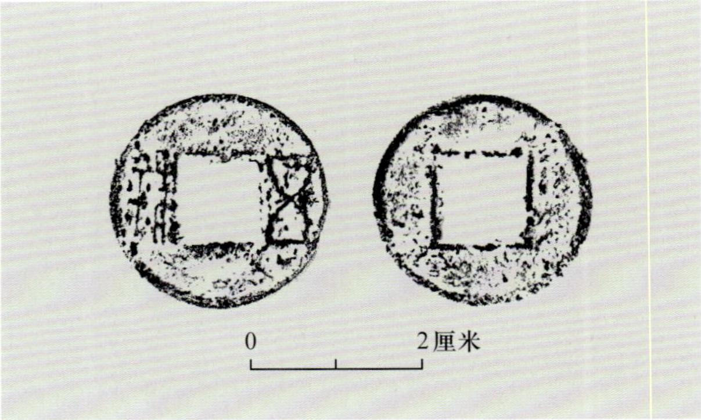

图4.139　五铢（H8：1-5）正、背面拓片

H8：1-6，正面有轮无郭，背面轮郭俱备。直径2.4、穿宽0.95～1.05、厚约0.15厘米（图4.140、图4.141）。

图4.140　五铢（H8：1-6）正、背面照片

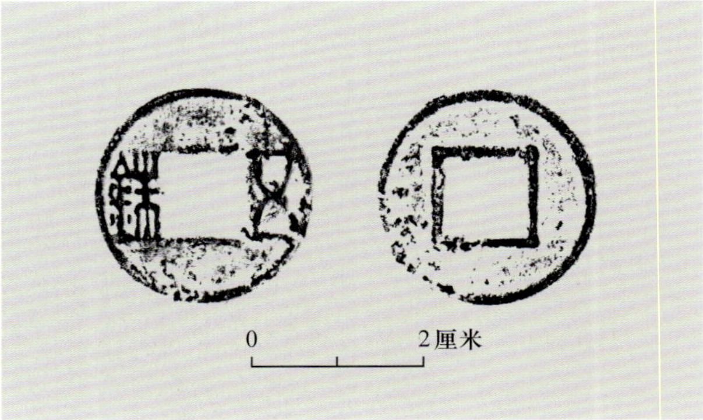

图4.141　五铢（H8：1-6）正、背面拓片

H8：1-7，正面有轮无郭，背面轮郭俱备。直径2.4、穿宽0.95～1.05、厚约0.15厘米（图4.142、图4.143）。

图4.142 五铢（H8：1-7）正、背面照片

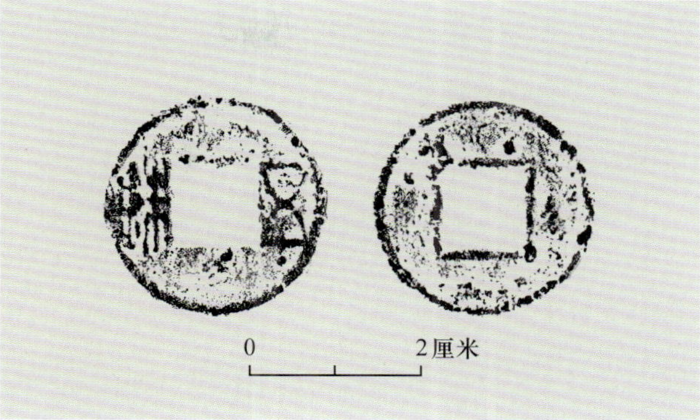

图4.143 五铢（H8：1-7）正、背面拓片

H8：1-8，正面有轮无郭，背面轮郭俱备。直径2.4、穿宽0.95～1.05、厚约0.15厘米（图4.144、图4.145）。

图4.144 五铢（H8：1-8）正、背面照片

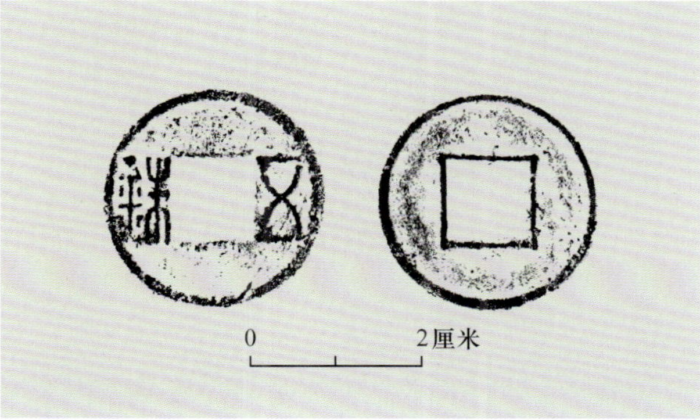

图4.145 五铢（H8：1-8）正、背面拓片

H8：1-9，正面有轮无郭，背面轮郭俱备。直径2.4、穿宽0.95～1.05、厚约0.15厘米（图4.146、图4.147）。

图4.146 五铢（H8：1-9）正、背面照片

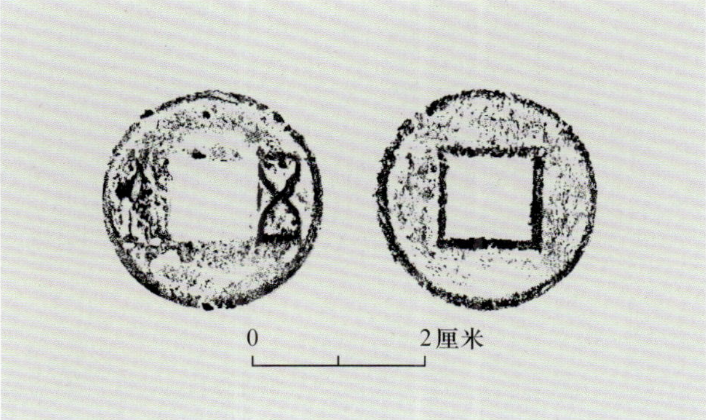

图4.147 五铢（H8：1-9）正、背面拓片

H8：1-10，正面有轮无郭，背面轮郭俱备。直径2.4、穿宽0.95～1.05、厚约0.15厘米（图4.148、图4.149）。

H8：1-11，正面有轮无郭，背面轮郭俱备。直径2.4、穿宽0.95～1.05、厚约0.15厘米（图4.150、图4.151）。

图4.148　五铢（H8：1-10）正、背面照片

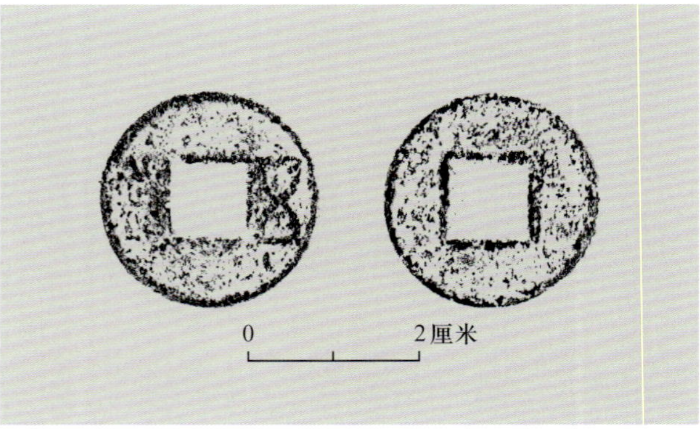

图4.149　五铢（H8：1-10）正、背面拓片

图4.150　五铢（H8：1-11）正、背面照片

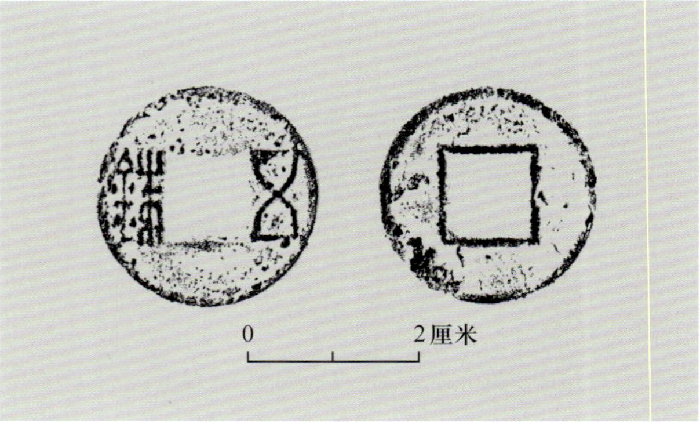

图4.151　五铢（H8：1-11）正、背面拓片

H8：1-12，正面有轮有郭，背面轮郭俱备。直径2.4、穿宽0.95～1.05、厚约0.15厘米（图4.152、图4.153）。

图4.152　五铢（H8：1-12）正、背面照片

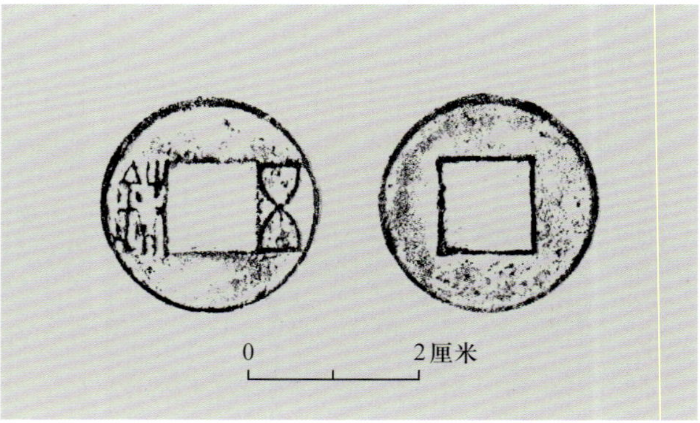

图4.153　五铢（H8：1-12）正、背面拓片

H8：1-13，正面有轮无郭，背面轮郭俱备。直径2.4、穿宽0.95～1.05、厚约0.15厘米（图4.154、图4.155）。

H8：1-14，正面有轮无郭，背面轮郭俱备。直径2.4、穿宽0.95～1.05、厚约0.15厘米（图4.156、图4.157）。

H8：1-15，正面有轮无郭，背面轮郭俱备。直径2.4、穿宽0.95～1.05、厚约0.15厘米（图4.158、图4.159）。

图4.154 五铢（H8：1-13）正、背面照片

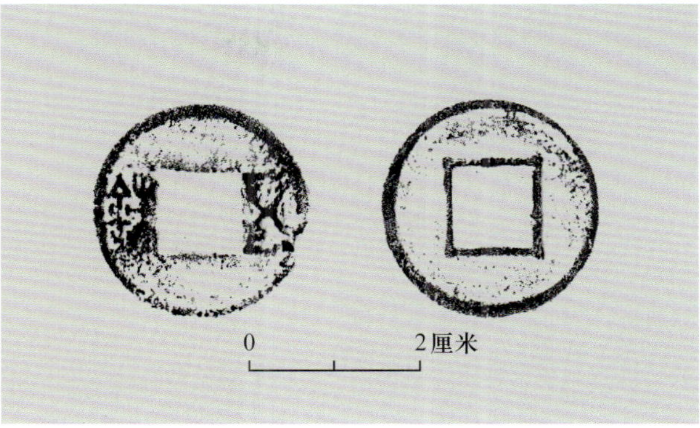

图4.155 五铢（H8：1-13）正、背面拓片

图4.156 五铢（H8：1-14）正、背面照片

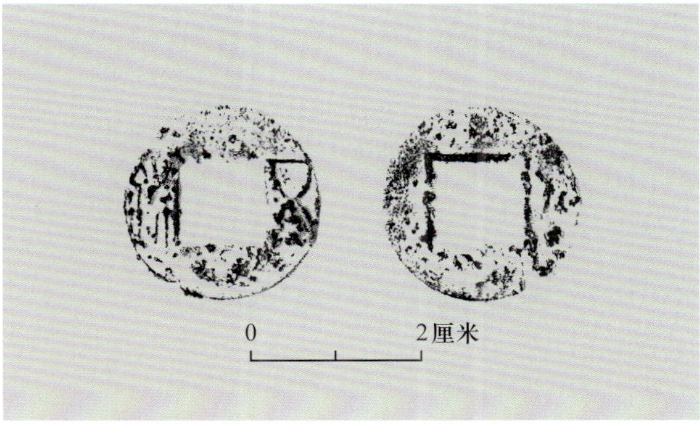

图4.157 五铢（H8：1-14）正、背面拓片

图4.158 五铢（H8：1-15）正、背面照片

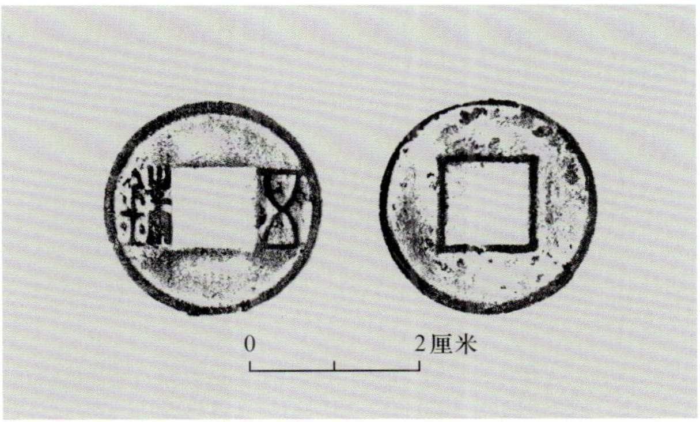

图4.159 五铢（H8：1-15）正、背面拓片

H8：1-16，正面有轮无郭，背面轮郭俱备。直径2.4、穿宽0.95～1.05、厚约0.15厘米（图4.160、图4.161）。

H8：1-17，正面有轮无郭，背面轮郭俱备。直径2.4、穿宽0.95～1.05、厚约0.15厘米（图4.162、图4.163）。

H8：1-18，正面有轮无郭，背面轮郭俱备。直径2.4、穿宽0.95～1.05、厚约0.15厘米（图4.164、图4.165）。

H8：1-19，正面有轮无郭，背面轮郭俱备。直径2.4、穿宽0.95～1.05、厚约0.15厘米（图4.166、图4.167）。

图4.160　五铢（H8：1-16）正、背面照片

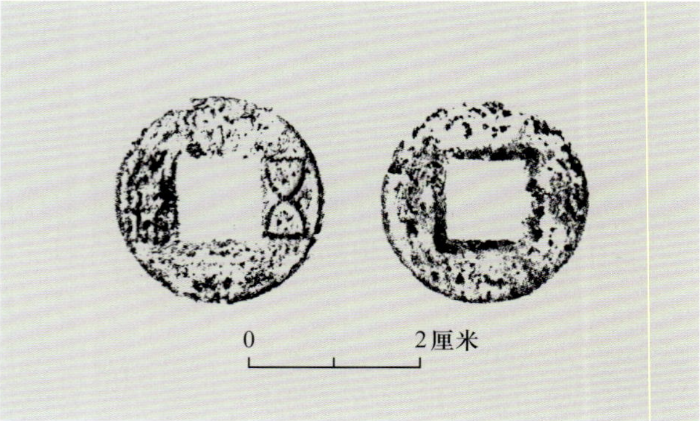

图4.161　五铢（H8：1-16）正、背面拓片

图4.162　五铢（H8：1-17）正、背面照片

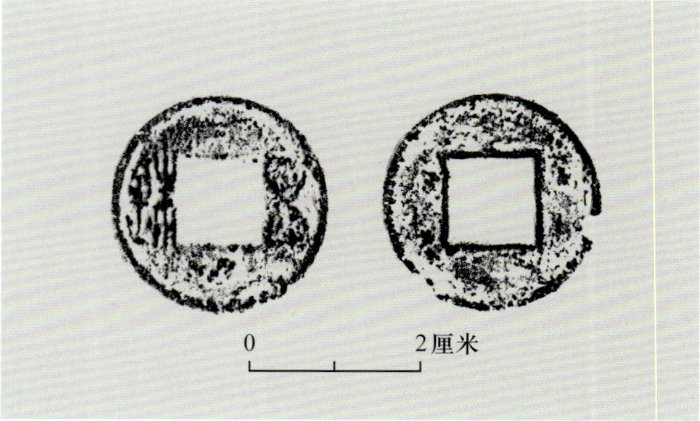

图4.163　五铢（H8：1-17）正、背面拓片

图4.164　五铢（H8：1-18）正、背面照片

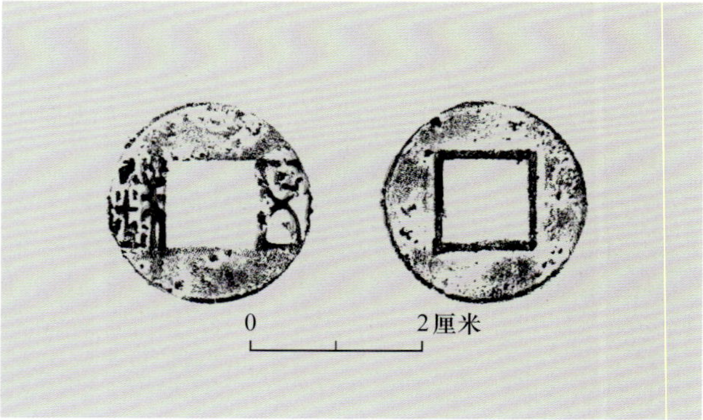

图4.165　五铢（H8：1-18）正、背面拓片

图4.166　五铢（H8：1-19）正、背面照片

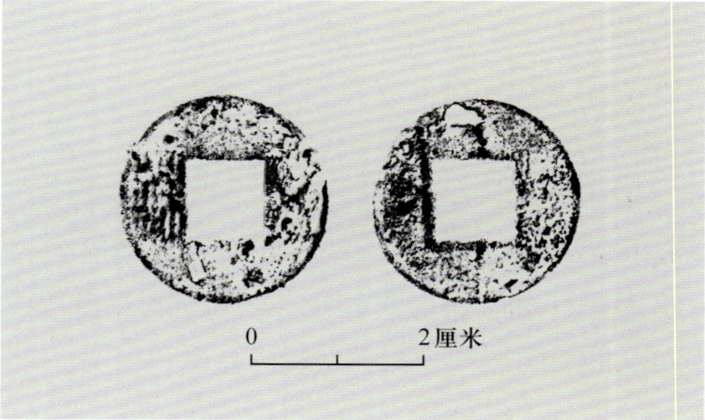

图4.167　五铢（H8：1-19）正、背面拓片

H8：1-20，正面有轮无郭，背面轮郭俱备。直径2.4、穿宽0.95～1.05、厚约0.15厘米（图4.168、图4.169）。

图4.168 五铢（H8：1-20）正、背面照片

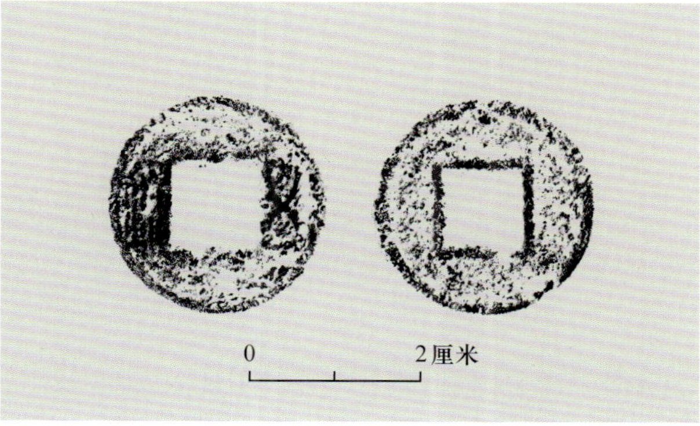

图4.169 五铢（H8：1-20）正、背面拓片

H8：1-21，正面有轮无郭，背面轮郭俱备。直径2.4、穿宽0.95～1.05、厚约0.15厘米（图4.170、图4.171）。

图4.170 五铢（H8：1-21）正、背面照片

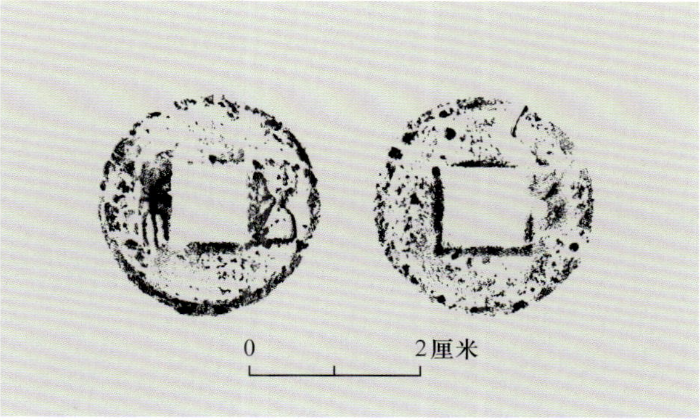

图4.171 五铢（H8：1-21）正、背面拓片

H8：1-22，正面有轮无郭，背面轮郭俱备。直径2.4、穿宽0.95～1.05、厚约0.15厘米（图4.172、图4.173）。

图4.172 五铢（H8：1-22）正、背面照片

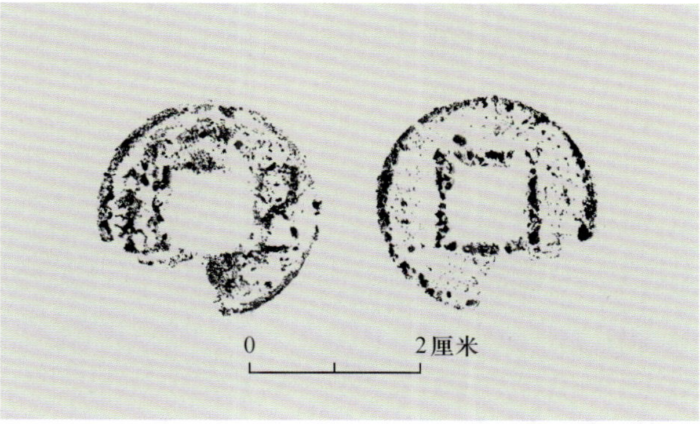

图4.173 五铢（H8：1-22）正、背面拓片

H8：1-23，正面有轮无郭，背面轮郭俱备。直径2.4、穿宽0.95～1.05、厚约0.15厘米（图4.174、图4.175）。

图4.174　五铢（H8：1-23）正、背面照片

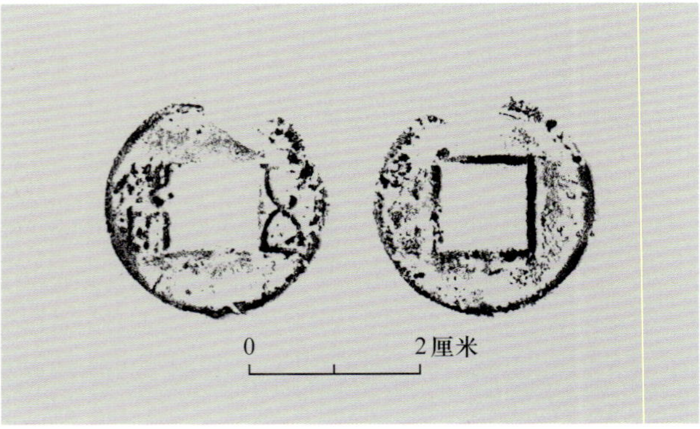

图4.175　五铢（H8：1-23）正、背面拓片

H8：1-24，正面有轮无郭，背面轮郭俱备。直径2.4、穿宽0.95～1.05、厚约0.15厘米（图4.176、图4.177）。

图4.176　五铢（H8：1-24）正、背面照片

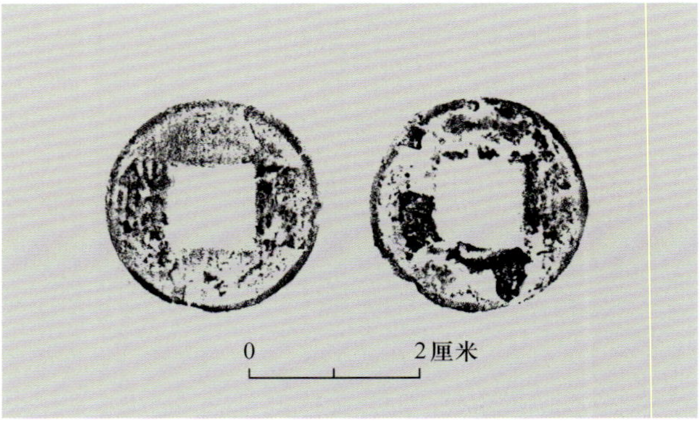

图4.177　五铢（H8：1-24）正、背面拓片

H8：1-25，正面有轮无郭，背面轮郭俱备。直径2.4、穿宽0.95～1.05、厚约0.15厘米（图4.178、图4.179）。

图4.178　五铢（H8：1-25）正、背面照片

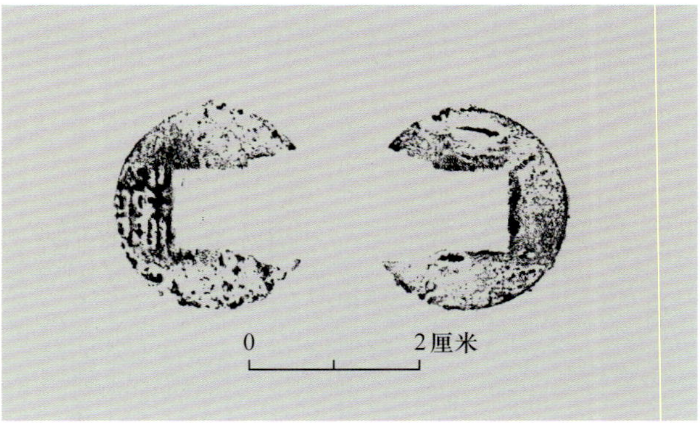

图4.179　五铢（H8：1-25）正、背面拓片

H8∶1-26，正面有轮无郭，背面轮郭俱备。直径2.4、穿宽0.95～1.05、厚约0.15厘米（图4.180、图4.181）。

图4.180 五铢（H8∶1-26）正、背面照片

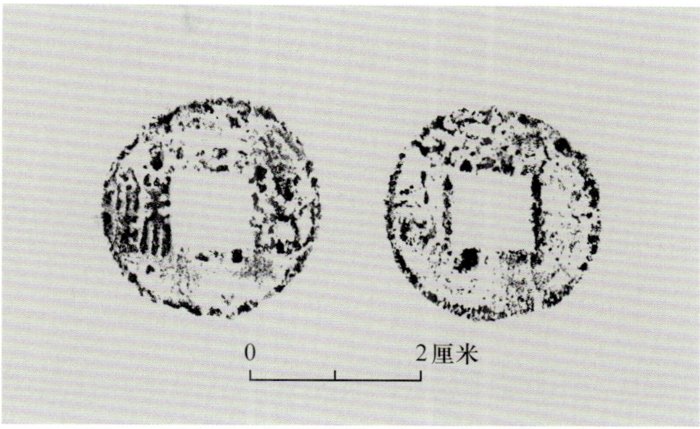

图4.181 五铢（H8∶1-26）正、背面拓片

H8∶1-27，正面有轮无郭，背面轮郭俱备。直径2.4、穿宽0.95～1.05、厚约0.15厘米（图4.182、图4.183）。

图4.182 五铢（H8∶1-27）正、背面照片

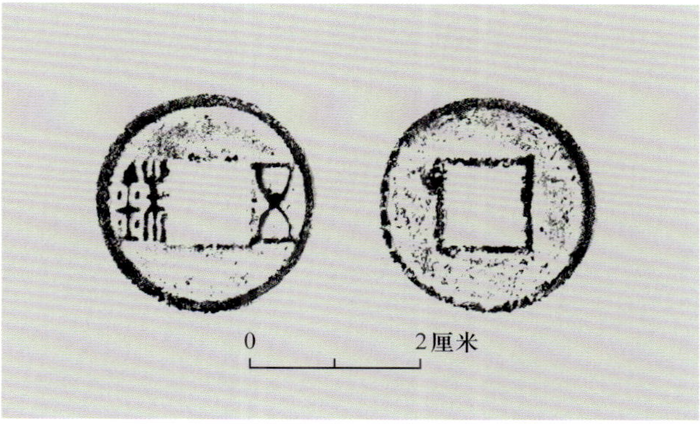

图4.183 五铢（H8∶1-27）正、背面拓片

H8∶1-28，正面有轮无郭，背面轮郭俱备。直径2.4、穿宽0.95～1.05、厚约0.15厘米（图4.184、图4.185）。

图4.184 五铢（H8∶1-28）正、背面照片

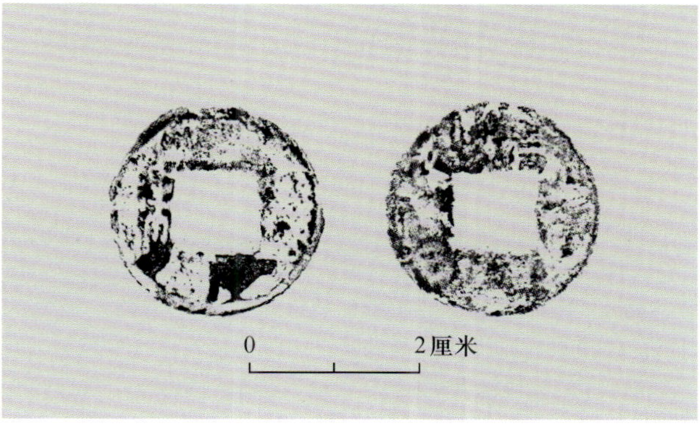

图4.185 五铢（H8∶1-28）正、背面拓片

2. H30

位于T3南部，西部延伸出探方，开口于第3b层下，被H8打破，打破第4a层与L9，叠压第5层。平面形状不规则，斜壁，平底。口距地表深1.08～1.16米，口东西0.72、南北0.65、深0.34～0.48米，填土为灰褐色，土质软，结构较疏松，含人颅骨碎块、陶片（图4.186）。时代应为新莽时期至东汉晚期。

3. H32

位于T3南部，东西两边延伸出探方，开口于第3b层下，打破L1、L2、第4a、5～8层。东西向。平面呈长条形，斜壁，平底。口距地表深1.28～1.33米，口南北0.58～0.9、东西1.5、深1.24～1.32、底南北0.38～0.42、东西1.5米。填土为灰褐色，土质较疏松（图4.187）。时代应为新莽时期至东汉晚期。

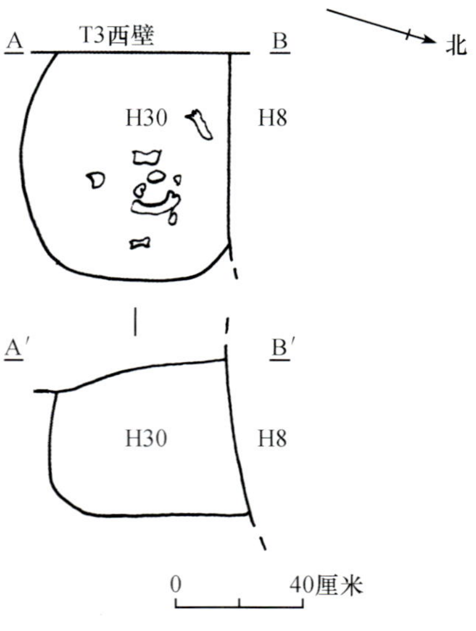

图4.186　H30平、剖面图

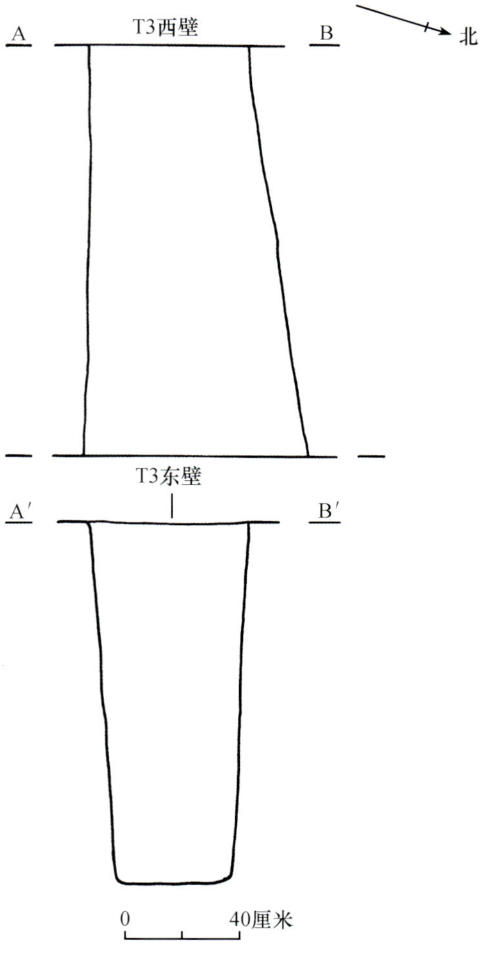

图4.187　H32平、剖面图

出土遗物占全探方总数的4.61%。据坑内出土遗物残片统计，板瓦占79.03%，Cb1型占31.25%、Cb4型占18.75%、Cb2型占9.38%、Cb10型占18.75%。筒瓦12.51%，Bc4型占3.13%、D4型占9.38%。陶片均为素面，占3.13%。井圈6.25%（表4.11）。

表4.11 H32出土遗物数量统计表

名称	分型/纹饰	灰陶/件	百分比/%	总百分比/%
板瓦	Cb1	10	31.25	79.03
	Cb4	6	18.75	
	Cb2	3	9.38	
	Cb10	6	18.75	
筒瓦	Bc4	1	3.13	12.51
	D4	3	9.38	
陶片	素面	1	3.13	3.13
陶井圈	/	2	6.25	6.25
合计		32	100.00	

出土器物9件，其中建筑材料8、陶器1件，分别介绍如下。

板瓦　出土4件。均为弧形板瓦。据表面绳纹粗细，分四亚型。

Ca1型　1件。H32：5，残。灰陶。表面饰粗交错绳纹，内面素面。残长25.5、残宽24、厚1.6厘米（图4.188、图4.189）。

图4.188　Ca1型板瓦（H32：5）表、内面照片

Ca10型　1件。H32：3，残。灰陶。表面饰粗交错绳纹，内面饰抹平绳纹。残长17、残宽19、厚1.3厘米（图4.190、图4.191）。

Cb2型　1件。H32：2，残。灰陶。表面饰粗斜绳纹，内面饰麻点纹。残长17、残宽19.5、厚1.3厘米（图4.192、图4.193）。

Cb4型　1件。H32：4，残。灰陶。表面饰粗斜绳纹，内面饰布纹。残长15、残宽15、厚1.4厘米（图4.194、图4.195）。

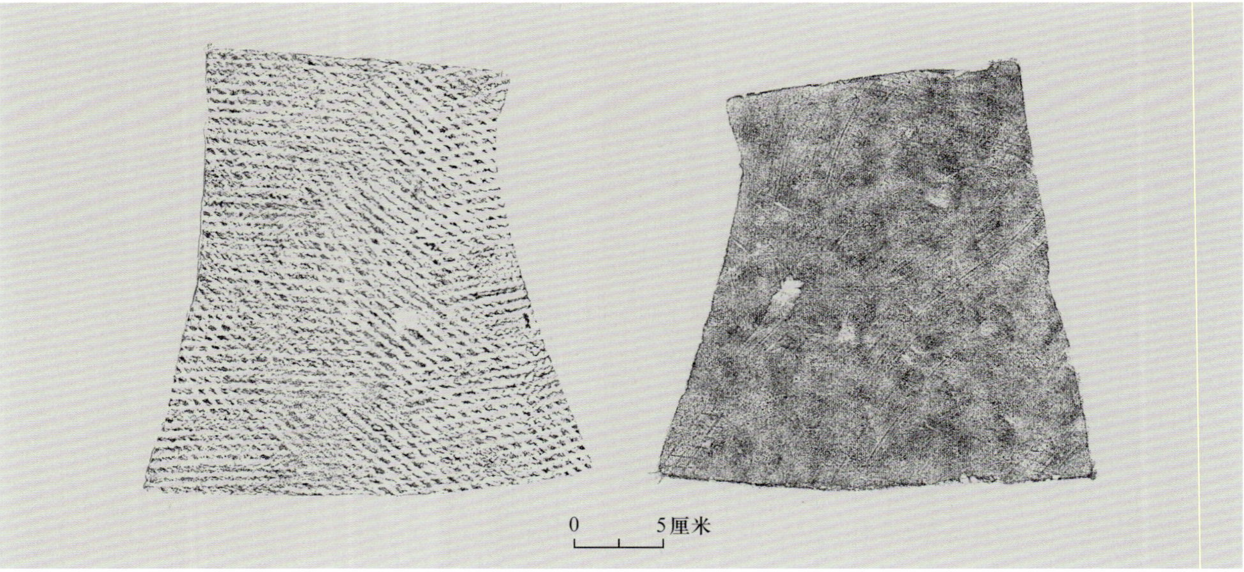

图4.189　Ca1型板瓦（H32：5）表、内面拓片

图4.190　Ca10型板瓦（H32：3）表、内面照片

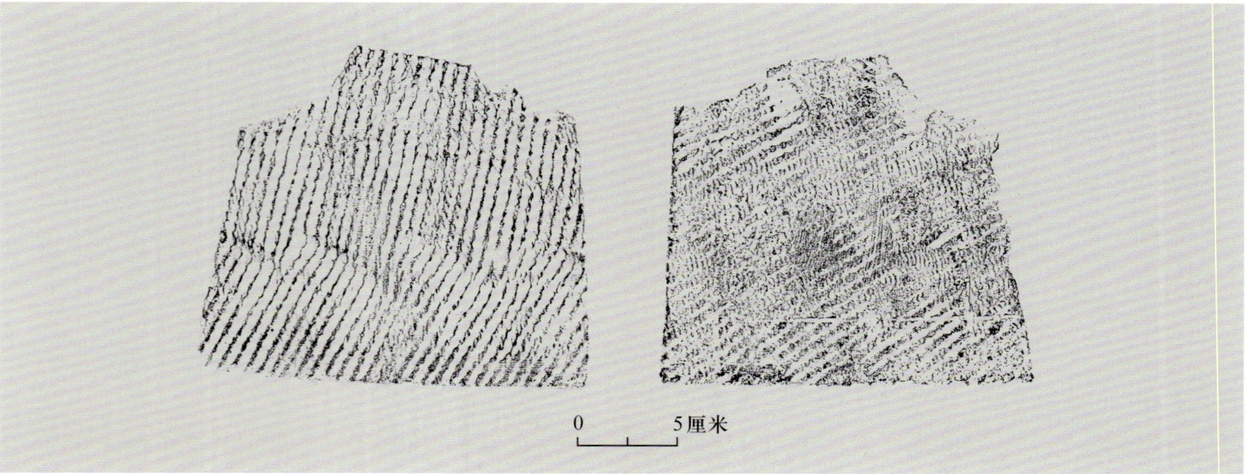

图4.191　Ca10型板瓦（H32：3）表、内面拓片

图4.192 Cb2型板瓦（H32：2）表、内面照片

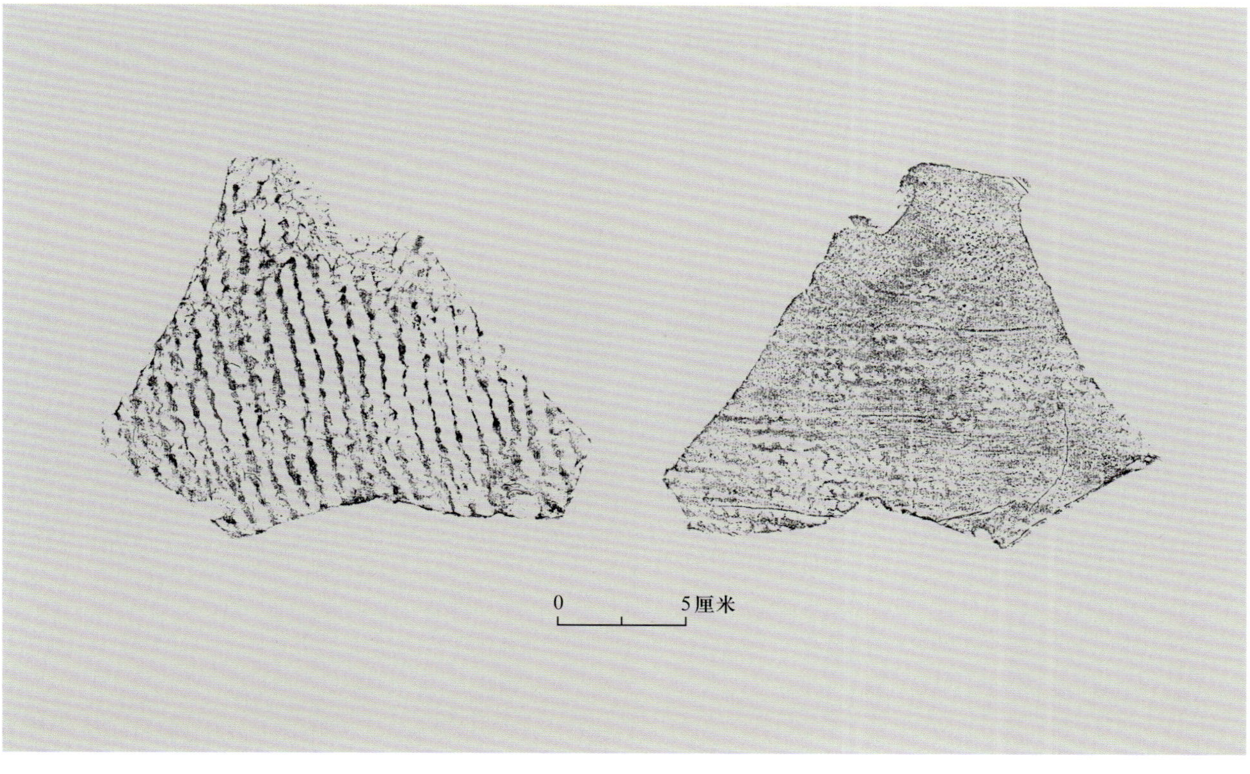

图4.193 Cb2型板瓦（H32：2）表、内面拓片

图4.194　Cb4型板瓦（H32：4）表、内面照片

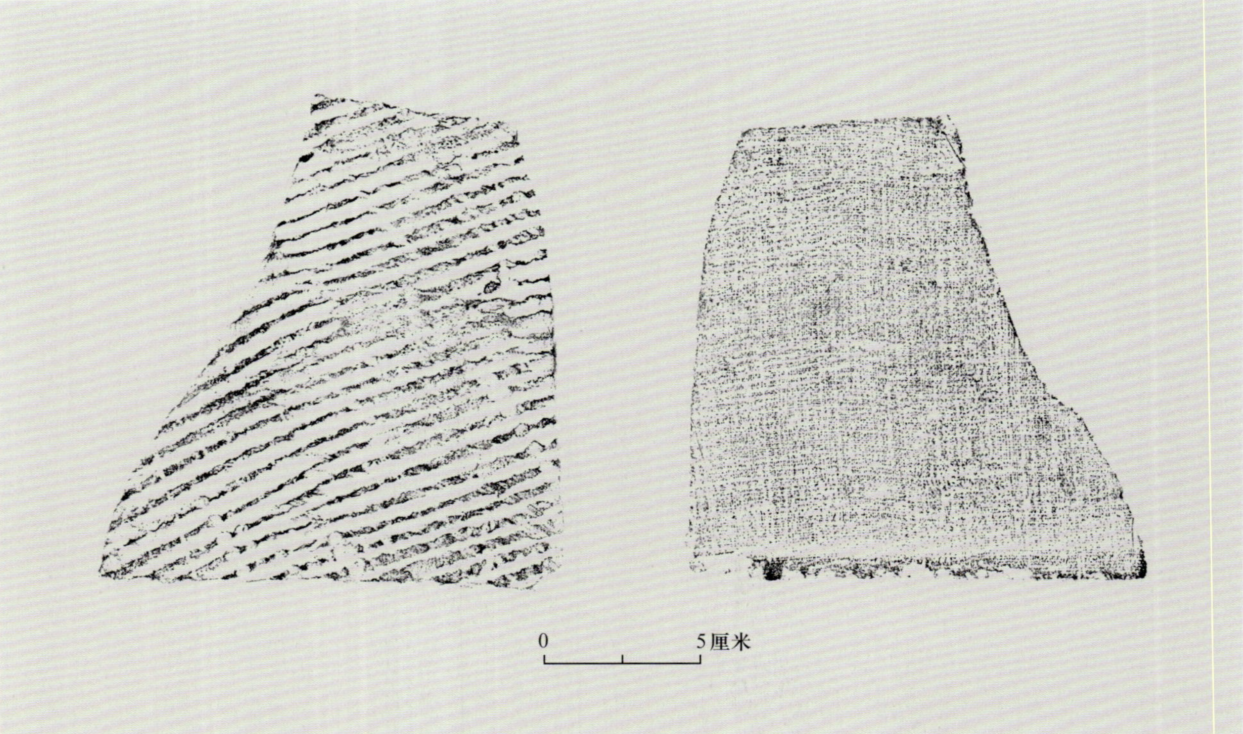

图4.195　Cb4型板瓦（H32：4）表、内面拓片

筒瓦 1件。属Ba4型。H32：6，残。灰陶。表面饰中粗交错绳纹，内面饰布纹。残长7.8、残宽8、厚1.6厘米（图4.196、图4.197）。

图4.196 Bb4型筒瓦（H32：6）表、内面照片

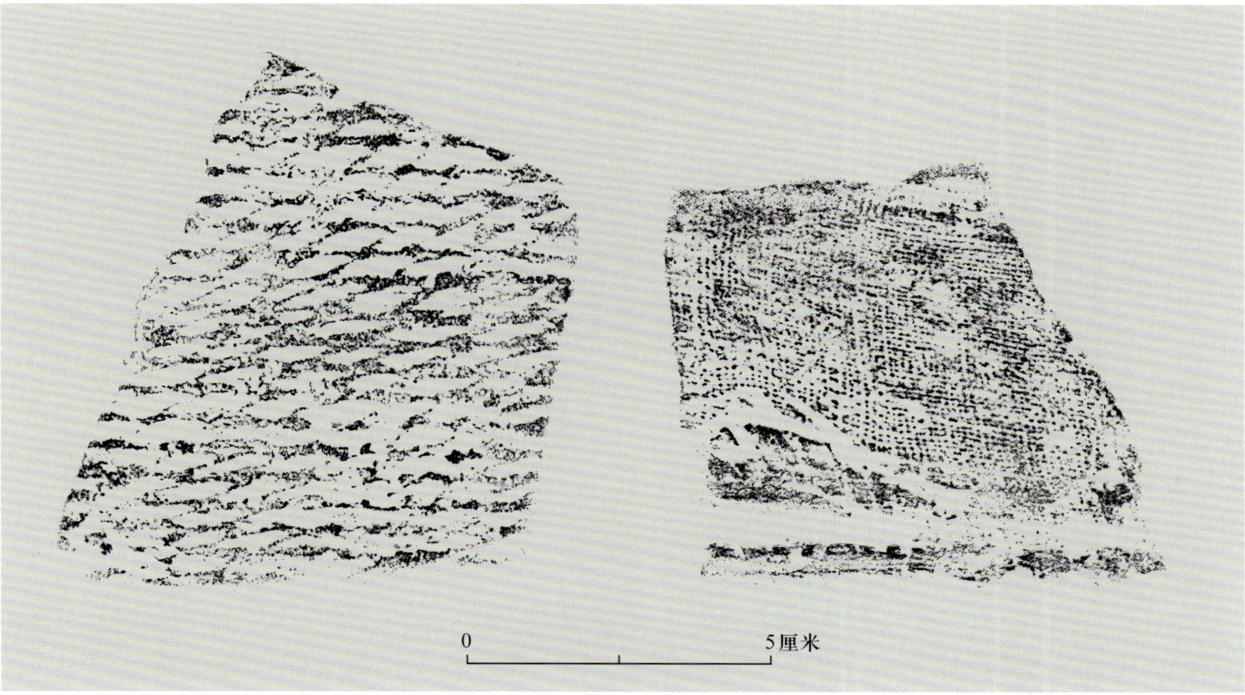

图4.197 Bb4型筒瓦（H32：6）表、内面拓片

瓦当　1件。H32：1，云纹瓦当。残。当复原径15.9、当心径5.6、边轮宽1.5、边轮厚2.5、当厚1.3、缘深0.8厘米（图4.198、图4.199；彩版54；图版54）。

图4.198　云纹瓦当（H32：1）正、背面照片

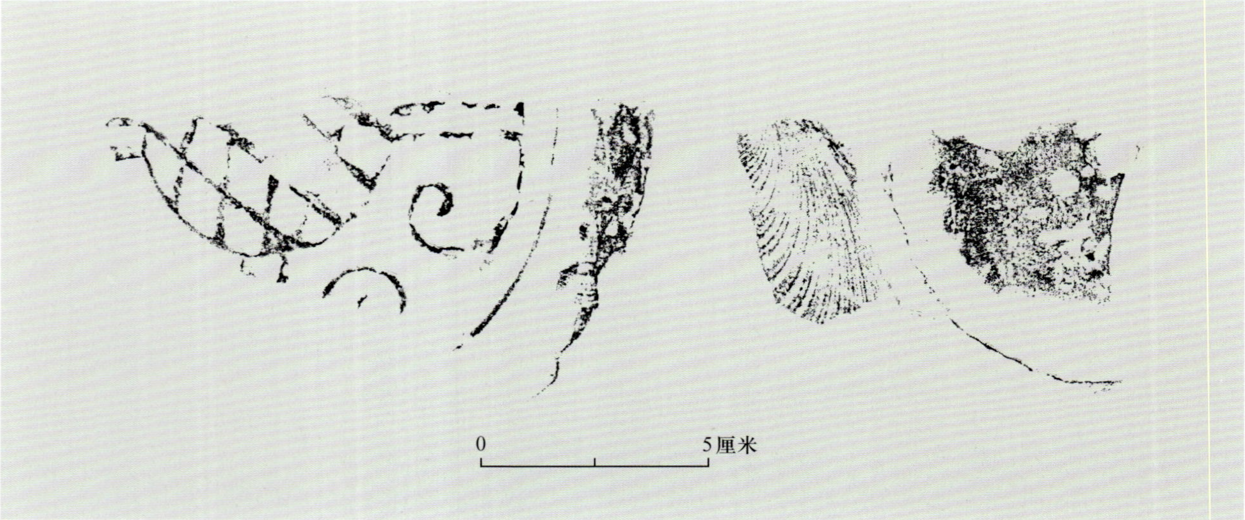

图4.199　云纹瓦当（H32：1）正、背面拓片

陶井圈　2件。

H32：7，残。井圈呈灰色。表面纹饰粗斜绳纹，内面饰菱形纹。残长8.6、残宽14、厚1.4～2.6厘米（图4.200、图4.201）。

H32：8，残。井圈呈灰色。表面纹饰粗斜绳纹，内面饰麻点纹。残长13.6、残宽19.7、厚1.9～2.5厘米（图4.202、图4.203）。

陶盆　1件。H32：9，残。泥质灰陶。内外有明显的轮制痕迹。尖圆唇。沿饰浅凹弦一周。复原口径49.4、沿宽3.9、残长14.7、残宽5、残高3.7、厚0.8厘米（图4.204、图4.205；彩版55；图版55）。

图4.200 陶井圈（H32：7）表、内面照片

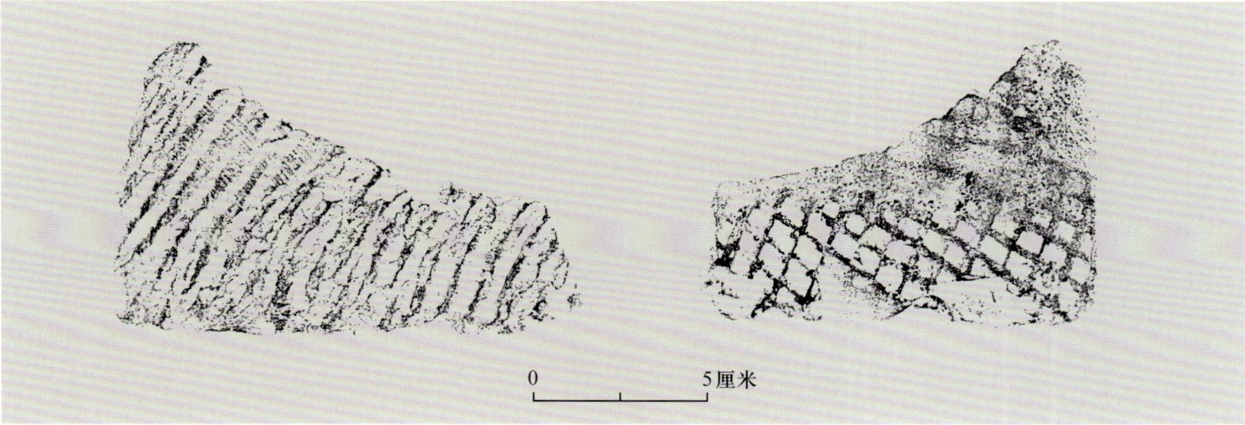

图4.201 陶井圈（H32：7）表、内面拓片

图4.202 陶井圈（H32：8）表、内、侧面照片

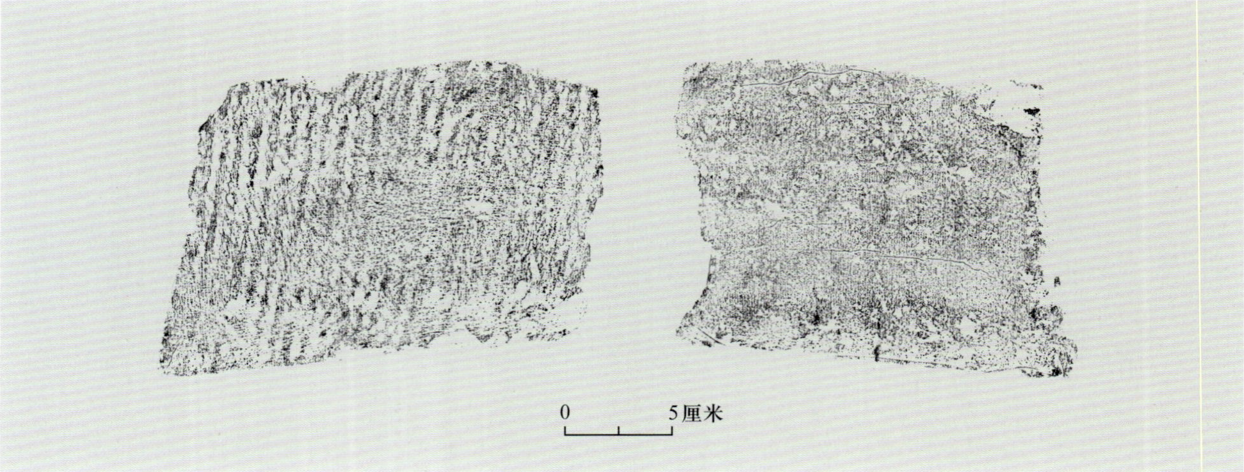

图4.203　陶井圈（H32：8）表、内面拓片

图4.204　陶盆（H32：9）外、内面照片

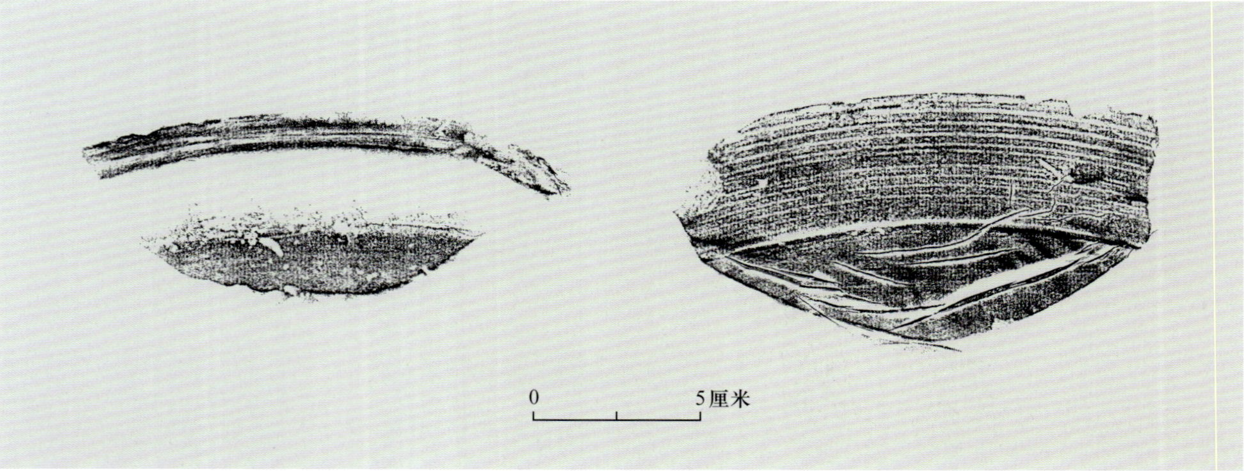

图4.205　陶盆（H32：9）外、内面拓片

4. H35

位于T3中部，其西延伸出探方，开口于第2层下，打破Q1、H8 。东西向，平面呈长方形，斜壁，平底。口距地表深0.5～0.52米，口南北长2.5、宽1.3、底南北长2.04、宽1.1米。坑底发现三条人腿骨，判断该坑应为一合葬墓。填土灰褐色，土质较疏松。发现有灰痕，铺一层白灰（图4.206）。时代应为新莽时期至东汉晚期。

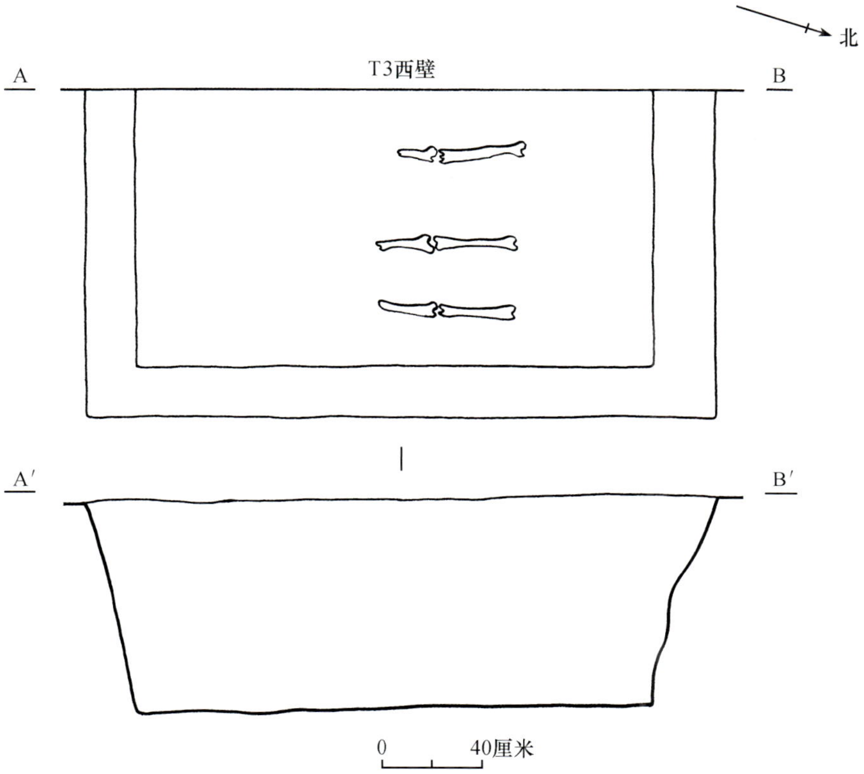

图4.206 H35平、剖面图

铜柄首 1件。H35∶1，完整。圆形。夔纹铜扣。长4～4.6厘米（图4.207、图4.208）。

图4.207 铜柄首（H35∶1）正、背面照片

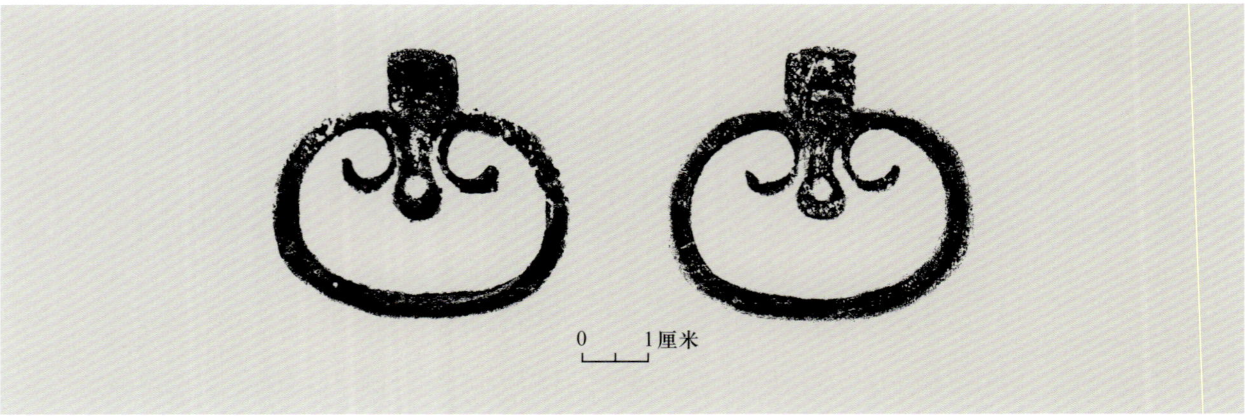

图4.208　铜柄首（H35：1）正、背面拓片

5. H41

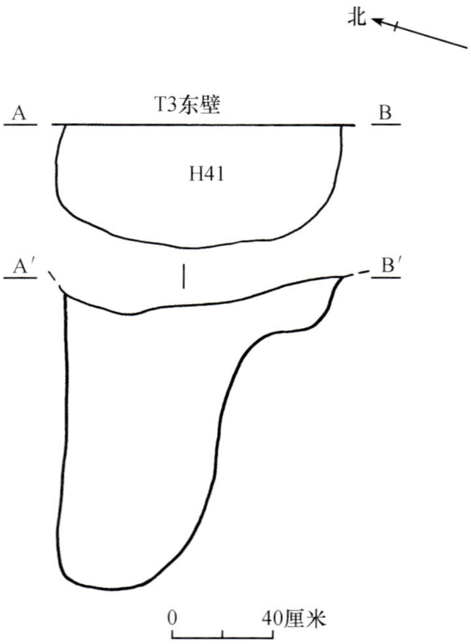

图4.209　H41平、剖面图

位于T3中部偏南，延伸探方东壁下，开口在H8第3层下，打破Q1与第7、8层。平面呈半圆形，斜壁，底呈凹状。口距地表深1.82～1.96米，口南北1.08、东西0.48、底南北0.3、东西0.24米。填灰褐色水浸土，土质较疏松，含少量炭粒、陶片（图4.209）。时代应为新莽时期至东汉晚期。

6. H42

位于T3北端，其西、东、北三面延伸出探方，开口于第2层下，打破Q1 。平面呈不规则形，斜壁，底呈南高北低坡状。口距地表深0.6～1.12米，口南北1.8～3.6、东西1.5、深0.6～1.24米。填土分两层，其中第1层厚0.62～0.86米，土质较疏松，灰褐色，含陶片、瓦片等。第2层填灰褐色土，土质较疏松（图4.210）。时代应为新莽时期至东汉晚期。

五铢　16枚。圆形，方穿，光背。正面有轮无郭或有郭，背面轮郭俱备。“五铢”二字修长，“五”字交笔弯曲，“铢”字“金”头呈三角状，“朱”字头方折或圆折，笔画粗细均匀。

H42：1-1，直径2.5、穿宽1、厚约0.15厘米（图4.211、图4.212）。

H42：1-2，直径2.5、穿宽1、厚约0.15厘米（图4.213、图4.214）。

H42：1-3，直径2.5、穿宽1、厚约0.15厘米（图4.215、图4.216）。

H42：1-4，直径2.5、穿宽1、厚约0.15厘米（图4.217、图4.218）。

H42：1-5，直径2.5、穿宽1、厚约0.15厘米（图4.219、图4.220）。

H42：1-6，直径2.5、穿宽1、厚约0.15厘米（图4.221、图4.222）。

H42：1-7，直径2.5、穿宽1、厚约0.15厘米（图4.223、图4.224）。

H42：1-8，直径2.5、穿宽1、厚约0.15厘米（图4.225、图4.226）。

H42：1-9，直径2.5、穿宽1、厚约0.15厘米（图4.227、图4.228）。

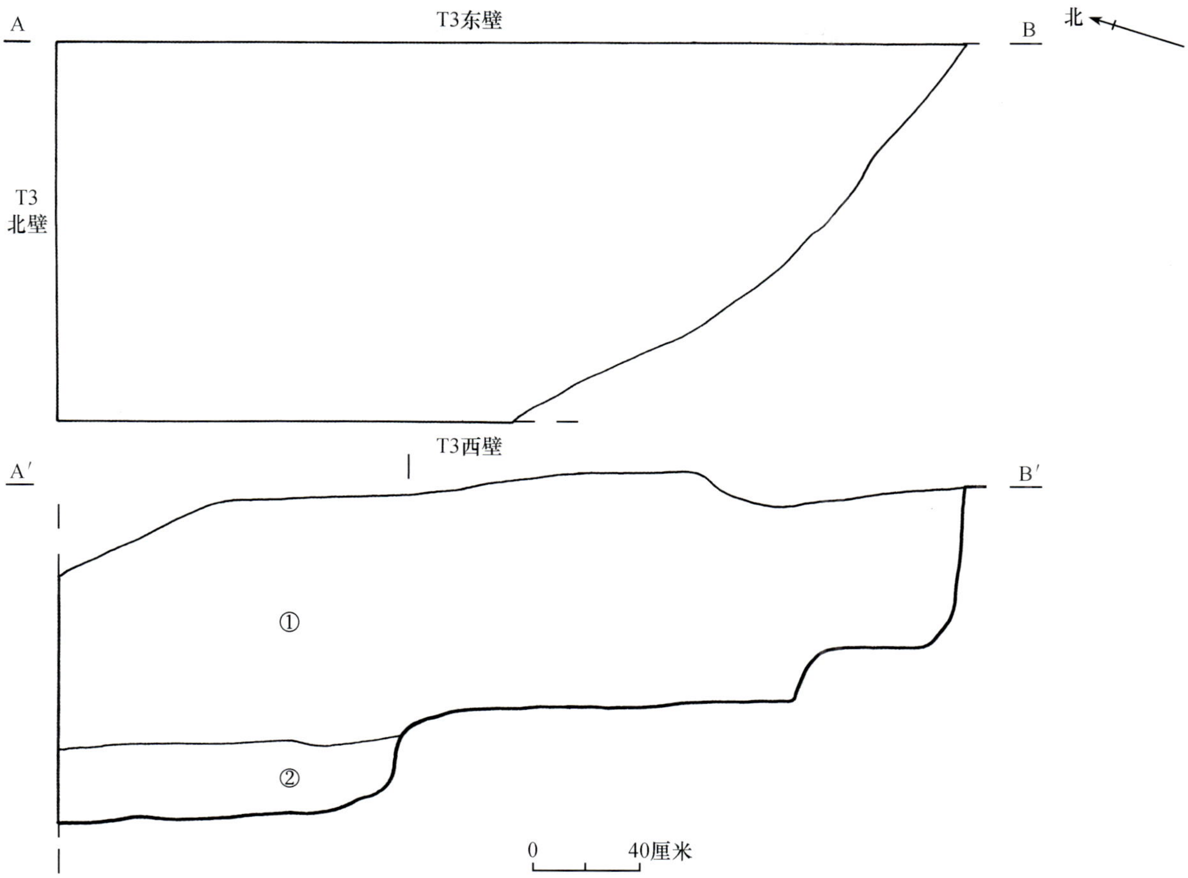

图4.210 H42平、剖面图

图4.211 五铢（H42：1-1）正、背面照片

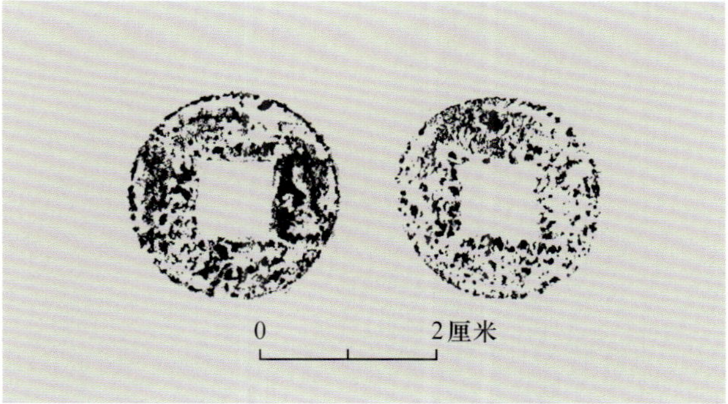

图4.212 五铢（H42：1-1）正、背面拓片

图4.213 五铢（H42：1-2）正、背面照片

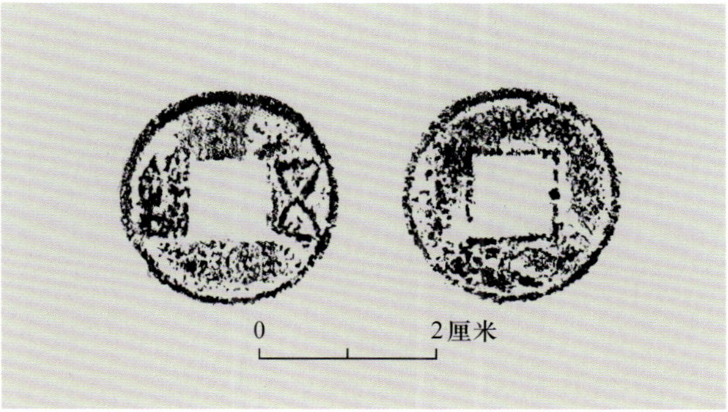

图4.214 五铢（H42：1-2）正、背面拓片

图4.215　五铢（H42：1-3）正、背面照片

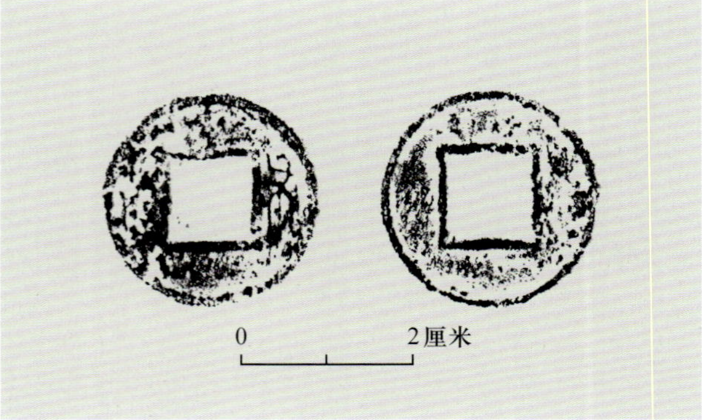

图4.216　五铢（H42：1-3）正、背面拓片

图4.217　五铢（H42：1-4）正、背面照片

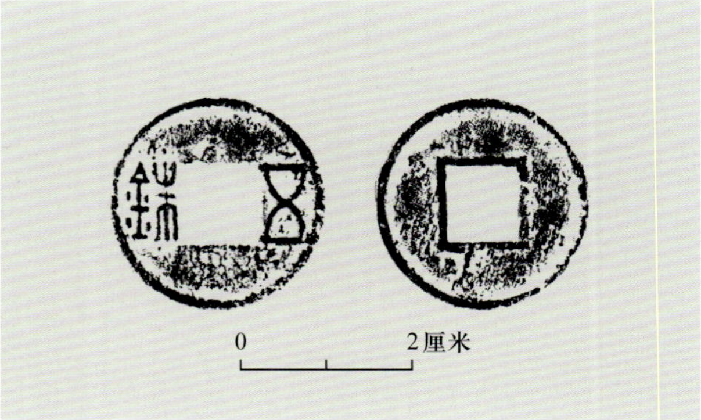

图4.218　五铢（H42：1-4）正、背面拓片

图4.219　五铢（H42：1-5）正、背面照片

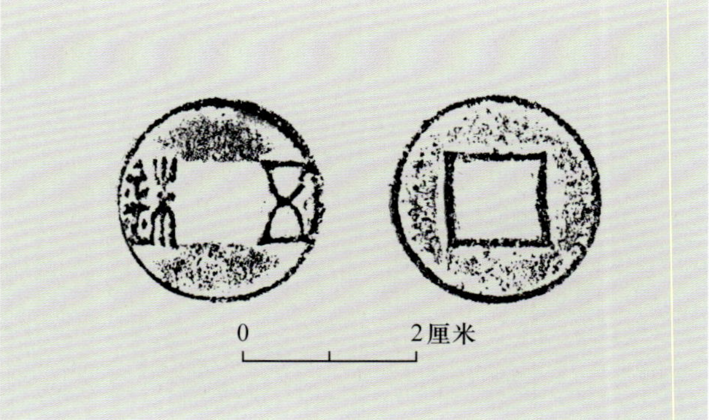

图4.220　五铢（H42：1-5）正、背面拓片

图4.221　五铢（H42：1-6）正、背面照片

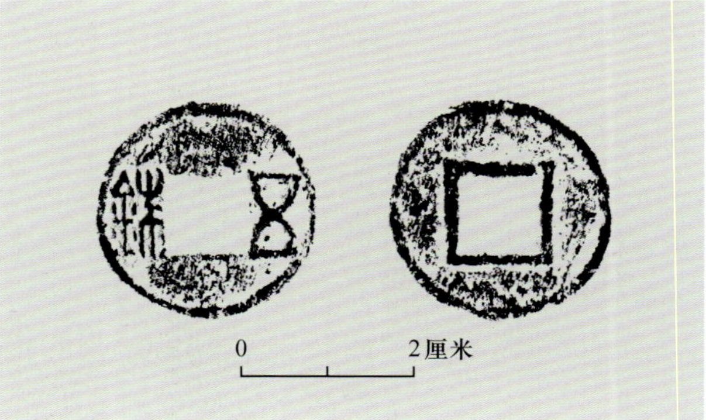

图4.222　五铢（H42：1-6）正、背面拓片

图4.223 五铢（H42：1-7）正、背面照片

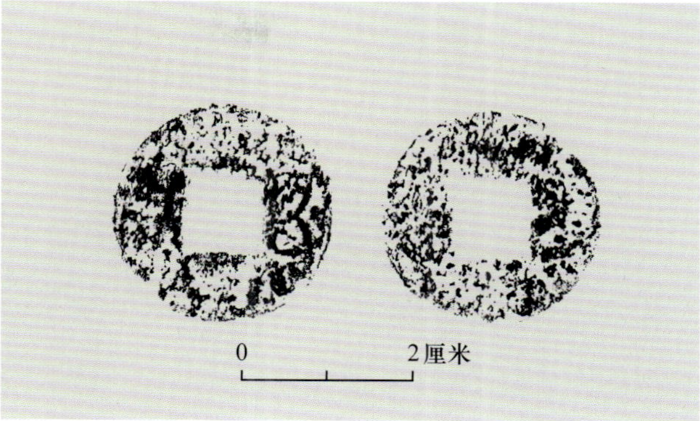

图4.224 五铢（H42：1-7）正、背面拓片

图4.225 五铢（H42：1-8）正、背面照片

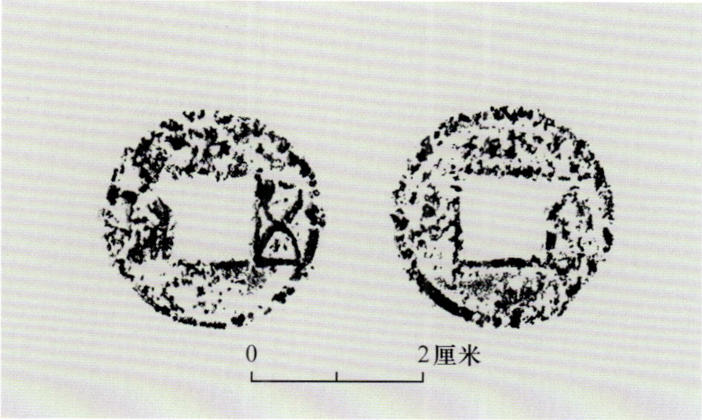

图4.226 五铢（H42：1-8）正、背面拓片

图4.227 五铢（H42：1-9）正、背面照片

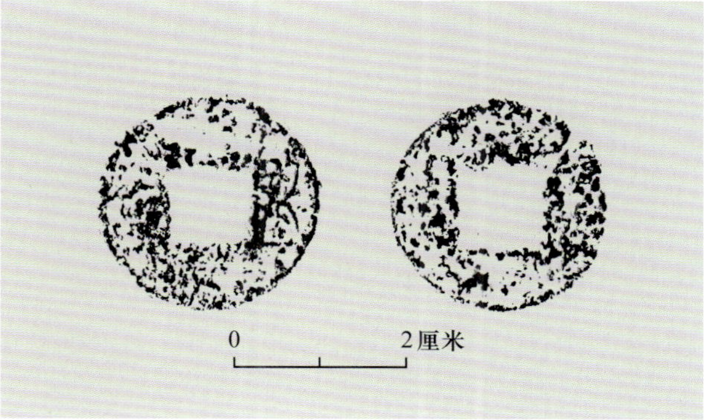

图4.228 五铢（H42：1-9）正、背面拓片

H42：1-10，直径2.5、穿宽1、厚约0.15厘米（图4.229、图4.230）。

H42：1-11，直径2.5、穿宽1、厚约0.15厘米（图4.231、图4.232）。

H42：1-12，直径2.5、穿宽1、厚约0.15厘米（图4.233、图4.234）。

H42：1-13，直径2.5、穿宽1、厚约0.15厘米（图4.235、图4.236）。

H42：1-14，直径2.5、穿宽1、厚约0.15厘米（图4.237、图4.238）。

H42：1-15，残。直径2.5、穿宽1、厚约0.15厘米（图4.239、图4.240）。

H42：1-16，残。残径1.6、厚约0.15厘米（图4.241、图4.242）。

图4.229　五铢（H42：1-10）正、背面照片

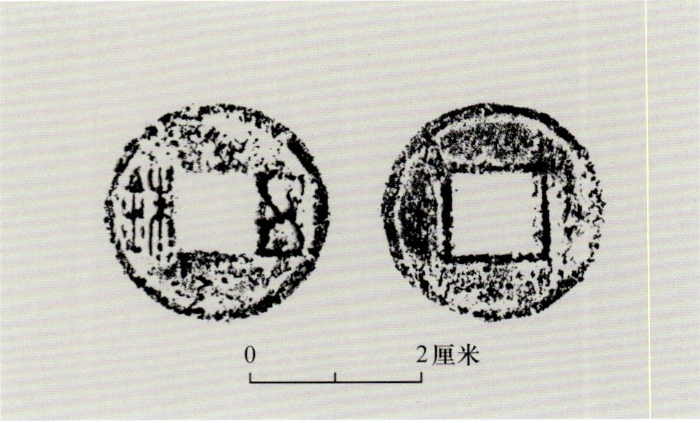

图4.230　五铢（H42：1-10）正、背面拓片

图4.231　五铢（H42：1-11）正、背面照片

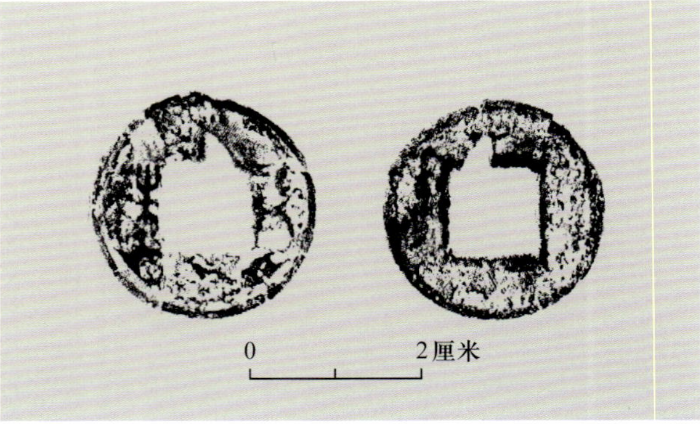

图4.232　五铢（H42：1-11）正、背面拓片

图4.233　五铢（H42：1-12）正、背面照片

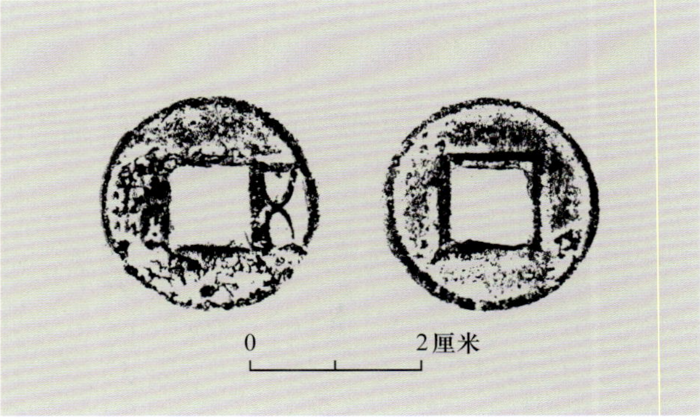

图4.234　五铢（H42：1-12）正、背面拓片

图4.235　五铢（H42：1-13）正、背面照片

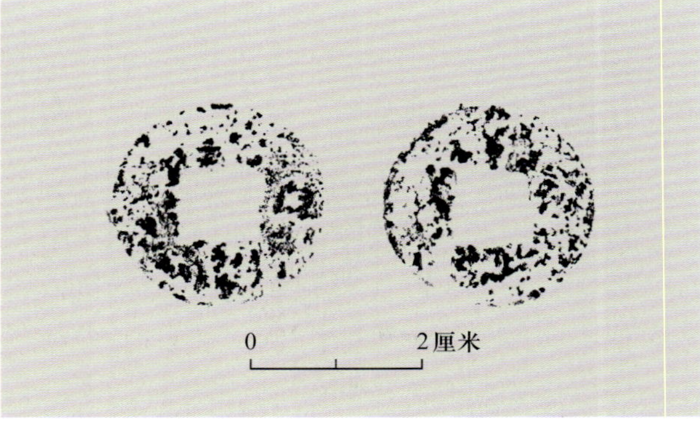

图4.236　五铢（H42：1-13）正、背面拓片

图4.237 五铢（H42：1-14）正、背面照片

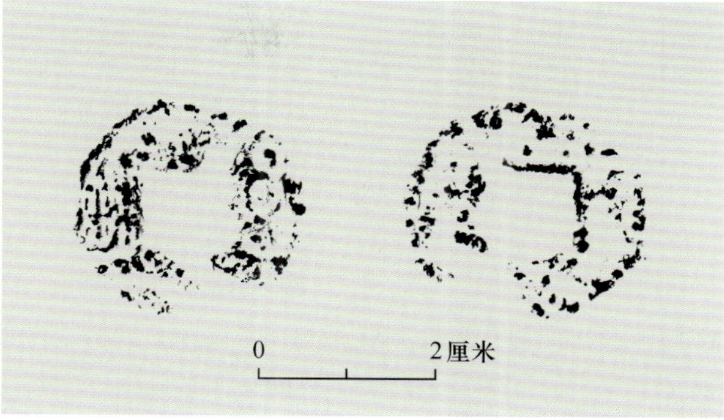

图4.238 五铢（H42：1-14）正、背面拓片

图4.239 五铢（H42：1-15）正、背面照片

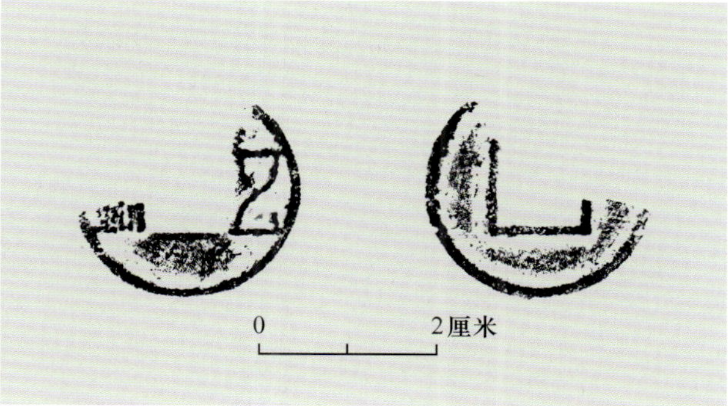

图4.240 五铢（H42：1-15）正、背面拓片

图4.241 五铢（H42：1-16）正、背面照片

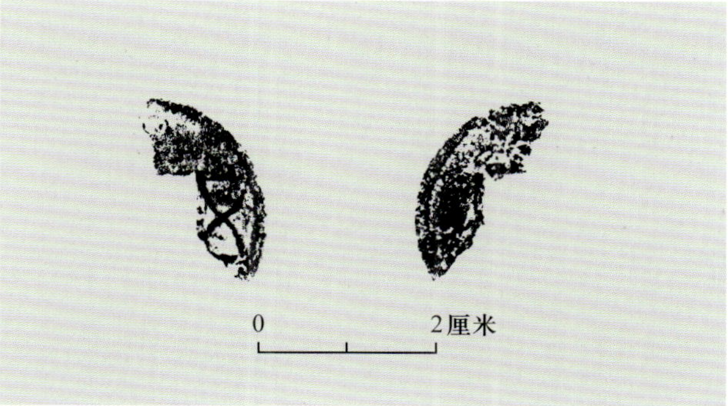

图4.242 五铢（H42：1-16）正、背面拓片

7. H50

位于T3南部，向探方东壁外延伸出去，开口于第5层下，打破第7～9层。平面呈半圆形，斜壁，底呈凹状。口距地表深2.34～2.38米，口南北0.54、东西0.26、底直径0.2、深0.74米。填土为灰褐色，土质较疏松（图4.243）。时代应为西汉晚期至新莽时期。

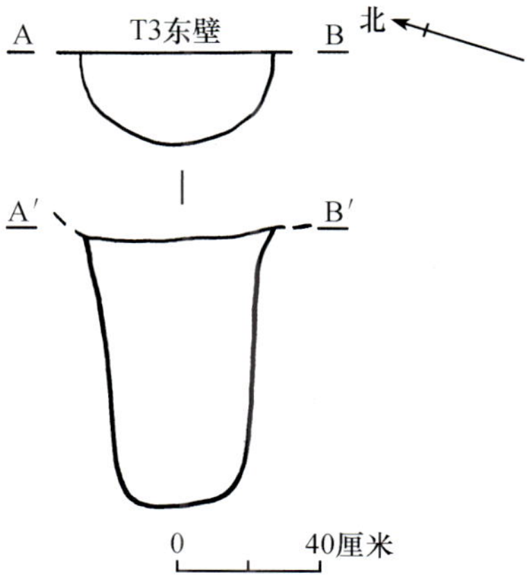

图4.243 H50平、剖面图

（二）道路

1. L1

位于T3南部，其东、西、南三面延伸出探方，开口于第3b层下，被H32打破，叠压M2、M24。东西向。开口距地表深1.28～1.52米，路面南北2.26～3.08、东西1.5、厚0.04～0.32米。平面呈梯形，路面为北高南低坡状，有车辙碾压痕迹。路土呈深褐色，土质较致密，含小石粒等（图4.244）。时代应为新莽时期至东汉晚期。

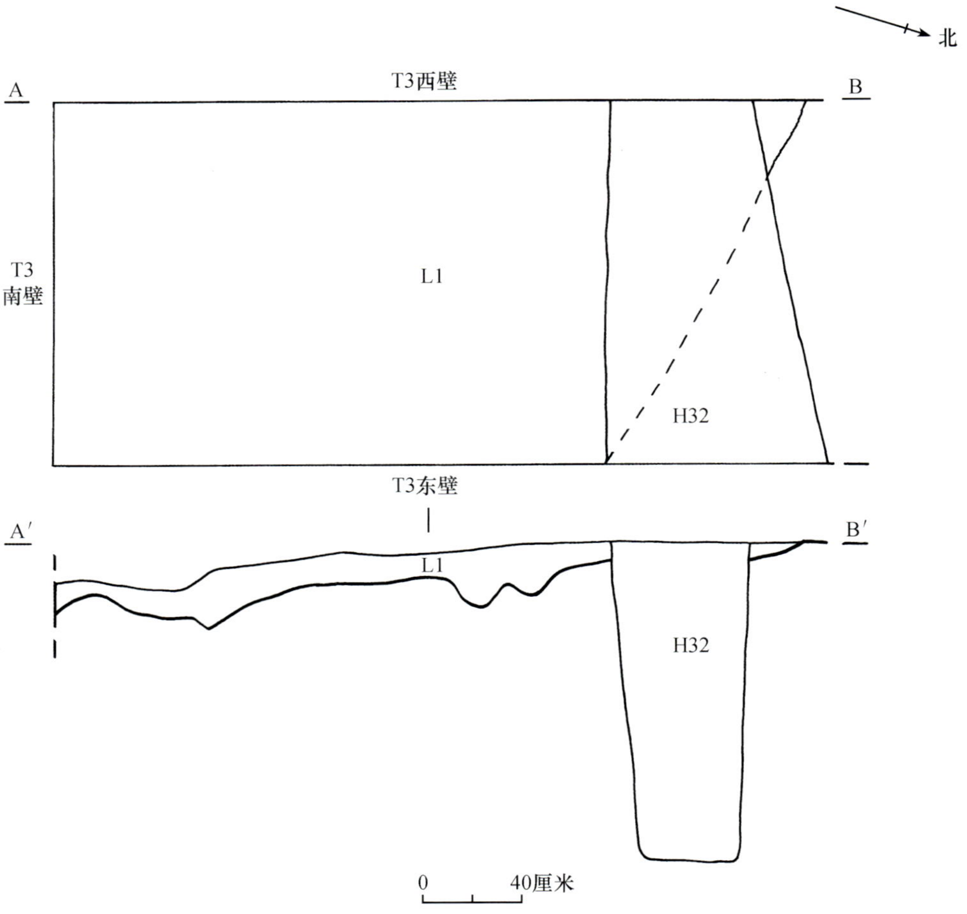

图4.244　L1平、剖面图

2. L9

位于T3南部，其东、西、南三面延伸出探方，开口于第4b层下，被H30、H32、M2、M3、M24打破，叠压第5层。东西向。开口距地表深1.28～2米，南北3.68、东西1.5、厚0.14～0.32米。道路为长条状，路面呈北高南低的坡状。土质较致密，灰褐色，分层明显，含小石粒、陶质颗粒等（图4.245）。时代应为西汉晚期至新莽时期。

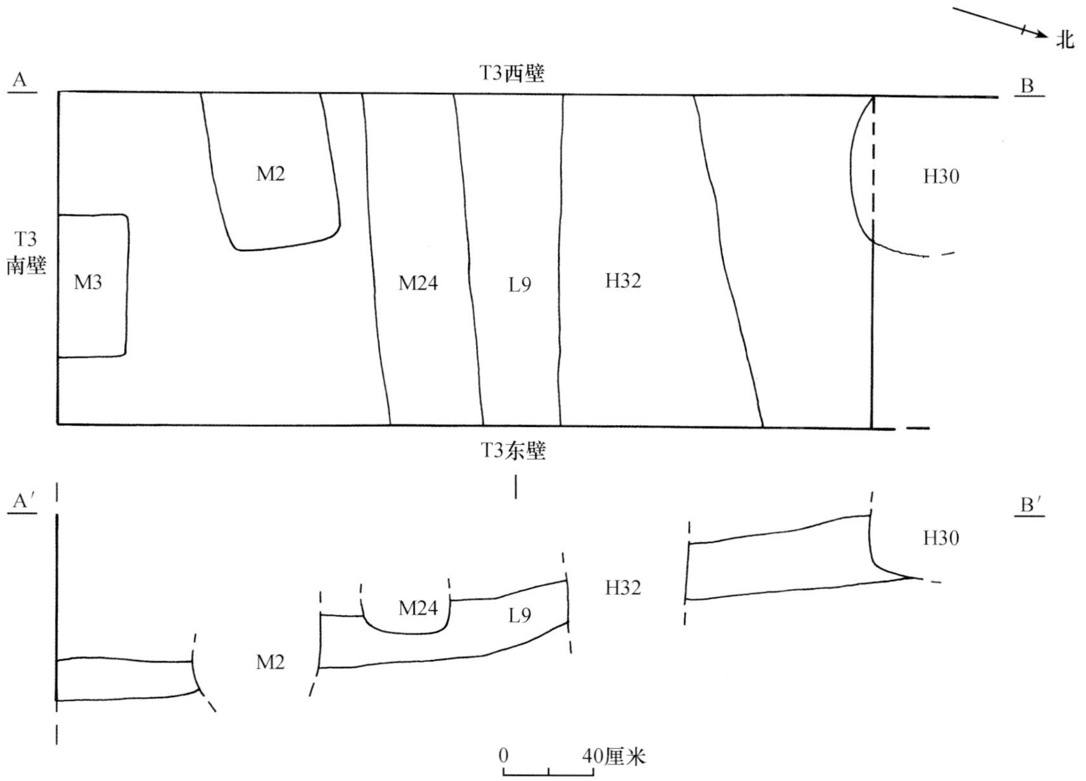

图4.245 L9平、剖面图

（三）墓葬

共清理3座，其中L1下2座、第4b层下1座，分别介绍如下。

1. M2

位于T3南部，向西延伸发掘至探方外，开口于L1下，打破第4a、4b、L9。东西向。圆角长方形竖穴土坑墓，近直壁，底略凹。口距地表深1.46～1.64米，东西长0.9～0.93、南北宽0.4～0.44、深0.44～0.72米。葬具由两节陶管道大头相接而成，两端各扣1件陶盆，东西长88、最大直径34厘米。葬具内未见人骨，据陶管道、盆的形制和规格，推测是1岁左右儿童的墓葬（图4.246）。时代上限应不早于新莽时期。

陶管道 2件。

M2：1，可复原。管道两端口部饰宽4厘米凹弦纹，器表饰绳纹。长34.4、小端直径26、大端直径30.8、壁厚1.53厘米（图4.247、图4.248）。

M2：2，可复原。管道两端口部饰宽4厘米凹弦纹，器表饰绳纹。长35、小端直径26、大端直径31.3、壁厚1.77厘米（图4.249、图4.250）。

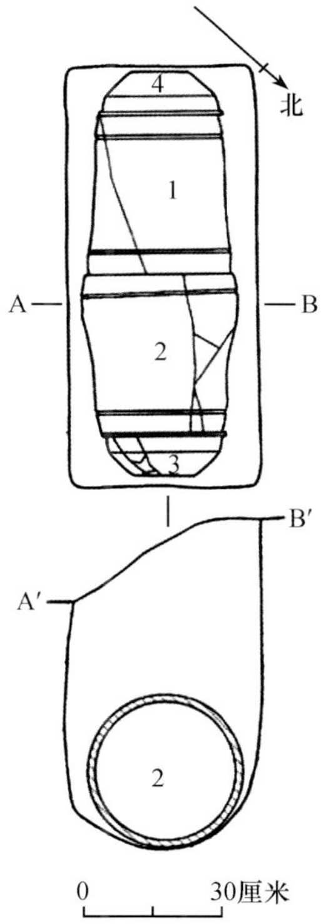

图4.246 M2平、剖面图
1、2. 陶管道 3、4. 陶盆

图4.247 陶管道（M2：1）侧、正面照片

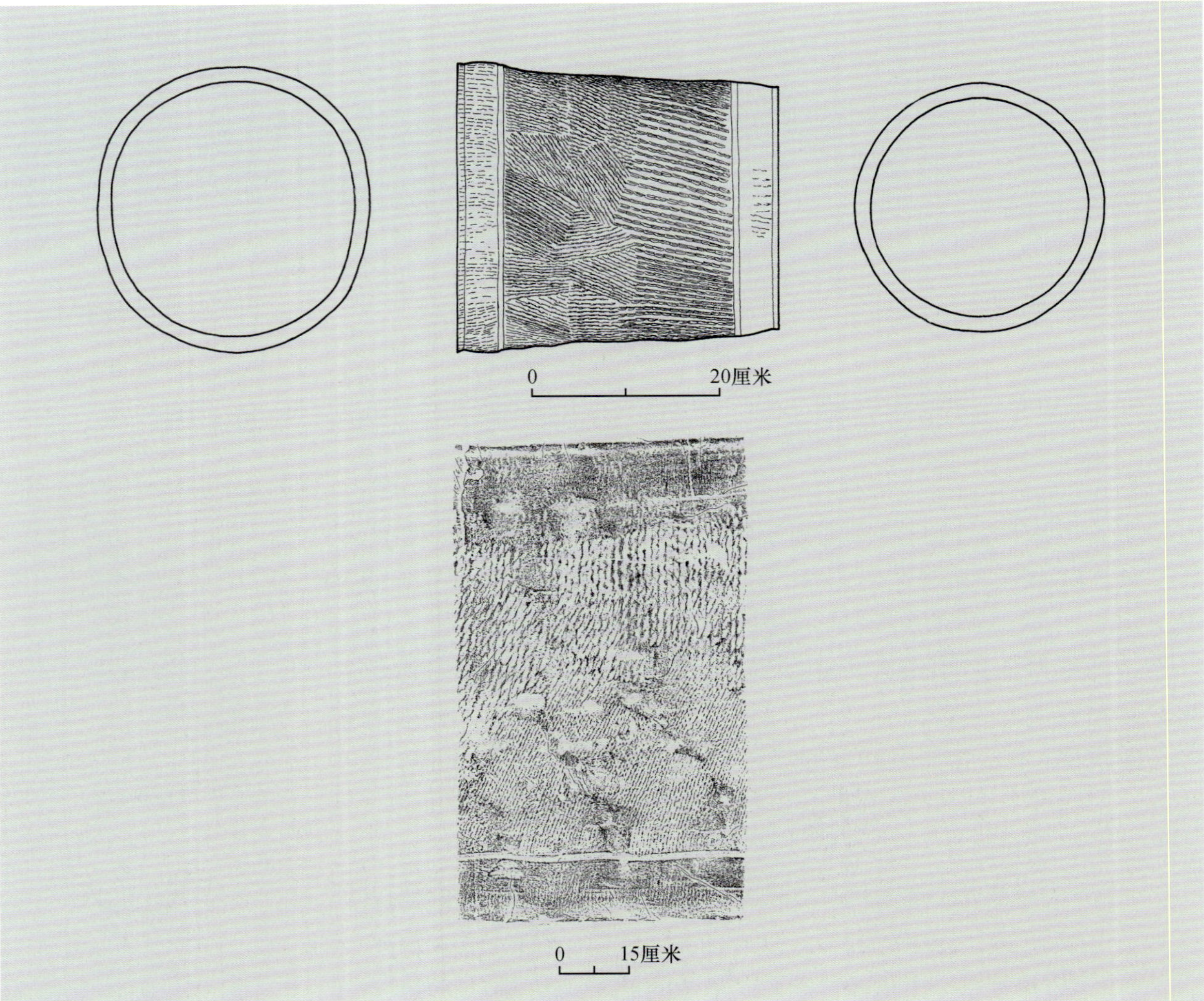

图4.248 陶管道（M2：1）线图、表面拓片

图4.249 陶管道（M2：2）表、侧、正面照片

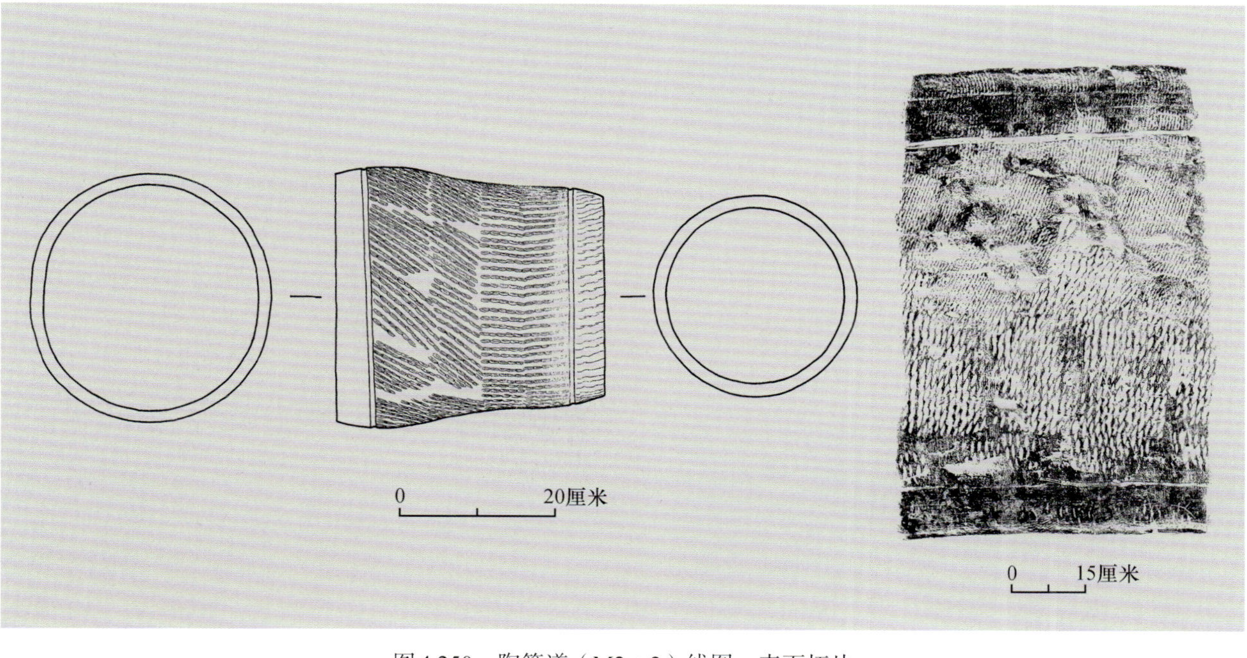

图4.250 陶管道（M2：2）线图、表面拓片

陶盆　2件。

M2：3，可复原。侈口，平折沿，圆唇，斜腹，平底。腹有折棱，折棱上部饰极细弦纹。口沿内壁5.5厘米处起一折棱，内壁有轮制痕迹。口径26.5、底径12.7、高9.5厘米（图4.251、图4.252）。

M2：4，可复原。方唇，弧沿外折。腹上部饰一道凹弦纹。口径27.4、底径13、高9.5厘米（图4.253、图4.254）。

图4.251　陶盆（M2：3）正面照片

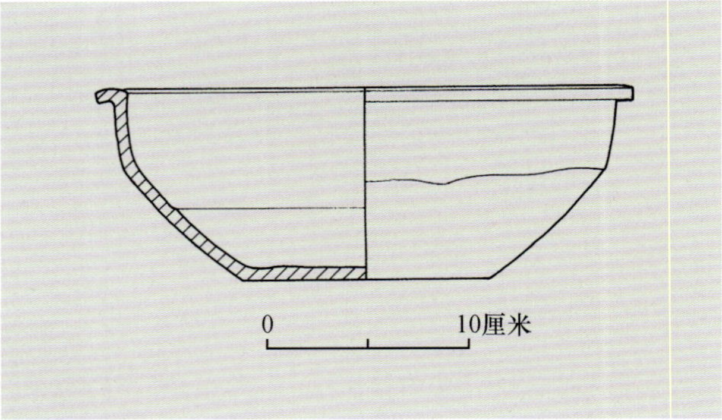

图4.252　陶盆（M2：3）线图

图4.253　陶盆（M2：4）正面照片

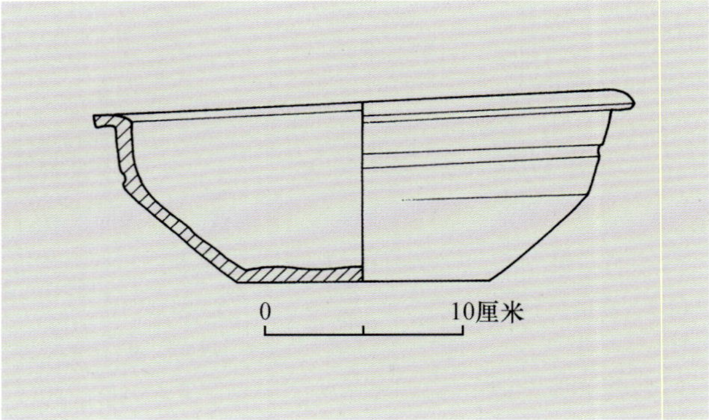

图4.254　陶盆（M2：4）线图

2. M3

位于T3南部，南部延伸出探方，开口于第4b层下，打破L9及第5、6层。竖穴土坑，平面长方形，直壁，平底。开口距地表深1.95～2米，东西长0.64、南北宽0.62、深0.6～0.64。葬具为一组上下相扣的陶盆，下面陶盆保存完整，上面陶盆仅存器底等数块残片。葬具内未清理出人骨，推测墓主为6个月以内的婴儿（图4.255）。时代应为西汉晚期至新莽时期。

陶盆　2件。

M3：1，可复原。泥质灰陶。方唇，侈口，平折沿，弧肩，斜腹下收成平底。颈下4厘米处饰两周凹弦纹，弦纹间有一道柳叶状虫蛹形纹，器内壁轮制痕迹明显。口径46.5、底径22、高21.5厘米（图4.256、图4.257）。

M3：2，残。器底。素面，内壁有轮制痕迹。底径18.3、残高10.2厘米（图4.258、图4.259）。

陶片　M3：3，泥质灰陶。表面饰密集弦纹，内壁有竹片刮痕。残长41.5、宽27.5、厚1厘米（图4.260、图4.261）。

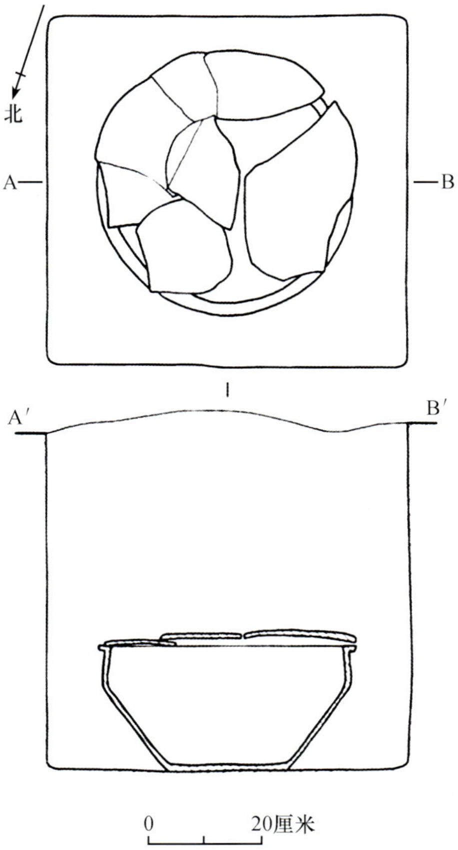

图4.255 M3平、剖面图

图4.256 陶盆（M3：1）正面照片

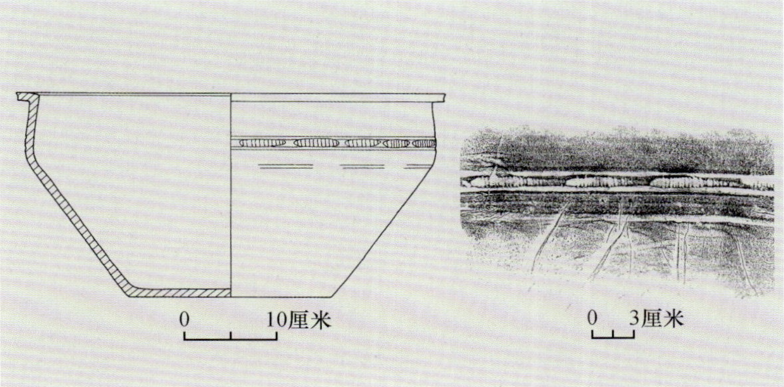

图4.257 陶盆（M3：1）线图、肩部纹饰拓片

图4.258 陶盆（M3：2）外、内、侧面照片

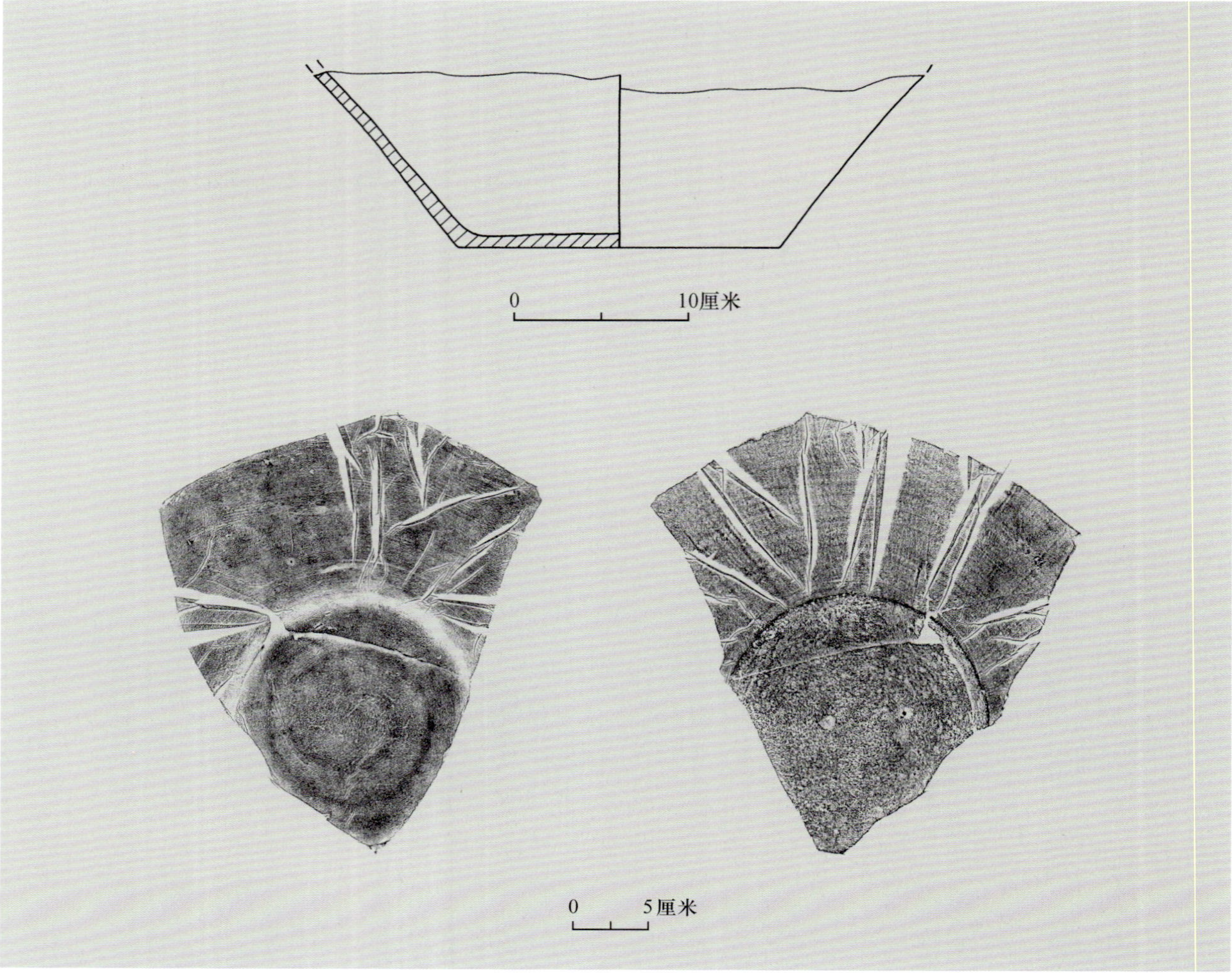

图4.259　陶盆（M3：2）线图及外、内面拓片

图4.260　陶片（M3：3）外、内面照片

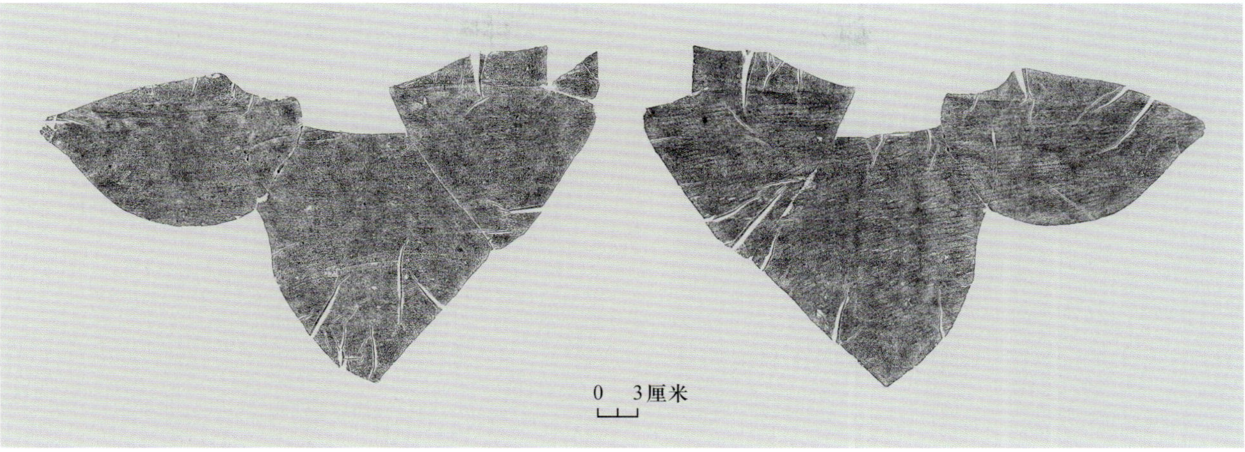

图4.261 陶片（M3：3）外、内面拓片

3. M24

位于T3南部，东西延伸出向探沟，开口于L1下，打破第4a、4b层与L2。东西向。竖穴土坑墓，平面为长方形，直壁，底近平。口距地表深1.44～1.58米，南北宽0.4～0.42、东西1.5、深0.22～0.38米。单人仰身直肢，上臂在头顶交叉，头向西，面向北，无葬具，人骨保存较差，已收集。墓内填沙土，土质较疏松，黄色。时代上限应不早于新莽时期。出土板瓦1件。

板瓦 1件。D4型。M24：1，表面素面，内面饰布纹。长36、宽22.5、厚2厘米（图4.262、图4.263）。

图4.262 D4型板瓦（M24：1）侧、表、内面照片

图4.263　D4型板瓦（M24：1）表、内面拓片

（四）城墙

Q1

位于T3中北部，平面呈不规则形，其东、西、北三面延伸出探方，北部延伸到现代水渠下，未能扩方发掘。开口于第6层下，被H8、H35、H41、H42打破，并被第5层叠压打破。

该墙为二号古城南墙，修筑应在汉武帝元狩五年之后。东西向，剖面呈上窄下宽的梯形。口距地表深0.46～0.73米，东西1.5、南北10.88～10.92、底宽10.88～11.18、墙残存最高2.1米。夯土为花土，且有明显夯层、夯窝，土较致密，夯层厚0.04～0.18、夯窝直径0.04～0.1米，从夯窝形状看为木桩夯筑（图4.264）。

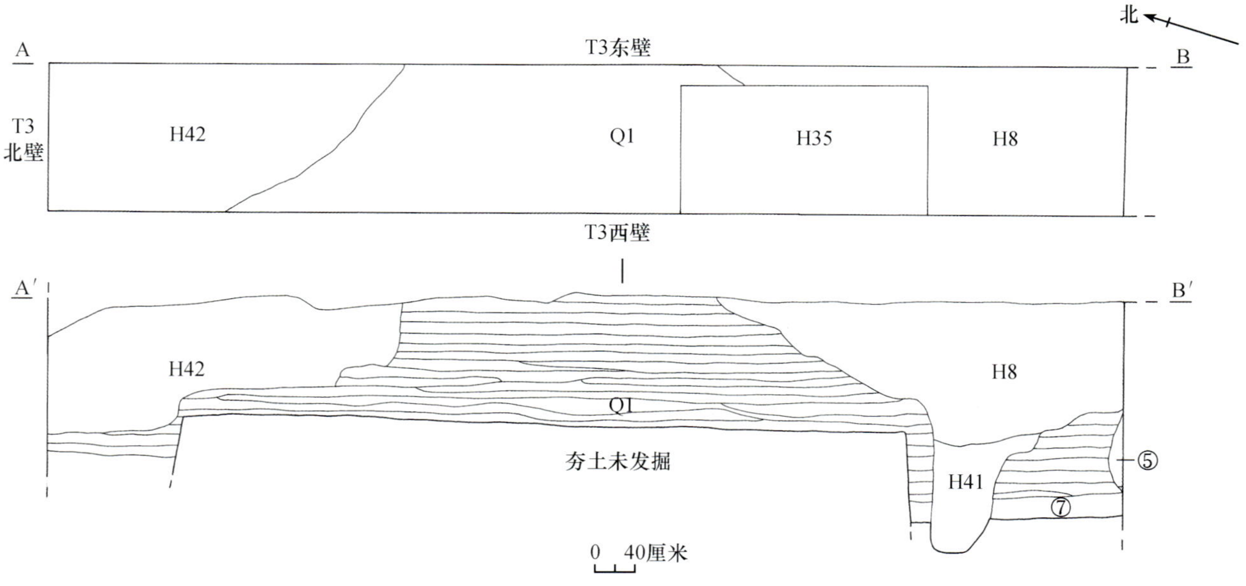

图4.264　Q1平、剖面图

出土遗物占全探方总数的2.31%。通过对城墙解剖发掘，出土遗物残片中板瓦占62.5%，其中Aa1型占43.75%、Bb1型占18.75%。筒瓦占12.5%，均为Ab4型。素面陶25%（表4.12）。

表4.12 Q1出土遗物数量统计表

名称	分型/纹饰	灰陶/件	百分比/%	总百分比/%
板瓦	Aa1	7	43.75	62.50
	Bb1	3	18.75	
筒瓦	Ab4	2	12.50	12.50
陶片	素面	4	25.00	25.00
合计		16	100.00	

出土遗物共8件，其中瓦4件、陶器2件、铜钱2枚，分别介绍如下。

板瓦　出土3件。分二亚型。

Aa1型　1件。Q1：3，残。灰陶。残长7.4、残宽7.2、厚1厘米（图4.265、图4.266）。

图4.265　Aa1型板瓦（Q1：3）表、内面照片

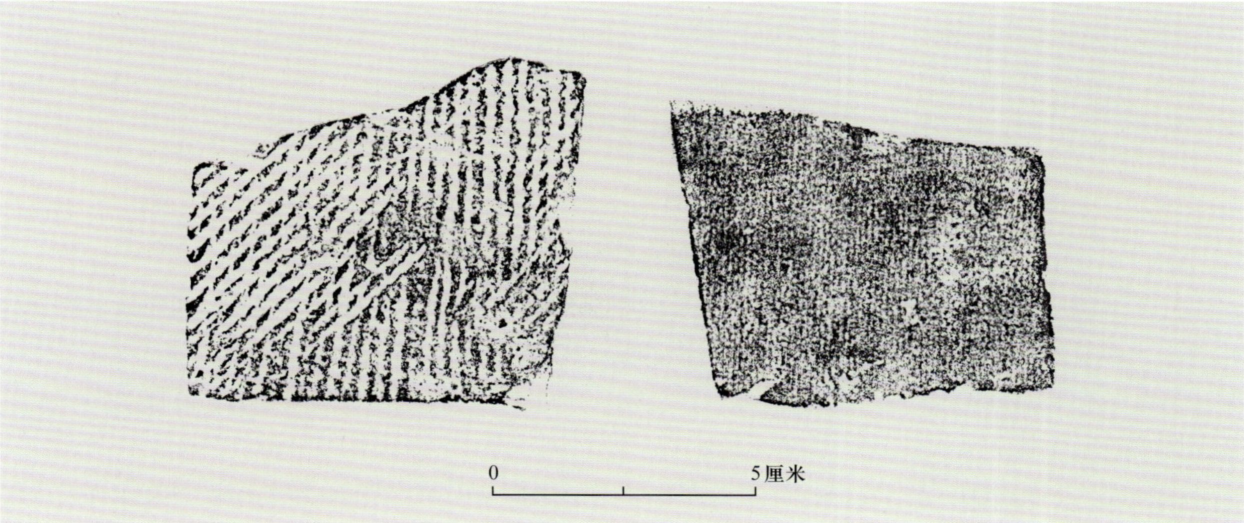

图4.266　Aa1型板瓦（Q1：3）表、内面拓片

Ba1型　2件。表面饰中粗交错绳纹，内面素面。

Q1：4，残。灰陶。残长6.5、残宽13.2、厚1.2～1.3厘米（图4.267、图4.268）。

图4.267　Ba1型板瓦（Q1：4）表、内面照片

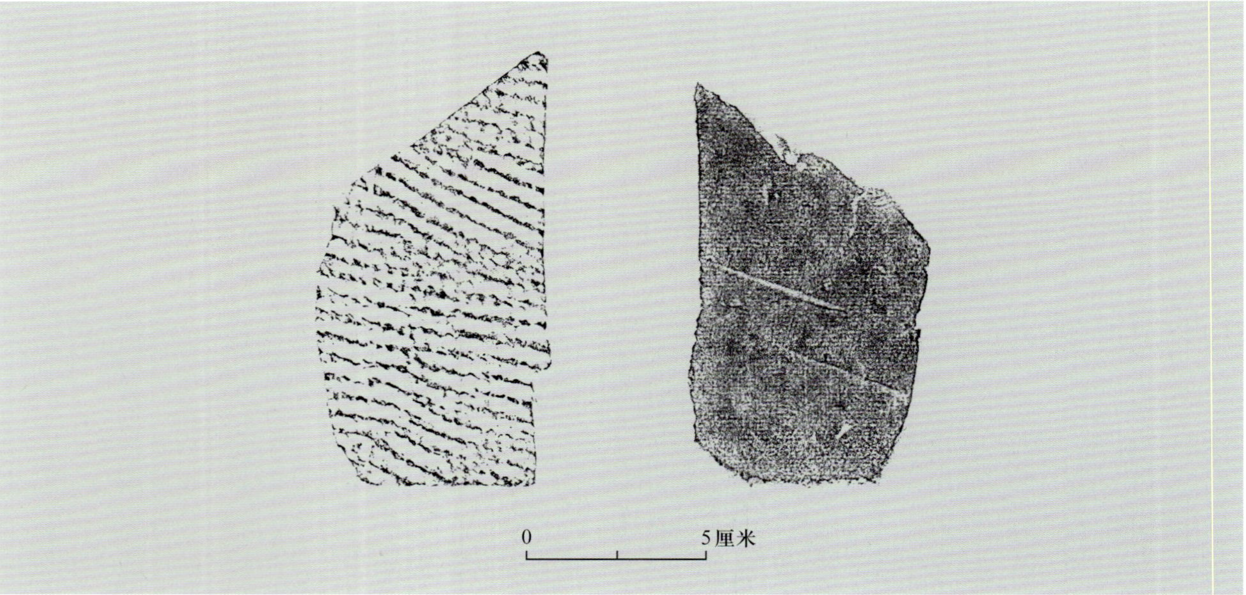

图4.268　Ba1型板瓦（Q1：4）表、内面拓片

Q1：5，残。灰陶。残长6、残宽6.2、厚1.3厘米（图4.269、图4.270）。

筒瓦　1件。属Aa4型。Q1：6，残。灰陶。表面饰细交错绳纹，内面饰布纹，瓦表面抹平部分宽5.2厘米。残长14.8、残径12、厚1.3厘米，瓦唇残长2.6、唇残宽8、厚0.7厘米（图4.271、图4.272）。

陶片　1件。Q1：7，残。泥质灰陶。表面饰一周虫蛹纹。残长10、残宽10.5、厚0.6～0.9厘米（图4.273、图4.274）。

陶纺轮　1件。Q1：1，完整。泥质灰陶。圆锥形表面饰八周凸弦纹，中部有一规整圆孔，孔径1厘米。底径4.3、上部径1.7、孔径1、厚2厘米（图4.275、图4.276；彩版56；图版56）。

图4.269 Ba1型板瓦（Q1：5）表、内面照片

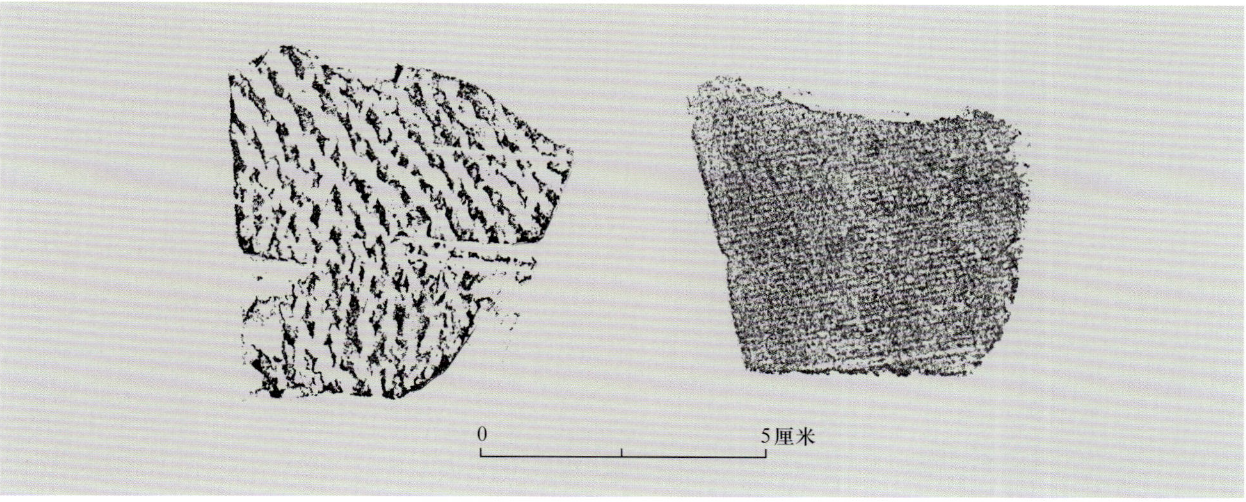

图4.270 Ba1型板瓦（Q1：5）表、内面拓片

图4.271 Aa4型筒瓦（Q1：6）表、内面照片

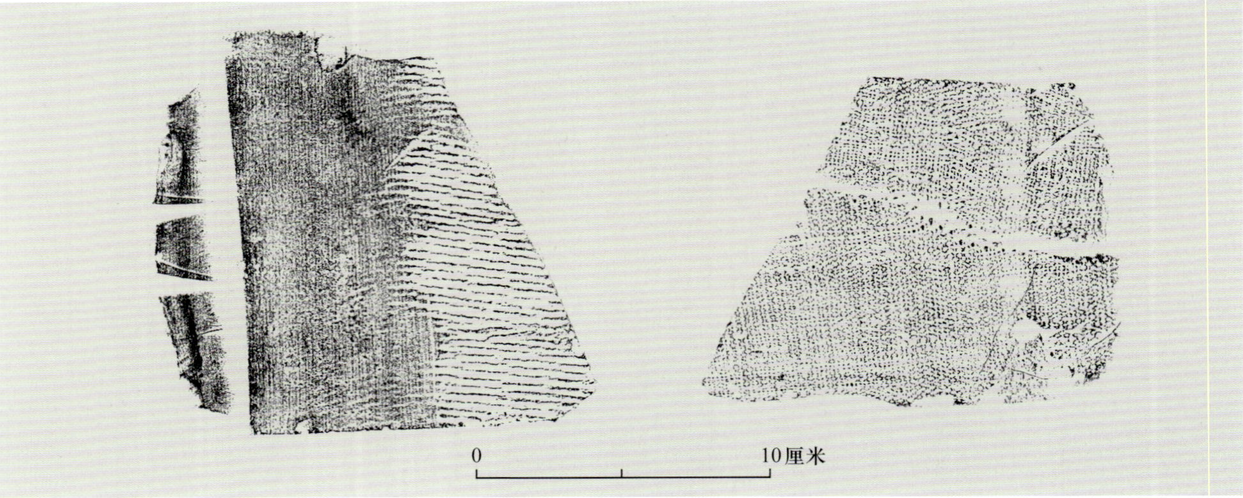

图4.272　Aa4型筒瓦（Q1：6）表、内面拓片

图4.273　陶片（Q1：7）外、内面照片

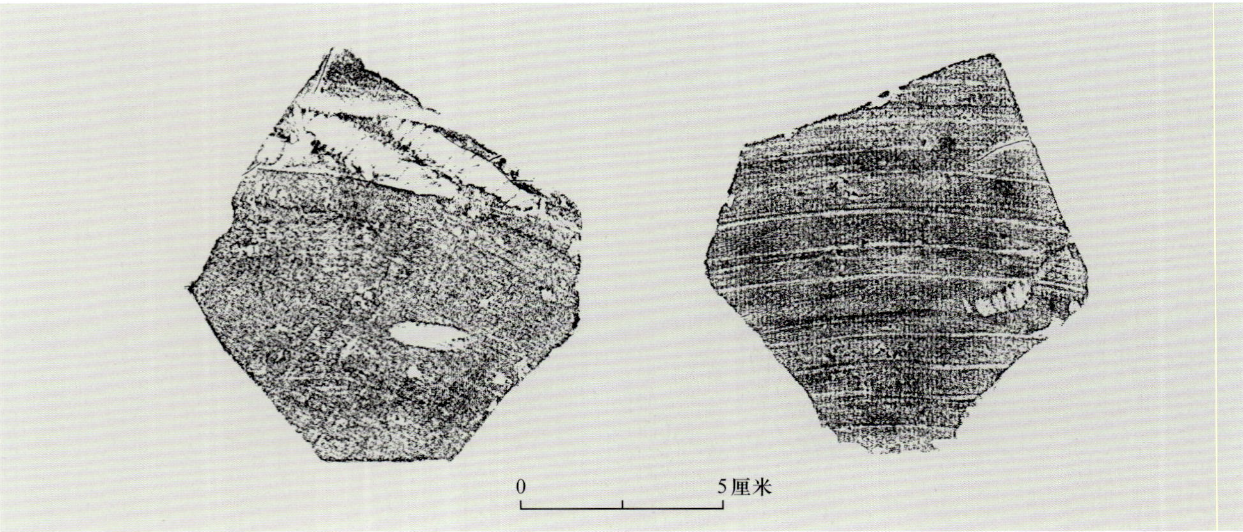

图4.274　陶片（Q1：7）外、内面拓片

图4.275 陶纺轮（Q1：1）正面照片

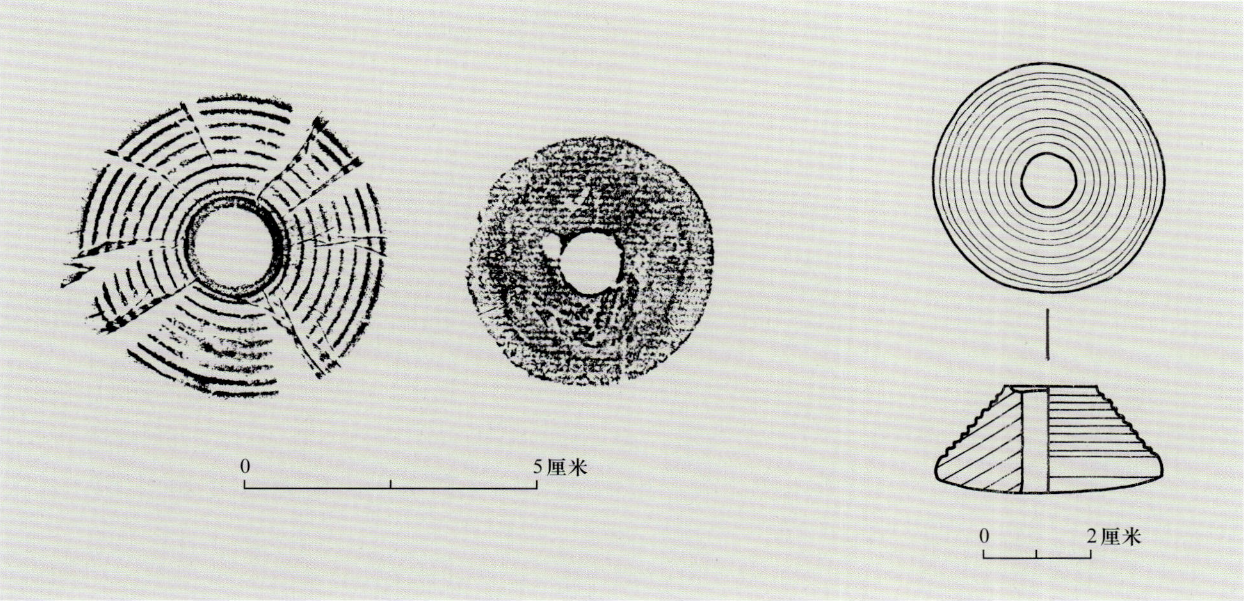

图4.276 陶纺轮（Q1：1）正、背面拓片及线图

铜钱 2枚。

Q1：2-1，五铢。圆形，方穿，光背，正背面轮郭俱备。直径2.5、穿宽0.9～1、厚约0.15厘米（图4.277、图4.278）。

图4.277 五铢（Q1：2-1）正、背面照片

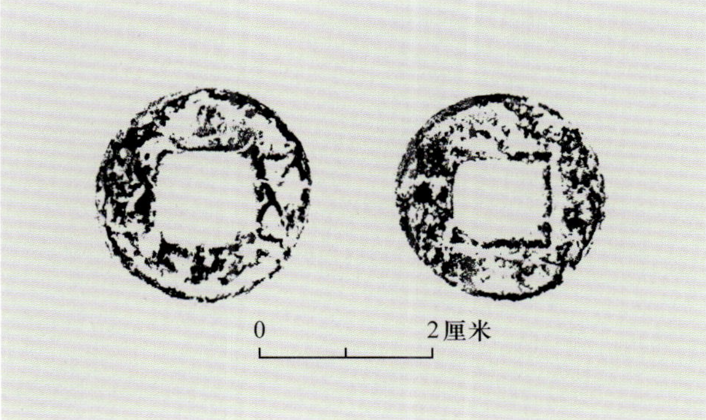

图4.278 五铢（Q1：2-1）正、背面拓片

Q1：2-2，残半。腐朽严重，无法辨识。残径约2厘米（图4.279、图4.280）。

图4.279　五铢（Q1：2-2）正、背面照片

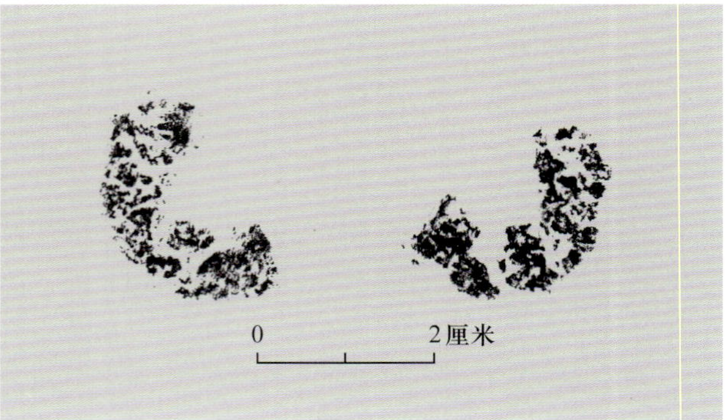

图4.280　五铢（Q1：2-2）正、背面拓片

第三节　结　　语

根据出土遗物和包含物，第1层为现代耕土层，第2层为近代扰土层，第3层为新莽时期至东汉晚期，第4层新莽时期至东汉晚期，第5～11层为西汉晚期至新莽时期。

从遗迹开口、遗物特征等情况综合看，H8、H30、H32、H35、H41、H42、Q1、L1时代为新莽时期至东汉晚期。M3、L9、H50时代为西汉晚期至新莽时期。M2、M24叠压于L1道路下（L1开口于第3b层下），两墓叠压于第4a层上，而M3叠压于第4b层下，因此M2、M24的时代要晚于M3，即两墓的上限应不早于新莽时期。

通过发掘确定Q1就是二号古城南墙，其修筑应在汉武帝元狩五年之后。

中 国 田 野 考 古 报 告 集

考 古 学 专 刊

丁 种 第108号

秦 汉 栎 阳 城

2012～2018 年考古报告

第一卷

下 册

中国社会科学院考古研究所
西安市文物保护考古研究院 编著

科 学 出 版 社

北 京

内 容 简 介

秦汉栎阳城是战国时期秦献公、孝公时期的都城，也是秦末汉初塞王司马欣、汉王刘邦的都城，更是都于长安之前的汉王朝第一座都城。2001年被国务院公布为全国重点文物保护单位。本报告是中国社会科学院考古研究所与西安市文物保护考古研究院2012年以来持续开展栎阳城考古工作所获成果报告的第一本，在全面整理秦汉栎阳城2012～2018年资料的基础上，刊布了2012年考古勘探成果和完整的T1～T5考古发掘资料，全面公布考古成果，在进行科学编排后，提供给考古学、历史系等相关学科学者使用。

本书可供考古学、文献学、秦汉史方面的专家学者参考阅读。

图书在版编目（CIP）数据

秦汉栎阳城：2012～2018年考古报告．第一卷/ 中国社会科学院考古研究所，西安市文物保护考古研究院编著．—北京：科学出版社，2022.6
（中国田野考古报告集·考古学专刊·丁种第108号）
ISBN 978-7-03-072220-1

Ⅰ．①秦…　Ⅱ．①中…　②西…　Ⅲ．①考古发掘－发掘报告－临潼区－2012-2018　Ⅳ．①K872.414

中国版本图书馆CIP数据核字（2022）第077523号

责任编辑：王琳玮 / 责任校对：邹慧卿
责任印制：肖　兴 / 封面设计：张　放

科学出版社 出版
北京东黄城根北街16号
邮政编码：100717
http://www.sciencep.com
北京汇瑞嘉合文化发展有限公司 印刷
科学出版社发行　各地新华书店经销
*
2022年6月第　一　版　开本：889×1194　1/16
2022年6月第一次印刷　印张：48 3/4
字数：1250 000

定价：688.00元（全二册）

（如有印装质量问题，我社负责调换）

第五章　T4

T4位于西安市阎良区武屯镇新义村南部，东南距T20约240米，距T3约250米。据勘探资料，此处勘探发现二号城墙西墙。为确定勘探遗存的时代与性质，布设本探方。探方南北长22、东西宽1.5米，东西向。发掘工作从2013年11月13日开始，至12月15发掘结束（图5.1、图5.2）。

通过清理，探方内先后确定23个遗迹（灰坑10、墓葬4、路1、沟6、水井1、城墙1）（表5.1），出土各类遗物112件，分6类（陶器94、瓷器1、玉器2、铁器3、铜器3、铜钱8、兽牙1）（表5.2）。此外出土各类遗物残片644块，建筑材料占64.33%（板瓦占50.03%、筒瓦占4.98%、砖占9.32%）、陶片占35.25%、瓷片占0.47%（表5.3）。

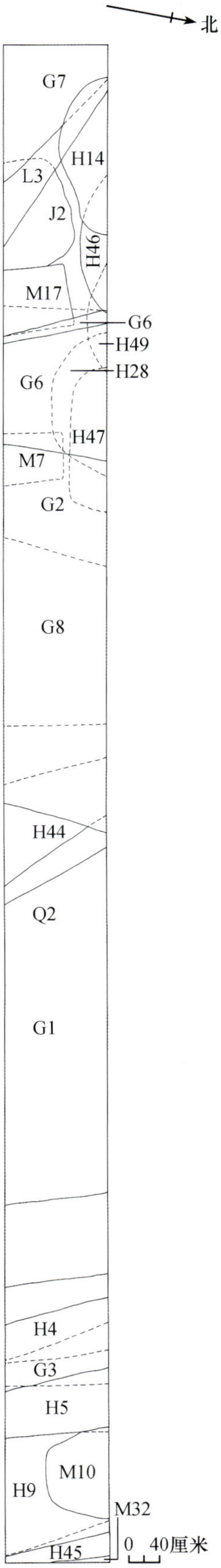

图5.1　T4总平面图

图5.2　T4全景照

表5.1　T4遗迹登记表

编号	形制	开口层位	打破关系	备注
H4	长条形	第4层下	打破H5、Q2	斜壁平底
H5	长条形	第4层下	打破M10、H9、Q2及第5、6层，第H4打破	袋状底近平
H9	长条形	第8层下	打破Q2，被H5、M10打破	斜壁平底
H14	半圆形	第2层下	打破G7、H46、L3	斜壁平底
H28	半圆形	第10a层下	打破H49、被H47打破	斜壁底不平
H44	长条形	第2层下	打破Q2，被G2、G8、第1层下扰坑打破	斜壁圜底
H45	长条形	第8层下	打破H9、Q2，被M32打破	斜壁平底
H46	圆弧形	第6层下	被H14打破	斜壁底不平
H47	近梯形	第6层下	打破H28，被G6叠压	斜壁，底不平
H49	圆弧形	第10a层下	被H28打破	袋状底近平
M7	长方形	第6层下	被G6打破	竖穴土坑墓
M10	近半圆形	第6层下	打破H9，被H5打破	竖穴砖室墓
M17	长方形	第9c层下	打破Q2、J2	竖穴土坑墓
M32	三角形	第8层下	打破H45	竖穴土坑墓
G1	长条状	第1层下	打破第2、3层，同时打破Q2	斜壁凸底
G2	长条状	第1层下	打破第2层，同时打破H44、G8	斜壁凸底
G3	长条状	第1层下	打破第2、3层	斜壁底近平
G6	长条状	第4层下	打破第5～7、9c层及M7，被G8打破	斜壁平底
G7	长条状	第4层下	打破第5、6层，被H14打破	梯形壁底近平
G8	长条状	第2层下	打破第3、4层及G6，被G2打破	斜壁底不平
L3	不规则	第6层下	被H14打破，叠压第7层	南北向，厚0.12～0.14米
J2	近长方形	第11b层下	被M17打破	斜壁，发掘至深3.64米处
Q2	长条形	第13层下	被H4、H5、H9、H44、H45、G1、M17打破	有墙体、基槽

表5.2　T4出土小件登记表

编号	名称	材质	保存情况	重量/千克	分型	规格/厘米		
						长	宽	厚
③：1	五铢	铜	残	1.9克	/	残径2.7		
⑤：1	板瓦	陶	残	0.15	Bb1	9	11	1.1
⑤：2	板瓦	陶	残	0.18	Ca3	11.2	11.8	1.1
⑤：3	板瓦	陶	残	0.22	Bc4	9.3	9.8	1.2～1.8
⑤：4	筒瓦	陶	残	0.27	Ba4	14	10.5	1.2
⑤：5	筒瓦	陶	残	0.28	D4	10.3	11.5	1.6～1.8
⑤：6	陶盆	陶	残	0.12	/	复原口径35.5、沿宽2.9、残高6、厚0.6		
⑤：7	陶罐	陶	残	0.7	/	复原口径30.3、沿宽1.7、残高9.6、厚1.7		
⑥：1	板瓦	陶	残	0.26	Ba4	10.8	10.8	1.8
⑥：2	板瓦	陶	残	0.23	Ab1	12.3	7.5	1.6
⑥：3	板瓦	陶	残	0.18	Cb1	13.5	7	1.4

续表

编号	名称	材质	保存情况	重量/千克	分型	规格/厘米		
						长	宽	厚
⑥：4	板瓦	陶	残	0.15	Bb1	8.7	8.5	1.8
⑥：5	板瓦	陶	残	0.18	Ba10	10.8	10.8	1.8
⑧：1	铜钱	铜	残	1.9克	/	残径2		
⑧：2	铁钉	铁	残	11.5克	/	残长9.5、粗1		
⑧：3	铁块	铁	残		/	腐朽严重，破碎		
⑧：4	铁块	铁	残	19.5克	/	残长1.8，有帽，帽径约1		
⑨：1	板瓦	陶	残	0.23	Ca1	10.5	14.5	1.3
⑨：2	板瓦	陶	残	0.11	Ca9	6.5	9.5	1.6
⑨：3	板瓦	陶	残	0.21	Cc4	10	13	1.4
⑨：4	陶罐	陶	残	0.19	/	残宽13、残高8、厚1.1～1.5		
⑨：5	陶罐	陶	残	0.15	/	11.3	4	1～1.3
⑨：6	云纹瓦当	陶	残	0.19	/	当残径12.5、当心径5.5、边轮宽0.9、边轮厚2.4、当厚0.7		
⑨：7	陶饼	陶	残	0.27	/	9.9	9.2	2.9
⑨：8	陶饼	陶	残	0.02	/	直径4.8、厚0.8		
⑨：9	云纹瓦当	陶	残	0.076	/	当复原径14.7、边轮宽0.8、边轮厚2.5、当厚0.6		
⑪：1	璧形玉	玉	完整	0.001	/	直径1.75、穿径0.3、厚0.3		
⑫：1	板瓦	陶	残	0.07	Ca1	6.3	7.5	1.4
⑫：2	板瓦	陶	残	0.28	Ca10	10.8	13	1.8
⑫：3	筒瓦	陶	残	0.16	Ba4	8.3	8.5	1～1.5
⑫：4	陶盆	陶	残	0.28	/	复原口径47.4、沿宽3.9、残高6.9、厚0.9		
⑬：1	板瓦	陶	残	0.36	Cb2	12.5	17	1.3
⑬：2	板瓦	陶	残	0.62	Ca2	19.5	20	1.3
⑬：3	板瓦	陶	残	0.14	Ca10	8	8	1.7
⑬：4	板瓦	陶	残	0.17	Bc4	10.5	7.5	1.7
⑬：5	板瓦	陶	残	0.15	Ba1	9.3	8	1.2
⑬：6	筒瓦	陶	残	0.29	Bc4	16.5	10.3	1.2
⑬：7	条形砖	陶	残	0.63	/	10.3	10.5	4.7
⑬：8	方砖	陶	残	0.16	/	8.3	8.8	2.5
⑬：9	陶釜	陶	残	0.05	/	复原口径24.5、沿宽1.1、残高4.7、厚0.6		
H4：1	板瓦	陶	残	0.31	Ba4	12.5	10.5	2
H4：2	板瓦	陶	残	0.32	Ca1	15.5	12	1.4
H4：3	筒瓦	陶	残	0.11	Bb4	10.6	8.5	0.81
H5：1	板瓦	陶	残	0.08	Cb1	6	12	1
H5：2	筒瓦	陶	残	0.17	Bb4	8.5	11.5	1.5

续表

编号	名称	材质	保存情况	重量/千克	分型	规格/厘米		
						长	宽	厚
H5：3	素面砖	陶	残	2.35	/	17.6	14.5	5.8
H14：1	板瓦	陶	残	0.16	Ca3	13	8	1.5
H14：2	陶棺	陶	残	0.95	/	18.5	18.8	1.2～2.2
H14：3	陶罐	陶	残	0.09	/	复原口径33.5、残高5.5、厚0.9		
H14：4	陶瓮	陶	残	0.29	/	复原口径21、沿宽1.6、残高6.7，厚1.3		
H14：5	陶罐	陶	残	0.38	/	残长21.5、宽11.4、厚0.8～1.5		
H28：1	陶罐	陶	完整	0.37	/	口径6.2、高7.6、底径4.9、腹径10.9、壁厚0.6		
H28：2	板瓦	陶	残	0.23	Cb1	12.6	9.8	1.1
H28：3	板瓦	陶	残	0.3	Cb1	14	14	1.1
H28：4	板瓦	陶	残	0.11	Cb10-4	9.5	9	1.3
H28：5	陶盆	陶	残	0.06	/	复原口径31.9、沿宽2.1、残高6.8、腹厚0.8		
G1：1	板瓦	陶	残	0.11	D4	5.8	9.2	1.2
G1：2	陶盆	陶	残	0.46	/	复原口径72.7、沿宽3.5、残高8.5、厚1.1		
G1：3	陶缸	陶	残	0.65	/	复原口径39.9、沿宽2.2、厚1.3		
G1：4	瓷片	瓷	残	0.03	/	7.5	8	0.4～0.5
G1：5	条形砖	陶	残	0.87	/	11.7	11.4	5
G2：1	板瓦	陶	残	0.32	Ca10	11	14	1.6
G2：2	板瓦	陶	残	0.56	Ca4	26	13	1.4
G2：3	陶盆	陶	残	0.15	/	复原口径51.9、沿宽4.3、残高5.4、腹厚0.8		
G7：1	板瓦	陶	残	0.7	Bb9	9	11	1.1
G7：2	板瓦	陶	残	0.75	Ca1	11.2	11.8	1.1
G7：3	筒瓦	陶	残	0.2	Cb4	13	10	1.3
G7：4	陶盆	陶	残	0.12	/	复原口径35、沿宽1.8、残高9.4、厚0.7		
G8⑨：1	云纹瓦当	陶	残	0.17	/	当复原径15.6、当心复原径5.4、边轮宽0.7、边轮厚1.5、缘深0.5、当厚2		
M7：1	铜镜	铜	残	0.124	/	直径9.8、边轮宽0.9、边轮厚0.3		
M10：1	条形砖	陶	完整	4.75	/	35.3	14.8	6
M10：2	条形砖	陶	残	3.81	/	残长31、宽15、厚约5		
M10：3	条形砖	陶	完整	1.79	/	长35.8、宽15、厚约5		
M10：4	条形砖	陶	完整	4.89	/	长35.2、宽15、厚约5		
Q2：1	铜钱	铜	残	0.4克	/	残径约1.5		
Q2：2	半两	铜	残	2.4克	/	残径2.6		
Q2：3	璧形玉	玉	残	0.01	/	直径3.5、孔径约0.3、厚0.3		
Q2：4	兽牙	骨	完整	2.1克	/	犬类獠牙，长约4		

续表

编号	名称	材质	保存情况	重量/千克	分型	规格/厘米		
						长	宽	厚
Q2：5	铜钱	铜	残	0.7克	/	残径1.7		
Q2：6	铜钱	铜	残	0.8克	/	残径1.7		
Q2：7	铜镞	铜	残	8.5克	/	残长4、宽1		
Q2：8	半两	铜	完整	6.5克	/	直径3.2、方穿宽0.9		
Q2：9	铜饰	铜	残	4克	/	残长2.8、径0.3～0.9		
Q2：10	五铢	铜	残	4.7克	/	直径2.8、方穿宽0.9		
Q2：11	云纹瓦当	陶	残	0.23	/	当复原径15.9、边轮宽0.8、缘深0.5、当厚0.9、筒瓦残长9.2、残宽8.2、弦高8.3		
Q2西：1	板瓦	陶	残	1.3	Ca10	24.2	24	1.4
Q2西：2	板瓦	陶	残	0.6	Cb2	20	22.8	1.4
Q2西：3	筒瓦	陶	残	0.13	Bb4	9.8	10	1.3
Q2西：4	素面砖	陶	残	0.17	/	10.5	12.5	6.8
Q2西⑦：1	板瓦	陶	残	0.17	Ca2	13.5	16.5	1.5
Q2西⑦：2	板瓦	陶	残	0.24	Ba1	9.2	10.3	1.4
Q2西⑦：3	板瓦	陶	残	0.41	Ca1	11.5	8.3	1.3
Q2西⑦：4	板瓦	陶	残	0.41	Ca4	13.3	16	1.3
Q2西⑦：5	筒瓦	陶	残	0.11	Aa4	7.5	8	1.2
Q2西⑦：6	筒瓦	陶	残	0.16	Cc4	9.2	10.7	1.4
Q2西⑦：7	筒瓦	陶	残	0.27	Aa2	12	8	1.2
Q2西⑦：8	菱形纹砖	陶	残	1.08	/	18.8	14.2	3.5
Q2西⑦：9	陶盆	陶	残	0.06	/	复原口径34.6、沿宽1.5、残高6、腹厚0.7		
Q2西⑦：10	陶盆	陶	残	0.04	/	复原口径24.6、沿宽0.6、残高5.7、腹厚0.7		
Q2西⑦：11	陶罐	陶	残	0.21	/	复原口径31.3、沿宽1.2、残高6.8、腹厚1		
Q2西⑦：12	陶钵	陶	残	0.04	/	复原口径18.2、残高5.7、腹厚0.5		
Q2西⑦：13	陶盆	陶	残	0.05	/	复原口径20、沿宽0.7、残长7.5、残宽3.5、残高7.7、厚0.8		
Q2东：1	板瓦	陶	残	0.95	Cb1	20	19.2	1.2
Q2东：2	板瓦	陶	残	0.69	Ba4-9	25	13	1.7
Q2东：3	板瓦	陶	残	0.14	Aa1	7.7	9	1.3
Q2东：4	板瓦	陶	残	0.11	Ba1	8.5	8	1.2
Q2东：5	筒瓦	陶	残	2.2	Bb4	43.1	16.1	1.4
Q2东：6	筒瓦	陶	残	0.09	Aa2	12	8	1.2
Q2东：7	筒瓦	陶	残	0.42	Bb4	15	14.5	1.3
Q2东：8	筒瓦	陶	残	0.37	Bc4	15.2	14.6	1.4
Q2东：9	陶釜	陶	残	0.19	/	复原口径34.8、沿宽1、残高6.9、腹厚0.9		
Q2东：10	陶盆	陶	残	0.24	/	复原口径33、沿宽2.3、残高6.4、腹厚0.9		

表5.3　T4出土遗物数量统计表

名称	分型/纹饰	⑤	⑥	⑨	⑫	⑬	G1	G2	G7		Q2西	Q2西⑦	Q2东	H4	H5	H14	H28	M10	合计	百分比/%	总百分比/%
		灰	灰	灰	灰	灰	灰	灰	灰	红褐	灰	灰	灰	灰	灰	灰	灰	灰			
板瓦/件	Ab1						3						3						6	0.93	50.03
	Bb1	4	2	4		2						5	18				2		37	5.75	
	Ba1											2		4					6	0.93	
	Cb1	15	6	1	5	10		7	41	20	6	10	5	1	20	4	40		191	29.66	
	Ba2								6										6	0.93	
	Cb2					2						3							5	0.78	
	Bc4	9	1	1		4							3		2				20	3.11	
	Ba4													1					1	0.16	
	Cb4					3		4	3		1	2					1		14	2.17	
	Cc10		1																1	0.16	
	Cb10				1	2					2								5	0.78	
	Ca10							1											1	0.16	
	Bb9				1														1	0.16	
	D4			1			27												28	4.35	
筒瓦/件	Ab2												2						2	0.31	4.98
	Ac4				1							1							2	0.31	
	Bc4					2					2	4							8	1.24	
	Bb4												11						11	1.71	
	Ba4	1																	1	0.16	
	Cc4											1	1						2	0.31	
	Cb4				2									1					3	0.47	
	D4	3																	3	0.47	
砖/件	素面			1	4	10			5		12	1	2		10	5		10	60	9.32	9.32
陶片/件	素面		8	10	16	10	32	15	20		5	25	40	25	8	8	5		227	35.25	35.25
瓷片/件	酱釉						3												3	0.47	0.47
合计/件		32	18	18	30	45	65	27	75	20	28	54	85	32	40	17	48	10	644		
百分比/%		4.97	2.80	2.80	4.66	6.99	10.09	4.19	11.65	3.11	4.35	8.39	13.20	4.97	6.21	2.64	7.45	1.55			
总百分比/%		4.97	2.80	2.80	4.66	6.99	10.09	4.19	14.76		4.35	8.39	13.20	4.97	6.21	2.64	7.45	1.55			

第一节 地　　层

根据土质土色及包含物的不同，地层分为14层，按四壁分别介绍如下，各地层内出土遗物残块在北壁地层进行统计描述。

（一）地层堆积

1. 北壁

北壁分为东、西两段（图5.3），遗物以北壁西段统计详述。分别介绍如下。

（1）北壁西段

第1层：浅灰色耕土。厚0.12～0.2米。分布全方，堆积不平。土质松软，结构疏松，内含大量植物根系、塑料袋、炭渣、白灰颗粒、红色砖颗粒等。G2开口于下。

第2层：浅灰褐色土。深0.12～0.2、厚0.24～0.56米。土质略松，内含少量灰色砖渣、白灰颗粒、炭渣等，属扰土层。G8、H14、H44开口于下。

第3层：黄色土。深0.4～0.7、厚0.04～0.4米。分布于Q2西边，堆积呈波状。土质疏松，属沙性淤土，内含少量红烧土粒、炭粒等。

第4层：浅褐色细沙土。深0.68～0.88、厚0.3～0.38米。分布于Q2西边，堆积呈波状。土质较疏松。G6开口于下。

第5层：黄色细沙土。深0.96～1.2、厚0～0.2米。分布于Q2西边，堆积近平。土质较致密。出土遗物残片占探方出土总数的4.97%。据本层出土遗物残片统计，板瓦占本层87.51%，其中Cb1型占46.88%、Bb1型占12.5%、Bc4型占28.13%。筒瓦占本层12.53%，其中D4型占9.4%、Ba4型占3.13%（表5.4）。

表5.4　T4第5层出土遗物数量统计表

名称	分型/纹饰	灰陶/件	百分比/%	总百分比/%
板瓦	Cb1	15	46.88	87.51
	Bb1	4	12.50	
	Bc4	9	28.13	
筒瓦	D4	3	9.40	12.53
	Ba4	1	3.13	
合计		32	100.00	

第6层：浅灰褐色土。深1.16～1.51、厚0～0.92米。分布于Q2西边，堆积近平。土质致密，

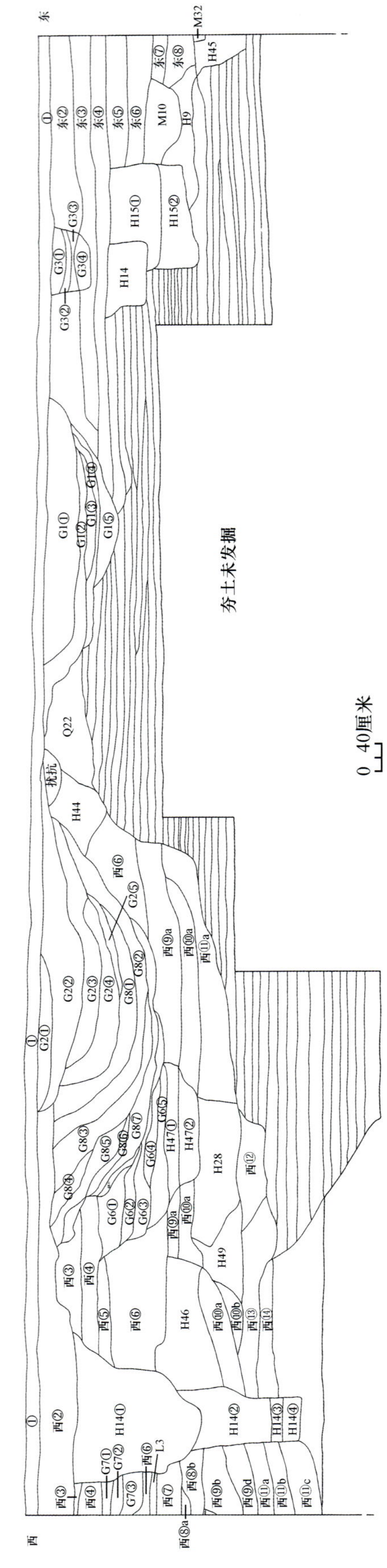

图5.3　T4北壁剖面图

内含少量红烧土粒、炭粒等，淤泥层。出土遗物残片占探方出土总数的2.8%。据本层出土遗物残片统计，板瓦占本层55.56%，其中Cb1型占33.33%、Bb1型占11.11%、Bc4型占5.56%、Cc10型占5.56%。陶片占本层44.44%，均为素面（表5.5）。H46、H47开口于下。

表5.5 T4第6层出土遗物数量统计表

名称	分型/纹饰	灰陶/件	百分比/%	总百分比/%
板瓦	Cb1	6	33.33	55.56
	Bb1	2	11.11	
	Bc4	1	5.56	
	Cc10	1	5.56	
陶片	素面	8	44.44	44.44
合计		18	100.00	

第7层：浅灰褐色土。深1.76～1.98、厚0.18～0.38米。分布于Q2西边，为东高西低的坡状堆积。土质较疏松，内含少量红烧土粒、炭粒等。

第8a层：黄褐色土。深2.08～2.35、厚0～0.13米。分布于Q2西边，为东高西低的坡状堆积。土质较疏松，内含少量胶泥块、淤泥。

第8b层：浅黄褐色土。深2.4～2.48、厚0.2～0.34米。分布于Q2西边，为东高西低的坡状堆积。土质较致密，内含少量胶泥块、淤泥。

第9a层：深灰褐色土。深2.06～2.62、厚0～0.46米。分布于Q2西边，为东高西低的坡状堆积。土质较致密，呈块状。

第9b层：浅褐色土。深2.6～2.86、厚0.28～0.58米。分布于Q2西边，为东高西低的坡状堆积。土质较致密，呈块状淤泥。

第9d层：浅灰色土。深2.88～3.26、厚0.22～0.36米。分布于Q2西边，为东高西低的坡状堆积。土质较致密。出土遗物残片占探沟出土总数的2.8%。据本层出土遗物残片统计，板瓦占本层38.9%，其中Cb1型占5.56%、Bb1型占22.22%、Bc4型占5.56%、Cb9型占5.56%。陶片占本层55.56%，均为素面。砖块均为素面，占本层5.56%（表5.6）。

表5.6 T4第9层出土遗物数量统计表

名称	分型/纹饰	灰陶/件	百分比/%	总百分比/%
板瓦	Cb1	1	5.56	38.90
	Bb1	4	22.22	
	Bc4	1	5.56	
	Cb9	1	5.56	
陶片	素面	10	55.56	55.56
砖	素面	1	5.56	5.56
合计		18	100.00	

第10a层：黄色粉沙土，掺杂褐色块。深2～3.16、厚0～0.36米。布于Q2西边，为东高西低的坡状堆积。土质较致密。H28、H49开口于下。

第10b层：褐色土。深2.72～3.1、厚0.2～0.3米。分布于Q2西边，为东高西低的坡状堆积。土质较致密。

第11a层：浅灰褐色土。深1.92～3.48、厚0.24～0.54米。分布于Q2西边，为东高西低的坡状堆积。土质较致密，内含少量红烧土粒、炭粒等，出土遗物较少，仅有数片灰色陶片、瓦片。

第11b层：黄褐色土。深3.5～3.88、厚0.2～0.3米。分布于Q2西边，为东高西低的坡状堆积。土质较疏松，夹杂黄色沙性淤土。

第11c层：深褐色淤泥。深3.71～4.08、厚0.3～0.44米。分布于Q2西边，为东高西低的坡状堆积。土质致密。

第12层：褐色掺杂黄色粉沙土。深3.1～3.16、厚0～0.44米。分布于Q2西边，堆积近平。土质致密，出土遗物残片占探方出土总数的4.66%。据本层出土遗物残片统计，板瓦占本层23.33%，其中Cb10型占3.33%、Bb9型占3.33%、Cb1型占16.67%。筒瓦占10%，其中Ac4型占3.33%、Cb4型占6.67%。陶片53.33%，均为素面。砖块均为素面，占13.33%（表5.7）。

表5.7　T4第12层出土遗物数量统计表

名称	分型/纹饰	灰陶/件	百分比/%	总百分比/%
板瓦	Cb10	1	3.33	23.33
	Bb9	1	3.33	
	Cb1	5	16.67	
筒瓦	Ac4	1	3.33	10.00
	Cb4	2	6.67	
陶片	素面	16	53.33	53.33
砖	素面	4	13.33	13.33
合计		30	100.00	

第13层：灰褐色淤泥。深3.1～3.2、厚0～0.52米。分布于Q2西边，堆积呈波状。土质致密，出土遗物残片占探方出土总数的6.99%。据本层出土遗物残片统计，板瓦占51.1%，其中Cb1型占22.22%、Bb1型占4.44%、Cb4型占6.67%、Bc4型占8.89%、Cb10型占4.44%、Cb2型占4.44%。筒瓦占4.44%，仅Bc4型，占4.44%。陶片占22.22%，均为素面。砖块均为素面，占22.22%（表5.8）。

表5.8　T4第13层出土遗物数量统计表

名称	分型/纹饰	灰陶/件	百分比/%	总百分比/%
板瓦	Cb1	10	22.22	51.10
	Bb1	2	4.44	
	Cb4	3	6.67	
	Bc4	4	8.89	
	Cb10	2	4.44	
	Cb2	2	4.44	

续表

名称	分型/纹饰	灰陶/件	百分比/%	总百分比/%
筒瓦	Bc4	2	4.44	4.44
陶片	素面	10	22.22	22.22
砖	素面	10	22.22	22.22
合计		45	100.00	

第14层：深灰色淤泥。深3.38～3.46、厚0～0.3米。分布于Q2西边，为东高西低的坡状堆积。土质致密。未见遗物。

（2）北壁东段

第1层：浅灰色耕土。厚0.12～0.2米。分布全方，堆积不平。土质松软，结构疏松，内含大量植物根系、塑料袋、炭渣、白灰颗粒、红色砖颗粒等。G1、G3、Q2开口于下。

第2层：浅灰褐色土。深0.12～0.2、厚0.28～0.5米。土质略松，内含少量灰色砖渣、白灰颗粒、炭渣等，扰土层。

第3层：黄色沙土。深0.4～0.7、厚0～0.32米。分布于Q2西边，堆积呈波状。土质疏松，内含少量红烧土粒、炭粒等。

第4层：浅褐色土。深0.68～0.88、厚0.12～0.28米。分布于Q2西边，堆积呈波状。土质较疏松。H4、H5开口于下。

第5层：黄色土。深0.96～1.2、厚0.2～0.32米。分布于Q2西边，堆积近平，土质较致密。

第6层：浅灰褐色淤泥。深1.16～1.51、厚0.24～0.4米。分布于Q2西边，堆积近平。土质致密，内含少量红烧土粒、炭粒等。M10开口于下。

第7层：浅灰褐色土。深1.76～1.98、厚0.18～0.22米。分布于Q2西边，为东高西低的坡状堆积。土质较疏松，内含少量红烧土粒、炭粒等。

第8a层：黄褐色土。深2.08～2.35、厚0.12～0.44米。分布于Q2西边，为东高西低的坡状堆积。土质较疏松，内含少量胶泥块淤泥。H9、M32开口于下。

2. 东壁

第1层：浅灰色耕土。厚0.18～0.2米。分布全方，堆积近平坦。土质疏松，内含大量植物根系、塑料袋、炭渣、白灰颗粒、红色砖颗粒等。

第2层：黄褐色扰土。深0.18～0.2、厚0.26～0.3米。分布于Q2东边，堆积呈波状。土质略松，内含少量灰色砖渣、白灰颗粒、炭渣等。

第3层：浅灰色粉沙性淤土。深0.44～0.88、厚0.28～0.36米。分布于Q2东边，堆积较平坦。土质疏松，内含少量红烧土粒、炭粒等。

第4层：黄灰色土。深0.7～0.91、厚0.18～0.24米。分布于Q2东边，堆积较平坦。土质疏松，内含少量红烧土粒、炭粒等。

第5层：浅褐色淤泥。深0.94～1.04米、厚0.31～0.36米。分布于Q2东边，堆积呈波状。土质致密，内含少量灰色陶片、炭粒、红烧土粒。

第6层：灰褐色淤泥。深1.12～1.32、厚0.38～0.42米。分布于Q2东边，为西高东低的坡状堆积。土质致密，内含少量灰色陶片等。

第7层：浅灰褐色淤泥。深1.52～1.68、厚0.16～0.22米。分布于Q2东边，为西高东低的坡状堆积。土质致密。

第8a层：深灰褐色淤泥。深1.7～1.9、厚0.3～0.4米。分布于Q2东边，为西高东低的坡状堆积。土质较致密。H45、M32开口于下（图5.4、图5.5）。

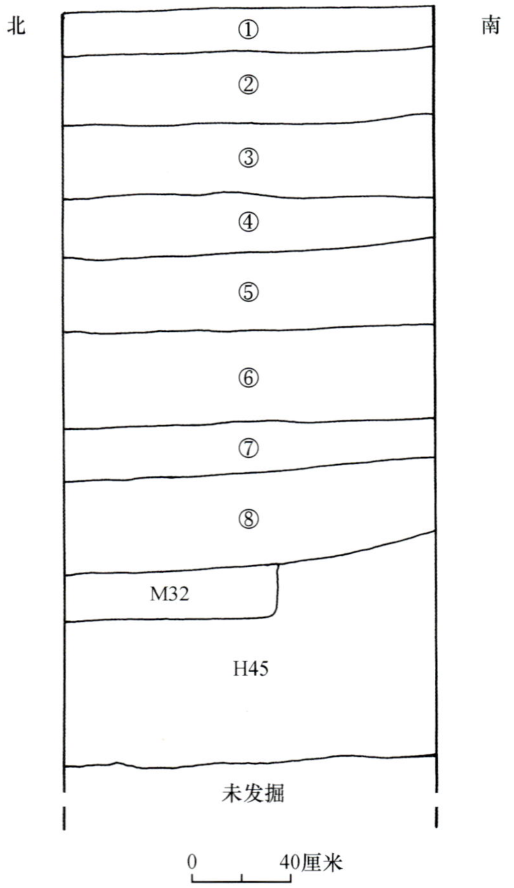

图5.4　T4东壁剖面图

图5.5　T4东壁剖面照

3. 南壁

南壁分为东、西两段（图5.6），分别介绍如下。

（1）南壁东段

第1层：浅灰色耕土。厚0.14～0.32米。分布全方，堆积近平坦。土质疏松，内含大量植物根系、塑料袋、炭渣、白灰颗粒、红色砖颗粒等。G1、G3开口于下。

第2层：黄褐色扰土。深0.14～0.32、厚0.28～0.3米。分布于Q2东边，堆积呈波状。土质略松，内含少量灰色砖渣、白灰颗粒、炭渣等。

第3层：浅灰色粉沙性淤土。深0.44～0.88、厚0.14～0.34米。分布于Q2东边，堆积较平坦。

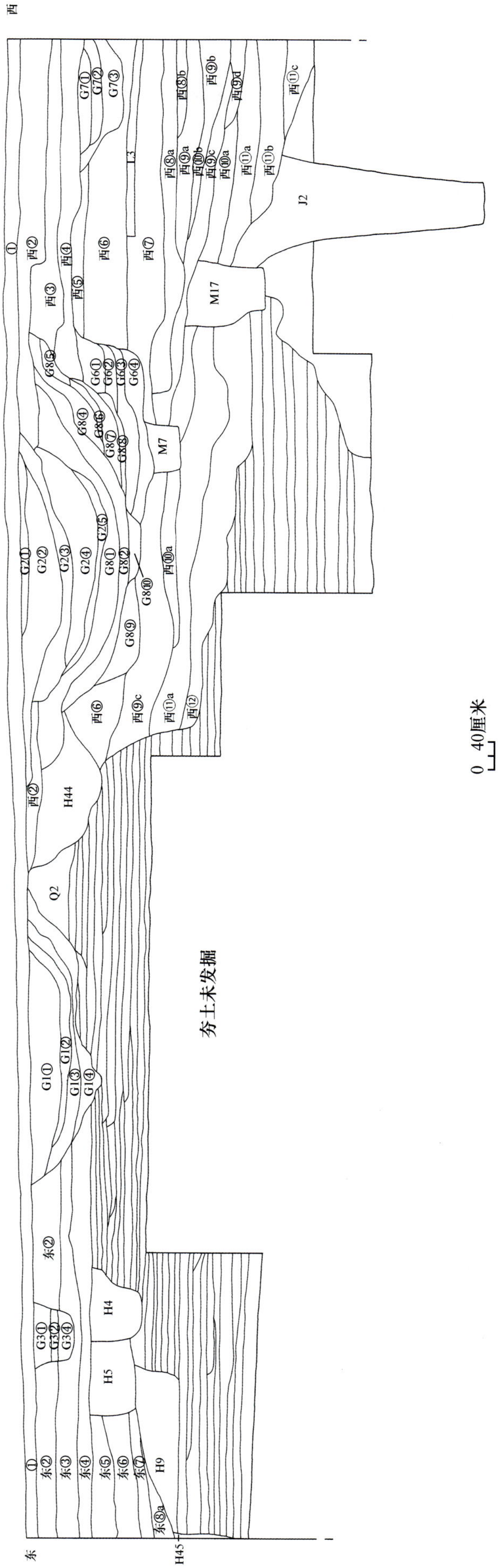

0 40厘米

图5.6 T4南壁剖面图

土质疏松。内含少量红烧土粒、炭粒等。

第4层：黄灰色土。深0.7～0.91、厚0.12～0.42米。分布于Q2东边，堆积较平坦。土质疏松，内含少量红烧土粒、炭粒等。H4、H5开口于下。

第5层：浅褐色淤泥。深0.19～1.04、厚0.19～0.38米。分布于Q2东边，堆积呈波状。土质致密，内含少量灰色陶片、炭粒、红烧土粒。

第6层：灰褐色淤泥。深1.12～1.32、厚0.3～0.42米。分布于Q2东边，为西高东低的坡状堆积。土质致密。

第7层：浅灰褐色淤泥。深1.52～1.68、厚0.1～0.2米。分布于Q2东边，为西高东低的坡状堆积。土质致密。H9开口于下。

第8a层：深灰褐色淤泥。深1.7～1.9、厚0～0.3米。分布于Q2东边，为西高东低的坡状堆积。土质较致密。H45开口于下。

（2）南壁西段

第1层：浅灰色耕土。厚0.14～0.32米。分布全方，堆积近平坦。土质疏松，内含大量植物根系、塑料袋、炭渣、白灰颗粒、红色砖颗粒等。G2、Q2开口于下。

第2层：浅灰褐色扰土。深0.14～0.32、厚0.14～0.4米。土质疏松，内含少量灰色砖渣、白灰颗粒、炭渣等。H44、G8开口于下。

第3层：黄色粉沙土。深0.4～0.7、厚0.12～0.48米。分布于Q2西边，堆积呈波状。土质疏松。内含少量的红烧土粒、炭粒等。

第4层：浅褐色细沙土。深0.68～0.88、厚0.12～0.4米。分布于Q2西边，堆积呈波状。土质疏松。G6、G7开口于下。

第5层：黄色细沙土。深0.96～1.2、厚0.1～0.2米。分布于Q2西边，堆积近平。土质较致密。G7、G6开口于下。

第6层：浅灰褐色淤泥。深1.16～1.51、厚0.1～0.64米。分布于Q2西边，堆积近平。土质致密，内含少量红烧土粒、炭粒等。M7、L3开口于下。

第7层：浅灰褐色土。深1.8～1.98、厚0.12～0.58米。分布于Q2西边，为东高西低的坡状堆积。土质较疏松，内含少量红烧土粒、炭粒等。

第8a层：黄褐色土。深2.08～2.35、厚0.15～0.25米。分布于Q2西边，为东高西低的坡状堆积。土质较疏松，内含少量胶泥块淤泥。

第8b层：浅黄褐色土。深2.4～2.48、厚0～0.14米。分布于Q2西边，为东高西低的坡状堆积。土质较致密，内含少量胶泥块、淤泥。

第9a层：深灰褐色块状淤泥。深2.06～2.62米、厚0～0.34米。分布于Q2西边，为东高西低的坡状堆积。土质较致密。

第9b层：浅褐色胶泥。深2.6～2.86、厚0～0.46米。分布于Q2西边，为东高西低的坡状堆积。土质较致密，呈块状淤泥。

第9c层：浅灰褐色淤泥。深1.38～3.24、厚0～0.3米。分布于Q2西边，为东高西低的坡状堆积。土质较致密。M17开口于下。

第9d层：浅灰色淤泥。深2.88～3.26、厚0～0.24米。分布于Q2西边，为东高西低的坡状堆积。土质较致密。

第10a层（西第10a层）：黄色掺杂褐色块沙性淤土。深2～3.16、厚0～0.3米。分布于Q2西边，为东高西低的坡状堆积。

第11a层：浅灰褐色沙性淤土。深1.92～3.48、厚0～0.4米。分布于Q2西边，为东高西低的坡状堆积。土质较致密，内含少量的红烧土粒、炭粒等。

第11b层：黄褐色夹杂黄色沙性淤土。深3.5～3.88、厚0～0.44米。分布于Q2西边，为东高西低的坡状堆积。土质较疏松。J2开口于下。

第11c层：深褐色土。深3.71～4.08、厚0～0.42米。分布于Q2西边，为东高西低的坡状堆积。土质致密。

4. 西壁

第1层：浅灰色耕土。厚0.16～0.2米。分布全方，堆积不平。土质松软，结构疏松，内含大量植物根系、塑料袋、炭渣、白灰颗粒、红色砖颗粒等。

第2层：浅灰褐色土。深0.16～0.2、厚0.5～0.56米。土质松软，结构疏松，内含少量灰色砖渣、白灰颗粒、炭渣等。

第3层：黄色土。深0.4～0.7、厚0.05～0.13米。分布于Q2西边，堆积呈波状。土质疏松，内含少量红烧土粒、炭粒等。

第4层：浅褐色沙性土。深0.68～0.88、厚0.34～0.4米。分布于Q2西边，堆积呈波状。土质较疏松。G7开口于下。

第6层：浅灰褐色淤泥。深1.16～1.51、厚0.16～0.46米。分布于Q2西边，堆积近平。土质致密，内含少量红烧土粒、炭粒等。L3开口于下。

第7层：浅灰褐色土。深1.76～1.98、厚0.25～0.34米。分布于Q2西边，为东高西低的坡状堆积。土质较疏松，内含少量红烧土粒、炭粒等。

第8a层：黄褐色土。深2.08～2.35、厚0.12～0.2米。分布于Q2西边，为东高西低的坡状堆积。土质较疏松，内含少量胶泥块。

第8b层：浅黄褐色土。深2.4～2.48、厚0.12～0.22米。分布于Q2西边，为东高西低的坡状堆积。土质较致密，内含少量胶泥块。

第9a层：深灰褐色土。深2.06～2.62、厚0.2～0.22米。分布于Q2西边，为东高西低的坡状堆积。土质较致密，淤泥呈块状。

第9b层：浅褐色土。深2.6～2.86、厚0.4～0.46米。分布于Q2西边，为东高西低的坡状堆积。土质较致密，胶泥呈块状。

第9d层：浅灰色淤泥。深2.88～3.26米、厚0.2～0.22米。分布于Q2西边，为东高西低的坡状堆积。土质较致密。

第11a层：浅灰褐色土。深1.92～3.48米、厚0.16～0.24米。分布于Q2西边，为东高西低的坡状堆积。土质较致密，内含少量红烧土粒、炭粒等，出土遗物较少，仅有数片灰色陶片。

第11b层：黄褐色夹杂黄色沙性淤土。深3.5～3.88、厚0.38～0.44米。分布于Q2西边，为东高西低的坡状堆积。土质较疏松。

第11c层：深褐色淤泥。深3.71～4.08、厚0.32～0.4米。分布于Q2西边，为东高西低的坡状堆积。土质致密（图5.7、图5.8）。

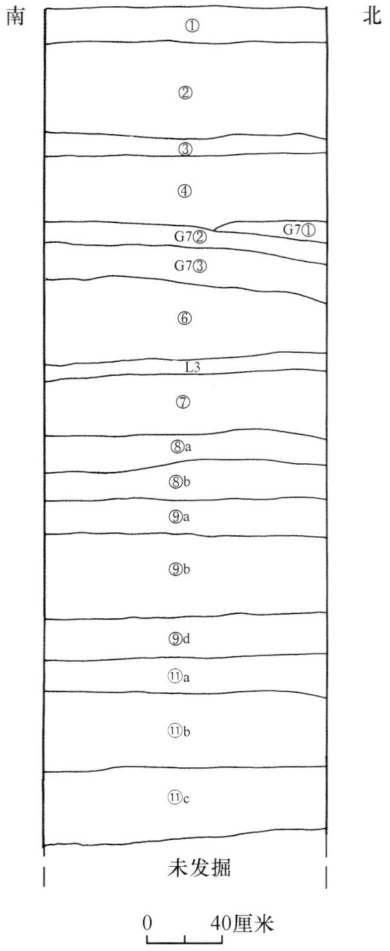

图5.7　T4西壁剖面图

图5.8　T4西壁剖面照

（二）出土遗物

地层内共出土器物40件（表5.2），分5类，其中建筑材料26、陶器8、铁器3、铜钱2、玉器1件，分类介绍如下。

1. 建筑材料

根据用途，出土建筑材料4种，有砖、板瓦、筒瓦、瓦当。分别介绍如下。

（1）砖

出土2件。据形制不同，分两种。

方砖 1件。⑬：8，残。一面饰几何纹，另一面素面。残长8.3、残宽8.8、厚2.5厘米（图5.9、图5.10）。

图5.9 方砖（⑬：8）正、背、侧面照片

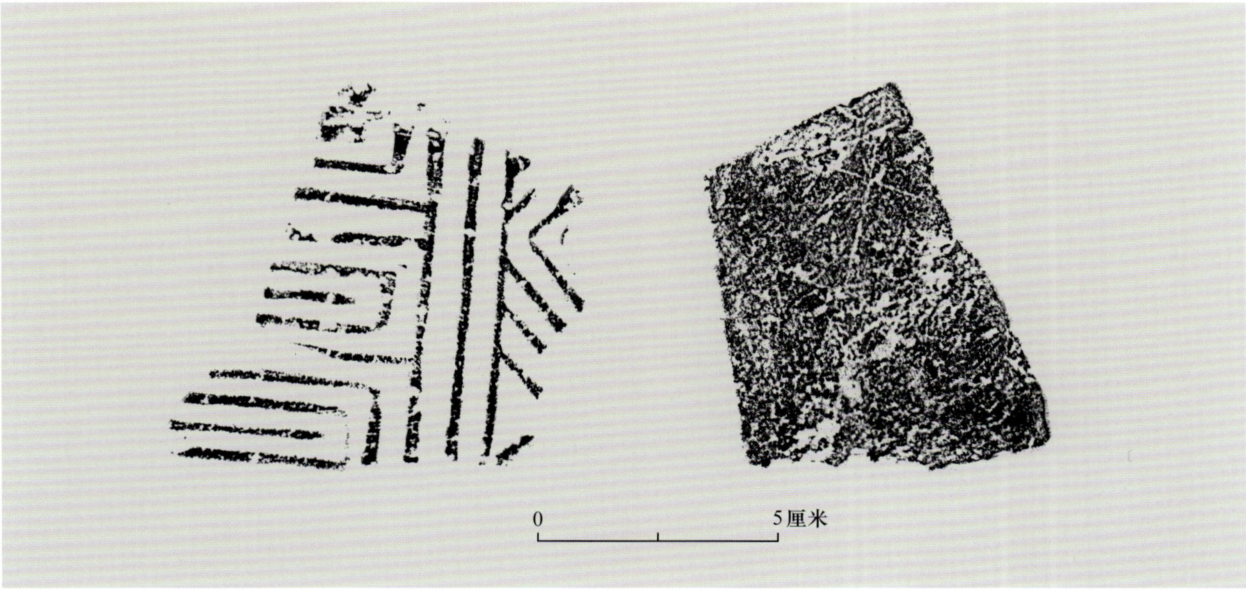

图5.10 方砖（⑬：8）正、背面拓片

条形砖　1件。⑬：7，残。表面有划痕，素面。残长10.3、残宽10.5、厚4.7厘米（图5.11、图5.12）。

图5.11　条形砖（⑬：7）正、背、侧面照片

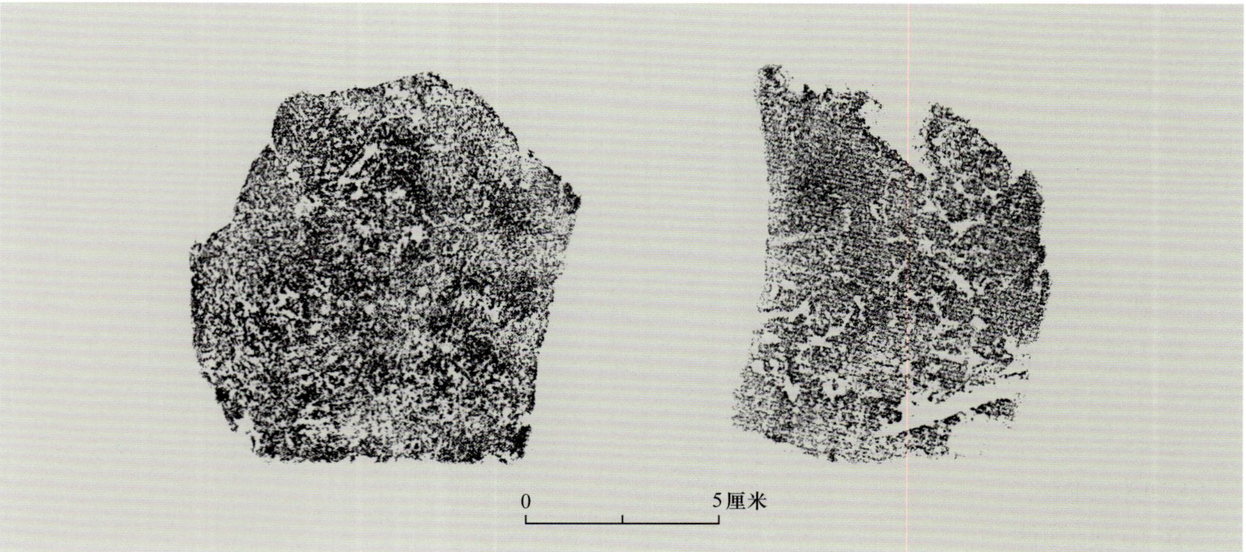

图5.12　条形砖（⑬：7）正、背面拓片

（2）板瓦

出土18件。均为弧形板瓦。据表面绳纹粗细，分为A、B、C三型。

A型 1件。属Ab1型。⑥：2，残。灰陶。表面纹饰细斜绳纹，内面素面。残长12.3、残宽7.5、厚1.6厘米（图5.13、图5.14）。

图5.13 Ab1型板瓦（⑥：2）表、内面照片

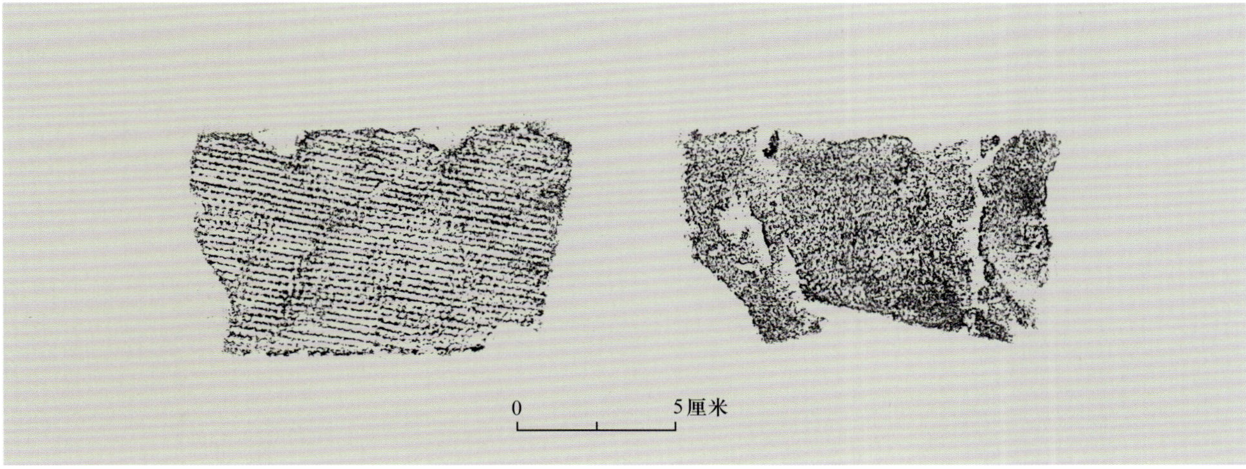

图5.14 Ab1型板瓦（⑥：2）表、内面拓片

B型 7件。分五亚型。

Ba1型 1件。⑬：5，残。灰陶。表面饰中粗交错绳纹，内面素面。残长9.3、残宽8、厚1.2厘米（图5.15、图5.16）。

Ba4型 1件。⑥：1，残。灰陶。表面饰中粗交错绳纹，内面饰布纹。残长10.8、残宽10.8、厚1.8厘米（图5.17、图5.18）。

Ba10型 1件。⑥：5，残。灰陶。表面饰中粗交错绳纹，内面饰抹平绳纹。残长10.8、残宽10.8、厚1.8厘米（图5.19、图5.20）。

图5.15　Ba1型板瓦（⑬：5）表、内面照片

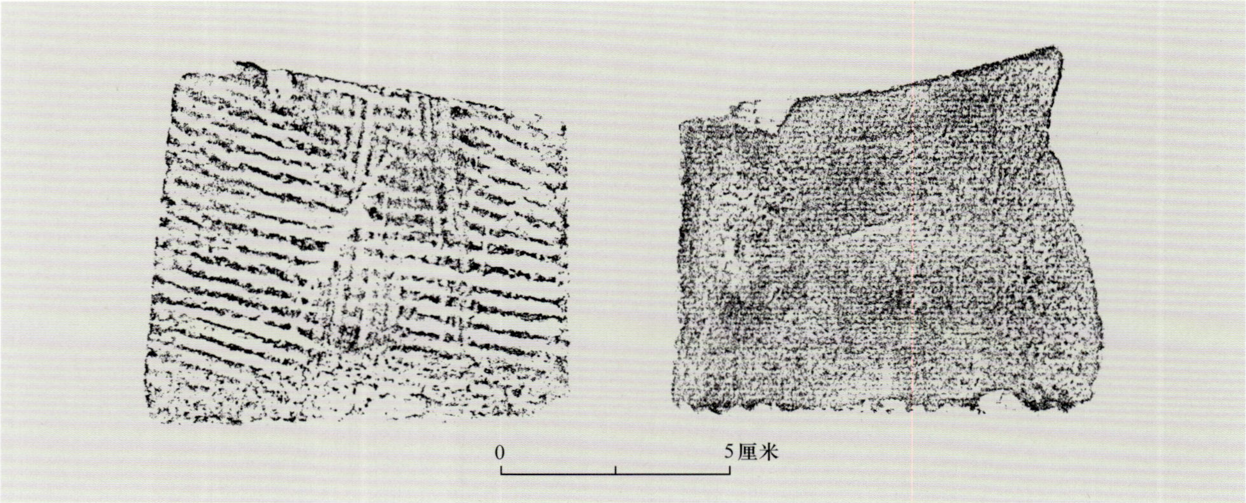

图5.16　Ba1型板瓦（⑬：5）表、内面拓片

图5.17　Ba4型板瓦（⑥：1）表、内面照片

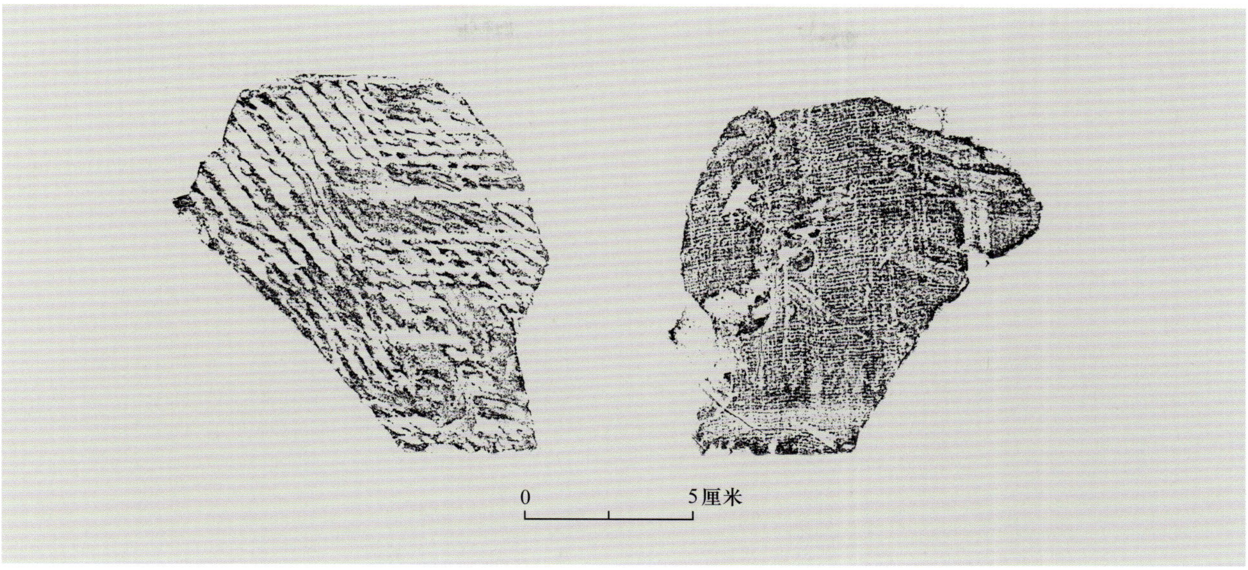

图5.18 Ba4型板瓦（⑥：1）表、内面拓片

图5.19 Ba10型板瓦（⑥：5）表、内面照片

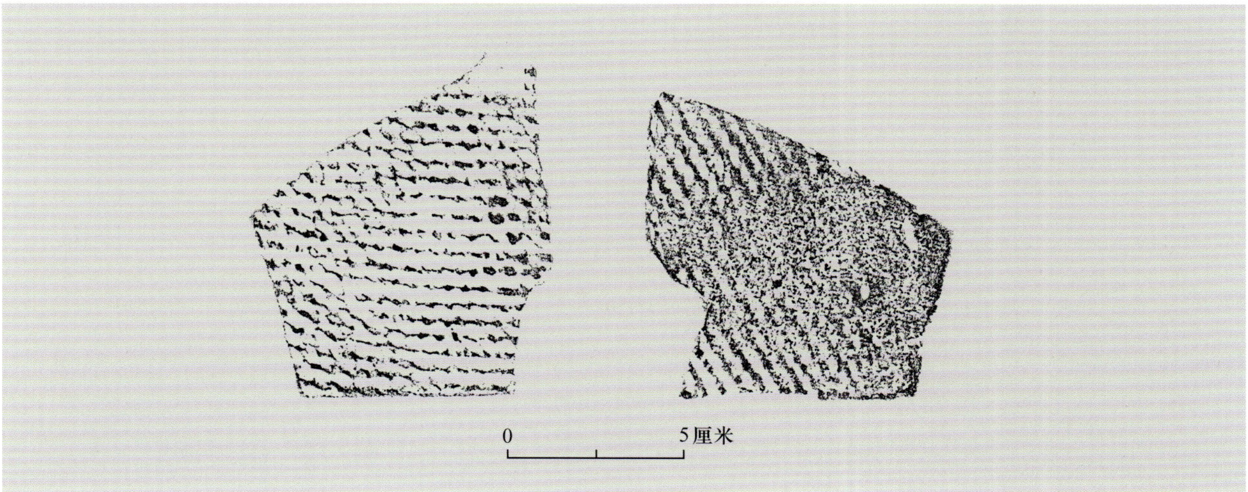

图5.20 Ba10型板瓦（⑥：5）表、内面拓片

Bb1型　2件。

⑤：1，残。灰陶。表面饰中粗斜绳纹，内面素面，小头有绳纹抹平部分宽4厘米。残长9、残宽11、厚1.1厘米（图5.21、图5.22）。

图5.21　Ba1型板瓦（⑤：1）表、内面照片

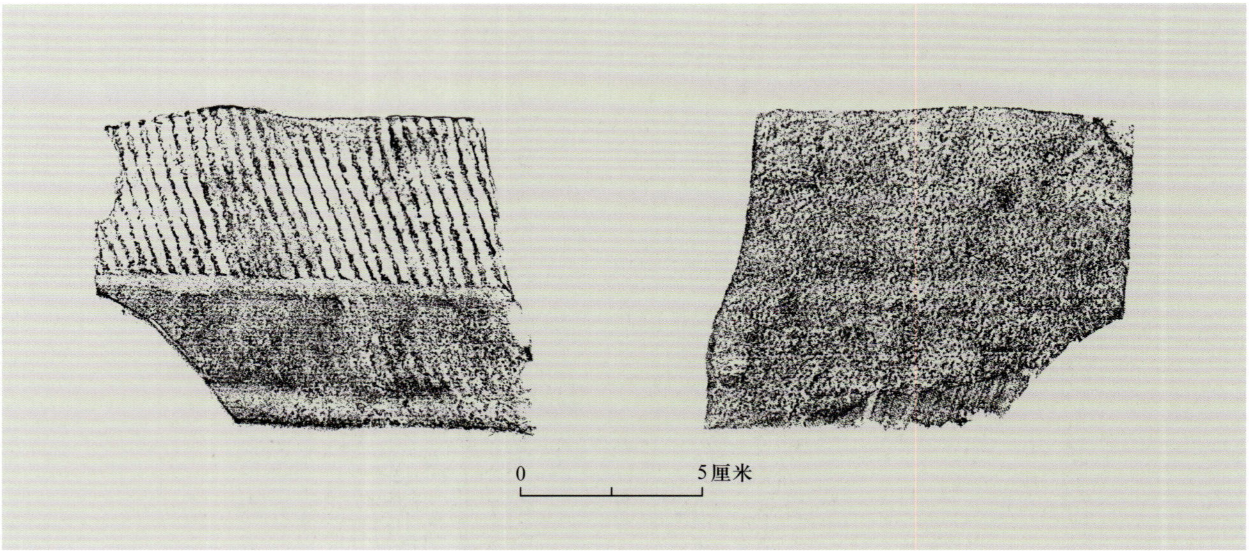

图5.22　Ba1型板瓦（⑤：1）表、内面拓片

⑥：4，残。灰陶。表面饰中粗斜绳纹，中间有两道抹平绳纹，内面素面。残长8.7、残宽8.5、厚1.8厘米（图5.23、图5.24）。

Bc4型　2件。表面饰中粗直绳纹，内面饰布纹。

⑤：3，残。灰陶。残长9.3、残宽9.8、厚1.2～1.8厘米（图5.25、图5.26）。

⑬：4，残。灰陶。残长10.5、残宽7.5、厚1.7厘米（图5.27、图5.28）。

图5.23 Bb1型板瓦（⑥：4）表、内面照片

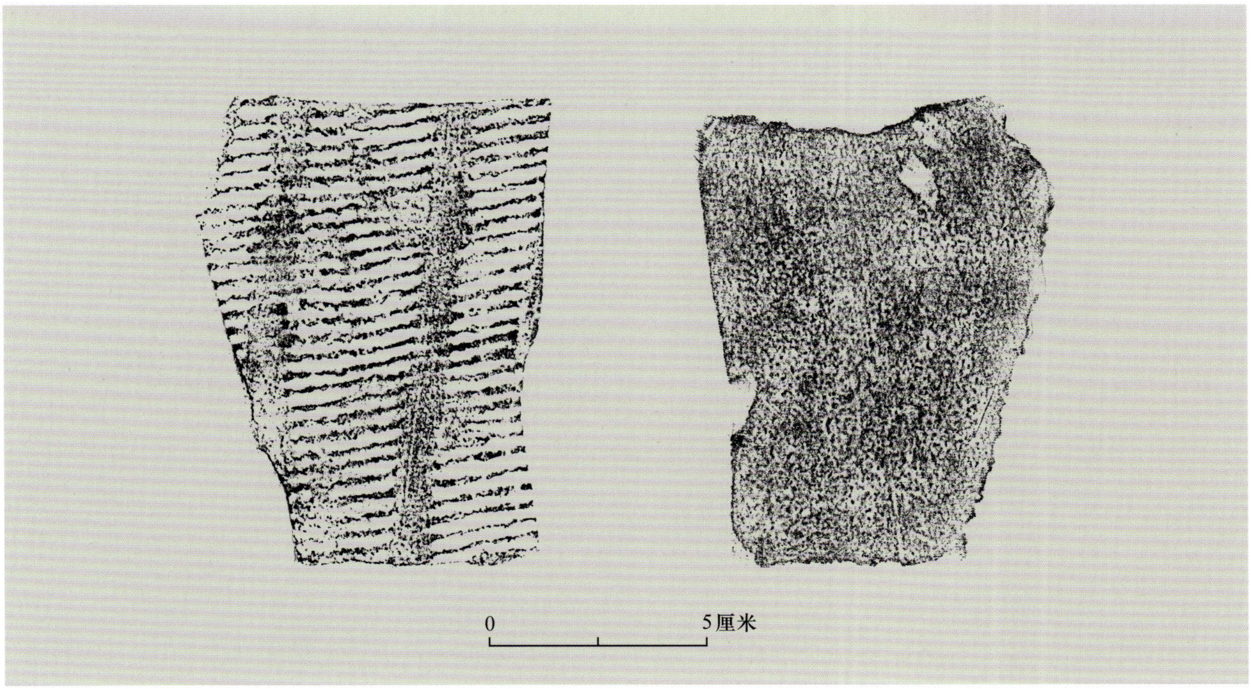

图5.24 Bb1型板瓦（⑥：4）表、内面拓片

C型 10件。分八亚型。

Ca1型 2件。

⑨：1，残。灰陶。表面饰粗交错绳纹，内面素面。残长10.5、宽14.5、厚1.3厘米（图5.29、图5.30）。

图5.25　Bc4型板瓦（⑤：3）表、内面照片

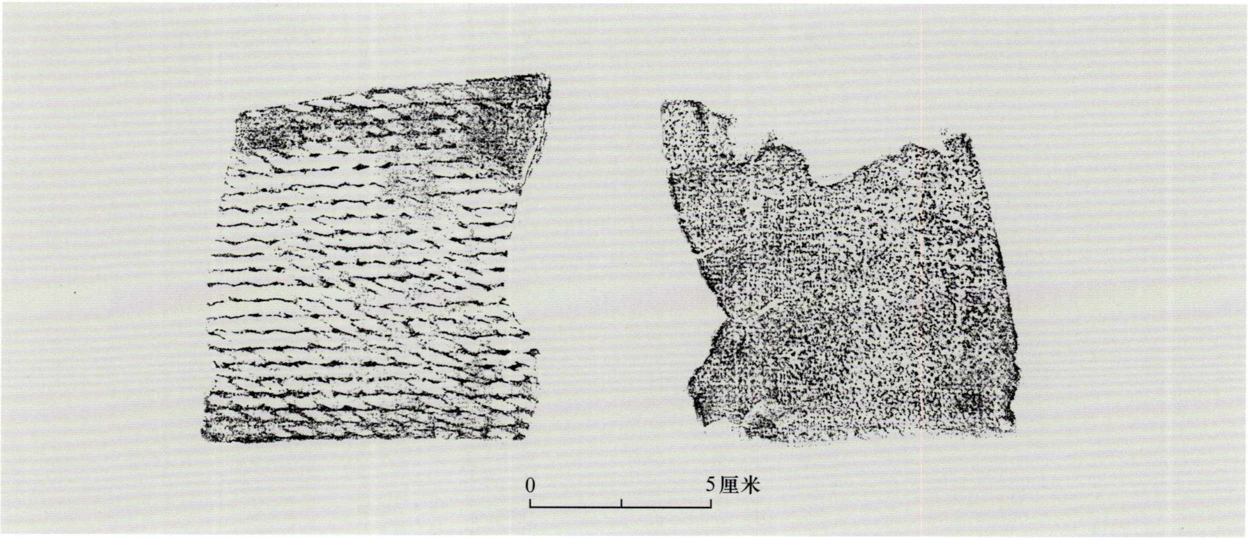

图5.26　Bc4型板瓦（⑤：3）表、内面拓片

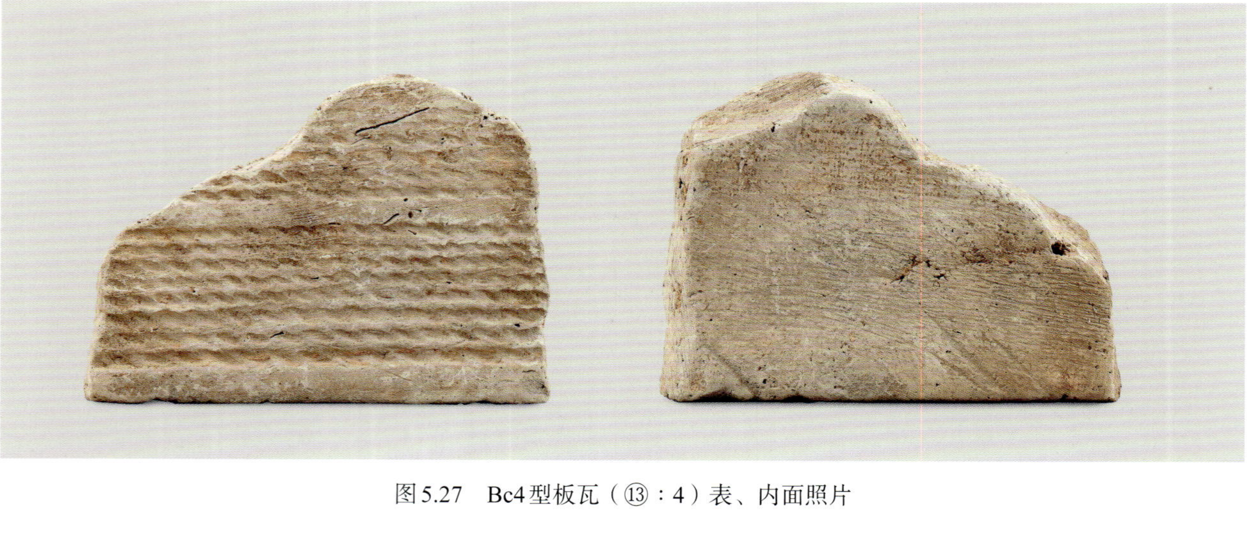

图5.27　Bc4型板瓦（⑬：4）表、内面照片

图5.28 Bc4型板瓦（⑬：4）表、内面拓片

图5.29 Ca1型板瓦（⑨：1）表、内面照片

⑫：1，残。残长6.3、宽7.5、厚1.4厘米（图5.31、图5.32）。

Ca2型 1件。⑬：2，残。瓦呈灰色。表面饰粗交错绳纹，内面饰麻点纹。残长19.5、残宽20、厚1.3厘米（图5.33、图5.34）。

Ca3型 1件。⑤：2，残。灰陶。表面饰粗交错绳纹，内面饰篦纹。残长11.2、残宽11.8、厚1.1厘米（图5.35、图5.36）。

Ca9型 1件。⑨：2，残。灰陶。表面饰粗交错绳纹，内面饰小菱形纹。残长6.5、残宽9.5、厚1.6厘米（图5.37、图5.38）。

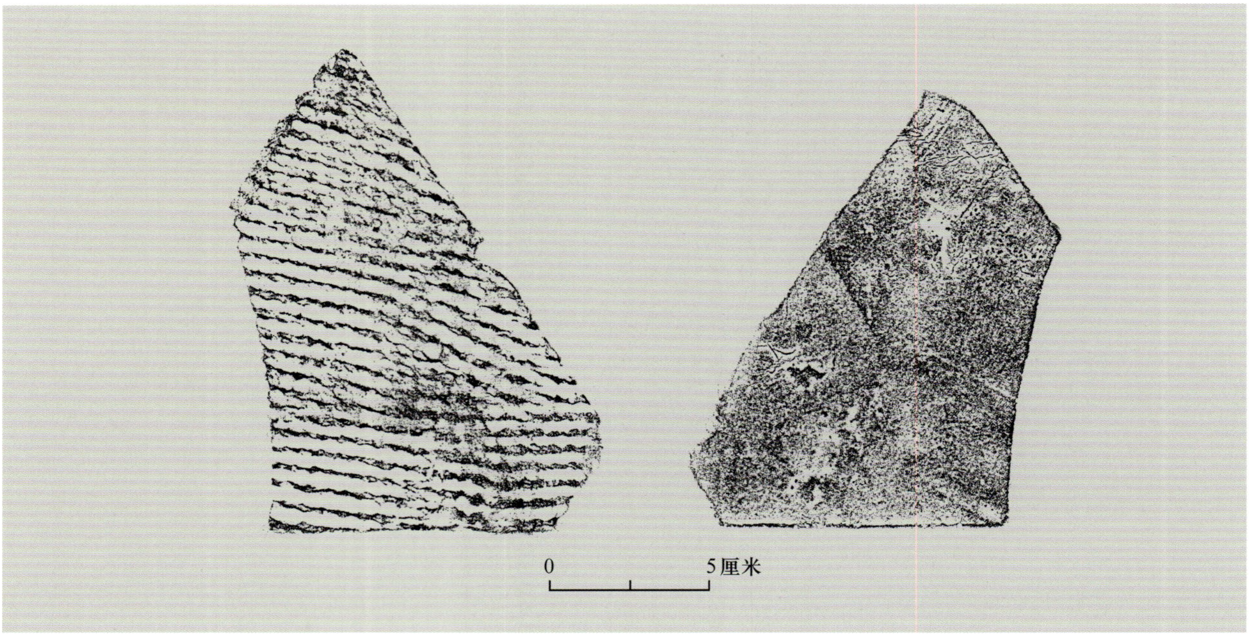

图5.30 Ca1型板瓦（⑨：1）表、内面拓片

图5.31 Ca1型板瓦（⑫：1）表、内面照片

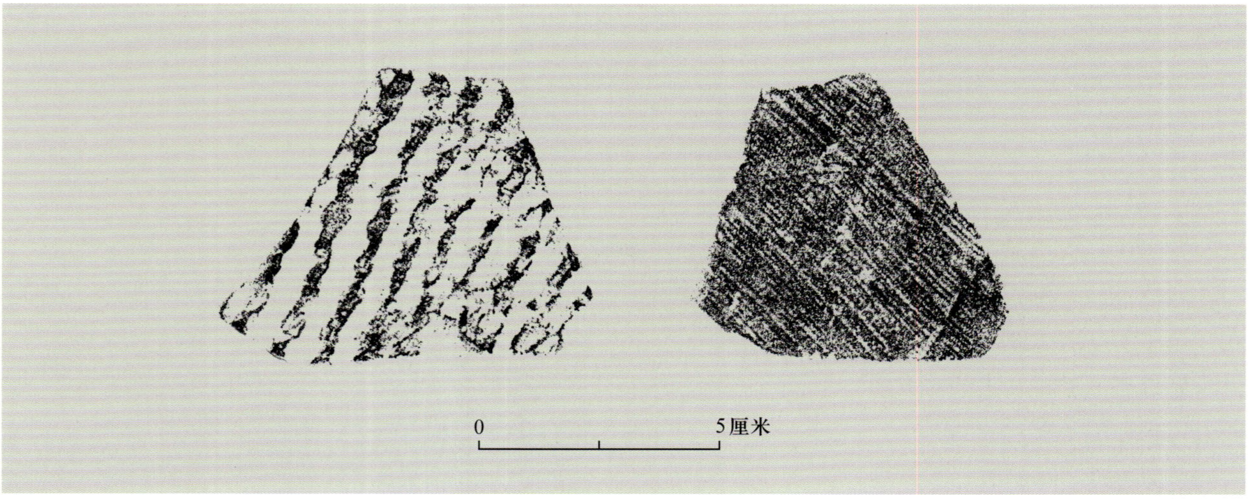

图5.32 Ca1型板瓦（⑫：1）表、内面拓片

图5.33 Ca2型板瓦（⑬：2）表、内面照片

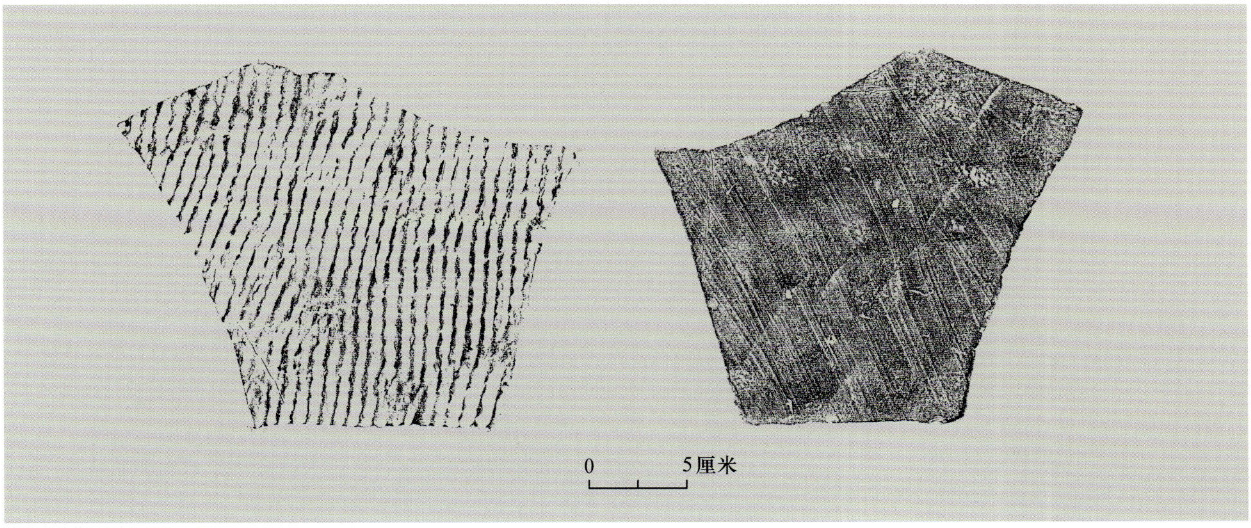

图5.34 Ca2型板瓦（⑬：2）表、内面拓片

图5.35 Ca3型板瓦（⑤：2）表、内面照片

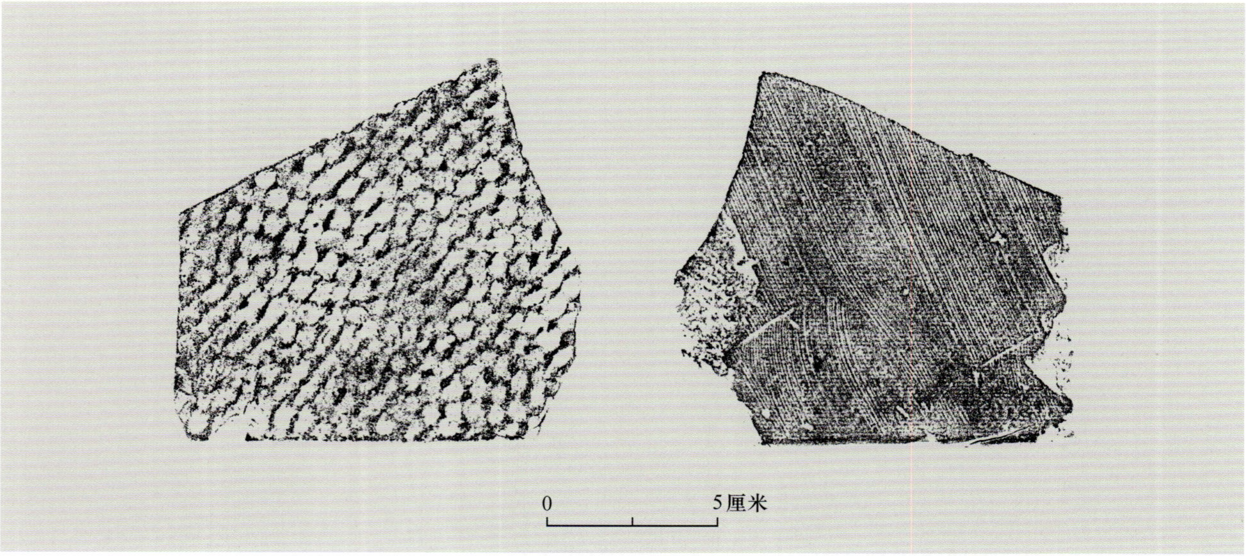

图5.36　Ca3型板瓦（⑤：2）表、内面拓片

图5.37　Ca9型板瓦（⑨：2）表、内面照片

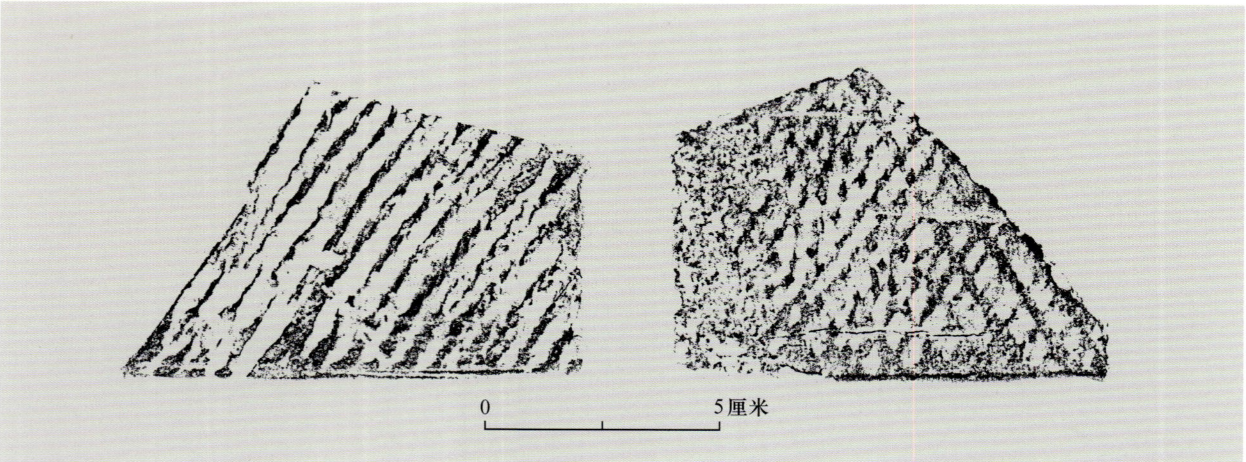

图5.38　Ca9型板瓦（⑨：2）表、内面拓片

Ca10型 2件。

⑬：3，残。瓦呈灰色。表面饰粗交错绳纹，内面饰抹平绳纹。残长8、残宽8、厚1.7厘米（图5.39、图5.40）。

图5.39 Ca10型板瓦（⑬：3）表、内面照片

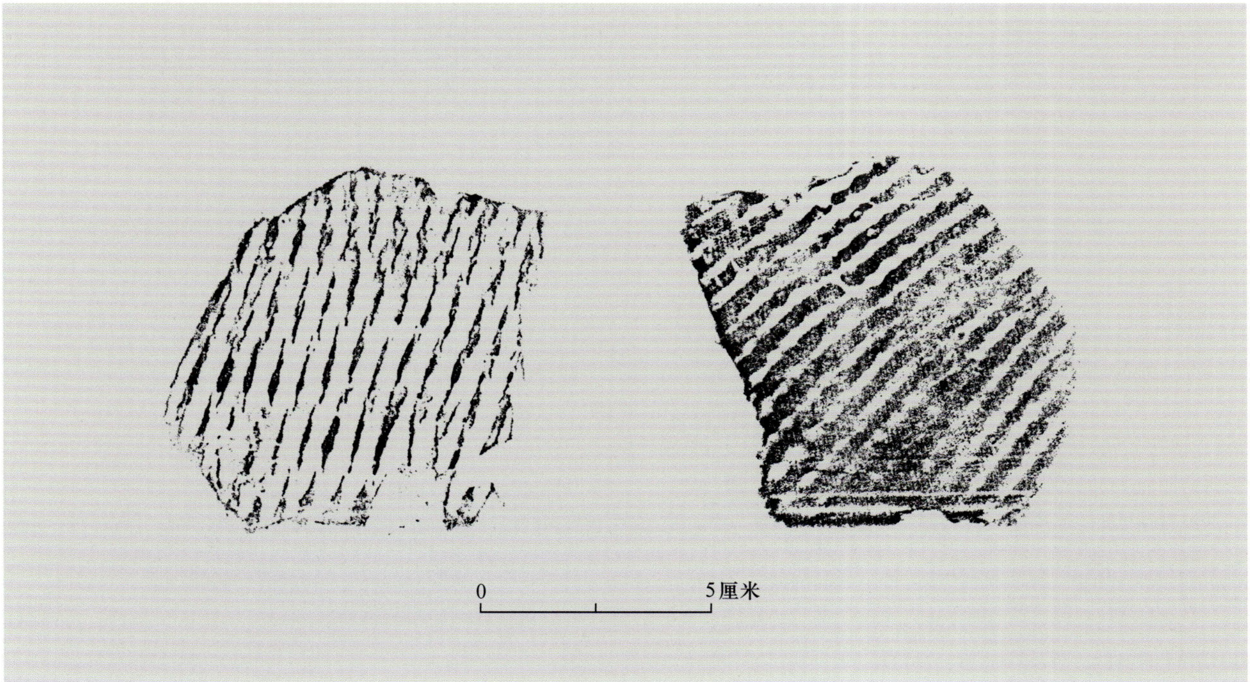

图5.40 Ca10型板瓦（⑬：3）表、内面拓片

⑫：2，残。残长10.8、残宽13、厚1.8厘米（图5.41、图5.42）。

图5.41　Ca10型板瓦（⑫：2）表、内面照片

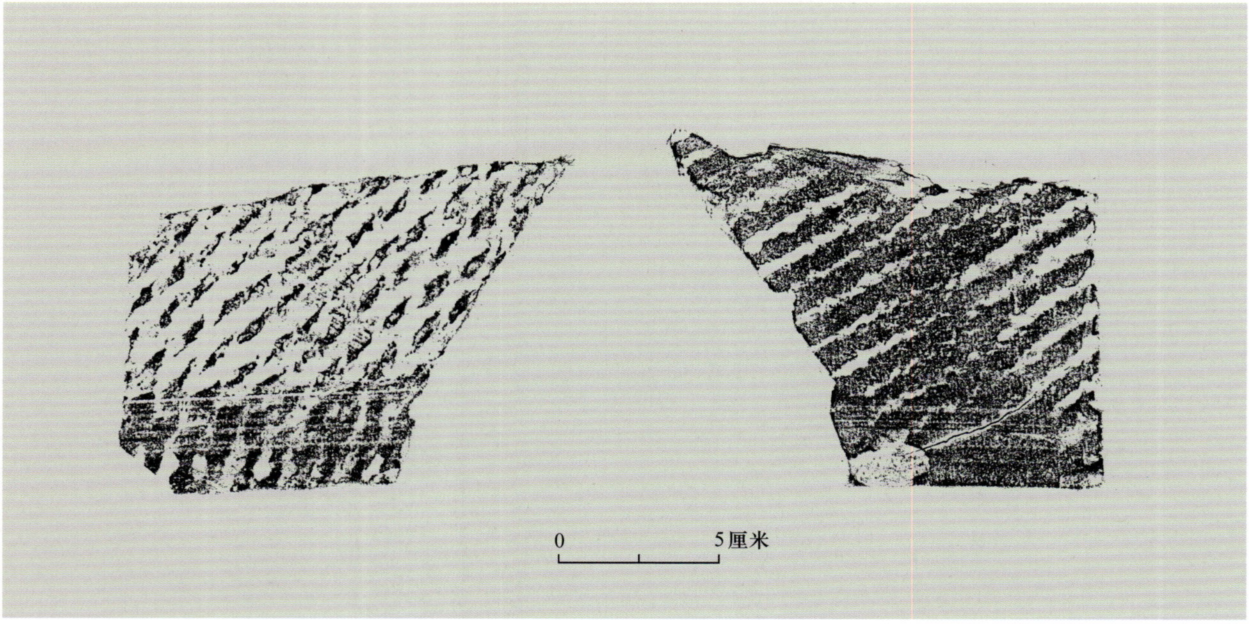

图5.42　Ca10型板瓦（⑫：2）表、内面拓片

Cb1型　1件。⑥：3，残。灰陶。表面饰粗斜绳纹，内面素面。残长13.5、残宽7、厚1.4厘米（图5.43、图5.44）。

Cb2型　1件。⑬：1，残。瓦呈灰色。表面饰粗斜绳纹，内面饰麻点纹，残瓦片表面中部有凹弦纹一周。残长12.5、残宽17、厚1.3厘米（图5.45、图5.46）。

图5.43 Cb1型板瓦（⑥：3）表、内面照片

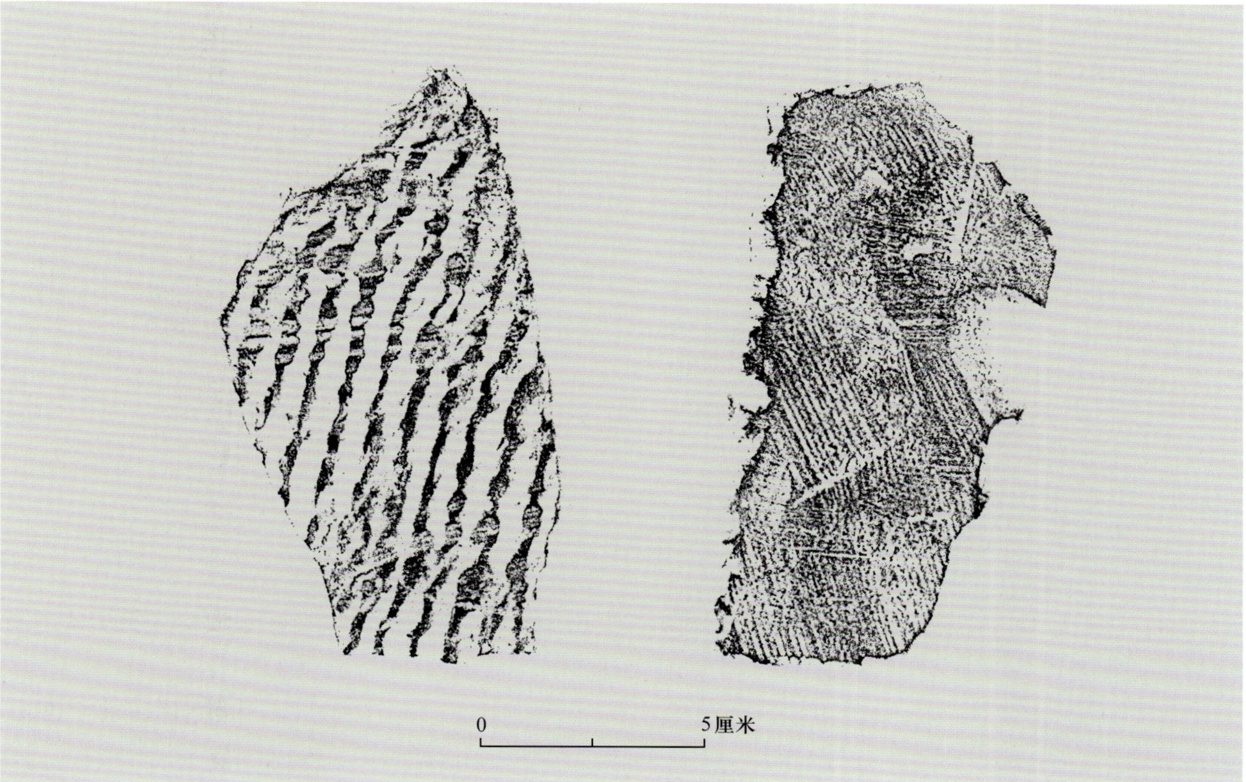

图5.44 Cb1型板瓦（⑥：3）表、内面拓片

图5.45　Cb2型板瓦（⑬：1）表、内面照片

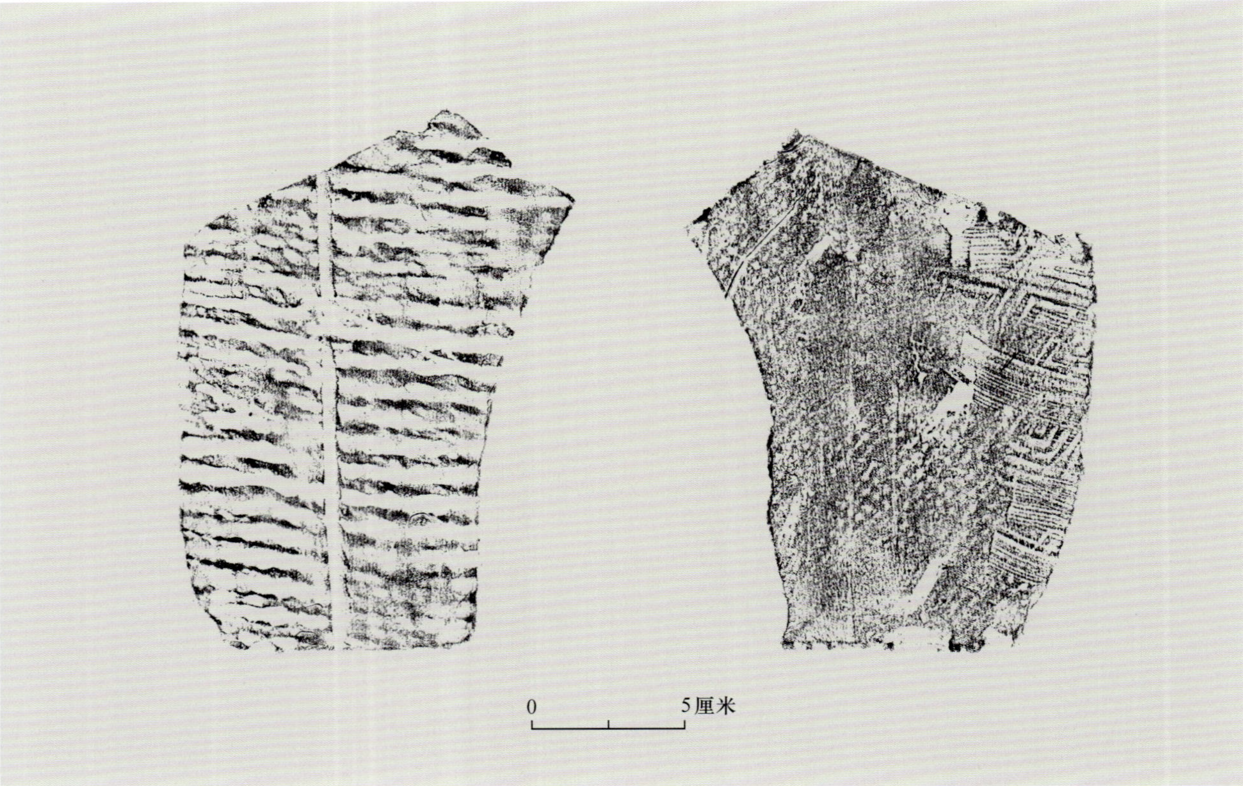

图5.46　Cb2型板瓦（⑬：1）表、内面拓片

Cc4型 1件。⑨：3，残。表面饰粗直绳纹，内面饰布纹，抹平绳纹宽2厘米。残长10、残宽13、厚1.4厘米（图5.47、图5.48）。

图5.47 Cc4型板瓦（⑨：3）表、内面照片

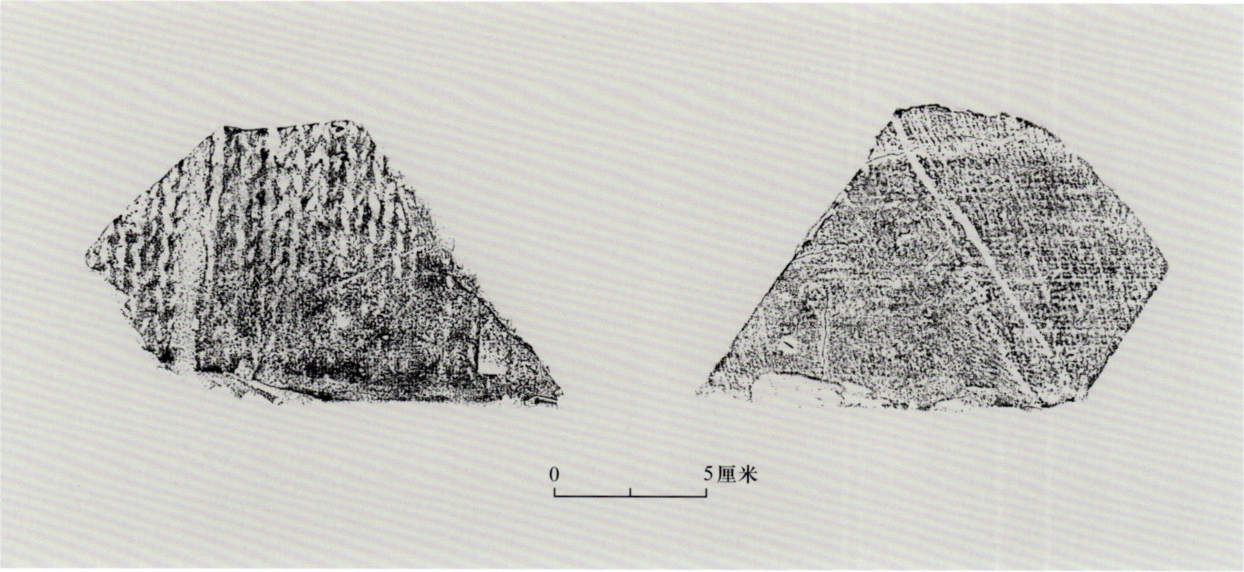

图5.48 Cc4型板瓦（⑨：3）表、内面拓片

（3）筒瓦

出土4件。据表面绳纹粗细，可分三亚型。

Ba4型　2件。表面饰中粗交错绳纹，内面饰布纹。

⑤：4，残。灰陶。残长14、残宽10.5、厚1.2厘米（图5.49、图5.50）。

图5.49　Ba4型筒瓦（⑤：4）表、内面照片

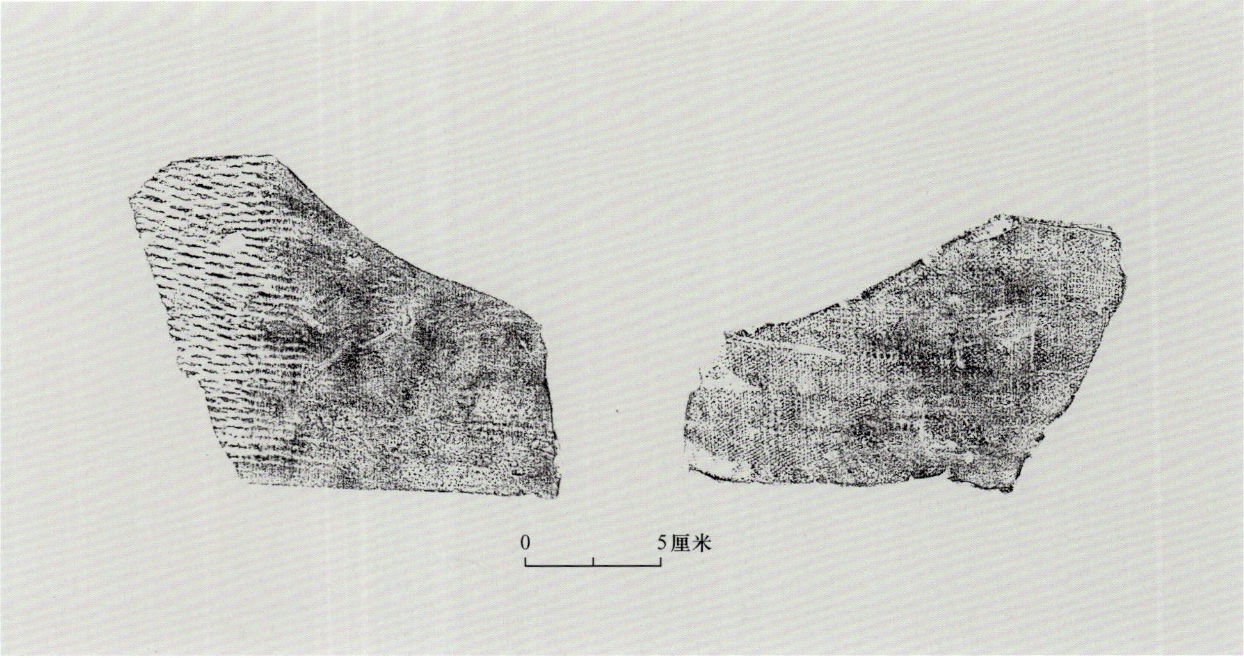

图5.50　Ba4型筒瓦（⑤：4）表、内面拓片

⑫：3，残。灰陶。残长8.3、残宽8.5、厚1～1.5厘米，瓦唇长4.3、厚0.9厘米（图5.51、图5.52）。

图5.51 Ba4型筒瓦（⑫：3）表、内面照片

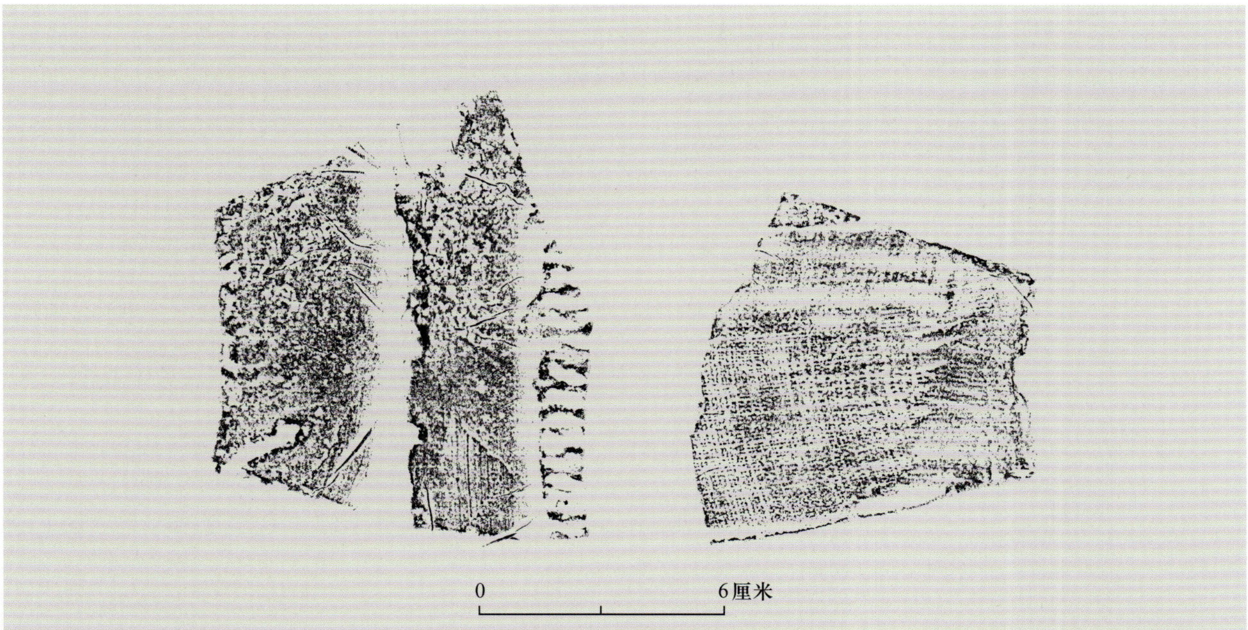

图5.52 Ba4型筒瓦（⑫：3）表、内面拓片

Bc4型　1件。⑬：6，残。瓦呈灰色。表面纹饰中粗直绳纹，内面饰布纹，瓦表面抹平部分残宽1.2厘米。残长16.5、残宽10.3、厚1.2厘米（图5.53、图5.54）。

图5.53　Bc4型筒瓦（⑬：6）表、内面照片

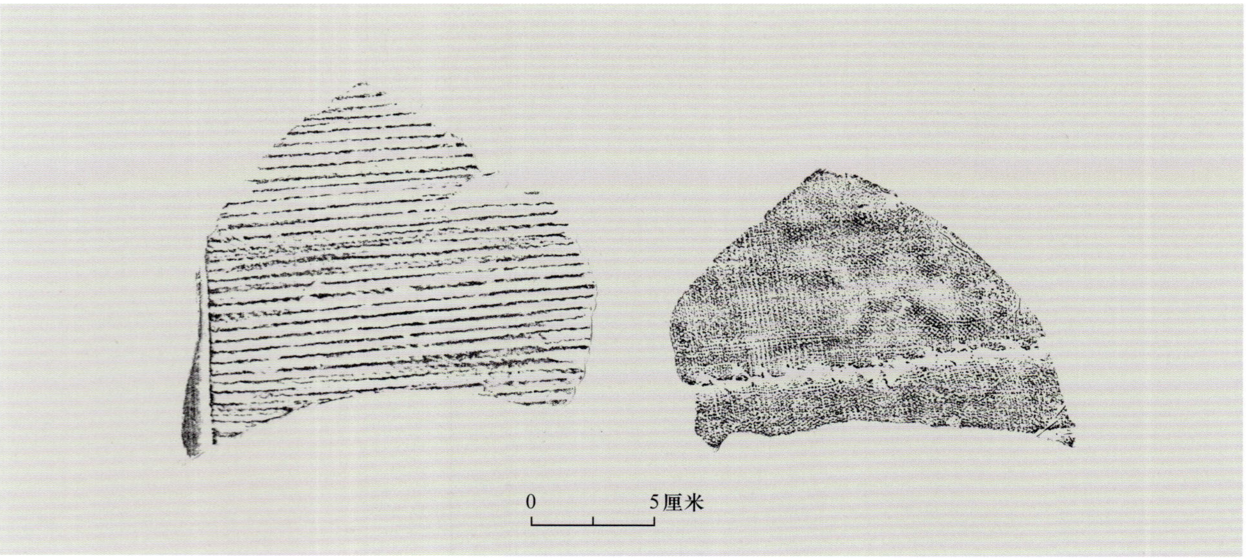

图5.54　Bc4型筒瓦（⑬：6）表、内面拓片

D4型。1件。⑤：5，残。灰陶。表面素面，内面饰布纹。残长10.3、残宽11.5、厚1.6～1.8厘米，瓦唇长4.5、唇残宽8.5、厚1.3厘米（图5.55、图5.56）。

（4）瓦当

出土2件，均为云纹瓦当。

⑨：6，残。灰色。当残径12.5、当心径5.5、边轮宽0.9、边轮厚2.4、当厚0.7厘米（图5.57、图5.58）。

图5.55 D4型筒瓦（⑤：5）表、内面照片

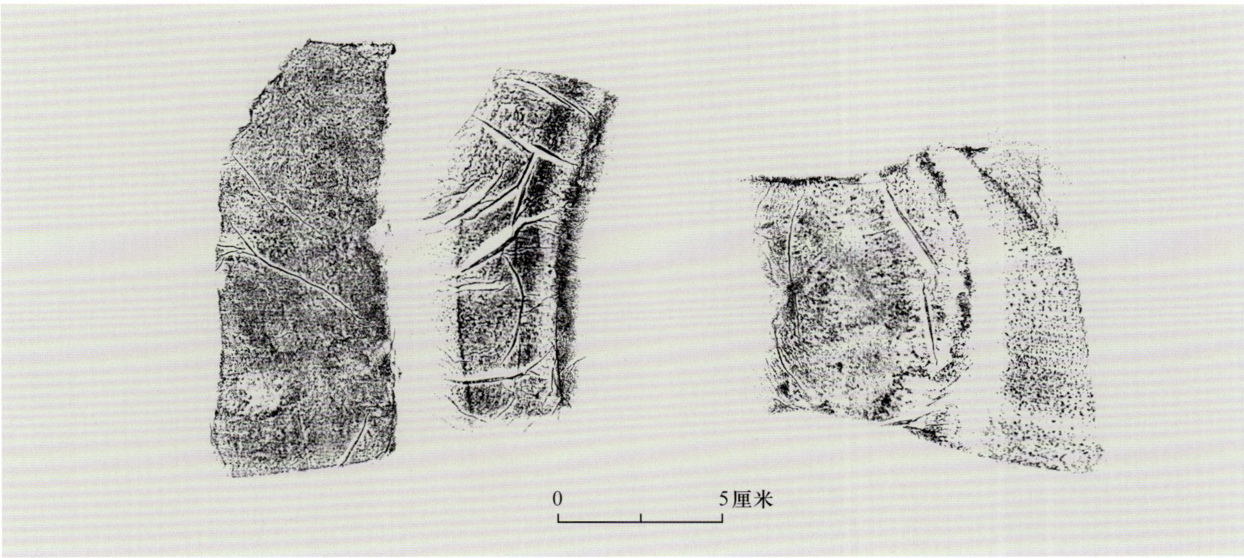

图5.56 D4型筒瓦（⑤：5）表、内面拓片

图5.57 云纹瓦当（⑨：6）正、背面照片

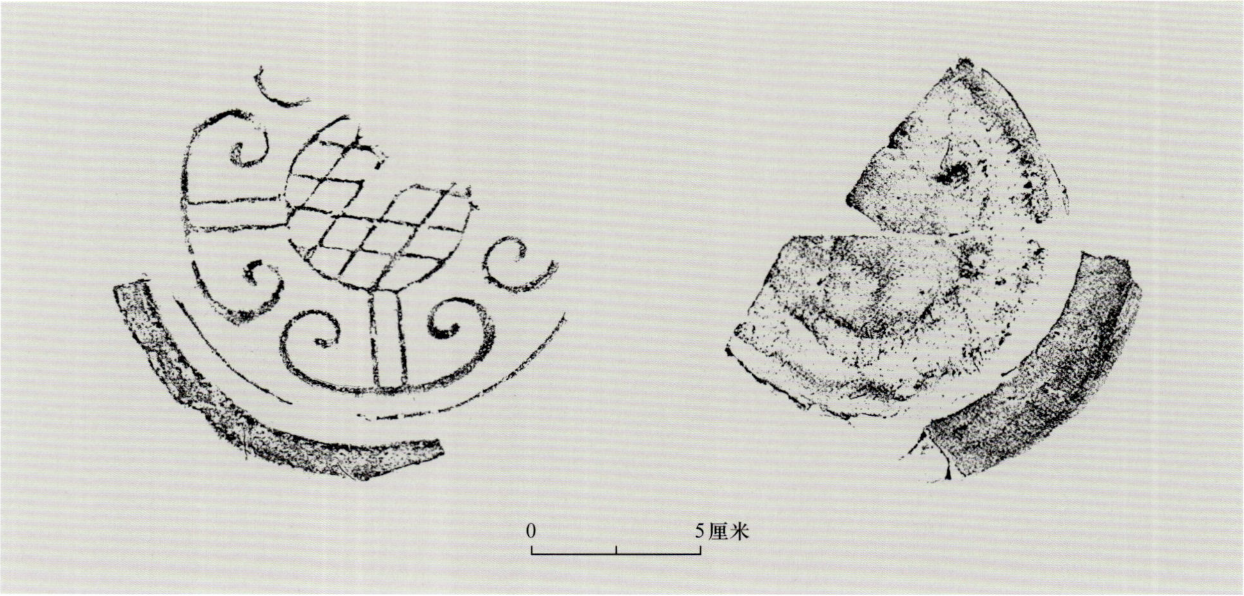

图5.58　云纹瓦当（⑨：6）正、背面拓片

⑨：9，残。灰色。当复原径14.7、边轮宽0.8、边轮厚2.5、当厚0.6、缘深0.3厘米（图5.59、图5.60；彩版58；图版58）。

图5.59　云纹瓦当（⑨：9）正、背面照片

2. 陶器

根据用途，出土陶器4种，有盆、罐、饼、釜。分别介绍如下。

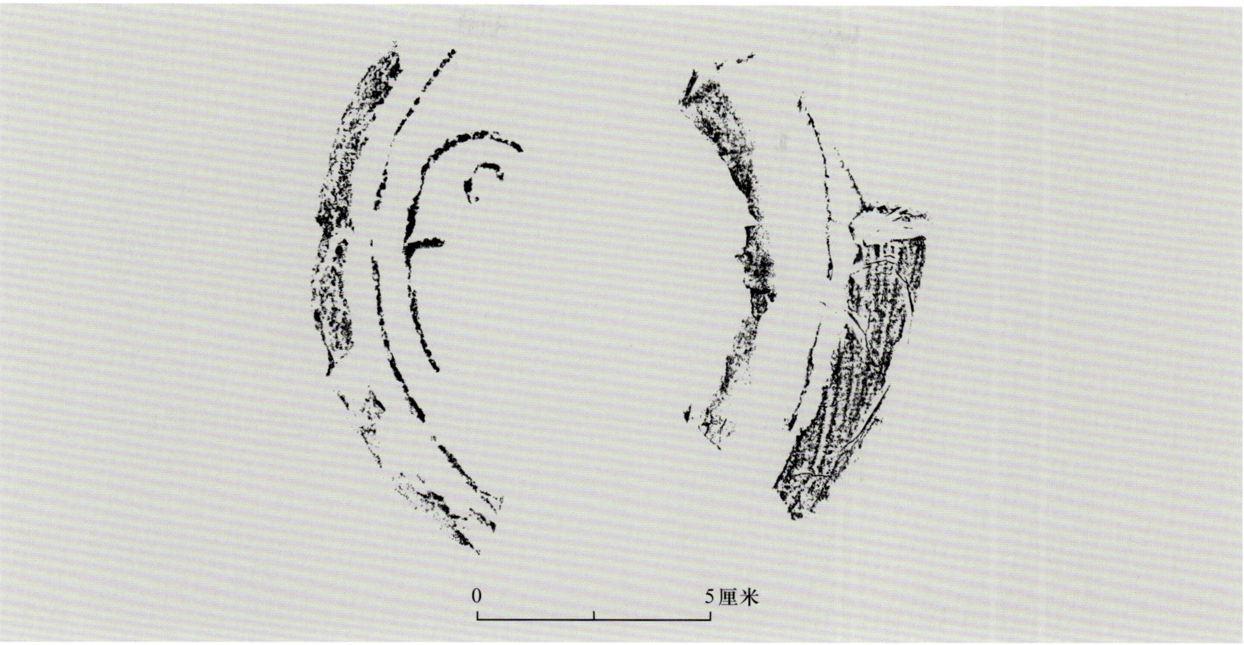

图5.60 云纹瓦当（⑨：9）正、背面拓片

（1）盆

出土2件。

⑤：6，残。泥质灰陶。口沿，圆唇，束颈，斜肩。腹斜直向下内收，内外均有明显轮制痕迹。复原口径35.5、沿宽2.9、残长17.9、残宽4.9、残高6、厚0.6厘米（图5.61、图5.62；彩版58；图版58）。

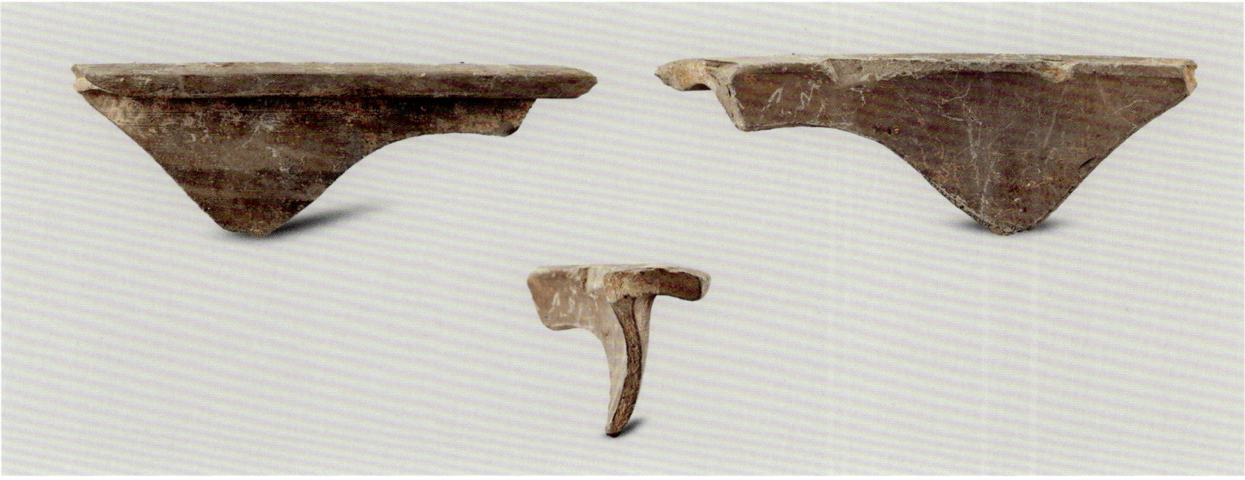

图5.61 陶盆（⑤：6）外、内、侧面照片

⑫：4，残。泥质灰陶。口沿，唇面饰浅凹弦纹8周，唇沿靠下有细凹弦纹一周，直颈，内外均有明显轮制痕迹。复原口径47.4、沿宽3.9、残长23.8、残宽6.9、残高6.9、厚0.9厘米（图5.63、图5.64；彩版59；图版59）。

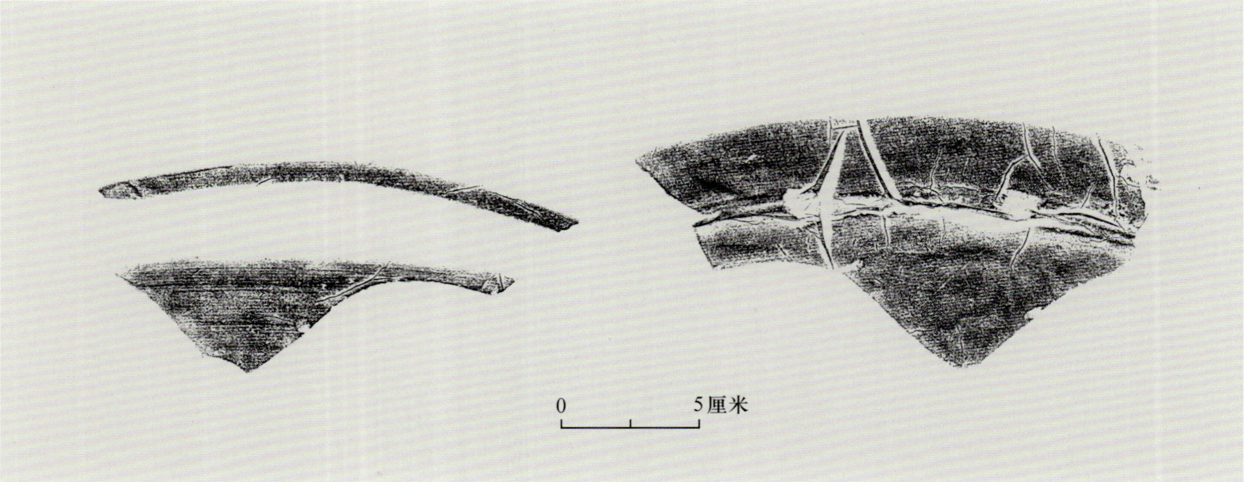

图5.62　陶盆（⑤：6）外、内面拓片

图5.63　陶盆（⑫：4）外、内、侧面照片

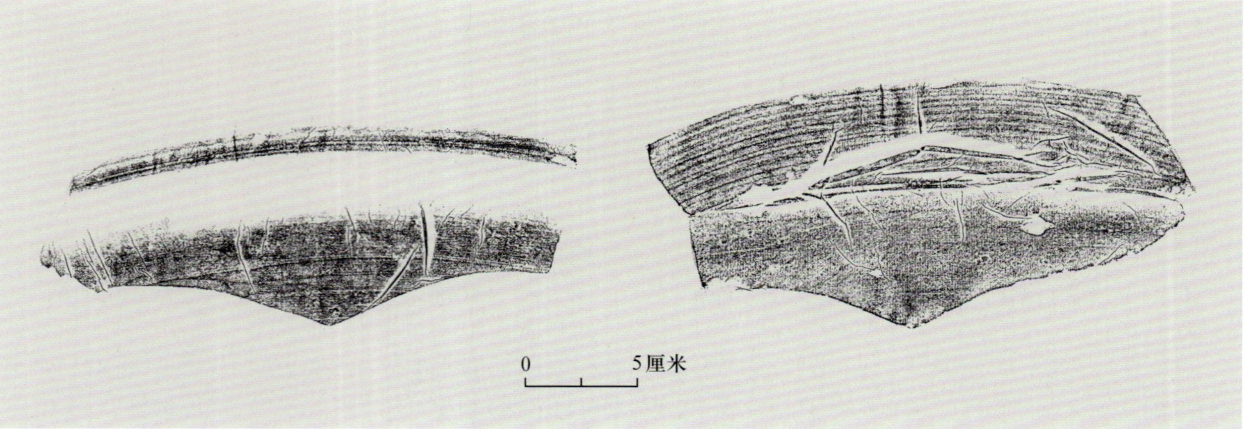

图5.64　陶盆（⑫：4）外、内面拓片

（2）罐

出土3件。均为灰陶。

⑤：7，残。泥质灰陶。口沿，微敞口，沿内侧饰两周凹弦纹，束颈，斜肩，肩上有三周“指甲”纹，腹斜直外撇，表面有明显轮制痕迹。复原口径30.3、沿宽1.7、残长25.6、残宽14.7、残高9.6、厚1.7厘米（图5.65、图5.66；彩版60；图版60）。

图5.65 陶罐（⑤：7）外、内、侧面照片

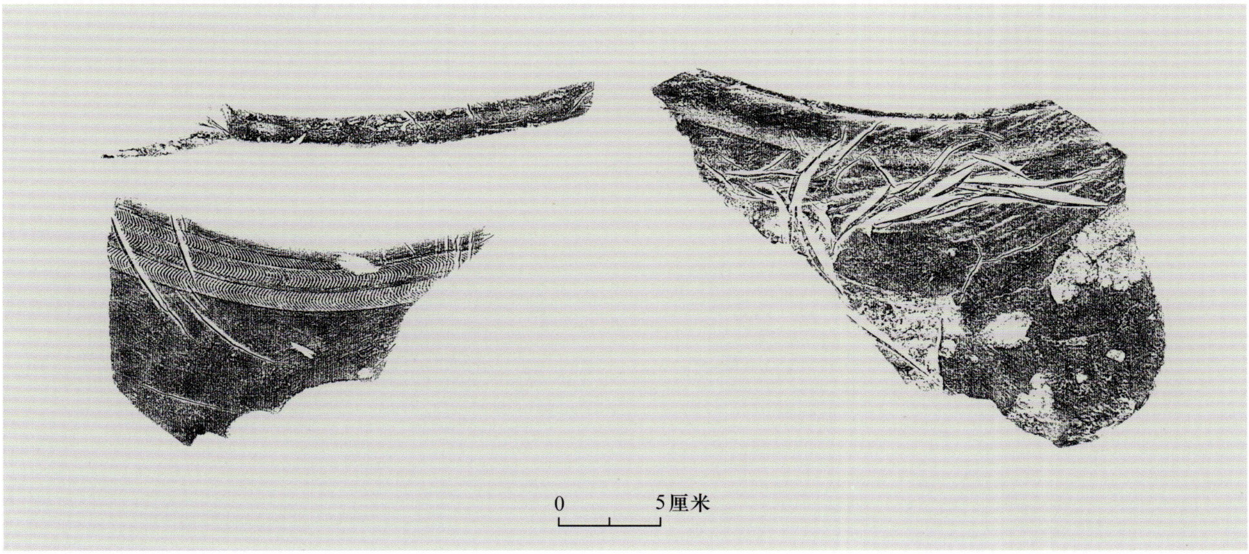

图5.66 陶罐（⑤：7）外、内面拓片

⑨：4，残。夹砂灰陶。口沿，圆唇，沿外有人工手指按压痕迹，束颈，腹斜直。颈部下方有宽2.8厘米的手制按压细绳纹凹窝，素面，内外均有明显轮制痕迹。残宽13、残高8、厚1.1～1.5厘米（图5.67、图5.68）。

图5.67 陶罐（⑨：4）外、内、侧面照片

图5.68 陶罐（⑨：4）外、内面拓片

⑨：5，残。泥质灰陶。口沿，溜肩，肩部斜直，肩上饰两周水波纹，宽2.5厘米，腹部斜直外撇，内素面。残宽11.3、残高4、厚1～1.3厘米（图5.69、图5.70）。

图5.69 陶罐（⑨：5）外、内面照片

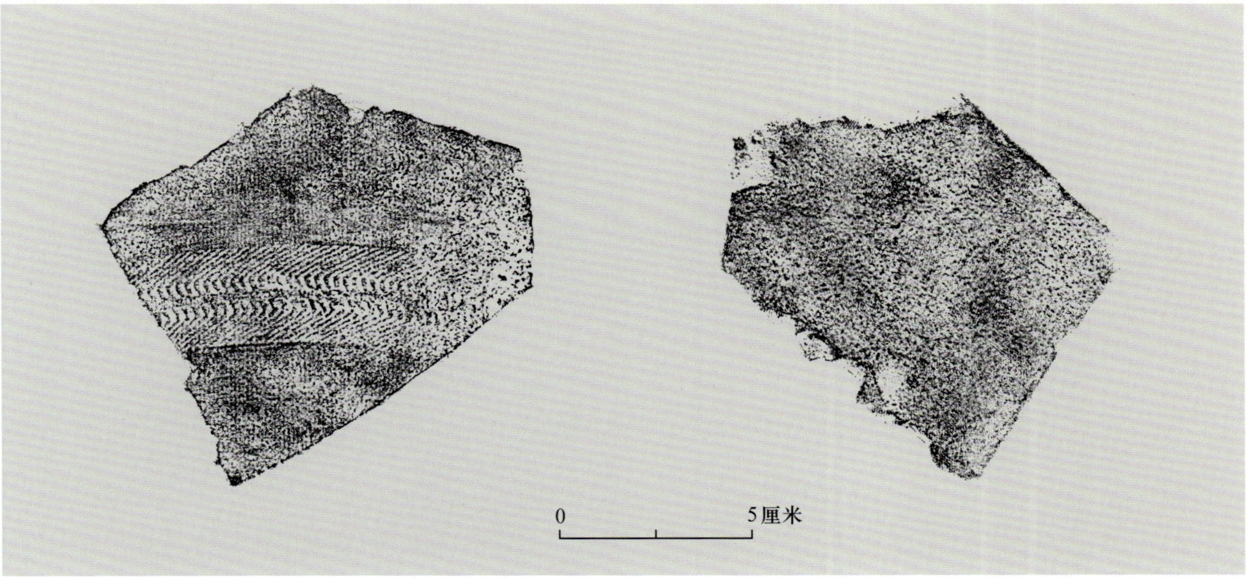

图5.70 陶罐（⑨：5）外、内面拓片

（3）饼

2件。

⑨：7，残。近圆形。灰色。一面饰菱形纹，另一面饰细绳纹。残长9.9、宽9.2、厚2.9厘米（图5.71、图5.72；彩版61；图版61）。

⑨：8，残。圆形。灰色。边缘打磨较粗糙，一面饰细交错绳纹，另一面素面，当为利用陶器残片二次加工而成。直径4.8、厚0.8厘米（图5.73、图5.74；彩版62；图版62）。

图5.71 陶饼（⑨：7）正、背面照片

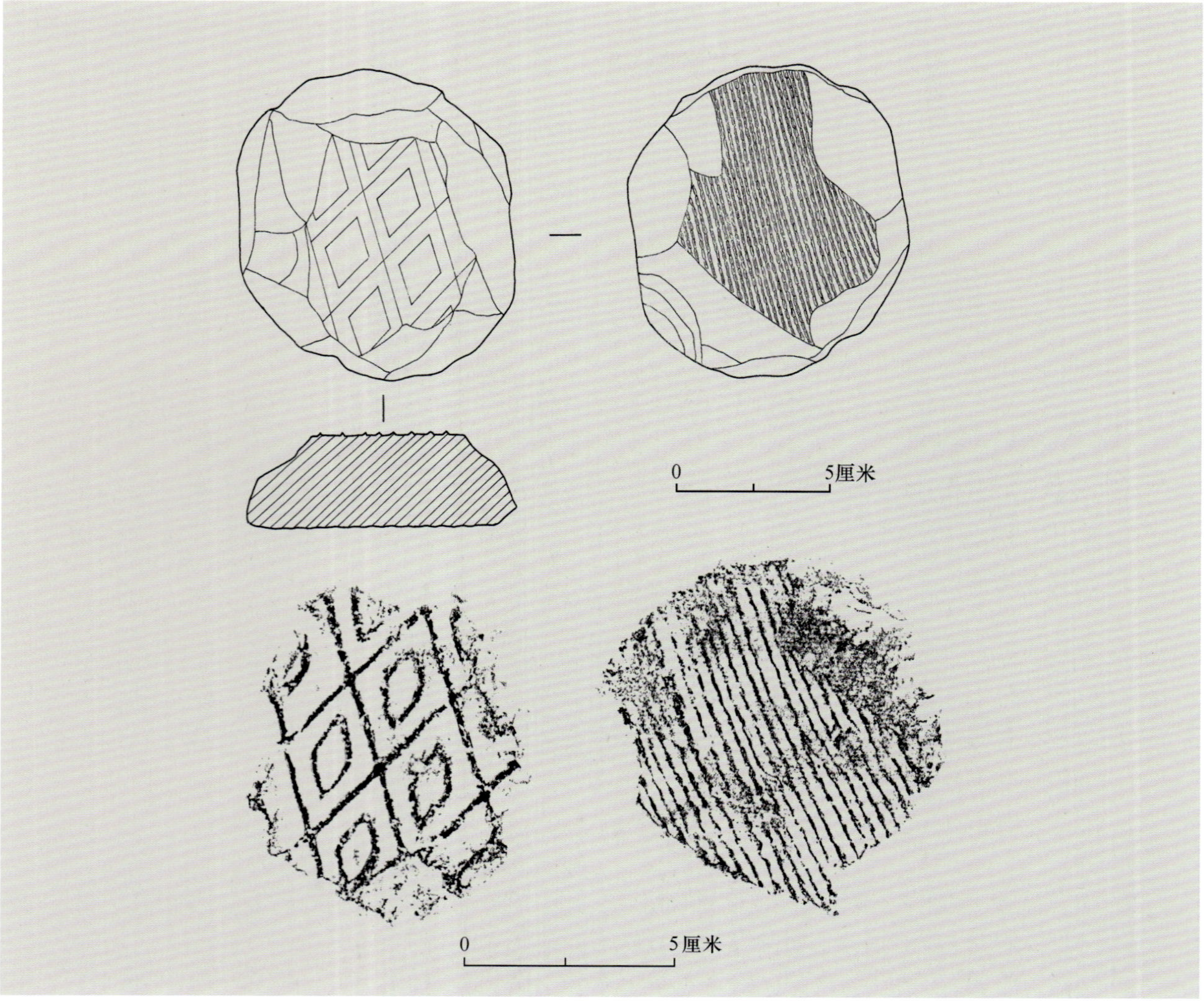

图5.72 陶饼（⑨：7）线图及正、背面拓片

图5.73 陶饼（⑨：8）正、背、侧面照片

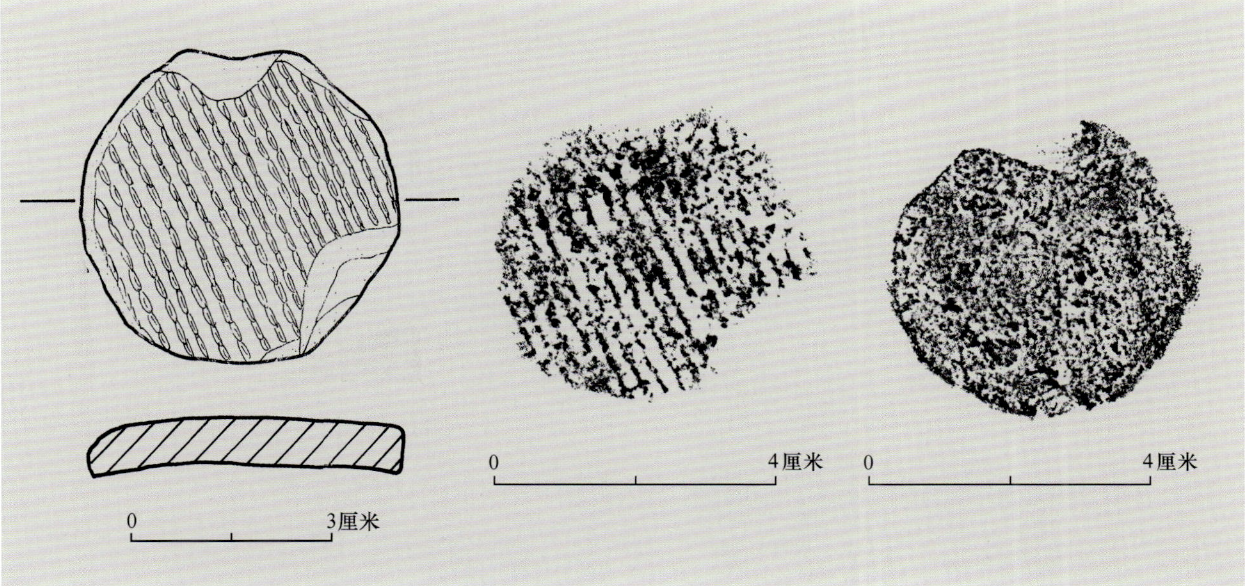

图5.74 陶饼（⑨：8）线图及正、背面拓片

（4）釜

1件。⑬：9，残。夹砂红陶。口沿，敛口，束颈，折肩，收腹。饰几何纹。复原口径24.5、沿宽1.1、残长8.1、残宽3.7、残高4.7、厚0.6厘米（图5.75、图5.76；彩版63；图版63）。

图5.75 陶釜（⑬：9）外、内、侧面照片

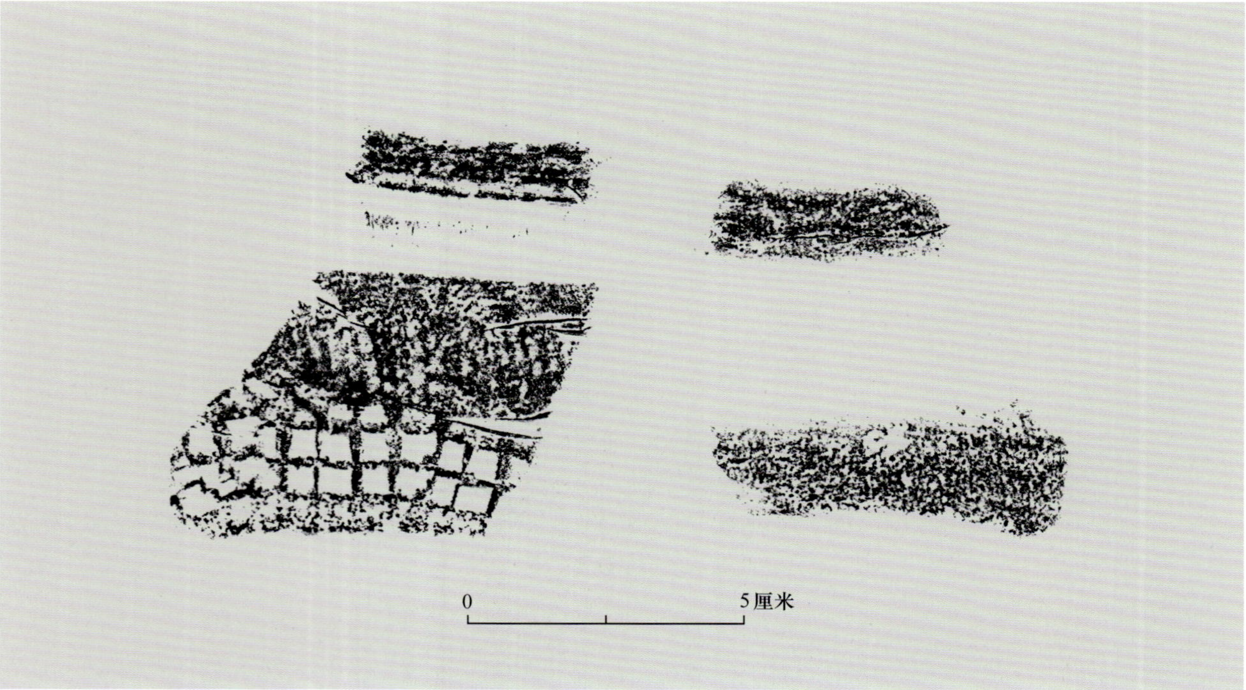

图5.76 陶釜（⑬：9）外、内面拓片

3. 铁器

铁钉 1件。⑧：2，腐朽严重。长条形。残长9.5、粗1厘米（图5.77、图5.78）。

铁块 2件。

⑧：3，腐朽严重，破碎（图5.79）。

图5.77 铁钉（⑧：2）正、侧面照片

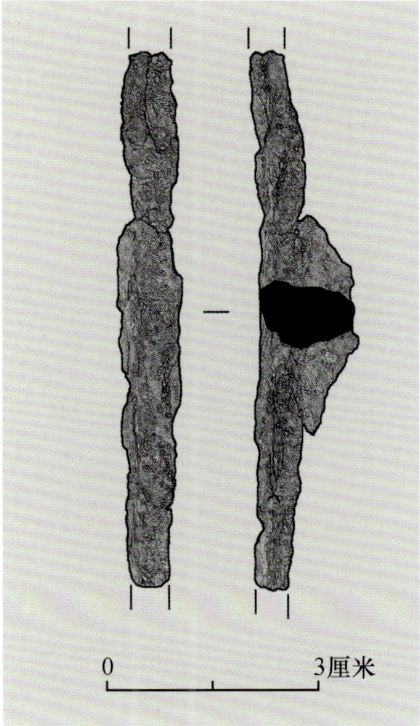

图5.78 铁钉（⑧：2）线图

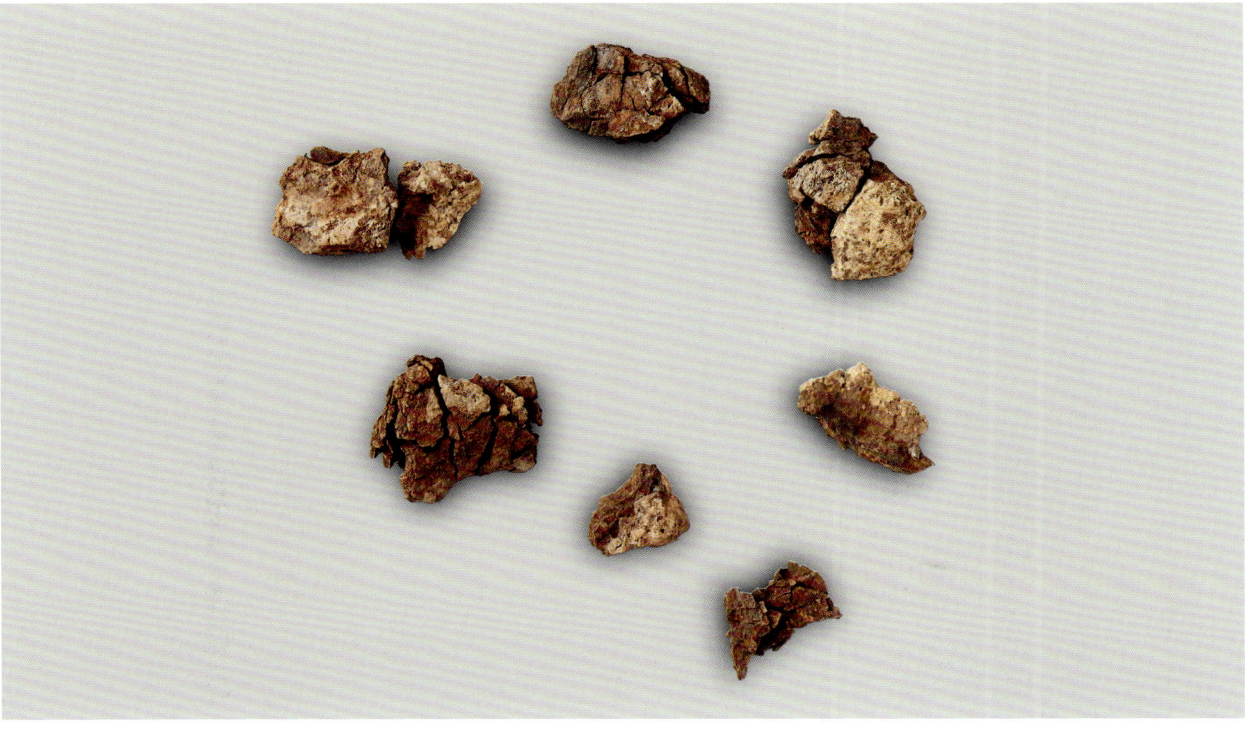

图5.79 铁块（⑧：3）正面照片

⑧：4，腐朽严重。残长1.8厘米。有帽，帽径约1厘米（图5.80、图5.81）。

图5.80　铁块（⑧：4）正、侧面照片

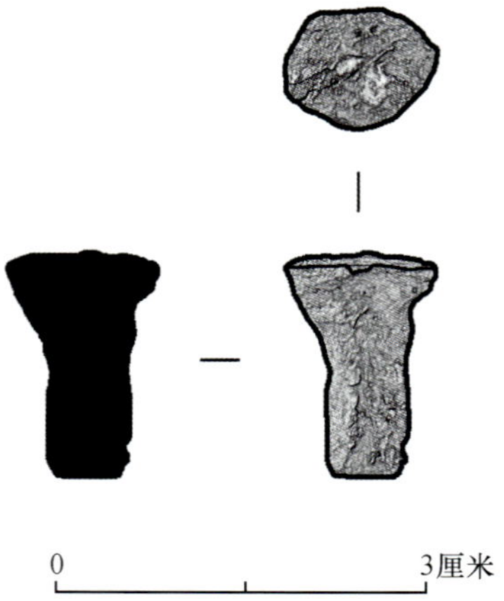

图5.81　铁块（⑧：4）线图

4. 玉器

璧形玉　1件。⑪：1，完整。白玉质，圆形。中部有一圆形穿，旁有另一穿孔未透。穿径0.3、直径1.75、厚0.3厘米（图5.82、图5.83）。

5. 铜钱

五铢　1枚。③：1，残半。圆形，方穿。残存五字一半。残径2.7厘米（图5.84、图5.85）。

无法辨别　1枚。⑧：1，残半。圆形，方穿。残径2厘米（图5.86、图5.87）。

图5.82　璧形玉（⑪：1）正、侧面照片

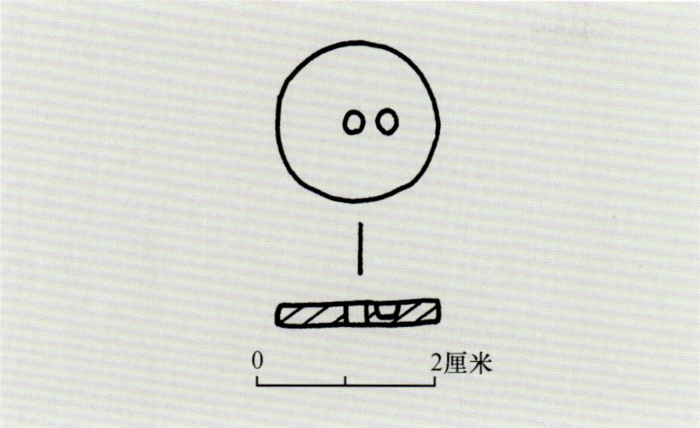

图5.83 璧形玉（⑪：1）线图

图5.84 五铢（③：1）正、背面照片

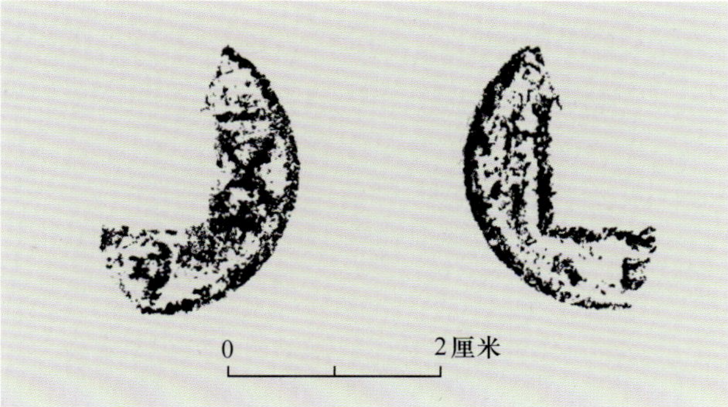

图5.85 五铢（③：1）正、背面拓片

图5.86 铜钱（⑧：1）正、背面照片

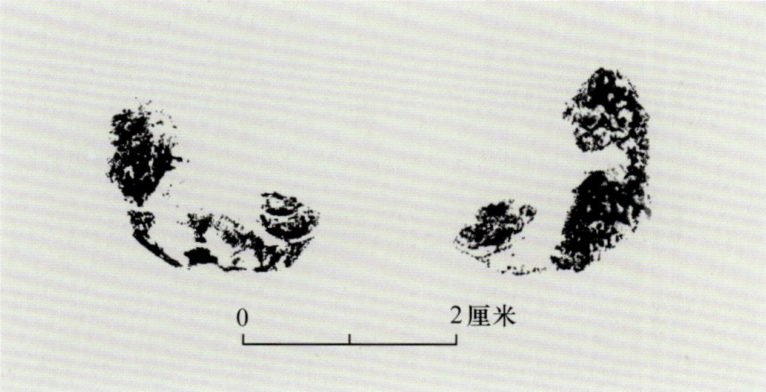

图5.87 铜钱（⑧：1）正、背面拓片

第二节 遗　　迹

T4共发掘遗迹6种23个，其中灰坑10座、墓葬4座、路1条、沟6条、水井1座、城墙1处（表5.1）。分别介绍如下（图5.88）。

（一）灰坑

共清理灰坑10座，其中开口第2层下2、第4层下2、第6层下2、第8层下2、第10a层下2座。

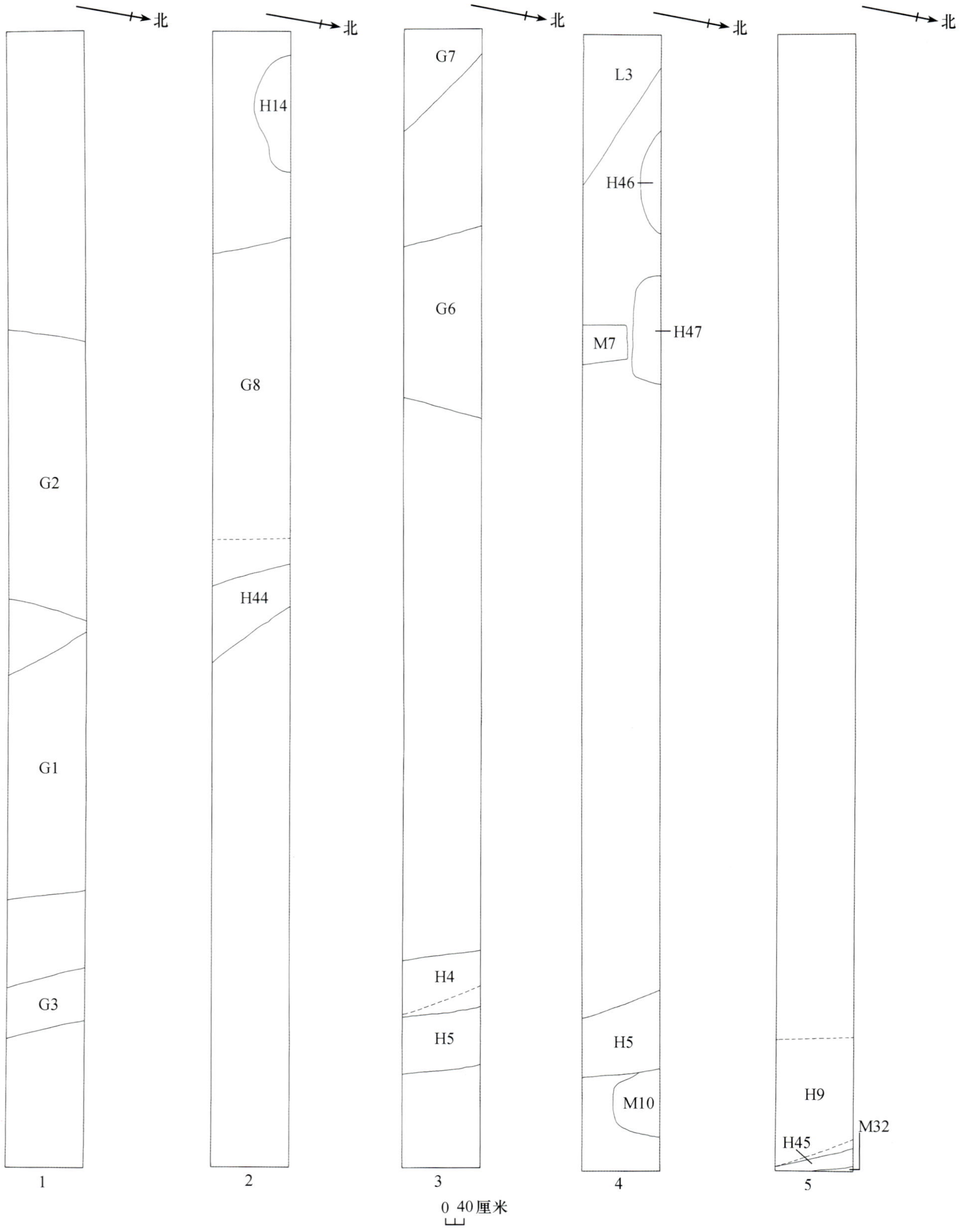

图5.88 T4第1～

1. 第1层下平面图 2. 第2层下遗迹平面图 3. 第4层下遗

6. 第10a层下遗迹平面图 7. 第9c层下遗迹平面图

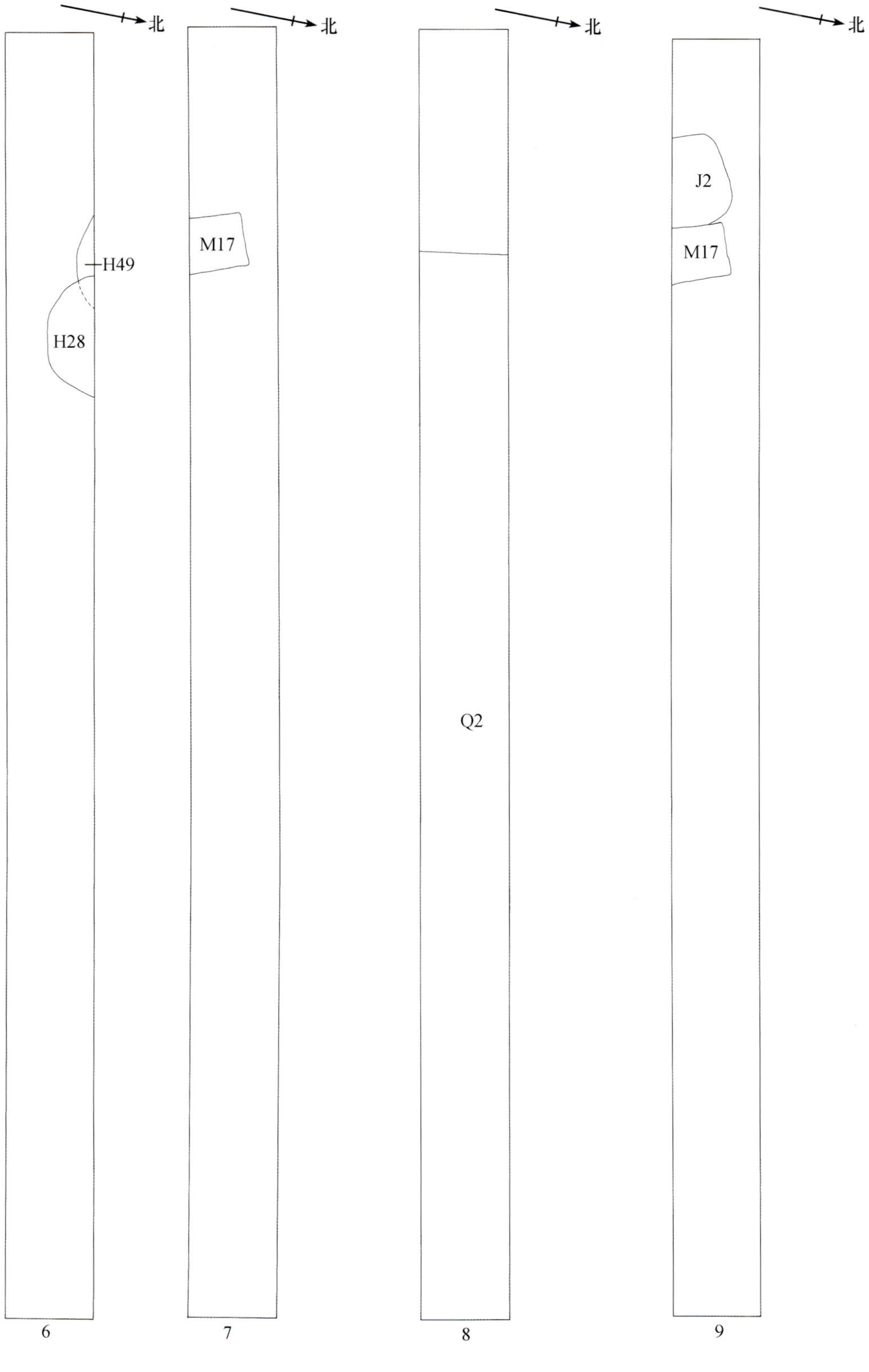

3层下遗迹平面图
迹平面图　4. 第6层下遗迹平面图　5. 第8层下遗迹平面图
8. 第13层下遗迹平面图　9. 第11b层下遗迹平面图

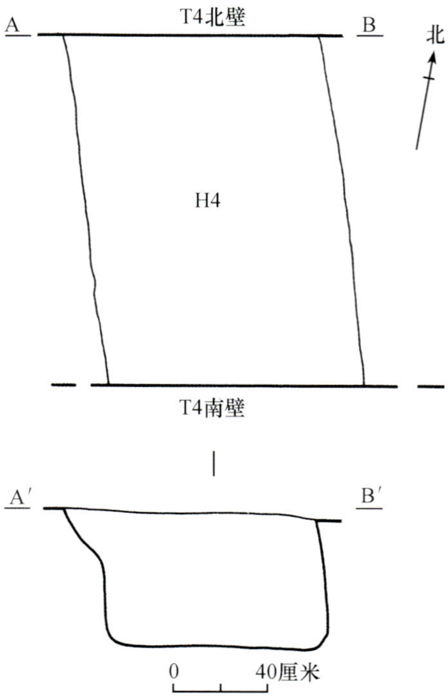

图5.89　H4平、剖面图

分别介绍如下。

1. H4

位于T4东部，其南部、北部延伸出探方，开口于第4层下，打破H5、Q2。平面呈长条形，斜壁，平底。口距地表深0.96～1.03米，口东西1.1、南北1.5、深0.76、底宽0.54～0.9米。填土深褐色，土质疏松（图5.89）。时代应为东汉晚期。

出土遗物残片占探方出土总数的4.97%。据坑内出土遗物残片统计，板瓦占18.76%，其中Cb1型占3.13%、Ba1型占12.5%、Ba4型占3.13%。筒瓦占3.13%，仅Cb4型。陶片占78.13%，均为素面（表5.9）。

板瓦　2件。分二亚型。

Ba4型　1件。H4：1，残。灰陶。表面饰中粗交错绳纹，内面饰布纹。残长12.5、残宽10.5、厚2厘米（图5.90、图5.91）。

Ca1型　1件。H4：2，残。灰陶。表面粗交错绳纹，内面素面。残长15.5、残宽12、厚1.4厘米（图5.92、图5.93）。

表5.9　H4出土遗物数量统计表

名称	分型/纹饰	灰陶/件	百分比/%	总百分比/%
板瓦	Cb1	1	3.13	18.76
	Ba1	4	12.50	
	Ba4	1	3.13	
筒瓦	Cb4	1	3.13	3.13
陶片	素面	25	78.13	78.13
合计		32	100.00	

筒瓦　1件。属Bb4型。表面纹饰中粗斜绳纹，内面饰布纹。H4：3，残。灰陶。绳纹距小头部分7.7厘米。长10.6、宽8.5、厚0.81厘米，瓦唇长1.6、唇残宽2.8、厚0.6厘米（图5.94、图5.95）。

2. H5

位于T4东部，其南、北部延伸出探方。开口于第4层下，被H4打破，打破M10、H9、Q2，并打破第5、6层。平面呈长条形，袋状，底近平。口距地表深0.94～1.06米，口东西1.14～1.52、南北1.5～1.58、深0.66～1.32、坑底宽1.5米。填土分两层，其中第1层厚0.58～0.76米，浅褐色，土质致密；第2层厚0.34～0.46米，深褐色，土质致密（图5.96）。时代应为东汉晚期。

出土遗物残片占探方出土总数的6.21%。据坑内出土遗物残片统计，板瓦占55%，其中Cb1型占50%，Bc4型占5%。陶片占20%，均为素面。砖块25%，均为素面（表5.10）。

图5.90 Ba4型板瓦（H4：1）表、内面照片

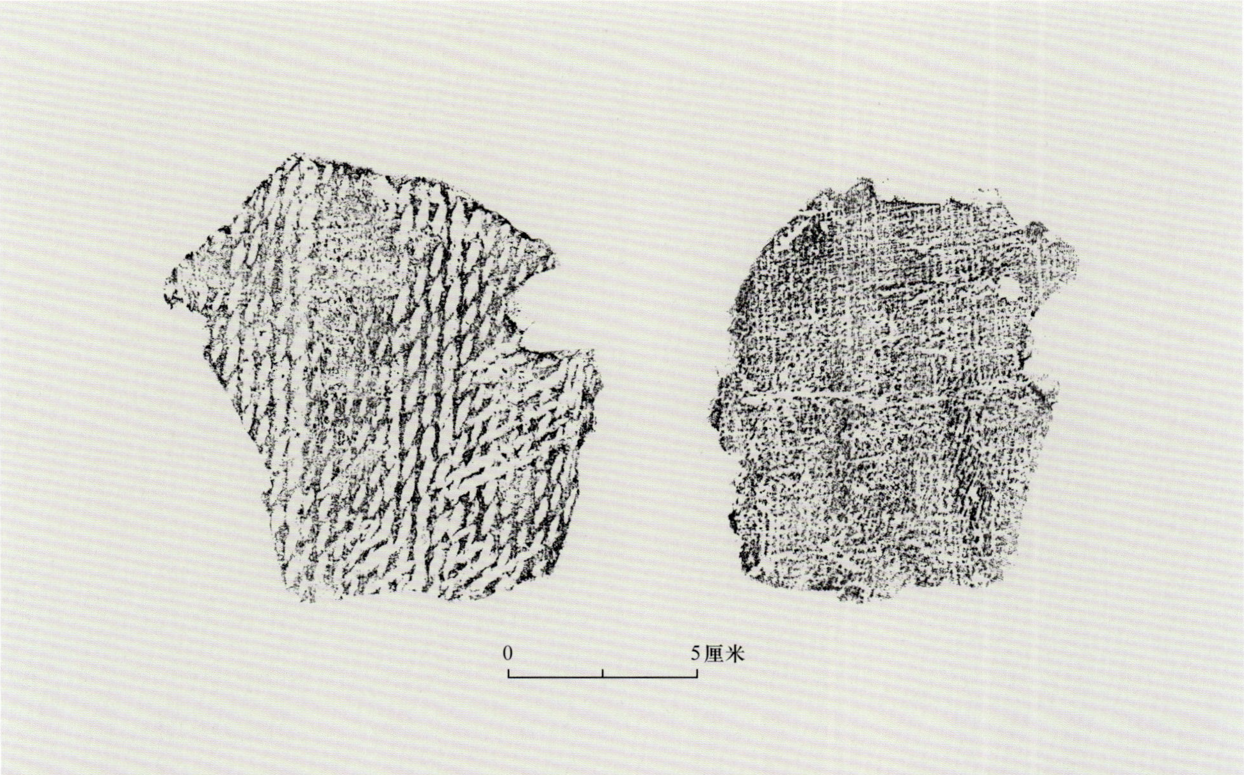

图5.91 Ba4型板瓦（H4：1）表、内面拓片

图5.92　Ca1型板瓦（H4：2）表、内面照片

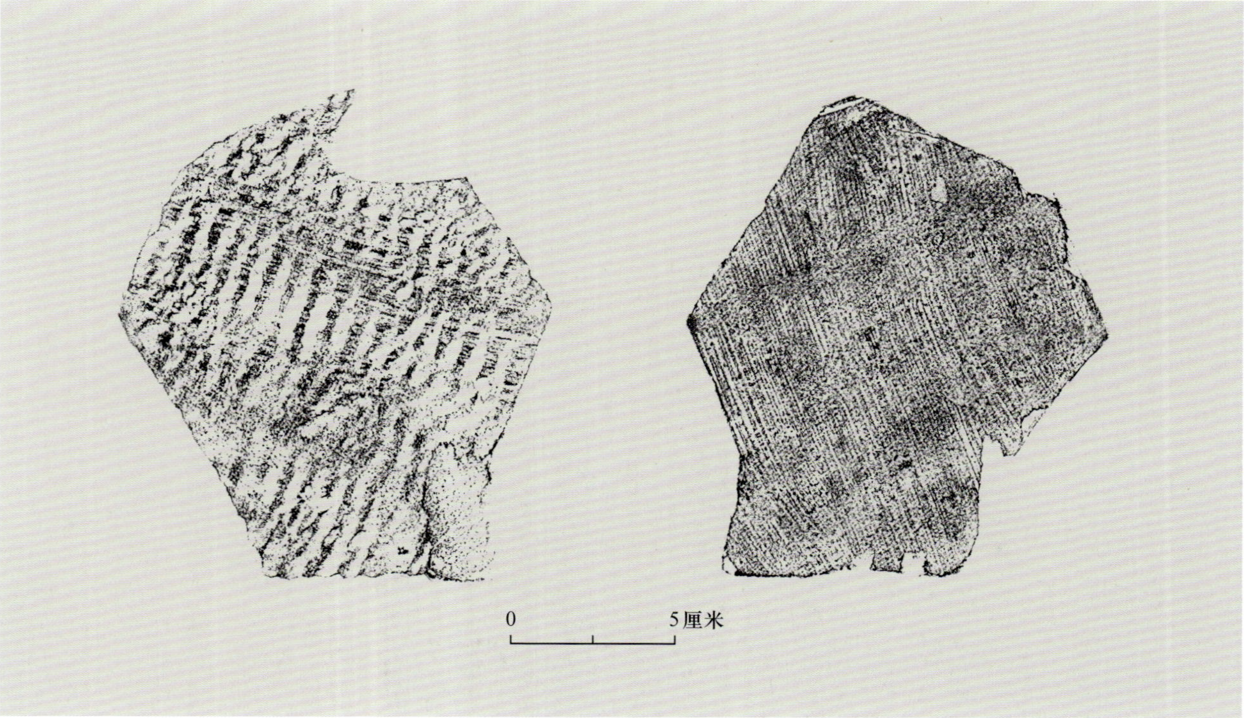

图5.93　Ca1型板瓦（H4：2）表、内面拓片

图5.94 Bb4型筒瓦（H4：3）表、内面照片

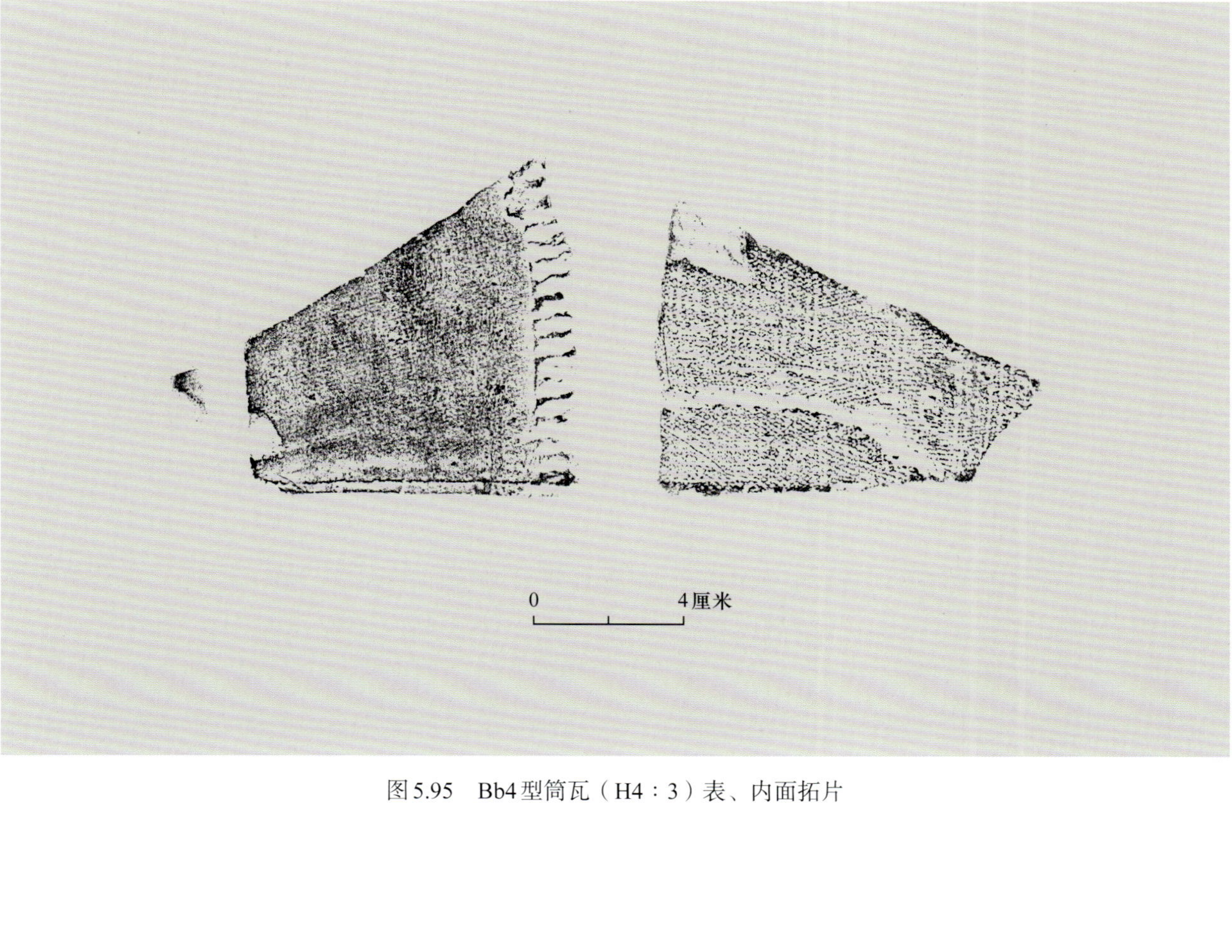

图5.95 Bb4型筒瓦（H4：3）表、内面拓片

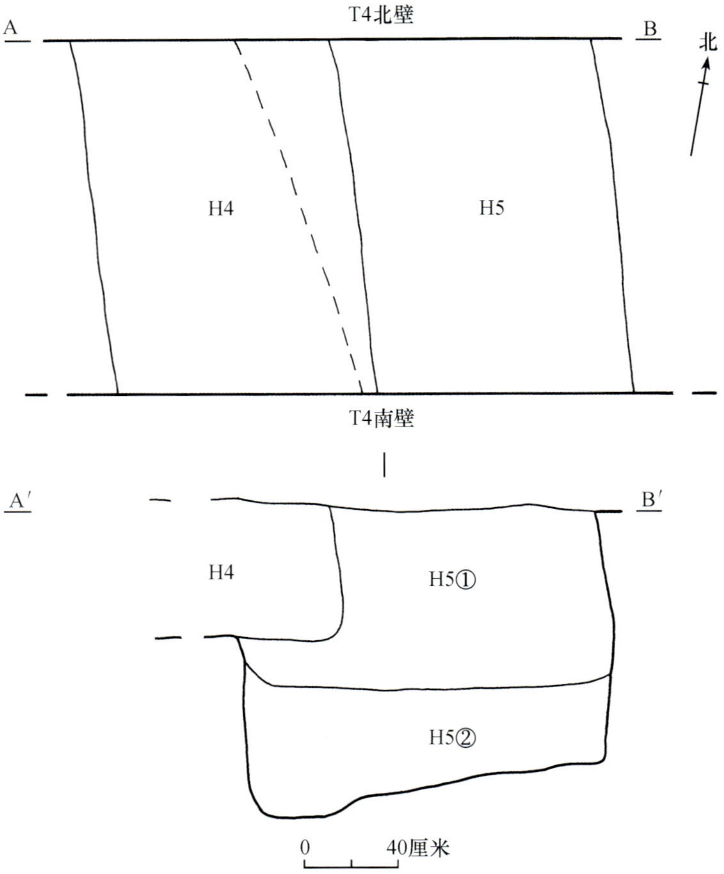

图5.96　H5平、剖面图

表5.10　H5出土遗物数量统计表

名称	分型/纹饰	灰陶/件	百分比/%	总百分比/%
板瓦	Cb1	20	50.00	55.00
	Bc4	2	5.00	
陶片	素面	8	20.00	20.00
砖	素面	10	25.00	25.00
合计		40	100.00	

出土器物3件，均为建筑材料。

素面砖　1件。H5：3，残。呈红褐色。表面有明显刷痕印。残长17.6、宽14.5、厚5.8厘米（图5.97、图5.98）。

板瓦　1件。属Cb1型，H5：1，残。表面纹饰粗斜绳纹，内面素面。灰陶。残长6、残宽12、厚1厘米（图5.99、图5.100）。

图5.97 素面砖（H5：3）正、背、侧面照片

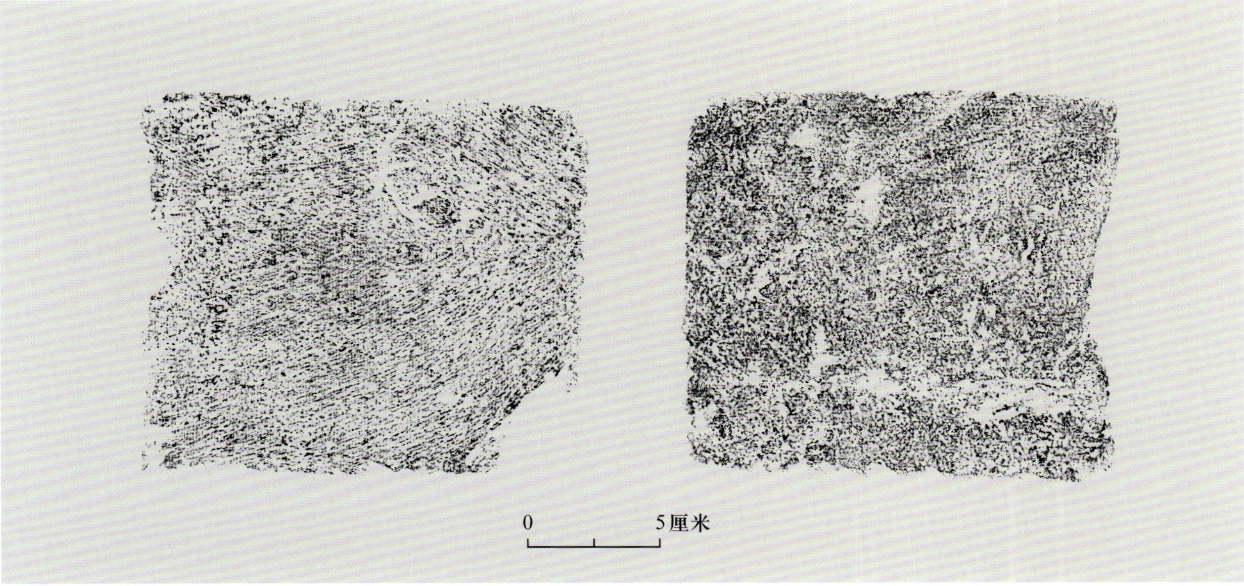

图5.98 素面砖（H5：3）正、背面拓片

图5.99　Cb1型板瓦（H5：1）表、内面照片

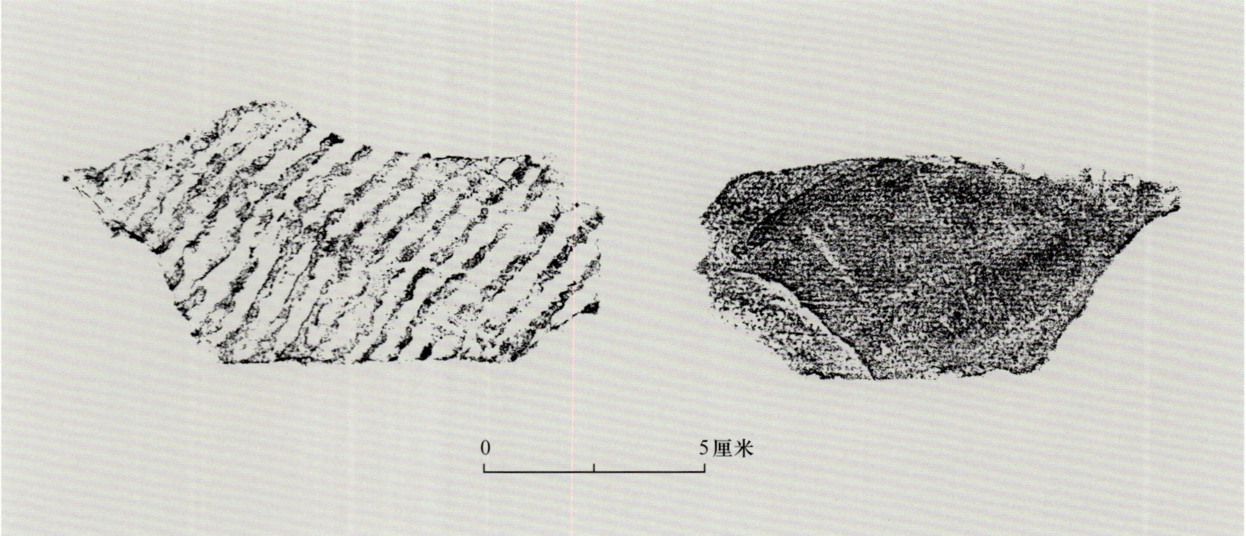

图5.100　Cb1型板瓦（H5：1）表、内面拓片

筒瓦 1件。属Bb4型。表面饰中粗斜绳纹，内面饰布纹。H5：2，残。灰陶。长8.5、宽11.5、厚1.5厘米（图5.101、图5.102）。

图5.101 Bb4型筒瓦（H5：2）表、内面照片

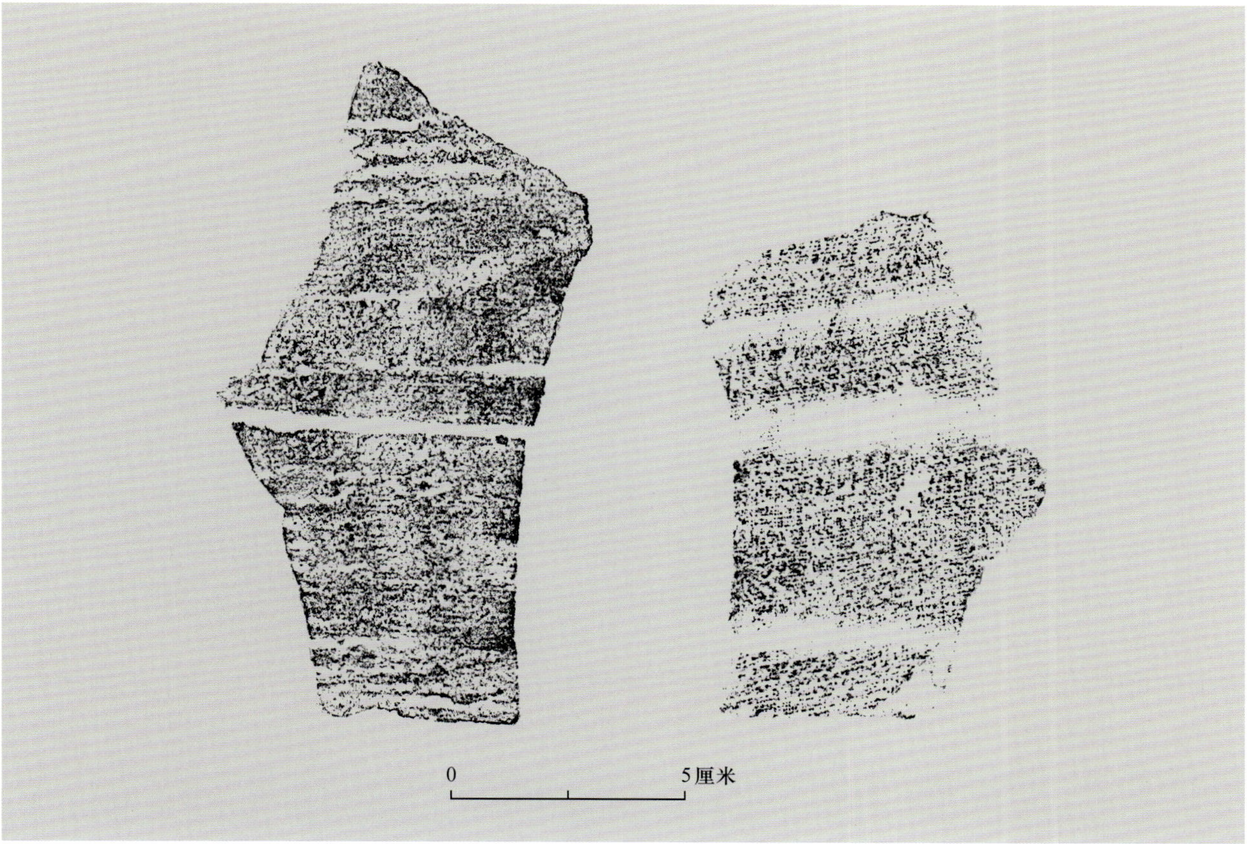

图5.102 Bb4型筒瓦（H5：2）表、内面拓片

3. H9

位于T4东部，其南、北部延伸出探方。开口于第8层下，打破Q2，被H5、M10打破。平面呈长条形，斜壁，平底。口距地表深0.96～1.03米，口东西残宽2.16～2.46、口南北1.5～1.54、深0.54～0.64米。深褐色土，土质较致密，出土少量陶片，以灰陶为主，纹饰有绳纹、弦纹。可辨器形有筒瓦、板瓦等（图5.103）。时代应为西汉中晚期。

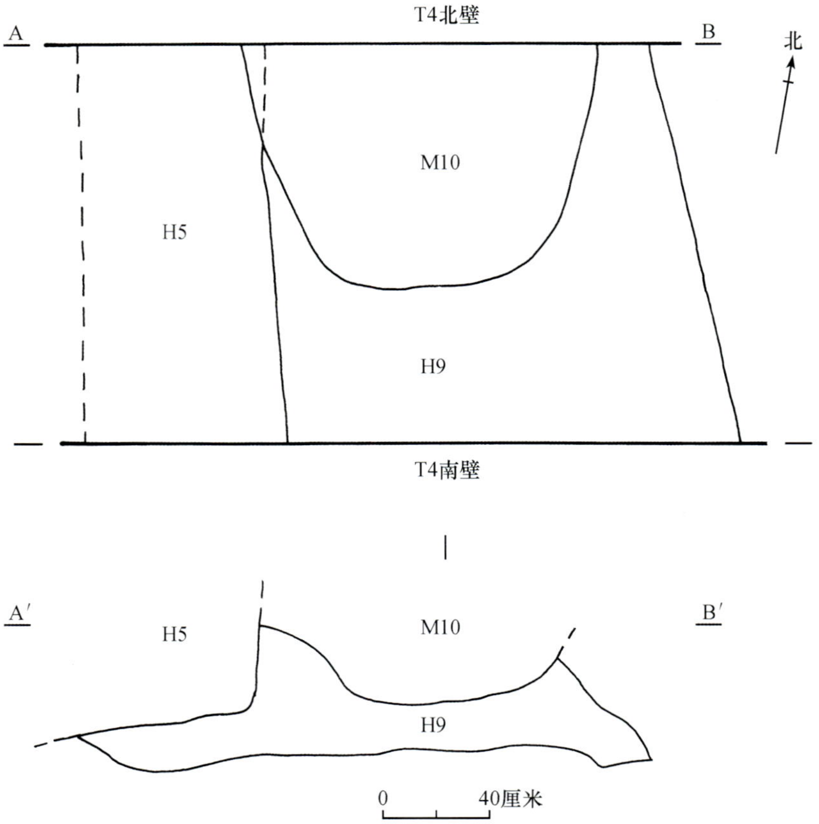

图5.103　H9平、剖面图

4. H14

位于T4西北角，北部延伸出探方，开口于第2层下，打破G7、H46、L3。平面呈半圆形，斜壁，平底。口距地表深0.68～0.74米，口东西2.2、南北0.7、深3.34、坑底0.6米。填土分4层，其中第1层厚0～1.82米，土质较疏松，黄褐色；第2层厚0～1.2米，土质致密，深褐色；第3层厚0.16～0.18米，土质较疏松，浅灰色；第4层厚0.22～0.26米，土质较疏松，浅褐色（图5.104）。应为近现代垃圾坑。

出土遗物残片占探方出土总数的2.64%。据坑内出土遗物残片统计，板瓦占23.53%，属Cb1型。陶片占47.06%，均为素面。砖块占29.41%，均为素面（表5.11）。

出土器物分3种5件，其中建筑材料1、陶器4件，分别介绍如下。

板瓦　Ca3型。1件。H14：1，残。灰陶。表面饰粗交错绳纹，内篦纹。残长13、残宽8、厚

1.5厘米（图5.105、图5.106）。

陶棺 1件。H14∶2，残。呈灰色。表面有树枝状凸棱纹，背面坑洼不平，有明显风化痕迹。残长18.5、残宽18.8、残高4.6、厚1.2～2.2厘米（图5.107、图5.108；彩版64；图版64）。

陶罐 2件。

H14∶3，残。夹砂灰陶。圆唇，唇下饰凸棱一周，束颈，斜腹外撇。腹饰中粗斜绳纹。复原口径33.5、沿宽1、残长9、残宽6、残高5.5、厚0.9厘米（图5.109、图5.110；彩版65；图版65）。

H14∶5，残。泥质灰陶。斜腹略直。表面交错细绳纹，表面有两道1.3～1.5厘米的抹平绳纹，内面素面，有明显轮制痕迹。残长21.5、残宽11.4、厚0.8～1.5厘米（图5.111、图5.112）。

陶瓮 1件。H14∶4，残。泥质灰陶。敛口，沿外侧上下各饰凹弦纹一周，斜溜肩，距颈部5厘米处有一周高1.5、厚0.9厘米的凸棱，内外均有明显的轮制痕迹。复原口径21、沿宽1.6、残长13.4、残宽8.6、残高6.7、厚1.3厘米（图5.113、图5.114；彩版66；图版66）。

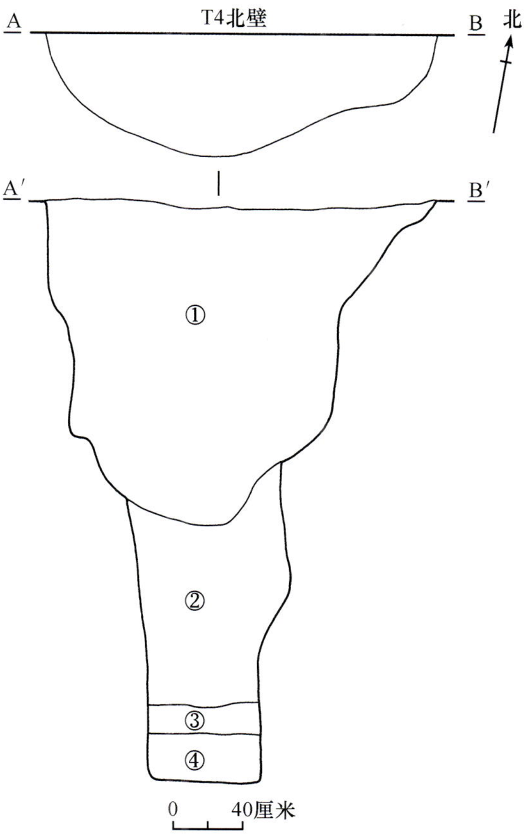

图5.104 H14平、剖面图

表5.11 H14出土遗物数量统计表

名称	分型/纹饰	灰陶/件	百分比/%
板瓦	Cb1	4	23.53
陶片	素面	8	47.06
砖	素面	5	29.41
合计		17	100.00

图5.105 Ca3型板瓦（H14∶1）表、内面照片

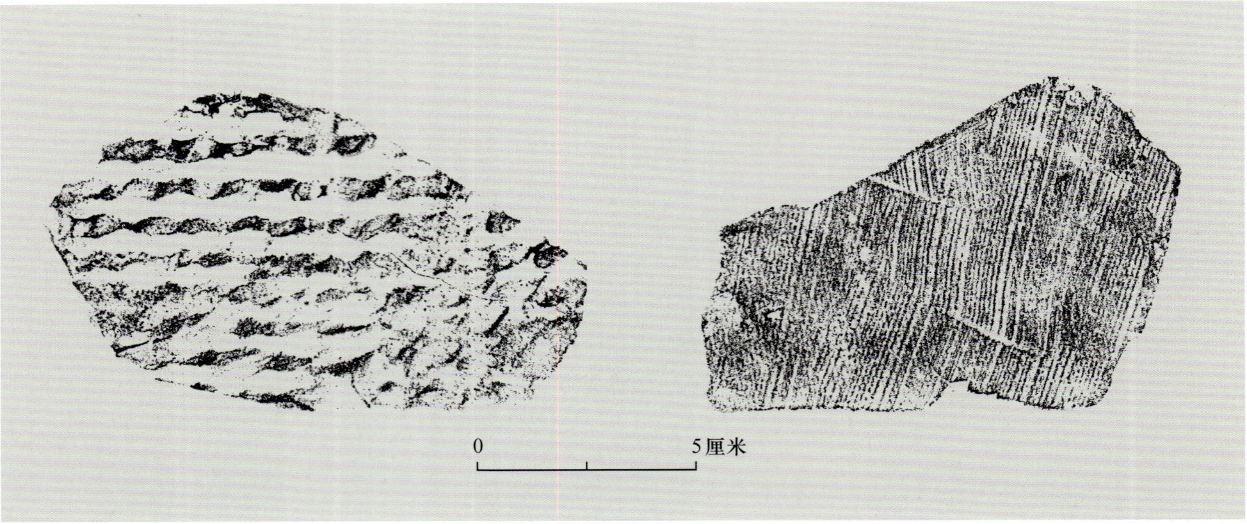

图5.106　Ca3型板瓦（H14：1）表、内面拓片

图5.107　陶棺（H14：2）正、背、侧面照片

5. H28

位于T4西北部，北部延伸出探方。开口于第10a层下，打破H49，被H47打破。平面呈半圆

图5.108 陶棺（H14：2）正、背面拓片

图5.109 陶罐（H14：3）外、内、侧面照片

形，斜壁，底不平。口距地表深2.4～2.52米，口东西长2.08、口南北0.8、深0.74米、底宽1.5米。坑内填深褐色灰土，土质较致密，在东南部出土一小罐，罐口用两片器物残片盖住，罐为小口，口部不平，短束颈鼓腹，平底，罐内有动物残骨，此罐可能用来盛放骨汤（图5.115）。时代应为西汉中期。

出土遗物残片占探方出土总数的7.45%。据坑内出土遗物残片统计，板瓦占89.58%，其中Cb1型占83.33%、Bb1型占4.17%、Cb4型占2.08%。陶片占10.42%，均为素面（表5.12）。

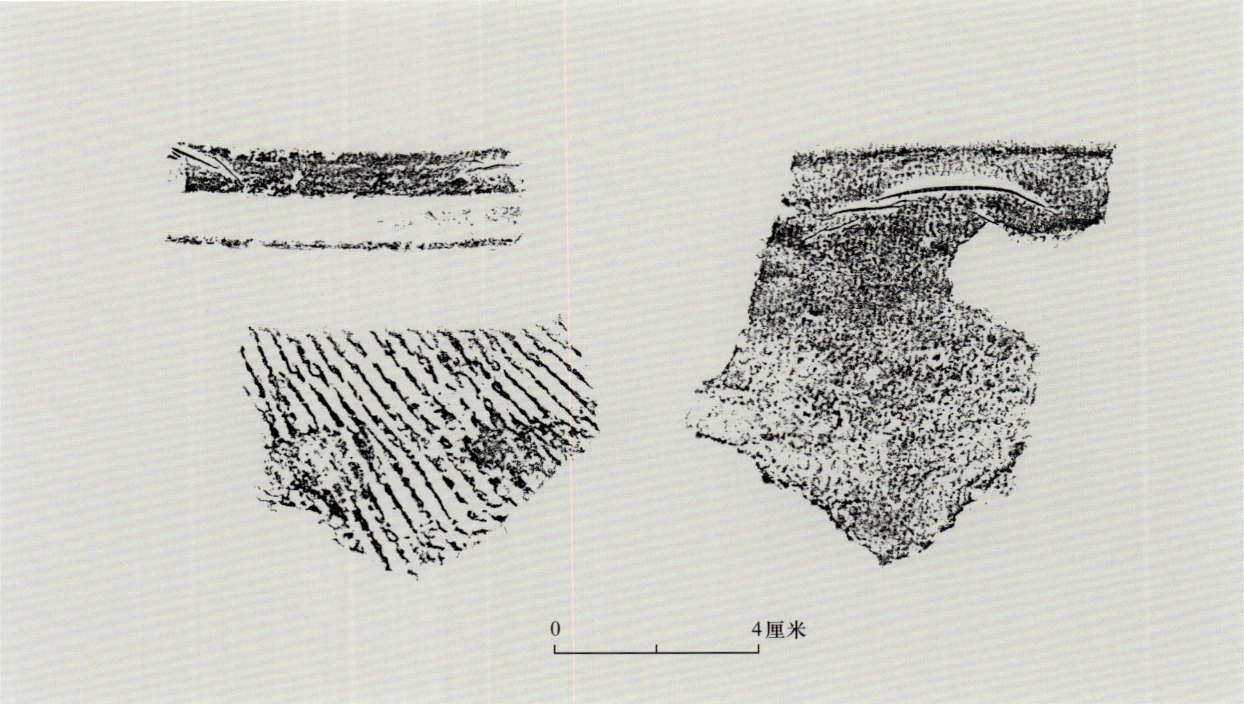

图5.110 陶罐（H14：3）外、内面拓片

图5.111 陶罐（H14：5）外、内面照片

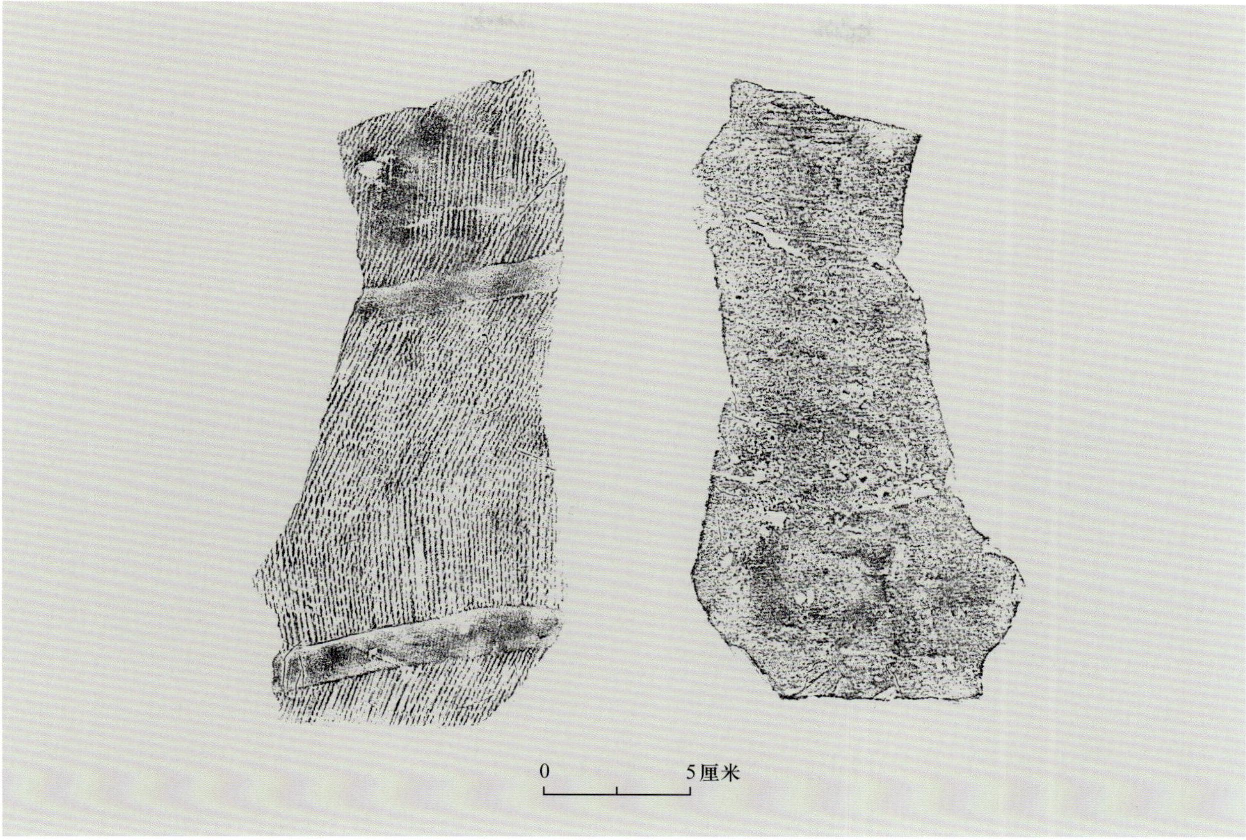

图5.112 陶罐（H14：5）外、内面拓片

图5.113 陶瓮（H14：4）外、内、侧面照片

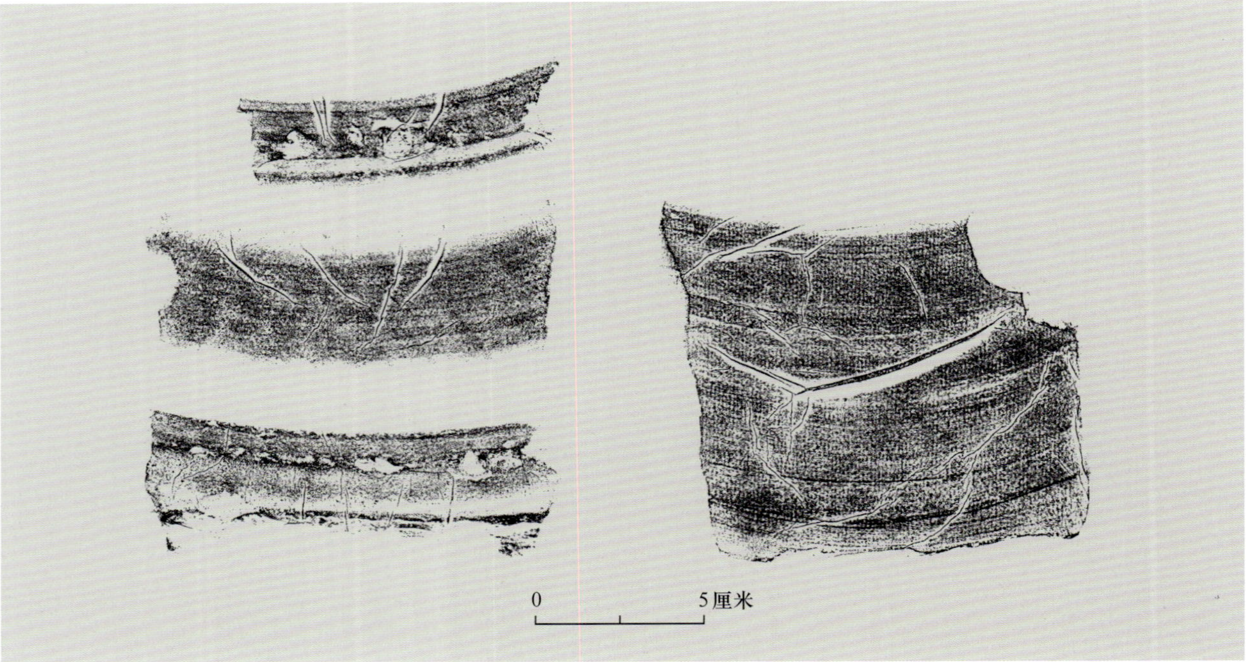

图5.114　陶瓮（H14：4）外、内面拓片

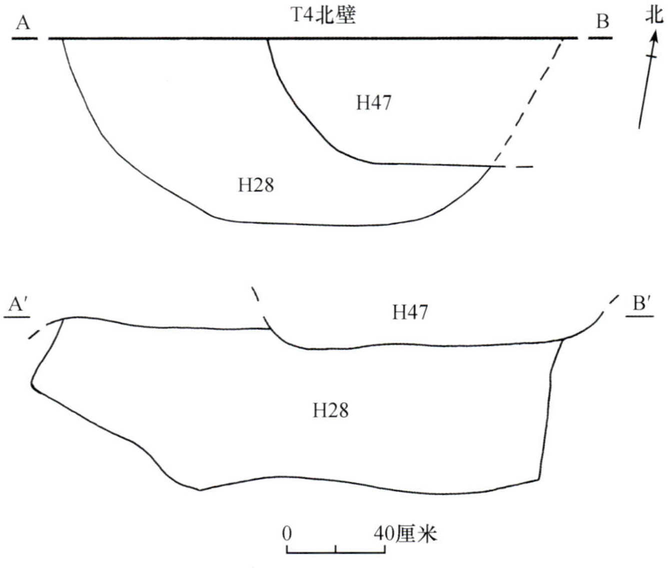

图5.115　H28平、剖面图

表5.12　H28出土遗物数量统计表

名称	分型/纹饰	灰陶/件	百分比/%	总百分比/%
板瓦	Cb1	40	83.33	89.58
	Bb1	2	4.17	
	Cb4	1	2.08	
陶片	素面	5	10.42	10.42
合计		48	100.00	

出土器物分2种5件，其中建筑材料3、陶器2件，分别介绍如下。

弧形板瓦　共出土3件。分为二亚型。

Cb1型　2件。表面饰粗斜绳纹，内面素面。

H28：2，残。灰陶。残长12.6、残宽9.8、厚1.1厘米（图5.116、图5.117）。

图5.116　Cb1型板瓦（H28：2）表、内面照片

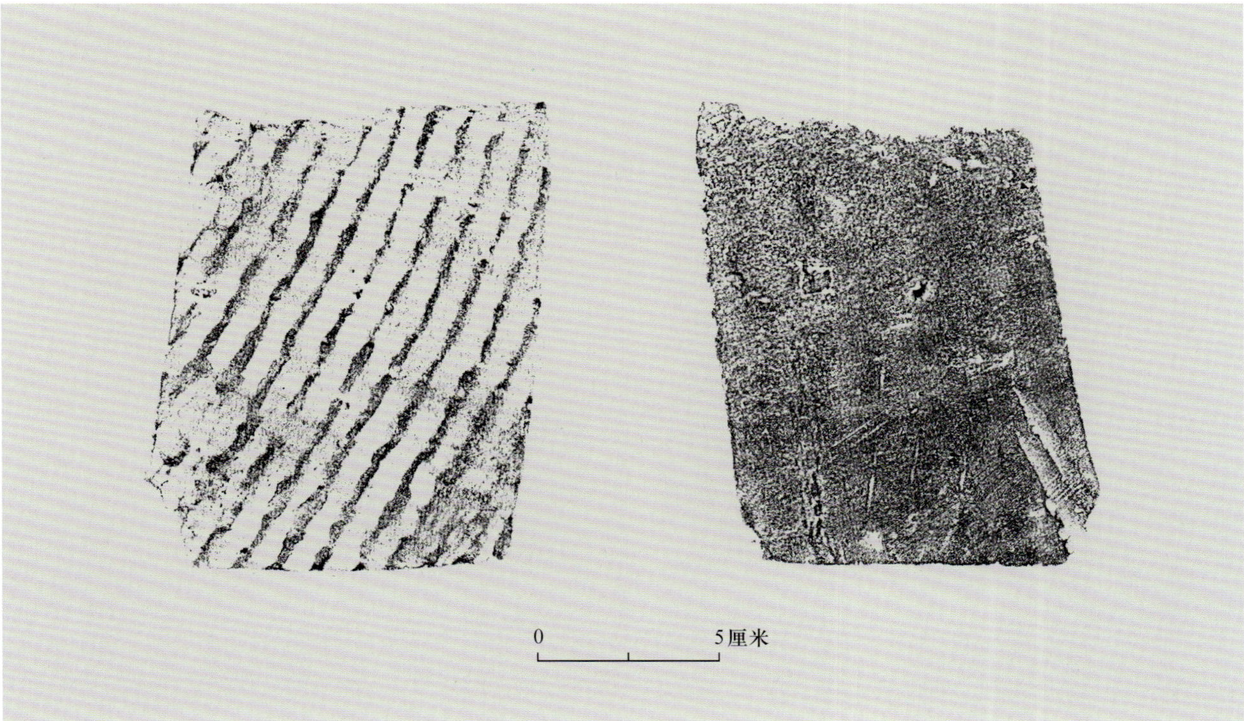

图5.117　Cb1型板瓦（H28：2）表、内面拓片

H28：3，残。灰陶。残长14、残宽14、厚1.1厘米（图5.118、图5.119）。

图5.118　Cb1型板瓦（H28：3）表、内面照片

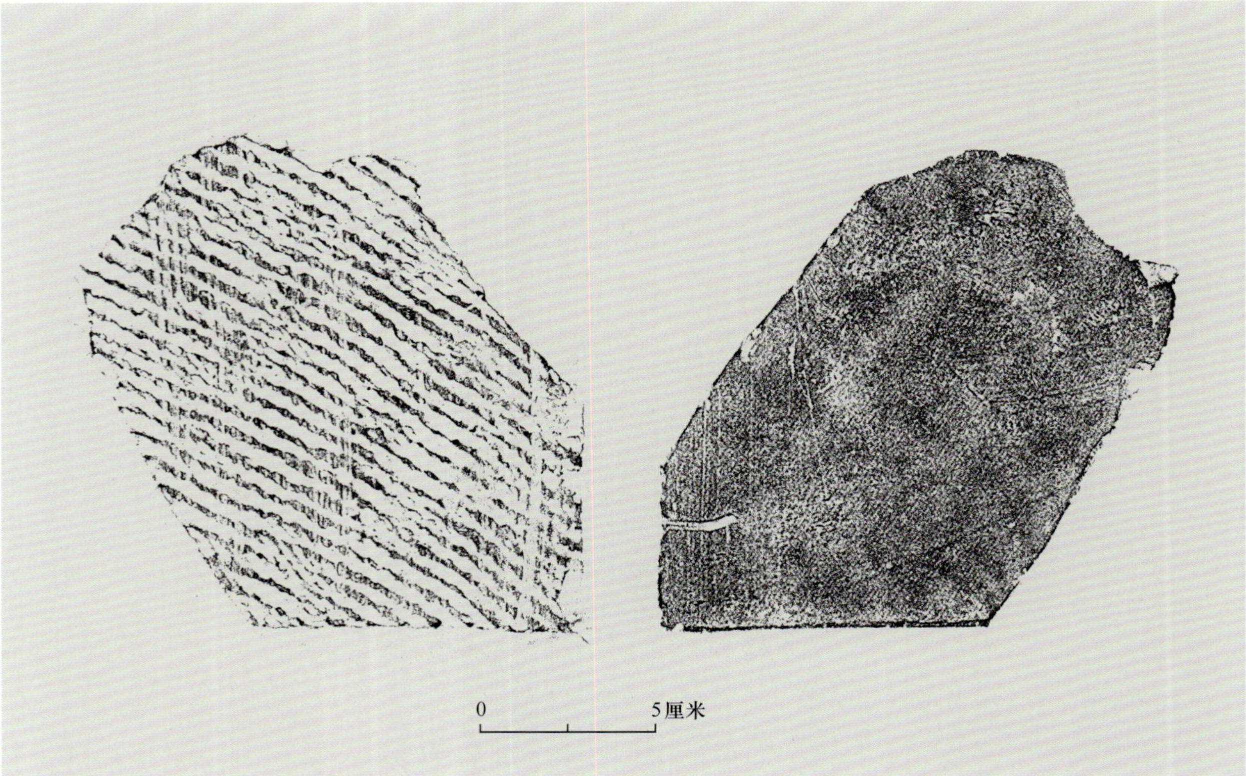

图5.119　Cb1型板瓦（H28：3）表、内面拓片

Cb10-4型 1件。H28：4，残。灰陶。表面饰粗斜绳纹，内面饰抹平绳纹、布纹。残长9.5、残宽9、厚1.3厘米（图5.120、图5.121）。

图5.120 Cb10-4型板瓦（H28：4）表、内面照片

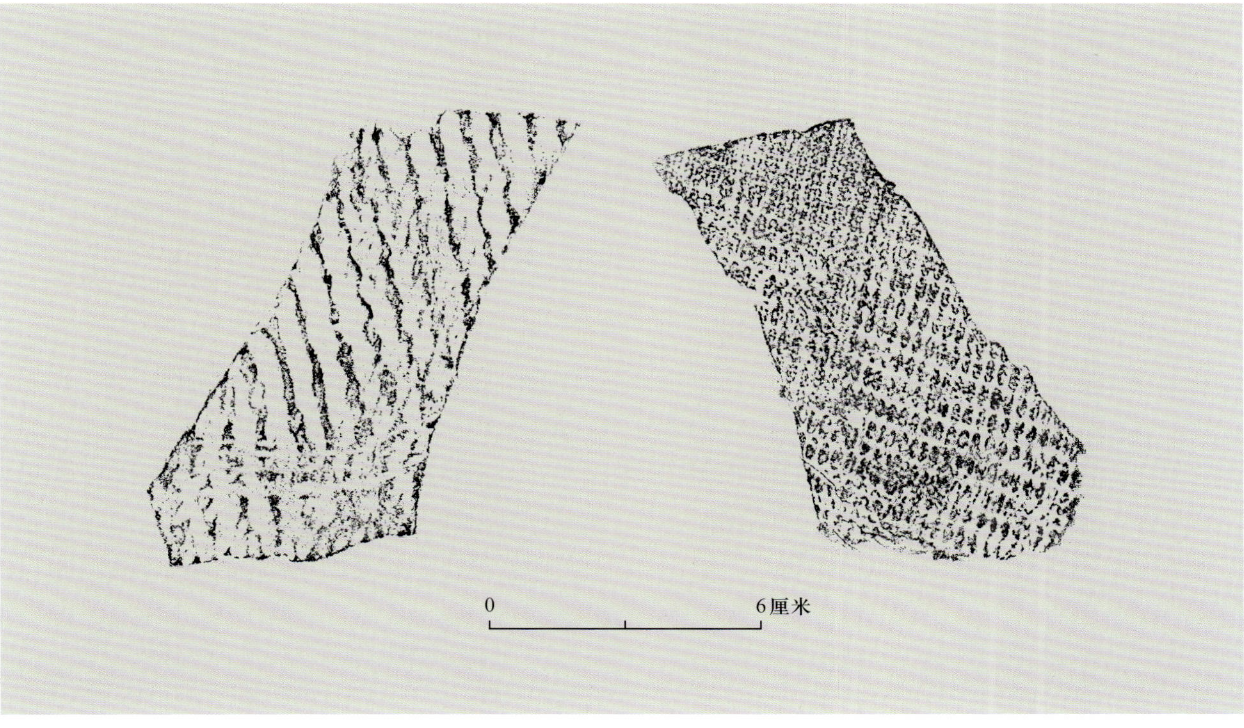

图5.121 Cb10-4型板瓦（H28：4）表、内面拓片

陶盆　1件。H28∶5，残。泥质灰陶。平沿，唇沿有凹弦纹一周，束颈，上腹斜直，距颈部4厘米处有细凹弦纹一周，向下有宽1.5厘米规整压印凹窝，饰模糊细绳纹，内面素面。复原口径31.9、沿宽2.1、残长8.9、残宽2.3、残高6.8、腹厚0.8厘米（图5.122、图5.123；彩版67；图版67）。

图5.122　陶盆（H28∶5）外、内、侧面照片

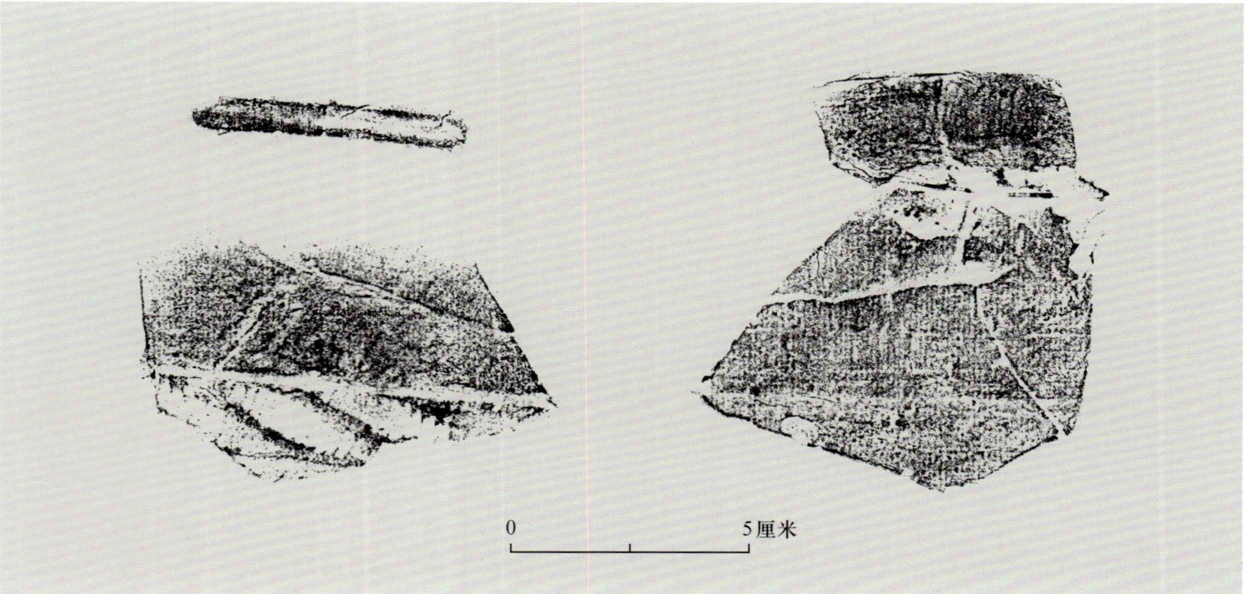

图5.123　陶盆（H28∶5）外、内面拓片

陶罐 1件。H28：1，完整。泥质灰陶。小口，口部不平，短束颈，鼓腹，平底。素面。口径6.2、沿宽0.6、高7.6、底径4.9、腹径10.9、壁厚0.6厘米（图5.124、图5.125；彩版68；图版68）。

图5.124 陶罐（H28：1）出土、正面照片

6. H44

位于T4中部，其南、北两端延伸出探方，开口于第2层下，打破Q2，又被G2、G8、第1层下扰坑打破。平面呈长条形，斜壁，圜底。口距地表深0.96～1.03米，口东西1.32～2.36、南北1.5～1.84、深0.84～1.06米。土质疏松，黄褐色，出土少量瓦片及近代瓷片（图5.126）。时代应为近现代。

7. H45

位于T4东部，紧挨东壁，其东、南、北三面延伸出探方。开口于第8层下，打破H9、Q2，被M32打破。平面呈长条形，斜壁，平底。口距地表深2.12～2.32米，口东西0.1～0.52、南北0.64～1.58、深0.78、底宽0.2～0.4米。土质较致密，灰褐色，出土少量瓦片，纹饰以绳纹为主（图5.127）。时代应为西汉中晚期。

8. H46

位于T4西北部，其北部延伸出探方，开口于第6层下，被H14打破。平面呈圆弧形，斜壁，底凹凸不平。口距地表深1.88～2.06米，口东西长2、口南北0.4、深0.96、底宽1.8米。土质较致密，为深灰色，较纯净（图5.128）。时代应为东汉晚期。

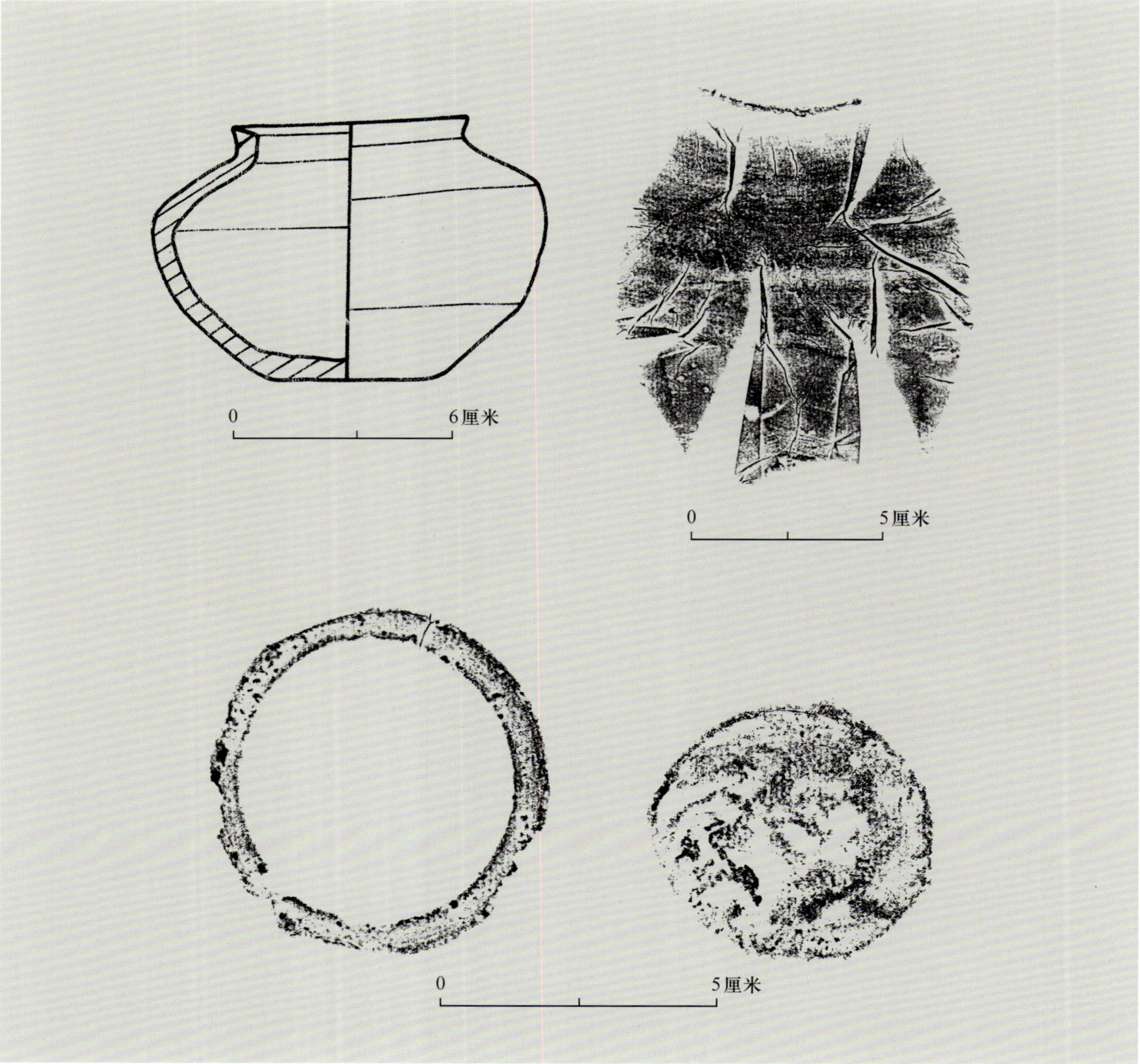

图5.125　陶罐（H28∶1）线图及外面、口部、底面拓片

9. H47

位于T4中部偏西，其北部延伸出探方，开口于第6层下，被G6叠压，打破H28，平面呈近梯形，两角稍弧，斜壁，底不平。口距地表深2.04～2.1米，口东西2.1、南北0.48～0.54、深0.5、底宽1.16米。填土分两层，其中第1层厚0～0.24米，深褐色，土质较致密，出土少量瓦片，纹饰均为绳纹；第2层厚0～0.3米，土质致密，深褐色（图5.129）。时代应为东汉晚期。

10. H49

位于T4西北部，北部延伸出探方。开口于第10a层下，被H28打破。平面呈圆弧形，袋状，底近平。口距地表深2.4～2.74米，口东西1.58、口南北0.3、深0.76、底宽1.58米。土质较疏松，黄褐色，较纯净（图5.130）。时代应为西汉中期。

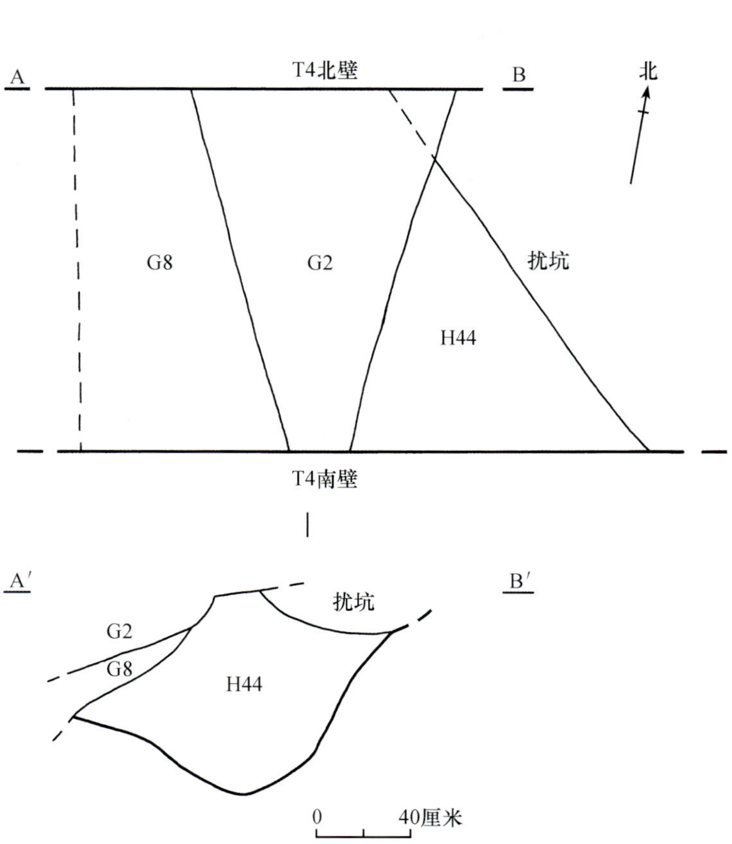

图5.126 H44平、剖面图

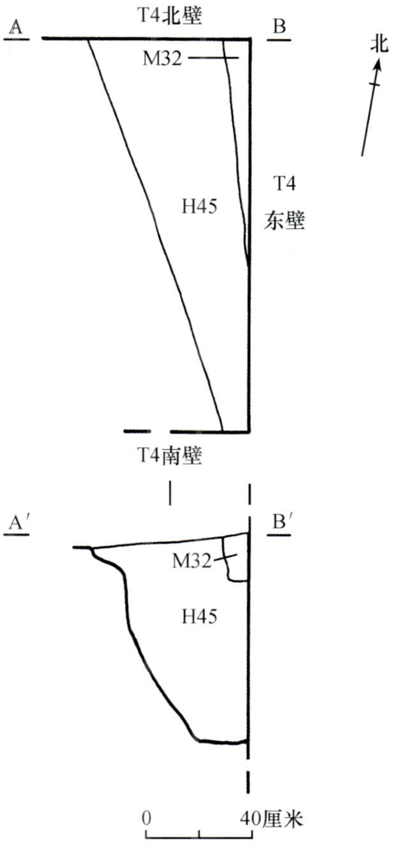

图5.127 H45平、剖面图

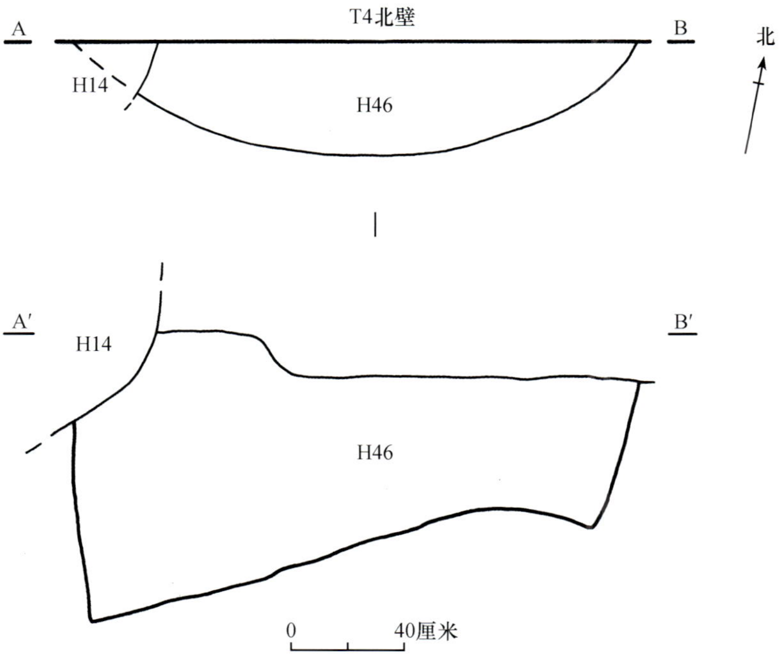

图5.128 H46平、剖面图

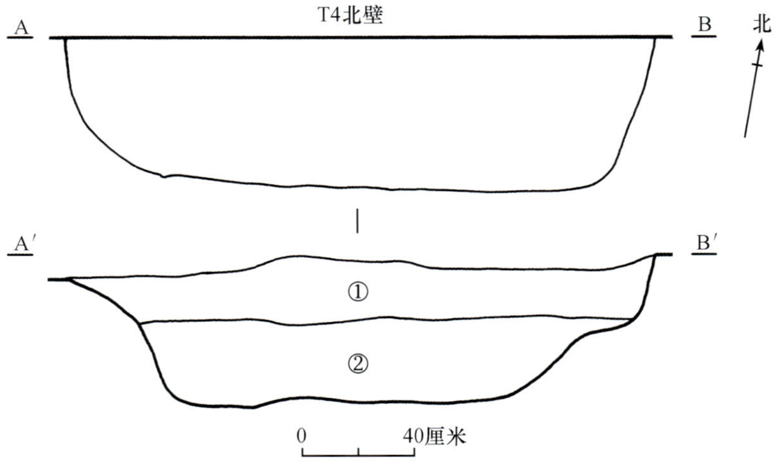

图5.129　H47平、剖面图

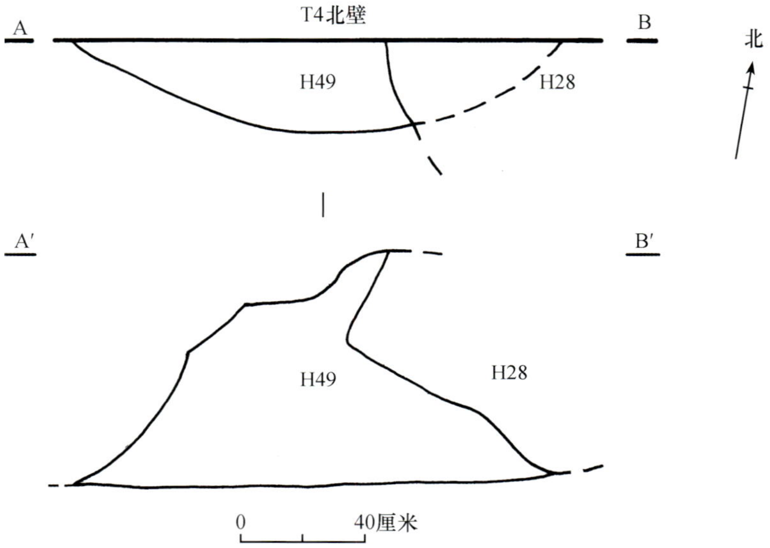

图5.130　H49平、剖面图

（二）沟渠

共清理6条，其中开口于第1层下3、第2层下1、第4层下2条，分别介绍如下。

1. G1

位于T4的东部，其南、北两面延伸出探方，开口于第1层下，打破第2、3层，打破Q2。南北向，平面呈长条状，斜壁，底呈凸状。口距地表深0.14~0.2米，东西4.36~5.02、南北1.5~1.7、深1.05米。根据土质、土色及包含物分五层，分别介绍如下。第1层：黄褐色沙性淤土。厚0~0.51米，土质较致密，内含较多灰色陶片及兽骨。第2层：灰褐色沙性淤土。厚0~0.39米，土质较疏松，无包含物出土。第3层：浅褐色，沙性淤土。厚0~0.23米。土质较致密。第4层：深灰褐色淤沙土。厚0~0.32米。土质疏松。第5层：黄灰色沙性淤土。厚0~0.43米。土质疏松，夹有大量细沙（图5.131）。时代应为近现代。

出土遗物残片占探方出土总数的10.09%。据本层出土遗物残片统计，板瓦占46.16%，其中

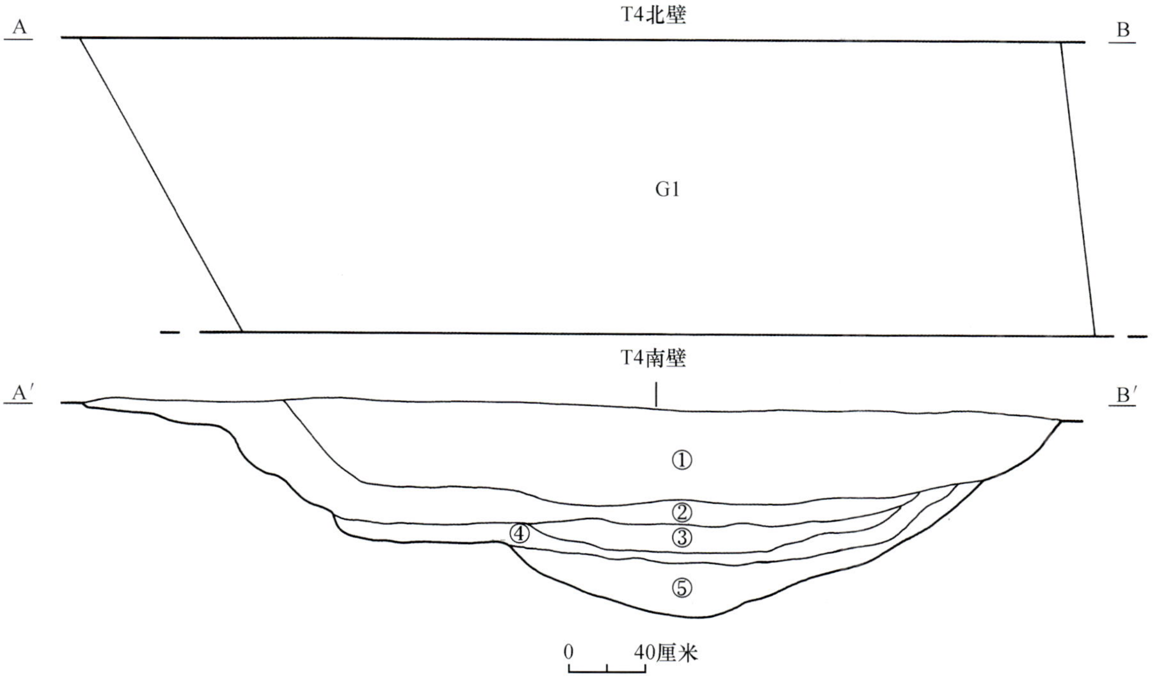

图5.131 G1平、剖面图

Ab1型占4.62%、D4型占41.54%。瓷片占4.62%，均为酱釉。陶片占49.23%，均为素面（表5.13）。

表5.13 G1出土遗物数量统计表

名称	分型/纹饰	灰陶/件	百分比/%	总百分比/%
板瓦	Ab1	3	4.62	46.16
	D4	27	41.54	
陶片	素面	32	49.23	49.23
瓷片	酱釉	3	4.62	4.62
合计		65	100.00	

出土器物分3种5件，其中建筑材料2、陶器2、瓷器1件，分别介绍如下。

条形砖　1件。G1∶5，残。呈灰色。表面粗糙坑洼不平，有明显风化痕迹。残长11.7、宽11.4、厚5厘米（图5.132、图5.133）。

板瓦　1件。属D4型。G1∶1，残。灰陶。表面素面，上有凹弦纹一道，宽0.4厘米，内面饰布纹。残长5.8、残宽9.2、厚1.2厘米（图5.134、图5.135）。

陶盆　1件。G1∶2，残。泥质灰陶。敛口，卷沿，圆唇，沿内饰浅凹弦纹一周，斜直颈，颈下饰两周浅凹弦纹，弧腹内收，内外均有明显轮制痕迹。复原口径72.7、沿宽3.5、残长21.2、残宽9.9、残高8.5、厚1.1厘米（图5.136、图5.137；彩版69；图版69）。

陶缸　1件。G1∶3，残。泥质灰陶。唇内卷，腹斜直，口内折，腹斜直，有四周细浅凹弦纹，内面有明显轮制痕迹。颈部向下2厘米有宽带状竖耳，器耳中间内凹，耳长6.8、耳宽3.8、耳厚1.7厘米。复原口径39.9、沿宽2.2、残长19.8、残宽8.8、残高19.1、厚1.3厘米（图5.138、图5.139；彩版70；图版70）。

图5.132　条形砖（G1：5）正、背、侧面照片

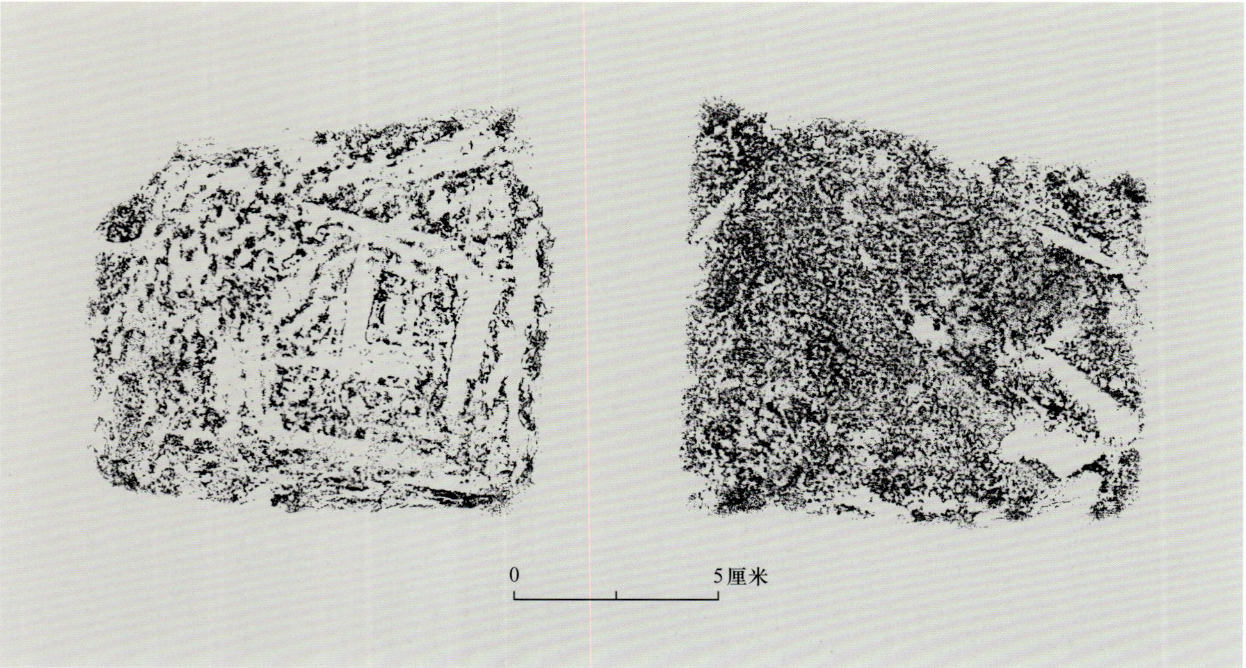

图5.133　条形砖（G1：5）正、背面拓片

图5.134 D4型板瓦（G1：1）表、内面照片

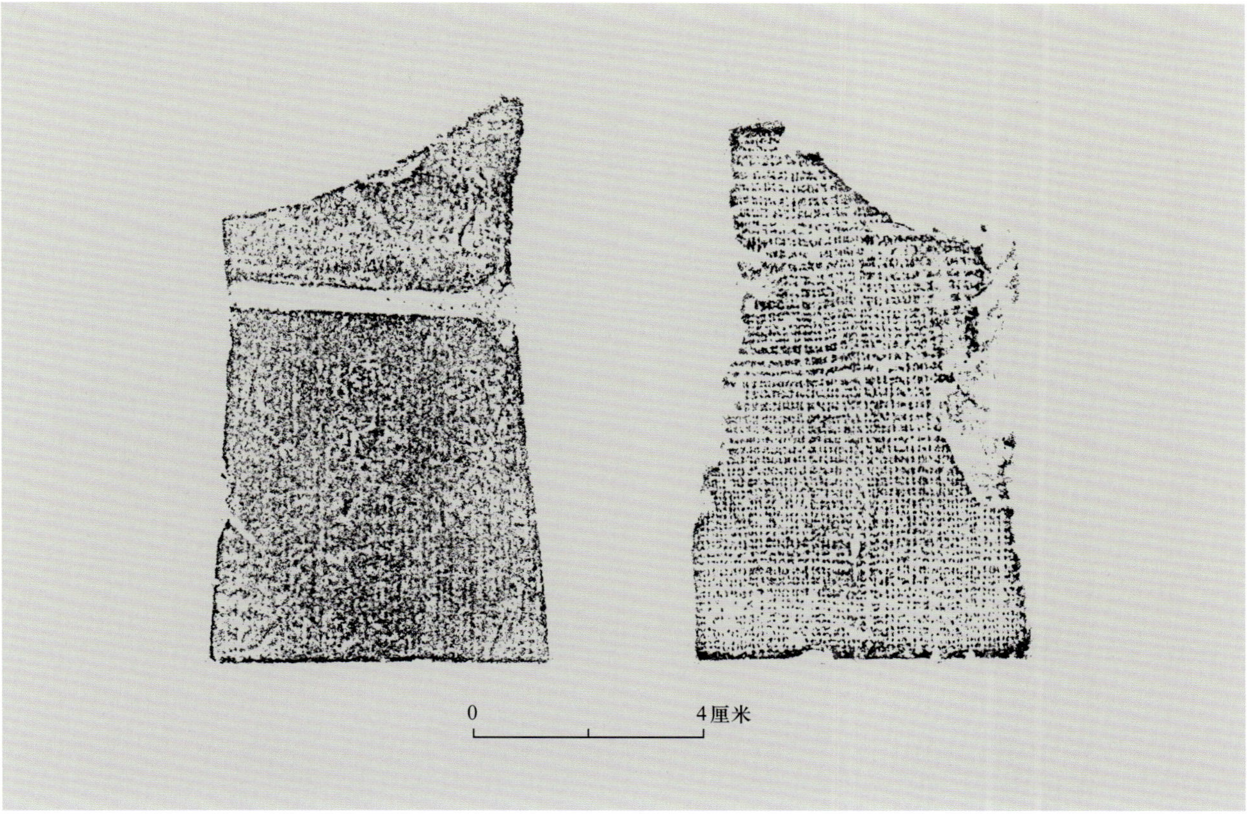

图5.135 D4型板瓦（G1：1）表、内面拓片

图5.136　陶盆（G1：2）外、内、侧面照片

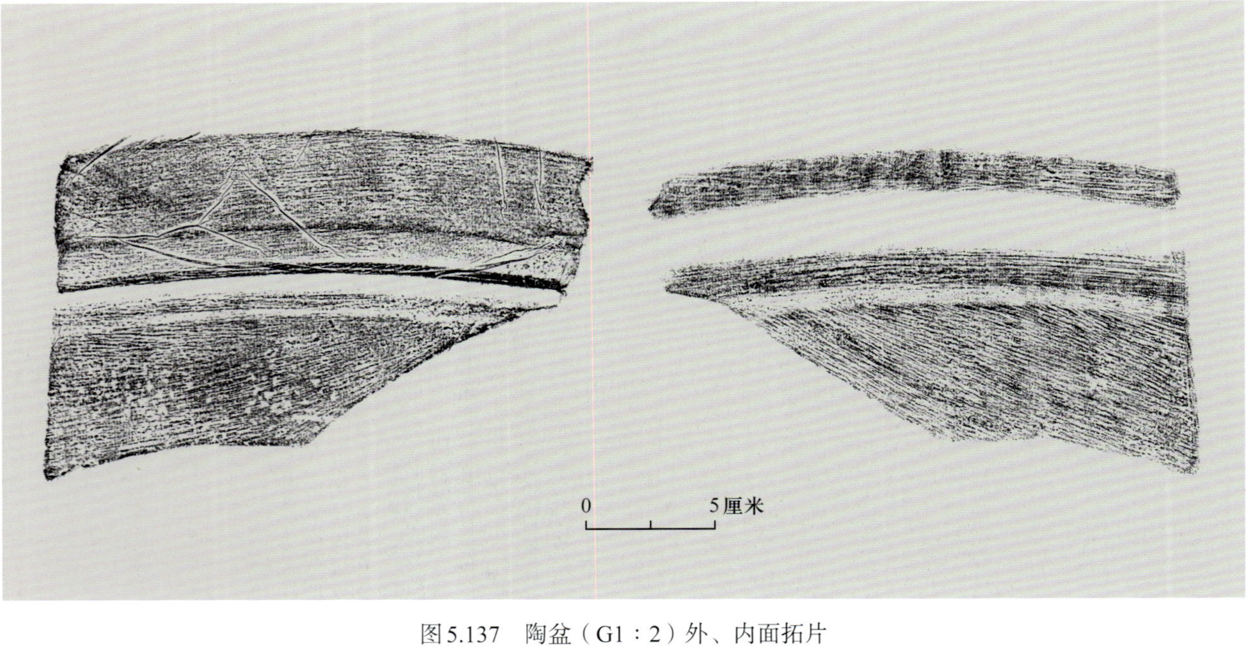

图5.137　陶盆（G1：2）外、内面拓片

图5.138 陶缸（G1：3）外、内、侧面照片

图5.139 陶缸（G1：3）外、内面拓片

瓷片　1件。G1：4，残。酱黑釉。通体略竖直。外面素面，内面饰七周浅凹弦纹，有明显的轮制痕迹。残长7.5、残宽8、厚0.4～0.5厘米（图5.140）。

图5.140　瓷片（G1：4）外、内面照片

2. G2

位于T4的西部，其南、北两面延伸出探方，开口于第1层下，打破第2层，同时打破G8、H44。平面呈南北向长条状，斜壁，底呈凸状。距地表深0.14～0.2米，东西5.2～5.42、南北1.52～1.57、深1.26米。填土分五层。第1层：黄褐色沙性淤土。厚0～0.2米。土质较致密。第2层：浅褐色沙性淤土。厚0～0.64米。土质较致密。第3层：灰褐色沙性淤土。厚0～0.34米。土质较疏松。第4层：深黄色沙性淤土。厚0～0.59米。土质疏松。第5层：深褐色沙性淤土。厚0～0.14米。土质疏松（图5.141）。时代应为近现代。

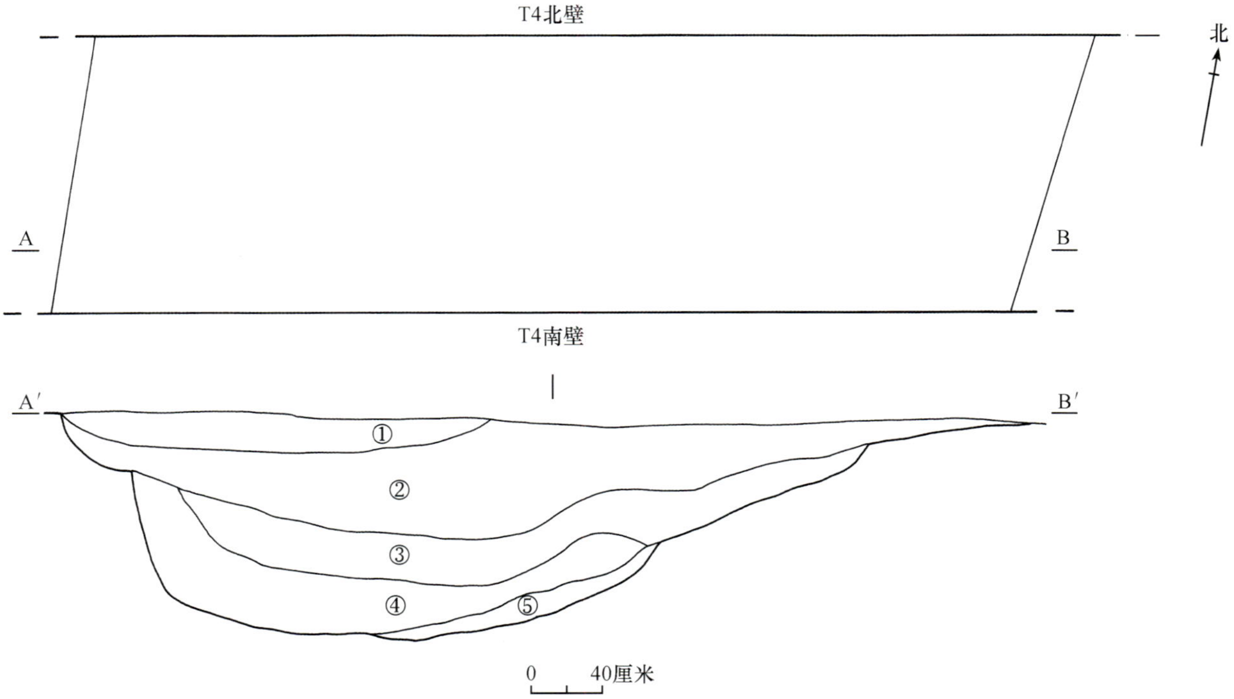

图5.141　G2平、剖面图

出土遗物残片占探方出土总数的4.19%。据沟内出土器物残片统计，板瓦占44.44%，其中Cb1型占25.93%、Ca10型占3.7%、Cb4型占14.81%。陶片占55.56%，均为素面（表5.14）。

表5.14 G2出土遗物数量统计表

名称	分型/纹饰	灰陶/件	百分比/%	总百分比/%
板瓦	Cb1	7	25.93	44.44
	Ca10	1	3.70	
	Cb4	4	14.81	
陶片	素面	15	55.56	55.56
合计		27	100.00	

出土器物3件，其中板瓦2、陶器1件，介绍如下。

板瓦　2件。均为弧形板瓦，分二亚型。

Ca4型　1件。G2：2，残。灰陶。表面饰粗交错绳纹，内面饰布纹，小头部分宽8.5厘米，为抹平绳纹。长26、宽13、厚1.4厘米（图5.142、图5.143）。

图5.142　Ca4型板瓦（G2：2）表、内面照片

Ca10型　1件。G2：1，残。灰陶。表面饰粗交错绳纹，内面饰抹平绳纹。残长11、宽14、厚1.6厘米（图5.144、图5.145）。

陶盆　1件。G2：3，残。泥质灰陶。侈口，平沿，圆唇。颈部向下0.5厘米饰凹弦纹一周，宽0.4厘米，上腹斜直向下内收，腹部抹平细绳纹，内外均有明显的刷痕。复原口径51.9、沿宽4.3、残长15.3、残宽5.2、残高5.4、腹厚0.8厘米（图5.146、图5.147；彩版71；图版71）。

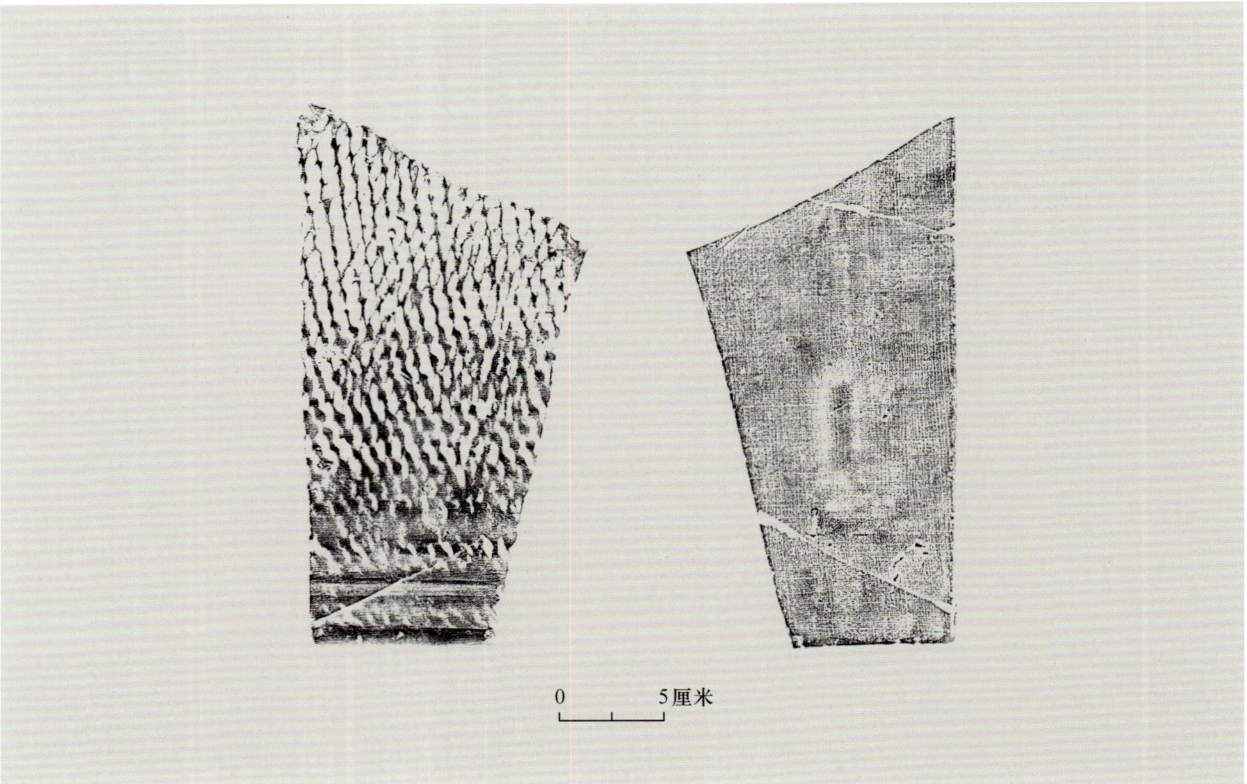

图5.143　Ca4型板瓦（G2：2）表、内面拓片

图5.144　Ca10型板瓦（G2：1）表、内面照片

3. G3

位于T4的东部，其南、北两面延伸出探方，开口于第1层下，打破第2、3层。平面呈南北向长条状，斜壁，底近平。距地表深0.16～0.2米，东西0.98～1.02、南北1.53～1.54、沟深0.6米。填土分4层，分别介绍如下。第1层：灰褐色黏土。厚0～0.26米。土质较疏松。第2层：浅灰色

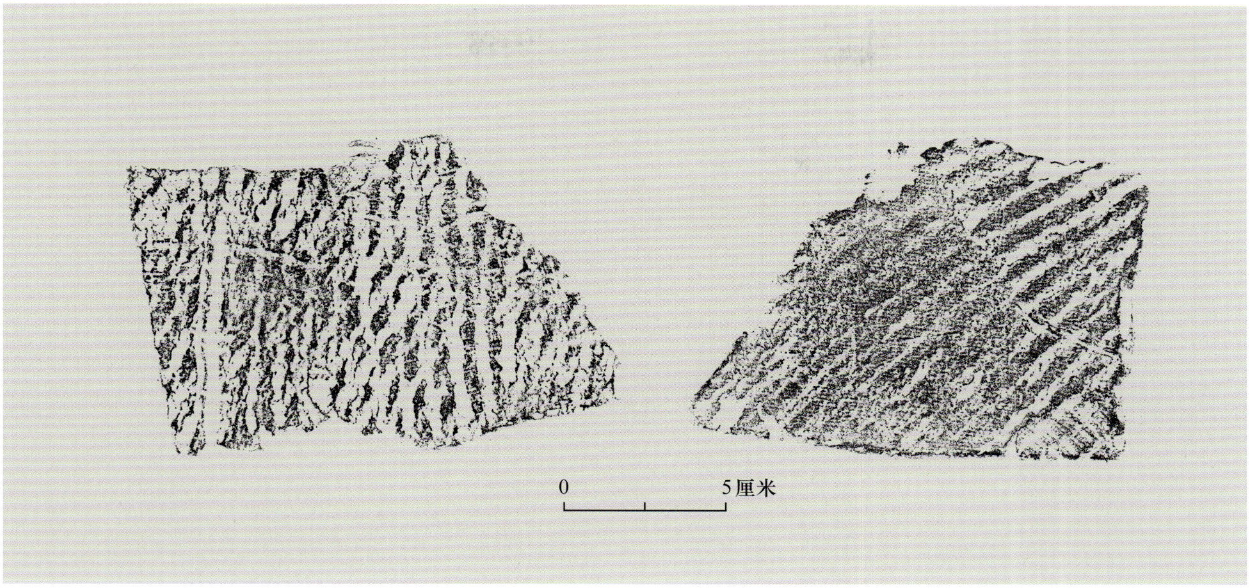

图5.145 Ca10型板瓦（G2：1）表、内面拓片

图5.146 陶盆（G2：3）外、内、侧面照片

沙性淤土。厚0.06～0.12米。土质较疏松。第3层：浅褐色沙性淤土。厚0.04～0.16米。土质较疏松。第4层：黄灰色沙性淤土。厚0.02～0.24米。土质疏松（图5.148）。时代应为近现代。

4. G6

位于T4的西部，其南、北两面延伸出探方，开口于第4层下，被G8打破，打破M7，并打破西第5～7、9c层。平面呈南北向长条状，斜壁，平底。口距地表深1～1.1米，东西

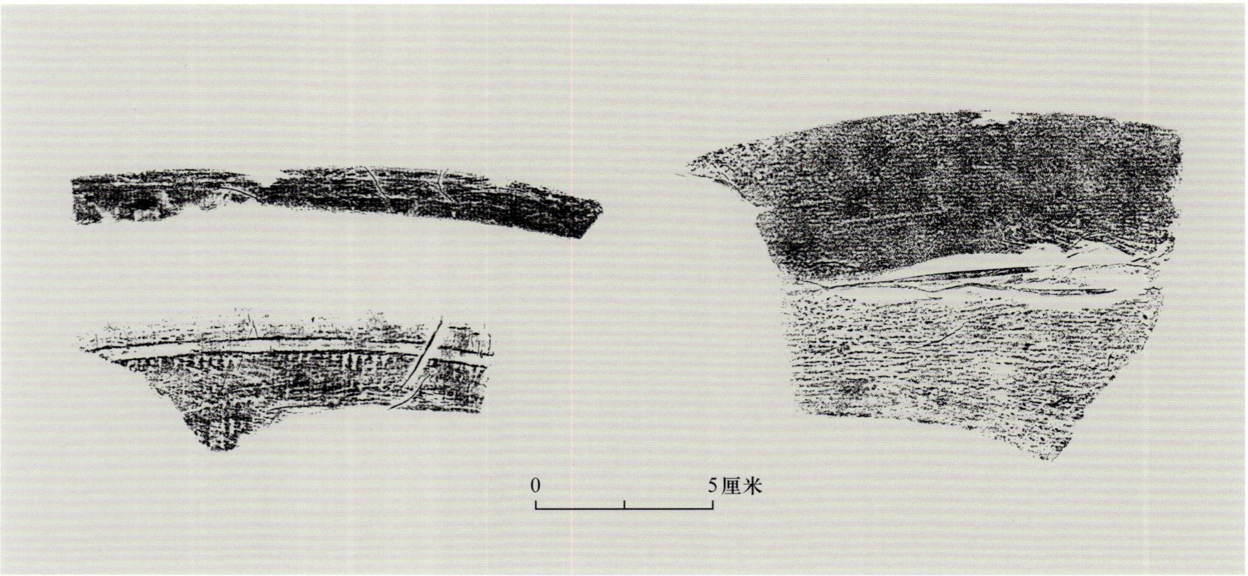

图5.147　陶盆（G2：3）外、内面拓片

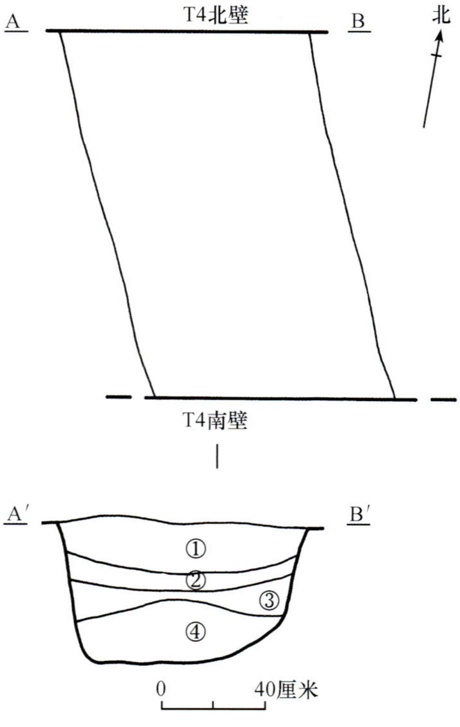

图5.148　G3平、剖面图

2.9～3.72、南北1.55、深1.06米（最深处）。根据土质、土色及包含物区别划分5层，分别介绍如下。第1层：浅褐色黏土。厚0～0.4米。土质较致密。第2层：黄褐色沙性淤土。厚0～0.18米。土质较疏松。第3层：褐色沙性淤土。厚0～0.26米。土质较致密。第4层：深褐色沙性淤土。厚0～0.28米。土质疏松。第5层：灰褐色沙性淤土。厚0～0.26米，土质较疏松（图5.149）。时代应为东汉晚期。

5. G7

位于T4的西部，其南、西、北三面延伸出探方，开口于第4层下，被H14打破，打破第5、6层。南北向。平面呈长条状，梯形壁，底近平。口距地表深1.02～1.14米，口东西0.48～1.96、南北1.5、深0.66米（最深处）。填土分3层，分别介绍如下。第1层：黄褐色沙性淤土。厚0～0.2米。土质较疏松。第2层：灰褐色沙性淤土。厚0～0.2米。土质较疏松。第3层：浅褐色沙性淤土。厚0～0.3米。土质较疏松（图5.150）。时代应为东汉晚期。

出土遗物残片占探方出土总数的14.76%。据沟内出土遗物残片统计，板瓦占73.69%，其中Cb1型占64.21%、Cb4型占3.16%、Ba2型占6.32%。陶片占21.05%，均为素面。砖块占5.26%，均为素面（表5.15）。

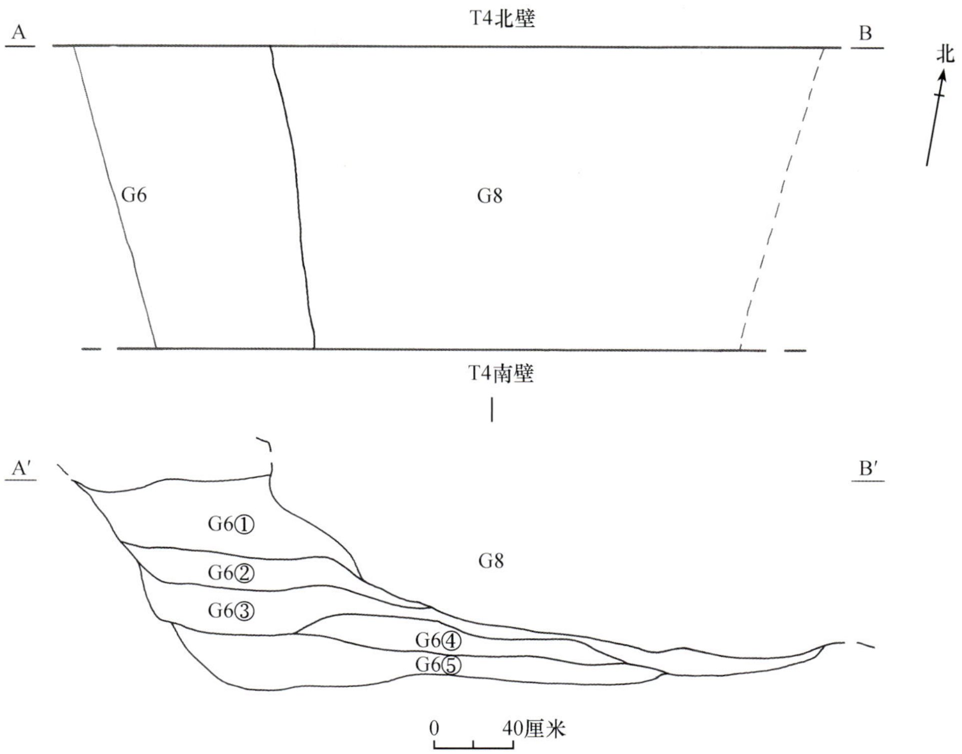

图5.149 G6平、剖面图

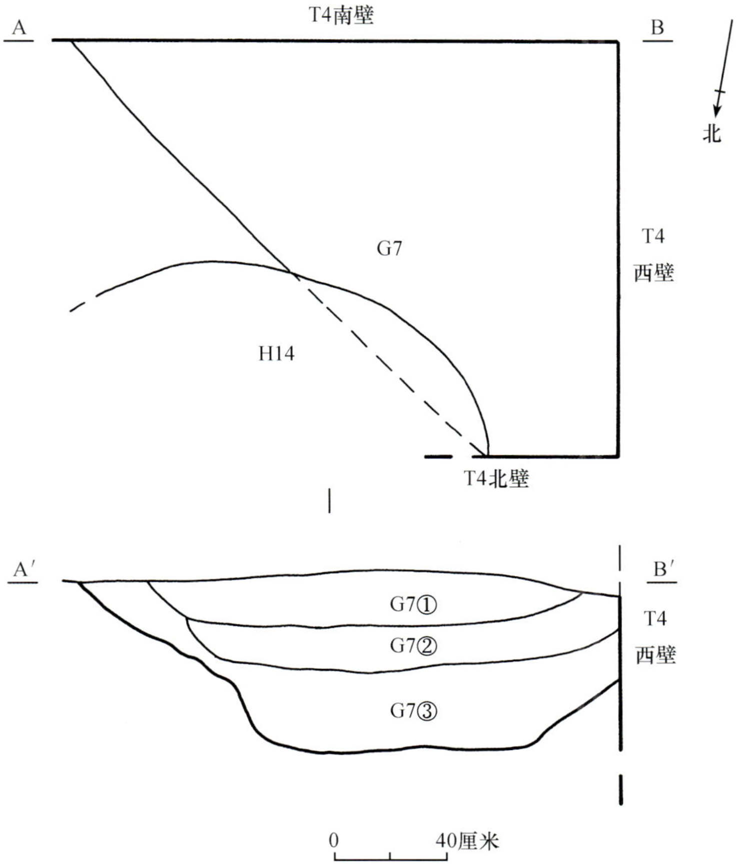

图5.150 G7平、剖面图

表5.15　G7出土遗物数量统计表

名称	分型/纹饰	陶色/件		合计/件	百分比/%	总百分比/%
		灰	红褐			
板瓦	Cb1	41	20	61	64.21	73.69
	Ba2	6		6	6.32	
	Cb4	3		3	3.16	
陶片	素面	20		20	21.05	21.05
砖	素面	5		5	5.26	5.26
合计		75	20	95	100.00	
百分比/%		78.95	21.05	100.00		

出土器物4件，其中建筑材料3、陶器1件，介绍如下。

弧形板瓦　出土2件。分二亚型。

Bb9型　1件。G7：1，残。灰陶。表面饰粗斜绳纹，内面素面，小头抹平部分宽4厘米。瓦残长9、残宽11、厚1.1厘米（图5.151、图5.152）。

图5.151　Bb9型板瓦（G7：1）表、内面照片

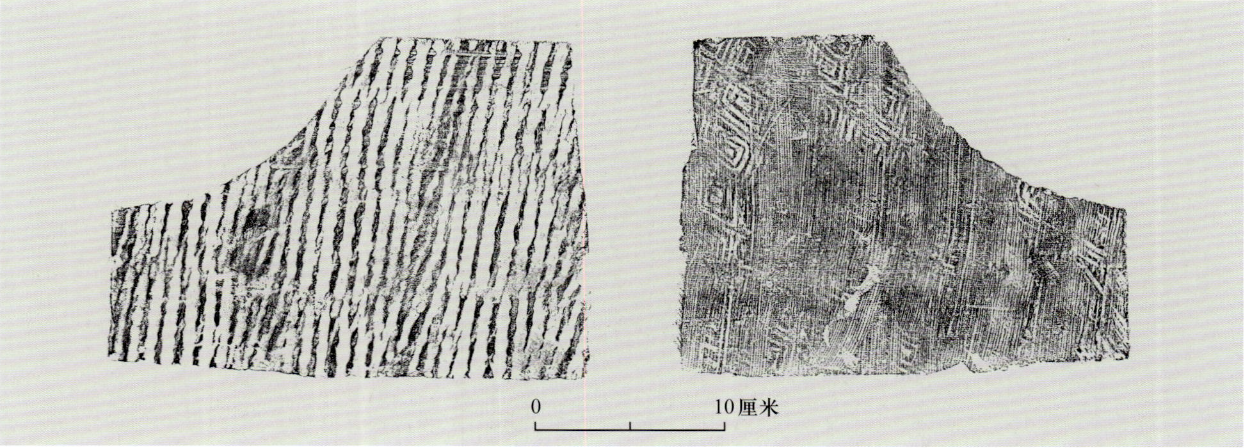

图5.152　Bb9型板瓦（G7：1）表、内面拓片

Ca1型 1件。G7：2，残。灰陶。表面粗交错绳纹，内面素面。残长11.2、残宽11.8、厚1.1厘米（图5.153、图5.154）。

图5.153 Ca1型板瓦（G7：2）表、内面照片

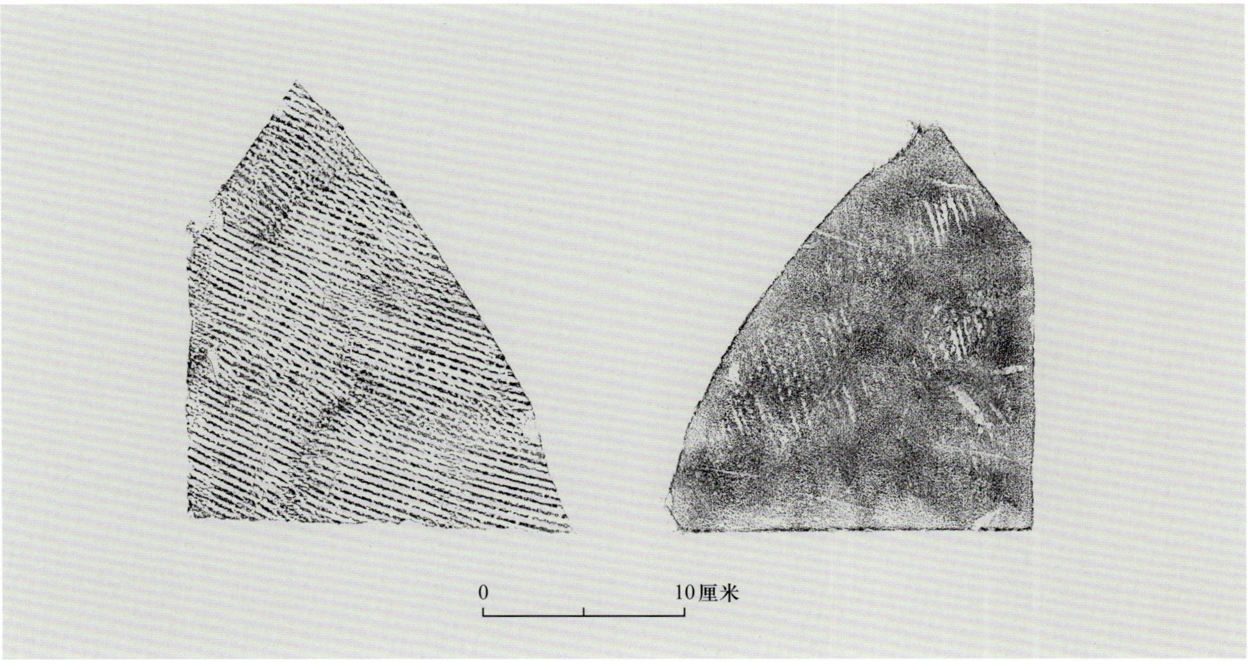

图5.154 Ca1型板瓦（G7：2）表、内面拓片

筒瓦 1件。属Cb4型。G7：3，残。灰陶。表面纹饰粗斜绳纹，内面饰布纹。长13、宽10、厚1.3厘米（图5.155、图5.156）。

图5.155　Cb4型筒瓦（G7：3）表、内面照片

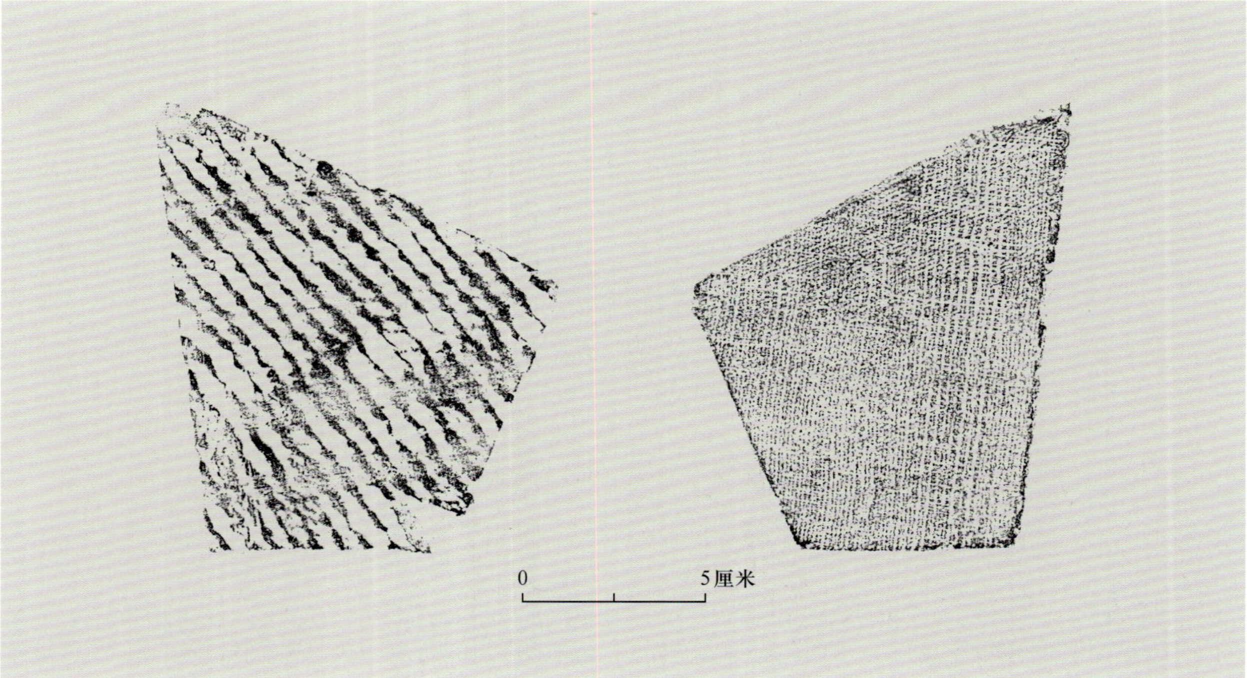

图5.156　Cb4型筒瓦（G7：3）表、内面拓片

陶盆　1件。G7：4，残。泥质灰陶。圆唇，束颈，腹斜直外撇，腹部饰三周凹弦纹，器表上两周弦纹间饰细绳纹，内外均有明显轮制痕迹。复原口径35、沿宽1.8、残长11.1、残宽4.5、残高9.4、厚0.7厘米（图5.157、图5.158；彩版72；图版72）。

图5.157 陶盆（G7：4）外、内、侧面照片

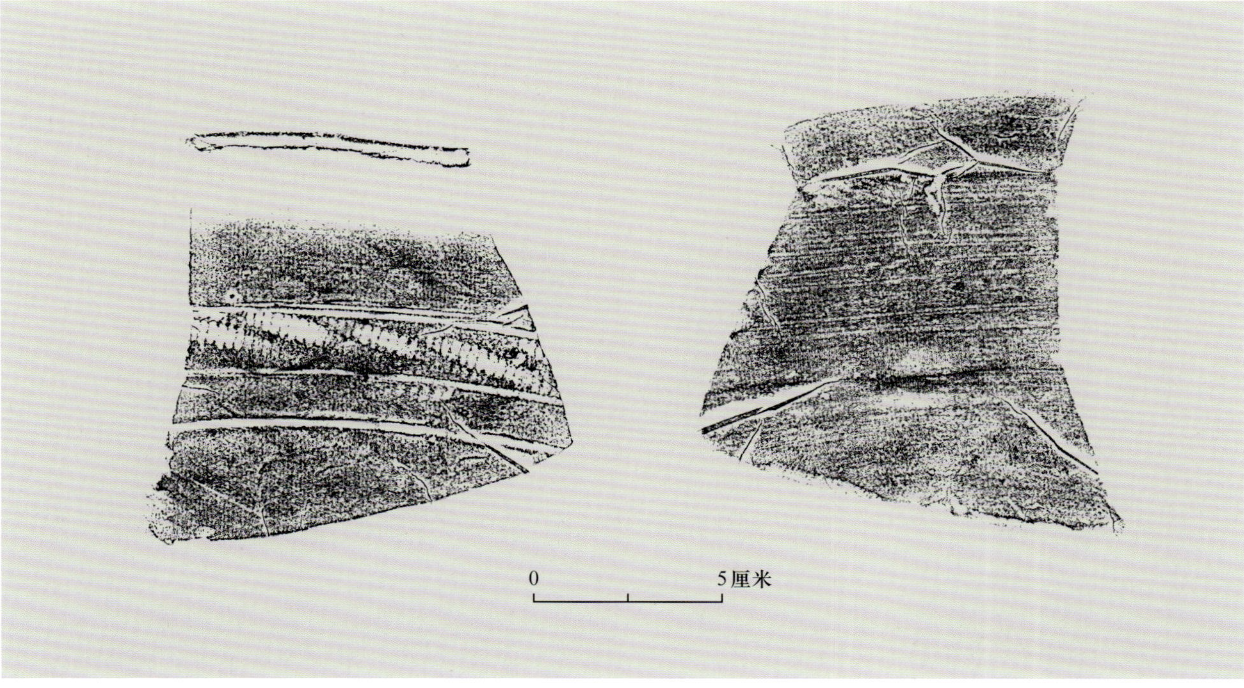

图5.158 陶盆（G7：4）外、内面拓片

6. G8

位于T4的西部，其南、北两面延伸出探方，开口于第2层下，打破G6，并打破第3、4层，被G2打破。平面呈南北向长条状，斜壁，底凹凸不平。口距地表深0.32～0.5米，东西6.3～6.4、南北1.52～1.54、深1.6米（最深处）。填土分10层，分别介绍如下。第1层：黄褐色沙性淤土。厚0～0.71米。土质较疏松。第2层：灰褐色沙性淤土。厚0～0.58米。土质较疏松，内含少量灰色陶片。第3层：浅黄色沙性淤土。厚0～0.59米。土质较疏松，内含少量灰色陶片。第4层：浅褐色沙性淤土。厚0～0.32米。土质疏松。第5层：褐色沙性淤土。厚0～0.36米。土质较疏松。第6层：黄灰色沙性淤土。厚0～0.16米。土质较疏松。第7层：深褐色沙性淤土。厚0～0.26米。土质较致密。第8层：浅灰色沙性淤土。厚0～0.16米。土质较疏松。第9层：黑灰色沙性淤土。厚0～0.36米。土质疏松，内含少量灰色陶片。第10层：土质较疏松沙性淤土。厚0～0.18米。浅灰褐色，内含少量灰色陶片（图5.159）。时代应为近现代。

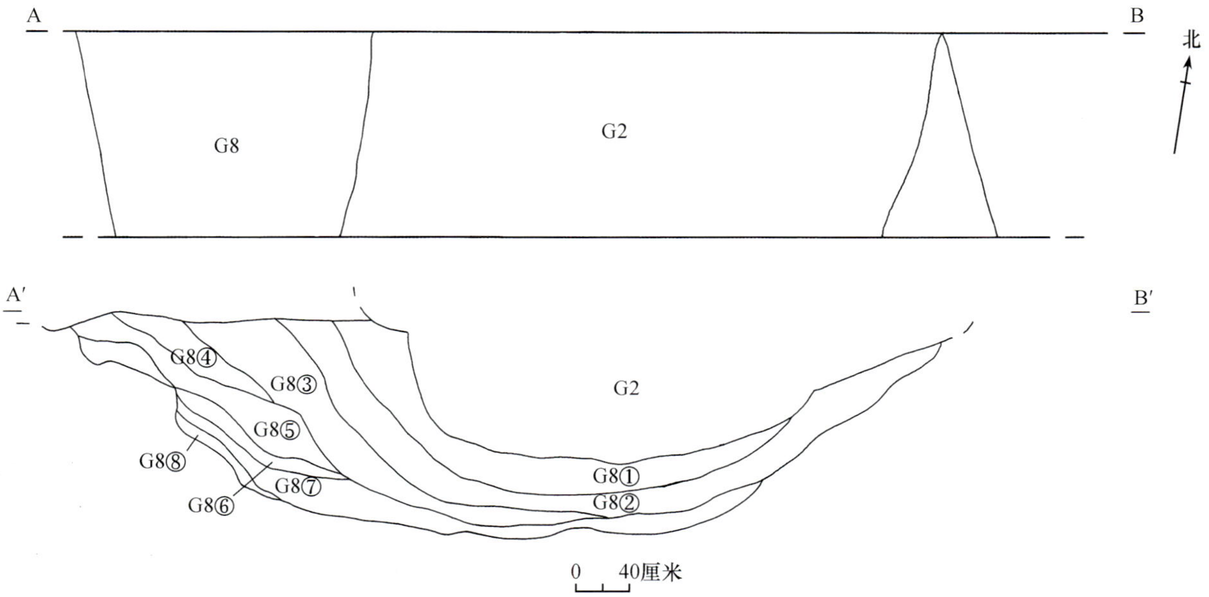

图5.159 G8平、剖面图

云纹瓦当 1件。G8⑨：1，残。灰色。当复原径15.6、当心复原径5.4、边轮宽0.7、边轮厚1.5、当厚2、缘深0.5厘米（图5.160、图5.161；彩版73；图版73）。

（三）墓葬

共清理墓葬4座，其中开口第6层下2、第8层下1、第9c层下1座，介绍如下。

1. M7

位于T4西部，南部延伸出探方，开口于第6层下，被G6打破。平面呈长方形，壁近直，平底。口距地表深2.02～2.18米，南北0.88，东西0.66～0.76、深0.4米。一具人骨，仰身直肢，头

图5.160 云纹瓦当（G8⑨：1）正、背面照片

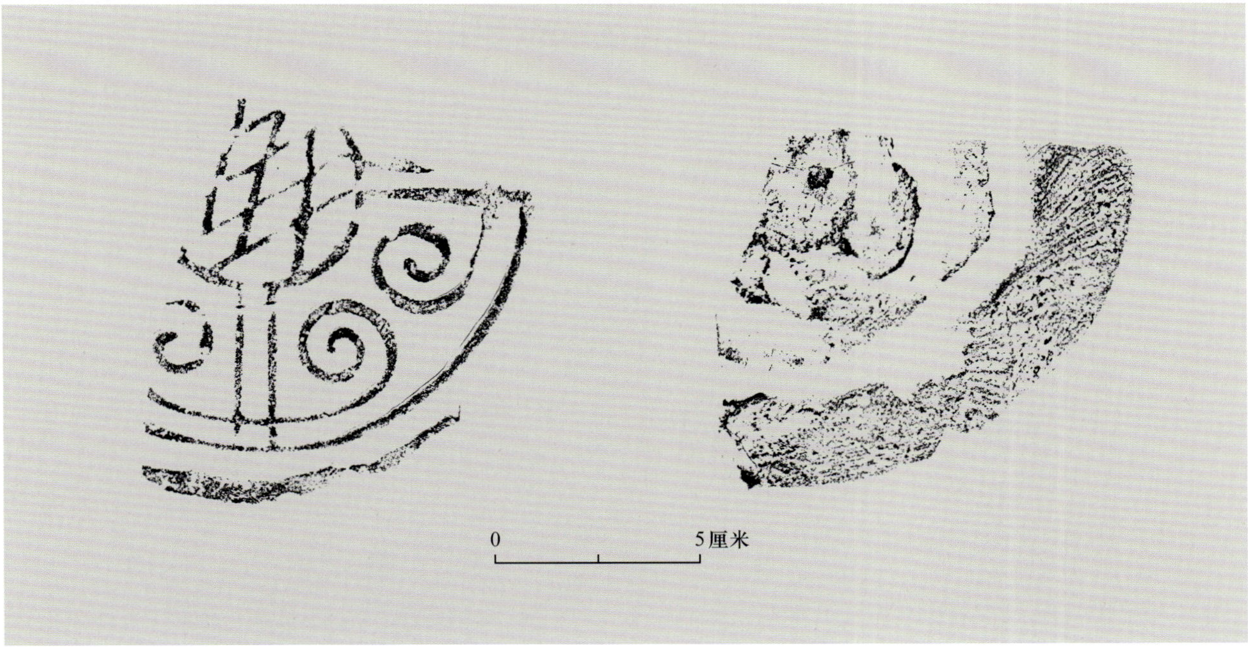

图5.161 云纹瓦当（G8⑨：1）正、背面拓片

南脚北。人骨保存较差，从所存骨骼看应为成年人。未发现葬具痕迹。人骨左侧置铜镜1面。时代应为东汉晚期。

铜镜 1件。M7：1，保存较差，已残。圆形，半球形纽有穿孔，圆纽座，纽座外为四个对称分布的四叶形纹，四叶之间各有一字，组成“位至三公”，四叶外为一周连弧状纹，其外为一周凹槽，素缘宽平。直径9.8、边轮宽0.9、边轮厚0.3厘米。表面锈蚀严重，字铭模糊（图5.162、图5.163）。

图5.162　铜镜（M7：1）正、背、侧面照片

图5.163　铜镜（M7：1）线图、正面拓片

2. M10

位于T4的东部，其北部延伸北壁之下，因征地限制，无法发掘完整，开口于第6层下，打破H9，被H5打破。南北向。平面呈近半圆形，斜壁，圜底，为竖穴砖室墓。口距地表深1.52～1.66米，口南北0.9、东西1.26、深0.54米。填土灰褐色，土质疏松。人骨一具，骨架保存状况较差，头骨及肋骨十分凌乱，骨架酥粉严重，不易提取，葬式不明，且墓砖散落于骨架上，根据发掘判断应该被盗扰动过。未发现葬具痕迹（图5.164）。时代应为东汉晚期。

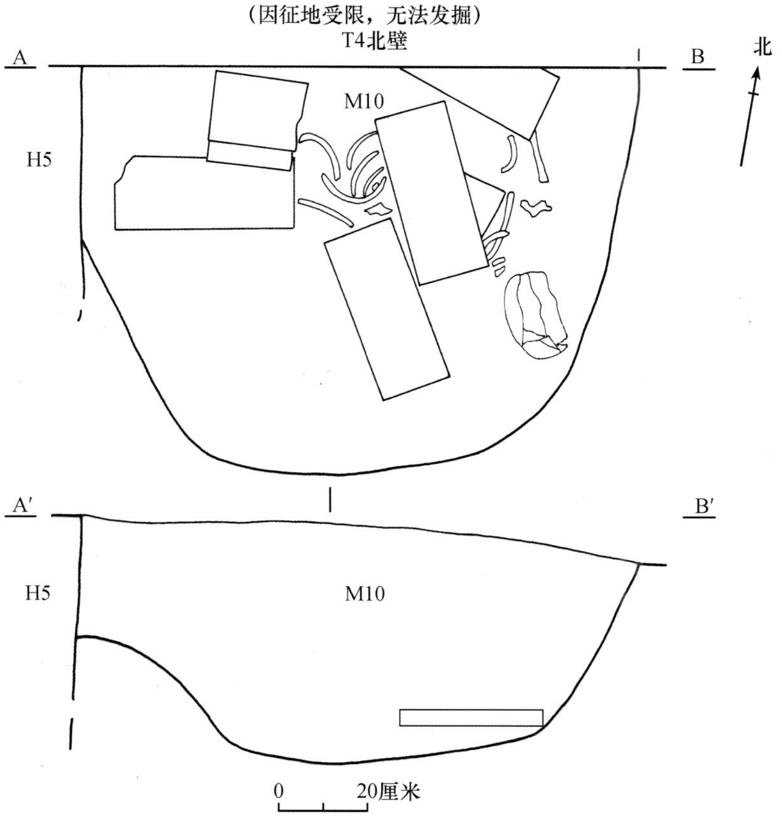

图5.164　M10平、剖面图

出土遗物残片占探方出土总数的1.55%。墓内出土均为砖块，占100%，均为素面（表5.16）。

表5.16　M10出土遗物数量统计表

名称	纹饰	灰陶/件	百分比/%
砖	素面	10	100.00
合计		10	

条形砖　4件。均为素面。

M10：1，完整。呈红褐色。表面有明显刷痕印。长35.5、宽14.8、厚6厘米（图5.165、图5.166）。

M10：2，残。残长31、宽15、厚约5厘米（图5.167）。

M10：3，完整。长35.8、宽15、厚约5厘米（图5.168）。

M10：4，完整。长35.2、宽15、厚约5厘米（图5.169）。

图5.165　条形砖（M10：1）正、背、侧面照片

图5.166　条形砖（M10：1）正、背面拓片

图5.167　条形砖（M10：2）正、背、侧面照片

图5.168 条形砖（M10：3）正、背、侧面照片

图5.169 条形砖（M10：4）正、背、侧面照片

3. M17

位于T4的西南部，压于南壁之下。开口于第9c层下，打破Q2、J2。南北向。竖穴土坑墓，平面呈长方形，斜壁，平底。口距地表深2.6～2.78米，口南北1.02、东西0.94、深1.12、底宽0.62米。土质略松，黄灰色土。一具人骨，仰身直肢，头朝北，骨架保存状况较好，头骨与骨架发生错位，骨架较乱，排列无序，应为二次葬，未发现葬具痕迹。该墓仅发掘一半，其余压于南壁之下。时代应不早于西汉中期。

4. M32

位于T4的东壁下，被压于东、北壁之下。开口于第8层下，打破H45。南北向。竖穴土坑墓，平面呈三角形，直壁，平底。口距地表深2.26～2.28米，口南北0.86、东西0.1、深0.23米。土质疏松，灰褐色。一具人骨，仰身直肢，头朝南，脚朝北，骨架保存状况较好，由于骨架暴露太少，因此不易提取。未发现葬具痕。时代应为西汉中晚期。

（四）道路

L3

位于T4的西部，紧挨探方西壁，开口于第6层下，被H14打破，叠压第7层。南北向。平面呈不规则形。口距地表深1.75～1.88米，东西0.64～2.9、南北1.5、厚0.12～0.14米。浅灰色土，土质坚硬，碾压层明显（图5.170）。时代应为东汉晚期。

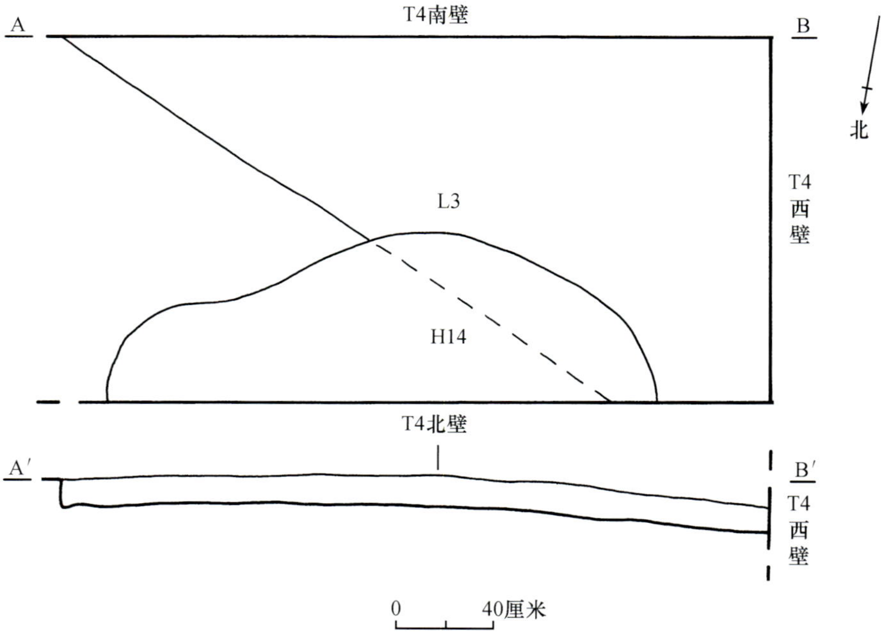

图5.170　L3平、剖面图

（五）水井

J2

位于T4西南部，南部延伸出探方。开口于第11b层下，被M17打破。平面形状呈近长方形，斜壁。口距地表深3.24～4米，口东西1.48、口南北0.64～1.02米，发掘深3.64米后因出水泥泞无法继续向下发掘而停工。灰褐色土，土质较疏松（图5.171、图5.172）。时代应为西汉中期。

（六）城墙

发掘夯土墙1处，编号Q2，即二号城西墙，介绍如下。

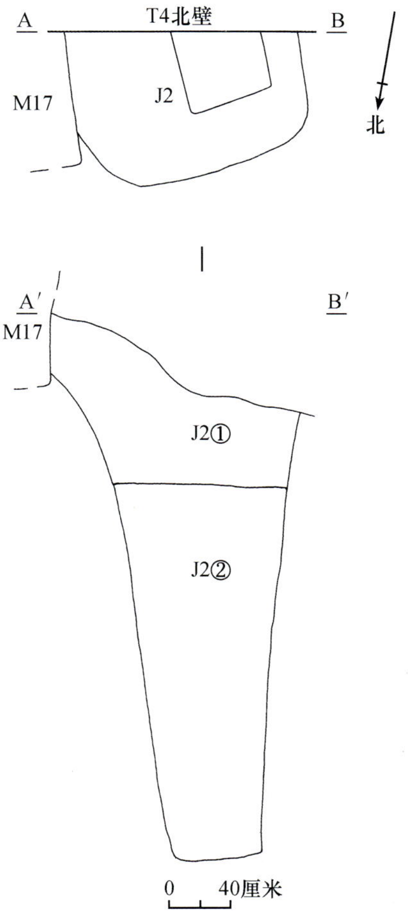

图5.171 J2平、剖面图

图5.172 J2全景照

Q2

位于T4的东部，其南、北、东三面延伸出探方。开口于第13层下，被H4、H5、H9、H44、H45、G1、M17等遗迹打破。口距地表深1.8米。

为栎阳城二号城的西城墙，修筑年代应在汉武帝元狩五年以后。南北向，墙的东部压于东壁之下未发掘。此次东西发掘宽18.18～18.24、南北发掘长1.5米。

根据发掘，Q2西边地层由东向西倾斜堆积，由此判断，原来城墙东边地势高于西边，因此在建城墙时先将西边和东边夯平，再将墙体整体往上夯筑，因此造成城墙东边没有基槽，西边有基槽。墙可分基槽和墙体建筑两部分，分别介绍如下（图5.173）。

基槽　仅发掘局部。基槽深1.64米。斜壁，底近平。填土为浅黄灰褐色，土质较硬，最下面的夯层土质硬，夯层明显，厚0.1～0.2米，圆形夯窝，直径约0.05～0.1米。

墙体　残高3.22米。从基槽底部起算至墙体顶部现存高度为4.96米。夯土为灰褐色花土，土质坚硬，夯层明显，厚约0.05～0.18米，圆形夯窝，直径约0.05～0.1米。

在墙东侧和西侧出土较多遗物残片，多为建筑垃圾，次为生活器皿残片。其中Q2东侧出土遗物残片占探方出土总数的13.2%。根据此处出土遗物残片统计，板瓦占34.12%，其中Cb1型占5.88%、Bb1型占21.18%、Ab1型占3.53%、Bc4型占3.53%。筒瓦占16.47%，其中Ab2型占2.35%、Bb4型占12.94%、Cc4型占1.18%。陶片占47.06%，均为素面。砖块占2.35%，均为素面

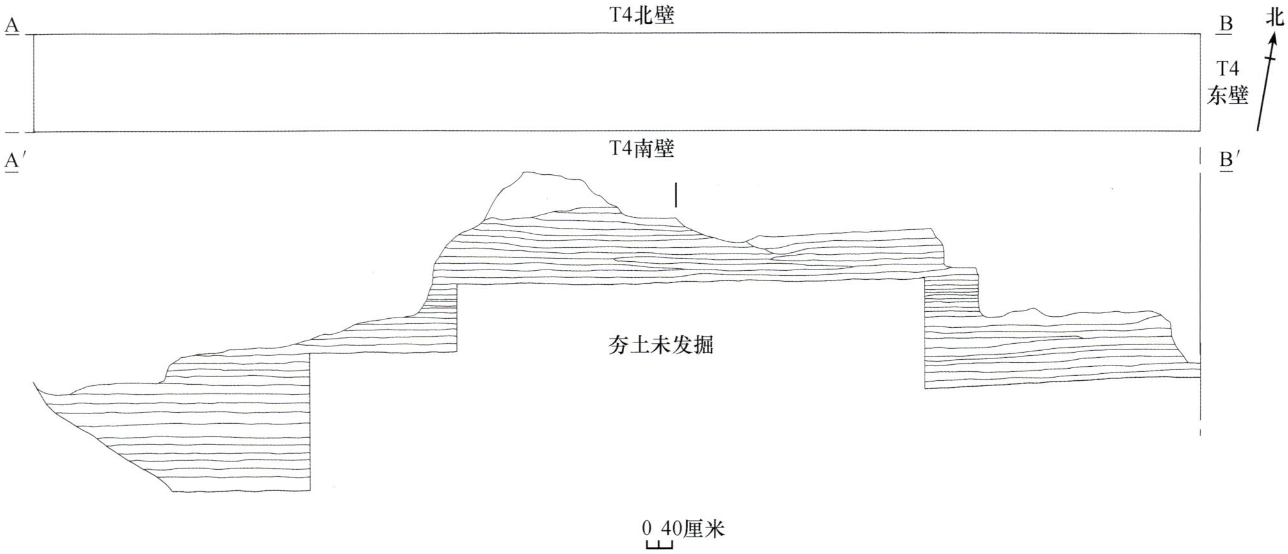

图5.173 T4Q2平、剖面图

（表5.17）。Q2西侧出土遗物残片占探方出土总数的4.35%。根据此处出土遗物残片统计，板瓦占32.14%，其中Cb1型占21.43%、Cb4型占3.57%、Cb10型占7.14%。筒瓦占7.14%，属Bc4型。砖占42.86%，均为素面。素面陶占17.86%（表5.18）。

表5.17 Q2东出土遗物数量统计表

名称	分型/纹饰	灰陶/件	百分比/%	总百分比/%
板瓦	Cb1	5	5.88	34.12
	Bb1	18	21.18	
	Ab1	3	3.53	
	Bc4	3	3.53	
筒瓦	Bb4	11	12.94	16.47
	Cc4	1	1.18	
	Ab2	2	2.35	
陶片	素面	40	47.06	47.06
砖	素面	2	2.35	2.35
合计		85	100.00	

表5.18 Q2西出土遗物数量统计表

名称	分型/纹饰	灰陶/件	百分比/%	总百分比/%
板瓦	Cb1	6	21.43	32.14
	Cb4	1	3.57	
	Cb10	2	7.14	
筒瓦	Bc4	2	7.14	7.14
陶片	素面	5	17.86	17.86
砖	素面	12	42.86	42.86
合计		28	100.00	

墙西侧第7层出土较多遗物残片，多为建筑垃圾，次为生活器皿残片，出土遗物残片占探方出土总数的8.39%。根据此处出土遗物残片统计，板瓦占40.74%，其中Ba1型占3.7%、Bb1型占9.26%、Cb2型占5.56%、Cb1型占18.52%、Cb4型占3.7%。筒瓦占11.11%，其中Ac4型占1.85%、Bc4型占7.41%、Cc4型占1.85%。陶片占46.3%，均为素面。砖块占1.85%，均为素面（表5.19）。

表5.19　Q2西第7层出土遗物数量统计表

名称	分型/纹饰	灰陶/件	百分比/%	总百分比/%
板瓦	Cb1	10	18.52	40.74
	Bb1	5	9.26	
	Ba1	2	3.70	
	Cb4	2	3.70	
	Cb2	3	5.56	
筒瓦	Cc4	1	1.85	11.11
	Bc4	4	7.41	
	Ac4	1	1.85	
陶片	素面	25	46.30	46.30
砖	素面	1	1.85	1.85
合计		54	100.00	

共出土器物38件，其中建筑材料21、陶器7、玉器1、铜器2、铜钱6、兽牙1件，分别介绍如下。

建筑材料　有砖、板瓦、筒瓦、瓦当等四种。

砖　出土2件。据表面纹饰不同，分为两种。

素面砖　1件。Q2西：4，残。呈红褐色。表面有明显刷痕印。残长10.5、残宽12.5、厚6.8厘米（图5.174、图5.175）。

图5.174　素面砖（Q2西：4）正、背、侧面照片

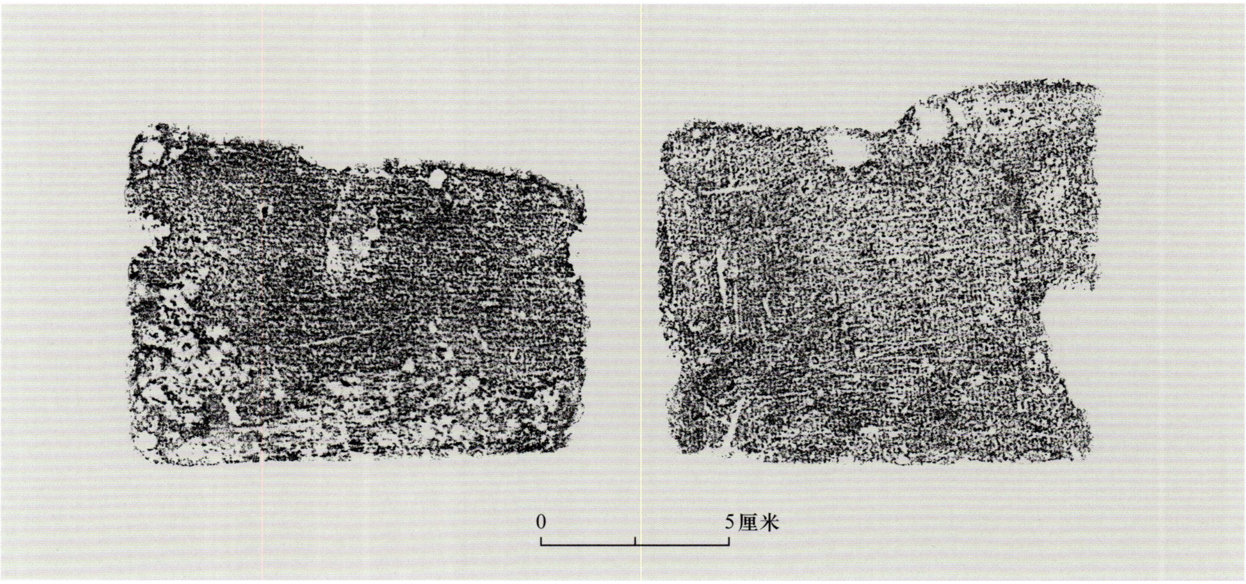

图5.175　素面砖（Q2西：4）正、背面拓片

菱形纹砖　1件。Q2西⑦：8，残。一面饰菱形纹，另一面饰交错绳纹。残长18.8、残宽14.2、厚3.5厘米（图5.176、图5.177）。

图5.176　菱形纹砖（Q2西⑦：8）正、背、侧面照片

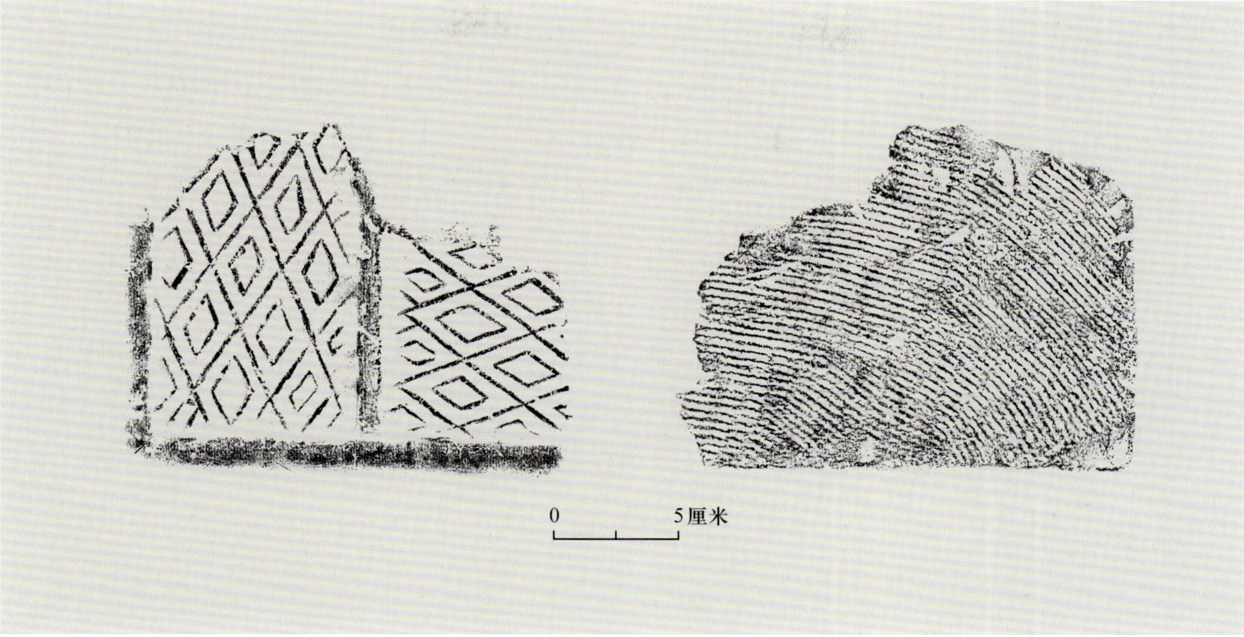

图5.177 菱形纹砖（Q2西⑦：8）正、背面拓片

板瓦 均为弧形板瓦。

弧形板瓦 出土10件。分为A、B、C三型。

A型 1件。属Aa1型。Q2东：3，残。瓦呈灰色。表面纹饰细交错绳纹，内面素面。残长7.7、残宽9、厚1.3厘米（图5.178、图5.179）。

B型 3件。分二亚型。

Ba1型 2件。灰陶。表面饰中粗交错绳纹，内素面。

图5.178 Aa1型板瓦（Q2东：3）表、内面照片

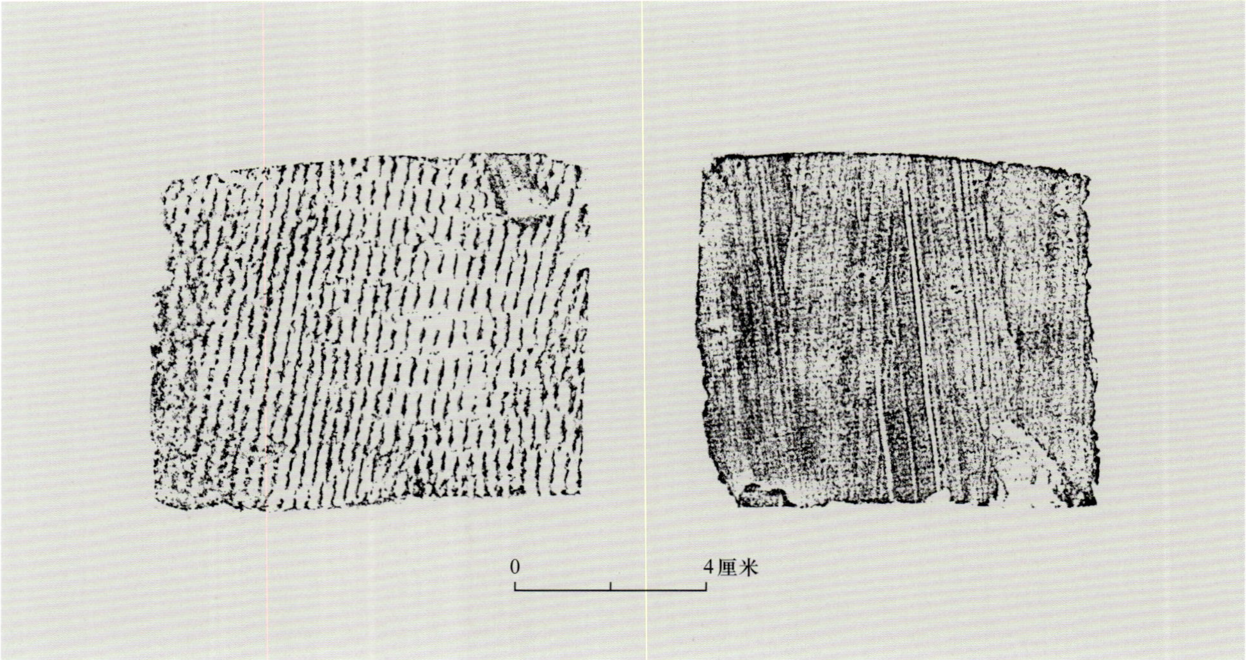

图5.179　Aa1型板瓦（Q2东：3）表、内面拓片

Q2东：4，残。残长8.5、残宽8、厚1.2厘米（图5.180、图5.181）。

Q2西⑦：2，残。残长9.2、残宽10.3、厚1.4厘米（图5.182、图5.183）。

图5.180　Ba1型板瓦（Q2东：4）表、内面照片

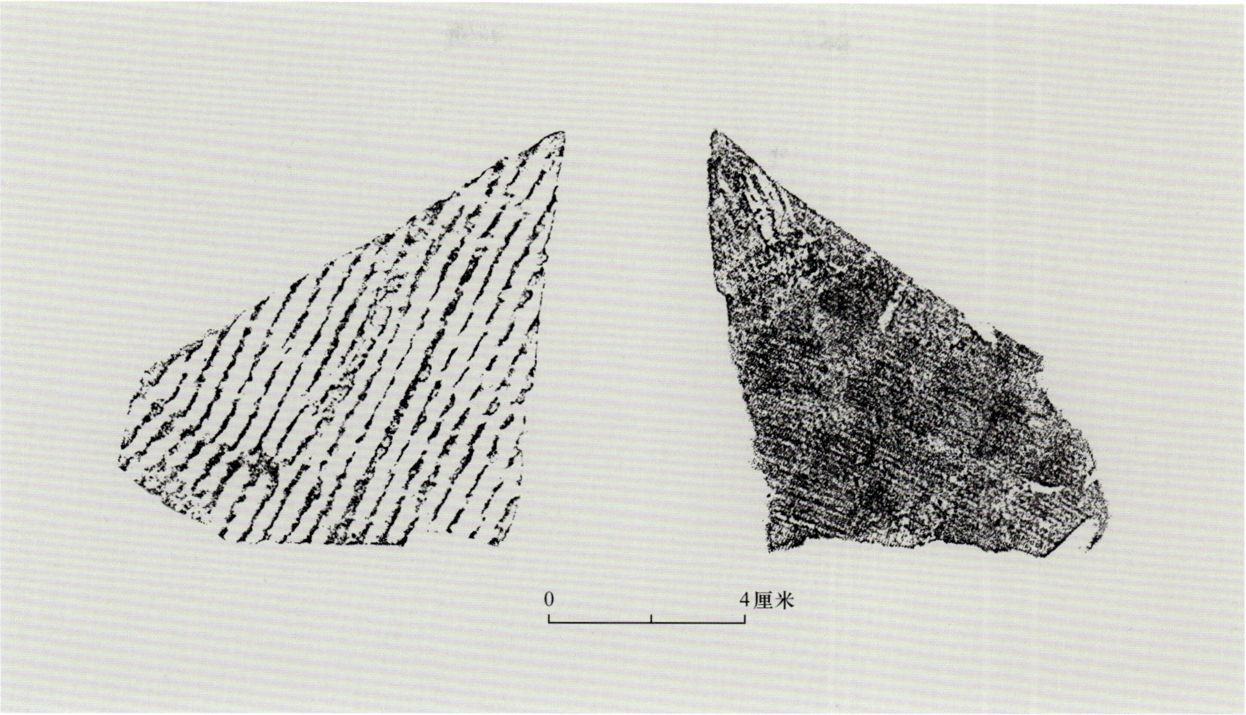

图5.181 Ba1型板瓦（Q2东：4）表、内面拓片

图5.182 Ba1型板瓦（Q2西⑦：2）表、内面照片

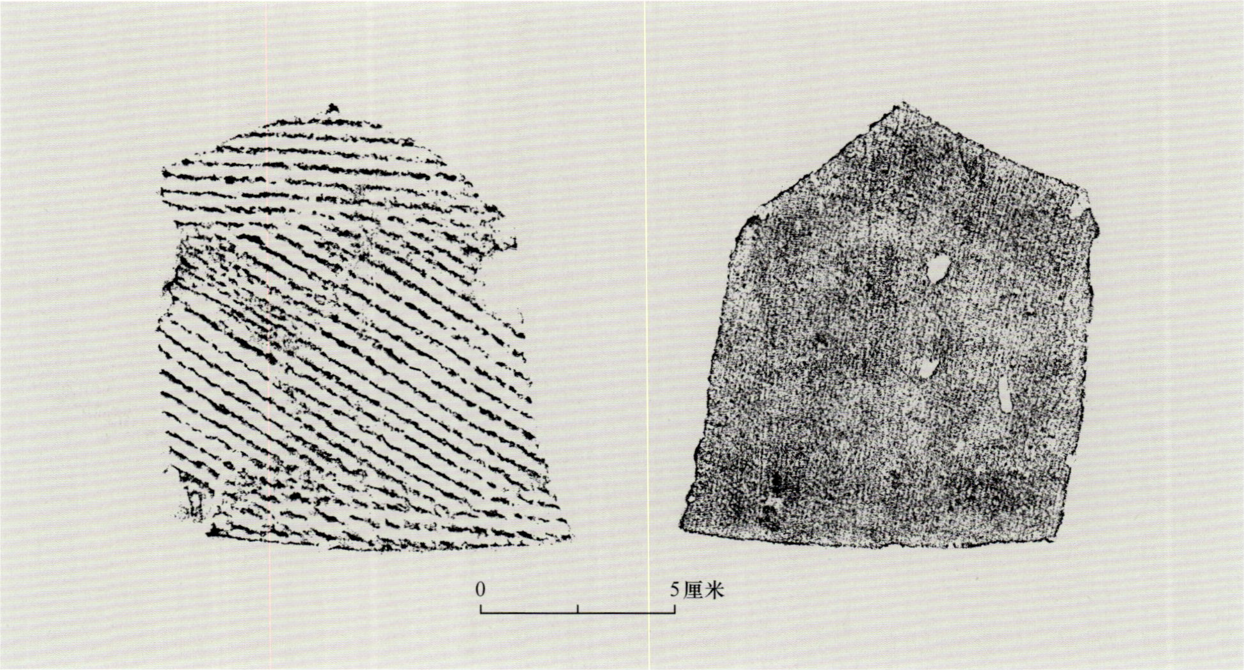

图5.183　Ba1型板瓦（Q2西⑦：2）表、内面拓片

Ba4-9型　1件。Q2东：2，残。灰陶。表面纹饰中粗交错绳纹，内面饰布纹、小菱形纹。残长25、残宽13、厚1.7厘米（图5.184、图5.185）。

图5.184　Ba4-9型板瓦（Q2东：2）表、内面照片

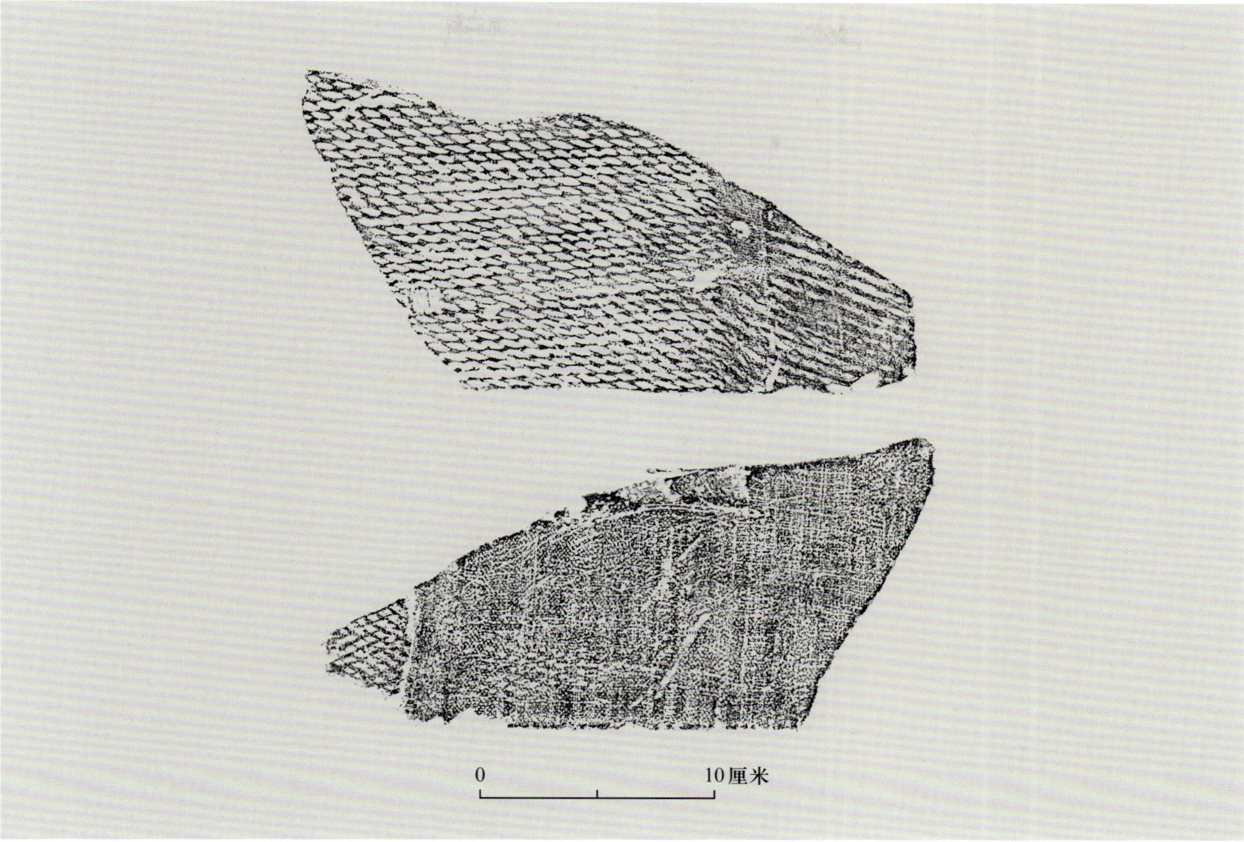

图5.185 Ba4-9型板瓦（Q2东：2）表、内面拓片

C型 6件。分六亚型。

Ca1型 1件。Q2西⑦：3，残。灰陶。表面饰粗交错绳纹，内面素面。残长11.5、残宽8.3、厚1.3厘米（图5.186、图5.187）。

Ca2型 1件。Q2西⑦：1，残。灰陶。表面饰粗交错绳纹，内面饰麻点纹。残长13.5、残宽16.5、厚1.5厘米（图5.188、图5.189）。

Ca4型 1件。Q2西⑦：4，残。灰陶。表面饰粗交错绳纹，内面饰布纹。残长13.3、残宽16、厚1.3厘米（图5.190、图5.191）。

Ca10型 1件。Q2西：1，残。灰陶。表面饰粗交错绳纹，内面饰抹平绳纹。残长24.2、残宽24、厚1.4厘米（图5.192、图5.193）。

Cb1型 1件。Q2东：1，残。灰陶。表面饰粗斜绳纹，内面素面。残长20、残宽19.2、厚1.2厘米（图5.194、图5.195）。

Cb2型 1件。Q2西：2，残。表面饰粗斜绳纹，内面饰麻点纹，距大残头3.5厘米处有凹弦纹一周。灰陶。残长20、残宽22.8、厚1.4厘米（图5.196、图5.197）。

筒瓦 出土8件。分为A、B、C三型。

A型 3件。分二亚型。

Aa2型 2件。表面饰细交错绳纹，内面饰麻点纹。

Q2东：6，残。灰陶。残长12、残宽8、厚1.2厘米（图5.198、图5.199）。

图5.186　Ca1型板瓦（Q2西⑦：3）表、内面照片

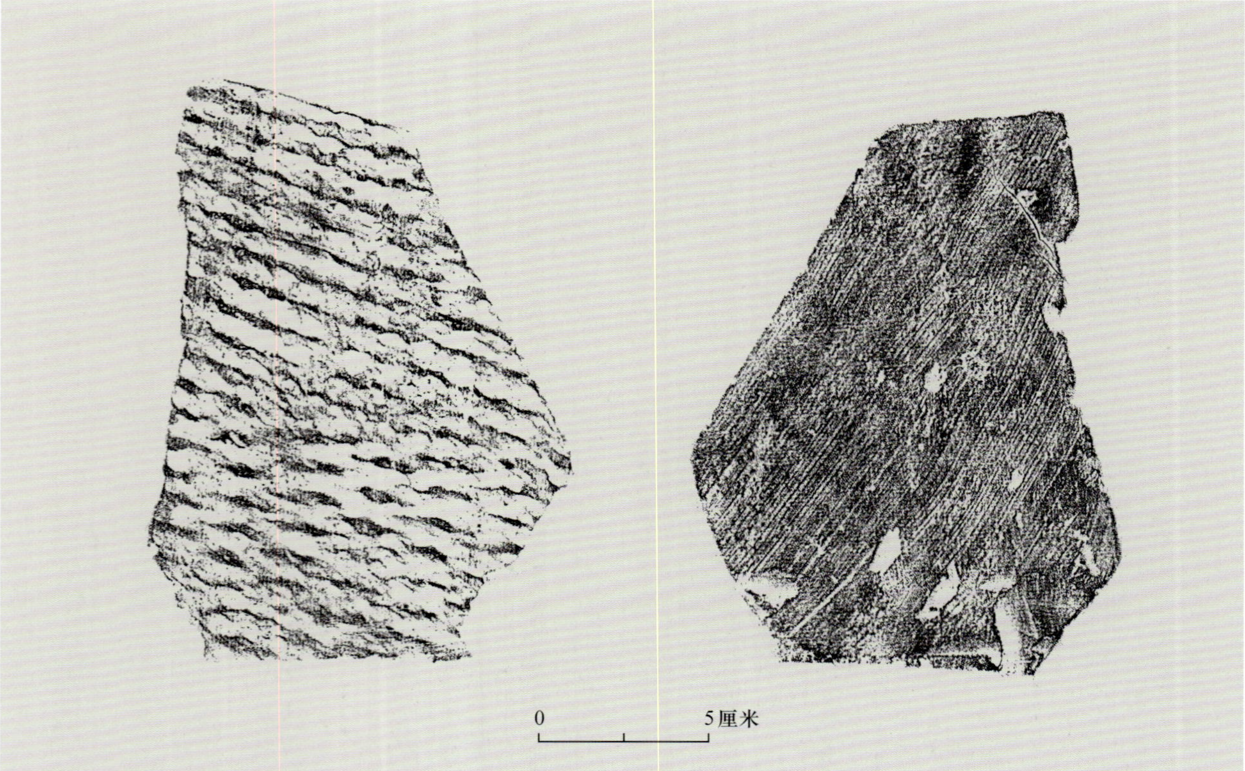

图5.187　Ca1型板瓦（Q2西⑦：3）表、内面拓片

图5.188 Ca2型板瓦（Q2西⑦：1）表、内面照片

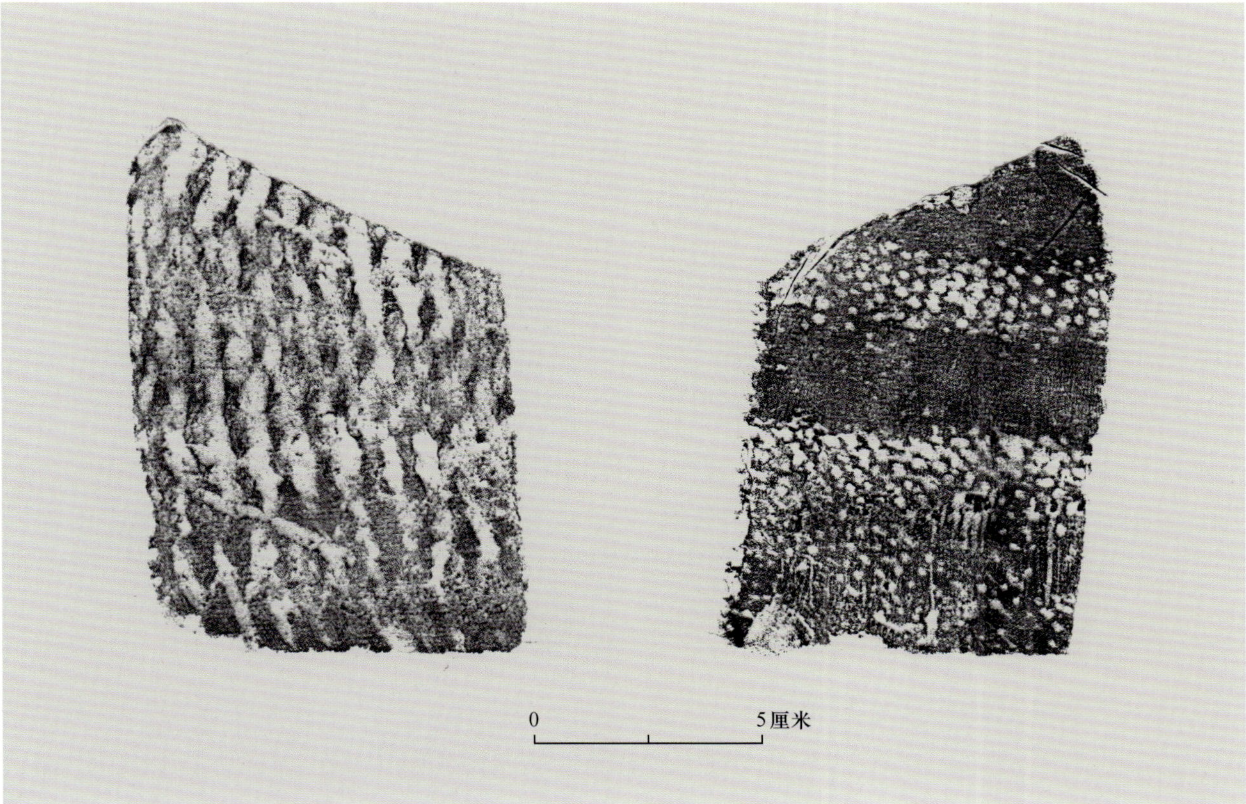

图5.189 Ca2型板瓦（Q2西⑦：1）表、内面拓片

图5.190　Ca4型板瓦（Q2西⑦：4）表、内面照片

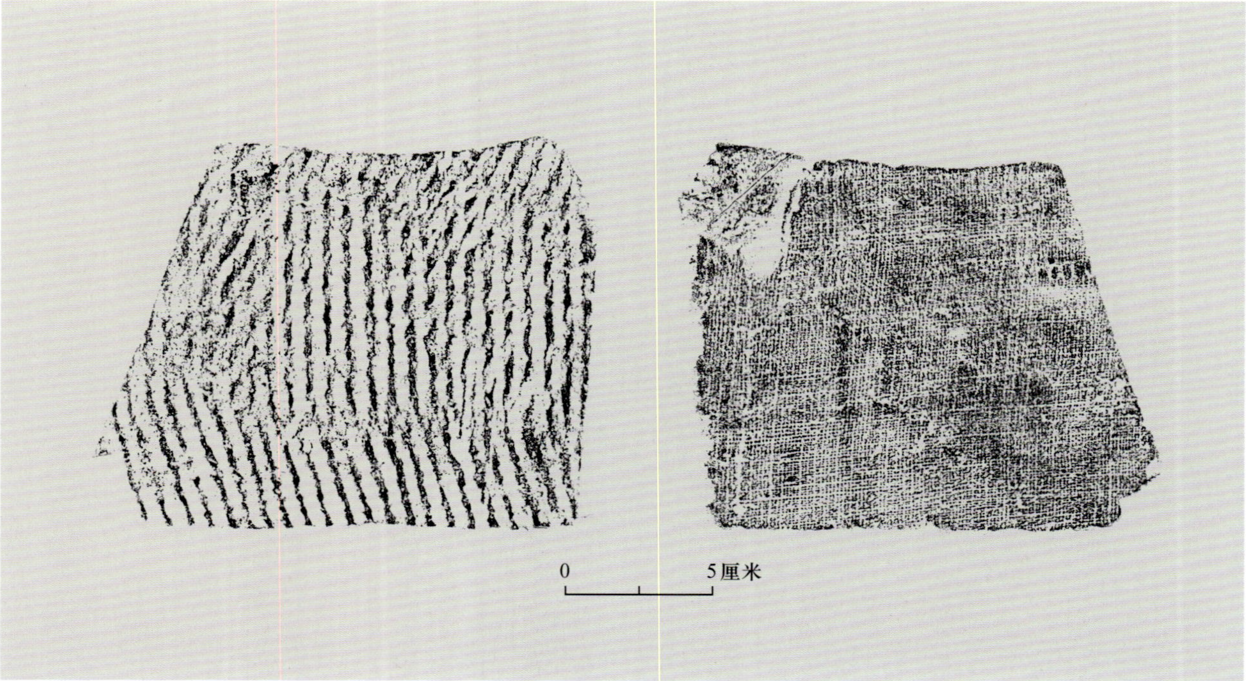

图5.191　Ca4型板瓦（Q2西⑦：4）表、内面拓片

图5.192 Ca10型板瓦（Q2西：1）表、内面照片

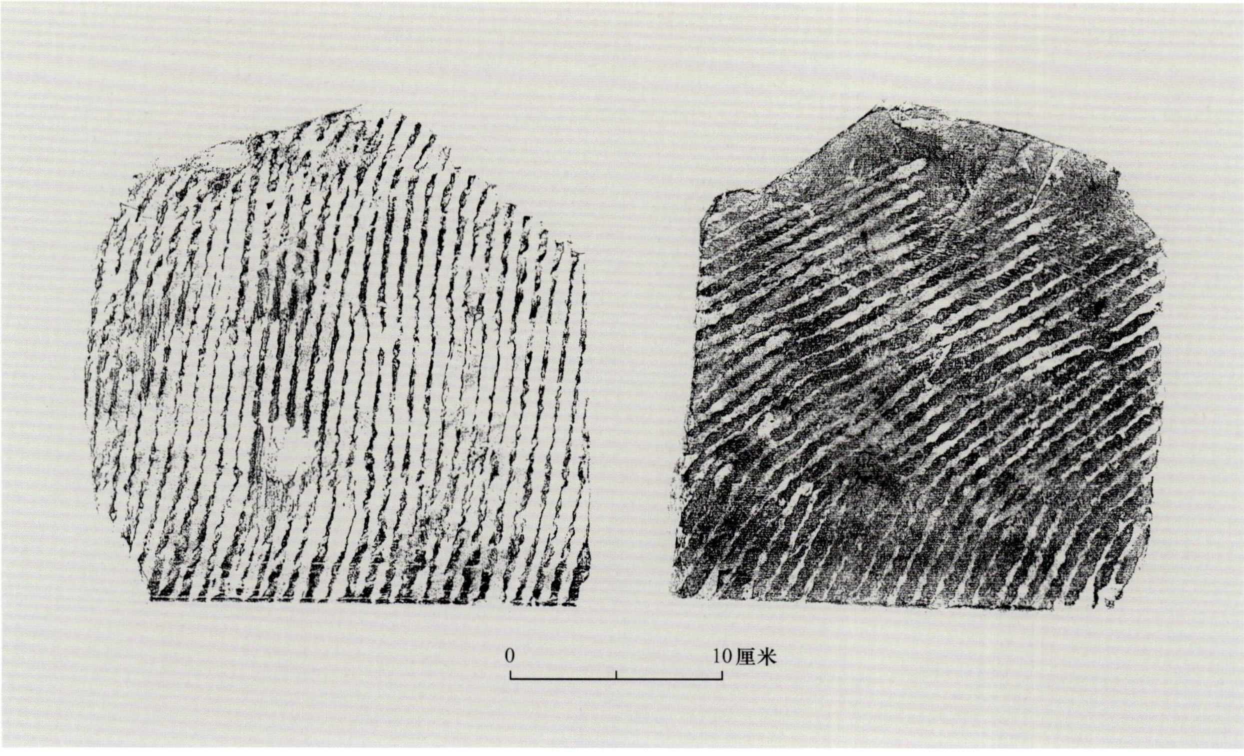

图5.193 Ca10型板瓦（Q2西：1）表、内面拓片

图5.194　Cb1型板瓦（Q2东：1）表、内面照片

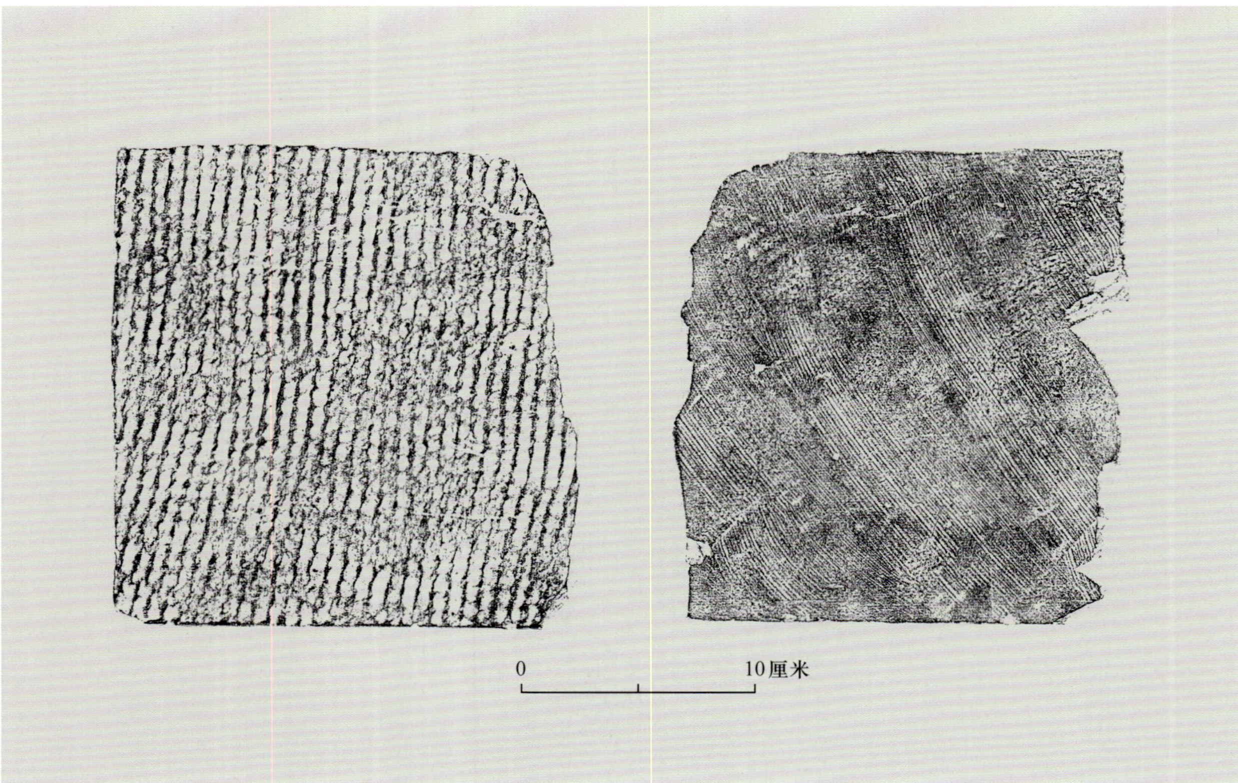

图5.195　Cb1型板瓦（Q2东：1）表、内面拓片

图5.196 Cb2型板瓦（Q2西：2）表、内面照片

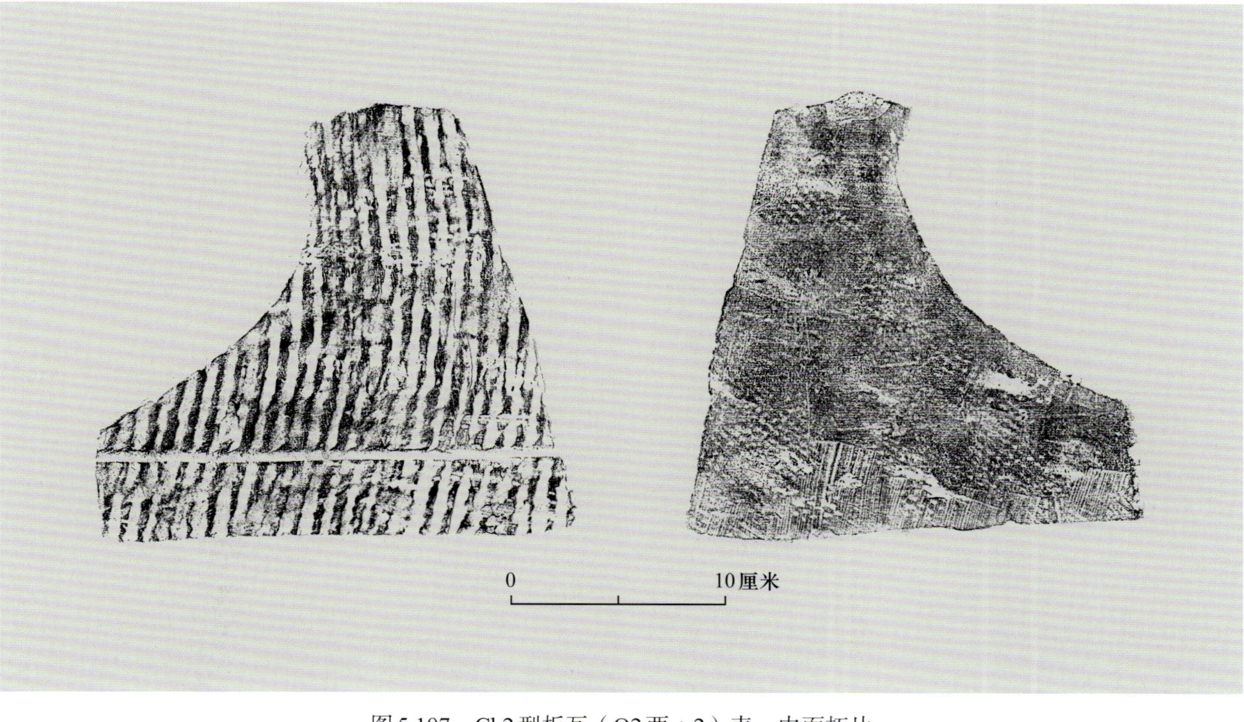

图5.197 Cb2型板瓦（Q2西：2）表、内面拓片

图5.198 Aa2型筒瓦（Q2东：6）表、内面照片

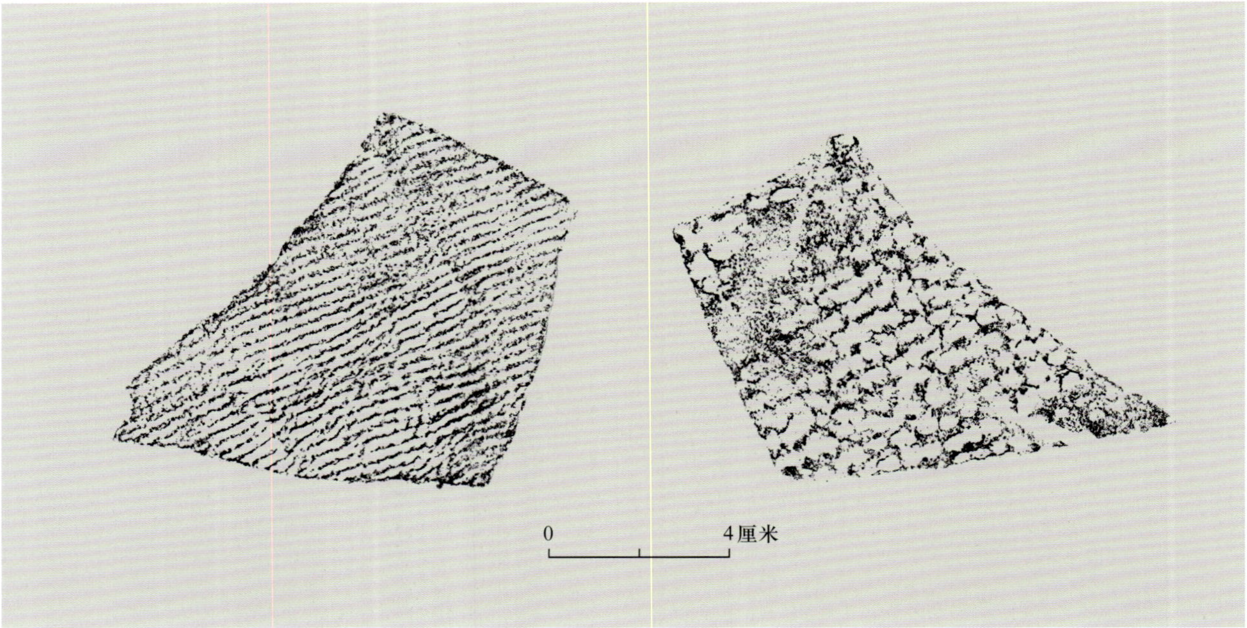

图5.199 Aa2型筒瓦（Q2东：6）表、内面拓片

Q2西⑦：7，残。灰陶。残长12、残宽8、厚1.2厘米（图5.200、图5.201）。

Aa4型 1件。Q2西⑦：5，残。灰陶。表面饰细交错绳纹，内面饰布纹。残长7.5、残宽8、厚1.2厘米（图5.202、图5.203）。

B型 4件。分二亚型。

Bb4型 3件。表面饰中粗斜绳纹，内面饰布纹。

图5.200 Aa2型筒瓦（Q2西⑦：7）表、内面照片

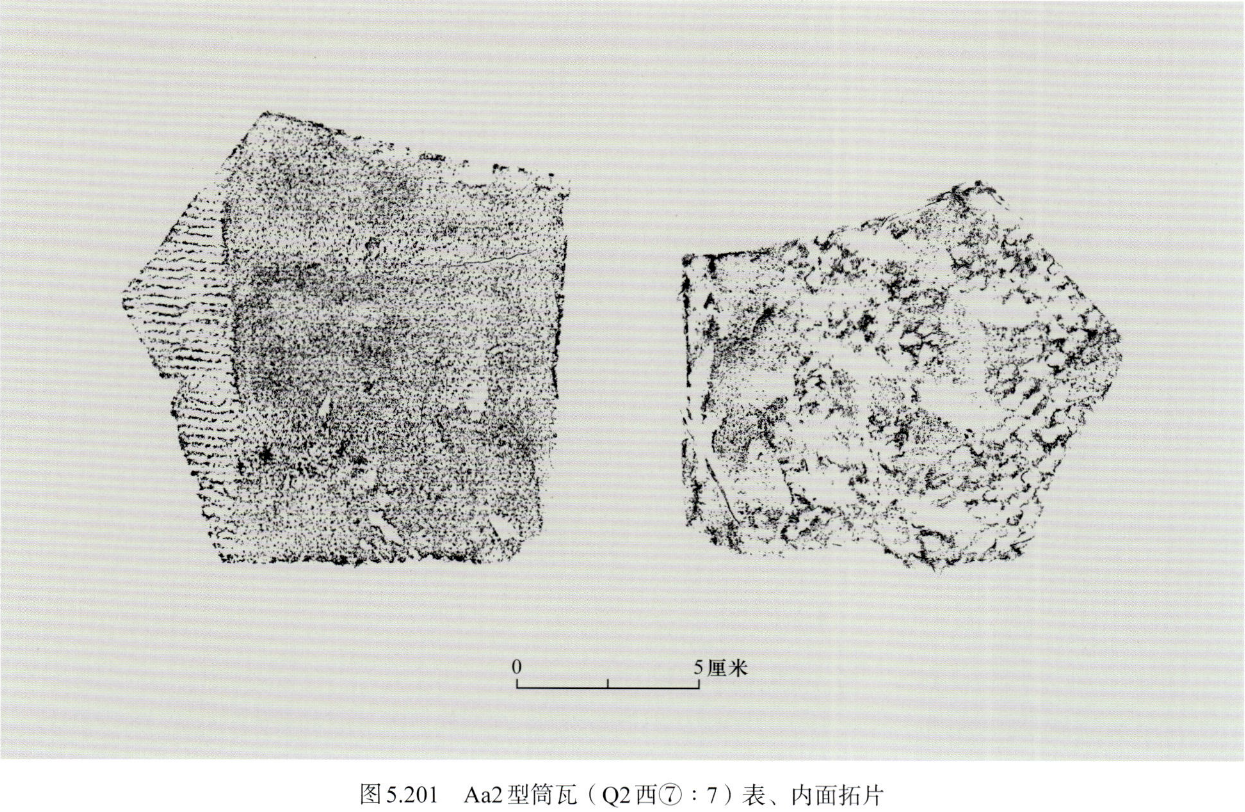

图5.201 Aa2型筒瓦（Q2西⑦：7）表、内面拓片

图5.202 Aa4型筒瓦（Q2西⑦：5）表、内面照片

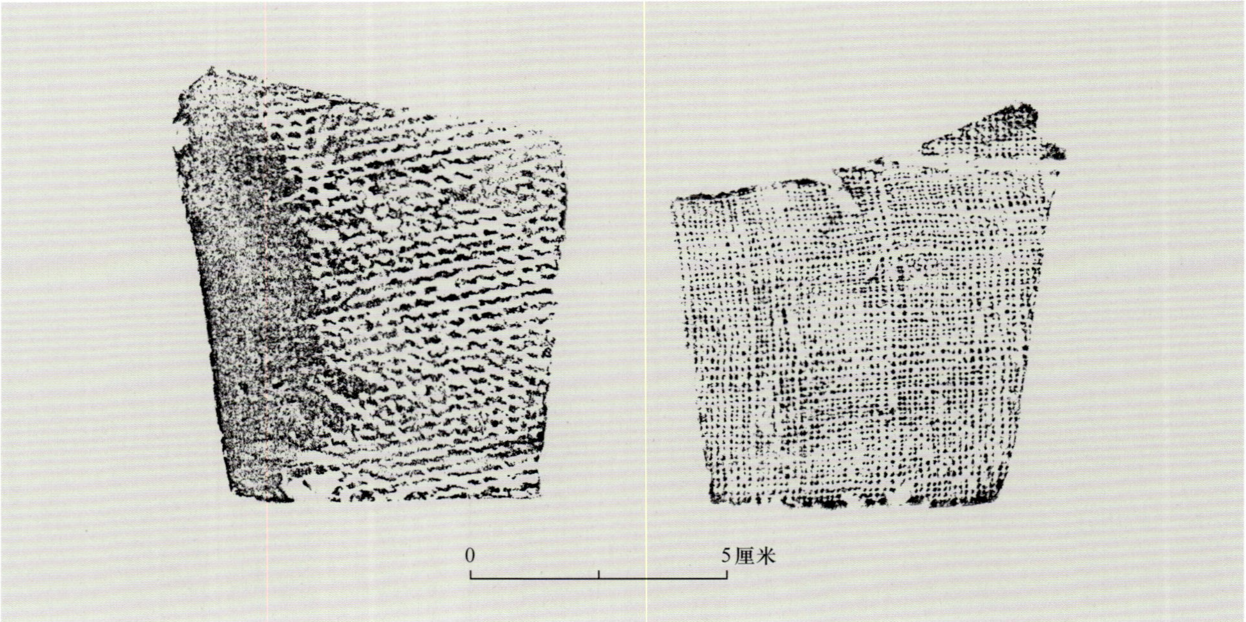

图5.203 Aa4型筒瓦（Q2西⑦：5）表、内面拓片

Q2东：5，残。灰陶。长43.1、径16.1、厚1.4、弦高8.6厘米，瓦唇长3.3、唇厚0.9厘米（图5.204、图5.205；彩版74；图版74）。

Q2东：7，残。灰陶。瓦表面抹平部分宽0.8厘米。残长15、残宽14.5、厚1.3厘米，瓦唇长4.5、唇径10.9、唇残宽9、厚0.9厘米（图5.206、图5.207）。

Q2西：3，残。灰陶。残长9.8、残宽10、厚1.3厘米（图5.208、图5.209）。

Bc4型　1件。Q2东：8，残。灰陶。表面饰中粗直绳纹，内面饰布纹，瓦表面抹平部分宽4.2厘米。残长15.2、残宽14.6、厚1.4厘米，瓦唇长2.1、唇残宽10.8、厚0.75厘米（图5.210、图5.211）。

图5.204 Bb4型筒瓦（Q2东：5）表、内面照片

图5.205 Bb4型筒瓦（Q2东：5）表、内面拓片

图5.206　Bb4型筒瓦（Q2东：7）表、内面照片

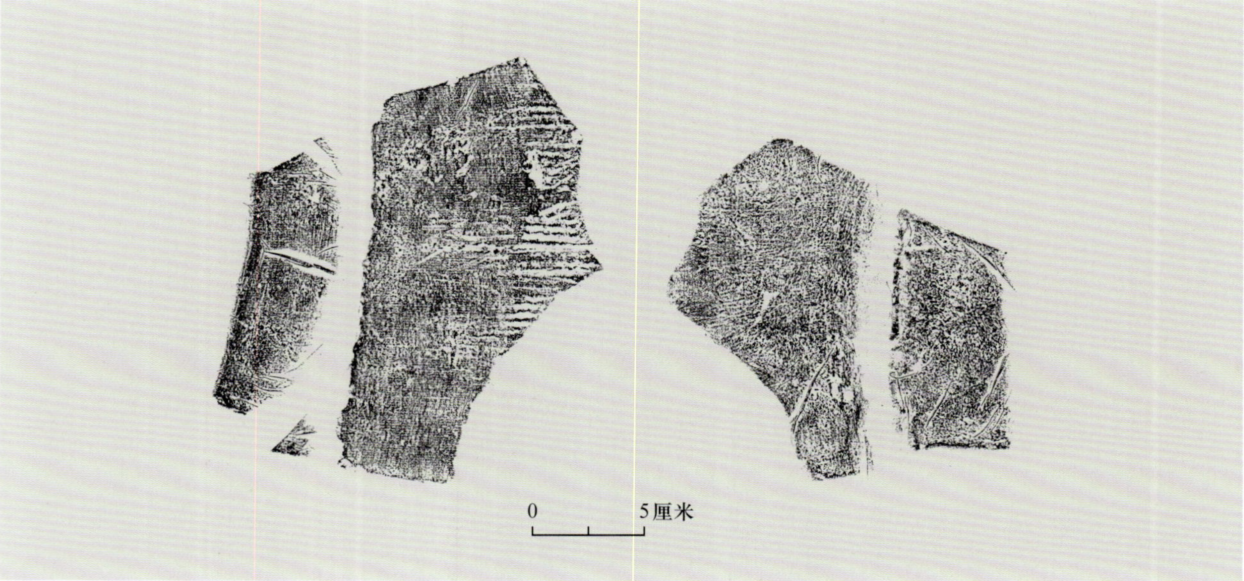

图5.207　Bb4型筒瓦（Q2东：7）表、内面拓片

图5.208　Bb4型筒瓦（Q2西：3）表、内面照片

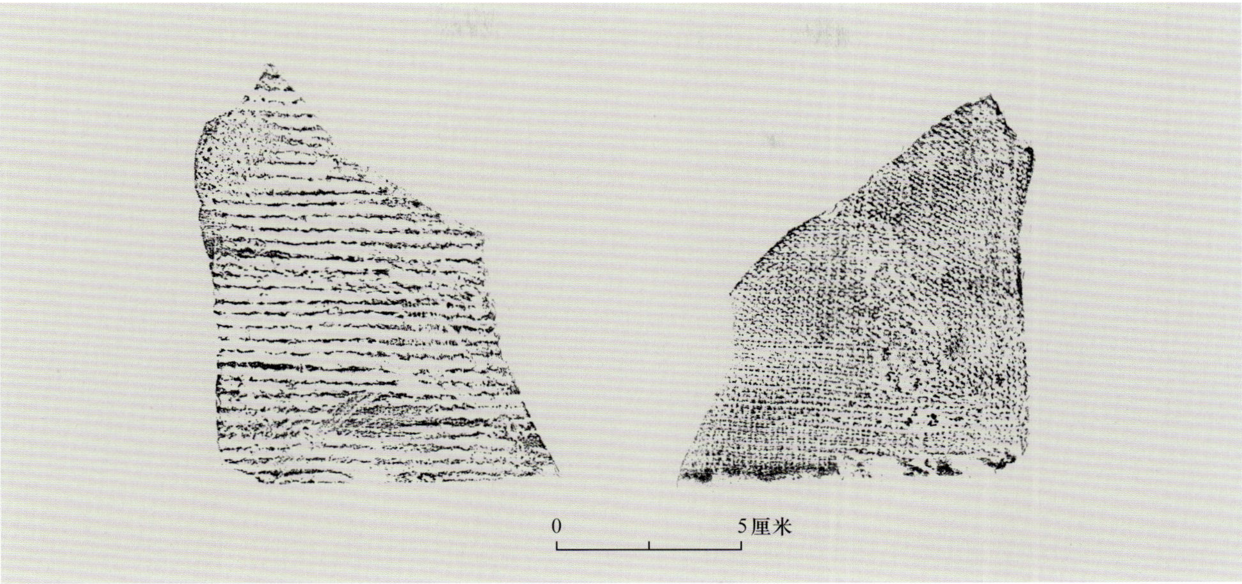

图5.209 Bb4型筒瓦（Q2西：3）表、内面拓片

图5.210 Bc4型筒瓦（Q2东：8）表、内面照片

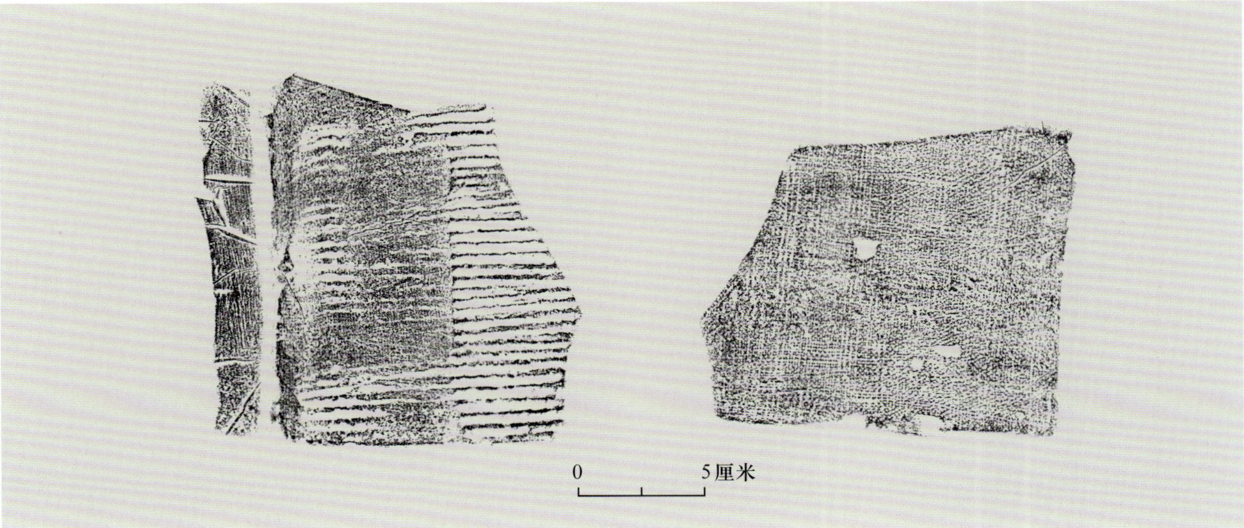

图5.211 Bc4型筒瓦（Q2东：8）表、内面拓片

C型　1件。属Cc4型。Q2西⑦：6，残。灰陶。表面饰粗直绳纹，内面饰布纹。残长9.2、残宽10.7、厚1.4厘米（图5.212、图5.213）。

图5.212　Cc4型筒瓦（Q2西⑦：6）表、内面照片

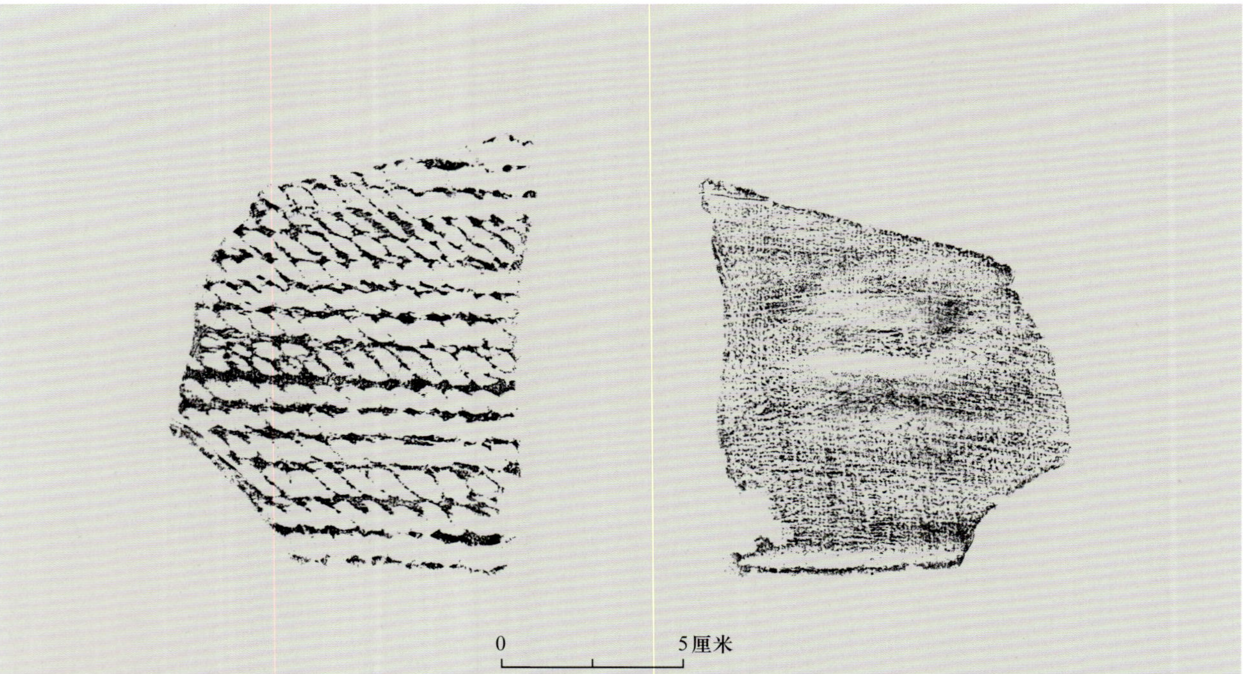

图5.213　Cc4型筒瓦（Q2西⑦：6）表、内面拓片

瓦当 仅云纹瓦当。

云纹瓦当 1件。Q2：11，残。当复原径15.9、当厚0.9、边轮宽0.8、缘深0.5、筒瓦残长9.2、残宽8.2、厚1.3、弦高8.3厘米（图5.214、图5.215；彩版75；图版75）。

图5.214 云纹瓦当（Q2：11）瓦当正、背面与筒瓦表、内面照片

陶器 有盆、罐、釜、钵四种。

陶盆 4件。

Q2东：10，残。泥质灰陶。敞口，尖圆唇，颈部饰凹弦纹一周，上腹斜直向下内收，表面有人为划痕，有凹弦纹一周，内面表皮有脱落现象。复原口径33、沿宽2.3、残长20.7、残高6.4、腹厚0.9厘米（图5.216、图5.217；彩版76；图版76）。

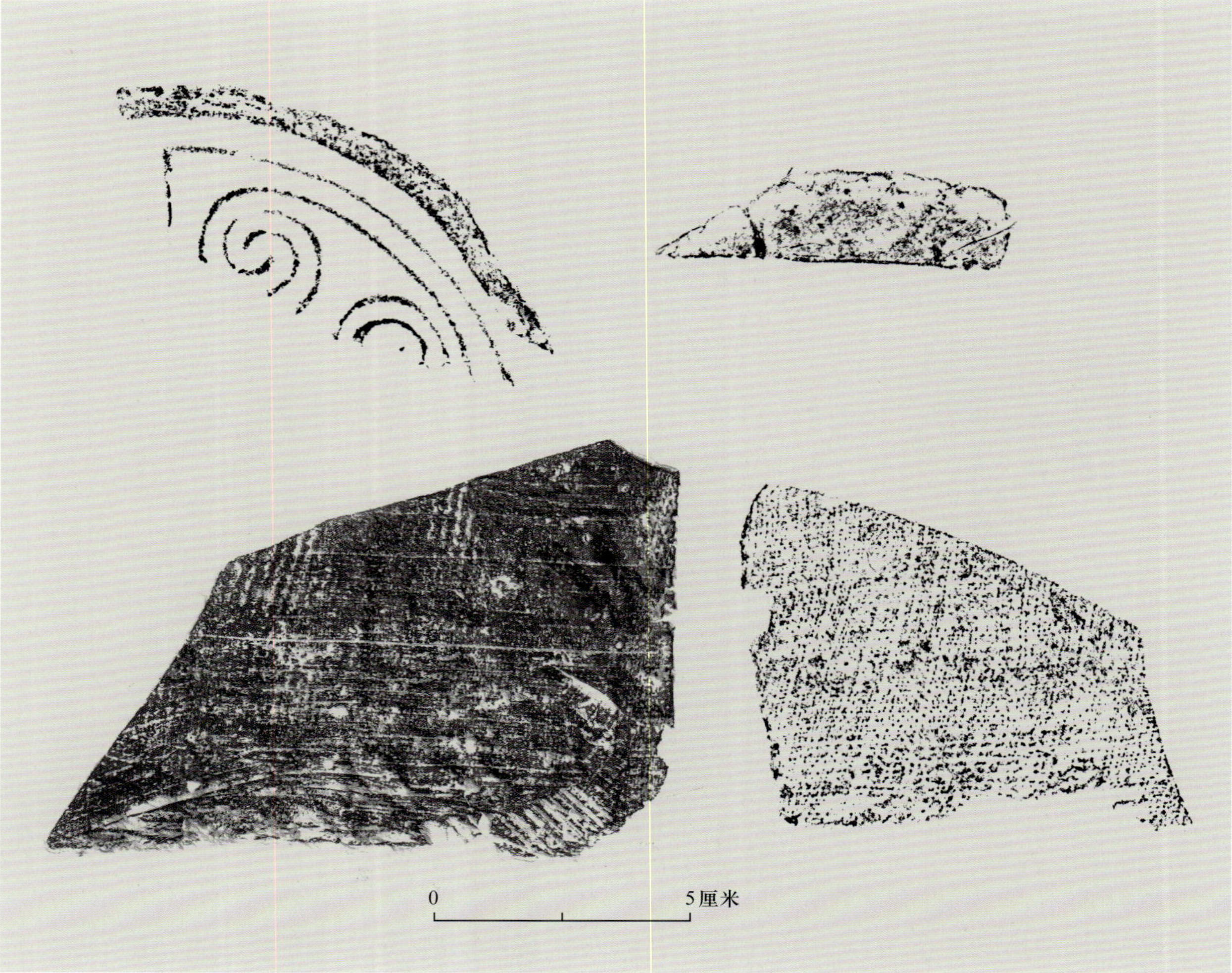

图5.215 云纹瓦当（Q2：11）瓦当正、背面与筒瓦表、内面拓片

Q2西⑦：9，残。泥质灰陶。略敞口，唇沿上有两周凹弦纹，束颈，斜肩，肩上饰凹弦纹一周，上腹斜直向下内收，内外均有明显轮制痕迹。复原口径34.6、沿宽1.5、残长10.3、残宽2.7、残高6、腹厚0.7厘米（图5.218、图5.219；彩版77；图版77）。

Q2西⑦：10，残。泥质灰陶。子母口，平沿，沿上有一周凹弦纹，口沿向下1厘米处有凸棱一周，尖唇，卷沿下为抹平绳纹，宽约1.3厘米，上腹斜直向下内收，腹中有凹弦纹一周，内外均有明显轮制痕迹。复原口径24.6、沿宽0.6、残长8.5、残宽2.6、残高5.7、腹厚0.7厘米（图5.220、图5.221；彩版78；图版79）。

Q2西⑦：13，残。夹砂灰陶。方尖圆唇，敞口，唇沿上饰凹弦纹一周，束颈，颈部有模糊绳纹抹平痕迹，斜肩，肩上有一周宽1.5厘米凸棱，棱上下均饰凹弦纹一周，腹斜直内收，饰篮纹，内外均有明显轮制痕迹。复原口径20、沿宽0.7、残长7.5、残宽3.5、残高7.7、厚0.8厘米（图5.222、图5.223；彩版79；图版79）。

陶罐　1件。Q2西⑦：11，残。夹砂灰陶。束颈，斜肩，距颈部向下0.7厘米处为交错中粗绳纹，沿外侧饰浅凹弦纹一周，内外均有明显轮制痕迹。口部复原径31.3、沿宽1.2、残长13.5、残宽6.5、残高6.8、腹厚1厘米（图5.224、图5.225；彩版80；图版80）。

图5.216 陶盆（Q2东：10）外、内、侧面照片

图5.217 陶盆（Q2东：10）外、内面拓片

图5.218　陶盆（Q2西⑦：9）外、内、侧面照片

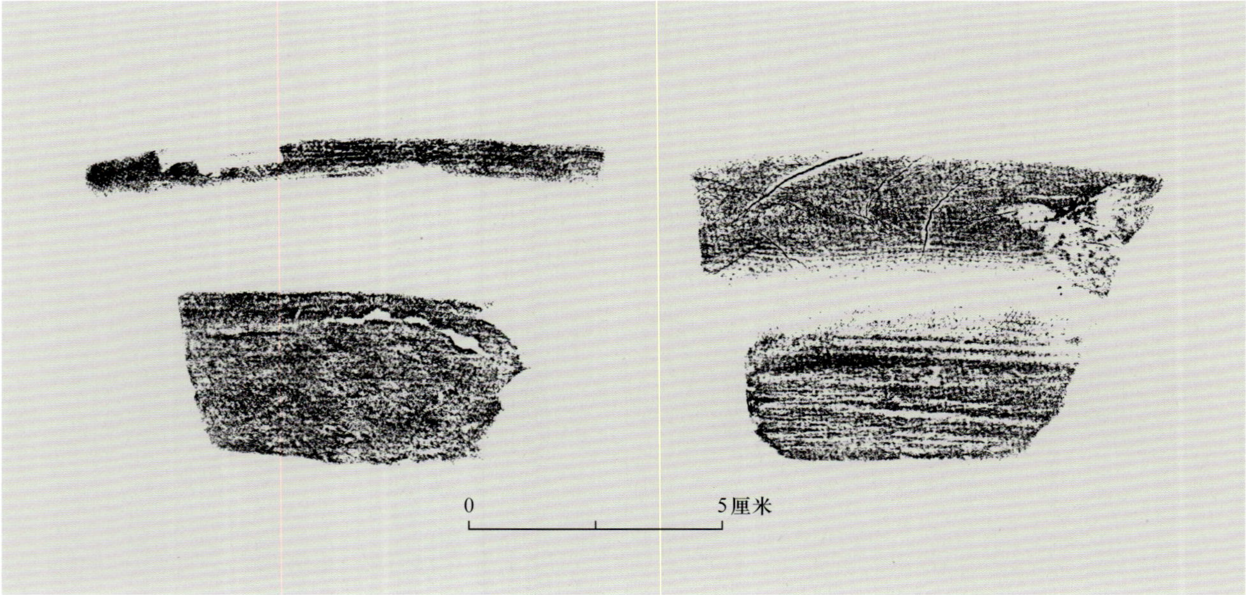

图5.219　陶盆（Q2西⑦：9）外、内面拓片

图5.220 陶盆（Q2西⑦：10）外、内、侧面照片

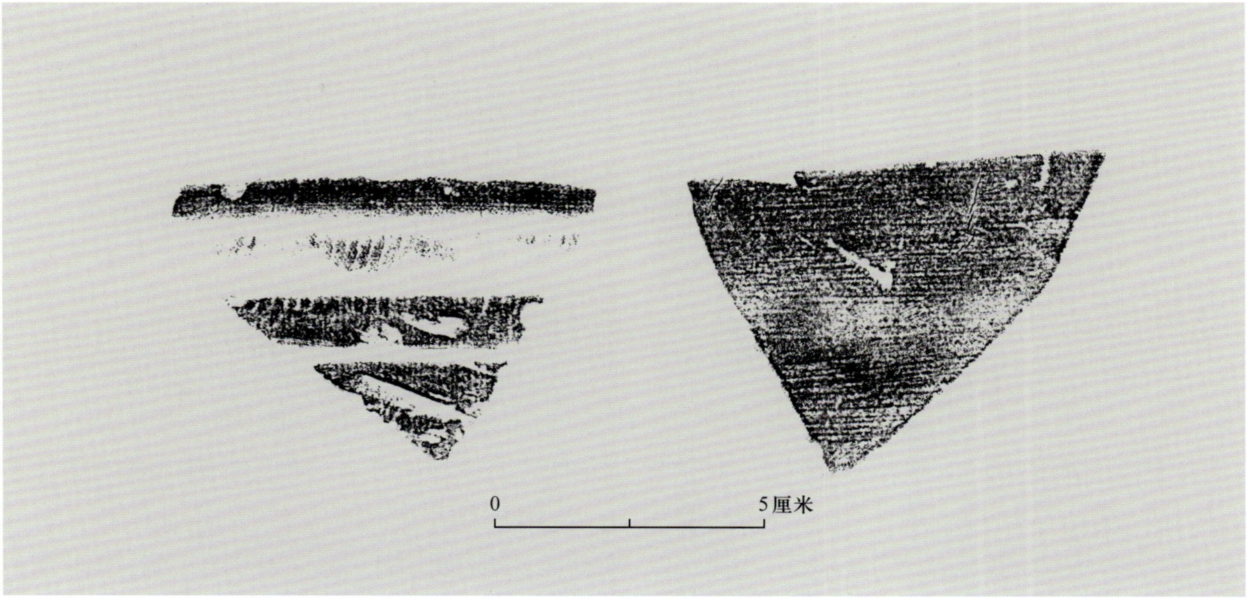

图5.221 陶盆（Q2西⑦：10）外、内面拓片

图5.222　陶盆（Q2西⑦：13）外、内、侧面照片

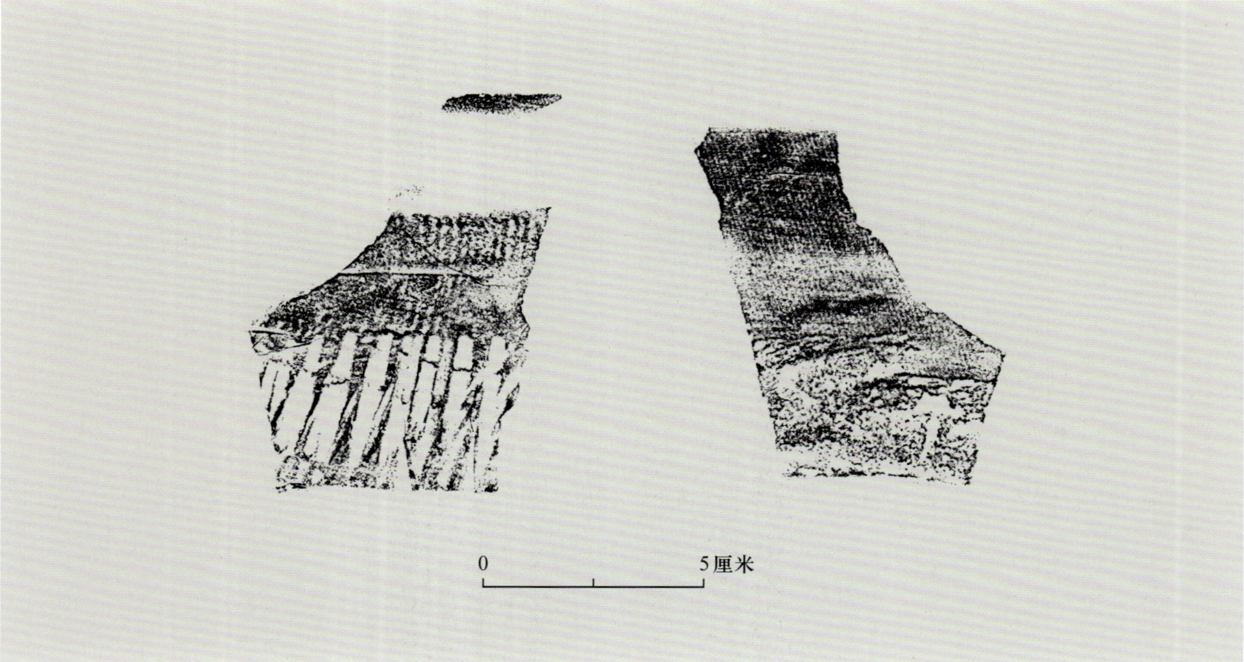

图5.223　陶盆（Q2西⑦：13）外、内面拓片

图5.224 陶罐（Q2西⑦：11）外、内、侧面照片

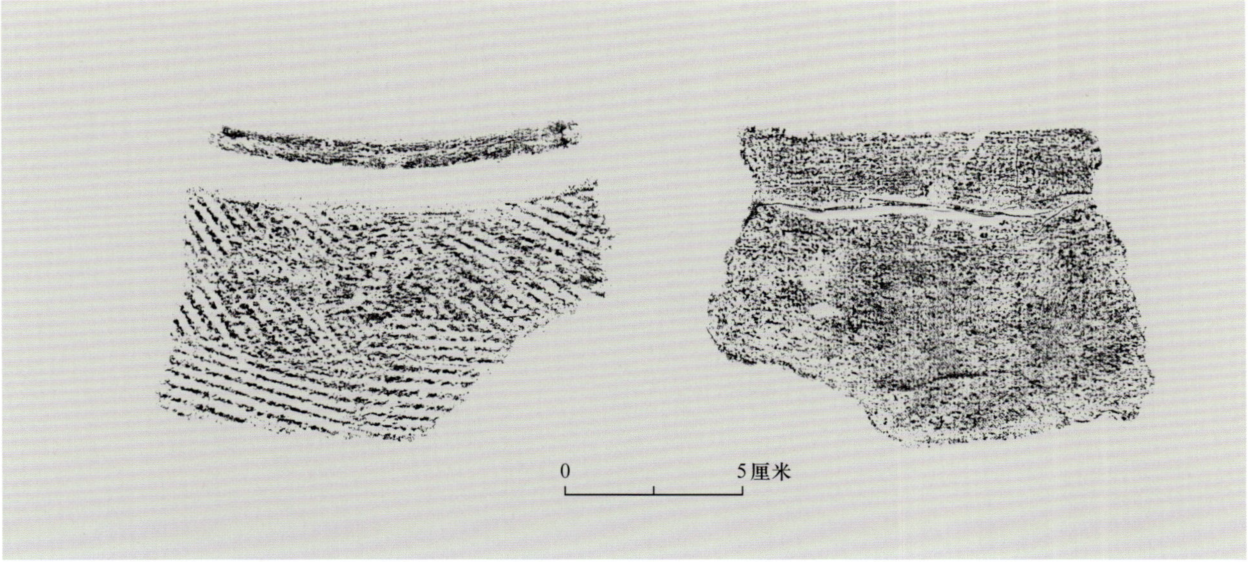

图5.225 陶罐（Q2西⑦：11）外、内面拓片

陶釜　1件。Q2东：9，残。夹砂灰陶。敛口，尖圆唇，颈部饰浅凹弦纹一周，凸肩，肩部饰凹弦纹一周，下腹斜直内收，距离肩部3厘米处向下为长格纹。口部复原径34.8、沿宽1、残长16.6、残宽5.6、残高6.9、腹厚0.9厘米（图5.226、图5.227；彩版81；图版81）。

图5.226　陶釜（Q2东：9）外、内、侧面照片

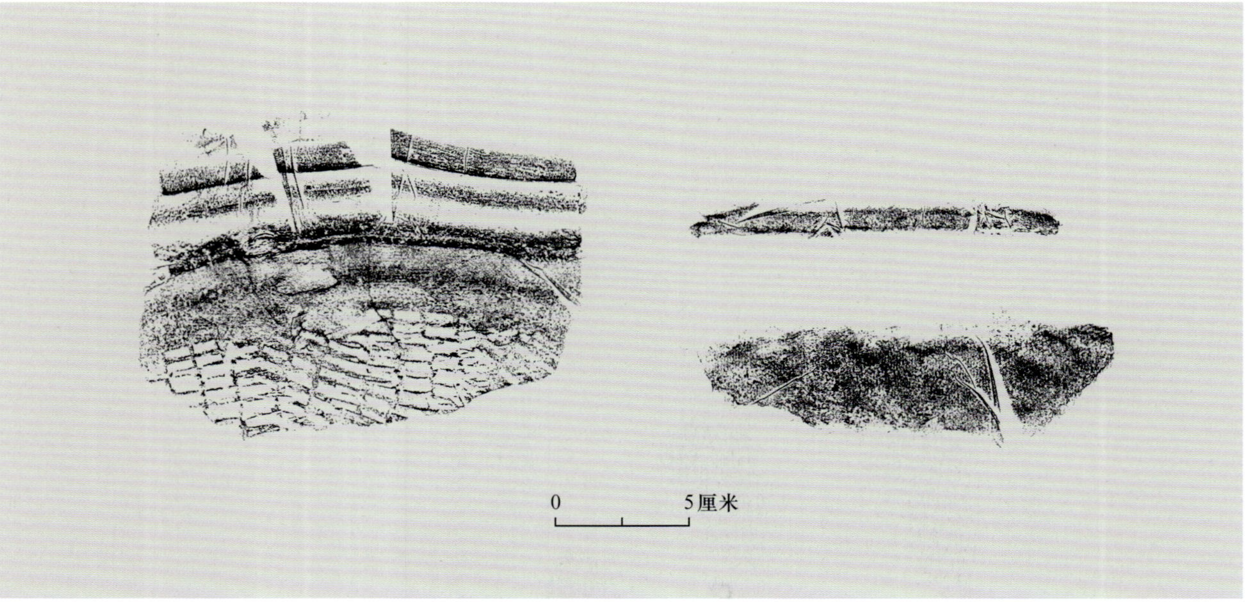

图5.227　陶釜（Q2东：9）外、内面拓片

陶钵 1件。Q2西⑦：12，残。泥质灰陶。敞口，卷沿，圆唇，颈部向下0.4厘米处有凹弦纹两周，向下1.1厘米处有宽0.5厘米的凹弦纹一周，腹斜直内收，内外均有明显的轮制痕迹。复原口径18.2、沿宽0.3、残长7.1、残宽2.6、残高5.7、腹厚0.5厘米（图5.228、图5.229；彩版82；图版82）。

图5.228 陶钵（Q2西⑦：12）外、内、侧面照片

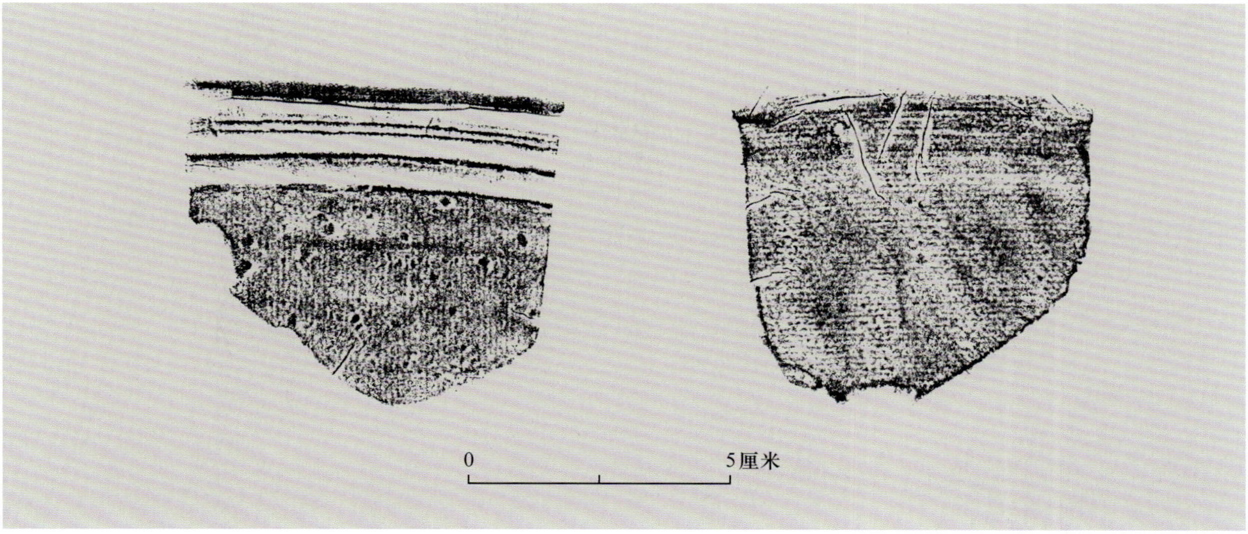

图5.229 陶钵（Q2西⑦：12）外、内面拓片

玉器 仅璧形玉一种。

璧形玉 1件。Q2：3，残。白玉质。圆形。中部有一穿孔，孔径约0.3厘米。直径3.5、厚0.3厘米（图5.230、图5.231）。

图5.230 璧形玉（Q2：3）正、背、侧面照片

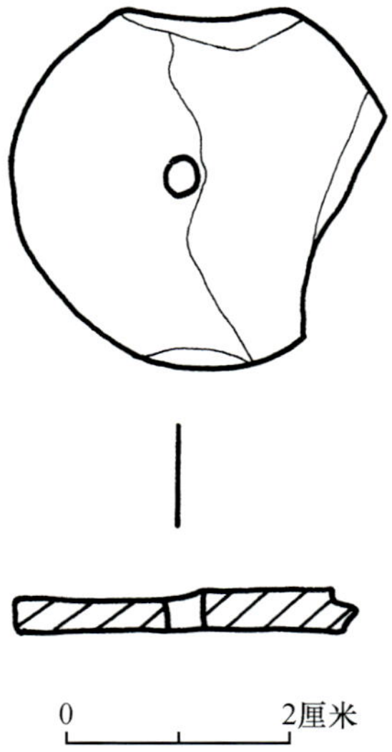

图5.231 璧形玉（Q2：3）线图

铜器 有铜饰、镞两种。

铜饰 1件。Q2：9，呈水滴状。残长2.8、径0.3～0.9厘米（图5.232、图5.233）。

铜镞 1件。Q2：7，残。腐朽严重。残长4、宽1厘米（图5.234、图5.235）。

铜钱 有半两、五铢两种，另有残钱3枚。

半两 2枚。圆形，方穿。

Q2：2，残半，腐朽严重。残径2.6厘米（图5.236、图5.237）。

Q2：8，直径3.2、方穿宽1厘米（图5.238、图5.239）。

五铢 1枚。Q2：10，圆形，方穿，光背。正背两面皆轮郭俱备。直径2.8、方穿宽0.9厘米（图5.240、图5.241）。

铜钱 3枚。腐朽严重。圆形，方穿，字迹无法辨识。

Q2：1，残半。残径约1.5厘米（图5.242、图5.243）。

Q2：5，残半。残径1.7厘米（图5.244、图5.245）。

Q2：6，残径1.7厘米（图5.246、图5.247）。

兽牙 仅1件。

兽牙 1件。Q2：4，犬类獠牙。长约4厘米（图5.248、图5.249）。

图5.232 铜饰（Q2：9）正、背面照片

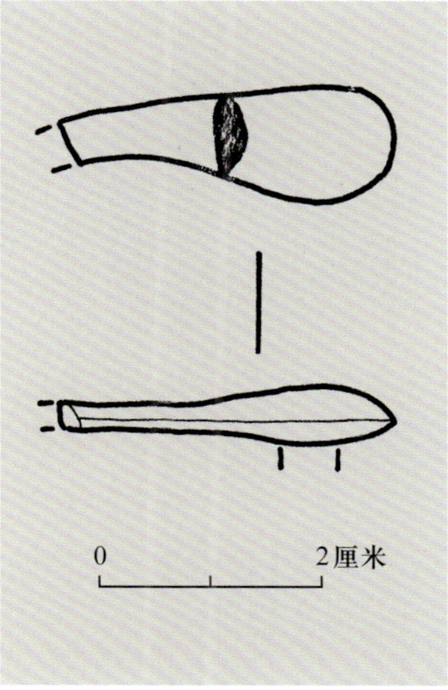

图5.233 铜饰（Q2：9）线图

图5.234 铜镞（Q2：7）正、背面照片

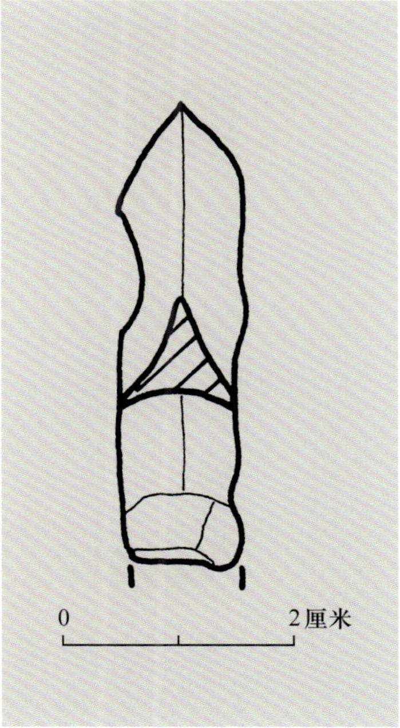

图5.235 铜镞（Q2：7）线图

图5.236 半两（Q2：2）正、背面照片

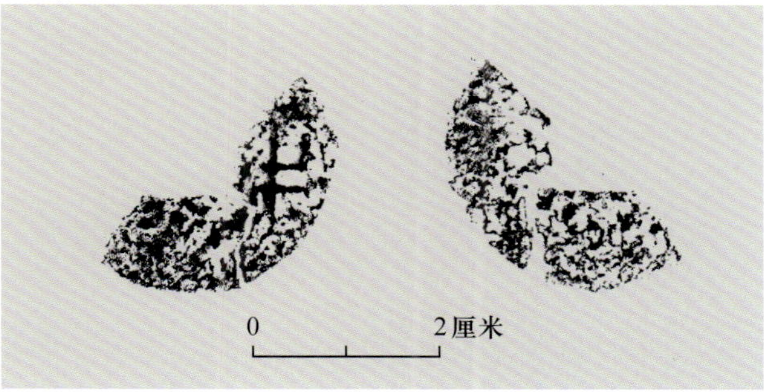

图5.237 半两（Q2：2）正、背面拓片

图5.238　半两（Q2：8）正、背面照片

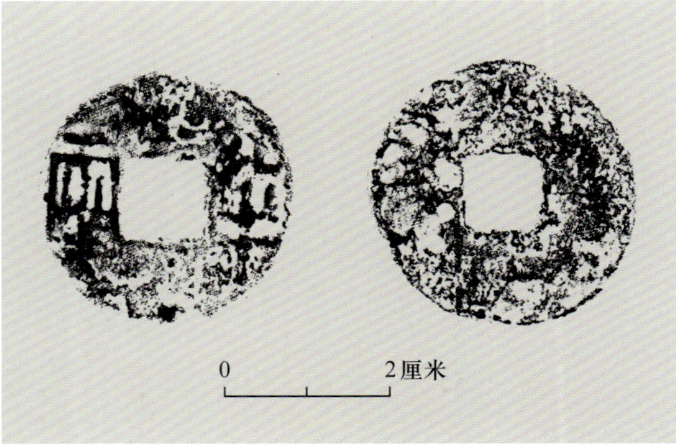

图5.239　半两（Q2：8）正、背面拓片

图5.240　五铢（Q2：10）正、背面照片

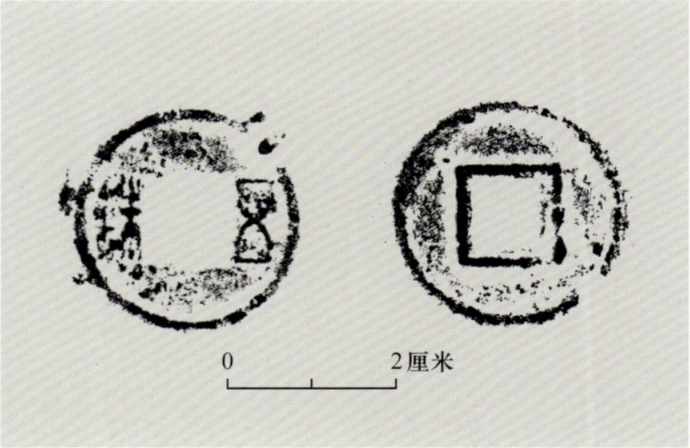

图5.241　五铢（Q2：10）正、背面拓片

图5.242　铜钱（Q2：1）正、背面照片

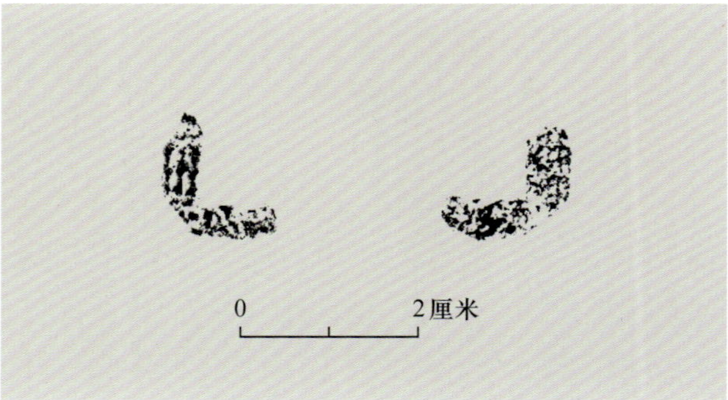

图5.243　铜钱（Q2：1）正、背面拓片

图5.244　铜钱（Q2：5）正、背面照片

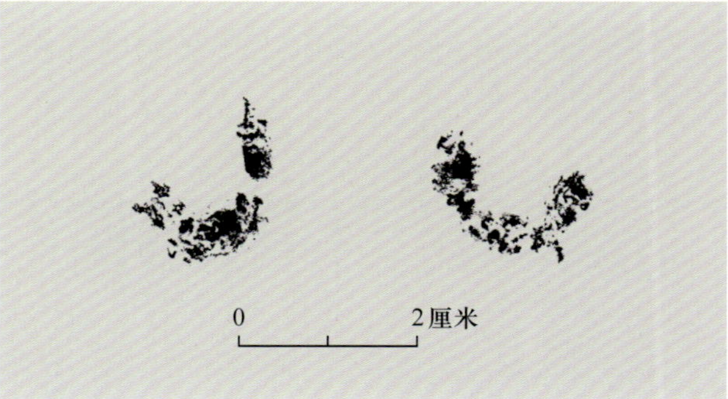

图5.245　铜钱（Q2：5）正、背面拓片

图5.246 铜钱（Q2：6）正、背面照片

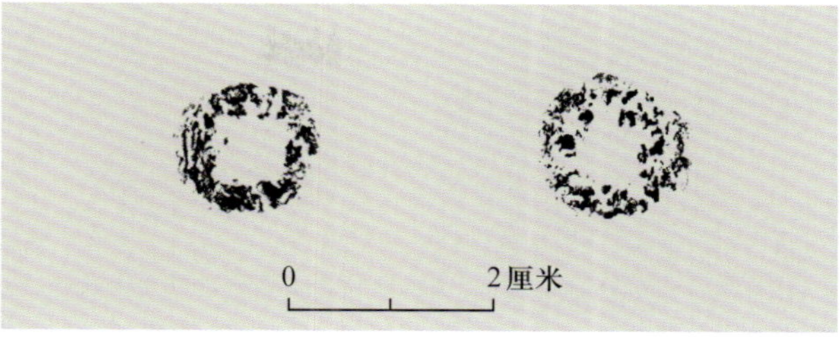

图5.247 铜钱（Q2：6）正、背面拓片

图5.248 兽牙（Q2：4）正面照片

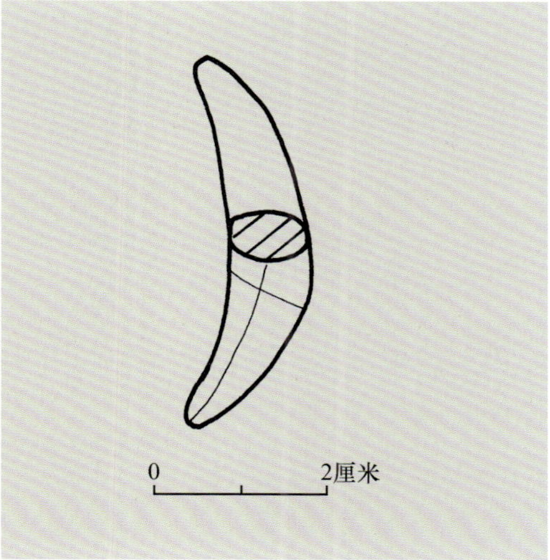

图5.249 兽牙（Q2：4）线图

第三节 结 语

根据地层、遗迹叠压打破关系、墓葬形制、遗物特征判断，T4第1层为现代耕土层，第2层为近代扰土层，第3层为淤积层，第4～7层为东汉晚期，第8～9层为西汉中晚期，第10～13层为西汉中期。

从遗迹开口、遗物特征等情况综合看，G1～G3、G8、H14、H44时代均为近现代。H4、H5、H46、H47、M7、M10、G6、G7、L3时代均为东汉晚期。M32、H9、H45时代为西汉中晚期。M17时代不早于西汉中期。H28、H49、J2时代为西汉中期。

M7出土有“位至三公”铜镜。据有关研究，在目前发现的纪年铜镜中，含“位至三公”铭文的铜镜最早纪年为元兴元年（东汉和帝，105年），最晚为天纪四年（280年）。从西安既有汉墓出土铜镜的资料对比来看，M7出土铜镜的时代应为东汉晚期，据此大致可推定M7为东汉晚期墓葬。

M17叠压于T4第9层下，比开口第6层下的M7早，向下打破栎阳城二号城西墙基槽。从基槽出土铜五铢钱看，M17虽未出土遗物，但据地层关系，其时代上限应不早于西汉中期。M32叠压于第8层下，据地层关系推测其为西汉中晚期。

通过清理，Q2为二号城西墙。据叠压关系及出土五铢、半两、云纹瓦当、铜镞特征综合判断，城墙筑建年代在汉武帝元狩五年以后。

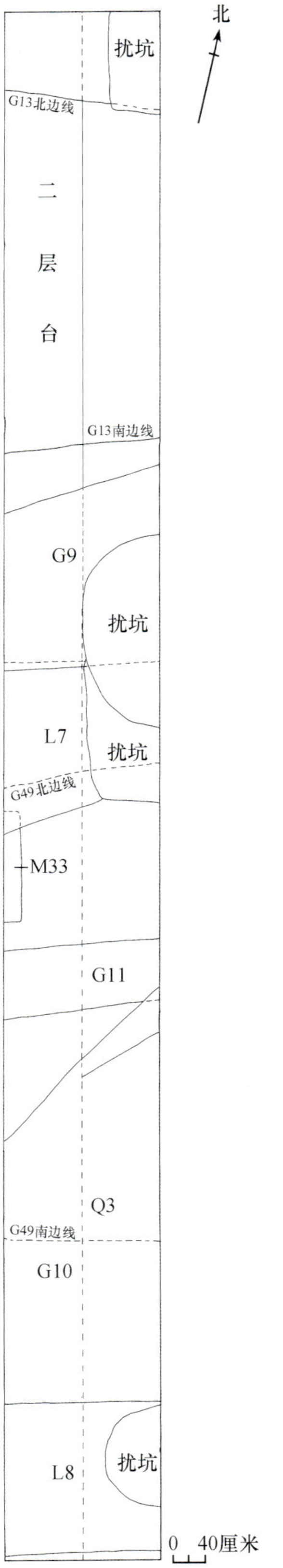

图6.1 T5总平面图

第六章 T5

T5位于西安市阎良区武屯镇任张村车门丁组西部大约400米处，东距T1约365米。据勘探资料，此处疑似勘探出二号城北墙，为确定地下勘探遗存的性质与时代，布设本探方。探方南北长20、东西宽2米，南北向。发掘工作从2013年12月8日开始，至2013年12月20日结束（图6.1、图6.2）。

通过清理，在探方内先后确定9个遗迹（图6.1），其中沟5、道路2、墓葬1、墙1（表6.1）。出土建筑材料7件（表6.2）。此外还出土各类遗物残块44块，其中建筑材料占72.73%、生活器皿占27.27%（表6.3）。

图6.2 T5全景照（南—北）

表6.1 T5遗迹登记表

编号	形制	开口层位	打破关系	备注
M33	长方形	第3层下	打破第4层，被一个鼠洞打破	竖穴土坑墓
L7	梯形	第2b层下	打破第3层，同时被其北部G9打破	东西向
L8	长条形	第4层下	打破第5层，同时被G10打破	东西向
G9	长条形	第2b层下	打破第3～5层、L7	斜壁凹底
G10	长条形	第1层下	打破第2b、3、4层及L8、Q3，被现代扰坑打破	斜壁坡状底
G11	长条形	第4层下	打破第5层	斜壁凹底
G13	长条形	第4层下	打破5a～5d、5g层	斜壁凹底
G49	长条形	第4层下	被G10、G11、M33打破，打破第5b、5d、5f、5i层	斜壁，底不平
Q3	长条形	第6层下	被G10、L8打破	东西向

表6.2 T5出土小件登记表

编号	名称	材质	保存情况	重量/千克	分型	规格/厘米		
						长	宽	厚
④：1	板瓦	陶	残	0.16	Ba1	10	13.2	1.1
④：2	板瓦	陶	残	0.15	Cb1	9.2	11.5	1.3
⑥：1	板瓦	陶	残	0.13	Cb3	8.5	8.5	1.4
⑥：2	回纹砖	陶	残	0.44	/	12.5	8	4.5
L8：1	板瓦	陶	残	0.16	Cb3	6.5	13.5	1.4
L8：2	板瓦	陶	残	0.14	Cb10	7	12.5	1.5
L8：3	板瓦	陶	残	0.17	Bb1	10	8	1.4

表6.3 T5出土遗物数量统计表

名称	分型/纹饰	④/件	⑥/件	L8/件	合计/件	百分比/%	总百分比/%
		灰	灰	灰			
板瓦	Ab1	10			10	22.73	70.45
	Ba1	1			1	2.27	
	Cb1		10	10	20	45.45	
砖	素面		1		1	2.27	2.27
陶片	素面		7	5	12	27.27	27.27
合计		11	18	15	44	100.00	
百分比/%		25.00	40.91	34.09	100.00		

第一节 地 层

根据土质土色及包含物的情况可划分为10层，按四壁地层分别介绍如下。

（一）地层堆积

1. 北壁

第1层：浅灰色耕土。厚0.2～0.36米。分布全方，为西高东低的坡状堆积。土质松软，结构疏松，内含大量植物根系、塑料袋、炭渣、白灰颗粒、红色砖颗粒等。有一现代扰坑开口于此层下，位于探方北端，延伸出探方西北壁内。扰坑平面呈不规则形，打破第2b、3、4层。

第2a层：深黄色扰土。深0.2～0.36、厚0～0.22米。分布于探方的北部，堆积近平。土质坚硬，结构较致密，内含少量石子。

第2b层：浅黄色土。深0.32～0.42、厚0.38～0.4米。分布全方，为东高西低的坡状堆积。土质坚硬，结构较致密，内含少量陶片、瓷片。

第3层：黄色淤土。深0.72～0.8、厚0.2～0.28米。分布全方，为东高西低的坡状堆积。土质较软，结构较疏松。

第4层：黄褐色淤土。深0.98～1.06、厚0.22～0.62米。分布全方，为西高东低的坡状堆积。土质较软，结构较疏松。

第5c层：浅褐色土。深1.52～1.64、厚0.66～0.73米。自南向北倾斜坡状堆积。土质软，结构致密，内含较纯净。

第5d层：黄褐色土。深2.26～2.3、厚0.5米。自南向北倾斜坡状堆积。土质软，结构疏松，内含较纯净。

第5g层：浅褐色土。深2.78、发掘深0.3米。自南向北倾斜坡状堆积。土质软，结构疏松，内含较纯净（图6.3）。

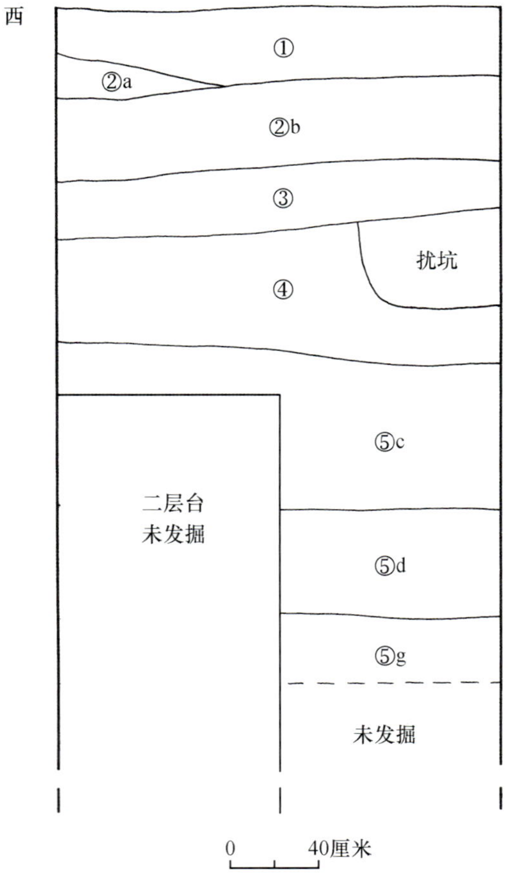

图6.3　T5北壁剖面图

2. 东壁

第1层：浅灰色耕土。厚0.16～0.52米。分布全方，堆积近平。土质松软，结构疏松，内含大量的植物根系、塑料袋、炭渣、白灰颗粒、红色砖颗粒等。G10开口于此层下，同时还有3个现代扰坑开口于此层下。

第2a层：深黄色扰土。深0.22～0.38、厚0～0.18米。分布于探方的北部，堆积近平。土质坚硬，结构较致密，内含少量石子。

第2b层：浅黄色土。深0.26～0.32、厚0～0.76米。分布全方，堆积近平。土质坚硬，结构较致密，内含少量陶片、瓷片。G9开口于此层下。

第3层：黄色淤土。深0.62～1.06、厚0～0.36米。分布全方，堆积近平。土质较软，结构较疏松。

第4层：黄褐色淤土。深1.06～1.24、厚0～0.54米。分布全方，堆积近平。土质较软，结构较疏松。出土均为板瓦，其中Cb1占90.91%，Ba1占9.09%（表6.4）。G11、L8开口于此层下（图6.4）。

第5a层：浅黄色土。深1.32～1.4、厚0.15米。堆积近平。土质软，结构疏松，内含较纯净。

表6.4 T5第4层出土遗物数量统计表

名称	分型	灰陶/件	百分比/%
板瓦	Cb1	10	90.91
	Ba1	1	9.09
合计		11	100.00

第5b层：浅黄褐色土。深1.5～1.56、厚0.22～0.56米。堆积近平。土质软，结构疏松，内含较纯净。

第5c层：浅褐色土。深1.72～2.42、厚0～0.4米。自南向北倾斜坡状堆积。土质软，结构致密，内含较纯净。

第5d层：黄褐色土。深1.74～2.78、厚0～0.32米。自南向北倾斜坡状堆积。土质软，结构疏松，内含较纯净。

第5e层：浅黄色土。深2.08～2.37、厚0～1.2米。自南向北倾斜坡状堆积。土质软，结构疏松，内含较纯净。

第5f层：黄褐色土。深1.7～2.78、厚0.15～0.75米。波状堆积。土质软，结构疏松，内含较纯净。

第5g层：浅褐色土。深2.24～2.5、厚0～0.24米。自南向北倾斜坡状堆积。土质软，结构疏松，内含较纯净。

第5h层：褐色土。深约2.45、厚0～0.1米。自南向北倾斜坡状堆积。土质软，结构疏松，内含较纯净。

第5i层：浅褐色土。深2.52～2.85、厚0～0.28米。自南向北倾斜坡状堆积。土质软，结构疏松，内含较纯净。

第5j层：褐色土。深约2.5、厚0～0.25米。自南向北倾斜坡状堆积。土质软，结构疏松，内含较纯净。

第5k层：浅褐色土。深2.8～3.3、发掘深0.4米。自南向北倾斜坡状堆积。土质软，结构疏松，内含较纯净，无包物。

第6层：黄褐色夹沙土。深2.68～2.84、厚0～0.48米。分布于探方的中北部，为北高南低的坡状堆积。土质较软，结构较疏松，内含少量碎陶片。根据该层出土器物残块看，出土板瓦10块，占55.56%，均为Cb1型，素面陶片7块，占38.89%，素面砖残块1块，占5.56%。Q3开口于此层下（表6.5）。

第7层：深黄褐色淤土。深3.02～3.28、厚0～0.42米。分布于探方的中南部，堆积近平。土质坚硬，结构致密。

第8层：褐色淤土。深3.44～3.48、厚0～0.14米。分布于探方的南部，为波状堆积。土质坚硬，结构致密。

第9层：黄褐色土。深3.56～3.7、厚0～0.2米。分布于探方的南部，为波状堆积。土质坚硬，结构致密。

图6.4 T5第4层下平面图

表6.5　T5第6层出土遗物数量统计表

名称	分型/纹饰	灰陶/件	百分比/%
板瓦	Cb1	10	55.56
陶片	素面	7	38.89
砖	素面	1	5.56
合计		18	100.00

第10层：浅褐色土。深3.62～3.84、发掘厚度0.14～0.32米。分布于探方的南部。未清理完毕，土质坚硬，结构致密（图6.5）。

3. 南壁

第1层：浅灰色耕土。厚0.15～0.26米。分布全方，为西高东低的坡状堆积。土质松软，结构疏松，内含大量植物根系、塑料袋、炭渣、白灰颗粒、红色砖颗粒等。

第2b层：浅黄色土。深0.15～0.26、厚0.74～0.86米。分布全方，堆积近平。土质坚硬，结构较致密，内含少量陶片、瓷片。

第3层：黄色淤土。深0.98～1、厚0.18～0.22米。分布全方，为东高西低的坡状堆积。土质较软，结构较疏松。

第4层：黄褐色淤土。深1.18～1.22、厚0.34～0.46米，分布全方，为东高西低的坡状堆积。土质较软，结构较疏松。L8开口于此层下。

第8层：褐色淤土。深3.30～3.4、厚0.1～0.14米。分布于探方的南部，堆积近平土质坚硬，结构致密。

第9层：黄褐色土。深3.44～3.52、厚0.1米。分布于探方的南部，堆积近平，土质坚硬，结构致密。

第10层：浅褐色土。深3.54～3.62、发掘厚度0.26～0.3米。分布于探方的南部。未清理完毕，土质坚硬，结构致密（图6.6、图6.7）。

4. 西壁

第1层：浅灰色耕土。厚0.12～0.24米。分布全方，堆积近平。土质松软，结构疏松，内含大量植物根系、塑料袋、炭渣、白灰颗粒、红色砖颗粒等。G10开口于此层下，同时还有1个现代扰坑开口于此层下。扰坑位于探方北端，延伸出探方西北壁内，平面呈不规则形，打破第2b、3、4层。

第2a层：深黄色扰土。深0.12～0.24、厚0～0.2米。分布于探方的北部，堆积近平。土质坚硬，结构较致密，内含少量石子。

第2b层：浅黄色土。深0.16～0.42、厚0～0.64米。分布全方，堆积近平。土质坚硬，结构较致密。内含少量陶片、瓷片。K1、L7、G9开口于此层下。

第3层：黄色淤土。深0.72～0.84、厚0～0.36米。分布全方，堆积近平。土质较软，结构较

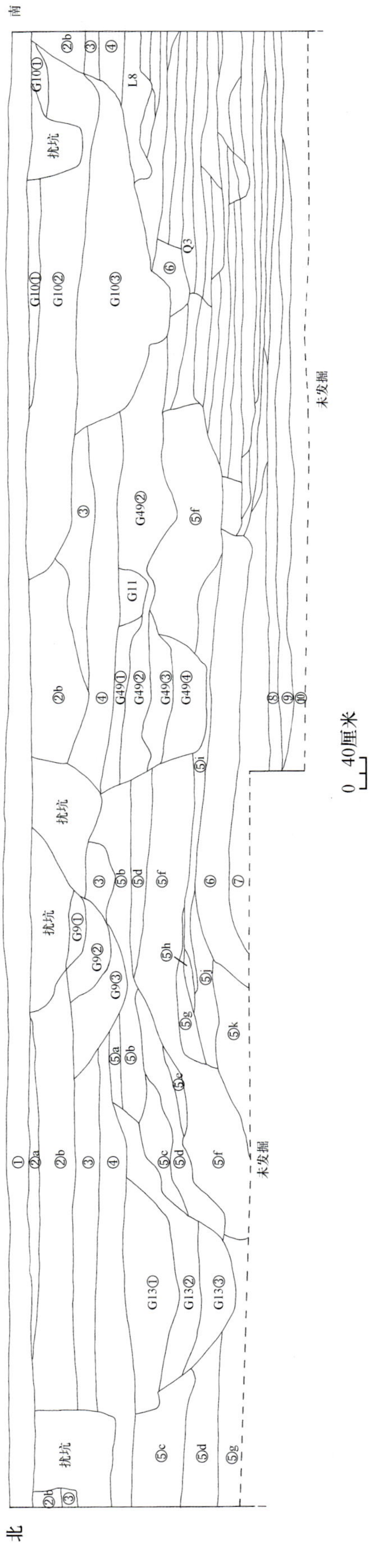

图6.5 T5东壁剖面图

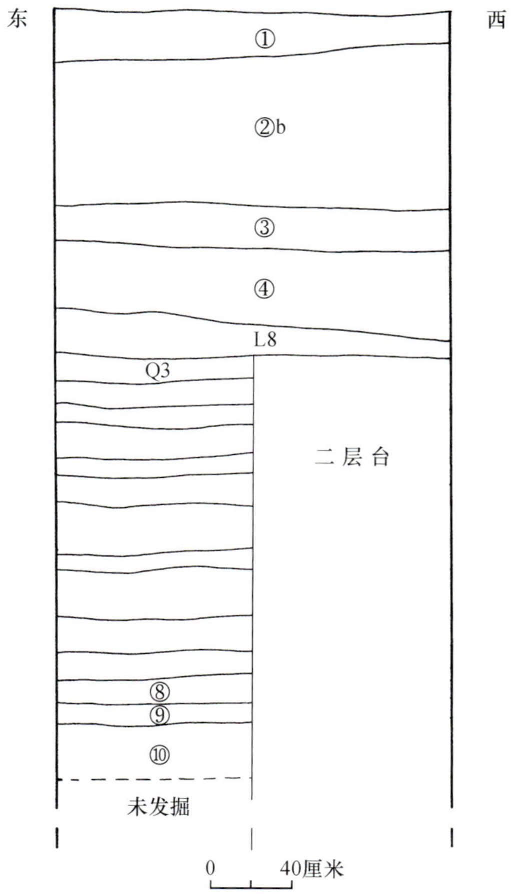

图6.6 T5南壁剖面图

图6.7 T5南壁剖面照

疏松。M33开口于此层下。

第4层：黄褐色淤土。深1.04～1.14、厚0～0.48米。分布全方，堆积近平。土质较软，结构较疏松。G11、L8开口于此层下。

第5c层：浅褐色土。深约1.52、厚约0.8米。在探方内整层自南向北倾斜坡状堆积，在该壁显示堆积近平。土质软，结构致密，内含较纯净。

第5d层：黄褐色土。深2.28～2.35、厚0.48～0.52米。在探方内整层自南向北倾斜坡状堆积，在该壁显示堆积近平。土质软，结构疏松，内含较纯净。

第5g层：浅褐色土。未发掘完，发掘最深0.5米。自南向北倾斜坡状堆积。土质软，结构疏松，内含较纯净。

第5k层：浅褐色土。未发掘完，发掘最深0.3米。自南向北倾斜坡状堆积。土质软，结构疏松，内含较纯净，无包含物。

第5i层：褐色土。深2.26～2.4、厚0～0.45米。自南向北倾斜坡状堆积。土质软，结构疏松，内含较纯净。

第5m层：浅褐色土。深2.36～2.85、厚0～0.2米。自南向北倾斜坡状堆积。土质软，结构疏松，内含较纯净。

第6层：黄褐色淤土夹杂沙土。深2.42～2.9、厚0～0.52米。分布于探方的中北部，堆积高低不平，呈波状。土质较软，结构较疏松，内含少量碎陶片。Q3开口于此层下。

第7层：深黄褐色淤土。深2.92～3.24、厚0～0.58米。分布于探方的中南部，堆积近平。土质坚硬，结构致密。

第8层：褐色淤土。深3.34～3.4、厚约0.2米。分布于探方的南部，为波状堆积。土质坚硬，结构致密。

第9层：黄褐色土。深3.48～3.54、厚0～0.22米。分布于探方的南部，为波状堆积。土质坚硬，结构致密。

局部第10层及第10层以下未发掘（图6.8），2013年12月23日对以下的堆积层进行了钻探，从距地表深4米处向下钻探6米，均为自然淤积土，未见生土。以探孔D2内地层为例介绍如下。

第1层：黄色细沙淤土。深0～1米。

第2层：浅黄色细沙。深1～2.7米。土质较硬，结构较致密。

第3层：浅褐色土。深2.7～4米。土质较硬，结构较致密。

第4层：浅褐色土。深4～6米。呈软泥状，向下未继续钻探。

（二）出土遗物

地层内共出土建筑材料4件（表6.2），其中砖1、弧形板瓦3件，分别介绍如下。

1. 砖

回纹砖　1件。⑥：2，残。砖呈灰色。一面饰几何纹，另一面为素面。残长12.5、残宽8、厚4.5厘米（图6.9、图6.10）。

2. 板瓦

共出土3件。均为弧形板瓦。据表面绳纹粗细，分三亚型。

Ba1型　1件。④：1，残。瓦呈灰色。表面饰中粗交错绳纹，内面素面。残长10、残宽13.2、厚1.1厘米（图6.11、图6.12）。

Cb1型　1件。④：2，残。瓦呈灰色。表面饰粗交错绳纹，内面素面。残长9.2、残宽11.5、厚1.3厘米（图6.13、图6.14）。

Cb3型　1件。⑥：1，残。瓦呈灰色。表面饰粗斜绳纹，内面饰篦纹。残长8.5、残宽8.5、厚1.4厘米（图6.15、图6.16）。

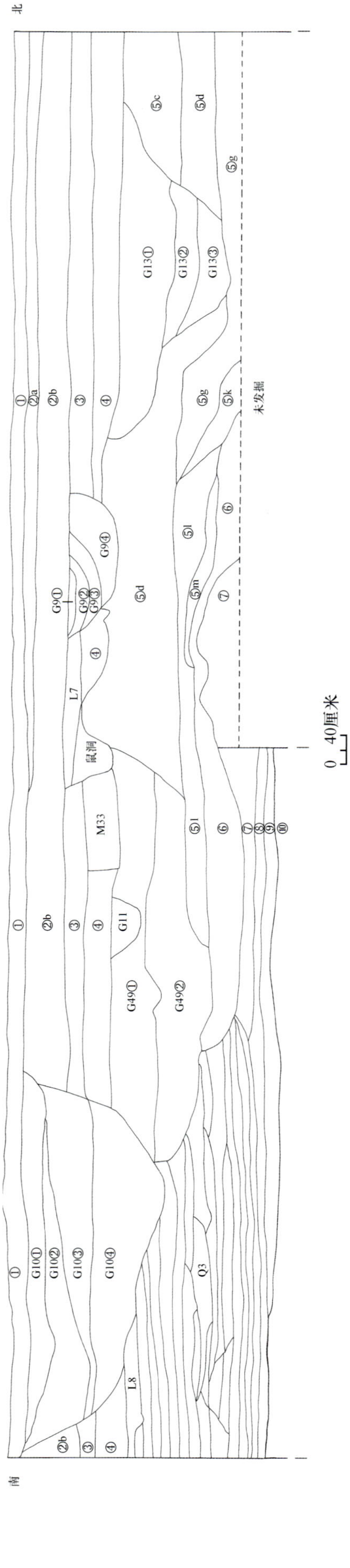
北
南
未发掘
①
②a
②b
③
④
⑤c
⑤d
⑤g
⑤k
⑤l
⑤m
⑥
⑦
⑧
⑨
⑩
G13①
G13②
G13③
G9①
G9②
G9③
G9④
L7
鼠洞
M33
G11
G49①
G49②
G10①
G10②
G10③
G10④
Q3
L8
0 40厘米

图6.8 T5西壁剖面图

图6.9 回纹砖（⑥：2）正、背面照片

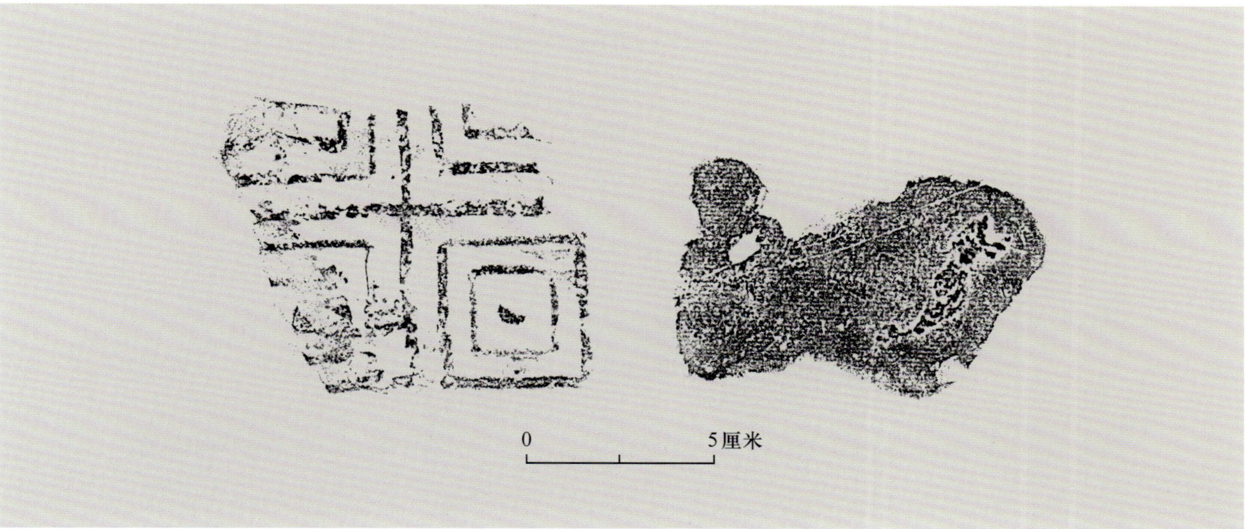

图6.10 回纹砖（⑥：2）正、背面拓片

图6.11 Ba1型板瓦（④：1）表、内面照片

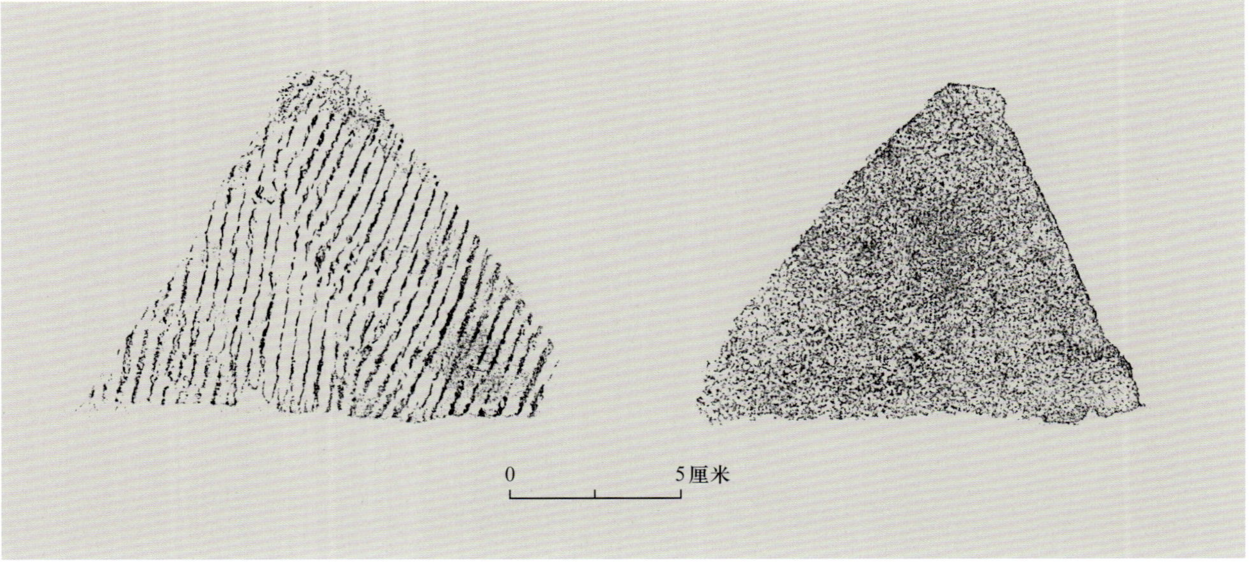

图6.12　Ba1型板瓦（④：1）表、内面拓片

图6.13　Cb1型板瓦（④：2）表、内面照片

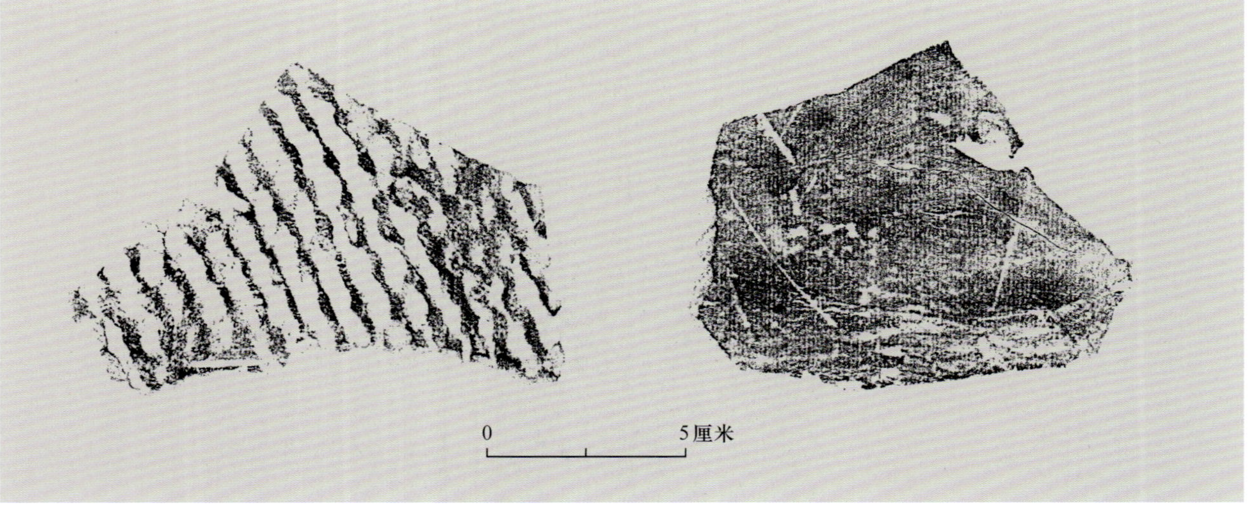

图6.14　Cb1型板瓦（④：2）表、内面拓片

图6.15 Cb3型板瓦（⑥：1）表、内面照片

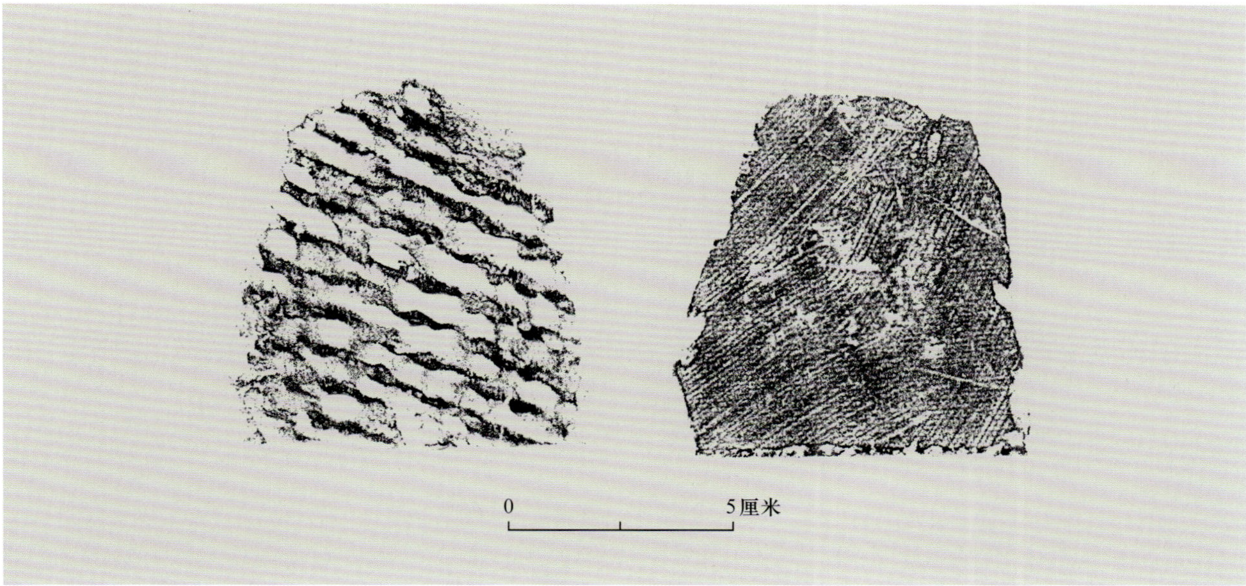

图6.16 Cb3型板瓦（⑥：1）表、内面拓片

第二节 遗 迹

共发掘遗迹4种9个（表6.1），其中沟渠5条、道路2条、墓葬1座、墙基1处（图6.1），分别介绍如下。

（一）沟渠

共清理5条，其中第1层下1、第2b层下1、第4层下3条，分别介绍如下。

1. G9

位于T5的南部，延伸出探方东、西两壁。开口于第2b层下，打破L7，并打破第3～5层。东西向。平面呈长条形，斜壁，底呈凹状。口距地表深0.74～0.88米，口东西2、南北2.02～2.52、深0.68～0.8米。时代应为近代。填土分为四层（图6.17），分别介绍如下。

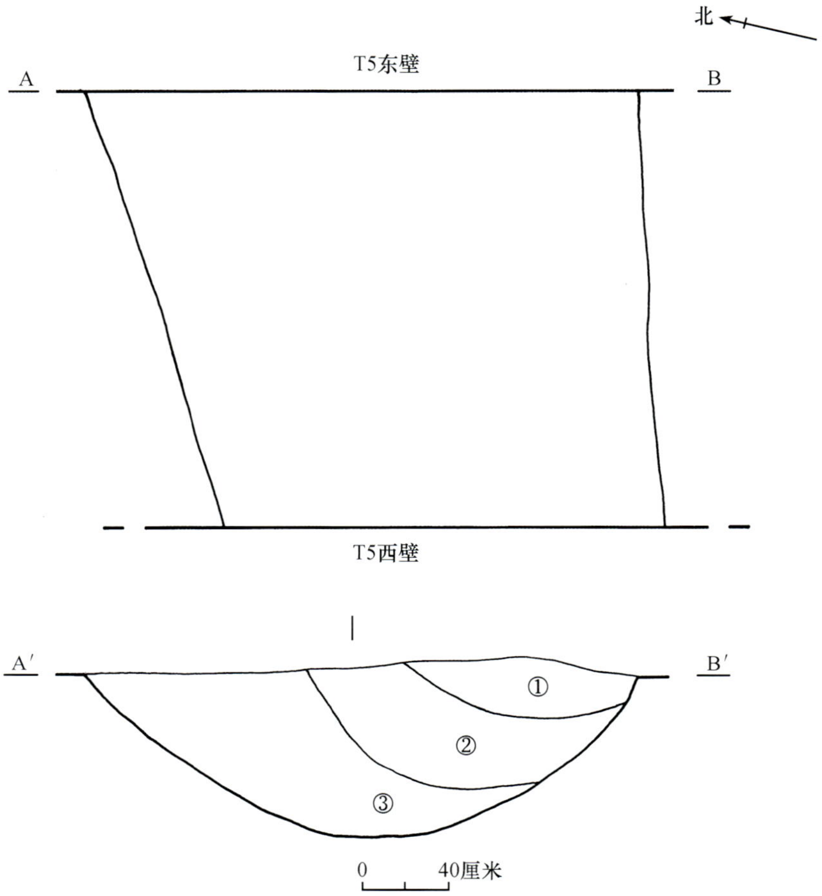

图6.17　G9平、剖面图

第1层：黄褐色粉沙土。厚0～0.26米。土质松软，结构疏松，内含较纯净，无包含物。
第2层：浅黄褐色淤土。厚0～0.52米。土质较硬，结构较致密，内含较纯净，无包含物。
第3层：浅褐色淤土。厚0～0.72米。土质较硬，结构较致密，内含较纯净，无包含物。
第4层：褐色淤土。厚0～0.62米。土质较硬，结构较致密，内含较纯净，无包含物。

2. G10

位于T5的南部，延伸出东、西两壁。开口于第1层下，被探方东南部一现代扰坑打破，打破L8、Q3，并打破第2b、3、4层。东西向。平面呈长条形，斜壁，底呈南高北低坡状。口距地表深0.16～0.3米，口东西2、南北5.38～7.28、深1.58～1.98、底南北宽3.12～4米。沟内填浅黄褐色土，土质松软，结构疏松，为较纯净淤土（图6.18）。时代应为近现代。

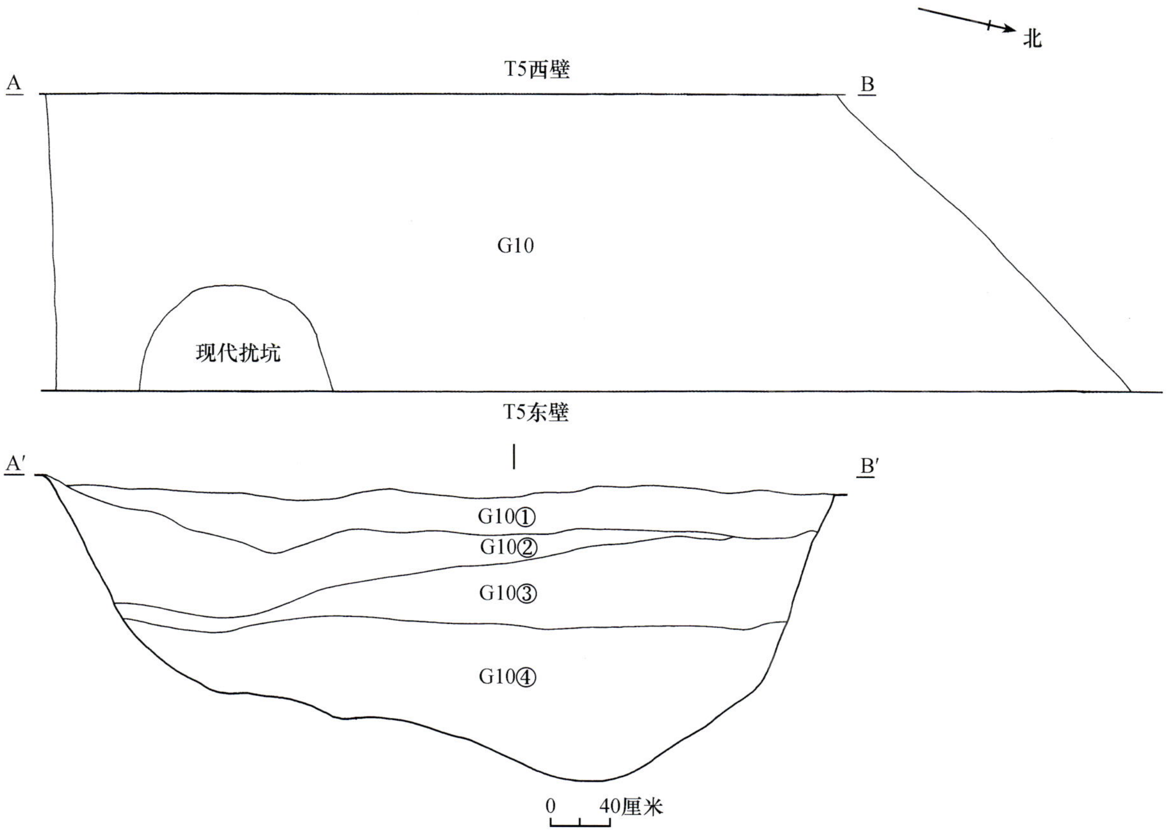

图6.18 G10平、剖面图

3. G11

位于T5的中部，延伸出探方东、西两壁。开口于第4层下，打破第5层。东西向。平面呈长条形，斜壁，底呈凹状。口距地表深1.42～1.46米，口东西2、南北0.8～0.88、深0.38～0.4米。浅褐色土，土质较硬，结构较致密，内含较纯净淤土，无包含物（图6.19）。时代应为西汉中晚期。

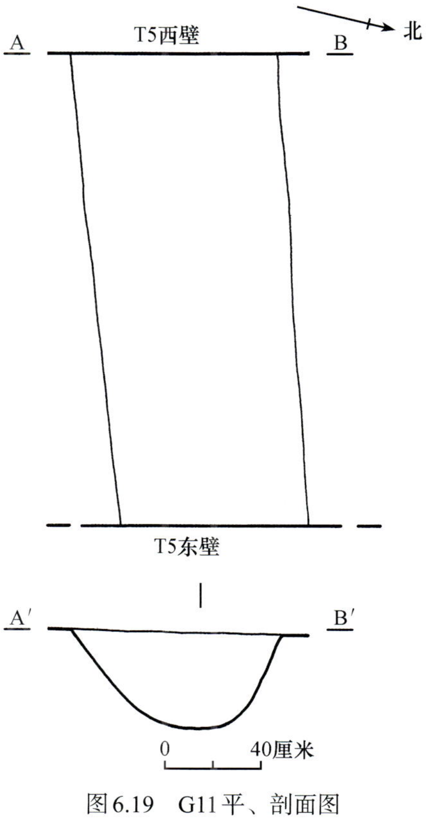

图6.19 G11平、剖面图

4. G13

位于T5的北部，延伸出探方东、西两壁。开口于第4层下，打破5a～5d、5g层。东西向。平面呈长条形，斜壁，底呈凹状。口距地表深1.4～1.7米，口南北发掘长2、东西宽4.24、最深1.5米。时代应为西汉中晚期。填土分为三层，均为淤积形成（图6.20），分别介绍如下。

第1层：黄色土。厚0～0.74米。土质软，结构疏松，内含较纯净。

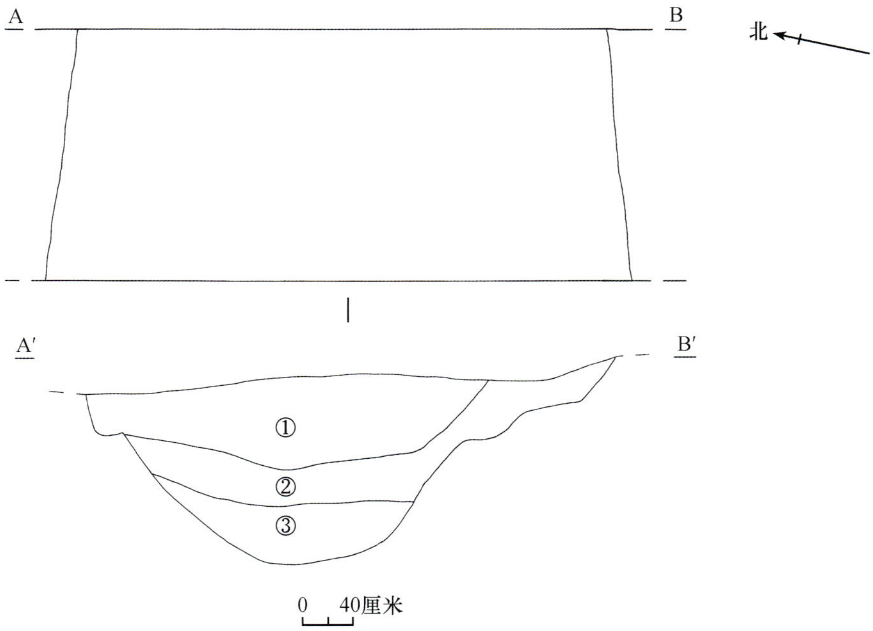

图6.20　G13平、剖面图

第2层：深黄色土。厚0～0.4米。土质软，结构疏松，内含较纯净。

第3层：黄褐色土。厚0～0.72米。土质软，结构疏松，内含较纯净。

5. G49

位于T5的北部，延伸出探方东、西两壁。开口于第4层下，被G10、G11、M33打破，打破5b、5d、5f、5i层。东西向。平面呈长条形，斜壁，底高低不平，最深处近平。口距地表1.3～1.5米，口南北发掘长2、东西宽6.2、深0.35～1.25米。时代应为西汉中晚期。填土分为四层（图6.21），分别介绍如下。

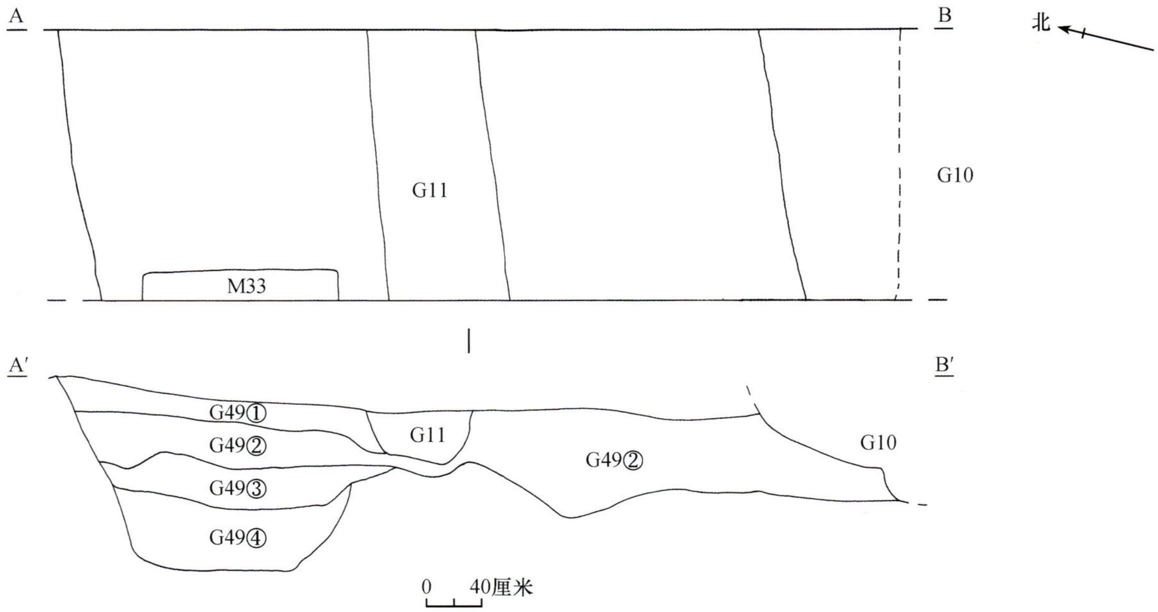

图6.21　G49平、剖面图

第1层：浅黄色土。厚0～0.2米。土质软，结构疏松，内含较纯净。
第2层：深黄色土。厚0～0.8米。土质软，结构疏松，内含较纯净。
第3层：黄褐色土。厚0～0.3米。土质软，结构疏松，内含较纯净。
第4层：浅褐色土。厚0～0.5米。土质软，结构疏松，内含较纯净。

（二）道路

共清理2条，其中第2b层下1、第4层下1条，介绍如下。

1. L7

位于T5的中部，其东被扰坑打破，西延伸出探方。开口于第2b层下，打破第3层，被G9打破。东西向。平面呈梯形。口距地表深0.7～0.74米，东西1.08～1.3、南北1.78～2.22、厚0.1～0.24米。路土呈黄褐色，土质坚硬，结构较致密，内含少量石子（图6.22）。时代应为近代。

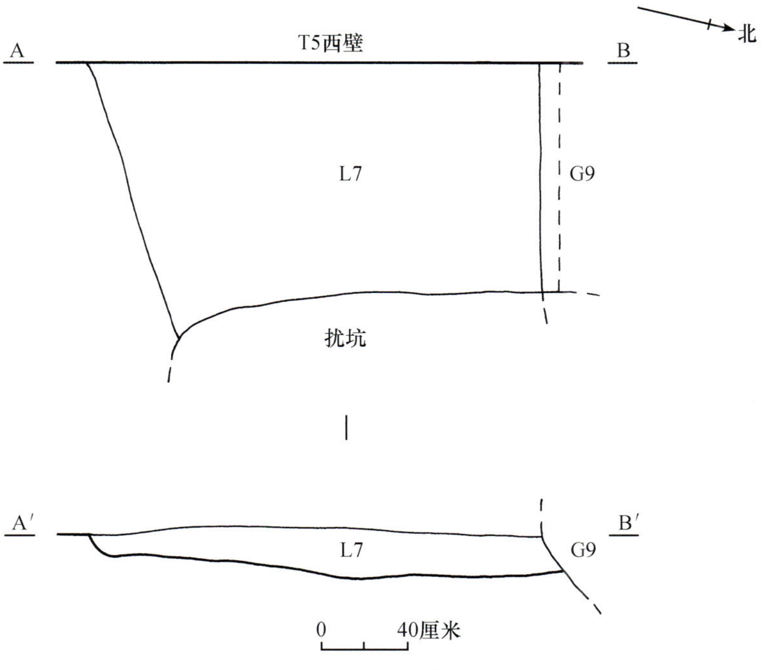

图6.22　L7平、剖面图

2. L8

位于T5的南端，延伸出探方东、西、南壁。开口于第4层下，被G10打破，打破第5层。东西向。平面呈长条形。口距地表深1.5～1.6米，东西2、南北2.02～2.06、厚0.14～0.38米。发现车辙痕迹，车辙长2、宽0.37～0.4米，车辙内垫有大量小石子、碎陶片、碎瓦片。道路土质坚硬，结构较致密，呈灰褐色，内含少量的石子等（图6.23、图6.24）。出土遗物残片15件，据本层出土遗物残片统计，板瓦占66.67%，均为Cb型；素面陶片占33.33%（表6.6）。时代应为西汉中晚期。

出土弧形板瓦3件，据表面绳纹粗细，可分三亚型，介绍如下。

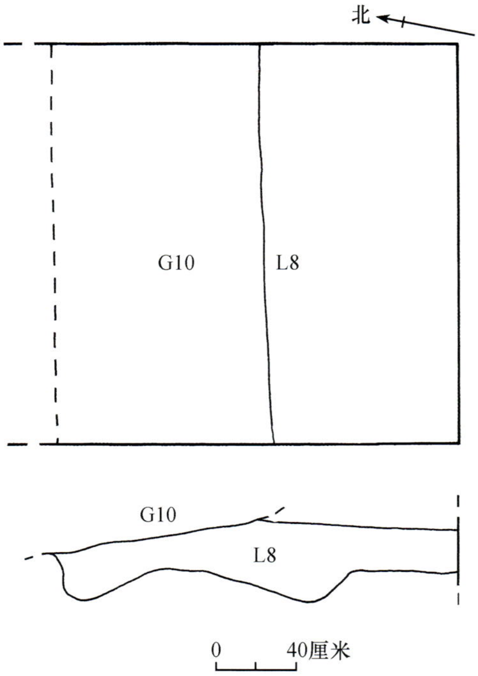

图6.23　L8平、剖面图

图6.24　L8平面开口照片

表6.6　L8出土遗物数量统计表

名称	分型/纹饰	灰陶/件	百分比/%
板瓦	Cb1	10	66.67
陶片	素面	5	33.33
合计		15	100.00

Cb3型　1件。L8：1，残。瓦呈灰色。表面饰粗斜绳纹，内面饰篦纹。长6.5、宽13.5、厚1.4厘米（图6.25、图6.26）。

Cb10型　1件。L8：2，残。瓦呈灰色。表面饰粗斜绳纹，内面饰抹平绳纹。长7、宽12.5、厚1.5厘米（图6.27、图6.28）。

Bb1型　1件。L8：3，残。瓦呈灰色。表面饰中粗斜绳纹，内面素面。残长10、残宽8、厚1.4厘米（图6.29、图6.30）。

（三）墓葬

M33

位于T5的中部，西部延伸出探方。南北向。开口于第3层下，被鼠洞打破，并打破第4层。竖穴土坑墓，平面呈长方形，直壁，底呈北高南低的坡状。口距地表深1.06米，口南北1.45、东西0.2～0.22、深0.48米。墓坑的南部竖立两块板瓦。填土呈浅灰褐色，土质松软，结构疏松。人骨一具，仅存头骨及几片碎肢骨，头朝南，面向东，经过判断墓主年龄约在10岁。时代应为西汉中晚期。

图6.25 Cb3型板瓦（L8：1）表、内面照片

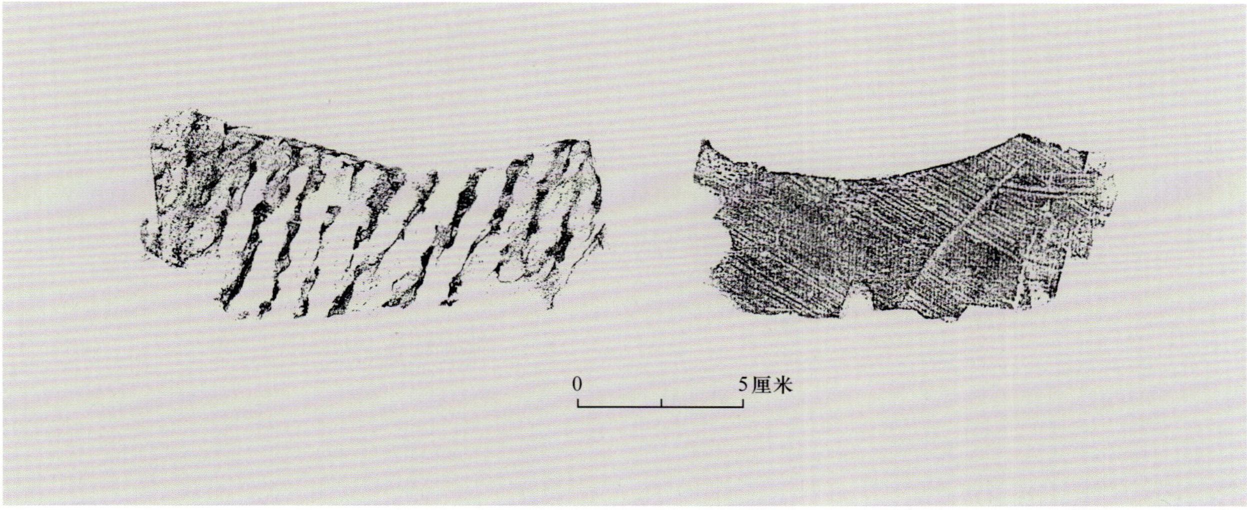

图6.26 Cb3型板瓦（L8：1）表、内面拓片

图6.27 Cb10型板瓦（L8：2）表、内面照片

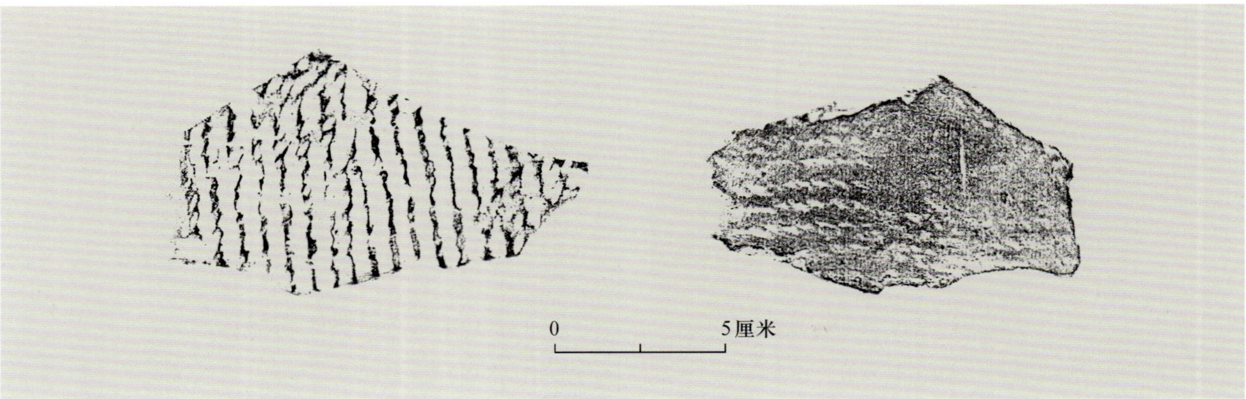

图6.28　Cb10型板瓦（L8：2）表、内面拓片

图6.29　Bb1型板瓦（L8：3）表、内面照片

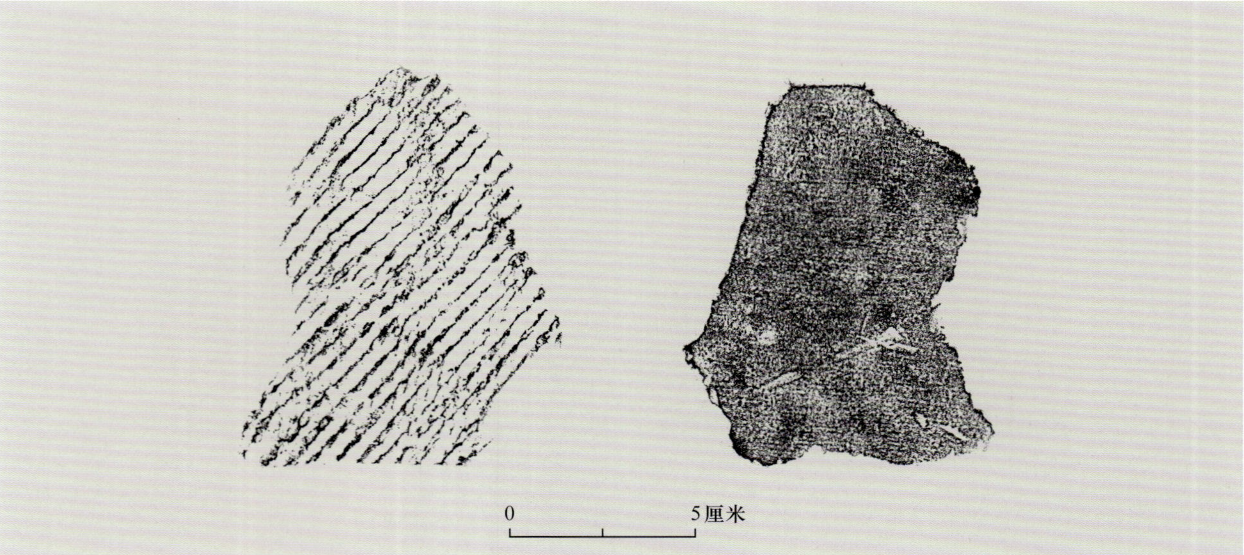

图6.30　Bb1型板瓦（L8：3）表、内面拓片

（四）墙

Q3

位于T5的南部，延伸出探方东、南、西三壁。开口于第6层下，被G10、L8打破。东西向。平面呈长条形。口距地表深1.7米，东西发掘长1、南北6.24～6.84、残高1.78。夯层可分22层，每层厚约0.04～0.42米。夯土呈浅灰褐色，土质较松软，内含少量碎骨头、陶片等（图6.31）。

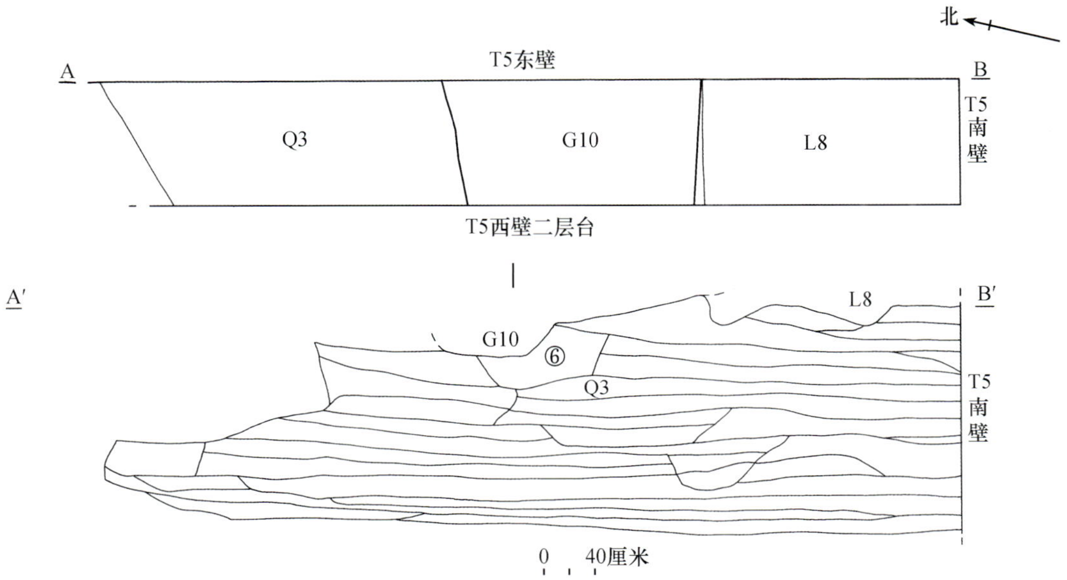

图6.31　Q3平、剖面图

第三节　结　语

从发掘情况看，据地层、遗迹叠压打破关系、墓葬形制、遗物特征等推断，T5第1层为现代耕土层，第2层为近代扰土层，第3～6层为西汉中晚期。

从遗迹开口、遗物特征等情况综合看，G10为近现代。L7、G9为近代。M33、L8、G11、G13、G49为西汉中晚期。M33叠压于第3层下，内出土板瓦两块，因延伸出探方壁外而未提取，据现场观察，外饰粗绳纹，内面素面，时代为西汉中晚期，据此推测M33年代亦为西汉中晚期。

通过发掘，确定Q3似为夯土遗存，开口于第6层下，而第3层下的M33时代为西汉中晚期，由此判断Q3早于西汉中晚期。据T1发掘和后续对二号城西墙的继续勘探看，之前勘探中曾判断其为二号城北墙的认识并不成立。此处发掘编号的Q3应仅可能是一处夯土建筑的基础。但受探方周围地块限制，尚未进一步确定其具体范围，需今后继续确定（考虑到土质较松软，与后续发掘夯土有别，其是否为夯土亦需要再次确认）。

后　　记

在国家文物局、陕西省文物局、西安市文物局的大力支持下，在阎良区委区政府历届领导的大力支持下，由中国社会科学院考古研究所与西安市文物保护考古研究院联合组成的阿房宫与上林苑考古队从2013年重启栎阳城考古，不断取得重要发现，2018年春获得2017年全国十大考古新发现的殊荣。

2018年夏，西安市阎良区政府将三号古城核心区95亩土地集中流转，使三号古城核心区开展有计划的整体发掘有了可能。在这种情况下，考古队根据实际情况，修订了之前做出的栎阳考古计划，决定将今后一段时间的工作集中在三号古城，并决定尽快整理1980年到2018年底的考古工作获得的资料。

考虑到多年工作后积累的资料较多，而考古资料的整理和出版又需要一段较长的时间，因此考古队先把学界一直关注的瓦当和陶文进行了整理，在2020年出版了《栎阳瓦当》和《栎阳陶文》。在这个过程中，并基本完成了1980～2018年所获器物的照相、拓片和绘图工作，并按照体例逐步开展考古报告的编写。

在整理出版1980～1981年考古资料的《秦汉栎阳城：1980～1981年考古报告》后，考古队顺序整理编写了本卷报告，报道2013年考古工作中勘探和在年底发掘的T1～T5的所获资料。

如我们在《秦汉栎阳城：1980～1981年考古报告（上册）》的后记已指出的，与以往报告有较大不同，从2018年开始，考古队开始与西安天穹测绘有限公司合作，大规模地开展了出土器物的三维扫描工作。我们在尊重长期以来形成考古绘图标准的基础上，根据历史时期建筑遗址中出土遗物以古代各种建筑材料为主的实际情况，结合建筑制图和考古学科发展的特点，尝试性地开展了新形式的考古器物图绘制。在大家所看到的考古报告中，除正文中有传统的器物绘图之外，还对一些器物绘制了专门的前、后、左、右、上、下的六面图，并制成专册。而鉴于之前考古报告中各类器物的照相基本仅拍摄某一面、其他方向特征往往无法反映的实际情况，我们尝试性地将在三维制图之前形成的器物的六面正射影像也制成专册一起出版。当然，在通过三维制图形成的图纸上，由于技术的进步，我们可以获得更多更精确的测量数据，因此我们尽可能地从整体到细节将器物的各种尺寸进行了标注，而不再仅仅是大家习见报告的文字描述部分所介绍的长、宽、高。我们希望需更多了解器物具体细节而一时无法“摩挲”实物的学者，能从中找到更多有用的信息。同时，基于三维制图后很容易得到的器物的体积数据（之前体积数据一般很难精确），再结合器物重量而方便得到的器物密度，我们也一并在图纸中进行了标注。相信这一做法要是能延续下去并不断深化的话，在积累足够多资料后，细心的学者一定可以从中发现不少之前难以获得的信息。

虽然上述所做的这些工作，无疑大大增加了整理和出版的人力、时间和经费成本，但我们认为，对作为资料学科的考古学而言，这应是一个有益的尝试。我们想，在进行野外的更多的“动手动脚找东西”（傅斯年先生语）的同时，对野外获得的各种资料，在新技术的支持下进行更多角度的记录和分析，应该能对我们考古学科的发展有所助益。因此非常希望看到我们报告的学者，将阅读报告后的意见反馈给我们，以便今后更好地推进考古资料整理和报告编写出版工作。

感谢国家文物局、陕西省文物局、西安市文物局多年以来对栎阳考古工作的大力支持，感谢阎良区委、区政府、阎良区文体局、阎良区武屯、新兴街道和相关村委以及阎良区人民对栎阳考古工作的大力支持。

感谢中国社会科学院考古研究所、西安市文物保护考古研究院各级领导对栎阳城考古工作和本书编写工作的大力支持。

感谢科学出版社孙莉、王琳玮女士的不懈努力，使本书克服新冠肺炎疫情影响及时出版。

刘　瑞

2021年9月28日

透视图

俯视图

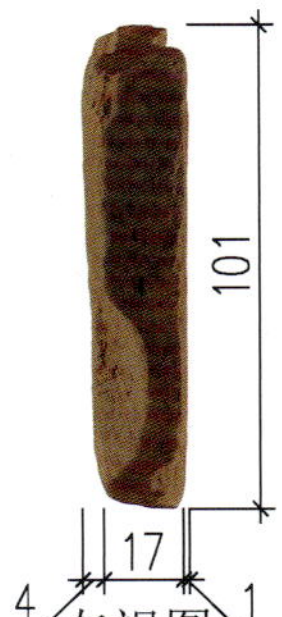

左视图

主视图

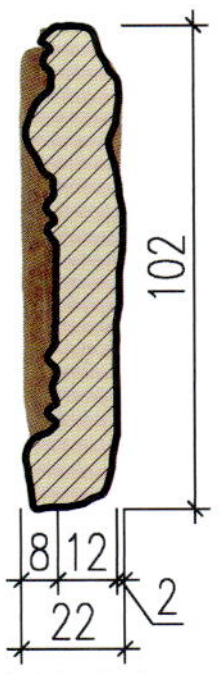

剖视图

后视图

图例

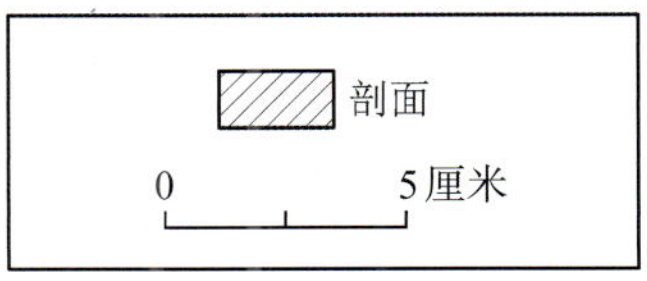

编号	T2⑤：2	名称	云纹瓦当			复原径	15.8厘米
当厚	1.2厘米	边轮厚	1.7厘米	边轮宽	1.5厘米	缘深	0.8厘米
重量	0.28千克	体积	167.59立方厘米	密度	1670.74千克/立方米		

云纹瓦当（T2⑤：2）正射影像图

彩版2

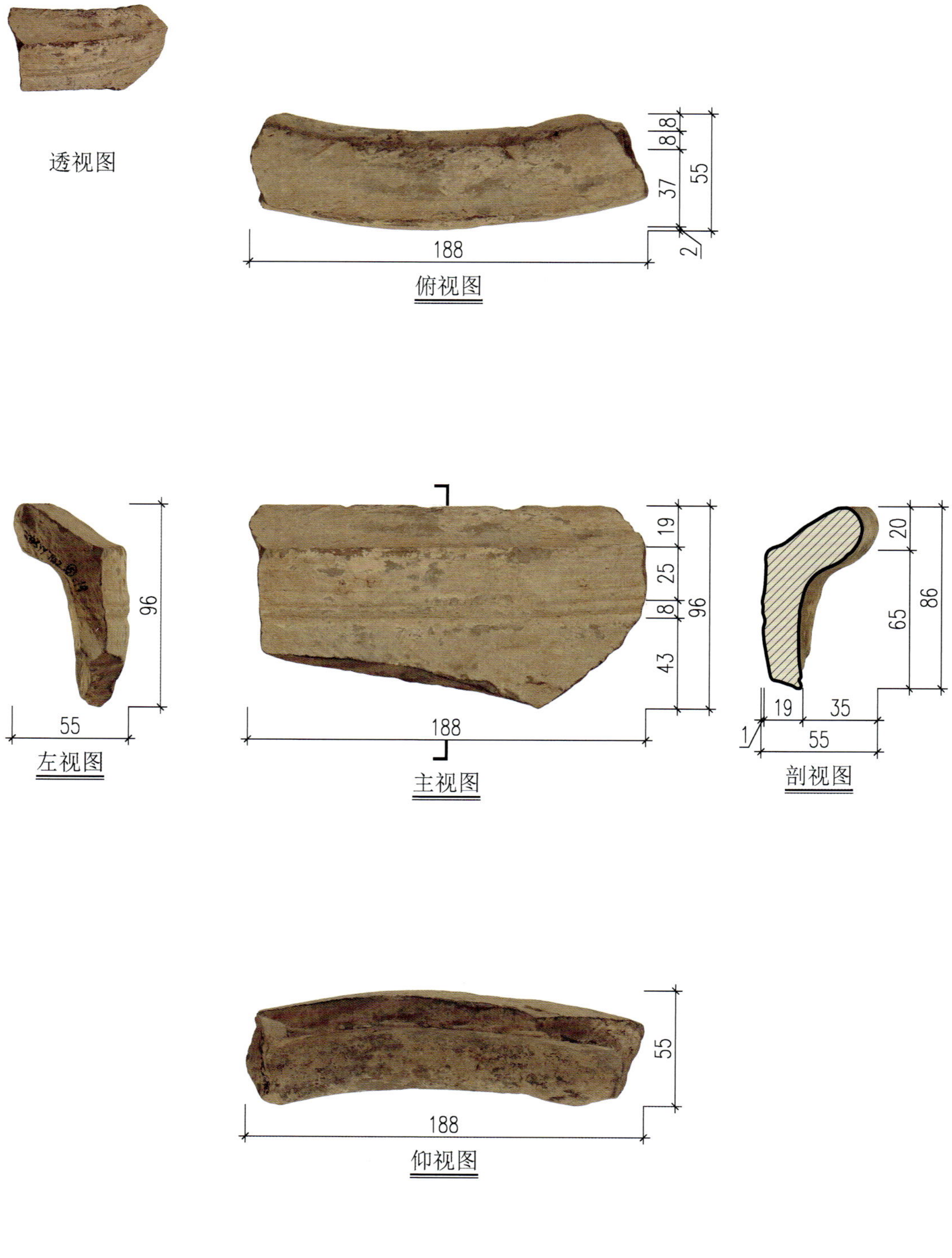

编号	T2⑤：19			名称	陶缸		
复原口径	62.6厘米	沿宽	3.7厘米	残长	18.8厘米		
残宽	5.5厘米	残高	9.6厘米	厚	1.9厘米	重量	0.49千克
体积	289.06立方厘米		密度	1695.15千克/立方米			

图例

剖面

0 5厘米

陶缸（T2⑤：19）正射影像图

透视图

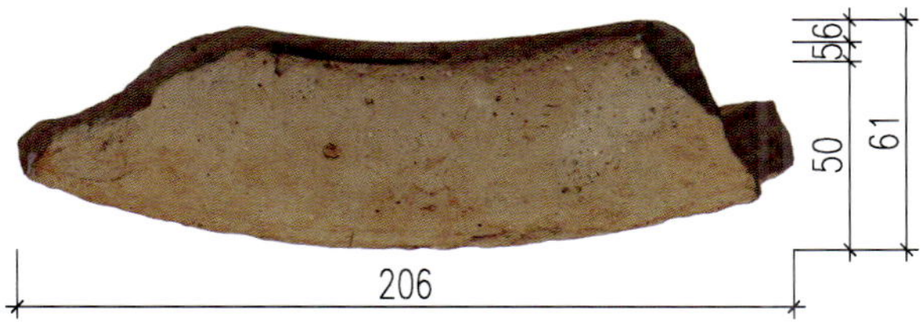

俯视图

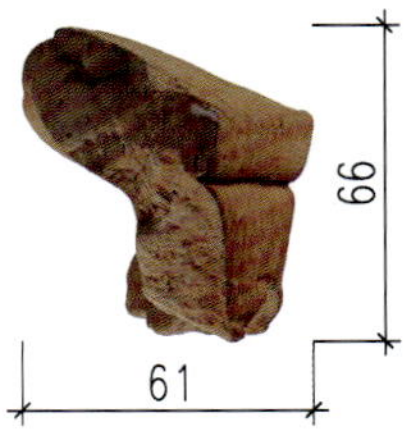

左视图

主视图

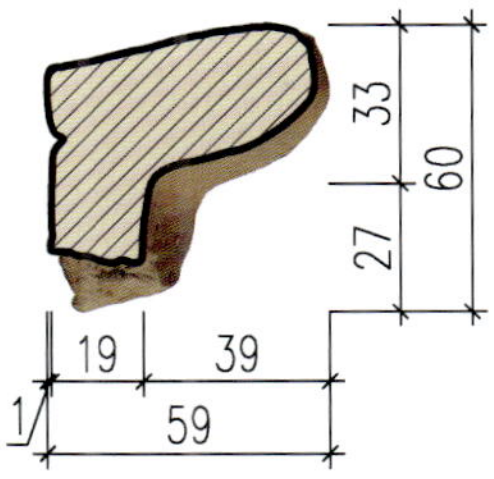

剖视图

仰视图

编号	T2④：19			名称	陶缸		
复原口径	62厘米	沿宽	5厘米	残长	20.6厘米		
残宽	6.1厘米	残高	6.6厘米	厚	1.9厘米	重量	0.48千克
体积	278.56立方厘米			密度	1723.15千克/立方米		

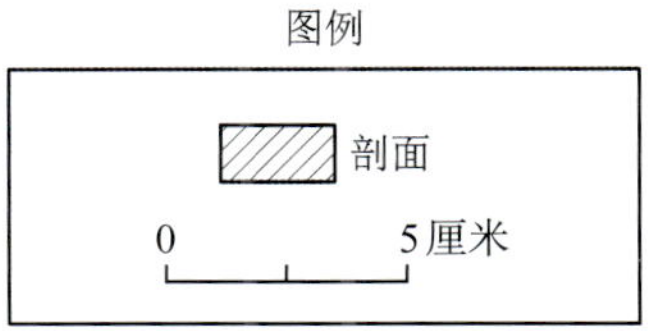

陶缸（T2④：19）正射影像图

透视图

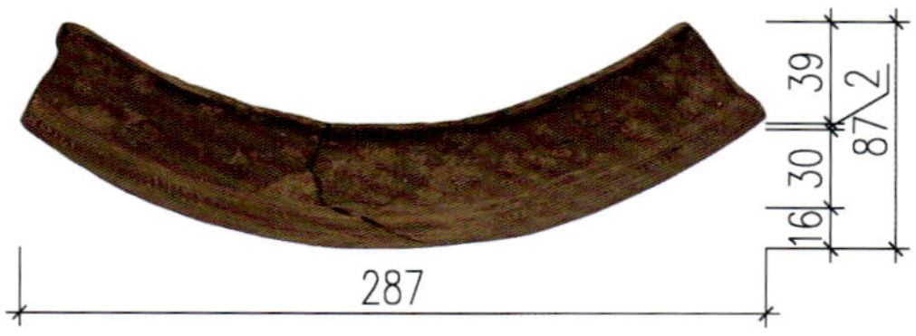

俯视图

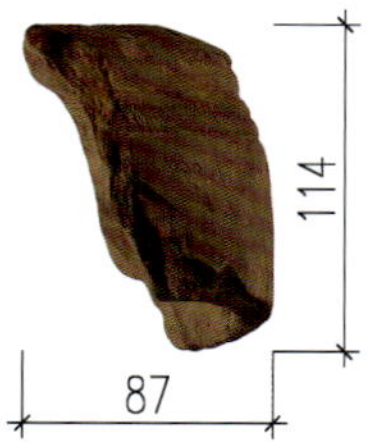

左视图

主视图

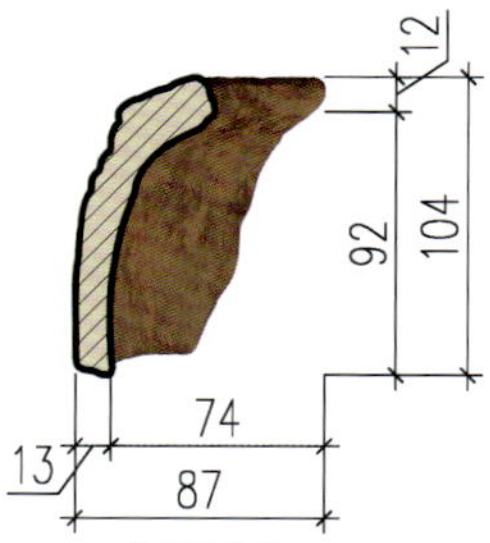

剖视图

仰视图

编号	T2④：18			名称	陶瓮		
复原口径	46厘米	沿宽	3厘米	残长	28.7厘米		
残宽	8.7厘米	残高	11.4厘米	厚	1.3厘米	重量	0.78千克
体积	480.5立方厘米		密度	1623.31千克/立方米			

图例

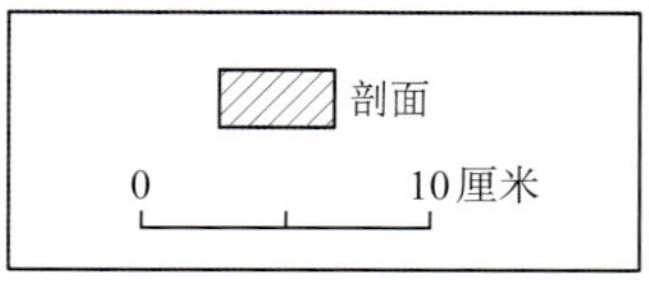

陶瓮（T2④：18）正射影像图

透视图

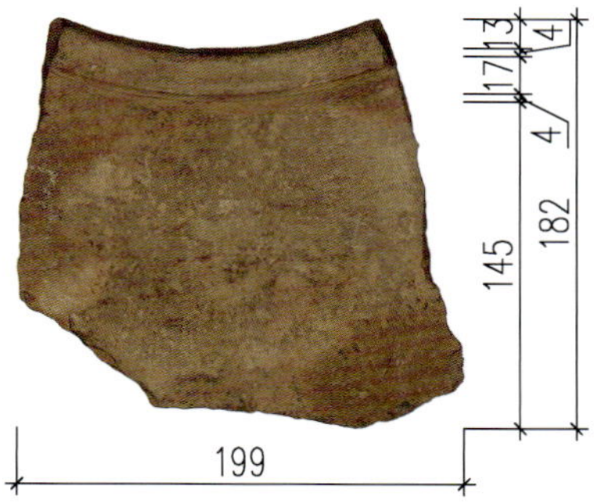

俯视图

左视图

主视图

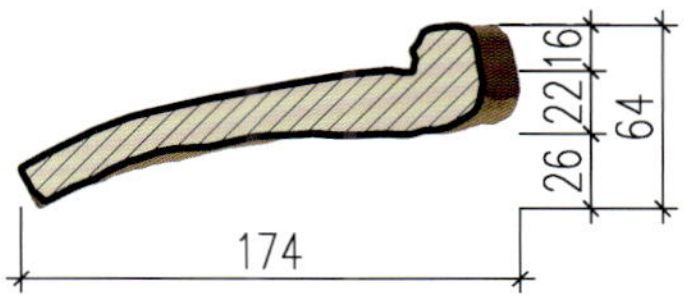

剖视图

仰视图

图例

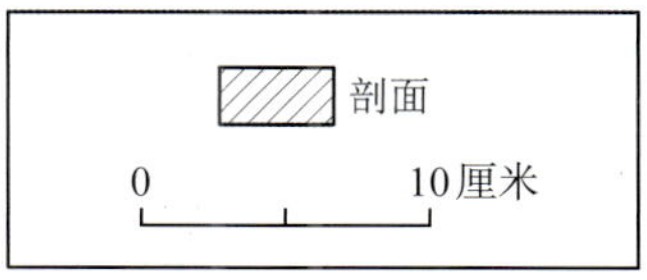

编号	T2⑤：18			名称	陶瓮		
复原口径	42厘米	沿宽	1.7厘米	残长	19.9厘米		
残宽	18.2厘米	残高	6.9厘米	厚	1.6厘米	重量	0.95千克
体积	517.03立方厘米			密度	1837.42千克/立方米		

陶瓮（T2⑤：18）正射影像图

透视图

俯视图

左视图

主视图

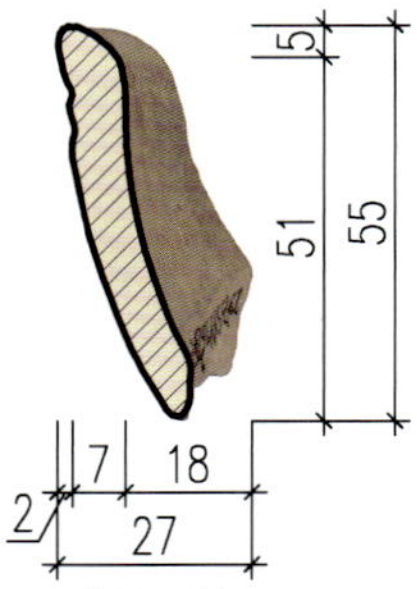

剖视图

仰视图

编号	T2④：17			名称	陶钵		
复原口径	19.1厘米	沿宽	0.8厘米	残长	10.3厘米		
残宽	2.7厘米	残高	5.5厘米	厚	0.7厘米	重量	0.06千克
体积	32.13立方厘米			密度	1867.41千克/立方米		

图例

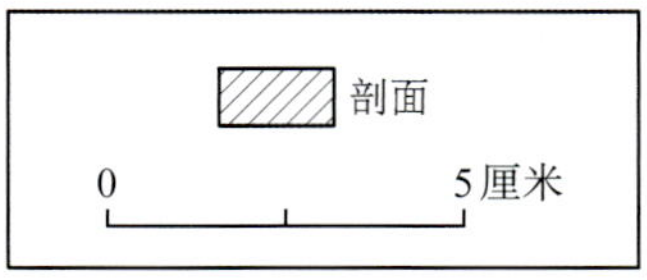

陶钵（T2④：17）正射影像图

透视图

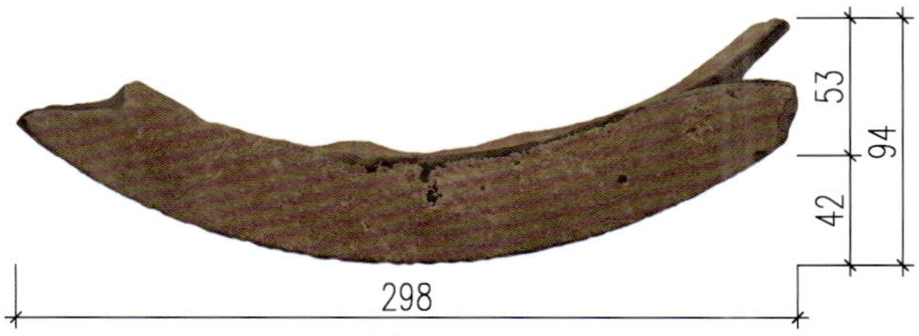

俯视图

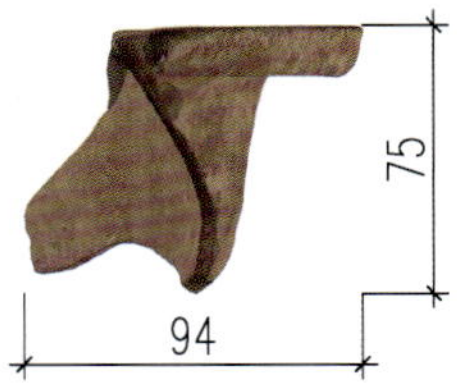

左视图

主视图

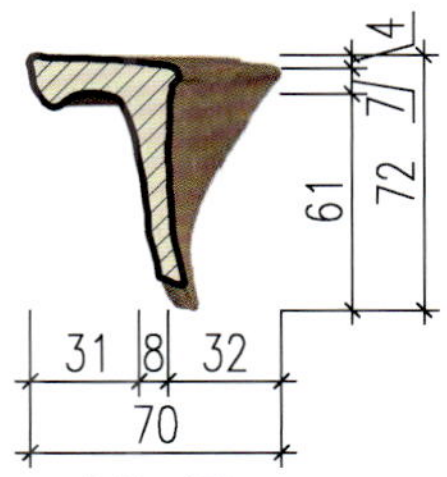

剖视图

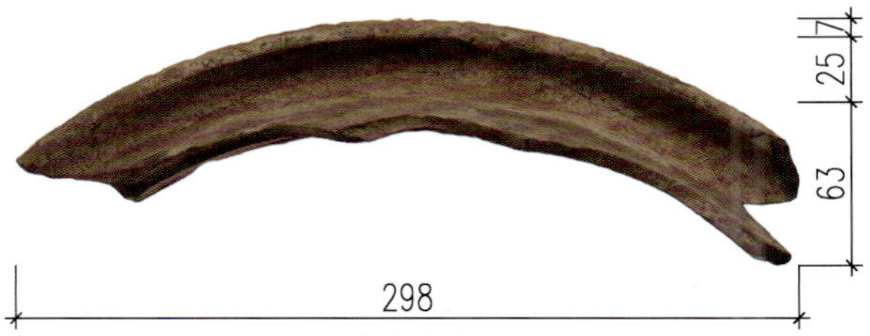

仰视图

图例

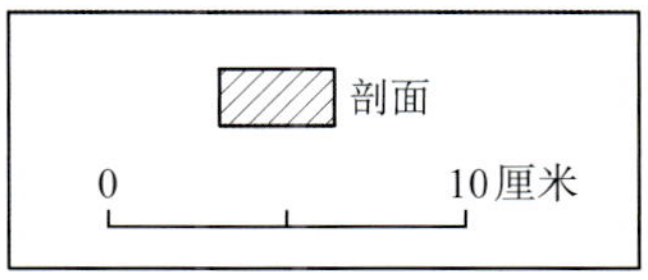

编号	T2③：23			名称	陶盆		
复原口径	48.4厘米	沿宽	4.2厘米	残长	29.8厘米		
残宽	9.4厘米	残高	7.5厘米	厚	0.8厘米	重量	0.38千克
体积	207.78立方厘米			密度	1828.86千克/立方米		

陶盆（T2③：23）正射影像图

彩版8

透视图

俯视图

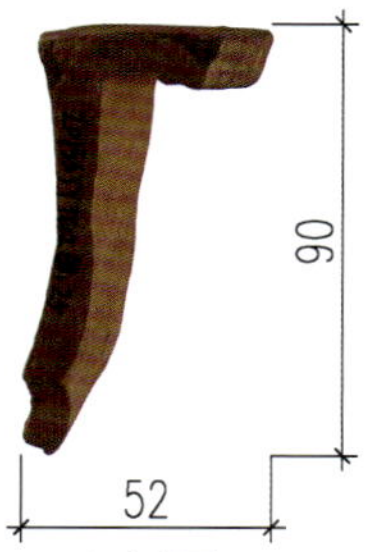

左视图

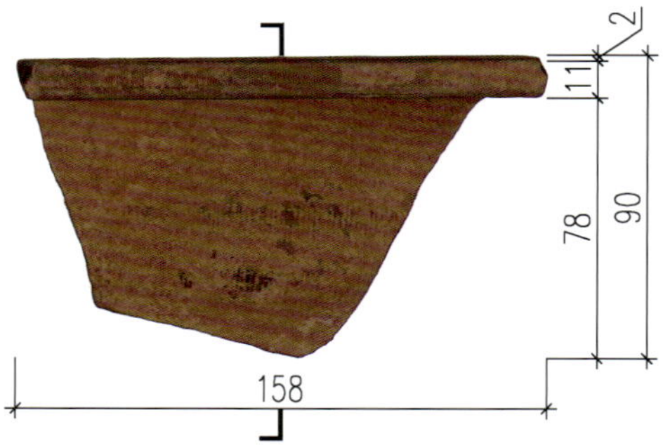

主视图

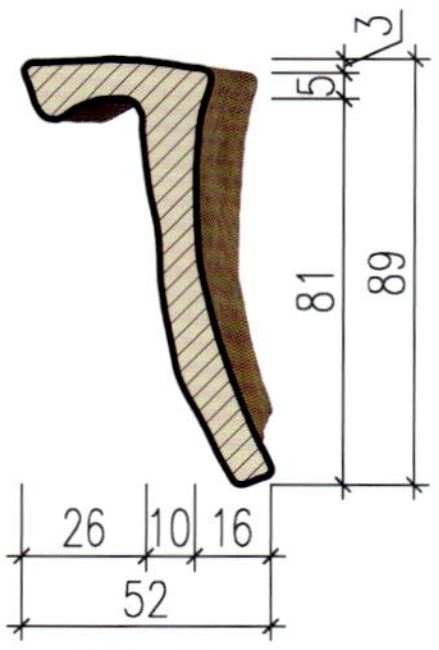

剖视图

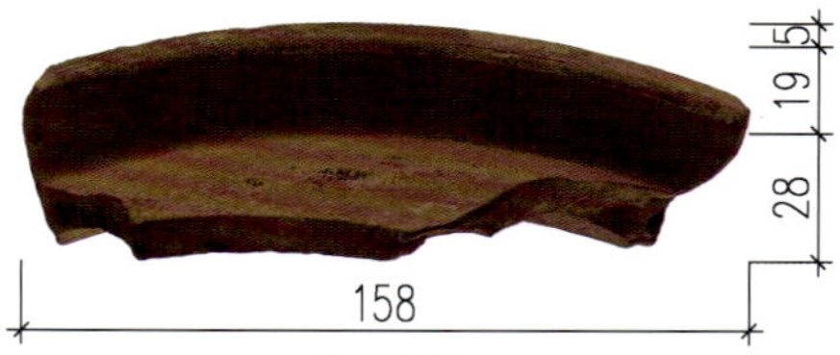

仰视图

编号	T2③：25			名称	陶盆		
复原口径	46.7厘米	沿宽	3.8厘米	残长	15.8厘米		
残宽	5.2厘米	残高	9厘米	厚	1厘米	重量	0.23千克
体积	121.94立方厘米		密度	1886.17千克/立方米			

图例

剖面

0 5厘米

陶盆（T2③：25）正射影像图

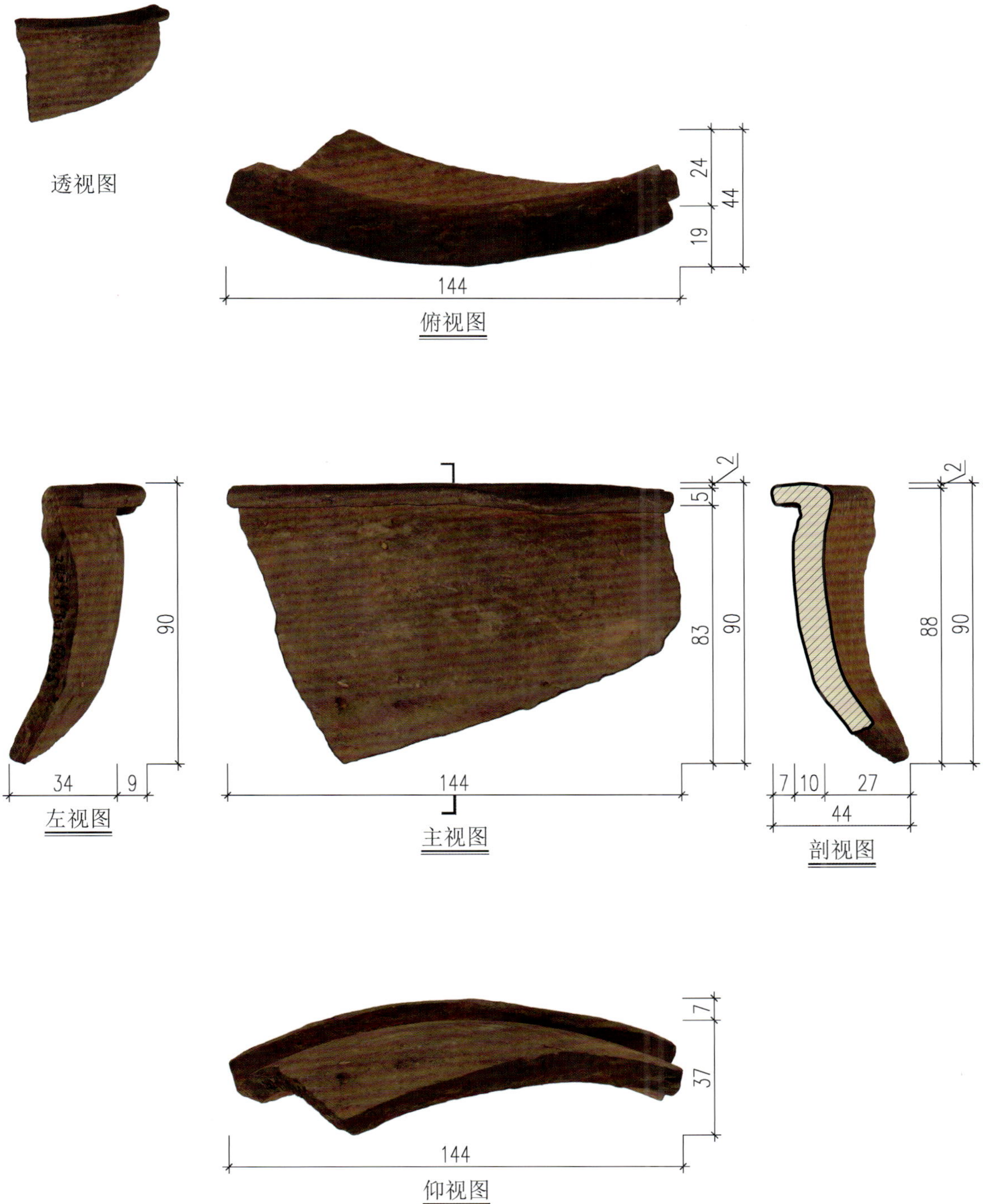

编号	T2③：26			名称	陶盆		
复原口径	31.9厘米	沿宽	1.9厘米	残长	14.4厘米		
残宽	4.4厘米	残高	9厘米	厚	1厘米	重量	0.17千克
体积	95.02立方厘米			密度	1789.1千克/立方米		

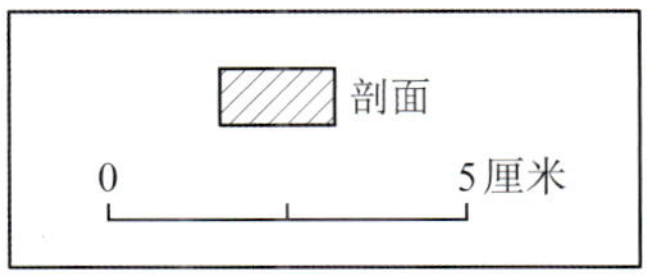

陶盆（T2③：26）正射影像图

透视图

俯视图

左视图

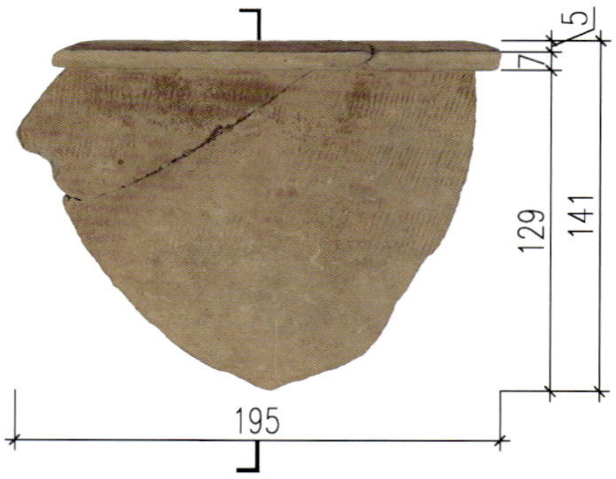

主视图

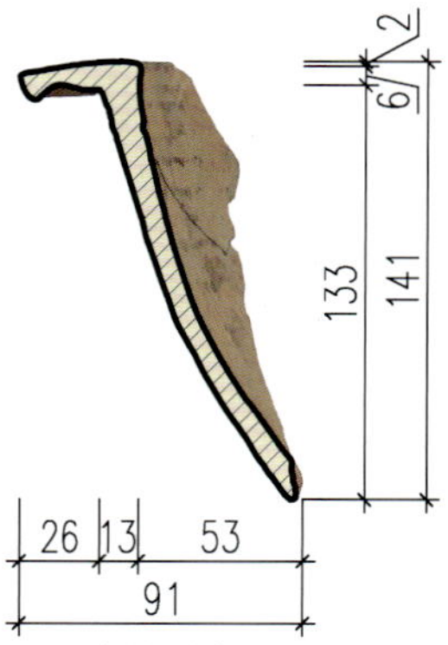

剖视图

仰视图

编号	T2③：33			名称	陶盆		
复原口径	44厘米	沿宽	3.9厘米	残长	19.5厘米		
残宽	9.1厘米	残高	14.1厘米	厚	0.7厘米	重量	0.33千克
体积	199.88立方厘米			密度	1650.99千克/立方米		

图例

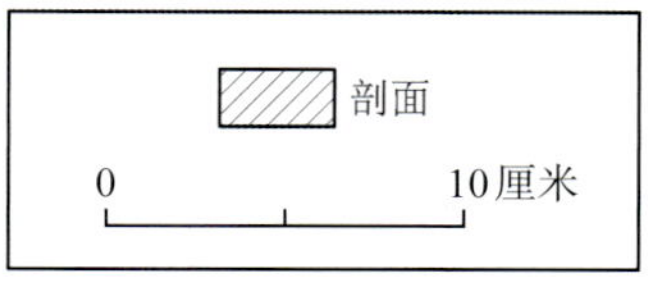

陶盆（T2③：33）正射影像图

透视图

俯视图

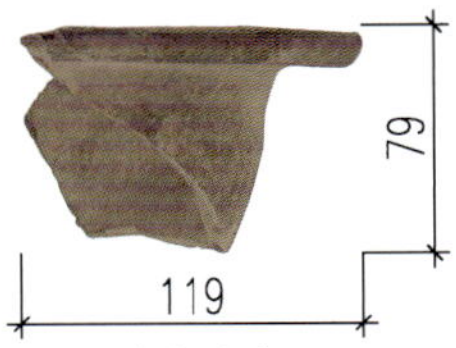

左视图

主视图

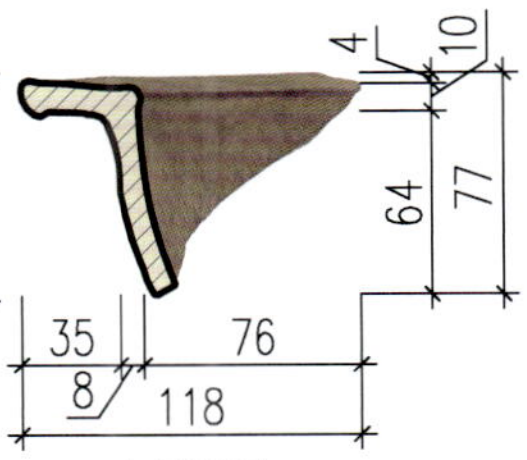

剖视图

仰视图

编号	T2⑤：13			名称	陶盆		
复原口径	49.7厘米	沿宽	4.1厘米	残长	36.5厘米		
残宽	11.9厘米	残高	7.9厘米	厚	0.8厘米	重量	0.55千克
体积	307.56立方厘米			密度	1788.27千克/立方米		

图例

剖面

0　10厘米

陶盆（T2⑤：13）正射影像图

透视图

俯视图

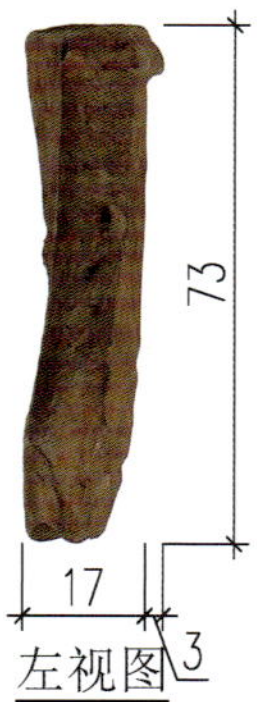

左视图

主视图

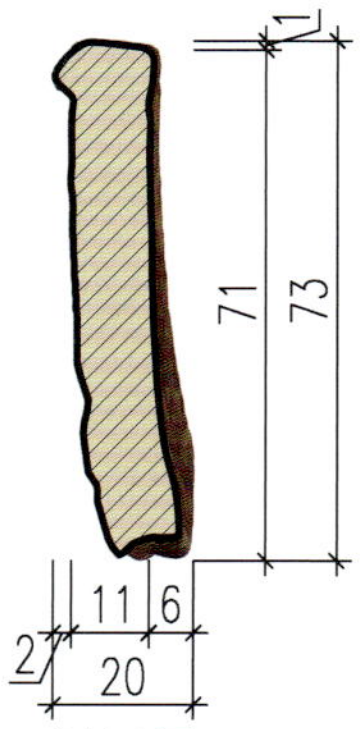

剖视图

仰视图

编号	T2⑤：14			名称	陶盆		
复原口径	35.7厘米	沿宽	1厘米	残长	9.7厘米		
残宽	2厘米	残高	7.3厘米	厚	1.1厘米	重量	0.09千克
体积	57.48立方厘米			密度	1565.76千克/立方米		

图例

剖面

0　5厘米

陶盆（T2⑤：14）正射影像图

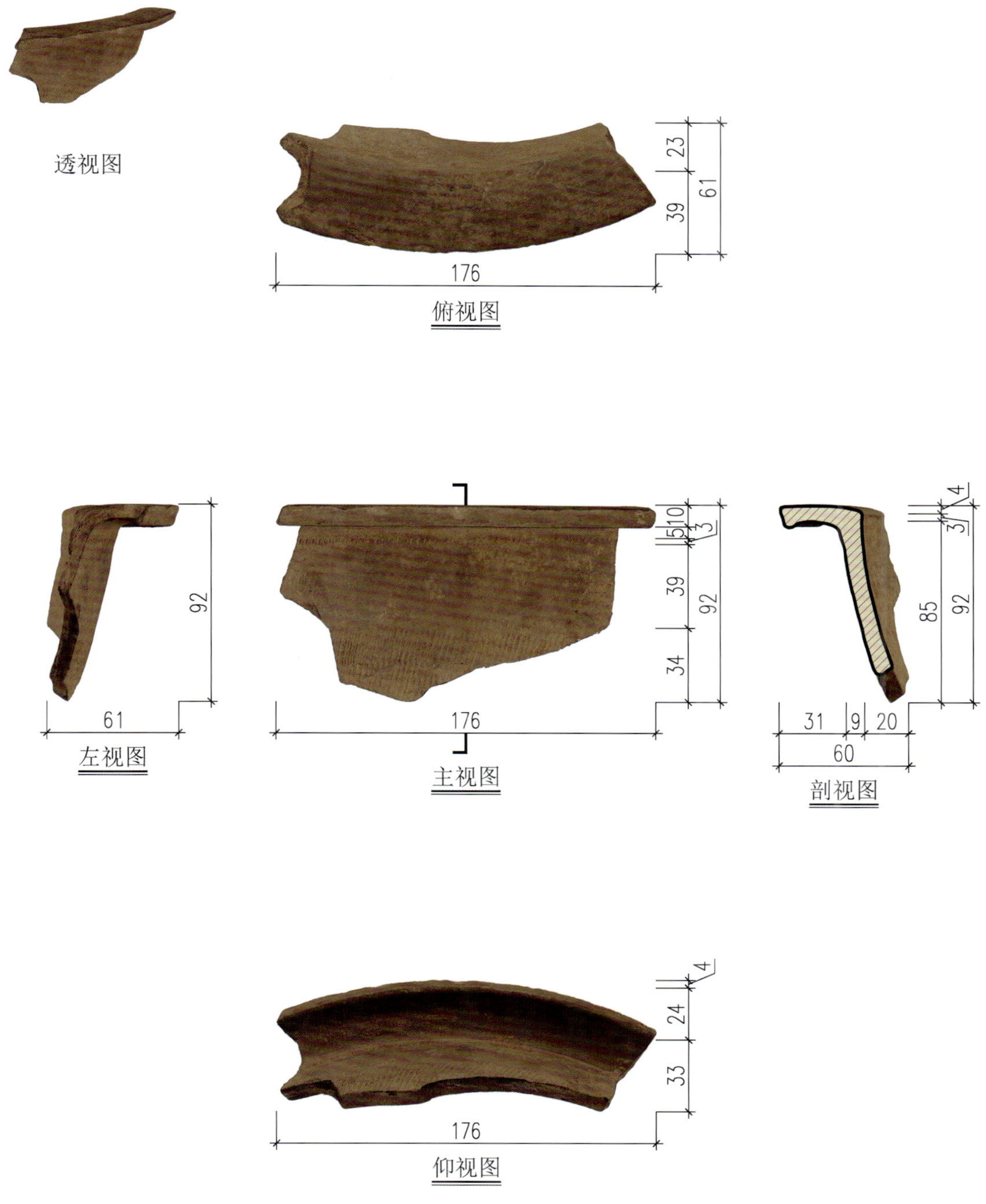

编号	T2⑤：15			名称	陶盆		
复原口径	47厘米	沿宽	3.9厘米	残长	17.6厘米		
残宽	6.1厘米	残高	9.2厘米	厚	0.9厘米	重量	0.22千克
体积	129.59立方厘米			密度	1697.66千克/立方米		

图例

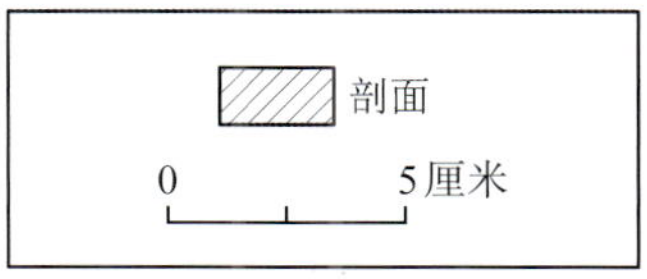

陶盆（T2⑤：15）正射影像图

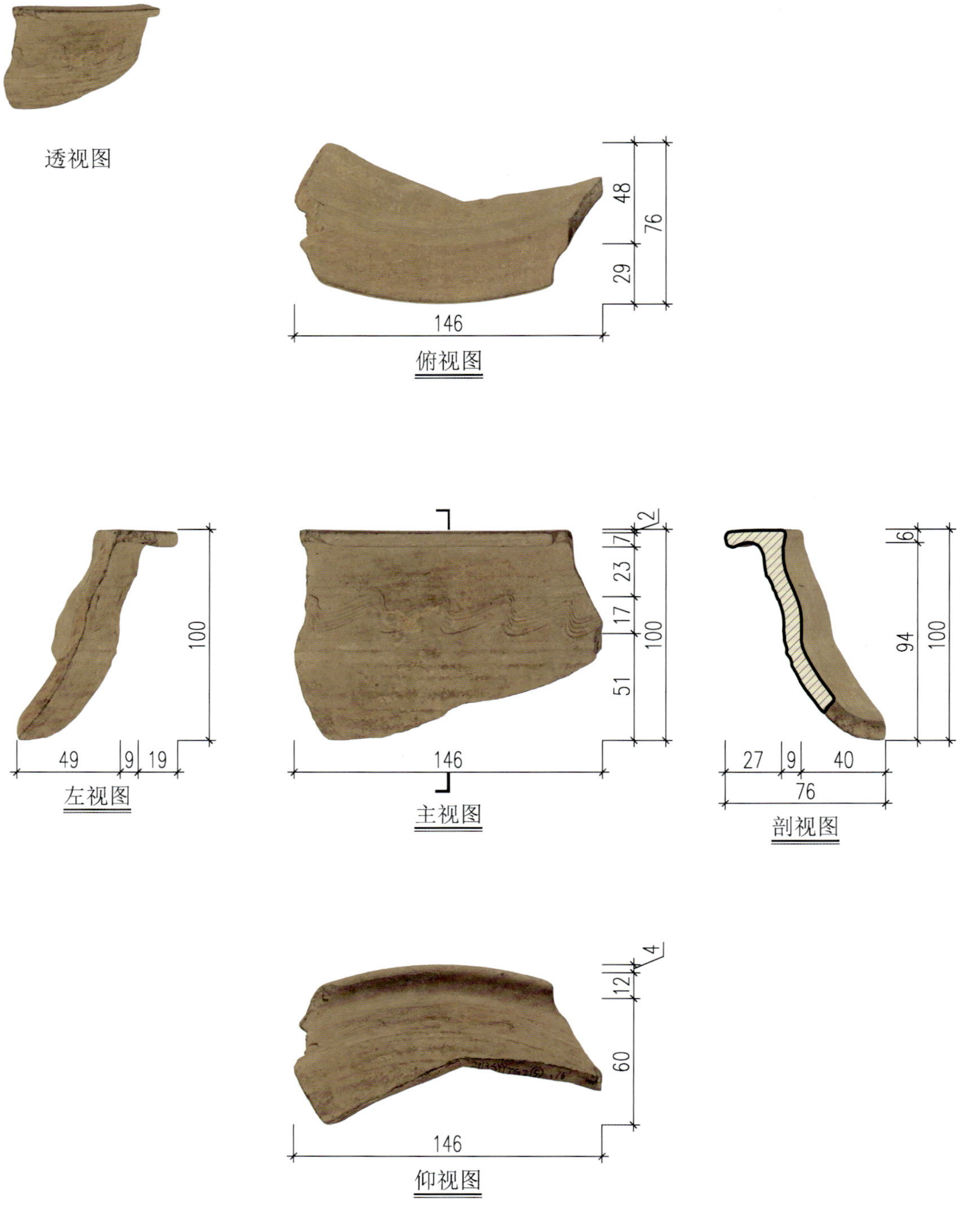

编号	T2⑤：16				名称	陶盆	
复原口径	34.2厘米	沿宽	2.9厘米		残长	14.6厘米	
残宽	7.6厘米	残高	10厘米	厚	0.9厘米	重量	0.21千克
体积	119.37立方厘米			密度	1759.24千克/立方米		

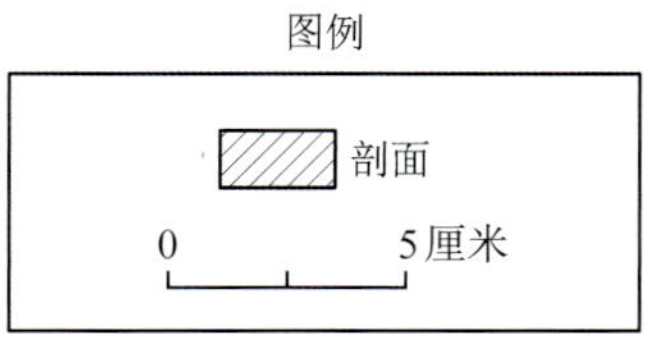

陶盆（T2⑤：16）正射影像图

透视图

俯视图

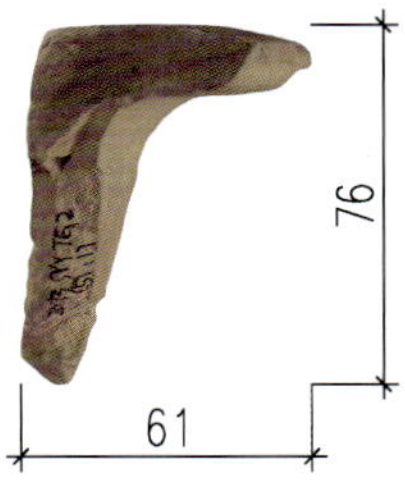

左视图

主视图

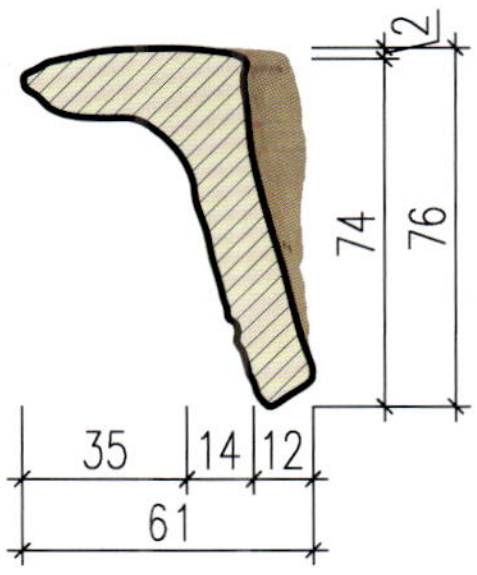

剖视图

仰视图

编号	T2⑤：17			名称	陶盆		
复原口径	91.8厘米	沿宽	4.7厘米	残长	18厘米		
残宽	6.1厘米	残高	7.6厘米	厚	1.4厘米	重量	0.34千克
体积	197.43立方厘米			密度	1722.13千克/立方米		

图例

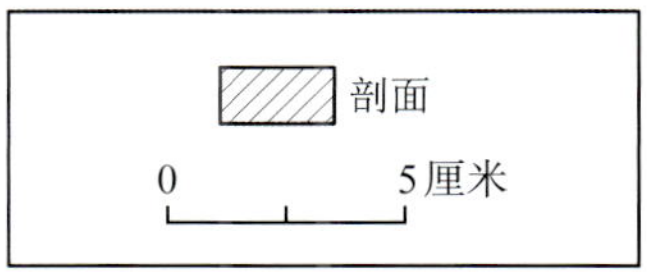

陶盆（T2⑤：17）正射影像图

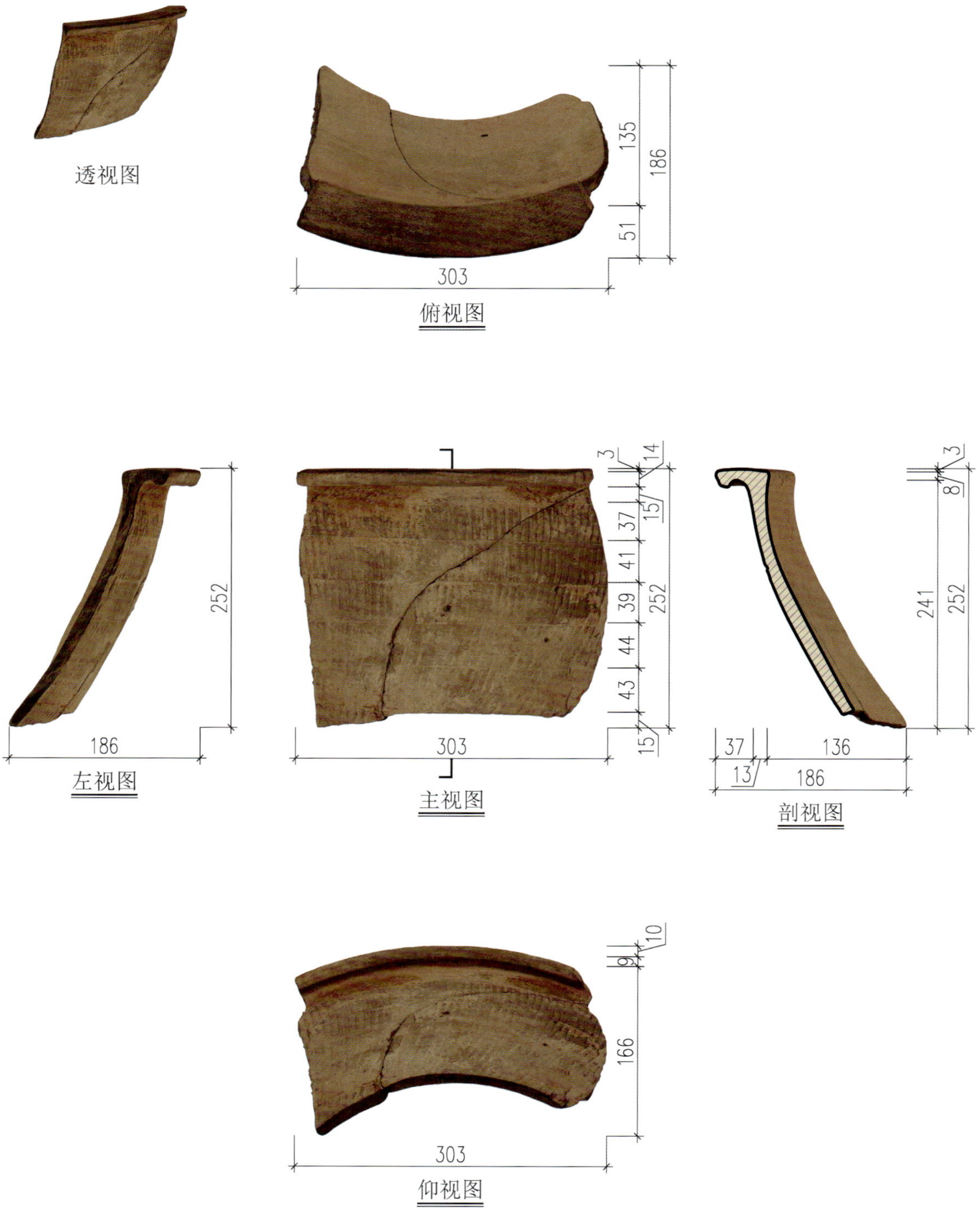

编号	T2⑤：20			名称	陶盆		
复原口径	72厘米	沿宽	5.1厘米	残长	30.3厘米		
残宽	18.6厘米	残高	25.2厘米	厚	1.3厘米	重量	2.1千克
体积	1219.05立方厘米		密度	1722.65千克/立方米			

图例

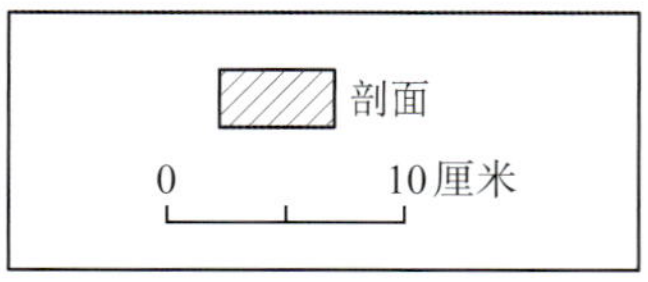

陶盆（T2⑤：20）正射影像图

透视图

俯视图

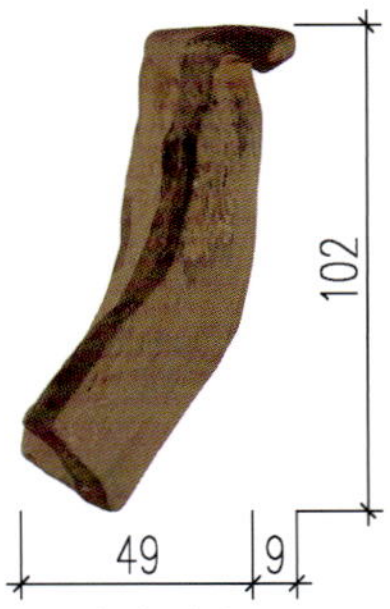

左视图

主视图

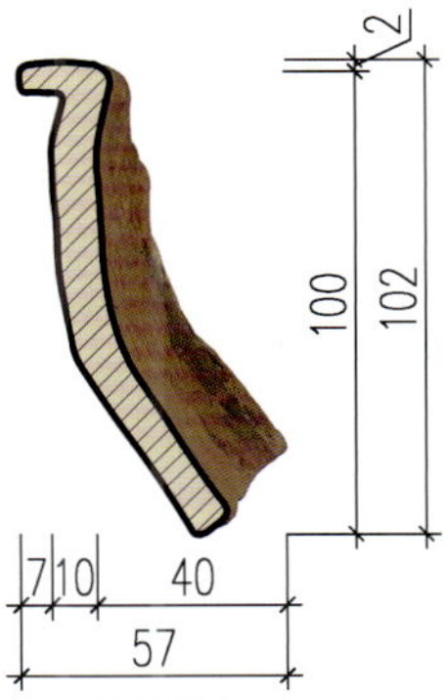

剖视图

仰视图

编号	T2⑦：10			名称	陶盆		
复原口径	32厘米	沿宽	1.9厘米	残长	17.6厘米		
残宽	5.8厘米	残高	10.2厘米	厚	1厘米	重量	0.27千克
体积	157.38立方厘米		密度	1715.59千克/立方米			

图例

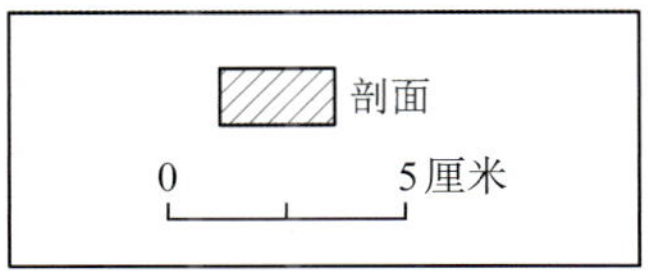

陶盆（T2⑦：10）正射影像图

透视图

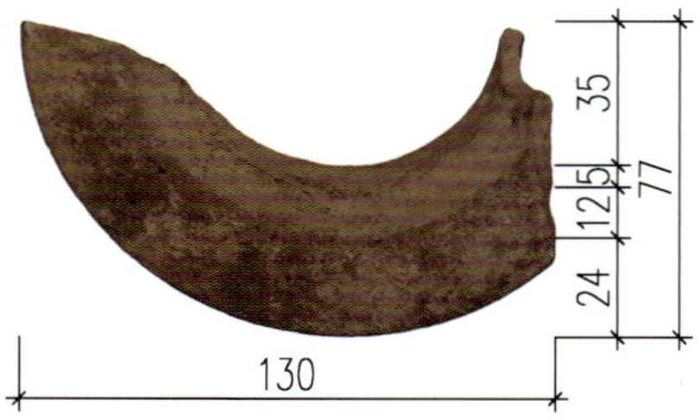

俯视图

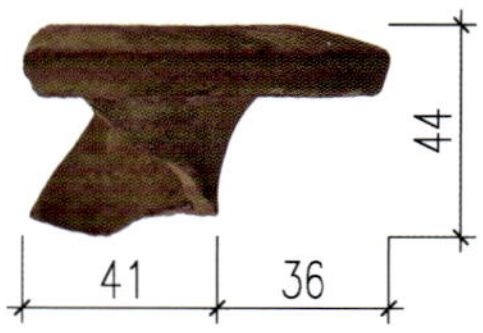

左视图

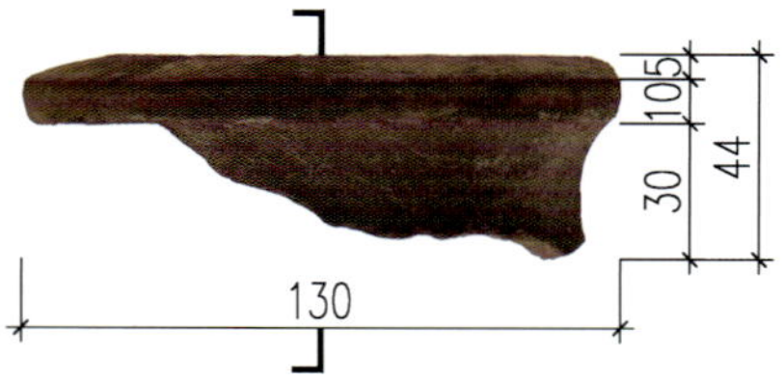

主视图

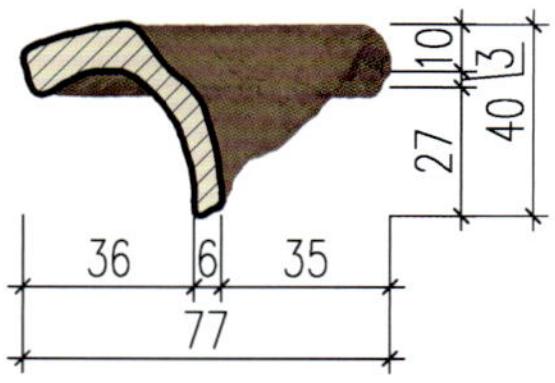

剖视图

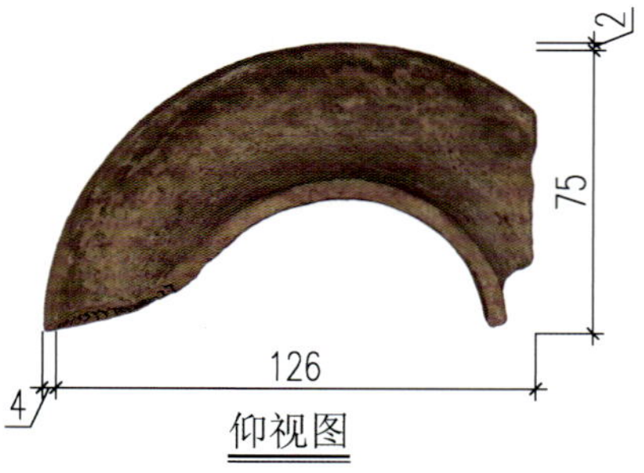

仰视图

编号	T2③：27			名称	陶壶		
复原口径	15.9厘米	沿宽	2.4厘米	残长	13厘米		
残宽	7.7厘米	残高	4.4厘米	厚	0.6厘米	重量	0.1千克
体积	58.86立方厘米			密度	1698.95千克/立方米		

图例

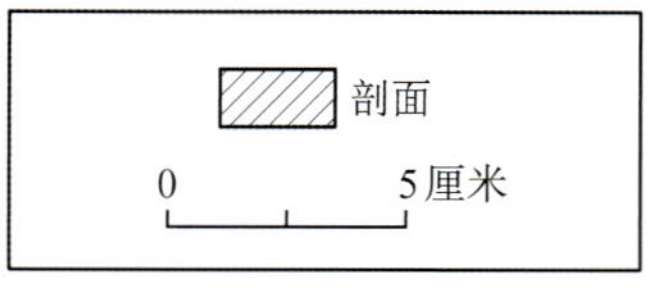

陶壶（T2③：27）正射影像图

透视图

俯视图

左视图

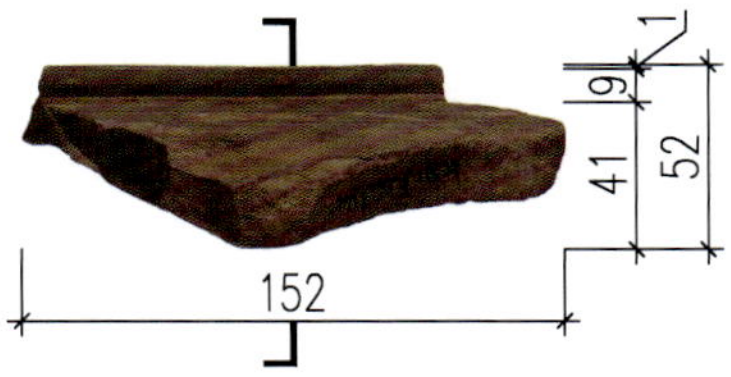

主视图

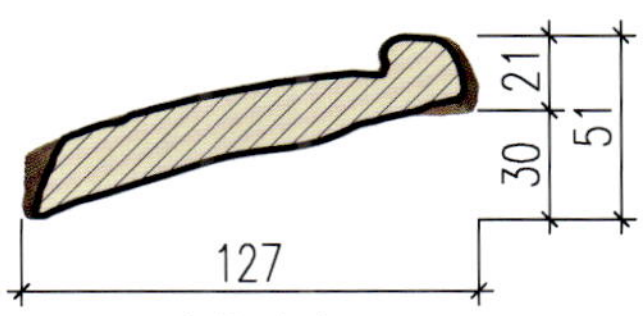

剖视图

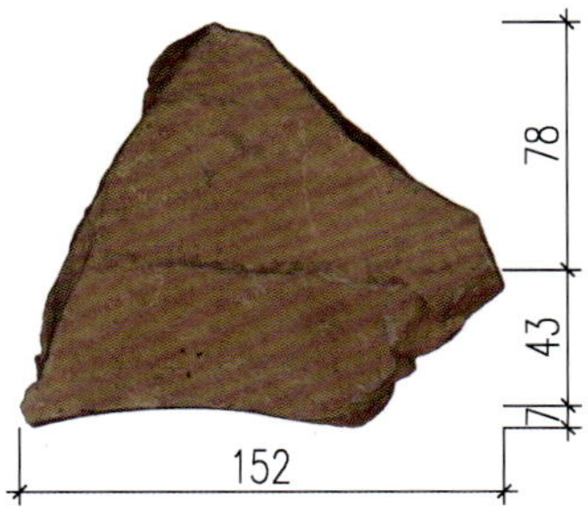

仰视图

编号	T2③：29			名称	陶罐		
复原口径	39.2厘米	沿宽	1.3厘米	残长	15.2厘米		
残宽	12.8厘米	残高	5.2厘米	厚	1.7厘米	重量	0.36千克
体积	201.69立方厘米			密度	1784.92千克/立方米		

图例

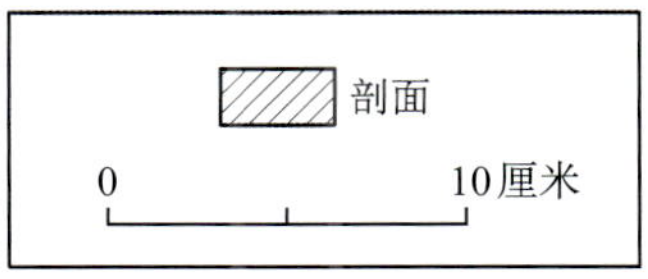

陶罐（T2③：29）正射影像图

彩版20

透视图

俯视图

左视图

主视图

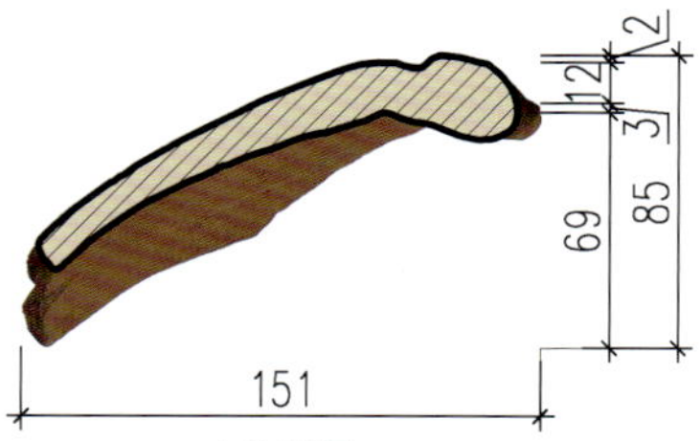

剖视图

仰视图

编号	T2③：30			名称	陶罐	
复原口径	27.6厘米	沿宽	2.4厘米	残长	20.3厘米	
残宽	15.2厘米	残高	8.5厘米	厚	1.3厘米	重量	0.59千克
体积	319.61立方厘米		密度	1846千克/立方米		

图例

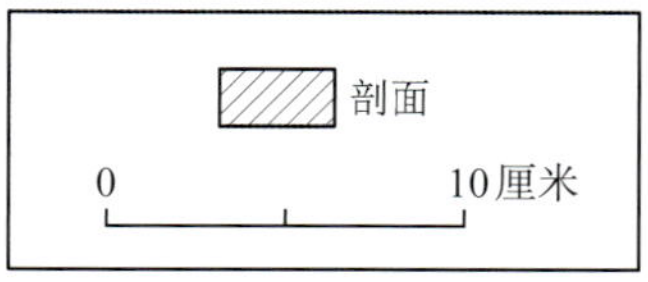

陶罐（T2③：30）正射影像图

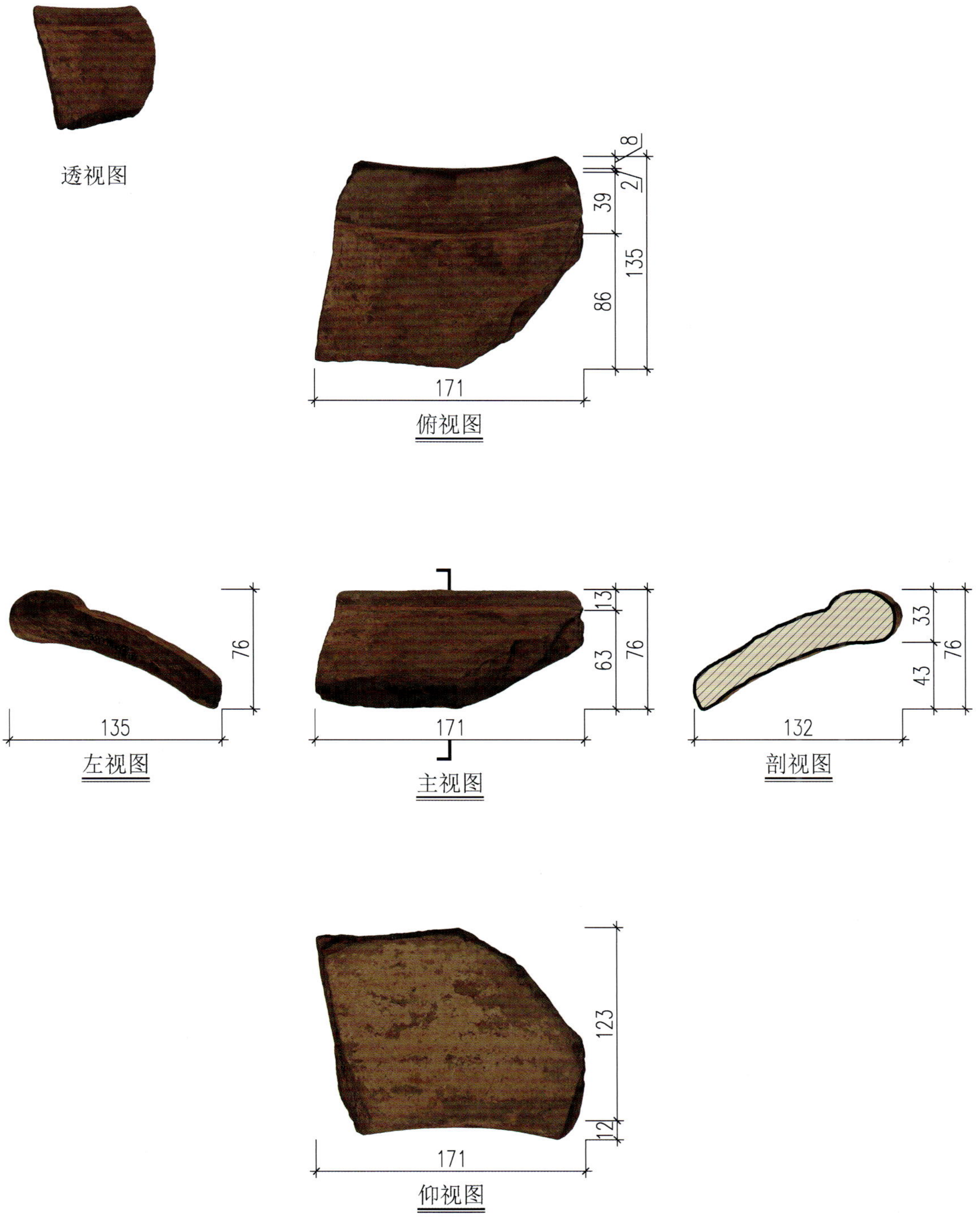

编号	T2③：31			名称	陶罐		
复原口径	65.3厘米	沿宽	3.9厘米	残长	17.1厘米		
残宽	13.5厘米	残高	7.6厘米	厚	2.1厘米	重量	0.83千克
体积	431.28立方厘米		密度	1924.5千克/立方米			

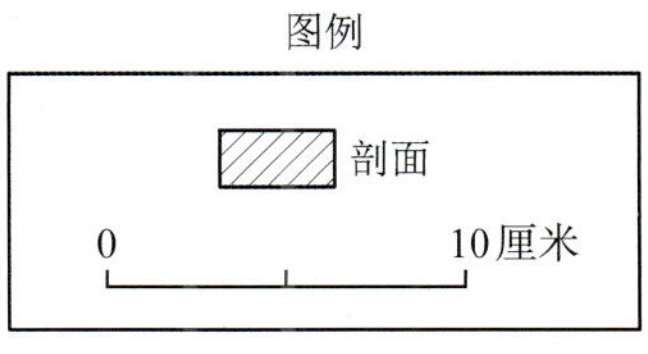

陶罐（T2③：31）正射影像图

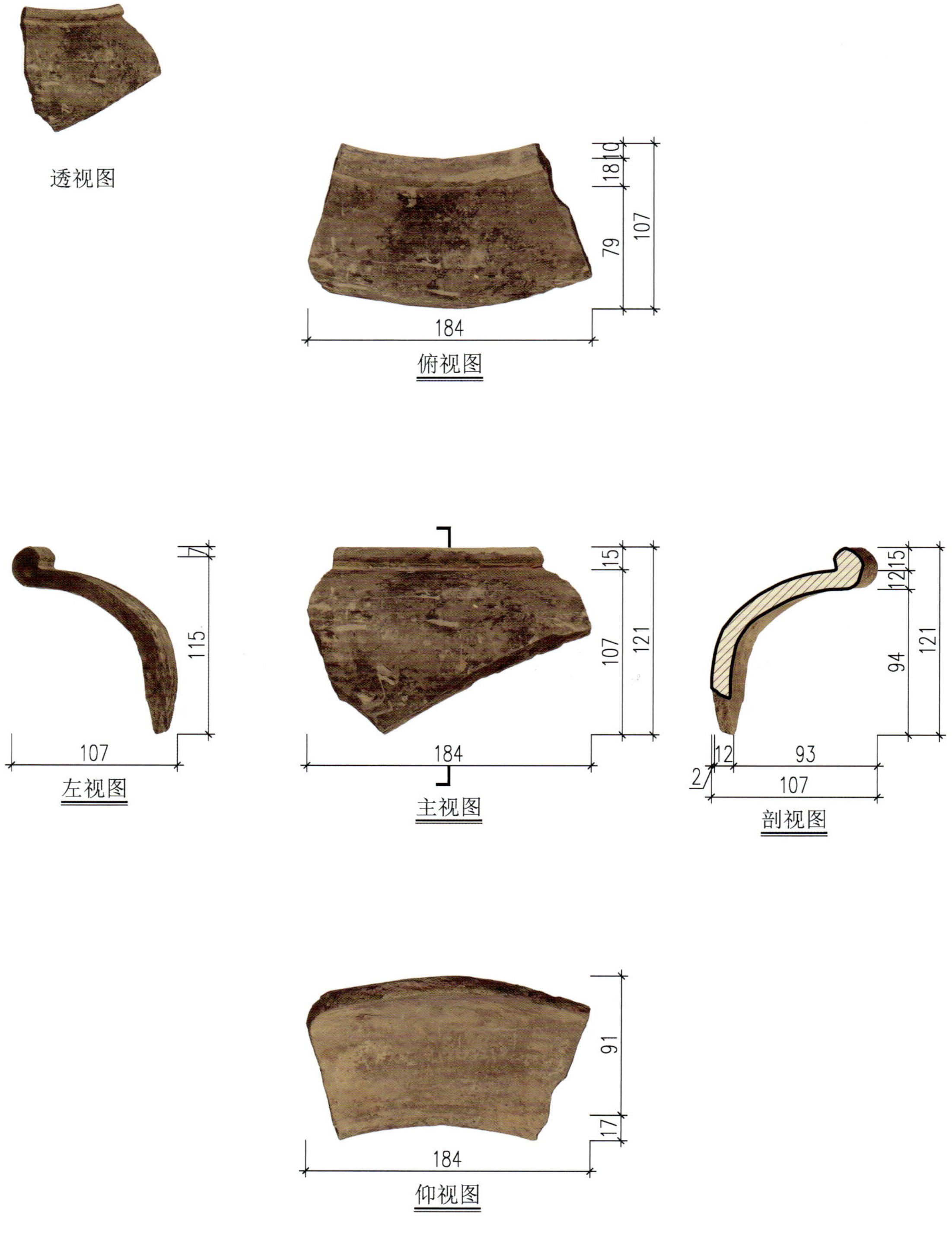

编号	T2④：20			名称	陶罐		
复原口径	46.4厘米	沿宽	1.8厘米	残长	18.4厘米		
残宽	10.7厘米	残高	12.1厘米	厚	1.2厘米	重量	0.5千克
体积	272.32立方厘米			密度	1836.08千克/立方米		

图例

剖面

0 10厘米

陶罐（T2④：20）正射影像图

透视图

俯视图

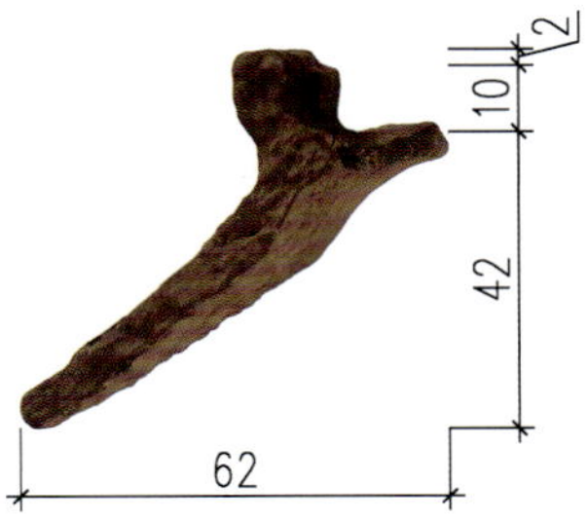

左视图

主视图

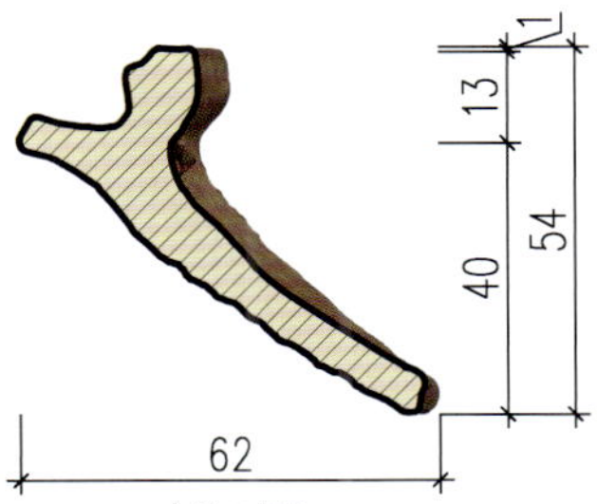

剖视图

仰视图

编号	T2③：28			名称	陶釜		
复原口径	24.1厘米	沿宽	1厘米	残长	8.3厘米		
残宽	6.2厘米	残高	5.4厘米	厚	0.6厘米	重量	0.07千克
体积	40.55立方厘米			密度	1726.26千克/立方米		

图例

剖面

0　5厘米

陶釜（T2③：28）正射影像图

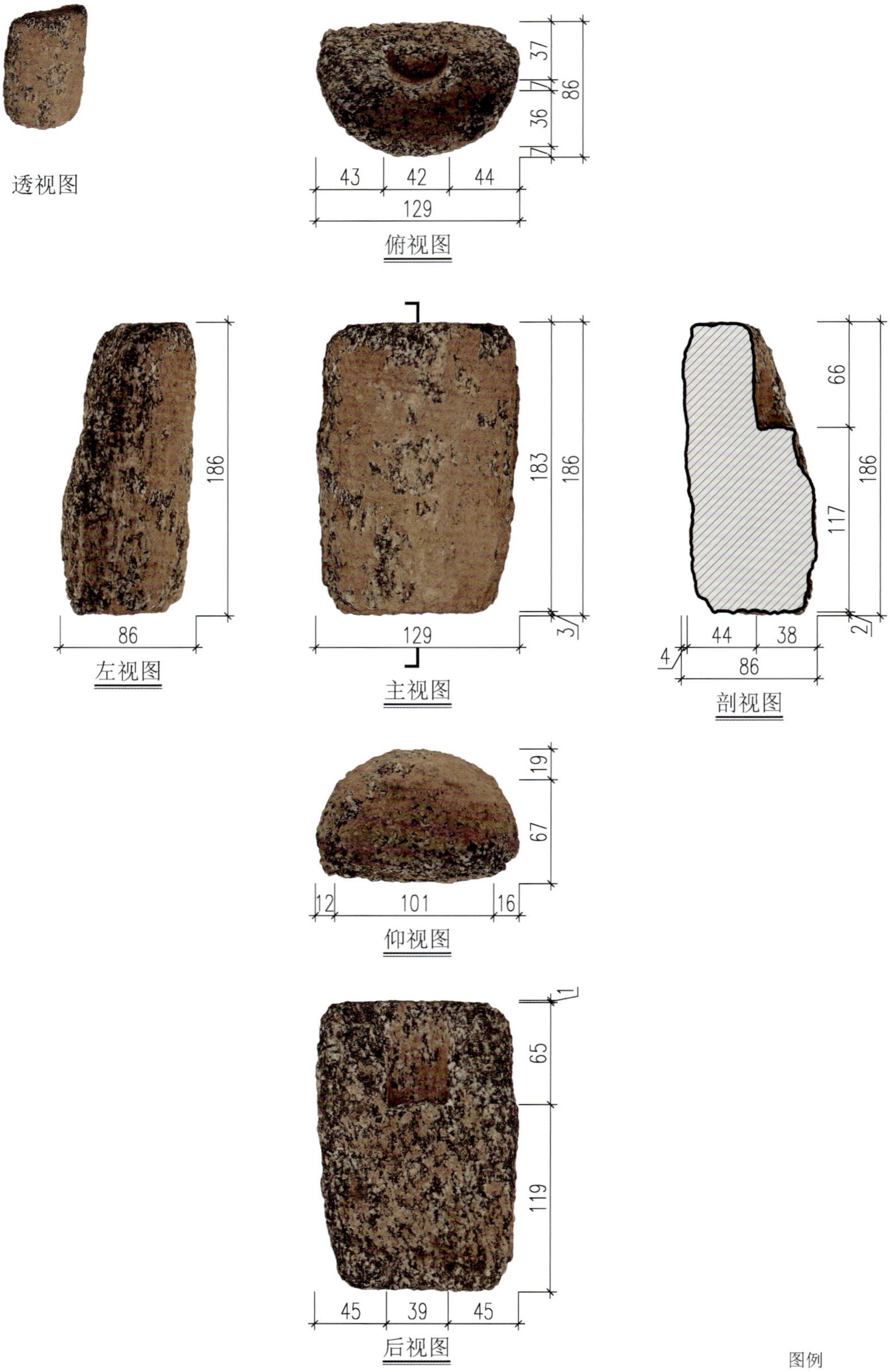

编号	T2④：2	名称	石夯	上部径	11.8厘米		
底径	10.1厘米	高	18.6厘米	窝径	3.9厘米		
窝深	6.6厘米	窝壁厚	4.4厘米	重量	3.05千克		
体积	1148.22立方厘米	密度	2656.29千克/立方米				

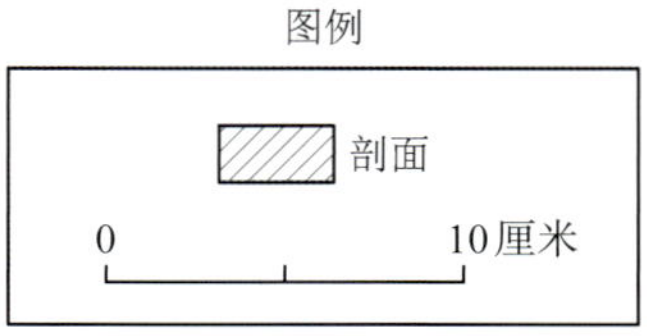

石夯（T2④：2）正射影像图

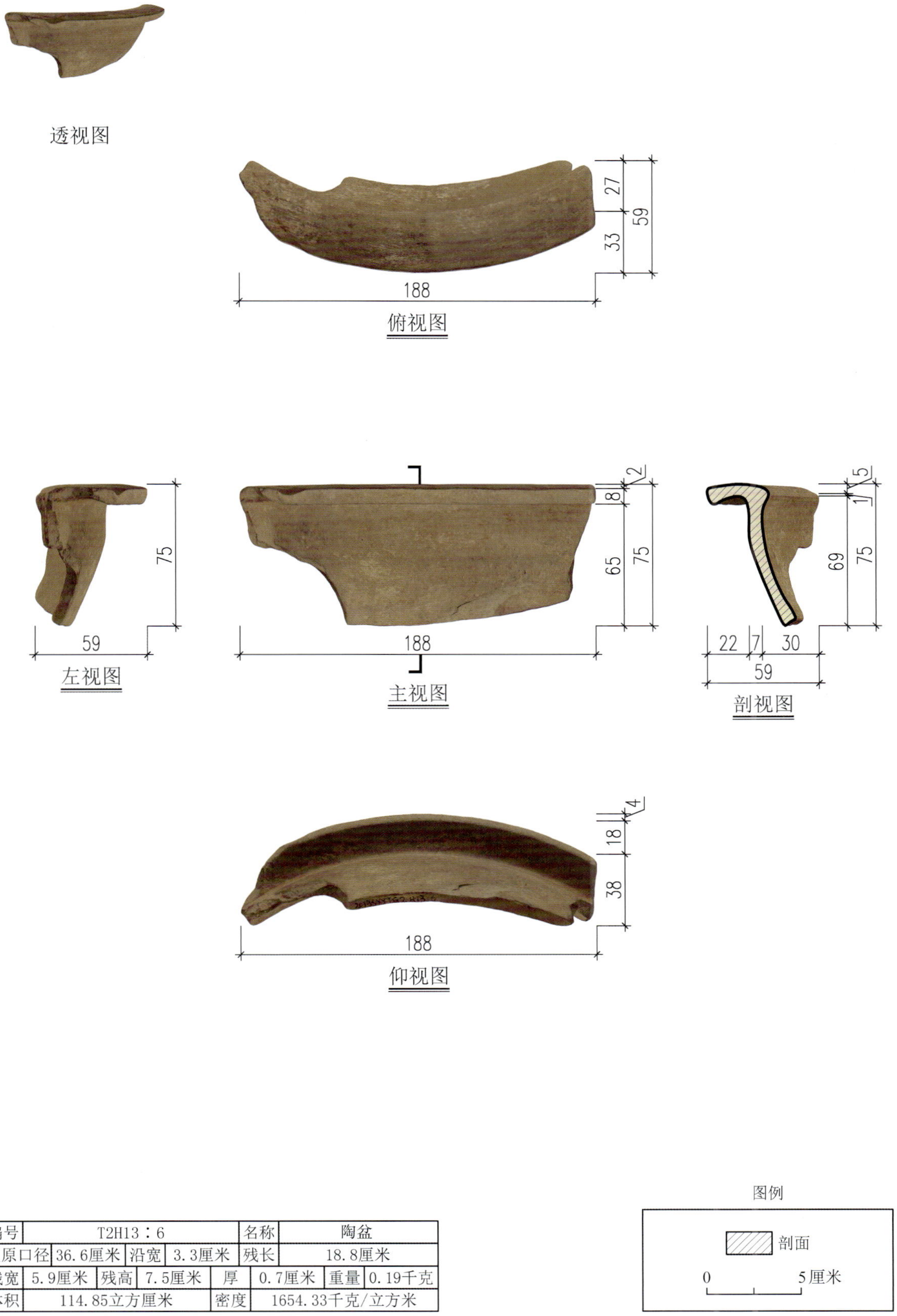

编号	T2H13：6			名称	陶盆		
复原口径	36.6厘米	沿宽	3.3厘米	残长	18.8厘米		
残宽	5.9厘米	残高	7.5厘米	厚	0.7厘米	重量	0.19千克
体积	114.85立方厘米			密度	1654.33千克/立方米		

陶盆（T2H13：6）正射影像图

透视图

俯视图

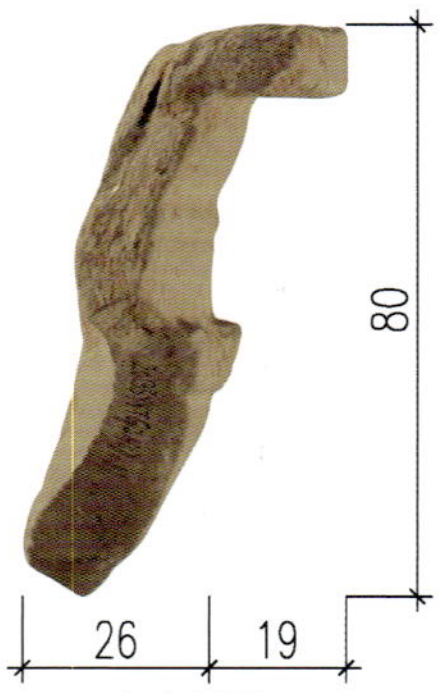

左视图

主视图

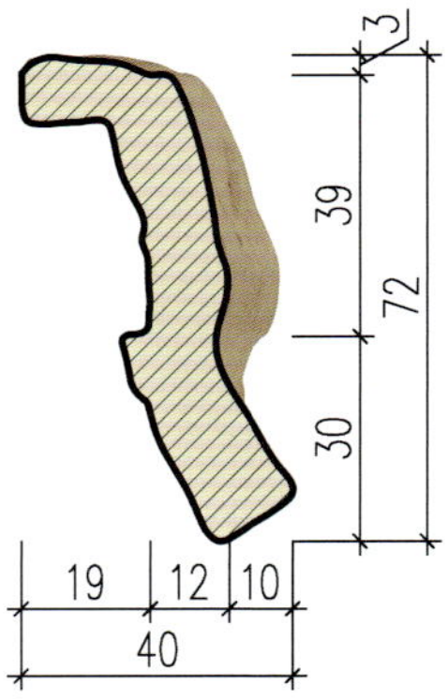

剖视图

仰视图

编号	T2H17：11			名称	陶盆		
复原口径	57.2厘米	沿宽	2.2厘米	残长	13.9厘米		
残宽	4.5厘米	残高	8厘米	厚	1.2厘米	重量	0.17千克
体积	91.79立方厘米			密度	1852.05千克/立方米		

图例

剖面

0 5厘米

陶盆（T2H17：11）正射影像图

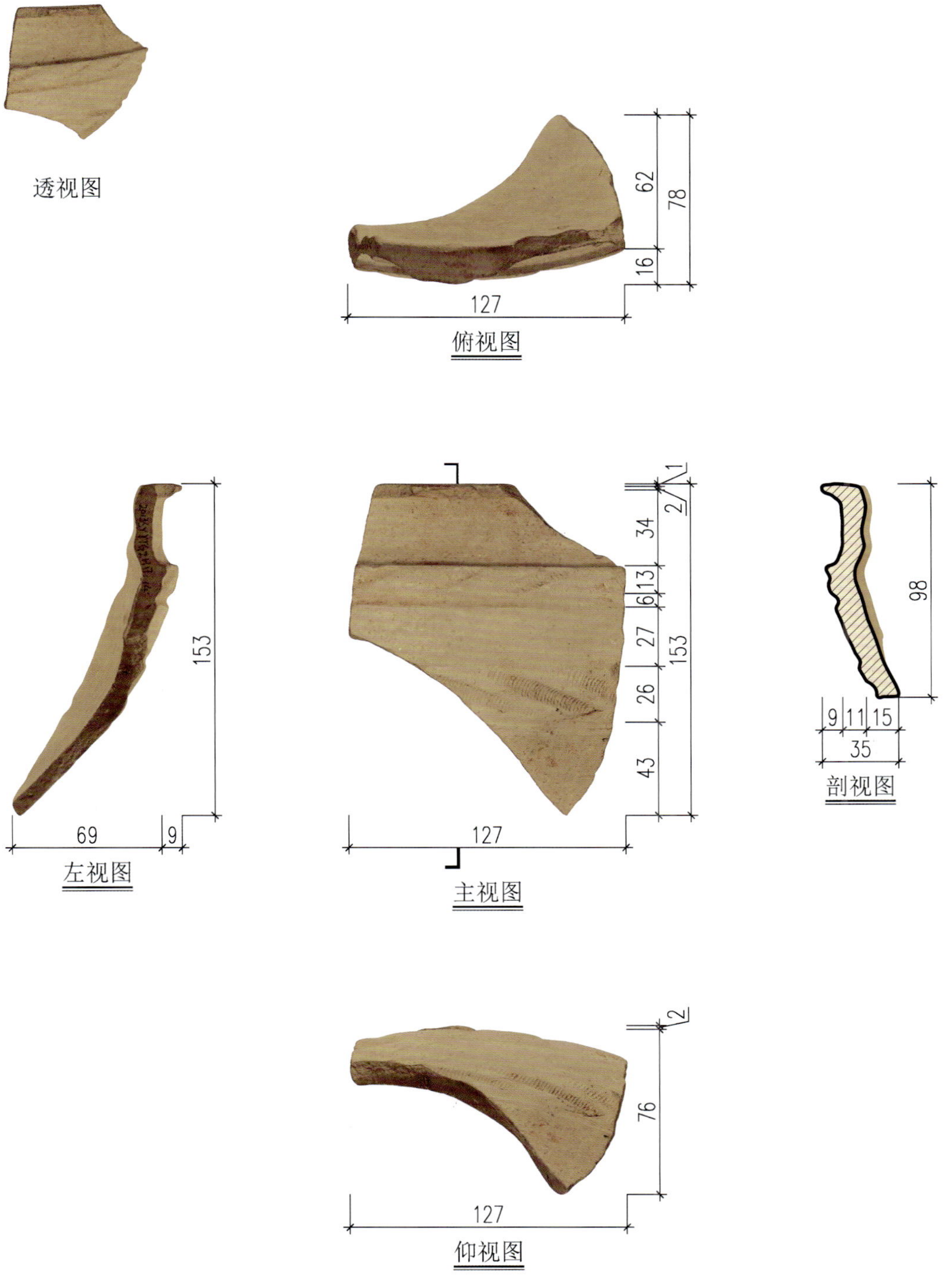

编号	T2H17：14			名称	陶盆		
复原口径	44.1厘米	沿宽	1.6厘米	残长	12.7厘米		
残宽	7.8厘米	残高	15.3厘米	厚	1.1厘米	重量	0.21千克
体积	134.2立方厘米			密度	1564.83千克/立方米		

图例

剖面

0 5厘米

陶盆（T2H17：14）正射影像图

透视图

俯视图

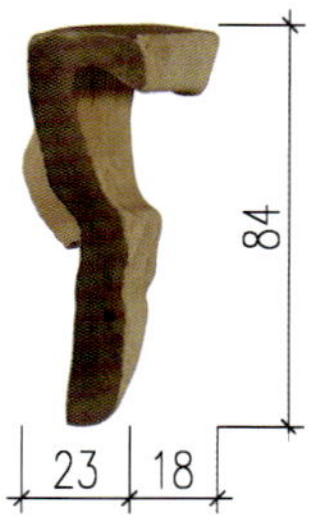

左视图

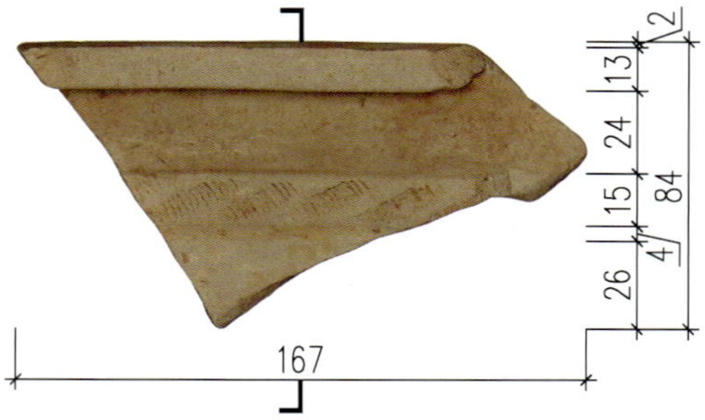

主视图

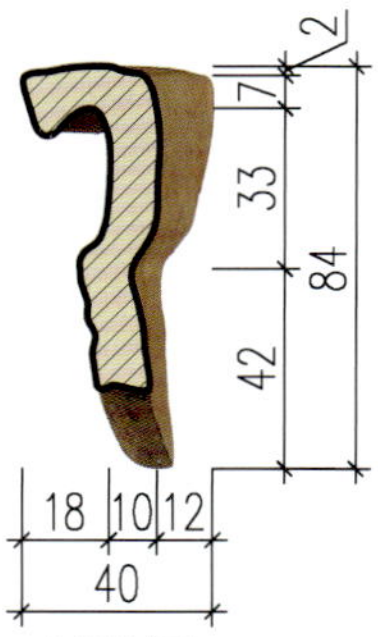

剖视图

仰视图

编号	T2H17：20			名称	陶盆		
复原口径	48.6厘米	沿宽	2.5厘米	残长	16.7厘米		
残宽	4.1厘米	残高	8.4厘米	厚	1厘米	重量	0.16千克
体积	131.90立方厘米			密度	1213.04千克/立方米		

图例

剖面

0　5厘米

陶盆（T2H17：20）正射影像图

透视图

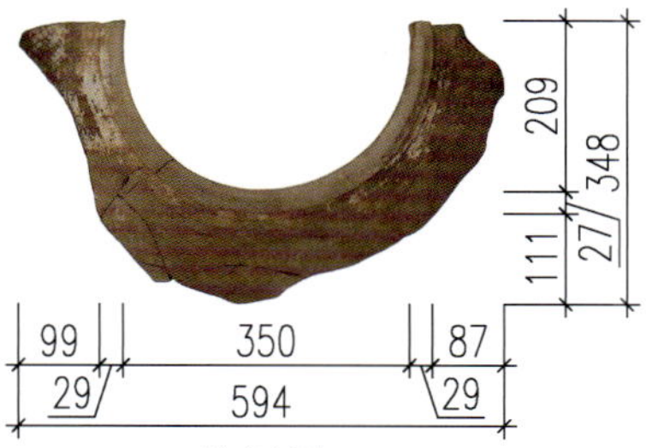

俯视图

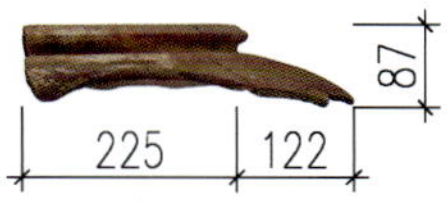

左视图

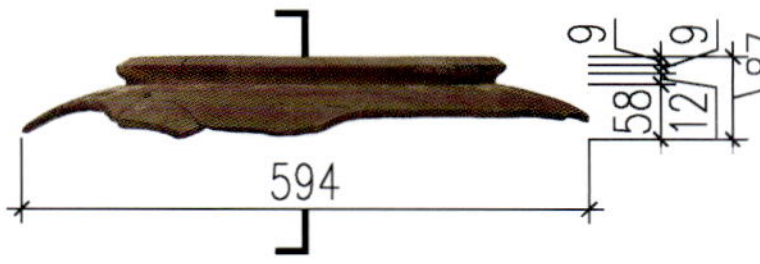

主视图

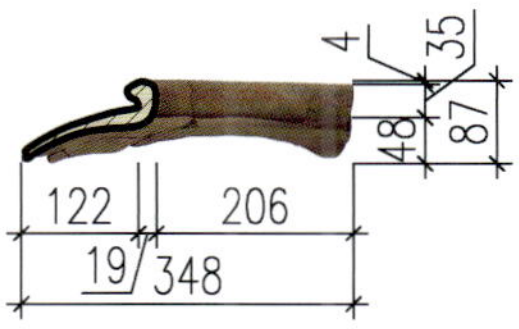

剖视图

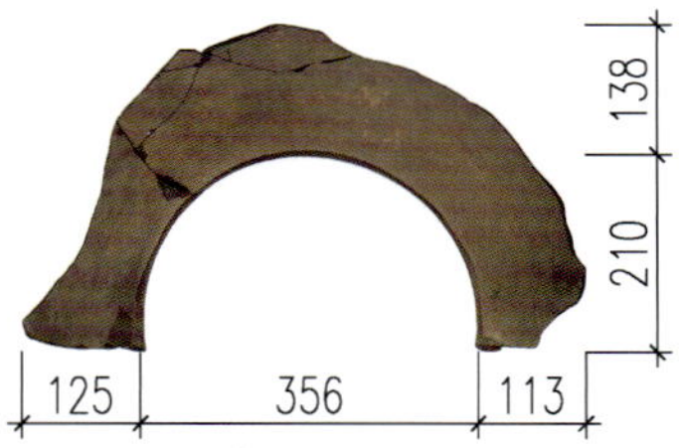

仰视图

编号	T2H17：21			名称	陶瓮		
复原口径	40.9厘米	沿宽	2.7厘米	残长	59.4厘米		
残宽	52厘米	残高	8.7厘米	厚	1.2厘米	重量	3千克
体积	1572.3立方厘米			密度	1908.03千克/立方米		

图例

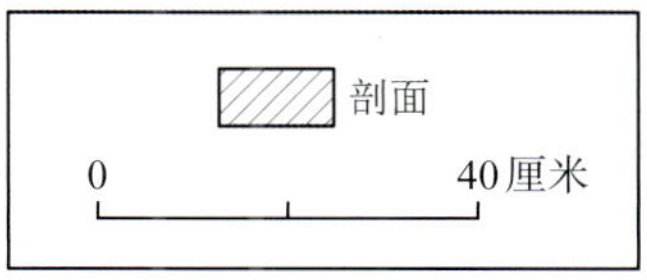

陶瓮（T2H17：21）正射影像图

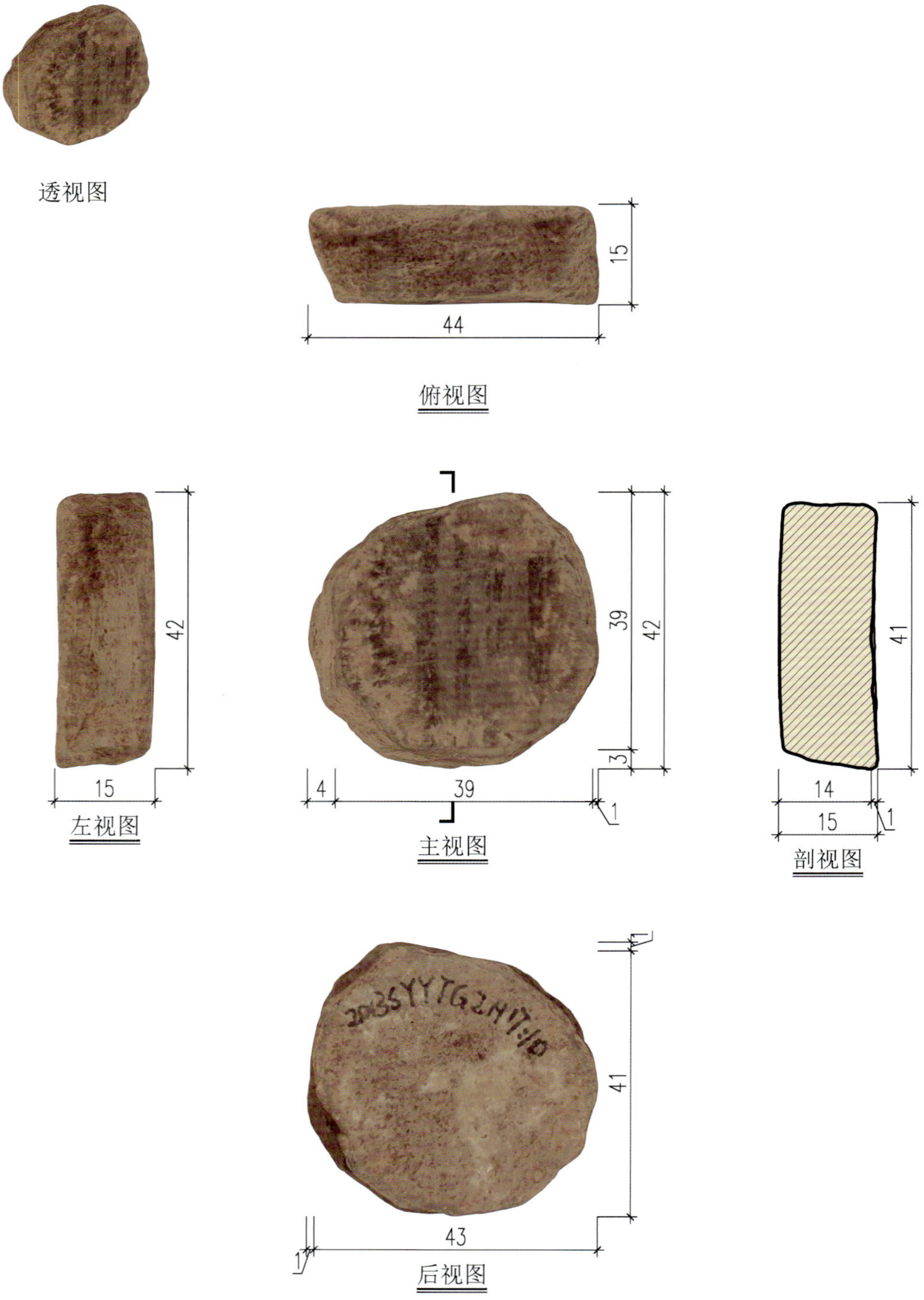

编号	T2H17：10			名称	陶饼
径	4.4厘米	厚	1.4厘米	重量	0.03千克
体积	18.78立方厘米	密度	1597.44千克/立方米		

图例

剖面

0　2厘米

陶饼（T2H17：10）正射影像图

透视图

俯视图

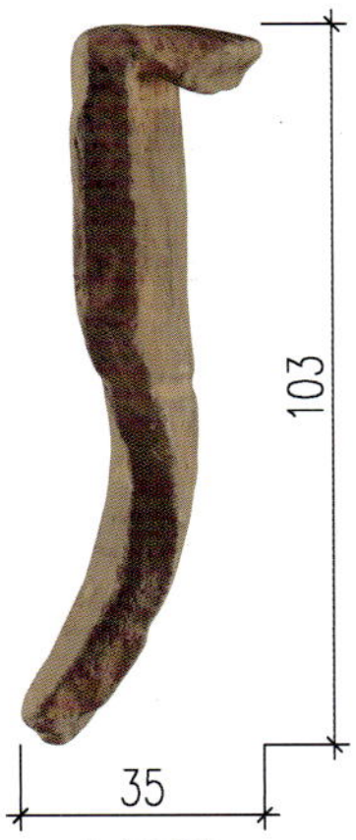

左视图

主视图

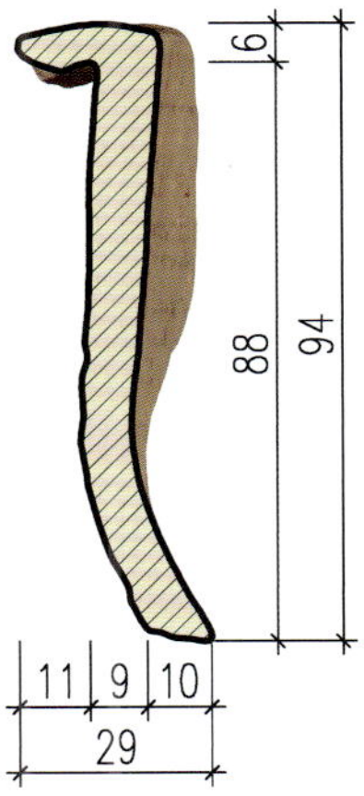

剖视图

仰视图

编号	T2H23：6			名称	陶盆		
复原口径	33.9厘米	沿宽	2.1厘米	残长	10.2厘米		
残宽	3.5厘米	残高	10.3厘米	厚	0.8厘米	重量	0.11千克
体积	71.79立方厘米			密度	1532.25千克/立方米		

图例

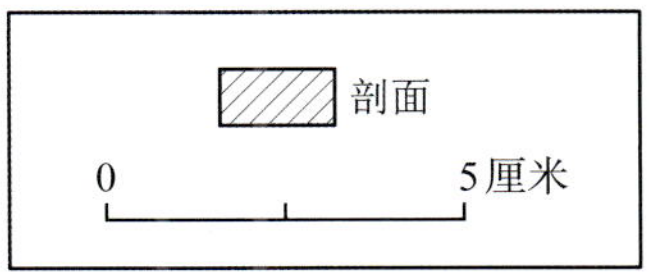

陶盆（T2H23：6）正射影像图

透视图

俯视图

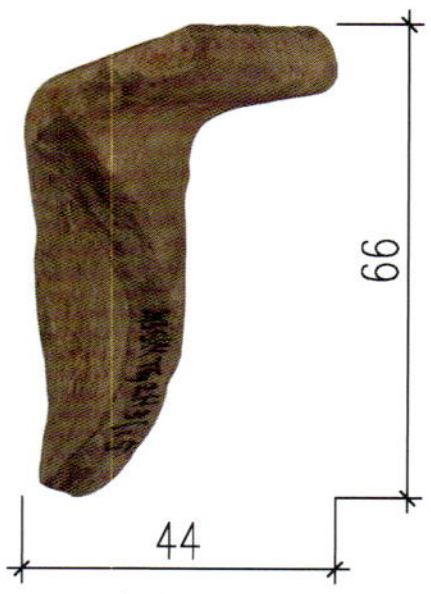

左视图

主视图

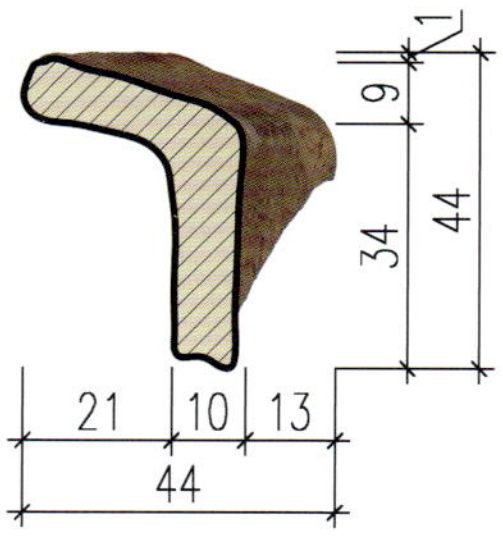

剖视图

仰视图

编号	T2H31：5			名称	陶盆		
复原口径	32.4厘米	沿宽	2.9厘米	残长	15.4厘米		
残宽	4.4厘米	残高	6.6厘米	厚	1厘米	重量	0.11千克
体积	67.88立方厘米		密度	1620.51千克/立方米			

图例

剖面

0　5厘米

陶盆（T2H31：5）正射影像图

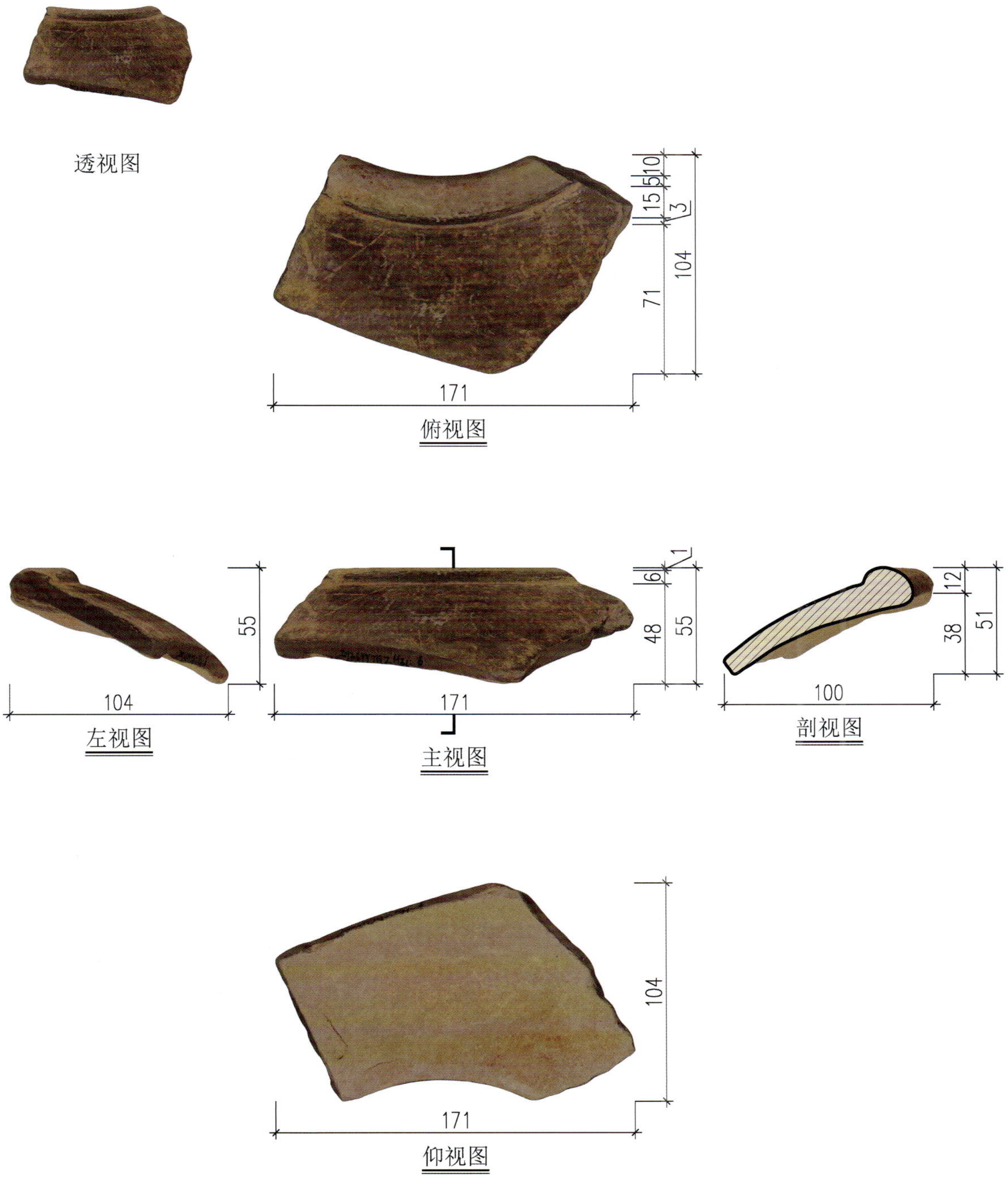

编号	T2H31：6			名称	陶瓮		
复原口径	23.2厘米	沿宽	1.5厘米	残长	17.1厘米		
残宽	10.4厘米	残高	5.5厘米	厚	1.4厘米	重量	0.28千克
体积	153.78立方厘米		密度	1820.78千克/立方米			

图例

剖面

0 5厘米

陶瓮（T2H31：6）正射影像图

彩版34

透视图

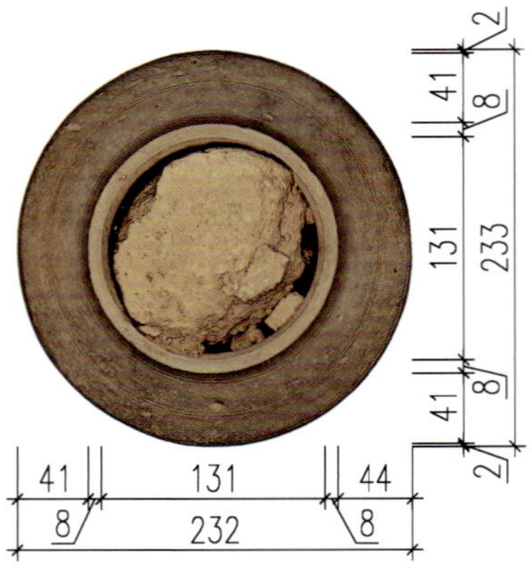

俯视图

左视图

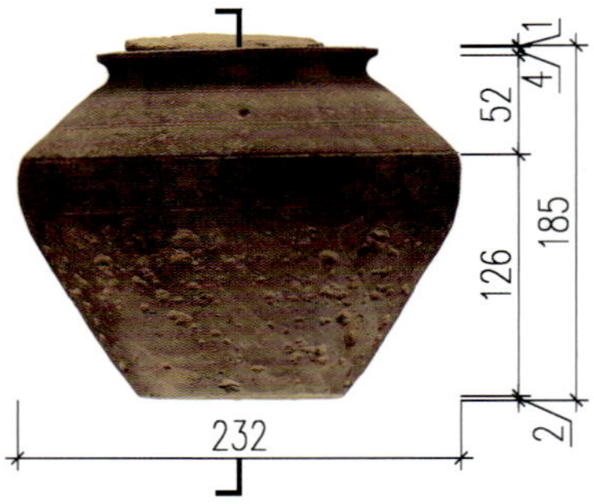

主视图

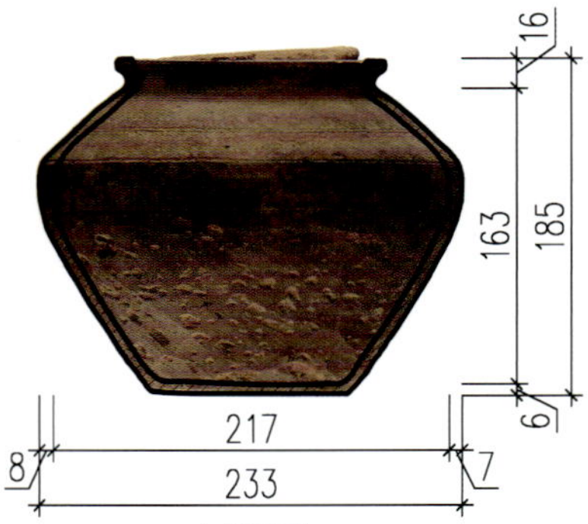

剖视图

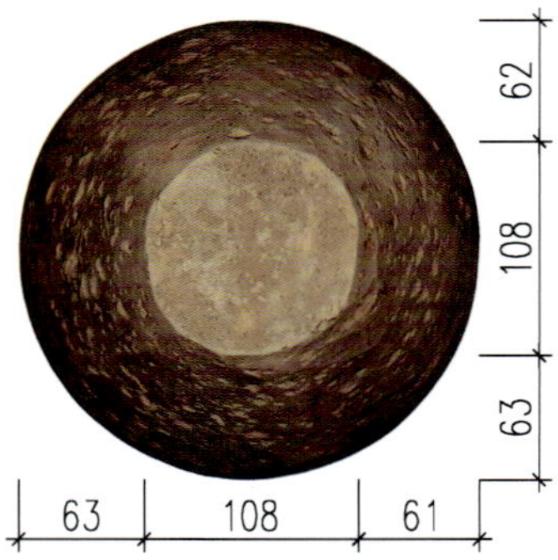

仰视图

编号	T2H36：1			名称	陶罐		
口径	14.6厘米	沿宽	0.8厘米	腹径	23.3厘米	底径	10.8厘米
高	18.5厘米	腹壁厚	0.6厘米	重量	5.83千克（含罐内土）		
体积	约969.82立方厘米			密度	约6011.42千克/立方米		

图例

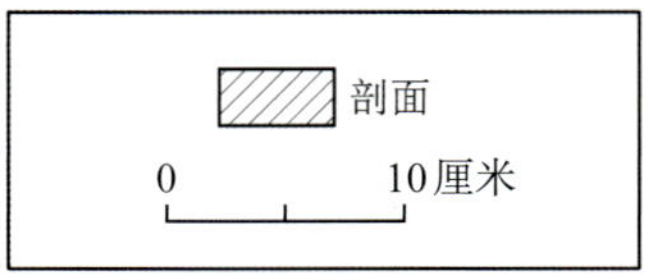

陶罐（T2H36：1）正射影像图

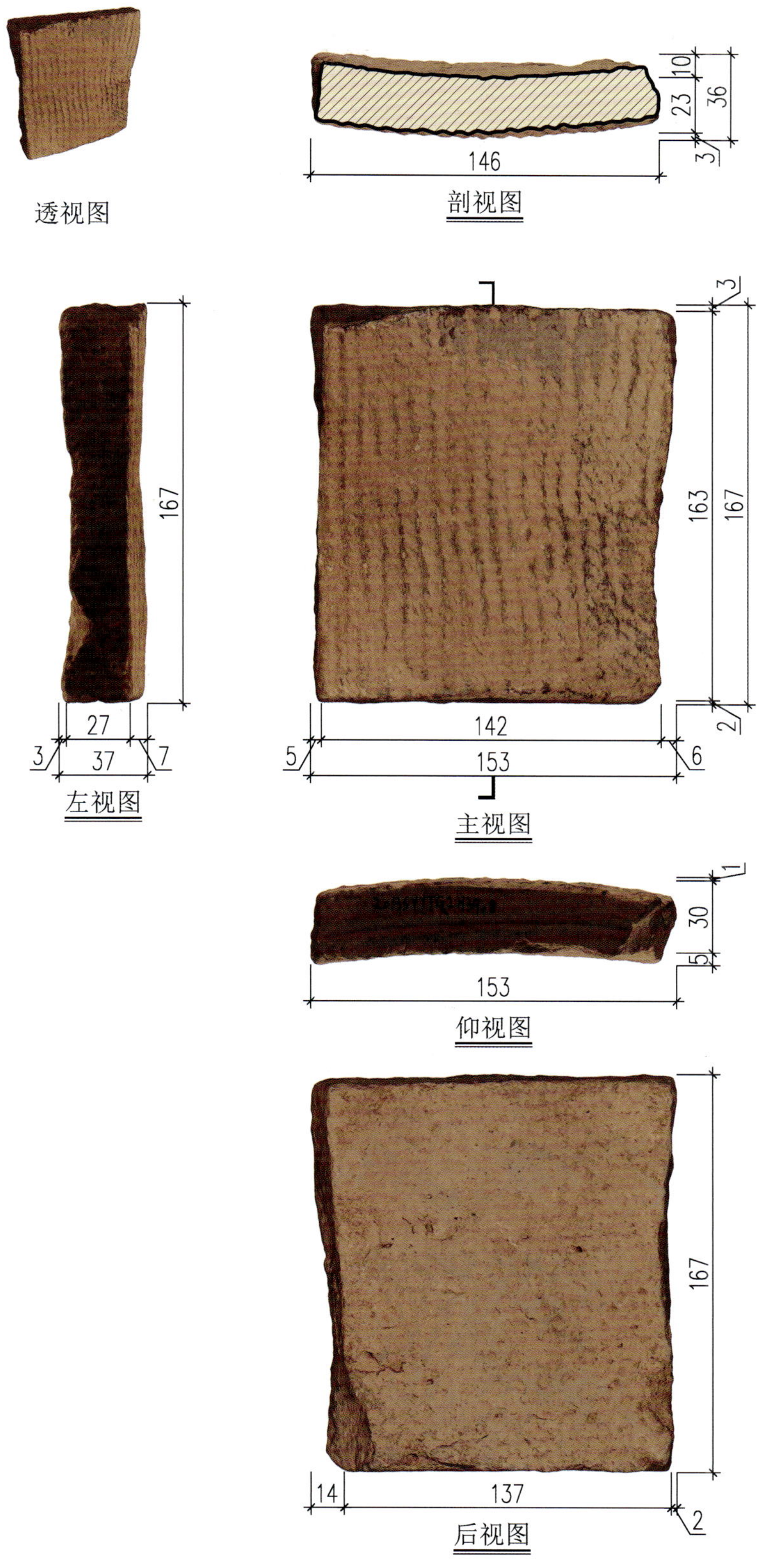

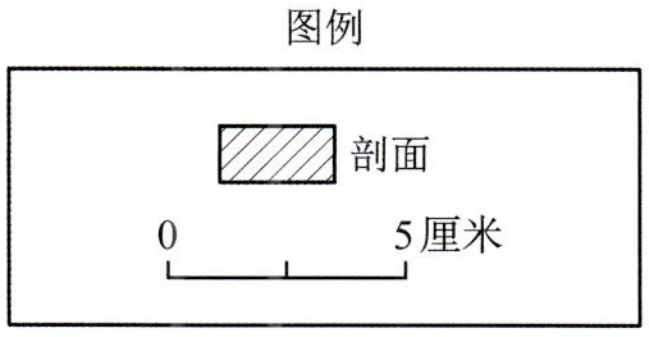

编号	T2H39：8	名称	陶井圈		
高	16.7厘米	残宽	15.3厘米	厚	2.7厘米
重量	0.97千克	体积	609.16立方厘米	密度	1592.36千克/立方米

陶井圈（T2H39：8）正射影像图

透视图

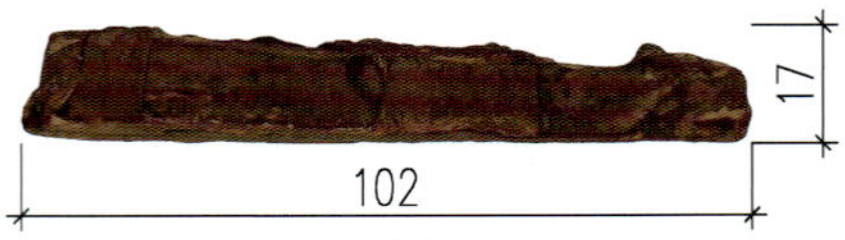

俯视图

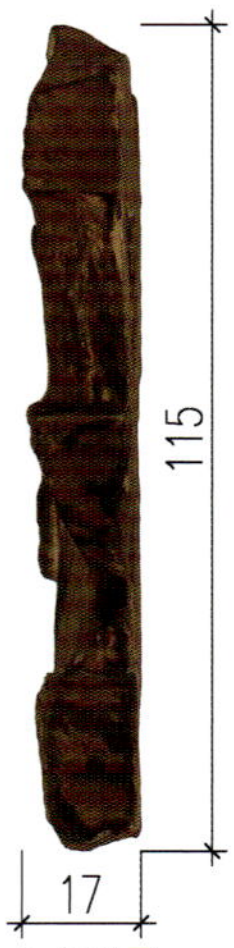

左视图

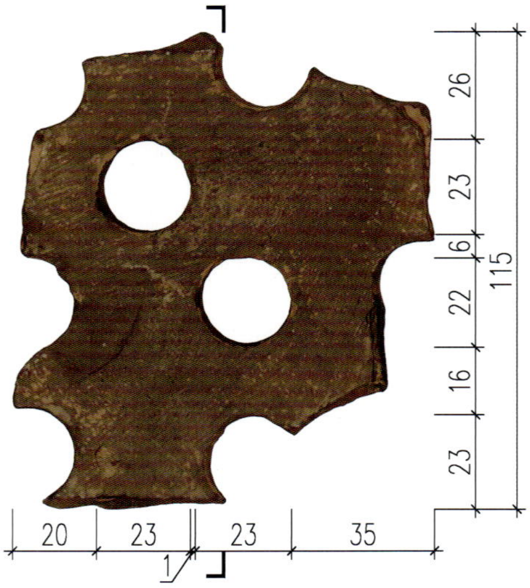

主视图

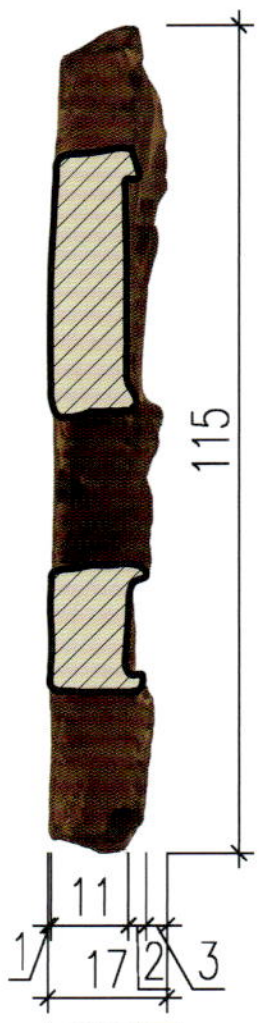

剖视图

后视图

编号	T2H39：9			名称	陶甑	残长	11.5厘米
残宽	10.2厘米	底厚	1.1厘米	孔径	2.2厘米	孔深	1.3厘米
重量	0.14千克	体积	79.47立方厘米	密度	1761.67千克/立方米		

图例

剖面

0　5厘米

陶甑（T2H39：9）正射影像图

透视图

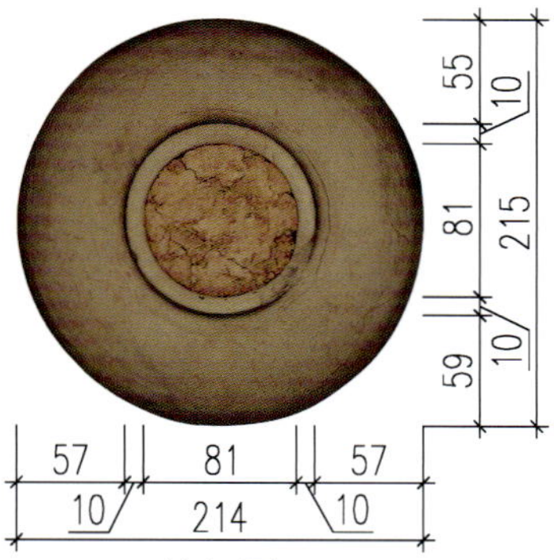

俯视图

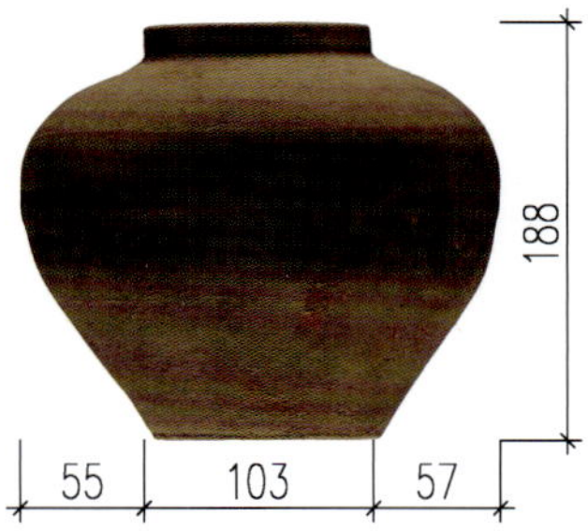

左视图

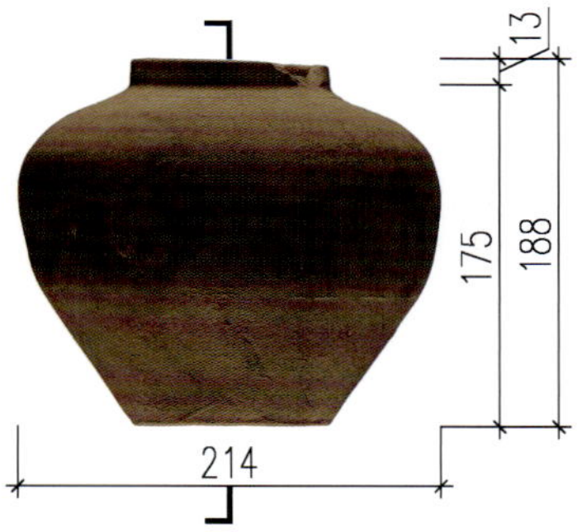

主视图

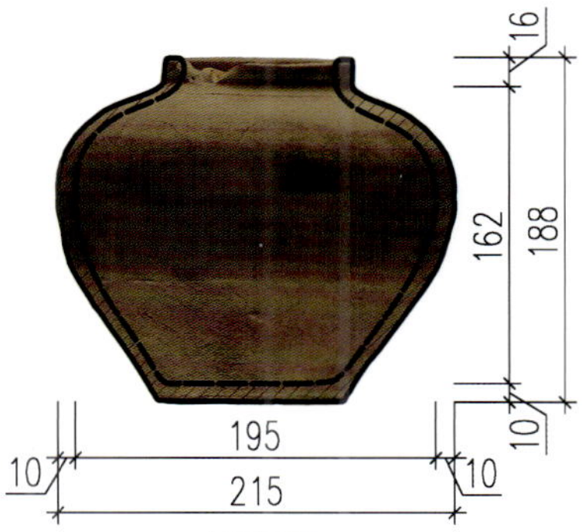

剖视图

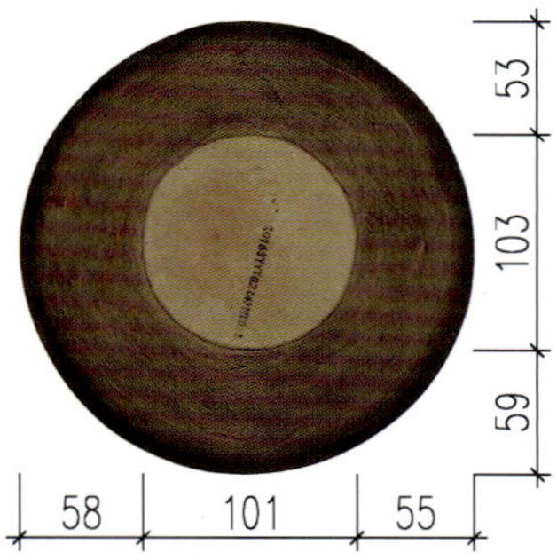

仰视图

编号	T2M15：1			名称	陶罐		
口径	10厘米	沿宽	1厘米	腹径	21.5厘米	底径	10.3厘米
高	18.8厘米	壁厚	1厘米	重量	2.67千克		
体积	约736.84立方厘米			密度	约3623.58千克/立方米		

图例

剖面

0 10厘米

陶罐（T2M15：1）正射影像图

透视图

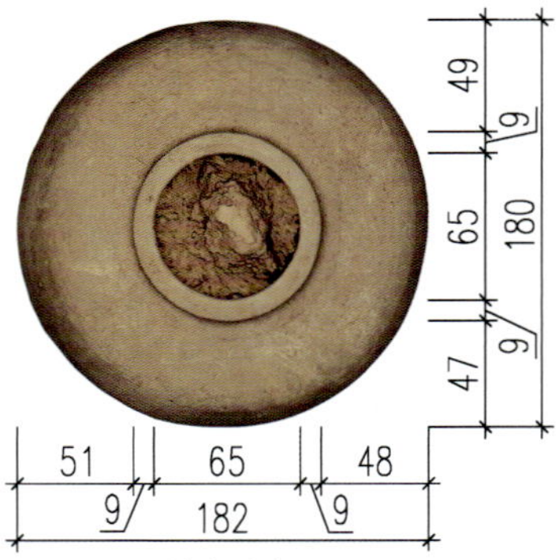

俯视图

左视图

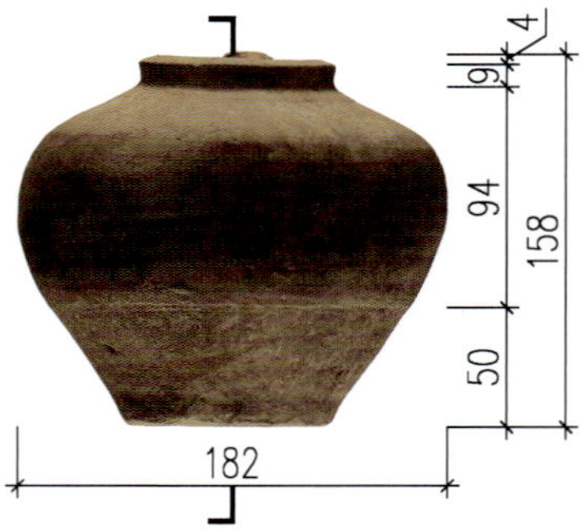

主视图

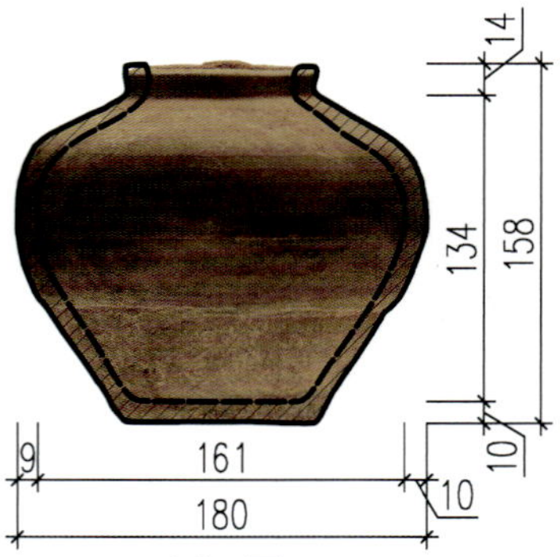

剖视图

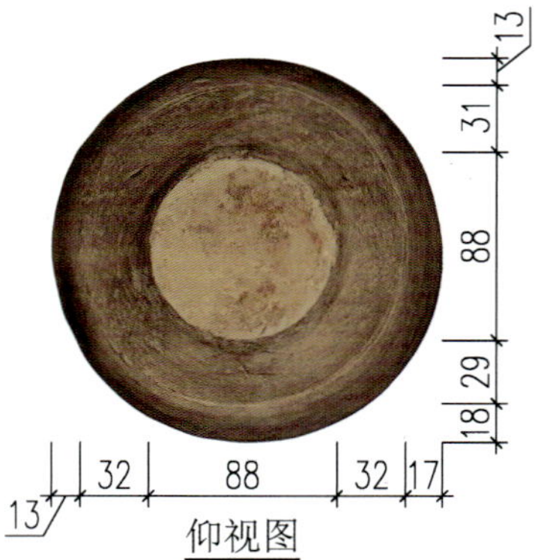

仰视图

图例

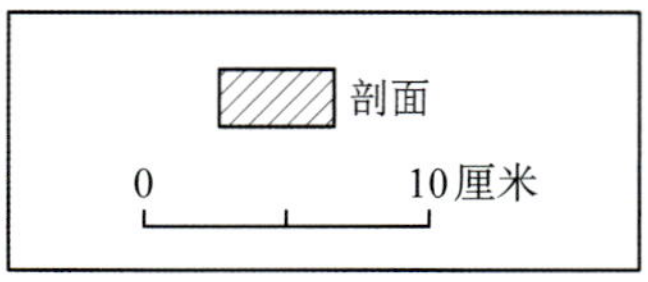

编号	T2M15：2			名称	陶罐		
口径	8.3厘米	沿宽	0.9厘米	腹径	18.2厘米	底径	8.8厘米
高	15.8厘米	壁厚	0.9厘米	重量	2.92千克（含罐内土）		
体积	约800.61立方厘米			密度	约3647.22千克/立方米		

陶罐（T2M15：2）正射影像图

透视图

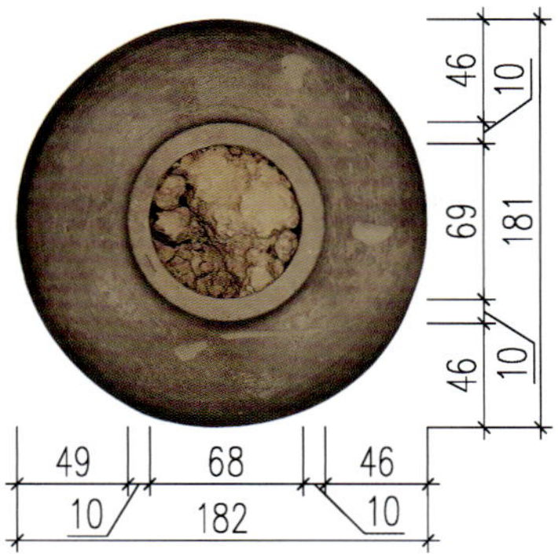

俯视图

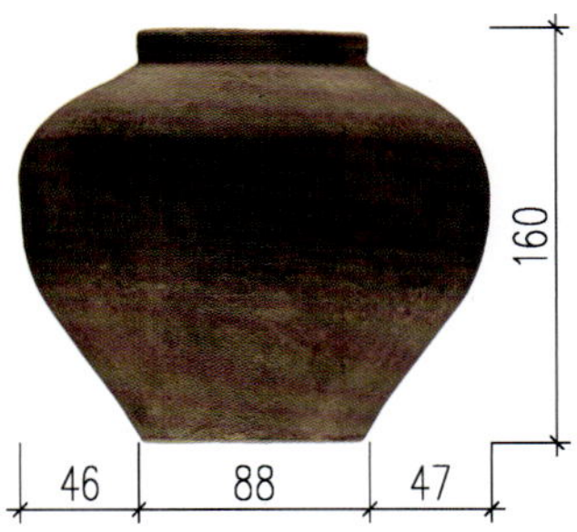

左视图

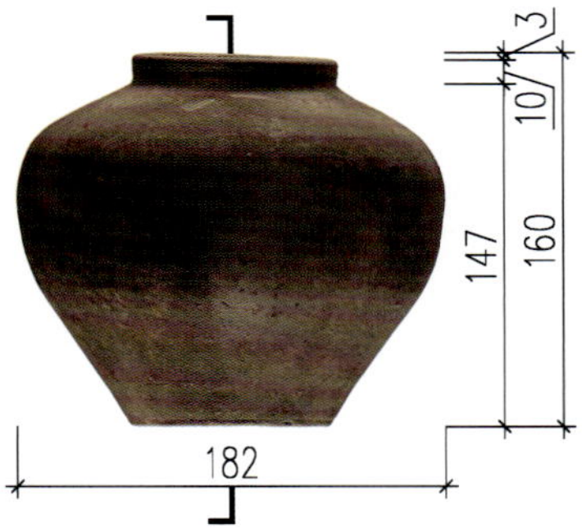

主视图

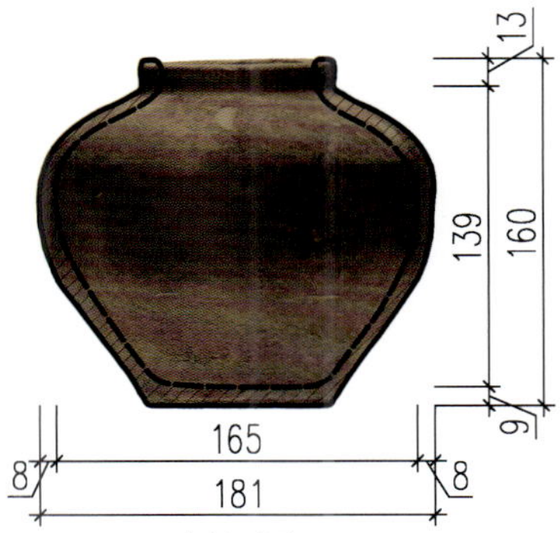

剖视图

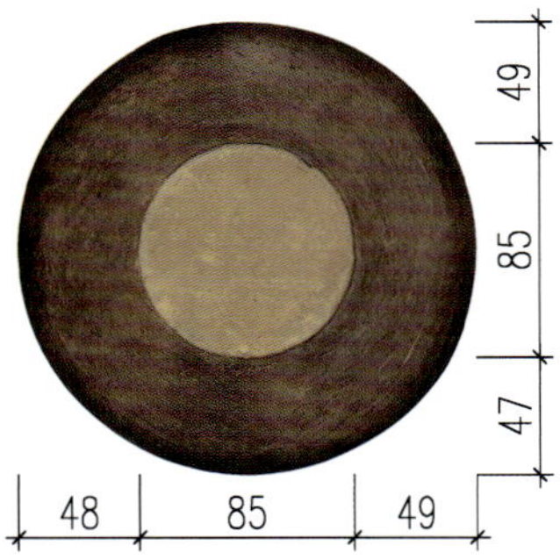

仰视图

编号	T2M15：3			名称	陶罐		
口径	8.8厘米	沿宽	1厘米	腹径	18.2厘米	底径	8.5厘米
高	16厘米	壁厚	0.9厘米	重量	2.94千克（含罐内土）		
体积	约740.39立方厘米			密度	约3970.88千克/立方米		

图例

剖面

0 10厘米

陶罐（T2M15：3）正射影像图

彩版40

透视图

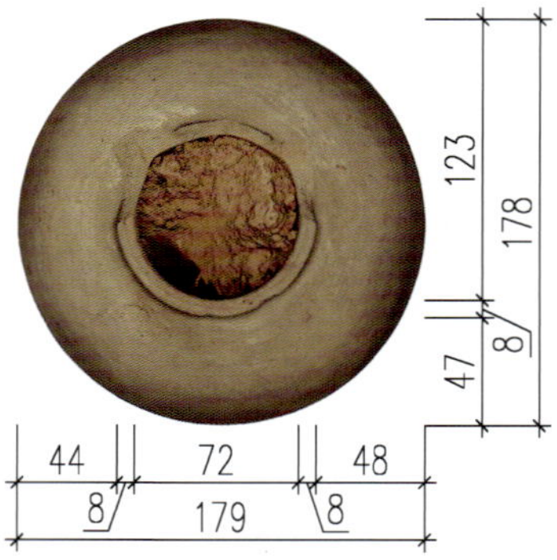

俯视图

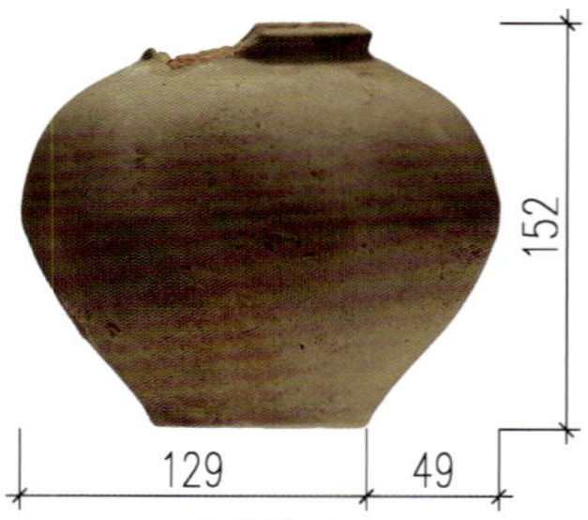

左视图

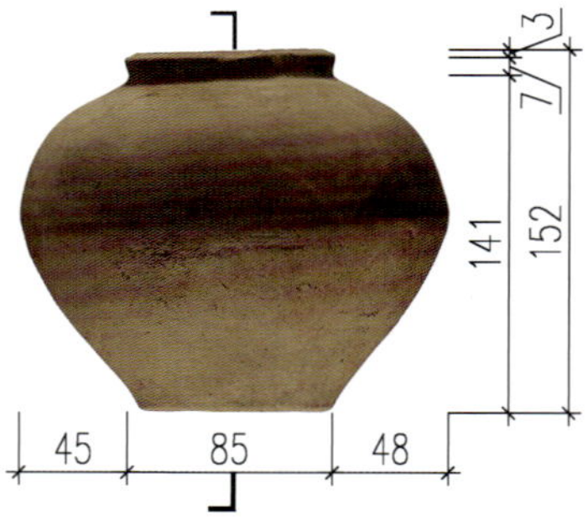

主视图

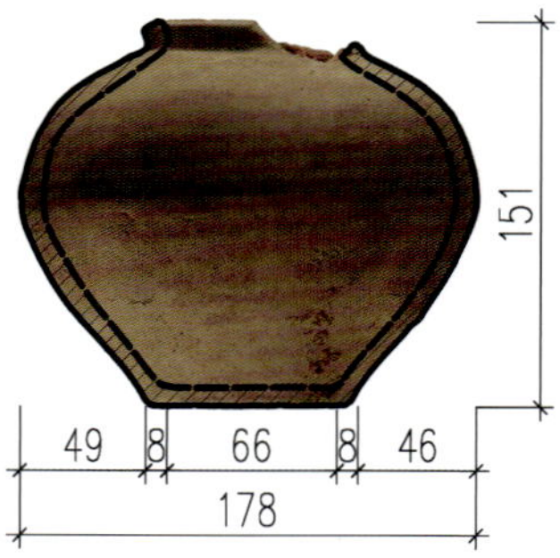

剖视图

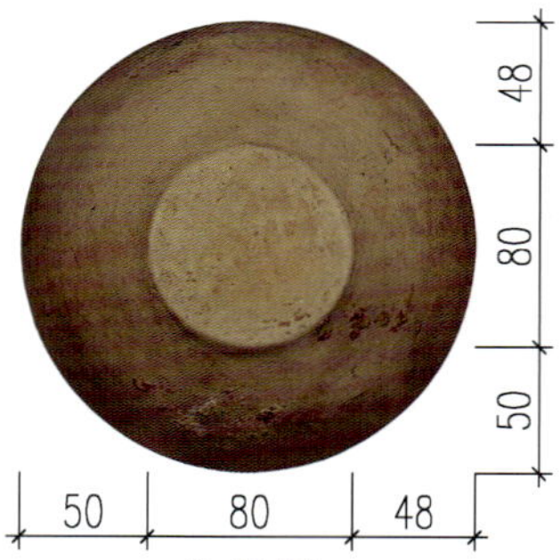

仰视图

编号	T2M21：1			名称	陶罐		
口径	8.7厘米	沿宽	0.8厘米	腹径	17.9厘米	底径	8厘米
高	15.2厘米	腹厚	0.8厘米	重量	2.66千克（含罐内土）		
体积	约675.86立方厘米			密度	约3935.73千克/立方米		

图例

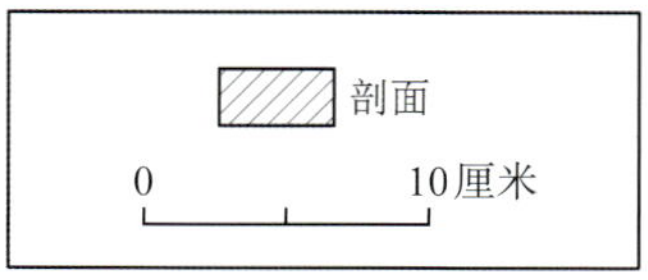

陶罐（T2M21：1）正射影像图

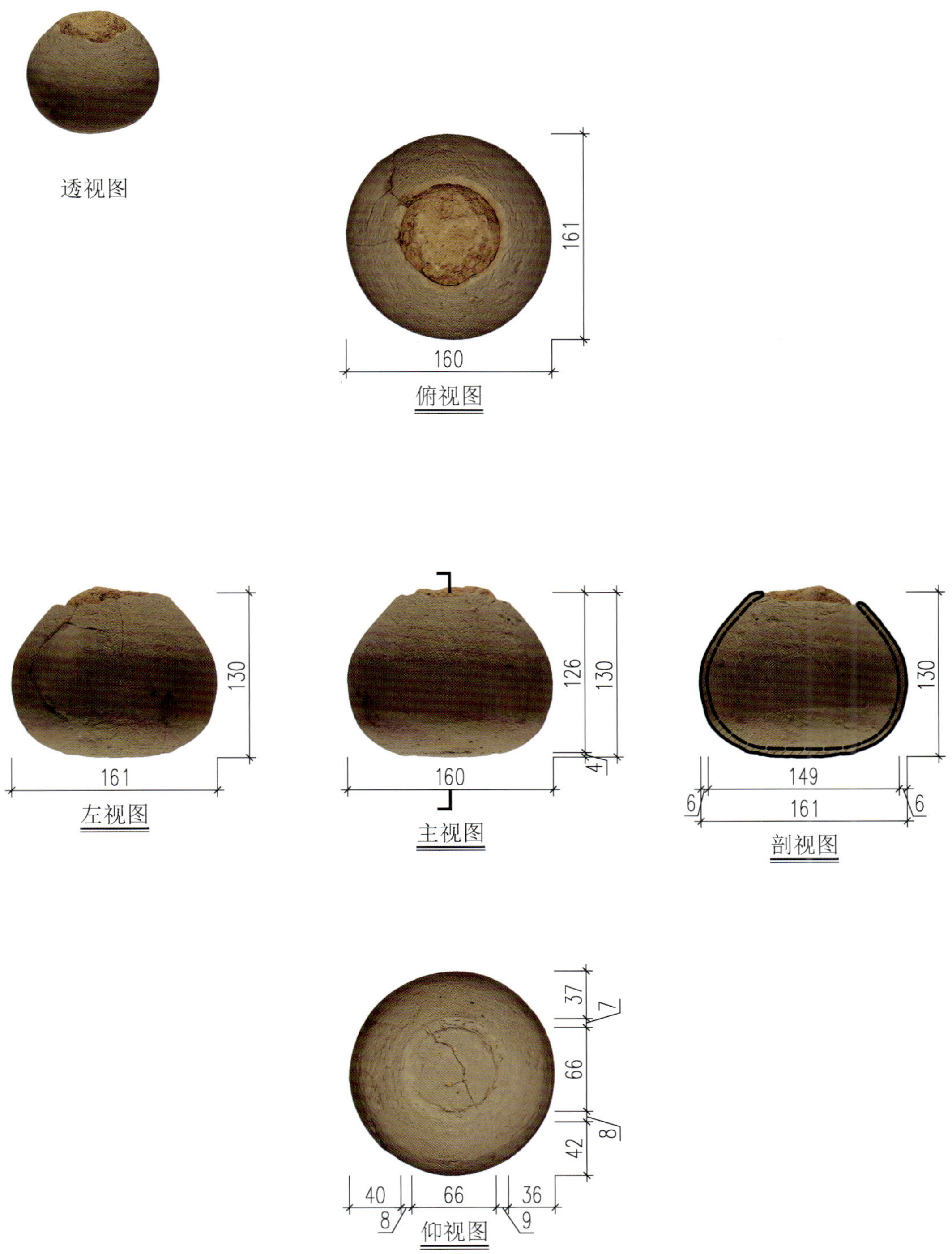

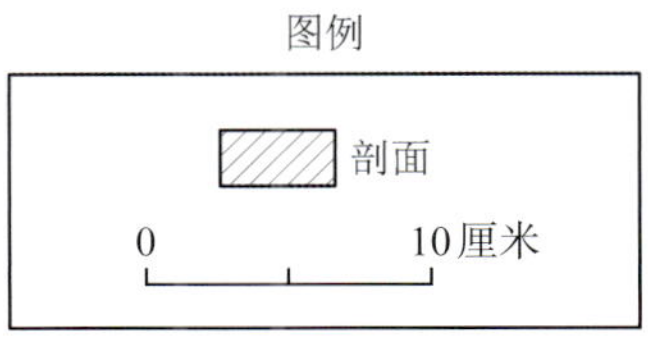

编号	T2M26：2			名称	陶壶	
腹径	16.1厘米	底径	8.4厘米	底厚	0.6厘米	
残高	13厘米	厚	0.6厘米	重量	2.64千克（含壶内土）	
体积	492.96立方厘米			密度	5355.4千克/立方米	

陶壶（T2M26：2）正射影像图

透视图

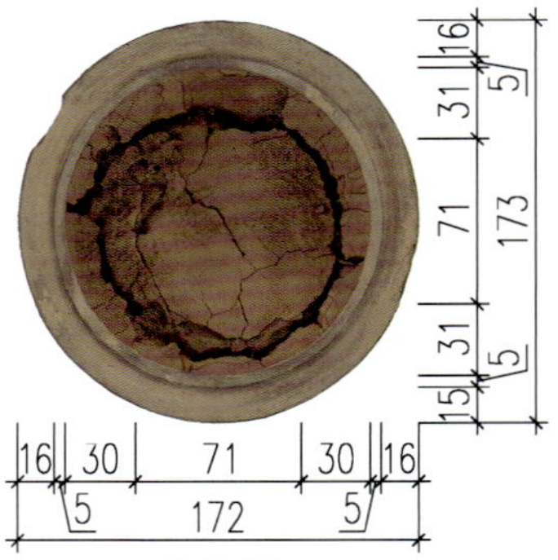

俯视图

左视图

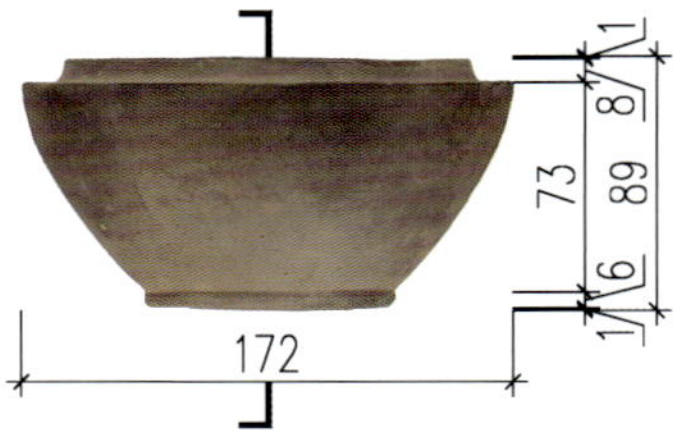

主视图

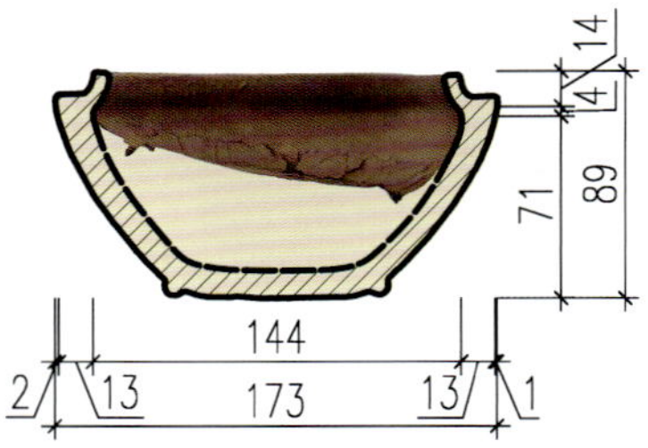

剖视图

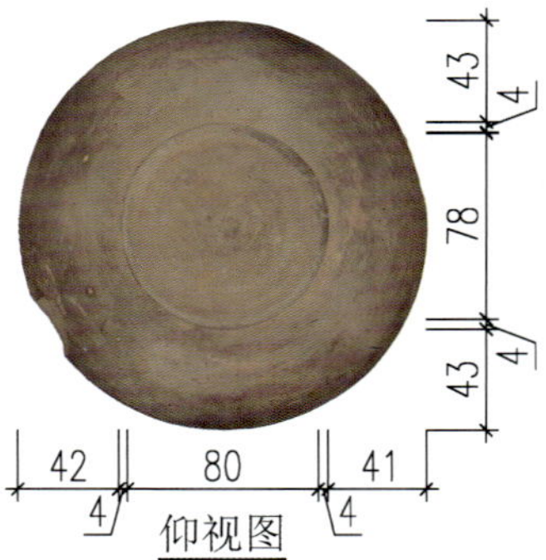

仰视图

编号	T2M26：1			名称	陶盒		
口径	14厘米	沿宽	0.5厘米	腹径	17.3厘米	底径	8.8厘米
高	8.9厘米	腹厚	0.6厘米	重量	1.7千克（含盒内土）		
体积	约376.5立方厘米			密度	约4515.27千克/立方米		

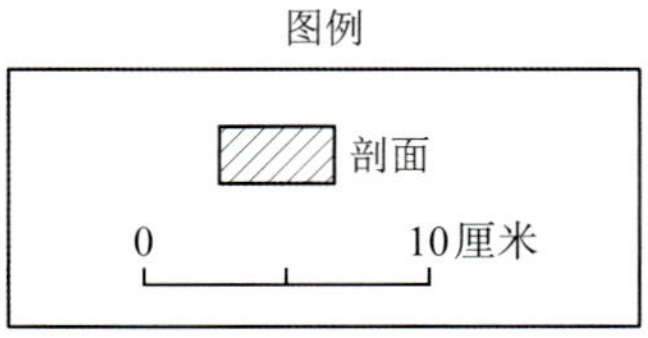

陶盒（T2M26：1）正射影像图

透视图

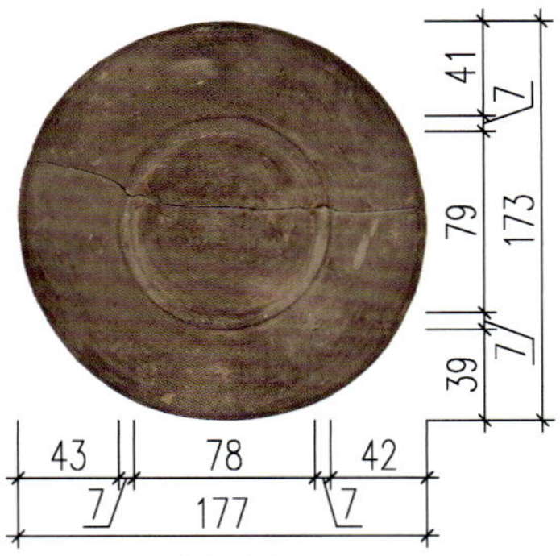

俯视图

左视图

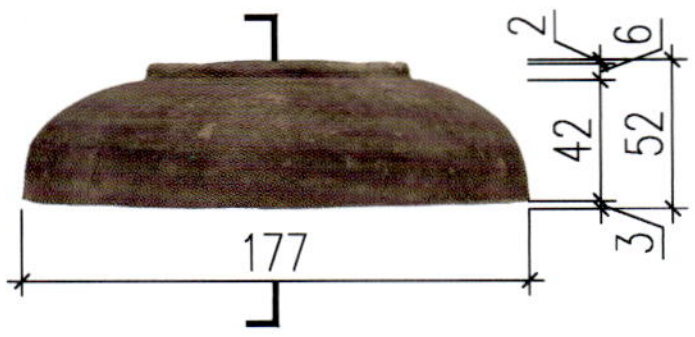

主视图

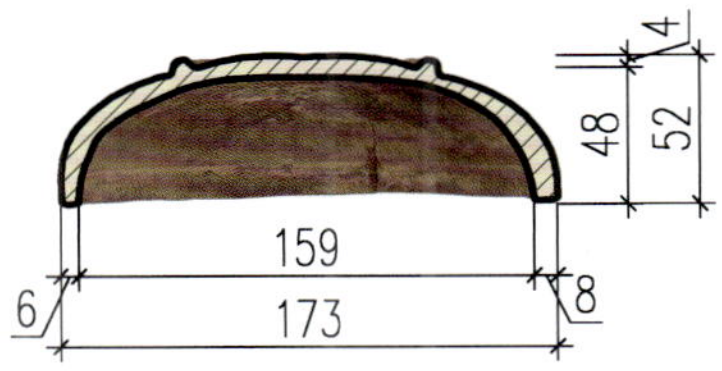

剖视图

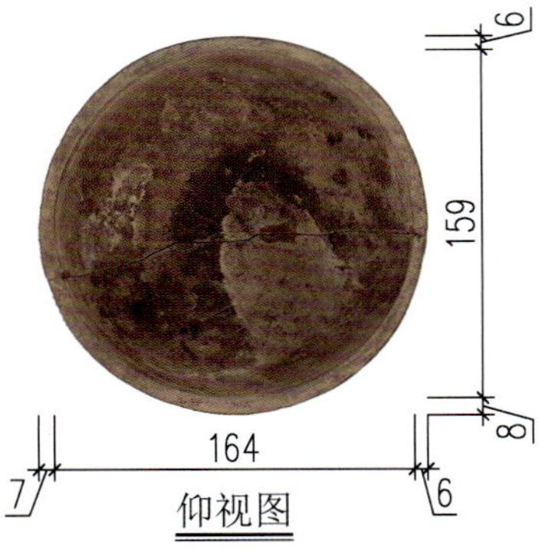

仰视图

编号	T2M26：1-1		名称	陶盒盖	
口径	17.7厘米	沿宽	0.7厘米	底径	9.3厘米
高	5.2厘米	腹厚	0.8厘米	重量	0.69千克
体积	250.15立方厘米		密度	2758.34千克/立方米	

图例

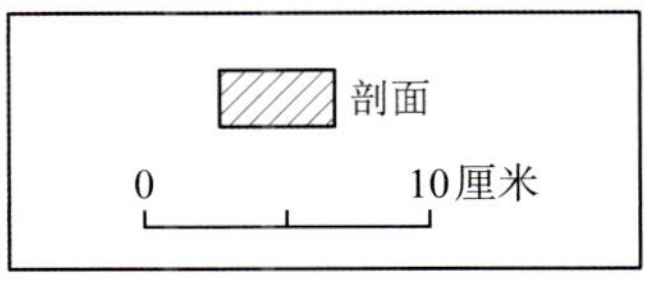

陶盒盖（T2M26：1-1）正射影像图

透视图

俯视图

左视图

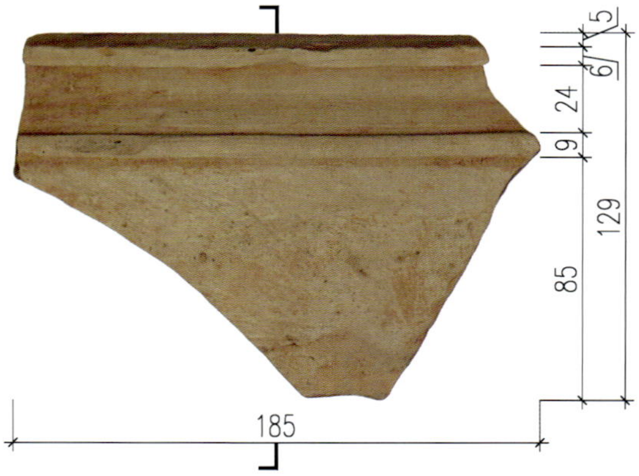

主视图

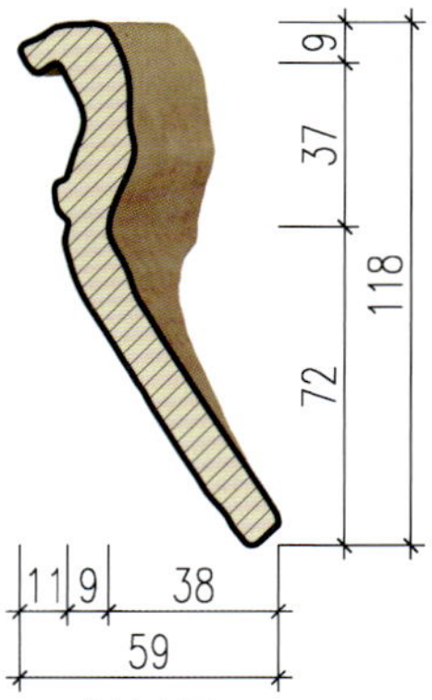

剖视图

仰视图

编号	T2Q1：8			名称	陶盆		
复原口径	42.7厘米	沿宽	1.9厘米	残长	18.5厘米		
残宽	7.2厘米	残高	12.9厘米	厚	1.1厘米	重量	0.33千克
体积	206.91立方厘米			密度	1594.9千克/立方米		

图例

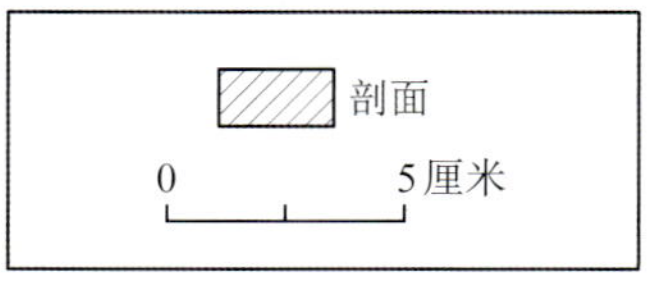

陶盆（T2Q1：8）正射影像图

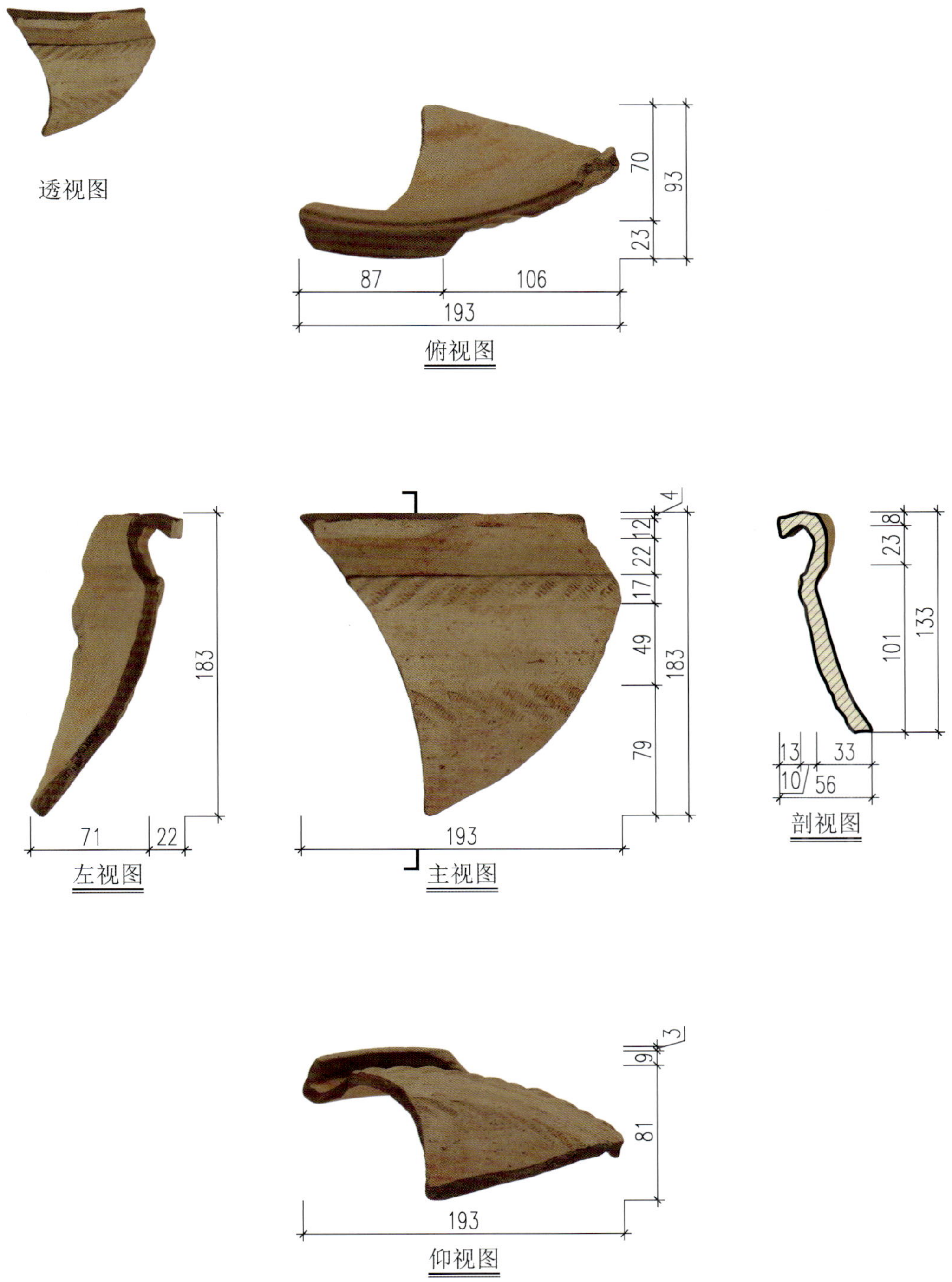

编号	T2Q1：10			名称	陶盆		
复原口径	51.5厘米	沿宽	2.3厘米	残长	19.3厘米		
残宽	9.3厘米	残高	18.3厘米	厚	1厘米	重量	0.39千克
体积	240.06立方厘米			密度	1624.59千克/立方米		

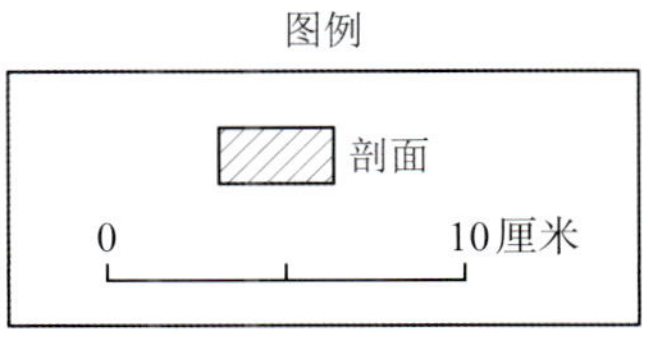

陶盆（T2Q1：10）正射影像图

透视图

俯视图

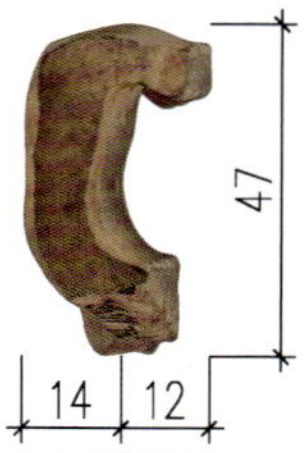

左视图

主视图

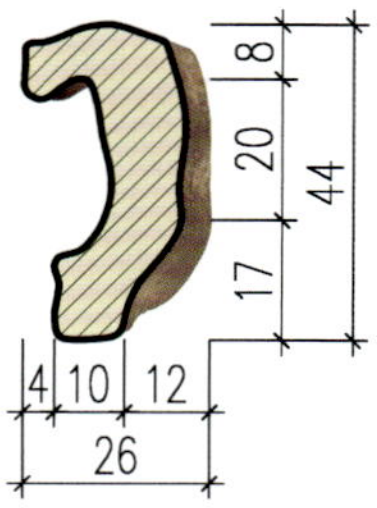

剖视图

仰视图

编号	T3②：6			名称	陶盆		
复原口径	46.5厘米	沿宽	2厘米	残长	9.4厘米		
残宽	2.6厘米	残高	4.7厘米	厚	1厘米	重量	0.08千克
体积	52.51立方厘米		密度	1523.52千克/立方米			

图例

剖面

0 5厘米

陶盆（T3②：6）正射影像图

透视图

俯视图

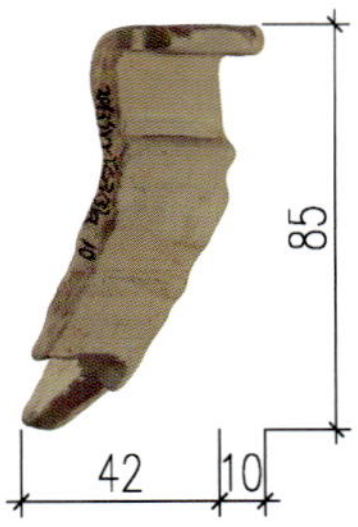

左视图

主视图

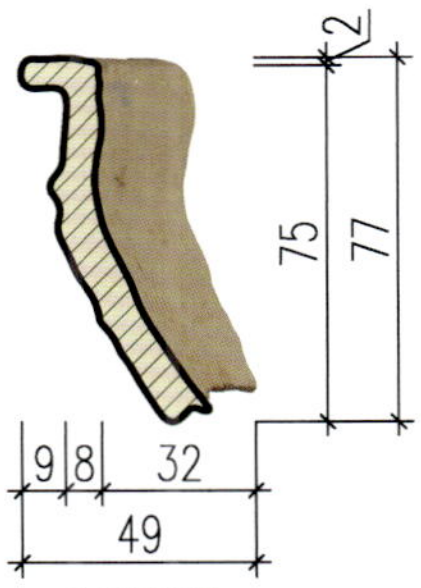

剖视图

仰视图

图例

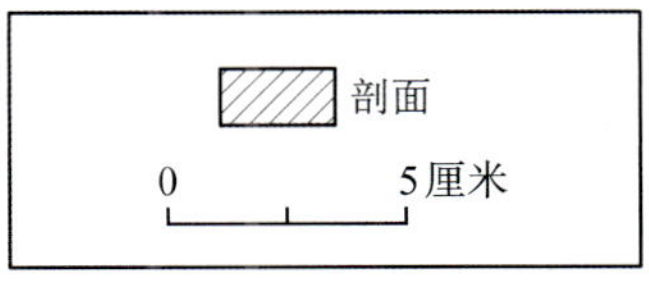

编号	T3③a：10			名称	陶盆		
复原口径	35.9厘米	沿宽	1.5厘米	残长	16.9厘米		
残宽	5.1厘米	残高	8.5厘米	厚	0.8厘米	重量	0.19千克
体积	98.8立方厘米			密度	1923.08千克/立方米		

陶盆（T3③a：10）正射影像图

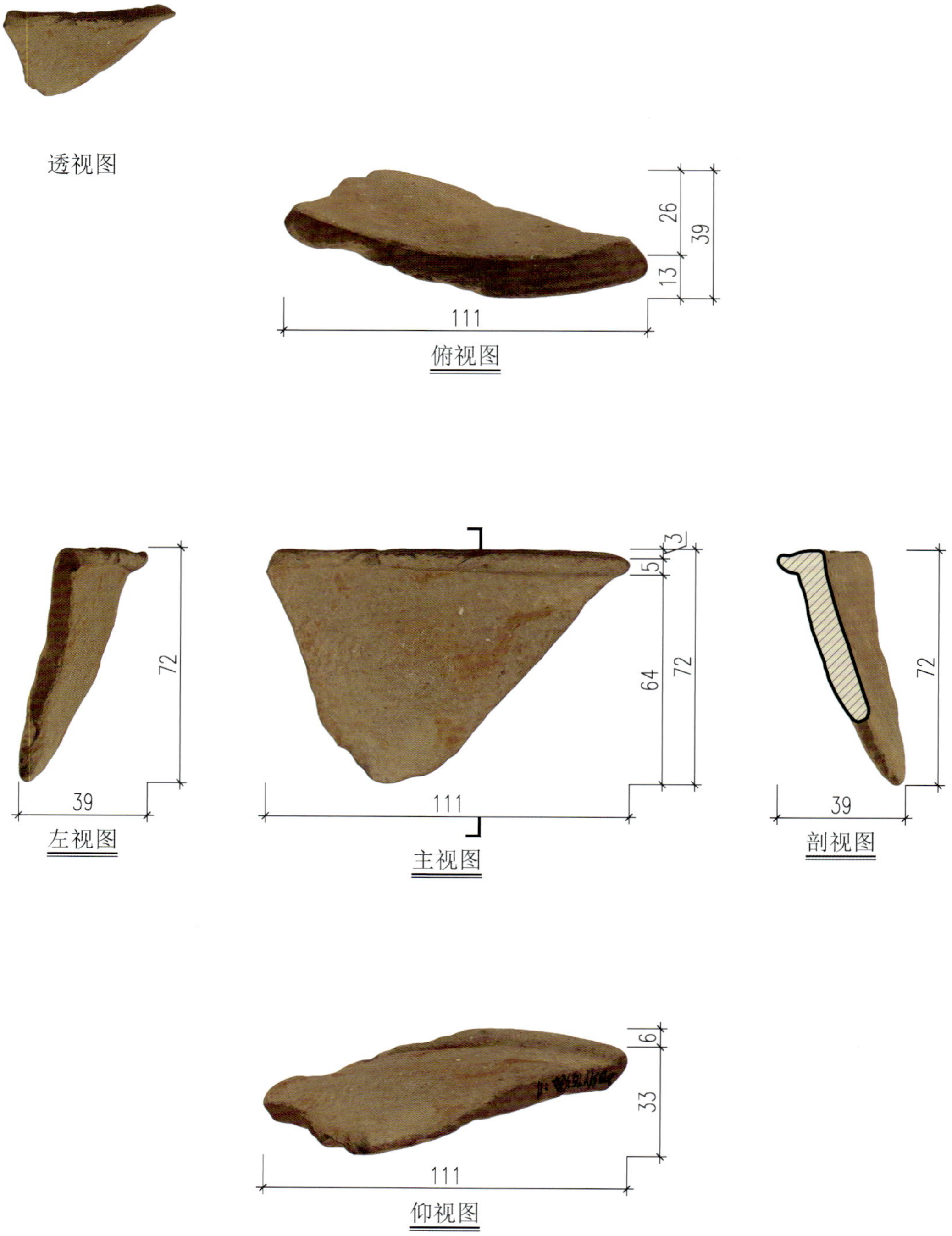

编号	T3③a：11			名称	陶盆		
复原口径	45厘米	沿宽	1.3厘米	残长	11.1厘米		
残宽	3.9厘米	残高	7.2厘米	厚	0.9厘米	重量	0.07千克
体积	42.07立方厘米			密度	1663.89千克/立方米		

图例

剖面

0 5厘米

陶盆（T3③a：11）正射影像图

透视图

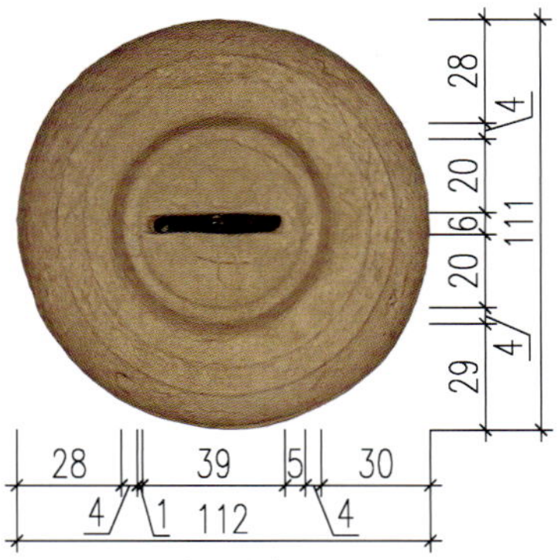

俯视图

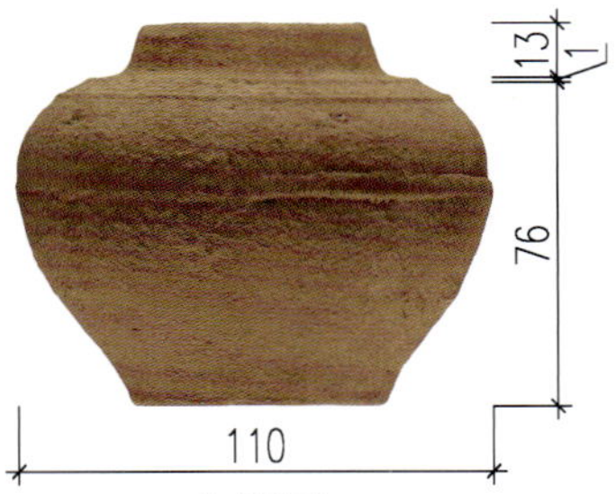

左视图

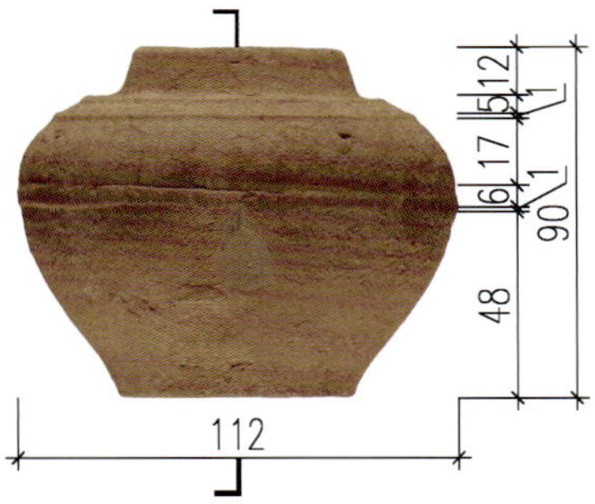

主视图

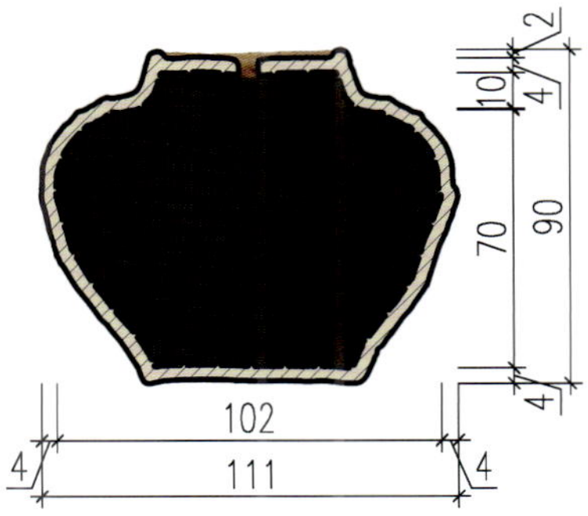

剖视图

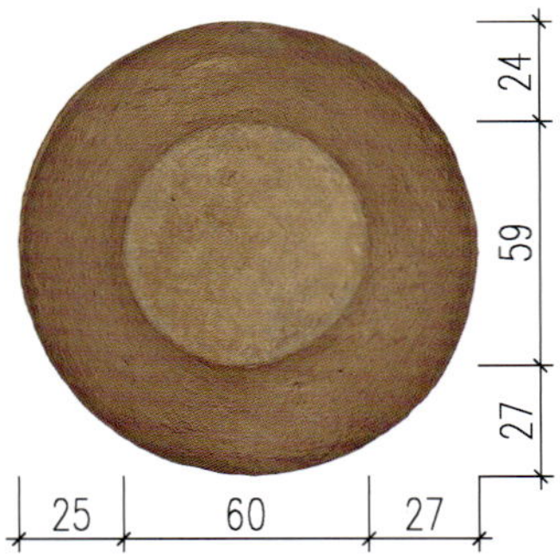

仰视图

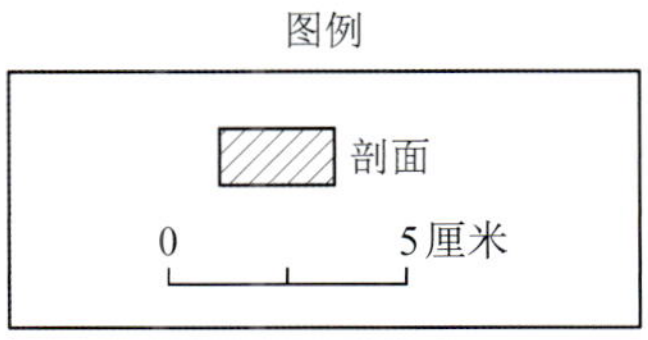

编号	T3③a：1			名称	陶扑满		
口径	5.4厘米	沿宽	0.4厘米	腹径	11.2厘米	底径	6厘米
高	9厘米	厚	0.4厘米	重量	0.69千克		
体积	约561.64立方厘米			密度	约1228.54千克/立方米		

陶扑满（T3③a：1）正射影像图

彩版50

透视图

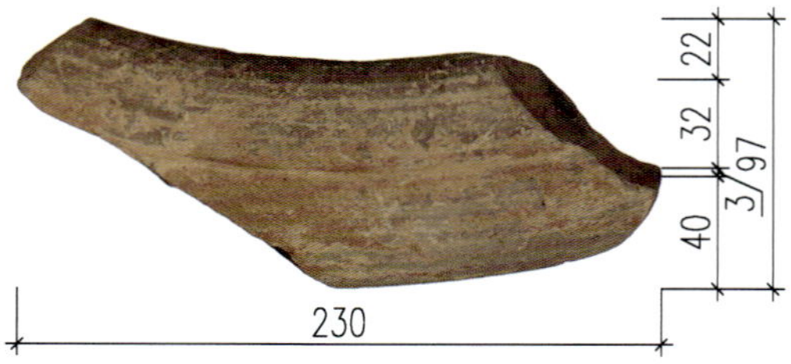

俯视图

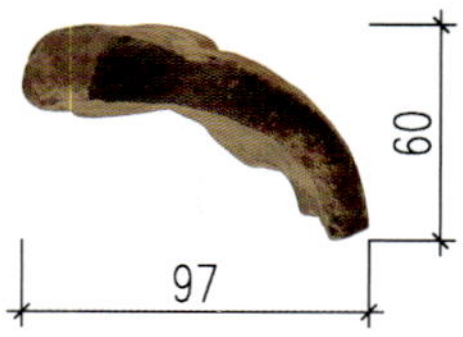

左视图

主视图

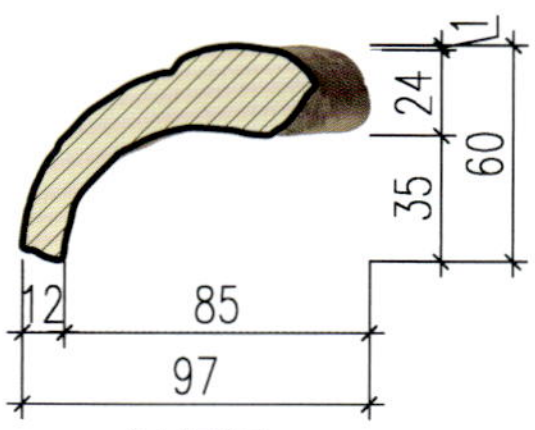

剖视图

仰视图

编号	T3⑥：6			名称	陶缸		
复原口径	66.7厘米	沿宽	3.2厘米	残长	23厘米		
残宽	9.7厘米	残高	6厘米	厚	1.2厘米	重量	0.47千克
体积	253.87立方厘米			密度	1851.34千克/立方米		

图例

剖面

0 10厘米

陶缸（T3⑥：6）正射影像图

透视图

俯视图

左视图

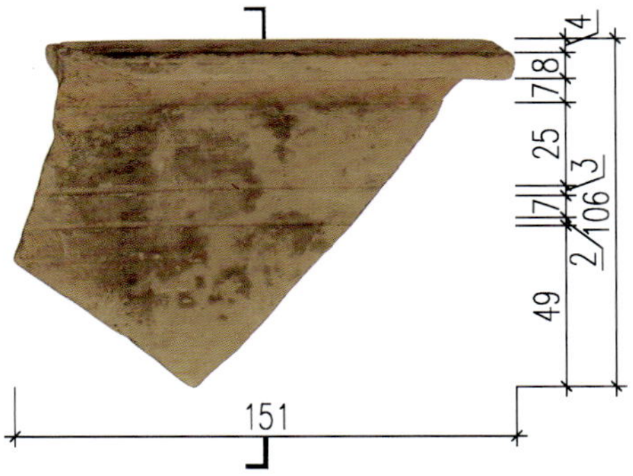

主视图

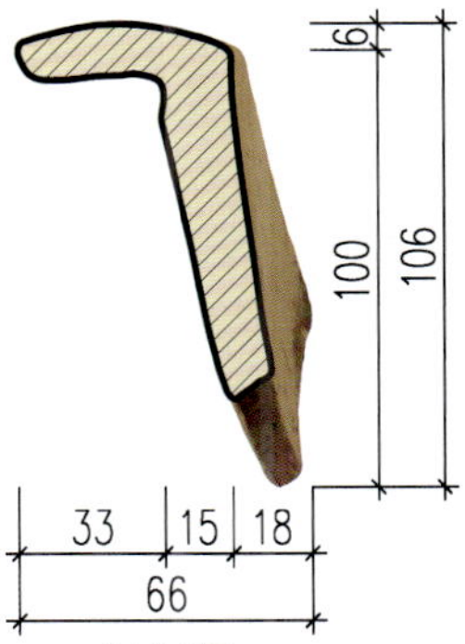

剖视图

仰视图

编号	T3H8：24			名称	陶盆		
复原口径	52.6厘米	沿宽	4.7厘米	残长	15.1厘米		
残宽	6.6厘米	残高	10.6厘米	厚	1.5厘米	重量	0.26千克
体积	157.95立方厘米			密度	1646.09千克/立方米		

图例

剖面

0 5厘米

陶盆（T3H8：24）正射影像图

透视图

俯视图

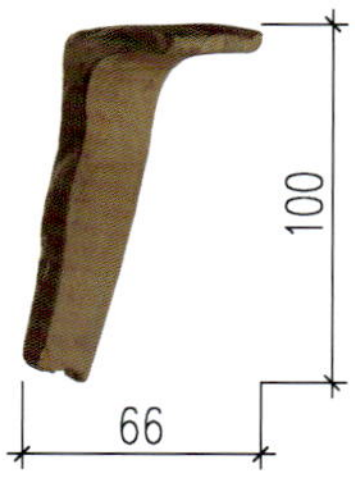

左视图

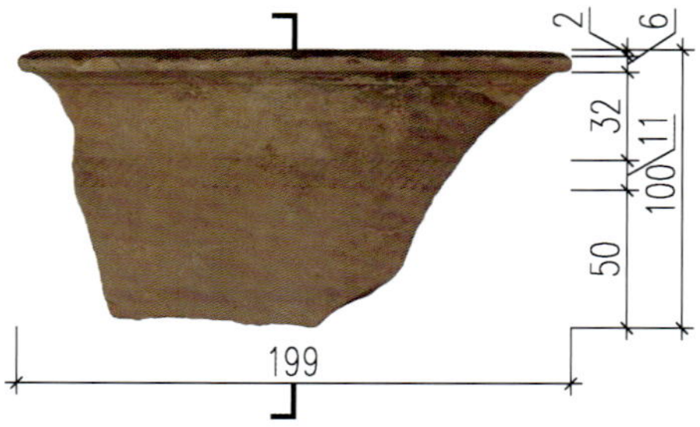

主视图

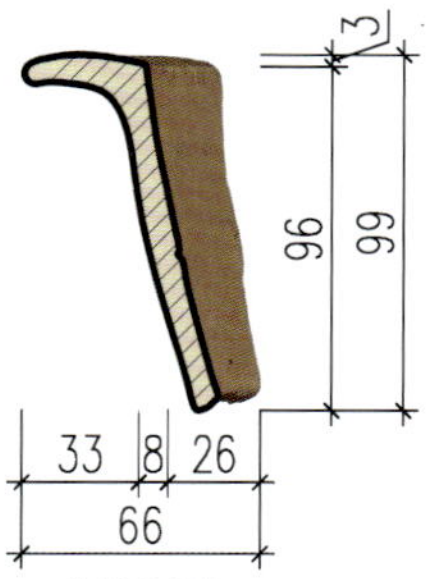

剖视图

仰视图

编号	T3H8：25			名称	陶盆		
复原口径	43.3厘米	沿宽	3.4厘米	残长	19.9厘米		
残宽	6.6厘米	残高	10厘米	厚	0.8厘米	重量	0.25千克
体积	143.01立方厘米			密度	1748.13千克/立方米		

图例

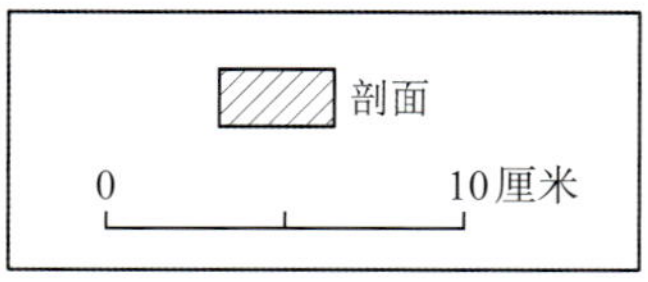

陶盆（T3H8：25）正射影像图

透视图

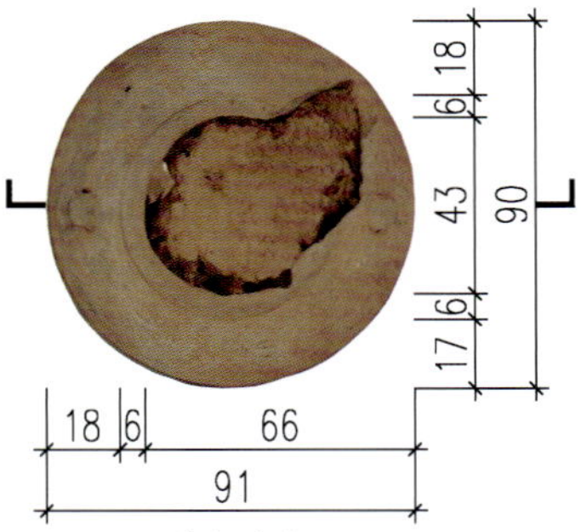

俯视图

左视图

主视图

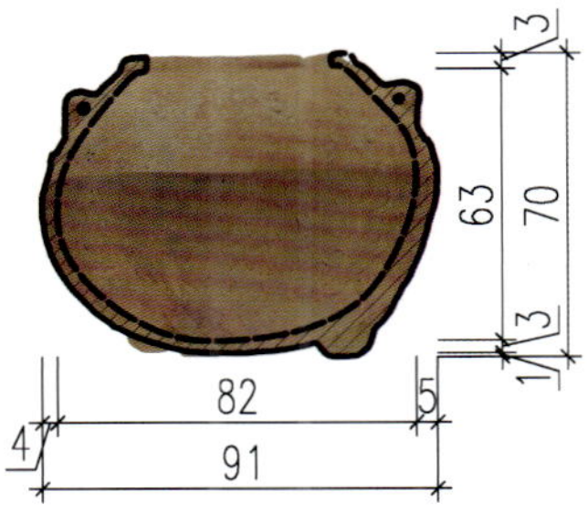

剖视图

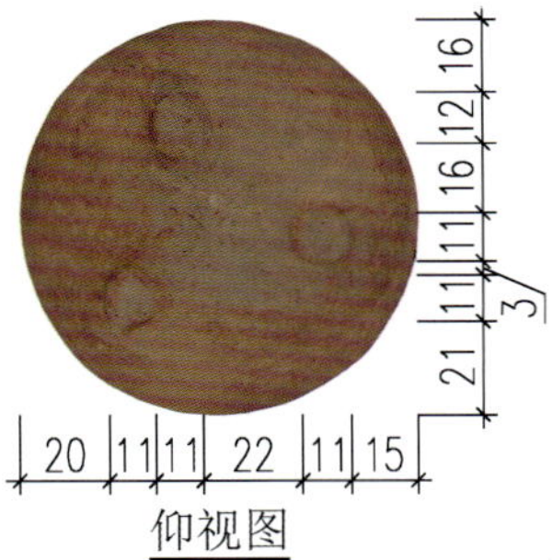

仰视图

编号	T3H8：5			名称	陶三足双系罐		
口径	5.5厘米	沿宽	0.6厘米	腹径	9.1厘米		
高	7.1厘米	腹厚	0.5厘米	系长	1.1厘米	系宽	1厘米
系厚	0.3厘米	足高	1.5厘米	足径	1.1厘米	重量	0.41千克
体积	约298.54立方厘米			密度	约1373.35千克/立方米		

图例

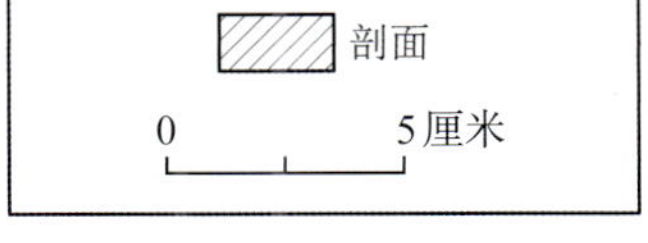

陶三足双系罐（T3H8：5）正射影像图

彩版54

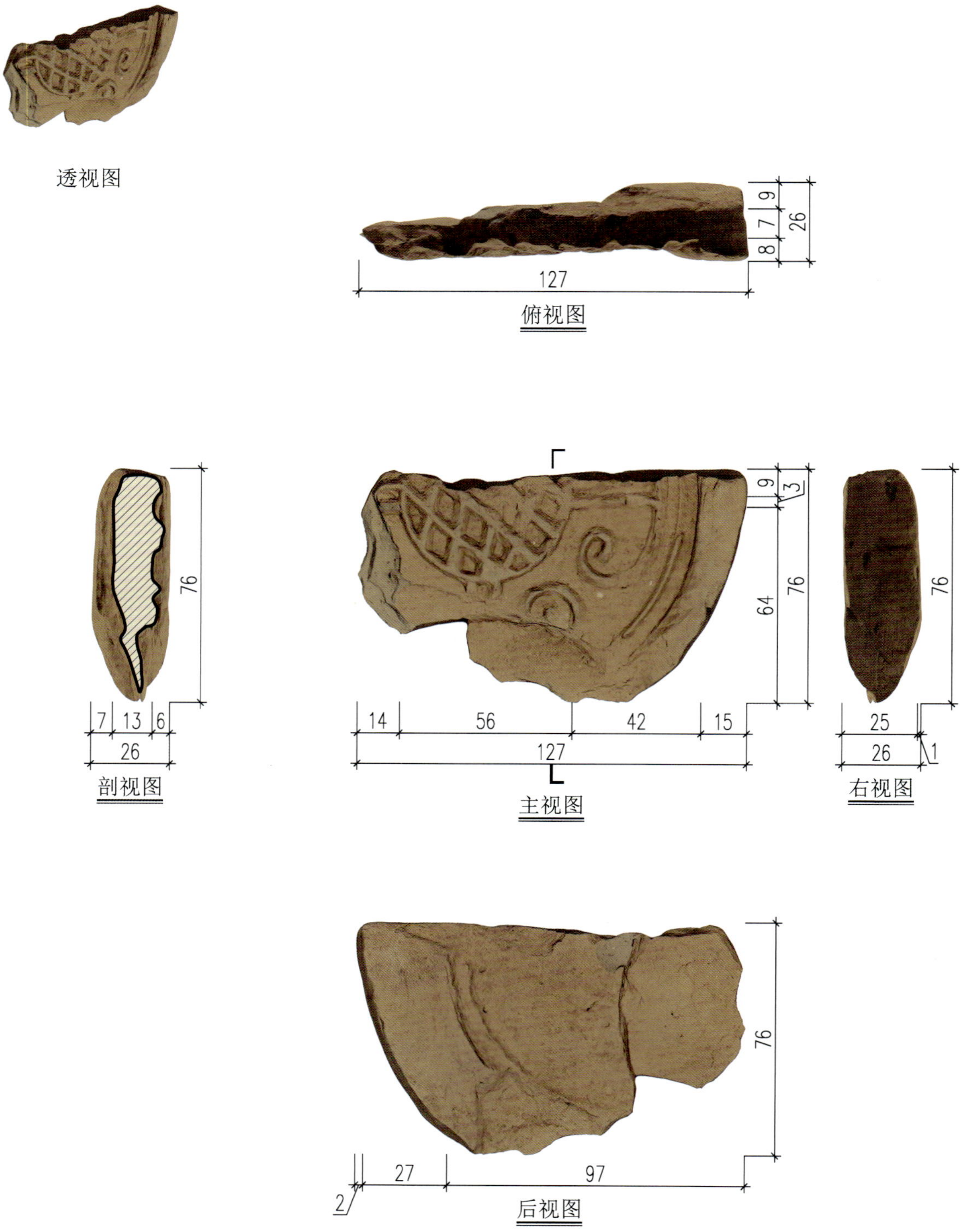

编号	T3H32：1	名称	云纹瓦当	复原径	15.9厘米		
当厚	1.3厘米	边轮厚	2.5厘米	边轮宽	1.5厘米	缘深	0.8厘米
重量	0.15千克	体积	88.77立方厘米	密度	1689.76千克/立方米		

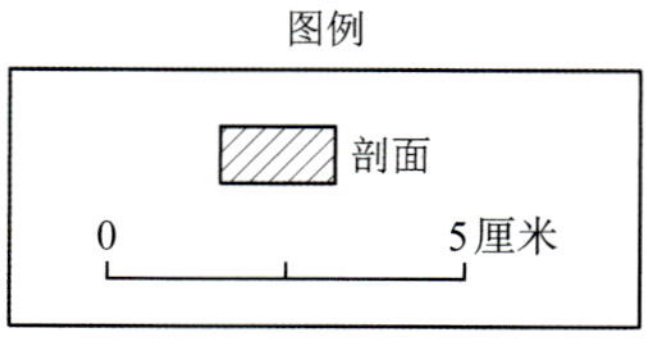

云纹瓦当（T3H32：1）正射影像图

透视图

俯视图

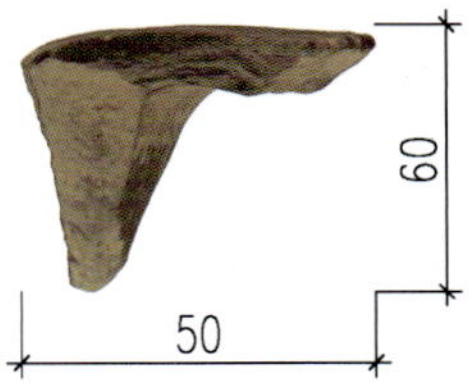

左视图

主视图

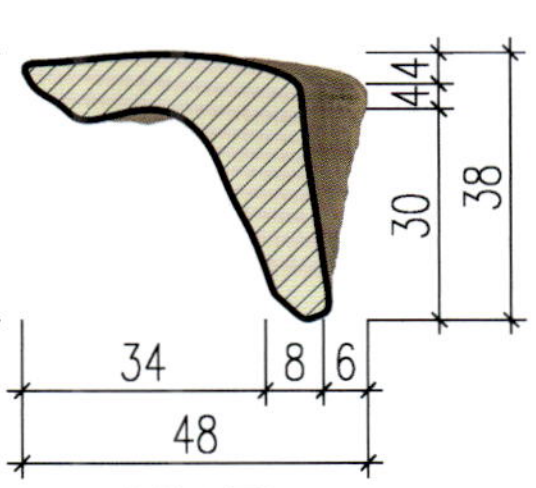

剖视图

仰视图

图例

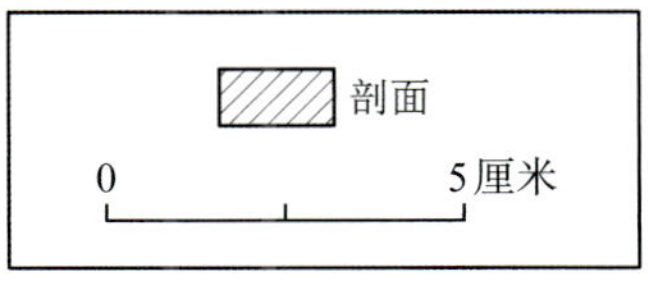

编号	T3H32：9			名称	陶盆		
复原口径	49.4厘米	沿宽	3.9厘米	残长	14.7厘米		
残宽	5厘米	残高	3.7厘米	厚	0.8厘米	重量	0.12千克
体积	62.3立方厘米			密度	1926.16千克/立方米		

陶盆（T3H32：9）正射影像图

透视图

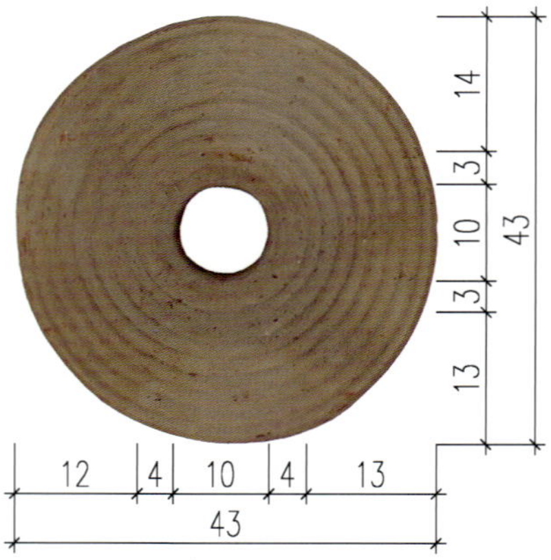

俯视图

左视图

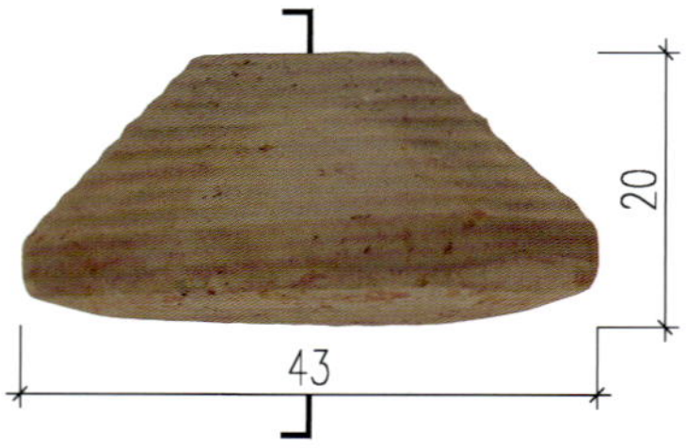

主视图

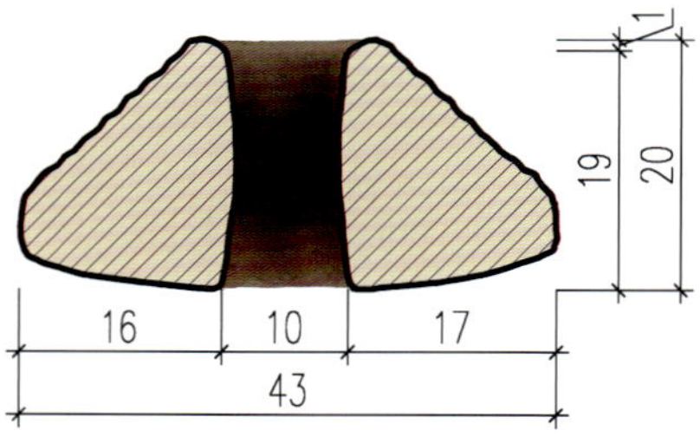

剖视图

仰视图

图例

剖面

0　2厘米

编号	T3Q1：1			名称	陶纺轮		
底径	4.3厘米	上部径	1.7厘米	高	2厘米	孔径	1厘米
重量	0.03千克	体积	16.6立方厘米		密度	1807.23千克/立方米	

陶纺轮（T3Q1：1）正射影像图

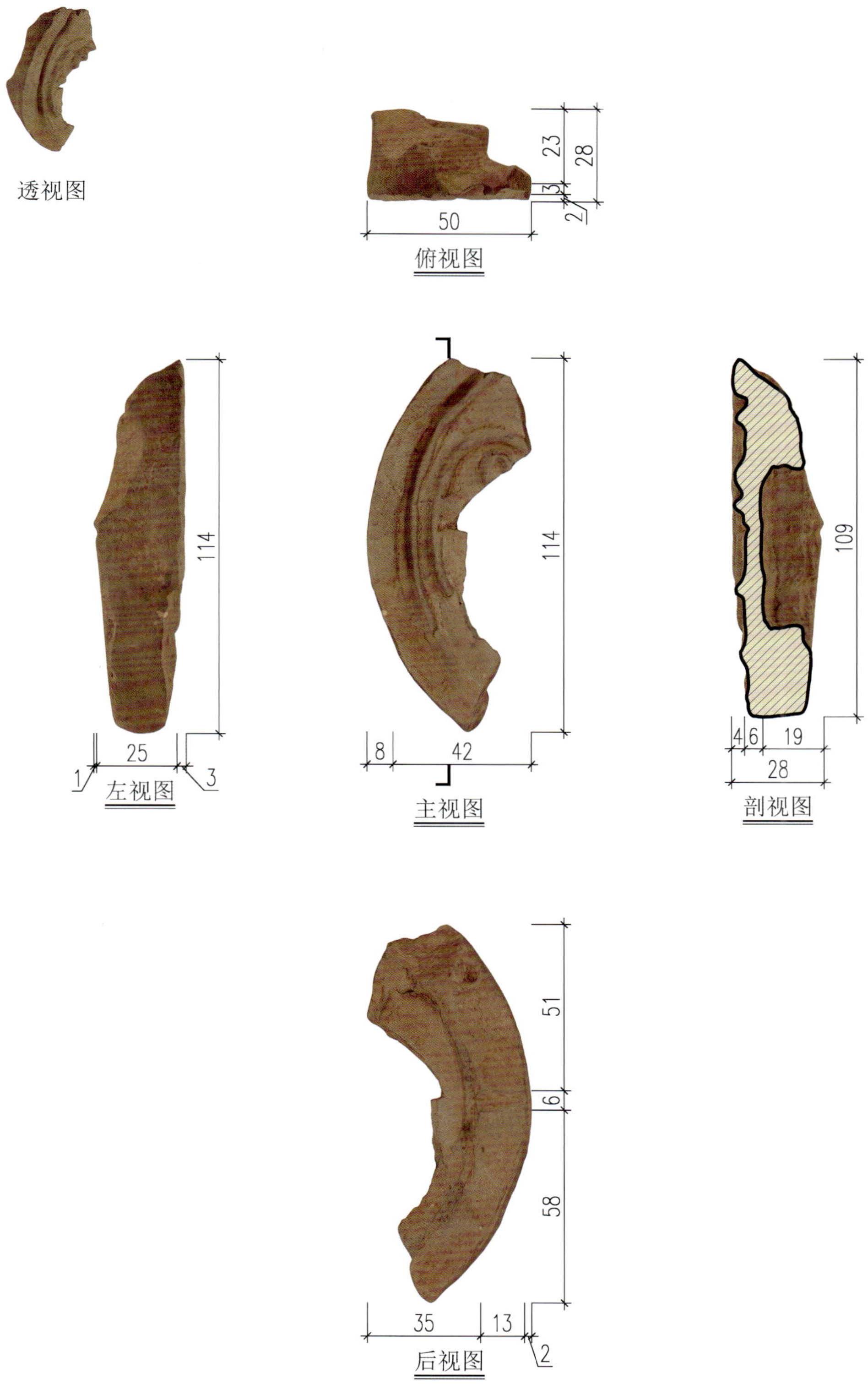

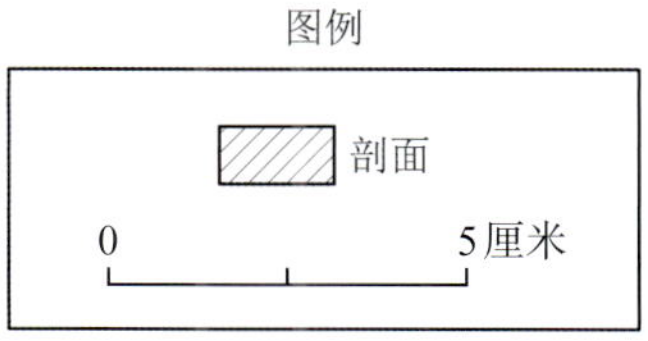

编号	T4⑨：9	名称	云纹瓦当	复原径	14.7厘米		
当厚	0.6厘米	边轮厚	2.5厘米	边轮宽	0.8厘米	缘深	0.3厘米
重量	0.08千克	体积	45.15立方厘米	密度	1683.28千克/立方米		

云纹瓦当（T4⑨：9）正射影像图

彩版58

透视图

俯视图

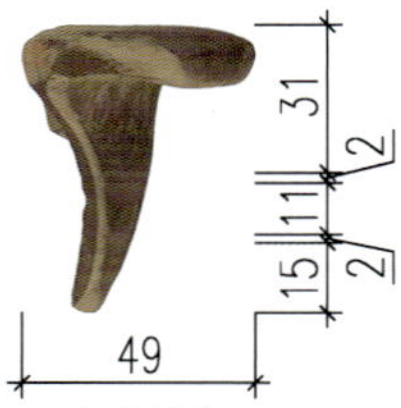

左视图

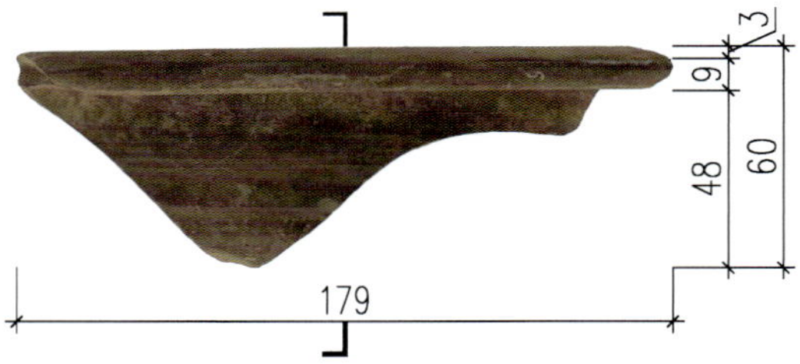

主视图

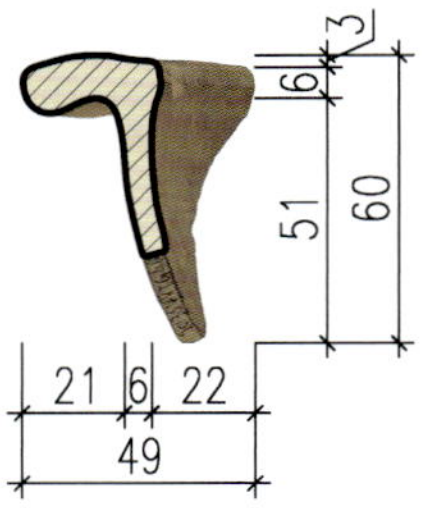

剖视图

仰视图

编号	T4⑤：6				名称	陶盆		
复原口径	35.5厘米	沿宽	2.9厘米		残长	17.9厘米		
残宽	4.9厘米	残高	6厘米	厚	0.6厘米		重量	0.12千克
体积	67.21立方厘米			密度	1785.45千克/立方米			

图例

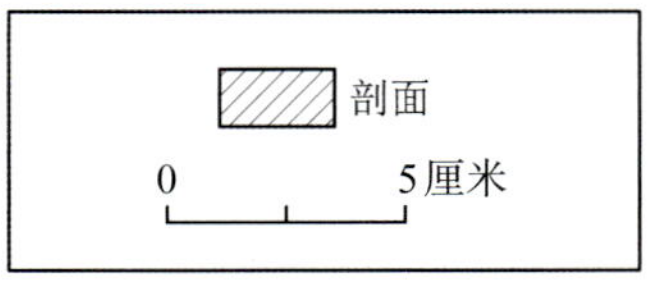

陶盆（T4⑤：6）正射影像图

透视图

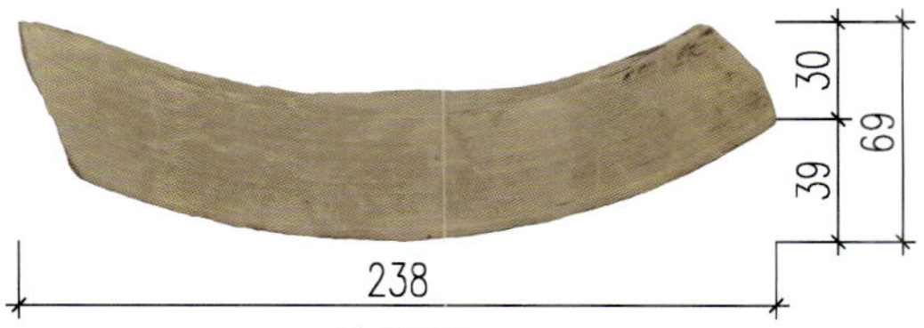

俯视图

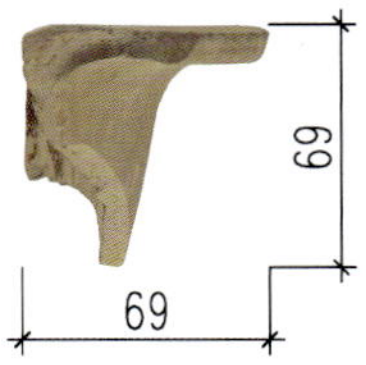

左视图

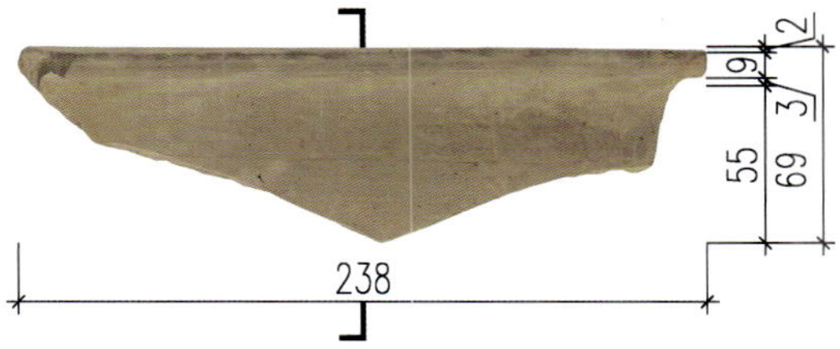

主视图

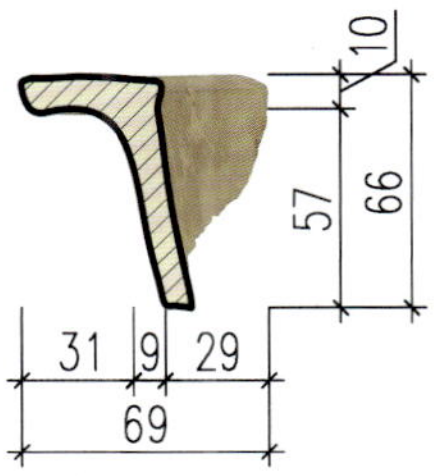

剖视图

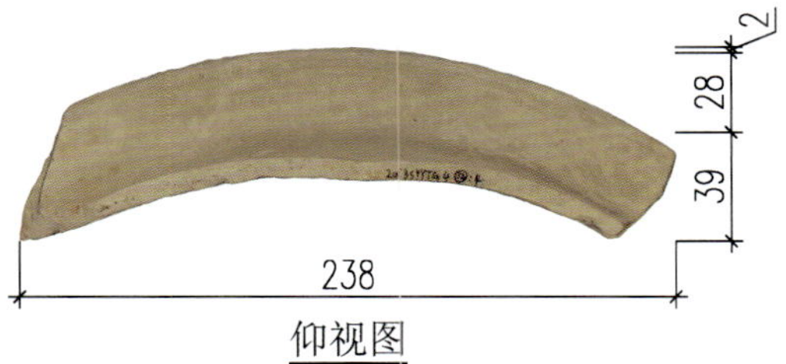

仰视图

编号	T4⑫：4			名称	陶盆		
复原口径	47.4厘米	沿宽	3.9厘米	残长	23.8厘米		
残宽	6.9厘米	残高	6.9厘米	厚	0.9厘米	重量	0.28千克
体积	157.64立方厘米	密度	1776.2千克/立方米				

图例

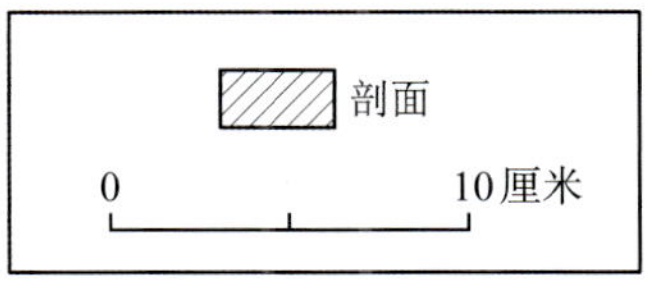

陶盆（T4⑫：4）正射影像图

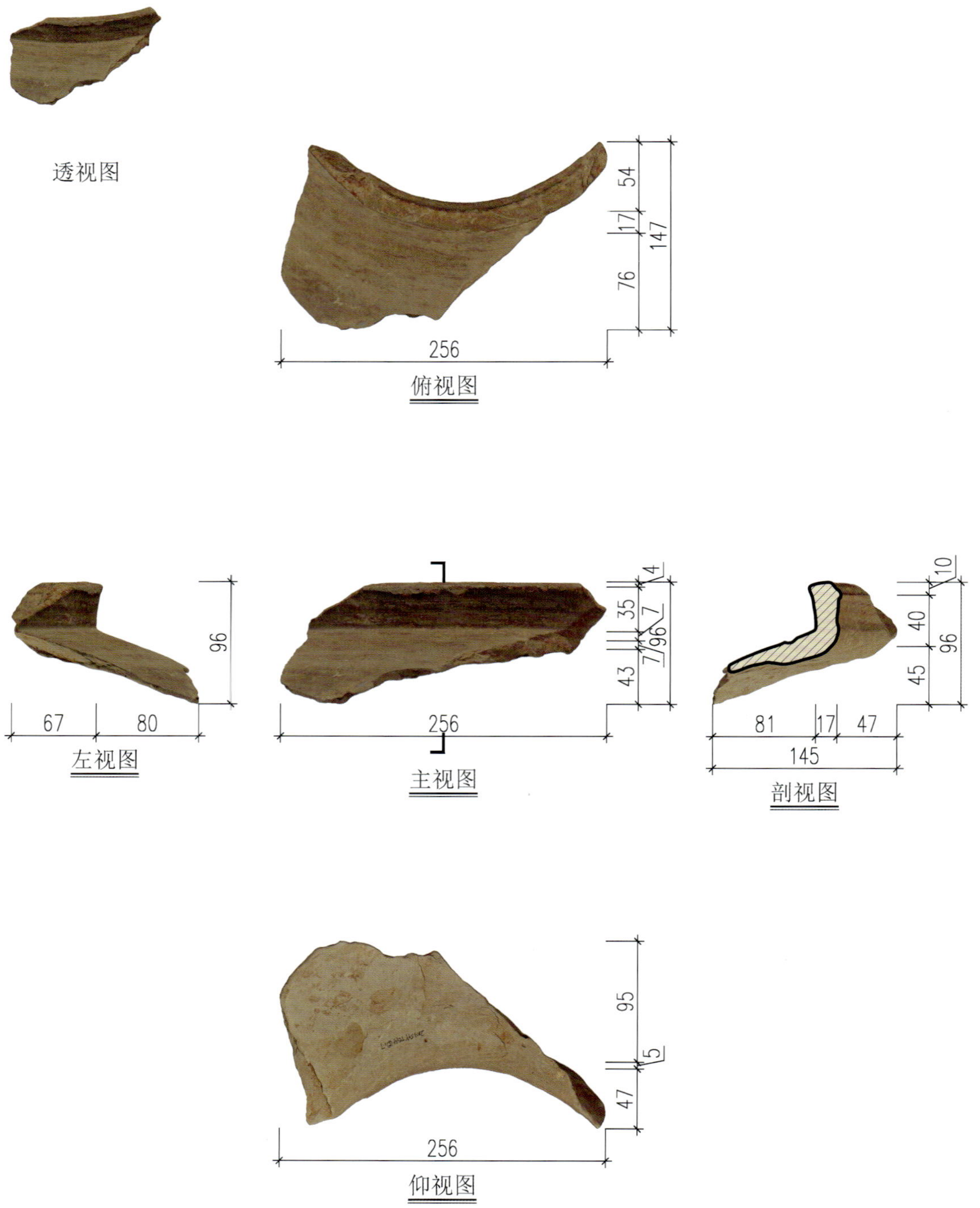

编号	T4⑤：7			名称	陶罐		
复原口径	30.3厘米	沿宽	1.7厘米	残长	25.6厘米		
残宽	14.7厘米	残高	9.6厘米	厚	1.7厘米	重量	0.7千克
体积	381.2立方厘米		密度	1836.31千克/立方米			

图例

剖面

0 10厘米

陶罐（T4⑤：7）正射影像图

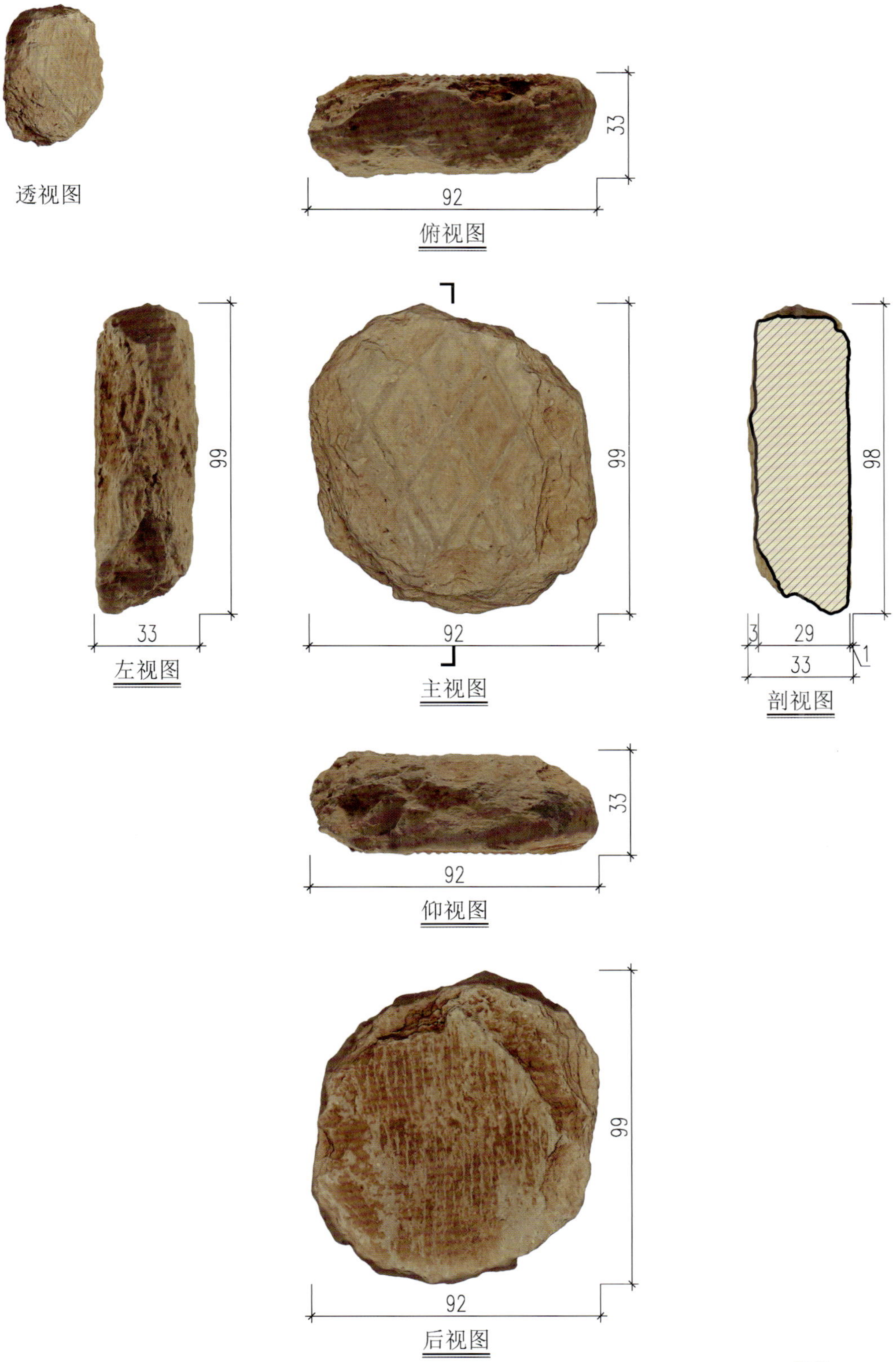

编号	T4⑨：7			名称	陶饼
残长	9.9厘米	残宽	9.2厘米	厚	2.9厘米
重量	0.27千克	体积	168.41立方厘米	密度	1603.23千克/立方米

图例

剖面

0 5厘米

陶饼（T4⑨：7）正射影像图

彩版62

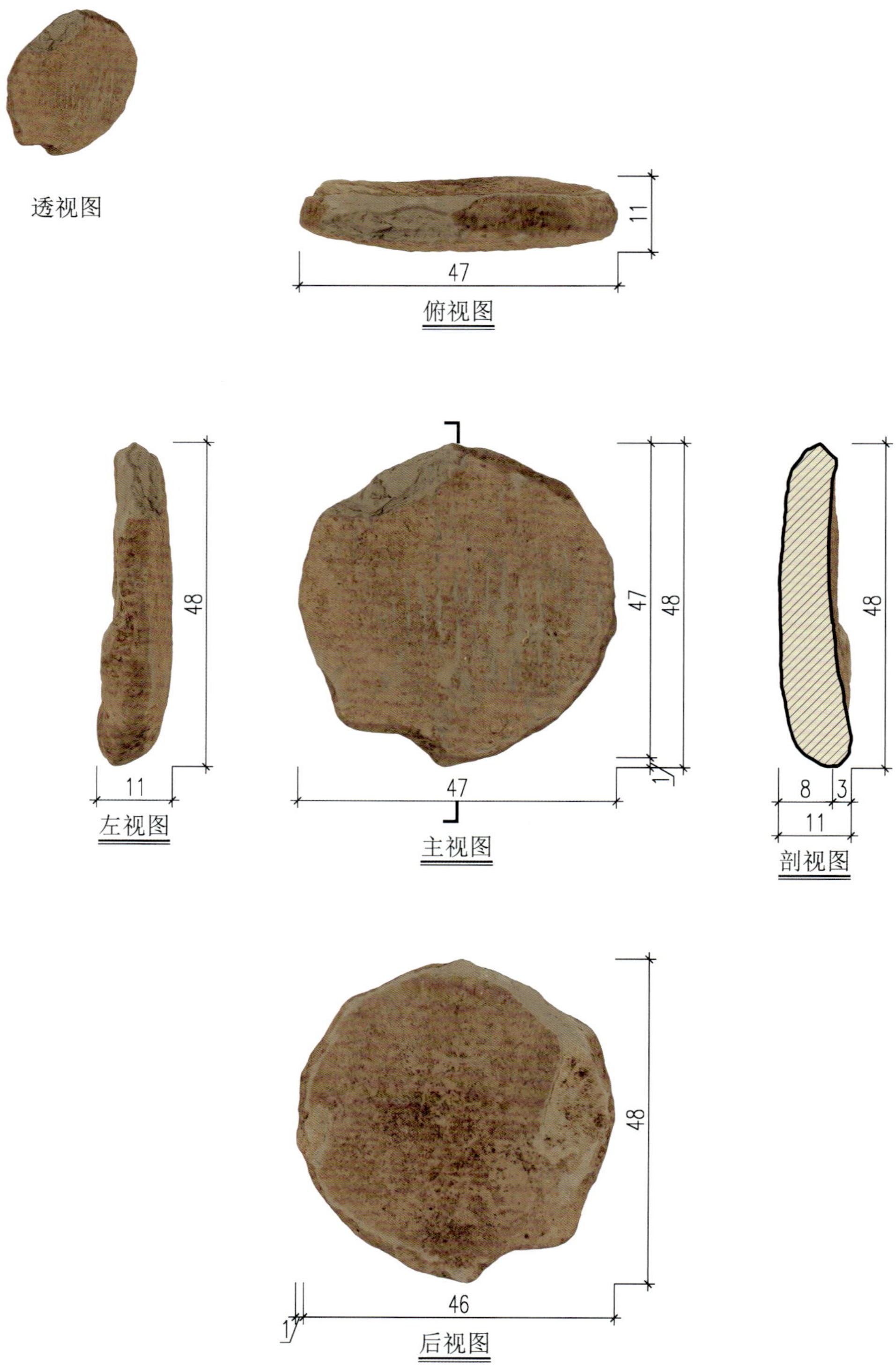

编号	T4⑨:8			名称	陶饼
直径	4.8厘米	厚	0.8厘米	重量	0.02千克
体积	11.77立方厘米		密度	1699.24千克/立方米	

图例

剖面

0 2厘米

陶饼(T4⑨:8)正射影像图

透视图

俯视图

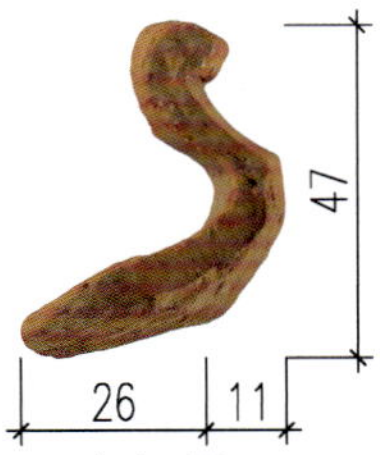

左视图

主视图

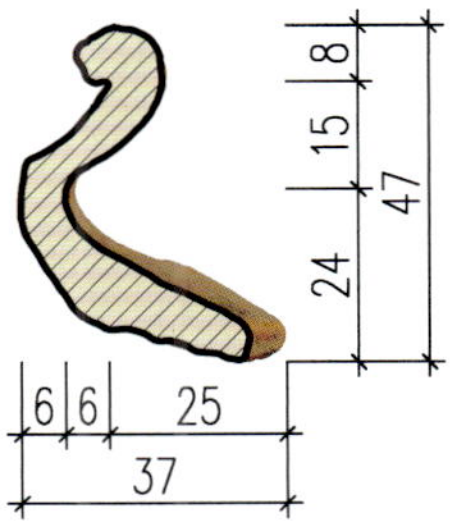

剖视图

仰视图

编号	T4⑬：9			名称	陶釜		
复原口径	24.5厘米	沿宽	1.1厘米	残长	8.1厘米		
残宽	3.7厘米	残高	4.7厘米	厚	0.6厘米	重量	0.05千克
体积	25.97立方厘米			密度	1925.3千克/立方米		

图例

剖面

0　5厘米

陶釜（T4⑬：9）正射影像图

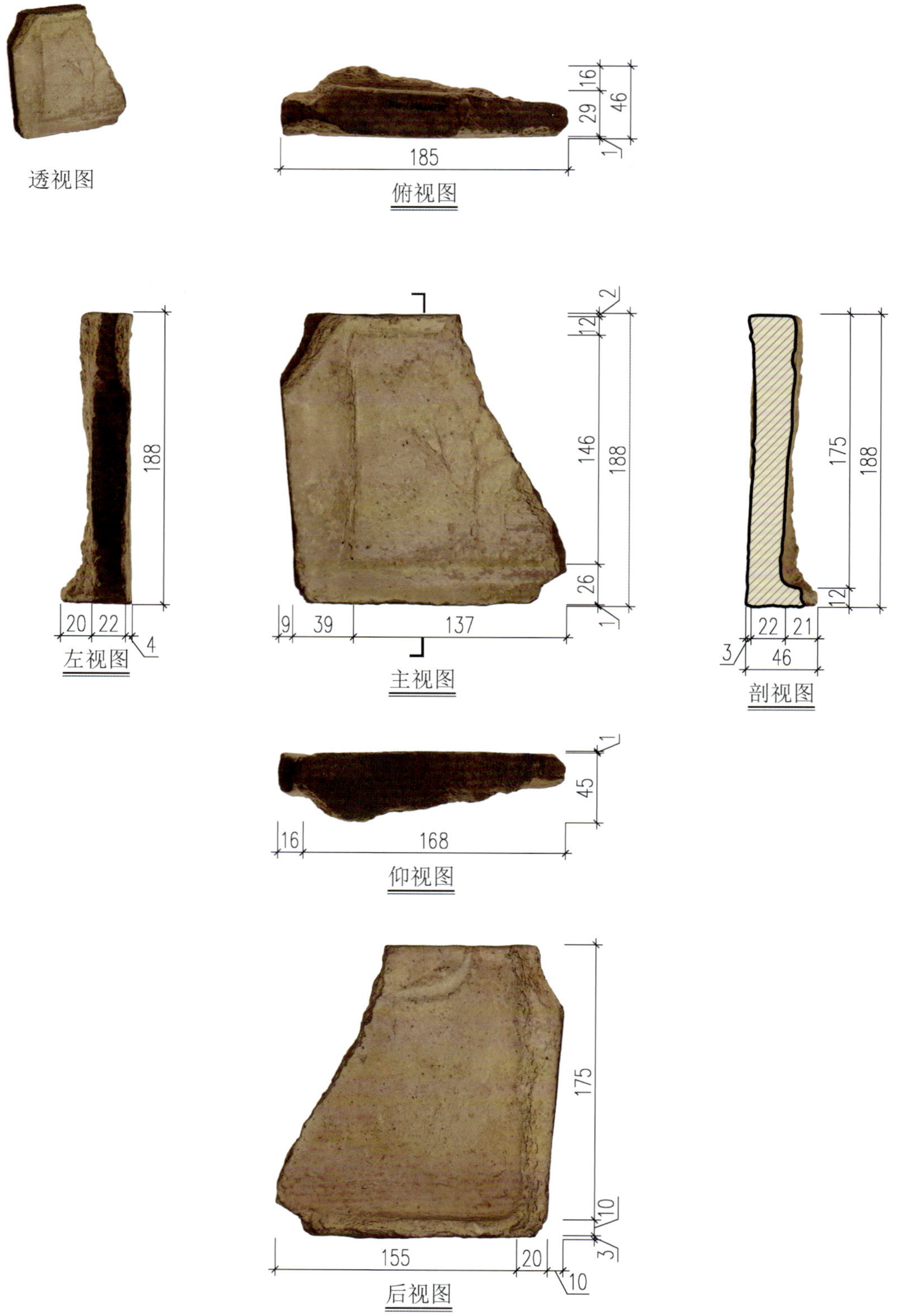

编号	T4H14：2			名称	陶棺		
残长	18.5厘米	残宽	18.8厘米	厚	1.2~2.2厘米	残高	4.6厘米
重量	0.95千克	体积	625.74立方厘米	密度	1518.2千克/立方米		

图例

剖面

0 10厘米

陶棺（T4H14：2）正射影像图

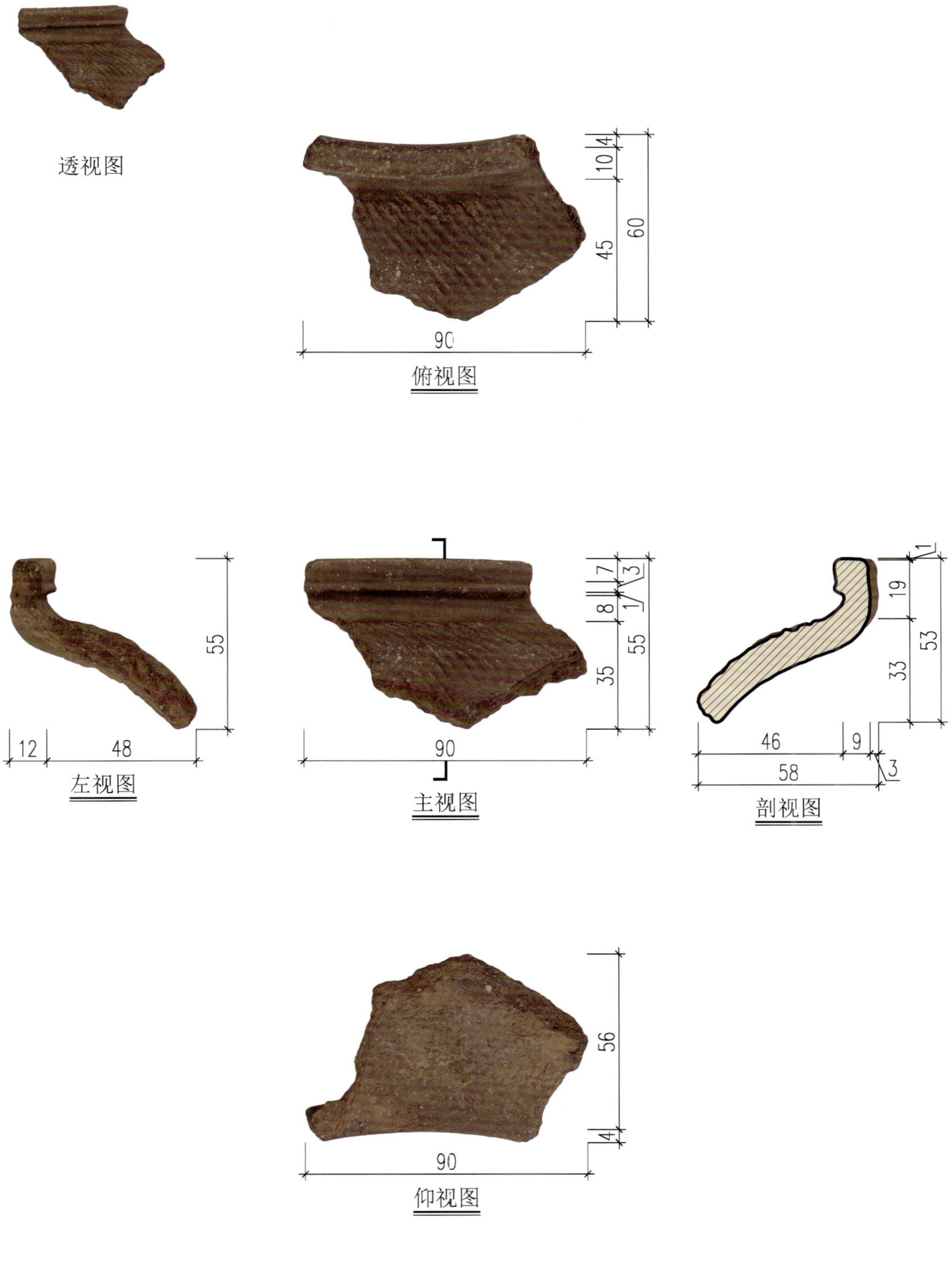

编号	T4H14：3			名称	陶罐		
复原口径	33.5厘米	沿宽	1厘米	残长	9厘米		
残宽	6厘米	残高	5.5厘米	厚	0.9厘米	重量	0.09千克
体积	46.37立方厘米			密度	1940.91千克/立方米		

图例

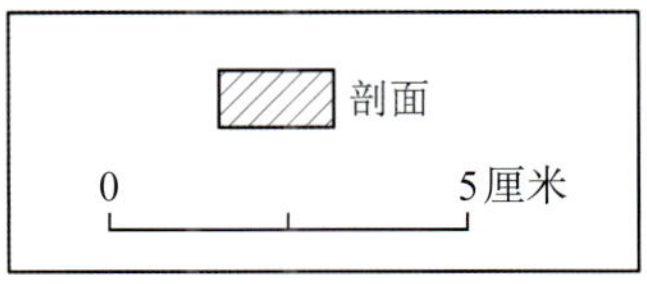

陶罐（T4H14：3）正射影像图

透视图

俯视图

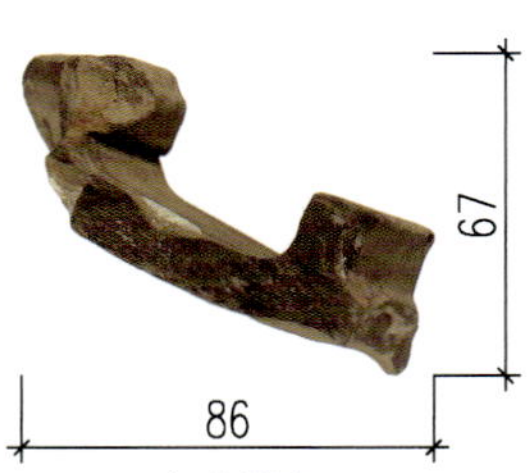

左视图

主视图

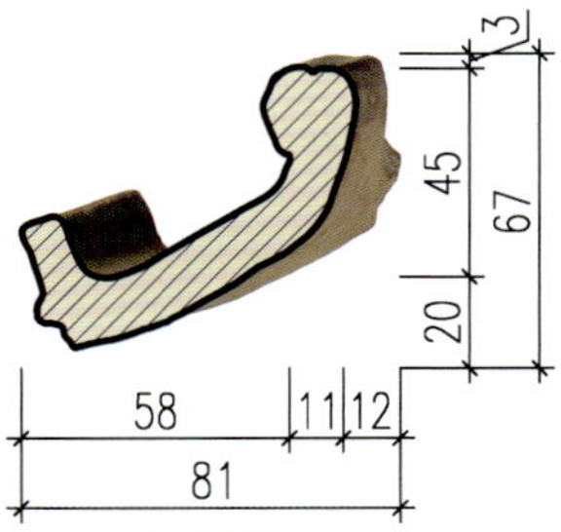

剖视图

仰视图

编号	T4H14：4			名称	陶瓮		
复原口径	21厘米	沿宽	1.6厘米	残长	13.4厘米		
残宽	8.6厘米	残高	6.7厘米	厚	1.3厘米	重量	0.29千克
体积	156.38立方厘米			密度	1854.46千克/立方米		

图例

剖面

0　5厘米

陶瓮（T4H14：4）正射影像图

透视图

俯视图

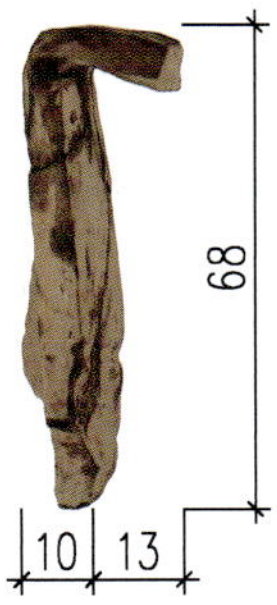

左视图

主视图

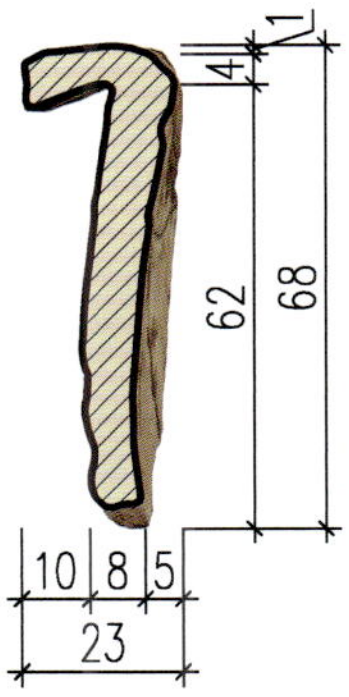

剖视图

仰视图

编号	T4H28：5			名称	陶盆		
复原口径	31.9厘米	沿宽	2.1厘米	残长	8.9厘米		
残宽	2.3厘米	残高	6.8厘米	腹厚	0.8厘米	重量	0.06千克
体积	33.19立方厘米			密度	1807.77千克/立方米		

图例

剖面

0　5厘米

陶盆（T4H28：5）正射影像图

彩版68

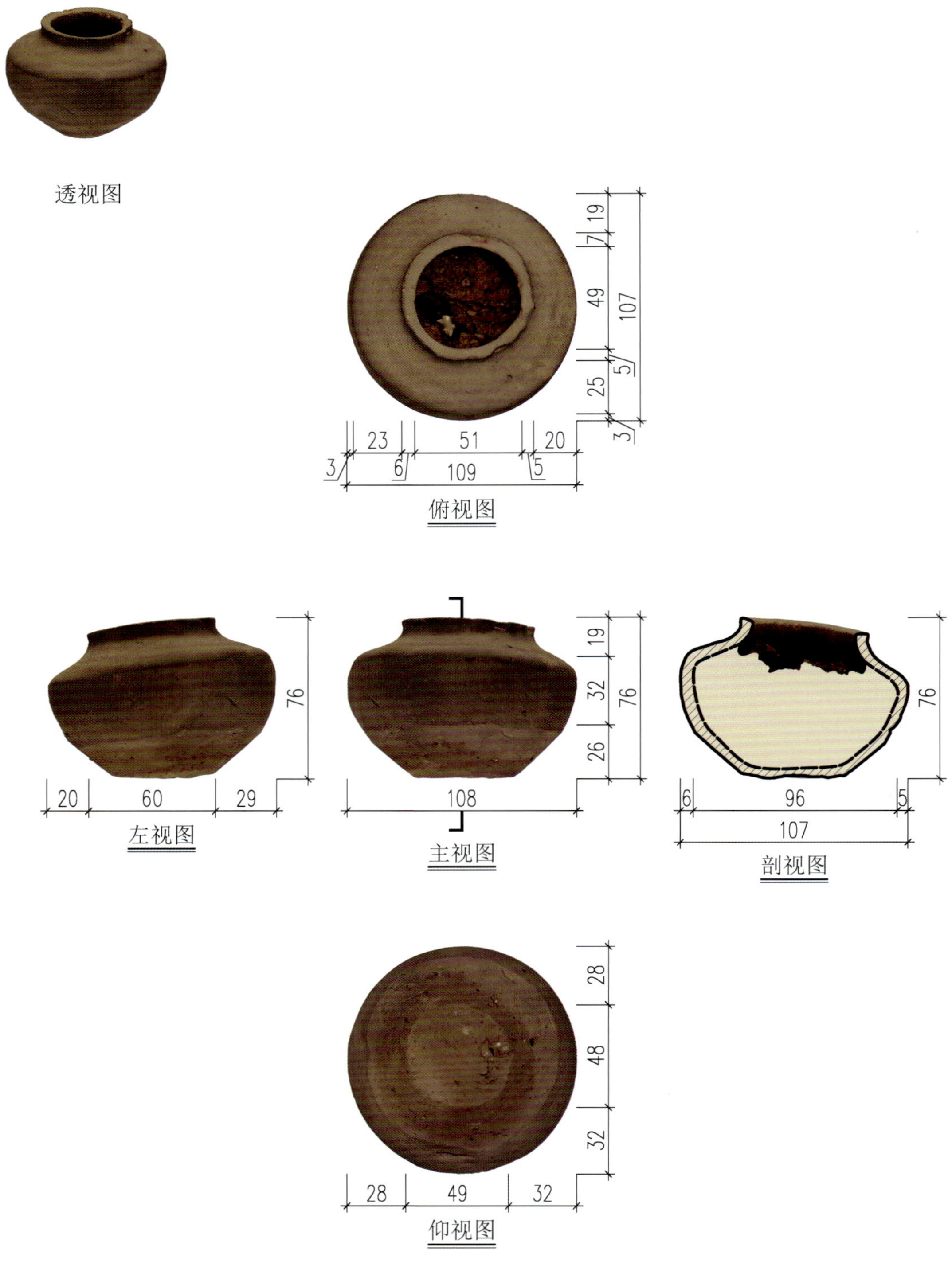

编号	T4H28：1			名称	陶罐		
口径	6.2厘米	沿宽	0.6厘米	腹径	10.9厘米	底径	4.9厘米
高	7.6厘米	壁厚	0.6厘米	重量	0.37千克（含罐内土）		
体积	约188.3立方厘米			密度	约1964.95千克/立方米		

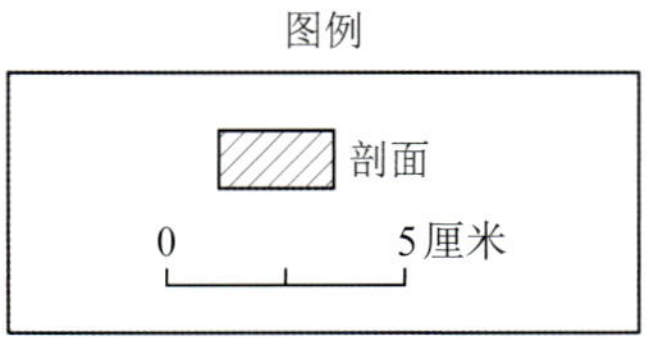

陶罐（T4H28：1）正射影像图

透视图

俯视图

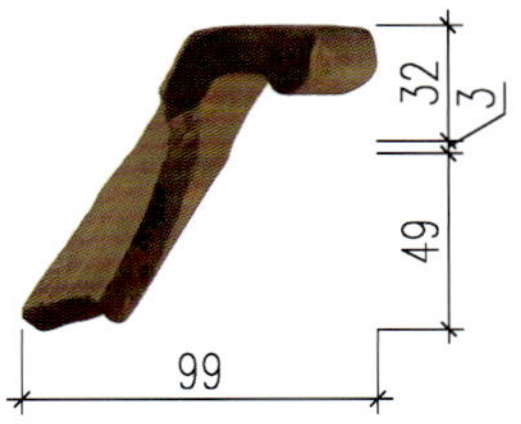

左视图

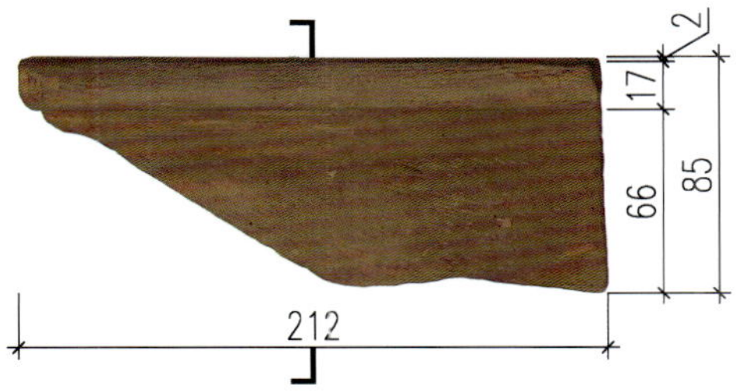

主视图

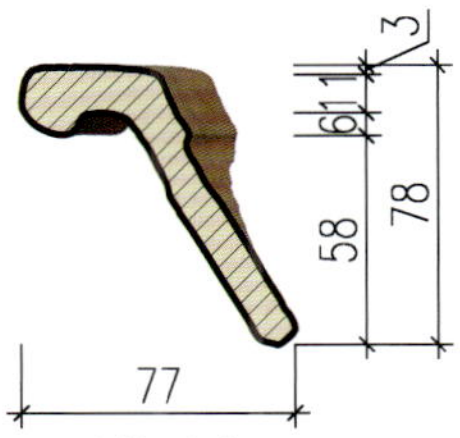

剖视图

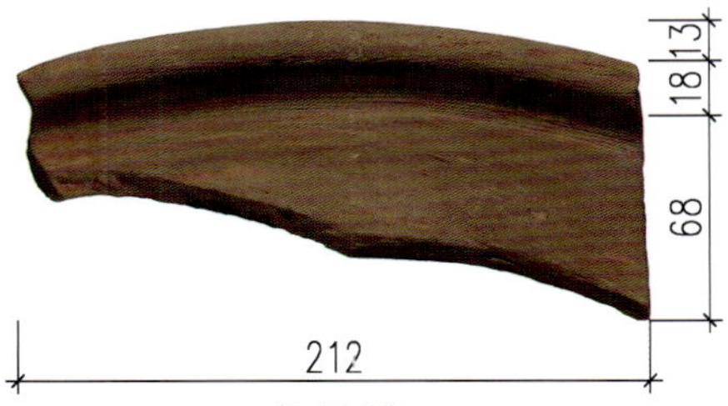

仰视图

编号	T4G1：2			名称	陶盆		
复原口径	72.7厘米	沿宽	3.5厘米	残长	21.2厘米		
残宽	9.9厘米	残高	8.5厘米	厚	1.1厘米	重量	0.46千克
体积	241.95立方厘米			密度	1901.22千克/立方米		

图例

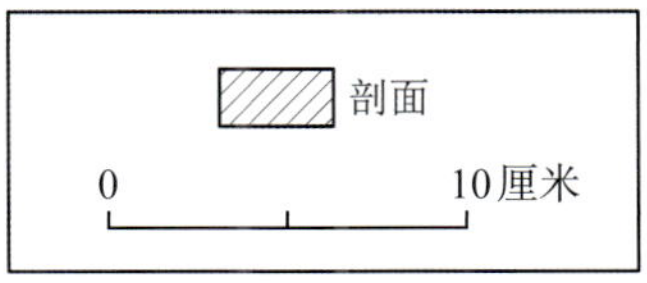

陶盆（T4G1：2）正射影像图

透视图

俯视图

左视图

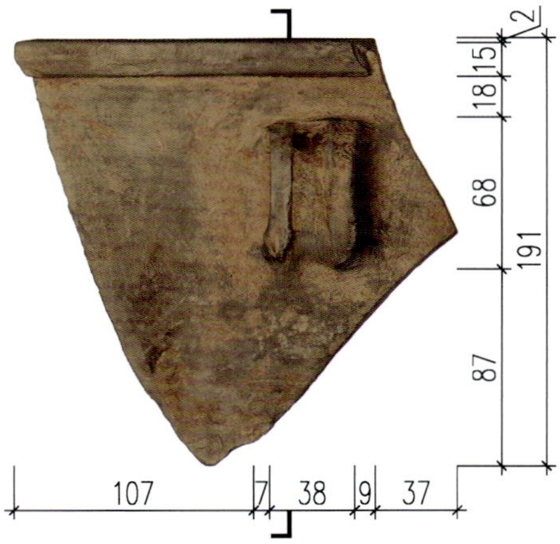

主视图

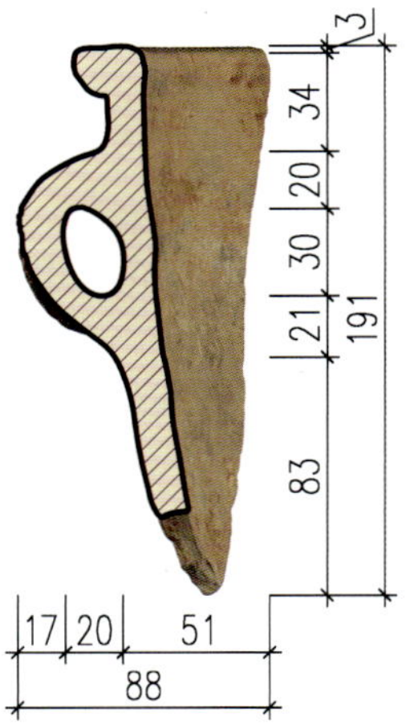

剖视图

仰视图

编号	T4G1：3	名称	陶缸			复原口径	39.9厘米
沿宽	2.2厘米	残长	19.8厘米	残宽	8.8厘米	残高	19.1厘米
厚	1.3厘米	耳长	6.8厘米	耳宽	3.8厘米	耳厚	1.7厘米
重量	0.65千克	体积	379.58立方厘米		密度	1712.42千克/立方米	

图例

剖面

0 10厘米

陶缸（T4G1：3）正射影像图

透视图

俯视图

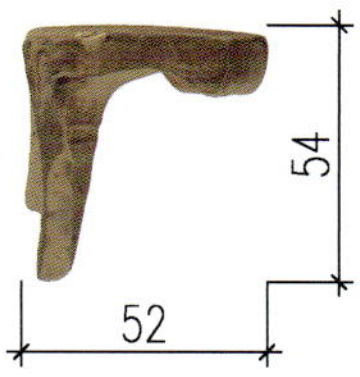

左视图

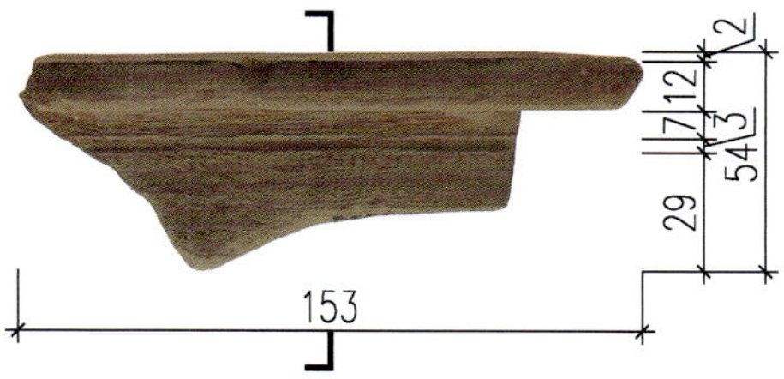

主视图

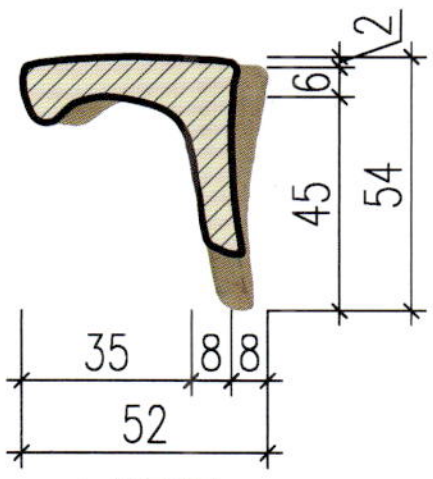

剖视图

仰视图

编号	T4G2：3			名称	陶盆		
复原口径	51.9厘米	沿宽	4.3厘米	残长	15.3厘米		
残宽	5.2厘米	残高	5.4厘米	厚	0.8厘米	重量	0.15千克
体积	83.14立方厘米			密度	1804.19千克/立方米		

图例

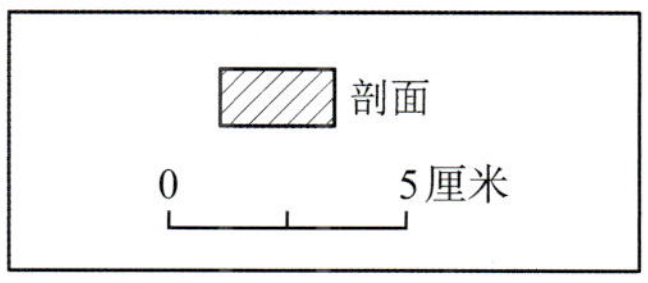

陶盆（T4G2：3）正射影像图

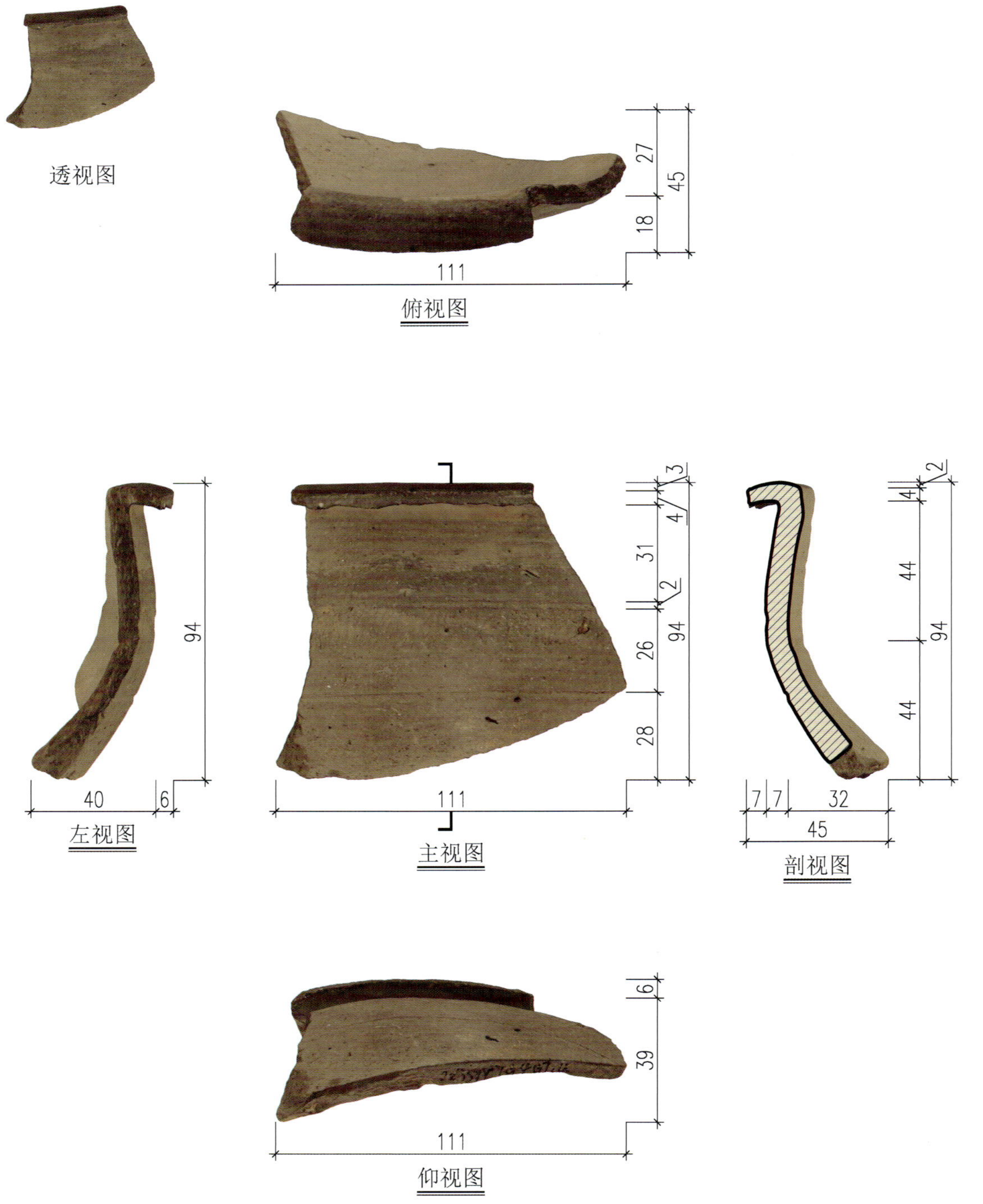

编号	T4G7：4			名称	陶盆		
复原口径	35厘米	沿宽	1.8厘米	残长	11.1厘米		
残宽	4.5厘米	残高	9.4厘米	厚	0.7厘米	重量	0.12千克
体积	65.47立方厘米			密度	1832.9千克/立方米		

陶盆（T4G7：4）正射影像图

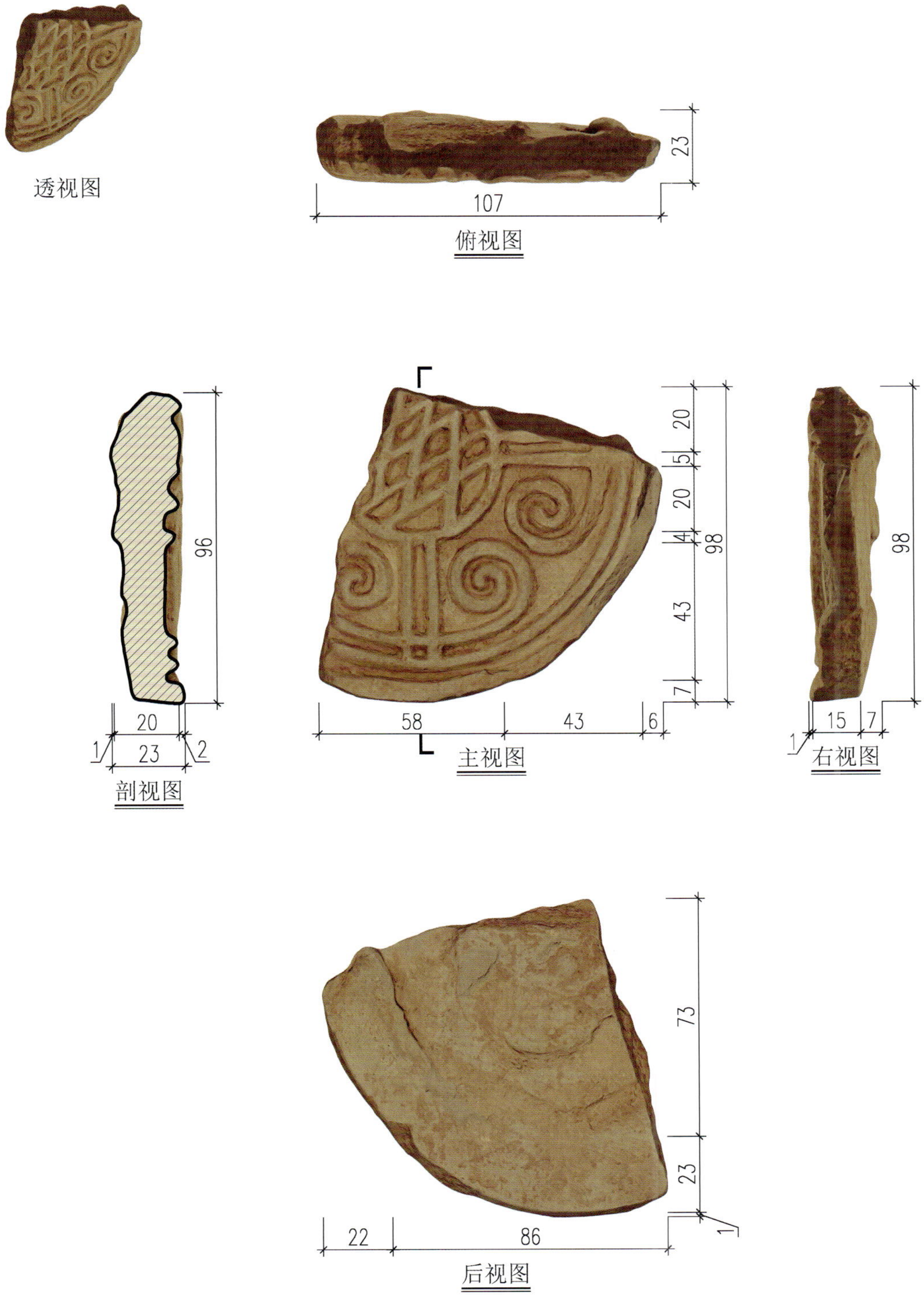

编号	T4G8⑨：1	名称	云纹瓦当	复原径	15.6厘米		
当厚	2厘米	边轮厚	1.5厘米	边轮宽	0.7厘米	缘深	0.5厘米
重量	0.17千克	体积	106.36立方厘米	密度	1598.35千克/立方米		

图例

剖面

0 5厘米

云纹瓦当（T4G8⑨：1）正射影像图

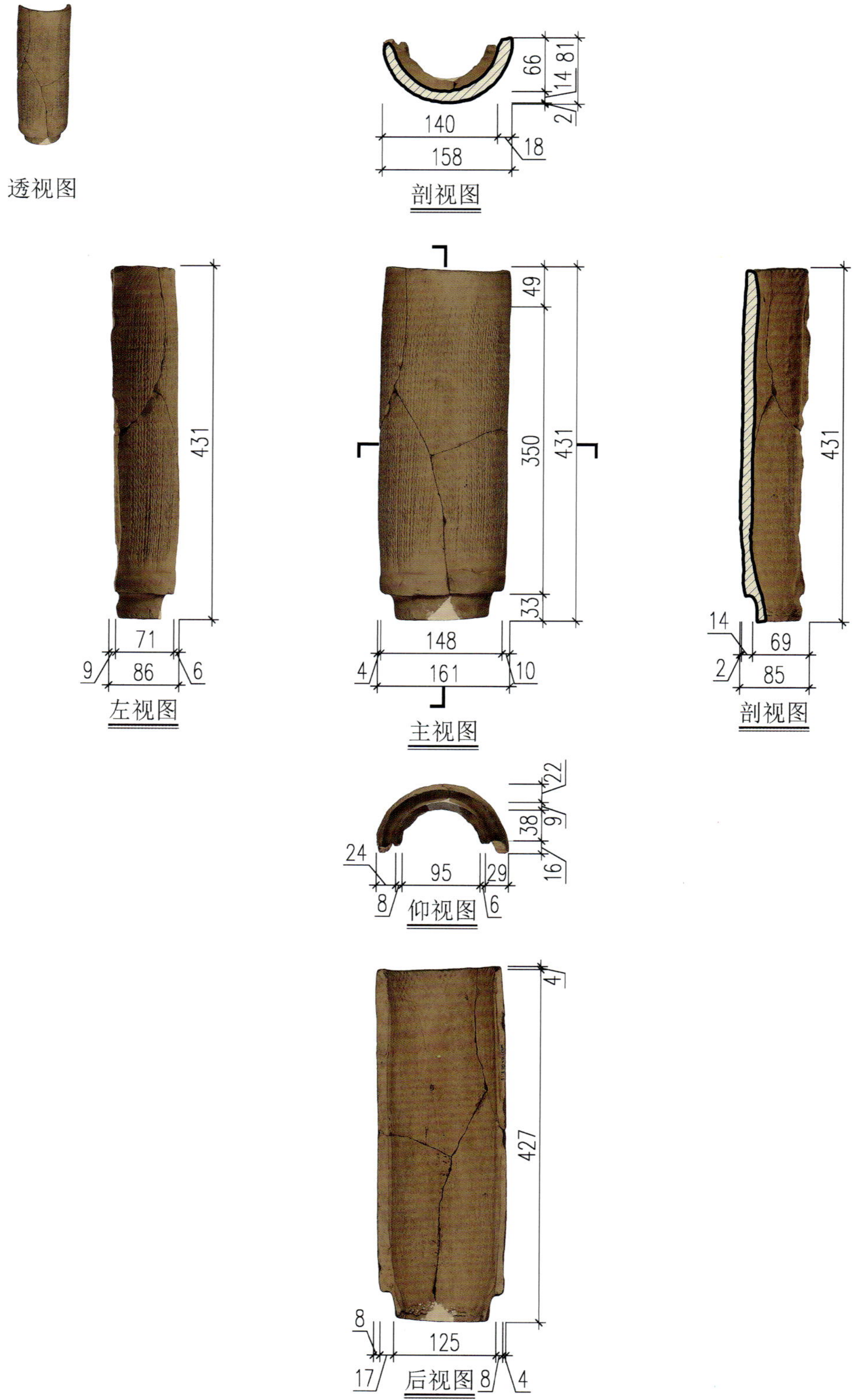

编号	T4Q2东：5			名称	Bb4型筒瓦		
长	43.1厘米	径	16.1厘米	瓦厚	1.4厘米	弦高	8.6厘米
唇径	10.9厘米	唇长	3.3厘米	唇厚	0.9厘米	重量	2.2千克
体积	1351.91立方厘米		密度	1627.33千克/立方米			

图例

剖面

0 20厘米

Bb4型筒瓦（T4Q2东：5）正射影像图

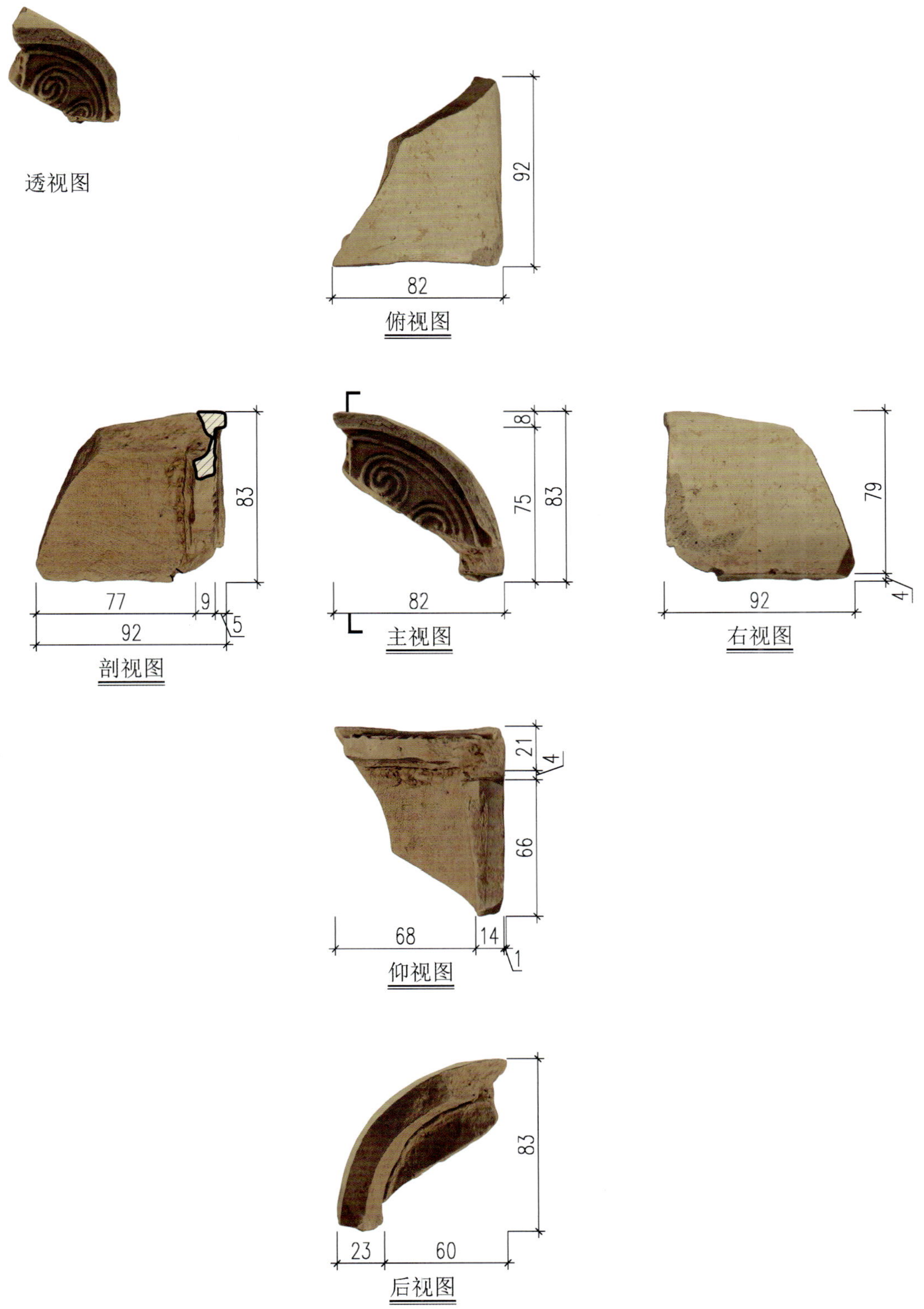

编号	T4Q2：11			名称	云纹瓦当		复原径	15.9厘米
当厚	0.9厘米			边轮宽	0.8厘米		缘深	0.5厘米
筒瓦部分	残长	9.2厘米	残宽	8.2厘米	厚	1.3厘米	弦高	8.3厘米
重量	0.23千克	体积	128.92立方厘米		密度	1784.05千克/立方米		

图例

剖面

0　5厘米

云纹瓦当（T4Q2：11）正射影像图

透视图

俯视图

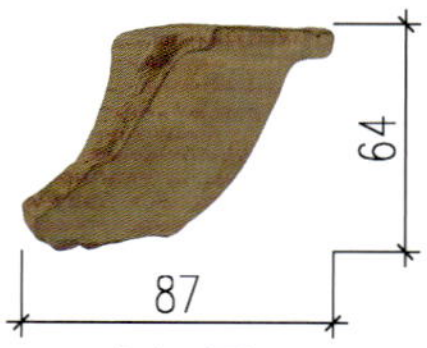

左视图

主视图

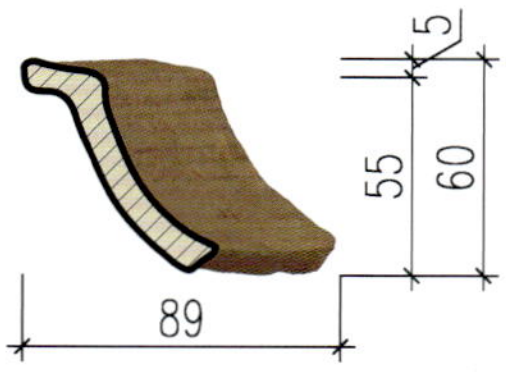

剖视图

仰视图

编号	T4Q2东：10			名称	陶盆		
复原口径	33厘米	沿宽	2.3厘米	残长	20.7厘米		
残宽	8.7厘米	残高	6.4厘米	厚	0.9厘米	重量	0.24千克
体积	139.06立方厘米		密度	1725.87千克/立方米			

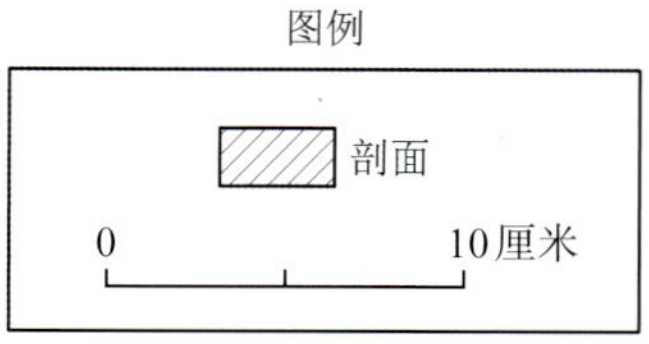

陶盆（T4Q2东：10）正射影像图

透视图

俯视图

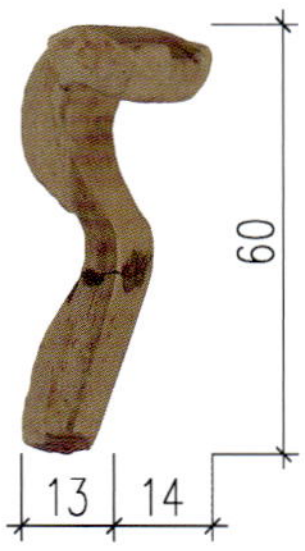

左视图

主视图

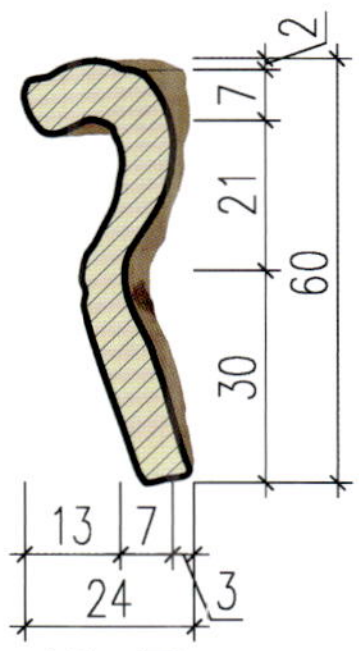

剖视图

仰视图

编号	T4Q2西⑦：9			名称	陶盆		
复原口径	34.6厘米	沿宽	1.5厘米	残长	10.3厘米		
残宽	2.7厘米	残高	6厘米	厚	0.7厘米	重量	0.06千克
体积	36.71立方厘米			密度	1634.43千克/立方米		

图例

剖面

0 5厘米

陶盆（T4Q2西⑦：9）正射影像图

透视图

俯视图

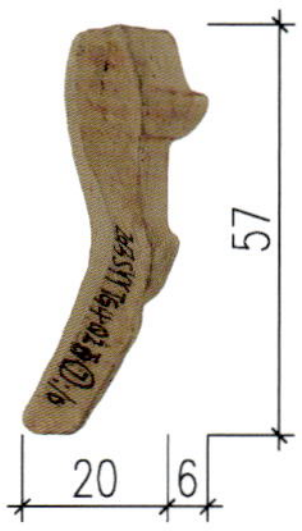

左视图

主视图

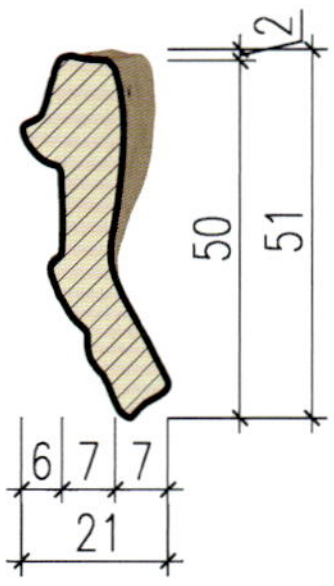

剖视图

仰视图

编号	T4Q2西⑦：10			名称	陶盆		
复原口径	24.6厘米	沿宽	0.6厘米	残长	8.5厘米		
残宽	2.6厘米	残高	5.7厘米	厚	0.7厘米	重量	0.04千克
体积	25.45立方厘米			密度	1571.71千克/立方米		

图例

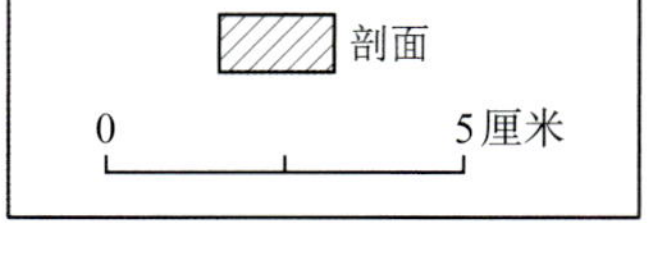

陶盆（T4Q2西⑦：10）正射影像图

透视图

俯视图

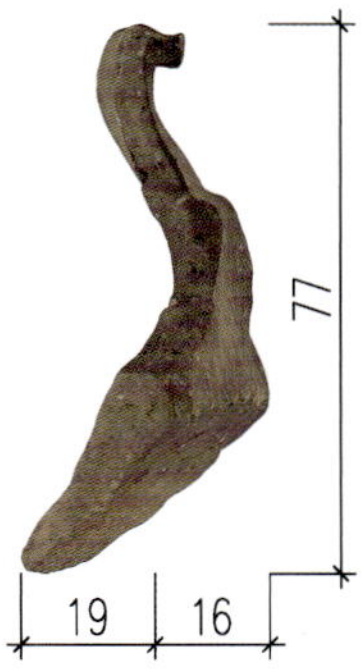

左视图

主视图

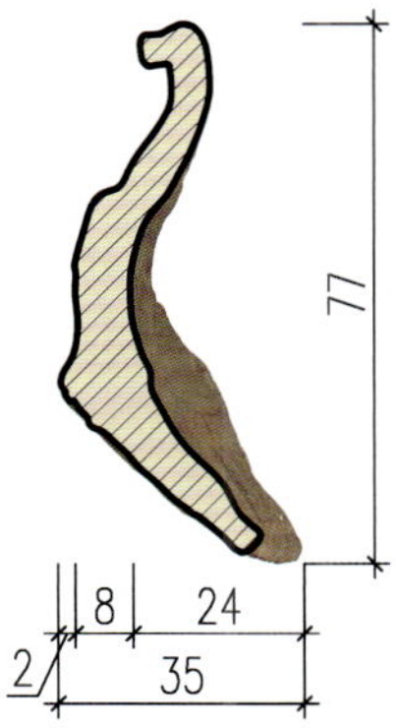

剖视图

仰视图

编号	T4Q2西⑦：13			名称	陶盆		
复原口径	20厘米	沿宽	0.7厘米	残长	7.5厘米		
残宽	3.5厘米	残高	7.7厘米	厚	0.8厘米	重量	0.05千克
体积	27.45立方厘米			密度	1821.49千克/立方米		

图例

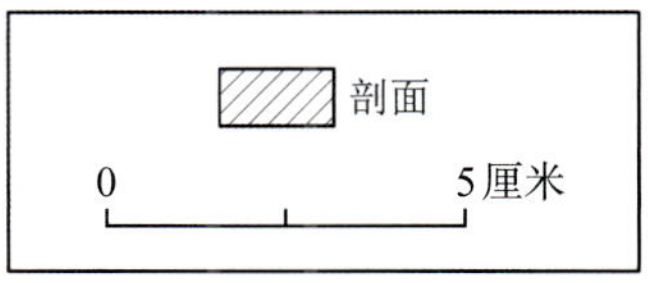

陶盆（T4Q2西⑦：13）正射影像图

透视图

俯视图

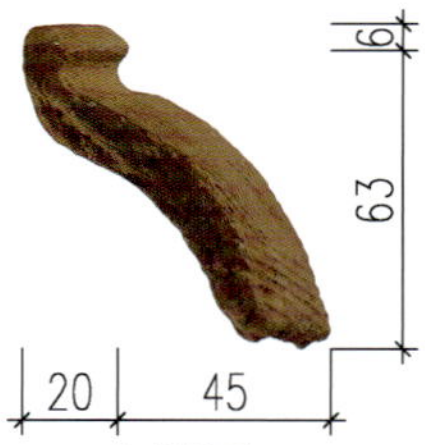

左视图

主视图

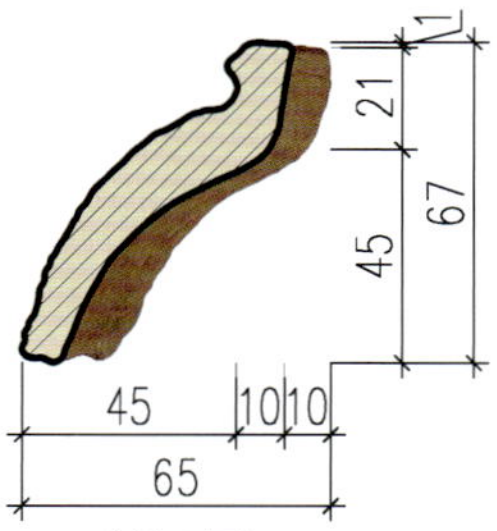

剖视图

仰视图

编号	T4Q2西⑦：11			名称	陶罐		
复原口径	31.3厘米	沿宽	1.2厘米	残长	13.5厘米		
残宽	6.5厘米	残高	6.8厘米	厚	1厘米	重量	0.21千克
体积	107.63立方厘米			密度	1951.13千克/立方米		

图例

剖面

0 5厘米

陶罐（T4Q2西⑦：11）正射影像图

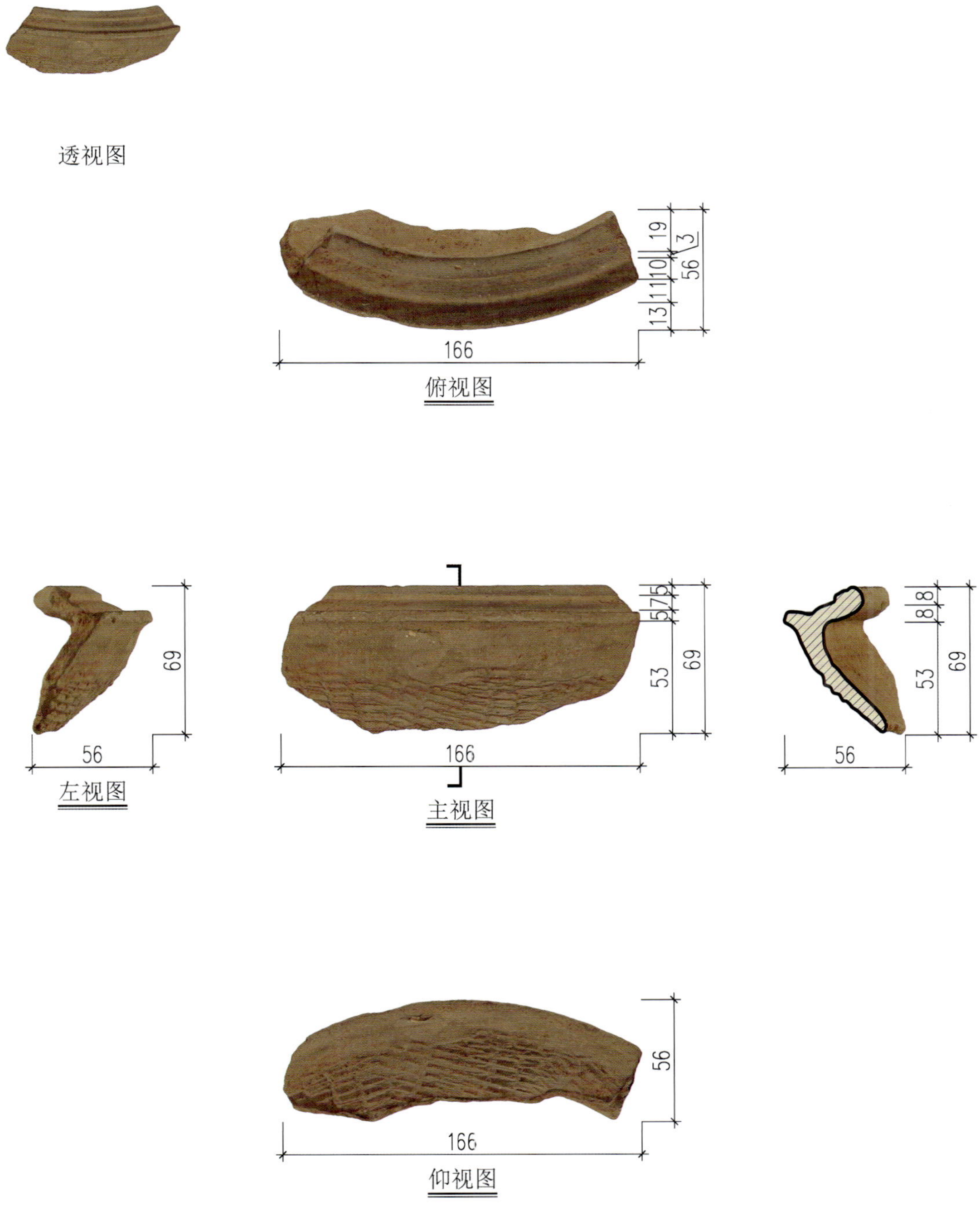

编号	T4Q2东：9			名称	陶釜		
复原口径	34.8厘米	沿宽	1厘米	残长	16.6厘米		
残宽	5.6厘米	残高	6.9厘米	厚	0.9厘米	重量	0.19千克
体积	114.89立方厘米			密度	1653.76千克/立方米		

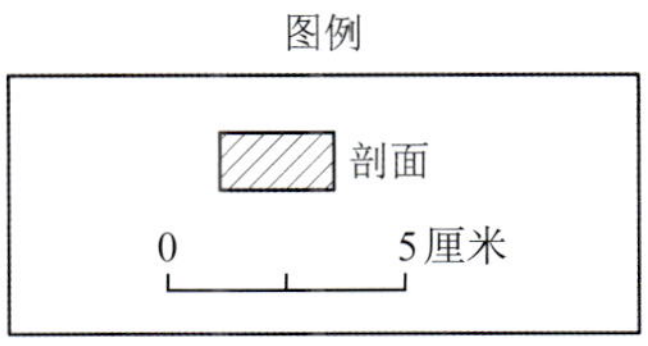

陶釜（T4Q2东：9）正射影像图

彩版82

透视图

俯视图

左视图

主视图

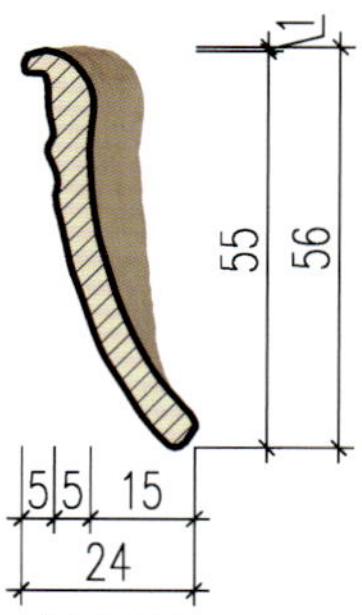

剖视图

仰视图

编号	T4Q2西⑦：12			名称	陶钵		
复原口径	18.2厘米	沿宽	0.3厘米	残长	7.1厘米		
残宽	2.6厘米	残高	5.7厘米	厚	0.5厘米	重量	0.04千克
体积	17.68立方厘米		密度	2262.44千克/立方米			

图例

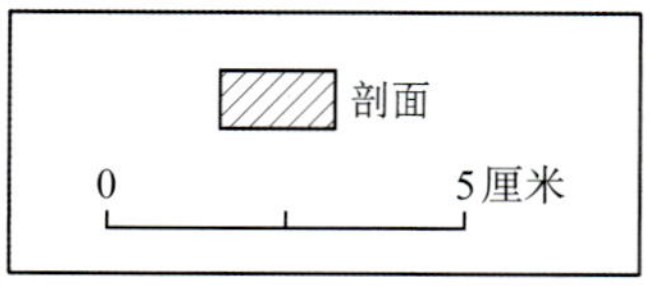

陶钵（T4Q2西⑦：12）正射影像图

透视图

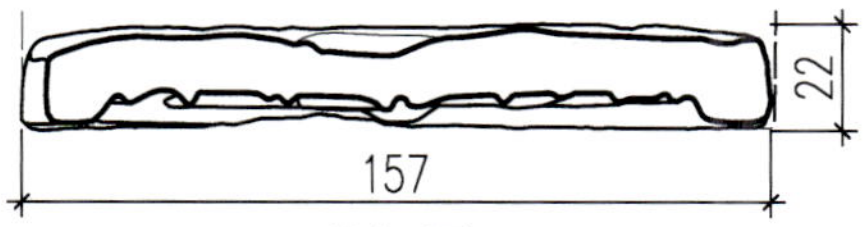

俯视图

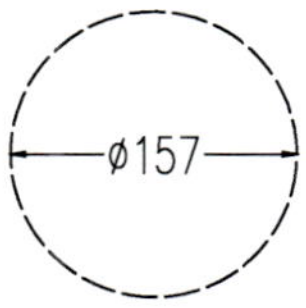

复原轮廓

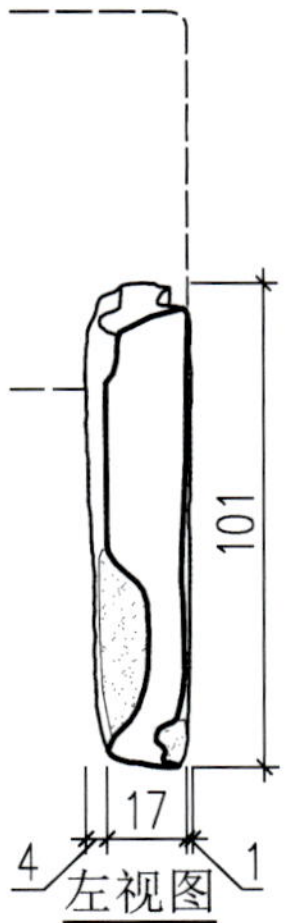

左视图

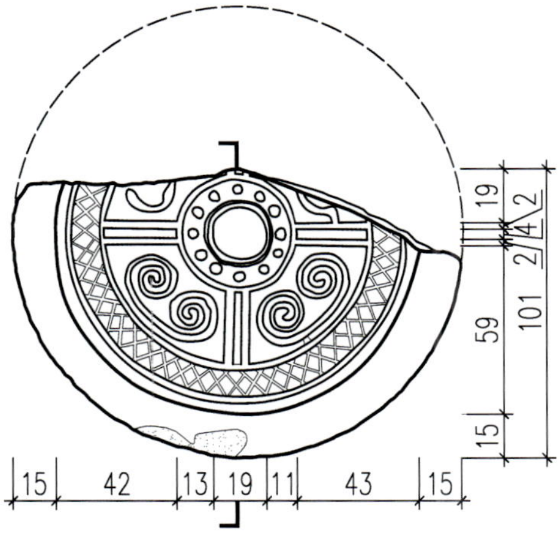

主视图

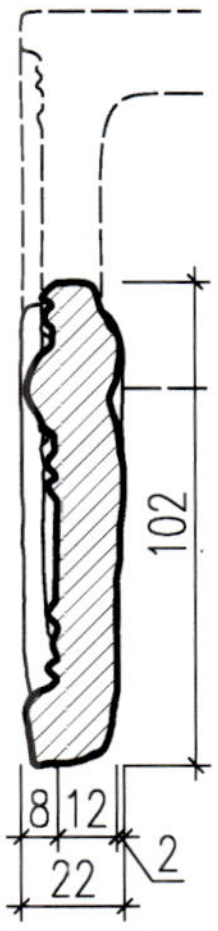

剖视图

主视图拓片

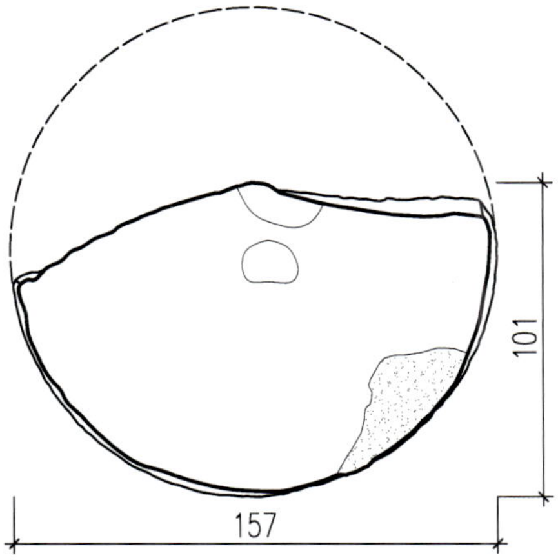

后视图

图例

剖面　破损

0　5厘米

编号	T2⑤：2	名称	云纹瓦当			复原径	15.8厘米
当厚	1.2厘米	边轮厚	1.7厘米	边轮宽	1.5厘米	缘深	0.8厘米
重量	0.28千克	体积	167.59立方厘米	密度	1670.74千克/立方米		

云纹瓦当（T2⑤：2）线图

图版2

透视图

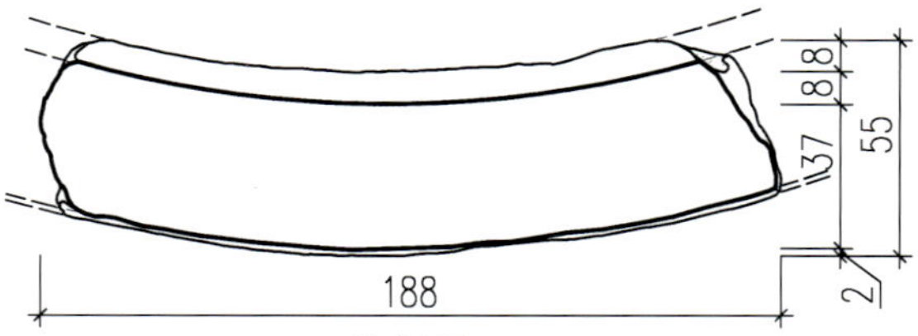

俯视图

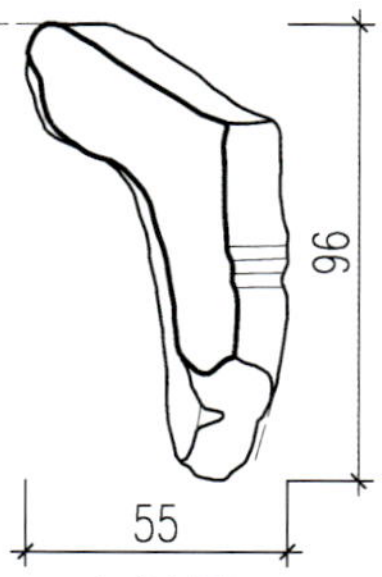

左视图

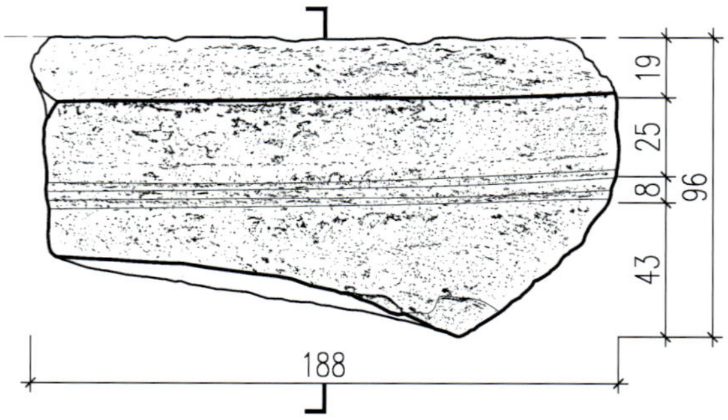

主视图

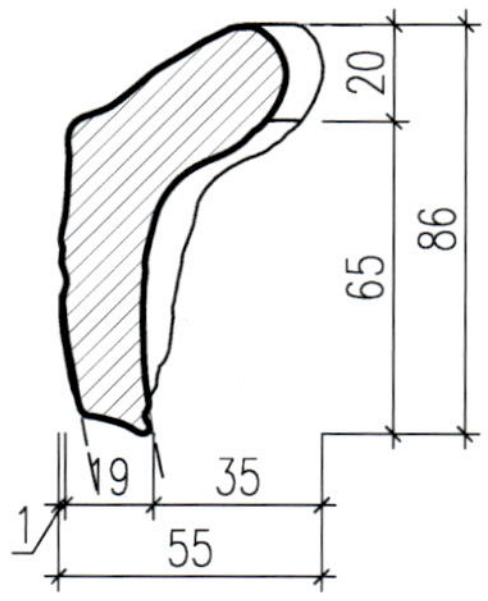

剖视图

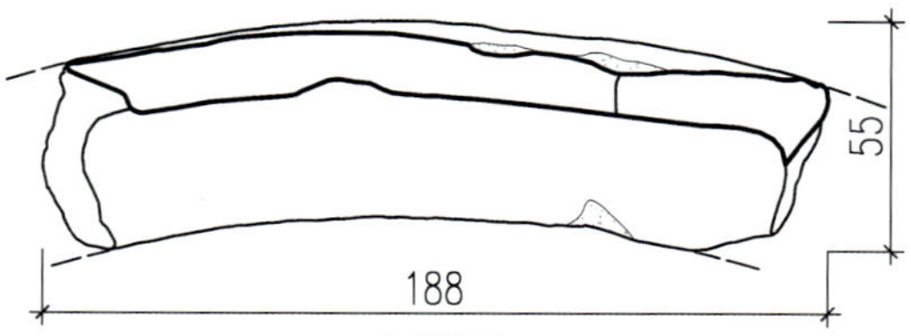

仰视图

编号	T2⑤：19			名称	陶缸		
复原口径	62.6厘米	沿宽	3.7厘米	残长	18.8厘米		
残宽	5.5厘米	残高	9.6厘米	厚	1.9厘米	重量	0.49千克
体积	289.06立方厘米			密度	1695.15千克/立方米		

图例

剖面　破损

0　5厘米

陶缸（T2⑤：19）线图

透视图

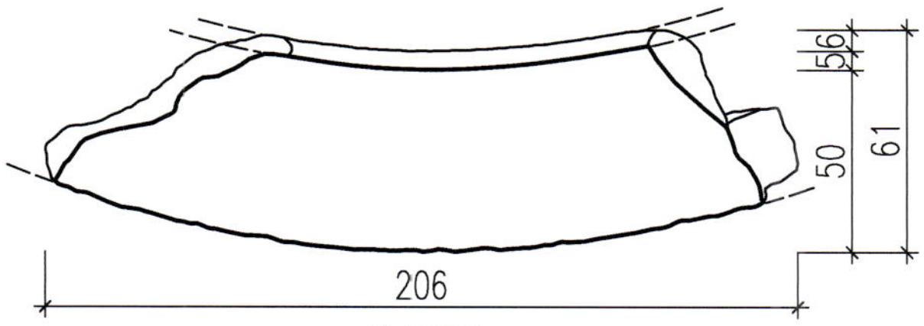

俯视图

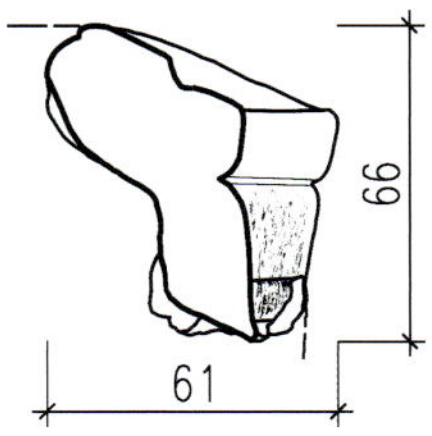

左视图

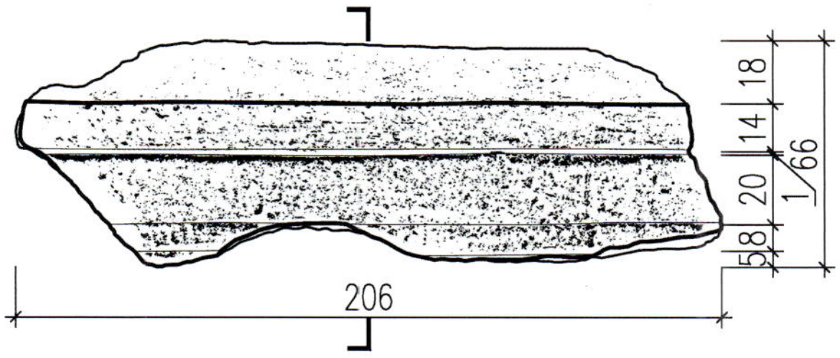

主视图

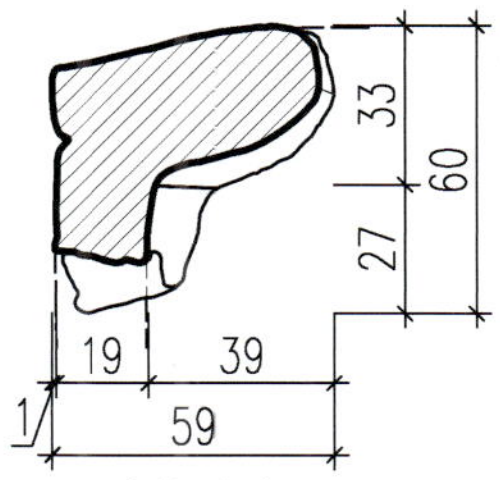

剖视图

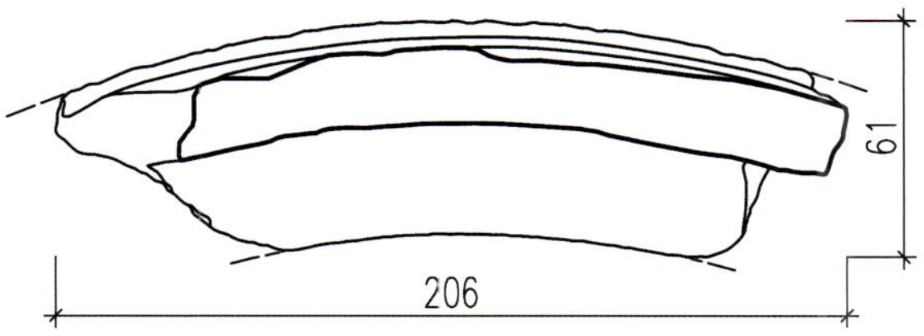

仰视图

编号	T2④：19			名称	陶缸		
复原口径	62厘米	沿宽	5厘米	残长	20.6厘米		
残宽	6.1厘米	残高	6.6厘米	厚	1.9厘米	重量	0.48千克
体积	278.56立方厘米			密度	1723.15千克/立方米		

图例

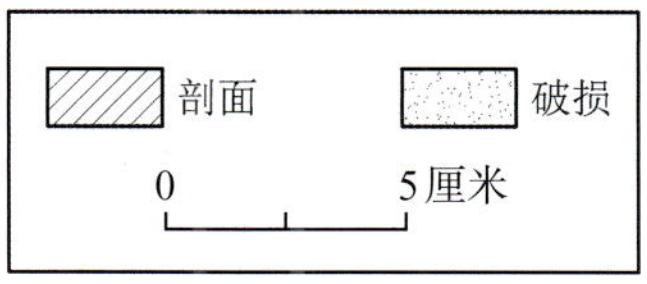

陶缸（T2④：19）线图

图版4

透视图

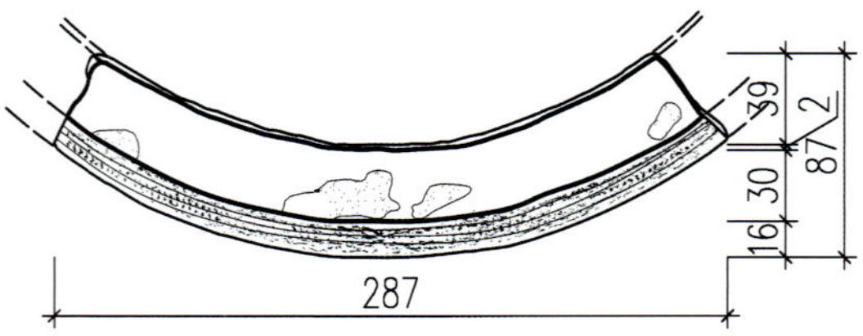

俯视图

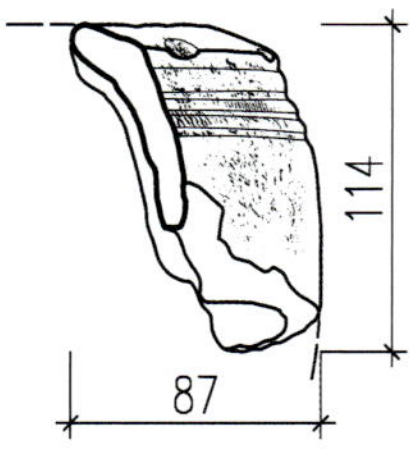

左视图

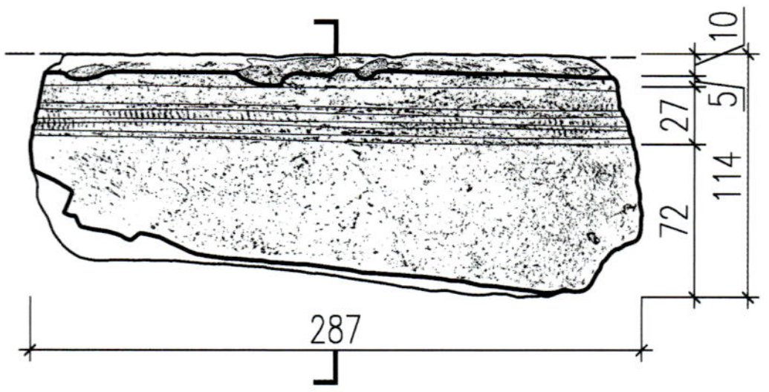

主视图

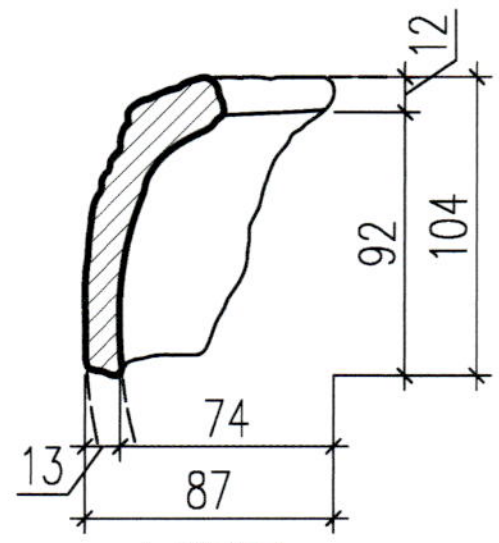

剖视图

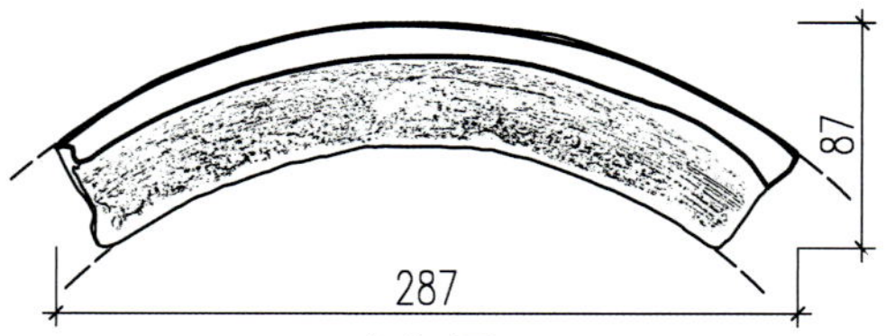

仰视图

编号	T2④：18			名称	陶瓮		
复原口径	46厘米	沿宽	3厘米	残长	28.7厘米		
残宽	8.7厘米	残高	11.4厘米	厚	1.3厘米	重量	0.78千克
体积	480.5立方厘米		密度	1623.31千克/立方米			

图例

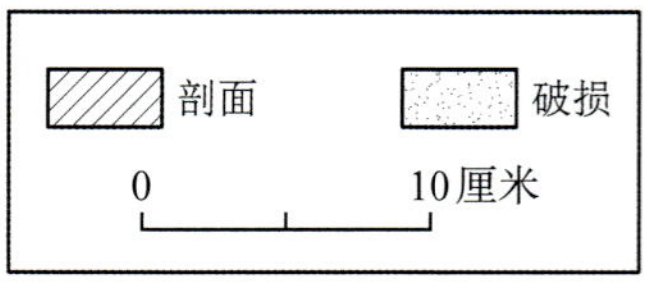

陶瓮（T2④：18）线图

图版5

透视图

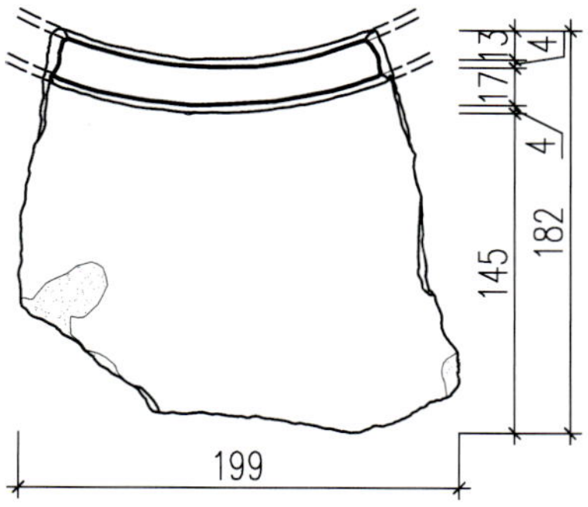

俯视图

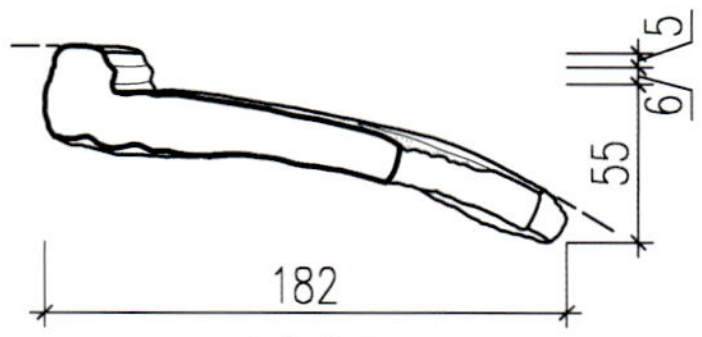

左视图

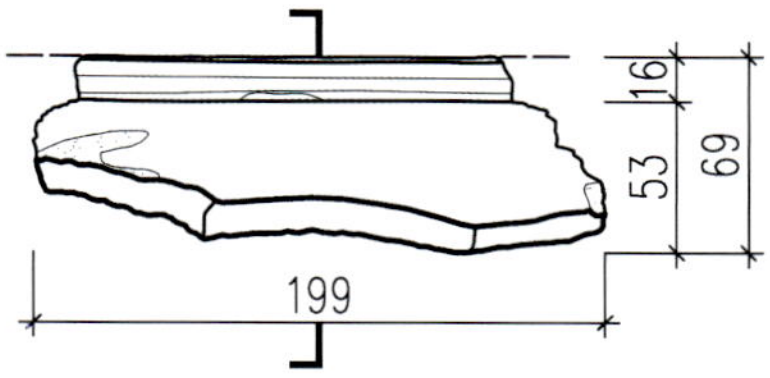

主视图

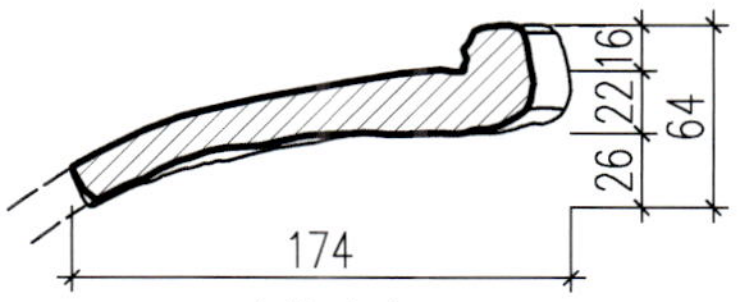

剖视图

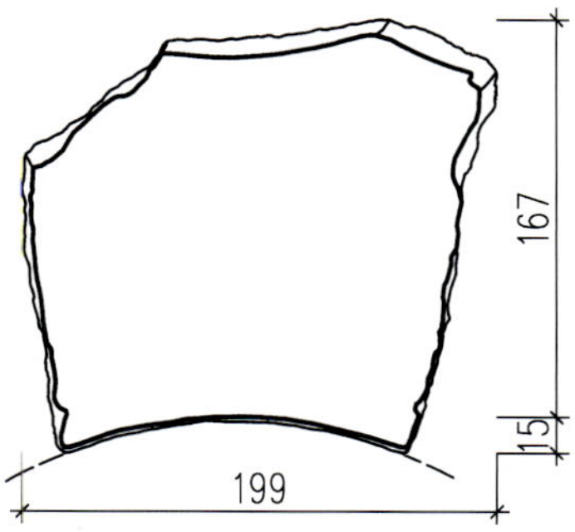

仰视图

编号	T2⑤：18			名称	陶瓮		
复原口径	42厘米	沿宽	1.7厘米	残长	19.9厘米		
残宽	18.2厘米	残高	6.9厘米	厚	1.6厘米	重量	0.95千克
体积	517.03立方厘米			密度	1837.42千克/立方米		

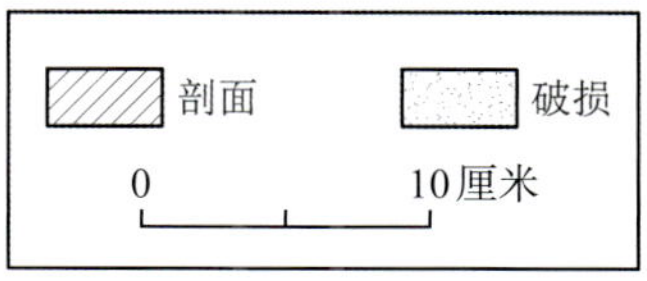

陶瓮（T2⑤：18）线图

图版6

透视图

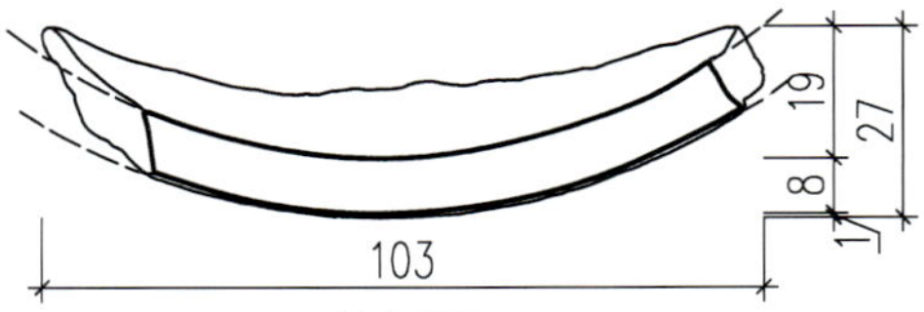

俯视图

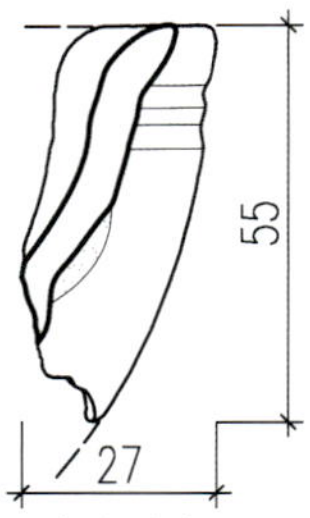

左视图

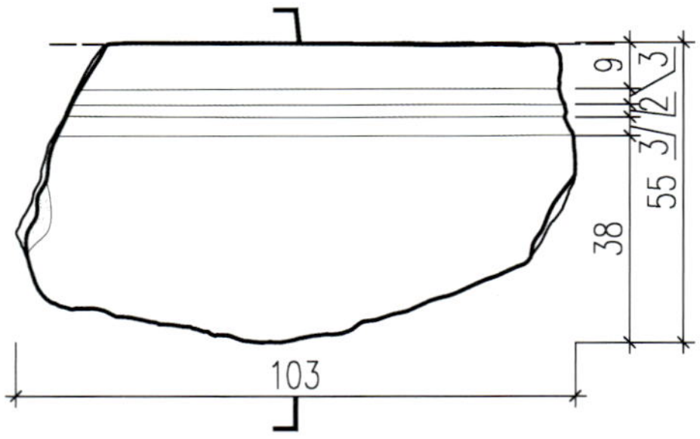

主视图

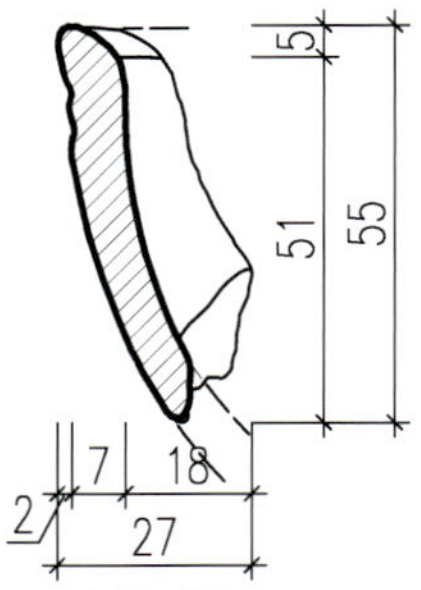

剖视图

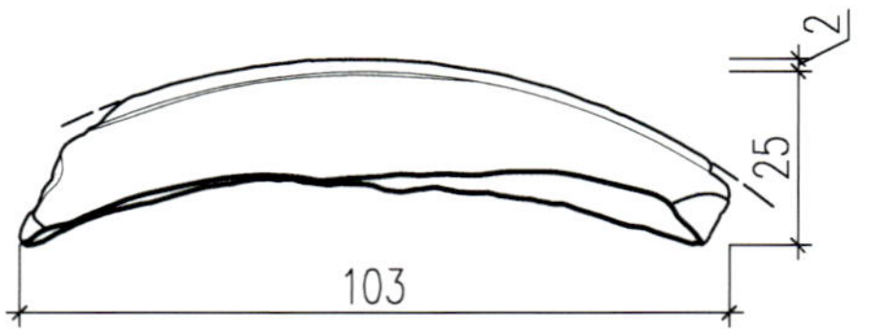

仰视图

编号	T2④：17			名称	陶钵		
复原口径	19.1厘米	沿宽	0.8厘米	残长	10.3厘米		
残宽	2.7厘米	残高	5.5厘米	厚	0.7厘米	重量	0.06千克
体积	32.13立方厘米			密度	1867.41千克/立方米		

图例

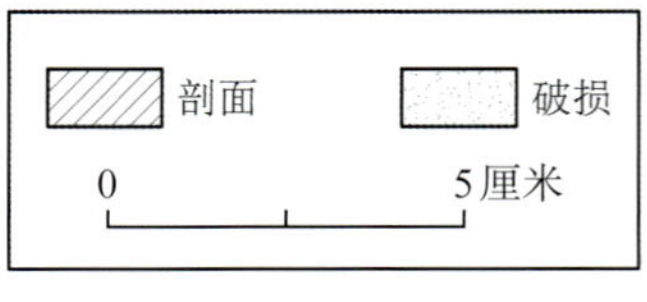

陶钵（T2④：17）线图

透视图

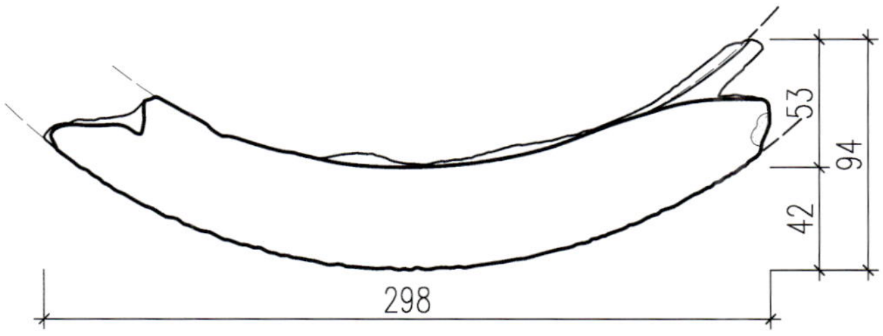

俯视图

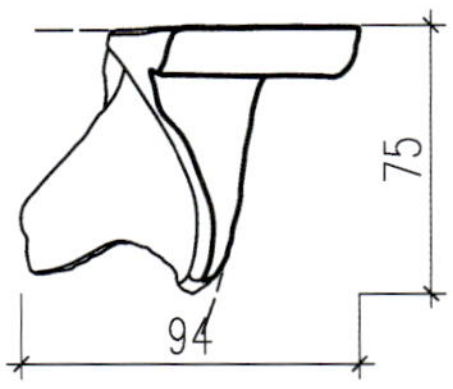

左视图

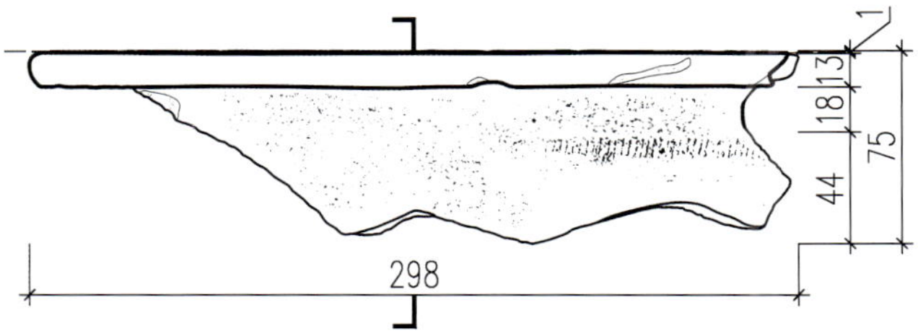

主视图

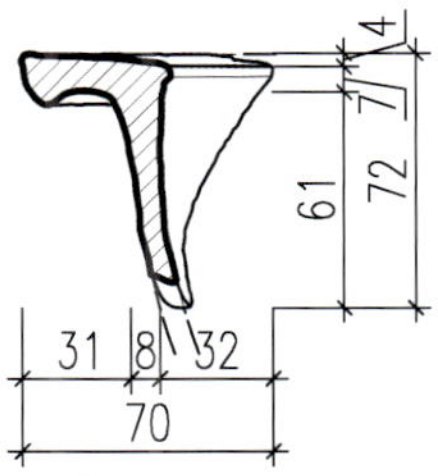

剖视图

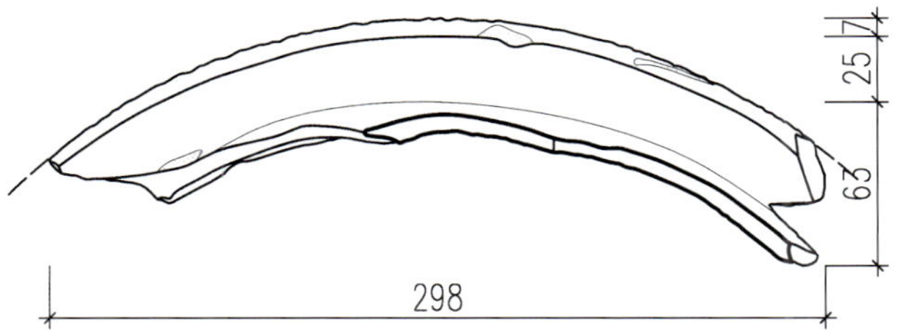

仰视图

编号	T2③：23			名称	陶盆		
复原口径	48.4厘米	沿宽	4.2厘米	残长	29.8厘米		
残宽	9.4厘米	残高	7.5厘米	厚	0.8厘米	重量	0.38千克
体积	207.78立方厘米		密度	1828.86千克/立方米			

图例

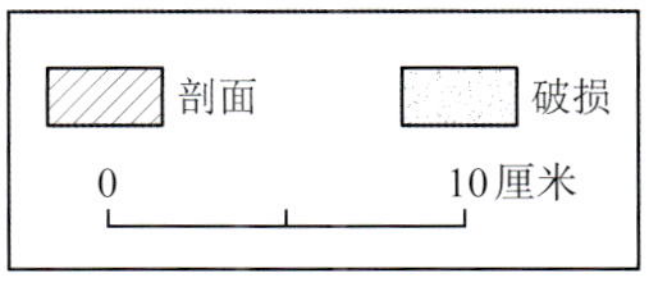

陶盆（T2③：23）线图

图版8

透视图

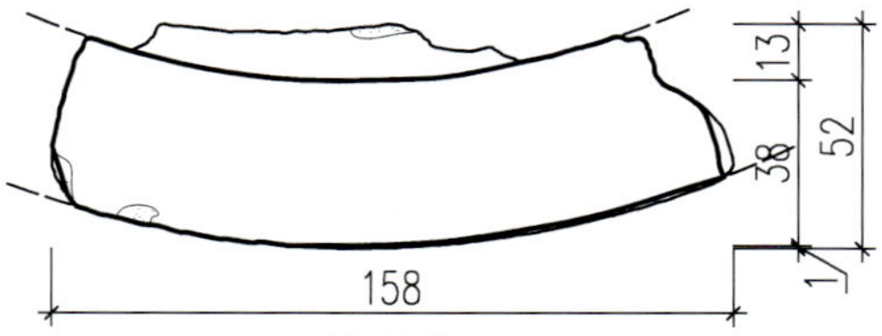

俯视图

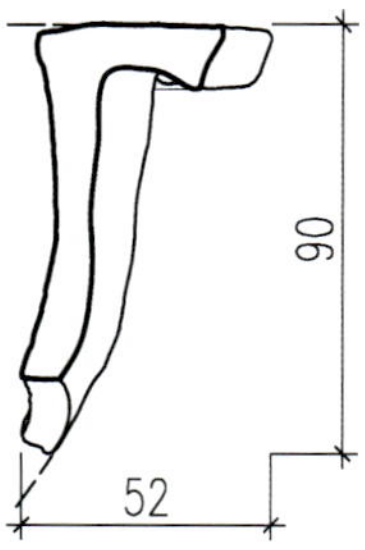

左视图

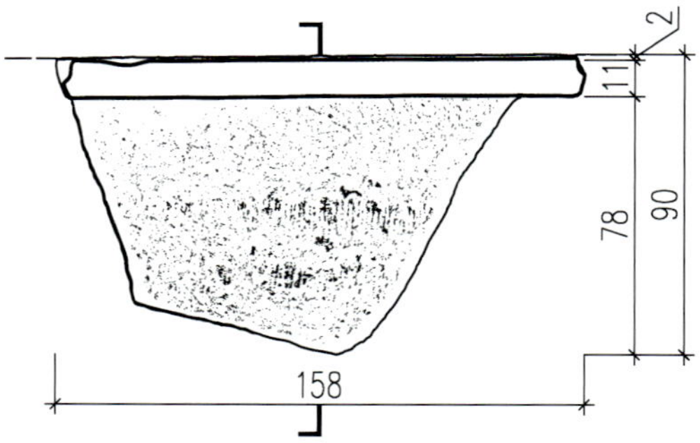

主视图

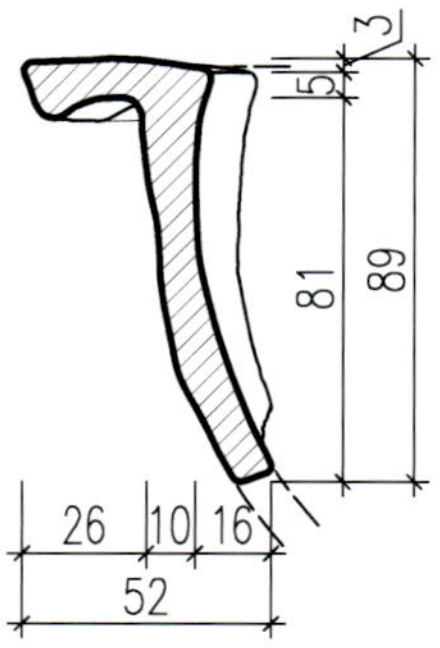

剖视图

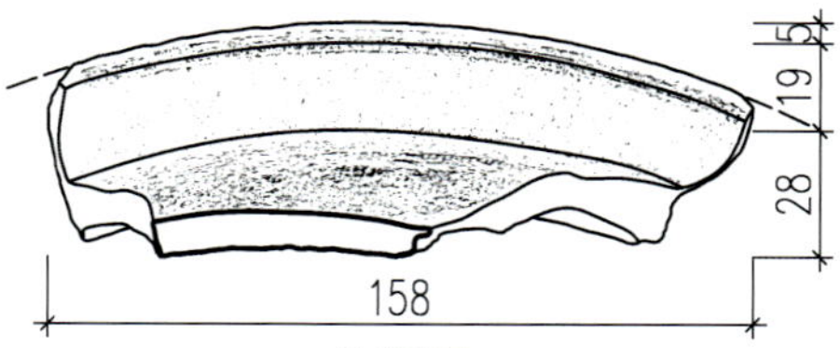

仰视图

编号	T2③：25				名称	陶盆		
复原口径	46.7厘米	沿宽	3.8厘米		残长	15.8厘米		
残宽	5.2厘米	残高	9厘米	厚		1厘米	重量	0.23千克
体积	121.94立方厘米			密度		1886.17千克/立方米		

图例

剖面　破损

0　5厘米

陶盆（T2③：25）线图

透视图

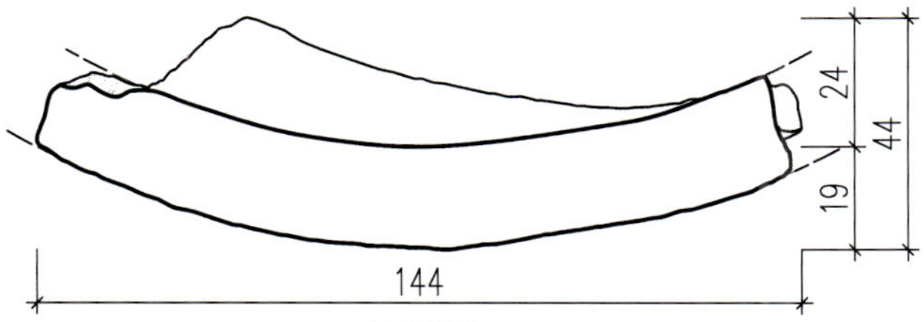

俯视图

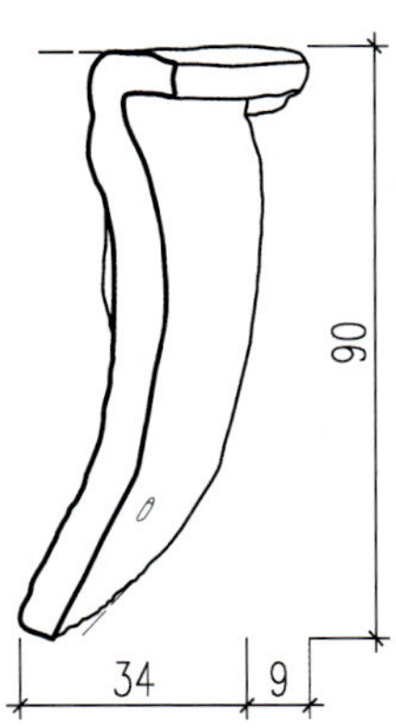

左视图

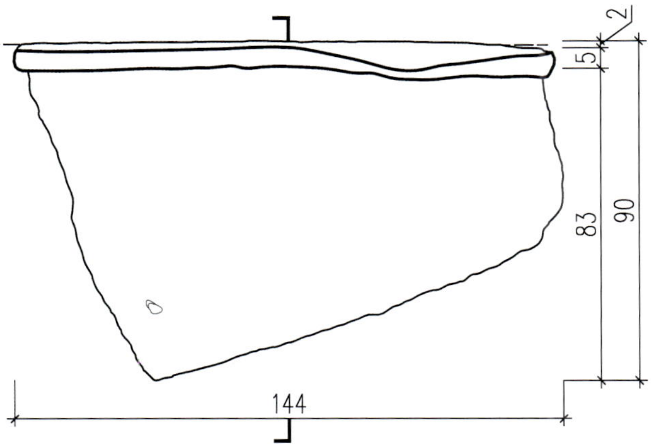

主视图

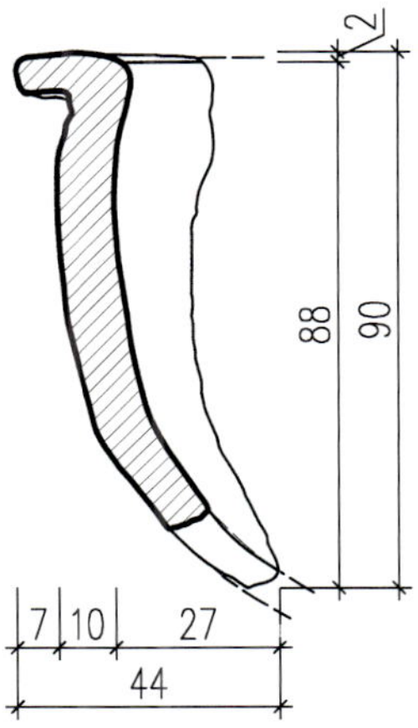

剖视图

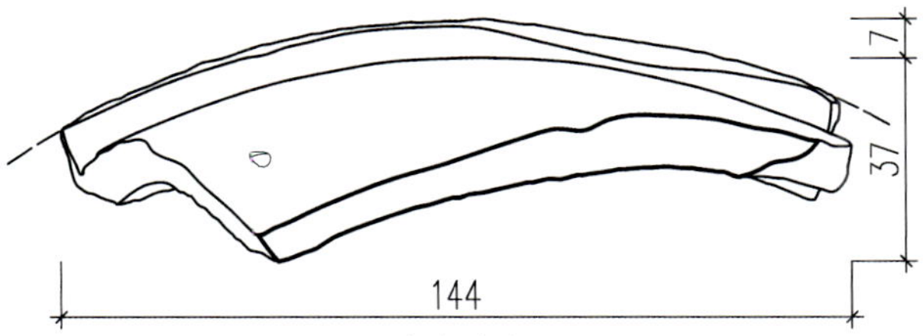

仰视图

编号	T2③：26			名称	陶盆		
复原口径	31.9厘米	沿宽	1.9厘米	残长	14.4厘米		
残宽	4.4厘米	残高	9厘米	厚	1厘米	重量	0.17千克
体积	95.02立方厘米			密度	1789.1千克/立方米		

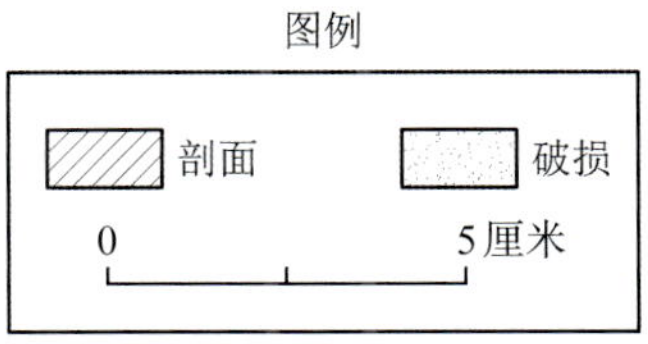

陶盆（T2③：26）线图

图版10

透视图

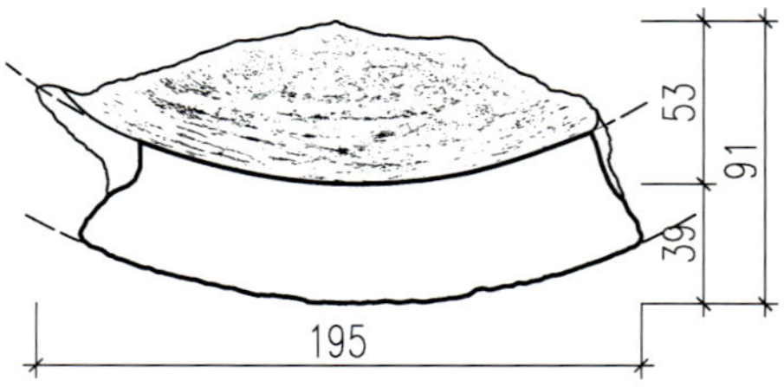

俯视图

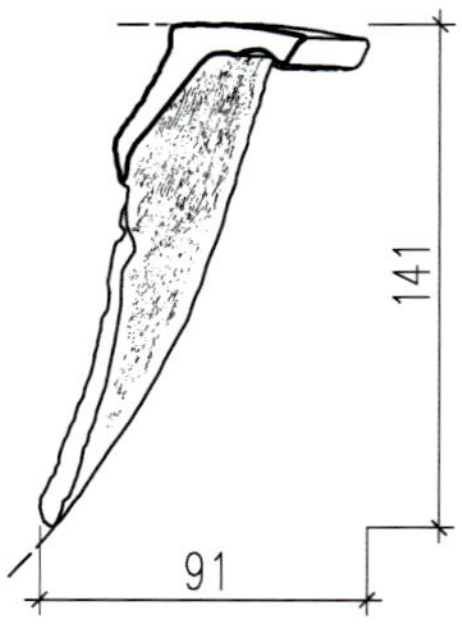

左视图

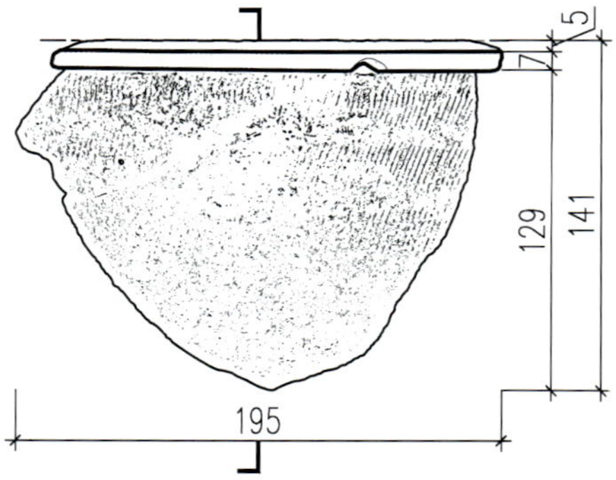

主视图

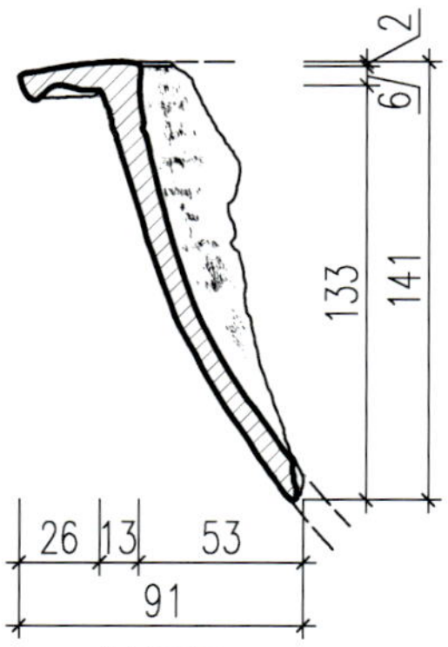

剖视图

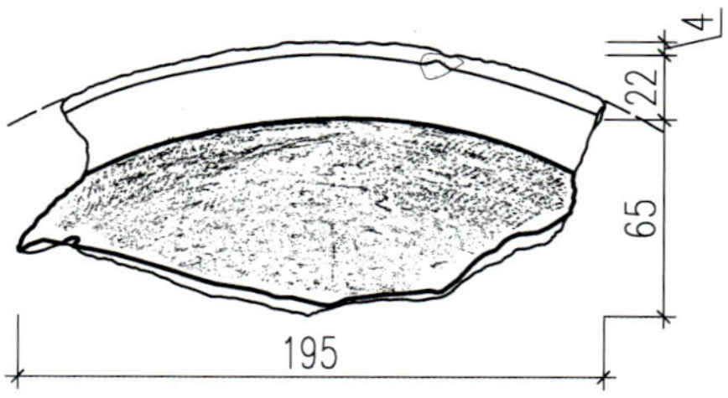

仰视图

编号	T2③：33			名称	陶盆		
复原口径	44厘米	沿宽	3.9厘米	残长	19.5厘米		
残宽	9.1厘米	残高	14.1厘米	厚	0.7厘米	重量	0.33千克
体积	199.88立方厘米			密度	1650.99千克/立方米		

图例

剖面　破损

0　10厘米

陶盆（T2③：33）线图

透视图

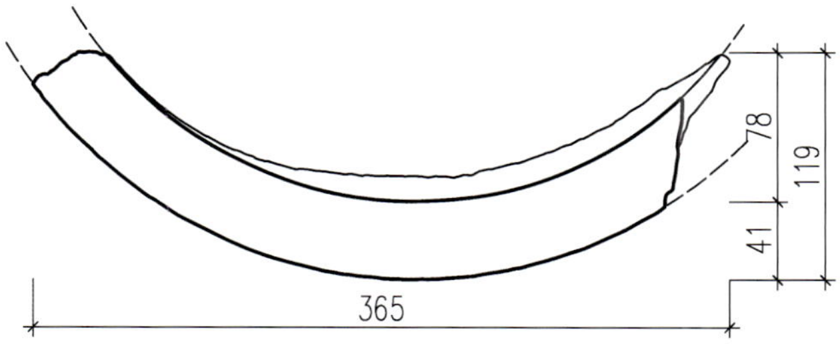

俯视图

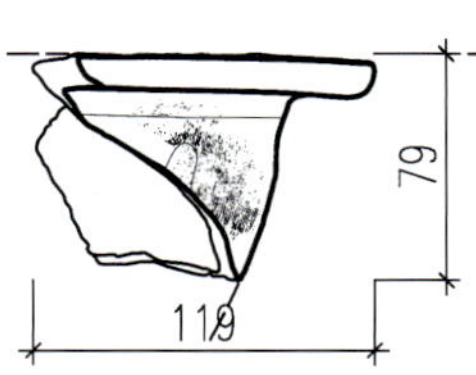

左视图

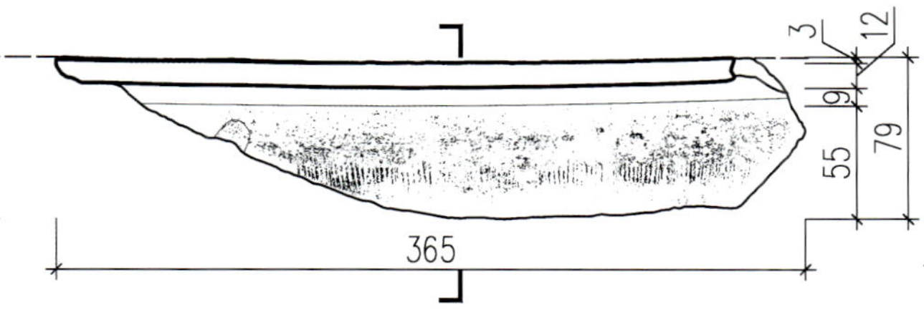

主视图

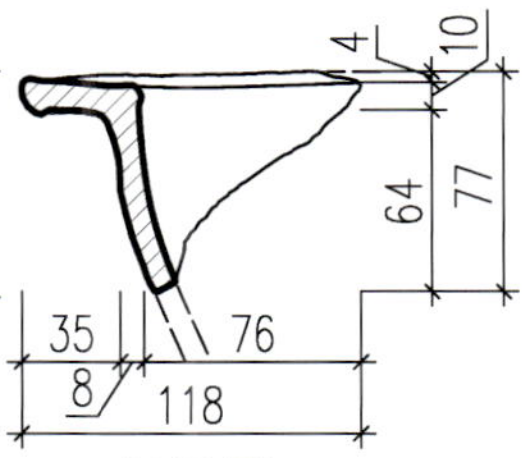

剖视图

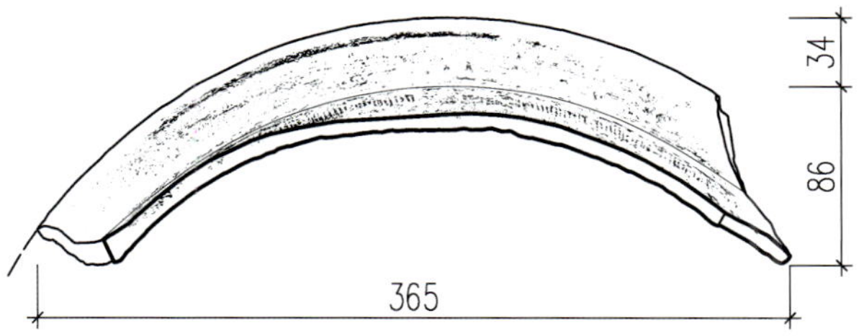

仰视图

编号	T2⑤：13			名称	陶盆		
复原口径	49.7厘米	沿宽	4.1厘米	残长	36.5厘米		
残宽	11.9厘米	残高	7.9厘米	厚	0.8厘米	重量	0.55千克
体积	307.56立方厘米			密度	1788.27千克/立方米		

图例

剖面　破损

0　10厘米

陶盆（T2⑤：13）线图

图版12

透视图

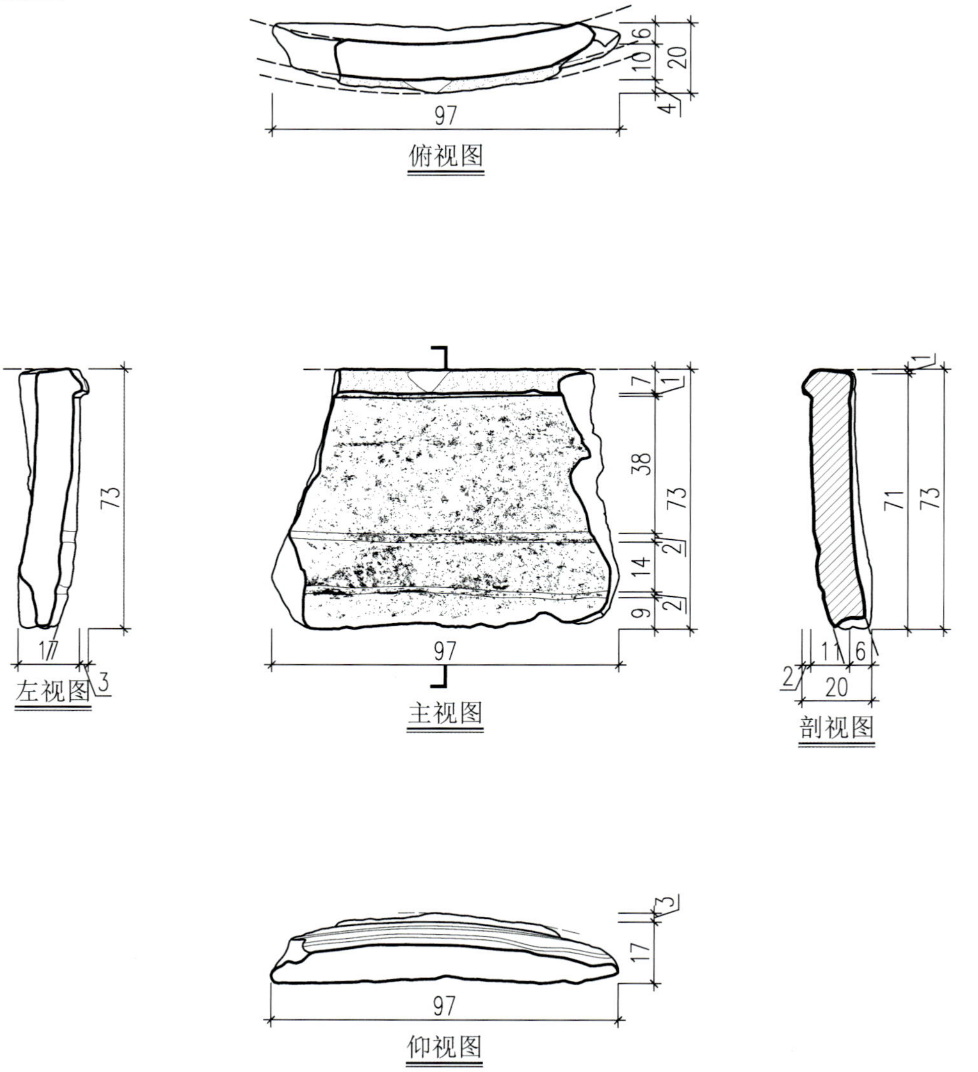

编号	T2⑤：14			名称	陶盆		
复原口径	35.7厘米	沿宽	1厘米	残长	9.7厘米		
残宽	2厘米	残高	7.3厘米	厚	1.1厘米	重量	0.09千克
体积	57.48立方厘米		密度	1565.76千克/立方米			

图例

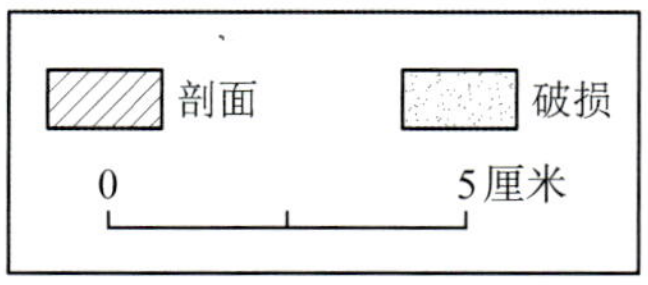

陶盆（T2⑤：14）线图

透视图

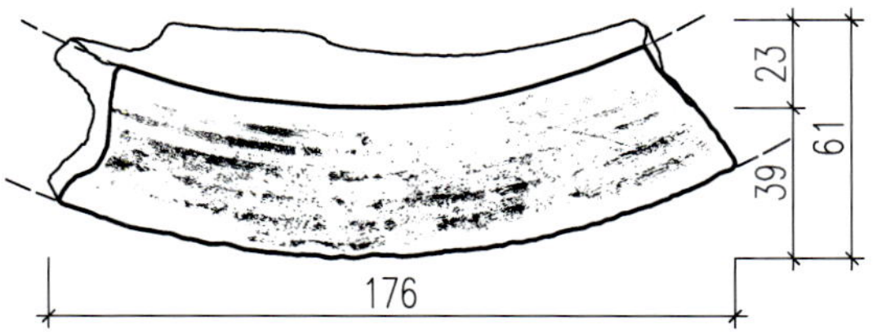

俯视图

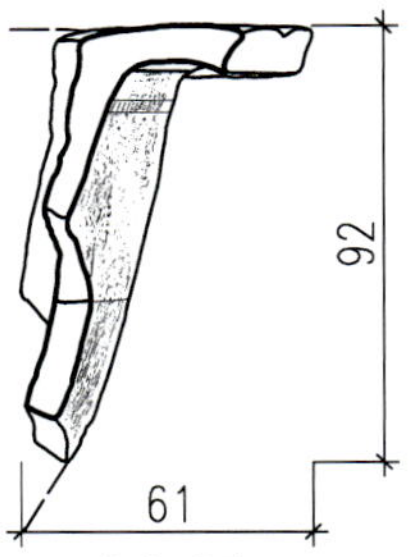

左视图

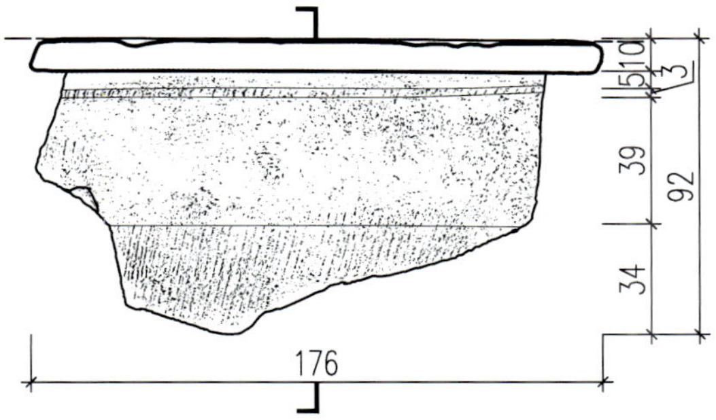

主视图

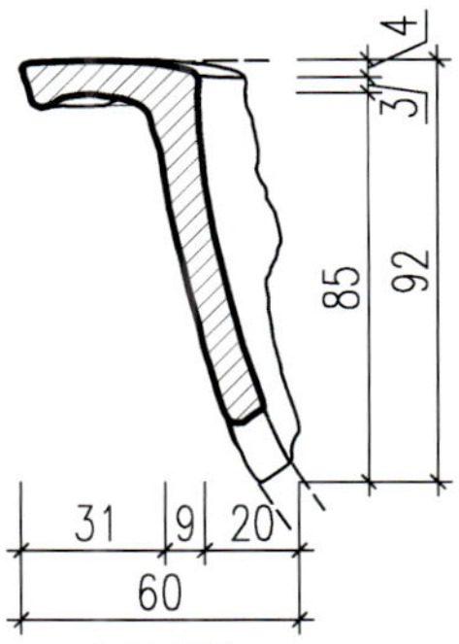

剖视图

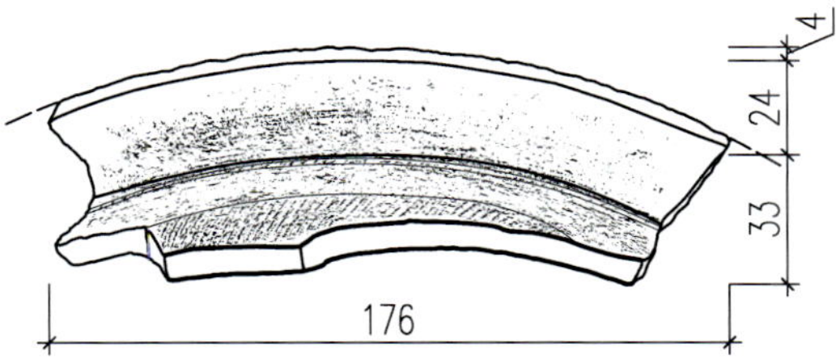

仰视图

编号	T2⑤：15				名称	陶盆	
复原口径	47厘米	沿宽	3.9厘米		残长	17.6厘米	
残宽	6.1厘米	残高	9.2厘米	厚	0.9厘米	重量	0.22千克
体积	129.59立方厘米			密度	1697.66千克/立方米		

图例

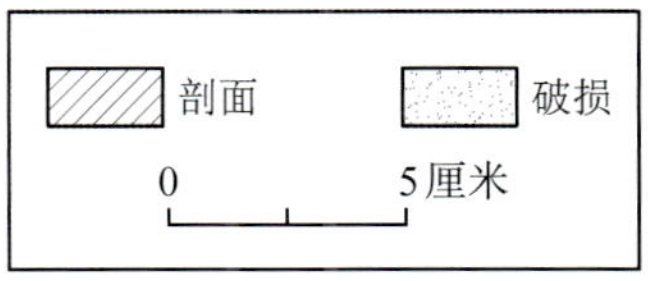

陶盆（T2⑤：15）线图

图版14

透视图

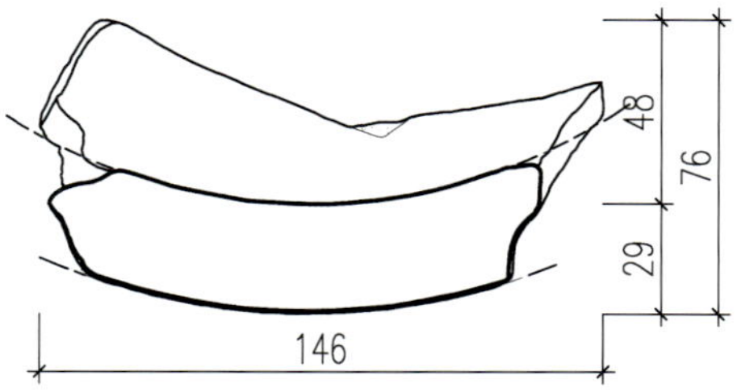

俯视图

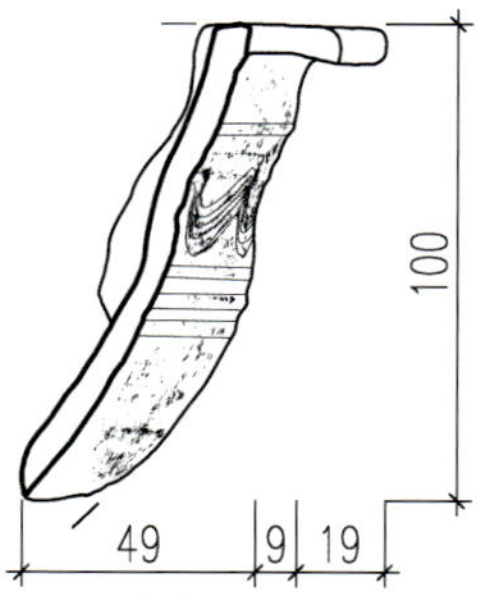

左视图

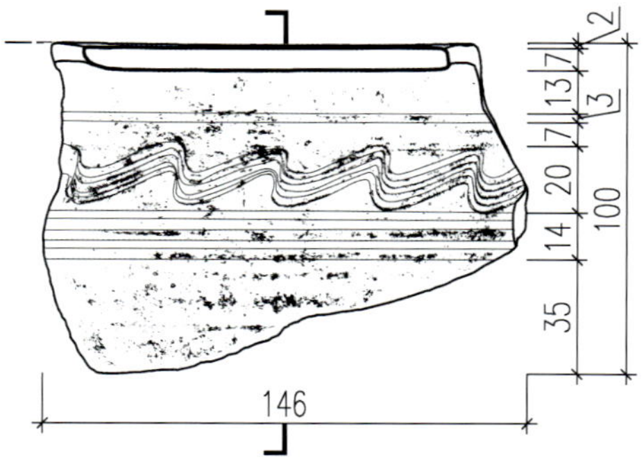

主视图

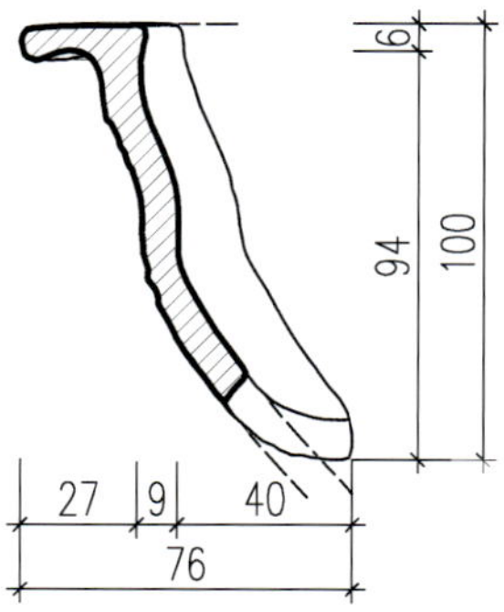

剖视图

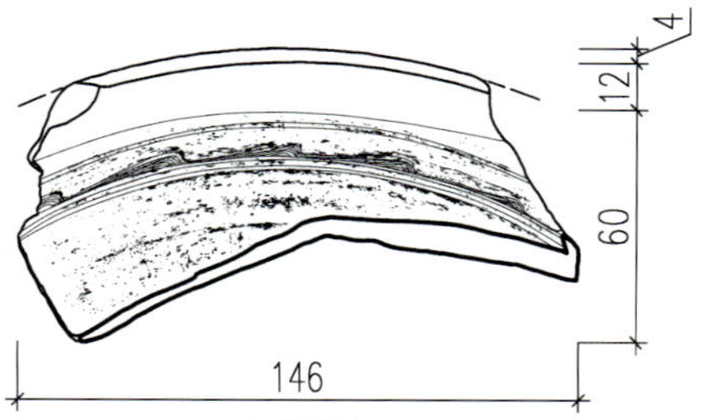

仰视图

编号	T2⑤：16			名称	陶盆		
复原口径	34.2厘米	沿宽	2.9厘米	残长	14.6厘米		
残宽	7.6厘米	残高	10厘米	厚	0.9厘米	重量	0.21千克
体积	119.37立方厘米		密度	1759.24千克/立方米			

图例

剖面　破损

0　5厘米

陶盆（T2⑤：16）线图

透视图

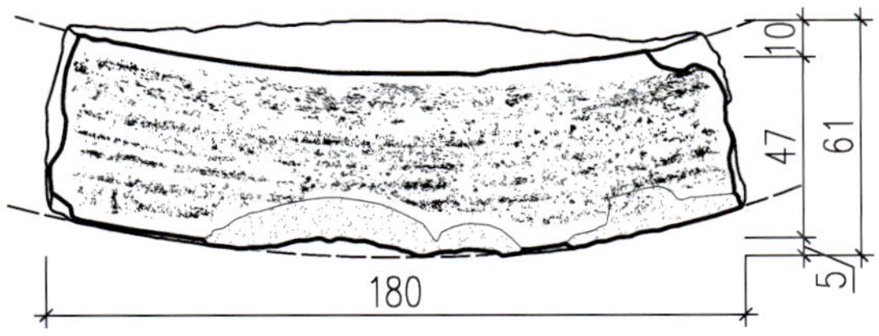

俯视图

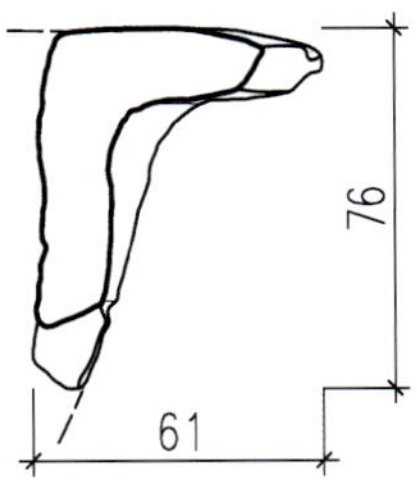

左视图

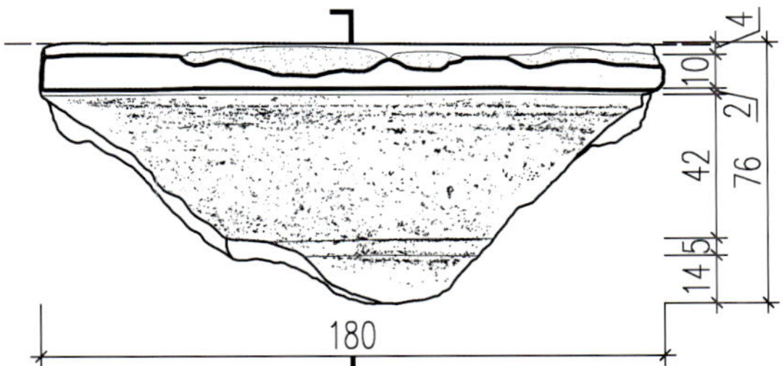

主视图

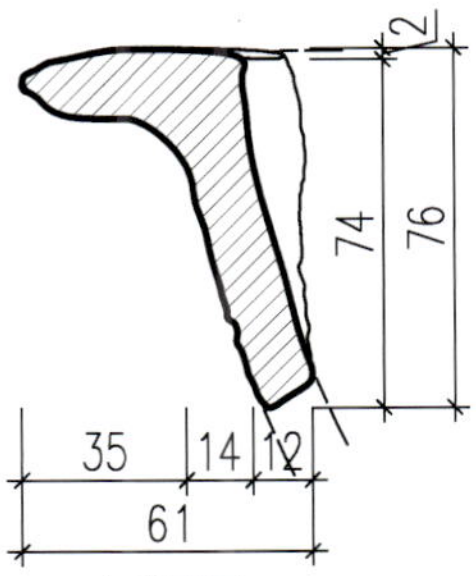

剖视图

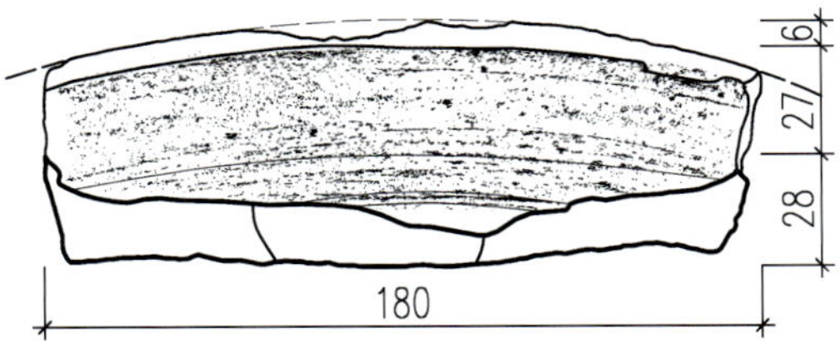

仰视图

编号	T2⑤：17			名称	陶盆		
复原口径	91.8厘米	沿宽	4.7厘米	残长	18厘米		
残宽	6.1厘米	残高	7.6厘米	厚	1.4厘米	重量	0.34千克
体积	197.43立方厘米			密度	1722.13千克/立方米		

图例

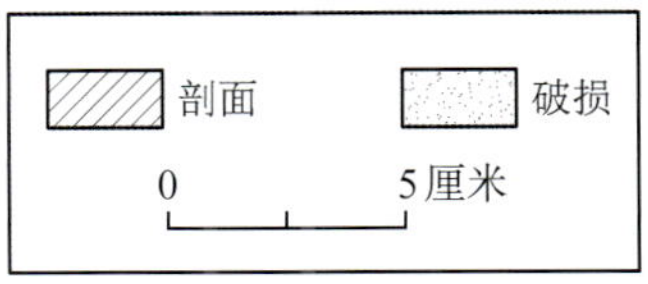

陶盆（T2⑤：17）线图

图版16

透视图

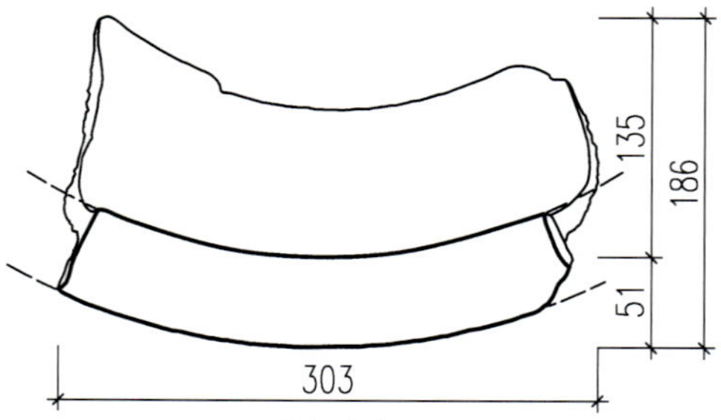

俯视图

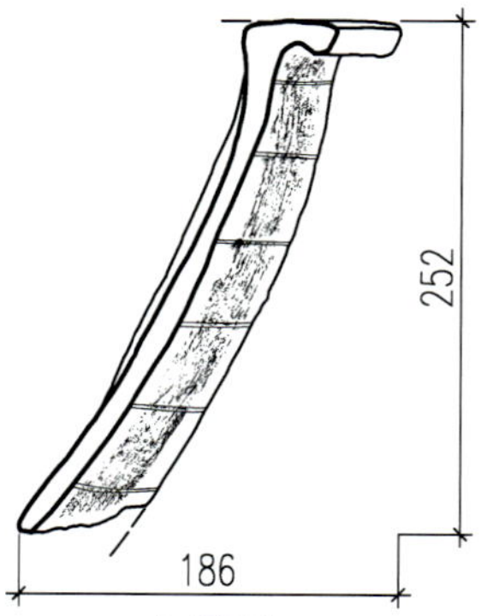

左视图

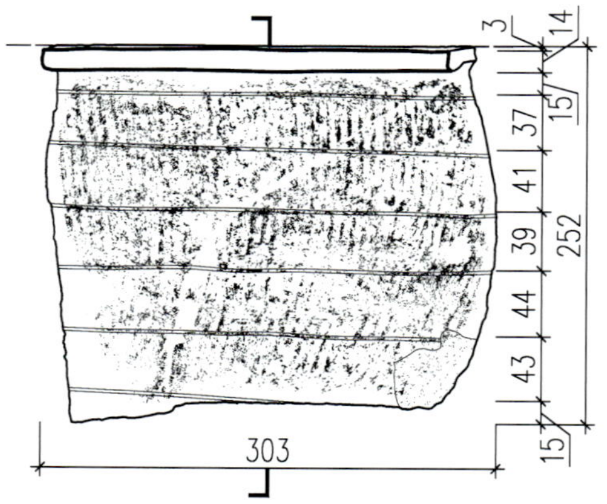

主视图

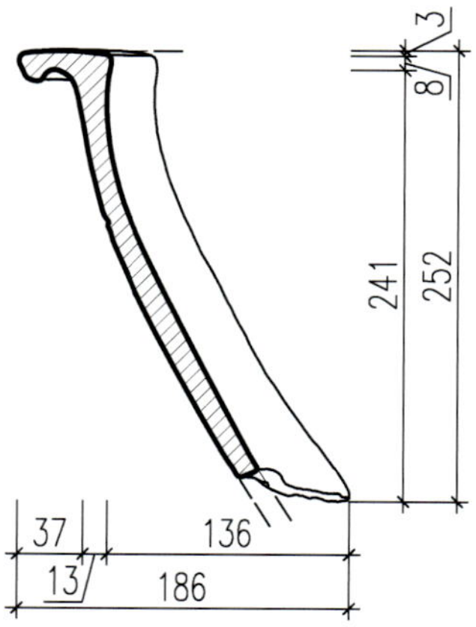

剖视图

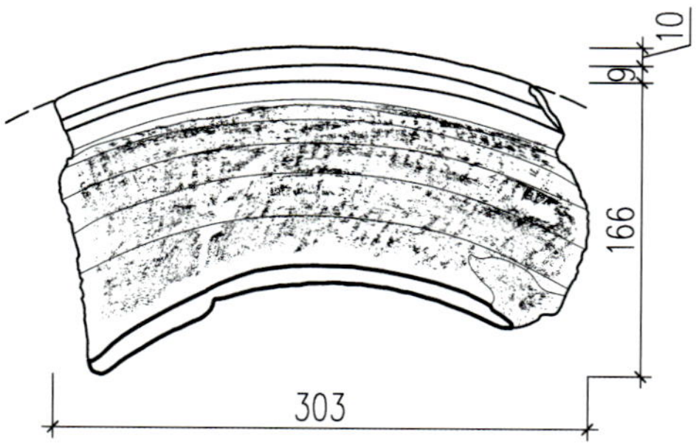

仰视图

编号	T2⑤：20			名称	陶盆		
复原口径	72厘米	沿宽	5.1厘米	残长	30.3厘米		
残宽	18.6厘米	残高	25.2厘米	厚	1.3厘米	重量	2.1千克
体积	1219.05立方厘米			密度	1722.65千克/立方米		

图例

剖面　破损

0　10厘米

陶盆（T2⑤：20）线图

透视图

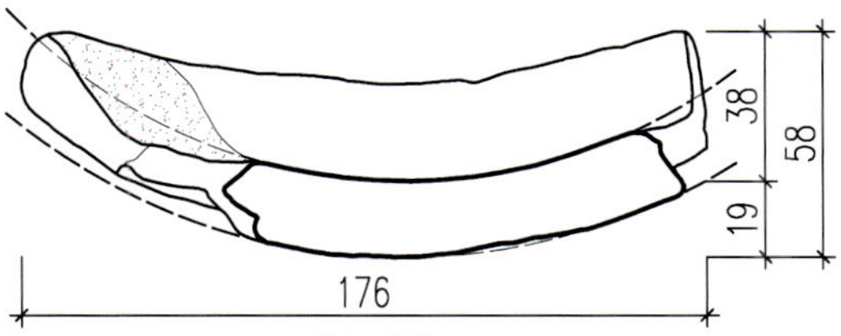

俯视图

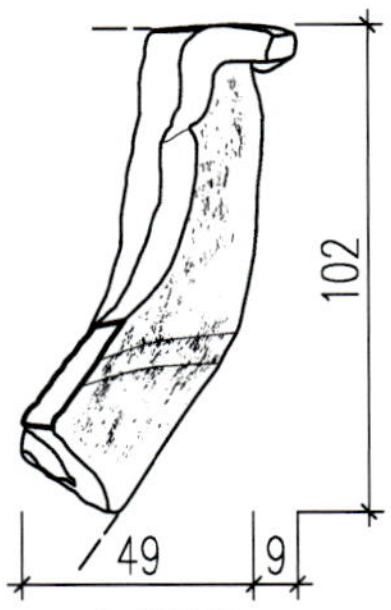

左视图

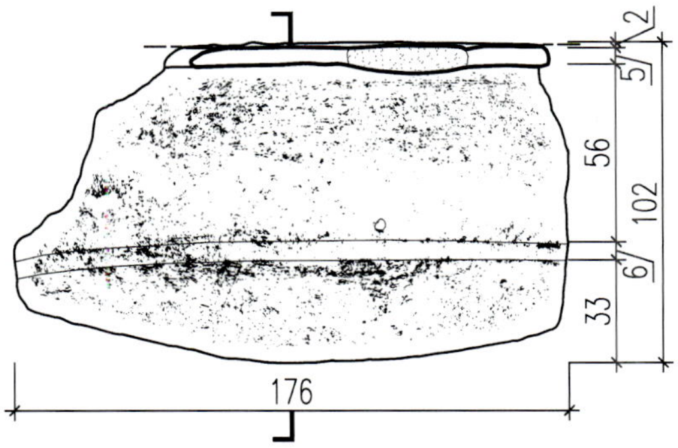

主视图

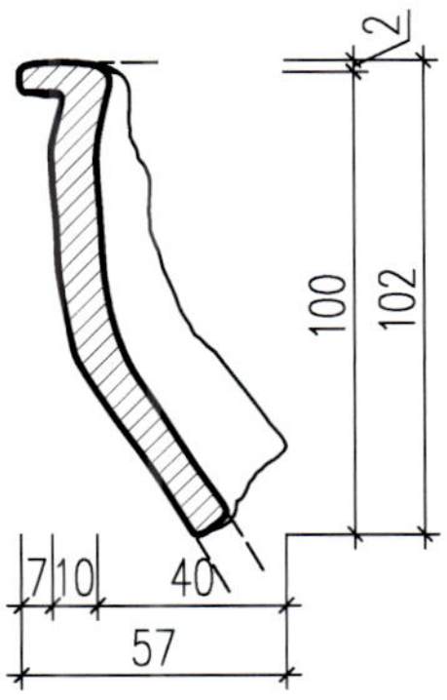

剖视图

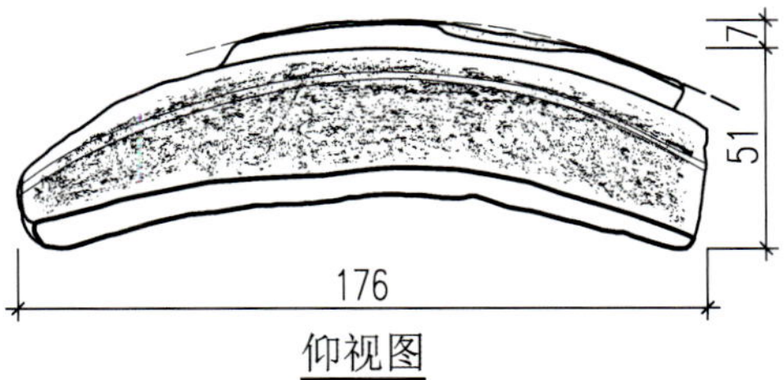

仰视图

编号	T2⑦：10			名称	陶盆		
复原口径	32厘米	沿宽	1.9厘米	残长	17.6厘米		
残宽	5.8厘米	残高	10.2厘米	厚	1厘米	重量	0.27千克
体积	157.38立方厘米			密度	1715.59千克/立方米		

图例

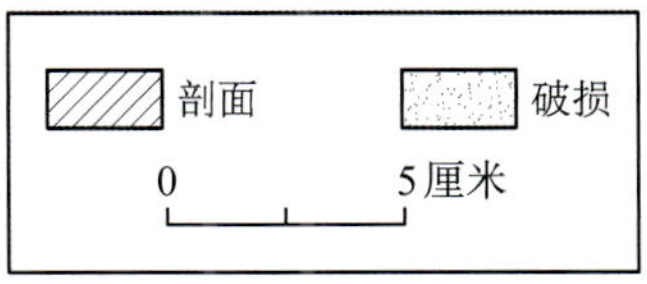

陶盆（T2⑦：10）线图

图版18

透视图

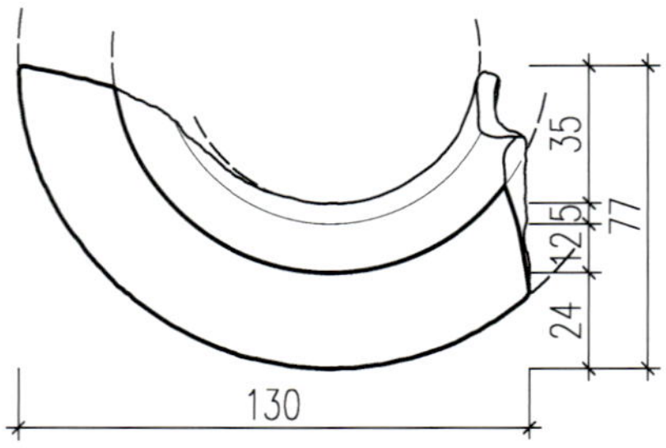

俯视图

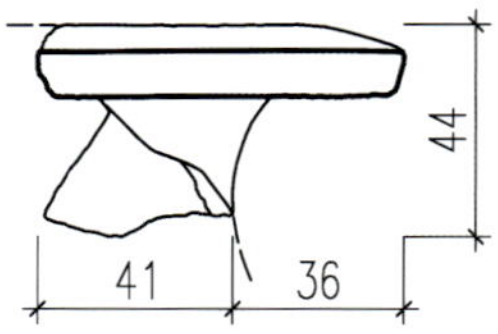

左视图

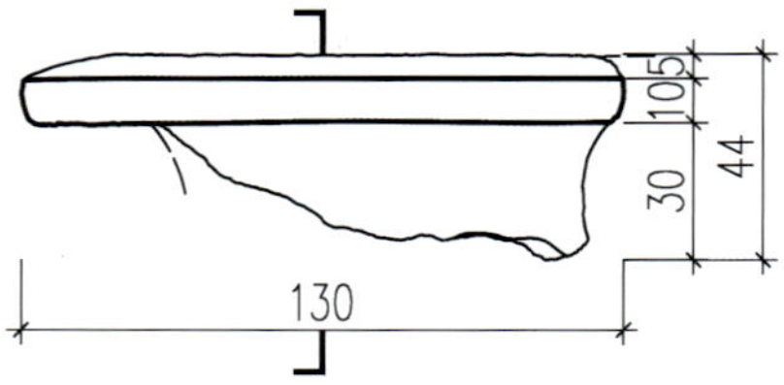

主视图

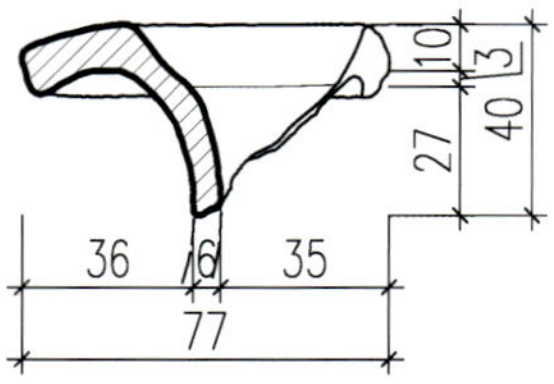

剖视图

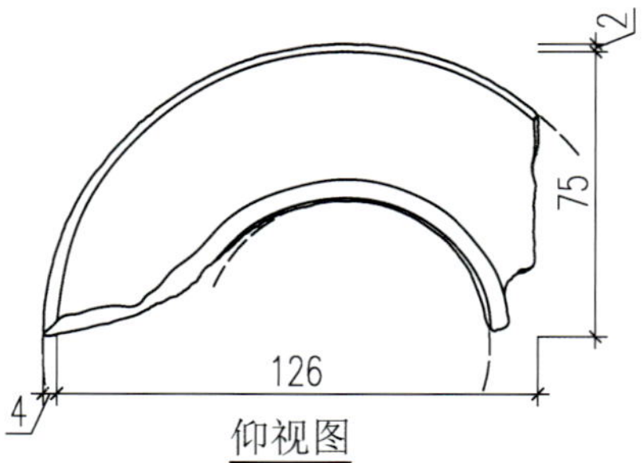

仰视图

编号	T2③：27			名称	陶壶		
复原口径	15.9厘米	沿宽	2.4厘米	残长	13厘米		
残宽	7.7厘米	残高	4.4厘米	厚	0.6厘米	重量	0.1千克
体积	58.86立方厘米			密度	1698.95千克/立方米		

图例

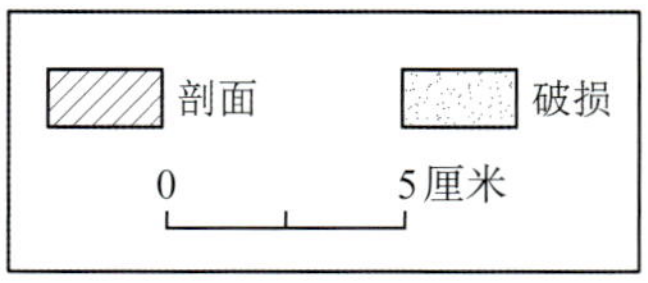

陶壶（T2③：27）线图

透视图

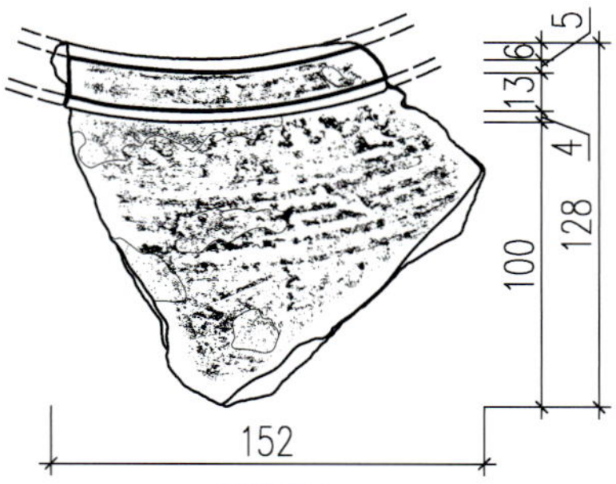

俯视图

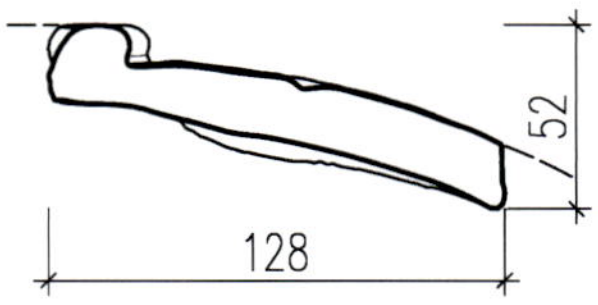

左视图

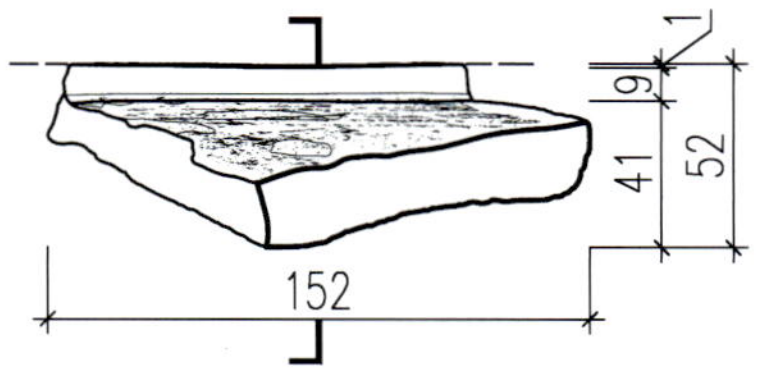

主视图

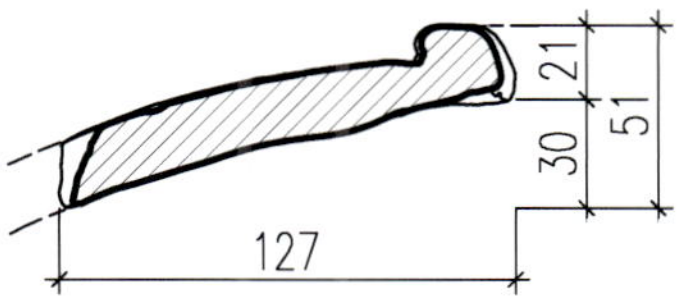

剖视图

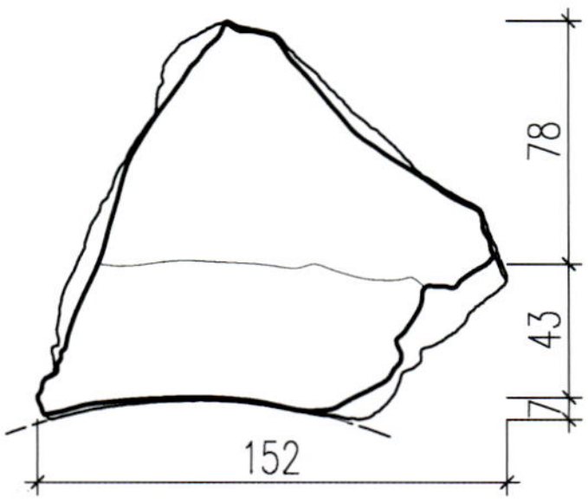

仰视图

编号	T2③：29			名称	陶罐		
复原口径	39.2厘米	沿宽	1.3厘米	残长	15.2厘米		
残宽	12.8厘米	残高	5.2厘米	厚	1.7厘米	重量	0.36千克
体积	201.69立方厘米			密度	1784.92千克/立方米		

图例

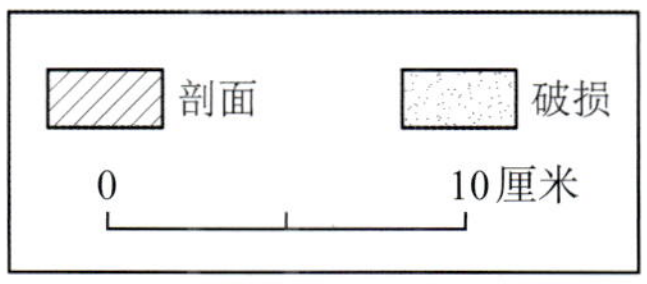

陶罐（T2③：29）线图

图版20

透视图

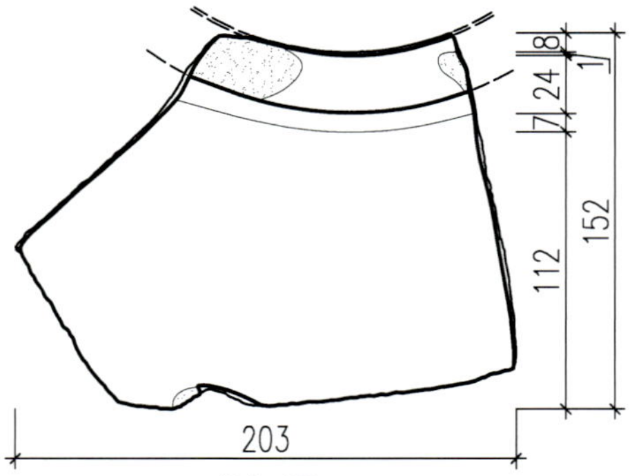

俯视图

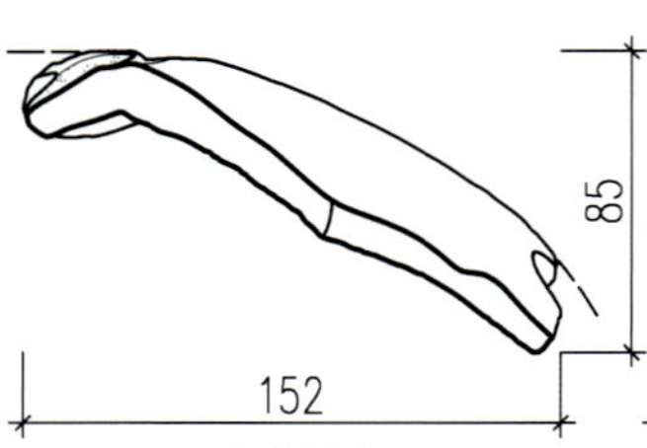

左视图

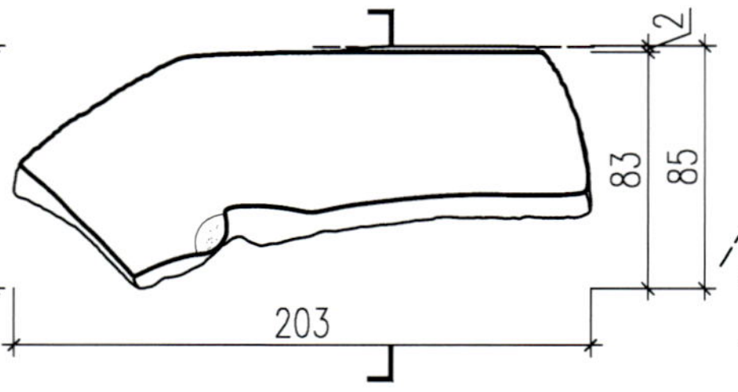

主视图

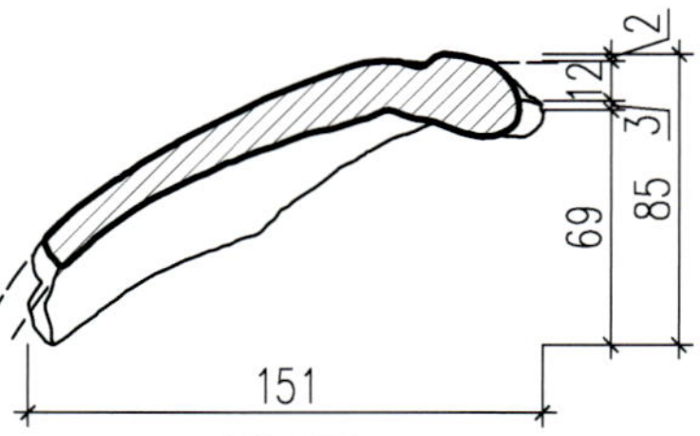

剖视图

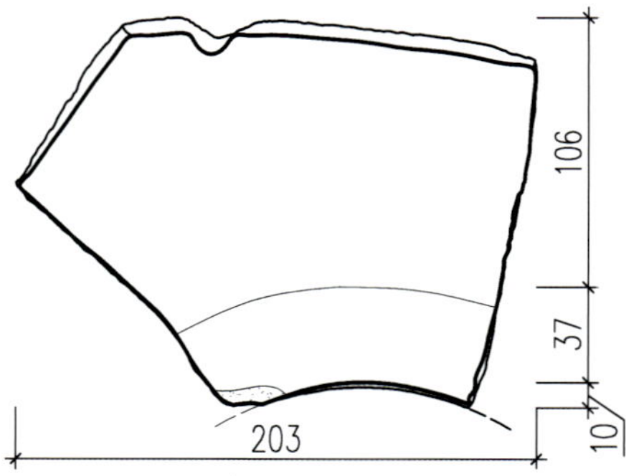

仰视图

编号	T2③：30			名称	陶罐		
复原口径	27.6厘米	沿宽	2.4厘米	残长	20.3厘米		
残宽	15.2厘米	残高	8.5厘米	厚	1.3厘米	重量	0.59千克
体积	319.61立方厘米			密度	1846千克/立方米		

图例

剖面 破损

0 10厘米

陶罐（T2③：30）线图

透视图

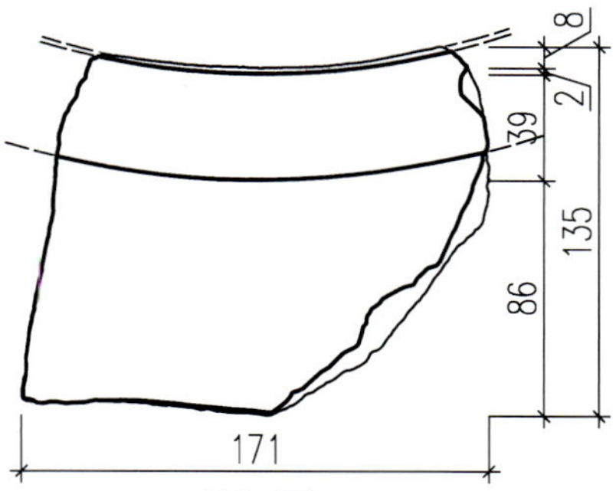

俯视图

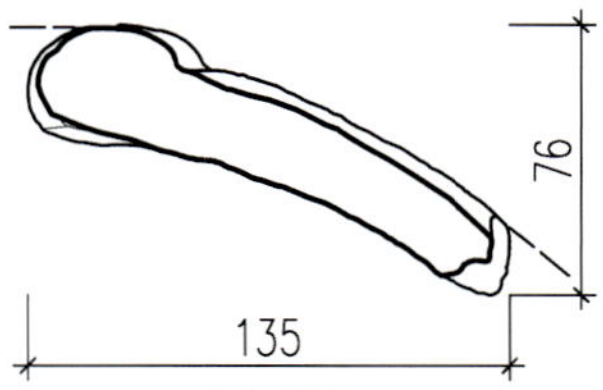

左视图

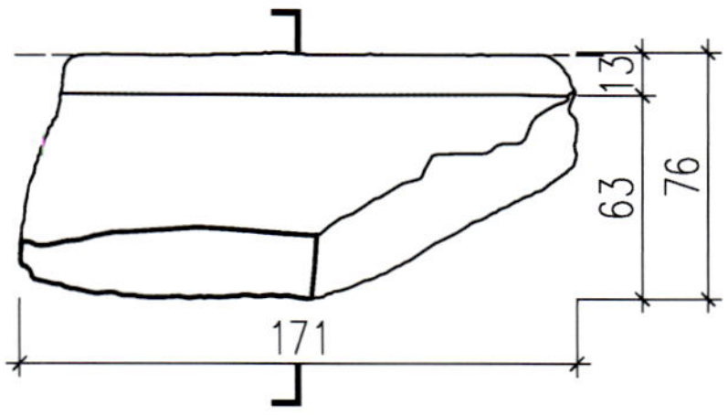

主视图

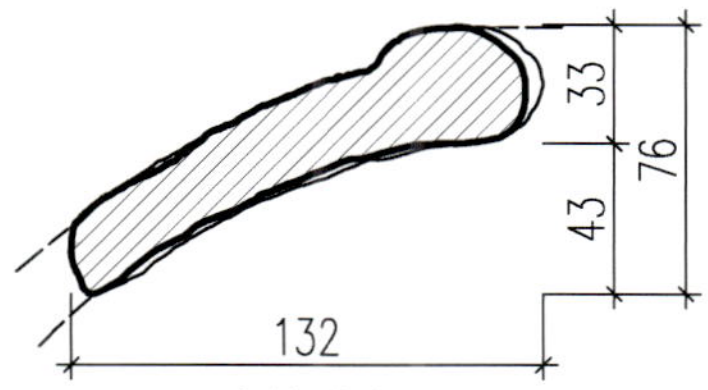

剖视图

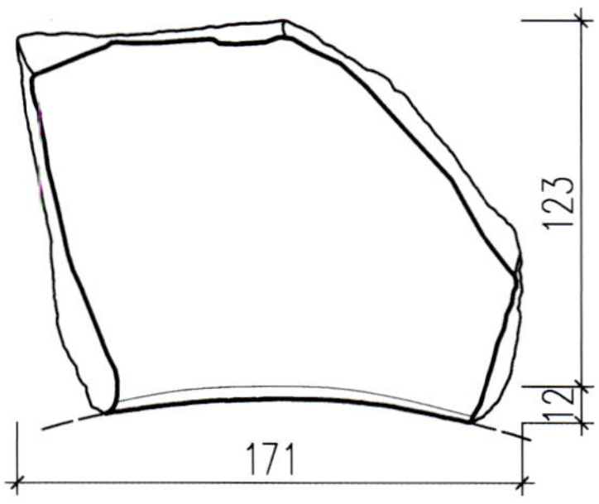

仰视图

编号	T2③：31			名称	陶罐		
复原口径	65.3厘米	沿宽	3.9厘米	残长	17.1厘米		
残宽	13.5厘米	残高	7.6厘米	厚	2.1厘米	重量	0.83千克
体积	431.28立方厘米		密度	1924.5千克/立方米			

图例

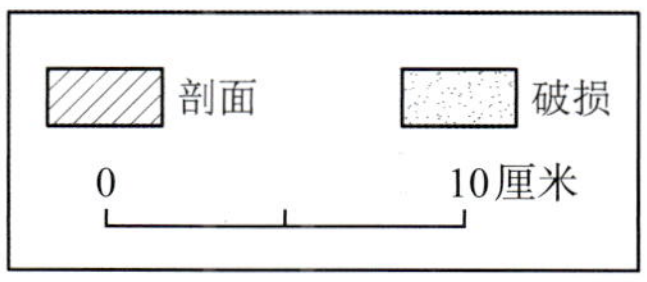

陶罐（T2③：31）线图

图版22

透视图

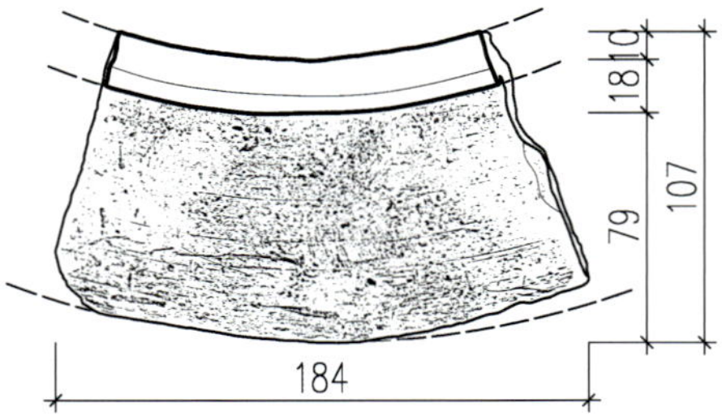

俯视图

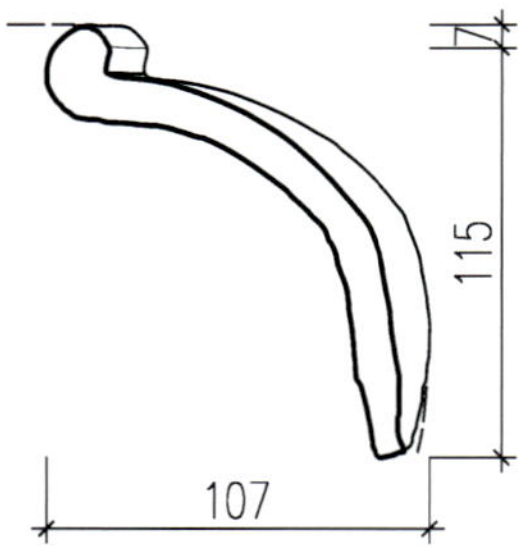

左视图

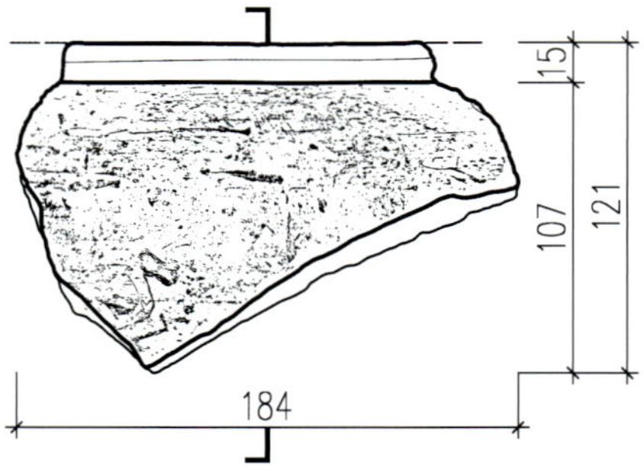

主视图

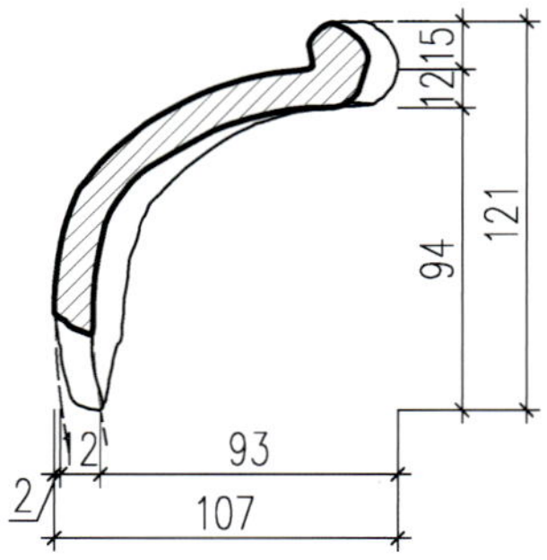

剖视图

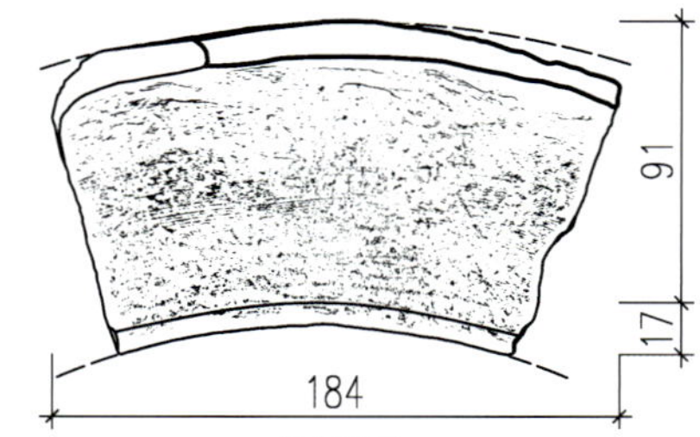

仰视图

编号	T2④：20				名称	陶罐	
复原口径	46.4厘米	沿宽	1.8厘米		残长	18.4厘米	
残宽	10.7厘米	残高	12.1厘米	厚	1.2厘米	重量	0.5千克
体积	272.32立方厘米			密度	1836.08千克/立方米		

图例

剖面　破损

0　10厘米

陶罐（T2④：20）线图

图版23

透视图

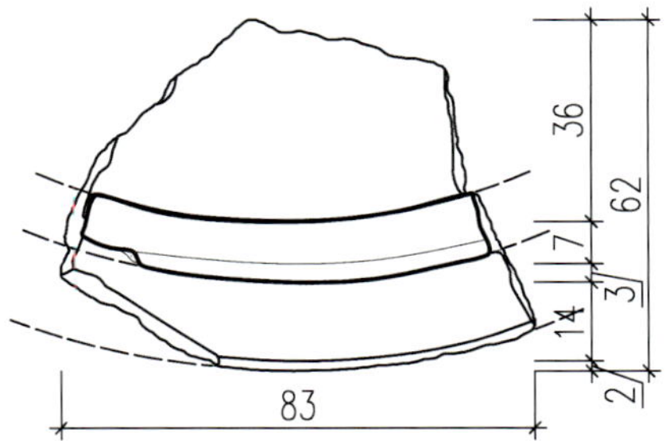

俯视图

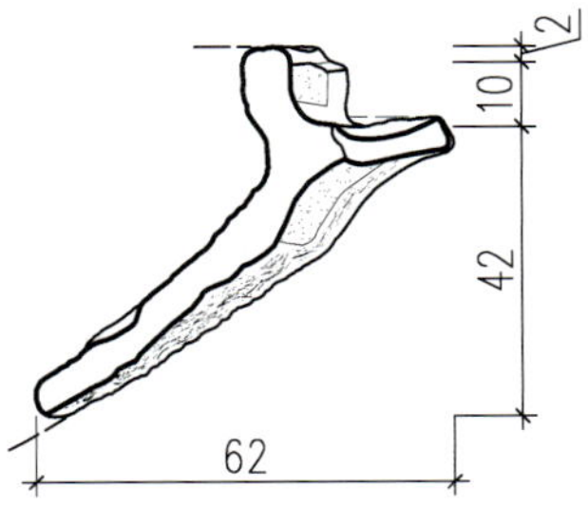

左视图

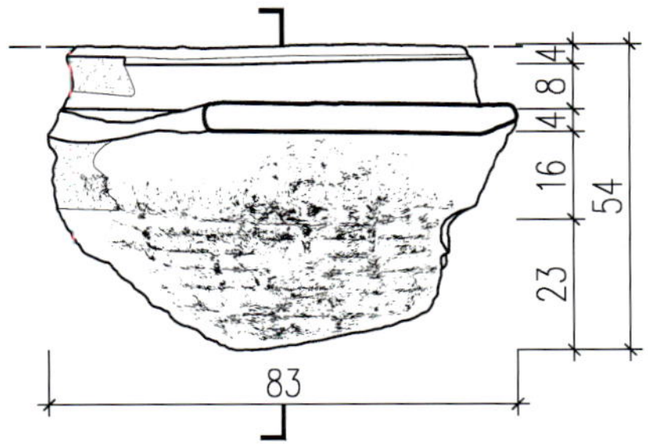

主视图

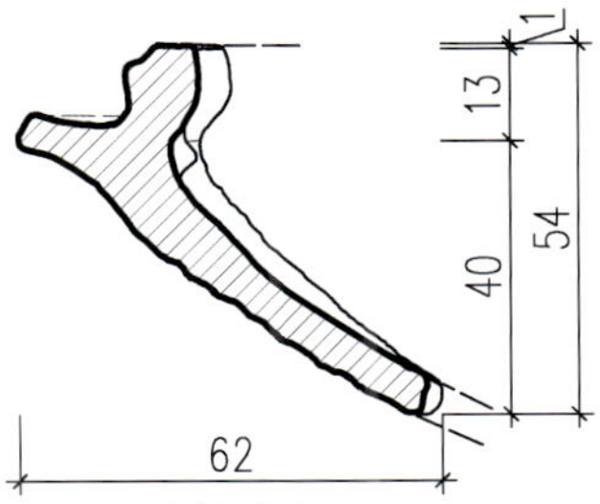

剖视图

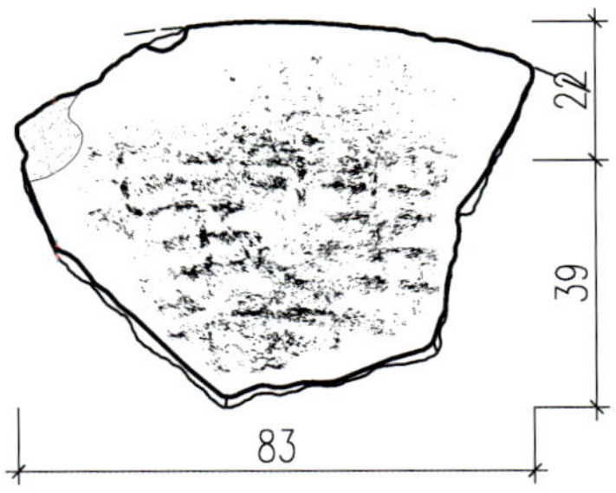

仰视图

编号	T2③：28			名称	陶釜		
复原口径	24.1厘米	沿宽	1厘米	残长	8.3厘米		
残宽	6.2厘米	残高	5.4厘米	厚	0.6厘米	重量	0.07千克
体积	40.55立方厘米			密度	1726.26千克/立方米		

图例

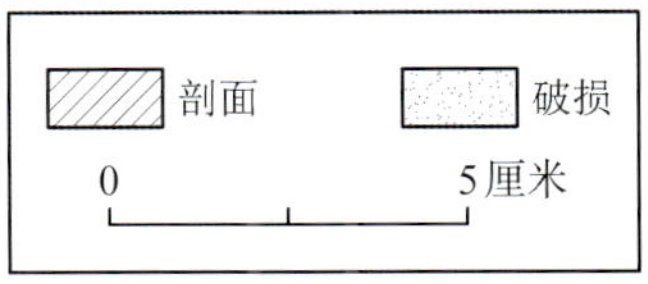

陶釜（T2③：28）线图

图版24

透视图

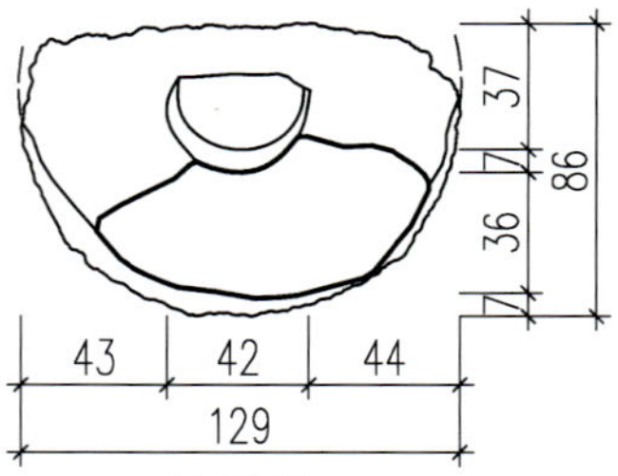

俯视图

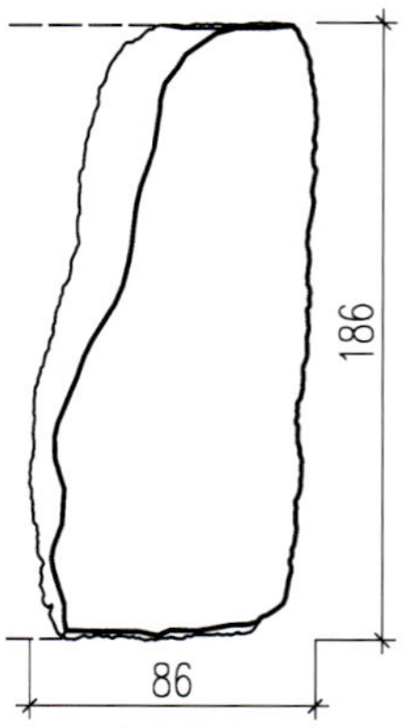

左视图

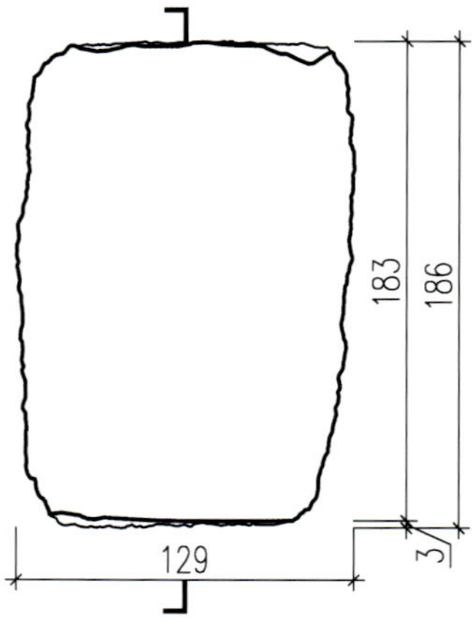

主视图

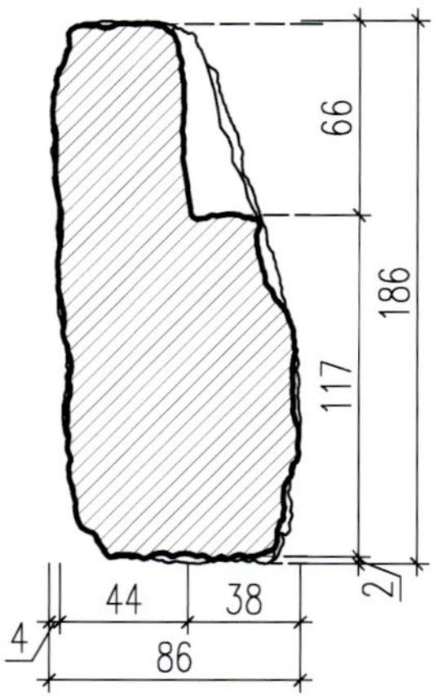

剖视图

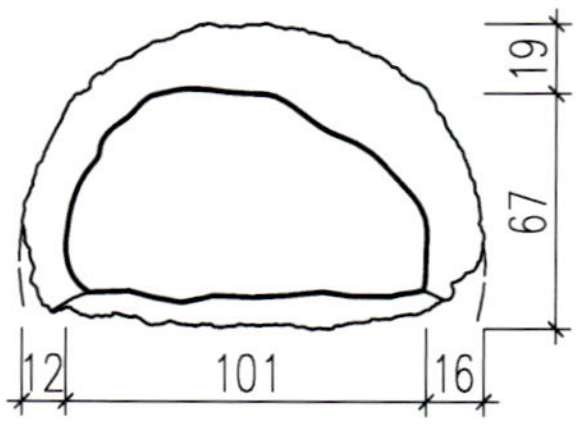

仰视图

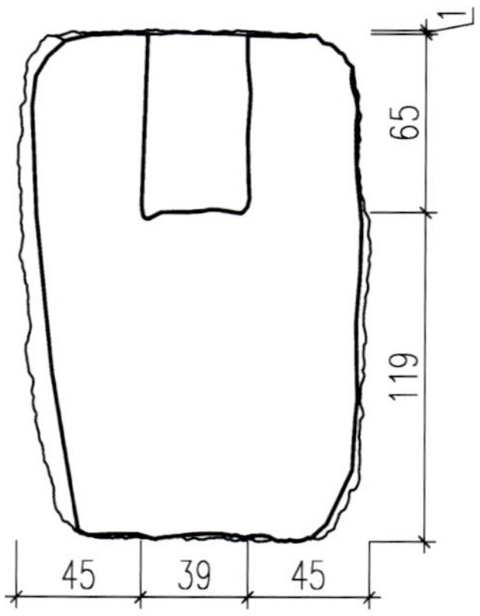

后视图

图例

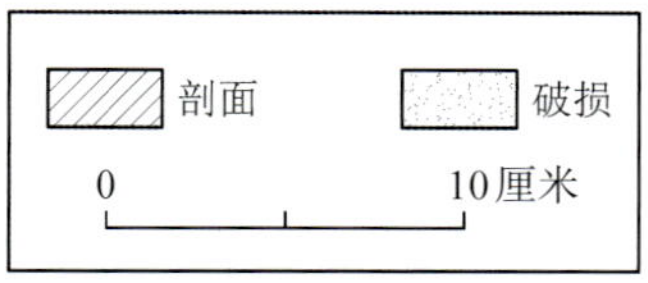

编号	T2④：2	名称	石夯	上部径	11.8厘米
底径	10.1厘米	高	18.6厘米	窝径	3.9厘米
窝深	6.6厘米	窝壁厚	4.4厘米	重量	3.05千克
体积	1148.22立方厘米	密度	2656.29千克/立方米		

石夯（T2④：2）线图

透视图

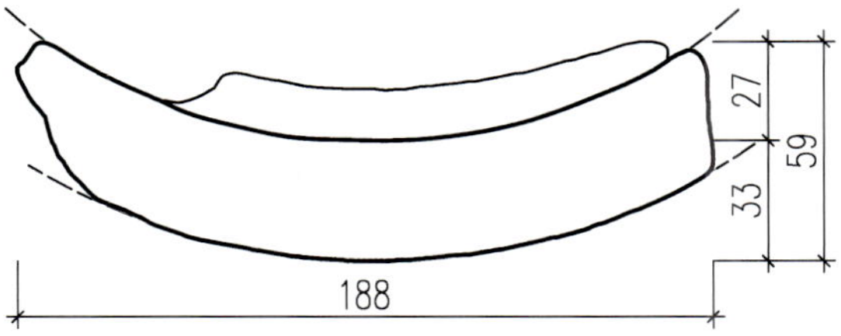

俯视图

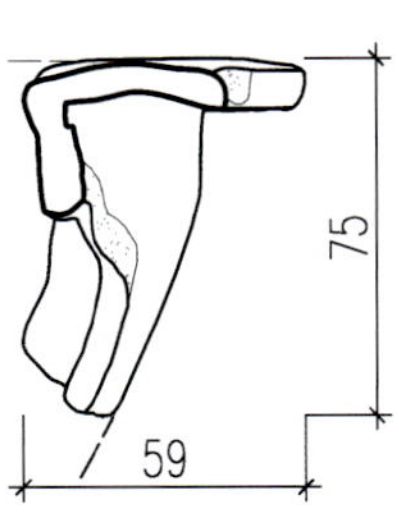

左视图

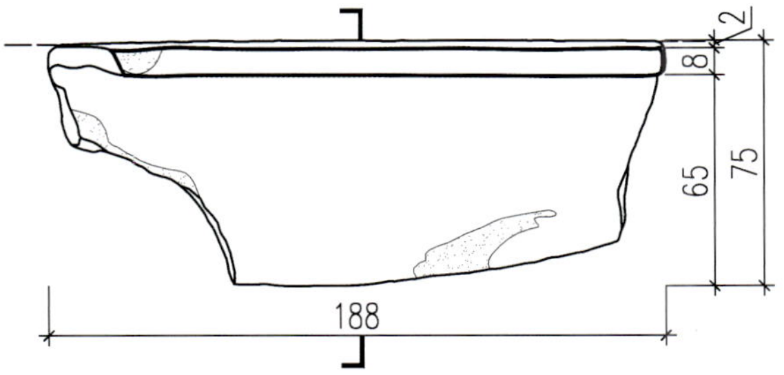

主视图

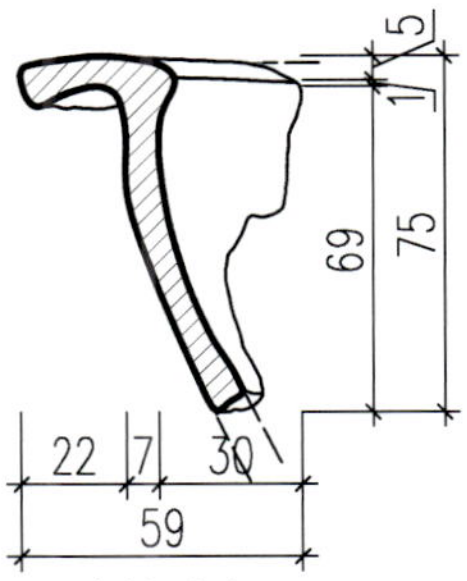

剖视图

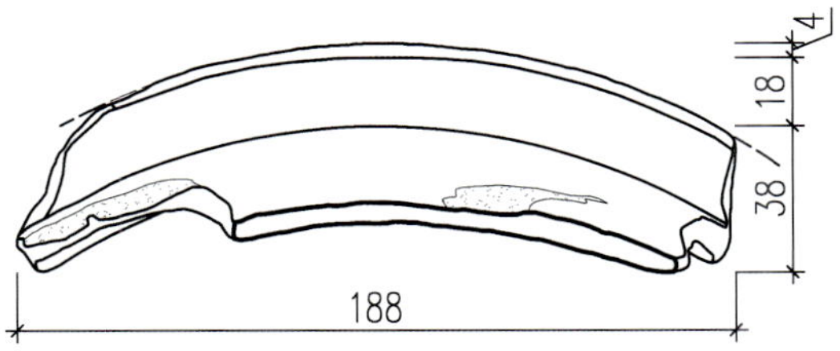

仰视图

编号	T2H13：6			名称	陶盆		
复原口径	36.6厘米	沿宽	3.3厘米	残长	18.8厘米		
残宽	5.9厘米	残高	7.5厘米	厚	0.7厘米	重量	0.19千克
体积	114.85立方厘米			密度	1654.33千克/立方米		

图例

剖面　破损

0　5厘米

陶盆（T2H13：6）线图

图版26

透视图

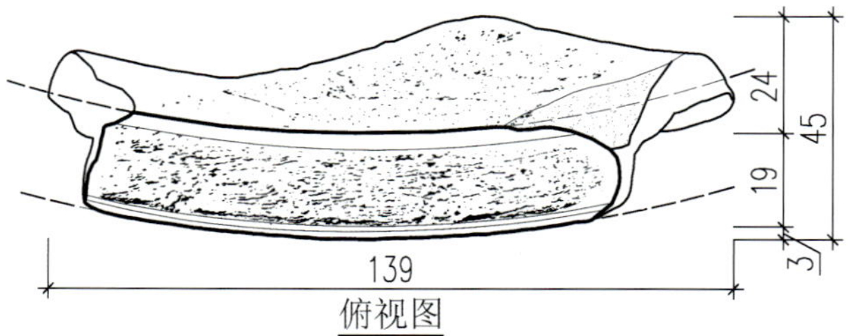

俯视图

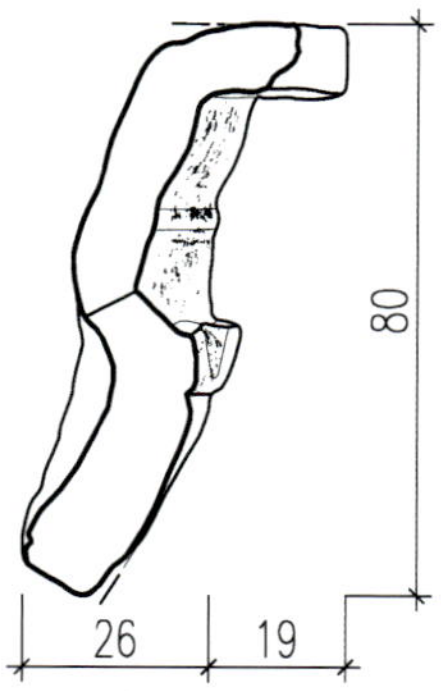

左视图

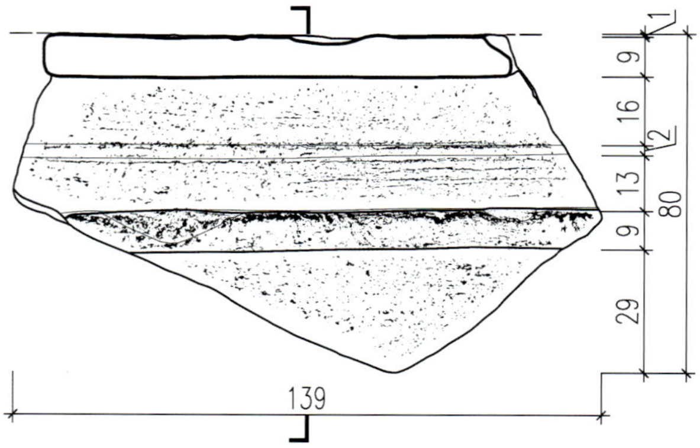

主视图

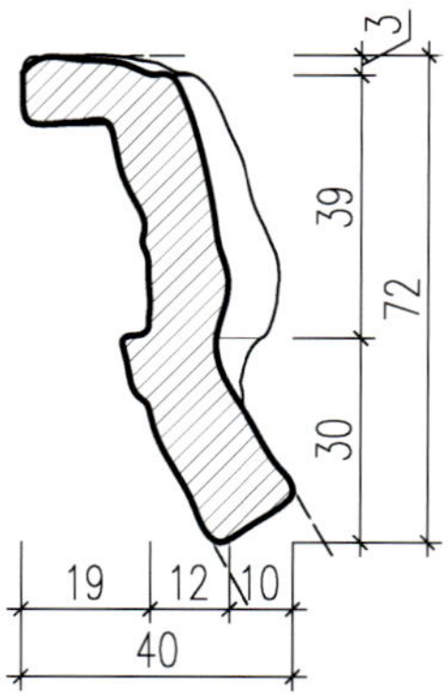

剖视图

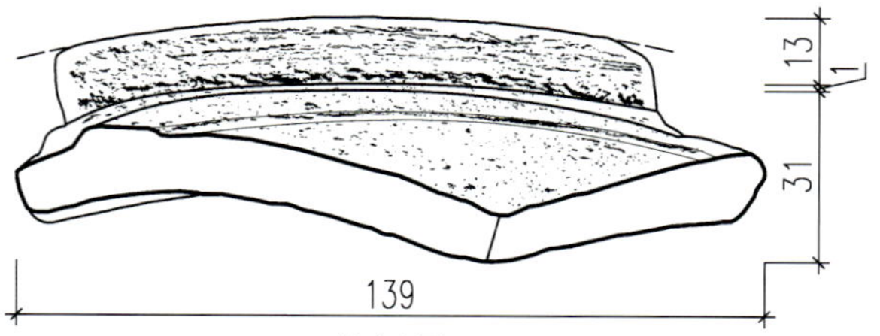

仰视图

编号	T2H17：11			名称	陶盆		
复原口径	57.2厘米	沿宽	2.2厘米	残长	13.9厘米		
残宽	4.5厘米	残高	8厘米	厚	1.2厘米	重量	0.17千克
体积	91.79立方厘米			密度	1852.05千克/立方米		

图例

剖面　破损

0　5厘米

陶盆（T2H17：11）线图

透视图

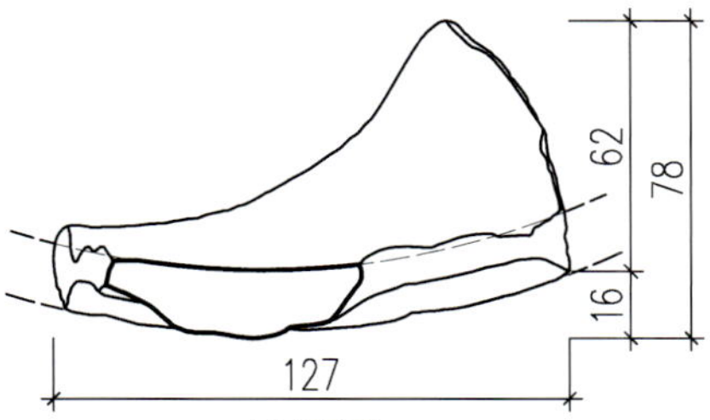

俯视图

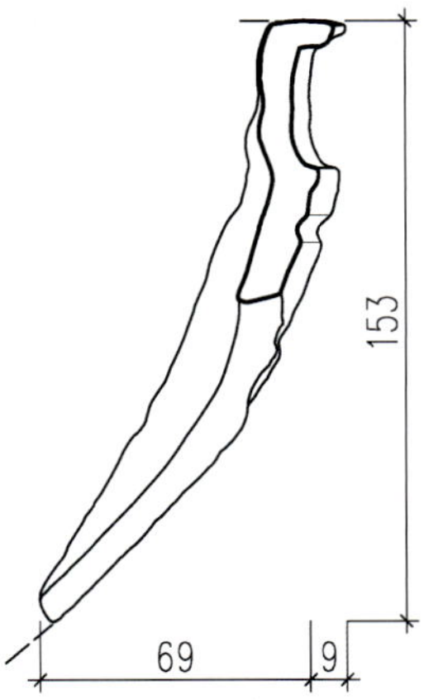

左视图

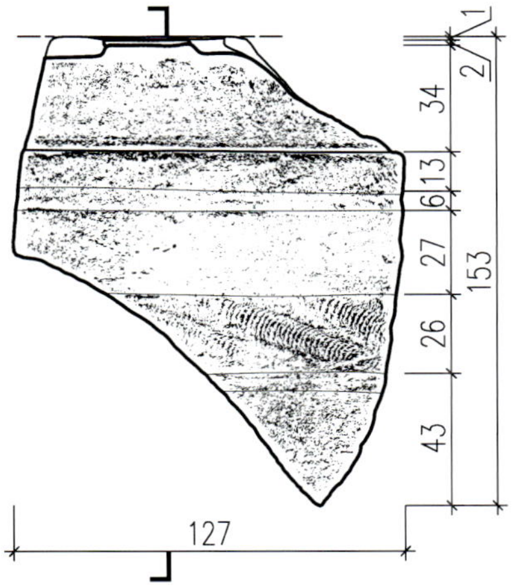

主视图

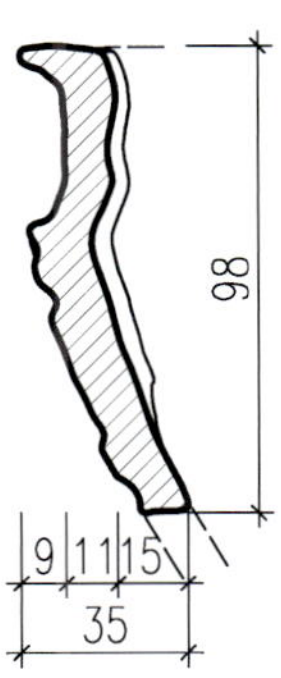

剖视图

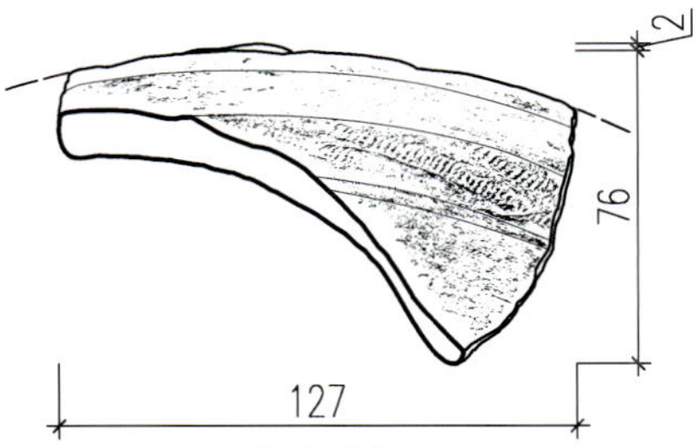

仰视图

编号	T2H17：14			名称	陶盆		
复原口径	44.1厘米	沿宽	1.6厘米	残长	12.7厘米		
残宽	7.8厘米	残高	15.3厘米	厚	1.1厘米	重量	0.21千克
体积	134.2立方厘米			密度	1564.83千克/立方米		

图例

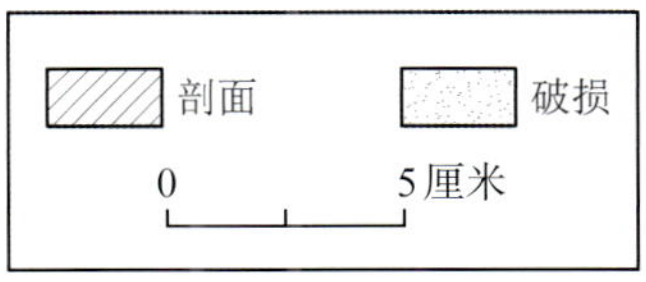

陶盆（T2H17：14）线图

图版28

透视图

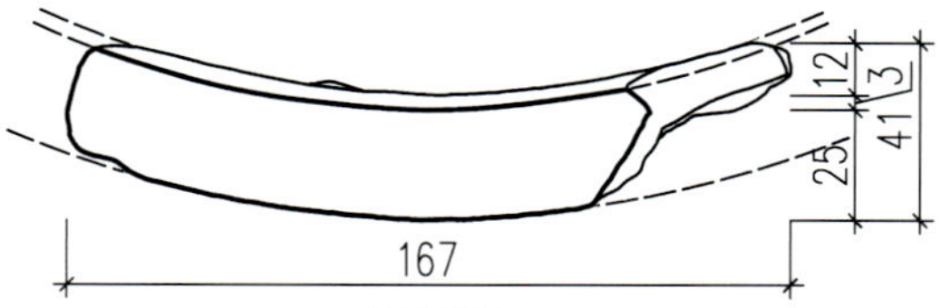

俯视图

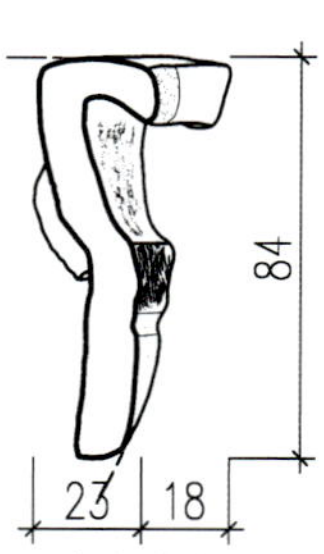

左视图

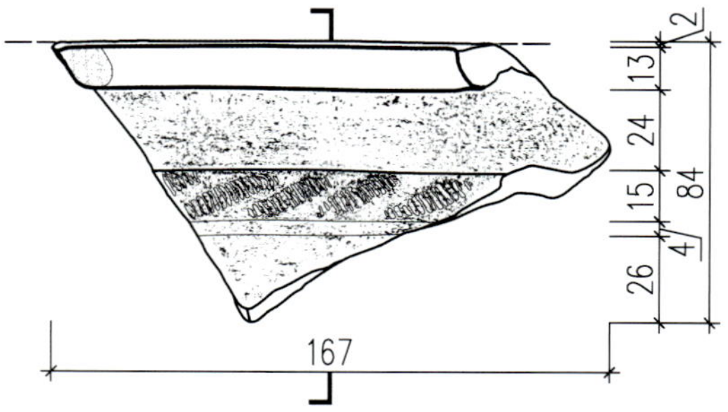

主视图

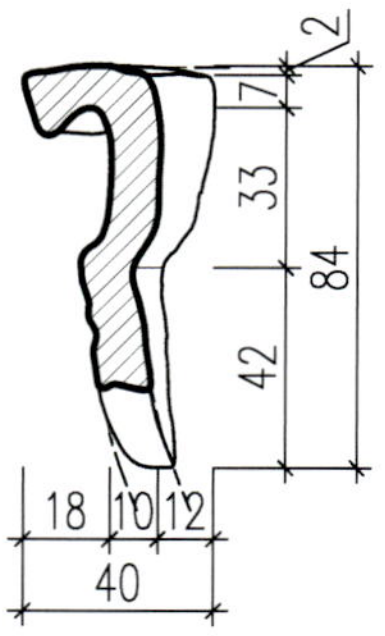

剖视图

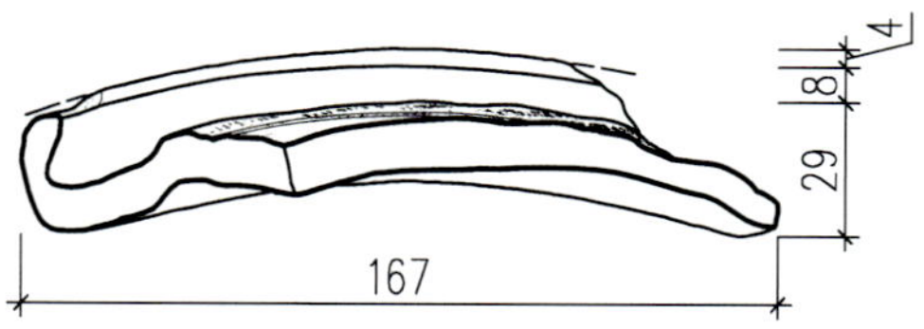

仰视图

编号	T2H17：20			名称	陶盆		
复原口径	48.6厘米	沿宽	2.5厘米	残长	16.7厘米		
残宽	4.1厘米	残高	8.4厘米	厚	1厘米	重量	0.16千克
体积	131.90立方厘米		密度	1213.04千克/立方米			

图例

剖面　破损

0　5厘米

陶盆（T2H17：20）线图

透视图

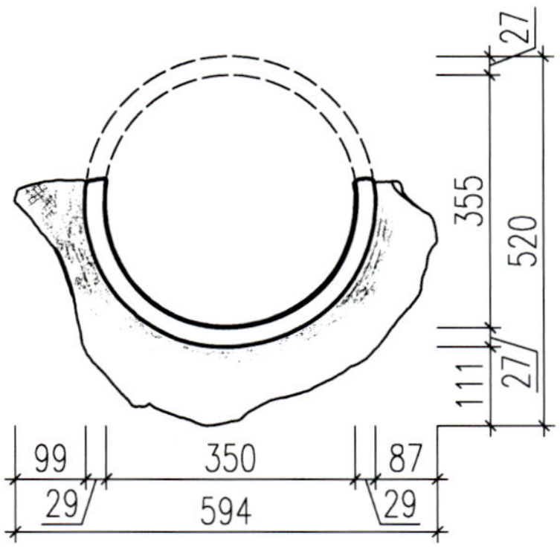

俯视图

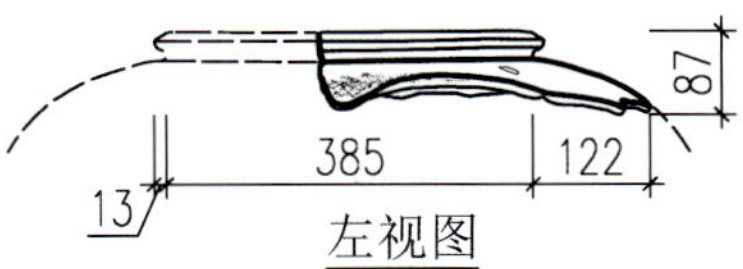

左视图

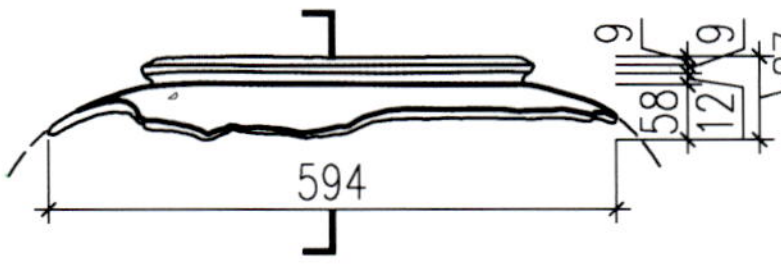

主视图

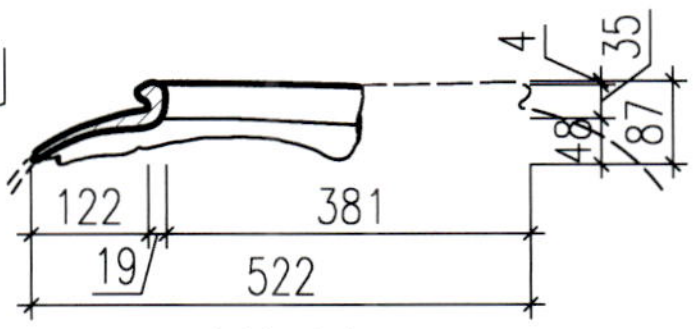

剖视图

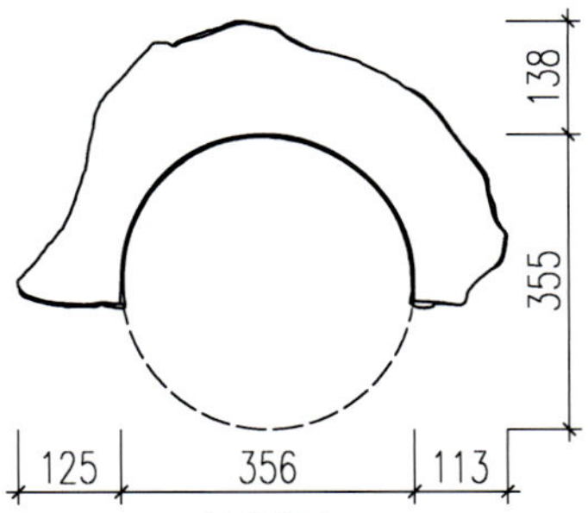

仰视图

编号	T2H17：21			名称	陶瓮		
复原口径	40.9厘米	沿宽	2.7厘米	残长	59.4厘米		
残宽	52厘米	残高	8.7厘米	厚	1.2厘米	重量	3千克
体积	1572.3立方厘米			密度	1908.03千克/立方米		

图例

剖面　破损

0　40厘米

陶瓮（T2H17：21）线图

图版30

透视图

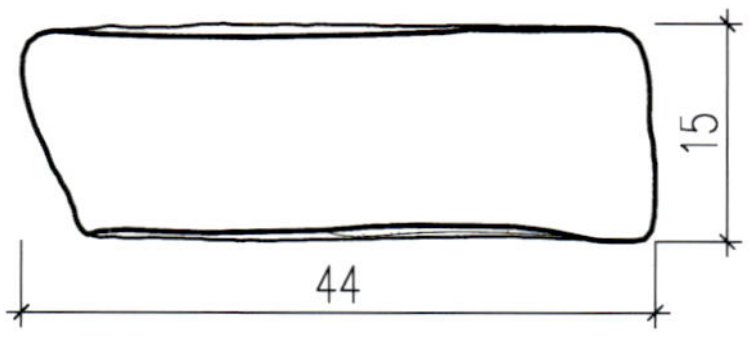

俯视图

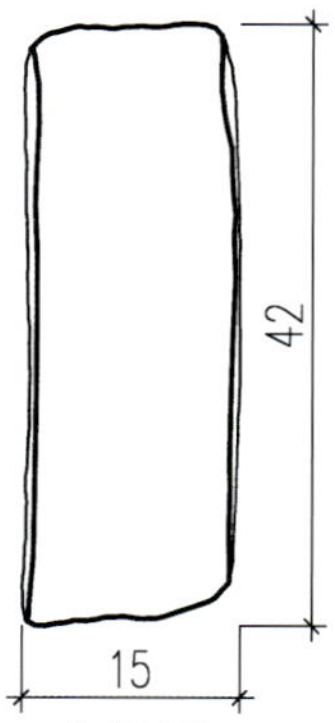

左视图

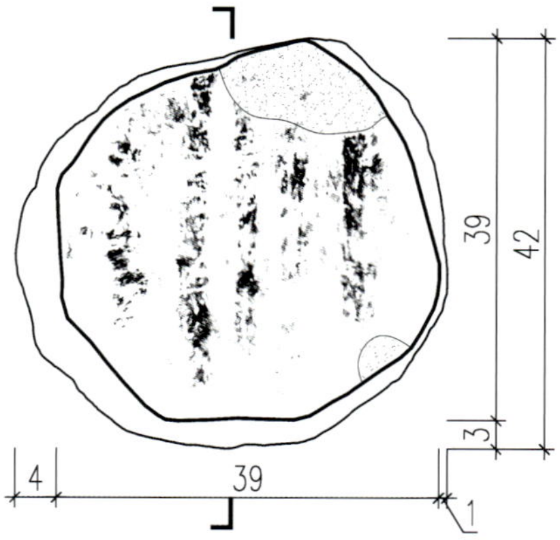

主视图

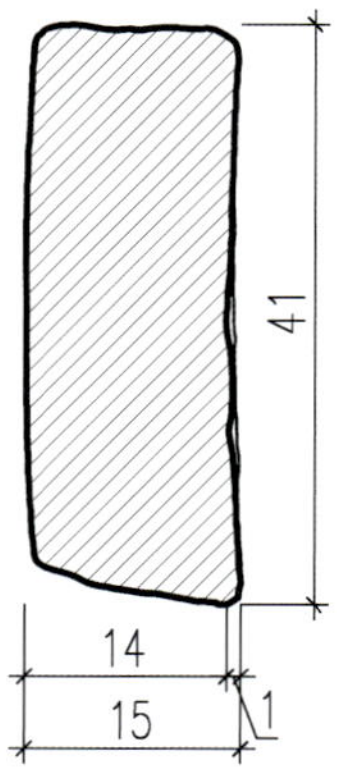

剖视图

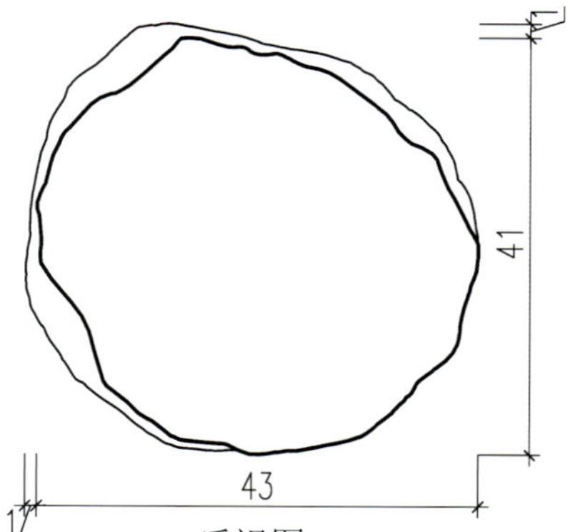

后视图

编号	T2H17：10			名称	陶饼
径	4.4厘米	厚	1.4厘米	重量	0.03千克
体积	18.78立方厘米	密度	1597.44千克/立方米		

图例

剖面　破损

0　2厘米

陶饼（T2H17：10）线图

透视图

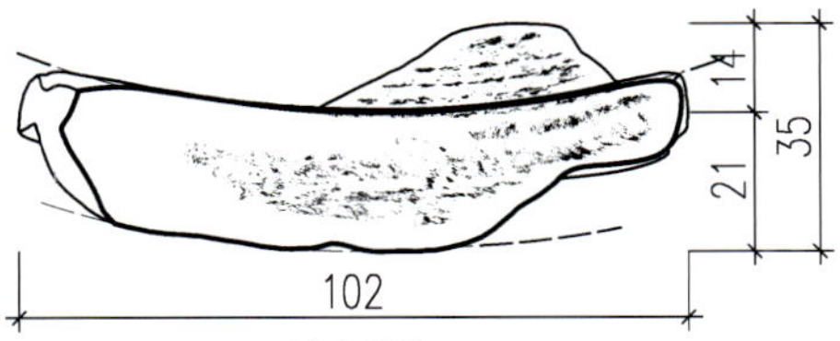

俯视图

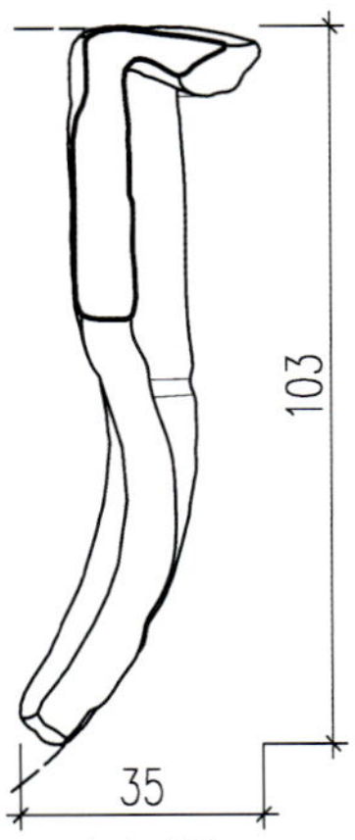

左视图

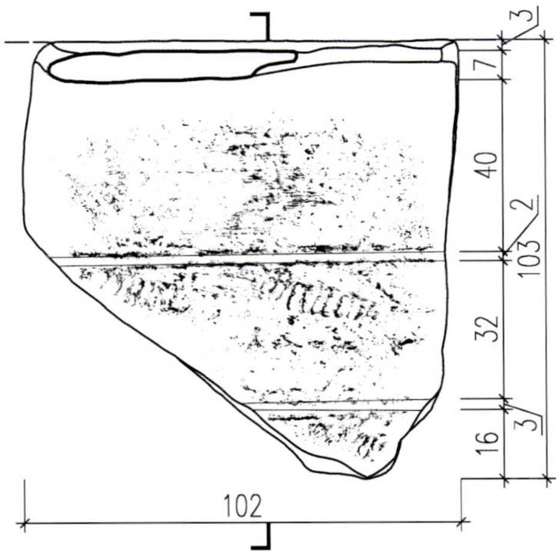

主视图

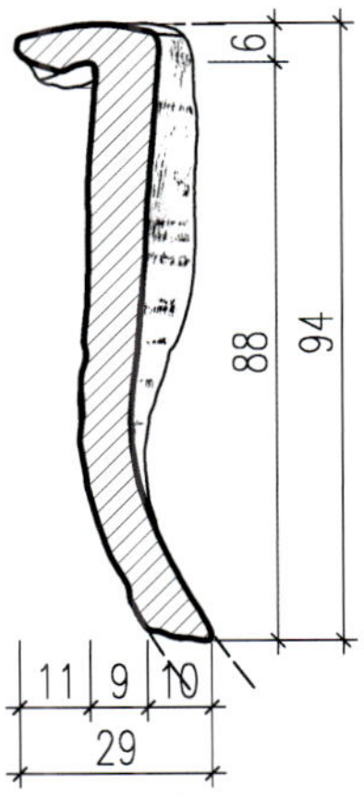

剖视图

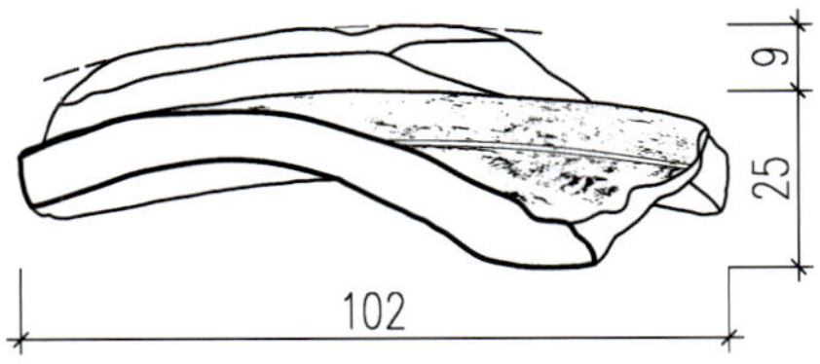

仰视图

编号	T2H23：6			名称	陶盆		
复原口径	33.9厘米	沿宽	2.1厘米	残长	10.2厘米		
残宽	3.5厘米	残高	10.3厘米	厚	0.8厘米	重量	0.11千克
体积	71.79立方厘米			密度	1532.25千克/立方米		

图例

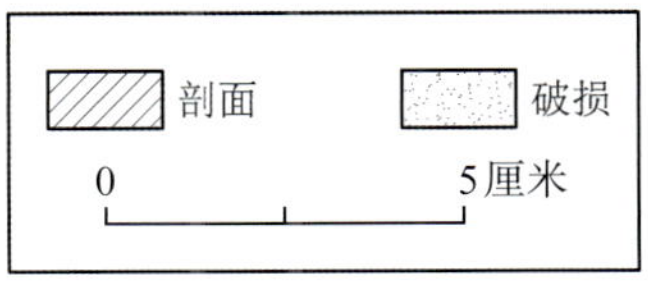

陶盆（T2H23：6）线图

图版32

透视图

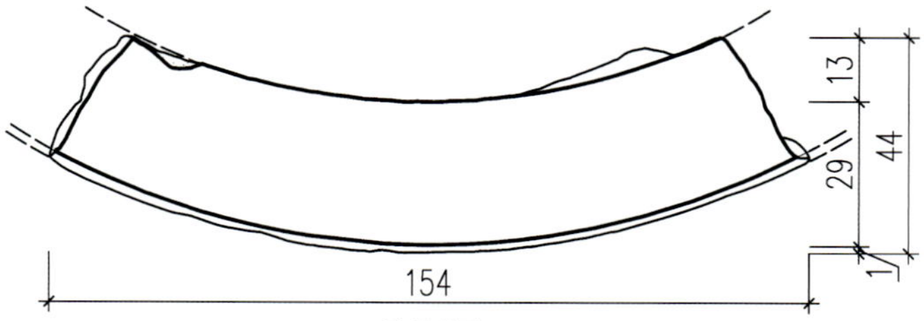

俯视图

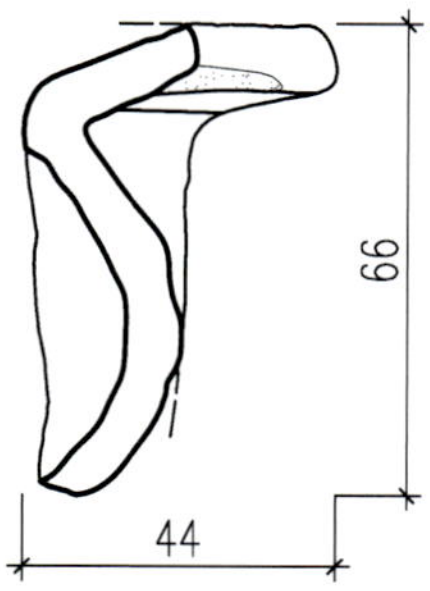

左视图

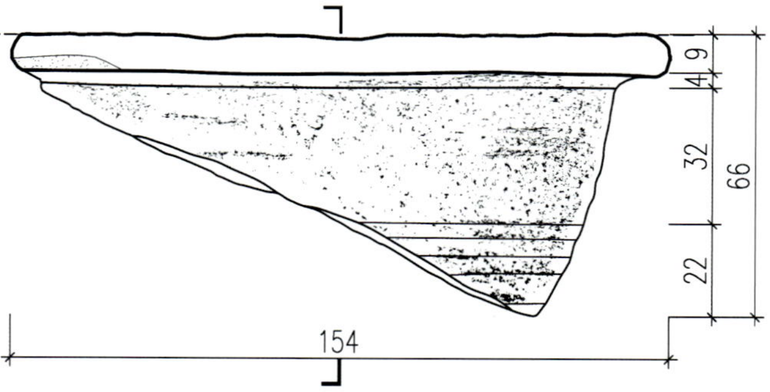

主视图

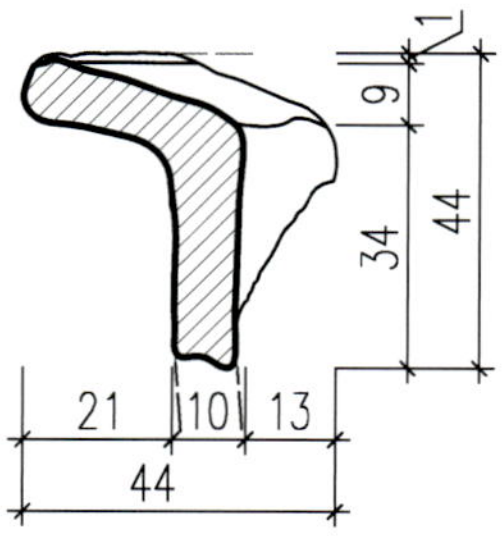

剖视图

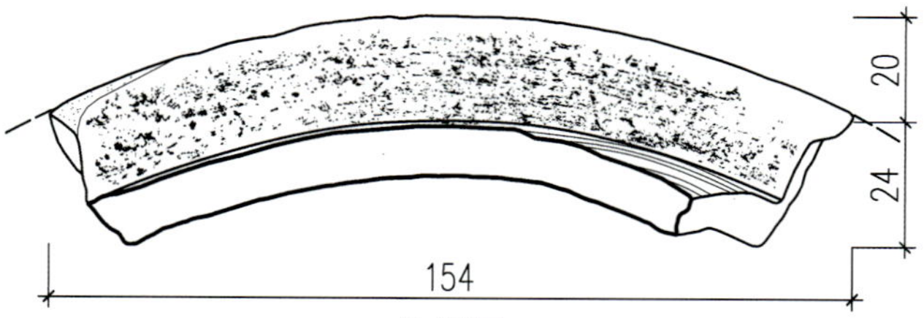

仰视图

编号	T2H31：5			名称	陶盆		
复原口径	32.4厘米	沿宽	2.9厘米	残长	15.4厘米		
残宽	4.4厘米	残高	6.6厘米	厚	1厘米	重量	0.11千克
体积	67.88立方厘米			密度	1620.51千克/立方米		

图例

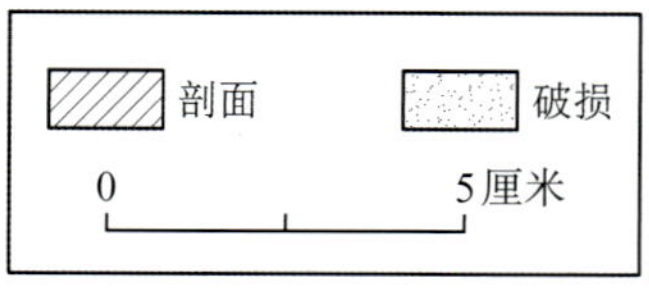

陶盆（T2H31：5）线图

透视图

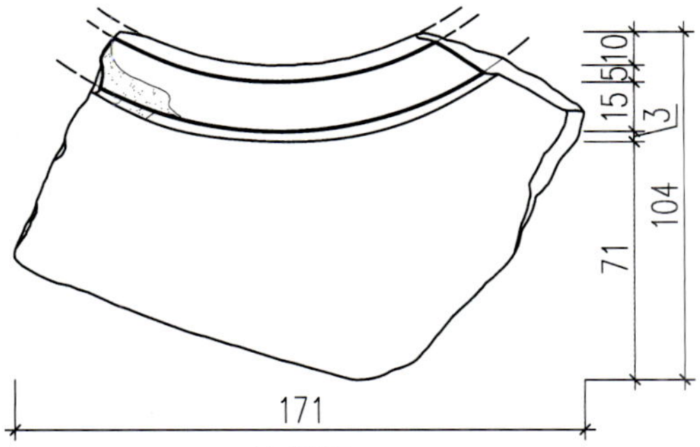

俯视图

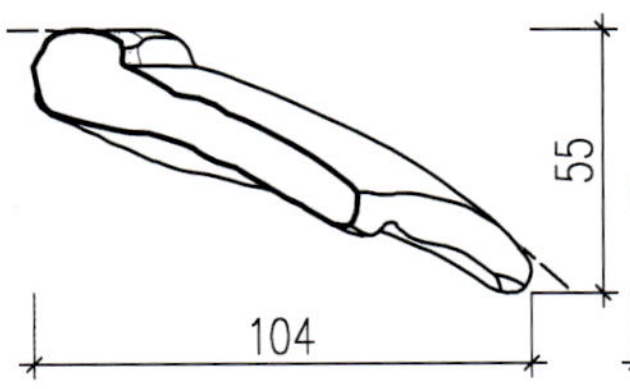

左视图

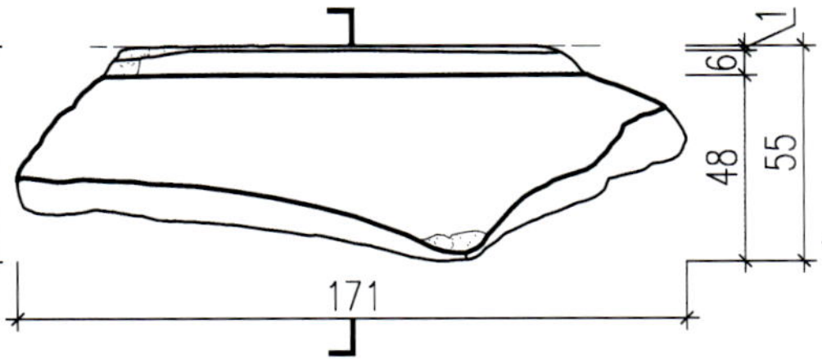

主视图

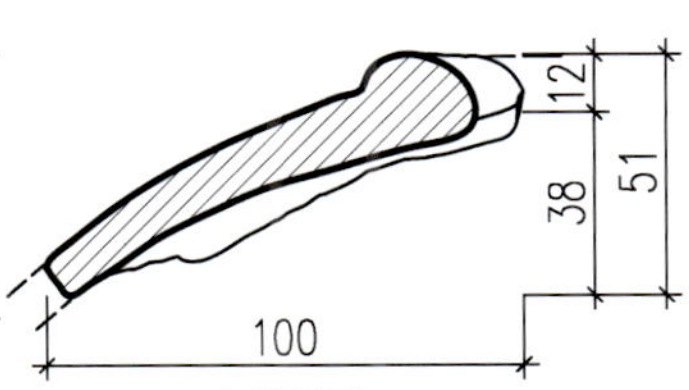

剖视图

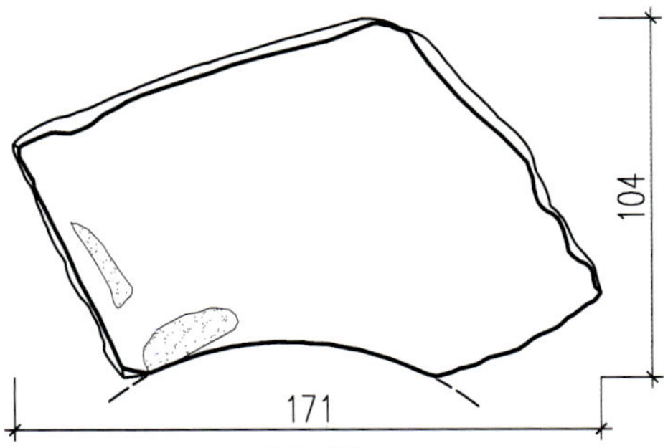

仰视图

编号	T2H31：6			名称	陶瓮		
复原口径	23.2厘米	沿宽	1.5厘米	残长	17.1厘米		
残宽	10.4厘米	残高	5.5厘米	厚	1.4厘米	重量	0.28千克
体积	153.78立方厘米		密度	1820.78千克/立方米			

图例

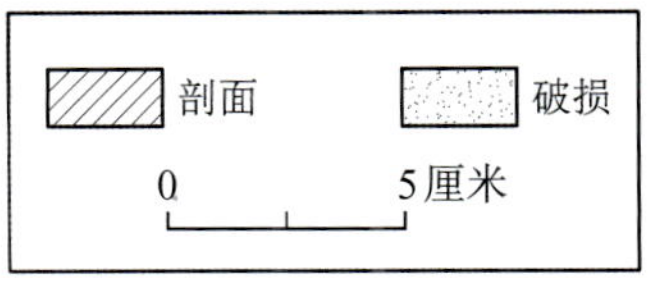

陶瓮（T2H31：6）线图

图版34

透视图

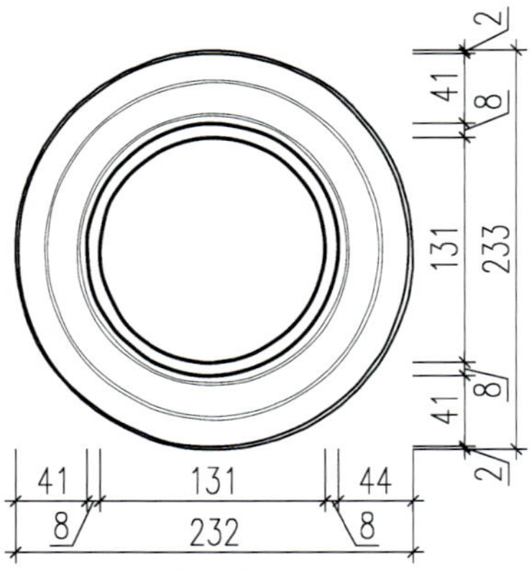

俯视图

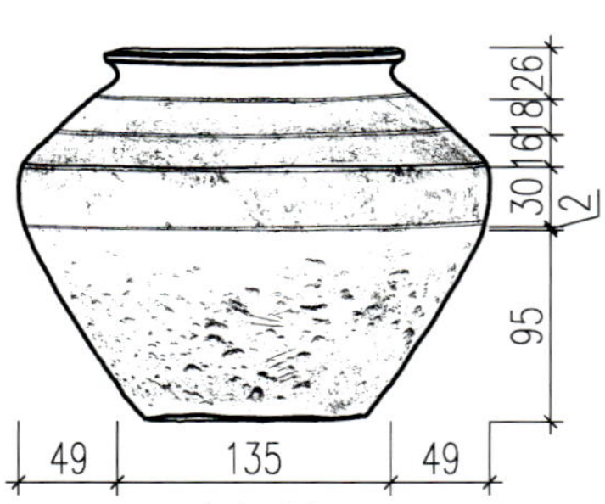

左视图

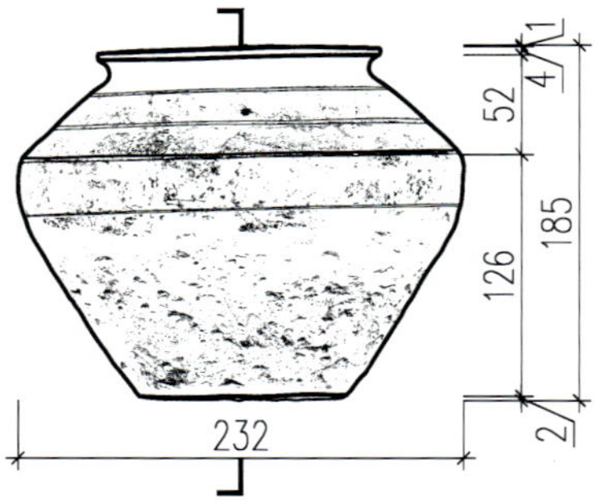

主视图

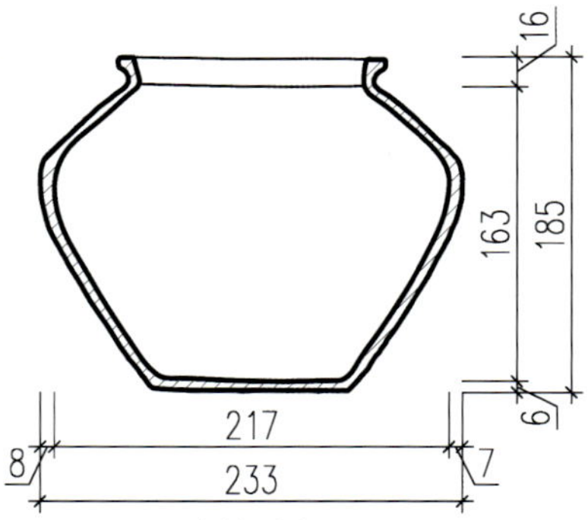

剖视图

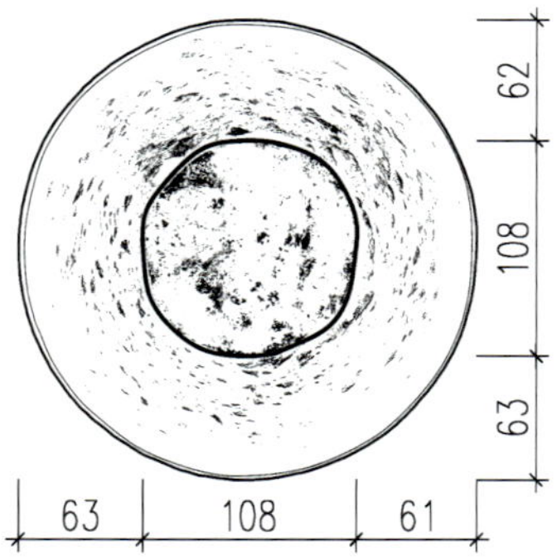

仰视图

编号	T2H36：1			名称	陶罐		
口径	14.6厘米	沿宽	0.8厘米	腹径	23.3厘米	底径	10.8厘米
高	18.5厘米	腹壁厚	0.6厘米	重量	5.83千克（含罐内土）		
体积	约969.82立方厘米			密度	约6011.42千克/立方米		

图例

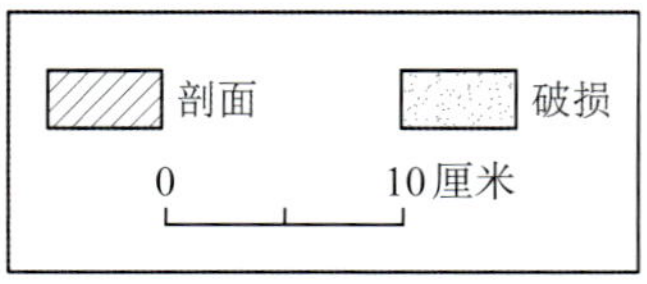

陶罐（T2H36：1）线图

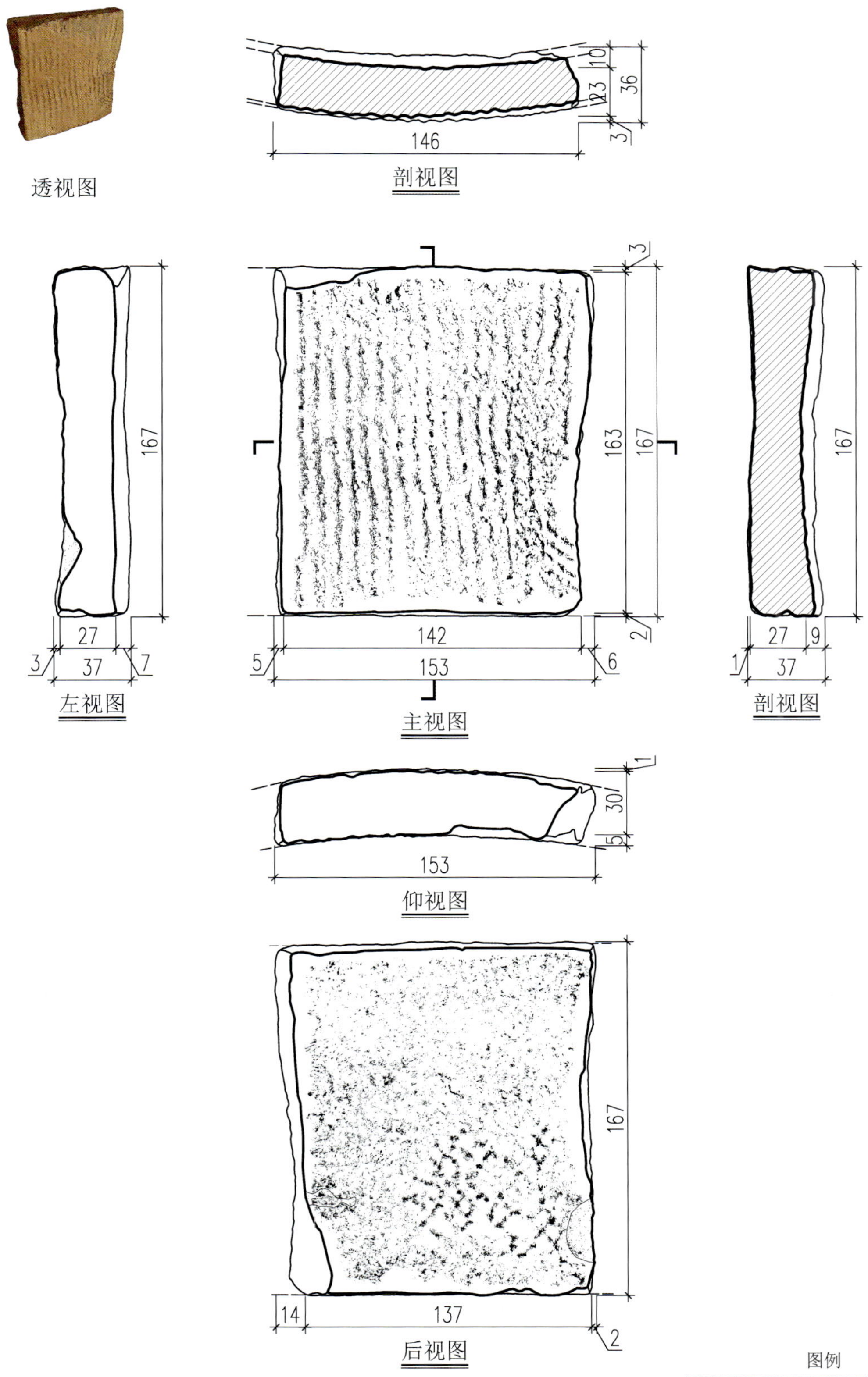

编号	T2H39：8			名称	陶井圈
高	16.7厘米	残宽	15.3厘米	厚	2.7厘米
重量	0.97千克	体积	609.16立方厘米	密度	1592.36千克/立方米

图例

剖面　破损

0　5厘米

陶井圈（T2H39：8）线图

图版36

透视图

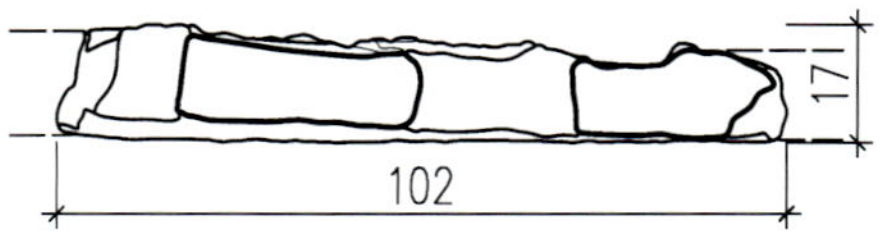

俯视图

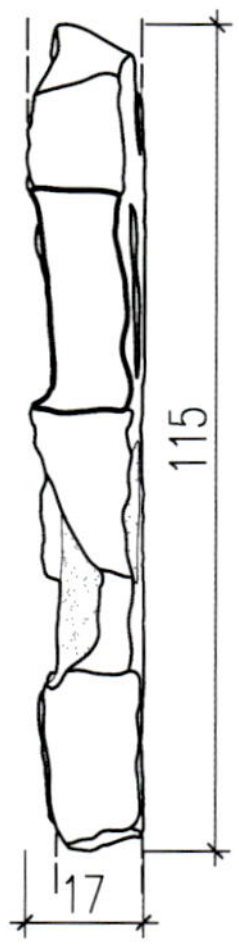

左视图

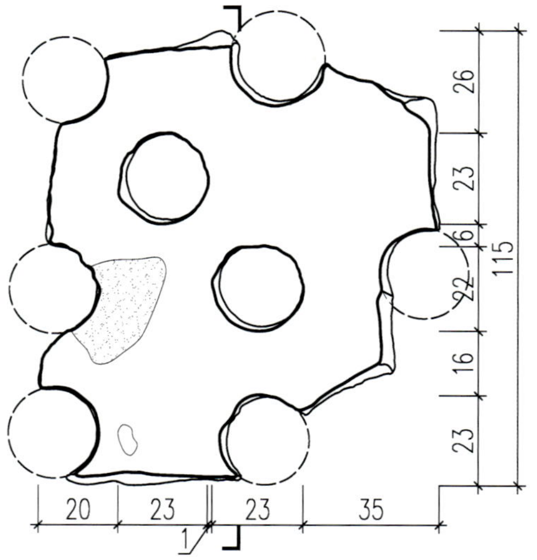

主视图

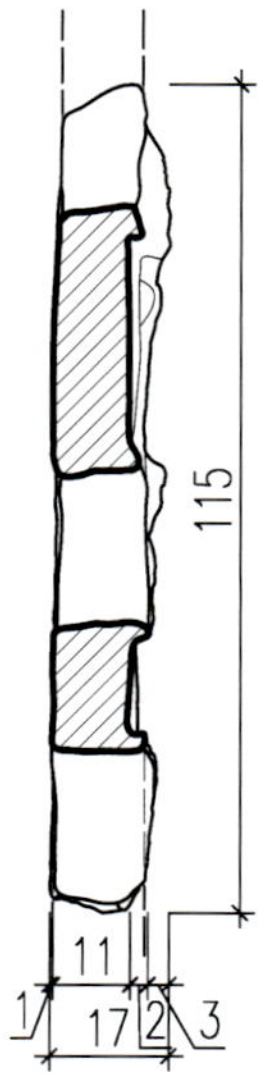

剖视图

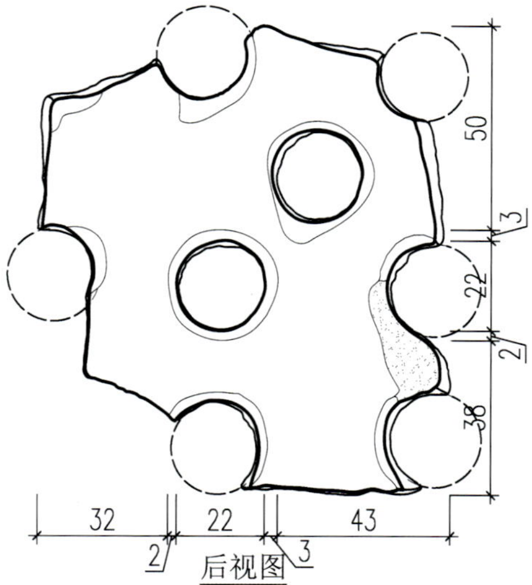

后视图

编号	T2H39：9	名称	陶甑	残长	11.5厘米
残宽	10.2厘米	底厚	1.1厘米	孔径	2.2厘米
孔深	1.3厘米	重量	0.14千克	体积	79.47立方厘米
密度	1761.67千克/立方米				

图例

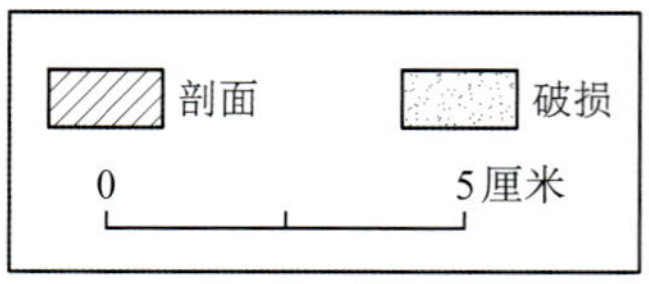

陶甑（T2H39：9）线图

图版37

透视图

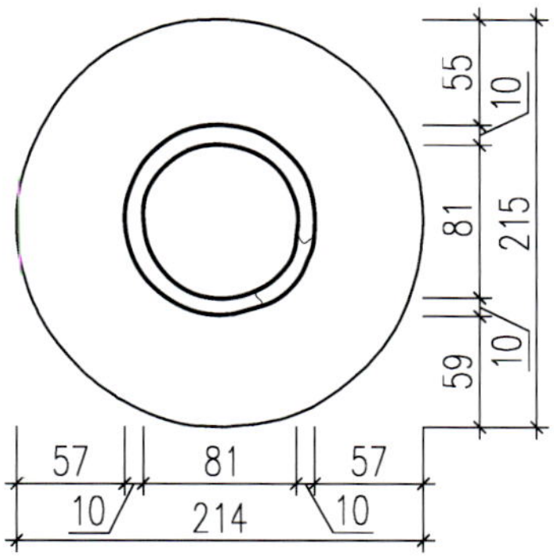

俯视图

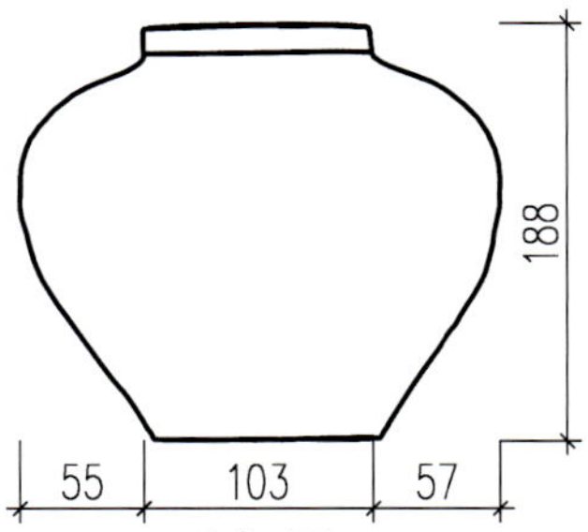

左视图

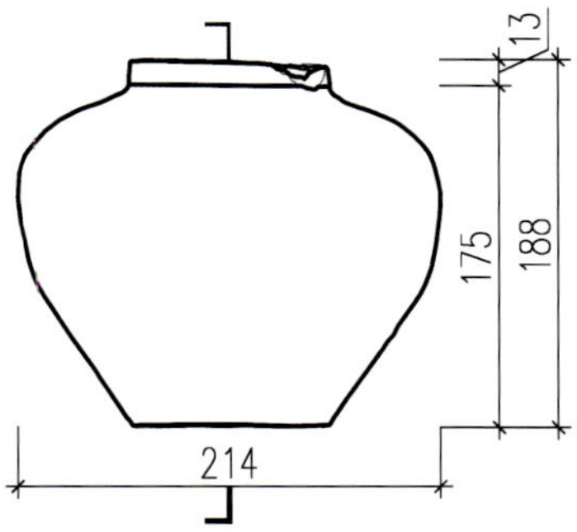

主视图

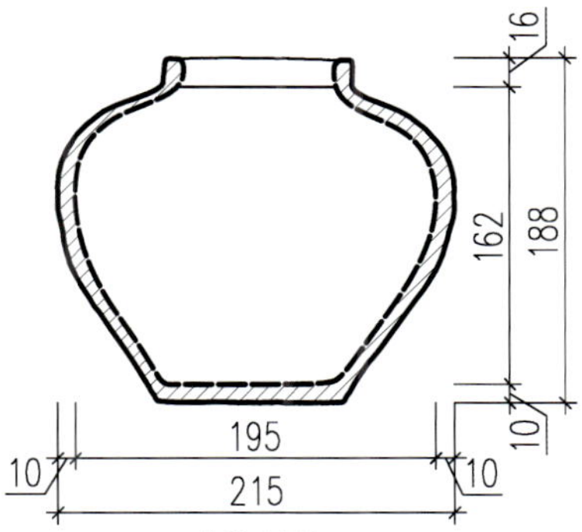

剖视图

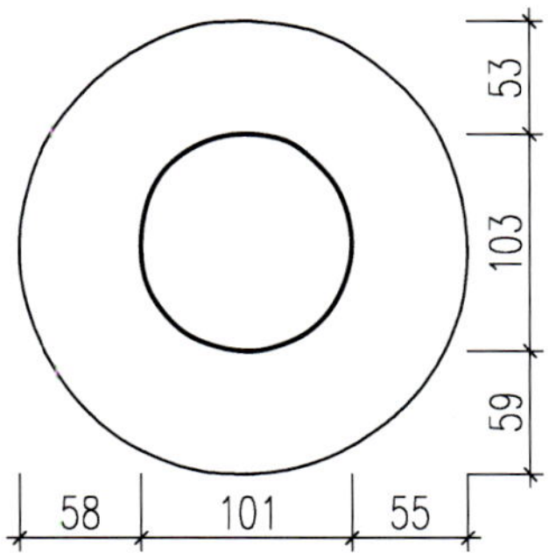

仰视图

编号	T2M15：1			名称	陶罐		
口径	10厘米	沿宽	1厘米	腹径	21.5厘米	底径	10.3厘米
高	18.8厘米	壁厚	1厘米	重量	2.67千克		
体积	约736.84立方厘米			密度	约3623.58千克/立方米		

图例

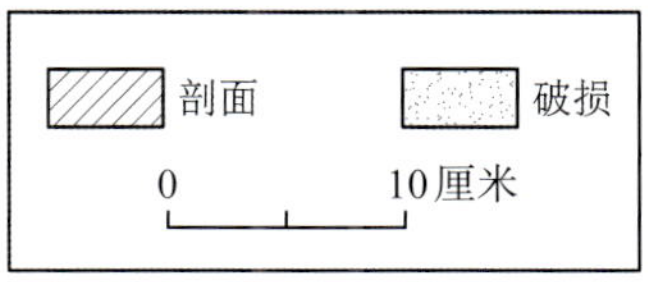

陶罐（T2M15：1）线图

图版38

透视图

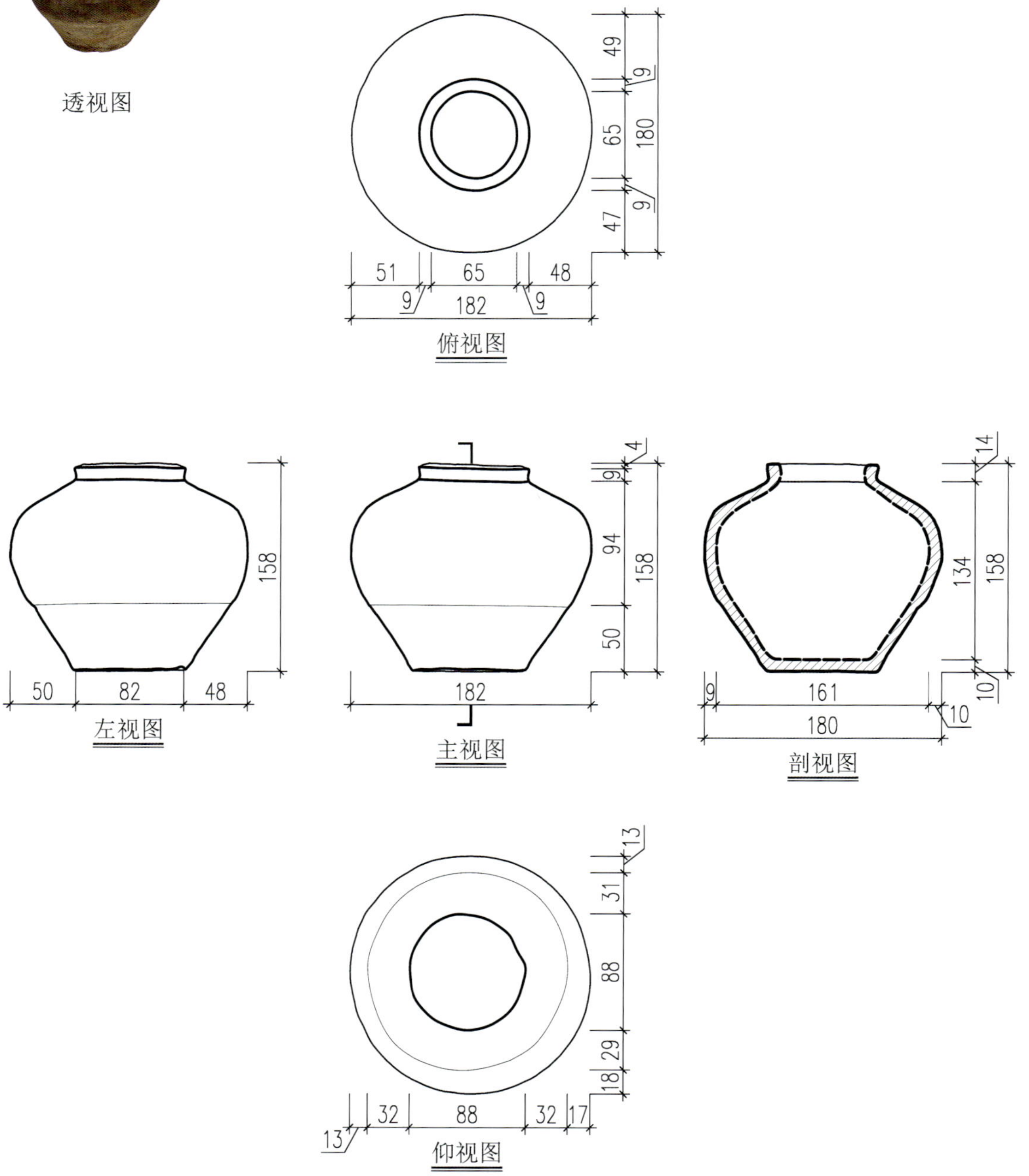

编号	T2M15：2			名称	陶罐		
口径	8.3厘米	沿宽	0.9厘米	腹径	18.2厘米	底径	8.8厘米
高	15.8厘米	壁厚	0.9厘米	重量	2.92千克		
体积	约800.61立方厘米			密度	约3647.22千克/立方米		

图例

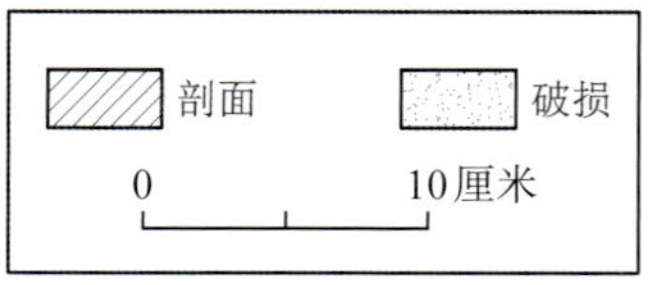

陶罐（T2M15：2）线图

透视图

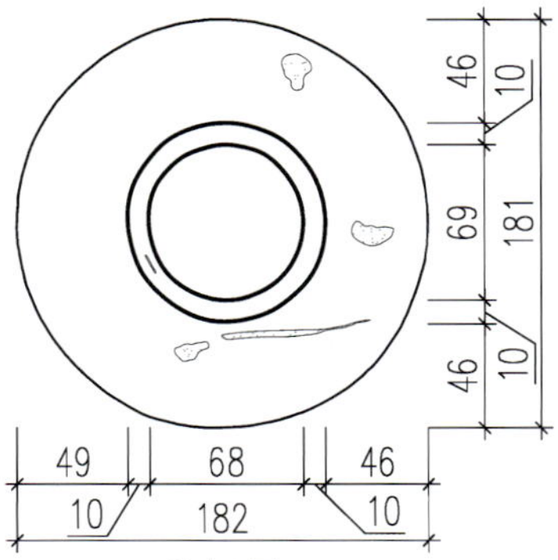

俯视图

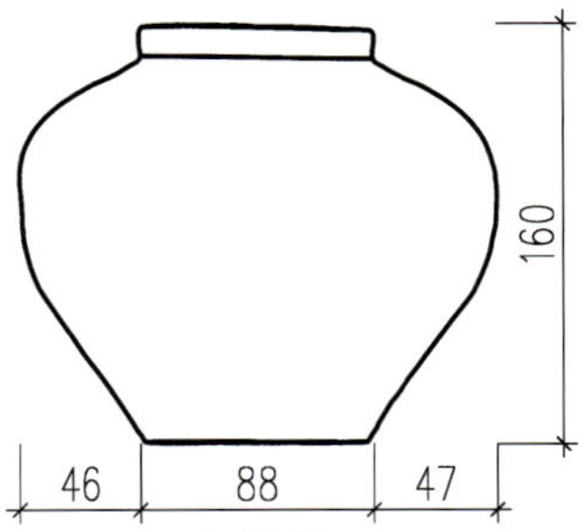

左视图

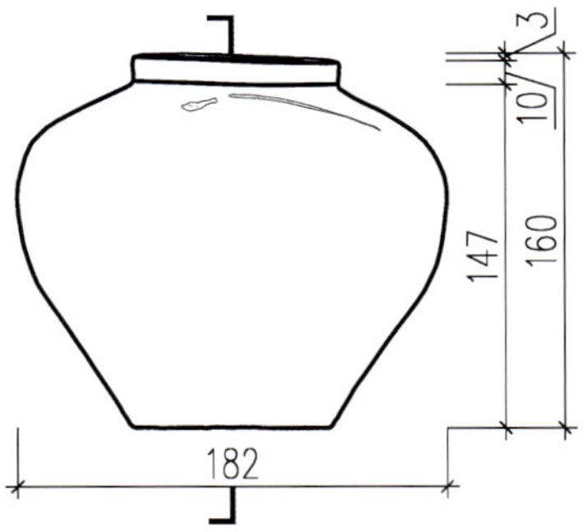

主视图

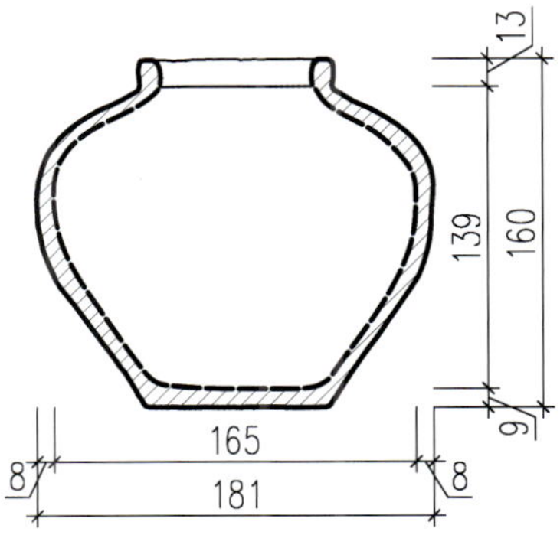

剖视图

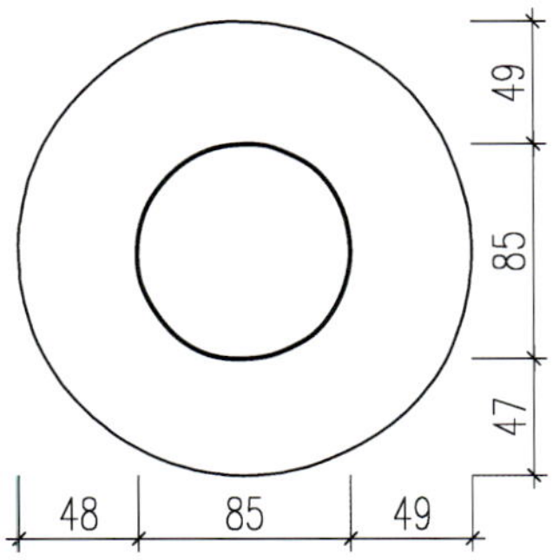

仰视图

编号	T2M15：3			名称	陶罐		
口径	8.8厘米	沿宽	1厘米	腹径	18.2厘米	底径	8.5厘米
高	16厘米	壁厚	0.9厘米	重量	2.94千克		
体积	约740.39立方厘米			密度	约3970.88千克/立方米		

图例

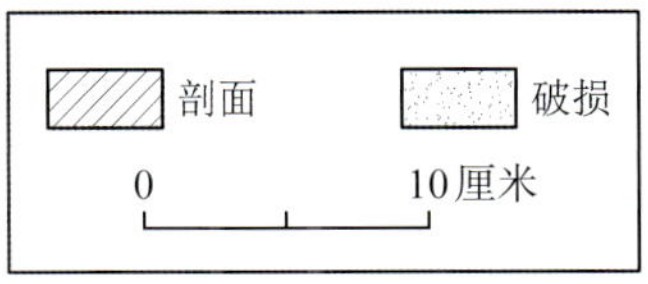

陶罐（T2M15：3）线图

图版40

透视图

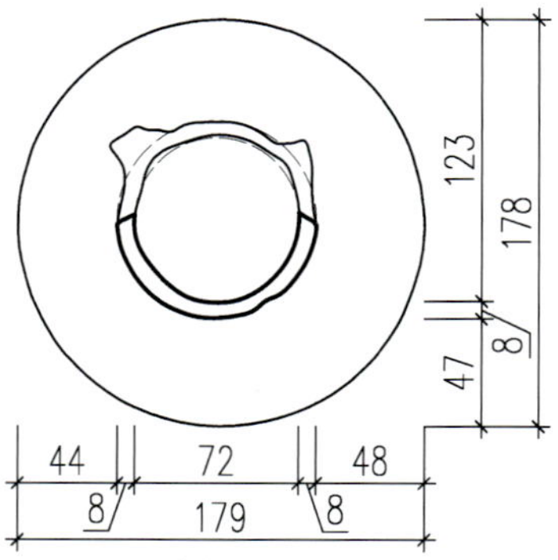

俯视图

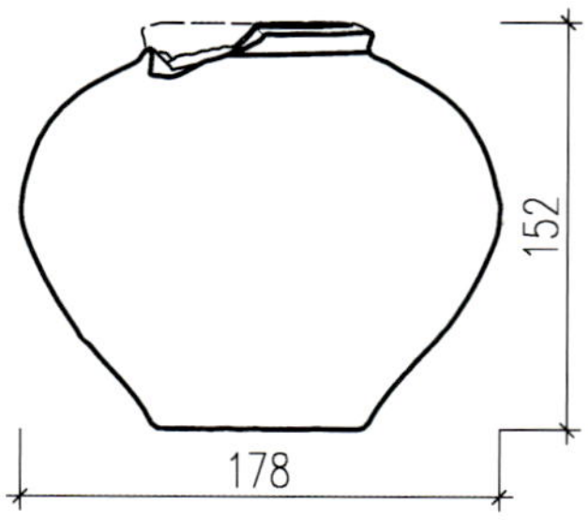

左视图

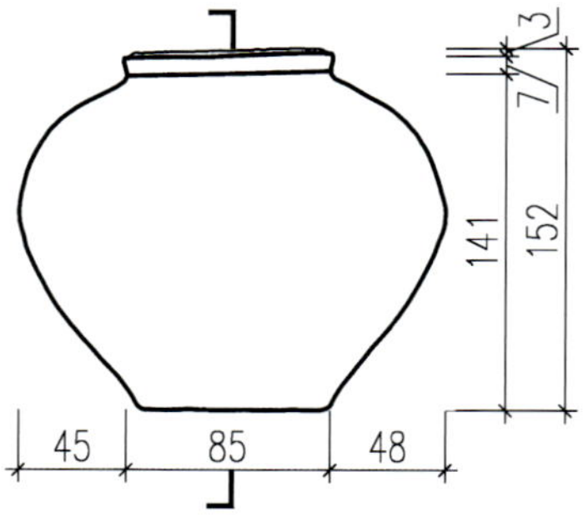

主视图

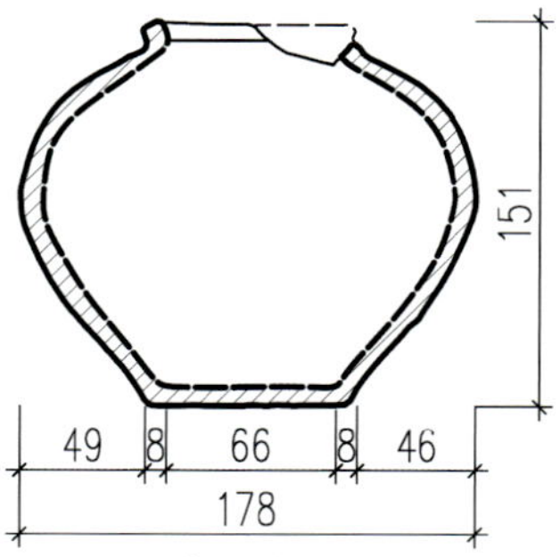

剖视图

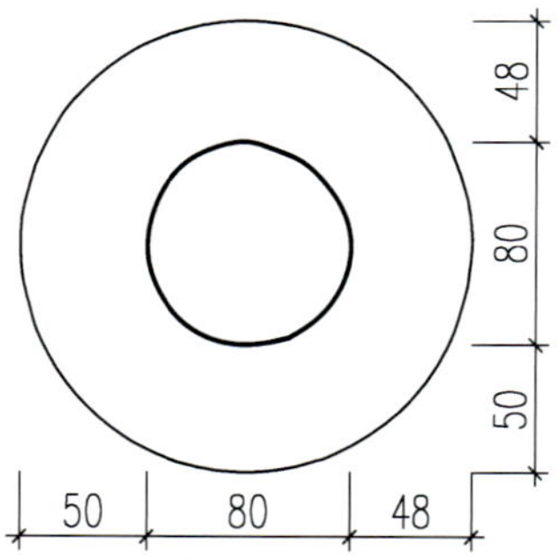

仰视图

编号	T2M21：1			名称	陶罐		
口径	8.7厘米	沿宽	0.8厘米	腹径	17.9厘米	底径	8厘米
高	15.2厘米	腹厚	0.8厘米	重量	2.66千克		
体积	约675.86立方厘米			密度	约3935.73千克/立方米		

图例

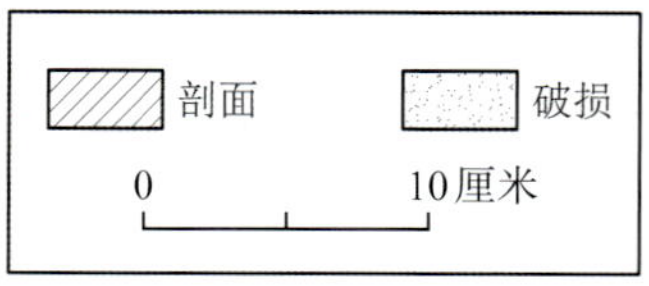

陶罐（T2M21：1）线图

透视图

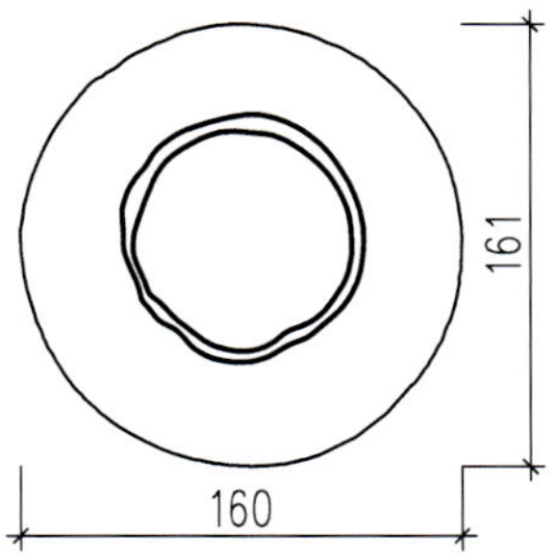

俯视图

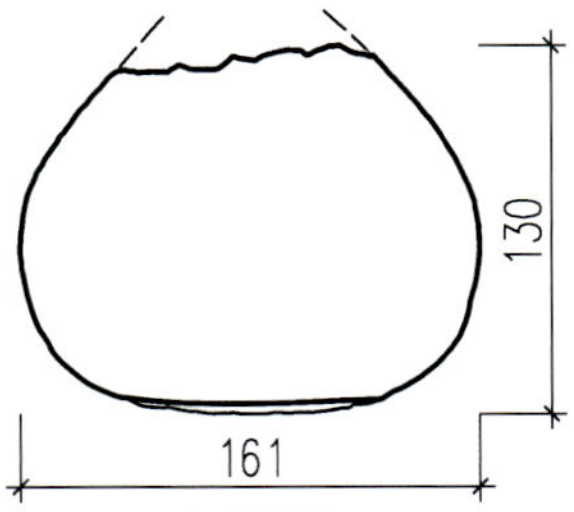

左视图

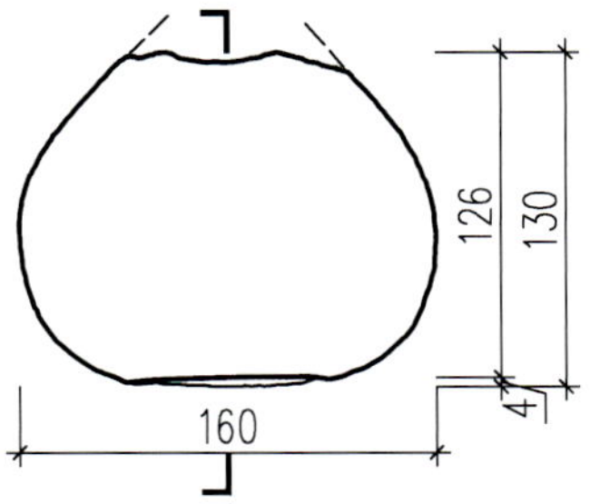

主视图

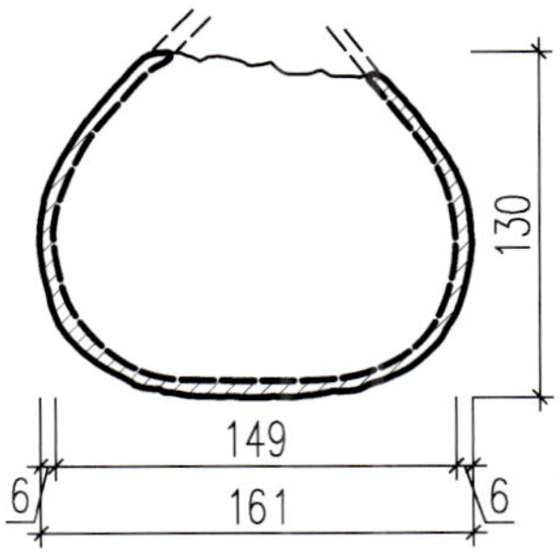

剖视图

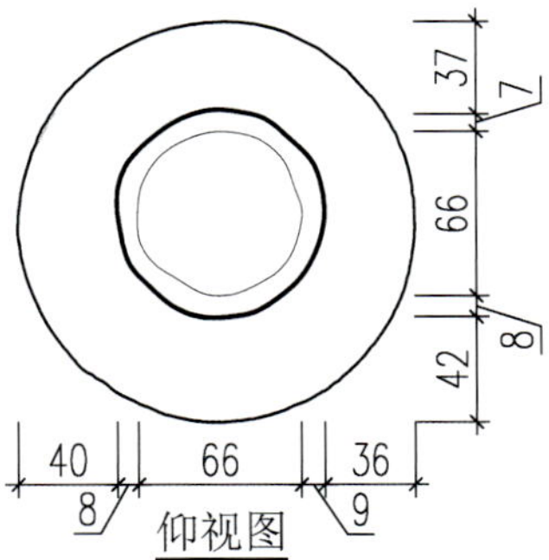

仰视图

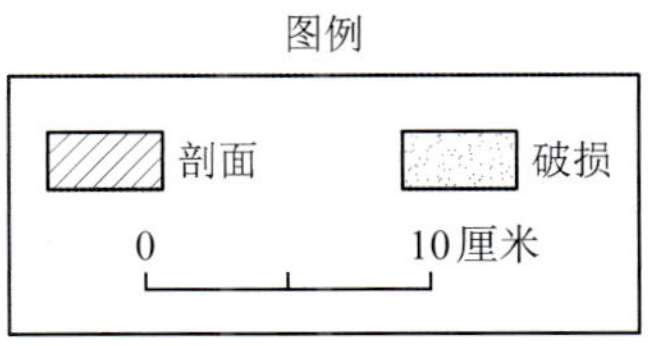

编号	T2M26：2			名称	陶壶
腹径	16.1厘米	底径	8.4厘米	底厚	0.6厘米
残高	13厘米	厚	0.6厘米	重量	2.64千克
体积	492.96立方厘米			密度	5355.4千克/立方米

陶壶（T2M26：2）线图

图版42

透视图

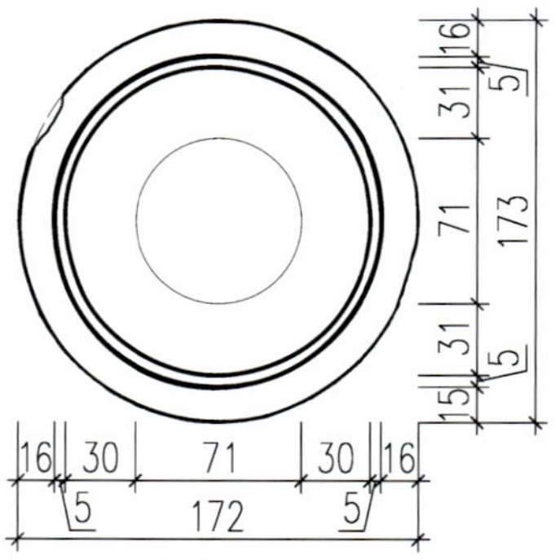

俯视图

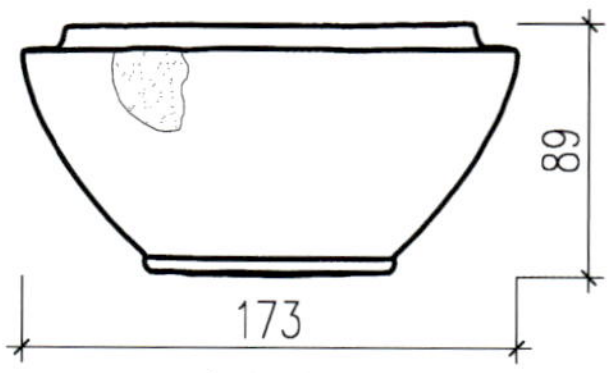

左视图

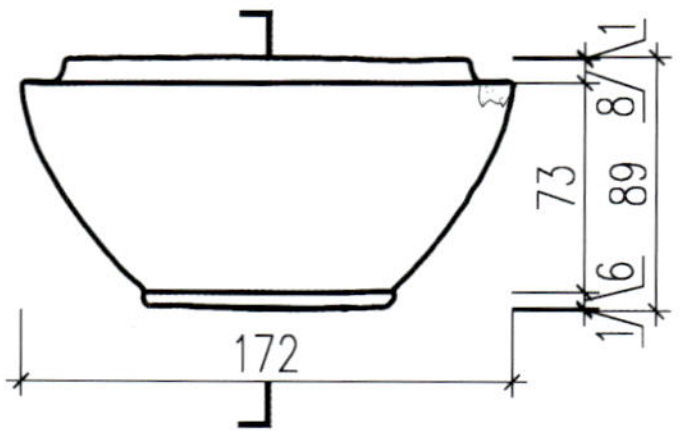

主视图

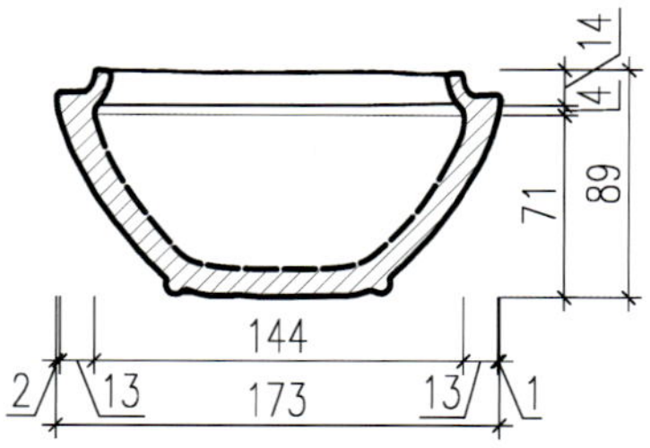

剖视图

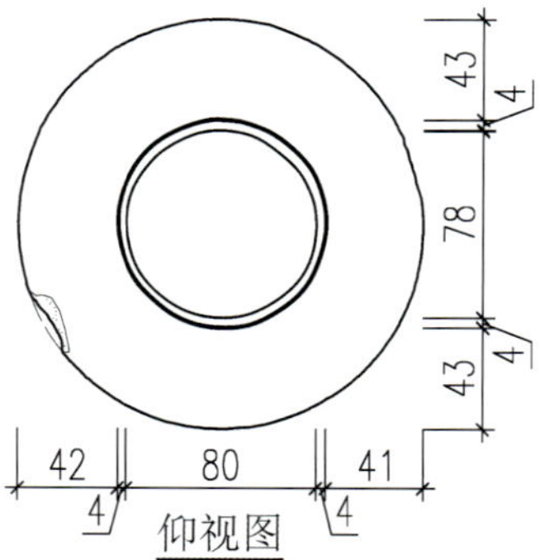

仰视图

编号	T2M26：1			名称	陶盒		
口径	14厘米	沿宽	0.5厘米	腹径	17.3厘米	底径	8.8厘米
高	8.9厘米	腹厚	0.6厘米	重量	1.7千克		
体积	约376.5立方厘米			密度	约4515.27千克/立方米		

图例

剖面　破损

0　10厘米

陶盒（T2M26：1）线图

透视图

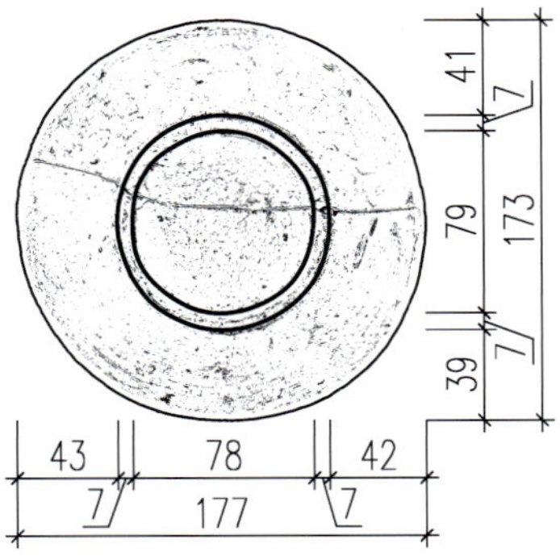

俯视图

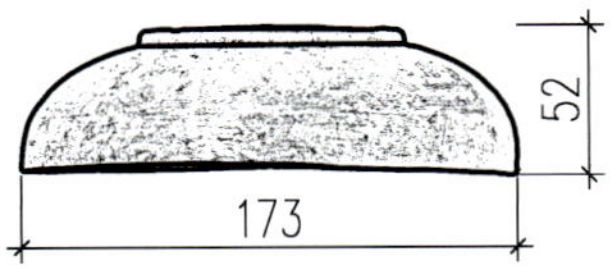

左视图

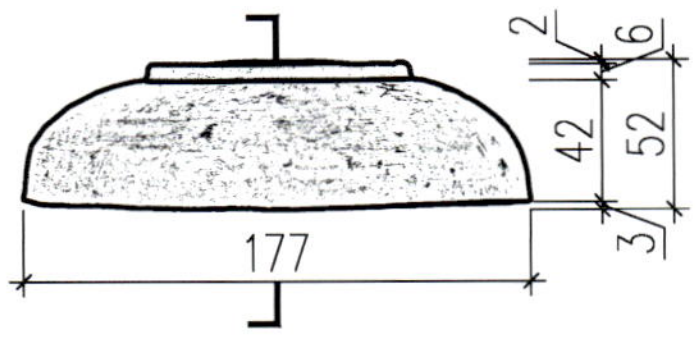

主视图

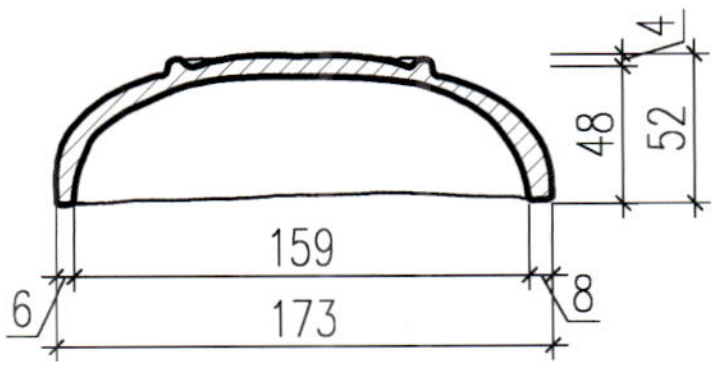

剖视图

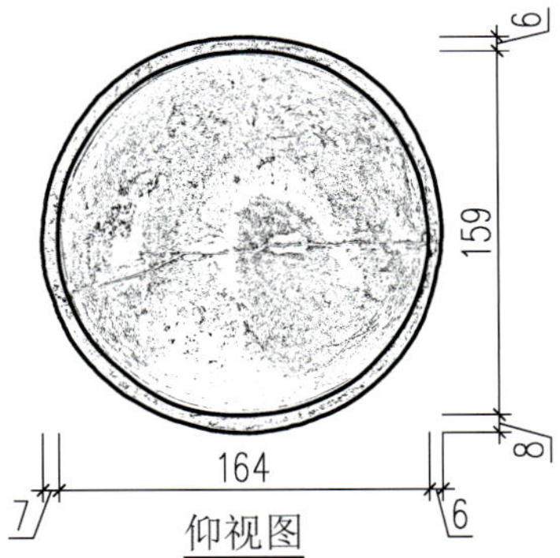

仰视图

编号	T2M26：1-1			名称	陶盒盖
口径	17.7厘米	沿宽	0.7厘米	底径	9.3厘米
高	5.2厘米	腹厚	0.8厘米	重量	0.69千克
体积	250.15立方厘米			密度	2758.34千克/立方米

图例

剖面　破损

0　10厘米

陶盒盖（T2M26：1-1）线图

图版44

透视图

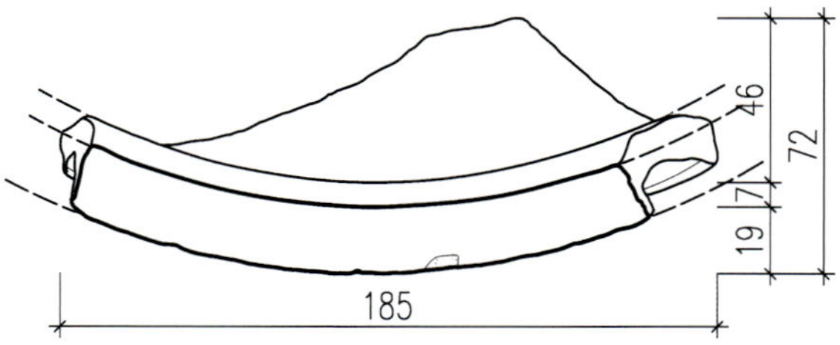

俯视图

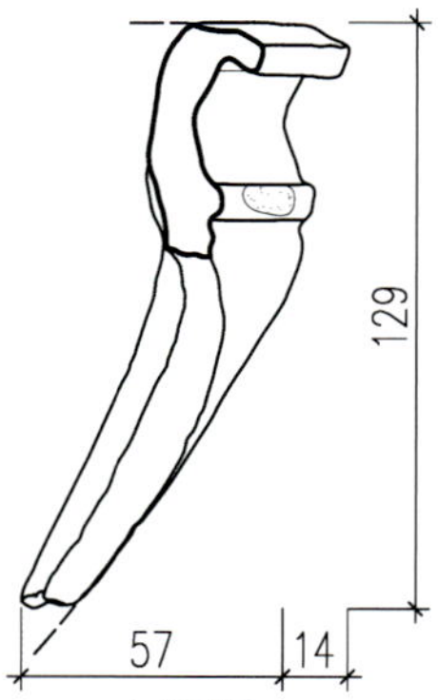

左视图

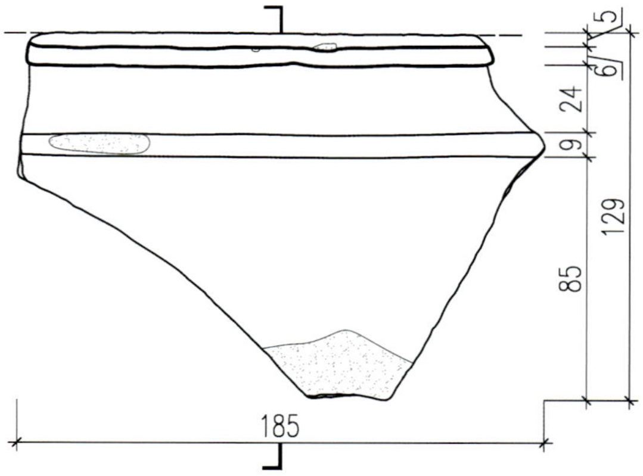

主视图

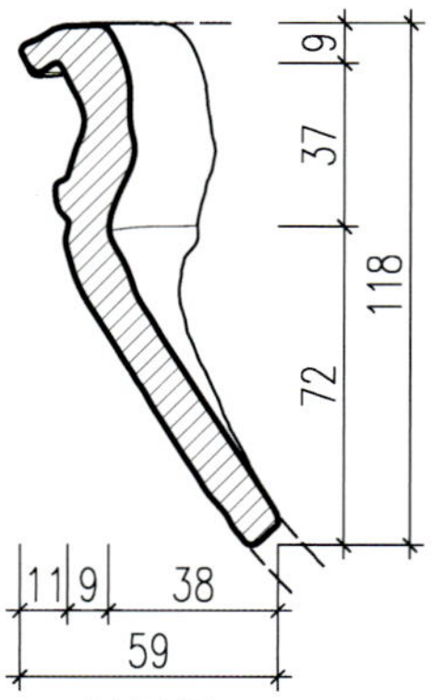

剖视图

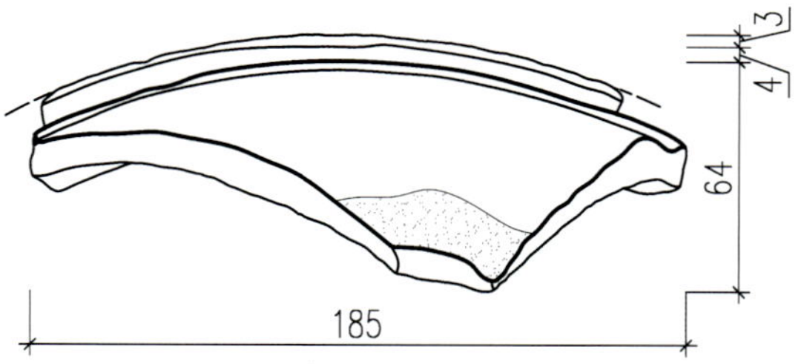

仰视图

编号	T2Q1：8			名称	陶盆		
复原口径	42.7厘米	沿宽	1.9厘米	残长	18.5厘米		
残宽	7.2厘米	残高	12.9厘米	厚	1.1厘米	重量	0.33千克
体积	206.91立方厘米		密度	1594.9千克/立方米			

图例

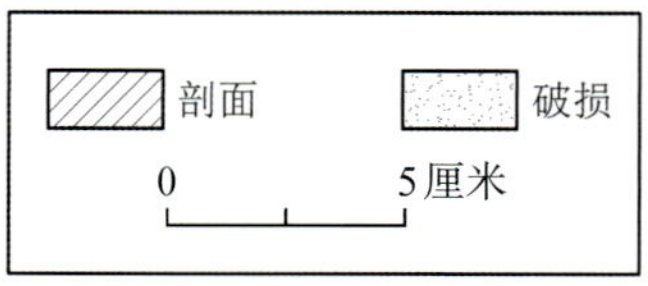

陶盆（T2Q1：8）线图

透视图

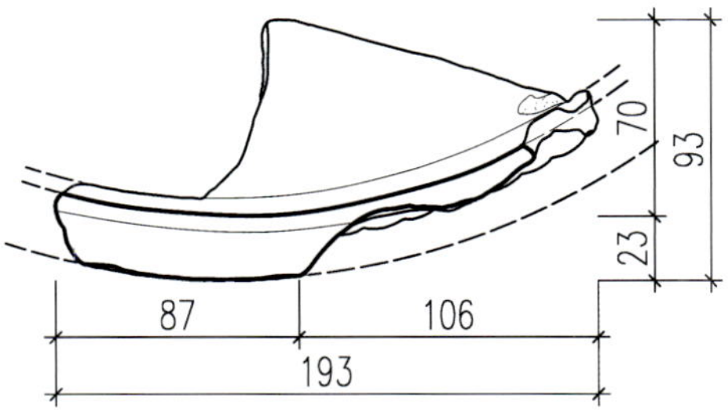

俯视图

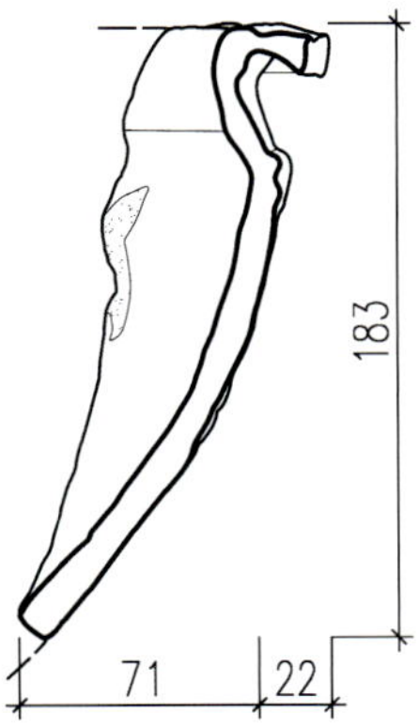

左视图

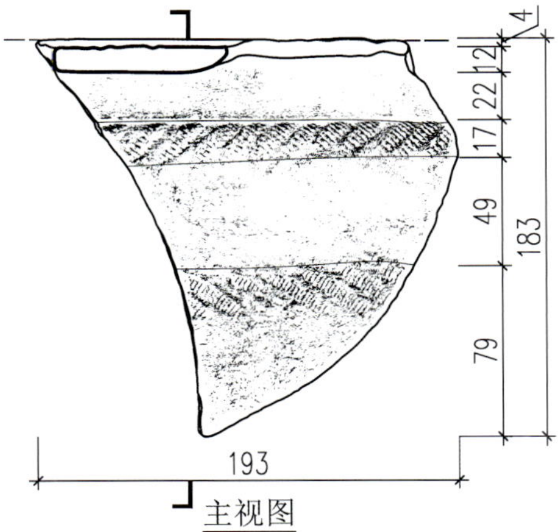

主视图

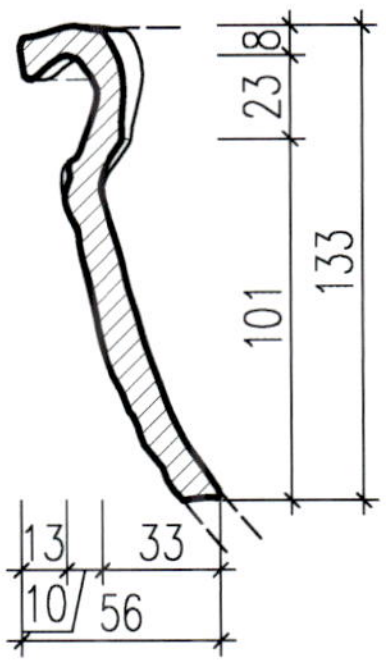

剖视图

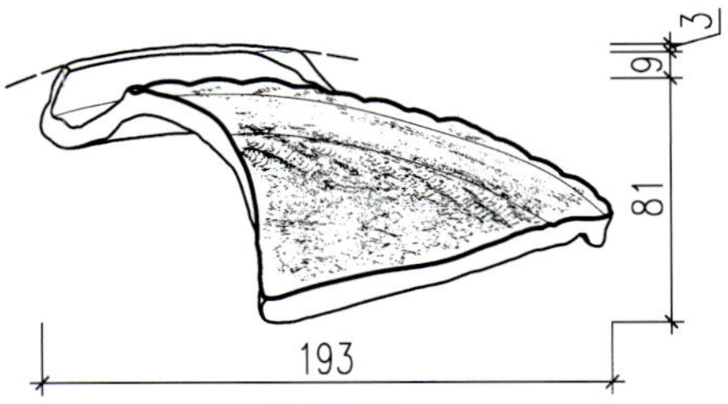

仰视图

编号	T2Q1：10			名称	陶盆		
复原口径	51.5厘米	沿宽	2.3厘米	残长	19.3厘米		
残宽	9.3厘米	残高	18.3厘米	厚	1厘米	重量	0.39千克
体积	240.06立方厘米			密度	1624.59千克/立方米		

图例

剖面　破损

0　10厘米

陶盆（T2Q1：10）线图

图版46

透视图

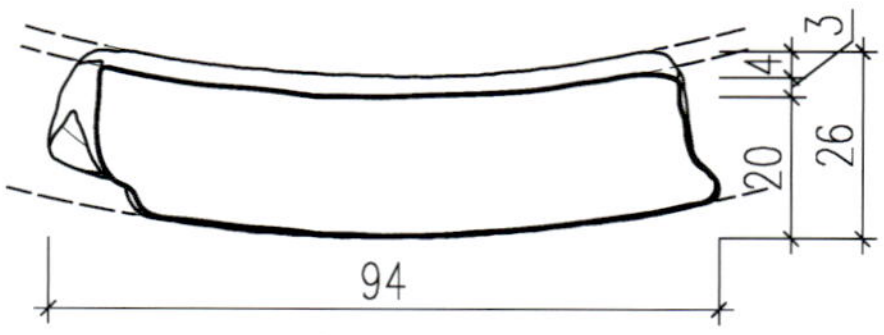

俯视图

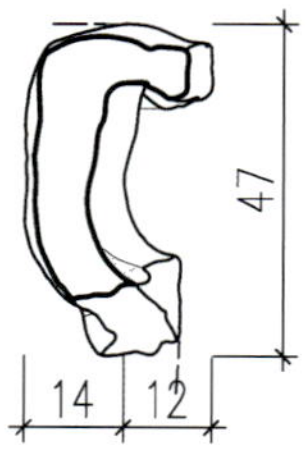

左视图

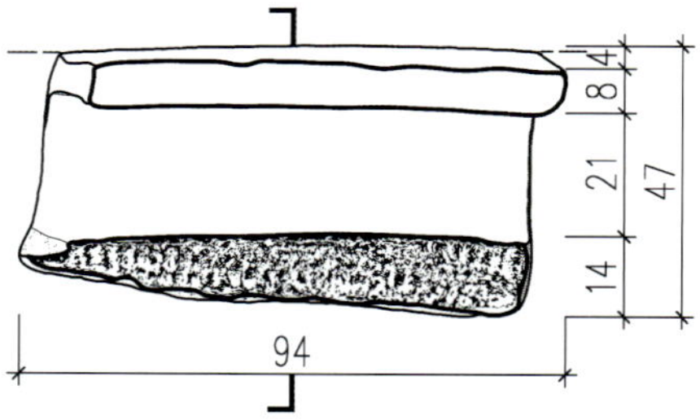

主视图

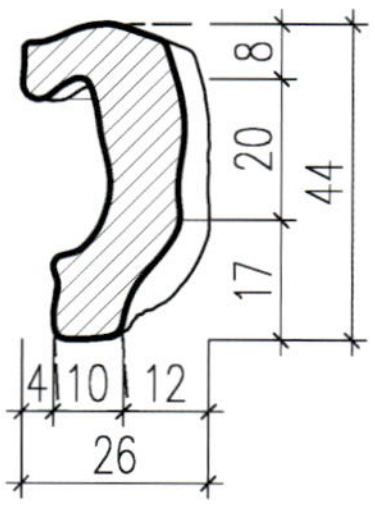

剖视图

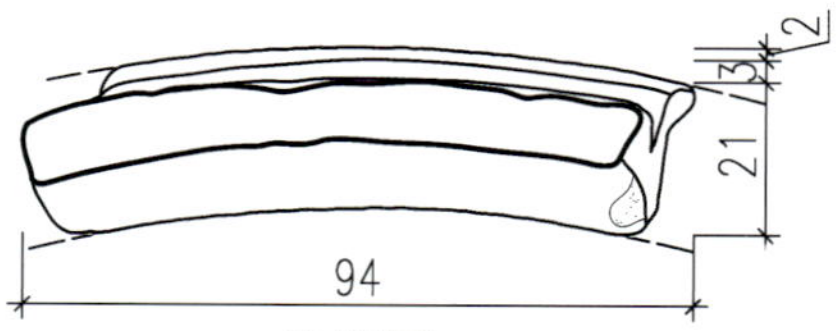

仰视图

编号	T3②：6			名称	陶盆		
复原口径	46.5厘米	沿宽	2厘米	残长	9.4厘米		
残宽	2.6厘米	残高	4.7厘米	厚	1厘米	重量	0.08千克
体积	52.51立方厘米			密度	1523.52千克/立方米		

图例

剖面　破损

0　5厘米

陶盆（T3②：6）线图

图版47

透视图

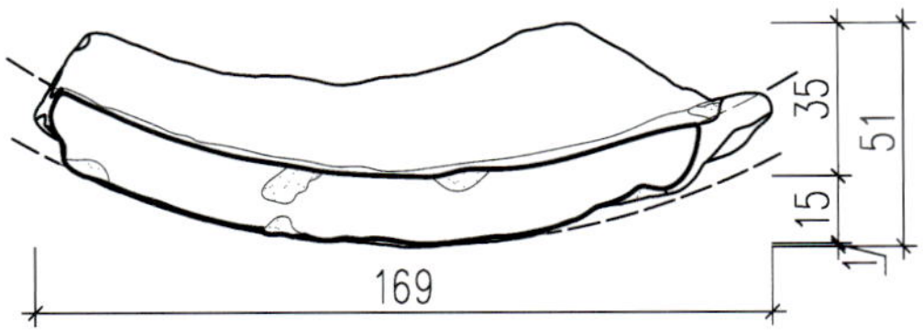

俯视图

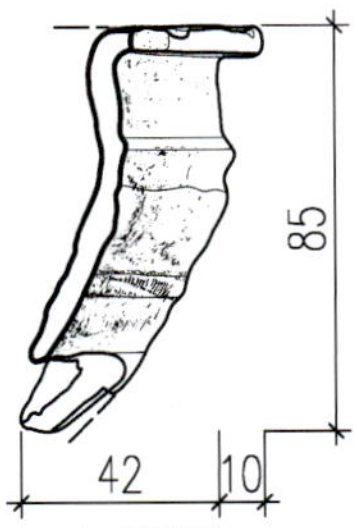

左视图

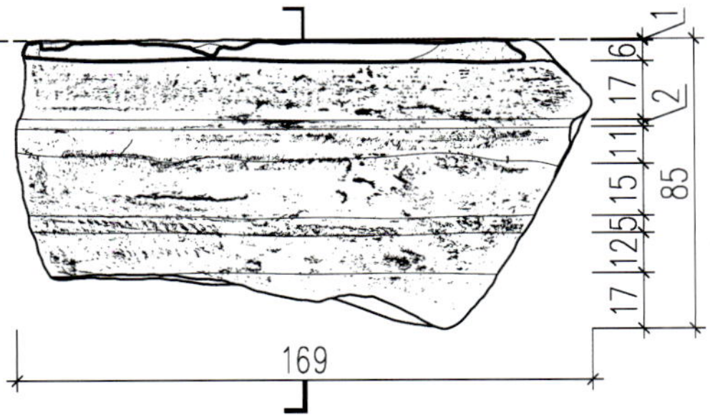

主视图

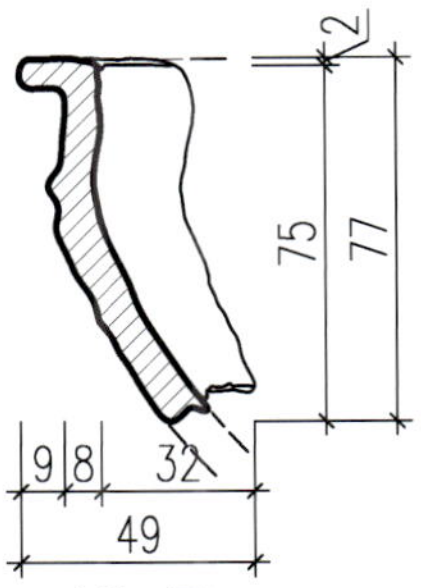

剖视图

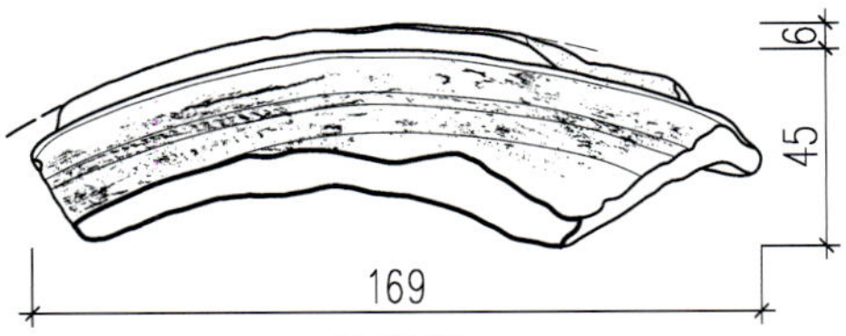

仰视图

编号	T3③a：10			名称	陶盆		
复原口径	35.9厘米	沿宽	1.5厘米	残长	16.9厘米		
残宽	5.1厘米	残高	8.5厘米	厚	0.8厘米	重量	0.19千克
体积	98.8立方厘米			密度	1923.08千克/立方米		

图例

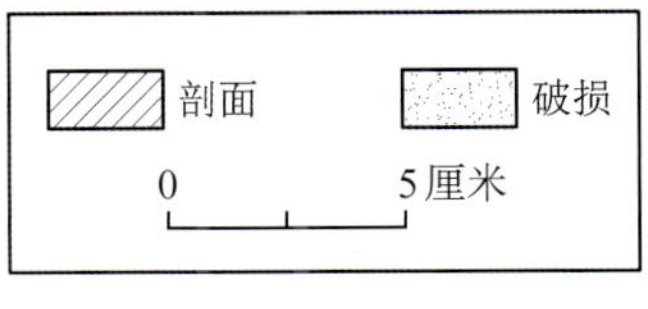

陶盆（T3③a：10）线图

图版48

透视图

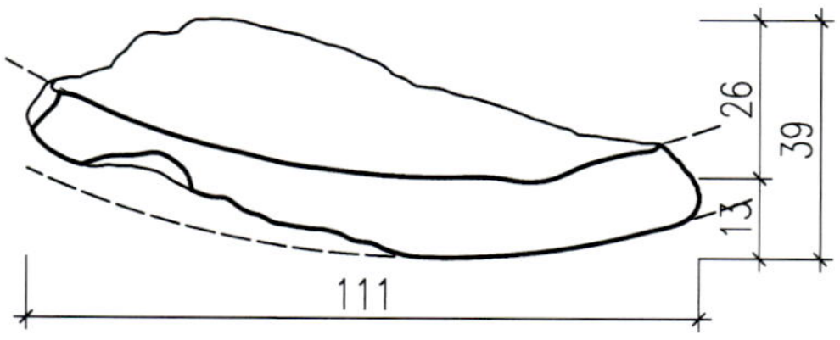

俯视图

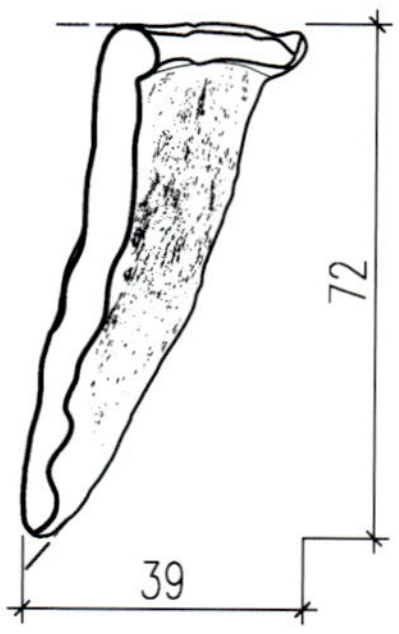

左视图

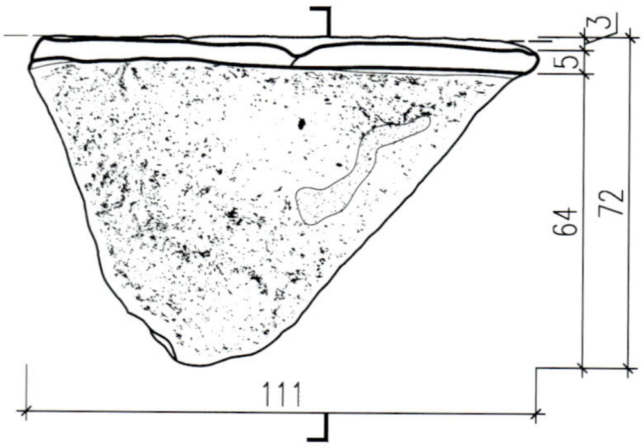

主视图

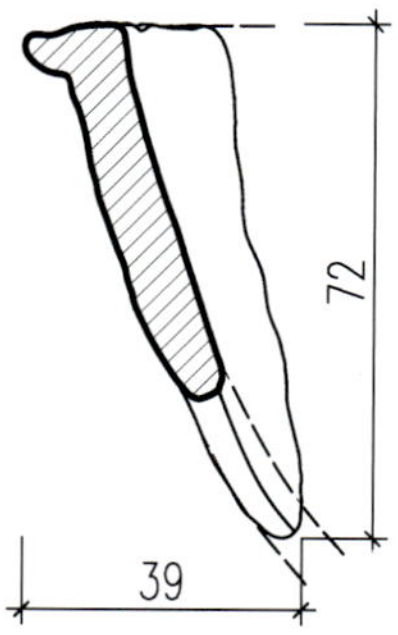

剖视图

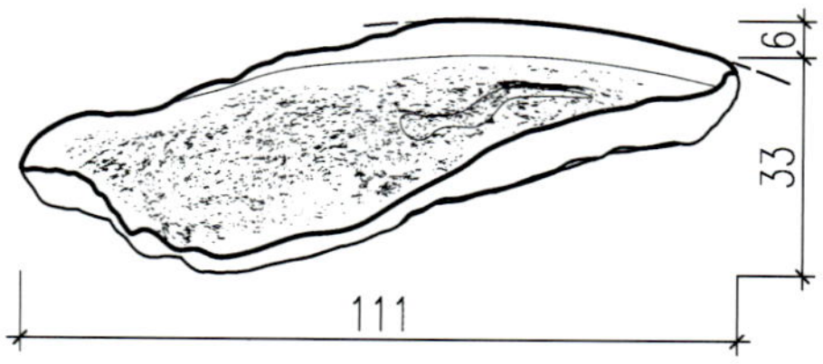

仰视图

编号	T3③a：11			名称	陶盆		
复原口径	45厘米	沿宽	1.3厘米	残长	11.1厘米		
残宽	3.9厘米	残高	7.2厘米	厚	0.9厘米	重量	0.07千克
体积	42.07立方厘米			密度	1663.89千克/立方米		

图例

剖面　破损

0　5厘米

陶盆（T3③a：11）线图

透视图

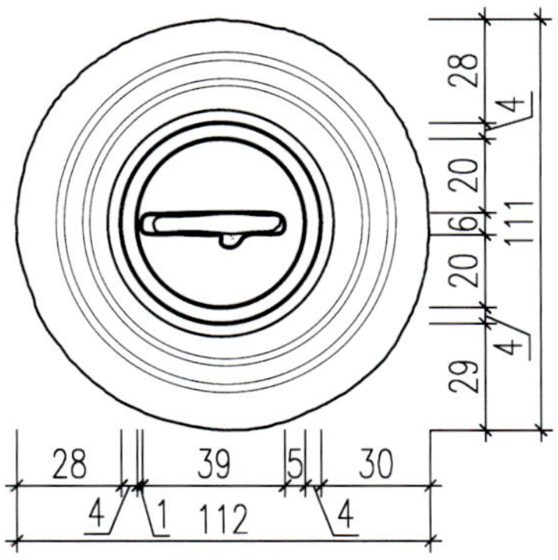

俯视图

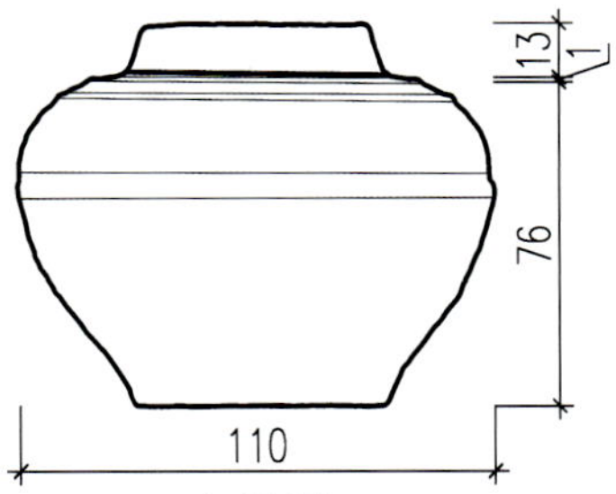

左视图

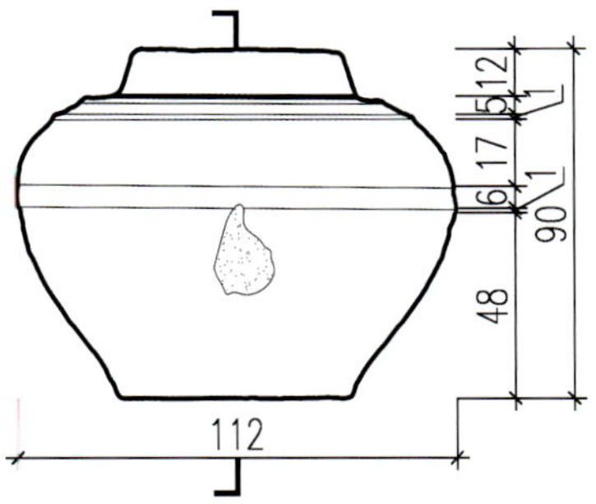

主视图

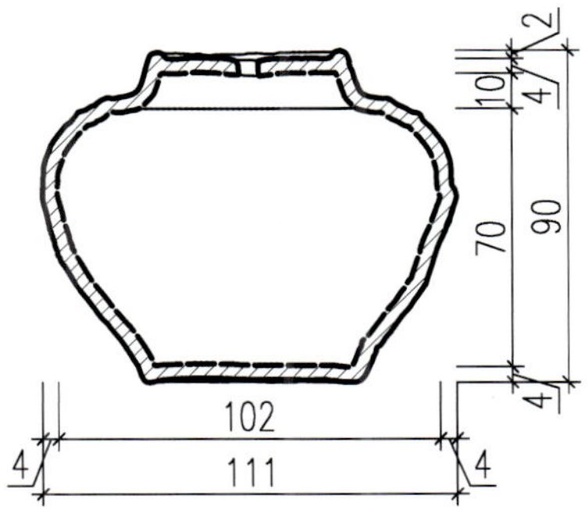

剖视图

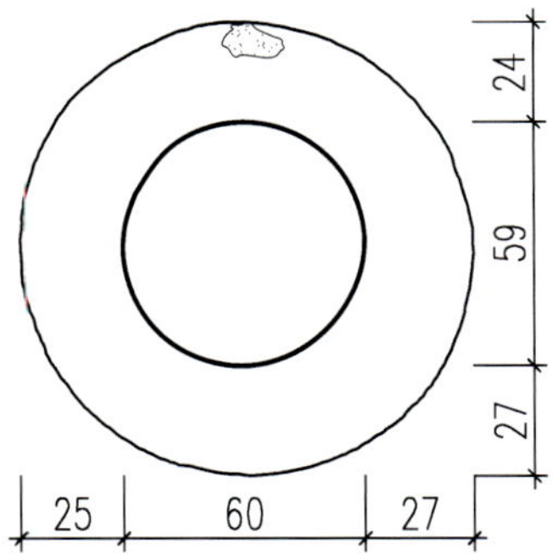

仰视图

编号	T3③a：1			名称	陶扑满		
口径	5.4厘米	沿宽	0.4厘米	腹径	11.2厘米	底径	6厘米
高	9厘米	厚	0.4厘米	重量	0.69千克		
体积	约561.64立方厘米			密度	约1228.54千克/立方米		

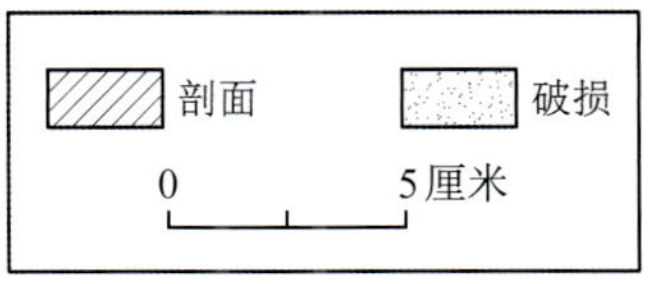

陶扑满（T3③a：1）线图

图版50

透视图

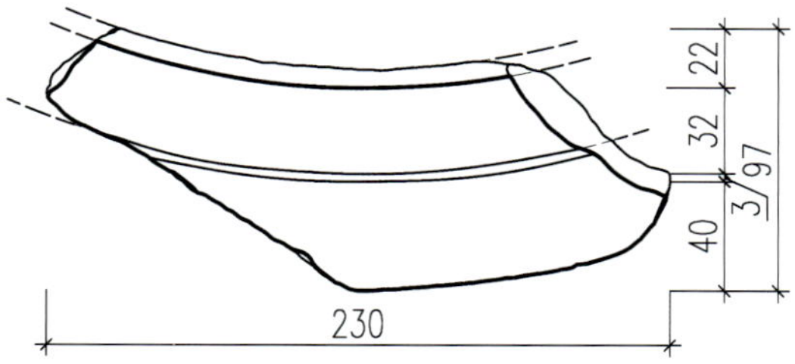

俯视图

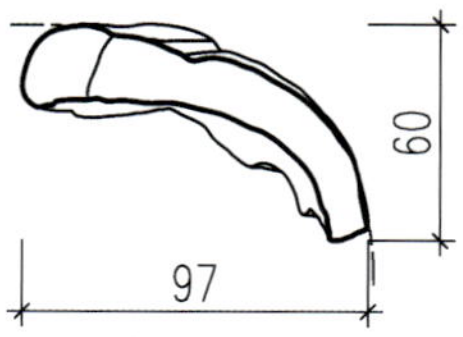

左视图

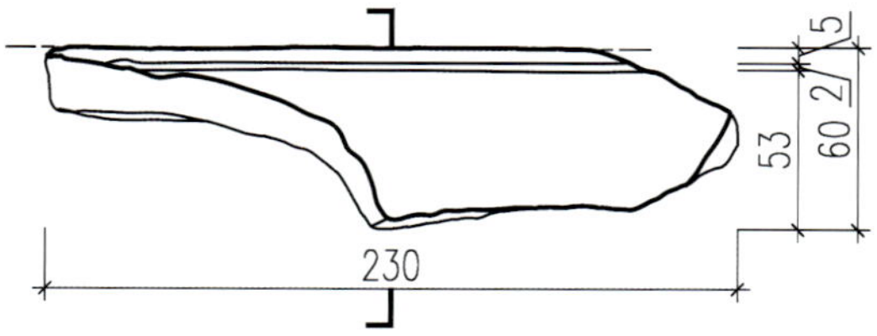

主视图

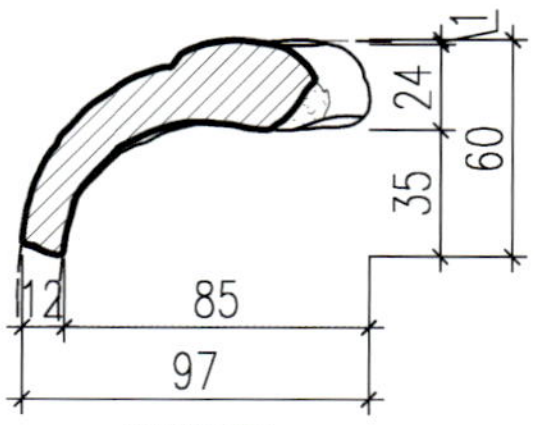

剖视图

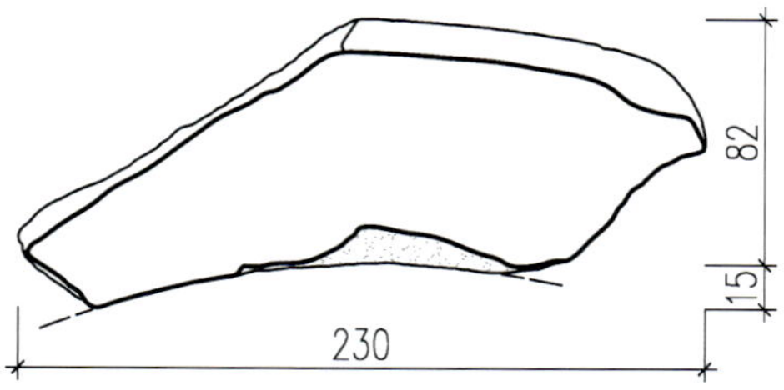

仰视图

编号	T3⑥：6			名称	陶缸		
复原口径	66.7厘米	沿宽	3.2厘米	残长	23厘米		
残宽	9.7厘米	残高	6厘米	厚	1.2厘米	重量	0.47千克
体积	253.87立方厘米			密度	1851.34千克/立方米		

图例

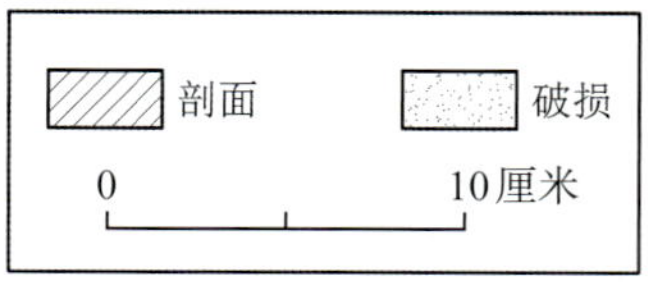

陶缸（T3⑥：6）线图

透视图

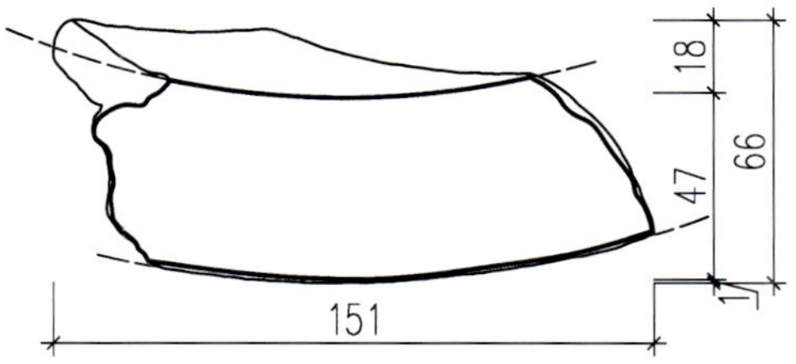

俯视图

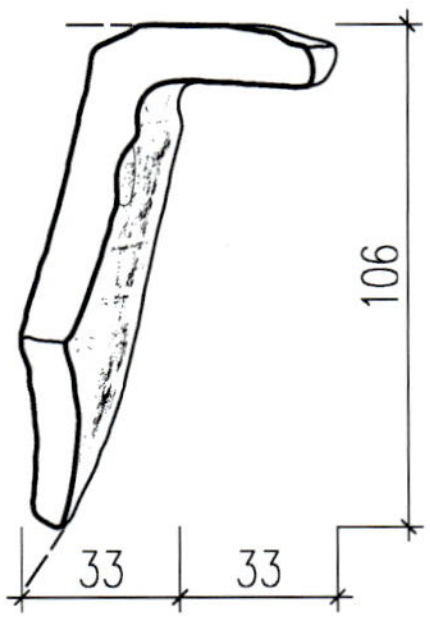

左视图

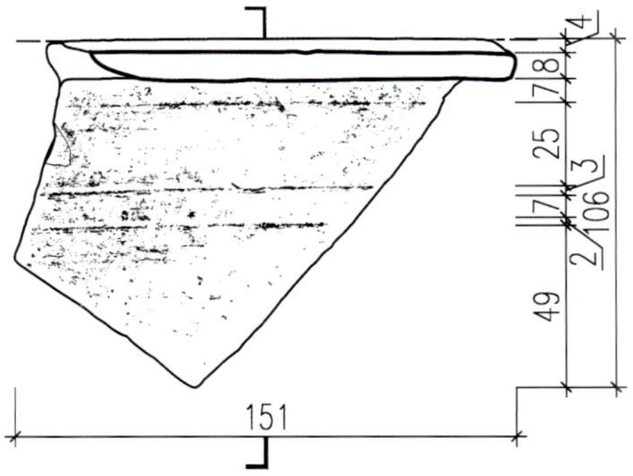

主视图

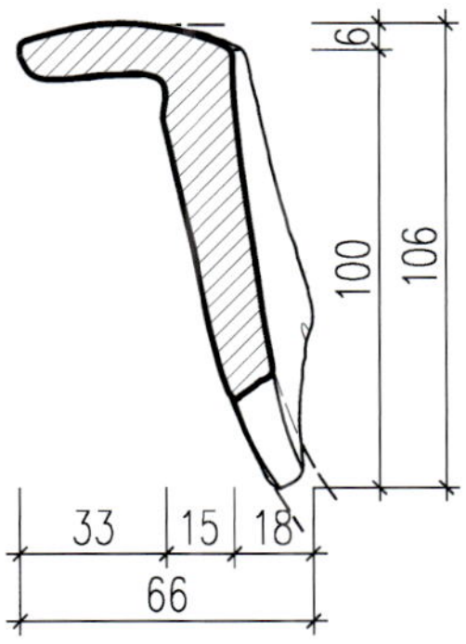

剖视图

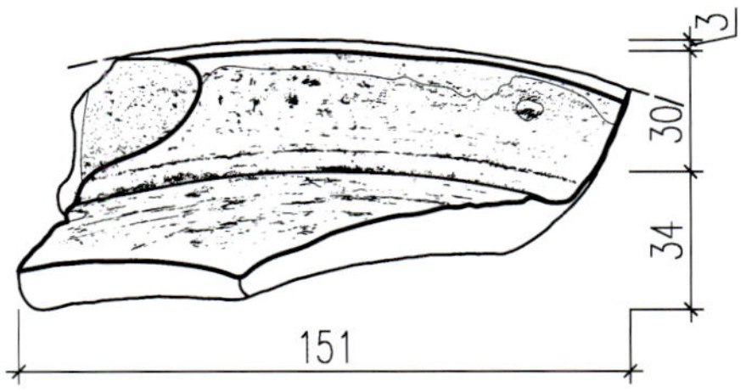

仰视图

编号	T3H8：24			名称	陶盆		
复原口径	52.6厘米	沿宽	4.7厘米	残长	15.1厘米		
残宽	6.6厘米	残高	10.6厘米	厚	1.5厘米	重量	0.26千克
体积	157.95立方厘米			密度	1646.09千克/立方米		

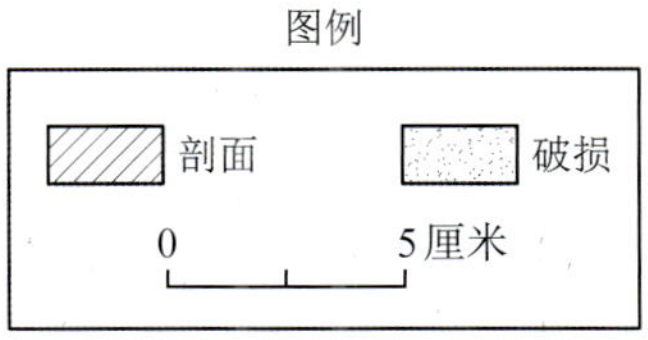

陶盆（T3H8：24）线图

图版52

透视图

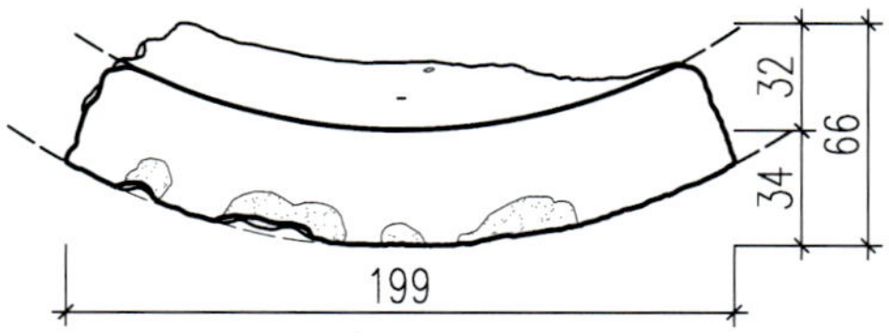

俯视图

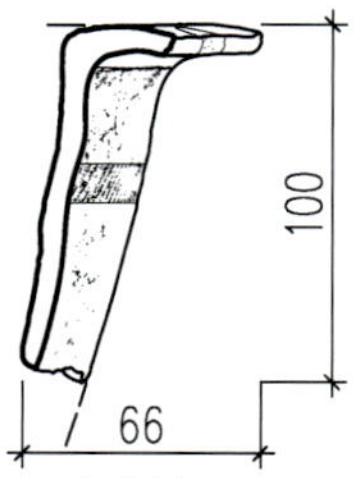

左视图

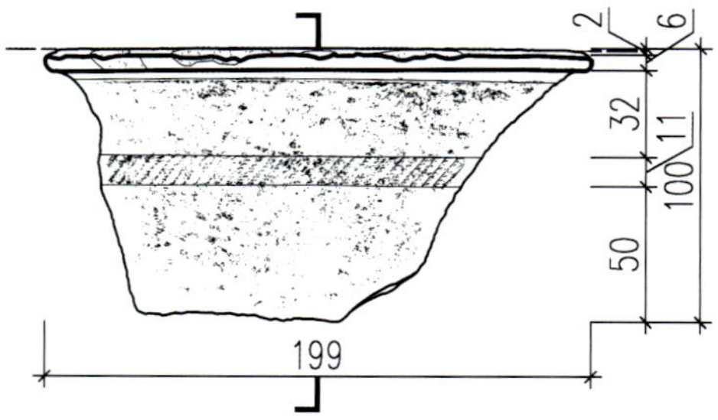

主视图

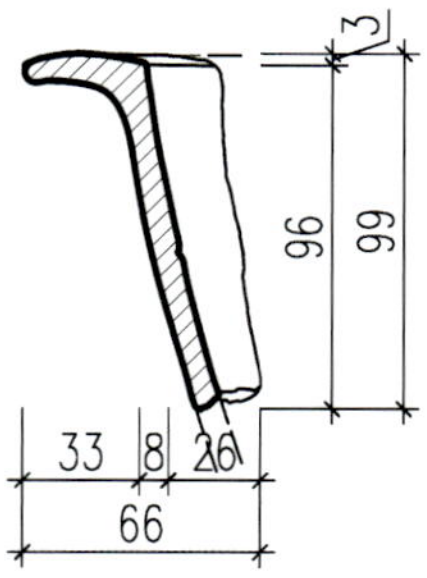

剖视图

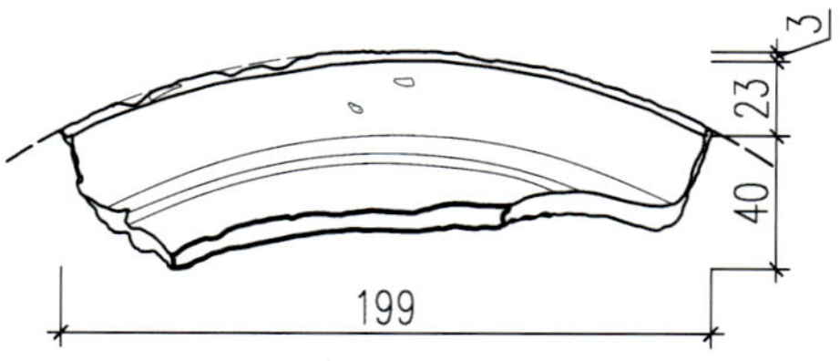

仰视图

图例

剖面　破损

0　10厘米

编号	T3H8：25				名称	陶盆	
复原口径	43.3厘米	沿宽	3.4厘米		残长	19.9厘米	
残宽	6.6厘米	残高	10厘米	厚	0.8厘米	重量	0.25千克
体积	143.01立方厘米			密度	1748.13千克/立方米		

陶盆（T3H8：25）线图

图版53

透视图

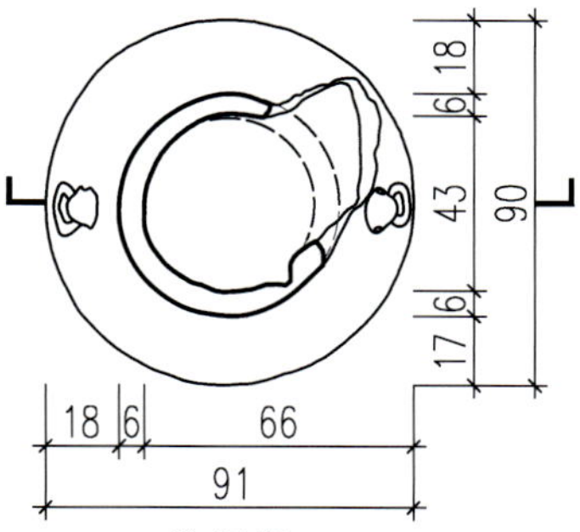

俯视图

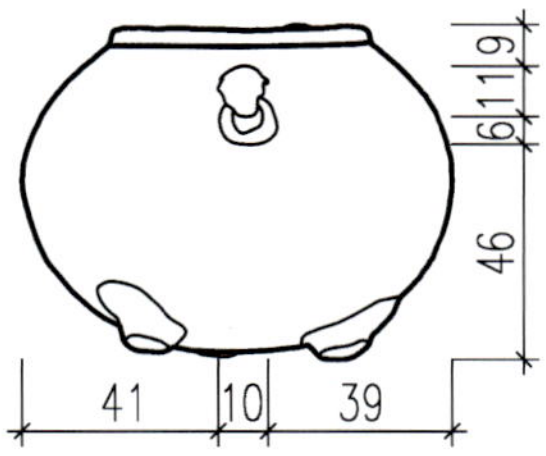

左视图

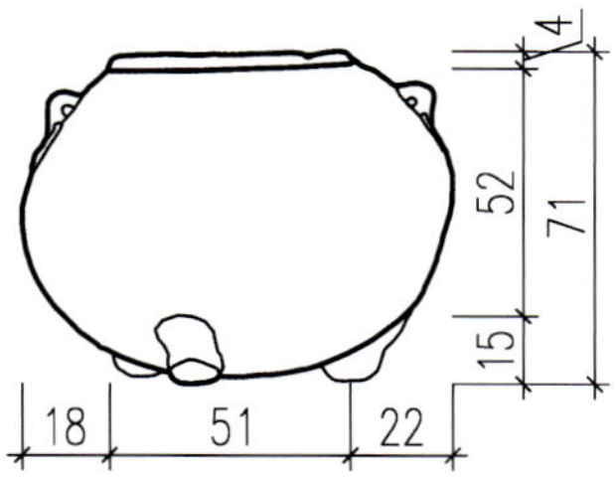

主视图

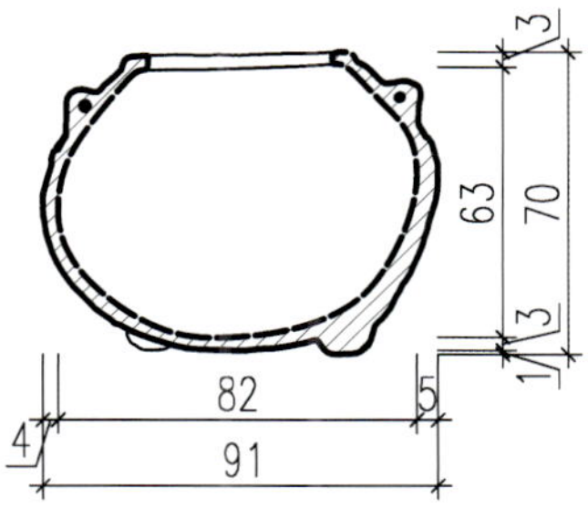

剖视图

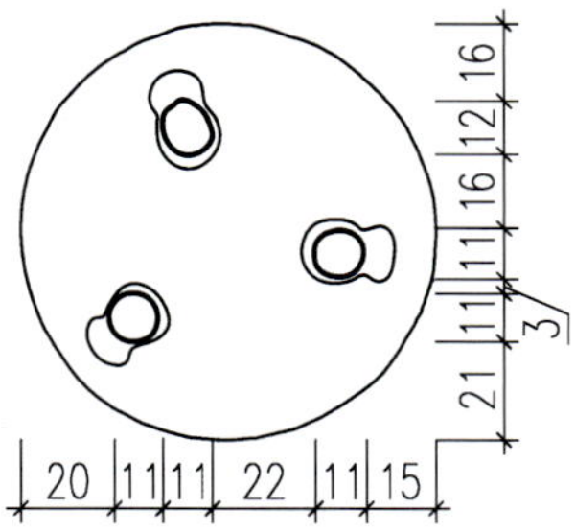

仰视图

编号	T3H8：5			名称	陶三足双系罐		
口径	5.5厘米	沿宽	0.6厘米	腹径	9.1厘米		
高	7.1厘米	腹厚	0.5厘米	系长	1.1厘米	系宽	1厘米
系厚	0.3厘米	足高	1.5厘米	足径	1.1厘米	重量	0.41千克
体积	约298.54立方厘米			密度	约1373.35千克/立方米		

图例

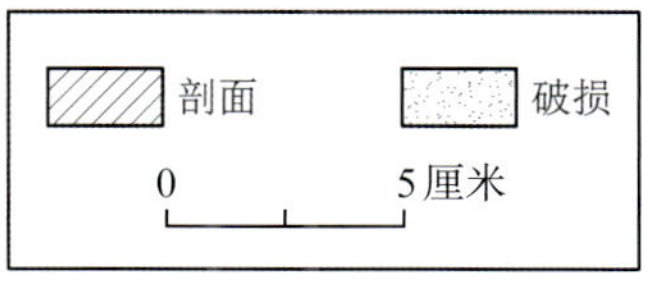

陶三足双系罐（T3H8：5）线图

图版54

透视图

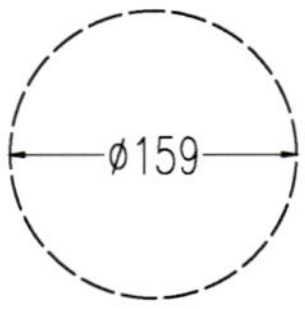

复原轮廓

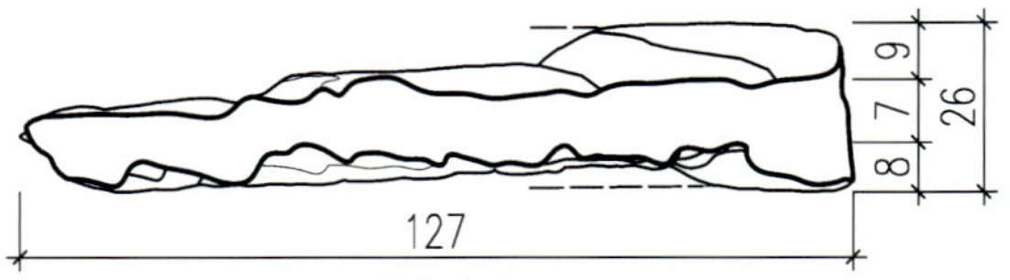

俯视图

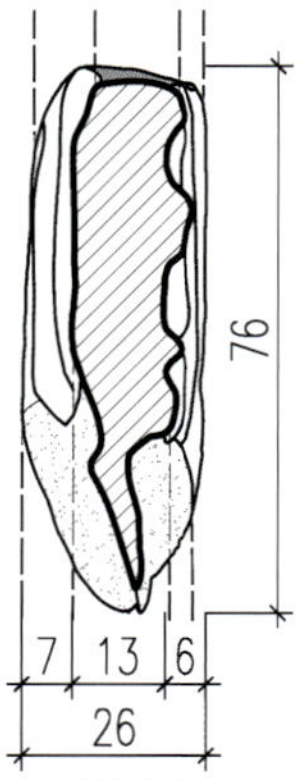

剖视图

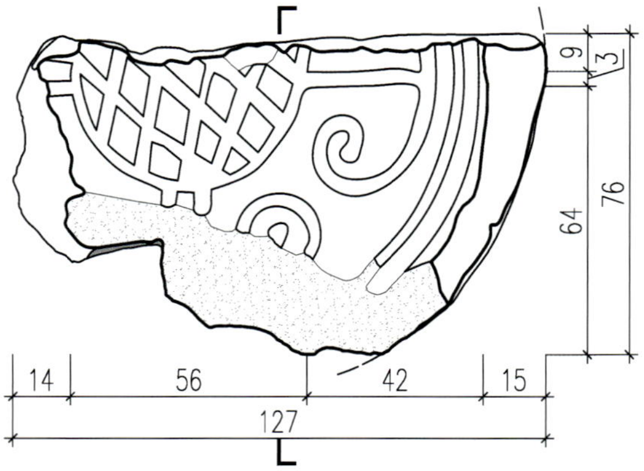

主视图

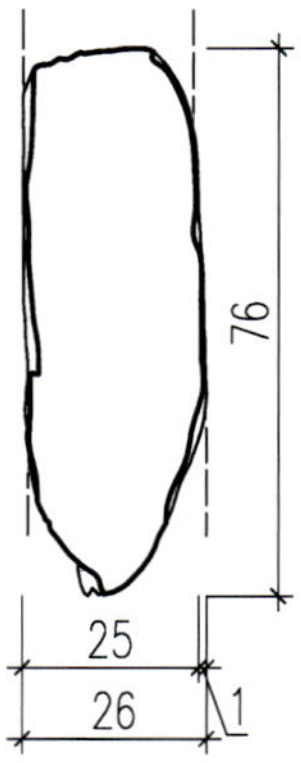

右视图

主视图拓片

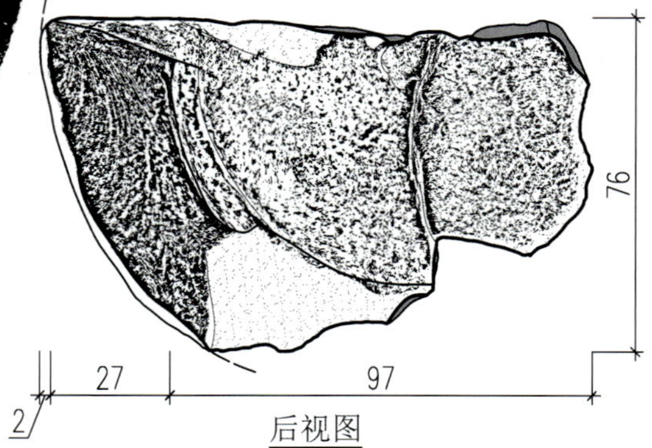

后视图

图例

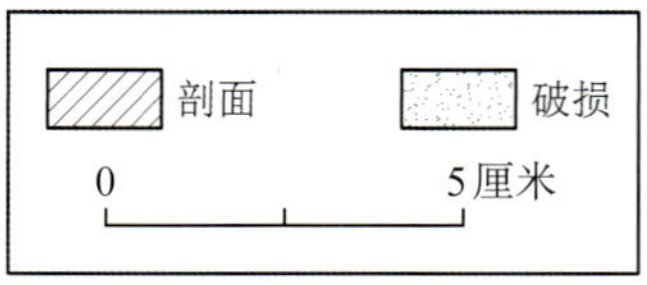

编号	T3H32：1		名称	云纹瓦当		复原径	15.9厘米
当厚	1.3厘米	边轮厚	2.5厘米	边轮宽	1.5厘米	缘深	0.8厘米
重量	0.15千克	体积	88.77立方厘米		密度	1689.76千克/立方米	

云纹瓦当（T3H32：1）线图

透视图

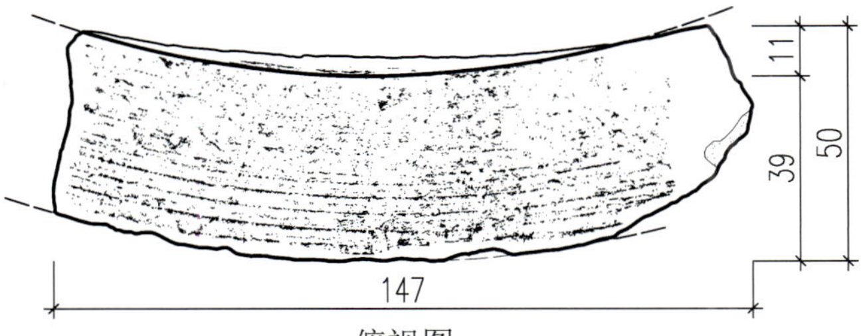

俯视图

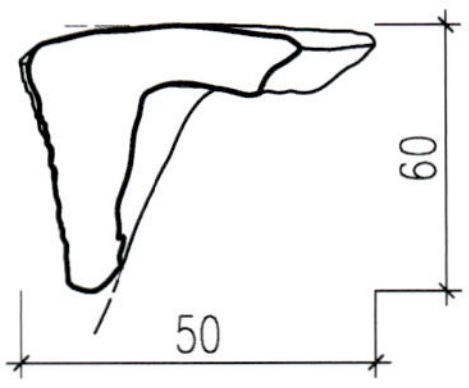

左视图

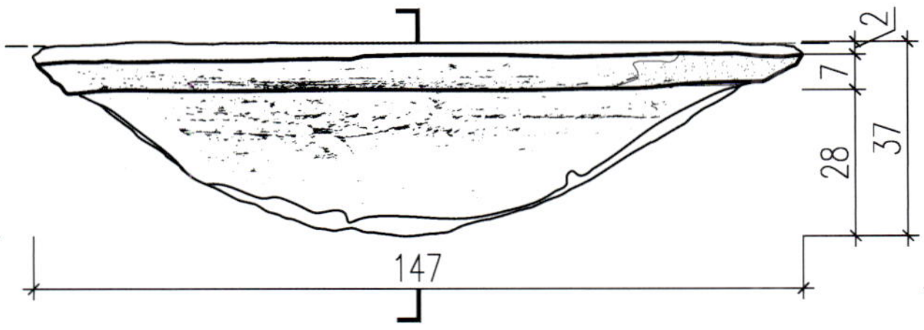

主视图

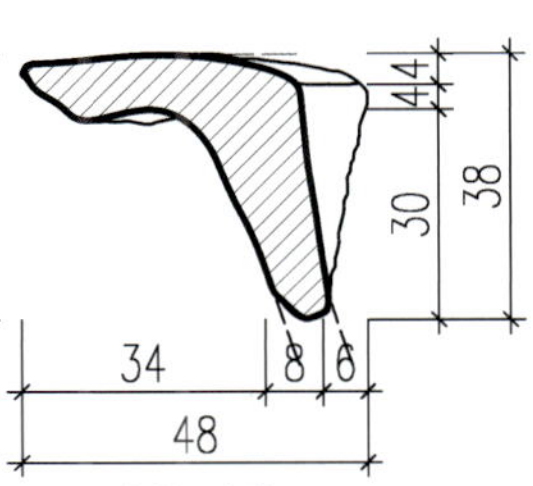

剖视图

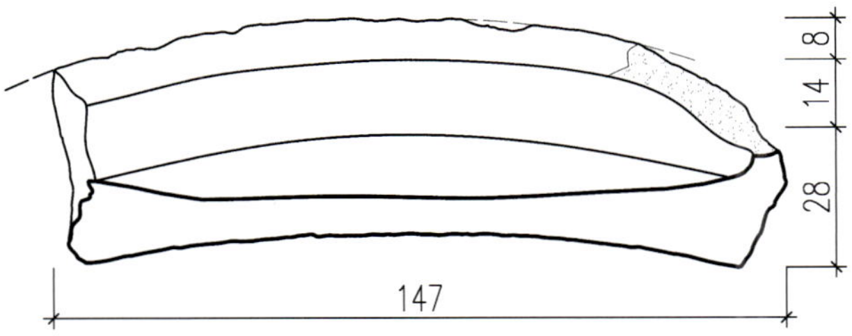

仰视图

编号	T3H32：9			名称	陶盆		
复原口径	49.4厘米	沿宽	3.9厘米	残长	14.7厘米		
残宽	5厘米	残高	3.7厘米	厚	0.8厘米	重量	0.12千克
体积	62.3立方厘米		密度	1926.16千克/立方米			

图例

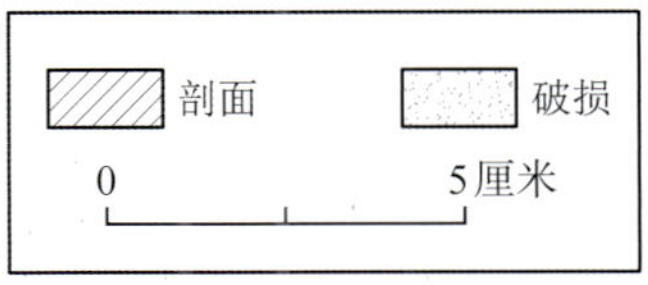

陶盆（T3H32：9）线图

图版56

透视图

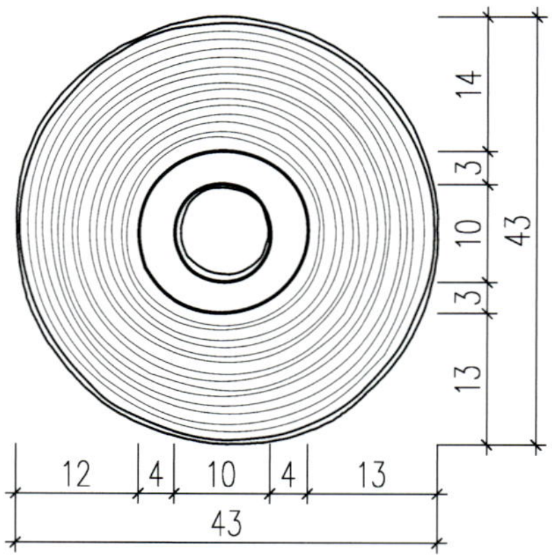

俯视图

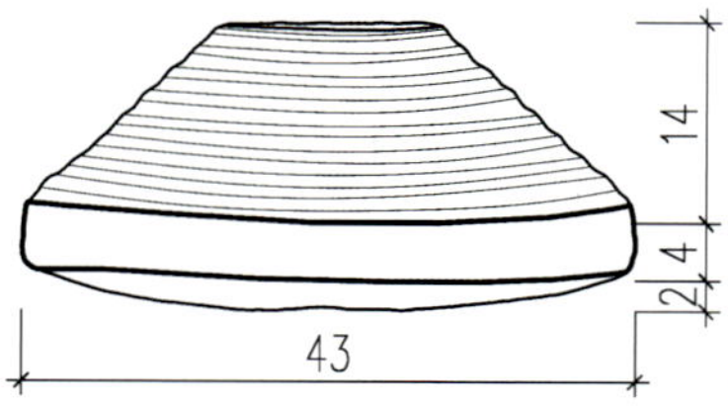

左视图

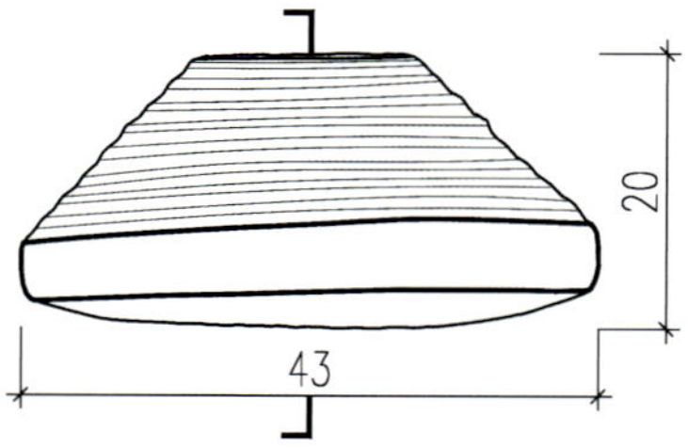

主视图

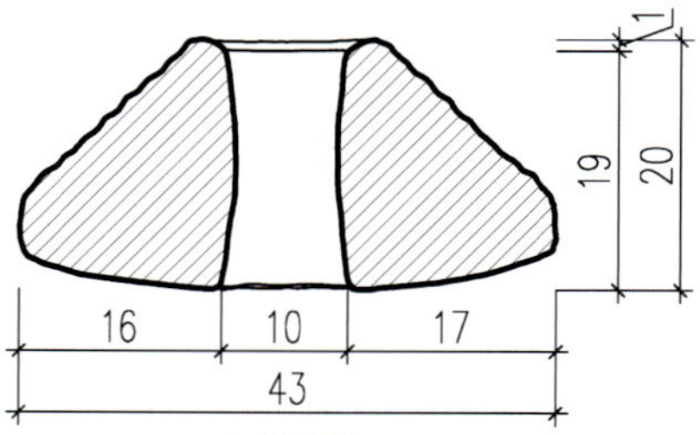

剖视图

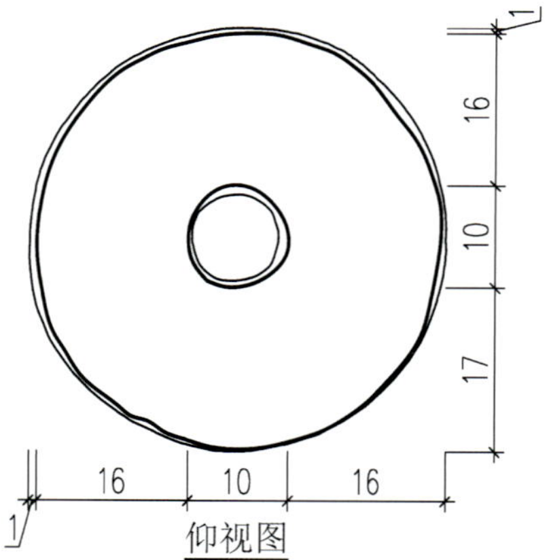

仰视图

图例

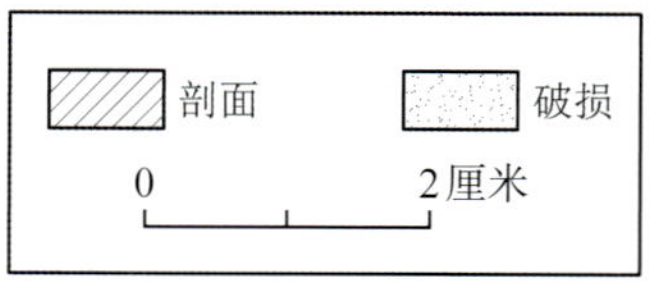

编号	T3Q1：1			名称	陶纺轮		
底径	4.3厘米	上部径	1.7厘米	高	2厘米	孔径	1厘米
重量	0.03千克	体积	16.6立方厘米		密度	1807.23千克/立方米	

陶纺轮（T3Q1：1）线图

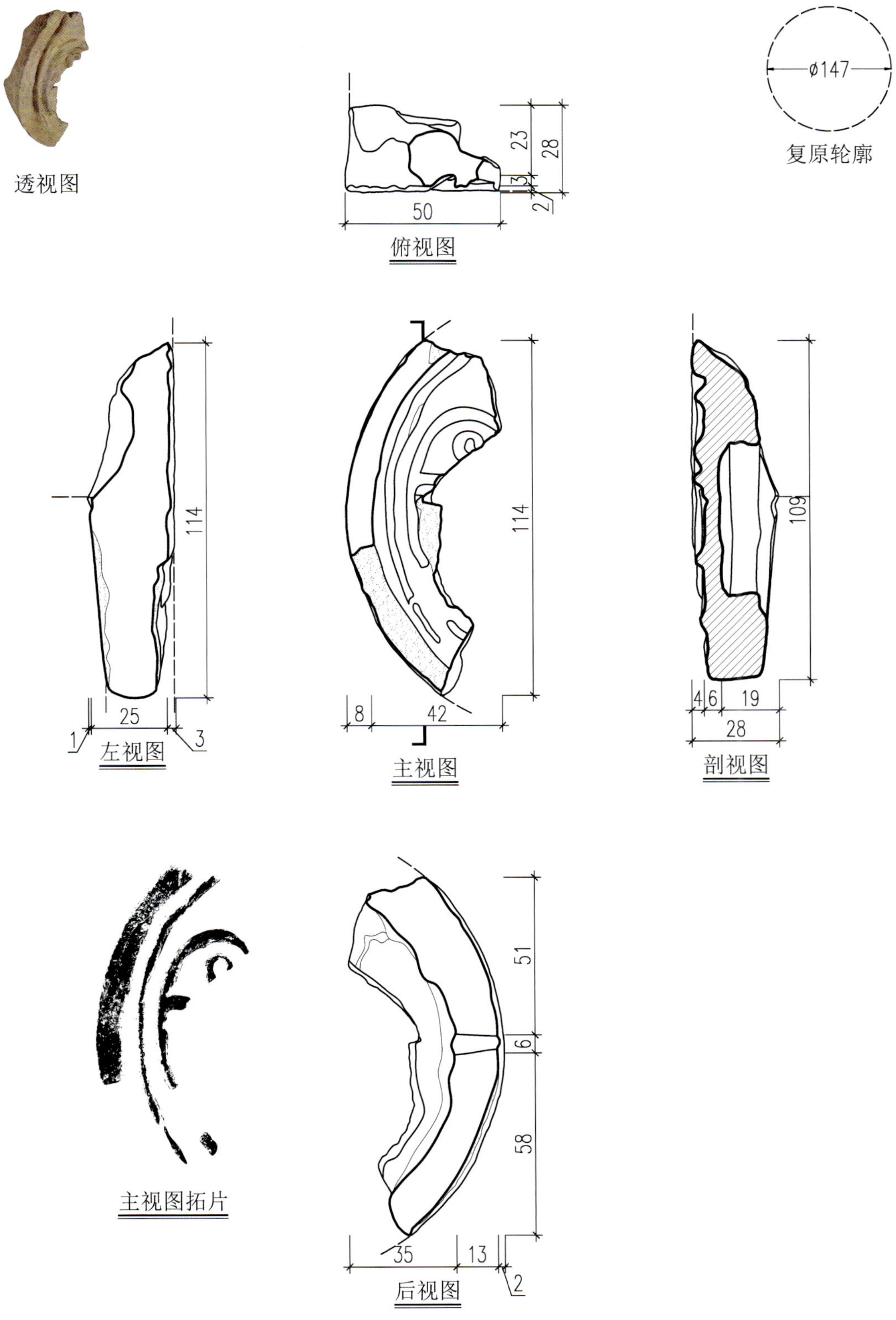

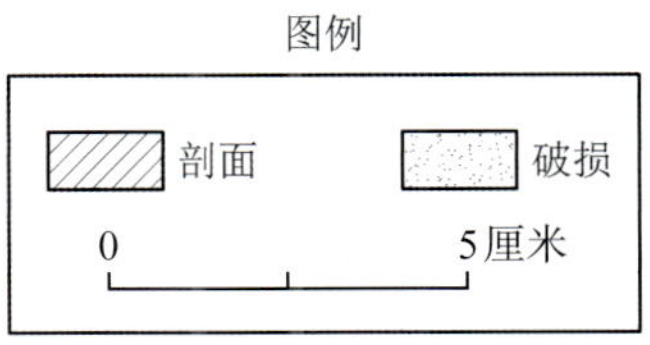

编号	T4⑨：9	名称	云纹瓦当			复原径	14.7厘米
当厚	0.6厘米	边轮厚	2.5厘米	边轮宽	0.8厘米	缘深	0.3厘米
重量	0.08千克	体积	45.15立方厘米	密度	1683.28千克/立方米		

云纹瓦当（T4⑨：9）线图

图版58

透视图

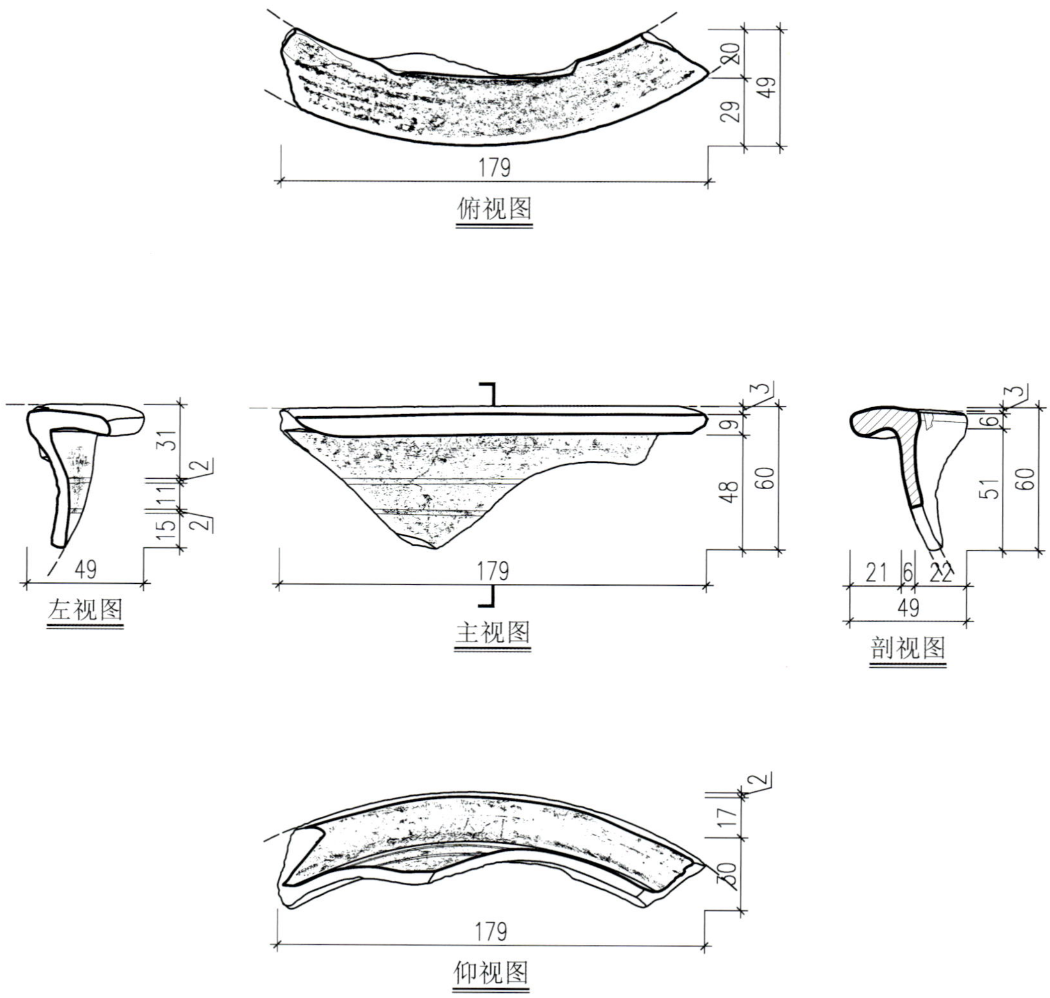

编号	T4⑤：6			名称	陶盆		
复原口径	35.5厘米	沿宽	2.9厘米	残长	17.9厘米		
残宽	4.9厘米	残高	6厘米	厚	0.6厘米	重量	0.12千克
体积	67.21立方厘米		密度	1785.45千克/立方米			

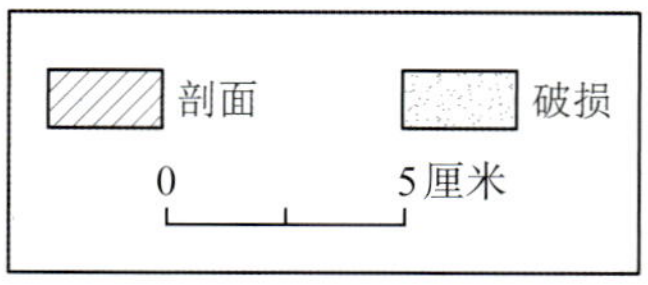

陶盆（T4⑤：6）线图

透视图

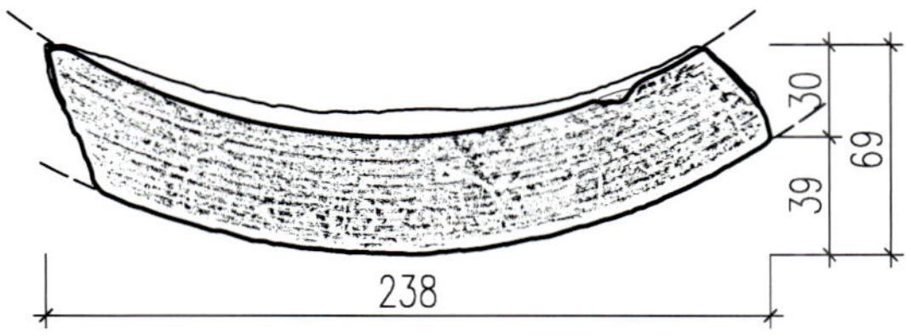

俯视图

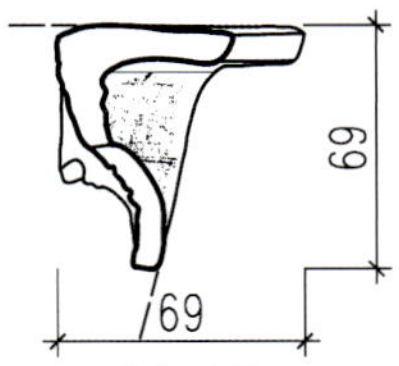

左视图

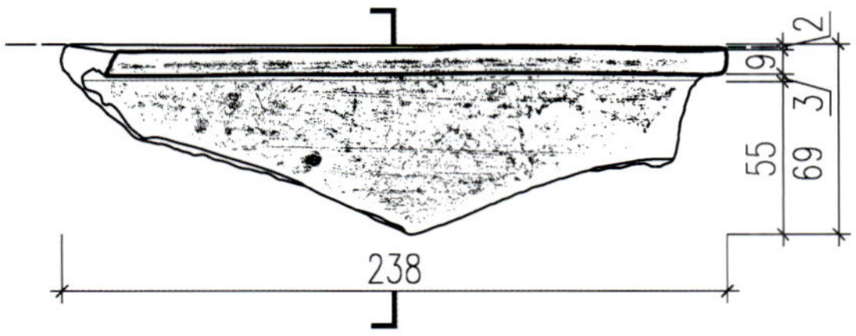

主视图

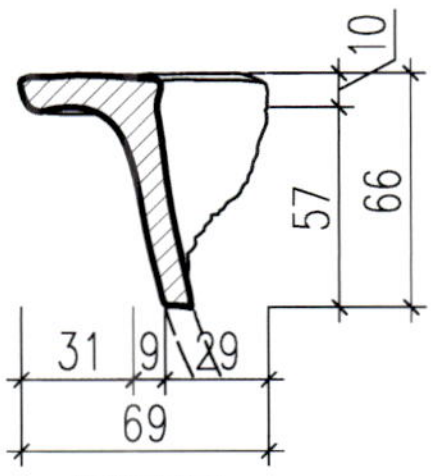

剖视图

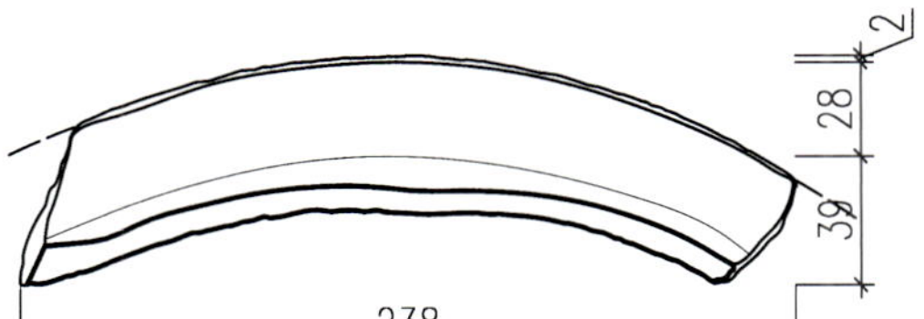

仰视图

编号	T4⑫：4			名称	陶盆		
复原口径	47.4厘米	沿宽	3.9厘米	残长	23.8厘米		
残宽	6.9厘米	残高	6.9厘米	厚	0.9厘米	重量	0.28千克
体积	157.64立方厘米			密度	1776.2千克/立方米		

图例

剖面　破损

0　10厘米

陶盆（T4⑫：4）线图

图版60

透视图

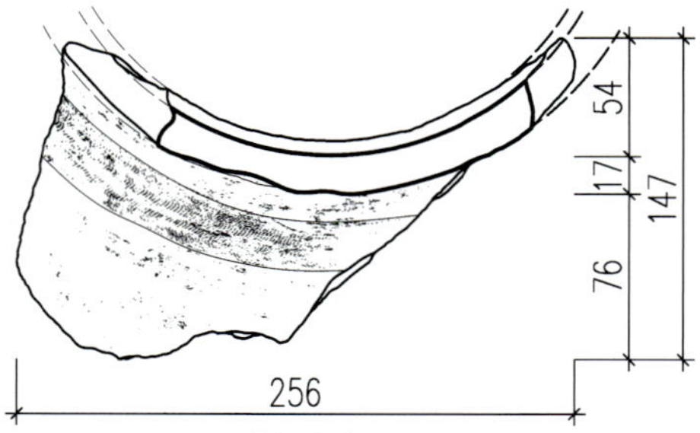

俯视图

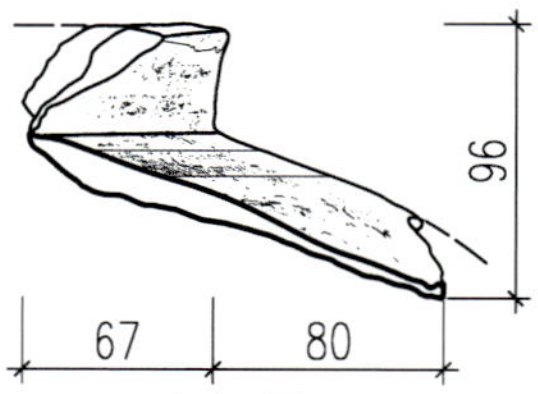

左视图

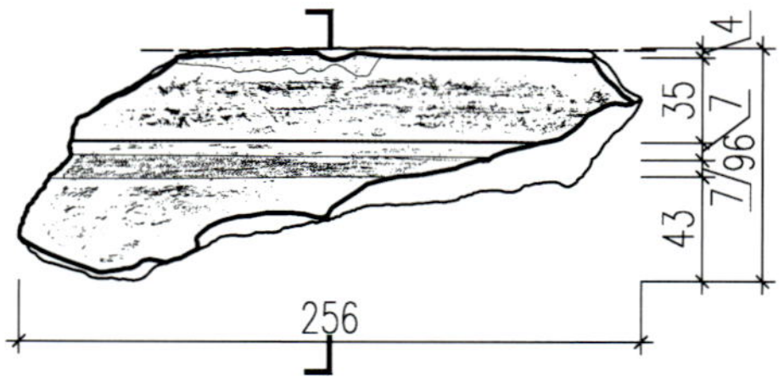

主视图

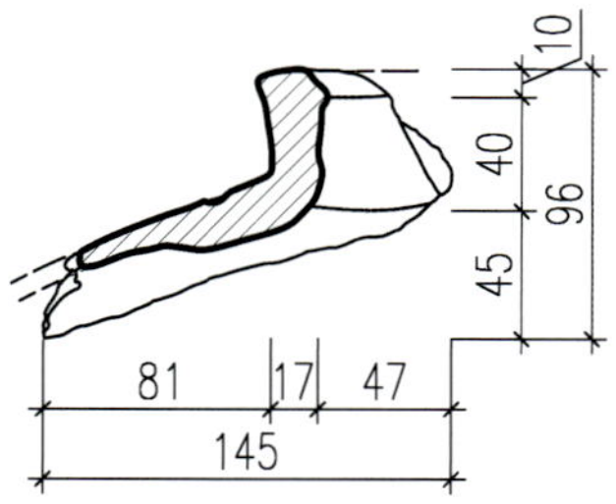

剖视图

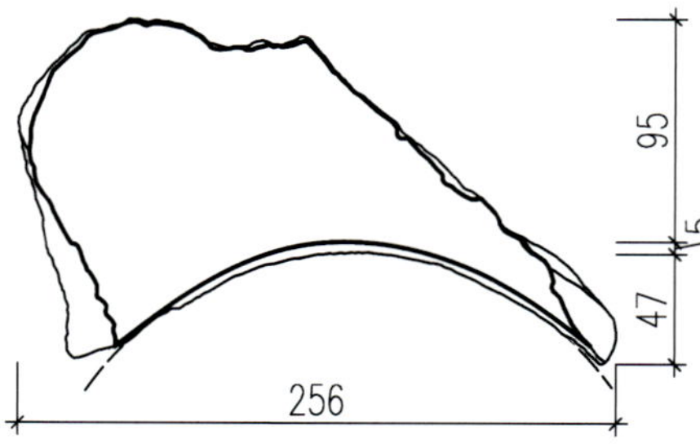

仰视图

编号	T4⑤：7			名称	陶罐		
复原口径	30.3厘米	沿宽	1.7厘米	残长	25.6厘米		
残宽	14.7厘米	残高	9.6厘米	厚	1.7厘米	重量	0.7千克
体积	381.2立方厘米			密度	1836.31千克/立方米		

图例

剖面　破损

0　10厘米

陶罐（T4⑤：7）线图

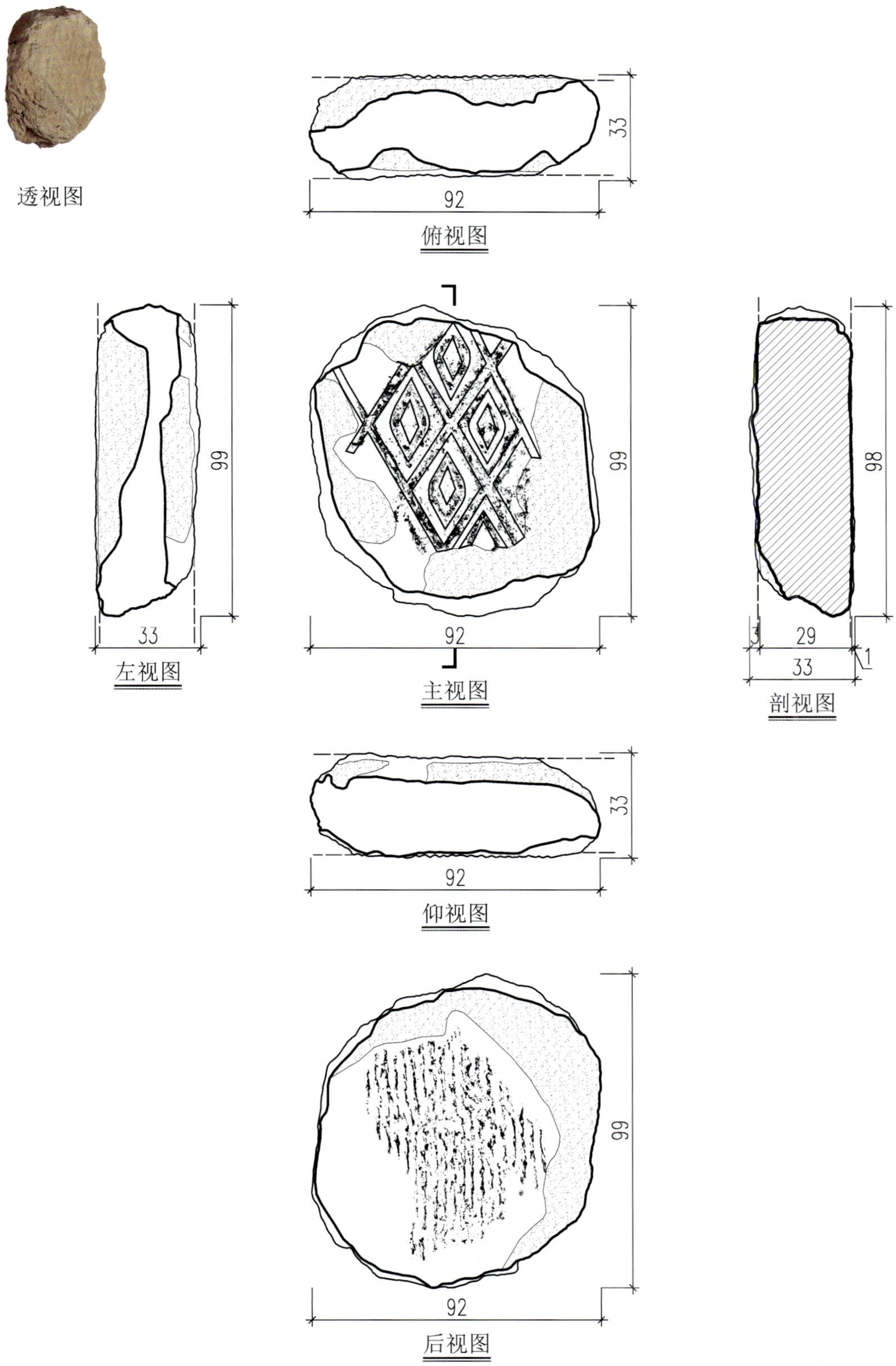

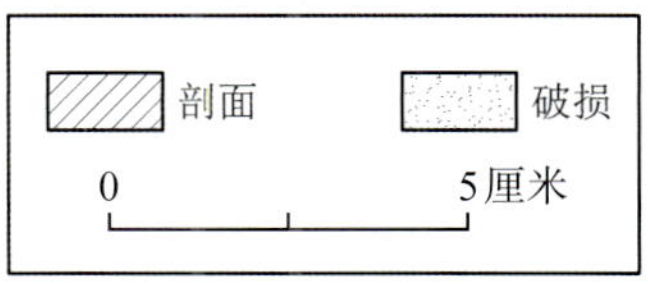

编号	T4⑨：7		名称	陶饼	
残长	9.9厘米	残宽	9.2厘米	厚	2.9厘米
重量	0.27千克	体积	168.41立方厘米	密度	1603.23千克/立方米

陶饼（T4⑨：7）线图

图版62

透视图

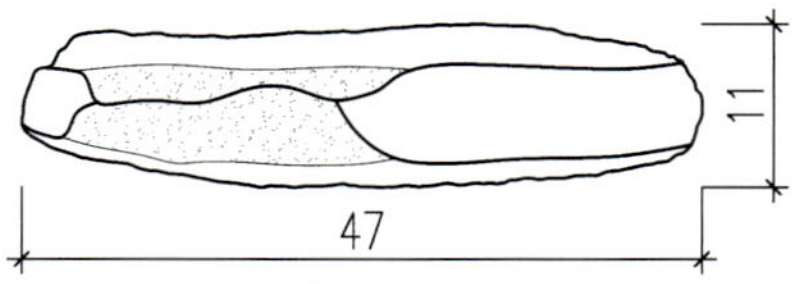

俯视图

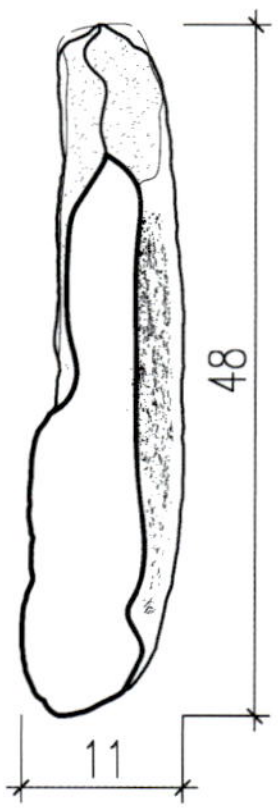

左视图

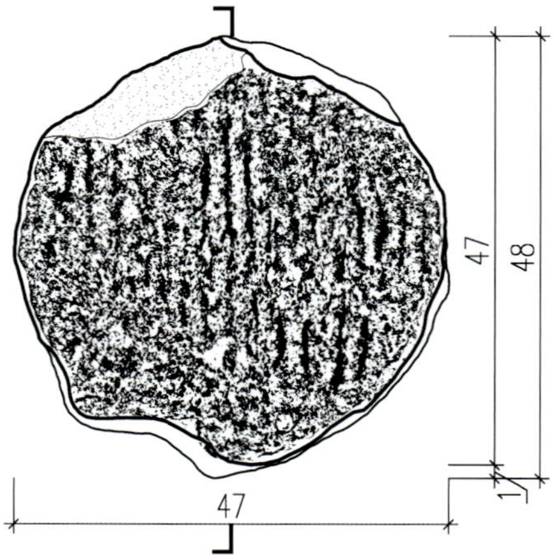

主视图

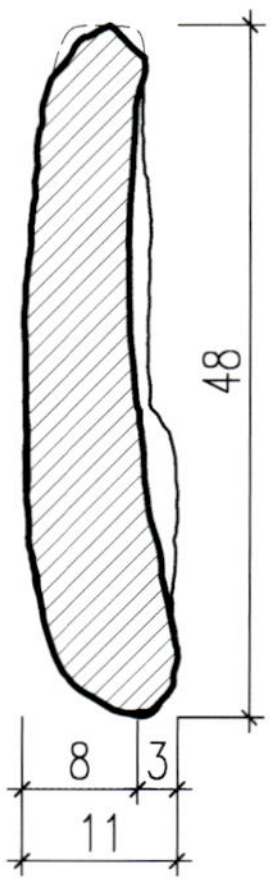

剖视图

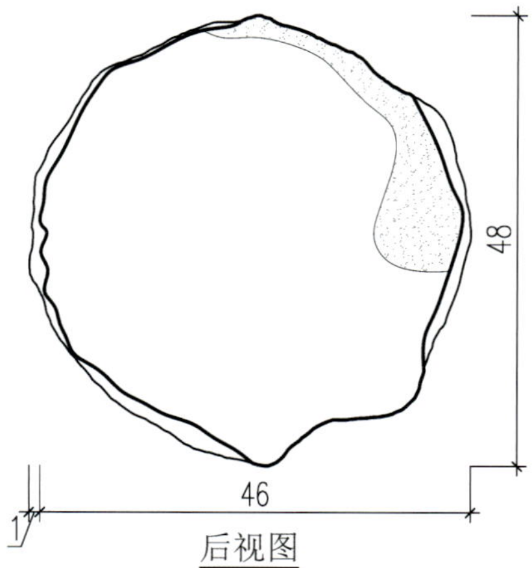

后视图

图例

剖面　破损

0　2厘米

编号	T4⑨：8			名称	陶饼
直径	4.8厘米	厚	0.8厘米	重量	0.02千克
体积	11.77立方厘米	密度	1699.24千克/立方米		

陶饼（T4⑨：8）线图

透视图

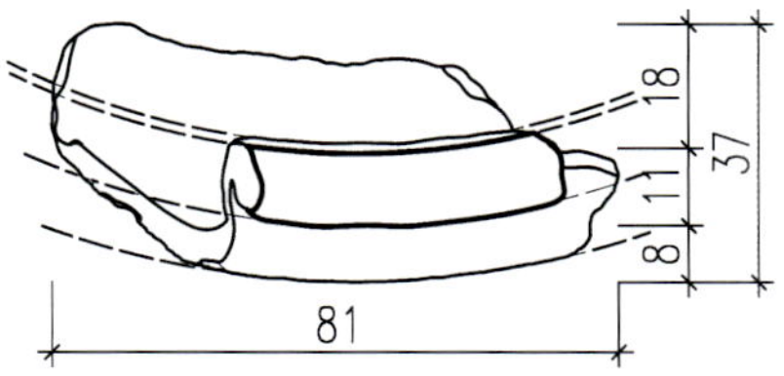

俯视图

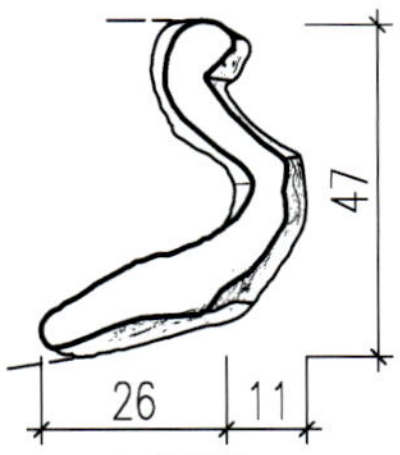

左视图

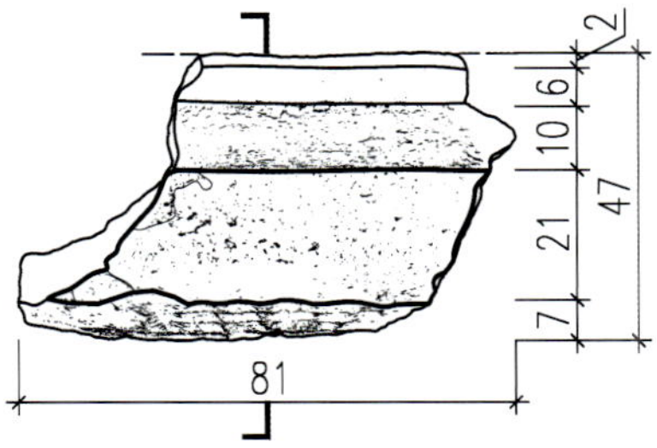

主视图

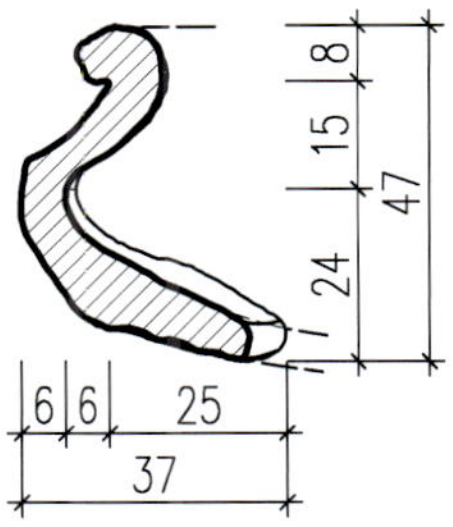

剖视图

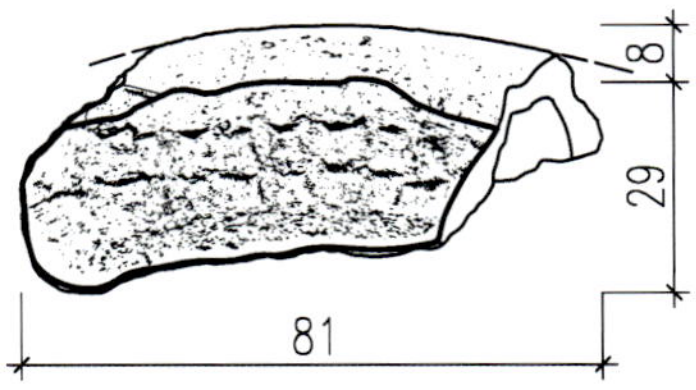

仰视图

编号	T4⑬：9			名称	陶釜		
复原口径	24.5厘米	沿宽	1.1厘米	残长	8.1厘米		
残宽	3.7厘米	残高	4.7厘米	厚	0.6厘米	重量	0.05千克
体积	25.97立方厘米		密度	1925.3千克/立方米			

图例

剖面　破损

0　5厘米

陶釜（T4⑬：9）线图

图版64

透视图

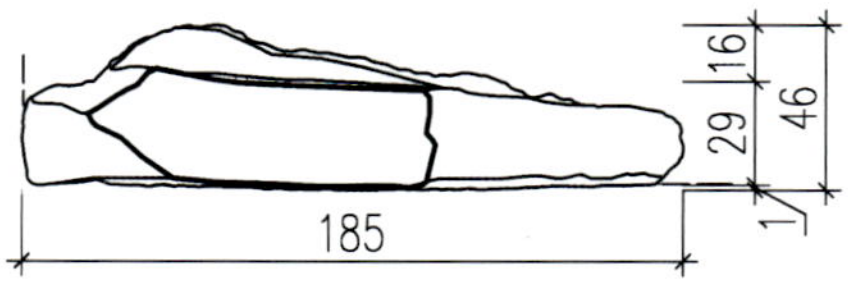

俯视图

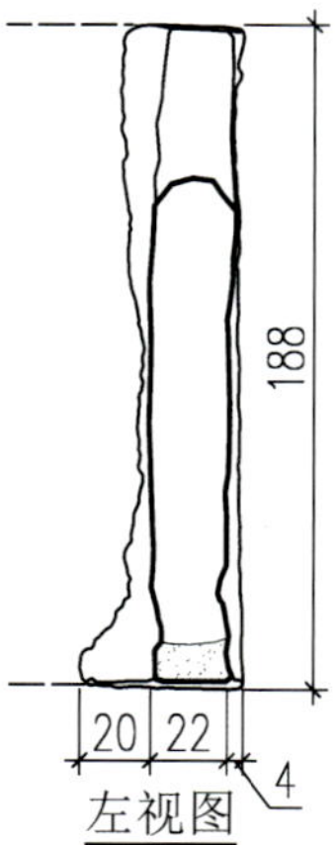

左视图

主视图

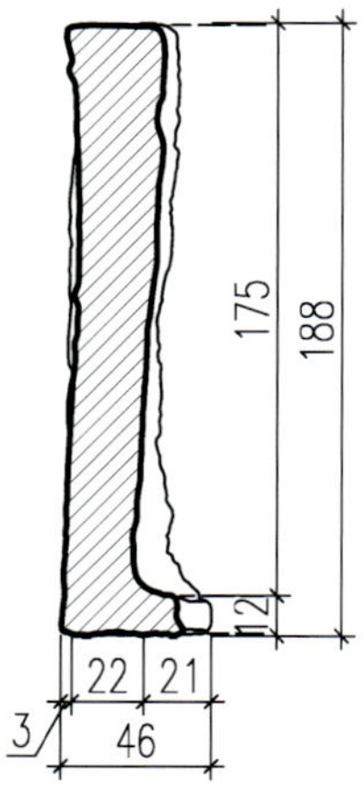

剖视图

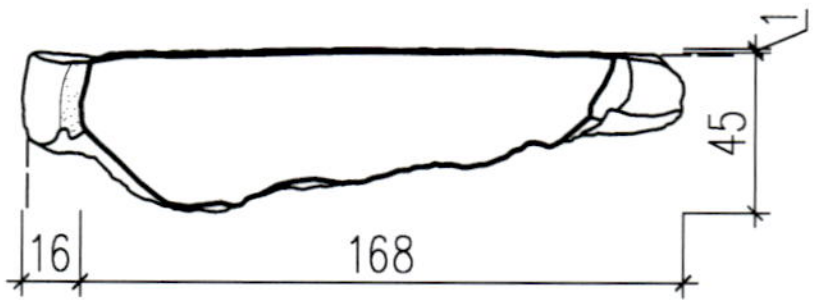

仰视图

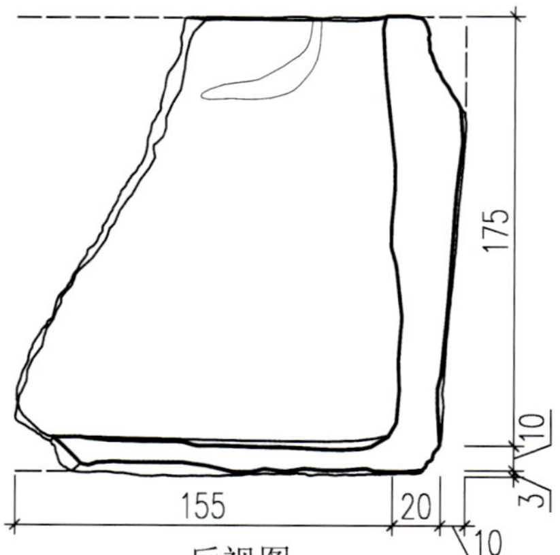

后视图

编号	T4H14：2			名称	陶棺		
残长	18.5厘米	残宽	18.8厘米	厚	1.2~2.2厘米	残高	4.6厘米
重量	0.95千克	体积	625.74立方厘米	密度	1518.2千克/立方米		

图例

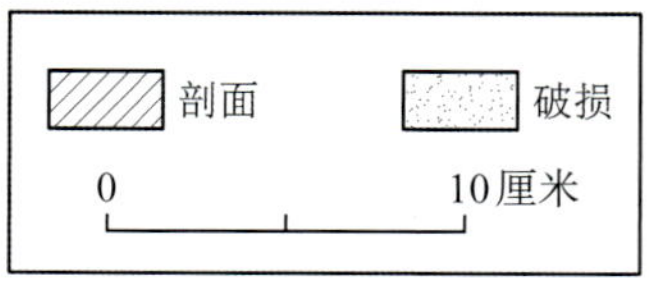

陶棺（T4H14：2）线图

透视图

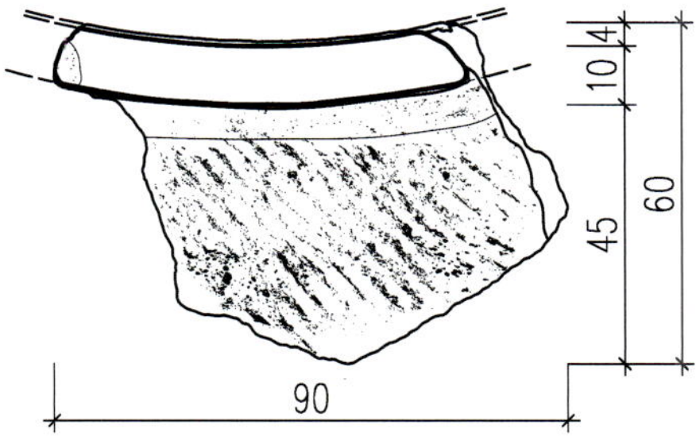

俯视图

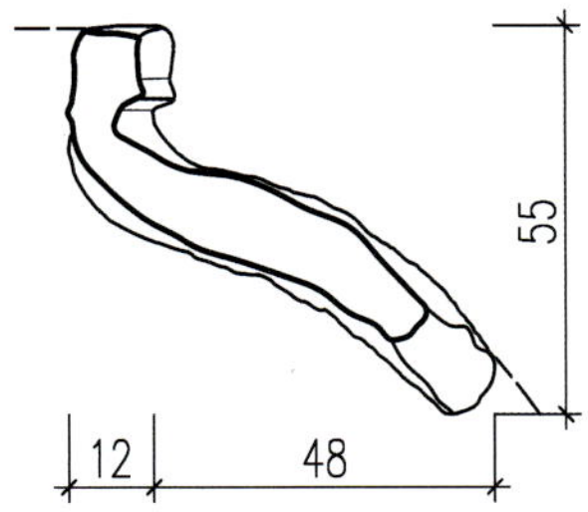

左视图

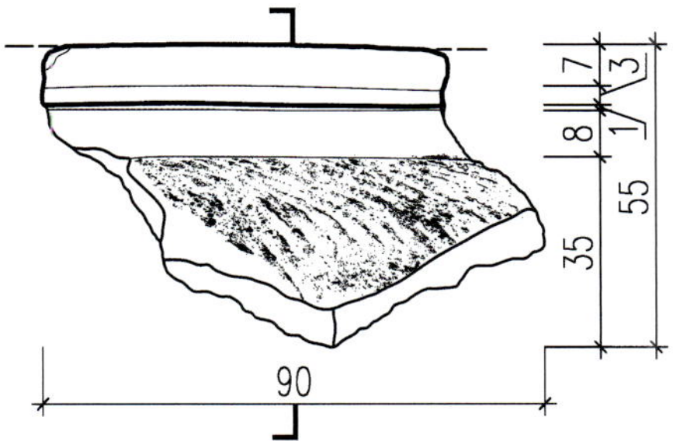

主视图

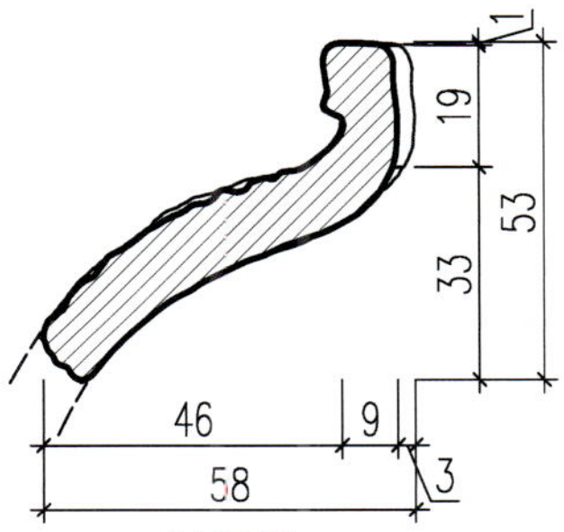

剖视图

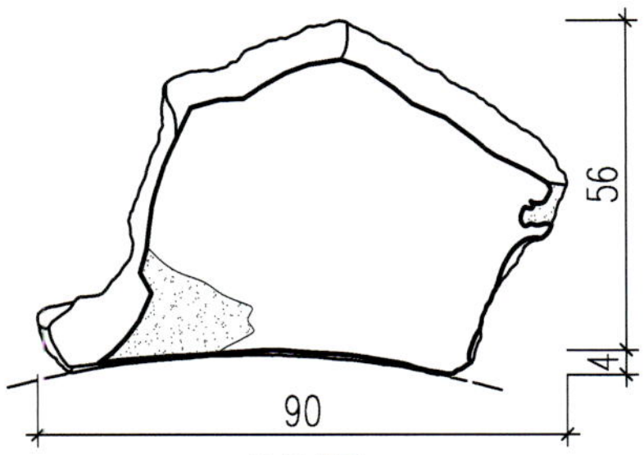

仰视图

编号	T4H14：3				名称	陶罐	
复原口径	33.5厘米	沿宽	1厘米		残长	9厘米	
残宽	6厘米	残高	5.5厘米	厚	0.9厘米	重量	0.09千克
体积	46.37立方厘米			密度	1940.91千克/立方米		

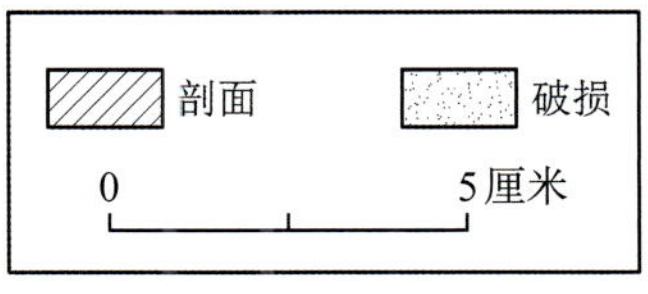

陶罐（T4H14：3）线图

图版66

透视图

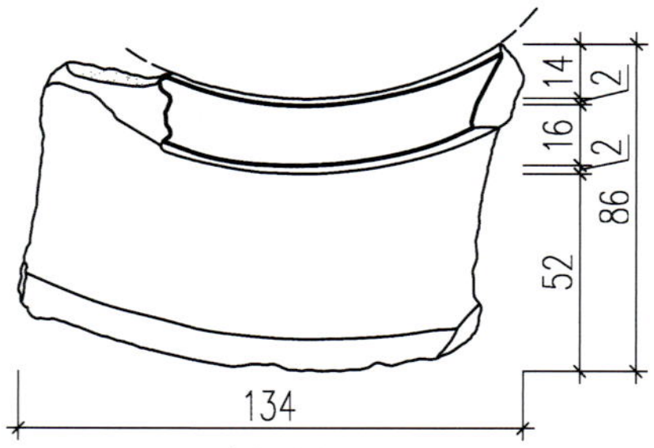

俯视图

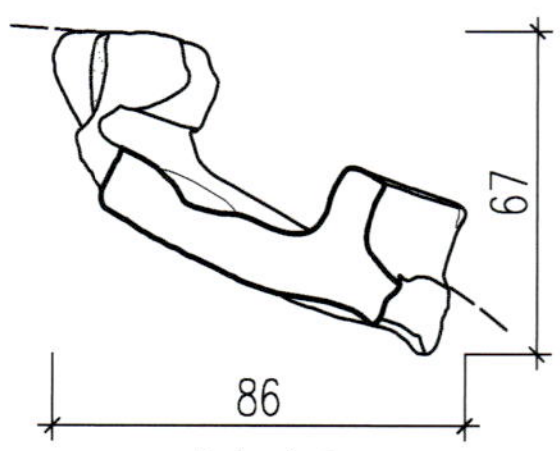

左视图

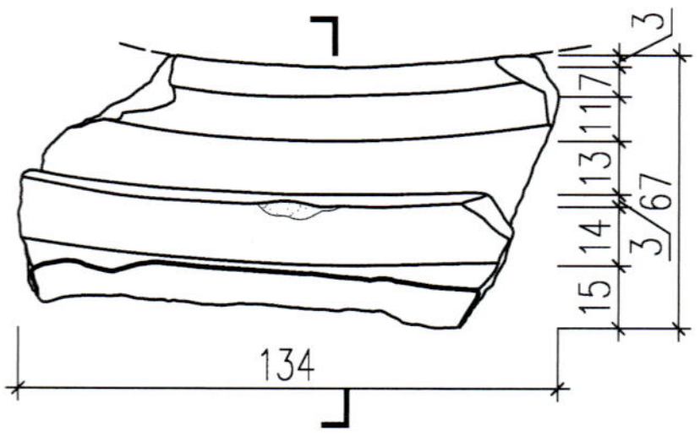

主视图

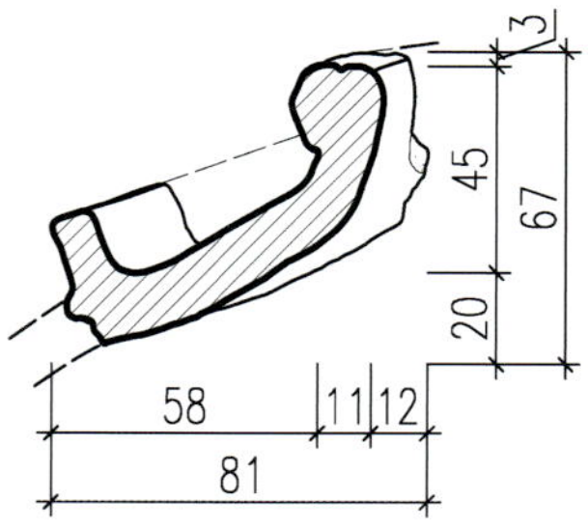

剖视图

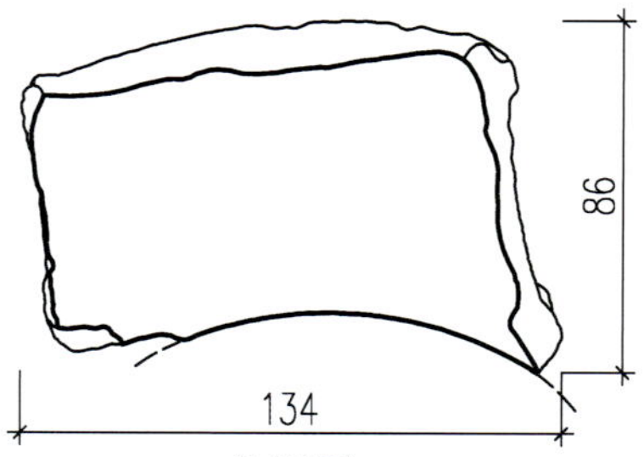

仰视图

编号	T4H14：4			名称	陶瓮		
复原口径	21厘米	沿宽	1.6厘米	残长	13.4厘米		
残宽	8.6厘米	残高	6.7厘米	厚	1.3厘米	重量	0.29千克
体积	156.38立方厘米		密度	1854.46千克/立方米			

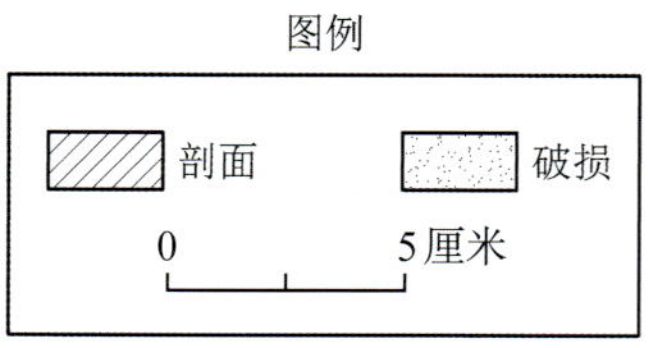

陶瓮（T4H14：4）线图

透视图

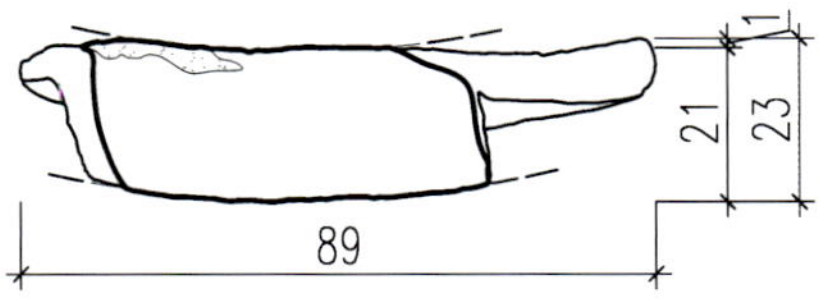

俯视图

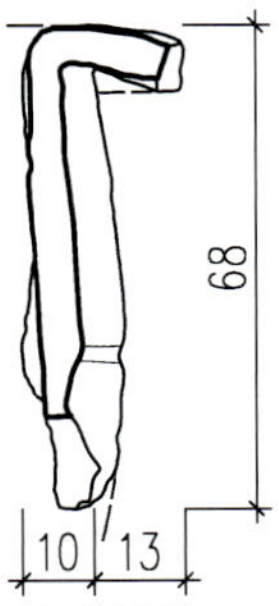

左视图

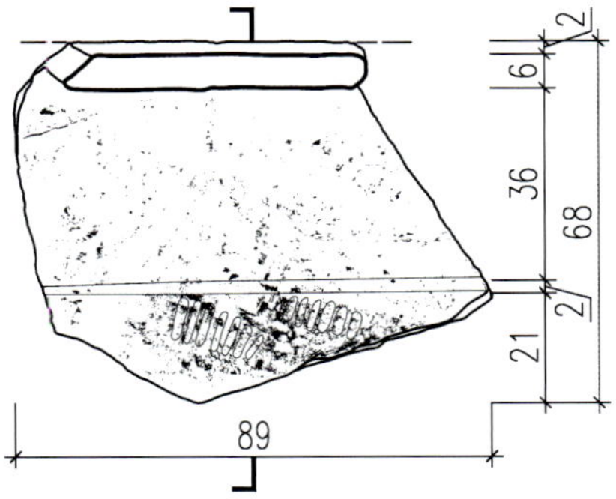

主视图

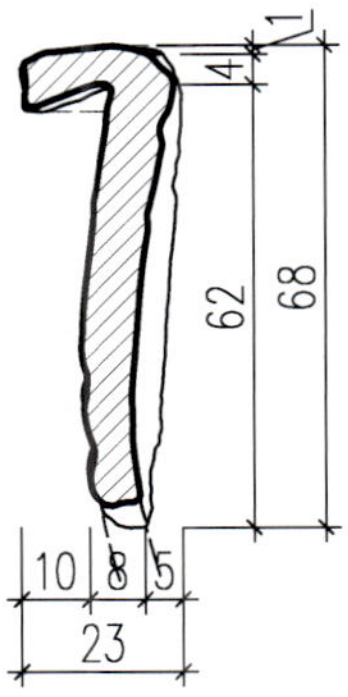

剖视图

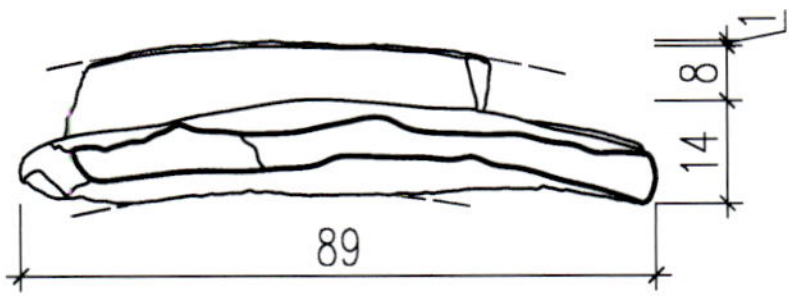

仰视图

编号	T4H28：5				名称	陶盆		
复原口径	31.9厘米	沿宽	2.1厘米		残长	8.9厘米		
残宽	2.3厘米	残高	6.8厘米	腹厚	0.8厘米	重量	0.06千克	
体积	33.19立方厘米			密度	1807.77千克/立方米			

图例

剖面　破损

0　5厘米

陶盆（T4H28：5）线图

图版68

透视图

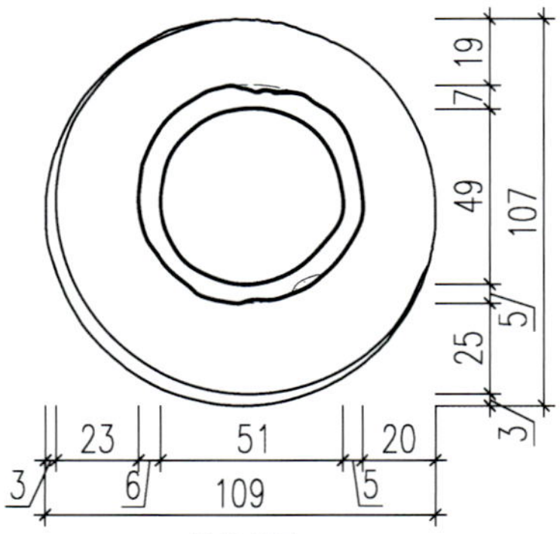

俯视图

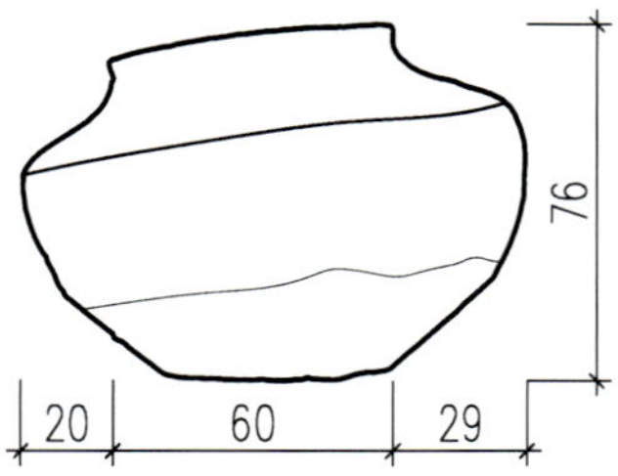

左视图

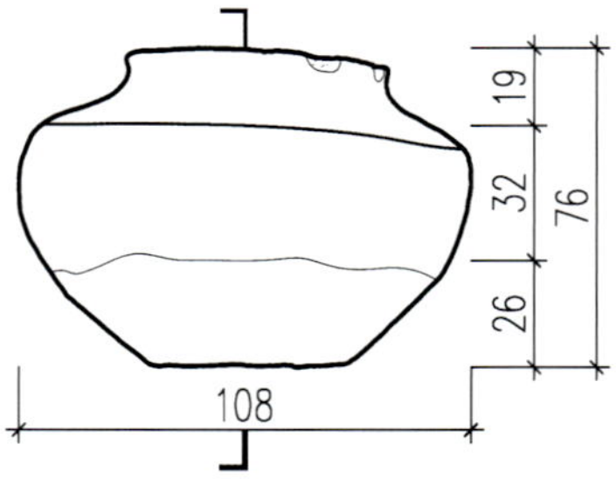

主视图

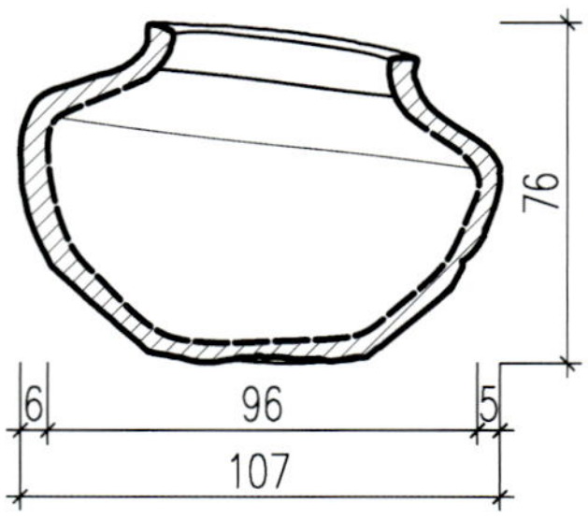

剖视图

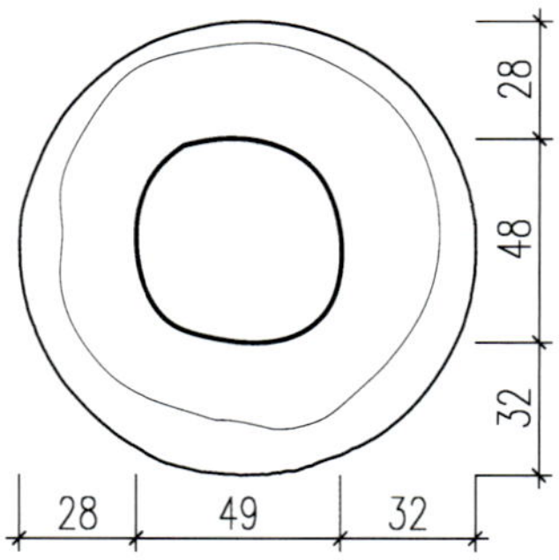

仰视图

编号	T4H28：1			名称	陶罐		
口径	6.2厘米	沿宽	0.6厘米	腹径	10.9厘米	底径	4.9厘米
高	7.6厘米	壁厚	0.6厘米	重量	0.37千克		
体积	约188.3立方厘米			密度	约1964.95千克/立方米		

图例

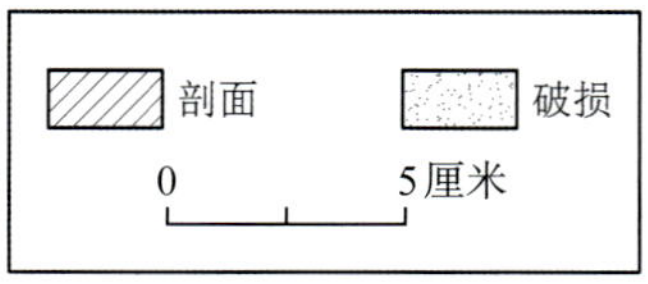

陶罐（T4H28：1）线图

透视图

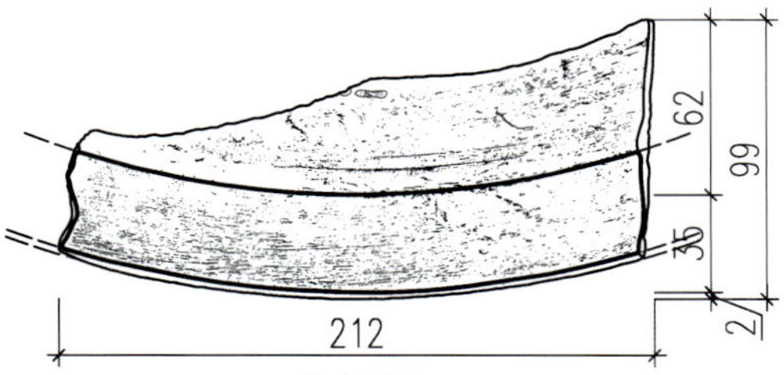

俯视图

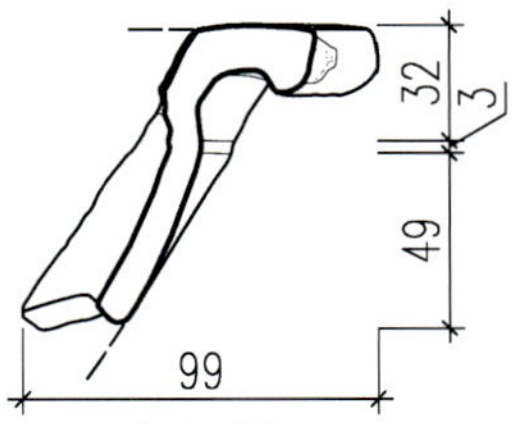

左视图

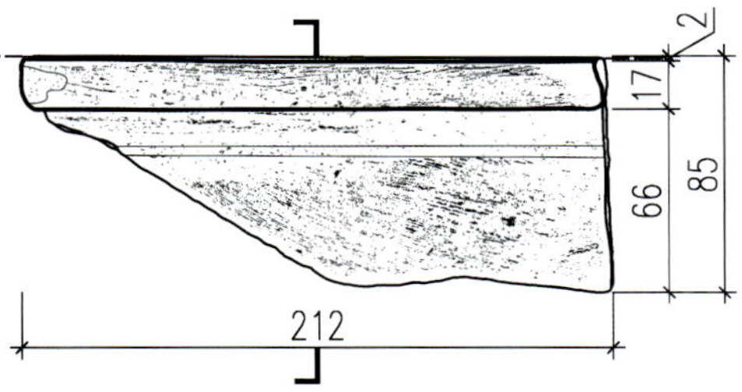

主视图

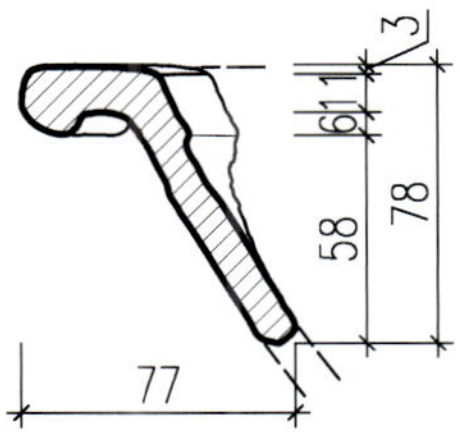

剖视图

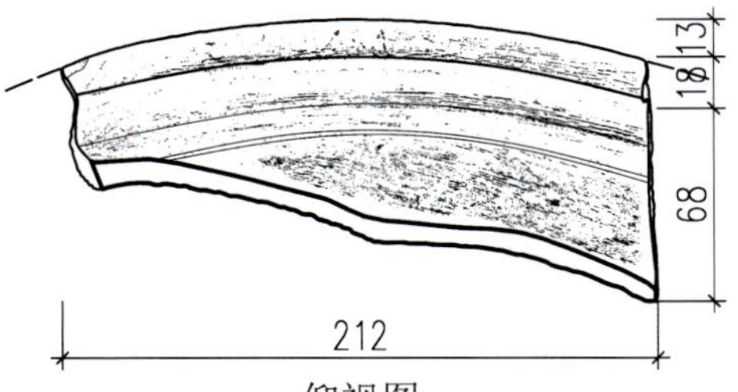

仰视图

图例

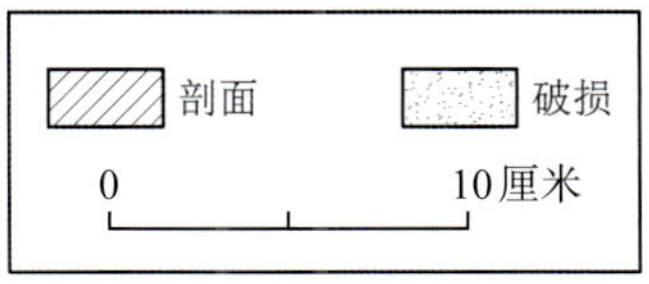

编号	T4G1：2			名称	陶盆		
复原口径	72.7厘米	沿宽	3.5厘米	残长	21.2厘米		
残宽	9.9厘米	残高	8.5厘米	厚	1.1厘米	重量	0.46千克
体积	241.95立方厘米			密度	1901.22千克/立方米		

陶盆（T4G1：2）线图

图版70

透视图

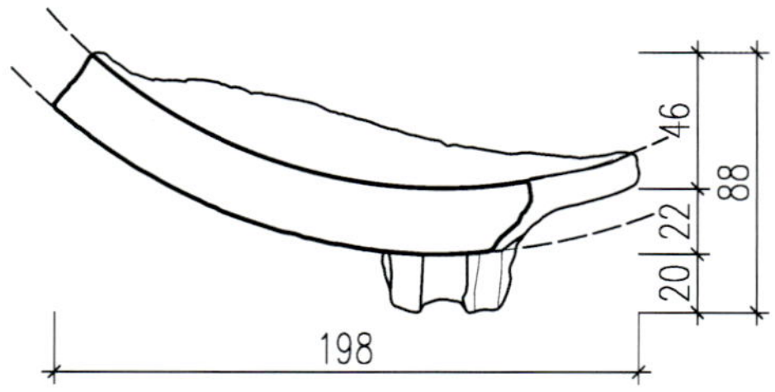

俯视图

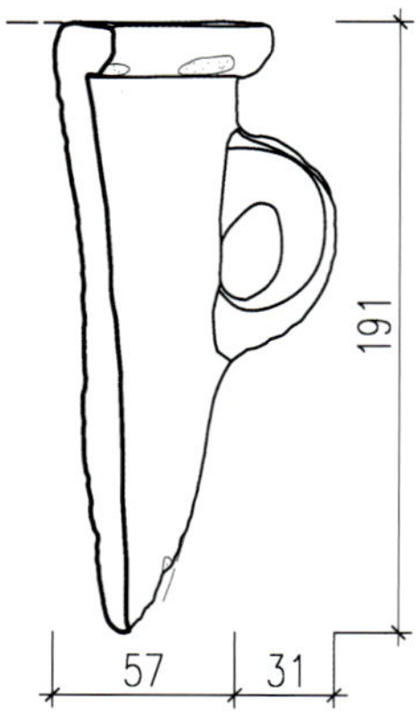

左视图

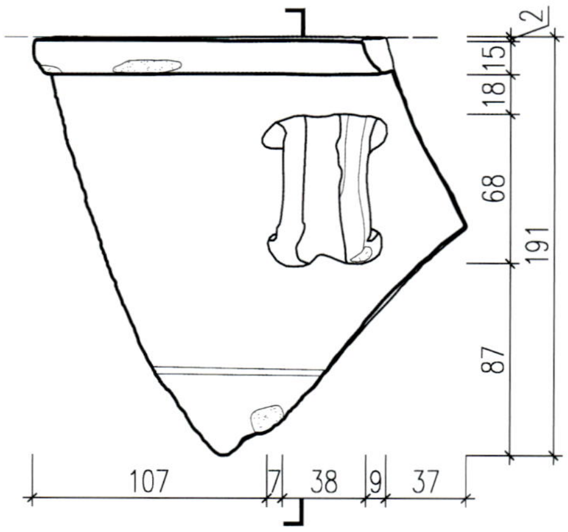

主视图

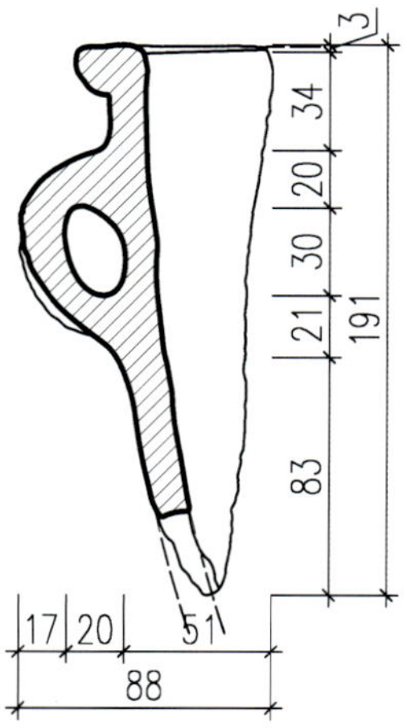

剖视图

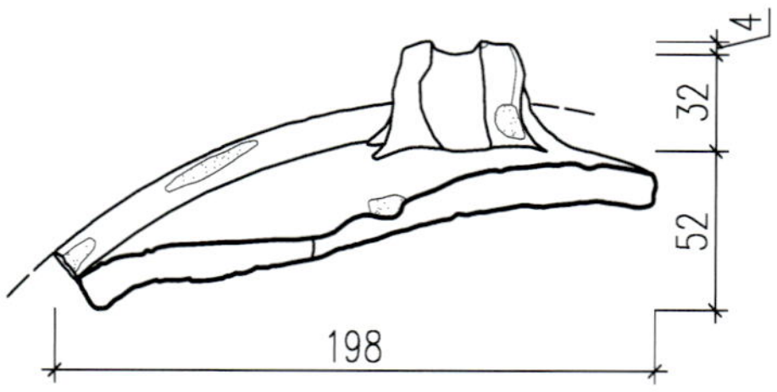

仰视图

编号	T4G1∶3	名称	陶缸			复原口径	39.9厘米
沿宽	2.2厘米	残长	19.8厘米	残宽	8.8厘米	残高	19.1厘米
厚	1.3厘米	耳长	6.8厘米	耳宽	3.8厘米	耳厚	1.7厘米
重量	0.65千克	体积	379.58立方厘米		密度	1712.42千克/立方米	

图例

剖面　破损

0　10厘米

陶缸（T4G1∶3）线图

图版71

透视图

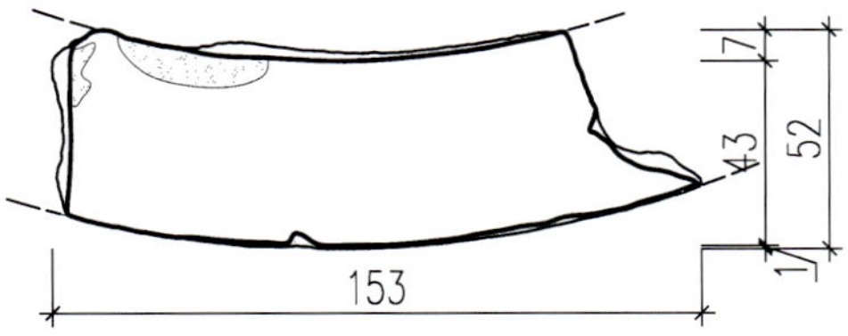

俯视图

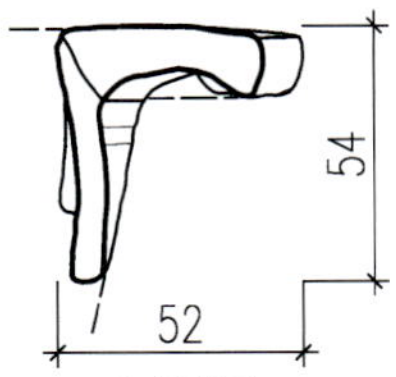

左视图

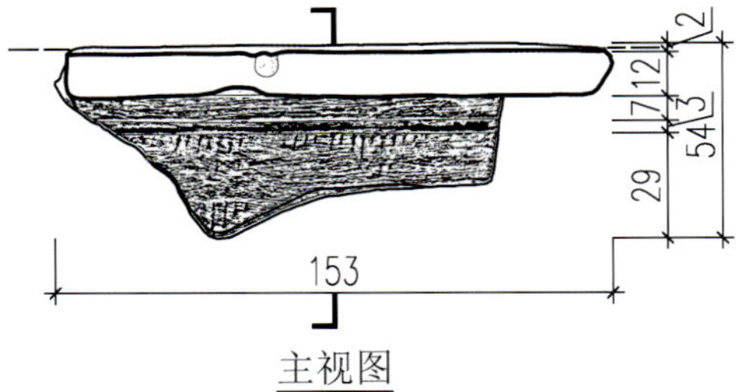

主视图

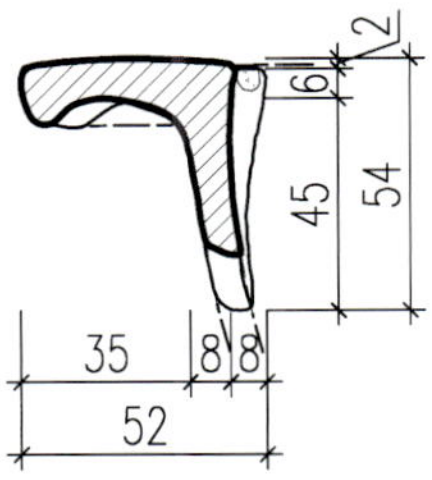

剖视图

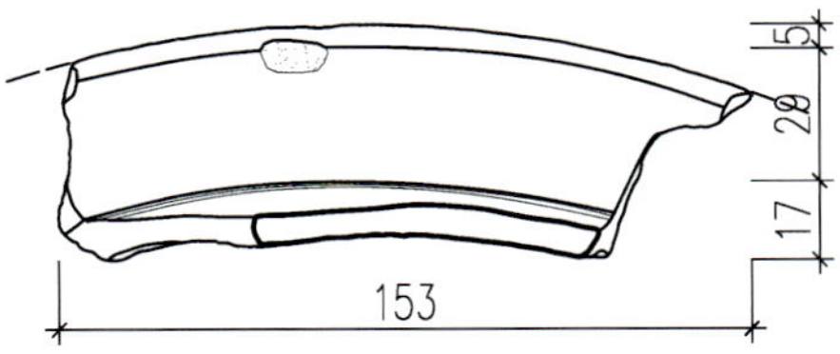

仰视图

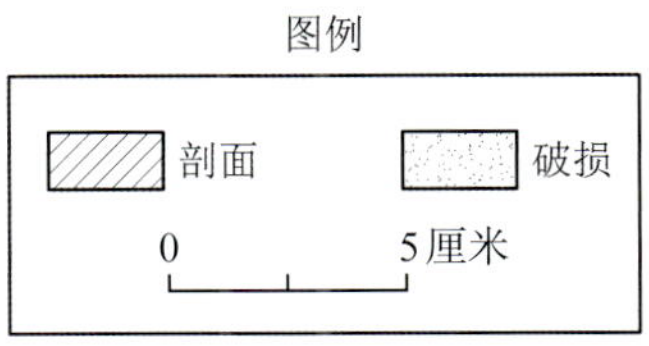

编号	T4G2：3			名称	陶盆		
复原口径	51.9厘米	沿宽	4.3厘米	残长	15.3厘米		
残宽	5.2厘米	残高	5.4厘米	厚	0.8厘米	重量	0.15千克
体积	83.14立方厘米			密度	1804.19千克/立方米		

陶盆（T4G2：3）线图

图版72

透视图

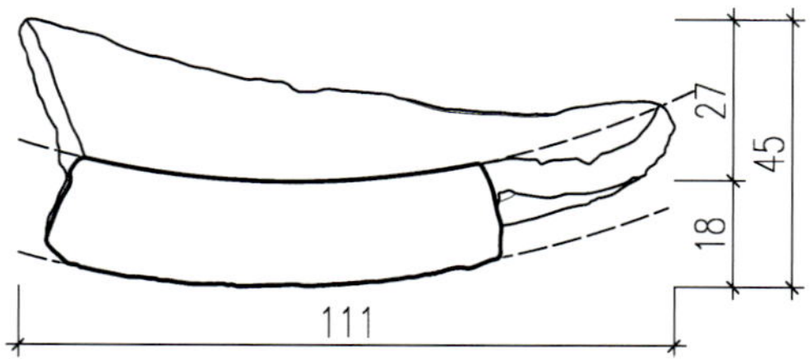

俯视图

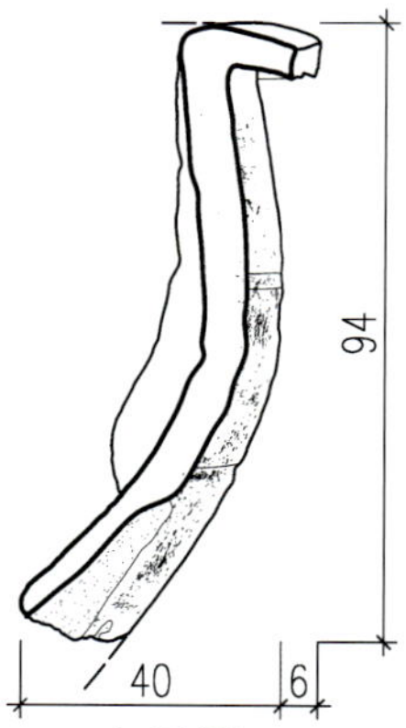

左视图

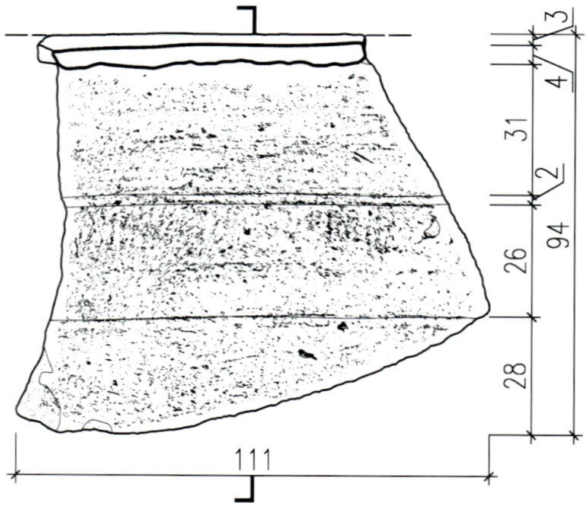

主视图

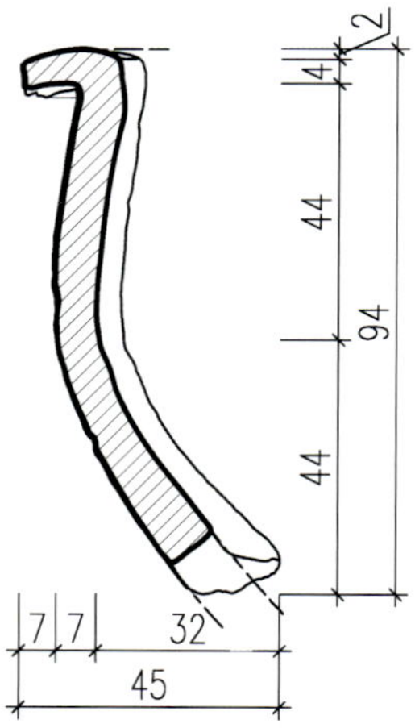

剖视图

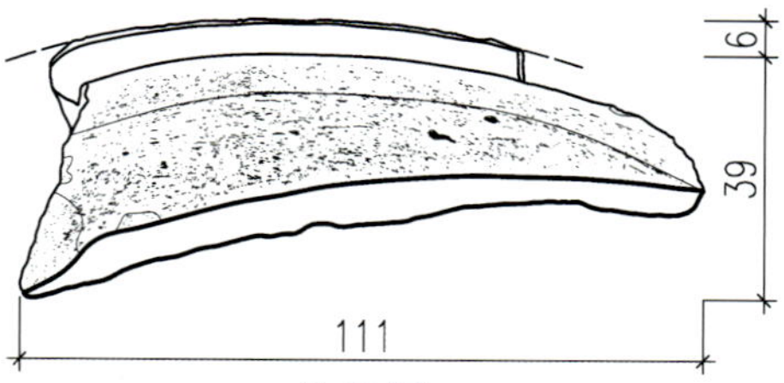

仰视图

编号	T4G7：4			名称	陶盆		
复原口径	35厘米	沿宽	1.8厘米	残长	11.1厘米		
残宽	4.5厘米	残高	9.4厘米	厚	0.7厘米	重量	0.12千克
体积	65.47立方厘米			密度	1832.9千克/立方米		

图例

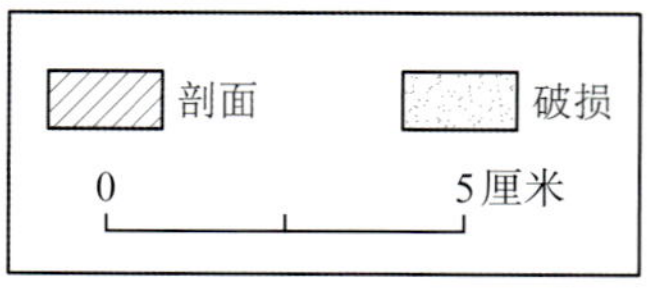

陶盆（T4G7：4）线图

透视图

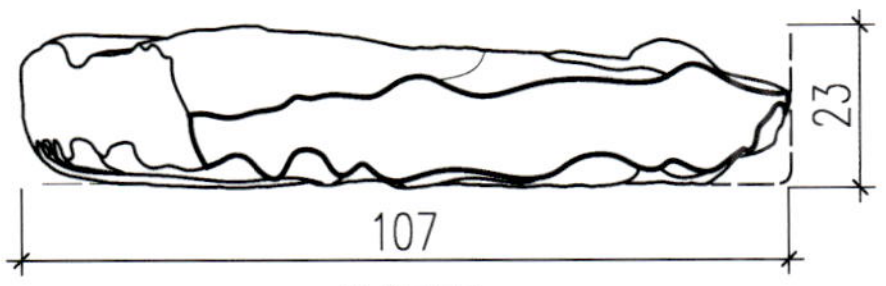

俯视图

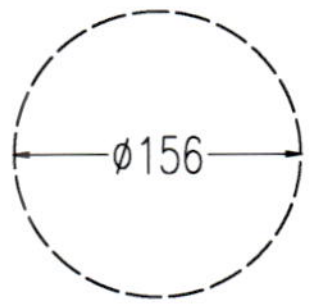

复原轮廓

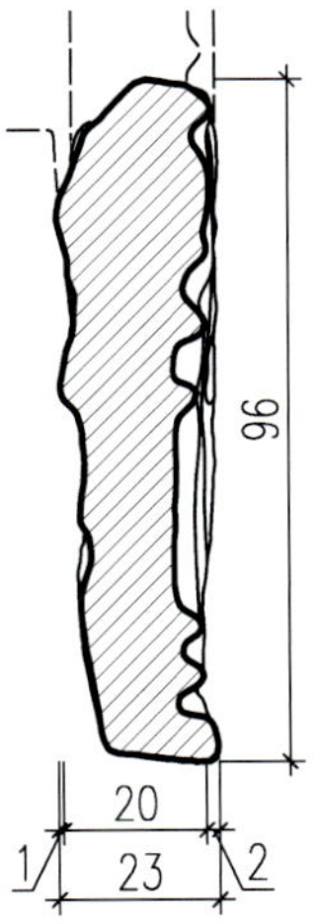

剖视图

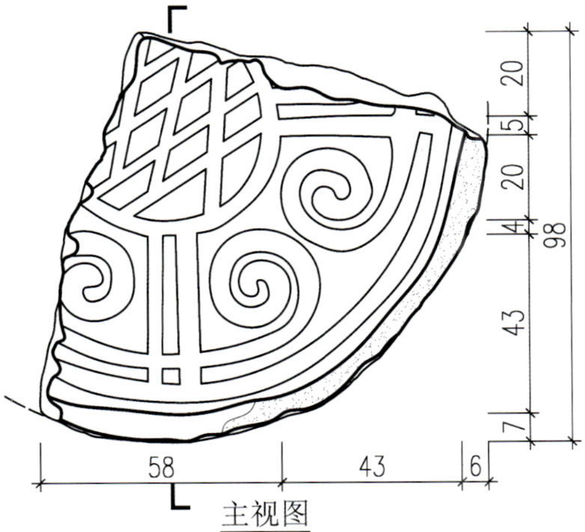

主视图

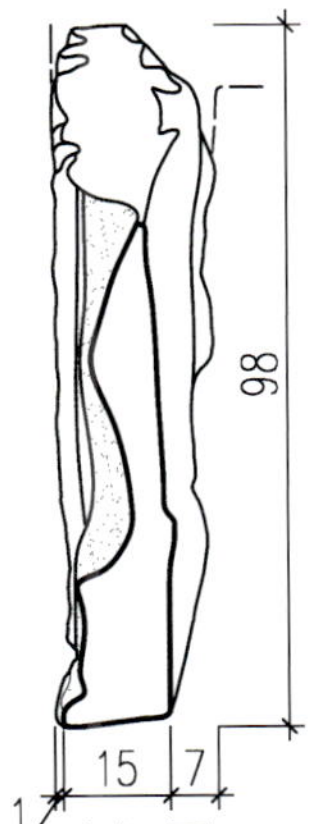

右视图

主视图拓片

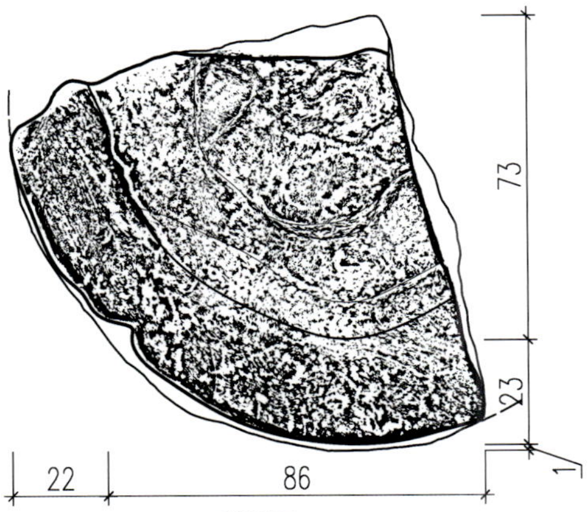

后视图

图例

剖面　破损

0　5厘米

编号	T4G8⑨：1	名称	云纹瓦当			复原径	15.6厘米
当厚	2厘米	边轮厚	1.5厘米	边轮宽	0.7厘米	缘深	0.5厘米
重量	0.17千克	体积	106.36立方厘米	密度	1598.35千克/立方米		

云纹瓦当（T4G8⑨：1）线图

图版74

透视图

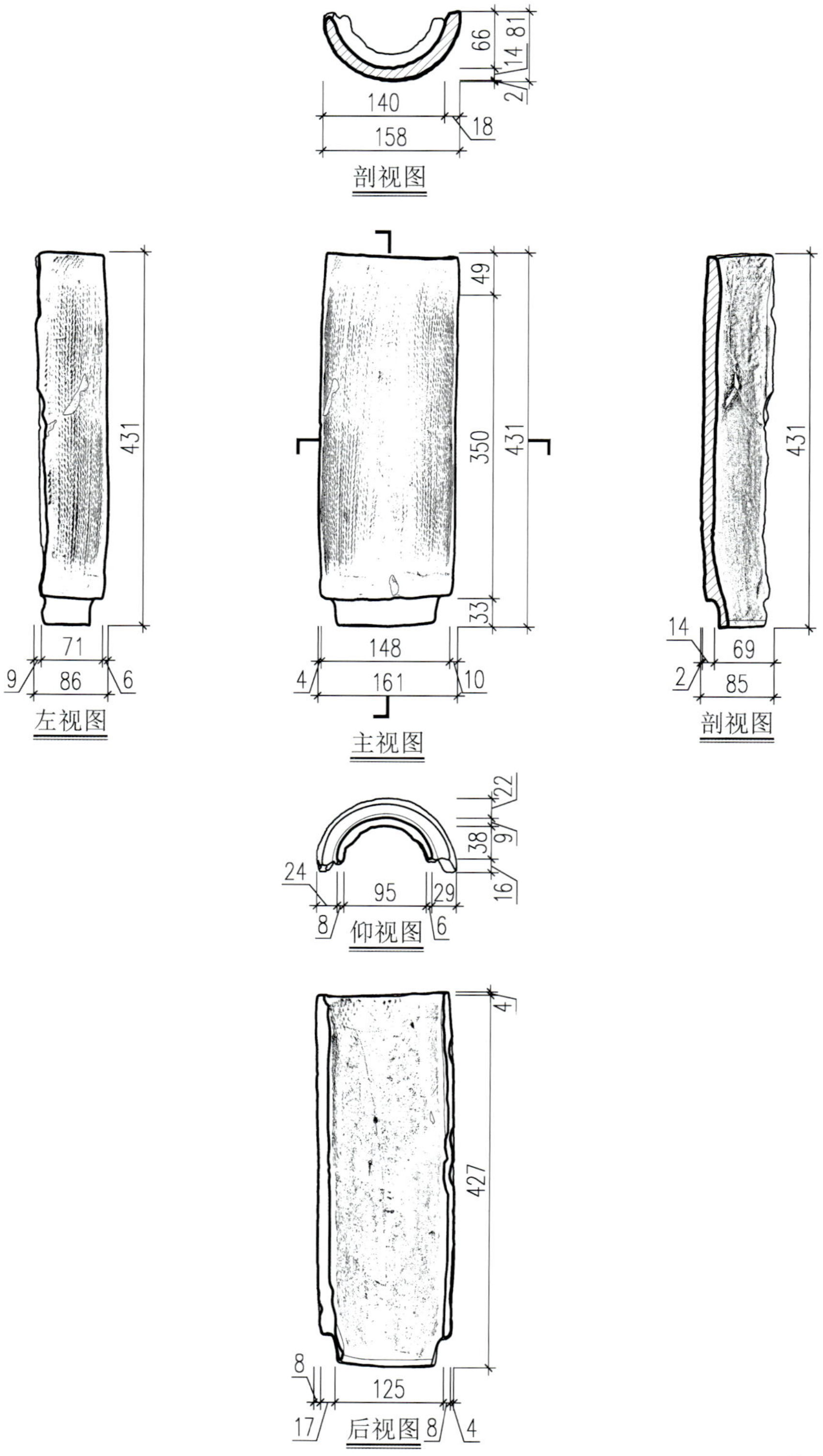

编号	T4Q2东：5			名称	Bb4型筒瓦		
长	43.1厘米	径	16.1厘米	瓦厚	1.4厘米	弦高	8.6厘米
唇径	10.9厘米	唇长	3.3厘米	唇厚	0.9厘米	重量	2.2千克
体积	1351.91立方厘米		密度	1627.33千克/立方米			

图例

剖面　破损

0　20厘米

Bb4型筒瓦（T4Q2东：5）线图

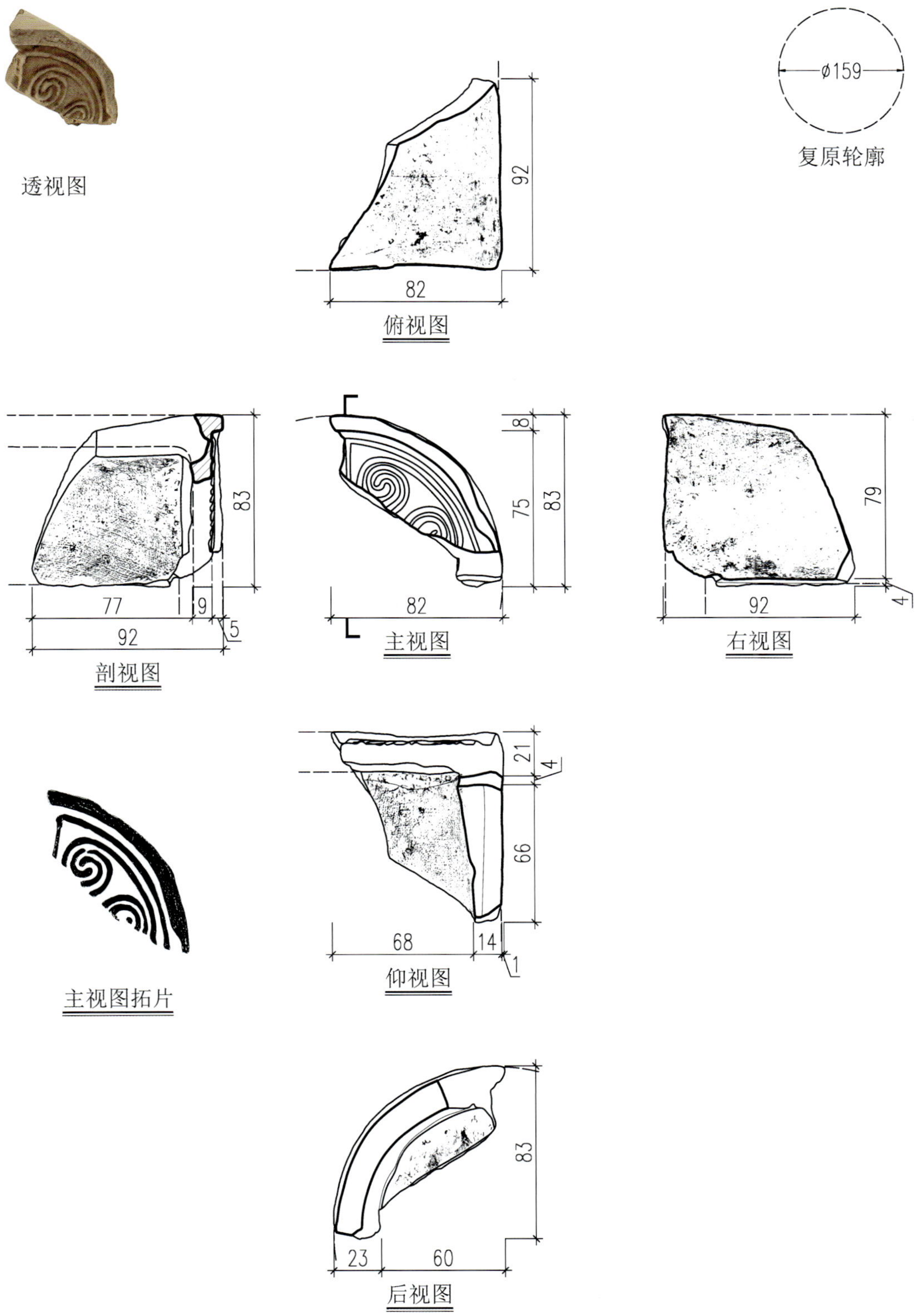

编号	T4Q2：11		名称	云纹瓦当		复原径	15.9厘米	
当厚	0.9厘米		边轮宽	0.8厘米		缘深	0.5厘米	
筒瓦部分	残长	9.2厘米	残宽	8.2厘米	厚	1.3厘米	弦高	8.3厘米
重量	0.23千克	体积	128.92立方厘米	密度	1784.05千克/立方米			

图例

剖面　破损

0　5厘米

云纹瓦当（T4Q2：11）线图

图版76

透视图

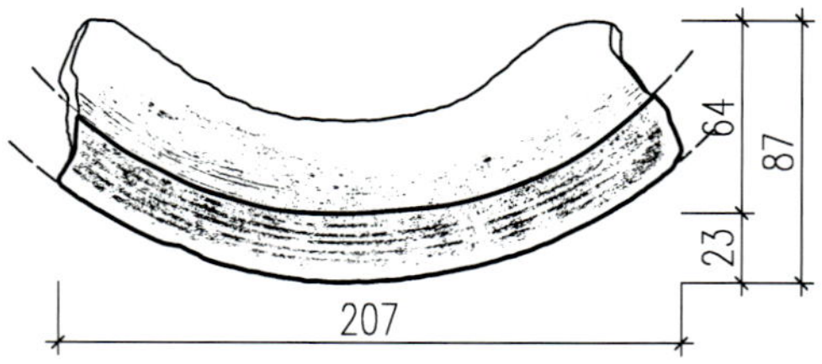

俯视图

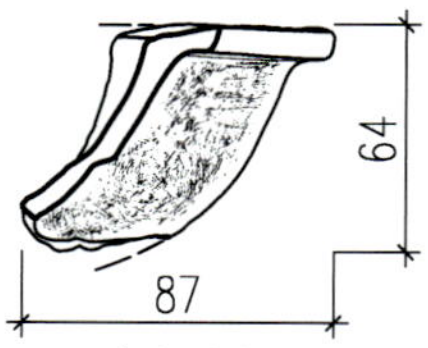

左视图

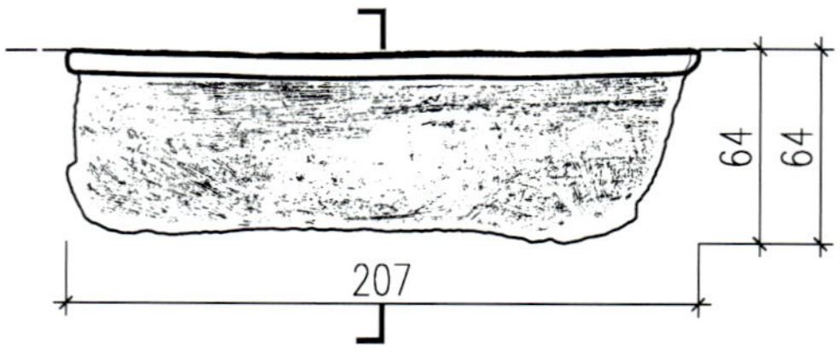

主视图

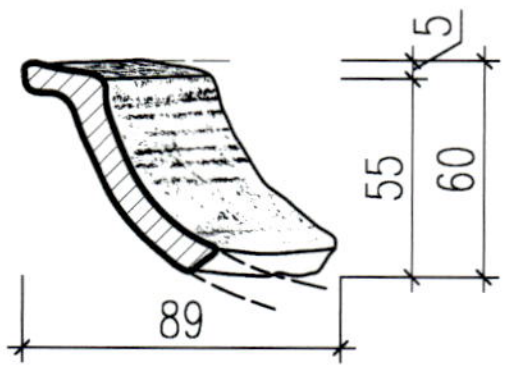

剖视图

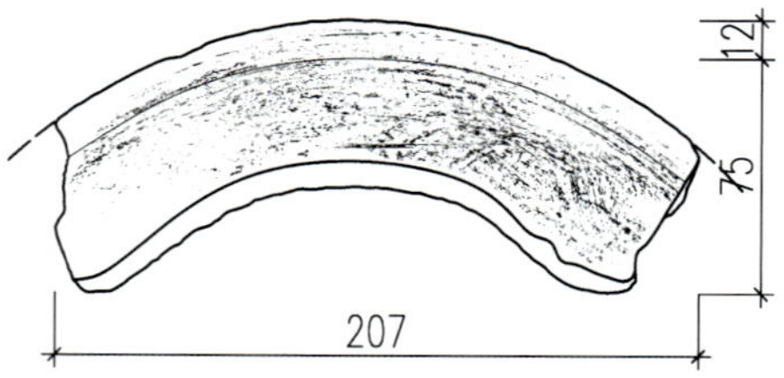

仰视图

编号	T4Q2东：10			名称	陶盆		
复原口径	33厘米	沿宽	2.3厘米	残长	20.7厘米		
残宽	8.7厘米	残高	6.4厘米	厚	0.9厘米	重量	0.24千克
体积	139.06立方厘米			密度	1725.87千克/立方米		

图例

剖面　破损

0　10厘米

陶盆（T4Q2东：10）线图

透视图

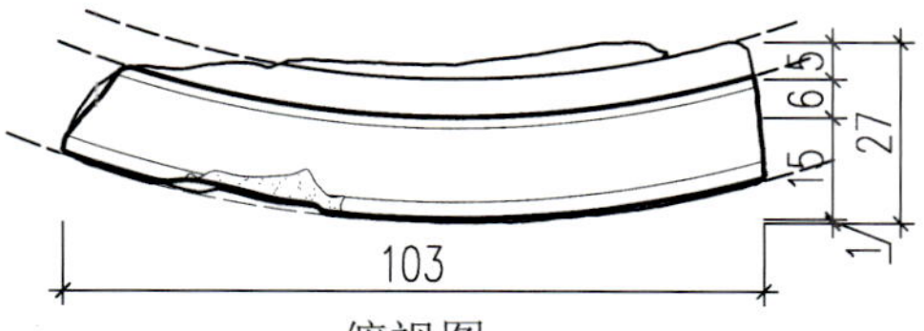

俯视图

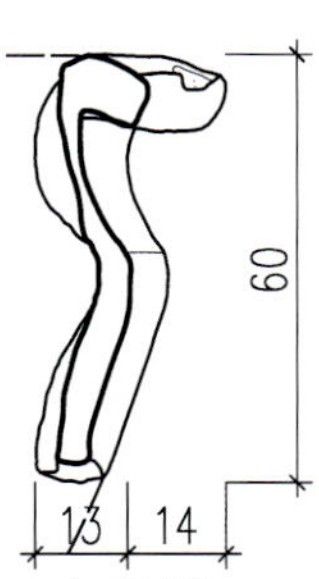

左视图

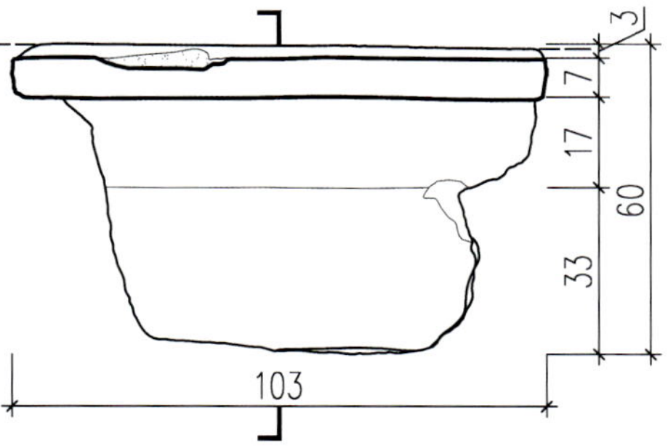

主视图

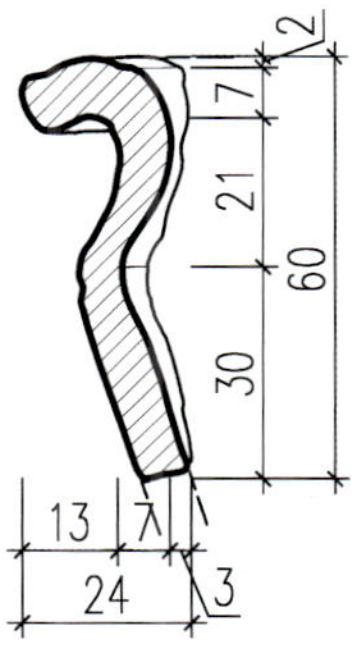

剖视图

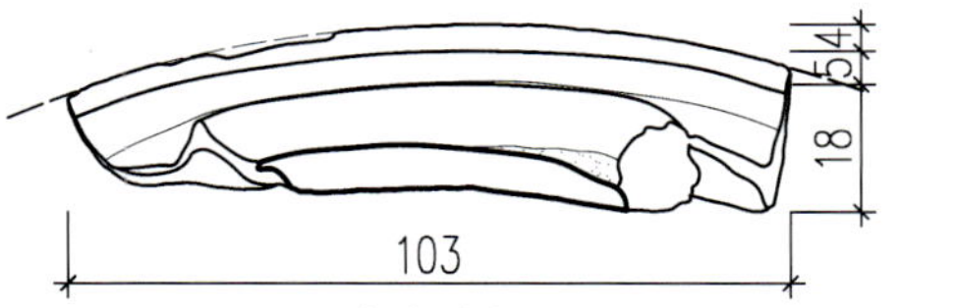

仰视图

编号	T4Q2西⑦：9			名称	陶盆		
复原口径	34.6厘米	沿宽	1.5厘米	残长	10.3厘米		
残宽	2.7厘米	残高	6厘米	厚	0.7厘米	重量	0.06千克
体积	36.71立方厘米			密度	1634.43千克/立方米		

图例

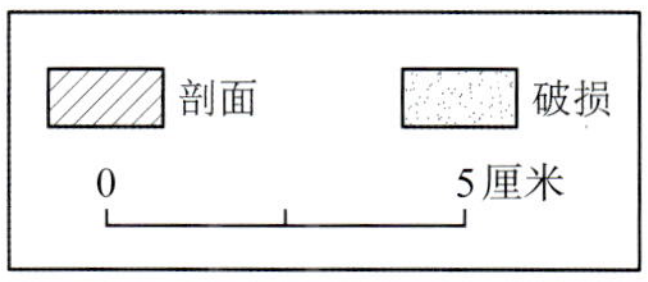

陶盆（T4Q2西⑦：9）线图

图版78

透视图

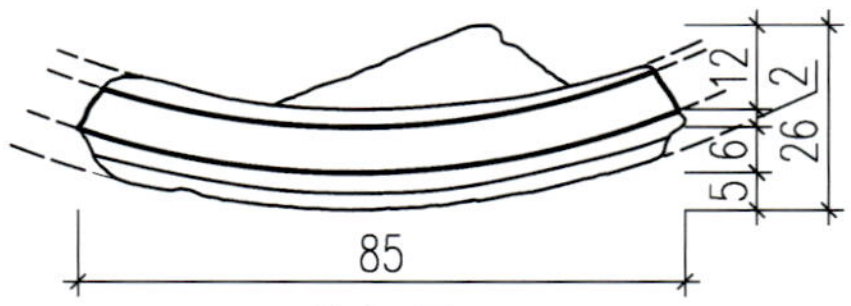

俯视图

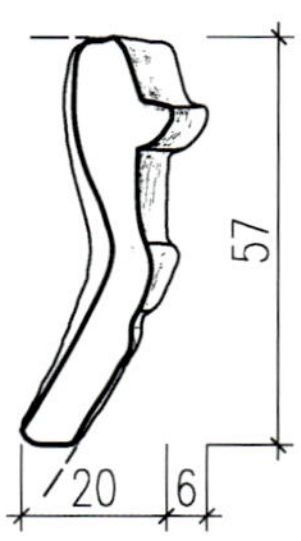

左视图

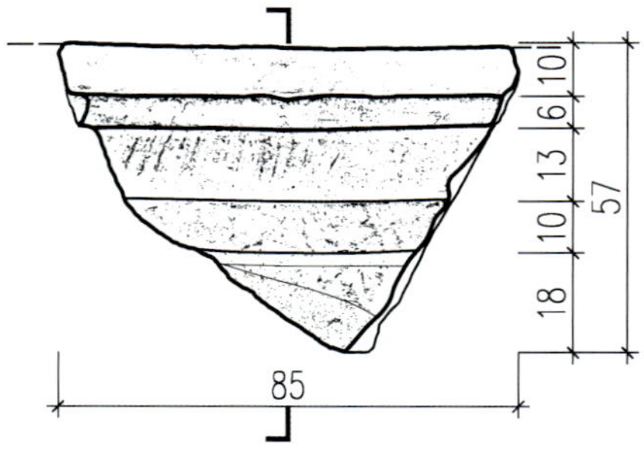

主视图

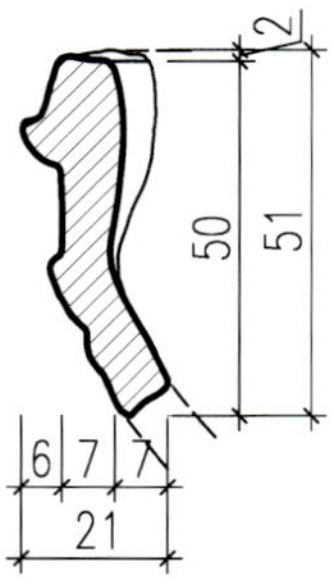

剖视图

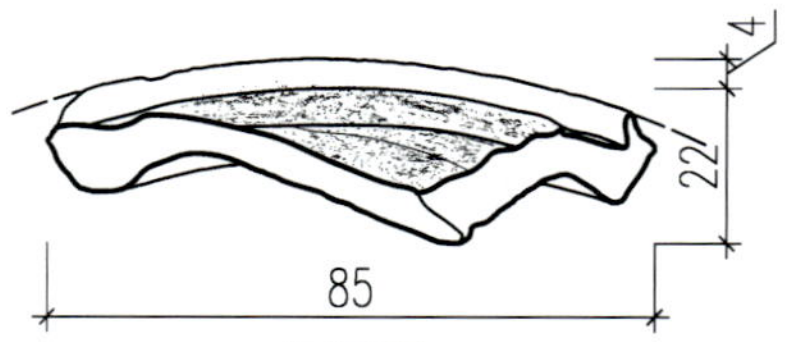

仰视图

编号	T4Q2西⑦：10				名称	陶盆	
复原口径	24.6厘米	沿宽	0.6厘米		残长	8.5厘米	
残宽	2.6厘米	残高	5.7厘米	厚	0.7厘米	重量	0.04千克
体积	25.45立方厘米			密度	1571.71千克/立方米		

图例

剖面　破损

0　5厘米

陶盆（T4Q2西⑦：10）线图

透视图

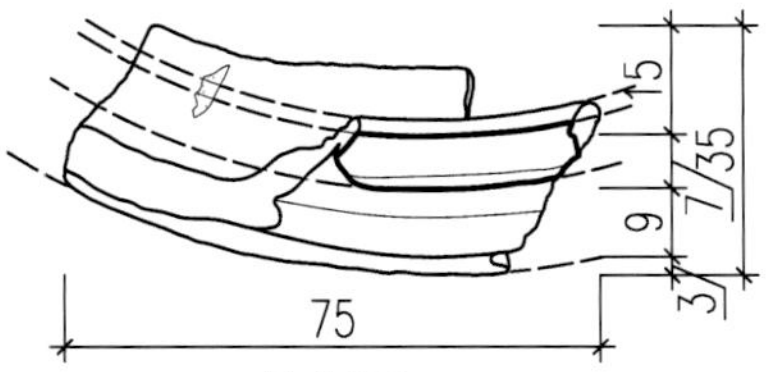

俯视图

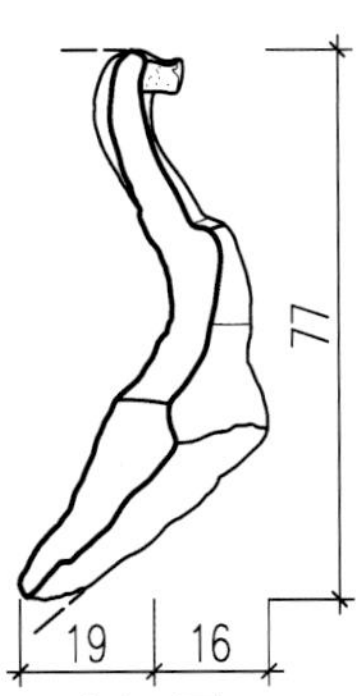

左视图

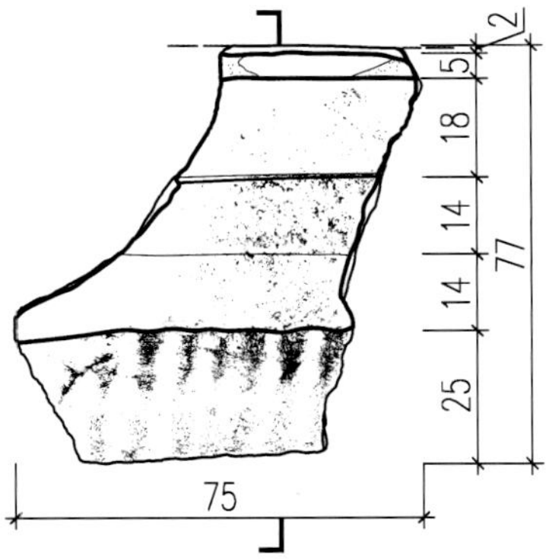

主视图

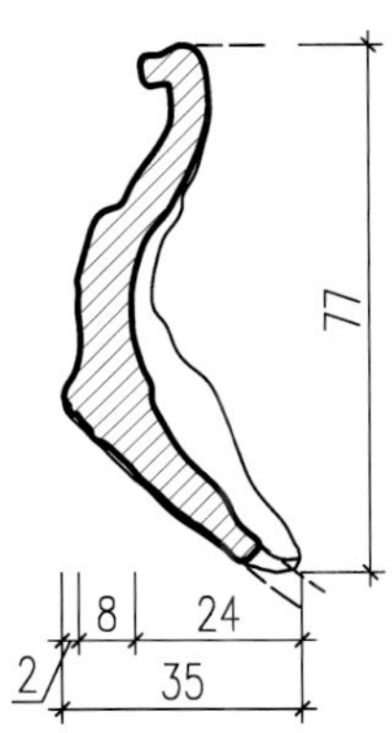

剖视图

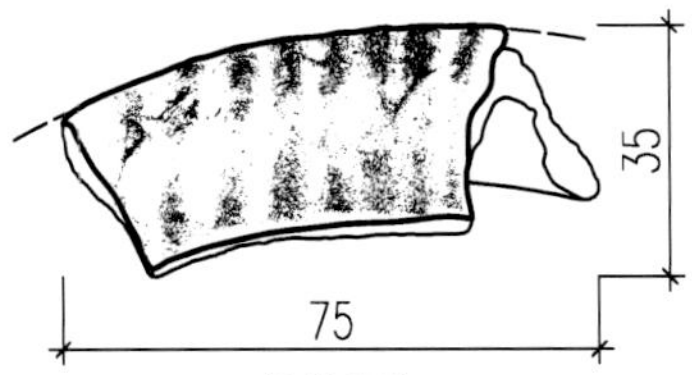

仰视图

编号	T4Q2西⑦：13			名称	陶盆		
复原口径	20厘米	沿宽	0.7厘米	残长	7.5厘米		
残宽	3.5厘米	残高	7.7厘米	厚	0.8厘米	重量	0.05千克
体积	27.45立方厘米			密度	1821.49千克/立方米		

图例

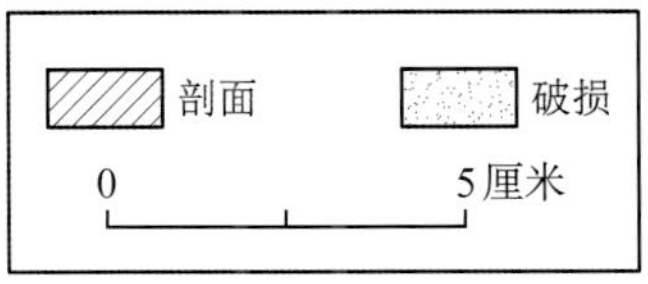

陶盆（T4Q2西⑦：13）线图

图版80

透视图

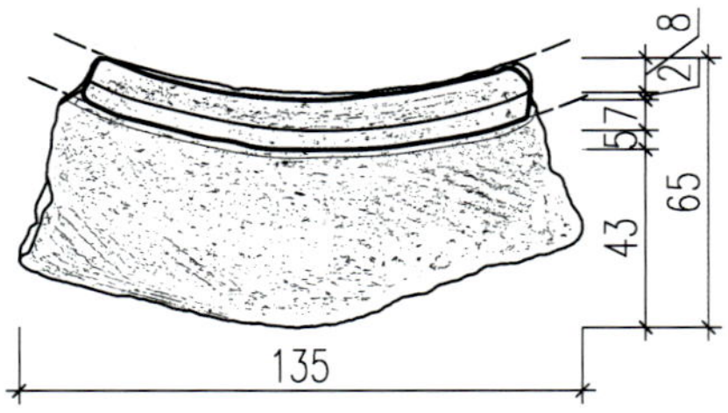

俯视图

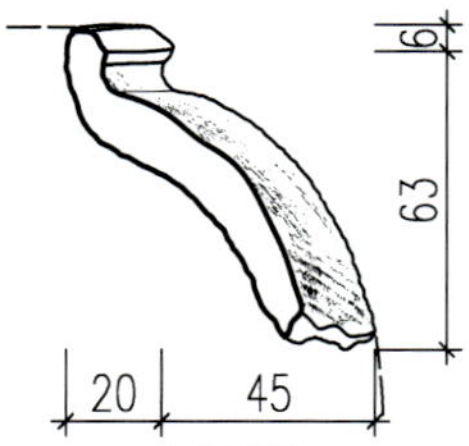

左视图

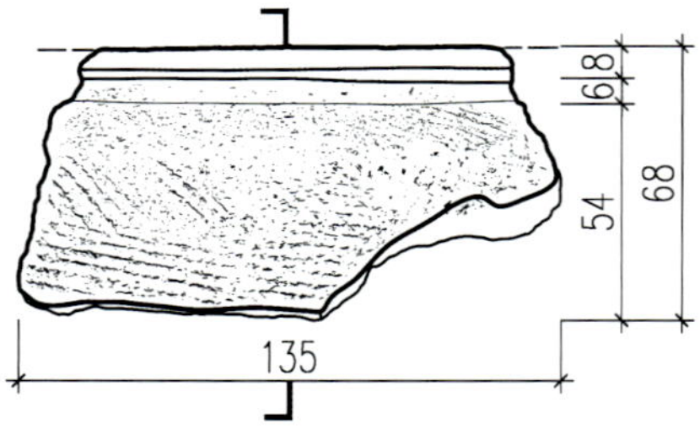

主视图

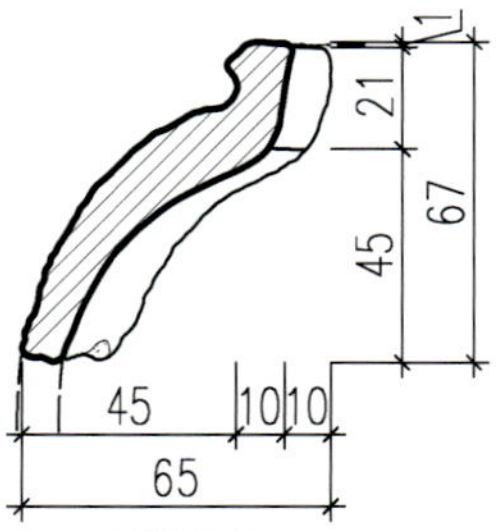

剖视图

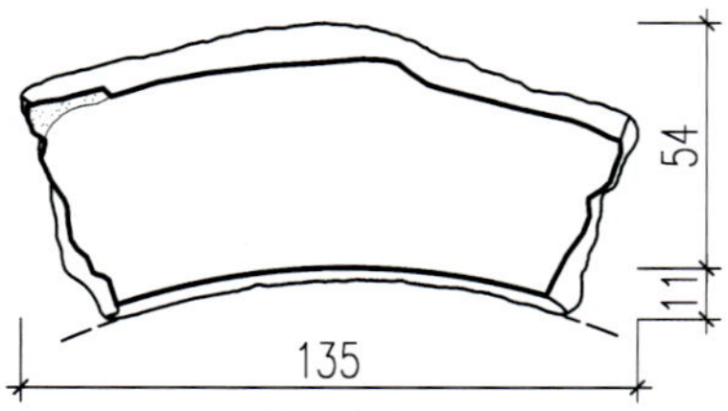

仰视图

编号	T4Q2西⑦：11			名称	陶罐		
复原口径	31.3厘米	沿宽	1.2厘米	残长	13.5厘米		
残宽	6.5厘米	残高	6.8厘米	厚	1厘米	重量	0.21千克
体积	107.63立方厘米		密度	1951.13千克/立方米			

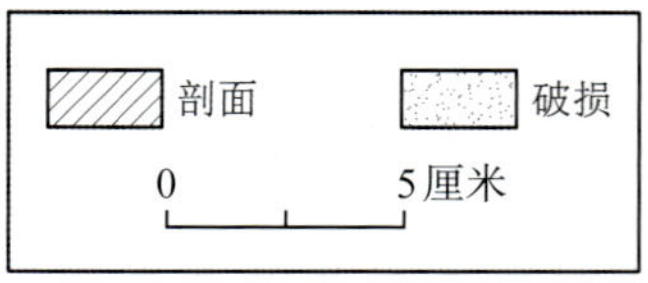

陶罐（T4Q2西⑦：11）线图

透视图

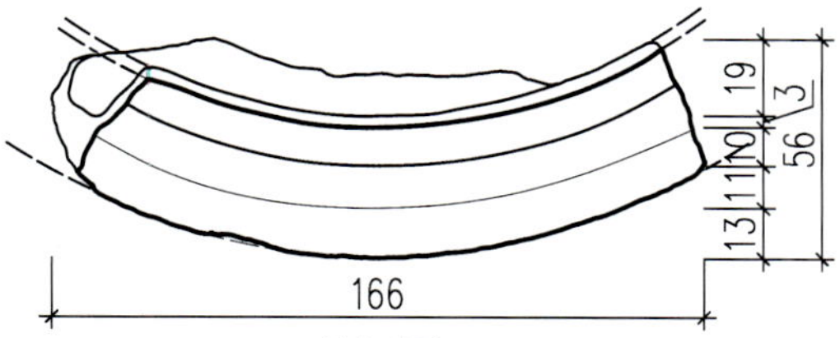

俯视图

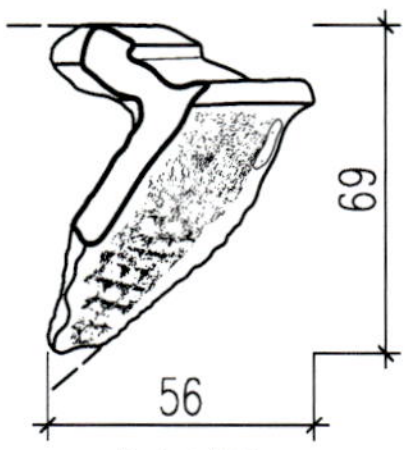

左视图

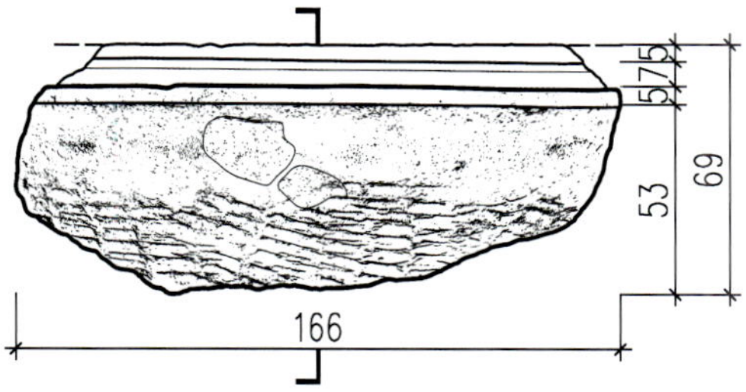

主视图

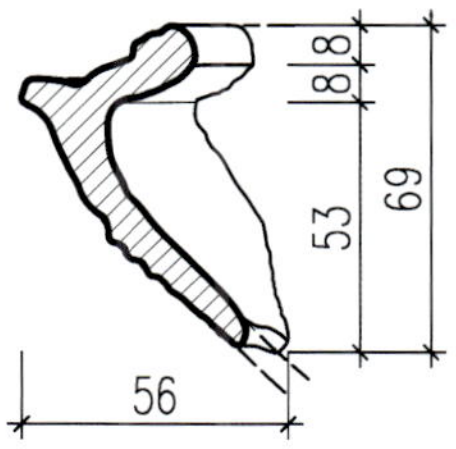

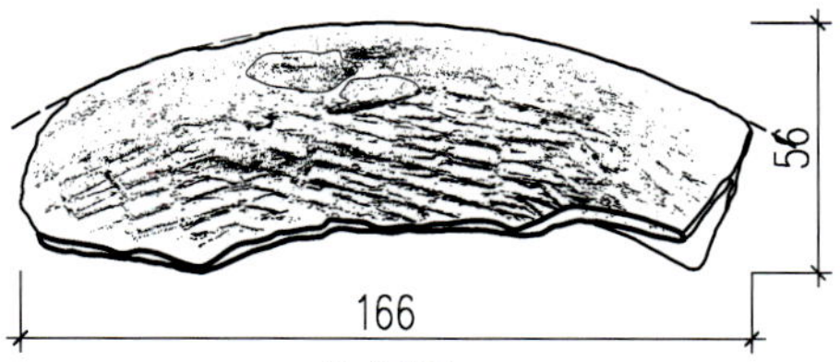

仰视图

编号	T4Q2东：9			名称	陶釜		
复原口径	34.8厘米	沿宽	1厘米	残长	16.6厘米		
残宽	5.6厘米	残高	6.9厘米	厚	0.9厘米	重量	0.19千克
体积	114.89立方厘米			密度	1653.76千克/立方米		

图例

剖面　破损

0　5厘米

陶釜（T4Q2东：9）线图

图版82

透视图

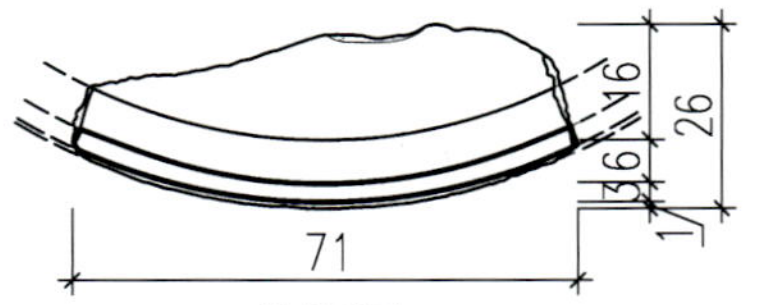

俯视图

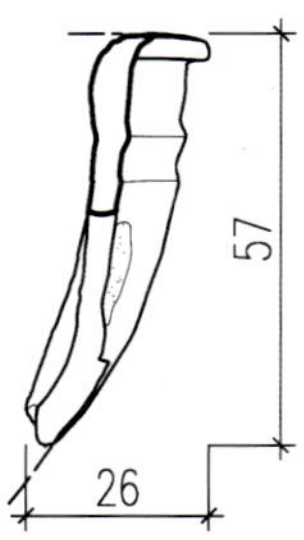

左视图

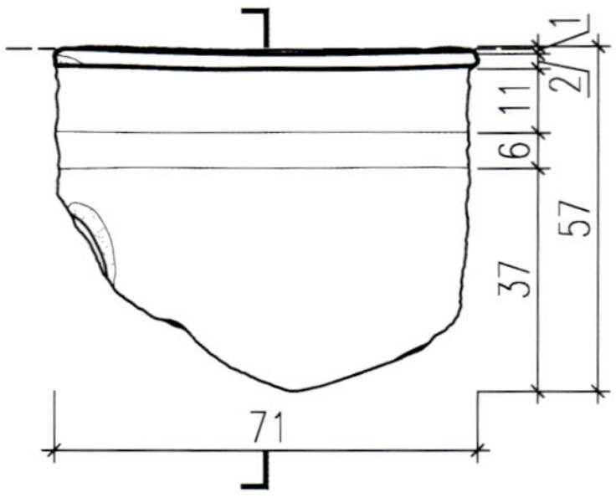

主视图

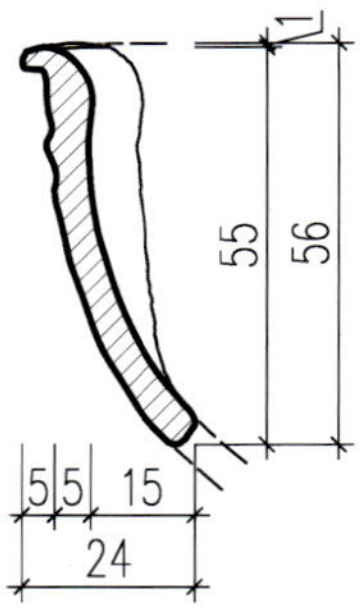

剖视图

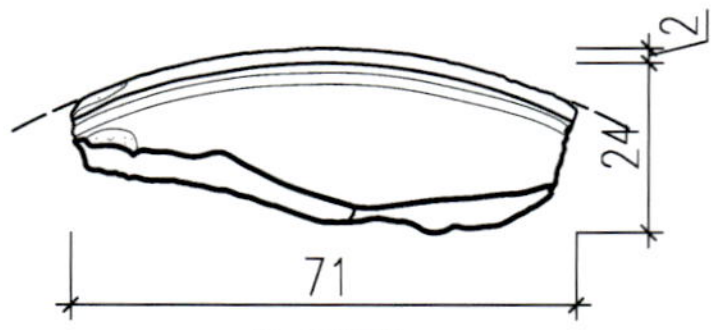

仰视图

编号	T4Q2西⑦：12				名称	陶钵	
复原口径	18.2厘米	沿宽	0.3厘米		残长	7.1厘米	
残宽	2.6厘米	残高	5.7厘米	厚	0.5厘米	重量	0.04千克
体积	17.68立方厘米			密度	2262.44千克/立方米		

图例

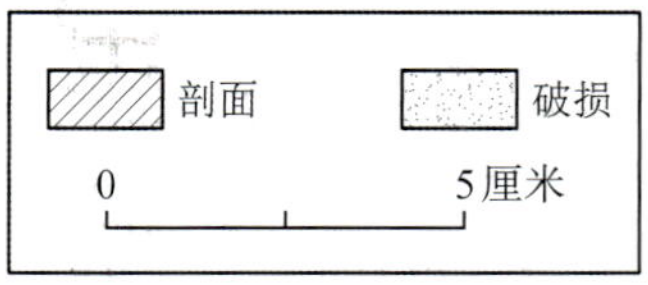

陶钵（T4Q2西⑦：12）线图